Comentarios y sugerencias:
Correo electrónico: editor@fce.com.mx

MANUAL DE DERECHO INTERNACIONAL PÚBLICO

Traducción a cargo de la
Dotación Carnegie para la Paz Internacional

MANUAL DE DERECHO INTERNACIONAL PÚBLICO

EDITADO POR

MAX SORENSEN

FONDO DE CULTURA ECONÓMICA
MÉXICO

Pimera edición en inglés,   1968
Primera edición en español, 1973
    Séptima reimpresión,   2000

Revisión y adiciones a la edición en español de
BERNARDO SEPÚLVEDA

Título original:
Manual of Public International Law
D. R. © 1968, Macmillan, Londres

D. R. © 1973, FONDO DE CULTURA ECONÓMICA
D. R. © 1992, FONDO DE CULTURA ECONÓMICA, S. A. DE C. V.
D. R. © 1994, FONDO DE CULTURA ECONÓMICA
Carretera Picacho-Ajusco 227; 14200 México, D. F.
www.fce.com.mx

ISBN 968-16-0216-1

Impreso en México

PRÓLOGO A LA EDICIÓN EN ESPAÑOL

INTERNACIONAL en su concepción y en su ejecución, el *Manual de Derecho Internacional Público*, editado por el profesor Max Sorensen, ha sido muy bien recibido en distintas partes del mundo. Sin embargo, el éxito de la edición en inglés no significa desconocer la necesidad de traducir el *Manual* a otros idiomas, si lo que se pretende es que éste se convierta en un instrumento de enseñanza y de consulta en aquellas regiones donde el inglés no es el idioma de origen.

Desde su publicación en 1968, se han recibido numerosas peticiones para traducir el *Manual* a otros idiomas. Después de la debida reflexión, se tomó la decisión de dar prioridad a su publicación en español.

En un principio, se preparó una traducción preliminar, bajo los auspicios del Instituto Interamericano de Estudios Jurídicos Internacionales. Posteriormente, en el verano de 1970, fue designado un grupo de traductores bajo la dirección del profesor Sergio Rodríguez Restrepo, de la Universidad de los Andes, Bogotá, Colombia, cuya labor consistió en revisar y reescribir la traducción preliminar. El profesor Rodríguez Restrepo, abogado de la Universidad Javeriana, M.C.L., de la Universidad Metodista del Sur; Ll. M. de la Universidad de Harvard; Decano de la Facultad de Derecho de la Universidad de los Andes, contó con la colaboración de José Antonio Galvis, profesor adjunto de la Facultad de Derecho de la Universidad de los Andes; de Ángel María Buitrago y de Constanza Silva.

La Dotación Carnegie desea hacer patente su agradecimiento al doctor F. V. García Amador, del Instituto Interamericano de Estudios Jurídicos Internacionales, por su valioso estímulo y consejos, y al profesor Rodríguez y a sus colaboradores, por la destreza y entusiasmo que mostraron al preparar la traducción definitiva al español.

Al tomarse la decisión de editar el *Manual* en español, surgieron varias dificultades en cuanto a su presentación y contenido. Desde 1968, ha habido, naturalmente, cambios y desarrollos en el derecho internacional que afectan cada uno de sus capítulos. Sin embargo, pocos desarrollos han sido tan radicales como para volver obsoleto o redundante el texto original. De todas formas, se revisó y puso al día el texto con el fin de incluir acontecimientos y cambios jurídicos recientes.

Uno de los más importantes desarrollos que han tenido lugar desde 1968 es la adopción de la Convención de Viena sobre el Derecho de los Tratados. El capítulo IV del *Manual*, que se refiere al Derecho de los Tratados, fue escrito con anterioridad a la adopción y firma de dicha Convención, aunque se basó, en gran medida, en los trabajos preparatorios de la Comisión de Derecho Internacional.

La Dotación Carnegie está convencida de que el *Manual* representa un esfuerzo único en el ámbito de la bibliografía sobre derecho internacional, y que al presentarlo en español realiza una contribución importante al estudio y a la enseñanza del derecho de gentes en el mundo de habla hispana.

Por último, es un placer dejar constancia de nuestro aprecio al Fondo de Cultura Económica por su valiosa colaboración al publicar este volumen. Una manifestación de gratitud especial se debe al licenciado Bernardo Sepúlveda Amor, de El Colegio de México, de quien partió la iniciativa para el establecimiento de las relaciones entre el Fondo de Cultura Económica y la Dotación Carnegie y quien ha sido, en gran medida, el responsable de la ardua labor de poner al día esta edición.

RALPH ZACKLIN

Director del Programa de Derecho
Internacional de la Dotación Carnegie

CONTENIDO

El grupo contó con la inapreciable colaboración de RALPH ZACKLIN. Originalmente, aceptó ser investigador asistente, y como tal prestó señalados servicios. Sin embargo, gradualmente su contribución fue excediendo dicha función, y ha dejado su huella en la redacción final de varios capítulos.

BIOGRAFÍA DE AUTORES Y DE ASISTENTES
DE INVESTIGACIÓN

MAX SORENSEN. Nació en 1913 en Copenhague, Dinamarca. Estudió Derecho en la Universidad de Copenhague y en el Instituto de Altos Estudios Internacionales, Ginebra. En el Servicio Exterior danés, 1938-47. Profesor de Derecho Internacional y Constitucional en la Universidad de Aarhus desde 1947. Consultor Legal del Ministerio de Relaciones Exteriores danés desde 1956. Miembro de la Comisión Europea de Derechos Humanos (European Commission of Human Rights) desde 1955 y presidente de la Comisión en el periodo 1967-72. Juez *ad hoc* en la Corte Internacional de Justicia en el North Sea Continental Shelf Cases.

WILLIAM W. BISHOP, JR. Nació en 1906 en Princeton, Nueva Jersey. Profesor de la cátedra de Derecho "Edwin D. Dickinson", Escuela de Derecho de la Universidad de Michigan, A. B., 1928, J. D., 1931, Universidad de Michigan. Estudios en las Escuelas de Derecho de Harvard y Columbia. Miembro, Barra de Abogados de Michigan desde 1931, Barra de la Suprema Corte de Estados Unidos desde 1941. Asistente de enseñanza e investigación, Escuela de Derecho de la Universidad de Michigan, 1931-35. Ejercicio de la abogacía en Nueva York, 1935-36. Lector en política, Universidad de Princeton, 1936-38. Consultor Legal Asistente, Departamento de Estado norteamericano, 1939-47. Consultor Legal, Delegación de E. U. A. al Consejo de Ministros de Relaciones Exteriores y la Conferencia de Paz de París, 1946. Profesor invitado de Derecho, Escuela de Derecho de la Universidad de Pennsylvania, 1947-48. Profesor invitado de Derecho Internacional, Universidad de Columbia, 1948, y Universidad de Texas, 1953. Profesor de Derecho, Universidad de Michigan, desde 1948. Editor en jefe, *American Journal of International Law*, 1953-55, y 1962-70. Miembro del Consejo editorial de la misma publicación, desde 1970. Vicepresidente honorario de la American Society of International Law, 1961, 1965. Miembro asociado del Institut de Droit International.

FRANCIS DEÁK. Nació en 1899 en Ujvidek, Hungría. Escuela de Derecho de la Universidad Real de Budapest, D.U.J. (Doctor Utriusque Juris), 1924. Escuela de Ciencias Políticas, París, 1924-25, Escuela de Derecho de Harvard, S. J. D., 1927. Asistente de Investigación del Honorable Juez John Bassett Moore, 1927-28. Lector y posteriormente profesor de Derecho, Escuela de Derecho de la Universidad de Columbia, Nueva York, 1928-43. Servicio en el extranjero durante la segunda Guerra Mundial, 1943-45. Servicio Exterior estadounidense, 1945-59. Dotación Carnegie para la Paz Internacional, encargado del Programa de Derecho Internacional, 1959. Profesor de Derecho Internacional, Escuela de Derecho de la Universidad Rutgers, 1964.

ABDULLAH EL ERIAN. Nació en 1920 en Domanhur, Egipto, Embajador de la RAU en Francia. Antiguo director del Departamento Legal y de Tratados,

9

Ministerio de Asuntos Extranjeros, República Árabe Unida. Profesor de Derecho Internacional y Organización Internacional, Facultad de Derecho, Universidad de El Cairo. Miembro de la Comisión de Derecho Internacional. Presidente de la Sexta Comisión (Legal) de la Asamblea General de las Naciones Unidas en su vigésima sesión y delegado permanente de la RAU ante la ONU.

EDUARDO JIMÉNEZ DE ARÉCHAGA. Nació en 1918 en Montevideo, Uruguay. Juez, Corte Internacional de Justicia. Antiguo profesor de Derecho Internacional Público, Facultad de Derecho, Universidad de Montevideo, desde 1949, Antiguo miembro de la Comisión de Derecho Internacional desde 1960 y presidente de la XV sesión de esta Comisión, 1963. Impartió cursos en la Academia de La Haya en 1954 y 1964 y es miembro del Cuartorium de esta Academia. Miembro asociado del Institut de Droit International.

PETER JAMES NKAMBO MUGERWA. Nació en 1933 en Kampala, Uganda. B. A., Londres, 1956; B. A., 1960, Ll. B., Cantab, 1962, Premio Lizzette Bentwich de Derecho, 1962, Abogado (Gray's Inn), 1962. "Scholar", The Hague Research Centre of International Law, 1962. Profesor, Facultad de Derecho, University College, Dar-es-Salaam, 1962-63. Abogado General, Gobierno de Uganda, 1964-71 y Procurador General del Gobierno de Uganda, desde 1971.

B. S. MURTY, Nació en 1921 en Guntur, Andhra Pradesh, India. B.L., Universidad de Madras, 1942. Abogado de la Suprema Corte de Madras, 1943. Miembro del Departamento de Derecho, Universidad de Andhra, como profesor, 1947, M.L., Universidad de Madras, 1952. 1954-57, Escuela de Derecho de Yale, Ll.M., 1955, J.S.D., 1957. Profesor y Director del Departamento de Derecho, Universidad de Andhra, desde 1964. Otoño de 1965, Senior Fellow, Escuela de Derecho de Yale.

SHIGERU ODA. Nació en 1924 en Sapporo, Japón. Título de Derecho, Universidad de Tokio, 1947. Ll.M., Universidad de Yale, 1952. J.S.D., Universidad de Yale, 1953. Doctor en Derecho, Universidad de Tohoku (Japón), 1962. Profesor Asistente de Derecho Internacional, Universidad de Tohoku, desde 1959. Miembro asociado del Institut de Droit International, desde 1969.

CLIVE PARRY. Nació en 1917 en Ashley (Salop), Inglaterra. Ll.D., Cantab. Profesor de Derecho Internacional, Director del Centre of International Studies y Fellow de Downing College en la Universidad de Cambridge desde 1946. Abogado (Gray's Inn.), 1946. Profesor de Derecho Público en la Universidad de Ankara, Turquía, 1944-45. Profesor invitado en las Escuelas de Derecho de las Universidades de Harvard, Rutgers, Estado de Arizona y North-Western y en el Hastings College of the Law, Universidad de California, E.U.A., y en la Universidad de Sydney, Australia. Miembro del Departamento de Asuntos Legales, Secretario de las Naciones Unidas, 1948-49. Conferenciante en la Academia de Derecho Internacional de La Haya. Miembro asociado del Institut de Droit International.

MILAN SAHOVIĆ. Nació en 1924 en Belgrado, Yugoslavia. Durante la segunda Guerra Mundial fue miembro de la Unión Antifascista de Jóvenes en la Guerra de Liberación Nacional. Graduado en la Facultad de Derecho de Belgrado, 1949. Doctor en Ciencias Jurídicas en la Universidad de Belgrado, 1957. Colabora en el Instituto de Economía y Política Internacional en Belgrado, desde 1948. Consejero Científico y Director del Departamento de Derecho Internacional de este Instituto. Director del Curso de Relaciones Internacionales de Posgraduados en la Facultad de Ciencias Políticas de la Universidad de Belgrado. Miembro de las delegaciones yugoslavas a las diferentes sesiones de la Asamblea General de la ONU. Representante yugoslavo en el Comité Especial de la ONU sobre Principios de derecho internacional sobre las relaciones amistosas y de cooperación entre los Estados y en los diferentes cuerpos legales de la ONU y otras organizaciones internacionales.

KRZYSZTOF JAN SKUBISZEWSKI. Nació en 1926 en Poznan, Polonia. Durante la segunda Guerra Mundial fue expulsado de su ciudad natal por las autoridades alemanas de ocupación. *Magister iur.*, Poznan, 1949, *Dr iur.*, Poznan, 1950, diploma en Altos Estudios Europeos, Nancy, 1957, Ll.M., Harvard, 1958. "Dozent" (profesor asociado) en la Universidad de Poznan, donde enseña derecho internacional desde 1949. Miembro asociado del Institut de Droit International desde 1971. Fue Vice-Decano de la Facultad de Derecho de Poznan, 1961-63, "Scholar" visitante de la Universidad de Columbia, 1963-64, y profesor invitado en la Universidad de Ginebra, 1971.

MICHEL VIRALLY. Nació en 1922 en Autun, Francia. Graduado en Derecho en las Universidades de París y Aix-en-Provence, Doctor de Derecho de la Universidad de París, en 1947. Research Fellow en la Universidad de Columbia en Nueva York, 1960-61. Consultor Legal Asistente ante el Comandante en Jefe Francés, luego ante el Alto Comisionado Francés, en Alemania, 1945-51. "Chargé de Cours" en la Universidad de Estrasburgo (Francia) en 1949. Agregé de las Facultades de Derecho Francesas en 1952. Profesor Asistente de la Universidad de Estrasburgo, el mismo año. Profesor de la misma Universidad en 1956. Profesor del Instituto de Altos Estudios Internacionales en Ginebra desde 1961, y profesor de Derecho Internacional en la Universidad de Ginebra. Consultor Legal ante el mediador de las Naciones Unidas en Chipre en 1964. Miembro asociado del Institut de Droit International.

RALPH ZACKLIN. Nació en 1937 en Leeds, Inglaterra. Ll.B., University College, Londres; Ll.M., Universidad de Columbia, Doctor en Ciencias Políticas, Universidad de Ginebra, Instituto de Altos Estudios Internacionales, Director, Programa de Derecho Internacional de la Dotación Carnegie, Profesor invitado de Derecho Internacional, Universidad Rutgers, 1970, y Director de Estudios, Academia de Derecho Internacional de La Haya, 1970.

LISTA DE CASOS

2) *Corte Internacional de Justicia*

5) *Comisión o Corte Europea de Derechos Humanos*

6) *Juicios de Criminales de Guerra*

II. DECISIONES DE CORTES NACIONALES

Aden

Alemania

Argentina

Ware *v.* Hylton, 4.57
Wulfsohn *v.* Russian Federated Soviet Republic, 5.17

Francia

Boyer *et al. v.* Aldrète, 7.18
Chaliapine *v.* U.R.S.S., 7.26
De Simon *v.* Pasquier, 7.23
Guggenheim *v.* Estado de Vietnam, 7.26
Lahalle et Lavard *v.* American Battle Monuments Commission, 7.25
Laterrade *v.* Sangro y Torres, 7.18
Murphy *v.* Lee Jortin, 7.18
Procureur-Général *v.* Sindicato de la A. Dehondecq Property Co., 7.40
Procureur-Général *v.* Vestwig, 7.26
Rumania *v.* Pascalet, 7.26
Société le Gostorg et U.R.S.S. *v.* Association France-Export, 7.26
Société Viajes *v.* Office National du Tourisme Espagnol, 7.26
Spanish State and the Bank of Spain *v.* Banco de Bilbao, 7.28
USSR *v.* Association France-Export, 7.28
Zizianoff *v.* Kahn and Bigelow, 7.18

Filipinas

Gibbs *et al. v.* Rodriguez *et al.,* 12.26
Haw Pia *v.* The China Banking Corporation, 12.26
Kuroder *v.* Jaladoni, 5.32

Grecia

Consular Premises, Caso (Grecia), 7.26
L. *v.* N., Caso (Ocupación búlgara de Grecia), 12.26
L. *v.* N., Caso (Olive-oil), 12.26
Soviet Republic, Caso (Inmunidad en Grecia), 7.26

Holanda

Krol *v.* Bank of Indonesia, 7.26
Nederlandse Rijnbank, Amsterdam *v.* Muhlig Union, 7.26
X *v.* Public Prosecutor, 6.27

Hong Kong

Midland Investment Co., Ltd. *v.* The Bank of Communications, 7.27

India

Dabrai *v.* Air India Ltd., 5.36
Krishna Sharma *v.* State of West Bengal, 5.36
Thabore Saheb Khanji Kashari Khanji *v.* Gulam Ra Sul Chandbal, 7.03
U.A.R. *et al. v.* Mirza Ali Akbar Kashani, 7.26, 29

Israel

Eichmann, Caso, 6.29
Heirs of Shababo *v.* Heilen, 7.20

III. Tabla de incidentes

TABLA CRONOLÓGICA DE TRATADOS CITADOS

Tratado	Fuente	Lugar
1648		
Tratado de Paz de Westfalia	Dumont, *Corps diplomatique du Droit de Gens*, pt. 6, sect. I, p. 450	1.02
1667		
Reino Unido y España: Tratado Consular	Hertslet, *Commercial Treaties*, vol. ii, p. 140	4.54
1794		
Gran Bretaña y Estados Unidos: Tratado de Amistad y Comercio (Tratado Jay)	*USTS*, Nº 105	11.07
1812		
Gran Bretaña y Suecia: Tratado de Paz	1 *BFSP*, 15	4.14
1814		
Tratado de Chaumont	1 *BFSP*, 121	2.02
1815		
Protocolo Final del Congreso de Viena	2 *BFSP*, 7; Martens, *NR*, vol. 2, p. 379	1.03, 06; 2.02; 6.08
Tratado de Establecimiento de las Zonas Libres de Saboya y Gex	3 *BFSP*, 359	5.34
Alianza Cuádruple	3 *BFSP*, 293	2.02
1834		
Bélgica y Francia: Tratado de Extradición	Martens, *NR*, vol. 12, p. 739	8.30
1850		
Gran Bretña y Estados Unidos: Convenio referente a la construcción de un canal para conectar los océanos Atlántico y Pacífico (Tratado Clayton-Bulwe...)	38 *BFSP*, 4	4.58
1855		
Tratado referente a la integridad de los Reinos Unidos de Suecia y Noruega	45 *BFSP*, 33	4.52

Tratado	Fuente	Lugar
1856		
Tratado de París	Martens, *NRG*, vol. 15, p. 791; 46 *BFSP*, 8	6.08; 11.04
Declaración de París	46 *BFSP*, 26; Martens, *NRG*, vol. 15, p. 767	1.03; 5.19; 12.24, 26
1857		
Convenio sobre los Estrechos Bálticos	47 *BFSP*, 32	6.16
1864		
Convención de Ginebra sobre las víctimas de guerra en el campo de batalla (revisada en 1906 y en 1929)	55 *BFSP*, 43; II *LNTS*, 440; 118 *LNTS*, 303	12.25
1865		
Convención de París	56 *BFSP*, 295	2.02; 10.16
1867		
Tratado relativo a la neutralidad de Luxemburgo	57 *BFSP*, 32	4.06
1868		
Convención de Mannheim (régimen de navegación en el Rhin)	59 *BFSP*, 470; Martens, *NRG*, vol. 20, p. 335	6.08
1874		
Convención Postal de Berna	Martens, *NRG*, 2⁰ ser., vol. I, p. 651	1.06; 2.02; 3.36; 10.14, 15
1881		
Argentina y Chile: Tratado fronterizo	32 *BFSP*, 1103	6.16
1882		
Estados Unidos y Bélgica: Tratado de Extradición	22 Stat. at L., 972; Martens, *NRG*, 2⁰ ser., vol. 8, p. 489	8.30
1883		
Unión Internacional para la Protección de la Propiedad Industrial	Martens, *NRG*, 2⁰ ser., vol. 30, p. 449	2.02

Tratado	Fuente	Lugar
1884 Convención de París sobre la protección de los cables submarinos	75 *BFSP*, 356	6.20
1885 Acta general de Berlín (conferencia del Congo)	Martens, *NRG*, 2º ser., vol. 10, p. 419; 76 *BFSP*, 4	1.05; 6.06
1886 Convención para la protección de los trabajos Literarios y Artísticos	Martens, *NRG*, 2º ser., vol. 12, p. 173	2.02
1888 Convención de Constantinopla (convención del Canal de Suez sobre libertad de navegación)	79 *BFSP*, 18	4.55; 5.34; 6.10
1890 Acta General de Bruselas: Conferencia referente a la supresión del comercio de esclavos africanos	82 *BFSP*, 379; Martens, *NRG*, 2º ser., vol. 17, p. 345	1.06
Convención Internacional de Tránsito de Carga Ferroviaria	Martens, *NRG*, 2º ser., vol. 19, p. 447	2.02
1898 Gran Bretaña y Holanda: Tratado de Extradición	90 *BFSP*, 51	5.36
1899 Conferencia de Paz de La Haya: Acta Final	91 *BFSP*, 963	12.24
Convención de La Haya para el arreglo pacífico de las Disputas Internacionales (Núm. 1)	91 *BFSP*, 970; Martens, *NRG*-2º ser., vol. 26, p. 920	1.04; 2.02; 11.01, 04, 05, 07, 09, 11
Convenciones de La Haya I, II, III, IV, V, VI	Martens, *NRG*, 2º ser., vol. 26	4.56; 11.07; 12.24
1901 Acuerdo de Arbitraje: Estados Unidos y Gran Bretaña: Tratado Hay-Pauncefote	*USTS*, Nº 431; 33 Stat. at L., 2234	6.10; 9.08

Tratado	Fuente	Lugar
(Tratado para facilitar la construcción de un canal marítimo entre los océanos Atlántico y Pacífico)		

1903

Tratado	Fuente	Lugar
Gran Bretaña y Francia	96 *BFSP*, 35; 20 *LNTS*, 185	11.08, 10

1904

Tratado	Fuente	Lugar
Gran Bretaña y Francia: Declaración con respecto a Egipto y Marruecos (y con referencia al régimen de navegación a través del Estrecho de Gibraltar)	97 *BFSP*, 39	6.16

1907

Tratado	Fuente	Lugar
Conferencia de Paz de La Haya, Acta Final, y las Convenciones I a XIV de La Haya (en general)	Martens, *NRG*, 3º ser., vol. 3, pp. 323, 360, 414, 437, 461, 504, 533, 557, 580, 604, 630, 663, 688, 713, 745; 100 *BFSP*, 281	4.56; 12.24
Convención de La Haya para el arreglo pacífico de las Disputas (Núm. I)	100 *BFSP*, 298; Martens, *ibid.*, p. 360	5.32; 11.04, 05, 09, 11, 12, 13
Convención de La Haya Núm. II	100 *BFSP*, 314; Martens, *ibid.*, p. 414	11.01; 12.01, 07, 24
Convención de La Haya Núm. III	100 *BFSP*, 326; Martens, *ibid.*, p. 437	12.14, 22
Convención de La Haya Núm. IV	100 *BFSP*, 338; Martens, *ibid.*, p. 461	12.21, 24
Convención de La Haya Núm. V	100 *BFSP*, 359; Martens, *ibid.*, p. 504	12.26, 27
Convención de La Haya Núm. VI	100 *BFSP*, 365; Martens, *ibid.*, p. 533	12.26, 27
Convención de La Haya Núm. VII	100 *BFSP*, 377; Martens, *ibid.*, p. 557	12.24
Convención de La Haya Núm. VIII	100 *BFSP*, 389; Martens, *ibid.*, p. 580	12.24
Convención de La Haya Núm. IX	100 *BFSP*, 401; Martens, *ibid.*, p. 604	12.24
Convención de La Haya Núm. XI	100 *BFSP*, 401; Martens, *ibid.*, p. 663	12.26
Convención para el establecimiento de una Corte Interna-	100 *BFSP*, 435; Martens, *ibid.*, p. 688	8.24; 11.15

Tratado	Fuente	Lugar
cional de Presas (Convención de La Haya Núm. XII)		
Convención de La Haya Núm. XIII	100 *BFSP*, 448; Martens, *ibid.*, p. 713	12.27
Convención para el establecimiento de una Corte de Justicia Centroamericana	100 *BFSP*, 841; Martens, *ibid.*, p. 105; 2 *AJIL*, Suppl., 231 (1908)	8.24, 11.15
Oficina Internacional de Salud Pública	Martens, *NRG*, 3º ser., vol. 2, p. 913	2.02 10.19
1909		
Declaración de Londres	104 *BFSP*, 242	8.24; 12.26
1910		
Convención sobre responsabilidad por daños causados por colisión en el mar	103 *BFSP*, 434	10.11
1911		
Italia y Suecia: Arbitraje	Martens, *NRG*, 3º ser., vol. 5, p. 359	11.08
1914		
Convención sobre la Seguridad de la vida en el mar (revisada en 1929, 1948 y 1960)	108 *BFSP*, 283; 136 *LNTS* 81 (1929); 164 *UNTS*, 113 (1948); Singh, *British Shipping Laws*, 1963 8: 117 (1960)	10.11
1918		
Convención de Armisticio con Alemania	111 *BFSP*, 613; 13 *AJIL*, Suppl., 97 (1918)	4.40
Alemania y Rusia: Tratado de Paz (Brest-Litovsk)	123 *BFSP*, 740	4.50
1919		
Tratado de Versalles: Convenio de la Liga de las Naciones; Organización Internacional del Trabajo	112 *BFSP*, 13; Martens, *NRG*, 3º ser., vol. II, p. 323; Hudson, vol. I, p. 1	1.04, 07; 2.03, 20, 29; 4.06, 13, 20, 28, 38, 44, 45, 17, 50, 55. 56; 6.08, 10; 7.37; 8.23, 26; 10.04, 18; 12.01, 15, 20

Tratado	*Fuente*	*Lugar*
Tratado de Paz de St. Germain	112 *BFSP*, 317	6.06; 8.08
Tratado de las Minorías con Checoslovaquia	Hudson, vol. I, p. 298; 112 *BFSP*, 502	8.18
Tratado de las Minorías con Polonia	Hudson, vol. I, p. 283; 112 *BFSP*, 232	8.18
Convención de París sobre Navegación Aérea	11 *LNTS*, 173	6.17, 18
1920		
Tratado de Paz de Trianón	113 *BFSP*, 486	8.08
Estatuto del Tribunal Permanente de Justicia Internacional	Hudson, vol. I, p. 530; Publicaciones del Tribunal, ser. D. Nº 1	2.03
1921		
Convención y Estatuto de la Conferencia de Barcelona sobre el Régimen de las Vías Acuáticas Navegables de Interés Internacional	7 *LNTS*, 36	6.08
Alemania y Suiza: Tratado de Arbitraje	12 *LNTS*, 281	9.17
Reino Unido y Bélgica: Facilidades portuarias en Tanganica	*UKTS*, Nº 11 (1921); 5 *LNTS*, 319	5.34
1922		
Alemania y Polonia: Convención sobre Alta Silesia	*Reichsgesetzblatt*, 1922, vol. II, p. 238	8.24
Tratado Naval de Washington	25 *LNTS*, 202	4.45
Tratado de Rapallo (Alemania-Rusia)	19 *LNTS*, 247; 118 *BFSP*, 586	4.50
1923		
Convención de Lausana (Convención sobre Estrechos para la navegación a través del Bósforo y de los Dardanelos)	28 *LNTS*, 116	6.16
Convención sobre el desarrollo de la Energía Hidráulica cuando afecta a más de un Estado	36 *LNTS*, 76	6.09

Tratado	Fuente	Lugar
1924		
Protocolo sobre el arreglo pacífico de las disputas internacionales	LN Doc. C. 606. N. 211; Hudson, vol. 2, p. 1378	1.04
Convención sobre el transporte de mercaderías por mar	120 *LNTS*, 155	10.11
Convención sobre la limitación de responsabilidad de los propietarios de barcos (revisada en 1957)	120 *LNTS*, 123; Singh, *British Shipping Laws*, 1963, 8: 1058 (1957)	10.11
Gran Bretaña y Estados Unidos: Convención para regular el tráfico de licores	27 *LNTS*, 182	4.26
1925		
Tratados de Locarno (Garantías Mutuas)	54 *LNTS*, 289	11.06, 10
Protocolo de Ginebra sobre el uso de gases venenosos en la guerra	94 *LNTS*, 65	12.24
1926		
Convención Internacional sobre Esclavitud	60 *LNTS*, 253	3.06; 8.23
Convención de Bruselas para la unificación de determinadas reglas referentes a las inmunidades de las naves gubernamentales	176 *LNTS*, 199; Hudson, vol. 3, p. 1838	7.24, 26, 29
Estados Unidos y Liberia: Arbitraje	56 *LNTS*, 279	11.10
1928		
Código de Bustamante, convención sobre Derecho Internacional Privado	86 *LNTS*, 111	6.28, 29
Convención de La Habana sobre funcionarios diplomáticos	155 *LNTS*, 259; Hudson, vol. 4, p. 2385	7.04, 06
Convención de La Habana sobre agentes consulares	155 *LNTS*, 289; Hudson, vol. 4, p. 2394	7.15
Convención de La Habana sobre la condición de los extranjeros	132 *LNTS*, 301	8.10
Convención de La Habana sobre Asilo	132 *LNTS*, 323; Hudson, vol. 4, p. 2412	7.12

Tratado	Fuente	Lugar
Convención Panamericana sobre Aviación Comercial	129 *LNTS,* 223	10.09
Acta General para la solución pacífica de disputas	93 *LNTS,* 343	4.22; 9.17; 11.06, 07, 10, 11
Tratado sobre la renuncia a la guerra (Pacto Kellogg-Briand)	94 *LNTS,* 57; Hudson, vol. 4, 2522	1.04; 2.28, 41, 43; 5.32; 11.01; 12.01, 02, 06, 08, 15
1929		
Convención de Ginebra sobre el tratamiento de los prisioneros de guerra (revisado en 1949)	118 *LNTS,* 343	1.04
Tratado de Arbitraje Interamericano	130 *LNTS,* 135; *USTS,* Nº 780	11.06, 07, 10, 12
Convención de Varsovia sobre el transporte aéreo internacional	137 *LNTS,* 11	10.10
Investigación de la Universidad de Harvard Proyecto de convención sobre la responsabilidad de los Estados	23 *AJIL,* Special Suppl., 133 (1929)	9.09
Italia y el Vaticano (Tratado de Letrán)	23 *AJIL,* Suppl., 187 (1929)	5.07
1930		
Convención sobre líneas de carga	135 *LNTS,* 302	10.11
Convención sobre conflictos de leyes de nacionalidad	179 *LNTS,* 89	8.02, 06
Convención sobre trabajo forzado (Convención de la OIT número 29)	134 *BFSP,* 449	8.22
1933		
Convención sobre la condición de los refugiados	159 *LNTS,* 199	8.17
Convención de Montevideo sobre asilo político	152 *BFSP,* 231; Hudson, vol. 6, p. 607	7.12
Convención de Montevideo sobre los derechos y deberes de los Estados	165 *LNTS,* 20	5.02

Tratado	*Fuente*	*Lugar*
Convención de Montevideo sobre extradición	165 *LNTS*, 46	8.28
Convención sobre la definición de agresión	1 17 *LNTS*, 67, 79, 211	12.13

1935

Investigación de la Universidad de Harvard, Proyecto de Convención sobre extradición	29 *AJIL*, Suppl., 15 (1935)	8.28
Alemania y Gran Bretaña: Cambio de notas con respecto a la limitación de armamentos navales	161 *LNTS*, 10	4.50

1936

Arreglo provisional relativo a la condición de los refugiados procedentes de Alemania	171 *LNTS*, 75	8.17
Convención de Montreux sobre el Estrecho de los Dardanelos	173 *LNTS*, 213	4.38; 6.16
Tratado interamericano de buenos oficios y de mediación (Buenos Aires)	188 *LNTS*, 75	11.04, 06
Protocolo de Londres sobre el uso de submarinos	173 *LNTS*, 353	12.24

1937

Convención sobre extradición	191 *LNTS*, 220	8.28
Convención Internacional para la prevención y castigo de los actos de terrorismo político	*Documents on International Affairs*, 1934, p. 111 Liga de las Naciones, *OJ*, diciembre 1934, pt. 2, p. 1839	8.30

1938

Convención sobre la condición de los refugiados procedentes de Alemania	192 *LNTS*, 59	8.17

1939

Protocolo adicional para el arreglo provisional y convención relativo a la condición de los refugiados procedentes de Alemania	198 *LNTS*, 141	8.17

Tratado	Fuente	Lugar
Tratado de Montevideo sobre Asilo Político y Refugiados	Hudson, vol. 8, p. 404	7.12
1944 Organización de Aviación Civil Internacional (Convención de Chicago)	15 *UNTS*, 295	2.04; 3.36; 6.17, 18; 10.09, 10; 11.29
1945 Carta de las Naciones Unidas	145 *BFSP*, 805	1.04, 07; 2.04, 11-21, 26, 29; 3.06; 4.05, 13, 28, 40, 41, 44, 45, 47, 55; 5.03, 05, 0.9, 24; 7.01, 34, 37, 39; 8.19, 23, 25; 9.07, 43; 11.01, 02, 04, 05, 06, 07, 15, 17, 20, 25, 26, 28; 12.01, 0.3, 05, 07, 09, 10, 11, 13, 14, 15, 16, 18, 19, 20, 23
Constitución de la UNESCO	4 *UNTS*, 275	2.04; 10.22; 11.29
Constitución de la OIT (Instrumento de Enmienda 1945)	2 *UNTS*, 39	2.03; 4.16; 11.29
Constitución de la FAO	145 *BFSP*, 910	2.04; 11.29
Acuerdo constitutivo del FMI	2 *UNTS*, 39	2.25; 10.02, 03, 04, 05; 11.29
Pacto de la Liga de Estados Árabes	70 *UNTS*, 237	2.27; 7.37; 11.28
Artículos de Acuerdo BIRF	2 *UNTS*, 134	2.25; 10.08; 11.29

Tratado	*Fuente*	*Lugar*
Acuerdo firmado en Londres por Estados Unidos, Francia, Reino Unido y U.R.S.S. para el enjuiciamiento y castigo de los principales criminales de guerra de las potencias del eje europeo	82 *UNTS*, 279	8.26
Carta del Tribunal Militar Internacional	82 *UNTS*, 284	1.04, 07

1946

Convención General sobre los privilegios e inmunidades de las Naciones Unidas	1 *UNTS*, 15	4.13, 22; 5.05; 7.34, 35, 37, 40, 41
Acuerdo entre la Liga de las Naciones y las Naciones Unidas respecto a la transferencia de activos de la Liga y protocolos y disposiciones suplementarias	1 *UNTS*, 109, 119, 131, 135	4.13; 5.38
Constitución de la oms	14 *UNTS*, 185	3.36; 10.19, 20; 11.29
Convención de Londres sobre pesca en el Mar del Norte	231 *UNTS*, 199	6.19
Estados Unidos de Norteamérica y Reino Unido: Acuerdo sobre los servicios aéreos	3 *UNTS*, 253	10.10
Naciones Unidas y Suiza: Acuerdo provisional sobre Privilegios e Inmunidades	1 *UNTS*, 164	5.05
Tratado de Paz con Italia	49 *UNTS*, 3	3.35; 4.56; 6.03; 8.08, 18; 9.17
Acuerdo General sobre Aranceles Aduaneros y Comercio	55 *UNTS*, 187	4.22; 8.13; 10.04, 05; 11.29
Convención de la omm	77 *UNTS*, 143	3.36; 4.13; 10.25; 11.29
Protocolos Adicionales entre la Liga de las Naciones y las Naciones Unidas con respecto a la transferencia de los activos de la Liga	4 *UNTS*, 443, 449; 5 *UNTS*, 389, 395	4.13
Convención para el establecimiento de la ocmi	289 *UNTS*, 48	10.11, 12; 11.29

Tratado	Fuente	Lugar
Tratado interamericano de asistencia recíproca (Tratado de Río)	21 *UNTS*, 77	11.03; 12.10, 19
Tratado de Paz entre las Fuerzas Aliadas y Bulgaria, Hungría, Rumania y Finlandia	Bulgaria, 41 *UNTS*, 21 Hungría, 41 *UNTS*, 135 Rumania, 42 *UNTS*, 3 Finlandia, 48 *UNTS*, 203	4.56; 6.03; 8.18; 9.17; 11.07
Reino Unido y Birmania: Reconocimiento de la Independencia de Birmania	70 *UNTS*, 183	5.36
Acuerdo relativo a la sede de las Naciones Unidas	*TIAS*, Nº 1677	7.34
Acuerdo entre la Organización Internacional del Trabajo (OIT) y la Organización de las Naciones Unidas para la Agricultura y la Alimentación (FAO)	18 *UNTS*, 335	2.26
1948 Convención de Belgrado sobre el régimen de navegación en el Danubio	33 *UNTS*, 181	6.08
Convención sobre la prevención y castigo del crimen de genocidio	78 *UNTS*, 277	4.19; 5.35; 8.27
Carta de la Organización de los Estados Americanos	119 *UNTS*, 3, 49	2.27; 5.15; 7.37; 11.28; 12.19
Pacto de Bogotá (Convenio sobre la solución pacífica de diferencias)	30 *UNTS*, 55	11.04, 06, 12, 17, 28
Libertad de asociación y protección de los derechos de sindicación (Convención de la OIT, número 87)	68 *UNTS*, 17	8.22
Convención sobre la Unión Internacional para la protección de los Trabajos Literarios y Artísticos	331 *UNTS*, 217	10.23
Tratado de colaboración Económica, Social y Cultural y de Legítima Defensa Colectiva (Bruselas)	19 *UNTS*, 51	11.03

Tratado	Fuente	Lugar
Estados Unidos de Norteamérica e Italia: Tratado de Comercio	79 *UNTS*, 171	7.29
1949		
Tratado del Atlántico Norte	34 *UNTS*, 243	11.03; 12.10
Acta general revisada para el arreglo pacífico de las disputas	71 *UNTS*, 101	11.06, 07
Convención Mundial de tránsito por carretera	125 *UNTS*, 22	10.13
Convenciones de Ginebra sobre las víctimas de guerra	75 *UNTS*, 5, 31, 85, 135, 287	1.04; 3.06; 4.56; 5.25, 26; 8.30; 12.23, 24, 25, 27
Convención para el mejoramiento de la condición de los heridos y enfermos de las Fuerzas Armadas en el campo de batalla	75 *UNTS*, 31	6.29; 12.25
Convención para el mejoramiento de la condición de los heridos, enfermos y náufragos, miembros de las Fuerzas Armadas Marítimas	75 *UNTS*, 85	6.25; 8.30; 12.25
Convención relativa al trato de los civiles en tiempo de guerra	75 *UNTS*, 287	6.29; 8.30; 12.07, 25
Acuerdo entre la Organización de las Naciones Unidas para la Educación, la Ciencia y la Cultura (UNESCO) y la Organización Mundial de la Salud (OMS)	44 *UNTS*, 323	2.26
Aplicación de los principios del derecho de asociación y de negociación colectiva (Convención de la OIT, número 98)	96 *UNTS*, 257	8.22
1950		
Convención europea para la protección de los Derechos Humanos y las Libertades Fundamentales	213 *UNTS*, 221	3.06; 4.20; 8.21, 25

Tratado	Fuente	Lugar
Acuerdo para la admisión de la OIT, FAO y OMS dentro del fondo de pensión para personal de las Naciones Unidas	139 *UNTS*, 395, 407, 445	2.26
Estados Unidos e Irlanda: Tratado consular	22 *UNTS*, 108	7.23

1951

Convención sobre el estado de los refugiados	189 *UNTS*, 137	8.17
Tratado para establecer la Comunidad Europea del Carbón y del Acero (CECA)	261 *UNTS*, 140	2.28; 3.08, 33, 37; 10.07
Tratado de Seguridad del ANZUS (Australia, Nueva Zelandia, Estados Unidos)	131 *UNTS*, 83	3.36; 12.10
Estados Unidos y Japón: Tratado de seguridad	136 *UNTS*, 211	12.05
Reino Unido y Noruega: Convenio consular	*UKTS*, Nº 55 (1958)	4.49
Reino Unido y Bélgica: Facilidades portuarias en Tanganica	110 *UNTS*, 3	5.34

1952

Convención de Roma sobre los daños causados por aeronaves extranjeras a terceras partes en tierra.	310 *UNTS*, 181	9.04
Convención para la pesca de alta mar en el Océano Pacífico Septentrional	205 *UNTS*, 65	6.19
Convención de Bruselas sobre colisiones en el mar	439 *UNTS*, 217; 53 *AJIL*, 532 (1959)	6.19; 10.11
Convención para la solución de los asuntos surgidos de la guerra y de la ocupación	332 *UNTS*, 219	8.24; 11.07
Liga de Estados Árabes: Acuerdo de extradición	159 *BFSP*, 606	8.28
Convención Universal sobre propiedad intelectual	216 *UNTS*, 132	10.23
Convención sobre relaciones entre Estados Unidos de Norteamérica, Reino Unido, Francia y Alemania	331 *UNTS*, 327	8.24

Tratado	Fuente	Lugar
Convención sobre jurisdicción con respecto a las colisiones en el mar	439 *UNTS*, 233	10.11

1953

Convención para establecer la CERN	200 *UNTS*, 149	10.24

1954

Convención Interamericana sobre Asilo Territorial	161 *BFSP*, 566	8.17
Alianza de los Balcanes	211 *UNTS*, 237	12.10
Convención sobre el estado de los apátridas	360 *UNTS*, 117	5.07; 8.17
Convención Interamericana sobre asilo diplomático (Caracas)	161 *BFSP*, 570	7.12
Acuerdo sobre estaciones oceánicas del Atlántico Norte	215 *UNTS*, 249	10.10
Convención para la protección de la propiedad cultural en tiempo de guerra	249 *UNTS*, 240	12.24, 27
Convención de Londres sobre la prevención de la contaminación de los mares	327 *UNTS*, 3	6.19
Convención sobre la navegación en el río Mekong	8 *Annuaire Français*, 112 (1962)	6.08
Tratado de defensa colectiva del sudeste asiático (Manila)	209 *UNTS*, 28	12.10
Acuerdo sobre deudas exteriores alemanas	210 *UNTS*, 197	8.24
Yugoslavia y Austria: Acuerdo sobre la utilización del río Drava	227 *UNTS*, 111	6.09

1955

Tratado de Estado con Austria	217 *UNTS*, 223	8.18
Tratado central (Pacto de Bagdad)	233 *UNTS*, 199	12.10
Tratado de Amistad, Cooperación y Asistencia Mutua (Varsovia)	219 *UNTS*, 3	12.10

1956

Artículos del Acuerdo de la	264 *UNTS*, 117	4.44; 10.08;

Tratado	*Fuente*	*Lugar*
Corporación Financiera Internacional		11.29
Convención de Ginebra sobre esclavitud y comercio de esclavos	266 *UNTS*, 3	5.33; 8.23
Estatuto de la OIEA	276 *UNTS*, 3	10.24; 11.29
Acuerdo de París sobre derechos comerciales de servicios aéreos irregulares en Europa	310 *UNTS*, 229	10.10
Reino Unido y Alemania: Tratado consular	330 *UNTS*, 234	7.23

1957

Convención sobre el transporte de pasajeros por mar	Int. Maritime Committee Conf., Rijeka, 1959, p. 60	10.11
Convención sobre la nacionalidad de la mujer casada	309 *UNTS*, 65	8.04
Convención sobre la abolición del trabajo forzado (Convención de la OIT, Núm. 105)	320 *UNTS*, 291	8.22
Acuerdo europeo sobre demarcación de carreteras	372 *UNTS*, 159	4.44
Tratado para el establecimiento de la Comunidad Europea de Energía Atómica (EURATOM)	298 *UNTS*, 169	3.36, 37; 10.24
Tratado para establecer la Comunidad Económica Europea (CEE) (Tratado de Roma)	298 *UNTS*, 3	2.11, 28; 3.33, 36, 37; 10.07; 11.23
Convención europea para el arreglo pacífico de las disputas	320 *UNTS*, 243	9.11, 17; 11.10, 11, 17
Estatuto del Organismo Europeo de Energía Nuclear (ENEA)	53 *AJIL*, 1012 (1959) ; *European Yearbook*, vol. V, p. 273	2.28; 10.24
Convención europea sobre extradición	359 *UNTS*, 273	8.28, 30

1958

Convenciones de Ginebra sobre el derecho del mar	52 *AJIL*, 830 (1958) ; *TIAS*, Nº 5200; Convención sobre Alta Mar, 450 *UNTS*, 11; Convención sobre Plataforma Continental, 499 *UNTS*, 311;	3.14, 19; 5.05; 6.11, 12, 13, 14, 15, 16, 19, 20, 29;

Tratado	*Fuente*	*Lugar*
	Convención sobre el mar territorial, 516 *UNTS*, 205; Convención sobre pesquerías publicado en 599 *UNTS*	7.26, 29
Convención p a r a establecer una Unión para la Protección de la Propiedad Industrial	*TIAS*, N° 4931	10.23
RAU y la Compañía del Canal de Suez: Acuerdo sobre compensación	54 *AJIL*, 498 (1960)	8.14

1959

Tratado de la Antártida	402 *UNTS*, 71	1.05; 6.06, 25
Carta del Consejo de Asistencia Económica Mutua	368 *UNTS*, 253	7.37; 10.07
Sudán y RAU: Acuerdo sobre el Nilo	15 *Egyptian Review of International Law*, 67, 321 (1959)	6.09
Tratado para establecer la Asociación Europea de Libre Comercio	370 *UNTS*, 3	10.07
Acuerdo Internacional del Trigo	349 *UNTS*, 168	5.07
Estados Unidos de Norteamérica y Francia: Convención de Establecimiento	401 *UNTS*, 75	8.14
Convención sobre telecomunicaciones internacionales	*TIAS*, N° 4829; 12 *UST*, 2761; Peaslee, vol. II, p. 1397	10.16

1960

Acuerdo entre India y Pakistán sobre la utilización de las aguas del río Indo y sus tributarios	419 *UNTS*, 125; 55 *AJIL*, 797 (1961)	6.09
Convención contra la discriminación en la educación	429 *UNTS*, 93	10.22
Convención de París sobre responsabilidad de terceras partes en el campo de la energía nuclear	55 *AJIL*, 1082 (1961)	9.04; 10.24
Tratado para establecer la Asociación Latinoamericana de Libre Comercio (ALALC) (Montevideo)	Peaslee, vol. II, p. 1575; Comisión Económica para América Latina, *Annual Report*, 1960, p. 32	10.07

Tratado	Fuente	Lugar
Tratado para establecer el Mercado Común Centroamericano	455 *UNTS*, 3	10.07
Acuerdo Constitutivo del Banco Centroamericano de Integración Económica	455 *UNTS*, 203	10.07
Acuerdo constitutivo de la Asociación Internacional de Fomento (IDA)	439 *UNTS*, 249; Peaslee, vol. II, p. 1137	10.08; 11.29
Convención de Bruselas para establecer un servicio de control aéreo común para el espacio superior ("Euro-Control")	*European Yearbook,* vol. IX, 726; Cmnd. 1373, Misc. 1961, 5	10.10

1961

Convención para reducir la apatridia	Cmnd. 1825, Misc. 1962, 27	8.06, 07
Convención de Viena sobre relaciones diplomáticas	500 *UNTS*, 95; 55 *AJIL*, 1062 (1961)	3.19; 7.04, 06, 07, 08, 09, 10, 11, 13
Convención única sobre estupefacientes	2 *India Journal*, 101 (1962); Cmnd. 1580, Misc. 1962, I	10.21

1962

Proyecto de convención sobre la protección de la propiedad extranjera (OCEF)	2 *Internacional Legal Materials,* 241 (1963)	8.14
Convención para establecer la OEIE	Cmnd. 1840, Misc. 1962, 30; *European Yearbook,* vol. X, p. 1114	10.26
Convención para establecer la OEDL	*European Yearbook,* vol. X, p. 1207	10.26
Convención sobre la responsabilidad de operadores de embarcaciones nucleares	57 *AJIL*, 268 (1963); 66 *RGDIP*, 894 (1963)	5.05; 9.04; 10.11, 24
Francia y Argelia: Acuerdo de Evián	*J.O.R.F.,* 20 de marzo de 1962	6.03

1963

Tratado sobre la proscripción de pruebas nucleares	*TIAS*, N? 5344; 480 *UNTS*, 43; 57 *AJIL*, 1026 (1963); *State Department Bulletin,* N? 1259, p. 239 (1963)	5.15; 6.02, 20; 12.20

Tratado	*Fuente*	*Lugar*
Convención de Viena sobre relaciones consulares	57 *AJIL,* 995 (1963)	3.19; 7.16, 17, 19, 20, 21, 22, 23
Convención de Viena sobre responsabilidad civil por daños nucleares	2 *International Legal Materials,* 685 (1963); 3 *Indian Journal,* 337 (1963)	9.04, 43; 10.24
Convención sobre navegación y cooperación económica entre los Estados del río Níger	9 *Annuaire Français,* 883 (1963)	6.08
Convención europea sobre reducción de casos de nacionalidad múltiple	58 *AJIL,* 573 (1964); Cmnd. 2130, Misc. 1963, 11	8.06
Yugoslavia y Rumania: Acuerdo para la construcción de un sistema de energía hidroeléctrica en el sector de las Compuertas de Hierro del río Danubio	512 *UNTS,* 42	6.09
Organización de la Unidad Africana (Carta de Addis Abeba)	2 *International Legal Materials,* 766 (1963); 3 *Indian Journal,* 375 (1963); 58 *AJIL,* 873 (1964)	2.27; 3.06, 35; 11.28
Convención de Yacundé entre la Comunidad Económica Europea (CEE) y 18 Estados africanos y de Malgache	2 *International Legal Materials,* 971 (1963); Reuter, *Traités et documents diplomatiques,* 1963, p. 311	2.11
Francia y Alemania: Tratado de Cooperación	67 *RGDIP,* 971 (1963)	3.06
Convenio de Tokio sobre infracciones y ciertos otros actos cometidos a bordo de las aeronaves	58 *AJIL,* 566 (1964); *UN Juridical Yearbook,* 1963, p. 136	6.20
1964 Convención europea de pesca Constitución de la Unión Postal Universal (UPU) y Convención postal universal	58 *AJIL,* 1070 (1964) *Les Actes de l'Union Postale Universelle*	6.14 4.44; 10.14; 11.29
1965 Convención de la Unión Internacional de Telecomunicaciones (UIT)	Unión Internacional de Telecomunicaciones	10.16; 11.29

Tratado	*Fuente*	*Lugar*
Convención Internacional sobre la eliminación de todas las formas de discriminación racial	*UNGA* Res. 2106 (XX)	8.20, 25

TERMINOLOGÍA LATINA

a fortiori, tanto más, con mayor razón. (Forma de razonamiento en las argumentaciones jurídicas que, desde el punto de vista lógico, consiste en establecer la verdad de una proposición universal para probar una particular.)

ab initio, desde el principio, desde el comienzo.

ad hoc, para un fin particular. (Expresión que indica lo adecuado a un fin determinado y previsto. Es usual en el sentido de calificar la relación entre el sujeto y el servicio o función que cumple.)

amicus curiae, Un amigo del tribunal de justicia. (Uno que no es parte del caso pero comparece ante la corte para llamar la atención sobre algún punto de la ley o del hecho.)

animus belligerandi, intención de hacer guerra.

animus occupandi, intención de tomar posesión u ocupar.

casus foederis, situación en la cual las obligaciones previstas en un tratado de alianza deben ser respetadas. (Indica un caso previsto en un pacto que obliga a los Estados contratantes a prestar la ayuda convenida a aquel de ellos contra el cual se haya cometido el acto.)

corpus iuris gentium, el cuerpo del derecho de las naciones.

de lege ferenda, de acuerdo con la ley que debe ser adoptada.

delicta iuris gentium, delitos o actos incorrectos según el derecho de las naciones.

denegatio justitia, denegación de justicia. (Incumplimiento por parte de los jueces y magistrados de la obligación de impartir justicia en la forma exigida por la ley.)

dictum, véase, *obiter dictum.*

durante bello, en el curso de la guerra.

ex aequo et bono, según lo equitativo y bueno. (Arreglo equitativo de una disputa, en caso necesario, por ausencia de la ley.)

ex gratia, de favor, de gracia.

ex officio, en virtud de su oficio o función.

ex post facto, después del suceso o hecho.

hostes generis humani, enemigo del género humano, enemigo público.

in fine, al final.

in personam, en la persona. (Un acto, procedimiento o derecho dirigido contra o con referencia a una determinada persona, como opuesto a *in rem.*)

in rem, en el hecho. (Un acto, procedimiento o derecho ejercitable contra el mundo en general pero dirigido contra un objeto específico.)

inter alia, entre otros.

inter partes, entre las partes.

inter se, entre sí. (Entre miembros de un grupo —como distinto de otros.)

iure gestionis, en derecho de gestión o administración. (Relativo a las actividades de un Estado no soberano.)

iure imperii, en derecho de autoridad. (Relativo a las actividades de un Estado soberano.)

ius ad bellum, derecho de recurrir a la guerra.

ius belli, la ley de la guerra, el derecho de guerra.

ius cogens, ley obligatoria, ajena a la voluntad de las partes.

ius dispositivum, ley capaz de ser modificada por compromisos consensuales contrarios.

ius omnimodae representationis, derecho de representación en todo caso. (Capacidad de representar al Estado en cualquier circunstancia.)

ius sanguinis, derecho de la sangre. (Principio para la atribución de la nacionalidad que mantiene como criterio para otorgarla el que los hijos tienen la de sus padres, sea cualquiera el lugar en que nazcan.)

ius soli, derecho del suelo. (Principio para la atribución de la nacionalidad que mantiene como criterio para otorgarla el hecho del nacimiento del sujeto o de su residencia por un cierto tiempo en el territorio del Estado.)

lex ferenda, la ley cuyo establecimiento es deseado.

lex lata, la ley vigente.

lex societatis, la ley de una asociación, institución o sociedad.

lucrum cesans, lucro cesante. (Ganancia o beneficio que ha dejado de percibir una persona como consecuencia del incumplimiento, por otra, de una obligación.)

manu militare, con fuerza militar.

modus, modo, manera, medio, camino.

modus vivendi, acuerdo o convenio mediante el que se resuelve provisionalmente una cuestión pendiente entre Estados, hasta que se llegue a una solución definitiva de ella.

mutatis mutandis, los cambios necesarios de ser realizados.

non bis in idem, no dos veces por lo mismo. (Uno no será procesado dos veces por la misma ofensa.)

nullum poena sine lege o *nullum crimen sine lege,* expresión de los principios de estricta legalidad que garantizan a cualquier persona la seguridad de no ser tratada como delincuente en tanto no infrinja una ley penal vigente. (No es delito u omisión el acto no sancionado por las leyes.)

obiter dictum, dicho de paso, ocasionalmente. (Cualquier opinión expresada en un juicio, que no sea esencial para la decisión del caso ante la corte.)

pacta tertiis nec nocent nec prosunt, los pactos o tratados no perjudican a terceras partes.

par in parem non habet imperium, los iguales no tienen jurisdicción uno sobre otro (salvo con el consentimiento de los interesados).

passim, por todas partes, por uno y otro lado, indistintamente.

per curiam, por la corte, junto al tribunal de justicia.

persona non grata, una persona (con representación diplomática) inaceptable para el Estado receptor.

prima facie, a primera vista, por la apariencia.

pro tanto, por tanto.

ratione materiae, en razón del asunto o la materia

ratione personae, en razón de la persona concerniente.

rebus sic stantibus, doctrina que establece que un tratado es obligatorio para las partes sólo mientras no signifique un cambio vital en las circunstancias existentes en el momento de la conclusión del tratado.

res communis omnium, las cosas comunes para todos. (Lo que no puede ser total o exclusivamente apropiado por ninguna persona; el uso de una cosa común para todos los Estados.)

res extra commercium, una cosa que por ley es exclusiva del comercio y de la esfera de las transacciones privadas.

res inter alios acta, el asunto que, por ley, exclusivamente concierne a otros.

res ipsa loquitur, la cosa habla por sí sola.

res judicata, cosa juzgada, problema resuelto.

res nullius, cosa de nadie, cosa que no tiene dueño. (En derecho internacional, cualquier cosa que queda fuera de la soberanía de un Estado particular y de ser sujeto de ocupación.)

res transit cum suo onere, la cosa pasa con su carga o peso.

restitutio ad integrum, restitución del estado original. (Beneficio en virtud del cual una persona que ha recibido daño o lesión en su patrimonio puede alcanzar que las cosas se repongan al estado o situación jurídica en que se encontraban con anterioridad al momento en que se produjo dicho daño o lesión.)

sensu stricto, en su estricto sentido (en la interpretación de palabras).

sic utere tuo ut alienum non laedas, usa lo tuyo de modo que no dañes la propiedad de otros.

stare decisis, estar decidido. (Precepto de los tribunales de aplicar el principio legal correspondiente a un caso dedicido para otros casos del mismo carácter.)

status quo, el estado existente o actual de los asuntos (previo a algo).

terra nullius, tierra de nadie, territorio sin dueño.

ultra vires, más allá del poder y la jurisdicción de una persona.

TABLA DE ABREVIATURAS

A	Atlantic Reporter (Estados Unidos de Norteamérica).
A.C.	Appeal Cases, 1891 (Reino Unido).
ACC	Administrative Commitee on Co-ordination.
AD	*Annual Digest of Public International Law Cases,* 1919-49.
AGAAC	Acuerdo General sobre Aranceles Aduaneros y Comercio.
A.I.R.	All India Reporter (India).
AJCL	*American Journal of Conparative Law,* 1952-
AJIL	*American Journal of International Law,* 1907- (Estados Unidos de Norteamérica).
ALALC	Asociación Latinoamericana de Libre Comercio.
All E.R.	All England Law Reports, 1936- (Reino Unido).
ASIL	American Society of International Law.
Annuaire	*Annuaire de l'Institut de Droit International,* 1875-
Annuaire Français	*Annuaire Français de Droit International,* 1955- (Francia).
Annuaire Suisse	*Annuaire Suisse de Droit International,* 1944-
Archiv	*Archiv des Völkerrechts.*
BDIL	*British Digest of International Law.*
BFSP	*British and Foreign State Papers,* 1806- (Reino Unido).
BILC	*British International Law Cases* (Reino Unido).
BIRF	Banco Internacional de Reconstrucción y Fomento.
Bom. L.R.	Bombay Law Reporter
BYIL	*The British Yearbook of International Law,* 1920- (Reino Unido).
C. Rob.	C. Robinson's Admiralty Reports, 1799-1808 (Reino Unido).
Can. S.C.R.	Canadian Supreme Court Reports, 1876-1922 (Canadá).
CAEM	Consejo de Asistencia Económica Mutua.
CDI	Comisión de Derecho Internacional (Naciones Unidas).
CDI *Anuario*	Comisión de Derecho Internacional. *Anuario.*
CEA	Comisión Económica para África.
CEALO	Comisión Económica para Asia y el Lejano Oriente.
CECA	Comunidad Europea del Carbón y el Acero.
CEE	Comisión Económica para Europa.
CEE	Comunidad Económica Europea.
CEPAL	Comisión Económica para América Latina.
CERN	European Organization for Nuclear Research (Organización Europea de Investigaciones Nucleares).

CFI	Corporación Financiera Internacional.
Clunet	Clunet, Journal de Droit International, 1874- (Francia) .
Cmd.	Documentos presentados al Parlamento por orden de
Cmnd.	Su Majestad (Reino Unido) .
Dallas	Dallas' U.S. Supreme Court Reports (Estados Unidos de Norteamérica) .
Dod.	Dodson's Admiralty Reports, 1811-22 (Reino Unido) .
Dom. L.R.	Dominion Law Reports, 1912- (Canadá) .
ECHR	European Commission on Human Rights (Comisión Europea sobre Derechos Humanos) .
ECOSOC	Economic and Social Council (Consejo Económico y Social) .
ELDO	European Launcher Development Organization (Organización Europea para el Desarrollo y Lanzamiento de vehículos espaciales) .
ENEA	European Nuclear Energy Agency (Organismo Europeo de Energía Nuclear) .
ERZ	Entscheidungen des Reichsgerichtes in Zivilsachen, 1880-1945 (Alemania) .
ESB-G	Entscheidungen des Schweizerischen Bundes-Gerichtes (Suiza) .
ESRO	European Space Research Organization (Organización Europea de Investigaciones Espaciales) .
F. 2º	Federal Reporter (Second Series) (Estados Unidos de Norteamérica) .
F. Supp.	Federal Supplement (Estados Unidos de Norteamérica) .
FAO	Organización de las Naciones Unidas para la Agricultura y la Alimentación.
Fed.	Federal Reporter (First Series) (Estados Unidos de Norteamérica) .
Fed. Cas.	Federal Cases (Estados Unidos de Norteamérica) .
FENU	Fuerza de Emergencia de las Naciones Unidas.
FMI	Fondo Monetario Internacional.
F.R.D.	Federal Rules and Decisions (Estados Unidos de Norteamérica) .
GA	General Assembly.
GAOR	United Nations General Assembly Official Records.
George Washington L.R	George Washington Law Review, 1932- (Estados Unidos de Norteamérica) .
Georgetown L.J.	Georgetown Law Journal, 1911- (Estados Unidos de Norteamérica) .
Hansard	Hansard, Parliamentary Debates, House of Lords/House of Commons (Reino Unido) .
H.C. Deb.	House of Commons Debates.

H.L.C.	House of Lords Cases (Reino Unido).
HR	*Académie de droit international. Recueil des Cours,* 1923- (La Haya).
IATA	Asociación de Transporte Aéreo Internacional.
ICJ	International Court of Justice (Corte Internacional de Justicia).
ICJ Rep.	International Court of Justice, Reports of Judgments, Advisory Opinions and Orders.
ICLQ	*The International and Comparative Law Quarterly,* 1951- (Reino Unido).
IDA	International Development Agency (Asociación Internacional de Fomento).
ILR	*International Law Reports,* 1950- (Reino Unido).
Indian Journal	*Indian Journal of International Law,* 1960-
Japanese Annual	*Japanese Annual of International Law,* 1957-
Jugoslavenska Revija	*Jugoslavenska Revija za Medunarodno Pravo* (Belgrado).
K.B. (Q.B.)	King's (Queen's) Bench, 1891- (Reino Unido).
Law Q.R.	*Law Quarterly Review,* 1885- (Reino Unido).
L.J.K.B.	Law Journal, King's Bench.
LN, OJ	Liga de las Naciones, *Official Journal*
LNTS	*League of Nations Treaty Series.*
Martens	Martens, *Recueil des Traités.* Publicado en varias series, ver la Bibliografía General, Sección I.
Martens, NR	Martens, *Noveau Recueil.*
Martens, NRG	Martens, *Noveau Recueil Général.*
N.E.	Northeastern reporter (Estados Unidos de Norteamérica).
Ned. T.	*Nederlands Tijdschrift voor International, Recht,* 1953- (Holanda).
N.Y.	New York Court of Appeals Reports (Estados Unidos de Norteamérica).
N.Y.S.	New York Supplement (Second Series) (Estados Unidos de Norteamérica).
OACI	Organización de Aviación Civil Internacional.
OCEF	Organización de Cooperación Económica y Fomento.
OCMI	Organización Consultiva Marítima Intergubernamental.
OEA	Organización de los Estados Americanos.
OEA, Col. de Tratados	Organización de los Estados Americanos, Colección de tratados.
OEA, RO	Organización de los Estados Americanos, *Registros Oficiales.*
OECE	Organización Europea de Cooperación Económica.
OIEA	Organismo Internacional de Energía Atómica.
OIT	Organización Internacional del Trabajo.

OMM	Organización Meteorológica Mundial.
OMS	Organización Mundial de la Salud.
ONU	Organización de las Naciones Unidas.
ONU Doc.	Documentos de las Naciones Unidas.
ONUC	Organización de las Naciones Unidas en el Congo.
OTAN	Organización del Tratado del Atlántico del Norte.
P.	Probate, Divorce and Admiralty Division, 1891- (Reino Unido).
Pa.	Pennsylvania Reports (Estados Unidos de Norteamérica).
PCIJ	Permanent Court of International Justice (Corte Permanente de Justicia Internacional).
P.D.	Probate, Divorce and Admiralty Division, 1875-90 (Reino Unido).
Proceedings ASIL	*Proceedings* of the American Society of International Law.
Q.W.N.	Queensland Law Reporter Weekly Notes, 1908- (Australia).
RDILC	*Revue de Droit International et de Législation Comparée*, 1899- (Bélgica).
Revista (Argentina)	*Revista Jurídica Argentina La Ley.*
Revista (Chile)	*Revista de Derecho, Jurisprudencia y Ciencias Sociales.*
Revista (México)	*Revista de la Facultad de Derecho de México.*
Revue belge	*Revue Belge de Droit International*, 1965-.
Revue Égyptienne	*Revue Égyptienne de Droit International*, 1945-.
RGDIP	*Revue Générale de Droit International Public*, 1894-.
RIAA	*Reports of International Arbitral Awards*, publicación de las Naciones Unidas.
Rivista (Italia)	*Rivista di Diritto Internazionale*, 1906-.
SALR	South African Law Reports.
SC	Security Council (Consejo de Seguridad).
SCOR	*Security Council Official Records* de las Naciones Unidas.
So.	Southern Reporter (Estados Unidos).
Soviet Yearbook	*Soviet Yearbook of International Law*, 1958- (Moscú).
State Department Bulletin	*United States Department of State Bulletin.*
Stat. at L.	United States Statutes at Large.
TIAS	*United States Treaties and Other International Acts Series.*
TOIA	*Treaties and Other International Agreements* (Estados Unidos de Norteamérica).
UIT	Unión Internacional de Telecomunicaciones.
UNCTAD	United Nations Conference on Trade and Development (Conferencia de las Naciones Unidas sobre Comercio y Desarrollo).

UNESCO	Organización de las Naciones Unidas para la Educación, la Ciencia y la Cultura.
UNFICYP	United Nations Forces in Cyprus (Fuerzas de las Naciones Unidas en Chipre).
UNRRA	United Nations Relief and Rehabilitation Administration (Administración de Socorro y Rehabilitación de las Naciones Unidas).
UNTS	*United Nations Treaty Series.*
UPU	Unión Postal Universal.
U.S.	United States Supreme Court Reports.
U.S. (Cranch)	United States Supreme Court Reports, 1801-15.
U.S.C.	United States Code.
U.S. For. Rel.	*Papers Relating to the Foreign Relations of the United States.*
U.S.T.	*United States Treaties (in Force).*
U.S. Sen. Doc.	United States Senate Document.
Virginia L.R.	*Virginia Law Review,* 1913- (Estados Unidos de Norteamérica).
WLR	Weekly Law Reports, 1953- (Reino Unido).
YBUN	*Yearbook of the United Nations* (Anuario de las Naciones Unidas).
Zaörv	*Zeitschrift für ausländisches öffentliches Recht und Völkerrecht,* 1929-44, 1950- (Alemania).
Z.I.	*Zeitschrift für internationales Recht,* 1915- (Alemania).

1. FUNCIÓN DEL DERECHO EN LA COMUNIDAD INTERNACIONAL

CONTENIDO

1.01 EL DERECHO INTERNACIONAL Y LAS RELACIONES INTERNACIONALES

La denominación "derecho internacional" es estrictamente técnica: designa el sistema jurídico cuya función primordial es regular las relaciones entre los Estados. A medida que los Estados han formado organizaciones entre sí, esa disciplina ha debido ocuparse también de las organizaciones internacionales, y es de esperar que su preocupación por ellas ha de aumentar aún más por la corriente que presenciamos hacia la integración de la comunidad de los Estados. Y como éstos se componen de individuos y existen principalmente para satisfacer las necesidades de ellos, el derecho internacional ha prestado siempre cierta atención, asimismo, a las relaciones de los individuos, si no con su propio Estado, al menos con otros Estados. Puesto que en tiempos relativamente recientes los Estados han aceptado, por mutuos acuerdos, diversos deberes hacia todos los individuos comprendidos en sus respectivas jurisdicciones, aún las relaciones entre los individuos y sus respectivos Estados han llegado a abrazar cuestiones de derecho internacional de modo más directo que cuando un Estado aplica, como ocurre a menudo, el derecho internacional —o una especie de reflejo de éste— como parte integrante de su propio sistema jurídico interno. No obstante, el derecho internacional ha sido y sigue siendo esencialmente para los Estados, y de esa suerte contrasta con lo que los juristas internacionales suelen denominar derecho nacional, o sea, derecho interno del Estado.

Por otra parte, la expresión "relaciones internacionales" tiene un significado menos técnico. Se la emplea frecuentemente con referencia a algo más amplio que el intercambio oficial mantenido por los Estados a través de sus oficinas extranjeras, o ministerios, o departamentos de asuntos o relaciones exteriores.

Incluso puede usársela para abarcar el abigarrado tráfico, a través de las fronteras nacionales, de los millones de individuos que componen la población de los Estados. Como mínimo, el estudioso de asuntos internacionales debe tener en cuenta los movimientos nacionales, la política y los objetivos que tienen cierta repercusión internacional pero que, en conjunto, no han sido tradicionalmente materia propia de los juristas del derecho internacional.

Como introducción a un libro sobre derecho internacional, es útil explicar la relación que esta rama o disciplina tiene con la ciencia o el estudio de las relaciones internacionales, aunque sólo sea para impedir esta crítica: si bien se define al derecho internacional como sistema jurídico que regula las relaciones entre Estados, no parece que se ocupe de todas esas relaciones, y hasta podría parecer que se refiere a una porción de ellas comparativamente sin importancia.

Desde luego, es posible —y hasta tentador— ofrecer una respuesta puramente técnica y decir: desde el punto de vista de un sistema jurídico, toda conducta por parte de las personas o entidades a quienes aquél se aplica es necesariamente lícita o ilícita. Hay que entender que el derecho permite todo aquello que no prohíbe. Por lo tanto, si los Estados parecen, en varios sentidos, ser libres para hacer todo cuanto deseen, esto —técnicamente— no se debe a que el derecho internacional se despreocupe del asunto, sino a que permite una compleja libertad de acción. Tal vez un criterio ilustrado pretenda sugerir que no debería ser así; pero esto no implica defecto alguno en el método y la estructura del derecho, sino sencillamente en su contenido, que es susceptible de desarrollo y de cambios.

Sin embargo, una solución tan formal del problema aparente no es aceptable. Algo más requiere la explicación sobre por qué el derecho internacional es o parece ser —especialmente cuando se lo compara con el derecho interno— un sistema débil e imperfecto. La respuesta presenta dos partes. La primera se apoya, parcialmente, en la circunstancia de que el derecho internacional, como derecho de y entre los Estados, por fuerza ha de aceptar al Estado y puede contener sólo aquellas reglas que la naturaleza del Estado permita. La segunda descansa en parte en el hecho de que muchas cuestiones que supuestamente deberían ser tratadas por el derecho internacional, de hecho son abandonadas, aunque no a un limbo ajurídico sino a otros sistemas jurídicos que las regulan de modo bastante preciso y, según parece, para satisfacción general. Esos sistemas jurídicos alternativos que realizan algunas de las funciones que podría esperarse fueran cumplidas por el derecho internacional, constituyen los derechos internos de los Estados. Las dos partes de la respuesta a nuestro problema son, por consiguiente, simples aspectos diferentes de un mismo hecho innegable: que el sistema de Derecho Internacional presupone el Estado —unidad territorial de gran poder, que posee, en su esfera propia, la cualidad de ser independiente de cualquier superior, cualidad que llamamos soberanía, y dentro de esa esfera, tiene el poder y el derecho de dictar la ley no sólo para sus propios ciudadanos, sino también para los que no lo son.

Las dos principales implicaciones de este estado de cosas en cuanto al derecho internacional —es decir, la referente a la capacidad de este derecho para ser árbitro efectivo en las rivalidades de los pueblos, y su efecto en la estructura detallada del sistema de derecho internacional— han de ser examinadas en las secciones siguientes de este capítulo. Por ahora, a fin de poner en claro la distinción entre el derecho internacional y las relaciones internacionales, debe ser suficiente destacar que el derecho internacional es Derecho, y nada más que Derecho; y que es un derecho que se aplica entre los Estados, contemplados no en su integridad, sino simplemente en los aspectos formales externos que la costumbre les ha permitido alcanzar.

Al afirmar esto, no se proponen observaciones triviales. Es de la esencia de una ley o norma legal, que pueda ser susceptible de desatenderse —de ser "violada". Una ley, en el sentido que los juristas dan al término, no es la mera descripción de lo que ha sucedido o de lo que está sucediendo. Es una norma que trata de conducir a un sistema de conducta, en vez de describirlo. Por lo tanto, si el derecho internacional —o cualquier otra rama del Derecho— es, a veces o incluso a menudo, violado, o si no parece "funcionar", ello no implica un defecto inherente al derecho mismo. Sin embargo, puede argüirse que el derecho nacional, el derecho interno del Estado, es también frecuentemente violado, pero que a pesar de todo se aplica, y sus infracciones son rectificadas o sancionadas. Y cabe preguntar, si existe o no un fuerte contraste entre la situación interna de los Estados y la situación entre ellos. El hecho, ciertamente, no puede negarse. A pesar de ser una realidad, no resulta exagerado cualquier interés que se ponga en que, como los miembros de la comunidad internacional son pocos y tan poderosos en comparación con los de cualquier comunidad nacional, los casos de violación internacional del derecho adquieren prominencia indebida y sugieren que el promedio general de observancia del derecho es menos elevado de lo que en realidad es.

A una generación que debe vivir con el recuerdo de dos guerras que prácticamente comprometieron al mundo entero y se caracterizaron por una terrible barbarie y destrucción, y que no sólo contempla que gran parte del fruto de sus labores se dedica todavía al armamentismo nacional, sino que también sabe que en cualquier momento esos elementos pueden ser empleados para producir la virtual extinción de toda vida, a esa generación no puede impedírsele criticar la efectividad del llamado orden internacional ni acallársela con respuestas de carácter técnico. Sin embargo, puede darse una explicación al evidentemente fatal dilema: ésta es, sin duda, la única explicación.

Es un error poner demasiado interés en la existencia, por parte de los sistemas nacionales de derecho, de órganos para la ejecución de sus normas, y en la ausencia de cualquier contrapartida internacional equivalente de ellas. Es igualmente un error suponer que los conflictos que han lacerado y dividido la comunidad internacional sean sólo manifestaciones de carencia de derecho. Ningún sistema jurídico depende completamente, para su efectividad —como tampoco para la definición y desarrollo de las normas que contiene— de la aplicación o imposición por medio de un poder superior. Si los hombres se decidieran a no obedecer el derecho dentro del Estado, jamás podría haber suficiente policía para forzarlos a variar tal conducta. Exactamente los mismos recursos físicos de que se dispone para la preservación del aparentemente alto grado de orden que prevalece dentro de todos los Estados en el mundo, son también disponibles para preservar el orden internacional. Teóricamente, por tanto, pueden ser empleados con no menor ni tampoco con mayor efectividad para un fin que para el otro.

Sólo hay una calificación sobre esto. Cualquier Estado, aun el menor de todos, dispone de un poder mayor, de más recursos, de más habilidad que el máximo de los criminales o la más poderosa banda de criminales. Por tanto, si su energía se desviase hacia fines malignos, el proceso de atraerlo a una justicia eventual podría ser, sin duda, largo y penoso. Dada la moderna tecnología militar, el daño que podría producir en su trayectoria de ilegalidad llegaría a ser irreparable. Como se ha presenciado en este mismo siglo, un Estado grande, armado y en pie de guerra puede, casi por sí solo, mantener a raya al resto del mundo durante años. A este respecto, las cosas han cambiado por los últimos avances técnicos sólo en el sentido de que, así como el violador de la ley puede infligir daños irreparables, del mismo modo puede, a su vez, ser destruido totalmente si por su parte las fuerzas movilizadas en defensa del orden llegan a tomar esa decisión tan despiadada.

El desorden internacional, sin embargo, provoca y ha provocado siempre una reacción en las fuerzas del orden. Las motivaciones de los Estados —que sólo constituyen comunidades humanas— sin duda son siempre mixtas, y las complicaciones de los asuntos humanos son tales que una de las partes en conflicto nunca tiene toda la razón y la justicia, y la otra nunca es completamente culpable y criminal. Las guerras, no obstante, no se emprenden sólo por una parte —por agresores y violadores del derecho. También se llevan a cabo, en parte, para mantener el derecho. La victoria del derecho y la justicia tiene a veces caracteres pírricos, claro está. Y en una era en que, según parece, la guerra —ya sea justa o injusta— puede literalmente destruir el mundo, tanto vengadores como agresores han de proceder con ansiosa cautela. Pero queda como un hecho que, en general, la ilicitud internacional, por difundida que haya estado, ha sido reprimida y contenida. Por tanto —ni los legos ni los juristas internacionales mismos— deben contemplar el derecho internacional como un mecanismo que "funcione" sólo hasta cierto punto: el punto en el cual una disputa entre Estados pase a ser "política" y en el que las leyes son mudas.

El derecho nunca ha quedado mudo, ni siquiera en pleno choque de las armas, y no hay disputa "política" que no sea también "jurídica". Tampoco es cierto que el derecho internacional haya dado jamás completa aprobación a la guerra, aunque bien puede ser que sus expositores hayan sido culpables de una indebida tolerancia hacia ella y de conceder excesiva legitimidad a sus consecuencias. Pero esto constituye un grave abandono que, hasta cierto punto, ha desorientado a la mente humana. Y las semillas del derecho, no menos que las de la guerra, por último están en la mente del hombre.

Concluiremos esta exploración preliminar sobre el lugar que ocupa el derecho en las relaciones internacionales, señalando una paradoja que por siglos ha obstruido el empleo del mecanismo del derecho internacional para la preservación de la paz entre los Estados y apenas ahora comienza a ser superada. La paradoja es ésta: la simultaneidad del poder y la impotencia del Estado individual. Viéndola desde dentro de sus fronteras, la historia del moderno Estado-Nación es la de un constante aumento de poder e influencia. De ser una institución de la cual se esperaba o deseaba que hiciera poco más que proveer a la defensa de su territorio contra ataques del exterior, mantener un sistema imparcial de justicia entre los hombres residentes en la misma comunidad territorial, y proporcionar, en forma de moneda corriente, un medio para el intercambio de sus propiedades y ganancias personales, el Estado ha llegado a desempeñar, en casi todas partes, un papel primordial en la vida de los individuos. Actualmente, el Estado es comadrona y enfermera, maestro de escuela y tutor, empleado y médico, así como también refugio que buscan los hombres en la edad avanzada. En esos diversos papeles ha asumido muchas de las funciones de la familia, la iglesia y las instituciones benéficas. Que tal desarrollo ha sido generalmente aplaudido, es evidente por el hecho de que el Estado atrae en la actualidad las lealtades y es el centro de las esperanzas del individuo hasta un punto que ninguna otra institución humana ha alcanzado. El Estado moderno, de hecho, representa la más completa expresión de la vida colectiva.

En vista de la dirección que su desarrollo ha tomado y de la naturaleza de la creciente confianza que en él se ha depositado, no es sorprendente que el Estado haya sido en gran parte una institución introspectiva. Si no el único, su principal cuidado es el bienestar de sus ciudadanos. En cierto sentido, por lo tanto, es una institución que vela por su propio interés —una casa construida para su interés personal por el hombre que vive en una sociedad cerrada. Hasta cierto punto, la prueba de su utilidad consiste en la fidelidad con que refleja el interés local. Más estable será cuanto más exactamente lo haga así, porque él es representativo y los gobernados que lo habitan son al mismo tiempo los que gobiernan.

Y esto no es antinatural, ya que todos los Estados desean ser eficientes y estables o, lo que es igual, todos los pueblos organizados en Estados deben desearlo; a fin de cuentas, sólo consentirán en ser gobernados según sus propios deseos, pues los órganos escogidos para la expresión de la opinión popular se han ideado de tal suerte que únicamente podrá oírse con facilidad la opinión misma de la comunidad local sobre sus necesidades y demandas, y sobre la justicia de ellas. Pero el Estado individual, por definición, es sólo uno entre muchos. Por el mismo derecho con que reclama ser libre de todo yugo externo, debe conceder a los demás pueblos una libertad igual. No obstante su poder local, todos los recursos locales y la fidelidad que tan libremente ha llegado a comandar, aun el mayor de los Estados es inferior a la fuerza colectiva de todos los restantes. Una amplia consideración de sus intereses exige, por tanto, algún acomodamiento con otros Estados.

Hay sin duda algo dramático en el avance del Estado a una posición en que puede atraer la fidelidad y organizar la riqueza y el trabajo de sus propios ciudadanos como nunca antes, exactamente en el mismo momento en que se halla carente de poder para cumplir su papel original de protegerlos contra otros Estados. Porque hoy —se nos dice con sólidos fundamentos— ningún

Estado puede defenderse a sí mismo. Una apreciación adecuada de los intereses de cualquier Estado (que son los de sus ciudadanos) exige que a menudo deba escuchar tanto los reclamos y respetar tanto los intereses de los otros, como los que parecen ser los suyos propios. Pero los medios con que ello puede realizarse son muy deficientes. Tradicionalmente los Estados se han hablado unos a otros "con una sola voz" —únicamente a través de sus órganos ejecutivos de gobierno, y en términos formales, si no legales. Los "asuntos exteriores" —también tradicionalmente— han sido tenidos como cosa enteramente diversa de los "asuntos nacionales".

Cuando la guerra era todavía entretenimiento de reyes y las diversas comunidades nacionales eran casi autosuficientes, ello no constituía una situación intolerable. Su mantenimiento hasta tiempos en que —en muchos Estados al menos— el control democrático sustituyó al absolutismo en los asuntos internos, fue sin duda debido mayormente a la capacidad continuada de cada Estado para defenderse a sí mismo. De todos modos, el problema del control popular de las relaciones internacionales es particularmente difícil de resolver, y en él no hay precedentes en la historia. No importa que un Estado aislado establezca en su constitución —como algunos comenzaron a hacer a fines del siglo XVIII— que el poder para declarar la guerra ha de corresponder no al ejecutivo, sino a la asamblea nacional, si la guerra puede ser impuesta a ese Estado por otro de ideas menos democráticas. Más aún, el progreso de la democracia —que tanto ha contribuido al poderío y a la eficiencia del Estado— no ha venido acompañado por una moderación en la actitud con que los Estados se miran mutuamente. Por el contrario, ha traído el desarrollo de un nacionalismo a veces exagerado, y ha redundado, inevitablemente, en el debilitamiento de todas las fuerzas que actúan en favor del internacionalismo. Por otra parte, la creciente complicación de la civilización industrial debe producir —y ha producido ya— una creciente interdependencia de los Estados, de suerte que los "asuntos exteriores" han pasado a ser sólo un aspecto de los "asuntos nacionales", y pocos asuntos quedan ya como verdaderamente "nacionales".

Percatándose de ello, y enfrentados al cataclismo de la guerra moderna, los Estados están ahora construyendo (entre y por encima de ellos mismos), con pasos lentos y vacilantes, una superestructura de organización internacional que ya ha alcanzado una dimensión algo impresionante. En medida creciente, esta superestructura viene remplazando al sistema de contactos bilaterales entre los ejecutivos de los gobiernos, como esfera propia de las relaciones internacionales. El resultado debe ser un tipo más amplio de confrontación y una mayor posibilidad de reconciliación, entre las pretensiones nacionales contrapuestas. Este resultado es susceptible de una interpretación plena de promesas para el imperio del derecho internacional. Porque esta nueva especie de contacto internacional ha de considerarse como lo que es: una relación esencialmente jurídica llevada a cabo dentro de una estructura constitucional. De esta suerte, el futuro promete mucho en cuanto a la expansión del derecho internacional a la totalidad de las relaciones internacionales, tal como las hemos definido antes.

Pero, por más que se expanda, mientras el mundo siga dividido en Estados el sistema del derecho internacional ha de continuar asumiendo y aceptando al Estado. No es imposible que el ideal de la paz universal —o, lo que es igual, la terminación del presente peligro mortal de la guerra— sólo pueda alcanzarse sustituyendo al Estado por algún otro tipo de institución. También es posible que los métodos que hasta ahora se han seguido para constituir las instituciones internacionales estén, a la luz del objetivo buscado, mal dirigidos.

Esos métodos (sean cuales fueren sus variantes) esencialmente implican siempre la convocación de los representantes estatales a reuniones en común para que resuelvan sus diferencias. Sin embargo, tal vez sea en la periferia más que en el centro donde la conciencia del mundo deba ser representada. Porque es en la circunferencia —en las capitales de los Estados más bien que en las salas de debates de las Naciones Unidas— donde residen, por limitados que sean en cada lugar, el poder y la fuerza. Tal es la base inevitable sobre la cual se asienta el presente sistema de relaciones internacionales y de la que el presente sistema de derecho internacional ha de tomar su forma.

1.02 Origen histórico del estado y de la sociedad de estados: noción de soberanía

El concepto de Estado es la antítesis del concepto de imperio. Implica la soberanía nacional como opuesta al dominio universal. Aun cuando se le considere sólo en el contexto de la historia occidental o europea, se advierte que es una idea muy antigua. La historia política de occidente puede decirse que prácticamente se divide en tres amplios periodos, y las divisiones entre ellos se marcan aproximadamente con la muerte de Aristóteles y los albores del Renacimiento. El primero y el último de dichos periodos son los del Estado; durante la larga etapa intermedia, el Estado se había eclipsado, y tanto la teoría como la práctica política estaban dominadas por las concepciones de un orden universal, humano o divino. Es innecesario —y para nuestros propósitos irrelevante— ahondar en la evolución total y en todas las vicisitudes y contradicciones de la ciencia política europea y esto, al menos por dos razones: *1)* porque, aunque es importante advertir que el Estado —cimiento del sistema jurídico que pretendemos exponer— no es un mero fenómeno moderno, se debe reconocer que el Estado moderno es muy distinto del Estado-ciudad de los griegos, y que el sistema de derecho que rige al primero ha sido hondamente configurado por ulteriores y rivales influencias; *2)* hemos de tener presente que el Estado moderno no es simplemente una institución europea importada por otros lugares, sino más bien una respuesta natural a las necesidades de la humanidad, idénticas en todas partes. Como resultado —y según muestran cada vez más las investigaciones— su esencia ha de hallarse en el proceso de desarrollo de cada cultura, y constituye el legado de toda la humanidad más bien que el de un solo continente.

Siempre que los Estados se han enfrentado entre sí, en la paz como en la guerra, se ha desarrollado entre ellos un grado de relación jurídica. Estas normas de conducta han tomado la forma de acuerdos mutuos del tipo que hoy llamaríamos tratados, o han hallado expresión en usos y costumbres.

Fuera de Europa, los tratados y acuerdos han sido de dos clases —que no siempre se distinguen nítidamente: los celebrados por los europeos con comunidades primitivas de escasa organización política, y los concluidos por países europeos con comunidades que eran y serían hoy consideradas como Estados, o concluidos entre estos mismos Estados. Si bien las comunidades primitivas pueden no haber tenido siempre capacidad política para celebrar acuerdos internacionales, o ni siquiera una idea exacta de su función, es importante observar que algunas (que de hecho eran Estados) estaban familiarizadas con la celebración de tratados y eran, por tanto, capaces de concluir complejos acuerdos con países europeos en cuestiones tales como extradición, privilegios comerciales y procedimientos judiciales. No debemos pasar por alto ejemplos como, China, Japón, Tailandia e Irán, que han gozado de una existencia continuada como Estados por mucho más tiempo que numerosos Estados contemporáneos del mundo occidental. Más aún, los arreglos comerciales con Estados europeos no siempre eran en favor de una sola parte (como podemos advertir en la concesión de privilegios a los mercaderes persas en Amsterdam, en 1631, que en realidad fue un acuerdo de "capitulaciones"). Mucho habrá que investigar aún para descubrir cuál era la práctica en materia de tratados en esas y otras comunidades no europeas.

El derecho consuetudinario también se ha desarrollado entre esas comunidades en forma de normas precisas. Ejemplos son el arbitraje, que siempre ha tenido mayor atracción para los países asiáticos y africanos que la decisión judicial; las relaciones e inmunidades diplomáticas, especialmente en la India; y las costumbres y usos de la guerra. Normas consuetudinarias acerca de las pesquerías sedentarias, basadas en prácticas tradicionales relativas a la pesca de perlas cerca de Ceilán y en el Golfo Pérsico, han ayudado mucho a formar las bases de los principios que gobiernan la explotación del lecho marítimo.

Pero, aun cuando sabemos más en la actualidad que hace aproximadamente un siglo sobre las instituciones e ideas de la antigua India, de China, de Indonesia, y sobre todo de África, la historia de Europa —o mejor, del mundo europeo, ya que la cultura de las Américas y de Australasia es en gran parte una extensión europea hacia tierras no ocupadas— es todavía la más conocida. Tomando, por tanto, lo ocurrido en Europa como algo que sirve de ejemplo sobre lo que ocurrió —o pudo muy bien haber ocurrido— o lo que, a no ser por accidentes históricos acaecidos, habría ocurrido en otras partes, podemos describir brevemente algunos aspectos del desarrollo del Estado moderno y del sistema de Estados. Con toda intención decimos "algunos aspectos", pues nuestro interés ha de ser en primer término jurídico, y lo que deseamos puntualizar es cómo el presente esquema del orden jurídico mundial vino a ser lo que actualmente es.

Nuestra historia, pues, comienza con Roma y su Imperio. Mientras la idea imperial tuvo predominio en el mundo romano y en Roma, teóricamente no podían existir Estados dentro de él, a no ser el Estado universal único. Igualmente, sólo existía un derecho. Sin embargo, la teoría tenía que hacer concesiones a la realidad. Así, el derecho universal de Roma no era el *jus civile* tribal de la ciudad misma, impuesto a los aliados y vasallos de ella. Por el contrario, consistía en gran parte en el *jus gentium*, amalgama de las costumbres practicadas por los numerosos pueblos que constituían el Imperio. Si existía un derecho común, era común a todos por ser inmemorialmente familiar a todos. Pero un derecho común o universal no implicaba una jurisdicción única. Bajo el Imperio, la jurisdicción estaba subdividida entre las provincias territoriales —una circunstancia de gran importancia para el futuro. Sin embargo —al menos después de haberse concedido la ciudadanía romana a todos los habitantes del Imperio—, el establecer una distinción entre el derecho aplicable a un pueblo particular y el que se aplicaba en un lugar determinado carecería de sentido. Tal era la condición política y jurídica de la sociedad cuando llegaron al Imperio los invasores bárbaros.

Pero sería un error pensar que el mundo romano fue invadido súbitamente desde el exterior. Los verdaderos conquistadores de Roma fueron a menudo sus propios súbditos nominales, que, por su familiaridad con ella, habían llegado a tener gran respeto hacia sus instituciones y costumbres, lo que no deja de ejercer influencia sobre el recuento histórico que expondremos brevemente. La principal importación de los invasores, a guisa de ideas jurídicas, fue entender la ley como personal —como peculiar y preciosa herencia de una tribu particular. Ésta no había de ser compartida ni impuesta a los pueblos indígenas de las provincias vencidas. En cambio, los conquistadores no sólo permitieron a los pueblos subyugados —y que entonces iban a gobernar— seguir viviendo conforme al viejo derecho romano, sino que, imitando a la propia Roma, lo codificaron para ellos. Esto sólo sirvió para fortalecer el predominio del criterio de que las leyes eran personales y dispares, en lugar de ser universales. Pero, en cuanto los bárbaros abandonaron sus hábitos nómadas y se establecieron entre las poblaciones conquistadas, lo que había comenzado como el principio de la personalidad pasó a ser el principio de la territorialidad. Las leyes y los sistemas jurídicos se hicieron locales. Las líneas de demarcación entre ellos vinieron a corresponder aproximadamente a las fronteras de las provincias romanas, las que sin duda se fundaban sobre todo en la realidad geográfica. Tal fue el nuevo esquema de organización jurídica que existía al comenzar la Edad Media.

Es demasiado prematuro tratar las ideas políticas como cosa diversa de las ideas jurídicas. A no ser por una excepción única, los invasores llegaron provistos de escasos elementos intelectuales de índole política, aparte de la noción de jefatura o monarquía y del criterio de la heredabilidad del cargo de rey o jefe de la familia. Esta idea, sin embargo, quedó atenuada por la teoría y práctica contrarias, de jefaturas electivas. Esta última teoría se originó en otra herencia política de los teutones: la institución de la asamblea tribal. Pero debemos señalar que no era ella un cuerpo encargado de confeccionar la ley, como los romanos habían conocido; por el contrario, característica de la concepción primitiva de la ley era el ser inalterable, como la proverbial de los medos y de los persas. Al desaparecer Roma, el principio legislativo decayó, y no fue revivido hasta los emperadores Carolingios, cuya mención debe bastar para recordarnos que la idea imperial no había muerto aún. De hecho se la conservaba, y los nuevos gobernantes de lo que denominamos "el mundo conocido" en cierto modo la revitalizaron, como resultado de la admiración que siempre mostraron los invasores hacia las instituciones romanas. La Edad Media es, así, un periodo imperial, tanto como lo era en los tiempos de Roma, y el concepto de Imperio siguió siendo el principal en la ciencia política. A medida que el cristianismo se extendía, se vio reforzado por la teología cristiana. La idea y el ideal continuaron siendo los de un orden universal, aunque ahora su autor era divino en lugar de humano, y su cabeza visible era el Vicario de Dios en la Tierra, en vez de serlo el sucesor de Constantino o de Carlomagno. El Papa también reclamaba, a su vez, ser emperador. Para nuestros fines importa señalar que, para el perfeccionamiento de su nuevo estilo de Imperio, los teólogos extractaron de las doctrinas grecorromanas un derecho natural universal que, aunque presuponía un legislador externo, se basaba en la observación de las cosas según se presentaban en la realidad. De esta suerte, armonizaba al propio tiempo con el postulado cristiano de un regidor divino del mundo, con la base del antiguo *jus gentium* romano como el común denominador del verdadero derecho de los diferentes pueblos, y con el punto de vista teutónico de un derecho que no cambia y que es incapaz de cambiar.

Los finales de la Edad Media son tiempos de rivalidad entre el emperador y el Papa —entre el emperador seglar, heredero de Roma y de sus conquistadores, y el lugarteniente humano del Gobernador Divino. Pero, para nosotros, son tiempos primitivos. Es la época en que el concepto de Estado fue revivido y trasformado. En su esencia, ese concepto es bien simple; como hemos expresado, es la antítesis de la idea del Imperio. A él se le dio un nombre antiguo; y debe algo a aquel primer periodo prearistotélico, antes de que la noción de un universo político hubiera aparecido y cuando el hombre era tenido como un ser social, como una unidad de la sociedad local. Pero, en la nueva forma que adoptó y sigue manteniendo, debe otro tanto a las ideas y prácticas medievales. De este modo acabamos de tratar sobre la revolución jurídica posromana y la sustitución del criterio que consideraba las leyes como universales y susceptibles de variación legislativa por vía de interpretación primero (como personales) y después como territoriales (y, por consiguiente, susceptibles de diferencias, pero en buen grado inmutables).

Aunque el Estado puede representar un fenómeno político tanto como un fenómeno jurídico —o quizá más que él—, la contribución del pensamiento jurídico para su formulación teórica y, por consiguiente, para su establecimiento práctico, fue enorme y decisiva. Claro está que es muy difícil precisar qué entendemos por política, y más particularmente si queremos distinguir lo político de lo jurídico. Sin embargo, seremos suficientemente precisos si decimos que una cuestión política es aquella que envuelve la selección de la forma de gobierno, o del destino que ha de darse a los recursos del gobierno. Por otra parte, cae dentro del ámbito jurídico la definición de la forma de gobierno elegida y los modos mediante los cuales se tratará de lograr los propósitos del gobierno.

La naturaleza de su ciencia, por tanto, no complicó a los juristas —como tales— en la gran revolución política que liberó a las comunidades locales de la supremacía señorial del emperador y del Papa. Pero las ideas jurídicas contribuyeron grandemente a persuadir al hombre de que un orden universal no era eterno e inmutable, y a trasformar las comunidades locales en lo que han llegado a ser los Estados modernos.

Tal vez no ha habido tiempo alguno en que la influencia de los pensadores fuera mayor. Los nombres de Bodino, Altusio, Maquiavelo, Hobbes y Locke se destacan, especialmente, como los de los fundadores del Estado; y fueron todos —menos Maquiavelo— juristas, al menos en cierto grado. Su aporte consiste en el desarrollo y la aplicación del concepto de soberanía.

El término "soberanía" tiene diferentes sentidos, aunque todos relacionados entre sí. Conviene aclararlos. En el contexto del derecho, y de la filosofía de la estructura interna del Estado, la "soberanía" denota el poder supremo dentro del Estado. Así, hablamos de un poder legislativo soberano y, a pesar de haber concluido los tiempos de absolutismo monárquico, todavía por cortesía seguimos llamando soberanos a los monarcas. Cuando hallamos el término "soberanía" en el derecho internacional y en las relaciones internacionales, estamos frente al reverso de la misma medalla. Puesto que todos los Estados son iguales e igualmente Estados, la soberanía no implica ya la idea de supremacía sino, al contrario, la de independencia. Se usa también el término en un sentido secundario en las leyes internacionales —denotando la autoridad que un Estado tiene sobre su territorio o sus ciudadanos, los que se hallan, respectivamente, bajo su soberanía territorial y personal.

La soberanía es fundamentalmente, como se ha dicho, un concepto jurídico. Corresponde al *imperium* del derecho romano y comprende el poder supremo para legislar y hacer cumplir las leyes. El postulado de su existencia dentro de cada comunidad política contribuyó materialmente a la teoría del Estado naciente. En realidad, fue el factor decisivo en el desarrollo de este último. No vamos a entrar a discurrir sobre los detalles de su aserción, ni sobre los prolongados debates referentes a dónde se encuentra localizada la soberanía dentro del Estado, ni sobre si ella es o no divisible. Ello corresponde a la historia del orden interno de los Estados. Nuestro interés radica sólo en las implicaciones de la doctrina de la soberanía sobre el orden externo del Estado. Sólo hemos de señalar que la pretensión, por parte de cualquier Estado, de ser soberano e independiente y de no estar —por lo tanto— sometido a ningún superior externo, nunca ha implicado que su poder no estuviera sujeto a limitación alguna. Por el contrario, hay una evidente limitación inherente a tal afirmación. Todo Estado es limitado y tiene necesariamente fronteras. Únicamente dentro de ellas cabe indagar con provecho acerca del poder supremo. Fuera de los límites en los cuales es eficaz un mandato superior determinado, debe haber un espacio en que no lo es, o en que lo es sólo concurrentemente con otros. La independencia de cada Estado presupone la de los demás.

La desaparición del orden imperial, por tanto, no produjo la anarquía, ni en teoría, ni en la práctica. Aquel orden quedó remplazado por una pluralidad de Estados en que cada uno no pretendía gobernar el mundo, sino sólo gobernarse a sí mismo. De este modo, no nació o renació simplemente el Estado, sino el sistema de Estados. Es que las dos ideas son inseparables. Tal inseparabilidad implica reglas que gobiernan las relaciones entre Estados: en suma, un sistema de derecho internacional.

Todo esto, desde luego, es pura teoría, teoría creada con posterioridad a los hechos. Pero, en esa época —como se ha mostrado— la teoría tenía influencia desacostumbrada, extraordinaria. Los hombres sentían mucho la necesidad de una guía doctrinal antes de abandonar las antiguas ideas familiares y la estructura política del Viejo Mundo. Pero no debe pensarse que, como hecho histórico, la teoría de la soberanía maduró súbitamente. Las ideas nuevas necesitaron siglos para desarrollarse; y alcanzaron su expresión, en parte como programas de acción futura, y en parte —y por un periodo todavía mayor— como intentos para explicar hechos ya consumados. Tampoco fueron ellas totalmente nuevas, ya que incorporaron mucho de lo que por largo tiempo había sido familiar, y sólo con una mirada retrospectiva muy prolongada puede notarse que correspondía a un orden diverso de ideas. Los que se califican como los primeros libros de un derecho internacional aplicable a Estados soberanos, aparecen en el siglo XVI y a comienzos del XVII. Se supone que al sistema de Estados se le dio vida mediante una forma de creación en cierto sentido legislativa, o que por lo menos se lo confirmó, por la Paz de Westfalia de 1648. Pero, el *Leviatán,* de Hobbes, donde la noción del soberano como autoridad *de facto* queda por fin claramente explicada, no fue publicado hasta 1651. No puede encontrarse ninguna prueba mejor de la lentitud en la marcha de los acontecimientos que en los relacionados con la conducción de la guerra. Pues el derecho de hacer la guerra —considerado más tarde como monopolio y suprema característica internacional del Estado— no corresponde a éste, exclusivamente, sino hasta tiempos tan recientes como el siglo XVII. Luchas sí las hay, muy a menudo, entonces, pero en ellas se inmiscuyen individuos particulares y funcionarios de menor jerarquía, y ciertamente lo hacen contra la voluntad del Estado.

1.03 Orígenes históricos del derecho internacional

Una historia del derecho internacional que sea plenamente satisfactoria está aún por escribirse. Esa tarea es difícil. No hay desarrollos institucionales de crónicas que consignar hasta los tiempos más recientes; no hay una prolongada historia evolutiva de los parlamentos, de los tribunales y de las jurisdicciones. Asimismo, son escasas las decisiones de los tribunales, tales como las que contribuyen tan sustancialmente a la evolución de los sistemas consuetudinarios del derecho interno. Ni siquiera se puede encontrar un gran número correlativo de códigos y leyes locales. Los tratados entre Estados son, en algún sentido, análogos a las leyes del derecho interno. Así, podemos señalar el *Règlement* adoptado por el Congreso de Viena sobre el rango de los enviados diplomáticos, o bien la Declaración acerca de las leyes de la guerra marítima del Congreso de París de 1856, como constitutivos de puntos de referencia en el proceso de la elaboración del derecho. Pero los tratados están frecuentemente más próximos a los contratos que a las leyes —negociaciones especiales dentro de un derecho general que no dejan señales sobre este último, a no ser por un prolongado proceso de formación de precedentes. La historia general del derecho internacional se revela más bien como una historia de ideas, y se la presenta con frecuencia en forma de datos biográficos de los escritores que son mayormente responsables de la exposición de tales ideas.

El más destacado de los escritores llamado "padre del Derecho de las Naciones" fue el holandés Hugo Grocio, cuyo *De jure belli ac pacis,* publicado en 1625, gozó de enorme reputación durante más de doscientos años. El último siglo fue testigo del descubrimiento de una obra anterior de Grocio (*De jure praedae,* de 1604, que contiene una defensa interesada que preparó para la Compañía Holandesa de las Indias Orientales en pro de la libertad de los mares), y asimismo fue testigo de un creciente reconocimiento a los precursores de Grocio. Entre ellos, los juristas. han considerado como los más notables quizás a Vitoria y Gentili. El primero, profesor de teología en Salamanca, de 1526 a 1546, no publicó cosa alguna durante su vida; su fama reside en sus lecciones, recobradas póstumamente, *Relectiones de Indis* y *De jure belli Hispanorum in Barbaris,* que tienen especial significación porque en el curso de una indagación sobre la validez o justicia del título español al Nuevo Mundo, se afirman los derechos de los indios nativos y los deberes que España tenía con ellos, aunque no fueran cristianos. Vitoria es el primero en reconocer que el nuevo sistema de Estados y el nuevo derecho entre los Estados que van surgiendo no están limitados a Europa o a la cristiandad, sino que corresponden a todo el mundo. Gentili, según el común decir, es el primer escritor que sacó al derecho internacional de su confusión con la teología y la ética, y que lo trató como lo que es: una rama independiente de la jurisprudencia. Pero este protestante y refugiado italiano es digno de atención por otros méritos. Es el primero que expuso el nuevo sistema al mundo de habla inglesa, ya que enseñó en Oxford en el último cuarto del siglo XVI. Él es, posiblemente, el primero de un tipo de hombres que ahora conocemos bien: el consejero de los gobiernos y el abogado de derecho internacional. Fue consultado por el gobierno inglés acerca de las inmunidades del traicionero embajador de España, Mendoza; y su póstumo *Pleas of a Spanish Advocate* —recuento de sus actividades ulteriores como consejero de la Embajada española— es, en cierto modo, de mayor interés profesional que *De jure belli,* aparecido en 1598 y que tuvo influencia considerable sobre el libro de igual título de Grocio.

La obra de Gentili, aun cuando puede imparcialmente señalarse como la primera indudable sobre derecho internacional, no cubre la totalidad temática de esa rama. Es, en primer término, una discusión acerca de lo que hemos de estimar como un tradicional problema medieval: la cuestión de la justicia o la injusticia de las guerras. A ello, sin embargo, se añade, no sólo lo que es sin duda la primera exposición de las normas que gobiernan la conducción de la guerra una vez que ha comenzado, sino también un novedoso examen de los tratados de paz que admiten algunas conclusiones generales. La obra de Grocio —también hombre de negocios, que ocupaba en Holanda un cargo aproximadamente equivalente al de un procurador general y embajador— no deja de ocuparse preferentemente en el derecho de la guerra. Sin embargo, casi la mitad contiene cuestiones que difícilmente pueden calificarse como derecho internacional —lo que el profesor Nussbaum denomina "contratos, compraventas, intereses, sociedades, negligencia, daños y relaciones de familia, todo ello tratado de un modo especulativo desde el punto de vista del derecho natural". Esta parte se une al resto, de manera algo forzada, mediante la exposición de una Introducción o Prolegómenos que, no obstante, tiene el mérito saliente de contemplar —si no de desarrollar— la noción de un derecho internacional omnicomprensivo, que incluye tanto el derecho entre los Estados o sus gobernantes como un derecho universal para los hombres.

Ahora bien, hemos de recordar que tanto Gentili como Grocio no eran sólo juristas sino también teólogos eminentes, y ambos sufrían por la manifestación un tanto estridente de su fe, lo que caracteriza sus carreras profesionales. En esto eran hombres de su tiempo y herederos del entonces reciente pasado. Para construir el edificio que iba surgiendo entre sus manos como es natural e inevitable, ellos empleaban ideas medievales. El valor de esta afirmación nunca será destacado suficientemente. El sistema del derecho internacional moderno no es el fruto de una negociación entre Estados que acaban de salir del dominio imperial y son completamente independientes en virtud del triunfo del concepto de soberanía. En vez de eso, es un legado del pasado, cuya aceptación fue condición esencial al goce de la soberanía.

Ciertamente, hay muchos factores que asombran al estudioso de los orígenes del derecho internacional. "La mayor función del derecho natural —expresa Brierly— estriba en haber dado vida al moderno derecho de las Naciones." El *jus gentium* de los romanos —esa amalgama de leyes de todos los pueblos del Imperio—, que había sido recibido en gran parte del continente europeo después del Renacimiento, constituyó un sistema común de derecho, realmente en operación, que suministraba una base prefabricada para el derecho internacional. Y existía un íntimo enlace entre ese derecho romano y el derecho canónico de una iglesia ecuménica.

Además, había una identidad práctica entre el derecho natural teórico y el verdadero *jus gentium* en todos los aspectos, excepto en que el último toleraba la esclavitud y el primero no. Tales eran —se le dice al estudioso— los principales hilos que se emplearon para construir la cuerda del derecho internacional que uniría entre sí a los Estados independientes. Pero, puede él bien preguntarse, ¿cómo podría un derecho que esencialmente gobernaba relaciones entre individuos, y en menor escala sus relaciones con un Estado singular, convertirse en Derecho entre Estados? Y, ¿cómo podrían las ideas de los jusnaturalistas y de los teólogos, que se ocupaban primordialmente de la conciencia individual, ser aplicadas a colectividades como son los Estados? ¿No era el viejo *jus gentium* fundamentalmente un sistema de derecho interno que regía dentro de cada Estado, a pesar de que se aplicaba en todos los Estados, al menos en teoría? Y en contraste ¿no está el moderno derecho internacional compuesto principalmente por normas que han tenido que desarrollarse precisamente porque la armonía original del derecho interno de los Estados se derrumbó? Para indicar un ejemplo: los viejos escritores nada decían acerca de la nacionalidad de los individuos; por tanto, bien podemos afirmar que en el derecho internacional clásico no había normas sobre la nacionalidad. No había necesidad de ellas, ya que el derecho interno de la nacionalidad —significativamente llamado la "norma de Europa"— era en todas partes el mismo y, por consiguiente, no había desajustes o choques entre reglas contradictorias. En los tiempos modernos, tales choques han ocurrido porque los distintos Estados legislan sobre la materia con diferentes criterios. Como resultado, se ha debido establecer mediante tratados una norma de derecho internacional que regule esa cuestión.

Hay que confesar que existe aquí un misterio que la literatura más técnica del derecho no explica suficientemente. Tal vez el jurista de menor jerarquía, ocupado en su diario quehacer, no necesita explicárselo. A él le basta con afirmar que el derecho internacional no es más que un derecho privado "escrito en grande". De esta suerte, el tratado es en gran parte un contrato ordinario, adaptado por un proceso natural en todo lo necesario, para aplicarse entre Estados en lugar de entre individuos. Las normas acerca de la adquisición y pérdida de territorios, que los libros clásicos contienen, son también en gran medida similares a las normas sobre tierras que el derecho romano desarrolló. Las reglas acerca de la representación diplomática y sobre la ratificación de los tratados son virtualmente las del derecho interno sobre el mandato, y así sucesivamente.

Un poco de reflexión nos debe persuadir de que esta explicación del origen del sistema de derecho internacional no es suficiente. Por ejemplo, los libros clásicos a menudo contienen catálogos sobre los modos de la adquisición y pérdida de territorios, que parecen tener estrecha analogía con las diversas transacciones que ha de manejar el jurista en materia de derechos sobre inmuebles. El territorio —nos inclinamos a pensar con ellos— puede adquirirse por descubrimiento, ocupación, aluvión, cesión y conquista o subyugación, y puede perderse por los procesos contrarios de prescripción, avulsión, cesión y sumisión. La historia, sin embargo —a pesar de superficiales apariencias— no justifica la impresión de que las fronteras de los Estados se desplacen de lugar como podemos comprobar que ocurre en cuanto a las fincas y otras tierras privadas, cuando la fortuna y la familia de sus propietarios aumentan o disminuyen. Aun en las guerras dinásticas —como las que conoció a veces la Edad Media— estaba envuelto algo más que los que ahora denominaríamos rapiña de tierras. El considerar los cambios en la soberanía territorial esencialmente como negocios en relación con la propiedad inmobiliaria, sería comprender muy mal las relaciones entre los Estados.

Eso significaría no advertir que el Estado no es el mero dueño de su territorio, sino que en realidad él es territorio, o más bien la expresión política de una comunidad humana que forzosamente tiene que basarse en la tierra. Las normas acerca de los cambios en la soberanía territorial son tanto un derecho de las personas como un derecho de la propiedad. El derecho de la llamada sucesión de los Estados tiene que considerar, como resultado, fenómenos para los cuales no hay equivalente en la experiencia de los juristas que manejan el derecho interno inmobiliario. No ha de considerarse que los Estados intercambien sus provincias del mismo modo que los hacendados se venden unos a otros campos, o bien, como ocurre en tiempos turbulentos, cuando se roban las tierras unos a otros. Tampoco la división de un Estado en varios ha de estimarse del mismo modo que la división de herencia que el padre realiza entre sus hijos. Una concepción tan primitiva de los procedimientos para los cambios internacionales de territorios ignora que tal cambio es producto de una o de varias voluntades comunales. Nuevos Estados surgen en lugares que anteriormente estaban dentro del territorio de otros Estados, como consecuencia de movimientos populares que buscan la plenitud de autorrealización política dentro de lo que será el nuevo Estado. Un estudio de la realidad histórica debe persuadirnos también de que los cambios territoriales que no produzcan la formación de nuevos Estados, sino el ajuste de fronteras de viejos Estados, sólo se dan conforme a líneas especiales. Las fronteras de los Estados antiguos no han avanzado o retrocedido irregularmente —como un bosque acá, o una parroquia más allá, pueden haber cambiado de manos—. El crecimiento o la decadencia de los reinos e imperios clásicos ha comprendido ganancias o pérdidas mucho más considerables. Lo ocurrido es que provincias o ducados enteros, e incluso reinos, han cambiado de dueños. Lo que se discutía no era el título de una mera parcela de tierra, sino el destino o el derecho de gobernar una comunidad completa que, si no era un Estado en sí mismo, había sido una subdivisión política de un Estado. Y a menudo sin duda, desde el punto de vista de sus habitantes, el cambio no significó mucho más que la variación en la identidad de un remoto señor o amo. Tal vez, con no menor frecuencia, el nuevo señor fue preferido al anterior por los habitantes, y el cambio auxiliado y asentido por ellos.

Sólo de este modo podemos explicarnos la naturaleza permanente, si no de las fronteras mismas, al menos del esquema de sus cambios en la mayor parte del mundo. Es un esquema producto no sólo de transacciones entre Estado y Estado, sino casi tanto y tan a menudo, de movimientos y convulsiones ocurridas exclusivamente dentro de un Estado. En síntesis, es esencialmente el proceso del crecimiento y cambio de los Estados, que no incluye necesariamente alguna "cuestión internacional" en el sentido de ser una cuestión que afecta a más de un Estado existente. Y cuando se trata de una "cuestión internacional", en ese sentido es, además, una cuestión nacional, ya que afectará fundamentalmente la estructura interna de uno o más Estados.

La esencia real de este asunto nunca pasó inadvertida para el derecho internacional. Pero los expositores de esta disciplina a menudo no han sido suficientemente conscientes de las implicaciones que para ellos debe tener, o de cómo eso debe conformar las reglas particulares que son su preocupación principal. Así, parece que sólo dentro de la última generación ha llegado a admitirse que hay un principio de libre determinación de los pueblos, que debe servir de base a todo el derecho internacional. Sin embargo —como debe probar el precedente análisis de los procesos de los cambios en la soberanía territorial y de la sucesión de Estados—, ese principio ha sido siempre el fundamento del sistema de derecho internacional.

Los escritores antiguos tenían de hecho tan clara noción de ese principio particular como nosotros. Pero, según hemos visto, aunque fueron juristas, no lo eran exclusivamente; y aunque escribieron los primeros libros sobre derecho internacional y separaron esa disciplina de las demás, sus trabajos no cubrían todo su ámbito, ni hacían explícito todo cuanto lleva implícito. Por tanto, para tener un cuadro más completo, debemos investigar en otra clase de obras: en la inmensa cantidad de literatura sobre los métodos de preservación de la paz que, si bien ha sido cuidadosamente estudiada en este siglo a medida que fue creciendo la preocupación por el problema de la guerra, fue muy descuidada en el pasado por la razón de que las panaceas que proponían han sido frecuentemente irrealizables. Sin embargo, también fue desatendida por los juristas internacionales, por la razón —menos válida— de que se refería a la política y no al derecho. Ahora bien, si se examina esa voluminosa literatura, se comprueba que informa sobre muchas cosas no tratadas en los libros del propio o del pretenso derecho internacional, y que proporciona una buena aclaración adicional sobre el modo como nació este último.

El examen de esa literatura antigua sobre "la paz" revela que no es "literatura sobre la paz" en modo alguno. En lugar de suponer una sociedad compuesta de Estados soberanos cuyas diferencias han de ser ajustadas, revela algo que ya hemos señalado: que el proceso evolutivo de esa sociedad se hallaba tan lejos de estar entonces terminado, que otros posibles sucesores del imperio medieval podían aún abrigar esperanzas. Y ella misma ofrece, con diversas apariencias y variantes, una alternativa que fue tan ampliamente adoptada que hasta llega a invalidar las interpretaciones más extremistas de la soberanía externa de los Estados. Lo que constituyó el motivo principal y firme de esta literatura también merece señalarse: el mantenimiento o la creación de alguna especie de estructura para la defensa de Europa o de la cristiandad como un todo frente al poderío turco. Éste es, pues, el espíritu de una multitud de escritos desde el siglo xiv hasta el final del xvii —desde Dante hasta Leibniz. Y sus objetivos e intenciones quedan implícitos en los títulos de muchos de ellos: *De Monarchia,* de Dante; *De Recuperatione Terrae Santae,* de Marsilio de Padua; *Utopía,* de Tomás Moro; *De Unione Christianorum contra Turcos,* de Marini, y *Grand Design of Henry IV,* de Sully.

Como esos títulos indican, la preocupación de sus autores no era la paz entre iguales, sino la construcción de un orden supranacional. El método por el cual ellos trataban de lograrlo fue, en sentido amplio, el de contener y dirigir el poder político. El *Gran Design,* por ejemplo, contempla una división del territorio y de los recursos de Europa sobre la base de principios equitativos, a fin de asegurar un equilibrio de fuerzas. En muchos sentidos, las ideas expresadas en planes como ésos son antiguas y se hallan en oposición al creciente Estado-Nación. Representan una perpetuación de la concepción medieval del imperio. Pero eran tan influyentes en sus tiempos como lo que pudiera llamarse el pensamiento más moderno o más estrictamente legalista de Grocio. Cada escuela estaba forzada a ceder algún terreno a las demás. Así. Grocio, en sus *Prolegomena* reconoció que no había elaborado más que un sistema de justicia reparadora que sólo podría funcionar eficientemente dentro del marco de un sistema paralelo de justicia distributiva, que viniera a remediar las desigualdades y hacer tolerable un derecho estricto entre las naciones.

Tal sistema paralelo, que en relación con el derecho propio de los libros de derecho internacional ocupa un lugar comparable al que tiene la legislación dentro del derecho interno —un sistema para ir cambiando el derecho en respuesta a nuevas demandas y necesidades—, no fue fácilmente realizado y de hecho todavía espera ser completado. Sin embargo, a través del tipo de literatura y pensamiento político que acabamos de considerar, el mundo moderno heredó del medieval una concepción que contrabalancea la doctrina de la soberanía del Estado, y sólo a la luz de ella la última puede ser entendida verdaderamente. A veces se dice que esto constituye un mero conjunto de principios políticos, los más importantes de los cuales son el del equilibrio del poder y la regla de la mayoría simple. Es inapropiado que éstos se califiquen de políticos, si eso lleva a pensar que son en algún sentido opuestos al derecho. A fines del siglo XVIII y en el XIX llegaron a ser conocidos como el "derecho público de Europa" —denominación que era afortunada en cuanto hacía hincapié en su carácter jurídico, pero tal vez no tan feliz en cuanto sugería que sólo tienen aplicación regional.

De todos modos, es inadecuado para el propósito de explicar el contenido total de esos principios mencionar sólo, por ejemplo, el del equilibrio del poder, que era un concepto cambiante. Eran —y lo que son todavía— un conjunto de reglas muy semejantes a la constitución de un Estado, y por tal razón no fáciles de definir. Tal vez se les defina mejor como reglas que postulan que no sólo existen Estados, sino que también hay un sistema de Estados, cuya existencia y mantenimiento imponen algunas limitaciones reales, pero indefinidas, a la libertad de acción —a la soberanía— de los Estados. Representan una trasmutación del viejo orden imperial, y el reconocimiento y la aceptación de ellos fue una condición en gran parte tácita, sobre la cual se pudo destruir ese orden y se permitió que el Estado soberano surgiera de sus ruinas.

Existen —y eso es hoy evidente— muchas cosas que un Estado individual no puede realizar, pero que no se mencionan en los libros meramente técnicos. Por ejemplo, no puede abandonar y excluir de la ciudadanía a una porción considerable de sus ciudadanos. Su gobierno no puede asegurarse a sí mismo contra una revolución, mediante un tratado con otro Estado. Tampoco pueden dos Estados, ni siquiera entre ellos solamente, ignorar la libertad de los mares, y menos aún el cuerpo completo del derecho internacional consuetudinario. Algunas de esas limitaciones surgen, sin duda, de la naturaleza misma del Estado. Un Estado que pretenda mantener a su gobierno en el poder por medio de ayuda extranjera, está negando con eso su condición de Estado. Pero, muchas de ellas se derivan más directamente del derecho público mundial —del postulado del sistema de Estados, más bien que del de un solo Estado.

Si aceptamos, como debemos hacerlo, que existe semejante sistema —una constitución del mundo—, notaremos inmediatamente por qué las partes más técnicas y detalladas del derecho internacional, sobre cuyo desarrollo histórico es costumbre encontrarse, se parecen tanto al derecho privado "escrito en grande", y cómo los triples hilos del derecho natural, del *jus gentium* y de algunos aspectos del derecho canónico, han llegado a combinarse para formarlo. Si sólo contempláramos esas parte, no estaríamos contemplando el sistema en conjunto. Únicamente miraríamos lo que los juristas del derecho interno llamarían la parte de su derecho privado. Esta parte, sin duda, creció muy rápidamente en los siglos XVI y XVII, hasta cierto punto por el empleo de analogías basadas en el derecho interno. Pero, en gran parte la analogía era innecesaria: de hecho existía algo así como un *jus gentium,* un derecho interno común; y éste era al propio tiempo un derecho entre los Estados.

Mucho más importante que la armonía de las leyes de Roma y del orden imperial que fueron legadas al mundo, fue una armonía de jurisdicciones, implícitas en la noción misma de jurisdicción, y aun en la de soberanía. Ya hemos visto cómo la jurisdicción de los tribunales llegó a dividirse siguiendo las líneas territoriales, y cómo este sistema, si bien no sobrevivió a la caída de Roma, fue por lo menos revivido. Esto significó, claro está, un arreglo que contribuyó al crecimiento de la idea de soberanía, pero que sobrevivió a la terminación de ese proceso. Una interpretación extrema de la soberanía podría exigir que cada cosa y cada persona situada en su territorio cayera bajo el poder y la jurisdicción del Estado. Efectivamente, en cierto sentido, en la práctica, cada cosa y cada persona lo está, con la única excepción de los representantes oficiales de otros Estados. Pero, en alguna medida esto es mera cuestión de forma. Los propios tribunales del Estado —cierto es— son los únicos que administran la justicia en los casos surgidos dentro de su territorio. Pero de algunos de ellos no se hacen cargo. Y, sea cual fuere la concepción teórica en que esto se funde, ellos, en realidad, no aplican su propio derecho en todos los casos. Por ejemplo, un tribunal nacional no pretenderá juzgar el título sobre unas tierras situadas en el extranjero, ni conocerá sobre crímenes cometidos por extranjeros con respecto a extranjeros en un Estado extranjero. Y cuando un caso con un "elemento extranjero" se presente, a él se aplicará, según los principios de lo que se llama derecho internacional privado, no el derecho interno del tribunal, sino —en lo sustantivo— el derecho extranjero apropiado.

La teoría que respalda esa práctica universal, y las relaciones entre el derecho internacional privado y el derecho internacional público serán estudiadas más adelante, en una sección adecuada. Por el momento, sólo nos corresponde apuntar que los tribunales de un Estado habitualmente respetan la jurisdicción de los de otros, y se imponen a sí mismos limitaciones sobre la propia. Esto es consecuencia inherente a un sistema de subdivisión territorial de la jurisdicción. Concuerda perfectamente con la existencia de Estados territorialmente distintos pero, aun cuando ambos sistemas deben tener la misma raíz según la naturaleza de las cosas, no están enlazados históricamente. El mundo ya se hallaba dividido en un sistema de jurisdicciones antes de que se le impusiera un sistema de Estados, y los dos sistemas no siempre coinciden. Como resultado, problemas que conciernen a dos jurisdicciones se manejan de manera muy parecida, independientemente de que las dos jurisdicciones se encuentren políticamente divorciadas o combinadas en un mismo Estado.

La subsistente similitud de los derechos internos facilitó claramente el mantenimiento de este sistema. Él implicaba que las concesiones que cada uno había de hacer al otro eran de carácter limitado. En cuanto se refería al desarrollo del derecho entre los Estados, más importante que la aplicación del derecho interno de un Estado por los tribunales de otro en los casos correspondientes, fueron aquellos en que la jurisdicción se declinó. Podemos seguir los procesos implicados si consideramos, por ejemplo, el estado legal de los cónsules. Pueden tomarse dos puntos de vista sobre la actitud hacia ellos del derecho internacional contemporáneo. Este sistema no contiene regla alguna referente a su estado legal frente a los tribunales locales del Estado en que aquéllos residen. Del mismo modo, puede entenderse que se les otorga la inmunidad judicial con respecto a sus actos oficiales. Ciertamente, gozan de tal inmunidad. Es decir, que los tribunales a que se acude habitualmente declinan la jurisdicción. Por tanto, la regla pertinente de derecho internacional es, por así decirlo, una consecuencia de la práctica de la autolimitación de la jurisdicción nacional. Pueden señalarse muchos otros ejemplos, dentro de los sistemas jurídicos internos, del funcionamiento de reglas que tienen impacto internacional y, por lo tanto, algo del carácter de las normas del derecho internacional. Una gran parte del código clásico sobre las normas que rigen la manera de hacer la guerra se originó, así, en las normas establecidas por cada beligerante para el manejo de sus propias fuerzas. El vigor continuado de este proceso de creación del derecho internacional está reconocido, incidentalmente, en el Estatuto de la Corte Internacional de Justicia, que menciona "los principios generales del derecho reconocidos por las naciones civilizadas" entre las fuentes de derecho que habrá de aplicar dicha Corte.

Lo expuesto sobre los orígenes es suficiente. En cuanto al desarrollo del sistema de derecho internacional, es un error el antedatarlo. Aunque en el curso de los siglos XVI y XVII la doctrina de la soberanía tuvo éxito en establecerse a sí misma —aunque sujeta a las limitaciones que hemos mencionado—, tanto el radio de acción de los gobiernos estatales como sus contactos mutuos, por largo tiempo estuvieron rigurosamente limitados. Hasta qué punto son realmente modernas varias de las instituciones con las que estamos ahora familiarizados, queda aclarado si recordamos que Grocio nunca emplea el término "neutralidad", y argumenta contra el mantenimiento permanente de misiones diplomáticas por creerlas innecesarias y peligrosas. En realidad, en muchos sentidos, el sistema del derecho internacional considerado como un todo no adquiere su forma hasta fines del siglo XVIII y principios del XIX. Sólo entonces queda firmemente establecida la doctrina de la neutralidad y determinada la medida de los derechos de los beligerantes. Sólo entonces la doctrina y la práctica del reconocimiento de los Estados y de los gobiernos queda elaborada y es aplicada. Hasta esa época no se logra una firme concepción de los límites de las aguas territoriales, por eso se puede decir que el principio de la libertad de alta mar no fue plenamente formulado anteriormente. También entonces el trámite de la ratificación en el proceso de la concertación de los tratados deja de ser un formalismo derivado del derecho privado sobre el mandato y pasa a ser un trámite esencial.

Se puede sostener que el sistema de derecho internacional no llegó a su completa madurez hasta la Paz de Viena, en 1815. En lo que se refiere a reglas de carácter meramente técnico, sólo en ese año —como ya hemos indicado— se estableció un orden en la cuestión del rango de los diplomáticos. La Paz de Viena, sin duda, es un hito saliente en la historia del derecho. Pero tomarla como si fuera su punto de partida, es ignorar el aprendizaje por el que los principales negociadores, especialmente Talleyrand y Castlereagh, tuvieron que pasar. Pues los principios y las ideas que se incorporaron a los acuerdos de paz eran ya, evidentemente, familiares. Por consiguiente, debemos mirar hacia el siglo XVIII.

Si observamos, en primer lugar, la literatura más profesional, nos sentiremos tentados de disputar a Grocio su pretensión de ser el "padre del Derecho de las Naciones" y conferir ese título a Emerich de Vattel, cuyo libro *Le Droit des gens*, aparecido en 1758, iba a ser durante un siglo el manual práctico usado por los hombres de estado en todas las naciones. Tal vez su popularidad universal se debió a cierta ambigüedad que permite ser citado en casi todas las controversias por las dos partes afectadas. Sin embargo, es práctico, y en él se puede reconocer el sistema del derecho internacional tal como lo entendemos ahora. La distinción entre derecho interno y derecho internacional es neta, y el ámbito completo de las relaciones jurídicas entre los Estados queda cubierto. Por ello tuvo mayor influencia que muchos otros libros de mejor calidad, en los que las bases filosóficas del nuevo sistema quedaban trazadas con mayor precisión.

Esos libros superiores son explicados mejor de lo que podemos hacerlo nosotros en las historias del derecho internacional. En las obras recientes también se ofrece una exposición cuidadosa del surgimiento de varias escuelas del derecho internacional teórico; los jusnaturalistas, los positivistas y los seguidores de Grocio. Dedicaremos unos párrafos a explicar por lo menos dichos términos, pero su significado es irrelevante para los grandes rasgos en que debemos presentar este tema.

En la escuela de los jusnaturalistas, los máximos expositores son: Samuel Pufendorf (1632-94), quien dictó en Heidelberg la primera cátedra de derecho internacional; Rutherford, maestro en Cambridge en 1754-6; y Barbeyrac, traductor francés de Grocio, quien siguió a Hobbes en la afirmación de que existía un derecho natural aplicable a los Estados, del mismo modo como existía un derecho de ese tipo aplicable a los individuos. Para ellos, aquél es el único derecho que obliga a los Estados. En realidad, merecieron el título de "negadores del Derecho de las Naciones" porque rechazaban la idea de que algo convenido por los Estados entre sí pudiera propiamente llamarse de ese modo. En este punto, se mantuvieron en oposición a los positivistas, quienes veían el verdadero derecho en la costumbre y en los tratados. Entre ambas escuelas opuestas quedaban los seguidores de Grocio, entre ellos, Vattel, quien atribuía carácter jurídico tanto al derecho natural como al positivo. De esas tres escuelas, después del siglo XVII, la primera resultó la menos influyente. En el siglo siguiente, la pugna se estableció entre los positivistas representados por Bynkershoek (1673-1743), quien, característicamente, no publicó tratado general alguno, pero se concentró en el estudio de la práctica de los Estados sobre cuestiones particulares —y los seguidores de Grocio— a quienes, por cierto tiempo, la popularidad de Vattel dio la victoria. No obstante la muy crecida influencia del positivismo en el siglo XIX, la tradición de Grocio todavía predomina. Ello se debe a que concede igual importancia a lo que los Estados de hecho hacen —el hábito, la costumbre— y al curso de las negociaciones entre las partes interesadas, lo que contribuye significativamente dentro de cualquier sistema de Derecho; y asimismo concede no menos importancia a lo que los Estados son —o lo que tienen que hacer debido a su naturaleza.

Sin duda, las controversias de esas escuelas dejaron su marca en el sistema de derecho internacional. Pero dejaron una marca menor que otro tipo de disputas doctrinales —como la de los monistas y los dualistas en cuanto a las relaciones entre derecho interno y el derecho internacional, y en cuanto a si los dos sistemas son distintos o realmente sólo partes de un todo único. Si bien es un debate diferente —que hemos de examinar en otro lugar—, su relación con las teorías opuestas de los naturalistas y de los positivistas es bastante obvia. También lo es la relación de la última con la cuestión más fundamental a que ya hemos aludido: la del progreso de la idea de que existe una sociedad de Estados con una especie de constitución, sin duda vaga y no desarrollada, pero no por ello menos real.

Es que la base de este derecho público del mundo lo es esencialmente la naturaleza del Estado y la necesidad apremiante de que cada Estado ha de convivir con los demás. Así, pues, posee un significativo aspecto naturalista. Al mismo tiempo, el sentido de comunidad de todos los pueblos —que, sin duda, existe en los tiempos modernos y recibe su expresión en esa forma— difiere de las nociones de universalidad heredadas por la Edad Media del Imperio y de la Iglesia. El mero hecho del surgimiento del Estado debe, indudablemente, hacerlo diferente. Su base es materialista más que idealista; y como resultado de pura necesidad ha recibido, en los tiempos más recientes, su forma institucional.

1.04 LUGAR QUE OCUPA LA GUERRA EN LA COMUNIDAD INTERNACIONAL: LA SEGURIDAD COMO SUPREMO INTERÉS

Es el curso de la historia durante el presente siglo, la introducción en la comunidad internacional de un mayor grado de organización lo que ha hecho inevitable que el principal objetivo sea prevenir la guerra. Las generaciones futuras pueden contemplar este enfoque del derecho internacional como peculiarmente negativo, o en cierto sentido como no constructivo. ¿No habría sido mejor —podrán preguntar— haberse concentrado más sobre los aspectos positivos de la cooperación entre los Estados? La explicación de la dirección que las cosas deben tomar es ahora bastante obvia. Estriba en la naturaleza del orden existente, el cual, como hemos visto, empieza por suponer que los

Estados han de continuar existiendo y que ellos son soberanos o independientes.

Los más antiguos escritores sobre derecho internacional distaban mucho de entender que la calidad de la soberanía diese derecho a un Estado para llevar a cabo la guerra contra otro, por cualquier razón o sin razón alguna. Al contrario, del derecho romano adoptaron una distinción entre la guerra justa y la injusta, que había sido desarrollada y ampliada por los teólogos cristianos, especialmente por Santo Tomás de Aquino. Tal distinción ha sido calificada como la más noble contribución del derecho romano al derecho internacional; pero esa apreciación puede ponerse en duda. El pensamiento romano no clasificó las guerras en justas e injustas, sino más bien las causas de la guerra (en el sentido de motivos u ocasiones). Con un fundamento religioso, no cabía esperar el triunfo de las armas romanas si eran tomadas sin justa causa. Los teólogos medievales, asimismo, consideraban la cuestión de la justicia o injusticia de la causa para las partes en guerra de modo puramente subjetivo. Las actividades de los rebeldes, por tanto, eran *bellum injustum,* mientras que las medidas en contra, adoptadas en el mismo conflicto por el príncipe legítimo, eran *bellum justum.* Tal clasificación era útil solamente en cuanto podía permitir a un príncipe vecino o a otro individuo juzgar en buena conciencia si podía hacer suya una u otra de las causas. Aquélla sólo podía producir la norma de que no era pecado alistarse en una causa que no fuera obviamente injusta. Era insuficiente para una aplicación objetiva a fin de determinar, por ejemplo, cuál de dos reclamaciones dinásticas era la mejor, ya que en cada una podía haber cierta justicia.

Los más antiguos escritores profesionales de derecho internacional adoptaron la distinción entre guerras justas e injustas, pero la encontraron tan difícil de aplicar como sus predecesores. Los sucesores parecen haberla abandonado ya a fines del siglo XVII, cuando las tres sucesivas guerras angloholandesas, fundadas en motivos que no eran ni dinásticos ni religiosos, parecieron desafiar toda clasificación. Luego, como resultado del silencio sobre el asunto por parte del la litertura más minuciosa, se dice frecuentemente que, con el abandono de aquella distinción, el derecho internacional vino a admitir el derecho absoluto a la guerra por parte del Estado. Esto es una exageración burda. Si fuera cierto, implicaría que los escritores habían malentendido notablemente la práctica real de los Estados y le habían atribuido una licencia que ellos nunca pretendieron tener. Ningún Estado, en ningún tiempo, ha acudido a la guerra sin una ferviente protesta de la justicia de su causa, lo que no habría ocurrido si el derecho a la guerra hubiese sido absoluto. La antigua realidad de las cosas continuó existiendo y persiste todavía: los asuntos de los Estados, compuestos por millones de personas, son de una complicación casi infinita precisamente debido a esa composición, y sus motivos e incluso sus derechos casi nunca están perfectamente delimitados. Debemos leer la literatura más detallada en la que son expuestas las partes del derecho internacional que se refieren al derecho privado, juntamente con aquella que arroja más luz sobre las partes referidas al derecho público. Esto debe ser no sólo en cuanto a la cuestión del derecho a la guerra, sino también en cuanto a las consecuencias de la guerra, lícita o ilícita. Así según hemos visto no debemos contemplar la catalogación de la conquista como un modo de adquisición de territorios, y pretender que esto no dé toda la verdad, sino que hemos de tomar nota también del principio (siempre influyente, aunque sin duda a menudo incoherente) de la libre determinación.

Pero, de hecho, no es tanto el silencio de las obras más minuciosas en relación con la guerra, sino más bien su excesiva preocupación por ella, lo que crea la falsa impresión de que los escritores profesionales clásicos aceptan un derecho incondicional a la guerra. Su primera atención está dedicada a la cuestión específica de la legalidad de los métodos para conducir la guerra —con las leyes y los usos de guerra en contraposición al derecho a la guerra. En las condiciones reinantes a comienzos del siglo XVII, ello entrañaba una cuestión más urgente aún. Porque —como hemos señalado incidentalmente— todavía entonces no se había establecido que el derecho a la guerra, cualquiera que fuera su extensión, pertenecía exclusivamente al Estado. Un modo corriente de cobro de deudas comerciales era todavía cierta clase de guerra privada dirigida contra los compatriotas del deudor, supuestamente autorizada por patentes de corso y represalia expedidas por un príncipe. De esta suerte, la línea divisoria entre la guerra y la paz, quedaba completamente indeterminada. La existente entre los beligerantes y los neutrales era también muy imprecisa, ya que los príncipes exigían el derecho de paso a través de los territorios de sus vecinos, a fin de alcanzar a sus enemigos. Y sobre todo en el mar, muy frecuentemente trataban a todos los que no eran sus aliados como a enemigos. La distinción entre combatientes y no combatientes era no menos oscura antes de la creación de los ejércitos profesionales. En tal confusión, era más práctico encarar la regulación de la guerra que discutir sobre su legalidad abstracta.

La gran gloria de la ciencia clásica del derecho internacional es que sus tratadistas establecieron un alto grado de orden en todas esas materias y redujeron la guerra al estado de una condición legal reconocida y gobernada por reglas detalladas. Asimismo, una característica notable de esas reglas es que comprendían un sistema para su imposición, y que su violación por los individuos podía sancionarse con una penalidad. Pero, claro está que la tecnología las ha sobrepasado y que, ante los modernos medios de destrucción de que los Estados disponen, han llegado a ser, en gran parte, inaplicables. Cierto es que, en conflictos limitados, pueden seguir siendo razonablemente efectivas (por ese motivo, por ejemplo, mereció la pena que se revisara, en 1949, la célebre Convención de Ginebra). Sin embargo, si el poderío de los Estados más importantes volviera a ser empleado en algún momento, la distinción entre combatiente y no combatiente, entre soldado y civil, entre ciudad defendida y no defendida, y aun entre neutral y beligerante, podrá no tener valor alguno. La guerra, en la escala ahora posible, no puede ser regulada, pero debe ser suprimida. La seguridad es la suprema necesidad de las naciones.

La contribución que las meras leyes (que, como hemos dicho, han de ser por definición siempre factibles de ser violadas) puedan hacer para esta necesidad, es obligatoriamente limitada. Más aún, en cierto grado, la preocupación de la literatura sobre derecho internacional por la regulación de las guerras —en contraposición al derecho a la guerra— se ha interpuesto en el camino del progreso. Porque insistir en que la guerra es una condición jurídica y atribuirle consecuencias jurídicas es, sin duda, dignificarla. En tal medida, pues, aunque se los pueda absolver por otorgar a los Estados la calificación de "no tener derecho a la guerra", los expositores del derecho internacional en las generaciones anteriores están sujetos a críticas.

Un significativo defecto del sistema de derecho internacional, hasta el mismo fin del siglo pasado, consistía en que no proporcionaba un instrumento apto al que pudieran acudir en busca de solución los Estados individuales enfrentados en una disputa. Un tercer Estado podía, cierto es, mostrar el valor de ofrecer sus buenos oficios para ese fin, o un conjunto de potencias podían intervenir para mediar. Pero no se observa ninguna formalización de esas medidas hasta que la conferencia de La Haya, en 1899, adoptó la Convención para el Arreglo Pacífico de las Disputas Internacionales. No vamos a tratar aquí de este ni de otros primeros pasos para sustituir la guerra por otros procedimientos en procura de un arreglo de las disputas internacionales, los que tuvieron en verdad algún éxito, pero que produjeron también una falsa sensación de seguridad brutalmente destruida por el estallido de la primera Guerra Mundial. (De ello nos ocuparemos en otro lugar de esta obra.) Sin embargo, hemos de discurrir con cierto detenimiento acerca de lo ocurrido a partir de la fundación de la Liga de las Naciones, al terminar la guerra.

Es casi imposible hoy expresar el sentido de esperanza y de mesianismo inspirado a todos los que de algún modo estuvieron asociados con la Liga de las Naciones en sus primeros años. Retrospectivamente, ese noble experimento puede parecer muy deficiente en su concepción fundamental, y no haber representado más que un progreso muy modesto sobre lo que se había logrado antes. Pero ese avance, aunque paqueño, fue de mayúscula importancia. Por primera vez el mundo fue dotado —en potencia si no en realidad— de un marco institucional que hacía coherentes, en cierto modo, los grandes principios constitucionales, el patrón de derecho público subyacente en el sistema de derecho internacional y el sistema de Estados. De este modo con la composición de la Asamblea de la Liga se daba expresión al dogma de la igualdad de los Estados; también con la formación del Consejo, a los incipientes principios de hegemonía o jefatura de las grandes potencias y de equilibrio del poder. La santidad de los tratados celebrados entre Estados era generalmente afirmada. Pero, al mismo tiempo, su texto señala explícitamente la obvia verdad de que un sistema de derecho y de justicia no puede mantenerse en pie si se limita únicamente a ofrecer remedios contra la falta de respeto a los derechos ya existentes. Debe existir también un medio para la redistribución de los derechos y para satisfacer las demandas de su redistribución.

El esquema de la Liga de las Naciones, si bien en varias formas hacía hincapié en los aspectos positivos de la cooperación entre Estados, estaba dominado por el problema de evitar la guerra; por tanto, tenía un carácter negativo primordialmente. Proclamaba con amplitud lo que los Estados no deben hacer, en lugar de lo que deben hacer; y no establecía que deben abstenerse completamente de la guerra. En esto se reflejaba, como en todos los planes humanos, la experiencia inmediata de sus autores. Dos importantes lecciones, al parecer, pudieron inferirse de la primera Guerra Mundial que acababa de terminar: *1)* en la esfera política, una vez surgida la crisis, las naciones participantes fueron llevadas, una a una, a la guerra por un proceso al parecer inevitable. (Un Estado movilizaba sus fuerzas; otro no podía dejar de hacer lo mismo. Uno ponía sus flotas a la defensiva, lo que era inevitablemente a la vez una actitud ofensiva: los otros no podían abstenerse de tomar medidas de contrabalance.) *2)* en la esfera estrictamente militar, se creía que la ventaja residía en último extremo en la defensiva. Si el Estado atacado podía sobrevivir al primer asalto de su adversario, pronto se alcanzaría un equilibrio en razón del cual los ejércitos sólo podrían contemplarse amenazadoramente unos a otros, en posiciones bien defendidas, mes tras mes, año tras año, en unas condiciones de estancamiento sólo interrumpido por matanzas periódicas, según cada uno lanzara desesperadamente su energía y sus hombres contra los cañones del contrario sin resultado alguno. No había salida de tal callejón, a no ser que las presiones económicas socavaran uno u otro de los dos bandos e hicieran, en definitiva, que su frente se desplomara y retrocediera a una región desolada y sin recursos.

Ésas, por tanto, fueron las lecciones que los padres del Pacto creyeron haber aprendido en sus tiempos y llevaron al texto de la nueva constitución preparada para el mundo. Así proveyeron no para la exclusión total de la guerra, sino para evitar esa especie de proceso automático de arrastre que había caracterizado los comienzos de la primera Guerra Mundial.

De acuerdo con ello, a cada Estado miembro se le impuso el deber de someter toda disputa que pudiera llevar a una ruptura, ya sea a una decisión arbitral o judicial, o bien a una investigación e informe por parte de la Liga. Se estableció igualmente la obligación de no recurrir a la guerra contra la parte que acatase la decisión o el informe. Fue creada una Corte Permanente de Justicia Internacional para facilitar las soluciones judiciales. Y una maquinaria suficientemente elaborada se fue desarrollando en la práctica, para la regularización de una alternativa de conciliación política. Pero el deber de tomar una u otra vía no era absoluto. La Corte no estaba dotada de jurisdicción compulsiva. El principal órgano de solución política, el Consejo de la Liga, podía sentirse incapaz para considerar una disputa que se le hubiese sometido, por quedar ella dentro de la exclusiva jurisdicción interna de una de las partes; o bien, aun cuando fuera competente, el Consejo podía estar tan dividido que no pudiera hacer recomendación alguna a fin de resolver la disputa. Así, pues, como se decía, había una brecha en el Pacto, a través de la cual la guerra podía tener cabida.

Mientras la Liga subsistió, se realizaron gestiones para cerrar esa brecha del Pacto y para establecer, de modo completo y formal, la obligación de acudir a la solución pacífica. Por ejemplo, el Protocolo de Ginebra, de 1924, habría regulado la sumisión compulsiva al arbitraje en relación con toda disputa en que el Consejo de la Liga no alcanzase una solución de acuerdo con el Pacto. Pero, como los árbitros no iban a tener el poder necesario para una revisión de los tratados ni de las fronteras, eran de antemano inhábiles para resolver efectivamente cualquier disputa cuya base no fueran los derechos adquiridos, sino demandas en busca de un cambio en la situación existente. Iban a estar igualmente obligados por la limitación relativa a las cuestiones de jurisdicción interna impuestas al Consejo. Más aún, la operación del Protocolo se hizo depender de la adopción de una medida general de desarme, que nunca de hecho se adoptó. No fue éste, sin embargo, el único esfuerzo que se hizo por cerrar la brecha. Otro, más modesto pero más afortunado, está representado por la cláusula opcional incluida en el Estatuto de la Corte Mundial, según la cual los Estados podían aceptar anticipadamente la jurisdicción de la Corte en toda disputa de orden jurídico: una categoría cuya especificación sugería la posible existencia de otros tipos de disputas que quedaban fuera del ámbito del Estatuto.

La brecha del Pacto quedó, al fin, formalmente cerrada y la exclusión de la guerra como institución jurídica vino a producirse de modo casi accidental. El Pacto disponía que las partes sujetas a él no sólo debían aceptar la obligación parcial del ya mencionado arreglo pacífico de las disputas, sino —en un artículo independiente— que cada una se comprometía también a "respetar y a mantener contra toda agresión exterior la integridad territorial y la independencia política presente" de todos los demás. Esta disposición era prácticamente letra muerta puesto que sólo se dispuso que, en caso de violarse, el Consejo tenía que dictaminar los medios por los cuales el respeto a ella sería impuesto; y la interpretación que desde los primeros tiempos se dio a esa fórmula fue que el dictamen del Consejo carecía de fuerza vinculatoria. Pero, otros esfuerzos encaminados a reforzar aquella disposición —con la introducción de ciertas precisiones sobre la noción de "agresión"— llevaron a los miembros de la Liga (y de hecho, virtualmente a todos los Estados del mundo) a unirse en un tratado al cual los sucesos posteriores vinieron a dar muchísima mayor importancia de la que originalmente se esperaba que tendría. Éste fue el Pacto Briand-Kellogg, o sea, el Tratado General sobre la Renuncia a la Guerra, por el cual los firmantes se obligaron a renunciar a la amenaza o al empleo de la guerra como instrumento de política nacional y, como lógica consecuencia, a aceptar una obligación de solución pacífica para las disputas, de cualquier categoría que fueren.

Esta promesa escrita no tuvo efecto inmediato en el sentido de un fortalecimiento de la organización de la Liga, con la cual no tenía nexo formal alguno. Y la estructura de la Liga, gravemente perjudicada desde su comienzo por no haber ingresado como miembro Estados Unidos, fue debilitándose gradualmente más aún por el retiro de muchos otros Estados importantes. Esta no participación o deserción era bastante fácil de entender. La razón fundamental para ello puede advertirse retrospectivamente no tanto en la insuficiencia del esquema de la Liga, como en su rigidez. Como hemos señalado, presuponía y tomaba como base decisiva para la sanción de la guerra ilegítima una teoría sobre la naturaleza del poderío militar que fue ampliamente destruida por los avances tecnológicos. Suponía, igualmente —por así decirlo— que en los encuentros estrictamente militares la ventaja estaba siempre del lado del defensor y no del atacante, y que éste, frustrado como tenía que ser en cualquier intento de asegurarse una victoria puramente militar, tenía que ceder, en definitiva, a las presiones de represalia y de sanciones económicas. El desarrollo del poderío aéreo y de las columnas blindadas, en el aspecto puramente militar, y de la evolución en la teoría y en la práctica, de la autarquía o autosuficiencia nacional en el aspecto económico, destruyeron tales suposiciones. Las políticas militares y económicas de los Estados fascistas demostraron que la ventaja militar en la práctica es del atacante y no del defensor, y que un Estado industrial podía, mediante el empleo de sucedáneos, asegurarse a sí mismo contra toda sanción económica durante el tiempo necesario para lograr la conquista del territorio de un adversario.

Las teorías que inspiran esas políticas fueron sometidas a prueba en Europa durante la segunda Guerra Mundial, y triunfaron en este sentido: con campañas relámpago, los agresores lograron la ocupación de la totalidad del continente europeo, así como de gran parte de Rusia. Iguales métodos fueron imitados durante algún tiempo con éxito por Japón, en cuyo poder fueron cayendo fácilmente extensas áreas del Pacífico. Todas esas zonas tuvieron que ser recuperadas, tras lentos y penosos esfuerzos, por fuerzas organizadas y armadas tardíamente fuera de las costas, en aquellas islas británicas de Europa que la guerra relámpago no pudo alcanzar, en el corazón de los vastos estados de Rusia y China, y en el Nuevo Mundo. Éste fue un conflicto cuya naturaleza y curso nunca pudieron prever los autores del Pacto, y para cuyo control su sistema era totalmente inadecuado.

Cuando, por último, los instigadores sobrevivientes de ésta, la mayor de todas las guerras, fueron derrotados y llevados ante los tribunales de justicia, la prolongada carrera de la guerra como institución jurídica fue terminada con facilidad casi milagrosa. Como veremos a continuación, la nueva constitución que para el mundo lograron forjar los fatigados vencedores, en la Carta de las Naciones Unidas, guardaba un asombroso parecido con el hoy desacreditado Pacto. De hecho, según aparece en el papel, era un plan del mismo estilo aunque más débil y menos inspirado; y cayó en el mismo error de atender primordialmente a evitar la futura repetición del pasado inmediato. Sin embargo, ese plan de papel, al traducirse en acción, ha sufrido una notable trasformación y las Naciones Unidas han probado y continúan probando ser un instrumento infinitamente más flexible y elástico de lo que la Liga pudo haber sido jamás.

La ilegalidad formal de la guerra o el negarle la dignidad de ser una institución jurídica es, desde luego, sólo un paso de avance en la teoría. No conlleva garantía alguna de que no habrá más luchas armadas. Sin embargo, representa un paso hacia adelante de alto valor y significado, que debe trasformar completamente el sistema del derecho internacional. Por ello, importa considerar cómo ha llegado a ese punto. Debe admitirse que lo ha logrado de un modo curiosamente indirecto y casi accidental. El primer movimiento fue tomar medidas definitivas por parte de la alianza cuya victoria estaba a la vista, mediante la adopción de la Carta del Tribunal Militar Internacional, en 1945, a fin de someter a juicio a los dirigentes enemigos individuales y fijar a cada uno su grado de responsabilidad personal por una guerra ilegítima. Era criterio de muchas escuelas del pensamiento jurídico, en aquel momento, que esto era imposible: que sí podían ser juzgados por crímenes de guerra aquellos combatientes individuales que hubieran violado las reglas reconocidas para hacer la guerra, pero que ésta, en sí misma, no era un crimen, y que los dirigentes enemigos que gobernaban sus respectivos países no eran responsables ante nadie más que ante ellos mismos. Sin embargo, la Carta del Tribunal, los cargos decretados y la sentencia dictada por el Tribunal, se llevaron a cabo sobre la base de la teoría de que una guerra de agresión, o una guerra que violara un tratado, y especialmente el casi olvidado Tratado General de Renuncia a la Guerra, era un crimen que podía imputarse al individuo. Sobre tal supuesto —que fue suscrito por la mayoría de los Estados al adherirse a la Carta del Tribunal, y que la Asamblea General de las Naciones Unidas, que representaba un número de Estados aún mayor, ha aprobado después por medio de una resolución solemne— los dirigentes de la guerra, tanto militares como civiles, fueron condenados a prisión o a muerte.

Pero ese veredicto, por sí solo, no borró el derecho a la guerra del catálogo de los derechos permitidos jurídicamente a los Estados. Otro factor igualmente importante de ese proceso fue el modo como el texto de la nueva constitución —la Carta de las Naciones Unidas— enfocó la importante cuestión del lugar que ocupa el derecho en las relaciones internacionales. Ese documento vino a mencionar el derecho internacional y la justicia sólo como resultado de un pensamiento posterior. Los casi exhaustos triunfadores, lógicamente no estaban con ánimo de atender a filigranas jurídicas cuando redactaron la Carta. Lo que tenían en mente era, en esencia, un sistema de policía más bien que una Carta de Justicia y de derecho. En su esquema original colocaron la paz por encima de todos los demás objetivos, incluso la justicia, y propusieron la imposición de la paz por un Consejo de Seguridad, dominado por las que todavía entonces se consideraban como las grandes potencias. En la realidad esta fórmula fracasó. De hecho estaba condenada al fracaso desde que se atribuyó el poder de veto a cada uno de los miembros permanentes del Consejo de Seguridad contra cualquier actuación por parte de ese órgano. Pese a ese comienzo que poco prometía, como veremos, la nueva organización ha conseguido escapar de modo sorprendente a los grilletes de los artículos de la Carta. Pero, ya estudiemos las Naciones Unidas en el papel o las Naciones Unidas en la realidad, su actitud formal contra la guerra es la misma. Lejos de ser un derecho de los Estados, que requiera y sea susceptible de ser definido, no es más que un hecho, y uno de los varios hechos que la organización sostiene tener derecho a manejar. Así, conforme a la Carta, si bien la obligación de los Estados de renunciar a la guerra y buscar siempre un arreglo pacífico no es más que un eco del

Pacto Briand-Kellogg, las amenazas a la paz, las violaciones de la paz y los actos de agresión, constituyen problemas propios para el Consejo de Seguridad, al cual se confía primariamente la responsabilidad de mantener la paz y la seguridad.

Todo esto es una fraseología novedosa, capaz de ser interpretada de manera que incluya mucho más que la guerra o la amenaza de la guerra, según tradicionalmente se las define. La organización puede, de conformidad con ello, intervenir cuando esté en juego o sea probable algo distinto de una guerra formal. Este enfoque de la cuestión ha acabado, en definitiva, por desacreditar las concepciones jurídicas tanto de la guerra como de la neutralidad. De ese modo, casi incidentalmente, se ha restaurado la coherencia y el equilibrio en el sistema jurídico internacional. Empero, el desarrollo del pensamiento no ha sido muy lógico. Los Tribunales Militares Internacionales, por ejemplo, interpretaron de modo singularmente estrecho la categoría de los crímenes contra la paz que ellos debían juzgar. Así, el Tribunal europeo sostuvo que no podía hacerse ninguna imputación de tal crimen a los responsables de la subversión nazi de Austria. En teoría parece haber sido que como Austria no resistió la invasión germánica, técnicamente no hubo guerra ni por tanto ruptura de la paz. En un razonamiento paralelo, el Tribunal del Lejano Oriente rechazó todas las acusaciones de crímenes de guerra surgidos de las operaciones japonesas en Siam, Estado con el cual el Japón nunca estuvo formalmente en guerra. Una definición análogamente negativa de la paz como mera ausencia de guerra —en el sentido en que este término se definía anteriormente en el derecho internacional— empaña el Código de Delitos contra la Paz y la Seguridad que preparó la Comisión de Derecho Internacional. Y aunque la más reciente revisión de la Convención de Ginebra amplía notablemente las categorías de conflictos a que esos documentos expresan ser aplicables, hasta incluir las guerras civiles, todavía sigue impregnada de un tecnicismo anacrónico.

La guerra, por tanto, ha dejado de ser un concepto jurídico relevante, y el derecho a ella ha dejado de ser un derecho. Pero, todavía —según hemos señalado más de una vez— esto no implica que se excluya la posibilidad de una guerra de hecho. Por el contrario, la seguridad, en el sentido de prevención de la guerra de hecho, entre otros peligros de este género, sigue siendo el tema supremo de preocupación para los Estados y para la recién organizada sociedad de Estados, y tendrá que seguir siendo así hasta que, o bien dicha sociedad quede sustituida por otro patrón diverso de control de la actividad humana, o la tecnología haya puesto término al problema, haciendo el costo y la sanción de la agresión precisos, automáticos y más terribles que cualquier otra cosa.

1.05 CARÁCTER EXPANSIVO DE LA COMUNIDAD DE ESTADOS

Se ha indicado anteriormente que la aceptación del criterio del Estado como soberano implica el reconocimiento por parte de cada Estado de la soberanía de los otros. También se ha señalado que los grandes principios constitucionales sobre los que se basa la comunidad de los Estados admiten y reconocen, como expresión de la voluntad de una comunidad política, la creación de un nuevo Estado. Se ha destacado, además, que la concepción del Estado no es fenómeno de una filosofía politicojurídica local, sino que, debido a que representa una respuesta natural a necesidades humanas que son las mismas en todas partes, sus gérmenes pueden hallarse en cualquier cultura. De todo esto hay que concluir que el número de integrantes de la comunidad de Estados no es fijo o cerrado, y que es susceptible de expansión.

La historia muestra esto de modo exacto y, si se la lee atentamente, revela que siempre ha sido igual. Es cierto que la idea del Estado moderno estuvo en proceso de crecimiento mucho tiempo y sus consecuencias lógicas necesitaron un largo periodo para desarrollarse en la teoría o en la práctica. Por tanto, en los comienzos de los tiempos modernos es necesario observar ciertas anomalías que podrían estimarse como signos de que lo llamado derecho internacional no era más que derecho regional, el derecho de un círculo cerrado de Estados europeos o cristianos. Podría incluso argumentarse que esa sociedad cerrada sólo quedó abierta a otros en tiempos posteriores, como resultado de una marcada modificación de los principios que gobernaban su composición, y que el derecho que predomina en su seno, lejos de ser aplicable en todo el mundo, es fundamentalmente inadecuado para ser algo más que el derecho de algunos Estados que tienen una historia y una cultura comunes.

Como cuestión de hecho, hemos de tener presente que el moderno derecho internacional y la comunidad de Estados en donde se aplica, surgieron en Europa. Una contribución muy importante para la formación teórica de esas construcciones vino a ser creada —como hemos visto— debido a una preocupación práctica contemporánea sobre el problema de la defensa colectiva de la cristiandad contra el islamismo. El sistema europeo, además, se extendió a lo que los cristianos llamaron las regiones paganas de América y de las Indias, en parte debido a la suposición de que, al no estar habitadas por cristianos, eran tierras vacantes. También un principio de legitimidad dinástica se mantuvo por largo tiempo desempeñando un papel en la política interna de los Estados y produciendo repercusiones internacionales. Pero, ninguno de los elementos de esa situación implicaba que el grupo formado por los Estados incluidos en el sistema estuviese completo o cerrado.

Aun cuando se le pudiera temer, el sultán era tratado por los Estados europeos en un plano de igualdad. Ciertamente, la gran característica del moderno sistema de derecho internacional (que lo distingue de los métodos usados para las relaciones internacionales en Roma, en las ciudades griegas y en los reinos bíblicos de los judíos) es que no divide ni nunca ha dividido las comunidades políticas en dos clases: aquellas con las cuales las relaciones deben mantenerse con base en el derecho y aquellas a las cuales puede darse cualquier clase de tratamiento y contra las cuales puede aplicarse cualquier tipo de medidas. La única duda que las Naciones europeas abrigaban acerca de la admisión, por ejemplo, de los Estados islámicos y judíos en su sistema, era la de si esas entidades, dominadas por un monoteísmo intolerante, poseían la voluntad de vivir en comunidad, sin la cual ninguna comunidad puede existir o sobrevivir. Pero el temor latente de que el islamismo no tolerase al cristianismo lo suficiente para permitir la coexistencia de los Estados islámicos y cristianos dentro de un mismo sistema, no significa que el sistema cristiano fuera cerrado. De hecho, Francia estableció tratados, en términos de igualdad, con el Imperio Otomano, ya desde 1604. Esto, desde luego, conmovió algunas conciencias. Y asimismo otras se conmovieron cuando, menos de medio siglo después —y más de un siglo antes de las revoluciones de Estados Unidos de América y de Francia, y de las declaraciones de independencia y de los Derechos del Hombre— los ingleses condenaron a muerte a un rey que pretendía reinar por derecho divino y lo sustituyeron con un régimen popular republicano. Como hemos visto, sin embargo, la transición del orden medieval al moderno fue, en todos sus aspectos, más bien gradual que abrupta.

Más aún, el concepto emergente de Estado tenía que competir con otros y contrapuestos conceptos, fuera y dentro de Europa. Dicho concepto —ahora universalmente aceptado y esencialmente incipiente en todas las culturas— era de crecimiento más lento en otras partes. Como resultado, las relaciones entre el Este y el Oeste quedaron complicadas por una serie de malentendidos, que a veces eran sorprendentes. En el siglo XVII, está la concesión en el Imperio Otomano de las llamadas capitulaciones, que después habrían de considerarse como "tratados desiguales", dadas en favor de los representantes de las naciones occidentales; no fueron concedidas sobre la base de que la extraterritorialidad fuera el derecho de una civilización superior, sino simplemente con el objeto de incluir a esos nuevos elementos extranjeros dentro del sistema ordinario de gobierno de los súbditos no musulmanes del Imperio Otomano. En el siglo XVIII observamos cómo el gobierno británico imaginaba que la Compañía de las Indias Orientales había logrado reducir al Gran Mogol a la condición de vasallo, mientras que éste estaba persuadido, y sobre firmes bases, de que la Compañía se había convertido en vasallo suyo. En tales tiempos y lugares era todavía poco familiar el concepto de la soberanía.

En cambio, en otras épocas y en diferentes lugares no hallamos tanto la falta de familiaridad con la nueva filosofía política como una total ausencia de filosofía política o de organización. En América Central y en Sudamérica, al llegar por primera vez los europeos descubrieron —como lo harían más tarde en el Lejano Oriente— formas sociales muy desarrolladas, de las cuales las más iluminadas, como hemos comprobado en los primeros libros de derecho internacional, estaban prestas a concederles la igualdad de derechos. Pero, en América del Norte el hombre estaba todavía en la fase nómada de existencia, y aun cuando los recién llegados persistían con sus esfuerzos por concertar tratados con los nativos, éstos tenían muy escasa conciencia de esos sentimientos comunales que son el supuesto necesario para un sistema de relaciones internacionales. El caso, por muy diferentes razones, era igual en la India. Allí existía realmente una avanzada y antigua civilización, pero siglos de dominación extranjera habían socavado totalmente el sentimiento nacional. Ni los franceses, ni los británicos conquistaron la India: cada uno de ellos combatió al otro, empleando los ejércitos indios que habían adiestrado. Y de nuevo, en cuanto a la mayor parte del África, si bien una tardía atención a la historia local nos releva instituciones políticas en una etapa más avanzada de lo que se había creído hasta entonces, los Estados europeos hallaron muy pocas comunidades políticas a las cuales pudiera tratarse como si fueran Estados.

Por tanto, la primera vasta expansión del sistema de Estados sólo se produce al alcanzar su independencia las colonias europeas de Norte, Centro y Sudamérica, empezando por Estados Unidos. Señalamos que comenzó con Estados Unidos para no suponer que ocurrió solamente después de las guerras napoleónicas y que fue una mera consecuencia —que una Europa exhausta no podía evitar— de la dislocación y el virtual derrocamiento del sistema en el interior de Europa, llevados a cabo por los designios imperiales de Napoleón. Durante la carrera de Napoleón, el sistema de Estados se halló en peligro real de quedar suprimido y de ser remplazado por su antítesis, un orden continental o imperial. Los opositores del autoritarismo y del militarismo, lamentablemente, tienen también que asumir algunas de las características de su enemigo a fin de vencerlo. Por tanto, no es de extrañar que el Congreso de Viena fuera seguido poco después por la propuesta de la Santa Alianza, que habría reprimido al naciente nacionalismo y mantenido por la fuerza el *statu quo*, tanto nacional como internacional. Pero tan salvaje y reaccionario plan —en el que España, madre de las colonias ansiosas por liberarse, ni siquiera participaba— dejó no tanto de tener éxito como de tener aceptación alguna. Y el reconocimiento de las repúblicas de Centro y Sudamérica no se debió a ese fracaso, sino al triunfo de los principios contrarios, por largo tiempo madurados y probados.

Sin embargo, los nuevos Estados admitidos entonces al sistema son todos de cultura europea, y hay que esperar aún un cuarto de siglo antes de ver a Turquía admitida, en términos expresos, en la familia europea. Pero esto no era, empero, más que una formalidad. Se había tratado a Turquía en términos de igualdad durante más de dos siglos. Se habían celebrado convenciones formales con los Estados bereberes durante casi el mismo tiempo. Mercaderes de uno o dos países europeos, especialmente los holandeses, habían penetrado en Japón y China. Pero el desarrollo de relaciones con esas potencias se había frustrado por la negativa de ellas para tener algo más que contactos muy sencillos con el extranjero. En la prolongada paz general que siguió a la lucha contra Napoleón, se produjo una segunda ola de expansión europea, que alcanzó esta vez los rincones más distantes del mundo oriental. La teoría mercantilista, sobre todo, que había mantenido los mares cerrados y el comercio en manos de compañías monopólicas, fue ahora abandonada y se aceptó, cada vez más, la doctrina del libre comercio.

Los aventureros de nuevo estilo y sus gobiernos, que ahora procedían a forzar el Oriente —en especial Japón y China— a mantener relaciones con ellos, continuaron pensando solamente con base en las nociones de soberanía y de Estado. Como resultado, se produjeron nuevamente malentendidos, como cuando los gobiernos europeos trataron de negociar con el "Tycoon" por creer erróneamente que él estaba investido de los poderes del Micado.

Es imposible no quedar impresionado por la uniformidad, y aun por la rigidez de los métodos de enfoque usados por los Estados constituidos. Incluso encontramos a Guillermo IV, de Inglaterra allá por la década de 1830, aconsejando a los habitantes de Nueva Zelandia, para formar entre ellos un Estado que se llamaría las "Tribus Unidas de Nueva Zelandia", y regalándoles una bandera nacional.

En parte, la ostensible incapacidad para pensar en términos distintos de los de Estado y soberanía que afectaba a los colonizadores que extendieron a los continentes restantes el sistema europeo o, para mayor precisión, el moderno sistema de derecho internacional, puede atribuirse al hecho de que ese sistema era aún demasiado nuevo, habiéndosele completado —como hemos visto— en cierto sentido, solamente en 1815. Se hallaba todavía en su etapa de formación, y sus conceptos y categorías estaban aún por desarrollarse. Esto puede ser observado en casi todas las situaciones. Por ejemplo, en el conocido caso de *The Anna* (5 C. Rob. 402), en 1805, Lord Stowell, el arquitecto de gran parte del derecho marítimo, no pudo hallar otra base para sostener que las aguas cercanas a la desembocadura del Mississippi se hallaban bajo la jurisdicción exclusiva del Estado ribereño, que la afirmación de que las aguas territoriales podían ser proyectadas hacia afuera desde los bajíos fangosos, del mismo modo como se aceptaba que ellas podían medirse desde tierras secas e inhabitables. Retrospectivamente, desde la decisión de la Corte Internacional de Justicia en el caso *Anglo-Norwegian Fisheries* [(1951) ICJ Rep. 130], y las dos Conferencias de las Naciones Unidas sobre el Derecho del Mar, de 1958-60, tal razonamiento parece innecesariamente forzado. Pero, con igual razón, a la luz de la Opinión Consultiva dada en el caso *Reparation for Injuries* [(1949) ICJ Rep. 174], en que la Corte Internacional pudo declarar sin dificultad que las Naciones Unidas son una persona de derecho internacional, o de las observaciones de la misma Corte en el caso *Status of South-West Africa* [(1950) ICJ Rep. 128], acerca de lo irrelevante que era en ese caso el concepto de soberanía, las dilatadas controversias de sólo hace cuarenta años sobre si la Liga de las Naciones era un Estado o un superestado, o sobre si la Liga, el poder mandatario, o los habitantes de un territorio sujeto a mandato, o la combinación de algunos de esos factores, poseían la soberanía sobre dicho territorio, parecen ahora pertenecer a un mundo ya desaparecido. El creciente refinamiento y la madurez de las categorías jurídicas hoy nos permitirían resolver un problema tal como el de la situación jurídica internacional de la Santa Sede, sin tener que recurrir al establecimiento de un minúsculo Estado como la Ciudad del Vaticano. Pero tal no era el caso durante una época en la cual sólo recientemente se ha admitido que la doctrina de la soberanía tiene que implicar lógicamente la libertad de los Estados para adoptar otras formas de gobierno distintas de la monárquica, y cuando las repúblicas todavía se dividían en aquellas "con honores reales" y otras.

No es de extrañarse, por tanto, que los Estados occidentales existentes supusieran que las más desarrolladas comunidades orientales con las que entonces entraron en contacto eran también Estados, y que hubieran atribuido por lo menos una cuasisoberanía a caciques menores, por ejemplo, en la India, Malaya y Borneo, así como en África del Norte, concediendo a menudo plena inmunidad soberana a dichos dignatarios, en sus propios tribunales. Pero hay otra explicación más amplia de la actitud de los europeos a este respecto. Es que, no obstante las teorías rivales sobre la organización humana, el germen de la idea del Estado podía encontrarse en todas partes. Como ya hemos visto, el Estado no es más que una comunidad política establecida en un territorio; esta noción, como el hombre tiene que vivir en sociedad y adquirir su sustento de la tierra, ha de ser inherente a todo pueblo. Aunque es posible que el hombre logre llegar a las estrellas antes de mucho tiempo, no obstante, llevará consigo todavía las mismas concepciones.

La condición de miembro en igualdad de términos dentro de la Comunidad de Estados fue, así, en el siglo XIX, ofrecida automáticamente no sólo a Turquía sino también a otras comunidades políticas avanzadas, como China, Japón, Persia y Siam. Aceptaron éstas no menos automáticamente su nuevo papel, y constituyó un muy temprano acontecimiento en su proceso de "occidentalización", el hacer asequibles —traducidos a sus respectivas lenguas— los textos corrientes de derecho internacional, y el reclutamiento de expertos jurídicos extranjeros, para sus departamentos de asuntos exteriores.

Es verdad que las potencias occidentales pidieron y obtuvieron de esos nuevos Estados —que en realidad eran bien antiguos ya— el beneficio de un régimen extraterritorial para sus propios súbditos, comparable al que establecían las capitulaciones turcas. Pero se recurrió a tales expedientes por razones que más tienen que ver con el derecho interno que con el internacional. Parecieron necesarios debido a los muy dispares conceptos fundamentales y métodos de administración de justicia interna en Occidente y en Oriente. Aunque se abusó de ellos al principio, muy pronto comenzaron a ser estrictamente reglamentados y definidos, en Persia en 1856 y en Marruecos alrededor de 1880. En todos los casos se reconoció que eran expedientes transitorios, y en la primera década del presente siglo habían quedado suprimidos en Japón y Siam.

En las regiones recientemente abiertas, donde los representantes de los Estados constituidos no hallaron nada que fuera reconocible como un Estado susceptible de ser tratado en igualdad de términos, dichos representantes no pudieron —como hemos visto— emprender un tratamiento en igualdad de términos. Pero es en relación con estas regiones como el proceso de inevitable y automática expansión del sistema de Estados quedó, en realidad, demostrado del modo más patente. Todavía nos hallamos muy cerca del sistema colonial para juzgarlo en su integridad desapasionadamente, y hemos de abstenernos de hacerlo para evitar toda exageración de sus vicios o de sus méritos. Si en la época en que se estableció, el derecho internacional hubiera alcanzado el punto de refinamiento y madurez que ha logrado ahora, pudiera ser que aquel sistema no se hubiese establecido jamás. Podemos imaginar, por ejemplo, que si una África nueva quedase aún por descubrir y fuese descubierta, no habría ninguna "garrotera" por ella, ninguna proclamación de la anexión de colonias, ningún protectorado por parte de

Estados individuales, sino un régimen internacional. Sin embargo, debemos recordar que los métodos modernos de cooperación internacional —de los que sirven de ejemplo el Tratado de la Antártida (1º de diciembre, 1959) o las tareas que se imponen las Naciones Unidas generalmente en la esfera de la asistencia técnica, específicamente en el Congo— son los descendientes directos de técnicas anteriores. Por que si los Estados constituidos fueron un tanto rígidos en su aplicación de la doctrina de la soberanía, no mostraron tanta limitación en cuanto a considerar la anexión a ellos como la única alternativa para el reconocimiento de un Estado nuevo. Por el contrario, acudieron a las fórmulas del protectorado (como hicieron generalmente en África), a las de condominio (en Sudán y las Nuevas Hébridas), a las del Estado semisoberano protegido (como en África del Norte, Malaya y las fronteras de la India) y a las del territorio federal (como en las Filipinas). En los arreglos ideados primeramente para la administración de la deuda de Egipto, en 1876, y en el Acta de Berlín, en 1885, incluso establecieron los elementos de regímenes internacionales.

Las potencias coloniales han sido, de hecho, madres fértiles de nuevos Estados, tanto en cuanto se ha tratado de sus verdaderas colonias —establecimientos ultramarinos de sus propios súbditos— así como en relación con comunidades de otras razas. Para demostrarlo, basta aludir a la evolución desde el Imperio Británico a lo que fue primeramente el Commonwealth británico y lo que es ahora el Commonwealth *tout court,* ese sistema de Estados existente dentro de un sistema mundial de mayor dimensión. Pero no es necesario enumerar el surgimiento de la aparentemente interminable procesión de nuevos Estados —procesión que ha duplicado ya el número de miembros de las Naciones Unidas durante su breve existencia—, ni tampoco lo es el ahondar en el hecho de que esa Organización, después de una corta vacilación, ha adoptado el criterio de que la condición de miembro de ella se adquiere automáticamente por cada nuevo Estado. Puesto que la condición de Estado no es más que el último paso en la autoexpresión política hasta ahora alcanzada, es la meta necesaria y lógica de las comunidades de cualquier parte.

La condición de Estado lleva consigo la de miembro de la comunidad jurídica internacional. Por qué los nuevos Estados han de quedar vinculados por la totalidad del derecho internacional, incluyendo reglas derivadas de usos de otros Estados mucho antes de que los nuevos surgiesen a la vida, es un fascinante problema de filosofía jurídica. Pero la solución es en realidad bastante sencilla. Resulta de la naturaleza misma del Estado individual, cuya exigencia de que su soberanía sea respetada por los demás lógicamente implica un reconocimiento de sus correlativos, como complemento de los deberes de los otros. Aun cuando tal vez pueda ser atractivo para los dirigentes de un nuevo Estado, el negar que pueda quedar vinculado sin mediar consentimiento expreso (por reglas consuetudinarias que a veces son sumamente antiguas y que puede parecer que se han desarrollado en otras culturas, en circunstancias diferentes) toda negativa de ese estilo envuelve, de hecho, la abdicación del título de Estado. El Estado, lo mismo que el hombre, tiene que vivir en sociedad.

1.06 EXPANSIÓN FUNCIONAL DEL DERECHO

Ya hemos advertido el crecimiento amplio y la diversificación de las cuestiones que son propias del Estado en los tiempos más modernos. También hemos notado cómo la constitución política del mundo ha llegado a ser, al menos en parte, institucionalizada debido al peligro inmenso, no tanto del promedio real de ocurrencia de la guerra, como de sus efectos. Y podemos apuntar que la causa inicial de ambos desarrollos es el progreso de la industrialización. Tampoco podemos dejar de mencionar que uno de sus más importantes efectos ha sido una honda expansión funcional del derecho.

Esta expansión fue ya contemplada en la Paz de Viena, en 1815, en donde se enunció, además de la aplaudida regla del rango de los representantes diplomáticos, una expresión al menos del principio de la libre navegación de los ríos que cruzan los territorios de más de un Estado y, asimismo, se indicó la conveniencia de la coordinación de las políticas nacionales en relación con el tráfico de esclavos. Pero es sólo en la segunda mitad de ese siglo cuando los regímenes internacionales para el Rhin y el Danubio, e igualmente para el Canal de Suez, fueron de hecho establecidos; y es sólo con el Acta de Bruselas, de 1890, cuando los esfuerzos para la represión de la trata de esclavos africanos alcanza verdadera naturaleza multinacional. En el mismo periodo, la cooperación internacional comienza en muchas otras y más técnicas esferas. Éste es, de hecho, el medio siglo de la llamada unión técnica, formada por tratados celebrados entre Estados para facilitar las comunicaciones internacionales tanto postales como telegráficas, la administración internacional de medidas relacionadas con la salud pública, y para la coordinación —al menos sobre una base regional o en relación con determinados artículos de comercio— de las políticas o asuntos económicos. Así, ya desde 1874 quedó implantada la Unión Postal Universal, a la cual pronto se le sumaron las Uniones Telegráfica y Telefónica. En 1903 se estableció la Oficina Internacional de Higiene Pública, y la Unión Internacional del Azúcar surgió en 1902.

Un rasgo notable de los tratados sobre esas materias es que establecen entidades que, por lo menos, muestran tener órganos comunes de carácter permanente. Ello no dejó de influir sobre el proceso de la cooperación política internacional, ya que sirvió para familiarizar a los Estados con la concepción de una sociedad mundial organizada, con instituciones centrales y con métodos aceptados para realizar negociaciones internacionales, concepción caracterizada por elementos tales como la igualdad entre los Estados representados y el principio de la votación por unanimidad. Pero, de hecho, la personalidad y la permanencia de los órganos de las uniones internacionales fue algo ilusorio. Los órganos de la Unión Postal, por ejemplo, consistían simplemente en una conferencia periódica de representantes de las diversas administraciones postales territoriales, y una oficina central que, aunque permanente, no tenía más que funciones secretariales.

Sin embargo, si es exagerado considerar las uniones técnicas originales como instituciones internacionales permanentes, no puede decirse lo mismo

en cuanto a aquellas instituciones que adquieren vida durante la era de la
Liga de las Naciones y de su sucesora, las Naciones Unidas. Lo que ahora se
denomina "Organismos Especializados" y que incluye la Organización Internacional del Trabajo, la Organización Mundial de la Salud, y la Organización de Aviación Civil Internacional, así como la UNESCO, además
de las uniones originales sobre comunicaciones y otras, cubren una gran
variedad de esferas particulares de cooperación internacional correspondientes a las esferas de actividad que el moderno Estado se ha arrogado; y hablar
de ellas es hablar sólo de organizaciones cuyas operaciones alcanzan dimensión mundial. Además, hay importantes grupos de organizaciones regionales,
de las cuales la Comunidad Europea del Carbón y del Acero es notable
ejemplo. Ni siquiera en un recuento brevísimo cabe dejar sin mención expresa, entre las instituciones mundiales, el Fondo Monetario Internacional
y el Banco Internacional de Reconstrucción y Fomento, pues en el campo
de los asuntos económicos es donde más llama la atención la intensificación
de la cooperación internacional.

La proliferación de las instituciones internacionales ha trasformado la
organización y la administración internacionales en ramas particulares de
la práctica y la ciencia del derecho, y ha producido no sólo una abundante
literatura sino una nueva profesión: la del servicio civil internacional, que
no carece de una rama jurídica. El aumento y la intensificación de las relaciones entre Estados, empero, no siempre ha producido órganos centralizados, ni puede lograrse un panorama completo de su alcance actual con
echar una ojeada a las organizaciones internacionales solamente. Tanto
con los auspicios de esas organizaciones como por medio de conferencias
ad hoc, se ha tejido una amplia red de tratados multilaterales entre Estados
que deben referirse y afectar virtualmente a toda forma de empresas y necesidades humanas en que los gobiernos mismos han llegado a interesarse. Si
el derecho internacional económico y el derecho internacional del trabajo
han llegado a ser disciplinas separadas, hallamos en ello sólo ejemplos
de nuevos departamentos asociados a nuevas actividades de los Estados, ya
sea dentro o fuera de las instituciones internacionales —que hemos de tratar
con todo detalle en otro lugar de esta obra.

En realidad, no hay ventaja alguna en tratar de catalogar las formas y
esferas de cooperación entre los Estados. Ellas continúan creciendo y diver-
sificándose, lo mismo que las actividades internas de los Estados. Esto ha
de continuar por una circunstancia que nadie debe ignorar: las exigencias de
nuestra civilización industrial, en cuanto a materias primas y a habilidad
personal se refiere, así como sus beneficios, trascienden las más extensas
fronteras nacionales. En lo que atañe al derecho internacional, su alcance y
su contenido, la conclusión a que llegamos es que ha de alcanzar —y ya está
en vías de lograrlo— el mismo ámbito y complejidad y las mismas múltiples
divisiones y categorías que tienen los más refinados sistemas de derecho
interno. El modo como esto va a suceder y como llegará a ser, es cuestión
que debemos examinar. El derecho internacional —según hemos visto— ha
sido considerado en el pasado como un sistema imperfecto, debido a que no
parece cubrir toda la esfera de las relaciones internacionales. Si se definen

esas relaciones de manera que abarquen todos los contactos realizados a través de las fronteras nacionales —bien sean de los gobiernos, de las personas naturales o de las jurídicas— se debe afirmar que la preocupación del derecho internacional por muchos de estos aspectos ha de ser siempre indirecta. Y esto se debe a que están ya reguladas y continuarán siendo reguladas por el derecho interno. Pero puede observarse cómo el sistema de derecho internacional continúa teniendo una creciente aplicación indirecta, aun en estos aspectos, en el sentido siguiente: que los Estados puedan (y de hecho se comprometen a hacerlo), en el plano internacional, ajustar sus respectivos derechos internos de modo que se logre un resultado internacional convenido, tal como, por ejemplo, una norma patrón común. Éste ha sido rasgo saliente de la cooperación internacional en materia laboral. Sometida a examen una convención internacional de trabajo, resulta no ser un tratado o una convención, en el sentido ordinario de un acuerdo por el cual se crean derechos y deberes para los Estados o sus gobiernos. Se parece más bien a un proyecto de ley del parlamento, o sea a un proyecto de legislación que cada miembro de la Organización Internacional del Trabajo se compromete a presentar al respectivo poder legislativo de su país para que sea aprobado como parte de su propio derecho interno.

Veremos en la próxima subsección de este capítulo cómo cada vez se han de hallar más variaciones sobre este enfoque de la cooperación internacional. Por el momento, sólo necesitamos indicar que, cualesquiera que sean los acertijos teóricos que produzca, el proceso implica una regulación jurídica.

Ya hemos mencionado las doctrinas opuestas del dualismo y el monismo. Conforme a la primera, el derecho internacional es exclusivamente para los Estados. Es, por ende, diverso del derecho interno. Si se admite esa doctrina, el contenido de gran parte de los numerosos tratados modernos es derecho interno. La doctrina monista, por el contrario, considera que el derecho internacional y el interno son ramas diversas de un mismo sistema. Si se la admite, por tanto, dichos tratados en todos sus aspectos son creadores de mucho del nuevo derecho internacional. Sin embargo, no importa gran cosa cuál doctrina se acepte. De hecho, ya sobre la base de una teoría o de otra, el ámbito del derecho internacional ha ido extendiéndose, en forma positiva para los crecientes intereses de sus gobiernos, por el procedimiento de los acuerdos expresos entre los Estados.

Tampoco es ése el único método por el cual el sistema de derecho internacional se expande. Es importante apreciarlo así y señalar que la costumbre, no menos que los tratados, sigue funcionando como una fuente del derecho. Esto —como veremos a continuación— es tal vez más destacado dentro de esas creaciones de los tratados: las instituciones internacionales. Pero también puede notarse lo mismo en otras esferas. Ciertamente, hemos comprobado en tiempos recientes un notable ejemplo. Hace sólo treinta años se habría entendido que el dogma de la libertad de los mares se aplicaba al lecho lo mismo que a la superficie del mar. Mientras la tecnología que el hombre tuvo a su alcance hacía inexplotable el lecho marítimo, y mientras el hombre no advirtió la utilidad de él, aquélla era una suposición racional. La no susceptibilidad del mar para cualquier cosa que se pareciera a una ocupación física contribuía de hecho a la doctrina de que era libre y común a todos. Ahora el lecho marítimo es explotable y se cree que ello es provechoso. Como resultado, hemos visto desarrollarse, en muy pocos años, la doctrina de que un Estado puede pretender derechos exclusivos al menos sobre la plataforma adyacente a sus costas.

El problema académico de si un tribunal internacional puede ser obligado a pronunciar un *non liquet*, a confesarse incapaz de decidir una cuestión que se le ha planteado, por no existir derecho aplicable a ella, ha dejado de ser incluso un problema académico. Se va reconociendo cada vez más que los principios generales del derecho constituyen una cantera inagotable de la cual pueden sacarse nuevas reglas o nuevas interpretaciones para atender las situaciones novedosas. El derecho internacional, en efecto, ha alcanzado su mayoría de edad; o bien, como preferimos decir, las cosas han girado en círculo completo y se ha llegado a reconocer que un "moderno derecho natural" continúa cumpliendo el papel que la antigua concepción del derecho natural satisfacía, al dar inicialmente la vida al derecho internacional.

1.07　Nuevas corrientes en la cooperación internacional organizada

Tradicionalmente, los intereses y pretensiones de los Estados individuales —cuya reconciliación es función de las disciplinas del derecho y de las relaciones internacionales— se han formulado y expresado por medio de los departamentos ejecutivos de los gobiernos, especialmente encargados del manejo de los "asuntos exteriores" y atendidos por servicios diplomáticos profesionales. Tradicionalmente, estos órganos han podido disponer de muy poco, aparte de los tratados formales como instrumentos para los acuerdos, y de la conferencia formal como medio para la negociación de ellos. Pero desde hace mucho ya se advirtió la insuficiencia de tal mecanismo. Con el surgimiento de las instituciones internacionales algún progreso se logró para mejorarlo, tanto dentro como fuera de esas instituciones. Las misiones diplomáticas han sido reforzadas con agregados para los asuntos comerciales, laborales y otros semejantes. Los cuerpos legislativos nacionales formaron frecuentemente comités especiales para supervisar la política exterior. En la constitución de la Organización Internacional del Trabajo se incluyó una notable disposición para la representación directa, en el campo internacional, tanto de los trabajadores y patronos como de los gobiernos. A pesar de tales sistemas, los medios para una completa averiguación del punto de vista de un Estado por parte de los demás, permanecieron inadecuados. Los medios para llevarle a un Estado particular el consenso de la opinión mundial siguieron siendo todavía más exiguos.

Podría haberse pensado que, a la terminación de una guerra en la cual se sintió vivamente que la contienda era con los dirigentes enemigos más que con los respectivos pueblos, cualquier nuevo plan para la cooperación internacional habría tratado de llevar a cabo una nueva revolución en favor de aquella "diplomacia abierta, abiertamente dirigida" que el presidente Wilson había esperado se hubiera visto en la era de la Liga de las Naciones.

Podría haberse esperado que se hubiera preferido algo más semejante a un parlamento mundial, formado por miembros directamente representativos de sus electores individuales, en lugar de una conferencia diplomática permanente de delegados de los gobiernos, como en efecto lo fue la Liga de las Naciones.

Pero si tal esperanza fue alentada por las alusivas palabras iniciales de la Carta de las Naciones Unidas: "Nosotros los pueblos de las Naciones Unidas", en seguida vino el desengaño por el texto que se preparó y por el modo de interpretarlo en los primeros años de vida de la nueva Organización. Este punto no requiere ninguna especial elaboración, pero pueden citarse con provecho unos cuantos ejemplos ilustrativos acerca de lo que parece indicar un retroceso en cuanto a los principios de la cooperación internacional. La Corte Mundial, que había sido, por así decirlo, del mismo rango que la Liga, el brazo político de gobierno, fue reducida a la condición de mero órgano de la nueva organización política. La Organización Internacional del Trabajo, cuya notable constitución tripartita había parecido contener tanta promesa, fue rebajada al rango de "Organismo Especializado". El Consejo de Administración Fiduciaria que en sustancia remplazó a la Comisión de Mandatos de la Liga, compuesto por individuos dotados de independencia y pericia, fue diseñado siguiendo una fórmula que restringió su integración a los representantes directos de los gobiernos; según ocurrieron las cosas, al nuevo Consejo Económico y Social se lo dejó convertir en otro organismo exclusivamente diplomático.

La explicación de ello puede hallarse en lo que "los pueblos de las Naciones Unidas" se proponían al principio, en su determinación de "preservar a las generaciones venideras del flagelo de la guerra". Descansa, en síntesis, en la preocupación constante de los Estados por la paz internacional, y en el continuo predominio de la seguridad sobre objetivos de la cooperación internacional organizada. Para el logro de ese propósito perenne, los redactores de la Carta se inspiraron, en gran parte —como antes lo habían hechos los padres del Convenio—, en las experiencias de su propio tiempo. Siendo representantes de las principales potencias todavía empeñadas en llevar a una victoria final un esfuerzo militar coordinado y de dimensión mundial, naturalmente vieron la solución del problema de preservar los frutos de esa victoria en el mismo sistema que, tras años de sufrimientos, se hallaba en camino de producirla: en un sistema militar o de policía controlado por un grupo de grandes potencias. Desde luego, no había nada nuevo en ese sistema de una alianza victoriosa continuada. Él estaba implícito en el incoherente principio de la Santa Alianza y se encontraba en el fondo del sistema de la Liga. Pero los constructores del plano no advirtieron, o decidieron ignorar, el hecho notorio de que cuando surge la presión externa sobre ellas, las coaliciones caen despedazadas inexorablemente.

En el plan comenzaron a surgir grietas aún antes de habérselo completado. En la Conferencia de San Francisco, donde la Carta fue elaborada, las potencias principales se hallaron con la posibilidad de realizar lo que sus antecesores no habían podido hacer en la Conferencia de Versalles en 1919: persuadir a las pequeñas potencias para aceptar su doctrina de que las potencias principales debían tener el control del sistema de seguridad. Así pudieron incluir en la nueva constitución el principio de que la responsabilidad primaria es más para el Consejo de unos pocos que para la Asamblea de todos, y asegurarse puestos permanentes en aquel cuerpo. Pero no fueron capaces de convencerse ellos mismos sobre la necesidad de supeditar la voluntad individual a la común. De ahí la cláusula sobre veto en el artículo que regula la votación en el Consejo de Seguridad, cuyo resultado, formalmente, fue hacer el nuevo e imponente edificio capaz para mantener la paz únicamente en una disputa entre potencias de segundo orden, y ello sólo cuando ninguno de los contendientes tuvieran partidarios entre las potencias principales.

Pero los sucesos —en gran parte sucesos fortuitos— vinieron a rescatar este tan defectuoso y en modo alguno original plan. Hasta cierto punto, la tecnología sobrepasó a la diplomacia. El perfeccionamiento del método para la fisión atómica llenó de gran confusión tanto el pensamiento militar en general, como, particularmente, la teoría de los elementos que forman el poderío y el potencial militar de una nación. Comenzó a parecer que no había ya grandes potencias, o al menos posiblemente no más de una o dos. Ciertos Estados que por largo tiempo habían sido clasificados como grandes potencias empezaron, además, a mostrar, como resultado de la subdivisión de porciones de su territorio para formar nuevos Estados, síntomas de una disminución de fuerzas que parecía ser permanente. Surgieron numerosos nuevos Estados, y al hacerlo revelaban un nuevo patrón en que la distinción principal no se encontraba entre el fuerte y el débil, sino entre el rico y el pobre, entre el desarrollado y el subdesarrollado.

En estas circunstancias, fue tal vez una ventaja el que no se hubiera conferido a la Asamblea igual jerarquía que al Consejo en cuanto a la seguridad. Porque, excluida al principio de toda iniciativa en esas materias, La Asamblea General de las Naciones Unidas, hábilmente auxiliada por una Secretaría que consideraba su función no tan negativamente como lo hiciera la Secretaría de la Liga, puso su atención en los aspectos positivos de la cooperación internacional. En ese proceso, debido a la expansión funcional del derecho a que nos hemos referido, llegó a considerar como funciones suyas casi todos los aspectos del intercambio pacífico de los pueblos. De esta suerte, se trasladaron de modo incidental a la esfera de las Naciones Unidas muchos de los asuntos que tradicionalmente pertenecían a la diplomacia bilateral. Y así quedó consumada incidentalmente una sustancial invasión en la distinción tradicional entre asuntos extranjeros y asuntos nacionales. En relación con los asuntos que manejaba, la Asamblea solamente podía discutir y persuadir, ya que sus resoluciones no tenían fuerza vinculante.

Pudo haberse esperado que esta situación fuera un obstáculo para cualquier esfuerzo victorioso de su parte. Pero en realidad se produjo lo contrario. La ausencia o la abdicación de toda autoridad para imponerse ha aumentado inmensamente la influencia del ejemplo y de la persuasión. Al "proponer" y al "recomendar" ciertas conductas a sus miembros, la Asamblea General ha realizado mucho en los aspectos, por ejemplo, de los derechos humanos y, lo que interesa especialmente a los abogados internacionalistas, en la codificación y en el desarrollo progresivo del derecho internacional. Impedida por los términos mismos de la Carta para asumir los poderes formales del Consejo de Seguridad cuando el uso indiscriminado del veto llegase a paralizar ese órgano, la Asamblea, por medio de la celebrada Resolución "Unidos pro Paz", ha ampliado esta técnica incluso al ámbito de la seguridad.

Lo que contribuyó grandemente al éxito del nuevo método de la Asamblea fue el acceso a ella de los numerosos Estados nuevos, que sintieron mayor tranquilidad al hallarse unos en compañía de otros dentro de su recinto que en los desolados procesos de la diplomacia bilateral, de cuyas tradiciones de todas formas se consideraban libres. Para ellos, además, como el mantenimiento de relaciones exteriores era una experiencia nueva, la acostumbrada distinción entre éstas y los asuntos nacionales no tuvo fuerza inhibitoria.

Al considerar las prácticas de las Naciones Unidas después de sus primeros años, así como las de otras instituciones en años muy recientes, podemos descubrir una corriente totalmente nueva en los métodos de cooperación internacional organizada. En esencia, se trata de una tendencia a apartarse de insistir en someter a los Estados a obligaciones jurídicas precisas. Pero tiene otros muchos rasgos incidentales. Uno de gran importancia consiste en la creciente separación entre la actuación internacional puramente ejecutiva y la actividad deliberativa o cuasilegislativa, de la cual es ejemplo la atribución del control de las varias fuerzas de paz de las Naciones Unidas, que ha pasado al Secretario General. Otro de tan gran significado es la ampliación del ámbito de la posible discusión internacional: dado que no va envuelta ninguna "intervención", las fronteras de la "jurisdicción interna" son de escaso relieve. Algo que debe destacarse también es el valor de los precedentes persuasivos: aquello que la Organización ha hecho una vez puede repetirlo, y su práctica adquiere la condición de costumbre.

La principal consecuencia indirecta del gran desplazamiento de interés del aparato de la diplomacia bilateral a los escenarios multilaterales de las instituciones internacionales, es equivalente a la amplia expansión del derecho: la gradual aproximación de la esfera del derecho a todo el amplio campo de las relaciones internacionales. Ello se debe a que en los procedimientos de dichos órganos, aunque no pueden ir más allá de la discusión y de la contraposición de criterios diferentes, y aunque frecuentemente ni siquiera se crean para que produzcan obligaciones vinculantes para los Estados, son esencialmente procedimientos jurídicos.

1.08 Relaciones entre el derecho internacional y otras disciplinas jurídicas

Se advierte, pues, que en la esfera internacional se está produciendo una especie de revolución jurídica. Puede comparársela con la revolución que ha habido en el derecho interno a medida que las actividades de los gobiernos han aumentado, desplazando al derecho privado de su posición central. En el derecho interno ya no podemos seguir pensando simplemente en términos de códigos o leyes que prescriben rígidas reglas para ser aplicadas indiferentemente por los tribunales a fin de disponer en modo previsible sobre las disputas que puedan surgir entre individuos, a medida que se presentan. Ahora debemos tener en cuenta otras categorías distintas de los meros derechos y deberes, y de procesos regulatorios diferentes de la legislación y la adjudicación formales. Del mismo modo, en el derecho internacional tenemos que considerar ahora figuras distintas de las transacciones estatales o de los tratados, y categorías o reglas diferentes de las que se aplican a los Estados externamente, por así decirlo, en sus relaciones con otros Estados.

Para el filósofo del derecho esto debe crear problemas. Cabe dudar si éstos pueden aún enfocarse conforme a las líneas tradicionales. Ya no parecería útil preguntar si la hipótesis monista o la dualista conviene mejor al hecho de las relaciones del derecho internacional con el interno. En regímenes tales como la Comunidad Europea del Carbón y del Acero y la Comunidad Económica Europea, y a la luz de tales progresos como el establecimiento de la Corte Europea y la Comisión de Derechos Humanos, esas categorías no tienen ya ninguna significación.

El derecho internacional se aplica ahora directamente a los individuos en muchos lugares y en muchas situaciones. Por otro lado, cuando se pretende incluir en el esquema del derecho internacional clásico asuntos tales como el régimen jurídico de los contratos celebrados por personas pertenecientes a distintos Estados o las condiciones para emplear a los funcionarios internacionales, hallamos iguales dificultades. Es porque allí nos encontramos con reglas que tienen carácter de derecho interno pero que no dependen de ningún sistema interno.

Tales dificultades han llevado a desarrollar una nueva terminología. Aquella porción del derecho interno de un Estado que concierne a las relaciones exteriores ha sido llamada, "derecho de relaciones extranjeras". "Derecho internacional administrativo" se ha sugerido como título adecuado para el cuerpo de reglas que gobiernan los asuntos internos de las instituciones internacionales. Y, por una inspiración particularmente feliz, el nombre de "derecho trasnacional" ha sido dado al complejo de reglas, internacionales y cuasiinternacionales, internas y cuasinternas, que gobiernan aquellas transacciones, sean gubernamentales o privadas, que trascienden las fronteras políticas o jurisdiccionales. El nombre de "coexistencia", que no deja de tener sus atractivos, ha sido sugerido también para denotar la parte mayor de todo el complejo.

Esta nueva terminología, aun siendo útil, no ha sido adoptada en el presente libro. Se considera que la naturaleza del derecho internacional, y el no ser susceptible de una definición final y exacta, debe resultar de su objetivo (el provecho y el bienestar del hombre que vive en una sociedad de Estados). Está obligado a presuponer al Estado y su específico orden jurídico interno. Por ser también derecho y como su beneficiario es en definitiva también el individuo, debe tener siempre una íntima relación con ese orden. Como el manejo de las relaciones entre los Estados se institucionaliza cada vez más, debe tener en cuenta el orden interno de las instituciones internacionales, al igual que el de los Estados. Pero la extensión en que esos órdenes relativamente distintos se interpenetren, y su precisa relación con cada uno de los demás, tiene que variar claramenté con la evolución de los acontecimientos. Ni el derecho internacional ni el interno pueden hoy desarrollarse en aislamiento. Dogmatizar sobre la naturaleza de cada uno de ellos o sobre su respectiva relación con el otro es, sin embargo, manifiestamente inadecuado.

BIBLIOGRAFÍA

Academia de Ciencias de la U.R.S.S. Instituto de Estado y Derecho: *Derecho Internacional Público*, México, Ed. Grijalbo, 1963.

Angell, Sir N.: *The Great Illusion*, Nueva York y Londres: Putnam, 1910.

Aron, R.: *Paz y guerra entre las naciones*, Madrid, Revista de Occidente, 1963.

Bourquin, M.: "Stabilité et mouvement dans l'ordre juridique international", 64 *HR*, 347 (1938).

Brierly, J. L.: *The Law of Nations*, 6ª ed. por Sir Humphrey Waldock, Nueva York y Oxford: Oxford University Press, 1963.

Carr, E. H.: *The Twenty Years Crisis*, 1919-1939, 2ª ed., Londres, Macmillan, 1946.

Falk, R.A.: *Law Morality, and War in the Contemporary World*, Nueva York, Praeger, 1963.

Friedmann, W.G.: *La nueva estructura del Derecho Internacional*, México, Ed. F. Trillas, 1967.

Hinsley, F. H.: *Power and the Pursuit of Peace*, Londres, Cambridge University Press, 1963.

Jenks, C.W.: *The Common Law of Mankind*, Londres, Stevens, 1958.

Jessup, P.C.: *Transnational Law*, New Haven, Yale University Press, 1956.

—: *A Modern Law of Nations*, Nueva York, Macmillan, 1950.

Nussbaum, A.: *Historia del Derecho Internacional*, Madrid, Editorial Revista de Derecho Privado, 1949.

Reuter, P.: "Principes de droit international public", 103 *HR*, 431 (1961).

Röling, B.V.A.: *International Law in an Expanded World*, Amsterdam, Djambatan, 1960.

Schwarzenberger, G.: *The Frontiers of International Law*, Londres, Stevens, 1962.

—: *La política del poder. Estudio de la sociedad internacional*, México, Fondo de Cultura Económica, 1960.

Strupp, K.: *Wörterbuch des Völkerrechts*, 2ª ed. por H.J. Schlochauer, Berlín, De Gruyter, 1960-62.

Svarlien, O.: *Introduction to the Law of Nations*, pt. i, Nueva York, McGraw-Hill, 1955.

Verdross, A.: *Völkerrecht*, 5ª ed., con la colaboración de S. Verosta y K. Zemanek, Viena, Springer-Verlag, 1964.

Visscher, C. de: *Theory and Reality in Public International Law*, traducido del francés por P.E. Corbett, Princeton, University Press, 1957.

—: *Théorie et réalité, en droit international public*, 3ª ed. rev., París, Pedone, 1960.

Wengler, W.: *Völkerrecht*, vol. I, Berlín, Springer-Verlag, 1964.

2. ORGANIZACIÓN JURÍDICA DE LA SOCIEDAD INTERNACIONAL

CONTENIDO

SECCIÓN I. DESARROLLO HISTÓRICO DE LAS INSTITUCIONES INTERNACIONALES

2.01 INTRODUCCIÓN

La organización internacional a través de un cuerpo permanente de instituciones para la cooperación de los Estados, es un fenómeno comparativamente nuevo, que data sólo de la segunda mitad del siglo XIX. El derecho internacional tradicional fue básicamente un derecho para la conducción y el ajuste de las relaciones entre los Estados (véase 1.05), y fue un sistema en el cual los Estados actuaban separada e individualmente. No existían instituciones centrales dotadas de funciones, poderes y personalidad jurídica propios.

Si el siglo XIX fue testigo del logro de la independencia nacional y de la unificación en muchas partes del mundo (por ejemplo, las guerras de liberación e independencia en América Latina en los 1820, la unificación de Italia y de Alemania entre 1859 y 1871), también vio el comienzo del movimiento hacia la interdependencia y la cooperación internacional, que en la actualidad se ha convertido en el rasgo más característico e importante de las relaciones internacionales contemporáneas. En resumen, el lapso relativamente breve de una centuria ha visto la trasformación de la desorganizada comunidad de Estados en una asociación mundial que ha alcanzado algo muy cercano a un orden social organizado.

El desarrollo histórico de las organizaciones internacionales, según las conocemos hoy, puede esquematizarse en tres periodos principales de evolución. Aunque el desarrollo real de las instituciones permanentes no ocurrió hasta la segunda mitad del siglo XIX, el primero de dichos periodos puede considerarse comprendido entre el Congreso de Viena (1814-1815) y el comienzo de la primera Guerra Mundial (1914). El segundo es el que media entre las dos guerras; presenció la creación de la Liga de las Naciones y la Organización Internacional del Trabajo en virtud del Tratado de Versalles, y en él también se estatuyó la Corte Permanente de Justicia Internacional. Puso término a esta etapa el comienzo de la segunda Guerra Mundial, en 1939. El tercer periodo, que llega hasta el presente, y que es de continua evolución, se inició con la fundación de las Naciones Unidas, en 1945.

Cada una de estas etapas ha aportado su propia contribución al desarrollo de las organizaciones internacionales. Por lo tanto una breve reseña de la evolución histórica de las instituciones internacionales es esencial para la adecuada comprensión de la organización jurídica contemporánea dentro de la sociedad internacional.

2.02 DESARROLLO DE LAS INSTITUCIONES INTERNACIONALES EN EL PERIODO 1815-1914

Generalmente se considera al Congreso de Viena como la línea divisoria del desarrollo de la organización internacional en el siglo XIX. El propósito principal de dicho Congreso fue dar nueva forma al continente europeo después de las guerras napoleónicas y mantener la paz dentro del nuevo sistema europeo, una vez que éste fue establecido.

En el curso del Congreso de Viena ganó terreno la noción de un Concierto de Europa, que ya había sido expresada en el Tratado de Chaumont, del 1º de marzo de 1814. Es cierto que el Acta Final del Congreso no contenía disposición expresada sobre conferencias periódicas, pero la Cuádruple Alianza, firmada el 20 de noviembre de 1815 entre las grandes potencias, después de la derrota definitiva de Napoleón, dispuso que ellas volverían a celebrar sus reuniones, en periodos fijos, con el objeto de debatir las medidas que pudieran ser "más saludables para la tranquilidad y la prosperidad de las naciones y para el mantenimiento de la paz en Europa".

Después de un breve tiempo de funcionamiento, sin embargo, este sistema periódico de conferencias políticas y diplomáticas se desplomó, a principios de los años 1820, bajo la presión de los intereses conflictivos de las grandes potencias. En todo el resto del siglo se siguió la práctica de convocar conferencias diplomáticas para considerar los problemas políticos de mayor importancia que esporádicamente surgían entre las potencias europeas. Esta práctica se mostró eficaz como un procedimiento para el ajuste de intereses antagónicos y para la prevención de guerras importantes. Fue, sin embargo, característico de este periodo que no existieran instituciones permanentes en el campo político.

Desde el punto de vista del surgimiento de las instituciones internacionales en el siglo XIX, quizá sea erróneo hacer demasiado hincapié en el campo político como base de dicho desarrollo, pues fueron las realizaciones técnicas de ese siglo, más que las políticas, las que crearon el clima esencial para la cooperación interestatal. Esto se evidencia especialmente en el campo de las comunicaciones, en las que el rápido incremento del telégrafo y de las técnicas postales hicieron que la cooperación multilateral entre los Estados fuese tan desable como esencial.

El paso de avance decisivo en el desarrollo de las organizaciones internacionales en el siglo XIX fue, indudablemente, la creación de la Unión Telegráfica Internacional y la Unión Postal General, en 1865 y 1874. La Unión Telegráfica Internacional fue creada por la Convención Telegráfica de París, de 1865; y con el establecimiento, en 1868, de la Oficina Central Internacional de Administraciones Telegráficas, la Unión Telegráfica se convirtió en la primera organización verdaderamente internacional de Estados con un secretariado permanente (véase *Documents de la Conférence Télégraphique Internationale de Vienne*, 1868, pp. 380-386). La creación de una unión postal siguió a continuación. La Convención de Berna, de 1874, propició el establecimiento de la *Union Générale de Postes*, junto con una oficina central internacional (véase Art. 15 de la Convención Postal de Berna, 1874, Martens, *NRG*, 2a. Ser., Vol. I, p. 651). Pero tiempo después, se denominó Unión Postal Universal.

Las Uniones Telegráfica y Postal fueron las precursoras de una serie de otras uniones administrativas que nacieron a fines del siglo XIX y principios del XX. Entre las más importantes podemos citar la Unión Internacional para la Protección de la Propiedad Industrial, 1883 (Martens, *NRG*, 2a. Ser., Vol. 30, p. 449), la Convención para la Protección de los Trabajos Literarios y Artísticos, 1886 (Martens, *NRG*, 2a. Ser., Vol. 12, p. 173), la Convención Internacional de Tránsito de Carga Ferroviaria, 1890 (Martens, *NRG*, 2a. Ser., Vol. 19, p. 447) y el Departamento Internacional de Salud Pública, 1907 (Martens, *NRG*, 3a. Ser., Vol. 2, p. 913).

El rasgo característico de estas uniones fue que, en general, operaban a través de dos órganos: conferencias o reuniones periódicas de los representantes de los Estados miembros, y un secretariado permanente. De este modo, aportaron el importante elemento institucional en la cooperación internacional. Su carácter permanente fue asegurado por un órgano fijo, la Oficina Central, eslabón evolutivo entre la estructura de la conferencia diplomática y la organización internacional moderna. Más aún, a medida que se fue desarrollando la práctica de estas uniones, comenzaron a producirse cambios en el espíritu del derecho internacional clásico; por ejemplo, la lenta erosión de la regla de la unanimidad para la modificación de las disposiciones de los convenios. En un sentido más general, esas prácticas contribuyeron a que los Estados tuvieran más conciencia "de la potencialidad de las organizaciones internacionales como medio de promover un interés común a numerosos Estados sin detrimento del de cualquiera de los interesados..." (Hyde, *International Law*, p. 131.)

Estas uniones administrativas, que aparecieron en la escena internacional a fines del siglo XIX y a principios del XX, fueron los primeros pasos seguros hacia una comunidad internacional organizada. El periodo que trascurrió hasta el estallido de la guerra, en 1914, fue rico en experimentos con técnicas nuevas, en particular la elaboración de procedimientos para las conferencias y el uso creciente e importante de los secretariados. El final de dicho periodo vio el desarrollo de un marco institucional permanente para la solución de disputas. La Conferencia de La Haya de 1899 creó la Corte Permanente de Arbitraje, cuya forma y funciones fueron confirmadas en la Conferencia de La Haya de 1907. Pero —según expresamos en 11.07— esto fue sólo un modesto comienzo. La Corte estuvo formada por un número de árbitros de los cuales se podía seleccionar un tribunal para un caso específico, junto con una oficina central permanente y un conjunto de reglas de procedimiento. Dentro del clima político de aquellos tiempos, no se podía llegar a ningún acuerdo en cuanto a un tribunal permanente establecido, ni en cuanto a una disposición que consagrara la jurisdicción obligatoria. En conjunto, el área de cooperación interestatal permaneció, por consiguiente, limitada a actividades técnicas, no políticas, y sólo al estallar la primera Guerra Mundial el impulso para el establecimiento de una organización política general comenzó a ganar terreno.

2.03 EL PERIODO ENTRE LAS DOS GUERRAS, 1919-1939

La creación de la Liga de las Naciones se encuentra unida histórica y jurídicamente al Tratado de Versalles, aunque, de hecho, dicho tratado constituyó sólo una parte del arreglo total de la paz que siguió a la primera Guerra Mundial. El Tratado de Versalles, del 28 de junio de 1919, contenía —entre muchas otras disposiciones importantes— los instrumentos constitutivos tanto de la Liga de las Naciones como de la Organización Internacional del Trabajo. También en el Pacto de la Liga se preveía el establecimiento, en un futuro cercano, de un órgano jurisdiccional de la Liga. (Para un estudio completo de la historia de la Liga de las Naciones, véase Walters, *History of the League of Nations.)*

Se reconoce generalmente que la experiencia de la Liga de las Naciones, no obstante el fracaso de su tarea primaria de mantener la paz, constituyó una fase importante en el desarrollo de las instituciones internacionales y proporcionó el precedente inmediato para el sistema de la Organización de las Naciones Unidas.

Por lo tanto, para entender los orígenes de las Naciones Unidas, es necesario conocer algunos rasgos principales de aquella institución.

El Pacto de la Liga de las Naciones (Parte I del Tratado de Versalles), en su Preámbulo, definió como objetivos de la Liga los de "fomentar la cooperación entre las naciones y para garantizarles la paz y la seguridad". Contempló un sistema de seguridad colectiva basado en las ideas de reducción de armamentos (Art. 8); solución pacífica de las disputas y limitaciones al derecho de apelar a la guerra (Arts. 11-15); garantía colectiva de la independencia de cada miembro (Art. 10); y sanciones contra el Estado que recurre a la guerra en violación de sus compromisos con respecto a una solución pacífica (Art. 16).

Los órganos principales de la Liga de las Naciones fueron: la Asamblea —integrada por todos los miembros de la Liga—; el Consejo —originalmente compuesto por nueve miembros (las cinco principales potencias aliadas y asociadas y otras cuatro) pero más tarde aumentado para incluir a once miembros no permanentes— y el Secretariado. El Pacto, en general, no estableció diferencias entre las funciones de la Asamblea y las del Consejo. A los dos órganos se les confirieron poderes concurrentes y, aparte de las pocas funciones separadas específicamente, asignadas a la Asamblea o al Consejo, cualquiera de los dos, indistintamente, podía considerar en sus reuniones todas las materias correspondientes a la esfera de acción de la Liga.

Uno de los rasgos básicos de la Liga fue el mantenimiento, en forma general, del principio de la unanimidad para las decisiones, tal como se encontraba establecido en la práctica tradicional de las conferencias diplomáticas. El principio fue incorporado a los requisitos para las votaciones, tanto de la Asamblea como del Consejo (Art. 5), aunque con importantes excepciones [Art. 15 (17), (10)].

La Asamblea y el Consejo fueron auxiliados en sus trabajos por un número de organizaciones técnicas y por comisiones consultivas, permanentes y provisionales. Las tres organizaciones técnicas eran: (i) la Organización Económica y Financiera; (ii) la Organización de Comunicaciones y Tránsito; y (iii) la Organización de la Salud.

Ninguna reseña de los aspectos institucionales de la Liga por breve que fuera, estaría completa sin una referencia a sus contribuciones en los campos de: *i)* los mandatos; *ii)* la administración del Territorio del Sarre; *iii)* la protección de las minorías nacionales; y *iv)* los refugiados.

El artículo 22 del Pacto proveyó al establecimiento de un sistema de mandatos para ciertos territorios segregados de Turquía y de Alemania a la terminación de la primera Guerra Mundial, y los dispuso en tres categorías (A, B y C) de acuerdo con su respectivo grado de desarrollo. El sistema de mandatos se basó en el principio de que "el bienestar y el desarrollo de estos pueblos constituye una misión sagrada de civilización". Los territorios bajo mandato habrían de confiarse a "naciones más adelantadas", capaces de asumir tal responsabilidad y dispuestas a aceptarla. El mandato se ejercitaba "en nombre de la sociedad" y con su vigilancia, y al mandatario se le exigía presentar un informe anual al Consejo de la Liga "concerniente al territorio que tenga a su cargo". Las condiciones de la autoridad que habría de ser ejercitada por el mandatario se fijaron en resoluciones del Consejo de la Liga en acuerdo con cada mandatario. Se constituyó una Comisión Permanente de Mandatos para "recibir y examinar las memorias anuales de los mandatarios, y dar al Consejo su opinión acerca de las cuestiones relativas al cumplimiento de los mandatos". [Art. 22 (9).] Los miembros de la Comisión de Mandatos eran expertos independientes que actuaban con autonomía individual. Se reconocía el derecho de los habitantes de un territorio bajo mandato para dirigir peticiones a la Liga. Las disputas que surgieran de acuerdo con los términos del mandato, habrían de someterse a la Corte Permanente de Justicia Internacional. (Sobre la situación jurídica de los territorios bajo mandato, véase cap. 5.)

La administración del Territorio del Sarre fue encomendada a la Liga de las Naciones de acuerdo con el artículo 50, Anexo, capítulo II del Tratado de Versalles, que dispuso un gobierno formado por una comisión designada por el Consejo de la Liga durante un lapso de quince años; al expirar dicho plazo habría de celebrarse un plebiscito para determinar si los habitantes preferían unirse a Francia o a Alemania. Éste fue el único caso en que se puso a un territorio directamente bajo la autoridad de la Liga.

La protección de las minorías nacionales fue un deber encomendado a la Liga por los Tratados de Paz y por varias otras declaraciones y acuerdos. En dichos instrumentos se les confirió a las minorías unos derechos políticos, religiosos, educativos y lingüísticos de amplio contenido. Estos arreglos internacionales permitieron a todo miembro del Consejo plantear ante éste cualquier infracción a dichos derechos. También se podían presentar al Consejo peticiones por parte de cualquier persona o asociación (véase 8.22).

Las actividades de la Liga en materia humanitaria incluyeron la ayuda a los refugiados desalojados de sus países durante la primera Guerra Mundial. El Consejo de la Liga nombró un Alto Comisionado, quien, con la ayuda de la Oficina Internacional del Trabajo, supervisaba dicha ayuda. "A él debe atribuirse la introducción de un documento internacional nuevo, el 'Pasaporte Nansen', que sirvió de certificado de identificación oficial a los refugiados que, debido a la pérdida de ciudadanía o por otros motivos, no podían obtener un pasaporte de sus países de. origen." (Nussbaum, *A Concise History of the Law of Nations*, p. 255.) Mediante el reconocimiento del

"Pasaporte Nansen" por la mayoría de los gobiernos, quedó resuelto el problema de la situación jurídica provisional de los refugiados y el de sus viajes de un país a otro (véase 8.17).

Aunque la influencia de la Liga fue predominante a través de todo este periodo, ningún balance de los años trascurridos entre las dos guerras resultaría completo o exacto sin una referencia a las otras dos instituciones creadas por el Tratado de Versalles.

La Parte XIII del Tratado contenía la constitución de la Organización Internacional del Trabajo (OIT). Aunque formaba parte del mismo instrumento general que el Pacto de la Liga, y no obstante ciertos nexos con ella, se tuvo la intención de que la OIT fuera un organismo autónomo. En la práctica, la OIT nunca dejó de ejercer su autonomía a través del periodo entre las dos guerras, y en esa forma pudo sobrevivir a la muerte de la Liga, en 1946, y establecerse sobre una base institucional independiente. El rasgo característico de dicha organización, en 1920 —como lo es hoy—, fue la representación tripartita de gobiernos, patronos y trabajadores. Por este motivo, la OIT ha ocupado —y continúa ocupando— una posición única entre las organizaciones internacionales. Fue concebida como una institución permanente con tres órganos principales: la Conferencia General de los Representantes de los Miembros; una Oficina Internacional del Trabajo y un Consejo de Administración (Art. 388 del Tratado de Versalles). La Conferencia General fue el órgano principal de la OIT, y cada Estado miembro habría de tener cuatro representantes: dos delegados gubernamentales, un delegado de los patronos y otro de los trabajadores. La Oficina Internacional del Trabajo fue su Secretariado permanente, sometido al control del Cuerpo Dirigente que estaba compuesto por veinticuatro miembros, con una distribución tripartita en la misma proporción que la Conferencia. Otros rasgos importantes fueron: el procedimiento especial para la adopción de convenciones internacionales, y las nuevas medidas de control para garantizar la adopción complementaria, por parte de los gobiernos miembros, de sus obligaciones internacionales en este sector. A través de esta estructura institucional única, la OIT ha hecho una contribución importante al desarrollo técnico de las instituciones internacionales. (Véase Shotwell (ed.), *The Origins of the International Labour Organization*; Scelle, *L'Organisation Internationale du Travail et le B.I.T.*)

La tercera institución que surgió del Tratado de Versalles fue la Corte Permanente de Justicia Internacional (CPJI), contemplada en el artículo 14 del Pacto. El Protocolo de firma del Estatuto de la CPJI fue abierto el 16 de diciembre de 1920, y el Estatuto entró en vigor el 20 de agosto de 1921.

Aunque la Corte fue un órgano autónomo, y no un órgano de la Liga —en la misma forma como la Corte Internacional de Justicia es el órgano judicial principal de las Naciones Unidas— su relación con la Liga era, de hecho, muy estrecha. A juicio de un docto comentarista:

La historia de la redacción del Pacto no deja lugar a dudas de que la Corte Permanente de Justicia Internacional fue ideada en París como parte de la organización de la Liga de las Naciones... la Liga se concibió con la inclusión de una corte y... según las disposiciones pertinentes, dicha corte no habría de ser independiente de los órganos de la Liga que debían su existencia al Pacto mismo.

(Hudson, *The Permanent Court of International Justice*, p. 111.)

La Corte era un cuerpo permanente integrado por quince miembros: once magistrados principales y cuatro magistrados auxiliares, que serían elegidos por la Asamblea y por el Consejo de la Liga (Arts. 3 y 4 del Estatuto). Sólo los Estados o los miembros de la Liga podían ser parte en los casos ante la Corte (Art. 34), cuya jurisdicción comprendía todos los casos que las partes le sometieran y todos los asuntos específicamente señalados por los tratados y convenciones vigentes (Art. 36). La jurisdicción no era obligatoria, pero el artículo 36 del Estatuto contenía una cláusula opcional mediante la cual los Estados podían declarar que reconocían "como obligatoria *ipso facto* y sin convenio especial, con respecto a cualquier otro Estado que acepte la misma obligación, la jurisdicción de la Corte" en ciertas clases de disputas jurídicas (véase 11. 15).

La creación de la Corte fue una innovación importante, puesto que sumaba al ya existente medio de solución pacífica de disputas la solución judicial propiamente dicha. Esta creación constituye uno de los logros verdaderamente valiosos del periodo comprendido entre las dos guerras.

En conclusión, podemos subrayar las contribuciones principales del arreglo de Versalles a las instituciones internacionales. En primer luegar, la creación de tres nuevas instituciones que tenían, respectivamente, funciones políticas, sociales y judiciales, ensanchó el ámbito de las actividades que en el futuro podrían considerarse como materia de cooperación interestatal. En segundo lugar, el periodo entre las dos guerras también presentó —según veremos (2. 04) — una tendencia hacia la universalidad en la integración de los miembros de las organizaciones internacionales. En el siglo XIX las uniones administrativas habían sido dominadas por los Estados europeos, aun cuando a fines del siglo, la Unión Postal Universal y otras habían empezado a experimentar un aumento constante de sus miembros.

2.04 Desarrollo de las instituciones internacionales desde 1945

Aunque el estallido de la guerra, en 1939, señaló el evidente fracaso de la Liga de las Naciones en su tarea principal, sin embargo, se aceptó universalmente la necesidad de una organización general de Estados, cuyo principal propósito seguiría siendo el mantenimiento de la paz. Durante la guerra, por lo tanto, el establecimiento de tal organización fue considerado como objetivo principal por las Potencias Aliadas.

En la Declaración de Moscú, del 1º de noviembre de 1943, las cuatro potencias (el Reino Unido, los Estados Unidos, la Unión Soviética y China) reconocieron "la necesidad de establecer, en la fecha más temprana factible, una organización internacional... para el mantenimiento de la paz y la seguridad internacionales" (38 *AJIL*, Supl. 5 (1944)). De acuerdo con esta declaración de principios, los representantes de las cuatro potencias se reunieron en Dumbarton Oaks, en agosto y septiembre de 1944. El tema de discusión en esta reunión fue las Propuestas de Dumbarton Oaks para una nueva organización internacional general. Estas proposiciones, junto con la fórmula de votación convenida en la Conferencia de Yalta en febrero de 1945, sentaron la base de las discusiones en la Conferencia de San Francisco, celebrada del 25 de abril al 26 de junio de 1945, que dio por resultado la adopción de la Carta de las Naciones Unidas y del Estatuto de la Corte Internacional de Justicia (véase Russell y Muther, *A History of the United Nations Charter*. Para un examen más detallado de los aspectos institucionales de las Naciones Unidas, véase *infra*, Sec. III; la Corte Internacional de Justicia se examina más adelante (11.15 a 11.22)).

Paralelamente a los pasos para el establecimiento de las Naciones Unidas, tuvo lugar una evolución similar relacionada con el auge de cooperación internacional en lo referente a una amplia variedad de materias especializadas. Por consiguiente, los años 1944-1946 presenciaron el surgimiento de un número de nuevas o remozadas instituciones. Las organizaciones existentes, tales como la OIT, UTI y UPU, llevaron a cabo revisiones constitucionales de fondo, en un intento por satisfacer las necesidades del mundo de la posguerra. Los cambios efectuados en la OIT mediante los Instrumentos de Enmienda de 1945 y 1946 fueron particularmente importantes. Pero el mismo periodo es a la vez notable debido al número de organizaciones que fueron creadas: el Fondo Monetario Internacional, el Banco Internacional de Reconstrucción y Fomento, y la Organización de Aviación Civil Internacional, en 1944; la Organización de las Naciones Unidas para la Educación, la Ciencia y la Cultura (UNESCO) y la Organización de las Naciones Unidas para la Agricultura y la Alimentación, en 1945; la Organización Mundial de la Salud, en 1946. (Para una información más detallada de las actividades de estas organizaciones, véase el capítulo 10.)

El periodo de desarrollo que siguió al año 1945 ha impuesto su estilo particular a la estructura de instituciones y técnicas que habían sido formadas lentamente entre 1865 y 1939. Los rasgos más sobresalientes de ese nuevo estilo son: el universalismo, el regionalismo y el funcionalismo.

La tendencia hacia el universalismo comenzó, según hemos visto, en el periodo de la Liga de las Naciones. Desde el establecimiento de las Naciones Unidas, en 1945, este movimiento ha ganado terreno progresivamente. El número de miembros de las Naciones Unidas se ha más que duplicado desde su creación, y varios de los Organismos Especializados, que admiten tanto miembros regulares como asociados, cubren casi todos los territorios del mundo. Con pocas excepciones, la comunidad organizada de Estados ha alcanzado la universalidad.

Paralelamente, hubo un crecimiento importante de organizaciones y acuerdos regionales que encuentran su lugar dentro del sistema universal. Antes de 1945, la única organización regional de alguna importancia era la Unión

Panamericana, establecida a fines del siglo XIX que continuó ejerciendo funciones regionales durante la época de las dos guerras y poco después de la segunda Guerra Mundial fue denominada Organización de Estados Americanos (OEA). La experiencia de los Estados Americanos ha sido aprovechada en el Medio Oriente, en Europa y en África para la creación de la Liga de Estados Árabes, en 1945, el Consejo de Europa, en 1949, y la Organización de la Unidad Africana (OUA), en 1963. Además de estas organizaciones regionales, hubo un aumento notable en el número de pactos y acuerdos regionales en las esferas económica, social, cultural y militar. Esta rápida expansión del regionalismo ha creado un número de problemas de carácter general, especialmente en cuanto a las relaciones entre las organizaciones universales y las regionales (sobre este asunto en particular y las organizaciones regionales en general, véase la sección V).

El tercer rasgo característico del periodo posterior a 1945, ha sido el establecimiento de instituciones que siguen lineamientos estrictamente funcionales. Este desarrollo tuvo sus raíces en las uniones internacionales del siglo XIX y había sido previsto por los forjadores de la Carta de las Naciones Unidas, quienes introdujeron disposiciones expresas para ponerlas en relación con dicha organización, como Organismos Especializados (Art. 57). Pero la proliferación de estas últimas ha creado muchos problemas de coordinación en años recientes (véase, además, la sección IV).

Entonces, si consideramos la evolución de las instituciones internacionales retrospectivamente, es evidente que el sistema contemporáneo representa el resultado de un siglo de movimiento lento pero progresivo. Inevitablemente ha habido muchos ensayos y errores, a la vez que graves reveses; pero, a medida que cada fase de desarrollo ha seguido a otra, la ciencia y la técnica de las instituciones internacionales ha mejorado. Es justo suponer que el movimiento contemporáneo para extender la cooperación entre los Estados continuará en los años venideros, tanto en intensidad como en alcance; porque al menos no puede haber duda de que estamos viviendo en una era en que las barreras de la soberanía nacional se están derrumbando por las presiones ineluctables de interdependencia e internacionalismo.

SECCIÓN II. PROBLEMAS JURÍDICOS GENERALES DE LAS INSTITUCIONES INTERNACIONALES

2.05 DEFINICIÓN DE LAS INSTITUCIONES INTERNACIONALES

Un rasgo histórico de la comunidad internacional organizada es que su estructura constitutiva no está, como la del Estado, articulada en un conjunto de reglas jurídicas coherentes. Al contrario, esta estructura es la suma de múltiples ordenamientos jurídicos yuxtapuestos y en relación recíproca, cada uno de los cuales se encuentra incorporado en lo que generalmente llamamos una institución internacional.

Ahora bien, hay un número inmenso de asociaciones jurídicas permanentes, así como instituciones y relaciones más flexibles, establecidas a través de las fronteras nacionales, y también entre individuos y grupos de varios países. Un examen completo y realista de la comunidad internacional no puede dejar de considerar este fenómeno. Pero un estudio que enfoque las actividades y los problemas de la comunidad internacional desde el ángulo del derecho internacional, tiene que diferenciar aquellos fenómenos que influyen particularmente en lo que llamamos la estructura institucional internacional. Para ese fin, puede ser de utilidad una definición de las instituciones internacionales, materia que interesa en este capítulo de modo especial. Mediante tal definición será posible centrar la atención en los elementos jurídicos esenciales de la estructura institucional internacional. Esos elementos son los siguientes: *1)* Son asociaciones de Estados, muy diferentes de las asociaciones de individuos, de las organizaciones profesionales y de otros grupos. Aunque estas últimas asociaciones o federaciones de grupos nacionales, han llegado a desempeñar funciones internacionales importantes con la denominación general de organizaciones no gubernamentales, para nuestros fines no forman parte esencial de la comunidad organizada de Estados. Por otra parte, existen unidades políticas, entre éstas, ciertos territorios con gobierno propio y ciertas unidades integrantes de los Estados federales, que han de ser consideradas como si poseyesen personalidad jurídica y se equiparan a Estados para los efectos de esta definición. *2)* Toda organización internacional tiene una base convencional, un tratado multilateral, que forma su constitución. *3)* Tal instrumento constitutivo contiene órganos establecidos, propios de la institución, los que disfrutan de una personalidad jurídica diferente de la de los Estados miembros que la componen. *4)* La organización creada de este modo posee una personalidad jurídica separada de la de los Estados miembros y es, por ende —aunque en grado limitado— un sujeto de derecho internacional.

De acuerdo con estos elementos básicos, podemos definir una institución internacional como una asociación de Estados (u otras entidades que posean personalidad jurídica internacional) establecida por tratados, la cual posee una constitución y órganos comunes, y goza de personalidad jurídica diferente de la de los Estados miembros.

2.06 PRINCIPALES CLASIFICACIONES DE LAS INSTITUCIONES INTERNACIONALES

Las instituciones internacionales, tal como han quedado definidas anteriormente, pueden ser clasificadas de acuerdo con tres criterios principales: la calidad de miembros, las funciones y los poderes.

Si aceptamos la calidad de miembro como uno de los criterios, las instituciones pueden clasificarse como universales, por una parte, y regionales o limitadas, por otra. Desde el punto de vista jurídico, lo importante es si la institución se encuentra abierta a todos los Estados para asumir la calidad de miembro —siempre que llenen ciertas condiciones elementales— o si está sólo abierta a Estados pertenecientes a grupos determinados, definidos de acuerdo con un criterio geográfico, ideológico, económico o similar. No es decisivo el que de hecho todos los Estados del mundo efectivamente sean miembros, aunque ello podría tener importancia desde un punto de vista político o de otra naturaleza. Éste no es el caso en cuanto a cualquier institución internacional actual o del pasado. Las Naciones Unidas y los Organismos Especializados son potencialmente universales, y esta calificación queda reflejada ampliamente en la literatura donde se usan con frecuencia palabras tales como "universalista" y "*á vocation universelle*". (Véase, por ejemplo, Schwarzenberger, *Manual of International Law,* Vol. i, p. 227; Oppenheim, *International Law,* p. 370; Rousseau, *Droit international public,* p. 180; y Reuter, *Institutions Internationales,* p. 202.)

No obstante el hecho de que la Carta de las Naciones Unidas contiene un capítulo intitulado "Acuerdos regionales", allí no se encuentra definición alguna de los organismos regionales. En verdad, una propuesta que abogaba por una definición de esa índole fue rechazada en la Conferencia de San Francisco (véase UNCIO Doc., Vol. xii, p. 850). Sin embargo, hemos definido indirectamente a dichas instituciones, al incluir entre ellas la OEA, la Liga Árabe, el Consejo de Europa y la OUA. Estas organizaciones tienen las características de las instituciones universales, excepto —naturalmente— en cuanto a sus miembros, los que quedan limitados a Estados de determinada región o que mantienen lazos comunes de una u otra clase.

El segundo criterio de clasificación se relaciona con las funciones de las instituciones, que pueden ser generales o especializadas.

Por su propia naturaleza, la institución internacional general abarca toda la gama de actividades de la comunidad internacional: política, económica, social, cultural y técnica. Las Naciones Unidas caen dentro de esta categoría, y lo mismo ocurre, en sentido más limitado, con algunas de las organizaciones regionales.

Por otra parte, la institución especializada se limita, en su propósito y funciones, a ciertos objetivos específicos. Los Organismos Especializados de las Naciones Unidas y la Organización Internacional de Energía Atómica caen dentro de esta categoría, junto con gran número de organizaciones regionales.

Por último, de acuerdo con sus poderes, las instituciones internacionales pueden clasificarse en formuladoras de política, reguladoras, o supranacionales.

La institución formuladora de política es la que opera mediante la adopción de resoluciones y recomendaciones dirigidas a sus miembros, y depende totalmente de éstos para la adopción complementaria de su política. Esta categoría incluye instituciones internacionales generales, tanto universales y regionales como de carácter limitado.

La institución reguladora, en cambio, tiene capacidad de ejecución, la cual es independiente de la de sus Estados miembros. Éste es el caso de muchos de los Organismos Especializados, cuyas funciones pueden ser de tipo administrativo —como las del Banco Mundial— o de tipo de control —como las de la OIT (véase Lonard, *International Organization,* p. 41; Reuter, *op. cit.,* p. 201).

La noción de la organización supranacional no significa que la organización de que se trata deje de ser una asociación de Estados creada por éstos; sus órganos poseen poder legislativo, ejecutivo o judicial directo sobre los pueblos y los territorios de los Estados miembros. En la actualidad no existen organizaciones verdaderamente supranacionales, aunque las Comunidades Europeas presentan algunos elementos esenciales de este tipo (véase 2. 28).

Debe advertirse que las clasificaciones que preceden son útiles como medio de orientación general, pero no tienen mucha importancia. Las instituciones internacionales son sumamente complejas en sus funciones y poderes para tolerar categorías herméticas por compartimientos, y las clasificaciones principales que hemos utilizado trascienden los límites de muchas de esas instituciones que en la actualidad constituyen la comunidad organizada de Estados. Por lo tanto, debe tenerse sumo cuidado antes de atribuir un significado legal a tales clasificaciones.

2.07　Personalidad jurídica de las instituciones internacionales

Aunque a las instituciones internacionales se las considera en este capítulo principalmente como elementos formadores del marco constitutivo de la comunidad internacional, no debe perderse de vista que cada una disfruta de personalidad jurídica dentro del sistema tradicional del derecho internacional. (Este aspecto de las instituciones internacionales se estudia adicionalmente en 5.04, con relación a la doctrina general de la personalidad jurídica internacional.) Para nuestro interés presente basta señalar que la personalidad jurídica de la institución internacional es, hasta cierto punto, un requisito previo de sus funciones constitucionales. La cooperación organizada entre Estados se facilita de muchas maneras mediante la técnica jurídica de considerar a las instituciones como una entidad que tiene derechos y deberes frente a los Estados miembros. La capacidad de la institución internacional para celebrar convenios con los Estados y con otras instituciones internacionales, es esencial para implementar las atribuciones y la autoridad que le han sido concedidas por su instrumento constitutivo; y su responsabilidad por los actos ilícitos en que sus órganos puedan incurrir, sirve para proteger los derechos de los Estados miembros. También la capacidad procesal, cuando se confiere, puede aumentar las posibilidades de una reafirmación recíproca de derechos entre las instituciones y los Estados. En resumen, la personalidad jurídica internacional, en sus diversos aspectos, es esencial para el funcionamiento adecuado de las instituciones internacionales.

De igual importancia desde el punto de vista práctico —aunque menos destacado como elemento de orden constitucional— es la capacidad jurídica que las instituciones internacionales generalmente disfrutan en el derecho local de los Estados miembros. Sin embargo, ésta es principalmente una cuestión de derecho interno. Constituye materia de derecho internacional sólo en tanto los Estados miembros puedan haber adquirido el compromiso de reconocer la personalidad jurídica de una organización, de acuerdo con su derecho nacional. (Sobre el problema en general, véase Jenks, *The Proper Law of International Organizations*.)

Relacionado con el estudio de la personalidad internacional, se encuentra el de la sucesión entre instituciones internacionales. Como por lo general éstas no ejercen soberanía territorial, principalmente constituyen casos de traspaso de poderes jurídicos cuando una institución cesa de existir. (Este tema se trata en 5.38.)

2.08 PRIVILEGIOS E INMUNIDADES

Puesto que las instituciones internacionales generalmente carecen de territorio propio, deben operar en lugares sujetos a la soberanía territorial de Estados. Por tanto, resulta claro que deba concedérseles determinadas inmunidades y privilegios para impedir indebidas interferencias en el ejercicio de sus funciones por parte de la autoridad que ejerce la respectiva soberanía territorial.

Estos privilegios e inmunidades no son de tanto alcance como los conferidos a los Estados y a sus representantes de acuerdo con el derecho internacional clásico. Tienen un carácter más racional y menos protocolario, y su base jurídica es el instrumento constitutivo de cada organización y, quizá, disposiciones de tratados adicionales. Disfrutan de estos derechos no sólo la institución como tal, sino también los representantes de los Estados miembros de ella, y las personas naturales a su servicio. Esta materia se estudia en 7.37 — 7.41, en relación con otras cuestiones de inmunidades y privilegios en el derecho internacional (véase también Cahier, *Étude des accords de siège*).

2.09 EL DERECHO INTERNACIONAL Y EL DERECHO INTERNO DE LAS INSTITUCIONES INTERNACIONALES

Cuando se inició el estudio de las instituciones internacionales había poca duda de que las reglas que regían su constitución y funciones formaban parte del cuerpo general del derecho internacional. Aunque se reconoció que surgían nuevos problemas jurídicos, generalmente se daba por supuesto que éstos caían dentro de los conceptos tradicionales del derecho internacional. Realmente, las instituciones internacionales fueron establecidas por tratados o convenios celebrados entre Estados de conformidad con los procedimientos tradicionales, y los problemas jurídicos de mayor importancia que surgieron dependían, para su solución, de la adecuada interpretación y aplicación de estos tratados constitutivos.

Es cierto que se formularon numerosas reglas subsidiarias tomadas de las disposiciones de los tratados, tales como normas de procedimiento, regulaciones financieras y reglamentación del personal. Sin embargo, dichas normas se consideraban una extensión del derecho internacional, contenida dentro de sus límites tradicionales. Había poca duda de que la expresión "derecho internacional" comprendía estas nuevas categorías de reglas. De esta forma, nunca se ha discutido que la Corte Internacional de Justicia —cuya función, de acuerdo con el artículo 38 de su Estatuto es "decidir conforme al derecho internacional las controversias que le sean sometidas"— tendría que aplicar dichas reglas subsidiarias si así lo exigiesen las circunstancias del caso, no obstante el hecho de que difícilmente podrían quedar comprendidas en cualquiera de las fuentes que están enumeradas en forma expresa en dicho artículo.

Según fueron aumentando la importancia y el alcance de estas reglas subsidiarias, ganó terreno la opinión de que podría ser preferible agruparlas en una categoría separada, distinta de la de las reglas tradicionales de derecho internacional. Verdross formuló la expresión "el derecho interno de la comunidad de Estados" (véase Verdross, "On the Concept of International Law", 43 *AJIL,* 435-440 (1949)). Señaló que existen ciertas categorías de reglas, creadas mediante la cooperación de los Estados dentro de las instituciones internacionales, que son inmediatamente aplicables a los individuos (tales como los miembros del personal de la institución). También indicó que estas reglas pueden tener características estructurales idénticas a las del derecho nacional. Estimó que el término que había formulado comprendía "aquellas reglas de derecho privado, criminal, administrativo y disciplinario que pudieran ser establecidas por una comunidad de Estados para la regulación de la conducta de los individuos, sujetos inmediatamente a esta comunidad de Estados" *(loc. cit.,* 438).

Ampliando un poco más esta línea de pensamiento, podríamos argüir, sin embargo, que hay reglas internacionales —además de las que obligan a los individuos— que presentan una identidad estructural con las reglas del derecho interno. Las reglas de procedimiento de un órgano internacional son, en muchos sentidos, análogas a las de un parlamento nacional. Dichas normas rigen las relaciones jurídicas entre los miembros de una asamblea, y entre la asamblea en conjunto y su presidente, más bien que las relaciones entre Estados soberanos, y establecen ciertas relaciones de subordinación al funcionario o cuerpo dotado de ciertos poderes. Igualmente, las regulaciones financieras de la institución internacional que rigen el proceso presupuestario, la autorización de gastos, el procedimiento de auditoría, etcétera, presentan analogías cercanas a las reglas correspondientes dentro de los sistemas constitucionales y administrativos nacionales.

Todos estos conjuntos de reglas tienen las características de que tratan sobre relaciones internas de la institución, a diferencia de las que existen entre ésta y el mundo exterior, incluyendo a los Estados miembros considerados como personas jurídicas separadas que tienen derechos y deberes frente a la institución. Por tanto, muchos autores mantienen la opinión de que puede ser útil agrupar todas estas reglas como parte de lo que se llama la ley interna de la institución de que se trata (véase, por ejemplo, Cahier, "Le Droit interne des organisations internationales", 67 *RGDIP,* 563 (1963); véase también 3. 34). De lo dicho se concluye que toda institución internacional tiene su propio conjunto de reglas jurídicas internas, de la misma manera que todo Estado tiene su propio derecho nacional. Esta doctrina presenta ventajas obvia agrupando —como lo hace— reglas que presentan rasgos característicos similares. Sin embargo, no debe ocultar el hecho de que la base jurídica de estas reglas tiene que encontrarse en el instrumento constitutivo de las respectivas instituciones. En ese sentido, por lo tanto, ellas pueden considerarse sólo como una rama particular del derecho internacional general.

Volviendo a las regulaciones relacionadas con la situación jurídica de los miembros del personal de la institución internacional, descubrimos que no sólo regulan las condiciones de empleo y, generalmente, los derechos y deberes del personal, sino que también pueden establecer un sistema detallado —incluso juntas de apelación y tribunales administrativos— para hacerse cargo de las disputas entre la institución y un miembro del personal. Los poderes atribuidos a tales cuerpos son verdaderamente judiciales. En su Opinión Consultiva sobre los *Effects of Awards of Compensation made by the UN Administrative Tribunal,* la Corte Internacional de Justicia declaró —como principio jurídico bien establecido y generalmente reconocido-- que el fallo dictado por tal cuerpo es *res judicata* y tiene fuerza obligatoria entre las partes del litigio. Declaró, además, que las partes del litigio eran el miembro afectado del personal administrativo y las Naciones Unidas. Por consiguiente, la Organización se encontró legalmente obligada a cumplir el fallo del Tribunal y a pagar indemnización concedida al miembro del personal. La Asamblea General, como instrumento de la Organización, también se encontró vinculada por el fallo y en el ejercicio de su función presupuestaria tuvo que destinar la cantidad de dinero necesaria para cubrir la indemnización ((1954) ICJ Reps. 53 y 59).

La base jurídica para el establecimiento de un cuerpo judicial con tales poderes se encontró en el artículo 22 de la Carta, el cual autoriza a la Asamblea General para establecer los organismos subsidiarios que estime necesarios para el cumplimiento de sus funciones. Esto señala otra característica del derecho interno de las instituciones internacionales. Con el título de "organismos subsidiarios", ha sido establecido un sistema muy detallado, no mediante acuerdos suplementarios con los Estados miembros, sino por resoluciones de los órganos principales. Encontramos ejemplos ilustrativos de ello en el sistema complejo de asistencia técnica (véase 10.27-10.28) y en las operaciones de las Naciones Unidas para el mantenimiento de la paz (véase 12.15-12.19).

2.10 RELACIONES CON LOS ESTADOS MIEMBROS

La base jurídica de las relaciones entre la institución internacional y sus Estados miembros es el instrumento constitutivo. En primer lugar, a menudo se establecen disposiciones destinadas a consagrar deberes específicos que los Estados miembros están obligados a cumplir como partes contratantes del instrumento constitutivo. Algunos de los Organismos Especializados en el campo económico presentan ejemplos importantes de esto (véase cap. 10, sección I). Sin embargo, mayor importancia tiene el elemento verdaderamente constitucional, a saber, los poderes atribuidos a la institución, mediante la actuación de sus órganos principales, para tomar decisiones que de varios modos imponen nuevas obligaciones a los Estados miembros o les confieren ciertos derechos.

En cuanto a la naturaleza y el alcance verdaderos de dichos poderes, los instrumentos constitutivos presentan grandes diferencias. Aunque es cierto que las instituciones internacionales generalmente no tienen facultades legislativas, existen casos importantes de atribuciones para el establecimiento de normas generales de conducta para los Estados, en campos especializados (véase 3.36).

Sobre problemas específicos, a las instituciones internacionales se las puede facultar para dictar decisiones que jurídicamente obligan a las partes interesadas, si bien ésta es la excepción antes que la regla. El caso más importante es el del poder que el Consejo de Seguridad puede ejercer de acuerdo con el capítulo vii de la Carta, en casos de amenaza a la paz mundial, quebrantamiento de la paz o un acto de agresión (véase 12.16-12.17). Otros ejemplos se encuentran en algunos de los Organismos Especializados y en las organizaciones regionales de Europa Occidental. En algunos de los Organismos Especializados y organizaciones regionales que operan en los campos económicos y financieros, hay ejemplos interesantes de decisiones permisivas. Aquí la intuición internacional puede —en ciertas circunstancias— autorizar a un Estado a tomar medidas que le estarían prohibidas sin dicha autorización.

Sin embargo, hablando en sentido general, las instituciones internacionales tienen sólo un poder de recomendación. Aunque una recomendación carece de obligatoriedad jurídica, no es propio negarle toda eficacia jurídica. Ya sea ésta general o específica, coloca a cualquier Estado destinatario en la obligación de tenerla en cuenta al tomar sus decisiones nacionales. Aquélla, naturalmente, es una obligación imperfecta, que generalmente no se puede hacer cumplir a no ser mediante una acción de carácter interno, y muchas recomendaciones internacionales han sido letra muerta.

Los efectos prácticos de las recomendaciones varían con las circunstancias, de acuerdo con las medidas especiales de supervigilancia internacional que puedan aplicarse. Sin embargo, fundamentalmente tales medidas implican el cumplimiento de obligaciones jurídicas dentro de tratados o fallos obligatorios. Un grupo de medidas de supervigilancia contiene, como elemento esencial, la obligación de informar con respecto a la acción nacional que ha sido tomada para cumplir una decisión o recomendación internacional. Entonces dichos informes pueden ser analizados por la institución y sometidos a debate público. Éste es un elemento esencial del sistema de la oit (véase Valticos, *Aperçu de certains grands problèmes de contrôle international*, Vol. iii, pp. 543-586, y Landy, *The Effectiveness of International Supervision. Thirty years of ILO Experience*). En algunos casos, las investigaciones se inician con motivo de una queja o de una petición formulada, ya sea por otro Estado contratante, o por un individuo o un grupo de individuos cuyos intereses se encuentran protegidos por el instrumento internacional. Éste es el caso del Régimen Internacional de Administración Fiduciaria de las Naciones Unidas y, hasta cierto punto, también el del campo de los derechos humanos. También es parte del sistema de la oit (véase cap. 8, sección III). Por último, puede tomarse alguna disposición para la inspección internacional. Dentro de la oiea tales arreglos se encuentran en operación, aunque en operación, aunque en escala limitada (10.24).

Cualquiera que sea el carácter jurídico de los poderes atribuidos a una institución internacional, son específicos en el sentido de que sólo pueden ser ejercitados en relación con determinada materia prevista por el instrumento constitutivo. Esto es evidentemente así en cuanto a los Organismos Especializados y muchas organizaciones regionales, y aun en instituciones de competencia general —tal como las Naciones Unidas—; puesto que, aunque caracterizado como general, el campo de su competencia nunca es tan amplio como el del Estado omnicompetente. Las limitaciones inherentes a este sistema quedan algo debilitadas mediante el recurso a la doctrina de los poderes implícitos. Tomada de la práctica constitucional de ciertos Estados federales —especialmente Estados Unidos de América— ha sido aplicada a las Naciones Unidas por la Corte Internacional de Justicia, en los siguientes términos:

De acuerdo con el derecho internacional, se debe considerar que la Organización tiene los poderes que, aunque no expresamente señalados en la Carta, le han sido conferidos por inferencia necesaria al ser esenciales para el cumplimiento de sus deberes.

(Reparation for Injuries Suffered in the Service of the U.N. (1949) ICJ Rep. 182; véase también (1954) *ibid.*, 57.)

La Corte se refirió a la aplicación de la misma doctrina por la Corte Permanente de Justicia Internacional en una Opinión Consultiva de 1926, en la cual declaró que la OIT, aunque establecida únicamente para la protección de los trabajadores, tenía competencia para redactar y proponer legislación laboral que, con el objeto de proteger a ciertas clases de trabajadores, pudiera también regular, incidentalmente, el mismo trabajo cuando se lleva a cabo por el propio patrono. (PCIJ Ser. B., No. 13.)

En la Comunidad Europea del Carbón y del Acero, la misma doctrina parece haber sido aceptada en una oportunidad (Cour de Justice, *Recueil,* Vol. ii, p. 305 (1955-1956)), aunque en ocasiones posteriores la Corte ha sido más reticente. Sin embargo, en líneas generales, la doctrina ha merecido aprobación (véase Rouyer-Hameray, *Les Compétences implicites des organisations internationales*).

Generalmente la competencia de la institución internacional para adoptar decisiones que afectan a los Estados miembros queda limitada a las materias respecto de las cuales los Estados han reconocido su competencia. En toda institución internacional hay un área de jurisdicción interna de los Estados, en la que las instituciones internacionales no pueden intervenir. En toda materia en que el derecho internacional —ya sea escrito, ya consuetudinario— no impone obligaciones a un Estado, éste queda en libertad para actuar, y ninguna institución internacional puede interferir, excepto con su consentimiento. En las instituciones de competencia limitada esto generalmente tiene poca importancia, puesto que el efecto práctico de la regla ya se encuentra en las limitaciones de competencia sobre las cuales la institución opera. En las instituciones de competencia general ello es más significativo, especialmente cuando las disputas internacionales se están ventilando. (Como esto es especialmente importante en relación con las Naciones Unidas, en gran parte debido a la disposición expresa del artículo 2 (7) de la Carta, se estudiará con más detalle en 2.20.) Un aspecto especial del problema es tratado en relación con las reservas a una declaración que acepte la jurisdicción obligatoria de la Corte Internacional de Justicia (véase 11.18).

2.11 RELACIONES CON LOS ESTADOS NO MIEMBROS

El instrumento constitutivo de la institución internacional es, por regla general, *res inter alios acta,* en cuanto atañe a Estados que no son miembros. Éstos no adquirirán derechos ni estarán sujetos a deberes de acuerdo con las disposiciones del instrumento; y cualquiera que sean los poderes que hayan sido conferidos a sus órganos, ellos no pueden ejercitarse en relación con los Estados que no son miembros.

Esto también es válido en el caso de la Carta de las Naciones Unidas, aunque (según se menciona en 2.12) en ciertos aspectos puede considerarse que las normas de la Carta expresan principios que todos los Estados están obligados a respetar. Pero, indudablemente, las decisiones tomadas por un órgano de las Naciones Unidas nunca tendrán efecto obligatorio en relación con los Estados que no son miembros, aunque pueden obligar a los Estados miembros. Así, un Estado no miembro jamás estará obligado a tomar parte en las medidas de cumplimiento que se adopten de acuerdo con el capítulo VII de la Carta.

Sin embargo, esto no quiere decir que la institución internacional no tenga ningún valor jurídico en relación con los Estados que no son miembros. Su personalidad jurídica internacional generalmente es "objetiva", en el sentido de que no depende del reconocimiento por parte de los Estados no miembros. Cualquier órgano que sea competente para actuar en nombre de la organización —por ejemplo, para celebrar acuerdos internacionales— tiene dicha autoridad en relación tanto con los Estados que no son miembros como con los que lo son, salvo que el instrumento constitutivo disponga lo contrario. Mediante el ejercicio de su capacidad para celebrar tratados, la mayor parte de las instituciones internacionales ha establecido relaciones jurídicas de alcance e intensidad variadas —algunas considerablemente íntimas, como en el caso de las Naciones Unidas y Suiza— con Estados que no son miembros. En la Comunidad Económica Europea está contemplado que se pueden celebrar acuerdos con terceros Estados, asociándolos a la Comunidad en relación jurídica de mutuos derechos y obligaciones (Art. 238). El más importante de los tratados celebrados según este artículo, es la Convención de Yaoundé del 20 de julio de 1963, entre los seis Estados miembros, por una parte, y diez y ocho Estados africanos y de Malgache, por otra.

El instrumento constitutivo también puede disponer que los Estados no miembros tengan el derecho a participar en las actividades de la Organización, con sujeción a determinadas condiciones. En uso de tal principio, el Artículo 35 (2) de la Carta de las Naciones Unidas permite al Estado no plantear la disputa, en la que se encuentre envuelto, ante el Consejo de Seguridad o la Asamblea General, si admite por anticipado, para los efectos del litigio, las obligaciones de solución pacífica contenidas en la Carta. Igualmente, el Estado que no es parte del Estatuto de la Corte Internacional de Justicia puede tener acceso a la Corte de acuerdo con los requisitos exigidos por el Consejo de Seguridad, según las disposiciones del artículo 35, numerales (2) y (3) del Estatuto (véase 11.17).

SECCIÓN III. LAS NACIONES UNIDAS

2.12 PRINCIPIOS DE LA CARTA Y EL DERECHO INTERNACIONAL GENERAL

El artículo 2 de la Carta enumera los principios de acuerdo con los cuales la Organización y sus miembros han de actuar.

Según los términos del artículo 2 ("han de actuar"), los principios enumerados constituyen obligaciones jurídicas de la Organización y de sus miembros. De hecho, de los siete principios enumerados en el artículo 2, el primero ("la igualdad soberana de todos sus Miembros") es realmente la declaración de un principio general sobre el cual la Organización ha sido fundada, y el sexto y séptimo se refieren a la competencia de la Organización (el (6) extendiéndola en relación con los no miembros —hasta donde fuere necesario para el mantenimiento de la paz y seguridad internacionales— y el (7) limitándola a asuntos que no caen dentro de la jurisdicción interna de cualquier Estado).

Los principios contenidos en el artículo 2, párrafos (2) al (5), son los únicos que imponen obligaciones a los miembros de la Organización. El artículo 2 (2) es una declaración algo superflua de la regla *pacta sunt servanda* en relación con la Carta, pero fue retenida por la Conferencia de San Francisco, sobre la base de que era necesario recalcar las obligaciones a la par que los derechos de sus miembros de acuerdo con la Carta (Informe del relator de la Comisión i/I, UNCIO Doc. 944, i/I/34 (I), pp. 12-13). Los apartados (3) y (4) del artículo 2 contienen dos principios cuya observancia es básica para toda la Carta y puede decirse que constituyen los principios fundamentales de ella. De acuerdo con estas disposiciones, los miembros de la Organización tienen la obligación de solucionar sus disputas internacionales por medios pacíficos y de abstenerse, en sus relaciones internacionales, de amenazar o de hacer uso de la fuerza contra la integridad territorial o la independencia política de cualquier Estado. Por último, el artículo 2 (5) impone a los miembros la obligación de ayudar a la Organización en cualquier medida que pudiera tomar, de acuerdo con la Carta. No parece que esta disposición, por sí misma, establezca una obligación que ya no esté consagrada en otras partes de la Carta, pero su colocación en el artículo 2 sirve para llamar la atención sobre la obligación general de los miembros, de asistir a la Organización.

La declaración de principios del artículo 2 no es exclusiva. La Carta contiene otras disposiciones de validez igual a las de ese artículo, y que también incluyen declaración de principios, tales como el artículo 1 (2). Todos estos principios constituyen una obligación jurídica vigente para los miembros de la Organización, pero en vista de la inclusión del artículo 2 (6), surge la duda de la eficacia legal de estos principios y de la Carta misma *vis-à-vis* los Estados que no son miembros. En realidad, esta cuestión forma parte del más amplio problema de la eficacia y valor jurídicos, en general, de la Carta, en el derecho internacional. Las opiniones de los autores con respecto a este punto se encuentran divididas.

Algunos consideran que la Carta está basada en los ya establecidos principios de derecho internacional, y por consiguiente, de ningún modo es extraña o superior a dicho sistema. Un comentarista ha observado que los principios incorporados en el artículo 2 se basan en "un cierto número de ideas que forman parte indiscutible del fondo común de las tradiciones jurídicas internacionales", y que "ha habido así... una voluntad bien decidida de subordinar el valor de las normas establecidas por la Carta... a la observancia de los principios superiores del orden internacional general". (Kopelmanas, *L'Organisation des Nations Unies,* pp. 193-194.)

Sin embargo, otros han visto en ciertas disposiciones de la Carta —tales como los artículo 2 (6) y 103— indicios de que la intención fue hacer de la Carta un derecho supremo o el más alto de la comunidad internacional, superior al derecho internacional general. La tendencia evidenciada en el artículo 2 (6), de que la Carta sea derecho internacional general y no sólo particular, fue señalada por Kelsen, quien caracterizó dicho intento como revolucionario (Kelsen, *The Law of the United Nations,* p. 109).

La Carta misma no contiene indicación expresa alguna sobre su relación con el derecho internacional general. El artículo 103 queda limitado en su alcance a obligaciones que surgen de otros acuerdos internacionales y no se refiere al derecho internacional en general.

La pregunta que surge es si la Carta contiene algunos principios que no estén de antemano establecidos como parte del derecho internacional consuetudinario que obliga a todos los miembros de la comunidad internacional y que, en virtud del artículo 2 (6), puedan tener el propósito de imponerse a los Estados que no son miembros. Si éste es realmente el caso, entonces la Carta debe considerarse como un derecho superior que prevalece sobre el derecho internacional general.

Sin embargo, una reconsideración, desde este punto de vista, de los principios contenidos en la Carta, demuestra que son una nueva declaración de los mismos principios que han evolucionado durante largo tiempo, a través tanto del derecho consuetudinario como del convencional. Esto es tan cierto con relación a los principios de igualdad soberana y sus corolarios (respecto de la integridad territorial e independencia política de los Estados) y la solución pacífica de disputas, como en cuanto al principio de la libre determinación contenido en el artículo 1 (2). Por lo tanto, el criterio de tomar la Carta como una forma de derecho superior no debe ser sostenido.

Sin embargo, esto no significa denegar la importancia de los artículos

2 (6) y 103 como indicación de la posición importante de la Carta dentro del sistema de derecho internacional existente. La intención de los redactores de la Carta en estos artículos, evidentemente, fue la de establecerla como un tratado básico forjador de derechos para toda la comunidad internacional, y en este sentido la Carta debe ser considerada como una parte del derecho internacional general. Expresa un comentarista: "la Carta asume así el carácter de derecho básico de la comunidad internacional... Se espera que los que no son miembros... reconozcan este derecho como una de las realidades de la vida internacional y se ajusten al mismo." (Goodrich y Hambro, *Charter of the United Nations*, p. 519.)

2.13 CALIDAD DE MIEMBRO EN LAS NACIONES UNIDAS

I) *Admisión de miembros.* Los artículos 3 y 4 de la Carta señalan la diferencia entre miembros originarios y los admitidos posteriormente. El Informe de la Comisión que trató el tema de la condición de miembros, en la Conferencia de San Francisco, aclara, sin embargo, que no se tuvo la intención de que esta diferencia implicara discriminación alguna contra los futuros miembros de la Organización (véase el Informe del relator de la Comisión i/2, UNCIO Doc. 1178, i/2/76 (2), p. 2).

Los miembros admitidos tienen los mismos derechos y las mismas obligaciones que los miembros originarios.

De acuerdo con el artículo 4, la condición de miembro de las Naciones Unidas queda abierta a todos *los Estados amantes de la paz* que *acepten las obligaciones consignadas en esta Carta* y que, a juicio de la Organización, *estén capacitados para cumplir dichas obligaciones y se hallen dispuestos a hacerlo* (Art. 4 (1)). La admisión de un Estado como miembro se efectúa por decisión de la Asamblea General, con recomendación del Consejo de Seguridad (Art. 4 (2)).

La interpretación de los requisitos exigidos para la condición de miembro, según lo fija el artículo 4, dio lugar a considerables dificultades en los primeros años de la Organización: cuando surgió una crisis con motivo de la admisión de nuevos miembros. Dos Opiniones Consultivas de la Corte Internacional de Justicia ya han aclarado ciertos detalles respecto a la interpretación de los términos del artículo 4. En la primera Opinión, dictada en 1948, la Corte advirtió que un Estado miembro no se encontraba autorizado a imponer condiciones para la admisión de un miembro nuevo, salvo las señaladas en el artículo 4 (1). En este sentido, la Corte consideró que esas condiciones eran impositivas, aunque ellas no excluían el derecho de un Estado para aducir factores que "es razonablemente posible y de buena fe que puedan relacionarse con las condiciones señaladas en ese artículo". (*Conditions of Admission of a State to Membership in the United Nations* (1948), ICJ Rep. 57.) En una segunda opinión, en 1950, la Corte advirtió que la decisión de la Asamblea General de admitir a un nuevo miembro tiene que seguir a una recomendación *favorable* del Consejo de Seguridad, y que faltando tal recomendación, la Asamblea General no tenía la facultad de admitir a un nuevo miembro (*Advisory Opinion on the Competence of the General Assambly for the Admission of a State to the United Nations* (1950), ICJ Rep. 4).

Desde 1955, cuando la crisis sobre la admisión de miembros fue resuelta definitivamente mediante el arreglo "negociado" (*package-deal*) de la admisión simultánea de diez y ocho Estados, el número total de miembros de la Organización ha aumentado a más del doble del de los miembros originarios en 1945. A fines de 1971, la Organización tenía 132 miembros.

II) *Suspensión o expulsión de miembros.* El artículo 5 dispone la suspensión de la calidad de miembro a cualquier Estado contra el cual se haya tomado acción preventiva o coercitiva por el Consejo de Seguridad. El procedimiento de suspensión es similar al utilizado para la admisión, pero la reintegración del miembro suspendido puede llevarse a cabo sólo mediante decisión del Consejo.

De acuerdo con el artículo 6, el miembro de la Organización que viole persistentemente los principios de la Carta puede ser expulsado por la Asamblea General, a recomendación del Consejo de Seguridad. Sin embargo, esta disposición no señala el procedimiento para la rehabilitación del miembro expulsado.

Al disponer la suspensión de la calidad de miembro, la Carta llenó un vacío que había sido dejado por el Pacto de la Liga de las Naciones. Debe observarse que las condiciones en las cuales se puede suspender a un miembro quedan circunscritas cuidadosamente por los términos del artículo 5.

La norma sobre expulsión dio lugar a cierta oposición en la Conferencia de San Francisco, por el fundamento de que el miembro expulsado ya no quedaría sujeto a las obligaciones de la Carta; pero, al fin, fue aprobada como penalidad en caso de violación persistente de la Carta. Las condiciones que pueden originar la expulsión no se encuentran definidas en la Carta, y el criterio de la violación persistente —expresado en forma tan clara— deja, en gran medida, a la discreción de la Asamblea General y del Consejo de Seguridad, la determinación de lo que constituye tal violación.

III) *Retiro de la condición de miembro.* A diferencia del Pacto de la Liga de las Naciones y de los instrumentos constitutivos de los Organismos Especializados, la Carta no contiene disposición alguna con respecto al retiro de la condición de miembro de las Naciones Unidas. La cuestión del retiro fue tema de un prolongado debate en la Conferencia de San Francisco, y finalmente se decidió no incluir en la Carta una cláusula formal que específicamente prohibiera o permitiera el retiro. Sin embargo, se adoptó una declaración en forma de dictamen de una Comisión que reconoció que, aunque habría de ser "el deber más alto" de los miembros el continuar cooperando dentro de la Organización, algún miembro podría sentirse obligado a retirarse "debido a circunstancias excepcionales". La declaración citó dos casos como ejemplos de "circunstancias excepcionales": 1) si "resultara evidente que la Organización no podía mantener la paz o podía hacerlo sólo a expensas del derecho y la justicia"; 2) si los derechos y obligaciones de un miembro, como tal, "fueran alterados por una modificación de la Carta en la que él no hubiera tomado parte y a la que decidiera que no puede aceptar, o si una enmienda debidamente aceptada por la mayoría necesaria en la Asamblea o en una conferencia general, dejara de obtener la ratificación necesaria para entrar en vigor" (véase UNCIO Doc., Vol. i, p. 619). El hecho de que este comentario no fuera incluido en la Carta, plantea el problema de la eficacia jurídica de la declaración. De acuerdo con el derecho estricto, Kelsen sin duda tiene razón cuando observa: "El comentario respecto a la retirada... no tiene importancia jurídica" (*op. cit.*, p. 127). No fue ni insertado en la Carta ni hecho parte de otro instrumento, como puede ser un protocolo adicional, ni tampoco fue formulado como reserva formal a la Carta, Sin embargo, la manera como fue adoptado ha llevado a algunos comentaristas a la conclusión de que es una reserva aceptada en forma general, o una parte de la *lex societatis* de las Naciones Unidas (véase, por ejemplo, Goodrich y Hambro, *op. cit.*, p. 144).

Si aceptamos esta declaración como autorizada, ¿cuál es su efecto? El uso de las palabras "circunstancias excepcionales" ha sido tomado por algunos comentaristas como prueba de que la declaración no apoya el derecho soberano de retiro, sino que es sólo el reconocimiento de tal derecho, basado en el *rebus sic stantibus* (Kelsen, *op. cit.*, p. 128). No puede haber duda de que el miembro que desee retirarse debe justificar que su acción está basada en "circunstancias excepcionales". Pero la declaración es demasiado imprecisa para permitir cualquier interpretación sencilla de estas palabras. Los ejemplos citados no están concebidos como una definición exhaustiva de dichas palabras; tampoco la declaración determina cuál de los cuerpos es el competente para decidir si un conjunto de circunstancias son excepcionales o no.

El retiro de Indonesia de la Organización, en 1965, dio el primer ejemplo práctico de su clase y es instructivo en cuanto a la interpretación y aplicación de la declaración. La causa declarada para este retiro fue el haberle dado cabida a Malasia en el Consejo de Seguridad y el retiro fue parte de una más amplia "confrontación" entre las dos naciones. En su respuesta a la carta de Indonesia notificando su retiro, el Secretario General, después de consultar a miembros de la Organización, se refirió a la falta de una disposición expresa en la Carta, aplicable a la situación, y recordó que "la Conferencia de San Francisco había adoptado una declaración referente a la materia". Sin embargo, no expresó opinión alguna sobre el particular de si las circunstancias eran o no realmente excepcionales; ni usó lenguaje alguno que diera a entender que Indonesia había dejado definitivamente de ser miembro, sino que expresó la esperanza de "que a su debido tiempo (Indonesia) habría de reanudar su plena cooperación con las Naciones Unidas". (Para el texto de la notificación y respuesta, véase UN Doc. A/5857 y A/5899.) Al iniciarse la sesión vigesimoprimera de la Asamblea General, en septiembre de 1966, Indonesia reanudó la "plena cooperación con... y su participación en las actividades" de la Organización (GA Doc. S/7498, 19 de septiembre de 1966; véase también la declaración del presidente de la Asamblea General, en la Sesión Plenaria 1420, en la que expresó: "Habría, por lo tanto, de estimarse que el Gobierno de Indonesia considera que su reciente ausencia de la Organización fue debida no a su retiro de las Naciones Unidas, sino al cese en la cooperación..." [*GAOR* (Provisional), A/PV, 1420, 28 de septiembre de 1966.]

Una de las cuestiones que un estudio futuro pudiera aclarar es si el miembro que se retira de las Naciones Unidas deja de pertenecer al Estatuto de la Corte Internacional de Justicia (la cual es parte integrante de la Carta). Por un lado, podría decirse que así es, puesto que la Corte Internacional de Justicia es uno de los órganos principales de las Naciones Unidas. Pero, por otro, el ser miembro de las Naciones Unidas no es idéntico a serlo de la Corte Internacional de Justicia, y hay participantes de la última que no son miembros de la primera. El caso de Indonesia sólo ha contribuido para destacar las dudas que surgen con respecto al retiro. No las ha resuelto. (Véase, además, Unni, "Indonesia's withdrawal from the United Nations", 5 *Indian Journal*, 128 (1965).)

2.14 ÓRGANOS DE LAS NACIONES UNIDAS: IDENTIDAD SEPARADA

Las Naciones Unidas son una asociación de Estados, pero —al igual que todas las instituciones internacionales— tiene que funcionar a través de órganos compuestos por individuos que, en la mayoría de los casos, actúan como representantes de Estados miembros. El instrumento constitutivo de la Organización, la Carta, aparte de establecer la Organización misma, también crea un número de órganos con el propósito de llevar a cabo sus objetivos, y establece la composición de dichos órganos, sus funciones y poderes y su procedimiento de votación. En el caso de instituciones tales como las Naciones Unidas o los Organismos Especializados, en las que las decisiones y recomendaciones de los órganos pueden ser acordadas por mayoría de votos, estos órganos claramente asumen una identidad diferente de la de los Estados individuales representados en ellos. El carácter exacto de esta identidad diferente dependerá, naturalmente, de las funciones y poderes del órgano determinado, y de su composición y procedimientos de votación señalados en el instrumento constitutivo. En el caso de las Naciones Unidas, por ejemplo, uno de los órganos más importantes —si no el más importante de la Organización— es el Consejo de Seguridad. Este cuerpo se encuentra integrado sólo por quince miembros de un total de unos ciento veinte; no obstante, de acuerdo con las disposiciones de la Carta, puede adoptar decisiones que obligan a todos los miembros de la Organización. En el caso de la Asamblea General, aunque compuesta por todos los miembros de la Organización, también podemos señalar numerosas manifestaciones de la diferente identidad del órgano y de los Estados miembros. Cada vez que la Asamblea adopta una resolución, demuestra su identidad separada de la de los miembros.

2.15 ÓRGANOS PRINCIPALES Y SUBSIDIARIOS DE LAS NACIONES UNIDAS

El capítulo III de la Carta establece una diferencia entre los órganos principales y los subsidiarios de la Organización.

El artículo 7 (1) señala como órganos principales la Asamblea General: el Consejo de Seguridad, el Consejo Económico y Social (ECOSOC), el Consejo de Administración Fiduciaria, la Corte Internacional de Justicia y la Secretaría. El artículo 7 (2) sólo dispone el establecimiento de los órganos subsidiarios que se estimen necesarios, pero sin definir las palabras "órganos subsidiarios" y sin mencionar a ninguno de ellos. En la Carta hay únicamente dos disposiciones que se refieren en forma específica a la competencia de un órgano para establecer órganos subsidiarios (Art. 22 y 29 de la Asamblea General y el Consejo de Seguridad, respectivamente); aunque el artículo 68 autoriza al Consejo Económico y Social para designar comisiones, las Reglas de Procedimiento del Consejo de Administración Fiduciaria permiten la creación de comités, y el Estatuto de la Corte dispone la creación de Salas. Existe duda de si los redactores de la Carta tuvieron la intención de indicar que había alguna diferencia entre los órganos subsidiarios de la Asamblea General o del Consejo de Seguridad y los de los otros órganos, a pesar de la terminología diferente.

Los órganos principales de las Naciones Unidas han hecho uso considerable de la posibilidad que les proporciona la Carta para establecer órganos subsidiarios, especialmente en relación con asuntos políticos, económicos, sociales y jurídicos. Parecería no haber limitación alguna en cuanto al número de órganos subsidiarios que pueden establecerse, siempre que: 1) de acuerdo con la Carta, el órgano principal tenga competencia; 2) las funciones del órgano subsidario no excedan las del órgano principal.

Aparte de la distinción contenida en el artículo 7, es posible, conforme a los términos de la Carta, discernir una jerarquía entre los órganos principales mismos. Así, pues, aunque la Asamblea General y el Consejo de Seguridad tienen igual nivel según la Carta, tanto el Consejo Económico y Social como el Consejo de Administración Fiduciaria se encuentran bajo la autoridad de la Asamblea General.

Nuestro propósito en las páginas que siguen será examinar los órganos principales de las Naciones Unidas, según se encuentran enumerados en el artículo 7 (1), con referencia especial a su composición, procedimientos de votación, funciones y poderes.

2.16 COMPOSICIÓN DE LOS ÓRGANOS PRINCIPALES DE LAS NACIONES UNIDAS

El único órgano principal compuesto de todos los miembros de las Naciones Unidas es la Asamblea General (Art. 9 (1)). El párrafo 2 de ese artículo también dispone que cada miembro no tendrá más de cinco representantes en la Asamblea General. De modo que la Asamblea General es el órgano plenario de la Organización en el que todos los Estados miembros están representados por igual.

De acuerdo con la Carta, según fue adoptada en 1945, el Consejo de Seguridad originalmente estaba integrado por cinco miembros permanentes (China, Francia, la Unión Soviética, el Reino Unido y Estados Unidos), y seis miembros no permanentes elegidos por un periodo de dos años (Art. 23).

Pero, por una enmienda aprobada en 1963 y en vigor desde 1965, el número de miembros no permanentes del Consejo de Seguridad ha sido aumentado a diez. Cada miembro del Consejo de Seguridad tiene un representante.

Igualmente, la composición del Consejo Económico y Social ha sufrido una enmienda. De acuerdo con el artículo 61 de la Carta, tal como fue adoptada, el Consejo Económico y Social estaba formado por diez y ocho miembros elegidos por la Asamblea General, para un periodo de tres años, pero, según la enmienda de 1963, se aumentaron sus miembros a veintisiete.

El Consejo de Administración difiere de los otros órganos principales, pues el número total de sus miembros no ha sido fijado en una cifra específica, sino que depende del número de Estados miembros que se encuentren administrando los territorios bajo fideicomiso. El artículo 86 de la Carta dispone que el Consejo de Administración Fiduciaria se compondrá de los miembros que administren territorios bajo fideicomiso, de los del Consejo de Seguridad que no están entre los que llevan dicha administración y de todos los demás, elegidos por la Asamblea General, por un periodo de tres años, hasta el número necesario para asegurar que el total de los miembros a cargo de dicha administración sea igual al de los que no la ejercen. Con la gradual extinción de los territorios bajo fideicomiso, desde 1945, el número de miembros del Consejo de Administración Fiduciaria se ha reducido considerablemente. A fines de 1965 había ocho miembros del Consejo, compuesto por cuatro miembros encargados de administración, tres miembros permanentes del Consejo de Seguridad y otro adicional.

La Corte Internacional de Justicia también difiere en su composición de los demás órganos principales. Mientras los otros órganos están formados por representantes de Estados miembros —siendo el Estado el que se elige para cada órgano—, la Corte se compone de quince magistrados independientes, "elegidos sin tener en cuenta su nacionalidad, de entre personas que gocen de alta consideración moral y que reúnan las condiciones requeridas ." (Art. 2 del Estatuto de la Corte Internacional de Justicia.) La única limitación a esta norma radica en que no puede haber dos miembros de la Corte con la misma nacionalidad. En la práctica existe la duda de si realmente las elecciones a la Corte se celebran sin tener en cuenta la nacionalidad, y se ha ido estableciendo la práctica general de que siempre se eligen magistrados de nacionalidad correspondiente a la de los miembros permanentes del Consejo de Seguridad. Un requisito adicional para ser miembro de la Corte es que "en el conjunto, estén representadas las grandes civilizaciones y los principales sistemas jurídicos del mundo". (Art. 9 del Estatuto.)

El artículo 7 (1) describe la Secretaría como el sexto de los órganos principales de la Organización. Según ha sido señalado por un comentarista, la designación de la Secretaría como órgano principal es algo desorientador, puesto que la Secretaría no se encuentra organizada en forma que la haga capaz de actuar como cuerpo colegiado. (Kelsen, *op. cit.*, p. 296.) El órgano a que se refiere el artículo 7 (1) es, realmente, el Secretario General.

El artículo 97 de la Carta dispone que "La Secretaría se compondrá de un Secretario General y del personal que requiere la Organización". El Secretario General es designado, es decir, elegido por la Asamblea General a recomendación del Consejo de Sguridad (véase Virally, "Le Rôle politique du Secrétaire Général des Nations Unies", 4 *Annuaire Français*, 360 (1958)). Puesto que el Secretario General es evidente que no puede llevar a cabo todas sus funciones personalmente, tiene un equipo de ayudantes bajo su control —la Secretaría. El artículo 101 de la Carta dispone el nombramiento por el Secretario General de su personal, de acuerdo con las regulaciones establecidas por la Asamblea General. El párrafo 3 de ese artículo reclama una suprema atención para el empleo de personal, y la determinación de las condiciones del servicio, por "la necesidad de asegurar el más alto grado de eficiencia, competencia e integridad". También se hace referencia "a la importancia de contratar el personal de modo que haya la más amplia representación geográfica posible".

2.17 Funciones y poderes de los órganos principales de las Naciones Unidas

La Carta trata con gran detalle de las funciones y poderes de los órganos respectivos de la Organización, y el establecimiento de los principales órganos han determinado, en gran parte, su propio campo de acción. Así es como la Asamblea General —el órgano plenario de la Organización— está virtualmente dotada de funciones omnicomprensivas por los artículos 10 al 14 del capítulo IV de la Carta. De acuerdo con estas disposiciones, la Asamblea General "podrá discutir cualesquier asuntos o cuestiones dentro de los límites de esta Carta o que se refieran a los poderes y funciones de cualquiera de los órganos . . ." (Art. 10), "podrá considerar los principios generales de la cooperación en el mantenimiento de la paz y la seguridad internacionales, incluso los principios que rigen el desarme y la regulación de los armamentos . . ." (Art. 11 (1)], e iniciar estudios en una gama amplia de campos políticos y no políticos, de acuerdo con el artículo 13. Sus funciones también se extienden a asuntos que caen dentro del alcance de los capítulos IX y X (económicas y sociales) y de los capítulos XII y XIII (fideicomisos). A pesar de estas extremadamente amplias funciones, los poderes de la Asamblea General, por el capítulo IV, quedan limitados a la discusión y adopción de recomendaciones que, por su propia naturaleza, no obligan a los Estados miembros (Virally, "Le Valeur juridique des recommandations des organisations internationales", 2 *Annuaire Français*, 66 (1956)). La única excepción a esto es el artículo 17, mediante el cual la Asamblea General queda facultada para examinar y aprobar el presupuesto de la Organización. Por lo tanto, la Asamblea General es, principalmente, un cuerpo deliberativo, definición que se aplica *a fortiori* al Consejo Económico y Social y al Consejo de Administración Fiduciaria en sus respectivos campos (véase Bailey, *The General Assembly of the United Nations*).

La única limitación al alcance de las funciones de la Asamblea General, que aparece en el capítulo IV, se encuentra contenida en el artículo 12 (l):

Mientras el consejo de Seguridad esté desempeñando las funciones que le asigna esta Carta, con respecto a una controversia o situación, la

Asamblea General no hará recomendación alguna sobre tal controversia o situación, a no ser que lo solicite el Consejo de Seguridad.

Las funciones del Consejo de Seguridad que se señalan en los artículos 24 y 26 de la Carta pueden resumirse en "el mantenimiento de la paz y seguridad internacionales". El Consejo de Seguridad se diferencia de la Asamblea General en que, dentro de esta esfera de funciones, está dotado del poder de *decisión* que obliga a todos los miembros de la Organización (Art. 25). Los poderes especiales conferidos al Consejo de Seguridad para el cumplimiento de sus deberes, se señalan en los capítulos VI, VII, VIII y XII.

La diferencia que la Carta trató de establecer entre las funciones de la Asamblea General y las del Consejo de Seguridad en asuntos referentes al mantenimiento de la paz y seguridad internacionales no ha sido mantenida completamente en la práctica (véase además, 12.17-12.18). Aparte de esta excepción, el funcionamiento de los órganos principales se ha llevado a cabo atendiendo los lineamientos estrictamente prácticos fijados en la Carta.

Las funciones y poderes del Consejos Económico y Social, según se determinan en los artículos 62-66, abarcan, principalmente, la iniciación de estudios e informes con respecto a asuntos económicos, sociales, culturales, educativos, de salubridad y de materias afines; recomendaciones a los efectos de formentar los derechos humanos; preparación de anteproyectos de convenciones y convocación de conferencias internacionales sobre asuntos que caen dentro de su competencia; y coordinación de las actividades de los Organismos Especializados. El Consejo Económico y Social sólo tiene poder para hacer recomendaciones.

Las funciones y poderes del Consejo de Administración Fiduciaria se señalan en los artículos 87 y 88. Al igual que el Consejo Económico y Social, su competencia queda limitada a debatir y presentar informes, y está sometido a la autoridad omnicomprensiva de la Asamblea General.

Por último, nos referiremos a la Corte Internacional de Justicia. La función de la Corte consiste en dictar fallos en casos contenciosos y emitir opiniones consultivas. Los primeros obligan a las partes del proceso, pero las últimas no tienen fuerza jurídica obligatoria. La jurisdicción de la Corte descansa en el consentimiento de las partes, el que se puede dar expresamente a los efectos de un caso determinado o a través de la "cláusula opcional" contenida en el artículo 36 del Estatuto. (Para el tratamiento más completo de la jurisdicción y funcionamiento de la Corte, véase 11.17.)

Aunque la Corte es parte integral del sistema institucional de las Naciones Unidas, su función se concibe principalmente como la de decidir sobre las disputas jurídicas entre Estados. Las cuestiones jurídicas que puedan surgir de las actividades de los órganos políticos o ejecutivos de las Naciones Unidas, como tales, no caen bajo su competencia judicial, porque el Estatuto permite que sólo los Estados sean partes en los casos ante la Corte (Art. 34). Por consiguiente, la Corte no puede ejercer funciones comparables a las de un tribunal constitucional o administrativo establecido en muchos sistemas jurídicos nacionales y, en general, no existe la posibilidad de una revisión judicial de las decisiones dictadas o de los actos efectuados por los órganos políticos o ejecutivos. Sólo con el expediente de solicitar una opinión consultiva es posible obtener un pronunciamiento de la Corte sobre la legalidad de tales decisiones o actos. Es un método al cual se acude con frecuencia. De especial importancia fue el *Case Concerning Certain Expenses of the United Nations* (1962), ICJ Rep. 151. Sin embargo, debe tenerse presente que, usando este sistema el Estado que tiene un motivo de queja contra un órgano determinado no puede establecer procedimiento alguno, porque las opiniones consultivas se pueden solicitar sólo por los órganos que están autorizados para hacerlo de acuerdo con el artículo 96 de la Carta. Además, el pronunciamiento de la Corte sólo constituye una opinión consultiva. En ambos respectos, existe una señalada diferencia entre el sistema de las Naciones Unidas y el sistema de revisión judicial establecido en las Comunidades Europeas (véase 2.28).

2.18 PROCEDIMIENTOS DE VOTACIÓN DE LOS ÓRGANOS PRINCIPALES DE LAS NACIONES UNIDAS

En 1945, Jenks afirmaba:

> La batalla para sustituir la exigencia de la unanimidad por la regla de la mayoría en las desiciones de las organizaciones internacionales, ha sido ya, en gran parte, ganada... [Este] proceso de desarrollo ha alcanzado su culminación en las disposiciones de la Carta de las Naciones Unidas que incluyen el abandono completo de la exigencia de la unanimidad con respecto a la nueva organización general.
>
> ("Some Constitutional Problems of International Organizations", 22 *BYIL,* 34 (1945).)

En efecto, la Liga de las Naciones estaba basada en el principio de la unanimidad, aunque el Pacto permitía ciertas excepciones específicas a esta regla general, mientras que las Naciones Unidas están basadas en el principio del voto de la mayoría. Los últimos vestigios de la anterior regla de unanimidad se encuentran hoy, en forma atenuada, sólo en la votación de los cinco miembros permanentes del Consejo de Seguridad en casos cuidadosamente circunscritos. Esta desviación de la unanimidad como regla general en el procedimiento de votación en las instituciones internacionales es, sin duda, uno de los cambios más importantes que han ocurrido desde la desaparición de la Liga. (Sobre la cuestión de la votación por mayoría en las Naciones Unidas, véase Virally, *L' O. N. U. d'hier à demain,* cap. I.)

Por otra parte, aumenta el conocimiento de las limitaciones inherentes al sistema de votación por mayoría. Si se adopta una decisión contra los votos de los Estados que en último término tendrán que llevar el peso principal de su ejecución, puede ocurrir que tal determinación tenga que quedar como letra muerta. Sin abandonar el principio de la votación por mayoría, los miembros de los órganos políticos han demostrado una creciente disposición para buscar un consenso de opinión antes de proceder a la votación formal (véase Jenks, "Unanimity, The Veto, Weighted Voting, Special and Simple Majorities and Consensus as Modes of Decision in International Organizations", en *Cambridge Essays in International Law,* pp. 48-63).

En los órganos de las Naciones Unidas, cada miembro tiene un voto y —con excepción del caso especial de los miembros permanentes del Consejo de Seguridad (respecto al cual véase más adelante)— todo voto tiene igual valor.

El sistema de votación por mayorías puede tomar muchas formas, y la Carta contiene una diversidad de procedimientos que varían de acuerdo con el órgano de que se trata y las funciones ejercidas por dicho órgano.

En su forma más sencilla, la mayoría que se exige es la mayoría simple de los miembros presentes y votantes. Éste es el caso en cuanto a las decisiones adoptadas por la Asamblea General en asuntos que caen bajo el artículo 18 (3), las llamadas cuestiones no importantes y en cuanto a las decisiones del Consejo Económico y Social (Art. 67 (2)) y del Consejo de Administración Fiduciaria (Art. 98 (2)].

En otra forma, la mayoría exigida puede ser calificada ya sea por referencia a una proporción determinada (la mitad, las dos terceras partes o las tres cuartas partes) , o por un número específico de miembros afirmativos. Las decisiones de la Aasamblea General con respecto a "cuestiones importantes" se rigen por el primero de estos métodos. De acuerdo con el artículo 18 (2) , dichas decisiones "se tomarán por el voto de una mayoría de dos tercios de los miembros presentes y votantes". Los asuntos que caen dentro de esta categoría se enumeran, pero no es la intención de la lista ser exhaustiva, y el artículo 18 (3) somete a una simple votación de mayoría la determinación, por parte de la Asamblea General, de las categorías adicionales de asuntos importantes.

El procedimiento de decisión por un número determinado de miembros afirmativos se emplea en el Consejo de seguridad, el que —para ciertas categorías de cuestiones— añade una calificación adicional: la de los "votos concurrentes" de los miembros permanentes. Sobre materias de procedimiento, las decisiones del Consejo de Seguridad se adoptan por el voto afirmativo de cualesquiera de nueve miembros (Art. 27 (2) , según fue modificado) . En todos los demás asuntos, las decisiones se adoptan por el voto afirmativo de nueve miembros, siempre que entre ellos estén los "votos concurrentes" de los miembros permanentes (Art. 27 (3) , según fue modificado) . Esta doble calificación confiere, de hecho, el derecho de veto a cada miembro permanente en toda materia que no sea de procedimiento. Se ha desarrollado, sin embargo, una práctica habitual que ha producido, *de facto,* una importante modificación del artículo 27 (3) . No se considera que el miembro permanente que se abstiene de votar haya emitido un voto negativo; y siempre que el número requerido de votos afirmativos se haya producido se considera que el Consejo de Seguridad ha adoptado la decisión, no obstante aquella abstención. Es controvertible si esta práctica consuetudinaria también comprende la situación en que el representante de un miembro permanente se encuentre absolutamente ausente del Consejo. Este problema surgió, por última vez, cuando el Consejo de Seguridad adoptó decisiones importantes sobre la cuestión de Corea, durante junio y julio de 1950, en ausencia del representante soviético. La validez de dichas decisiones ha sido impugnada por la Unión Soviética. Entre 1946 y 1954, el Consejo de Seguridad tomó sesenta y cuatro decisiones en materia no procesal, mediante votaciones en las que uno o más de los miembros permanentes se abstuvieron o estuvieron ausentes (véase *U. N. Repertory of Practice*, Vol. II, 1956, página 86). Esta práctica ha sido reconfirmada posteriormente en muchas ocasiones (véase *U. N. Repertory of Practice*, Supl. 2, 1964, p. 310, y Jiménez de Aréchaga, *Voting and Handling of Disputes in the Security Council*).

2.19 INTERPRETACIÓN DE LA CARTA

Es propio del carácter mismo de la institución internacional que las disposiciones de su instrumento constitutivo, y especialmente aquellas relativas a las funciones y poderes de los diferentes órganos, queden sujetas a interpretación al ser aplicadas por ellos. Por ejemplo, en el caso de las Naciones Unidas, en sus actividades diarias, los órganos se encontrarán tanto aplicando como interpretando varias disposiciones de la Carta; y en algunos casos (como por ejemplo, en la admisión de nuevos miembros) diferentes órganos interpretarán las mismas disposiciones de la Carta. Entonces, la interpretación de la misma disposición de la Carta puede producir un conflicto de opiniones, no sólo entre miembros individuales, sino también entre la Asamblea General y el Consejo de Seguridad.

La gran mayoría de los instrumentos constitutivos —y especialmente los de los Organismos Especializados— contienen disposiciones para la interpretación obligatoria del instrumento; en la Carta de las Naciones Unidas, en cambio, no se encuentra tal disposición.

El problema de la interpretación de la Carta fue discutido largamente en San Francisco, pero la Conferencia no pudo acordar una solución. En el informe final del Comité IV (2), se incluyó una declaración sobre materia de interpretación, la que contempló varias posibilidades *ad hoc* para llegar a interpretaciones pertinentes en caso de conflicto. El informe consideró que se podría llegar a dicha interpretación, ora mediante una opinión consultiva de la Corte Internacional de Justicia a solicitud de miembros individuales o de órganos, ora por el sistema de recurrir a un comité *ad hoc* de juristas. Pero tales interpretaciones no tendrían fuerza autoritaria en el sentido de obligar jurídicamente a los miembros, y este hecho fue reconocido por el Comité. Para establecer una "interpretación autoritaria como precedente para el futuro, sería necesario incluir la interpretación en una modificación de la Carta" (UNCIO Docs., Vol. XIII, pp. 709-710).

2.20 CONCEPTO DE JURISDICCIÓN INTERNA EN LAS NACIONES UNIDAS

Según hemos observado (en 2.10), el concepto de jurisdicción interna es un problema general de las instituciones internacionales; pero surge con más frecuencia, y en su forma más aguda, en una organización política general, tal como las Naciones Unidas. Por este motivo, se requiere aquí una breve consideración del asunto, con referencia específica a la Carta.

El artículo 2 (7) de la Carta dice:

> Ninguna disposición de esta Carta autorizará a las Naciones Unidas a intervenir en los asuntos que son esencialmente de la jurisdicción de los Estados, ni obligará a los miembros a someter dichos asuntos a procedimientos de arreglo conforme a la presente Carta; pero este principio no se opone a la aplicación de las medidas coercitivas prescritas en el capítulo VII.

Para comprender el alcance de esta disposición, es de utilidad compararla con la correspondiente —pero no idéntica— del Pacto de la Liga de las Naciones. De acuerdo con el artículo 15 (8) del Pacto, el Consejo, al ejercitar sus funciones en relación con la solución pacífica de disputas, no podía seguir adelante con el caso si descubría que la disputa surgió de un asunto que "el derecho internacional deja a la exclusiva competencia" de una de las partes.

En su Opinión Consultiva en *Nationality Decrees Issued in Tunis and Morocco* (1923), la Corte Permanente de Justicia Internacional interpretó esa disposición en el sentido de que era aplicable a asuntos que, en principio, no estaban regulados por el derecho internacional. La Corte prosiguió declarando que la cuestión de si determinado asunto caía o no dentro de la jurisdicción interna de un Estado, era relativa: dependía del desarrollo de las relaciones internacionales. Sin embargo, fácilmente podría ocurrir que en un asunto —como el de la nacionalidad— que no se encontraba en principio regulado por el derecho internacional, el derecho del Estado de actuar a su discreción quedaba, no obstante, limitado por obligaciones específicas que había contraído hacia otros Estados. En tal caso, la jurisdicción del Estado quedaba limitada por las reglas de derecho internacional, y el artículo 15 (8) dejaba de ser aplicable (PCIJ Ser. B, No. 4, pp. 23-24).

La disposición de la Carta de las Naciones Unidas difiere en varios sentidos de la del Pacto. *1)* Su alcance no queda limitado a la solución de disputas. Establece una limitación general a la autoridad de las Naciones Unidas, excluyendo de su jurisdicción "asuntos que son esencialmente de la jurisdicción interna de los Estados", pero, a la vez, señala una excepción importante a la regla general en favor de la aplicación de las acciones coercitivas que se tomen bajo el capítulo VII. *2)* No se refiere expresamente al derecho internacional como criterio determinante. *3)* No excluye solamente los asuntos que son "exclusivamente" de la jurisdicción interna de un Estado, sino a todas las materias que "esencialmente" lo sean.

El objetivo buscado en la Conferencia de San Francisco por las delegaciones que arguyeron a favor de esta redacción, fue limitar la competencia de la Organización. A la vez se estimó como una ventaja que la redacción fuese más flexible que la del Pacto, y de ese modo, dejara cierto margen para una apreciación política.

La práctica de los órganos de las Naciones Unidas parece indicar que la primera preocupación no ha sido satisfecha. La disposición no ha operado en forma tal que restrinja el ejercicio de su competencia por la Organización. Por otra parte, la flexibilidad de la disposición ha sido aprovechada plenamente. Esto se ha facilitado por el hecho (referido en 2.19) de que la Carta no contiene un procedimiento obligatorio que establezca una interpretación jurídica auténtica sobre una disposición determinada. Como resultado de esto, un cuerpo sustancial de práctica interpretativa de los órganos de la Organización ha logrado establecer los límites del concepto dentro de la estructura de las Naciones Unidas, mediante un proceso similar al desarrollo del derecho consuetudinario.

Las cuestiones que con más frecuencia han provocado en las Naciones Unidas la aplicación del principio contenido en al artículo 2 (7) son las que se refieren a los derechos humanos, el colonialismo y a la autodeterminación. De modo que la cuestión de qué constituya una materia que corresponda esencialmente a la jurisdicción interna de un Estado, en la práctica de las Naciones Unidas ha sido un factor recurrente en relación con una amplia variedad de cuestiones importantes que necesariamente afectan a todos los órganos principales de la Organización. Puede señalarse aquí que en el caso de la Corte Internacional de Justicia, el problema de la jurisdicción interna surge relacionado con reservas a las declaraciones hechas de acuerdo con la cláusula opcional (véase 11.18).

El concepto no sólo es relativo —según fue declarado por la Corte Internacional de Justicia—, sino también, debido a su propia naturaleza, extremadamente subjetivo. Por lo tanto, no es posible una definición permanente de los límites del concepto en la práctica de las Naciones Unidas. Lo más que se puede obtener de esa práctica es una orientación general. Después de un examen exhaustivo de las reclamaciones aducidas por Estados miembros, tanto a favor como en contra de una interpretación restrictiva del artículo 2 (7) en la práctica, un estudio reciente llega a esta conclusión:

> Mientras que la práctica de las Naciones Unidas ha demostrado la tendencia a interpretar el artículo 2 (7) en un sentido restrictivo, permitiendo una máxima libertad de acción a la Organización, no ha dejado al párrafo 7 sin sentido: su limitación aún dejará sentirse en muchas áreas. Más bien las acciones de la Organización han estado de conformidad con el principio de que el área cubierta por el derecho internacional cambia y se desarrolla —no en forma arbitraria, sino de acuerdo con las interpretaciones hechas de buena fe y con la esperanza de hacer efectiva la Carta.
>
> (Higgins, *The Development of International Law*, p. 130.)

En términos prácticos, esta "máxima libertad de acción" ha sido manifestada en el reconocimiento de que la Asamblea General puede emitir resoluciones dirigidas a un determinado Estado miembro, en relación con el tratamiento que el Estado da a su pueblo (como por ejemplo, en el caso de la política de *apartheid* y en el tratamiento de las minorías raciales en Sudáfrica) ; en aplicación de ellas, la Asamblea General llegó a quedar autorizada para solicitar la presentación de información política, de acuerdo con el artículo 73 (e) de la Carta, sobre territorios carentes de gobierno autónomo. También se ve en la adopción gradual de la opinión de que los problemas de la libre determinación de los pueblos son materia de preocupación internacional, y quedan fuera del alcance del artículo 2 (7) ; esta tendencia culminó en 1960 con la Declaración de la Concesión de Independencia a los Países y Pueblos Coloniales (Res. 1514 (XV)). (Para un resumen analítico de la práctica de las Naciones Unidas con respecto al artículo 2 (7), véase *U. N. Repertory of Practice*, 1955, Vol. I, pp. 55-156, especialmente el estudio de veintitrés casos en que se formularon objeciones con base en el artículo 2 (7), *ibid.*, pp. 61-129; véase también, Higgins, *op. cit.*, pp. 76-130.)

La práctica de las Naciones Unidas demuestra con claridad que donde quiera que ha sido posible mantener una interpretación flexible del concepto de la jurisdicción interna, el criterio principal es la obtención de los fines y propósitos de la Organización.

SECCIÓN IV.   ORGANISMOS ESPECIALIZADOS

2.21   Los Organismos Especializados y la Carta de las Naciones Unidas

En la sección 1, nos hemos referido al rápido desarrollo de los organismos internacionales en sentido funcional, después de la adopción de la Carta de las Naciones Unidas. Este desarrollo ya estaba muy avanzado en 1945, pues además de organizaciones más antiguas —tales como la OIT y la UPU— las instituciones financieras de Bretton Woods (el FMI y BIRD) ya existían. La Carta tomó en cuenta este desarrollo proveyendo al establecimiento de relaciones entre las organizaciones existentes, las futuras y las Naciones Unidas. De acuerdo con el artículo 57 (1), "Los distintos organismos especializados establecidos por acuerdos intergubernamentales, que tengan amplias atribuciones internacionales definidas en sus estatutos... serán vinculadas con la Organización". La Carta también dio a las Naciones Unidas la facultad de iniciativa en la creación de nuevos organismos. (Art. 59.)

En la práctica, la expresión "Organismos Especializados" se usa para señalar las instituciones que han entrado en relaciones con las Naciones Unidas, según los términos del artículo 63 de la Carta. El capítulo IX de la Carta es la clave del sistema de los Organismos Especializados. En el centro de este sistema se encuentran las Naciones Unidas, que ejercen —a través de la Asamblea General y el Consejo Económico y Social— una función de supervisión que lo abarca todo, incluso la coordinación. Los satélites principales del sistema son los Organismos Especializados, cada uno de los cuales ha sido creado por un acuerdo intergubernamental que le confiere una personalidad internacional distinta y amplias responsabilidades en un campo determinado. En la actualidad, once de estos organismos han celebrado acuerdos según el artículo 63 de la Carta (OIT, FMI, BIRD, UIT, UPU, OACI, OMS, OMM, FAO, UNESCO, OCMI) y uno (la OIEA) ha celebrado un acuerdo análogo (véase Fischer, "L'Accord entre l'ONU et l'Agence Internationale de l'Énergie Atomique, 3 *Annuaire Français*, 375 (1957)).

Las funciones y poderes de dichos organismo y los derechos y obligaciones de los Estados miembros se tratan en detalle en el capítulo 10. El propósito de esta Sección es ofrecer una guía general de sus principales rasgos institucionales y considerar el problema mayor de la coordinación de sus actividades.

2.22 CONDICIÓN DE MIEMBRO EN LOS ORGANISMOS ESPECIALIZADOS

Al igual que en el caso de las Naciones Unidas, puede hacerse una distinción general entre los miembros originarios y los admitidos posteriormente. Los miembros originarios de un Organismo Especializado son los que ya lo eran cuando adquirió tal situación, o en el caso de una institución nueva, comúnmente los miembros que participaron en la conferencia que la estableció. Los miembros admitidos posteriormente pueden serlo por derecho propio —en virtud de pertenecer a las Naciones Unidas— o por haber cumplido los requisitos de admisión mediante la votación aprobatoria del cuerpo plenario del organismo. La diferencia entre los miembros originarios y los admitidos carece, en general, de significación alguna en cuanto a sus derechos y obligaciones.

Aunque —hablando en términos generales— la condición de miembro de los Organismos Especializados queda limitada a los Estados, hay excepciones. Por ejemplo, miembros de la UPU pueden serlo tanto los Estados como los respectivos territorios dependientes en que aquéllos tengan una administración postal autónoma.

Además, un número de Organismos Especializados admiten "miembros asociados", permitiendo así la participación de países que disfruten de gobierno propio interno, pero que aún no han alcanzado la independencia total. En la OMS, "territorios o grupos de territorios que no son responsables del manejo de sus relaciones internacionales" pueden ser admitidos mediante solicitud del Estado o autoridad que tiene la responsabilidad de dichas relaciones. Los miembros asociados no tienen los mismos plenos derechos que los verdaderos miembros, y están restringidos en el derecho de voto en los cuerpos del organismo o en el de elección en ciertos órganos.

En general, no se prevé específicamente la expulsión de miembros, aunque en algunos casos la expulsión de las Naciones Unidas llevará consigo la del Organismo Especializado (véase, por ejemplo, las enmiendas de la constitución de la OIT adoptadas en la sesión cuadragesimoctava de la Conferencia Internacional de Trabajo, 19 *International Organization,* 133 (1965))). En este sentido, las instituciones financieras difieren de otros Organismos Especializados. De acuerdo con el artículo VI (2) del Acuerdo Bancario, el dejar de cumplir sus obligaciones puede significar la suspensión, seguida de la expulsión, del miembro culpable. El artículo VI (3) dispone, además, que cualquier miembro del FMI que ha dejado de serlo dejará automáticamente de ser miembro del Banco, salvo que éste, por una votación de las tres cuartas partes de su total, decida lo contrario. El artículo xv del Convenio del Fondo dispone, en la Sección 2, lo que se llama "separación obligatoria", en el caso de miembros que dejan de cumplir sus obligaciones.

Con la excepción de la OMS todos los instrumentos constitutivos de los Organismos Especializados contienen disposiciones para el retiro de los miembros. En general, el periodo de preaviso necesario es de uno o dos años. También pueden exigirse otras condiciones, tales como el cumplimiento de todas las obligaciones financieras que surjan de la condición de miembro, o la adhesión continuada a las convenciones promovidas por el organismo y ratificadas por el miembro que se retira.

2.23   Órganos y votación en los Organismos Especializados

La estructura orgánica de los Organismos Especializados es muy sencilla: comprende un cuerpo plenario en el que todos los miembros están representados, un órgano de participación más restringida, y una secretaría. En la mayoría de los Organismos Especializados, el cuerpo plenario es el depositario principal del poder (por ejemplo, la Conferencia General de la UNESCO "determinará la orientación y la línea de conducta general de la Organización"; la Asamblea de la OMS dará "instrucciones al Consejo sobre los asuntos en los cuales se considere conveniente acción, el estudio, investigación o informe", y la Conferencia de la FAO "determinará la política y aprobará el presupuesto de la Organización") .

Cada Estado miembro tiene un voto y la regla de votación comúnmente consiste en la simple mayoría, excepto cuando se exigen las dos terceras partes en asuntos tales como recomendaciones, sometimiento de convenciones a los miembros, admisión de nuevos miembros o aprobación del presupuesto.

A las instituciones financieras se las puede comparar en grupo con los otros Organismos Especializados. En aquéllas, la autoridad definitiva es la Junta de Gobernadores, en la cual participa un gobernador y un suplente por cada Estado miembro. Cada gobernador desempeña su cargo durante cinco años y puede ser nombrado de nuevo. El rasgo característico de este grupo es su sistema de votación proporcional, que se mide en términos de las suscripciones reales. Así, en el Fondo, cada miembro tiene doscientos cincuenta votos, más uno adicional por cada parte de su cuota equivalente a $ 100 000; en el Banco, cada miembro tiene 250 votos, más uno adicional por cada acción que posea (véase McIntyre, "Weighted Voting in International Organizations", en 8, *International Organization*, 484 (1954)).

Además de los cuerpos plenarios, un rasgo común de todos los Organismos Especializados es el consejo ejecutivo, elegido por el cuerpo plenario. Generalmente no hay privilegios en forma de permanencia definitiva de los miembros. Sin embargo, a la vez, la elección se basa no sólo en el principio general de distribución geográfica equitativa, sino que también se han adoptado criterios funcionales para la selección de los miembros que tienen un papel importante en el campo particular del organismo. Un ejemplo de esto lo tenemos en el Consejo de la OACI, en el que debe asegurarse la representación adecuada de los Estados de mayor importancia en el campo del trasporte aéreo, y de los Estados que hacen la mayor contribución para el establecimiento de facilidades para la navegación aérea internacional. Otro ejemplo es el Consejo de la OCMI: los dieciocho miembros que lo componen son elegidos por la Asamblea, según los siguientes criterios: seis lo serán gobiernos de los Estados que tengan los mayores intereses en la prestación de servicios navieros internacionales; otros seis lo serán aquellos con más vastos intereses en el comercio marítimo internacional, y los restantes seis serán gobiernos que tengan interés especial en el trasporte o en la navegación marítima, y cuya elección al Consejo asegura la representación de todas las áreas geográficas más importantes del mundo. En la OIT, diez de los veinticuatro representantes gubernamentales en el Consejo de Administración representan a los países industriales más importantes; y en la OIEA, los veinticinco miembros de la Junta de Gobernadores se eligen de acuerdo con una fórmula complicada, concebida para asegurar una representación adecuada tanto de los Estados que están más avanzados en la tecnología de la energía atómica —incluso la producción de materia prima— así como de las diferentes regiones geográficas.

En los diferentes órganos de los Organismos Especiales, los Estados miembros comúnmente se encuentran representados por personas que pertenecen a la rama correspondiente de la administración nacional, y en algunos casos esto se dispone expresamente. En la OMS, por ejemplo, la constitución exige que los delegados sean personas con calidades especiales en el campo de la salud, y que deben preferiblemente pertencer a las administraciones nacionales de salubridad de los Estados miembros. En la OMM, el delegado principal de cada miembro es el director de su servicio meteorológico. Aun cuando no se incluya una disposición de esa índole en las constituciones, la práctica general se ajusta a este patrón, y esta participación de administradores nacionales en las instituciones internacionales ha probado ser una gran contribución a su efectividad.

Las organizaciones que no son gubernamentales se encuentran asociadas a la mayoría de los Organismos Especializados con el propósito de ser consultadas, de acuerdo con principios establecidos por el Consejo Económico y Social. Sin embargo, en la OIT, el sistema tripartito de representación les da una posición más prominente, ya que —según hemos visto—, además de los delegados de los gobiernos, los representantes de las organizaciones de los patronos y de los trabajadores son miembros de los dos órganos principales. Estos representantes deben ser designados de acuerdo con las organizaciones más representativas de los patronos y de los sindicatos laborales del país de donde proceden. Cada delegado tiene un voto, pero los dos delegados no gubernamentales no están obligados por las instrucciones de su gobierno. Los representantes de los patronos y de los trabajadores tienen la tendencia a formar grupos que, en varios aspectos —y especialmente en la adopción de actitudes comunes ante problemas sometidos a la Conferencia—, tienen funciones similares a las de los grupos de partidos políticos en los parlamentos nacionales.

El sistema tripartito de representación fue concebido originalmente teniendo en cuenta el marco general de la estructura de la sociedad capitalista tradicional. Han surgido dificultades en relación con otros sistemas sociales y económicos, y la validez de las credenciales de los delegados de patronos y trabajadores de los países socialistas ha sido impugnada con el fundamento de que esos delegados eran efectivamente portavoces del gobierno y no podrían actuar ni votar independientemente. Sin embargo, la Conferencia no ha admitido dicha objeción (véase Jacobson, "The USSR and ILO", 14 *International Organization*, 402 (1960); y Landelius, *Workers, Employers and Governments*).

2.24   PODERES DE LOS ORGANISMOS ESPECIALIZADOS

Los Organismos Especializados han desarrollado complejos procedimientos mediante los cuales sus decisiones —u otros actos de la institución— pueden crear obligaciones jurídicas a los Estados miembros. Esta evolución ha sido especialmente notable en la OIT. Las convenciones adoptadas por la Conferencia de la OIT deben ser sometidas por los gobiernos de los Estados miembros a los cuerpos competentes de sus países para la promulgación de la correspondiente legislación, o para la adopción de cualquier otra medida necesaria a fin de que la convención se aplique internamente (véase 4.21). Se encuentran métodos similares en la UNESCO y en la OMS. Un rasgo interesante de algunos organismos es que los reglamentos adoptados por éstos se hacen obligatorios para todos los miembros, salvo que ellos expresamente "opten por su salida" (véase 3.36; sobre las funciones y poderes de los órganos de los Organismos Especializados en general, véase el capítulo 10).

2.25   INTERPRETACIÓN Y ENMIENDA DE LA CONSTITUCIÓN DE LOS ORGANISMOS ESPECIALIZADOS

Los instrumentos constitutivos de los Organismos Especializados, a diferencia de la Carta de las Naciones Unidas, contienen disposición expresa para su interpretación en caso de disputa entre los miembros u órganos: así, en las instituciones financieras, la facultad de dictar la decisión definitiva en disputas sobre interpretación se confiere a los cuerpos plenarios (véase Art. XIII del Acuerdo del FMI y Art. IX del Acuerdo del BIRD). Otros organismos confían la interpretación a sus órganos, pero disponen de un recurso final ante la Corte Internacional de Justicia; a la vez, otros disponen que dichas disputas se refieren directamente a terceros, como la Corte o un tribunal especialmente designado (véase, por ejemplo, Art. 37 de la Constitución de la OIT). Con excepción de la UPU todos los Organismos Especializados han sido autorizados por la Asamblea General para solicitar Opiniones Consultivas a la Corte.

Las constituciones de todos los Organismos Especializados y de la OIEA contienen disposiciones para la enmienda o la revisión del instrumento constitutivo. Igual que en el caso de la Carta de las Naciones Unidas, el rasgo característico de estas disposiciones es que contemplan la enmienda del instrumento en cuestión a través de procedimientos de votación mayoritaria y no por el proceso de la unanimidad. La responsabilidad para efectuar las modificaciones se confiere al órgano plenario, en el que todos los miembros se encuentran representados. Sin embargo, el proceso de enmienda puede variar en forma considerable. Ordinariamente, habrá dos etapas principales: 1) la adopción de la enmienda por el órgano plenario (comúnmente por una mayoría calificada de dos terceras partes de los miembros presentes, o del total de los miembros); 2) la ratificación o aceptación, como un acto de consentimiento posterior y diferente, por parte de los Estados interesados. Sin embargo, en algunos casos se dispone de un método simplificado —que se usa mucho— por medio del cual las modificaciones del instrumento constitutivo que no entrañen derechos u obligaciones para los Estados miembros, pueden entrar en vigor inmediatamente después de su adopción por el órgano plenario. Ésta ha sido la práctica en la UNESCO y en la FAO.

En la mayoría de los casos en que se requiera la ratificación o aceptación posterior, las enmiendas pueden entrar en vigor para todos los miembros del organismo luego de haber sido ratificadas por la mayoría calificada necesaria, o pueden entrar en vigor sólo en cuanto a los miembros que han expresado su consentimiento, de acuerdo con las disposiciones del instrumento constitutivo. En el primer caso, algunos autores han descrito el método como "legislativo" (véase Bowett, *The Law of International Institutions*, p. 330; Schwelb, "The Amending Procedure of Constitutions of International Organizations", 31 *BYIL*, 49 (1954); y 4.44).

2.26 COORDINACIÓN DE ACTIVIDADES DE LOS ORGANISMOS ESPECIALIZADOS

La coexistencia de un gran número de Organismos Especializados inevitablemente ha creado problemas de coordinación, pues es difícil, si no imposible, evitar alguna duplicación en las actividades. Así, por ejemplo, las actividades de la OIT y de la UNESCO tienden a coincidir en el campo del adiestramiento educativo y tanto la OMS como la OIEA están interesadas en el uso pacífico de la energía atómica. Con el aumento creciente en el volumen y alcance de sus actividades, el problema de coordinación entre los Organismos Especializados se ha hecho cada vez más agudo. Aunque aquí estaremos tratando específicamente el problema desde el punto de vista de la coordinación *entre* los organismos, debe recalcarse que el mismo problema existe *dentro* de ellos. En las Naciones Unidas —para dar un ejemplo reciente— las líneas de demarcación precisas entre las actividades del Programa Ampliado de Asistencia Técnica y el Fondo Especial de las Naciones Unidas, antes de fusionarse en el Programa de Desarrollo de las Naciones Unidas, nunca fueron muy claras. El problema es en verdad importante y persistente, y es esencial que se creen medios satisfactorios de coordinación, si ha de haber un uso eficiente y racional de los recursos existentes o una cooperación organizada.

La responsabilidad principal de la coordinación fue asignada a las Naciones Unidas por los redactores de la Carta, que contiene el marco general para la coordinación. Así es como los artículos 57 y 63 (1) disponen que los Organismos Especializados se pondrán en relación con las Naciones Unidas mediante acuerdos celebrados con el Consejo Económico y Social; el artículo 58 dispone: "La Organización hará recomendaciones con el objeto de coordinar las normas de acción y las actividades de los Organismos Especializados." El artículo 60 atribuye la responsabilidad del desempeño de las funciones de coordinación a la Asamblea General y al Consejo Económico y Social; el artículo 63 (2) confiere al Consejo Económico y Social la facultad de "coordinar las actividades de los Organismos Especializados mediante consultas con ellos y haciéndoles recomendaciones, como también mediante recomendaciones a la Asamblea General y a los miembros de las Naciones Unidas"; y el artículo 64 faculta al Consejo Económico y Social a fin de "tomar las medidas adecuadas para obtener informes periódicos de los Organismos Especializados". Según estas disposiciones de la Carta, es evidente que se concibieron dos métodos principales para la coordinación: acuerdos, y consultas o recomendaciones. Ahora examinaremos la práctica de las Naciones Unidas y de los Organismos Especializados para ver cómo se ha llevado a cabo la tarea de coordinación a la luz de las disposiciones de la Carta.

El primer elemento ha sido la celebración de acuerdos entre las Naciones Unidas y los Organismos Especializados, de conformidad con las disposiciones de los Artículos 57 y 63 de la Carta y las equivalentes de las constituciones de los Organismos Especializados (por ejemplo, Art. 12 (1), OIT; Art. 12, FAO; y Art. 10, UNESCO). El primero de tales acuerdos que se celebró fue entre las Naciones Unidas y la OIT (139 *UNTS*, 395), y éste ha servido de modelo para los acuerdos siguientes (por ejemplo, UN/FAO, 139 *UNTS*, 407; y UN/OMS, 139 *UNTS*, 445). Además, algunos de los Organismos Especializados han concluido acuerdos entre sí (por ejemplo, OIT/FAO, 18 *UNTS*, 335; UNESCO/OMS, 44 *UNTS*, 323). Éstos forman la base jurídica de la coordinación entre las Naciones Unidas y los Organismos Especializados, y entre los Organismos Especializados entre sí. De los dos tipos de acuerdos, el primero —entre las Naciones Unidas y los Organismos Especializados— es, por mucho, el más importante para los efectos de la coordinación. Las limitaciones de espacio nos impiden hacer un análisis detallado de estos acuerdos, pero sus rasgos más sobresalientes son:

i) *Representación recíproca.* Todos los acuerdos contienen disposiciones para la representación recíproca, basadas en el artículo 70 de la Carta:

El Consejo Económico y Social podrá hacer arreglos para que representantes de los organismos especializados participen, sin derecho a voto, en sus deliberaciones y en las de las comisiones que establezca, y para que sus propios representantes participen en las deliberaciones de aquellos organismos.

Pero en tanto que el artículo 70 se limita al Consejo Económico y Social, los acuerdos han extendido el principio de representación recíproca a otros órganos, incluso la Asamblea General y el Consejo de Administración Fiduciaria. La representación recíproca es un nuevo e importante elemento en la composición de los órganos internacionales, en forma de un observador que representa al Organismo Especializado y cuya función es servir de enlace entre su propio organismo y las Naciones Unidas (véase Dupuy, "Le Droit des relations entre les organizations internationales", 100 *HR*, 469 ss. (1960)).

ii) *Propuesta de asuntos en la agenda.* Con excepción del FMI y del Banco, todos los Organismos Especializados han concluido acuerdos con las Naciones Unidas, mediante los cuales cada parte se compromete a incluir en la agenda del órgano apropiado los asuntos propuestos por la otra parte. En el caso de las Naciones Unidas, el órgano apropiado significa, en la práctica, ya sea el Consejo Económico y Social o el Consejo de Administración Fiduciaria. El FMI y el Banco se han comprometido a prestar "debida consideración" a los asuntos propuestos por las Naciones Unidas.

iii) *Recomendaciones por las Naciones Unidas.* Según hemos visto, el artículo 63 (2) confiere al Consejo Económico y Social la facultad de recomendación sobre la coordinación de las actividades de los Organismos Especializados. Todos los acuerdos —excepto los celebrados con el FMI, el Banco y la UPU— disponen que el organismo en cuestión debe someter todas las recomendaciones para la coordinación de políticas y actividades de los Organismos Especializados, a los órganos apropiados; y si es necesario, consultar a las Naciones Unidas con respecto a la recomendación e informar a las Naciones Unidas de la acción realizada por el Organismo o sus miembros, para llevar a la práctica esa recomendación. Los acuerdos del FMI, el Banco y la UPU contienen disposiciones similares, las cuales emplean una fórmula algo diferente. En la práctica, el Consejo Económico y Social hace sus recomendaciones de una manera menos formal que la prevista en el artículo 63 (2).

iv) *Participación en los cuerpos coordinadores establecidos por el Consejo Económico y Social.* Todos los acuerdos contienen disposiciones mediante las cuales los Organismos Especializados se comprometen a cooperar con y participar en cualquier cuerpo o cuerpos creados por el Consejo Económico y Social, especialmente con el propósito de coordinar las actividades de los Organismos. El principal cuerpo de coordinación de este tipo es el Comité Administrativo de Coordinación (CAC), pero también hay otros con los cuales los Organismos Especializados colaboran. (El CAC y los otros cuerpos se estudiarán más adelante.)

v) *Canje de información, documentos e informes por los organismos a las Naciones Unidas.* Todos los acuerdos disponen que hasta donde fuere posible, los Organismos Especializados transmitirán información y suministrarán documentos a las Naciones Unidas y viceversa. Los organismos también se comprometen a trasmitir informes regulares de sus actividades a las Naciones Unidas. Estas disposiciones —y especialmente la última— han demostrado ser valiosas para suministrar al Consejo Económico y Social el material necesario para revisar las actividades de los Organismos Especializados.

vi) *Arreglos presupuestarios y financieros.* La conveniencia de establecer arreglos presupuestarios y financieros vinculados estrechamente, ha llevado a la adopción de disposiciones que, en mayor o menor medida, reconocen los poderes de la Asamblea General según el artículo 17 (3) de la Carta:

La Asamblea General considerará y aprobará los arreglos financieros y presupuestarios que se celebren con los Organismos Especializados... y examinará los presupuestos administrativos de tales organismos especializados con el fin de hacer recomendaciones a los organismos correspondientes.

Se ha establecido una medida de coordinación importante entre las Naciones Unidas y los Organismos Especializados en relación con los asuntos presupuestarios y financieros, mayormente a través del conducto del CAC y de la Comisión Consultiva en Asuntos Administrativos y de Presupuesto de la Asamblea General. (Esto será examinado más adelante.)

Los acuerdos entre las Naciones Unidas y los Organismos Especializados son muy detallados y existen diferencias importantes entre los distintos acuerdos, pero las que se han señalado son sus principales características. (Para un análisis exhaustivo de los acuerdos, véase Jenks, "Coordination: A New Problem of Internacional Organization", 77 *HR*, 205-237 (1950).)

El segundo tipo de acuerdo que hemos de considerar es el celebrado entre sí por los Organismos Especializados. El primer acuerdo concertado entre organismos fue el celebrado entre la OIT y la FAO (18 *UNTS*, 335), el que, con algunas variaciones, ha sido empleado como modelo para acuerdos posteriores entre diversos organismos. Estos acuerdos han sido descritos por Jenks como "esencialmente, tratados de amistad y buena voluntad", dejándose la solución de los problemas prácticos que pudieren surgir a posteriores arreglos entre los organismos interesados.

La celebración de acuerdos es el método más importante de coordinación, en cuanto ellos establecen la base jurídica necesaria para la coordinación. Pero lo que resulta prácticamente decisivo es el procedimiento real de coordinación y su desarrollo llevado a cabo por las Naciones Unidas. De Acuerdo con la Carta (según hemos visto) a la Asamblea General y al Consejo Económico y Social se les confirió la responsabilidad principal para la coordinación de las actividades de los Organismos Especializados. El papel de la Asamblea General ha sido más que todo de vigilancia. Ha revisado el trabajo de otros órganos que tratan los problemas sustanciales de la coordinación, y se ha contentado con formular resoluciones en términos generales. El Consejo Económico y Social, por otra parte, ha tenido una participación mucho más activa. Además de la celebración de acuerdos con los Organismos Especializados, también tomó la iniciativa en el establecimiento del CAC, y es el órgano que examina los informes que los Organismos Especializados envían a las Naciones Unidas.

Otros dos órganos en particular han desempeñado un papel principal: el Comité Administrativo de Coordinación (CAC) y la Comisión Consultiva en Asuntos Administrativos y de Presupuesto.

El CAC es un cuerpo que agrupa las organizaciones entre sí, integrado por el Secretariado General de las Naciones Unidas y los jefes ejecutivos de los Organismos Especializados. Como tema corriente trata una variedad amplia de problemas de coordinación y ha sentado las bases para la creación de otros cuerpos representativos de organizaciones, como la Junta de Asistencia Técnica, la Junta Consultiva del Servicio Civil Internacional y el Panel Conjunto de Auditores Externos.

La Comisión Consultiva en Asuntos Administrativos y de Presupuesto es un cuerpo intergubernamental designado por la Asamblea General. Está compuesto por doce miembros, y sus funciones incluyen el estudio de los presupuestos tanto de las Naciones Unidas como de los Organismos Especializados. Este Comité ha adquirido una influencia muy importante en la coordinación de las actividades financieras y presupuestarias de los Organismos Especializados. Aunque tiene la tendencia a ser más conservador en sus puntos de vista en relación con los gastos, que la Asamblea General o incluso que los cuerpos plenarios de los Organismos Especializados, sus recomendaciones son normalmente aceptadas por estos últimos.

En conclusión, debe observarse que la tarea de coordinación llevada a cabo por los diferentes órganos de las Naciones Unidas —al igual que por otros órganos internacionales tales como el CAC ha sido lograda principalmente mediante los métodos de consulta y recomendación. Pero, a pesar de la falta de cualquier poder para adoptar decisiones obligatorias, se ha logrado un progreso considerable en esta área de coordinación, a la cual, tanto las Naciones Unidas como los Organismos Especializados atribuyen evidente importancia.

SECCIÓN V. ORGANISMOS REGIONALES

2.27 PRINCIPALES ORGANISMOS REGIONALES

Nos hemos referido a las Naciones Unidas y los Organismos Especializados. Pero ninguna reseña de la comunidad organizada de Estados en el mundo contemporáneo por breve que sea, estaría completa sin una referencia a los organismos regionales.

En la anterior sección I, nos referimos brevemente al rápido crecimiento de los organismos regionales desde 1945. El concepto "organismo regional", según se usa hoy, comprende una amplia variedad de organizaciones que se diferencian de modo muy notable en cuanto a sus miembros, funciones y poderes. Un organismo regional puede ser continental en el número de sus miembros y ser muy semejante a las mismas Naciones Unidas: tal es la Organización de Estados Americanos. La Organización de la Unidad Africana, aunque continental en su concepción, se encuentra aún en las primeras etapas de desarrollo de sus funciones y poderes. Otros organismos regionales —tal como la Liga de Estados Árabes— abarcan pequeños grupos de Estados unidos por lazos históricos e intereses comunes, basados en una variedad de factores diferentes. Muchos son escasamente algo más que asociaciones de Estados con un solo propósito común (como la defensa o la ayuda económica), mientras que otras —como las Comunidades Europeas— tienen objetivos de mucho alcance con implicaciones políticas y económicas de especial envergadura. Nuestro propósito aquí es describir brevemente los principales organismos regionales existentes en la actualidad. En la subsección siguiente trataremos de los que tienen tendencias supranacionales, y en la tercera indicaremos algunos de los problemas generales que surgen de la coexistencia de organismos universales y regionales.

En la perspectiva histórica, el continente americano produjo el primer ejemplo de regionalismo. La Organización de Estados Americanos (OEA) que fue establecida por el Pacto de Bogotá, en 1948, es de hecho el resultado de un largo periodo de gestación que puede remontarse a los efectos de las guerras de liberación e independencia de las repúblicas latinoamericanas. En su forma presente*, la OEA se compone de cuatro órganos principales: la Conferencia Interamericana, es el órgano supremo, que se reúne normalmente cada cinco años. Las consultas de Ministros de Relaciones Exteriores se celebran con más frecuencia que la Conferencia, aunque lo hacen comúnmente sólo para considerar asuntos urgentes; el Consejo de la OEA, compuesto por los representantes permanentes de los Estados miembros, funciona con base casi permanente; por último, la Unión Panamericana, sucesora directa de una oficina comercial anterior, funciona en la actualidad como Secretaría de la OEA. Aunque la OEA tiene una estructura orgánica altamente desarrollada, sus órganos sólo poseen funciones de consulta, sin poder alguno de decisión que obligue a los Estados miembros.

La Liga de Estados Árabes fue establecida en 1945. El órgano principal de la Liga es el Consejo, el cual generalmente actúa por unanimidad. Las decisiones adoptadas por la mayoría obligan únicamente a los Estados que consintieron en ellas, de acuedo con el artículo 5 de la Carta de la Liga.

El Consejo de Europa, establecido en 1949, agrupa un número de Estados de Europa occidental y meridional, para fines de colaboración general. Su órgano ejecutivo es el Comité de Ministros, en el que se requiere unanimidad para las decisiones. El rasgo más original de la institución es la Asamblea Consultiva, que se compone de representantes elegidos por los parlamentos nacionales de los Estados miembros. El número de representantes de cada Estado varía de acuerdo con el volumen de la población: diez y ocho escaños para los Estados más grandes, y tres para los más pequeños. La Asamblea es un cuerpo deliberativo, que da a sus conclusiones la forma de recomendaciones al Comité de Ministros.

* La Carta de la OEA fue reformada en Buenos Aires el 27 de febrero de 1967. La Asamblea General es el órgano supremo de la Organización y se reúne anualmente. La Reunión de Consulta de Ministros de Relaciones Exteriores se celebrará con el fin de considerar problemas de carácter urgente. Además del Consejo Permanente de la Organización, se establecen el Consejo Interamericano Económico y Social y el Consejo Interamericano para la Educación, la Ciencia y la Cultura, todos los cuales dependen de la Asamblea General. Otros órganos son: El Comité Jurídico Interamericano, la Comisión Interamericana de Derechos Humanos, la Secretaría General, las Conferencias Especializadas y los Organismos especializados.

El más reciente de los organismos regionales de competencia general es la Organización de la Unidad Africana, creada en Addis Abeba en 1963. El órgano principal —que se reúne anualmente— es la Conferencia de Jefes de Estado y de Gobierno. Las decisiones de la Asamblea son adoptadas complementariamente por el Consejo de Ministros. Las Resoluciones de la Asamblea requieren una mayoría de votos de dos terceras partes, mientras que las del Consejo de Ministros sólo la mayoría simple.

También hay numerosos organismos regionales, pactos y asociaciones que funcionan en campos específicos: económico, social, cultural, científico, político y militar. Algunas de las organizaciones económicas, científicas y técnicas —tales como el Consejo de Ayuda Económica Mutua (COMECON) y la Asociación Latinoamericana de Libre Comercio (ALALC) — serán estudiadas en el capítulo 10. Un grupo de instituciones, las Comunidades Europeas, merecen atención particular debido al rango único de poderes atribuidos a sus órganos.

2.28 COMUNIDADES EUROPEAS

Tres diferentes instituciones de comunidades que agrupan a Francia, Italia, Alemania occidental y los Países de Benelux han surgido desde 1945; la Comunidad Europea del Carbón y del Acero (1951), la Comunidad Económica Europea (1958) y Euratom (1958) (CECA, CEE y EURATOM). Mientras dos de estos cuerpos actúan dentro de un campo claramente definido (la CECA: Carbón y Acero; EURATOM: el uso pacífico de la energía atómica) la CEE sirve al propósito más general de lograr la unificación económica de los Estados miembros. Más aún, el objeto de las tres comunidades es formar la base para la futura integración política de los países de Europa occidental.

La realización de estos objetivos de tanto alcance requiere una estructura institucional fuerte. Al principio, cada una de las Comunidades tuvo su propio Consejo de Ministros, a la par que su propio órgano ejecutivo (la Alta Autoridad en la CECA; la Comisión en la CEE y en EURATOM), pero por el Tratado del 8 de abril de 1965, se llevó a cabo una fusión de tales estructuras. Cuando entre en vigor,* habrá un solo Consejo en el que los países miembros estarán representados por ministros de Estado. Puede adoptar decisiones obligatorias por el voto de la mayoría. Algunas decisiones requieren una mayoría calificada, y en esos casos se sigue el sistema de votación calificada. Aunque éste es el sistema de votación dispuesto en los tratados, pueden existir poderosas objeciones políticas que aconsejen no desconocer el voto de un gran Estado miembro, en asuntos de importancia vital para sus intereses.

Una característica notable la constituye la existencia de un cuerpo ejecutivo independiente, la Comisión. Ésta se forma con nueve miembros designados para un periodo de cuatro años, por acuerdo mutuo de los gobiernos de los Estados miembros. Los miembros ejercen sus funciones con independencia

* Este acuerdo denominado *Tratado que establece un Consejo único y una Comisión única para las Comunidades Europeas*, entró en vigor el 1º de julio de 1967, permitiendo así la fusión de los órganos ejecutivos de las tres Comunidades.

plena, sin recibir instrucciones de los gobiernos. La Comisión no sólo actúa como el órgano que ejecuta y administra las decisiones del Consejo, sino que también tiene participación en las atribuciones de éste para tomar decisiones. La Comisión presenta sus propuestas al Consejo, el que entonces puede adoptarlas, rechazarlas o modificarlas.

En gran medida, los poderes del Consejo y de la Comisión son de carácter supranacional, en el sentido de que estos cuerpos pueden adoptar regulaciones o decisiones individuales que surtan efectos jurídicos directos en los Estados miembros, y obliguen a individuos, compañías y asociaciones, sin necesidad de acción intermedia alguna por parte de las autoridades nacionales. (Véase 3.36.)

La Asamblea o parlamento Europeo está formado por ciento cuarenta y dos miembros designados por sus respectivos parlamentos nacionales. Su función principal es consultiva. El Consejo debe consultar antes de adoptar determinadas regulaciones y directrices. También ejerce cierto control político sobre las actividades de la Comisión, puesto que le puede pasar una moción de censura mediante una mayoría de las dos terceras partes. Fuera de esto, no tiene poder legislativo alguno.

La Corte de Justicia de las Comunidades se compone de siete magistrados designados mediante acuerdo mutuo de los gobiernos miembros, por periodos de seis años. Su función consiste en asegurar la legalidad de cualquier decisión o medida adoptada por las autoridades de las Comunidades. El acceso a la Corte queda abierto, no sólo a los Estados miembros, sino —en la mayoría de los casos— también a individuos o asociaciones cuyos intereses se encuentran afectados directamente.

Sin entrar en un estudio detallado sobre las Comunidades Europeas, podemos llegar a la conclusión de que representan un tipo de estructura constitucional que está mucho más desarrollada que la de cualquier otra institución internacional. Por este motivo, podemos considerar justificadamente al "derecho de la Comunidad Europea" como una categoría especial, situada en alguna posición intermedia entre el derecho general de las instituciones internacionales y el derecho de un Estado federal (véase Catalano, *Manuel de droit des Communautés Européennes*, pp. 5-6).

2.29 ORGANISMOS REGIONALES DE COMPETENCIA GENERAL Y LAS NACIONES UNIDAS

La coexistencia de organismos regionales de competencia general —tales como la OEA y la OUA— y los organismos universales de competencia general —como las Naciones Unidas— inevitablemente plantea problemas de compatibilidad en ciertas situaciones. Tanto los forjadores del Pacto de la Liga como los de la Carta de las Naciones Unidas, tuvieron gran empeño en demostrar que la existencia de los organismos regionales y de los universales para el mantenimiento de la paz y seguridad no eran mutuamente excluyentes, y que, de hecho, los dos tipos de organismos se complementaban mutuamente. Así, el artículo 21 del Pacto estatuyó:

Los compromisos internacionales, tales como tratados de arbitraje, y los entendimientos regionales, tales como la doctrina de Monroe, que aseguran el mantenimiento de la paz, no se consideran incompatibles con ninguna de las disposiciones del presente Pacto.

Las disposiciones del capítulo VIII de la Carta que tratan de los acuerdos regionales, son mucho más comprensivas, aunque (según hemos señalado en 2.06) la Carta no contiene definición alguna de las palabras "acuerdo regional". La Carta no excluye la existencia de acuerdos regionales para tratamiento de "asuntos relativos al mantenimiento de la paz y la seguridad internacionales y susceptibles de acción regional", siempre que las actividades de los cuerpos regionales sean compatibles con los propósitos y principios de la Carta (Art. 52 (1)). Los miembros de las Naciones Unidas que celebran acuerdos regionales harán todos los esfuerzos posibles para resolver sus disputas en un nivel regional antes de recurrir al Consejo de Seguridad (Art. 52 (2)); y al Consejo de Seguridad se lo alienta para que estimule el desarrollo de las soluciones pacíficas de las disputas a través de los organismos regionales y para que cuando sea apropiado, haga uso de esos organismos para que tomen medidas de acción coercitiva bajo su autoridad. (Art. 52 (2), (3) y 53). El artículo 53 también dispone, sin embargo, que ninguna medida coercitiva será tomada por los organismo regionales sin la autorización del Consejo de Seguridad, y el artículo 54 dispone que el Consejo será plenamente informado, en todo tiempo, de "las actividades emprendidas o proyectadas de conformidad con acuerdos regionales o por organismos regionales con el propósito de mantener la paz y la seguridad internacionales".

Aunque estos principios generales son bastante claros y simples, su aplicación ha dado lugar a dificultades. En muchos casos, las partes en disputa pueden descubrir que sus intereses se encuentran perjudicados o favorecidos si la disputa se somete a un organismo regional donde la balanza del poder es diferente de la de los organismos universales. (A modo de ejemplo, véase Jiménez de Aréchaga, "La Coordination des systèmes de l'ONU et l'Organisation de États Américains por le règlement pacifique des différends et de la sécurité collective", III *HR*, 423-526 (1964).)

En áreas que no son las del mantenimiento de la paz y la seguridad internacionales, las Naciones Unidas y los organismos regionales de competencia general han actuado con un gran sentido de cooperación; y los representantes de los organismos regionales han asistido, como observadores, al trabajo de las Naciones Unidas. Mediante resoluciones formales de las sesiones tercera, quinta y vigésima de la Asamblea General, el Secretario General de la OEA, el de la Liga de Estados Árabes y el de la OUA, fueron invitados a asistir a las sesiones de la Asamblea General como observadores. En la Resolución 2011 (XX), por ejemplo, la Asamblea General invitó al Secretario General de las Naciones Unidas para que, en consulta con los cuerpos apropiados de la OUA, encontrara los medios para fomentar la cooperación entre los dos organismos.

Entonces el problema de la compatibilidad —por lo menos en el caso de las Naciones Unidas— parece haber sido resuelto por los términos de la Carta, los cuales formulan los principios de coordinación de los organismos regionales y universales de competencia general. En el campo económico, la estructura de las organizaciones ha quedado aún más complicada por el establecimiento de cuatro comisiones económicas regionales (Europa: CEPE; la América Latina: CEPAL; Asia y el Lejano Oriente: CEALO; y África: CEPA). Los integrantes son los Estados miembros de las Naciones Unidas dentro de la región, y los Estados que no son miembros (de la ONU) también pueden participar. Dichos Estados no miembros pueden hacer recomendaciones directamente a los Estados miembros sin tener que pasar por el Consejo Económico y Social. Sus poderes corresponden a los del Consejo Económico y Social, pero también tienen ciertas funciones de ejecución y, en general, sirven como centros de cooperación entre las administraciones nacionales.

Dentro de varios de los Organismos Especializados se han establecido cuerpos regionales similares. (Véase, por ejemplo, Berkov, *The World Health Organization: A Study in Decentralized International Administration.*)

BIBLIOGRAFÍA

1. DESARROLLO HISTÓRICO DE LAS INSTITUCIONES INTERNACIONALES Y OBRAS GENERALES

Ago, R.: "L'Organizzazione Internazionale della Società delle Nazioni alle Nazioni Unite", *La Comunità Internazionale*, 5-23 (1946).

Bourquin, M.: *Vers une nouvelle Société des Nations*, Neuchâtel, La Baconnière, 1945.

—: *L'État souverain et l'organisation internationale*, Nueva York, Manhattan Publishing Cò., 1959.

Bowett, D. W.: *The Law of International Institutions*, Londres, Stevens, 1963.

Chamberlain, J. P., P. C. Jessup, *et al.*: *International Organization*, Nueva York, Carnegie Endowment, 1955.

Claude, I. L.: *Swords into Plowshares: The Problems and Progress of International Organization*, 3a. ed. rev., Nueva York, Random House, 1964.

Eagleton, C.: *International Government*, 3a. ed., Nueva York, Ronald Press, 1957.

Hudson, M. O.: *The Permanent Court of International Justice*, Nueva York, Macmillan, 1934.

Landy, E. A.: *The Effectiveness of International Supervision*, Dobbs Ferry, Nueva York, Oceana, 1966.

Leonard, L. L.: *International Organization*, Nueva York, McGraw-Hill, 1951.

Miller, D. H.: *The Drafting of the Covenant*, 2 vols., Nueva York, Putnam, 1928.

Potter, P. B.: *An Introduction to the Study of International Organization*, 5a. ed., Nueva York, Appleton, 1948.

Ranshofen-Wertheimer, E. F.: *The International Secretariat: A Great Experiment in International Administration*, Washington, D. C., Carnegie Endowment, 1945.

Ray, J.: *Commentaire du Pacte de la Société des Nations*, París, Sirey, 1930.

Reinsch, P. S.: *Public International Unions: Their Work and Organization*, Boston, Ginn, 1911.

Reuter, P.: *Institutions internationales*, 4a. ed., París, Presses Universitaires de France, 1963.

Rouyer-Hameray, B.: *Les Compétences implicites des organisations internationales*, París, Lib. Gén. de Droit et de Jurisprudence, 1962.

Russel, R. B., y J. E. Muther: *A History of the United Nations Charter*, Washington, D. C., Brookings Institution, 1958.

Scelle G.: *L'Organisation Internationale du Travail et le B.I.T.*, París, Rivière, 1930.

Shotwell, J. T. (ed): *The Origins of the International Labor Organization*, 2 vols., Nueva York, Columbia Univ. Press, 1934.

Walters, F. P.: *A History of the League of Nations*, 2 vols., Londres, Oxford University Press, 1952.

Zimmern, Sir A. E.: *The League of Nations and the Rule of Law, 1918-1935*, Londres, Macmillan, 1936.

II. PROBLEMAS JURÍDICOS GENERALES DE LAS INSTITUCIONES INTERNACIONALES

Ahluwalia, K.: *The Legal Status, Privileges and Immunities of the Specialized Agencies of the United Nations and Certain Other International Organizations*, La Haya, Nijhoff, 1964.

Bastid, S.: *Les Fonctionnaires internationaux*, París, Sirey, 1931.

Bedjaoui, M.: *Fonction publique internationale et influences nationales*, Londres, Stevens, 1958.

Cahier, P.: *Étude des accords de siège conclus entre les organisations internationales et les États où elles résident*, Milán, Giuffrè, 1959.

—: "Le Droit interne des organisations internationales", 67 *RGDI*, 563, 1963.

Falk, R. A.: *The Authority of the United Nations over Non-Members*, Princeton Univ. Press, 1965.

Hammarskjöld, D.: *The International Civil Servant in Law and in Fact*, Oxford, Clarendon Press, 1961.

Jenks, C. W.: *International Immunities*, Londres, Stevens, 1961.

—: *The Proper Law of International Organisation*, Londres, Stevens, 1962.

Langrod, G.: *La Fonction publique internationale*, Leyden, Sythoff, 1963.

Pescatore, P.: "Les Relations extérieures des Communautés Européennes: contribution à la doctrine de la personnalité des organisations internationales", 103 *HR*, I, 1961.

Valticos, N.: "Aperçu de certains grands problèmes du contrôle international (spécialement à propos des conventions internationales du travail)", *Éranion en l'honneur de G. S. Maridakis*, Atenas, Klissiounis, 1964, vol. iii, pp. 534-586.

Weissberg, G.: *The International Status of the United Nations*, Nueva York, Oceana, 1961.

III. LAS NACIONES UNIDAS

Bailey, S. D.: *The General Assembly of the United Nations*, ed. rev., Nueva York, Praeger, 1964.

Bobrov, R. L.: *Organizatsiya Obedinennyj Natsii*, Leningrado: Izd-vo LGU, 1959. (En inglés: *The United Nations Organization.*)

Goodrich, L. M., y E. Hambro: *The Charter of the United Nations: Commentary and Documents*, 2a. ed., Londres, Stevens, 1949.

Hadwen, J. G., y J. Kaufmann: *How United Nations Decisions are Made*, Leyden, Sythoff, 1960.

Higgins, R.: *The Development of International Law through the Political Organs of the United Nations*, Londres, Oxford Univ. Press, 1963.

Jiménez de Aréchaga, E.: *Voting and Handling of Disputes in the Security Council*, Nueva York, Carnegie Endowment, 1950.

Kelsen, H.: *The Law of the United Nations*, Londres, Stevens, 1950.

Kopelmanas, L.: *L'Organisation des Nations Unies*, París, Sirey, 1947.

Morozov, G. I.: *Organizatsiya Obedinennyj Natsii*, Moscú, Izd-vo Imo, 1960. (En inglés: *The United Nations Organization.*)

Ross A.: *The Constitution of the United Nations*, Copenhague, Munksgaard, 1950.

Virally, M.: *L'O.N.U. d'hier à demain*, París, Seuil, 1961.

IV. ORGANISMOS ESPECIALIZADOS

Bastid, S.: *Cours d'institutions internationales: Licence l'Année 1955-1956*, París, Les Cours de Droit, 1956.

Berkow, R.: *The World Health Organization: A Study in Decentralized International Administration*, Ginebra, E. Droz, 1957.

Detter, I.: *Law Making by International Organizations*, Estocolmo, Norstedt, 1965.

Labeyrie-Menahem, C.: *Des Institutions spécialisées*, París, Pedone, 1953.

Landelius. T.: *Workers, Employers and Governments*, Estocolmo, Norstedt, 1965.

L'Huillier, F., *et al.*: *Les Institutions internationales et transnationales*, París, Presses Universitaires de France, 1961.

V. INSTITUCIONES REGIONALES

Cartou, L.: *Organisations Européenes*, París, Dalloz, 1965.

Catalano, N.: *Manual de derecho de las Comunidades Europeas*, Buenos Aires, Instituto para la Integración de América Latina (BID), 1966.

MacDonald, R. W.: *The League of Arab States*, Princeton, Univ. Press, 1965.

Reuter, P.: *Organisations Européennes*, París, Presses Universitaires de France, 1965.

Robertson, A. H.: *The Council of Europe*, Londres, Stevens, 1961.

Thomas, A. V., y A. J.: *The Organization of American States*, Dallas, Southern Methodist Univ. Press, 1963.

Wightman, D.: *Economic Co-operation in Europe*, Londres, Stevens, 1956

—: *Toward Economic Cooperation in Asia*, New Haven, Yale Univ. Press, 1963.

3. FUENTES DEL DERECHO INTERNACIONAL

CONTENIDO

SECCIÓN I. INTRODUCCIÓN

3.01 FUNDAMENTO Y FUENTES DEL DERECHO INTERNACIONAL

El derecho internacional, al igual que cualquier otra rama del derecho, confiere a sus "sujetos" derechos y obligaciones. Tal es la función de todos los sistemas jurídicos, y el resultado de ello es que cada uno de tales sistemas, juntamente con las normas que lo integran, está en una situación de superioridad en relación con sus sujetos y tiene para ellos carácter obligatorio. El hecho de que los "sujetos" principales del derecho internacional sean entidades políticas soberanas, es decir, Estados, no representa diferencia alguna en este sentido.

Pero, aunque el carácter obligatorio del derecho internacional es indiscutible, derivado de su calidad de derecho, es necesario aún examinar la naturaleza y el alcance de dicho sistema. ¿Son ellos, en cuanto concierne a sus sujetos, los mismos que los del derecho interno? ¿Cuál es, además, el origen y cuál la explicación del derecho internacional? ¿Cómo llega a ocurrir que un Estado, a pesar de su soberanía, se encuentra obligado por las reglas de un sistema jurídico en cuya creación puede no haber tomado parte alguna o haber tenido muy poca?

Hay interrogantes básicos. En primer lugar, respecto al derecho internacional en conjunto ¿cómo puede existir un sistema jurídico que obligue a los Estados? Éste es el problema relativo al fundamento del derecho internacional. Plantea interrongantes sumamente teóricos que afectan a todos los sistemas jurídicos, y las respuestas emitidas han estado muy influidas por consideraciones ideológicas. Debido a esto, no nos detendremos a considerarlo. Para todos los efectos prácticos nos bastará la proposición ya sentada: el derecho internacional existe, y se ha convenido universalmente en que los

Estados se encuentran obligados por él. El problema estriba, simplemente, en determinar qué es lo que el derecho internacional prohibe, permite o exige que se haga, en relación con hechos concretos y para descubrir esto, la pregunta ya indicada tiene que hacerse de nuevo, pero esta vez en términos muy concretos. Cuando se invoca una regla del derecho internacional en circunstancias particulares, se debe preguntar si ésta es una verdadera regla de derecho internacional; o, en otras palabras, si posee el carácter obligatorio de las reglas del derecho internacional; o, insistiendo en lo mismo, si es una regla válida de derecho internacional.

Esto tiene que determinarse claramente antes de que pueda aplicarse cualquier regla en consideración, o antes de que se exploren los efectos de su aplicabilidad. Es, por tanto, un problema de la mayor importancia práctica, y su solución nos la proporciona la doctrina de las *fuentes* del derecho internacional.

3.02 ¿DE DÓNDE DERIVAN SU VALIDEZ LAS NORMAS DEL DERECHO INTERNACIONAL?

Dos clases de respuestas pueden darse a la pregunta "de dónde deriva la validez o la fuerza obligatoria una regla jurídica", y dependen de considerar el contenido de dicha regla o la forma como ha sido creada. La doctrina del derecho natural ofrece el primer tipo de respuesta. De acuerdo con los postulados de dicha doctrina, sus reglas obligan a la humanidad, porque concuerdan con lo que algunos llamarían la voluntad divina y otros los dictados de la razón. Por esto son inmutables y sólo requieren ser descubiertas. Su validez es independiente de la intervención humana; por ello se encuentran en contraposición a las reglas del derecho positivo, cradas por la acción del hombre, cuyo contenido es variable porque ellas dependen de la voluntad de sus creadores. Resulta de esto que el derecho positivo es válido y obligatorio sólo cuando se formula en forma que le confiera validez, esto es, cuando proceda de una fuente reconocida.

3.03 NOCIÓN DE LAS FUENTES DEL DERECHO

Las clases y el número de las fuentes del derecho dependen del carácter y del grado de desarrollo y organización de cada comunidad, y del sistema jurídico que posea. Algunas surgen —y se confía en ellas en forma más o menos espontánea— como resultado de la mera acción recíproca de las relaciones comunales, a medida que éstas se van racionalizando y adoptan una forma más estable. Éste es el caso del derecho consuetudinario. En contraste, otras exigen un mayor grado de centralización política y el establecimiento de organismos especializados poseedores de alta autoridad política. Esto ocurre en el caso de la legislación. Finalmente, el problema de las fuentes del derecho es muy distinto en una comunidad de Estados de lo que es en una comunidad como la internacional, la cual está sólo imperfectamente organizada.

La expresión "fuentes del derecho" se encuentra tradicionalmente limitada a los métodos de creación de las normas jurídicas, es decir, de las reglas generales y permanentes capaces de ser aplicadas, repetidamente, sin límite alguno. No se aplica a los métodos de creación de regímenes especiales que impliquen derechos y deberes solamente para determinados sujetos, es decir —empleando un término común y familiar a la ciencia jurídica— a las reglas particulares.

Este criterio restrictivo da lugar a problemas especiales en relación con el sistema jurídico internacional, una de cuyas características es que contiene relativamente pocas reglas de "derecho internacional general" que obliguen a todos los Estados que forman parte de la comunidad internacional. En verdad, frecuentemente se usa la expresión "derecho internacional" para aludir sólo al "derecho internacional general" en el sentido que se ha explicado. Pero el derecho internacional también contiene otras reglas de carácter general y permanente que, sin embargo, tienen validez sólo en relación con determinados Estados. Tal es lo que ocurre con normas establecidas por los tratados multilaterales y con las que constituyen una costumbre "regional" (véase 3.14). Por último, existen ciertas reglas que, aunque son de carácter general y permanente, se aplican sólo entre dos Estados. Éstas pueden surgir de un tratado bilateral, pero pueden tener su origen en la costumbre (véase el *Right of Passage Case* (1960) ICJ Rep. 39).

El problema de saber si una regla determinada es o no de derecho internacional general puede tener gran importancia. Si lo es, basta establecer su existencia, ya que ha de obligar a todos los Estados. Si no lo es, entonces no sólo debe demostrarse la existencia de la regla, sino también se debe probar que llegó a tener existencia en forma tal que pudo obligar al Estado determinado al cual se pretende aplicar. No obstante, según se verá, la misma fuente —la costumbre— puede originar tanto reglas de derecho internacional general como reglas aplicables a un número pequeño de Estados, o aun a sólo dos de ellos. Un tratado, por otra parte, puede obligar únicamente a dos Estados o —como ocurre con la Carta de las Naciones Unidas— virtualmente a todos los miembros de la comunidad internacional. Por lo tanto, en gran medida, se puede confiar en las mismas fuentes del derecho, tanto para la formulación de las reglas generales como para la creación de situaciones particulares.

Por este motivo —a pesar de la terminología tradicional a que nos hemos referido— no debemos limitarnos en este capítulo sólo al examen de las fuentes (en el sentido clásico de los métodos de creación de las normas generales), sino que podemos considerar en forma conveniente y simultánea la manera como surgen las reglas particulares.

3.04 EL ARTÍCULO 38 DEL ESTATUTO DE LA CORTE INTERNACIONAL DE JUSTICIA

El artículo 38 (l) del Estatuto de la Corte Internacional de Justicia enumera con autoridad las fuentes del derecho internacional, en la forma siguiente:

La Corte, cuya función es decidir conforme al derecho internacional las controversias que le sean sometidas, deberá aplicar:

a) las convenciones internacionales, sean generales o particulares, que establecen reglas expresamente reconocidas por los Estados litigantes;

b) la costumbre internacional como prueba de una práctica generalmente aceptada como derecho;

c) los principios generales de derecho reconocidos por las naciones civilizadas;

d) las decisiones judiciales y las doctrinas de los publicistas de mayor competencia de las distintas naciones, como medio auxiliar para la determinación de las reglas de derecho, sin perjuicio de lo dispuesto en el artículo 59.

De este artículo se derivan numerosas dificultades de interpretación. Tomado literalmente, enumera sólo aquellas normas de derecho que la Corte Internacional de Justicia debe aplicar y no tiene, en rigor, ningún otro alcance. Sin embargo, su ámbito es indiscutiblemente mucho más amplio, en vista de que la función de la Corte es "decidir, conforme al derecho internacional, las controversias que le sean sometidas". Además, las diferentes fuentes enumeradas en los acápites (a) a (d) del artículo, son aquellas que las partes del Estatuto reconocen como generadoras de derecho internacional; y, por ser ilimitada la jurisdicción de la Corte en el sentido de que se extiende, en virtud del artículo 36 (1), a "todos los litigios que las partes la sometan", este reconocimiento es de carácter general y debe interpretarse en el sentido de que comprende todo caso en que las partes invoquen el derecho internacional, ya sea dentro de un procedimiento judicial o en otra forma.

3 05 ALCANCE DEL ARTÍCULO 38

La enumeración de las fuentes contenida en este artículo sugiere tres preguntas generales. 1) Si el orden en que están enumeradas tiene significado alguno, si crea una jerarquía de fuentes o se hizo sólo por conveniencia. Pero es imposible contestar esta pregunta sin reconocer con algún detalle cuál es la naturaleza de las diferentes fuentes enumeradas. Volveremos, pues, a esta pregunta al final del capítulo (véase 3.38).

2) Hay que preguntarse si la definición de fuentes que enuncia el artículo 38 es de carácter definitivo. En relación con esto, existe un acuerdo algo general al efecto de que la terminología del artículo es puramente descriptiva y no tiene por objeto restringir en forma alguna la operación de las fuentes que se describen.

3) Por último, es atinado preguntarse si la relación dada por el artículo 38 es exhaustiva o si aún hay otras fuentes de derecho internacional no mencionadas con él. Constituye un problema algo diferente establecer si algunos de esos elementos —como, por ejemplo, las sentencias judiciales, que el artículo 38 (1 d) describe solamente como "medio auxiliar para la determinación de

las reglas de derecho"— no son realmente fuentes en el pleno sentido de la palabra. Lo que nos lleva a dudar acerca del carácter exhaustivo del artículo 38, es, principalmente, la función creadora de los actos unilaterales en la práctica internacional contemporánea, sean ellos actos de los Estados o, más especialmente, actos de las instituciones internacionales. Además, en la práctica se acude a una jurisprudencia voluminosa y creciente de sentencias judiciales y laudos arbitrales para la determinación de lo que constituye derecho.

Si el artículo 38 fuera simplemente de carácter declaratorio, es evidente que no podría impedir la aparición de nuevas fuentes de derecho producidas por el desarrollo de la sociedad internacional y de su progresiva organización. Sin embargo, cuando surgen nuevos métodos de producción del derecho, éstos resultan de la aplicación de reglas jurídicas creadas a través de la operancia de las fuentes que ya han sido reconocidas: es decir, de los tratados y, posiblemente, por derivación de la costumbre. De ahí que toda nueva fuente imaginable se encuentra contemplada indirectamente en la enumeración del artículo 38, y es simplemente el producto del derecho que emana de las fuentes que se mencionan en esa relación.

SECCIÓN II. LOS TRATADOS

3.06 LUGAR QUE OCUPAN LOS TRATADOS EN EL SISTEMA DE DERECHO INTERNACIONAL

Sin duda, las reglas de derecho internacional que hoy son más numerosas —si no más importantes— son las convencionales, las que resultan de los tratados. La rapidez con que crece la Colección de Tratados de las Naciones Unidas da una idea clara de este desarrollo. De 1945 a 1955 —es decir, durante los primeros diez años comprendidos en dicha colección— se registraron y publicaron por la Secretaría de las Naciones Unidas 225 volúmenes, que comprenden 3 633 tratados. Ya a mediados de 1963, se habían registrado 7 420 tratados, que formaron 470 volúmenes. La amplia diversidad de estos tratados es muy llamativa, tanto por el número de campos con los cuales se relacionan —asuntos políticos, económicos, administrativos, comerciales, financieros, militares y culturales, el mantenimiento de la paz, la situación jurídica de los individuos y de sus bienes, y otros por el estilo— como por la importancia y el número de países participantes. Entre ellos tenemos los instrumentos constitutivos de las instituciones internacionales, tales como la misma Carta de las Naciones Unidas o la Carta de la Unidad Africana, del 25 de mayo de 1963. Algunas son convenciones multilaterales que establecen reglas aceptadas por la gran mayoría de los Estados —tales como las Convenciones de Ginebra, de 1949, sobre la Protección de las Víctimas de la Guerra, o las convenciones sobre la abolición de la esclavitud y el comercio de esclavos, de 1926 y años siguientes. Otras obligan sólo a un número limitado de Estados, frecuentemente sobre una base regional —como la Convención Europea para la Protección de los Derechos Humanos y Libertades Fundamentales, de 1950. Sin embargo, la mayoría son tratados bilaterales que comprenden desde los que regulan las relaciones en las más altas esferas políticas —como el Tratado Franco-alemán de Cooperación, del 22 de enero de 1963—, hasta los que se refieren a problemas administrativos de menor importancia —como la construcción de un puesto aduanero.

La más breve ojeada sobre el contenido de la Colección de Tratados de las Naciones Unidas evidencia lo importante que es el tratado en las relaciones internacionales contemporáneas. Es un expediente de muy variadas posibilidades que permite a sus signatarios (ya sean sólo dos Estados, un grupo pequeño de ellos o la totalidad de los miembros de la sociedad internacional) fijar reglas de derecho internacional de cualquier carácter o contenido y efectuar operaciones del tipo más variado. Más aún, los tratados, debido a que generalmente se consignan por escrito, comparados con otras fuentes poseen el mérito de una precisión muy considerable, que conduce a una mayor certidumbre en cuanto al contenido del derecho. Además, la forma como entran en vigor permite la rápida introducción de reglas nuevas. Por todos estos motivos, el desarrollo progresivo de las relaciones internacionales implica el aumento creciente de los tratados y es, a su vez, intensificado por este proceso.

3.07 NATURALEZA DE LOS TRATADOS

Es importante no dejarse llevar a conclusiones erróneas por el carácter y contenido diverso de los tratados. No obstante los títulos que se les den, o la materia de que traten, o el número de sus signatarios, todos los tratados se ajustan a la misma definición; ésta quizá pueda formularse convenientemente en la forma siguiente: *el tratado es cualquier acuerdo internacional que celebran dos o más Estados u otras personas internacionales, y que está regido por el derecho internacional.* Esta definición, debe obserarse, ha sido derivada de la sugerida por la Comisión de Derecho Internacional (véase ILC *Yearbook,* 1962, Vol. II, p. 31; *GAOR,* 21a. Secc., Supl. 9, p. 10).

La definición establece, en primer lugar, que aquello que se califique de tratado debe ser un acuerdo internacional. Es decir que —como sucede en el contrato del derecho interno— debe basarse en la coincidencia de las diferentes voluntades de las partes. Generalmente la voluntad de cada parte se manifiesta por el procedimiento de la ratificación o de la aceptación, aunque no siempre ocurre así (ver 4.14).

La forma del instrumento por medio del cual se expresa la voluntad común de las partes no tiene importancia (véase capítulo IV). Esta falta de cualquier requisito especial en cuanto a la forma puede llevar a la duda, en algunos casos, sobre si se ha celebrado o no algún tratado; por ejemplo, cuando todo lo que ocurre es que los representantes de las partes hacen individualmente declaraciones o cuando la aceptación del texto se manifiesta sólo por la votación en un órgano de una institución internacional. En varias ocasiones, la Corte Permanente tuvo que dar consideración a tales situaciones dudosas. (Cf. *Access to German Minority Schools in Upper Silesia* (1928) PCIJ Ser. A/B, No. 40, p. 16, y *Railway Traffic between Lithuania and Poland* (1931), *ibid.*, No. 42, p. 116.) No obstante, puede decirse que el tratado queda concluido una vez que se llega efectivamente a un acuerdo. Más aún, el significado práctico de cualquier duda de esta clase queda reducido por el hecho de que los Estados, en lugar de celebrar un tratado, pueden obligarse igualmente mediante declaraciones unilaterales (véase 3.30).

También es requisito adicional para formular tratados que exista un acuerdo entre dos o más Estados u otras personas internacionales. Este requisito excluye a los convenios entre Estados e individuos o sociedades privadas de la categoría de los tratados, los cuales —aunque a menudo pueden tener gran importancia— son únicamente contratos internacionales. El saber cuál derecho es aplicable a dichos contratos internacionales —normalmente algún sistema de derecho interno— es una cuestión compleja que, no obstante, queda fuera del alcance de este capítulo.

Igualmente, la definición de las personas internacionales que no son Estados es un problema difícil, según se verá en el capítulo 5.

Por último, los tratados se rigen por el derecho internacional. Este requisito excluye de la categoría de tratados a los acuerdos que, no obstante haberse celebrado entre Estados, por la voluntad de las partes han de regirse por la ley nacional de uno u otro de éstos; por ejemplo, los contratos comerciales de Estado cuyo comercio exterior es un monopolio estatal, el traspaso de terrenos para ser usados como sedes diplomáticas, o la venta de armamentos.

3.08   Tipos de tratados

Aunque es de poca importancia saber cómo ha de llamarse un tratado, es útil (según debe demostrar la subsección anterior) establecer la diferencia que existe entre varios tipos de tratados, de acuerdo con criterios distintos del de la mera nomenclatura.

En primer lugar, debe distinguirse entre los tratados bilaterales, concluidos sólo entre dos Estados, y los tratados multilaterales, celebrados por más de dos Estados. Se aplican reglas especiales a esta última categoría, especialmente respecto de la entrada en vigor y las reservas, el acceso de otras partes, y su aplicación y terminación (véanse 4.15, 4.18-4.21, 4.38, 4.46-4.55, 4.57). No obstante, ciertos tratados multilaterales celebrados por grupos pequeños de Estados, que tratan de asuntos en relación con los cuales la posición especial de cada contratante ha sido tenida en cuenta en la configuración del tratado, continúan siendo muy parecidos a los tratados bilaterales en cuanto a su carácter jurídico. Un ejemplo de un tratado multilateral que apenas se distingue, en el sentido indicado, de uno bilateral, es la Convención firmada en París el 18 de abril de 1951, por la cual se estableció la Comunidad Europea del Carbón y el Acero, que expresamente señalaba que entraría en vigor sólo mediante la ratificación de todos los signatarios (Art. 99), y que permite la adhesión de otros Estados sólo después de haber llenado las condiciones especiales mediante la celebración de nuevas negociaciones (Art. 98). La distinción entre las dos categorías alcanza su significado verdadero únicamente cuando se tiene en cuenta esa clase de instrumentos multilaterales denominados "tratados colectivos" (Cf. Sorensen, "Les principies de droit international public', 101 *HR*, 72 (1960)), o "tratados multilaterales generales" (ILC *Yearbook*, 1962, Vol. II, p. 34).

Éstos son tratados firmados, generalmente, por un número importante de Estados, abiertos a la adhesión de otros, y destinados a establecer reglas generales aplicables con independencia del número o de la importancia política de las partes. Los ejemplos de "tratados colectivos" son innumerables. Ellos cubren materias tan diversas como la prevención y el castigo del genocidio, el régimen de alta mar, el tráfico de drogas y la protección de la propiedad intelectual. Sin embargo, no todos son de aplicación universal. Muchos tienen sólo un alcance regional, tal como las convenciones panamericanas de codificación.

Puede señalarse una segunda diferenciación entre los tratados de forma simplificada y otros tratados. Lo que realmente distingue a los primeros no es más que el procedimiento simplificado que se utiliza para su celebración (véase 4.01). Esta simplificación surge algunas veces de las dificultades constitucionales que tienen ciertos Estados para celebrar tratados en forma solemne. Pero con más frecuencia se recurre a ellos por razones de mera conveniencia, como cuando se trata de un acuerdo de carácter puramente administrativo o técnico. Salvo que es diferente el procedimiento para su celebración, los tratados en forma simplificada se encuentran sujetos a las mismas reglas que los demás tratados, y tienen idéntico carácter jurídico; se usan muy a menudo para completar o incluso para modificar los tratados celebrados en forma solemne.

Otra diferencia frecuentemente señalada por los autores es la de *traités-contrats* y *traités-lois:* tratados de índole contractual y los que tienen algunos matices o aspectos de leyes. Los primeros rigen únicamente las relaciones mutuas entre las partes y los otros tienen por objeto, en cambio, fijar reglas generales como lo hace una ley general dentro del Estado. Esta diferencia cubre en gran parte el mismo ámbito que la ya indiada entre los tratados colectivos y los otros. Tuvo su origen en disputas doctrinales que hoy carecen de importancia, y tiene serios inconvenientes. El confiarse mucho en ella puede llevar a subestimar las considerables diferencias jurídicas existentes entre los tratados, las leyes o los contratos del derecho interno y dar por resultado la deducción de analogías que son a la vez falsas y peligrosas. Es, además, una diferencia muy difícil de aplicar, pues aun los llamados *traité-lois* imponen obligaciones recíprocas a los Estados contratantes; en cambio, muchos tratados, aun siendo bilaterales, contienen reglas generales (referentes, por ejemplo, a la extradición, o al derecho de establecimiento de los extranjeros). En virtud de esto, es mejor prescindir de tal distinción, sumamente criticada en muchos países. (Cf. Sorensen, *Les Sources du droit international,* pp. 58 y ss.; Tunkin, *Droit international public,* p. 63.)

3.09 "PACTA SUNT SERVANDA"

Los Estados y las demás personas internacionales quedan obligadas por los tratados celebrados en forma regular y que hayan entrado en vigor: ellos deben cumplirse de buena fe. Este principio, afirmado por la Carta de las Naciones Unidas, se expresa comúnmente por la máxima *pacta sunt servanda*, lo que quier decir, literalmente, "los tratados deben ser cumplidos" (véase 4.01). ¿Cuál es la naturaleza de este principio? Si bien todos los escritores reconocen su existencia, así como su importancia, no siempre convienen en cuanto a su naturaleza. Para algunos es una regla del derecho natural; para otros, un principio general de derecho; y todavía para otros, una regla consuetudinaria.

El fundamento del carácter obligatorio de las reglas convencionales —lo que a veces se conoce como la "santidad de los tratados"— merece un examen. La primera explicación que dicho carácter obligatorio sugiere es que, al firmar un tratado, las partes adquieren obligaciones cuyo contenido se define en el texto del tratado. El que dichos compromisos deban cumplirse es una regla elemental, y podría ser una regla universal de moralidad. Sin embargo, sólo obligaciones morales y no legales, pueden surgir de una regla o principio de moral. Por este motivo, con el propósito de investir de carácter jurídico al deber cumplir las obligaciones de los tratados, algunos tratadistas han recurrido al concepto del derecho natural.

No hay duda alguna de que la regla *pacta sunt servanda* tiene una base moral. Pero su trasformación en una regla de derecho natural es aceptable sólo para aquellos que sostienen que el derecho natural, igual que el positivo, tiene validez.

Pero, por otra parte, es evidente que la regla *pacta sunt servanda* constituye uno de los principios fundamenatles del derecho internacional positivo, y hasta para algunos autores el principio dominante de todo el sistema. Ya hemos recalcado que las reglas establecidas en los tratados actualmente son más numerosas que las emanadas de cualquier otra fuente, que esta categoría de reglas continúa creciendo y que contiene algunas de suma importancia para la comunidad internacional. En último análisis, todas estas reglas dependen de la norma *pacta sunt servanda*. Si esa regla se desechara, toda la superestructura del derecho internacional contemporáneo se desplomaría, con resultados que son obviamente presumibles para la comunidad internacional.

Estas consideraciones han obligado a muchos autores a clasificar la máxima *pacta sunt servanda* como principio general de derecho, para poner de relieve la posición preeminente que ocupa entre las normas de derecho internacional. Cuando lleguemos a tratar esa fuente (Cf. 3.21) tenemos que considerar si esto es justificable o si no resulta de cierta confusión que existe con respecto a la jerarquía de las normas del derecho internacional (Cf. 3.38).

En ningún caso debe ponerse en duda que la regla *pacta sunt servanda* tiene todas las características de una norma consuetudinaria. Los precedentes que la consagran son innumerables y la creencia de que es obligatoria es totalmente universal. En realidad, es probablemente la regla consuetudinaria más antigua y la que se afirma con más frecuencia.

No obstante, debe observarse que la máxima no es de las que existe aisladamente o es autosuficiente. Su aplicación requiere, por el contrario, la invocación de un cuerpo de reglas complejas que, sin duda, tienen un carácter consuetudinario y que la Comisión de Derecho Internacional ha tratado de codificar. Estas reglas son tan importantes y tan complejas que deben formar la materia de un capítulo aparte (véase 4.01).

SECCIÓN III. LA COSTUMBRE INTERNACIONAL

3.10 LUGAR QUE OCUPAN LAS NORMAS CONSUETUDINARIAS EN EL DERECHO INTERNACIONAL

Hasta hace relativamente poco tiempo, todas las reglas del derecho internacional general eran consuetudinarias. La mayor parte de éstas aún existen, aunque modificadas de tal manera que se adaptan, bajo la forma característica de la costumbre, a los cambios ocurridos en las relaciones internacionales.

El creciente aumento de los tratados multilaterales, y la constante ampliación del número de Estados contratantes, dan la impresión de que la costumbre ha perdido importancia en nuestros días. Esto sólo es verdad en cierta medida. Si bien hay que reconocer que la mayor parte de las reglas de derecho internacional actualmente emanan de tratados, y que la tendencia hacia el derecho escrito es probablemente irreversible y debe acentuarse a medida que pasa el tiempo, ello no significa que el derecho convencional esté remplazando al derecho consuetudinario. Lo que ocurre con más frecuencia es que el primero simplemente se añade a la costumbre, conservando ésta su fuerza obligatoria Sólo sucede a la inversa cuando un tratado colectivo que deroga una regla consuetudinaria o introduce otra nueva que está en contradicción con la norma consuetudinaria. Ni aun la codificación puede desplazar completamente a una regla consuetudinaria (Cf. 3.29).

Estrictamente, aún hoy, aparte de los principios generales de derecho que se tratarán más adelante, no existe ninguna regla de derecho internacional general —esto es, ninguna regla aplicable a todos los miembros de la sociedad internacional sin excepción— que no suponga la costumbre. Hasta ahora ningún tratado colectivo ha logrado la ratificación o la adhesión de la totalidad de los Estados miembros que componen la comunidad internacional. A pesar del notable progreso de las Naciones Unidas hacia la universalidad, debido a circunstancias especiales, o a que así lo han querido, aún existen algunos Estados que no son miembros. Se admite generalmente que el artículo 2 (6) de la Carta, de acuerdo con el cual "La Organización hará que los Estados que no son miembros de las Naciones Unidas se conduzcan de acuerdo con estos Principios" (es decir, con los principios proclamados en ese artículo) no crea niguna obligación directa para los Estados que no sean miembros. Es cierto que algunos de éstos ya han anunciado que admiten dichos principios, pero tales declaraciones, por sí mismas, no los hacen partes de la Carta. Sólo pueden considerarse obligados por estos principios sobre la base de una regla consuetudinaria que atribuya dicho efecto a las declaraciones unilaterales (véase 3.30), o porque los principios de que se trata hayan adquirido, por sí mismos —debido al casi universal reconocimiento que han recibido— la categoría de reglas consuetudinarias. Si la segunda alternativa enunciada aquí es la que se aplica realmente, entonces estos principios obligan igualmente a los Estados que no los hayan aceptado expresamente. (Cf. Proyecto de Artículos sobre el Derecho de los Tratados, Art. 34, ILC *Yearbook*, 1966, Vol. II, p. 15.)

De modo que algunas normas de derecho internacional son de carácter mixto: convencionales con relación a los Estados contratantes en los tratados en que se establecen, y consuetudinarias en cuanto a otros. Esto ocurre con frecuencia. Es una situación que se produce constantemente en relación con la codificación (Cf. 3.19), al igual que cuando la práctica basada originalmente en tratados particulares adquiere aquellas características de generalidad y continuidad que el proceso de creación de reglas consuetudinarias reclaman (Cf. Tunkin *op. cit.*, p. 93).

3.11 FORMACIÓN DE LAS NORMAS CONSUETUDINARIAS

El artículo 38 del Estatuto de la Corte se refiere a "la costumbre internacional como prueba de una práctica generalmente aceptada como derecho". Esta fórmula ha sido criticada frecuentemente, porque invierte el orden lógico de los acontecimientos. En la práctica, para probar la existencia de una regla consuetudinaria es necesario demostrar que existe una "práctica generalmente aceptada" que se ajusta a la regla y que es "aceptada como derecho".

La costumbre es el producto directo de las necesidades de la vida internacional. Surge cuando los Estados adquieren el hábito de adoptar, con respecto a una situación dada, y siempre que la misma se repita, una actividad determinada, a la cual se le atribuye significado jurídico. Los casos en que dicha regla consuetudinaria se aplica se conocen como "precedentes". Es pertinente formular dos preguntas en relación con éstos: *1)* ¿cuáles actos pueden decirse que constituyen precedentes, es decir, que contribuyen a la formación de una norma de derecho internacional consuetudinario? *2)* ¿qué número y qué clase de precedentes es necesario aducir para poder hablar de una "práctica general" creadora de la costumbre?

3.12 ACTOS DE LOS ESTADOS COMO PRECEDENTES

La esencia de la regla consuetudinaria se encuentra en el hecho de que surge de la conducta de aquellos a quienes obliga. De modo que aquí lo que se trata de determinar es la conducta de las personas internacionales.

Según veremos (5.02), las principales personas internacionales —o sujetos del derecho internacional— son los Estados. Las organizaciones internacionales también son personas jurídicas, pero su participación en el proceso de creación del derecho consuetudinario presenta problemas especiales que es mejor considerar por separado (véase 3.18).

Lo que primero ha de tenerse en cuenta son los actos de aquellos órganos de los Estados que están encargados de la conducción de las relaciones internacionales. Las comunicaciones diplomáticas, las instrucciones a las misiones diplomáticas y a los agentes consulares, las declaraciones ejecutivas, etcétera, se encuentran entre los precedentes que se tienen en cuenta con más frecuencia. Ahora bien, puesto que la diferencia entre los asuntos externos y los internos está lejos de ser absoluta, muchos actos públicos relacionados con la política nacional o con el derecho interno también pueden constituir precedentes, ya que indican la actitud adoptada por un Estado hacia una regla de derecho internacional.

La falta de acción, no menos la acción misma, puede contribuir a la formación de una regla consuetudinaria, siempre que dicha conducta no sea un mero reflejo del hecho de que el Estado interesado no se dio cuenta de que podría actuar en vez de abstenerse de hacerlo, o no se deba a simple indiferencia. Es decir, que la falta de acción es relevante cuando el Estado interesado tiene motivos para adoptar una actitud determinada y se abstiene de hacerlo, como cuando concede a otro un permiso en una esfera que afecta sus propios intereses —como ocurre al permitir el paso de una nave de guerra extranjera a través de sus aguas territoriales—. La Corte Permanente de Justicia Internacional admitió implícitamente la eficacia de esta clase de aquiescencia en el muy conocido caso *Lotus* (1926) PCIJ Ser A/B, No. 22, p. 28); y la Corte Internacional lo ha confirmado en el *Rights of Passage Case* [(1960), ICJ Rep. 40].

A diferencia de los actos unilaterales, la firma de tratados por un Estado, aunque no vaya seguida por la ratificación, puede constituir un precedente, si bien quizá de carácter negativo, cuando la ratificación se niega no por un motivo fortuito sino porque se repudia la regla que el tratado tiende a fijar. Los tratados que se ratifican debidamente son, claro está, precedentes; por esto, según hemos visto, contribuyen a la creación de las normas consuetudinarias.

3.13 ADOPCIÓN DE UNA "PRÁCTICA GENERAL"

Debe quedar aclarado que una práctica general llega a ser adoptada como resultado de la multiplicación de los precedentes. Pero un requisito adicional consiste en que debe proceder de la comunidad de Estados en su totalidad. De modo que se deben tener en cuenta dos elementos: la continuidad de la práctica y su alcance, en el sentido del número e importancia de los Estados que se ajustan a ella. Estos elementos se encuentran enlazados estrechamente.

Antiguamente podía afirmarse que sólo una práctica "inmemorial" podía dar lugar a una regla consuetudinaria. Pero ya no es posible sostener ese criterio en una comunidad internacional tan susceptible a cambios rápidos como es la que conocemos hoy. Excluiría la creación de nuevas normas consuetudinarias aun con base en una práctica absolutamente uniforme y universal. Sin embargo, no es posible decir con alguna precisión qué lapso debe transcurrir antes de que pueda decirse que una costumbre existe. Todo depende de las circunstancias del caso y de la índole de la regla en cuestión. Sólo es posible decir que una costumbre surge cuando lo que se tiene en consideración no es un mero fenómeno pasajero atribuible a circunstancias especiales, sino, por el contrario, una práctica constante y bien establecida, reconocida como tal. Ésta es la esencia misma del problema. Además, en relación con cualquier aspecto de las relaciones internacionales en que exista intensa actividad que fuerce a los Estados a actuar constantemente —como por ejemplo, en materia de intercambio diplomático— puede surgir con rapidez una práctica de tal índole que produzca una regla consuetudinaria, siempre que la práctica implique algo más que simples consideraciones de cortesía o conveniencia (véase 3.15). El caso es igual cuando atañe a intereses vitales de los Estados y, por lo tanto, cuando la posición que adoptan tiene una trascendencia y un significado especiales, como por ejemplo, en relación con los derechos sobre el espacio aéreo o la plataforma continental. Por otra parte, en el área donde la necesidad de una actuación por parte de los Estados surge pocas veces o en que sólo unos pocos Estados se encuentran interesados —como por ejemplo, en relación con los derechos de Estados mediterráneos— tendrá que pasar un tiempo considerable para que una costumbre llegue a configurarse.

Estas consideraciones ilustran la relación directa entre el tiempo necesario para la creación de la costumbre y el número de Estados participantes en su creación. Ello indica con claridad por qué la reciente intensificación de las relaciones internacionales y su carácter multilateral han servido para acelerar la formación de las normas consuetudinarias. Pero lo cierto es que el trascurso del tiempo, que permite la consolidación de la práctica, es todavía un elemento esencial en estos procesos, y que la discontinuidad o aun la interrupción provisional de una práctica impedirá su trasformación en norma de derecho.

Una costumbre puede dejar de tener efectos exactamente del mismo modo como llegó a tenerlos, ya sea por el efecto de una regla consuetudinaria o convencional que la contradiga, o por el desuso, cuando la práctica que le ha dado vigencia se abandona o cesa de ser generalmente observada.

3.14 Costumbre general y costumbre local

Según hemos manifestado, una práctica no puede originar a una regla consuetudinaria salvo que sea común a una pluralidad de Estados. Pero puede haber una distinción entre la costumbre general y la regional o local.

Las costumbres generales son aquellas que se aplican a la totalidad de los Estados que componen la comunidad internacional. Surgen de prácticas generales, en el sentido de que son observadas por un gran número de Estados. Sin embargo, nadie sostiene que sea necesario que todos los Estados participen en su creación. En cuanto concierne a la mayor parte de las reglas consuetudinarias, es evidente que no todos los Estados se han encontrado en situación de contribuir a su formación. Así, es notorio que los Estados que no tienen costas ni flotas no han podido contribuir en medida alguna al desarrollo del derecho marítimo. En la actualidad sólo un número muy pequeño de Estados pueden desempeñar un papel en la elaboración del derecho consuetudinario del espacio exterior. Las grandes potencias, por efecto de la realidad de la vida, toman mayor parte que otras en el establecimiento de prácticas que dan lugar a reglas consuetudinarias.

A la vez, no es posible hablar de una costumbre general si su observancia queda limitada a un grupo determinado de Estados. La regla consuetudinaria resultante es válida sólo respecto de ese grupo, y se la denomina costumbre regional o local —aunque esto no sea exactamente correcto, puesto que el grupo de Estados interesados pueden no constituir una región geográfica—. Es perfectamente concebible una costumbre cuya aceptación quede limitada únicamente a los miembros de la Comunidad Británica de Naciones. Pero las costumbres especiales son en realidad, por lo general, regionales en su alcance y llevan a hablar, por ejemplo, de un derecho internacional norteamericano o aun centroamericano.

Un grupo de la clase a que nos hemos referido puede ser grande o pequeño. En el *Rights of Passage Case,* la Corte Internacional de Justicia admitió que la relación entre sólo dos Estados podría originar el establecimiento de una costumbre local [(1960) ICJ Rep. 39].

3.15 EL ELEMENTO PSICOLÓGICO EN LA FORMACIÓN DE LA COSTUMBRE

El análisis clásico de la costumbre permite distinguir dos elementos diferentes en la formación de esta fuente del derecho: un elemento material —o como es mejor llamarlo, un elemento histórico—, esto es, la práctica o la multiplicación de precedentes que ya hemos examinado; y un elemento psicológico —la *opinio juris sive necessitatis*—, que es la convicción, por parte de los creadores de los precedentes, de que al establecerlos ellos están aplicando una regla jurídica.

Aunque sólo recientemente se lo llegó a admitir como tal en el derecho internacional, este segundo elemento tiene una historia larga que nos lleva hasta el derecho romano. A pesar de que se encuentra en contacto estrecho con algunas escuelas de pensamiento, y especialmente con la naturalista, el concepto contiene una diferencia esencial. Porque no toda práctica —aunque sea absolutamente constante y general— necesariamente da lugar a una regla jurídica. Por ejemplo, puede ser dictada por mera cortesía, como es la costumbre de los saludos entre navíos de guerra; o por conveniencia, como el uso de papel blanco en los intercambios diplomáticos. Por lo tanto, se requiere algún criterio que permita diferenciar entre los usos de esta índole y la costumbre propiamente dicha, y ese criterio lo proporciona el concepto de la *opinio juris.*

Pero debe observarse que la indagación de las convicciones subjetivas de los representantes de los Estados que se ajustan a un uso es un proceso delicado e incierto. Así, para citar un ejemplo clásico, ¿cómo es posible afirmar que cuando un gobierno confiere inmunidad judicial a un agente diplomático extranjero, lo hace porque cree estar obligado a ello por una regla de derecho internacional, pero que, en cambio —por lo menos antes de haber entrado en vigor la Convención de Viena— cuando le concede un privilegio fiscal, no lo hace motivado por una convicción similar, sino sólo por cortesía? (Cf. Cahier, *Le droit diplomatique contemporain,* p. 277.)

Además, algunos autores contemporáneos niegan totalmente la necesidad de este elemento en la creación de la costumbre. (Cf. Guggenheim, *Traité,* Vol. I, p. 47.) Otros dicen que las cortes internacionales parecen tomar nota de ello sólo en forma negativa, con el objeto de demostrar la no existencia de una presunta regla consuetudinaria en casos en que el precedente aducido en su apoyo parece ser el producto, esencialmente, del oportunismo o de la conveniencia política (Cf. por ejemplo, el *Asylum Case* (1950) ICJ Rep. 286). Parece que se presume la existencia de la *opinio juris* y, por lo tanto, al invocar una regla consuetudinaria no es necesario presentar prueba de su existencia. Basta presentar la de la repetición de los precedentes [véase Sorensen, "Principes de droit international public", 101 *HR,* 51 (1960)].

No parece que tal criterio refleje con completa exactitud las decisiones que se citan en su apoyo. En el *Asylum Case,* por ejemplo, la Corte sentó expresamente:

En ausencia de datos precisos, es difícil determinar el valor de tales casos como precedentes que tienden establecer la existencia de una obligación legal sobre un Estado territorial. (1950) ICJ Rep. 286.

Esto deja sentado con claridad que la Corte no ha de quedar conforme con una presunción. La verdad es que ella, aunque le presta oídos al criterio de la *opinio juris* y aunque ha tenido la oportunidad de hablar de la "conciencia de un deber jurídico", se encuentra menos preocupada por el análisis de estados psicológicos que por el examen y evaluación de los hechos probados. Lo que trata de determinar es si se revelan o no como ejercicio efectivo de un derecho por parte de un Estado, juntamente con el reconocimiento por otro Estado de la obligación correspondiente. Esto puede advertirse muy bien en las consultas sucesivas que hizo la Corte, en el caso *Rights of Passage,* en primer lugar sobre la cuestión del paso de personas privadas, después sobre el de funcionarios civiles y mercaderías y, por último, sobre el de tropas y armamentos [(1960) ICJ Rep. 40]. Pero el mismo método ya había sido usado por la Corte Permanente de Justicia en el caso *Lotus* (PCIJ Ser. A/B. No. 22, p. 28); véase también la fórmula especialmente clara que usó la Corte Internacional de Justicia en el caso *Asylum,* para definir los puntos que debían ser probados por un Estado que alegaba la existencia de una costumbre [(1950) ICJ Rep. 276]. La indagación de la índole exacta de las operaciones internacionales que se consideran como precedentes —o, en otras palabras, la interpretación jurídica de los hechos determinados objetivamente— viene, de esa manera, a sustituir la indagación sobre las creencias subjetivas.

Esto no significa que una costumbre no se encuentre basada en el consentimiento a la regla jurídica que refleja. Al contrario, su carácter obligatorio resulta del consentimiento general por parte de los Estados, y esto es lo que el artículo 38 trata de expresar cuando menciona "una práctica generalmente aceptada como derecho". Las cualidades de continuidad y generalidad, necesarias para que una práctica internacional pueda dar lugar a la costumbre reflejan la presencia de dicho consentimiento.

Una regla consuetudinaria no puede transformarse en una norma de derecho si encuentra oposición por parte de un grupo de Estados que componen la comunidad jurídica internacional o, según sea el caso, de la región o grupo, dentro de la cual dicha regla surte efectos. Entonces, el consentimiento necesario no se obtiene. Pero hay una gran distancia entre la noción del consentimiento general —inmediatamente deducible de una práctica igualmente general, determinada objetivamente— y la de la *opinio juris* que entraña un elemento psicológico diferente y adicional a dicha práctica.

3.16 Naturaleza de las normas consuetudinarias

La necesidad de este elemento del consentimiento en su formación ha hecho que se sugiera que la costumbre es, en esencia, una convención tácita. Ésta es la posición asumida por los que hacen hincapié en la idea de la soberanía y han encontrado la base del derecho internacional en la voluntad del Estado. Pero, aunque este concepto de voluntariedad dominó al pensamiento jurídico durante el siglo xix, ha ido abandonándose cada vez más, aunque todavía cuenta con el apoyo de los autores soviéticos (cf. Tunkin, *op. cit.*, p. 140). Ésta es una idea íntimamente ligada con los problemas del fundamento del derecho internacional, cuyo examen hemos descartado (ver 3.01). Sin embargo, nos referiremos ligeramente a los resultados prácticos que, en opinión de la mayoría de los autores, deben derivarse de la adopción de esta teoría de la naturaleza de la costumbre con preferencia a cualquier otra.

En este contexto, es necesario distinguir una vez más entre la costumbre general y la regional o local. Esta última, por definición, se aplica sólo a ciertos Estados cuya identidad ha de determinarse en cada caso concreto. Ése fue el enfoque adoptado por la Corte Internacional en el caso *Asylum,* en el que una de las partes alegó la existencia de una costumbre aplicable a los Estados latinoamericanos. Al pronunciarse sobre este argumento, la Corte estableció este principio:

La parte que confía en una costumbre de esta clase tiene que probar que ella ha quedado establecida de tal modo que se ha hecho obligatoria para la otra parte. (1950) ICJ Rep. 276.

Parece así que la participación de un Estado en la creación de una norma consuetudinaria, o la adopción por él de una actitud susceptible de interpretarse como una aceptación —aunque sea implícita— puede, por tanto, ser decisiva.

El problema es muy diferente cuando lo que se considera es una costumbre general, aplicable a todos los miembros de la comunidad internacional. ¿Es aún necesario probar, en cada caso, que la costumbre obliga al Estado para el cual resulta prejudicial? Esto entrañaría una negación de la existencia de cualquier derecho internacional general, y sería contrario al consenso universalmente reconocido. Además, aquellos autores que consideran las normas consuetudinarias como convenciones tácitas, necesitan recurrir a la noción de una presunción de aceptación, por parte de los Estados, de todo el cuerpo de reglas consuetudinarias consideradas como "bien establecidas". En otras palabras, el consentimiento tácito puede inferirse de todas las situaciones, menos de aquellas en que puede deducirse de la actitud efectiva de un Estado. Se considerará entonces que ha sido dado automáticamente de alguna manera por todos los Estados, salvo en el caso en que la actitud de uno de ellos evidencie, expresa o hasta tácitamente, que no consiente.

Es claro que todo esto entraña una ficción. Pero ello no significa que la teoría sea totalmente inútil. Por el contrario, a primera vista parece reflejar lo que realmente ocurre, porque debe admitirse que aun una norma consuetudinaria de derecho internacional general no será aplicable a un Estado que reiteradamente se ha negado a reconocerla y que, durante el periodo de su creación, se ha opuesto a que sea aplicada. Este criterio fue afirmado por la Corte Internacional en el caso *Anglo-Norwegian Fisheries,* en relación con el problema de si podría considerarse obligatoria para Noruega la regla de acuerdo con la cual sólo las bahías de una anchura menor de diez millas habrían de considerarse como territoriales [(1951) ICJ Rep. 131]. Pero las implicaciones de esta decisión no deben ser exageradas, puesto que la Corte a la vez declaró que dicha regla no había adquirido el carácter de una regla general de derecho internacional. Además, se debe tener en cuenta que, aparte de su negativa persistente a quedar obligada por una regla de tal clase, la situación de Noruega era especial, como resultado de la peculiar configuración de sus costas. No obstante, a pesar de las reservas que deben hacerse en relación con este caso, parece que se admite generalmente que la oposición de un Estado a una regla consuetudinaria durante el proceso de su formación puede —por lo menos en ciertas circunstancias— hacer que dicha regla sea inaplicable en cuanto a dicho Estado se refiere. Pero es posible que tal oposición no impida, necesariamente, que se reconozca esa regla como una de derecho internacional general.

Como corolario del principio que surge con ello, resulta que un Estado quedará obligado por una regla consuetudinaria si no ha adoptado una persistente actitud de oposición a ella durante el periodo de su formación. De esto podemos inferir cuál es el alcance de la presunción de la aceptación: cuando una costumbre se ha cristalizado debidamente, no puede permitirse a ningún Estado que refute la presunción, o que alegue que no acepta lo que ha permitido que llegue a tener realidad sin oponerse a ello. Cualquier otra interpretación privaría a la costumbre de su carácter obligatorio y la excluiría de la categoría de las fuentes del derecho internacional general.

El concepto de la convención tácita tiene el mérito de subrayar que la costumbre tiene su fundamento (como hemos visto en la sección precedente) en el consentimiento general de la comunidad internacional, el cual ha sido logrado gradualmente con el trascurso del tiempo (cf. Tunkin, *op. cit.*, página 79). Su desventaja consiste en que podría considerarse que está implicando que las reglas técnicas propias de la concertación de tratados son aplicables en cuanto a la formación de la costumbre, lo que ciertamente no es así.

La oposición firme de un número de Estados —especialmente si constituyen una sección apreciable de la comunidad internacional o incluyen a una o más de las grandes potencias— sin duda puede obstruir la formación de una norma consuetudinaria general. Por otra parte, no es necesario que una costumbre general deba ser aprobada expresamente por un Estado determinado para que sea aplicable a él. A este respecto, la costumbre —que es el producto de una práctica general y consistente— se destaca en contraste con los tratados —que, en esencia, son instrumentos a los cuales cada Estado viene a quedar individualmente obligado por virtud de su aceptación formal.

3.17 Los Estados nuevos y la costumbre

Una dificultad clásica que surge en relación con el problema de la naturaleza de la costumbre se produce con el Estado que recientemente adquiere su independencia, el cual, manifiestamente, no pudo haber participado en la formación de las reglas consuetudinarias ya en vigor cuando comenzó a existir, ni tuvo tampoco la oportunidad de oponerse a su formulación. Mediante su ingreso en la comunidad internacional, el Estado nuevo adquiere la posición jurídica de independiente, con todos los derechos y obligaciones que el derecho internacional general confiere a esa posición. De esto no hay lugar a dudas: ninguna otra cosa sería aceptable ni para el Estado nuevo interesado ni para los otros Estados. Como resultado de esto, el Estado nuevo queda obligado por todas las reglas del derecho internacional consuetudinario que se aplican indiferentemente a todos los Estados independientes.

Sin embargo, ¿no sería razonable admitir que un Estado nuevo estaría justificado en no considerarse obligado por aquellas reglas con las que estuviera en desacuerdo?

Sin duda, éste —igual que cualquier otro Estado— tiene el derecho de impugnar la validez de las reglas consuetudinarias que otros Estados querrían que él cumpliera, o de discutir la interpretación que se hace de éstas. De igual modo, el Estado nuevo sólo está obligado a someterse a aquellas reglas que estén bien establecidas y cuyo alcance, asimismo, se halle aclarado. Siguiendo el mismo criterio, sin embargo, el Estado nuevo no tiene derecho de negarse a cumplir tales reglas, a no ser en relación con aquellos Estados que expresamente han consentido en renunciar a que se apliquen; y un acuerdo de esta naturaleza sólo es posible si las normas en cuestión no forman parte del *ius cogens*.

El criterio de aceptar la costumbre como acuerdo tácito nos lleva teóricamente a un resultado diferente, pues supone que una regla consuetudinaria debe ser aceptada por los Estados a los cuales se aplica. De acuerdo con esta tesis, el Estado nuevo tiene el derecho de negarse a reconocer esta o aquella regla. Pero los mantenedores de esta teoría están obligados a admitir que cuando un Estado nuevo entra en relaciones formales con otros sin ninguna reserva, debe considerarse que acepta las reglas de derecho internacional vigentes y que constituyen la base de tales relaciones (cf. Tunkin, *op. cit.*, p. 87). Cuando un Estado solicita su admisión en las Naciones Unidas, sin duda hay una aceptación expresa, puesto que debe manifestar su aceptación de los principios de la Carta [Art. 4 (1)], cuyo principal propósito es la solución de las disputas "de conformidad con los principios de la justicia y del derecho internacional" [Art. 1 (1)], y "crear condiciones bajo las cuales puedan mantenerse la justicia y el respeto de las obligaciones emanadas de los tratados y de otras fuentes del derecho internacional" (Preámbulo). El resultado de esto es que si antes de entrar en relaciones internacionales normales no ha presentado reservas expresas y determinadas, el Estado nuevo se encontrará exactamente en la misma posición que cualquier otro en relación con el derecho internacional. Lo cierto es que en la práctica moderna no existe ningún caso en que se hayan presentado reservas con respecto a la aplicación de las reglas del derecho internacional general.

Por otra parte, el surgimiento de numerosos Estados nuevos con ideas jurídicas diferentes y prácticas diversas puede originar cambios apreciables y rápidos en el derecho internacional, a través de los medios normales aceptados para la formación de la costumbre.

3.18 LA COSTUMBRE Y LA PRÁCTICA DE LAS INSTITUCIONES INTERNACIONALES

Puesto que las instituciones internacionales son ellas mismas sujetos de derecho internacional (ver 5.04), es evidente que su práctica puede contribuir a la creación de la costumbre. Pero la posibilidad de esto da lugar a un gran número de problemas.

Se debe tener presente la práctica de las instituciones como sujetos de derecho internacional como, por ejemplo, cuando celebran tratados con Estados o con otras instituciones o cuando invocan privilegios e inmunidades en beneficio de ellas o de sus servidores. En tales casos, parece que los precedentes creados por las instituciones tienen el mismo valor que los creados por los Estados. Esto puede negarse sólo sobre la base de una concepción estrictamente voluntarista del derecho internacional, según la cual la costumbre pueda crearse únicamente por la voluntad de los Estados. Más aún, sería paradójico conferir a las instituciones la facultad de celebrar tratados y a la vez negarles toda capacidad para contribuir a la formación de la costumbre.

Pero la práctica de las instituciones no queda limitada a lo anterior. El aspecto de éstas que presenta mayor interés es el que surge de las resoluciones de sus órganos, adoptadas dentro del alcance de su autoridad, pero no en relación con otros sujetos del derecho internacional; por ejemplo, las resoluciones referentes a la elección de funcionarios, a materia de procedimiento, a las finanzas, a la creación de órganos subsidiarios o a la interpretación del instrumento constitutivo, y las resoluciones declaratorias de principios o que hacen recomendaciones. La mayoría de las resoluciones de esta clase tienen la evidente calidad de actos jurídicos que producen efectos jurídicos generalmente definidos en el instrumento constitutivo (véase 3.36). También contribuyen a crear una práctica de la organización que, al parecer, puede originar reglas consuetudinarias que obliguen no sólo a la organización misma, sino, además —en algunos casos—, a los Estados miembros, y aun cuando existen muchos miembros, a los Estados que no son miembros (cf. Higgins, *The Development of International Law*, pp. 317-320).

En sentido general, puede decirse que la práctica de las instituciones inter. nacionales contribuye a la formación de las reglas consuetudinarias del derecho internacional en la medida en que refleja y manifiesta la existencia de un consentimiento general en cuanto a la formación de esas reglas. En relación con esto, las declaraciones referentes a los principios de derecho internacional hechas por órganos tales como la Asamblea General y la maquinaria que se utiliza para efectuar su aplicación, son de interés especial. Dichas declaraciones deben considerarse a la luz de las mayorías que las adoptan, ya se trate de mayorías calificadas o no, y del vigor y calidad de la oposición o de la abstención que encuentren. Pero tal evaluación no es fácil. El voto emitido por un Estado dentro de una institución internacional puede no tener un carácter totalmente inequívoco, y puede, por ejemplo, haber sido dictado por consideraciones oportunistas. En ese caso, por consiguiente, no puede asimilarse simplemente a los actos estatales efectuados en relaciones directas con otros Estados. Pues en lo que ha dado en llamarse la esfera de la diplomacia parlamentaria en el foro —es decir, de una institución internacional— los representantes de los Estados, por influencia de una especie de retoricismo, no siempre miden sus palabras. Pero para indicar el grado de cautela que debe usarse en todo esto, quizá sea suficiente recalcar que no puede surgir ninguna costumbre si no es como resultado de una práctica constante e indiscutible.

Sin embargo, no obstante las reservas que aquí sean necesarias, es evidente que la existencia de las instituciones internacionales —compuestas como lo están por muchos Estados y regidas por procedimientos que permiten a los representantes de los miembros formular y tomar posición con respecto a los principios nuevos— debe facilitar el logro de un acuerdo general sobre esos principios. Si después ellos llegan a confirmarse por la práctica constante, pueden entonces adquirir el carácter de reglas consuetudinarias, siempre que, como es usual, no se encuentren a la vez incorporados en tratados multilaterales.

3.19 EL DERECHO INTERNACIONAL CONSUETUDINARIO Y LA CODIFICACIÓN

El derecho consuetudinario tiene ciertos inconvenientes característicos, a los cuales es atribuible la preferencia por el derecho escrito manifestada por la mayoría de los sistemas nacionales. Para llegar a saber qué es derecho consuetudinario, se requiere un acopio de precedentes que pueden encontrarse muy separados unos de otros, en el tiempo y en el espacio. La dificultad es aún mayor en la esfera internacional, debido a la escasez de archivos diplomáticos publicados oficialmente y a las reglas sobre su secreto que muchos ministerios de ralaciones exteriores aplican e imponen. Aun cuando se pueda probar la existencia de una regla, su contenido exacto continuará siendo materia de dudas, determinables sólo en forma inductiva mediante la interpretación de los Estados, lo que frecuentemente es un proceso muy delicado. Finalmente (a pesar de lo dicho en la última sección), aún se mantiene el criterio general de que la costumbre normalmente se desarrolla con lentitud y se adapta poco a las rápidas trasformaciones de las relaciones políticas y sociales. Todos estos inconvenientes son todavía más graves en nuestros tiempos, debido al surgimiento de un gran número de Estados nuevos que no han tomado parte en la elaboración de dichas reglas consuetudinarias, y tropiezan aún con mayores dificultades que los Estados viejos para determinar lo que ellas son. Estas dificultades se agudizan debido a ese proceso que se ha llamado con acierto la aceleración de la historia', el cual se deja sentir tanto en las relaciones internacionales como en otros campos.

Pero aquéllas se pueden superar, en gran parte, por medio de la codificación o por una nueva formulación de la costumbre. Esto nos explica por qué se intentó la codificación, desde hace mucho tiempo, mediante esfuerzos privados. En los tiempos modernos la tarea fue emprendida sobre una base más amplia y en condiciones más sistemáticas por la International Law Association, y especialmente por el Institut de droit international, entidades fundadas en 1873 y que cuentan entre sus miembros a estudiosos de la más alta reputación. Pero, aunque la autoridad y el valor científico de la obra del Institut son grandes, esos esfuerzos fueron de carácter extraoficial.

Los primeros ensayos de codificación con auspicios gubernamentales, mediante un tratado, se efectuaron por las Conferencias de La Haya, de 1899 y de 1907. La Liga de las Naciones no logró progreso alguno en este campo, y sólo con la creación de las Naciones Unidas se han reanudado los esfuerzos en cualquier escala.

El artículo 13 (1 a) de la Carta encarga a la Asamblea General el deber de "impulsar el desarrollo progresivo del derecho internacional y su codificación". Con este objeto, la Asamblea General —mediante la Resolución 174 (II) del 21 de noviembre de 1947— ha creado la Comisión de Derecho Internacional compuesta por personas de "reconocida competencia en derecho internacional" —inicialmente formada sólo por 15 miembros, aumentada a 21 y, finalmente, mediante Resolución 1647 (XVI) del 6 de noviembre de 1961, a 25, quienes actúan como individuos, pero son elegidos por la Asamblea General en forma tal que asegure "la representación de las formas principales de civilización y de los principales sistemas jurídicos del mundo".

La Comisión, que tiene "como objeto la promoción del desarrollo progresivo del derecho internacional y su codificación", ya ha hecho mucho. Ha redactado varias convenciones, algunas de las cuales se han sometido a conferencias de plenipotenciarios convocadas especialmente. Como resultado, se adoptaron en Ginebra, en 1958, cuatro Convenciones sobre el Derecho del

Mar; y una segunda conferencia, celebrada en 1960, no pudo llegar a un acuerdo sobre la extensión del mar territorial, que quedó sin determinar por las convenciones de 1958. En 1961, se adoptó en Viena una convención sobre relaciones diplomáticas y en 1963, una convención sobre las relaciones consulares.

La codificación no es una tarea fácil, y se debe proceder con lentitud. Cuando se acomete por órganos de las Naciones Unidas y se lleva a efecto por conferencias intergubernamentales, resulta algo diferente de la codificación privada, aunque, al igual que ésta, aún tiene por objeto lograr una nueva formulación de la costumbre y dar precisión a su contenido. Dicho método ayuda a organizar el consentimiento que la fortalece, al dar a todos los Estados la oportunidad de comentar sobre ella. Aparte de las conferencias intergubernamentales, esta oportunidad surge durante el trabajo de la Comisión debido a la forma como está compuesta y, más aún, porque sus labores son tema del informe anual que se discute en la Asamblea General, donde se encuentran representados todos los miembros de las Naciones Unidas.

En los casos en que el proceso de la codificación da como resultado la redacción de un tratado multilateral, el texto mismo del tratado adquiere fuerza obligatoria debido a la regla *pacta sunt servanda*. Esto tiene una importancia especial, porque cualquier intento de codificación de una regla consuetudinaria en forma inevitable implica un intento de mejorar, complementar o redactar nuevamente la regla, para atender a las condiciones del momento actual. Por esto la Comisión abandonó muy pronto cualquier diferenciación sistemática entre el "desarrollo progresivo del derecho internacional" y la codificación, tal como la Asamblea General, en la Resolución 174 (II) le invitó a que hiciera. En la mayoría de los proyectos de la Comisión se combinan estos dos elementos y es imposible diferenciarlos, aunque puede decirse con justicia que algunos de los proyectos de convenciones que se han producido —tales como los relacionados con la pesca, la conservación de los recursos de alta mar y la plataforma continental— legislan en mayor grado de lo que codifican.

El tratado, cuyo objeto es codificar alguna área determinada de la costumbre, aun cuando se haya firmado, no remplaza del todo a la regla consuetudinaria. Esto obviamente debe ser así, por lo menos mientras el tratado no entre en vigor por falta del número exigido de ratificaciones. Y aun después de esto, la regla consuetudinaria continúa aplicándose entre los Estados que no han ratificado el tratado y entre los que son partes de él. Si, además, un Estado posteriormente deja de ser parte del tratado, aún sigue obligado por la regla consuetudinaria. En dicho caso tenemos un ejemplo más de una regla de carácter mixto —convencional y consuetudinaria— de la cual ya hemos tratado (ver 3.10).

Por lo demás, muy pocas veces un tratado codificador deja de ejercer su influencia sobre la costumbre, aun cuando nunca entre en vigor o sea ratificado sólo por unos cuantos Estados. Pues el acuerdo en sí, sobre un texto común logrado por los plenipotenciarios de un gran número de Estados reunidos en conferencia, constituye una manifestación de consentimiento en relación con el contenido de la regla consuetudinaria respectiva y las adaptaciones de ella. En muchos casos, por consiguiente, un texto común de ese tipo servirá para conformar y orientar la práctica en el futuro.

Por otra parte, existen ciertos riesgos graves en el proceso de codificación, en el sentido de que puede ejercer una influencia negativa sobre el derecho en la forma como se encontraba anteriormente. Si se exponen las diferencias graves existentes entre Estados y se dejan sin resolver, ello puede obstruir el progreso por algún tiempo considerable —como ocurrió con la Conferencia de La Haya de 1930. El resultado puede ser el desacreditar las reglas sobre las cuales no se pueda lograr un entendimiento, sin que se llegue a ningún acuerdo para su remplazo por algo más aceptable. La regla del límite de las tres millas para la anchura del mar territorial quedó, sin duda, menoscabada cuando las dos conferencias de Ginebra, de 1958 y de 1960, no pudieron lograr un acuerdo con respecto a cualquier alternativa. Todo esto demuestra los peligros de acelerar la codificación indebidamente, y en particular, de convocar conferencias de codificación sin una cuidadosa y adecuada labor preparatoria tal como permite el procedimiento de la Comisión, en cuyo trascurso los gobiernos pueden poner en claro sus posiciones particulares.

SECCIÓN IV.   PRINCIPIOS GENERALES DE DERECHO

3.20   El artículo 38 del Estatuto de la Corte Internacional

Cualesquiera que sean sus preferencias particulares, todos los autores reconocen a los tratados y a las costumbres como fuentes de derecho internacional. Pero no existe acuerdo sobre "los principios generales de derecho reconocidos por las naciones civilizadas", que componen la tercera categoría de normas que la Corte Internacional de Justicia debe aplicar, de acuerdo con el artículo 38 de su Estatuto. A pesar de estar consagradas por un tratado, numerosos autores niegan que los principios generales de derecho sean, en manera alguna, una fuente de derecho internacional; o por lo menos tratan de limitar su aplicación, por varias razones teóricas. Esa actitud negativa refleja a menudo un deseo de oponerse —o aunque sea de restringir— cualquier tendencia a fijar límites jurídicos a la libertad de acción de los Estados no provenientes de los tratados o la costumbre.

3.21   Principios generales de derecho internacional

Se ha considerado que la frase "principios generales de derecho reconocidos por las naciones civilizadas" denota principios tan generales que se aplican dentro de todos los sistemas jurídicos que han logrado un estado comparable de desarrollo. Esto es lo que debe implicar la referencia a "naciones civilizadas". Los principios en cuestión deben buscarse en el derecho interno, puesto que los sistemas de él, en muchos casos, se encuentran más desarrollados que el internacional, al que con frecuencia se califica de primitivo. Los que tienen mayor importancia son los principios de derecho privado y de procedimiento, las ramas más antiguas y técnicamente más desarrolladas en casi todos los Estados.

Los principios generales de derecho que se originan en los sistemas jurídicos internos —o, más exactamente, en el derecho interno en general— y que constituyen una fuente diferente, deben distinguirse de los principios del derecho internacional mismo, puesto que estos últimos en realidad no son más que aquellas normas del derecho internacional que se derivan de la costumbre o de los tratados.

Los tribunales internacionales con frecuencia buscarán ayuda en los principios que son "bien conocidos" o "generalmente reconocidos", tal como el de la independencia e igualdad de los Estados. Es evidente que dichos principios son, por su misma naturaleza, peculiares al derecho internacional, tienen un origen consuetudinario y no deben confundirse con los "principios generales de derecho". Están basados, sin embargo, en costumbres tan universales y bien establecidas que el juez o árbitro que confía en ellos no cree necesario aducir precedentes para probarlos (cf. el caso *Lotus*, PCIJ Ser. A, No. 10, p. 18). Por aplicarse a una norma de carácter general de la cual pueden deducirse reglas secundarias, la voz "principio" se emplea a menudo en lugar del término "regla", por razones que son bastante obvias (cf. Sorensen, *Sources du droit international*, pp. 112 y ss.)

Dichos principios, debido a su generalidad y a su base firme en la costumbre, han llegado a ser considerados como fundamentales, en el sentido de que tienen mayor validez que otras reglas de derecho internacional y aun en el sentido de que son reglas que los Estados no pueden desconocer en modo alguno (cf. Sorensen, *op. cit.*, p. 116). También han sido llamados, algunas veces, principios de "derecho constitucional internacional". Tendremos que decidir si este criterio es correcto cuando analicemos la fuerza obligatoria del derecho internacional y la jerarquía de sus normas (ver 3.38).

La noción de los principios fundamentales de derecho internacional ha ganado terreno desde la segunda Guerra Mundial y ha invadido la esfera del derecho convencional. De ese modo, se ha hecho habitual hablar de los "principios de la Carta", y asignarles, más o menos explícitamente, los atributos de un derecho superior (cf. *Introduction to the Annual Report of the Secretary General*, GAOR, 16 a Sec., Supl. No. 1A (A/4800/Add. 1), p. 1). Puede encontrarse alguna base para este criterio en el artículo 103 de la Carta, en el cual se afirma la superioridad de ese instrumento sobre cualquier otro tratado. Más recientemente, varias conferencias internacionales y la Asamblea General misma se han esforzado en enunciar varios "principios", tales como los "principios de la coexistencia pacífica" (véase, por ejemplo, el Tratado Indo-Chino del 29 de abril de 1954; la Declaración Final de la Conferencia de Estados No Aliados, El Cairo, 10 de octubre de 1946) ; o los "principios de derecho internacional referentes a las relaciones amistosas y a la cooperación entre los Estados" (véase GA Res. 1815 (XVII), 18 de diciembre de 1962). En estos casos hay principios de alta importancia política, y sus propugnadores —especialmente los autores soviéticos— conciben que dichos principios poseen una influencia preponderante en el derecho internacional (cf. el plan de la obra de Tunkin citada en 3.08).

Es indudable que estos "nuevos principios de derecho internacional" tienen la mayor importancia política, y sin duda alguna en forma apreciable pueden influir en la formulación de nuevas reglas de derecho internacional. Sin embargo, no poseen el mismo valor como principios de derecho. Algunos corresponden a los principios consuetudinarios que ya están reconocidos, tal como el de la igualdad de los Estados (cf. GA Res. 1815 (XVII) a que se ha hecho referencia anteriormente). Éste, igual que el de la prohibición de la amenaza o del uso de la fuerza, y el de la solución pacífica de las controversias internacionales (véase *ibid*), ya se encuentran incorporadas en la Carta (artículo 2). Otros que se aducen, como el del deber de los Estados de cooperar para buscar el remedio a las disparidades del desarrollo (cf. la Declaración Final de la Conferencia de El Cairo), aún no tienen carácter jurídico, porque no han sido incorporados en tratados ni han sido confirmados por una práctica suficientemente generalizada. Así, es evidente que estos "principios de derecho internacional" no constituyen una fuente distinta de derecho internacional y que, en vista del hecho de que la Asamblea General no tiene atribuciones legislativas, sólo pueden llegar a ser principios jurídicos mediante los efectos de los tratados o de la costumbre (cf. Tunkin, *op. cit.*, pp. 35 y ss.), de lo cual, también, debe depender el lugar que les corresponde en la jerarquía de las normas del derecho internacional (ver 3.38).

3.22 PRINCIPIOS GENERALES DE DERECHO Y DERECHO INTERNO

La Corte Internacional en muchos casos se ha referido a principios "bien conocidos" o "bien establecidos", tales como la regla de que "nadie puede ser juez en su propia causa" (véase el Caso Chonzow Factory, PCIJ Ser. A, No. 17, p. 32), o la que sostiene que el fallo de un tribunal judicial "es *res judicata* y tiene fuerza obligatoria en cuanto a las partes en disputa" (Opinión Consultiva, *Effects of Awards of Compensation made by the United Nations Administrative Tribunal.* (1954) ICJ Rep. 53). Estos ejemplos no son los únicos, y se habrán de encontrar otros en las sentencias de la Corte, al igual que en los laudos de los tribunales de arbitraje (cf. Lauterpacht, *Private Law Sources and Analogies of International Law*, páginas 215 y ss.). Estos principios, evidentemente, no son peculiares del derecho internacional, pues se aplican igualmente en el derecho interno. En realidad, es obvio que el derecho internacional —que se desarrolló mucho después que el derecho interno y cuyas instituciones realmente son muy nuevas— ha tomado prestado del derecho interno muchas de estas situaciones. Lo pertinente aquí realmente son los "principios generales de derecho reconocidos por las naciones civilizadas", en el sentido del artículo 38 del Estatuto.

Si nos atenemos estrictamente a esta fórmula, es necesario acometer un estudio comparativo que incluya a todos los sistemas jurídicos internos para determinar cuáles principios son comunes a ellos, ya que la fórmula sugiere una noción de consentimiento común comparable a la necesaria para la creación de la costumbre, pero que, en este caso, ha de consistir en una coincidencia de las normas de los derechos internos. Sin embargo, en la práctica, la Corte Internacional procede en forma más empírica y se conforma con una coincidencia de opinión entre sus propios jueces. Dicho método provee garantías suficientes, pues los jueces se han elegido en forma tal que "en conjunto estén representadas las grandes civilizaciones y los principales sistemas jurídicos del mundo" (Art. 9 del Estatuto). En vista de esto, puede aceptarse que cualquier cosa que todos los jueces estén preparados para aceptar como "principios generales de derecho" deben, en realidad, estar "reconocidos por las naciones civilizadas".

3.23 ¿CONSTITUYEN "LOS PRINCIPIOS GENERALES DE DERECHO" UNA FUENTE DISTINTA?

Si un determinado principio se afirma constantemente en las decisiones judiciales y se acepta en la práctica de los Estados, debe adquirir, evidentemente, el carácter de costumbre; en este sentido, poco importa que el principio de que se trata haya sido originalmente tomado del derecho interno. Dicho principio queda incorporado al derecho internacional como resultado de la operación normal de las fuentes de ese sistema. Puede decirse lo mismo respecto de las numerosas reglas del derecho interno que se incorporan a los tratados. Basta referirnos aquí a las reglas que el mismo Estatuto de la Corte Internacional incorpora; por ejemplo: la de la independencia de los jueces, la de la forma contenciosa de los procesos, la de la publicidad de las audiencias, la del efecto que ha de atribuirse a las decisiones, etcétera.

Por consiguiente, el problema del carácter de los principios generales surge sólo en relación con aquellos que aún no forman parte del derecho internacional consuetudianrio o convencional. Algunos autores han sostenido —especialmente en la Unión Soviética— que no pueden existir tales principios debido a la diferencia entre los tipos de sistemas jurídicos internos, causada por la revolución socialista de 1917: la diferencia, por así decirlo, entre los sistema "burgueses" o capitalistas y los socialistas o inspirados por el marxismo (cf. Tunkin, *op. cit.*, p. 244). Esto parece un poco exagerado. Probablemente sería difícil encontrar principios ideológicos comunes a estos dos tipos de sistemas jurídicos, pero, por el contrario, ambos parecen tener principios similares de índole técnica, tal como el de *res judicata,* que son de utilitdad en la esfera internacional (cf. los ejemplos que cita el mismo profesor Tunkin, *op. cit.*, p. 247). En cualquier caso, la existencia o inexistencia de principios comunes es un problema de hecho que ha de resolverse por indagación más bien que por una opinión *a priori*.

Pero ¿cómo pueden tales principios servir de fuente del derecho internacional? Es fácil advertir que ellos puedan servir de fuente de inspiración para el desarrollo de ese derecho, como una especie de reserva de reglas que se han de utilizar en caso de necesidad. Sin embargo, siendo ellas reglas en sí mismas, no son capaces de operar como medio para crear otras nuevas (cf. 3.02).

Pero no debe olvidarse que estos principios se encuentran relacionados —en el artículo 38 del Estatuto— entre las reglas que la Corte ha de aplicar. Dicho artículo faculta a la Corte, cuando no baste el derecho consuetudinario ni el convencional, para recurrir a las normas del derecho interno a fin de resolver los casos que se le sometan; o (para decirlo en forma técnica) el artículo 38 autoriza el uso de la analogía. Ahora bien, las analogías pueden derivarse sólo de reglas que sean comunes a todos los sistemas de derecho interno. De esta forma se proporciona una garantía contra las decisiones puramente arbitrarias de los jueces.

3.24 Desarrollo contemporáneo de los "principios generales"

Debido a las razones expuestas en la subsección precedente debemos tener en cuenta la jurisprudencia de la Corte Internacional para descubrir cuáles son los principios generales de derecho que en realidad se reconocen. Pero es interesante observar que ni la Corte Internacional, ni su predecesora han hecho jamás una referencia expresa al artículo 38 (1 c) del Estatuto. La fórmula "principios generales de derecho reconocidos por las naciones civilizadas" se ha usado sólo en fallos individuales o en opiniones discrepantes, nunca en las decisiones de la mayoría de la Corte. Sin embargo, en varias ocasiones, ésta ha aplicado principios que se encuentran "generalmente reconocidos" o "admitidos", y que ciertamente han sido tomados del derecho interno, pero respecto a los cuales no siempre es posible decir que hayan adquirido la condición de costumbre.

Algunos de los principios que la Corte ha aplicado de este modo se refieren a la administración de justicia (como el de que nadie puede ser juez en su propia causa, el de *res judicata,* las reglas para la determinación de las objeciones preliminares y, en general, las reglas de procedimiento) ; otros son principios de un carácter más general y aplicables a situaciones diversas (como los referentes a la buena fe, el abuso de los derechos, la retroactividad, la obligación de reparar un daño, la territorialidad del derecho penal, la aquiescencia, y la teoría de los actos propios *(estoppel);* algunos, en cambio, tienen que ver con la interpretación de los tratados y de otros instrumentos. Pero las expresiones algo imprecisas que ha empleado la Corte hacen extremadamente difícil fijar una relación completa y autorizada de los principios generales a que ha recurrido —y eso sin tener en cuenta el hecho de que frecuentemente se los invoca sólo para demostrar que no son aplicables al caso tratado.

SECCIÓN V. DECISIONES JUDICIALES Y DOCTRINAS DE LOS PUBLICISTA

3.25 EL ARTÍCULO 38 (ID) DEL ESTATUTO

Después de enumerar las tres categorías de reglas consideradas hasta aquí, el artículo 38 del Estatuto continúa autorizando a la Corte a aplicar "las decisiones judiciales y las doctrinas de los publicistas de mayor competencia... como medio auxiliar para la determinación de las reglas de derecho..."

Las sentencias judiciales y las opiniones de los autores, en virtud de esta disposición, no se colocan en el mismo plano que los tratados, la costumbre y los principios generales de derecho. Aprecen no como fuentes autónomas, sino como simple "medio auxiliar" para la determinación de las reglas de derecho. Las implicaciones y los fundamentos de este enfoque requieren ser examinados, puesto que parecería que el valor jurídico de las decisiones judiciales es muy diferente del que se da a las opiniones de los tratadistas.

3.26 DECISIONES JUDICIALES Y ARBITRALES

Las decisiones judiciales a que se refiere el artículo 38 son, en primer lugar, las de la Corte Internacional misma. Esto se hace evidente por la referencia al artículo 59. Este artículo tiene la función de conferir a las decisiones de la Corte la autoridad de *res judicata*. "La decisión de la Corte no es obligatoria sino para las partes en litigio y respecto del caso que ha sido decidido." Su formulación negativa debe explicarse por el hecho de que la regla referente a que la decisión de la Corte obliga a las partes ya aparece consignada en el artículo 94 de la Carta.

Para volver sobre la terminología, explicada anteriormente (ver 3.03), las sentencias judiciales pueden clasificarse como modos de creación de derecho. Sin embargo, ellas sólo pueden producir reglas particulares. Esto es exactamente lo que dispone el artículo 59. En lo que respecta a las normas generales de derecho, para los fines del artículo 38, sólo constituyen un "medio auxiliar para la determinación" de ellas.

Pero el modo de creación es derivativo, ya que las decisiones judiciales crean obligaciones para las partes sólo por virtud de una norma superior. Esto es, en la actualidad, una regla convencional señalada específicamente en el artículo 59 del Estatuto y en el artículo 94 de la Carta. Pero la misma regla estaba en vigor antes de 1945 en calidad de regla consuetudinaria, como lo demuestran numerosos precedentes en la historia del arbitraje. Por la misma razón, puede considerarse como un principio general de derecho, puesto que está reconocida por todos los sistemas internos de derecho (véase la Opinión Consultiva sobre *Awards of Administrative Tribunals* (1954) ICJ Rep. 53).

Resulta de ello que no sólo las decisiones de la Corte de La Haya constituyen un modo de crear reglas particulares de derecho internacional, sino que lo mismo ocurre con las decisiones de cualquier tribunal internacional, sin importar su formación, siendo irrelevante si dicho fenómeno se ha estipulado expresamente o no en los tratados por los cuales los tribunales han quedado establecidos. (Cf. *Arbitral Award Made by the King of Spain* (1960) ICJ Rep. 192 y 55 a 217.) Y las decisiones de otros tribunales internacionales igualmente constituyen "medio auxiliar para la determinación de las reglas de derecho".

3.27 Decisiones internacionales y desarrollo del derecho internacional

Las decisiones judiciales son ejemplos de la aplicación deliberada del derecho internacional. Aunque en estricto derecho, la decisión o la orden dada obliga por sí misma, se llega a ella por medio de razonamiento, en el caual la Corte o el tribunal indica las reglas de derecho que aplica y los medios por los cuales la validez y el significado de dichas reglas quedan determinados. Así, una decisión judicial o arbitral representa una opinión con respecto al verdadero contenido del derecho internacional, expresada por un órgano establecido, mediante un convenio celebrado entre Estados comprometidos a cumplir sus decisiones, e integrado por personas de reconocida competencia, quienes utilizan un procedimiento contencioso que permite a las partes de la controversia expresar sus distintos puntos de vista en relación con lo que es derecho. El resultado de esto es que la decisión tiene —como lo admiten todos los sistemas jurídicos— un valor muy considerable como medio de indicar la existencia y el contenido de las reglas de derecho. Tiene, además, valor especial en un sistema jurídico que es en gran parte consuetudinario y que ha de ser determinado consecuentemente a través de cuantiosas investigaciones de los precedentes.

La Corte Internacional misma se refiere constantemente a sus decisiones anteriores (para ejemplo, véase Lauterpacht, *The Development of International Law by the International Court*, pp. 9, 155 y ss.; Sorensen, *Sources du droit international*, p. 166). El valor ilustrativo de estas decisiones depende de la autoridad de la Corte y del procedimiento mediante el que se dictan y no de su fuerza obligatoria, la cual queda limitada al círculo de las partes y a la orden o mandato efectivo. Se atribuye el mismo valor a las Opiniones Consultivas de la Corte que a sus decisiones (cf. Sorensen, *loc. cit.*)

Los tribunales de arbitraje, aunque no se encuentran constituidos del mismo modo que la Corte Internacional, y no están establecidos por un tratado multilateral como ésta, dictan sus laudos sujetos a los mismos resguardos procesales, y por ese motivo tienen alta autoridad. La Corte Internacional hace referencias a esos laudos con gran frecuencia (cf. Sorensen, *op. cit.*, p. 162).

El confiar en las decisiones judiciales y arbitrales para la determinación de las normas de derecho, ha llegado a ser una parte importante y habitual de la práctica internacional. Ello permite conferir una certidumbre a las normas consuetudinarias, que de otro modo no tendrían, y así facilitan en gran parte su aplicación. Según hemos visto en la última sección, a través de tales decisiones los principios generales de derecho se incorporan en la práctica al derecho internacional. Así, las decisiones internacionales contribuyen muy directamente al funcionamiento de esta fuente y, en verdad, desempeñan con frecuencia un papel decisivo en el desarrollo del derecho internacional, sin llegar a constituir, sin embargo, una fuente distinta por sí misma.

En ciertos sistemas de derecho interno, y especialmente en los países del *common law,* como resultado de la aplicación de la regla de *stare decisis,* las decisiones engendran normas generales de derecho. Esta regla o principio no se aplica en el derecho internacional. En todos los Estados, tienen fuerza vinculante para las personas las reglas que constituyen lo que se llama una "jurisprudencia establecida", porque dichas personas están sometidas a la jurisdicción obligatoria de sus tribunales. Sin embargo, en el plano internacional, la Corte Internacional no tiene jurisdicción obligatoria, sino dentro de una esfera muy limitada (ver 11.17 y 11.18). Por lo tanto, dentro de ese ordenamiento, las reglas no pueden tener fuerza vinculante, sino en una situación particular, que es la situación del procedimiento. Muchas de las decisiones de la Corte Internacional se ocupan tanto de las reglas procesales que han de aplicarse ante ella, como de los derechos y deberes de las partes. Y aquí la Corte es verdaderamente la dueña de la situación y las partes que comparecen ante ella tienen que obedecer sus reglas. Su atribución está fundada en el tratado, ya que la Corte tiene poder general para determinar la manera de ejercer sus funciones y "establecerá, en particular, sus reglas de procedimiento" (ver artículo 30 del Estatuto). Ella ejercita esta facultad fijando el "Reglamento de la Corte" (Art. 30), dando órdenes en casos especiales (Art. 48), y en el curso de sus decisiones. Estas decisiones son, por consiguiente, una fuente de derecho en los casos que se le someten; pero, a pesar de su autoridad general, esa norma no tiene fuerza vinculante para otros tribunales.

En resumen, el artículo 38 (1 d) —supeditado a las reservas antes señaladas— refleja la situación actual de manera exacta. Las sentencias judiciales y los laudos arbitrales son, de hecho, un "medio auxiliar para la determinación de normas de derecho", pero debe entenderse que "auxiliar" no significa "secundario". Por el contrario, en muchas áreas del derecho internacional, tales decisiones constituyen el mejor medio de determinar qué es Derecho.

Por consiguiente, las decisiones judiciales y arbitrales representan una parte integrante de la práctica internacional para la creación de normas consuetudinarias. Aunque las decisiones no se derivan directamente de los Estados, se producen por órganos establecidos especialmente para ese objeto mediante acuerdos entre ellos, los que a su vez están allí representados en los procedimientos que conducen a la decisión. Los Estados, del mismo modo, aseguran su ejecución, garantizada —en el caso de la Corte Internacional— por el Consejo de Seguridad (artículo 94 de la Carta). Estas características explican suficientemente la importancia de su contribución en el proceso de formación de la costumbre (cf. Rousseau, *Principes généraux du droit international public,* vol. 1, p. 857; Tunkin, *op. cit.,* p. 218).

3.28 ELEMENTO DE EQUIDAD EN LAS DECISIONES JUDICIALES Y ARBITRALES

Debido a que el artículo 38 (2) del Estatuto autoriza a la Corte para decidir casos *ex aequo et bono,* si las partes así lo convienen, ella puede abstenerse en dichos casos de aplicar las reglas de derecho internacional. En esos casos, la regla de derecho o bien es complementada, o atemperada o hasta ignorada por completo, pues las partes han estado de acuerdo en que su rigurosa aplicación habría de conducir a resultados injustos (cf. Rousseau, *op. cit.,* pp. 938 y ss.). El recurrir a una especie de equidad hace posible que se puedan tener plenamente en cuenta las circunstancias especiales del caso sin atender a reglas que son, necesariamente, de carácter general. Por definición, las decisiones *ex aequo et bono* no admiten generalización alguna y no pueden contribuir a la formación de normas del derecho internacional. De todos modos, en este campo, la práctica que existe es muy escasa y la poca que hay está circunscrita a los tribunales arbitrales (cf. Rousseau, *loc. cit.).* A la Corte Internacional aún no se le ha pedido que decida ningún caso *ex aequo et bono.*

3.29 ENSEÑANZA DE LOS PUBLICISTAS

El segundo medio subsidiario a que se refiere el artículo 38 del Estatuto es el de "las doctrinas de los publicistas de mayor competencia de las distintas naciones". El contenido preciso del derecho internacional careció por mucho tiempo de certidumbre y fue muy difícil de determinar; sus reglas eran tan escasas e ineficaces y el número de personas familiarizadas con ellas tan pequeño, que las obras de los autores que se habían dedicado a tratar esta rama del derecho, tan poco conocida, proporcionaban la principal y casi la única fuente de información acerca de él. Era tanto más necesario recurrir a ellos por cuanto se reconocía universalmente que, en ausencia de normas positivas, debía recurrirse al derecho natural y al derecho romano como fuentes del derecho internacional; pero éstos —el primero especialmente— sólo eran accesibles a través de las obras de los publicistas. Los más notables ofrecían reglas maneables y aceptables que no podían descubrirse en otra parte. Los grandes maestros del derecho internacional —entre ellos Vitoria, Grocio y Vatel— desempeñaron de esta manera un papel principal en el desarrollo de ese derecho.

Las condiciones que dieron lugar a esto no han dejado de actuar del todo en el presente. El derecho internacional continúa siendo, en muchos de sus aspectos, difícil de descubrir o interpretar. Por tanto, las investigaciones de los estudiosos siguen siendo muy útiles, no sólo para precisar el derecho positivo, sino también como guía para su desarrollo y como medio para llenar sus deficiencias.

El artículo 38 (1 d) señala muy apropiadamente que la Corte debe examinar las enseñanzas de los publicistas más capacitados "de las distintas naciones". Este requisito se encuentra en armonía con las reglas fijadas para formar la composición representativa de la Corte y con las demás disposiciones del artículo 38, que vinculan el proceso de la formación del derecho internacional con la noción del consentimiento general. Es muy necesario, al considerar las enseñanzas de los publicistas, tener en cuenta las opiniones que se originan o prevalecen en las diferentes regiones del mundo. Por esta razón también, además de las obras individuales, los trabajos de sociedades ilustradas, compuestas internacionalmente —como el Instituto de Derecho Internacional— tienen especial autoridad.

Las opiniones particulares y los votos disidentes de los jueces de la Corte también merecen atención. Ellos son de gran importancia, no sólo a causa de la reputación y de los cargos de sus autores, sino también en virtud de las condiciones en que producen sus opiniones. Podría decirse que a dichas opiniones corresponde una jerarquía intermedia entre las enseñanzas de los publicistas y las decisiones judiciales.

La Comisión de Derecho Internacional —que constituye a la vez un cuerpo de publicistas que actúan con su respectiva capacidad personal y como órgano de la institución internacional— proporciona también trabajo doctrinario de gran autoridad (ver 3.19 y 3.37). Igualmente, deben mencionarse las opiniones jurídicas preparadas por las secretarías de las organizaciones internacionales en el desempeño de sus funciones [cf. Schachter, "The Development of International Law through the Legal Opinion of the United Nations Secretariat", 25 *BYIL*, 19 (1948)].

SECCIÓN VI. ACTOS UNILATERALES DE LOS ESTADOS

3.30 ACTOS UNILATERALES DE LOS ESTADOS Y CREACIÓN DEL DERECHO INTERNACIONAL

El artículo 38 del Estatuto de la Corte Internacional no menciona los actos unilaterales de los Estados entre las fuentes de derecho que enumera. Pero esto no significa que dichos actos no puedan dar origen a normas de derecho internacional.

Tales actos, sin embargo, deben ser actos jurídicos de significación internacional —o, en otras palabras, actos realizados con la intención de afectar las relaciones jurídicas internacionales—. Pero ellos pueden ser actos de derecho interno (como la ley u ordenanza que especifiquen los límites de las aguas territoriales), con tal que su ámbito o sus efectos trasciendan la esfera del derecho interno y afecten la del derecho internacional. El silencio, en el sentido de adoptar una actitud pasiva, puede constituir un acto de dicha índole. Pues al ser analizado, puede resultar que constituya la ausencia de la reacción a una situación determinada de hecho o de derecho de la cual pueden derivarse consecuencias jurídicas (ver 3.12).

Los efectos jurídicos internacionales no han de surgir de un acto de esta clase tan sólo porque el Estado interesado tenga esa intención. De hecho, la situación es comparable a la que surge cuando un tratado se celebra con la intención de que produzca efectos en beneficio o en detrimento de terceros Estados. Esto ha de resultar tan sólo si el derecho internacional así lo permite. Un acto unilateral debe, por consiguiente, mirarse desde el punto de vista de los derechos y de los deberes de otros Estados, así como de los derechos y deberes de quien lo realiza. El principio de la igualdad soberana de los Estados no permitirá que uno de ellos, por su sola actuación, imponga obligaciones a otros sin el consentimiento de ellos; pero, en igual forma, permite la creación unilateral de derechos para otros, cuya contrapartida serán obligaciones vinculantes para el realizador del acto, aun cuando los beneficiarios de tales derechos no tienen necesidad de ejercitarlos. A falta de una regla en sentido contrario, sin embargo, un acto unilateral puede ser revocado o anulado por quien lo realiza. En consecuencia, los derechos que trata de conferir a terceras personas llegarán a ser definitivos sólo cuando la posibilidad de la revocación o anulación desaparezca por uno u otro motivo, tal como la aceptación o el ejercicio de los derechos por las partes interesadas.

De lo anterior debe resultar suficientemente claro que en el derecho internacional los actos unilaterales de los Estados serán considerados más frecuentemente en relación con otras fuentes de dicho derecho —especialmente la costumbre y los tratados.

Los que aparecen como actos unilaterales de los Estados, con frecuencia resultan ser sólo etapas en el proceso de la celebración de los tratados. El significado jurídico de los actos de esta índole se deriva de la regla *pacta sunt servanda*. Como ejemplos tenemos: declaraciones canjeadas por los Estados, actos de ratificación o de accesión, formulación de reservas a los tratados, declaraciones mediante las cuales los Estados se someten a algún régimen determinado de tratados, tal como las declaraciones de aceptación de la jurisdicción obligatoria de la Corte Internacional —señaladas en el artículo 36 del Estatuto—, declaraciones que extienden los efectos de los tratados a territorios no metropolitanos, denuncia de tratados, etcétera.

En muchos otros casos, los actos unilaterales constituyen actos de derecho internacional tan sólo en cuanto contribuyen a la formación de una regla consuetudinaria, para la cual sirven de precedentes.

Pero existe otra categoría de actos que tienen un significado jurídico independiente, por cuanto producen, cambian o extinguen una relación jurídica particular en cuanto al Estado. En esto podemos tomar como ejemplo el caso de la renuncia de un derecho, el de un reconocimiento y el de la admisión o aquiescencia. Pero debemos diferir el examen detallado de los actos de esta índole hasta que consideremos la creación de las relaciones aquí implicadas. (Véase, especialmente 5.14—5.22 y 6.06.)

Por último, una declaración unilateral —si se hace en circunstancias que indican que el actor tiene la intención de quedar obligado y permite que su ofrecimiento, por así decirlo, sea aprovechado— puede llevar a la creación de una obligación jurídica. En relación con esto, véase la declaración egipcia del 24 de abril de 1957 con respecto al Canal de Suez y las medidas para su administración (265 UNTS 299). Ahora que los Estados pueden hacer declaraciones de esta clase dentro de los órganos de las organizaciones internacionales, puede ser que en el futuro estas declaraciones sean menos corrientes de lo que han sido hasta el presente.

Algunos actos se refieren a la condición territorial o legal del Estado mismo (por ejemplo, las declaraciones por medio de las cuales un Estado se proclama a sí mismo independiente, o fija los límites de su jurisdicción).

Los actos de delimitación territorial pueden ser de carácter unilateral cuando no se refieren a la frontera común entre dos Estados —como en los casos de las fronteras marítimas (mar territorial o plataforma continental). Sin embargo, por tener otros Estados interés en ellos, sólo pueden producir efecto si no están en contradicción ante principios de derecho internacional. A menos que el acto incluya su aplicación, simplemente como una regla consuetudianria, no se puede oponer a otros Estados, salvo que éstos hayan reconocido expresamente la situación creada, o que la situación se derive de un título histórico o de una "tolerancia general" (cf. el *Fisheries Case,* (1951) ICJ Rep. 138 y ss.). El mismo comentario se puede hacer respecto a los actos de anexión determinados por un acto unilateral (sobre estos puntos, véase 6.06).

Se deriva de todos estos comentarios que el reconocimiento juega un papel muy importante entre los actos unilaterales de los Estados. Ésta es la institución fundamental del derecho de las naciones, por la cual una situación establecida unilateralmente, o aun por tratado, se puede oponer a los Estados que no tomaron parte en su creación; éstos se hallan en el deber de respetar dicha regla y todas sus consecuencias legales, puesto que media su reconocimiento. (Para un estudio más detallado del reconocimiento, especialmente en el caso del surgimiento de un nuevo Estado, o de un cambio de gobierno, véase 5.14-5.21.)

El protestar tiene efectos contrarios: su porpósito es prevenir que una situación se pueda alegar en contra del Estado que protestó por ella y puede, por tanto, privarla de todo efecto legalmente válido de acuerdo con el derecho internacional. En particular, puede tener un efecto negativo en la formación de títulos históricos, como la prescripción [cf. Pinto, "La Prescription en droit international", 87 *HR* 391 (1955)].

SECCIÓN VII.   DECISIONES Y RESOLUCIONES DE LAS INSTITUCIONES INTERNACIONALES

3.31 ACTOS DE LAS INSTITUCIONES INTERNACIONALES

Casi todas las instituciones internacionales pueden tomar decisiones a través de sus diversos órganos. Lo mismo puede decirse de las conferencias internacionales, sean con cierta periodicidad o no, reunidas para alguna finalidad determinada.

Se usan los términos más diversos para designar dichas decisiones: resolución, recomendación, decisión, acuerdo, regulación, ordenanza, opinión, acta final, patrón, norma, práctica, etcétera. El uso está lejos de ser fijo, y la misma palabra puede emplearse para señalar actos de diferentes clases en distintas organizaciones: por ejemplo, la palabra "recomendación" en las Naciones Unidas y en la Comunidad Europea del Carbón y Acero (véase 3.33). Sin embargo, existe la tendencia general de reservar el término "resolución" para decisiones distintas de las elecciones de los cuerpos colegiados, asambleas, consejos, comisiones y otros por el estilo. Tal es la práctica que se sigue, especialmente, en las Naciones Unidas. No obstante, esta palabra comprende decisiones cuyo significado y efectos apenas son comparables; por ejemplo, recomendaciones a los Estados, instrucciones al Secretario General, establecimiento de órganos subsidiarios, aprobación de presupuesto, adopción de proyectos de tratados.

La extraordinaria proliferación de las instituciones internacionales en tiempos recientes, el aumento constante de sus actividades y su papel en las relaciones internacionales, confieren una creciente importancia a sus decisiones. Es interesante, por consiguiente, evaluar los efectos jurídicos de éstas. En aras de la simplificación, las siguientes subsecciones tratarán principalmente los actos unilaterales tan sólo de las instituciones internacionales. Sin embargo, lo que allí se diga es aplicable igualmente a las decisiones y resoluciones de las conferencias internacionales.

3.32 Carácter jurídico de los actos de las instituciones internacionales

Todas las decisiones de las instituciones internacionales se toman en virtud de las atribuciones que les confieren sus instrumentos constitutivos, ya sea expresa o implícitamente. De modo que son actos de derecho y, como tales, capaces de producir determinadas consecuencias jurídicas, que a veces se definen con mayor o menor precisión en el instrumento constitutivo. Ésta es la explicación de su gran variedad, pues cada tratado constituyente ha establecido su régimen especial, frecuentemente muy singular. Por tanto, para determinar las consecuencias jurídicas de los actos de una institución internacional es necesario primero examinar su instrumento constitutivo o constitución.

Pero, muy frecuentemente, la constitución no nos da la respuesta precisa. Por ejemplo, la Carta de las Naciones Unidas no contiene definición jurídica de la recomendación, a pesar de conferir a los órganos principales de la organización —excepto al Secretario General— la facultad de hacer recomendaciones y regular cuidadosamente el ejercicio de dicha atribución. No basta con decir simplemente que "las recomendaciones no tienen fuerza obligatoria", puesto que una fórmula tan absolutamente negativa deja de indicar la fuerza jurídica que una recomendación podría llegar a tener. Lo que se requiere, por tanto, es un análisis de los elementos que contribuyen a producir dicha fuerza, especialmente del carácter jurídico de la relación entre el órgano que hace la recomendación y aquéllos, ya sean Estados u otros órganos, a quienes se dirigen [cf. Virally, "La Valeur juridique des recommandations des organisations internationales", 2 *Annuaire Français* 69 (1956)].

La práctica de la institución es no menos importante para suplir las disposiciones de su instrumento constitutivo, cuando él es deficiente para efectos de su interpretación (cf. la Opinión Consultiva sobre *Certain Expenses of the United Nations* (1962) ICJ Rep. 1957), aparte de las reglas consuetudinarias que puede originar dicha práctica, posibles de ser aplicadas aún más allá de la esfera de la organización (cf. 3.37).

La evolución de las reglas consuetudinarias aplicables a las conferencias internacionales también es de importancia aquí, pues los problemas que surgen en la celebración de todas las conferencias de hecho son muy similares, y rara vez se resuelven por tratados antes de su convocación. De modo que en la práctica surgen reglas referentes, por ejemplo, a la competencia de las conferencias para determinar su propio procedimiento, para resolver las dificultades que puedan impedir su funcionamiento, para dirigir recomendaciones a los Estados, etcétera.

3.33 Actos de las instituciones internacionales como métodos para la creación del derecho

Algunos actos de las instituciones internacionales pueden crear derechos u obligaciones para determinados Estados, como ocurre con las decisiones de la Asamblea General que determinan la distribución de los gastos de las Naciones Unidas entre sus miembros, a tenor de lo dispuesto en el artículo 17 (2) de la Carta, y con las decisiones dictadas por el Consejo de Seguridad, de acuerdo con el artículo 25. Para expresar esto en los términos que ya hemos usado: dichos actos crean obligaciones individuales y, por ende, deben ser considerados como modos de creación del derecho, en el amplio sentido de esta expresión (ver 3.03). Tales actos son limitados en número y alcance, por lo menos en las más antiguas formas de instituciones intergubernamentales. Ocurren con mayor frecuencia en las instituciones con características supranacionales. Así, el artículo 14 del Tratado de París —que establece la Comunidad Europea del Carbón y del Acero— confiere a la Alta Autoridad de la Comunidad la facultad de adoptar decisiones, de hacer recomendciones y de expresar opiniones, para garantizar la obtención de los objetos de dicho tratado. Estas opiniones no tienen fuerza obligatoria, pero las "decisiones obligan en todo sentido" y las "recomendaciones" imponen objetivos obligatorios, aunque dejan libertad a los miembros para que escojan los medios que estimen adecuados para el logro de dichos objetivos. Así, puede verse que estas recomendaciones difieren de las recomendaciones tal como generalmente se entienden, por ejemplo, en la Asamblea General o en el Consejo de Seguridad de las Naciones Unidas. El artículo 188 del Tratado de Roma confiere atribuciones idénticas —empleando términos distintos— al Consejo y a la Comisión de la Comunidad Económica Europea.

En algunos casos, que son, sin embargo, todavía poco corrientes fuera de estas comunidades, los actos de las instituciones internacionales pueden tener un carácter regulatorio y establecer reglas generales que obliguen a todos o a ciertas categorías de sus miembros; por ejemplo; a aquellos que son de una misma región geográfica (ver 3.34).

Pero en su gran mayoría, los actos de las instituciones internacionales no crean obligaciones para los Estados. Salvo lo referido a su contribución para la formación de las normas consuetudinarias (ver 3.18), debe llegarse a la conclusión de que éstos no pueden ser considerados como fuentes de derecho, en ningún sentido de dicho término. Una ulterior precisión de esta conclusión puede hacerse, sin embargo, a la luz de la distinción entre el orden jurídico internacional y el orden interno de una institución internacional.

3.34 DIFERENCIA ENTRE EL ORDEN JURÍDICO INTERNACIONAL Y LOS ÓRDENES INTERNOS DE LAS INSTITUCIONES INTERNACIONALES

La práctica de las instituciones internacionales ha sugerido una distinción entre el orden jurídico internacional y el derecho interno —o nacional— de una institución internacional que regula el funcionamiento de sus órganos y las relaciones entre éstos.

Sin duda, ésta es una distinción válida. No es posible considerar del mismo modo a las reglas que gobiernan el régimen jurídico de los funcionarios internacionales, que son individuos —reglas que, en todo caso, no difieren materialmente de las que se aplican a los funcionarios nacionales—, y aquellas normas que gobiernan el régimen jurídico de los Estados en su condición de miembros de una institución internacional. Obviamente, algunos actos de un órgano internacional pueden constituir una fuente de derecho interno de la institución a que pertenece dicho órgano, sin ser fuente de derechos y deberes para los Estados miembros. Tal es el caso, por ejemplo, de las resoluciones de la Asamblea General que fijan reglas para el nombramiento del personal de la Secretaría (Art. 101 (1) de la Carta).

Pero la distinción entre el derecho internacional y el derecho interno de las instituciones internacionales no es, de ningún modo, comparable a la que existe entre el derecho internacional y el derecho interno de los Estados (véase 3.39), en virtud de que los Estados soberanos son los miembros de las instituciones internacionales y son, a la vez, miembros de la mayoría de los órganos de esas instituciones.

Sin embargo, esto es suficiente para demostrar que el derecho interno de las instituciones internacionales no es diferente del derecho internacional. Más bien representa una nueva rama de éste, con rasgos especiales surgidos del hecho de que al menos algunas de sus reglas se aplican directamente a individuos o a órganos internacionales, y afectan a los Estados sólo indirectamente en su carácter de miembros de la organización respectiva, si no todavía más específicamente como miembros de uno u otros de los órganos de dicha institución.

En estas circunstancias, es muy comprensible que los actos de las instituciones internacionales deban ser considerados, junto con sus instrumentos constitutivos y con las reglas consuetudinarias que generan, como la fuente principal de derecho de tales organizaciones, en el orden interno.

3.35 RESOLUCIONES DE LA ASAMBLEA GENERAL

La Carta no contiene disposición general alguna referente a los efectos jurídicos de las resoluciones de la Asamblea General. Por lo tanto, como consecuencia del principio de la soberanía, dichas resoluciones generalmente no tienen fuerza obligatoria para los miembros de las Naciones Unidas. Esto ocurre, en particular, con las recomendaciones de la Asamblea adoptadas al tenor de los artículos 10 y siguientes. Tales recomendaciones, sin embargo, constituyen invitaciones formales hechas a los Estados para que tomen medidas, y ellos están en libertad de aceptarlas. Según parece, no es acertado interpretar la situación que resulta de la aceptación de ellas como si se tratara de la celebración de un tratado tácito, pues la recomendación no es, generalmente, una invitación para negociar. Pero, en virtud de que por su aceptación el Estado demuestra voluntad de obligarse, su compromiso se debe llevar a cabo de buena fe, conforme al artículo 2 (2) de la Carta (Cf. 3.18). La práctica confirma esto, especialmente en relación con las antiguas colonias italianas, cuyo futuro quedó sometido a la decisión de la Asamblea, a solicitud de Francia, el Reino Unido, los Estados Unidos y la Unión Soviética —o sea las cuatro potencias responsables del destino de aquéllas, según el artículo 23 del Tratado de Paz con Italia. Mediante el Anexo XI del Tratado, dichas potencias se comprometieron, de no llegar a un acuerdo entre ellas, a someter el asunto a la Asamblea y a cumplir las recomendaciones que ésta pudiera hacer. El Tratado fue estrictamente *res inter alios acta* desde el punto de vista de las Naciones Unidas, quienes no eran parte de él. Pero jamás se puso en duda que las cuatro potencias se encontraban legalmente obligadas a dar cumplimiento a las recomendaciones de la Asamblea. Razonamientos similares exigirían que un compromiso unilateral de cumplir con una recomendación debería considerarse obligatorio, así se hubiera hecho antes de adoptar la recomendación o, *a fortiori*, después. Pero eso sólo puede surgir cuando una afirmación hecha por un gobierno en respuesta a una recomendación de la Asamblea General, encierra tal intención.

Por otra parte, un Estado que no ha declarado que acepta una recomendación no queda obligado por ésta, aunque sería justo preguntar si el principio de la buena fe permite a un Estado ignorar una recomendación que haya aprobado formalmente por voto afirmativo. Pero hasta el momento no se ha establecido ninguna regla consuetudinaria a ese efecto.

Una resolución que no es obligatoria para los Estados puede, sin embargo, tener fuerza vinculante en el orden interno de una institución. Las resoluciones de la Asamblea General que trasmiten instrucciones a organismos subordinados a ésta —como el Secretario General, el Consejo Económico y Social y el Consejo de Administración Fiduciaria— a la par que a los organismos subordinados que ella misma ha creado (excepto los órganos judiciales, véase Opinión Consultiva sobre *Awards of Administrative Tribunals* (1954) ICJ Rep. 47) tienen, sin duda alguna, carácter obligatorio para sus destinatarios.

En contraste, las recomendaciones hechas por ella al Consejo de Seguridad no son más que exhortaciones para tomar medidas, las cuales el Consejo no está obligado a aceptar, en virtud de su independencia de la Asamblea. Por consiguiente, las recomendaciones hechas por el órgano plenario de cualquier institución internacional —y en particular por los Organismos Especializados— a otros organismos subordinados, serán obligatorias.

La Carta misma señala las consecuencias jurídicas de las resoluciones en ciertos casos especiales, a saber; las de la Asamblea General aprobatorias del presupuesto [Art. 17 (l)]; las que distribuyen los gastos de la organización entre sus miembros [Art. 17 (2)]; las que autorizan a un miembro que ha perdido su derecho al voto a que lo dé (Art. 19); las que adoptan reglas de procedimiento (Art. 21) o las que crean organismos subsidiarios (Art. 22).

Deben considerarse especialmente las recomendaciones que realmente implican la participación en una decisión de las Naciones Unidas —tales como las del Consejo de Seguridad a la Asamblea General para la admisión de nuevos miembros [Art. 4 (2)], o para la imposición de sanciones a los que incurren en incumplimientos (Art. 5, 6) — puesto que en estos casos se trata de decisiones verdaderas y no de meras exhortaciones (Cf. la Opinión Consultiva sobre *Conditions of Admission of a State to Membership in the U. N.,* (1947-1948), ICJ Rep. 57 y ss.).

Las resoluciones de la Asamblea General que incorporan declaraciones de derechos o de principios no son, por sí mismas, actos creadores de nuevas normas de derecho internacional (véanse, por ejemplo, las Resoluciones 217A (III), la Declaración Universal de los Derechos Humanos; 1386 (XVI), los Derechos de los Niños; 1514 (XV), la Declaración sobre el Colonialismo; 1803 (XVII), el Control de los Recursos Naturales; 1904 (XVII), la Eliminación de la Discriminación Racial; 1962 (XVIII), el Régimen del Espacio Exterior). Ello se debe a que la Asamblea General no tiene poder legislativo. (Para sus atribuciones regulatorias en materias referentes al derecho interno de la Organización, ver 2.09.)

Sin embargo, dichas declaraciones pueden adquirir un valor jurídico que no es de ninguna manera desdeñable. En algunos casos equivalen a una interpretación de las reglas o de los principios que la Carta ya contiene y que son, por consiguiente, obligatorios para los Estados miembros de gran autoridad en virtud de la categoría que poseen las Naciones Unidas.

En segundo lugar, declaraciones de esta clase pueden representar un reconocimiento de ciertos principios jurídicos por parte de los Estados miembros que han votado a favor de su adopción. Si se toman por una mayoría que se aproxima a la unanimidad, o prácticamente sin oposición, pueden contribuir a la formación de la norma consuetudinaria, o ser prueba de que ésta ya está formada.

Por último, tales declaraciones pueden llevar al establecimiento de mecanismos para controlar la aplicación por los Estados de los principios que contienen y, de ese modo, servir para acelerar más el proceso de la creación de normas consuetudinarias (véase, por ejemplo, el comité creado por la Resolución 1654 (XVI) para revisar la aplicación de la Declaración sobre el colonialismo).

3.36 ACTOS REGULADORES

Atribuir a los órganos internacionales facultades para tomar medidas reguladoras de carácter obligatorio es investirlos, en realidad, de funciones legislativas, lo que resulta contrario al principio de la soberanía de los Estados. A no ser en el caso de aquellas instituciones dotadas de carácter supranacional, tales atribuciones se han conferido sólo en esferas técnicas y en un ámbito limitado [cf. Merle, "Le pouvoir réglementaire des institutions internationales", 4 *Annuaire Français*, 341 (1958)].

En algunos casos, la institución está facultada solamente para modificar reglas ya establecidas por tratados, aunque a éstas se les llama "reglamentos". Esto es lo que ocurre en el caso de la Unión Postal Universal [capítulo III de su carta constitutiva y de la Unión Internacional de Telecomunicaciones (Arts. 7, 3 (1)]. En otros casos, la organización puede tener autorización para dictar reglamentos independientes (cf. los reglamentos sanitarios de la Organización Mundial de la Salud, Art. 21 de la Constitución; los reglamentos técnicos referentes a métodos meteorológicos y a procedimientos, según el Art. 7 (d) de la Constitución de la OMM; las normas prácticas recomendadas para la Organización de Aviación Civil Internacional, Art. 57 (a) de la Constitución). Igualmente, varias decisiones de la antigua Organización para la Cooperación Económica Europea podían ser de aplicación general y obligatorias para los miembros [cf. Freymond, "Les décisions de l'O. E. C. E.," 11 *Annuaire Suisse* 65, (1954)].

El método de adopción y de entrada en vigor para los reglamentos de este tipo varían, desde luego, con la institución. Pero hay que distinguir rigurosamente dichos reglamentos de los que, aunque adoptados por órganos internacionales, entran en vigor sólo cuando son aceptados o aprobados por los Estados miembros; y aun entonces, exclusivamente para los Estados que los han aceptado. Pero todavía se puede hablar de reglamentos obligatorios, aun cuando algunos Estados se hayan reservado expresamente el derecho de negarse a aplicarlos en determinadas circunstancias (véase, por ejemplo, el artículo 10 de la Constitución de la Organización Mundial de la Salud; el artículo 8 de la Convención de la Organización Metereológica Mundial).

Los actos reguladores se usan mucho en las Comunidades Europeas. Así, el artículo 189 del Tratado de Roma, que confiere poderes reguladores al Consejo y a la Comisión de la Comunidad Económica Europea, dispone:

La norma tendrá valor general. Será obligatoria en todas sus partes y directamente aplicable a cada uno de los Estados miembros.

El artículo 161 del tratado que establece la Organización Europea de Energía Atómica dispone más o menos lo mismo. Igualmente, las "decisiones" que la Alta Autoridad de la Comunidad Europea del Carbón y del Acero puede dictar de acuerdo con el artículo 14 del tratado constitutivo (el cual expresa que "obligan en todos los sentidos") así como las "recomendaciones" de ese órgano (las que pueden imponer objetivos obligatorios), tienen función reguladora.

Estas disposiciones tienen tanto mayor interés cuanto la forma de reglamentación que ellas establecen no es sólo obligatoria para los Estados, sino que también establecen reglas destinadas a los individuos y a las empresas que radican dentro de dichos Estados, y cuyo cumplimiento puede exigirse directamente en el derecho interno. El resultado de esto es hacer permisible la pregunta de si el "derecho europeo" que se deriva de tales disposiciones y normas es una clase del derecho internacional o si, por el contrario, no es más que una especie de derecho federal y, por consiguiente, de derecho interno (Cf. Kovar, *Le pouvoir réglementaire de la C. E. C. A.*, p. 228 y ss.).

3.37 VALIDEZ DE LOS ACTOS DE LAS INSTITUCIONES INTERNACIONALES

La validez de los actos de las instituciones internacionales es un problema importante. Puede ocurrir que una institución haya actuado *ultra vires* tomando alguna medida que esté más allá de su competencia, o que sea contraria a alguna disposición de su instrumento constitutivo, o de cualquier otra norma aplicable. Dicho acto, en tal caso, ¿debe ser considerado como nulo o como anulable? Este problema puede llegar a ser serio si el acto en cuestión tiene significado político y su legalidad o constitucionalidad es controvertible —como ha ocurrido en varias resoluciones de la Asamblea General, especialmente las que se refieren al colonialismo que, en opinión de algunos Estados, infringen el artículo 2 (7) de la Carta; la Resolución 377 (V), Unidos pro Paz, del 3 de noviembre de 1950, que algunos Estados consideran que viola los artículos 11 y 12 de la Carta; y también varias resoluciones referentes al financiamiento de las Fuerzas de Emergencia de las Naciones Unidas y de las Fuerzas de las Naciones Unidas en el Congo.

Generalmente se admite que existe una regla consuetudinaria en el sentido de que los órganos que tienen competencia para actuar la tienen también para interpretar las disposiciones del tratado que les concierne y, consecuentemente, para determinar su propia competencia. Pero, a diferencia de la Corte Internacional o de un tribunal de arbitraje, no pueden imponer su interpretación a los Estados miembros, los que, por tanto, se encuentran en libertad para continuar manteniendo sus propias opiniones. Dicha dualidad de competencia inevitablemente debe producir dificultades, pero desafortunadamente hasta el presente no se han ideado medios para su solución. La Asamblea General y ciertos otros órganos internacionales tienen el derecho de pedir una Opinión Consultiva a la Corte, en virtud del artículo 96 de la Carta, pero dicha opinión no tiene fuerza obligatoria y no puede poner fin a una controversia, si los Estados interesados —o el órgano que la ha pedido— no la aceptan (tal como fue, por ejemplo, el caso de la Opinión Consultiva sobre *Certain Expenses of the United Nations* (1962) ICJ Rep. 151).

El Tribunal Administrativo de las Naciones Unidas, o el Tribunal de la Organización Internacional del Trabajo del mismo tipo, cuya jurisdicción se extiende a ciertos otros organismos especializados, sólo tienen poder para resolver controversias que afectan a los miembros individuales de las diferentes secretarías.

Pero aunque ésta es la situación dentro de la familia de las Naciones Unidas, el problema ha sido resuelto en relación con las Comunidades Europeas, las cuales están dotadas de una Corte de Justicia con jurisdicción para determinar la validez de los actos de los órganos de las comunidades y con atribuciones para poder revocar los que considere irregulares: artículos 173, 174 del Tratado que creó la Comunidad Económica Europea; artículos 146, 147 del Tratado del Euratom; artículos 33 y 34 del Tratado que establece la Comunidad Europea del Carbón y del Acero.

SECCIÓN VIII. RELACIÓN DEL DERECHO INTERNACIONAL CON EL DERECHO INTERNO

3.38 Jerarquía de las normas del derecho internacional

En la teoría de las fuentes del derecho internacional, el carácter obligatorio de éste queda demostrado por el hecho de que los actos unilaterales de los Estados tienen sólo un efecto limitado, y no pueden crear reglas generales ni aun cambiarlas o introducirles excepciones (véanse 3.30 y 3.33).

Pero, puesto que los tratados constituyen una de las fuentes principales del derecho internacional, resulta que dos o más Estados tienen, en general, competencia para establecer reglas determinadas que rijan las relaciones entre ellos. Ellos pueden, en verdad, tratar de regular sus relaciones mutuas mediante reglas que no sólo no son supletorias de las del derecho internacional general, sino que hasta las derogan o las contradicen. En este caso surge un conflicto entre reglas diferentes, siendo todos normas de derecho internacional y, a la vez, siendo todas en sí mismas válidas. ¿Cómo se debe resolver tal controversia?

Algunos consideran que el derecho internacional tiene la misma estructura jerárquica que el derecho interno, con los distintos niveles de derecho constitucional, leyes ordinarias, legislación subordinada, fallos judiciales y actos de los individuos. En el derecho internacional, de acuerdo con este criterio, el nivel más alto lo constituye la costumbre. Los tratados, cuya fuerza obligatoria depende de la regla consuetudinaria *pacta sunt servanda,* ocupan un plano directamente inferior; y, por último, al final de la escala se encuentran los fallos judiciales y los actos de las instituciones internacionales, realizados en ejecución de los tratados.

Pero la analogía con el derecho interno es correcta sólo en parte. La jerarquía de las normas del derecho interno corresponde a una jerarquía de autoridad, es decir: la fuente de la constitución, del poder legislativo, de las autoridades administrativas, de los tribunales, de los individuos. Se puede trazar un paralelo similar entre los tratados y los Estados que los celebran, y entre los actos de las instituciones internacionales y los órganos creados por los tratados para ejecutar dichos actos. Y —como ya hemos visto— el problema del *ultra vires* puede surgir en relación con estos últimos. Sin embargo, no existe paralelo cuando se trata de la costumbre y de los tratados, ya que ambos emanan de los Estados.

La doctrina soviética parece ser contraria a cualquier criterio rígidamente jerárquico del derecho internacional, aunque considera que algunas reglas o principios tienen mayor importancia que otros. De acuerdo con este modo de pensar, todas las reglas del derecho internacional surgen del acuerdo entre los Estados; pero esto no significa que a los tratados se los coloque en el nivel más alto, puesto que su validez depende de la regla *pacta sunt servanda,* la cual no es más que una regla consuetudinaria entre muchas, y se encuentra relacionada con principios tales como el de la soberanía de los Estados y el de la igualdad de derechos (Cf. Tunkin, *op. cit.,* p. 139).

3.39 Relaciones entre el derecho internacional y el derecho interno

La relación entre el derecho internacional y el derecho interno origina varios problemas, muy diferentes de los de las relaciones entre las diferentes reglas de derecho internacional, principalmente porque el derecho de cada Estado constituye un ordenamiento jurídico completo y más o menos cerrado, con sus propias fuentes: la constitución nacional, las leyes, los decretos, la costumbre y las decisiones judiciales; y sus propios órganos ejecutores, la administración del Estado y los tribunales. Esta dualidad de fuentes puede producir conflictos entre las reglas de derecho internacional y las del derecho interno. Si la controversia no se resuelve por decisión de un tribunal del ordenamiento jurídico interno, que está supeditado al derecho interno y hasta puede estar bajo control del gobierno, es probable entonces que sea resuelta a tenor del derecho internacional.

Esta cuestión ha dado lugar a una famosa controversia doctrinal entre los mantenedores de dos criterios opuestos con respecto a la relación entre el derecho internacional y el derecho interno: la escuela del dualismo sostiene que los dos sistemas son totalmente distintos e incapaces de ninguna penetración mutua; y la de los monistas considera a ambos derechos unidos dentro del marco de un ordenamiento jurídico global. Esta controversia no ha dejado de ejercer su influencia en las decisiones de la Corte Permanente y en la Corte Internacional, algunos de cuyos jueces han apoyado la doctrina dualista. Pero esto tiene más que ver con la cuestión del fundamento del derecho internacional (la cual hemos eludido), que con la de la relación entre el derecho internacional y el interno. Pero ninguna de las dos teorías toma mucho en consideración el estado real del derecho ni contribuye en gran medida a su comprensión. De modo que aquí solamente nos limitaremos a resumir la cuestión (para más detalles, véanse las obras citadas en la bibliografía correspondiente a este capítulo).

3.40 Aplicación del derecho internacional dentro del Estado

La tarea principal del poder judicial es hacer efectivo el derecho interno. Cuando lo exige la ocasión, sin embargo, ha de aplicar también las normas del derecho extranjero, tal como lo determinan sus propias normas de conflicto de leyes, o derecho internacional privado, y distinguiendo muy a menudo, en el proceso, entre la costumbre y el tratado.

Muchos Estados sostienen que el derecho internacional consuetudinario es una parte del derecho del país. Ésta, en particular, es la posición adoptada por los países del *common law,* y especialmente, por el Reino Unido y Estados Unidos (véase Oppenheim, *International Law,* Vol. I (8ª ed.), pp. 33, 49). Los tribunales de la mayoría de los países de Europa occidental, que han introducido disposiciones constitucionales apropiadas (por ejemplo, el artículo 25 de la ley fundamental de la República Federal Alemana, del 23 de mayo de 1949), han adoptado la misma actitud. Esto equivale a la aceptación de la hipótesis monista en relación con la costumbre, que retiene, no obstante, su condición de fuente de derecho interno. Éste es, probablemente, el único enfoque que permite la aplicación práctica del derecho internacional consuetudinario dentro del Estado, y es de esperarse que será adoptado universalmente.

En cuanto a los tratados, existen dos enfoques posibles, que dependen de las disposiciones constitucionales aplicables. Algunos sistemas constitucionales exigen que antes de poder aplicar como derecho interno cualquier disposición de un tratado —aun cuando el tratado haya sido ratificado con la aprobación del poder legislativo— debe ser incorporado al derecho interno mediante la correspondiente legislación. Éste es el sistema dualista, de acuerdo con el cual los tribunales del ordenamiento jurídico interno sólo aplican la legislación interna aprobada para poner en vigor el tratado, y no el tratado mismo, y pueden hacerlo únicamente en tanto dicha legislación esté vigente. Ésta todavía es la situación en el Reino Unido —por lo menos formalmente— como resultado de la naturaleza de las relaciones entre la Corona y el Parlamento (véase Oppenheim, *op. cit.,* p. 40).

Por otra parte, muchas de las constituciones modernas (como la de los Estados Unidos) disponen que los tratados debidamente celebrados tendrán la vigencia del derecho interno y obligarán directamente, tanto a las personas como a los tribunales. Disposiciones de esta clase convierten a los tratados celebrados por el Estado en una fuente de derecho interno (véase, por ejemplo, el artículo 55 de la Constitución francesa del 4 de octubre de 1958). Pero, en algunos casos, la posibilidad de aplicar los tratados como derecho interno se hace depender del cumplimiento de ciertas formalidades, tales como la promulgación en la misma forma que las leyes (aunque este requisito ha desaparecido en casi todas partes) o la publicación en la gaceta oficial. A veces se requiere reciprocidad, en el sentido de que un tratado no será aplicable como derecho interno en un Estado a menos que sea igualmente aplicado por las otras partes (cf. el artículo 55 de la Constitución francesa ya referido). Sin embargo, estas diferencias de procedimiento no alteran el hecho de que, dentro de un marco constitucional del tipo descrito, los tratados constituyen una fuente tanto de derecho interno como de derecho internacional [cf. de Visscher, "Les Tendances internationales des constitutions modernes", 80 *HR,* 511 (1952)].

3.41 Conflictos o discrepancias entre el derecho internacional y el derecho interno

Los conflictos entre el derecho internacional y el derecho interno pueden surgir en una variedad de circunstancias, especialmente cuando una nueva legislación interna contradice una regla de derecho internacional consuetudinario o alguna disposición de un tratado, o cuando una regla de derecho internacional choca con el derecho interno preexistente. Puesto que un Estado no puede alterar unilateralmente las reglas de derecho internacional que lo obligan, parecería lógico que cualquier derecho interno incompatible con el derecho internacional quedara sin validez. Pero dicha conclusión ignoraría las circunstancias prácticas en donde el problema tiende a surgir.

Los tribunales de la mayoría de los Estados tratan de evitar los conflictos interpretando al derecho interno de manera que no contradiga al derecho internacional, sobre la base de que no se presume que el Estado tenga la intención de fallar en el cumplimiento de sus obligaciones internacionales (cf. Oppenheim, *op. cit.*, pp. 45 y ss.). Pero esto no siempre es posible. Entonces, ¿cómo se resuelve el conflicto?

Aquí, de nuevo, los distintos sistemas constitucionales nacionales han adoptado diversas soluciones. En los Estados en donde el poder legislativo es la autoridad suprema, los tribunales tienen que aplicar la ley que les ha sido establecida, aunque contradiga al derecho internacional. En otras palabras, tiene que prevalecer el derecho interno. Éste es el sistema británico, de acuerdo con el cual la legislación incompatible con un tratado debe continuar siendo aplicada a menos o hasta que sea modificada o derogada por una nueva legislación (cf. Oppenheim, *op. cit.*, p. 41). El sistema no es diferente en aquellos Estados en donde se considera que los tratados tienen la fuerza del derecho interno. Puesto que el tratado y la ley están equiparados, un tratado nuevo prevalece sobre una ley anterior y de igual manera una nueva ley prevalece sobre un tratado anterior. Ésa es la posición existente en los Estados Unidos (cf. *ibid.*, p. 42), y es la que ha sido tradicional por mucho tiempo en Europa occidental.

En las constituciones más recientes de Europa occidental, sin embargo, se afirma la primacía del tratado sobre el derecho interno (ver el artículo 55 de la Constitución francesa). Esto quiere decir que el tratado prevalecerá tanto sobre la legislación siguiente como sobre la anterior. Algunas constituciones contienen la misma regla en relación con el derecho internacional consuetudinario (cf. la Ley Fundamental de la República Federal Alemana, Art. 25).

Las constituciones de los Estados socialistas raramente contienen disposición alguna con respecto a la incorporación de los tratados en el derecho interno, y en tales Estados no se admite que los tratados sean fuentes del derecho interno. Las estipulaciones de un tratado tienen que ser nuevamente redactadas en una ley para que sean obligatorias a individuos y tribunales. La constitución de Polonia de 1952 es una excepción a esto, en cuanto dispone que los tratados constituyen una fuente de derecho interno, aunque no del mismo valor que la legislación.

Las constituciones de los nuevos Estados africanos y asiáticos, en su mayoría, guardan silencio sobre la cuestión. Generalmente la posición adoptada es la de que cualquier sistema aplicado antes de obtener la independencia continúa siendo aplicable después.

3.42 PRIMACÍA DEL DERECHO INTERNACIONAL

La primacía del derecho internacional sobre el interno no queda afectada por la diversidad de técnicas usadas en los sistemas constitucionales para la aplicación de las normas del derecho interno dentro del Estado y para la solución de los conflictos entre los dos órdenes, puesto que la primacía surge del hecho de que el Estado queda obligado por el derecho internacional. Lo más que puede inferirse de estas técnicas es que una regla de derecho interno no queda necesariamente invalidada de manera automática por contradecir el derecho internacional. Sin embargo, la invalidez no es la única sanción posible. Más aún, esta situación simplemente surge de las complicaciones de la técnica jurídica, y de ningún modo es extraordinaria. Se encuentra también en el derecho interno, donde quiera que no exista un mecanismo mediante el cual la constitucionalidad de la legislación pueda ser comprobada y afirmada, o cuando dicho mecanismo no funcione en un caso determinado. Entonces, a pesar de la supremacía de la constitución, las leyes que de hecho son inconstitucionales se consideran y se hacen cumplir como si fuesen válidas.

Puede establecerse una distinción entre las consecuencias que se sufren en el derecho interno por un conflicto entre éste y el derecho internacional, y las consecuencias de tal conflicto o choque en el derecho internacional mismo. (Ya hemos tratado sobre el primer aspecto de este punto en la última subsección.)

En cuanto al segundo, la posición aquí es que no se producen los mismos obstáculos técnicos para la reafirmación de la primacía del derecho internacional. Por el contrario, esa primacía es clara y se evidencia por la regla bien establecida de que un Estado no puede invocar las disposiciones de su derecho interno para disculpar la falta de cumplimiento de sus obligaciones internacionales, o para escapar a las consecuencias de ella. El Estado es libre para dejar encargado a sus tribunales del cumplimiento de sus obligaciones internacionales dentro de su territorio, como cuando, ya sea la costumbre internacional o los tratados, se aplican directamente como parte de la ley del país, o si, de acuerdo con el sistema británico, deja el asunto en manos del Poder Legislativo. Pero, con cualquiera de estos métodos todo conflicto entre el derecho internacional y el derecho interno que pueda producir un incumplimiento de una obligación internacional, implica la responsabilidad del Estado.

Como corolario, la norma de derecho interno que sea contraria al derecho internacional es considerada por los tribunales internacionales, desde el punto de vista de su sistema, como si no existiese. Con la influencia de la hipótesis dualista, la Corte Permanente de Justicia Internacional ha llegado hasta a decir que tal norma no es más que "un simple hecho" (*Lotus Case*, 1929,

PCIJ Ser. A., No. 10, p. 18; y *Payment of Various Serbian Loans Case,* 1929, *ibid.,* No. 20/21, p. 19), lo cual constituye una formulación discutible.

Un conflicto entre derecho internacional y derecho interno que surja ante la jurisdicción de un tribunal internacional se resuelve, por consiguiente, sobre la base de la supremacía del derecho internacional. Cuando surge en el ámbito del derecho interno y no se resuelve de la misma manera, la posición que se adopta es la de que hay una violación del derecho internacional y trae consigo las mismas consecuencias que cualquier otro acto ilegal. Por lo tanto, en cualquiera de los dos casos, se afirma la primacía del derecho internacional.

BIBLIOGRAFÍA

I. LIBROS GENERALES PARA ESTE CAPÍTULO Y PARA LA SECCIÓN PRELIMINAR

Fitzmaurice, Sir G.G.: "Some Problems Regarding the Formal Sources of International Law", *Symbolae Verzijl,* La Haya, Nyhoff, 1958, p. 153.
Lukin, P.I.: *Istochniki Mezhdunarodnogo Prava,* Moscú, Izd-vo Akademii Nauk SSSR, 1960.
Parry, C.: *The Sources and Evidences of International Law,* Manchester, Univ. Press, 1965.
Sorensen, M.: *Les Sources du droit international, Copenhague,* Munksgaard, 1946.
—: "Principes de droit international public", 101 *HR,* 5 (1960).
Waldock, Sir H.: "General Course on Public International Law", 106 *HR,* 5 (1962).

II. TRATADOS INTERNACIONALES

Ver la bibliografía sobre el derecho de los tratados en el capítulo 4.
Jessup, P.C.: *Transnational Law,* New Haven, Yale Univ. Press, 1956.
McNair, Lord: *The Law of Treaties,* ed. rev., Londres, Oxford Univ. Press, 1961.
Reports on the Law of Treaties por la International Law Commission Special Rapporteurs, Messrs. Brierly, Lauterpacht, Fitzmaurice y Waldock. (Para una lista detallada de los documentos más importantes ver la bibliografía del capítulo 4.)

III. COSTUMBRE INTERNACIONAL

Briggs, H.W.: *The International Law Commission,* Ithaca, N. Y., Cornell Univ. Press, 1965.
Cohen-Jonathan, G.: "La Coutume locale", 7 *Annuaire Français,* 119 (1961).
Guggenheim, P.: "Les Deux éléments de la coutume en droit international", *Mélanges Georges Scelle,* París, Librairie Générale de Droit et de Jurisprudence, 1950, p. 275.

Higgins, R.: *The Development of International Law through the Political Organs of the United Nations,* Londres, Oxford Univ. Press, 1963.

Kopelmanas, L.: "Custom as a Means of the Creation of International Law", *18 BYIL,* 127 (1937).

Krylov, S.: "Codification du droit international", *Mélanges Jules Basdevant,* París, Pedone, 1960, p. 300.

Lauterpacht, H.: "Codification and Development of International Law", *49 AJIL,* 16 (1955).

MacGibbon, I.C.: "Customary International Law and Aquiescence", *33 BYIL,* 115 (1957).

Rosenne, S.: "The International Law Commission, 1949-59", *36 BYIL,* 104 (1960).

Virally, M.: "Droit international et décolonisation devant les Nations Unies", 9 *Annuaire Français,* 508 (1963).

Wolfke, K.: *Custom in Present International Law,* Wroctaw, Société des Sciences et des Lettres, 1964.

IV. PRINCIPIOS GENERALES DE DERECHO

Cheng, B.: *The General Principles of Law, as Applied by International Courts and Tribunals,* Londres, Stevens, 1953.

Kozhevnikov, F.I.: "Obshchepriznannye Printsipy i Normy Mezhdunarodnogo Prava (Nekotorye Teoreticheskie Aspekty)", *Sovetskoe Gosudarstvo i Pravo,* Nº 12, Moscú, Izd-vo Akademii Nauk SSSR, 1959, p. 15.

Lauterpacht, H.: *Private Law Sources and Analogies of International Law,* Londres, Longmans, Green, 1927.

McNair, Lord: "The General Principles of Law Recognized by Civilized Nations", *33 BYIL,* I (1957).

V. DECISIONES JUDICIALES Y DOCTRINAS

Lauterpacht, Sir H.: *The Development of International Law by the International Court,* Londres, Stevens, 1958.

Schachter, O.: "The Development of International Law through the Legal Opinions of the United Nations Secretariat", *25 BYIL,* 91 (1948).

VI. ACTOS UNILATERALES DE ESTADOS

Garner, J.W.: "The International Binding Force of Unilateral Oral Declarations", *27 AJIL,* 493 (1933).

Suy, E.: *Les Actes juridiques unilatéraux en droit intenational public,* París, Librairie Générale de Droit et de Jurisprudence, 1962.

Waelbroeck, M.: "L'Acquiescement en droit des gens", 44 *Rivista di Diritto Internationale,* 38 (1961).

VII. DECISIONES Y RESOLUCIONES DE INSTITUCIONES INTERNACIONALES

Bowett, D.W.: *The Law of International Institutions,* Londres, Stevens, 1963.

Cahier, P.: "Le Droit interne des organisations internationales", *67 RGDIP,* 563 (1963).

Jenks, C.W.: *The Proper Law of International Organisations,* Londres, Stevens, 1962.

Kovar, R.: *Le Pouvoir réglementaire de la Communauté Européenne du Charbon et de l'Acier,* París, Librairie Générale de Droit et de Jurisprudence, 1964.

Malintoppi, A.: *Le Raccomandazioni Internazionali,* Milán, Giuffrè, 1958.

Merle, M.: "Le Pouvoir réglementaire des institutions internationales", *4 Annuaire Français,* 341 (1958).

Skubiszewski, K.: "Law-Making Resolutions in International Organisations" (resumen en inglés del artículo polaco), Poznan, Society of Arts and Sciences, 1965.

Tammes, A.J.P.: "Decisions of International Organs as a Source of International Law", *94 HR,* 265 (1958).

Virally, M.: "La Valeur juridique des recommandations des organisations internationales", *2 Annuaire Français,* 66 (1956).

VIII. RELACIONES ENTRE EL DERECHO INTERNACIONAL Y EL DERECHO INTERNO

Sobre la controversia monista-dualista, aparte de los trabajos citados en la Bibliografía General, pueden ser consultadas las siguientes obras:

Anzilotti, D.: *Cours de droit international,* París, Sirey, 1929.

Kelsen, H.: "Les Rapports de système entre le droit interne et le droit international public", *14 HR,* 231 (1926).

Marek, K.: "Les Rapports entre le droit international et le droit interne à la lumière de la jurisprudence de la Cour Permanente de Justice Internationale", *66 RGDIP,* 260 (1962).

Mosler, H.: "L'Aplication du droit international public par les tribunaux nationaux", *91 HR,* 625 (1957).

Skubiszewski, K.: "The validity of Treaties in Polish Municipal Law", *Polish Reports Presented to the Sixth International Congress of Comparative Law,* Varsovia, 1962.

Visscher, P. de: "Les Tendences internationales des constitutions modernes", *80 HR,* 511 (1952).

Virally, M.: "Sur un pont aux ânes: les rapports entre le droit international et droits internes", *Mélanges Henri Rollin,* París, Pedone, 1964, p. 488.

4. DERECHO DE LOS TRATADOS

CONTENIDO

4.01   Introducción

Tradicional y esencialmente, el tratado es un acuerdo entre Estados que obliga en virtud del principio *pacta sunt servanda,* el cual en sí es algo tautológico, ya que sólo afirma que los acuerdos que obligan son obligatorios. Sin embargo, la palabra "tratado" es usada por algunos grupos de estudiosos en un sentido que alude no tanto a un acuerdo en el sentido de una transsacción, como a un instrumento escrito que incorpora o registra un acuerdo. Si se siguiera ese criterio, habría alguna dificultad para incluir en la categoría de tratados a los acuerdos que se efectúan mediante canje de notas o cartas entre Estados y, por tanto, compuestos o conformados por varios documentos en lugar de uno.

Sin embargo, el consenso universal es que el hecho de no designar a un tratado con tal término carece de influencia sobre su naturaleza, desde el punto de vista del derecho internacional. Así, a los acuerdos que son tratados, con frecuencia se les llama convenciones, acuerdos, arreglos y declaraciones. En el pasado por lo menos en contextos especiales han sido utilizados los títulos alternativos de "capitulaciones" y "artículos", y continúan usándose los de "protocolo", "acuerdo", *modus vivendi* y "concordato". Por una analogía obvia con el derecho interno, las palabras "acta", "estatuto" y aun "pacto" y "carta", han sido utilizadas en los tratados con función de derecho público. Estas diferencias de mera terminología no tienen importancia en el derecho internacional, pero sí pueden tenerla, hasta cierto punto, en el derecho interno de las partes. Así, según la Constitución de Estados Unidos, un tratado puede ser ratificado sólo por el presidente y con el consentimiento de una mayoría de dos terceras partes del Senado; mientras que el presidente, actuando solo, puede ratificar un acuerdo de otra clase, la de los llamados "acuerdos ejecutivos'". Debido a complicaciones constitucionales de esta índole, que afectan a muchos Estados, las palabras sustitutivas del término "tratado" se usan en la actualidad con mayor frecuencia.

El derecho internacional es, igualmente, indiferente a la cuestión de si un tratado —no importa como se le llame— ha sido celebrado entre Estados, jefes de Estado, gobiernos o departamentos de gobierno; ello, desde luego, presuponiendo siempre que exista la capacidad exigida para celebrar tratados (véanse 4.02 y 4.03). Desde que se dictó la Opinión Consultiva por la Corte Internacional de Justicia en el caso *Reparations for Injuries* ([1949], ICJ Rep. 179), no existe tampoco discusión alguna con respecto a que sea correcto calificar como tratados aquellos acuerdos en los cuales algunas o todas las partes no sean Estados, sino instituciones internacionales de otro carácter —es, sin embargo, materia de consideración en cada caso el determinar si una institución internacional concreta tiene o no capacidad para celebrar, ya sea un tratado especial o tratados de cualquier índole.

La controversia sobre si la llamada declaración unilateral puede considerarse un tratado, es posiblemente mayor que la relacionada con la clasificación de acuerdos logrados por canje de notas. Pero la disputa es de naturaleza algo diferente, ya que la cuestión gira sobre si la transacción tiene carácter consensual y permite que su fuerza obligatoria sea deducida de la regla *pacta sunt servanda*. La extensión limitada de este trabajo y la existencia de una abundante bibliografía especializada, hace superfluo todo intento de examinar cabalmente aquí este problema, o definir el concepto de tratado con exactitud. Basta decir que la esencia de los tratados, ya se consideren como instrumentos o como negociaciones, según la regla general referida, constituye la fuente específica de una obligación de derecho internacional contraída voluntariamente por una persona internacional a favor de otro u otras, y que da origen, a su vez, a derechos recíprocos para ella o ellas.

Un tratado, a la vez, puede ser mucho más que esto. Puede producir el efecto de ligar a un gran número de partes con una obligación idéntica, que no les ha sido impuesta por el derecho internacional consuetudinario —como por ejemplo, quizá, la obligación de someter las disputas internacionales a arreglos pacíficos puede producir lo que en verdad es una modificación al derecho general y asumir así un carácter cuasi legislativo. Las palabras "legislación internacional" se usan con frecuencia con referencia a los tratados de esta clase, y son útiles, siempre que la analogía con el derecho interno que sugieren no se tome en sentido erróneo. Desde otro punto de vista, el tratado, además de constituir una negociación entre las partes, puede ser (como lo es la Carta de las Naciones Unidas) el instrumento constitutivo de una institución internacional, y de ese modo, en mayor o menor grado, ser parte del derecho público mundial. Otro caso: un tratado, además de ser una negociación internacional, puede ser o convertirse en parte integrante del derecho interno de uno o más Estados, o de un territorio. Tal es, en algunos aspectos, el carácter de los tratados que establecen las Comunidades Europeas (véase 10.07). Ése fue también, en escala mucho menor, el carácter de las *Beamtenabkommen,* que resolvieron las pensiones y derechos similares para los empleados ferroviarios de Danzig que pasaron al servicio de Polonia, consideradas por la Corte Permanente de Justicia Internacional en el *Jurisdiction of the Courts of Danzig Case* (1928), (PCIJ, Ser. B., Nº 15; véase 4.41). Por último, en virtud de una disposición expresa de un sistema determinado de derecho interno (tal como la bien conocida disposición de la Constitución de los Estados Unidos), un tratado, con absoluta independencia de la voluntad común de las partes, en contraposición a la individual de cada una, puede tener, además, la condición de derecho interno aparte de la de su carácter internacional (véase 3.40).

Evidentemente, los tratados son posibles de una subclasificación; y hay mucho que decir sobre distinciones tales como las que existen entre el *traité-loi* y el *traité-contrat* —entre los tratados que tienen carácter de derecho público y los que lo tienen sólo de derecho privado (véase 3.08). Pero las distinciones de esta clase son en gran parte intrascendentes desde el punto de vista del derecho de los tratados —esa parte del sistema de derecho internacional que corresponde al derecho interno de los contratos, y de la cual depende la validez y el efecto de los tratados. Porque, cualesquiera que sean las cualidades o valores que un tratado pueda tener, el proceso de su formación es uno de acuerdo voluntario— es contractual.

No todos los acuerdos entre Estados u otras personas internacionales son, sin embargo, tratados. Nuestra preocupación sólo se extiende al proceso de los acuerdos dentro del sistema de derecho internacional. En vez de contratar dentro de ese sistema, los Estados pueden optar por hacer negociaciones regidas por algún otro derecho, por ejemplo, el derecho interno de uno u otros de ellos (como cuando un Estado compra dentro de otro algún artículo de consumo, al gobierno de aquél). Si, en dicho caso, el acuerdo tiene todos los aspectos de un contrato de derecho interno que emplea, tal vez, los términos técnicos pertinentes de ese sistema de derecho, sin duda la intención de las partes es celebrar un contrato en vez de un tratado, aun cuando esa intención no se exprese. Pero debe admitirse que, muy a menudo, la situación no es tan clara; y que es cierto que los Estados pueden celebrar tratados sobre asuntos acerca de los cuales podrían igualmente celebrar contratos nacionales. El problema, en cada caso, depende de la intención. ¿Cuál sistema de derecho es el que se ha tenido la intención de seguir? Para que la negociación se clasifique como un tratado (y sea regido por el derecho internacional), debe existir la intención de que éste se aplique.

Sin embargo, el derecho de los tratados, definido de este modo, no tiene mucho parecido con la rama contractual de ningún derecho interno determinado. Hay muy pocas reglas que los Estados "deban" seguir para llegar a acuerdos que tengan fuerza obligatoria en el derecho internacional. Ciertamente no se exigen para ello requisitos de forma; ni tampoco la causa o la contraprestación constituyen requisitos previos para una promesa que obligue con ese carácter. Pero frecuentemente determinados Estados, durante un largo lapso, han celebrado sus acuerdos en forma especial. A partir del surgimiento de las instituciones internacionales, se han usado, como es natural, cláusulas comunes y formatos usuales en los numerosos tratados multilaterales concluidos bajo sus auspicios. Estos materiales forman la base del derecho de los tratados. El uso del tratado como expediente de cooperación internacional, notablemente en aumento, hace que éste sea una rama del derecho de excepcional importancia. Debido a la base consensual del tratado es, además, una rama sobre la cual existe una medida razonable de acuerdo entre los Estados. Por estos motivos, la Comisión de Derecho Internacional ha dedicado una parte de su tiempo (más de una docena de años) a su elaboración, en forma ya sea de código o bien de modelo de convención. Los informes sucesivos a la Comisión, de sus relatores, y los expedientes de las actuaciones de ésta, forman un valioso acopio de información sobre la materia. El bosquejo del derecho de los tratados contenido en este capítulo hace uso considerable de esa fuente. Mediante la Resolución 2166 (XXI), del 5 de diciembre de 1966, la Asamblea General pidió al Secretario General que convocara una conferencia diplomática, a principios de 1968, "para considerar el derecho de los tratados e incorporar los resultados de su trabajo en una convención internacional".

SECCIÓN I. CAPACIDAD

4.02 CAPACIDAD Y AUTORIDAD

La palabra "capacidad", según se aplica con relación a los tratados, puede referirse a la cuestión de si un Estado o una institución internacional (desde el punto de vista del derecho internacional) tiene el poder o la facultad jurídica para celebrar tratados en forma general o para celebrar determinadas clases de tratados. Dicho término puede referirse también al problema de determinar dónde radica —de acuerdo con el derecho interno del Estado interesado o del derecho interno o de la constitución de la institución interesada— dicho poder o facultad. Con el propósito de dar mayor claridad, la segunda cuestión se califica mejor como de "autoridad", más bien que de "capacidad". Sin embargo, los dos aspectos de las cuestiones no son completamente diferentes; pues si la facultad de celebrar tratados se limita constitucionalmente, esto puede producir efectos internacionales —por ejemplo, en el caso de un Estado miembro de una unión federal, cuyos tratados tendrían validez internacionalmente sólo hasta donde dicho Estado miembro tuviera la facultad constitucional de celebrar tratados.

4.03 CAPACIDAD EN EL DERECHO INTERNACIONAL

Respecto de la capacidad para celebrar tratados en términos del derecho internacional, casi no es necesario decir que en principio la posee todo Estado. Esto es así porque la celebración de tratados es una de las formas más antiguas y características del ejercicio de la soberanía. En cuanto se refiere a un Estado unitario, la única limitación internacional al poder de celebrar tratados es la necesidad de cumplir las normas jurídicas establecidas para su validez (véase Sec. III).

4.04 ESTADOS DEPENDIENTES: MIEMBROS DE ESTADOS FEDERALES

Grupos de Estados dependientes o vasallos (como los Estados Unidos de las Islas Jónicas durante el periodo del protectorado británico (1815-1863), de las repúblicas sudafricanas, de Túnez y Marruecos cuando estaban bajo un protectorado, y de las provincias remotas del Imperio Otomano, tal como

Bulgaria) plantean una cuestión algo diferente, mucho más relacionada con las atribuciones para celebrar tratados correspondientes a los miembros integrantes de un Estado federal, o a colonias semindependientes, como lo fue antes Canadá. Porque lo que aquí generalmente ha sido implicado es el ejercicio de una atribución concurrente por parte de la subunidad —concurrente, es decir, con la facultad general de celebrar tratados del Estado protector o, según sea el caso, del respectivo gobierno federal o imperial.

Mientras la Constitución de los Estados Unidos (Art. 1º (10) prohibe a todo Estado de la Unión celebrar "tratado" alguno, la conclusión de un "acuerdo o pacto" con otro Estado del mismo tipo o con una potencia extranjera es permisible, con el consentimiento del Congreso. La Constitución Suiza, por otra parte, permite que los cantones suizos celebren, por sí mismos, ciertas clases de tratados. Dos de las repúblicas que constituyen la Unión de Repúblicas Socialistas soviéticas (Bielorrusia y Ucrania) son miembros de las Naciones Unidas y de algunos de los Organismos Especializados, y también son partes, por sí mismas, de ciertos tratados multilaterales. Canadá y otros dominios autónomos de lo que entonces era el Imperio Británico, firmaron el Tratado de Versalles en 1919, y todos (con excepción de Terranova) entraron en la Liga de las Naciones como miembros individuales. También lo hizo la India, que entonces comprendía tanto los estados principescos bajo la protección de la Corona, como las provincias no autónomas de la India Británica.

Ciertamente, no debe negarse que la adquisición del poder de celebrar tratados ha sido en el pasado un escalón significativo en el progreso de las comunidades dependientes, hacia la independencia y el cabal logro de su condición de Estados. También es evidente que —según las palabras de la Corte Internacional de Justicia en *Rights of Nationals of the United States in Morocco Case*— un Estado puede "retener su personalidad como Estado en el derecho internacional" aun bajo protección ((1952) ICJ Rep. 176 a 185). Sin embargo la investigación del alcance preciso de la capacidad, en relación con los tratados, de entidades que no son completamente independientes, no es siempre fácil. Se encuentra especialmente obstruida por la circunstancia de que el ser miembro de las organizaciones internacionales no siempre ha quedado limitado a los Estados soberanos: por ejemplo, la Unión Postal Universal es una unión de administraciones postales territoriales que incluyen, por ejemplo, colonias o administraciones de grupos coloniales, más que una unión de Estados. En un campo técnico como éste, el poder de celebrar tratados parece estar muy extendido; pero su disfrute por unidades componentes de un Estado depende, en realidad, de un proceso de delegación por parte de los gobiernos supremos.

4.05 Capacidad de las instituciones internacionales para celebrar tratados: doctrina del poder "inherente" o "implícito"

Los instrumentos constituyentes de las instituciones internacionales comúnmente no contienen una autorización general para que la organización celebre tratados, pero muchos de éstos las autorizan para celebrar tratados de cierto tipo. La Carta de las Naciones Unidas específicamente autoriza a la Organización para celebrar acuerdos con Estados miembros, sobre el suministro de contingentes militares (Art. 43), y con los Organismos Especializados para vincularlos con las Naciones Unidas (Art. 63). Los artículos 77 ss. y 105 (3) han sido interpretados en el sentido de que autorizan la celebración de acuerdos fiduciarios y convenciones con Estados miembros, respectivamente. No obstante dichas disposiciones, las Naciones Unidas han celebrado gran número de otros tratados, tanto con Estados como con instituciones internacionales.

Lo cierto es que en los años que siguieron a la segunda Guerra Mundial, la práctica de las instituciones internacionales en el campo del derecho de los tratados ha crecido extensamente (para un recuento detallado de esta práctica, véase Schneider, *Treaty-Making Power of International Organizations;* Kasmé. *La Capacité de l'Organisation des Nations Unies de conclure des traités).* También debe notarse que las instituciones internacionales, cuyas constituciones no autorizan la conclusión de tratados de ninguna clase, no obstante han celebrado algunos con Estados (acuerdos sobre la sede de la organización), y con otras instituciones internacionales en materia de cooperación.

La definición de tratado adoptada por la Comisión de Derecho Internacional ha sido redactada con bastante amplitud para permitir el reconocimiento de este nuevo desarrollo en el derecho internacional *(Proyecto de Artículos sobre el Derecho de los Tratados),* texto definitivo adoptado por la Comisión de Derecho Internacional, UN Doc. A/CN4/190, Art. 2 (Ia), p. 2. Véase el texto de la Convención de Viena sobre el Derecho de los Tratados al final de este capítulo).

Partiendo de la suposición de que la capacidad para celebrar tratados es un atributo de la soberanía —de la cual no se encuentran en posesión las instituciones internacionales—, los autores han buscado una base diferente para su capacidad de celebrar tratados. Mientras algunos consideran que la posesión de esta capacidad por una institución es prueba del reconocimiento de su personalidad internacional, otros adoptan un criterio distinto, que considera a la capacidad como una consecuencia de la personalidad jurídica internacional. Un tercer grupo de doctrinantes separa los conceptos. De acuerdo con este último grupo, la capacidad de una institución internacional para celebrar tratados "debe deducirse" —si es que se puede— no del simple hecho de su "personalidad", sino de la prueba de que tiene ese tipo de personalidad que implica la capacidad de celebrar tratados (Parry, "The Treaty-Making Power of the United Nations", 26 *BYIL,* 108 a 110 (1949)).

Algunos autores se adhieren a la opinión (algo estrecha) de que dicho poder de celebrar tratados tiene que conferirse expresamente. Así, de acuerdo con un autor, "las Naciones Unidas jurídicamente sólo tienen la facultad de celebrar los acuerdos internacionales que, por disposiciones especiales de la Carta, están autorizadas a concluir" (Kelsen, *The Law of the United Nations,* p. 330).

Sin embargo, la opinión que prevalece en la doctrina —según ha sido apoyada por la jurisprudencia y la práccica de las instituciones internacionales— es que el poder de celebrar tratados de dichos cuerpos se deriva no sólo de las disposiciones específicas de sus instrumentos constituyentes, sino también de una interpretación implícita de ellos. Esta opinión recurre a la doctrina del poder "implícito" o "inherente".

La Corte Internacional de Justicia ha reconocido el hecho de que las capacidades de las Naciones Unidas no están limitadas a las especificadas en su Constitución. Así es que en la Opinión Consultiva del 11 de abril de 1949 respecto de *Reparations for Injuries Suffered in the Service of the United Nations,* la mayoría de la Corte declaró:

De acuerdo con el derecho internacional, debe considerarse que la Organización tiene aquellos poderes que, aunque no expresamente dispuestos en la Carta, se le confiere por virtud de una necesaria interpretación implícita, por ser esenciales para el cumplimiento de sus deberes. ((1949) ICJ Rep. 182)

La Corte también declaró:

la capacidad de la Organización para ejercer un grado de protección funcional sobre sus agentes se deriva de la Carta por interpretación necesaria de su espíritu. *(Ibid.,* 184)

Asimismo, en su Opinión Consultiva en *Effects of Awards of Compensation Made by the United Nations Administrative Tribunal,* la Corte señaló que la Carta no contiene "disposición expresa para el establecimiento de cuerpos u órganos judiciales ni indicación alguna en sentido contrario", pero decidió que la capacidad para establecer un tribunal que administre justicia entre la Organización y los miembros de su personal "se deriva de la Carta por una interpretación necesaria de su espíritu". ((1954) ICJ Rep. 56-57).

En ambas Opiniones Consultivas, la Corte examinaba la capacidad funcional para la protección de los agentes de las Naciones Unidas, y sus conclusiones se referían a esta Organización. No obstante, existe consenso general entre los autores para extender, por analogía, las conclusiones de la Corte a otras instituciones y para aplicarlas a otras atribuciones, especialmente a la facultad de celebrar tratados.

La conclusión a que han llegado algunos tratadistas, en cuanto a la existencia de reglas consuetudinarias sobre la atribución de la facultad de celebrar tratados, es una consecuencia importante de la aplicación de la doctrina de los poderes implícitos como principio de interpretación de las atribuciones jurídicas que tienen las instituciones internacionales. Para estos tratadistas, las disposiciones constitucionales sobre estos particulares "tienen que considerarse de carácter declarativo, aunque retengan toda su fuerza para los efectos procesales" (Schneider, *op. cit.,* p. 138).

El ejercicio de una facultad implícita de celebrar tratados puede originar dificultades en cuanto a su delimitación. La definición exacta de dichos límites es necesariamente un problema de interpretación en cada caso particular y con referencia a cada institución determinada. Sin embargo, generalmente se admite que el reconocimiento de la existencia de una facultad implícita para celebrar tratados no significa que la institución pueda concertar cualquier tipo de tratado que sea completamente ajeno a sus funciones. En palabras de uno de los relatores especiales de la Comisión de Derecho Internacional sobre el Derecho de los Tratados (el profesor Brierly), "la capacidad inherente de celebrar tratados de las instituciones internacionales... queda limitada a la capacidad de celebrar tratados compatibles con la letra y el espíritu de sus diferentes constituciones" (UN Doc. A/CN. 4123, p. 21).

4.06 Casos especiales: el mandato; Estados neutralizados; la Santa Sede

Antes de volver al asunto de la autoridad interna para celebrar tratados, en cuanto ésta concierne también a los Estados, debemos observar otros dos posibles casos especiales. En primer lugar, algunas veces puede resultar que la facultad de concertar tratados de un Estado, o de una entidad semejante a él, se ejercite habitualmente por otro Estado. De ese modo, las relaciones referentes a tratados correspondientes a la Ciudad Libre de Danzig, establecidas por el Tratado de Versalles de 1919, se encontraban totalmente en manos de Polonia; y las relaciones referentes a tratados correspondientes al Principado de Liechtenstein, son conducidas totalmente, de manera manifiesta, por Suiza. Lo que parece haber aquí —y de seguro lo hay en el caso de Liechtenstein— es un mero mandato, terminable en cualquier momento y comparable al sistema por el cual el servicio diplomático de un Estado representará los intereses de otro, en una capital en que éste no tiene representación propia.

En segundo lugar, a veces se insinúa que una condición de neutralización permanente limita la capacidad de celebrar tratados de un Estado que, por lo demás, es soberano. Basándose en esta tesis, por ser "ella misma un Estado neutral", a Bélgica no se le permitió ser parte de la garantía colectiva para la neutralidad de Luxemburgo, por el Tratado de 1867.

Por último, debe observarse que a la Santa Sede siempre se le ha reconocido como poseedora de una capacidad para celebrar tratados distinta de la que podría ser inherente al poder temporal del Papado, de existir dicho poder. Durante el periodo entre la extinción de los Estados Pontificios, en 1870, y el establecimiento del Estado de la Ciudad del Vaticano, en 1929, la Santa Sede continuó concluyendo concordatos —según se les llama a los tratados papales— y aún continúa haciéndolo, independientemente de la soberanía simbólica del Estado de la Ciudad del Vaticano.

4.07 Autoridad en el derecho interno en general

Volviendo ahora a la cuestión de la capacidad o autoridad en términos del derecho interno, es natural que ésta sólo nos interese en cuanto pueda tener un efecto internacional. El grado hasta donde pueda tenerlo, queda algo limitado por la circunstancia de que el sistema clásico de derecho internacional reconocía sólo dos órganos de gobierno central en los Estados —el jefe de Estado y el ministro de relaciones exteriores. El primero se consideraba tener el *jus omnimodae representationis,* el derecho o la capacidad de representar al Estado en cualquier circunstancia. Aun una regla de tal amplitud dejaba pendiente el problema de quién pudiera ser el jefe de un Estado determinado. Ahora bien, el Estado que está dispuesto a celebrar un tratado bipartito con otro Estado es difícil que alegue consiguientemente la incompetencia del órgano del otro con el cual decidió tratar, y probablemente no podría hacerlo. La conclusión de un tratado bipartito con un Estado el cual o cuyo gobierno no ha sido reconocido anteriormente, puede ser la forma como se confiere el reconocimiento (cf. Hudson, "Recognition and Multipartite Treaties", 23 *AJIL,* 126 (1929)). Por otra parte, la conclusión de un tratado multipartito por Estados, no significa que el gobierno de cada uno reconozca al otro. Sin embargo, el no reconocimiento no implica necesariamente una imputación de falta de capacidad dentro del derecho interno (véase 5.15). Parece que nunca se ha planteado jurisdiccionalmente el problema de si un Estado, al ser restaurado su Jefe legítimo, puede alegar la incompetencia del usurpador desplazado para celebrar tratados; y de si —en caso de hacerlo— el reconocimiento o el no reconocimiento del régimen usurpador por las otras partes de un tratado tiene alguna trascendencia en el asunto. Pero en el *Tinoco Arbitration* (1923) (18 *AJIL,* 147 (1924), 1 RIAA, 369), el presidente del Tribunal, Taft, no le dio mucha importancia a la circunstancia de que el gobierno revolucionario de Tinoco, de Costa Rica, no había sido reconocido por el Reino Unido, aunque la queja del Reino Unido se refería al rechazo por parte del gobierno repuesto, de un contrato de concesión conferido por el régimen de Tinoco. En términos generales, los actos de un gobierno *de facto,* y por lo tanto, los tratados de un Jefe de Estado *de facto,* obligan al Estado. Pero puede haber excepciones. Por ejemplo, si un gobernante *de facto,* anticipando su caída inminente, diera una base clara para entender que su intención al suscribir un tratado era la de enajenar porciones considerables de la propiedad del Estado, un tribunal internacional podría muy bien considerar que dicha operación estaba viciada, en la misma forma que un tribunal nacional podría negarse, dentro del ámbito del derecho interno, a atribuir efectos normales a un contrato celebrado teniendo en cuenta el mismo propósito. Sin embargo, esta excepción se aplicaría en forma igual tanto si el régimen que estuviera a punto de caer fuera *de jure,* como si lo fuera *de facto* (cf. *Civil Air Transport Inc. v. Central Air Transportation Corporation* (1953) A. C. 70).

4.08 EL JEFE DE ESTADO

La atribución clásica del *jus omnimodae representationis* del jefe de Estado es aún reconocida, hasta tal punto que al que concurre personalmente para negociar o firmar un tratado, no se le exige que justifique en forma alguna

su capacidad en cuanto a plenos poderes (formalidad que los plenipotenciarios corrientes, como indica su denominación, deben cumplir). En esa
forma fue firmado el Tratado de Versalles por el presidente Wilson, "actuando en su propio nombre y por su propia autoridad". Pero, según se ha
visto, aunque el jefe de Estado —desde el punto de vista interno— puede
tener capacidad para firmar tratados, es posible que no la tenga por sí mismo
para ratificarlos. Las limitaciones constitucionales de esta clase no existen
sólo en países con constituciones escritas. Aun en otras partes puede ser aplicable una doctrina consuetudinaria que determina que el jefe del Estado
(tal como la reina en el Reino Unido), aunque formalmente omnicompetente en asuntos de relaciones exteriores, puede actuar únicamente a través
de un ministro responsable ante el Parlamento.

4.09 El ministro de relaciones exteriores

Antes de tratar del efecto de dichas limitaciones, es conveniente examinar
la posición de otros órganos del Estado, a través de los cuales se ejerce el
poder de celebrar tratados. Hemos mencionado al ministro de relaciones exteriores. La competencia de ese funcionario del Estado fue examinada por la
Corte Permanente de Justicia Internacional en el *Eastern Greenland Case*
(1933), (PCIJ Ser. A/B No. 53), cuando dicho tribunal consideró

fuera de toda disputa que una contestación verbal, en el sentido de
que el gobierno noruego no causaría dificultades en la solución de la
cuestión del reconocimiento de la soberanía de Dinamarca sobre la totalidad de Groenlandia, dada por el ministro de relaciones exteriores
de aquel gobierno, en respuesta a un pedido del representante diplomático de una potencia extranjera, en un asunto que caía bajo su competencia, obliga al país al cual pertenece el ministro (p. 71).

Lo que aquí interesaba no era, de hecho, la celebración de un tratado,
sino que el principio implicado se aplicaba también, manifiestamente, a la
facultad general de celebrar tratados. Y de conformidad con él, a los ministros de relaciones exteriores que participan en la negociación o firma de
tratados generalmente no se les dan, ni se les piden, plenos poderes, por
considerarse que su capacidad es inherente al cargo.

4.10 El jefe de gobierno

En muchos Estados, el jefe de Estado titular no es quien ejerce el poder
ejecutivo supremo; encontrándose situado entre éste y el Ministro de Relaciones Exteriores, el jefe del gobierno desempeña un cargo tal como el de
presidente del Consejo o primer ministro. Cuando esto ocurre, es comprensible que la situación actual sea la de dar el mismo crédito a los actos del
jefe del gobierno que el tradicionalmente concedido a los del jefe de Estado.

Esto se contempla en el *Proyecto de Artículos sobre el Derecho de los Tratados* de la Comisión de Derecho Internacional *(op. cit.,* Art. 6, 2a, p. 4).

4.11 LOS AGENTES DIPLOMÁTICOS

También se reconoce una cierta competencia *ex officio* al agente diplomático de un Estado, en cuanto concierne a tratados con el Estado ante el cual ha sido acreditado. Es decir, se lo supone competente para negociar y firmar dichos tratados en virtud de los plenos poderes que generalmente rigen a su embajada. Sin duda, la misma regla se aplica en relación con jefes de misión en instituciones internacionales, en lo referente a las relaciones con esas instituciones. En todos los demás casos, a un pretenso negociador o a una persona que habría de firmar, o de ratificar o que de alguna otra manera pretendiera obligar a un Estado por medio de un tratado, se le exige o se le puede exigir que presente sus cartas credenciales, aunque en la práctica éstas pueden algunas veces presumirse provisionalmente, en espera de la llegada de sus plenos poderes.

4.12 EFECTO DE LA LIMITACIÓN DE AUTORIDAD

El Estado que se encuentra dispuesto a establecer relaciones por medio de tratados con otro Estado, puede exigir que los representantes subalternos de éste tengan autoridad expresa o implícita para actuar, consistente en una delegación general o especial de un superior —quien debe tener el carácter de ministro de relaciones exteriores o de agente diplomático acreditado, o poseer plenos poderes que cubran el tratado específico contemplado, o una clase de tratados que incluiría aquél. ¿Existe, sin embargo, algún procedimiento por el cual la autoridad de un jefe de Estado pueda ser comprobada, y que no sea el evidentemente burdo de hacerle la pregunta a él, directa o indirectamente? En una situación similar de derecho interno, la parte que trata con el funcionario principal de una sociedad puede exigir que dicho funcionario presente la escritura de constitución de aquélla, u otro documento constituyente. Pero, evidentemente, la palabra del Estado mismo, pronunciada a través de los canales usuales de comunicación internacional oficial, es la última con respecto a su constitución. En el caso de que la constitución de un Estado contenga, de manera notoria, una limitación al poder del jefe del Estado para celebrar tratados cuando actúa solo (como ocurre con la Constitución de Estados Unidos), se ha sugerido que debe estimarse que los otros Estados que tratan con él tienen conocimiento de dicha limitación. Sin embargo, no existe medio alguno que permita a otro Estado averiguar si, al pretender ratificar un tratado, el presidente de los Estados Unidos, en realidad está actuando por razón y con el asesoramiento y consentimiento de la mayoría necesaria del Senado, excepto por vías de información que remiten de nuevo al presidente. Más aún, si se diera la respuesta de que el tratado en cuestión (aunque fuese un tratado en el sentido del derecho internacional) no lo era dentro del significado de la Constitución, sino más bien un mero "acuerdo ejecutivo" que el presidente podía ratificar sin consultar al Senado, el Estado extranjero que presume hacer la averiguación se encontraría enfrascado en una de las cuestiones más intrincadas del dercho y práctica constitucionales estadounidenses (cf. UN Legislative Series, *Laws and Practices Concerning the Conclusion of Treaties* [Sales Núm. 1952 v. 47], p. 136). Lo que Lord McNair caracteriza como la "ilustración grotesca" dada anteriormente, se toma de su *Law of Treaties* (página 63).

Por lo tanto, la regla sugerida parece no ser viable, y debe concluirse que la declaración de un jefe de Estado, de que tiene la capacidad necesaria derivada implícitamente de su cargo, puede y debe ser aceptada siempre. Éste parece ser el sentido del proyecto de codificación adoptado por la Comisión de Derecho Internacional. Pero estos artículos no tratan el asunto en forma directa. Sólo señalan que el jefe de Estado, e igualmente el jefe de gobierno o el ministro de relaciones exteriores, no se encuentran obligados a dar prueba alguna de su autoridad "para negociar, redactar, autenticar o firmar un tratado". El problema de la capacidad para ratificar o adherirse a un tratado se trata en forma indirecta, habiéndose establecido sólo que cuando un instrumento de ratificación o de adhesión, o su equivalente, se firma por un representante que no es Jefe de Estado, etcétera, éste tendrá que presentar pruebas de su capacidad (*Proyecto de Artículos sobre el Derecho de los Tratados, op. cit.,* Art. 6).

Sin embargo, el artículo 43 del Proyecto (*op. cit.,* p. 19), modifica este principio general, al admitir que el consentimiento del Estado que se habría de obligar puede quedar invalidado si se expresa por un representante que haya actuado violando manifiestamente las disposiciones del derecho interno referentes a la competencia para obligar al respectivo Estado. Un ejemplo puede ser la limitación constitucional referida en 4.08, según ·la cual el ·jefe de Estado puede actuar únicamente a través de un ministro que sea responsable ante el Parlamento.

4.13 Instituciones internacionales

Distan mucho de haber quedado definitivamente establecidas las reglas que rigen el problema de cuál órgano debe concluir acuerdos en nombre de las instituciones internacionales, así como del procedimiento que debe seguirse para ello. Las disposiciones constitucionales que regulan estos asuntos existen sólo en un número limitado de casos y relacionadas con ciertos tipos de acuerdos, y sus disposiciones varían considerablemente.

Las instituciones internacionales no tienen ningún órgano o funcionario comparable al jefe de Estado. Por regla general, sus principales jefes ejecutivos no tienen autoridad personal *ex officio* para actuar en la negociación y conclusión de tratados. Algunas constituciones establecen un órgano colegiado para actuar en nombre de la institución (por ejemplo, OMM, Art. 14). A falta de disposiciones explícitas que deleguen la facultad de celebrar tratados a un órgano determinado, en la actualidad se reconoce generalmente que los órganos plenarios tienen el poder supremo. La delegación de poderes, ya sea a los principales jefes ejecutivos o a varios órganos, se efectúa frecuentemente en forma *ad hoc,* por resolución o por acuerdo.

El artículo 63 (1) de la Carta de las Naciones Unidas autoriza al Consejo Económico y Social para celebrar acuerdos con los Organismos Especializados, con el objeto de ponerlos en relación con las Naciones Unidas. Según una resolución de 16 de febrero de 1946, se creó un Comité de Negociaciones, el cual negociaba directamente con los Organismos Especializados del caso; los acuerdos así logrados se sometían al Consejo y, finalmente, a la aprobación de la Asamblea General.

Los llamados "Tratados de Sucesión" se referían al traspaso a las Naciones Unidas de ciertas funciones, actividades y haberes de la Liga de las Naciones "que pudieran considerarse conveniente que la nueva organización adquiriese bajo los términos que se habrían de acordar". El primero de dichos tratados fue el 19 de julio de 1946, que dispuso el traspaso de ciertos activos de la Liga. Este tratado, junto con el Protocolo Suplementario del 19 de julio (1 *UNTS,* 109, 131), fue aprobado por la Asamblea General mediante la Resolución 79 (1), a pesar de la estipulación en el artículo 10, de que entraría en vigor sujeto a la firma. Un segundo protocolo sobre el traspaso de ciertas obligaciones de la Liga a las Naciones Unidas, firmado el 1º de agosto *(ibid.,* 135), y cuatro protocolos adicionales concluidos entre las dos instituciones en 1947 (4 *UNTS,* 443, 449, 5 *UNTS,* 389, 395), que igualmente disponían su entrada en vigor a su firma, lo mismo que un arreglo suplementario del 31 de julio de 1946 (1 *UNTS,* 119), no fueron aprobados específicamente por la Asamblea, y sólo fueron mencionados en los informes anuales del Secretario General (UN Doc. A/315 (1947)).

Ha surgido la duda de si se puede considerar que las Naciones Unidas son parte de algunas de las convenciones concluidas en relación con ella. Mientras la Corte Internacional de Justicia evidentemente expresó la opinión de que las Naciones Unidas son parte de la Convención General sobre Privilegios e Inmunidades de las Naciones Unidas, de 1946, como también lo hizo la Secretaría al registrar el instrumento *ex officio,* el problema —según ha expresado un autor— "no queda fuera de duda, puesto que no hay signatarios (la Convención fue aprobada por la Asamblea y recibió la adhesión de Estados Miembros) y el artículo 105 (3) de la Carta sugiere que corresponde a la Asamblea 'proponer convenciones a los Miembros', frase que interpretada en cierto sentido podría excluir su participación verdadera, como parte" (Bowett, *The Law of International Institutions,* p. 280).

SECCIÓN II. CONCLUSIÓN

4.14 PROCEDIMIENTO TRADICIONAL: FIRMA Y RATIFICACIÓN

El derecho internacional —según se ha dicho— no tiene reglas sobre la forma como los tratados deben elaborarse; si las tuviera, podrían ser renunciadas por acuerdo entre las partes. Sin embargo, tradicionalmente los Estados que celebran un acuerdo *de novo* han procedido en dos etapas: primero se firma el tratado, luego se ratifica. El significado relativo de estas dos etapas ha sido diferente en los diversos periodos. Originalmente, la ratificación, derivada del mandato del derecho romano, era una mera confirmación por parte del mandante de que su agente, al negociar el acuerdo, no había excedido sus instrucciones. Por tanto, los plenos poderes de los negociadores —su autoridad para negociar— usualmente contenían una promesa por parte del príncipe de ratificar lo que, dentro de sus instrucciones, conviniere el plenipotenciario. En esta etapa de la historia, la ratificación —según palabras de Lord Stowell en *The Eliza Ann* (1813), (1 Dod. 244, 248) — era "una forma... pero una forma esencial". En ese caso, él sostuvo que no podía impugnarse que la captura hecha por un navío de guerra británico en aguas suecas, el 11 de agosto de 1812, se hubiese efectuado en aguas neutrales con la alegación de que la ratificación del Tratado de Paz con Suecia, ya firmado el día 18 de julio, no se efectuó por ambas partes hasta el 17 de agosto.

Con la creciente complicación de las relaciones derivadas de los tratados durante el siglo XIX, esta posición ha cambiado. Los Estados comprendieron que era necesario esperar un lapso, después de la etapa de la firma, en el cual se pudiera evaluar la compatibilidad de los términos de un tratado nuevo con el conjunto de sus compromisos y de su política, y se pudiera lograr la legislación necesaria para ponerlo en vigor. Además, aunque las constituciones de algunos Estados (tal como Estados Unidos) pueden confiar la negociación y firma de los tratados exclusivamente al departamento ejecutivo, podrían exigir para su ratificación, según ha sido observado, el consentimiento del parlamento o de una cámara legislativa. Como resultado de esto, la promesa de ratificación que los poderes plenos antes contenían, llegó a ser remplazada por una reserva de ratificación; así, por simple formalidad, la ratificación se convirtió en el trámite esencial por el cual los Estados se obligan mutuamente mediante tratados.

Este desarrollo llegó, en los tiempos de la Liga de las Naciones, a obstruir el progreso de la cooperación internacional. Se pudo observar que, aunque muchos Estados, en un arranque inicial de entusiasmo por la materia y por razones de prestigio, podían firmar tratados negociados con los auspicios de la Liga, el número de los que llegaban a la etapa de ratificación fue notablemente menor. Las dificultades constitucionales de algunos Estados en esta materia eran, sin embargo, bastante reales. No todos estaban en situación de hacer lo que los Estados de la Comunidad Británica podían hacer: ofrecer la renuncia total de la etapa de ratificación y quedar obligado por la sola firma.

4.15 ADHESIÓN

Cuando lo pertinente no era de la negociación de un tratado *de novo*, sino el acuerdo de un Estado para obligarse por los términos de un tratado ya negociado entre otros dos o más Estados, ese proceso —llamado accesión, adherencia o adhesión tradicionalmente no entrañaba dos etapas, sino un solo acto. La razón de esto es suficientemente obvia y su consideración permite un análisis de las etapas imprescindibles en la concertación de tratados, sobre cuyas bases puede construirse un sistema lógico.

4.16 ETAPAS LÓGICAS EN LA CONCERTACIÓN DE TRATADOS: NEGOCIACIÓN Y AUTENTICACIÓN DEL TEXTO

Resulta obvio que las disposiciones deben redactarse cuidadosamente, es decir, el texto del tratado, que las partes estarán dispuestas a aceptar. Luego, el texto provisional acordado debe ser autenticado en alguna forma, de modo que no haya error o confusión respecto de sus términos exactos. En cuanto se refiere a tratados bipartitos, las firmas de los negociadores de ambas partes cumplen suficientemente este propósito. Así, durante el siglo XIX, el trámite de la firma quedó reducido a un simple papel de autenticación. Cuando hay muchas partes originales interesadas, la firma de cada uno de los plenipotenciarios puede resultar un proceso que requiera un tiempo excesivo, especialmente si —como ocurría al principio— la dignidad de los Estados exigía que ninguno cediera la precedencia a otro, de modo que debía prepararse, para la delegación de cada Estado, un ejemplar en el cual apareciera encabezando la lista de signatarios. Esto explica la práctica de incluir varios instrumentos redactados simultáneamente en una sola Acta Final que requiriese un solo juego de firmas. También explica algunos expedientes modernos, tal como la disposición de la Constitución de la Organización Internacional del Trabajo, al efecto de que las convenciones redactadas con los auspicios de dicha organización han de ser autenticadas sólo por las firmas del Director General de la Organización y del Presidente de la Conferencia. Sin embargo, siempre se ha considerado que no era necesaria la participación, en la etapa de la autenticación, de un tercer Estado que llegaba a un tratado a última hora y cuando ya el tratado, posiblemente, había entrado en vigor entre los otros; y por esto la adhesión ha consistido en un solo acto por el cual la parte interesada quedaba obligada al texto.

4.17 SIGNIFICADO DEL CONSENTIMIENTO PARA QUEDAR OBLIGADO

Ésta es la próxima etapa necesaria: algún acto mediante el cual cada parte indica su consentimiento para quedar obligada. Originalmente éste era la firma, sujeta sólo a la formalidad de la ratificación, en cuanto se tratara de las partes originales. Después lo fue la ratificación. Antes, éste era un proceso aún más laborioso que la firma, puesto que lo que se necesitaba no era sólo que cada Estado otorgase un instrumento de ratificación, sino que éstos debían ser canjeados a través de los canales diplomáticos. A la vez los instrumentos de ratificación debían ser comunicados a cada parte original. Sin embargo, se logró alguna simplificación mediante la inserción (en los textos de los tratados multipartitos) de una estipulación que designaba al gobierno de una de las partes depositario para recibir los instrumentos de ratificación y de adhesión de los otros, y para comunicar a todos los interesados el hecho de haberlos recibido.

4.18 RESERVAS

Puede pensarse que este paso produciría una solución adecuada a la dificultad. Probablemente lo haría, si en todos los casos los Estados estuvieran preparados, mediante tratados, para hacer promesas idénticas. Pero, naturalmente, esto nunca ha sido así. Por lo tanto, ha de tomarse en cuenta la reserva: la manifestación hecha por una parte de no encontrarse dispuesta a aceptar alguna disposición determinada o de pretender alguna otra variación a su favor. Las reservas son de varias clases. Así, pueden ser recíprocas o no recíprocas. Si en un tratado que eximiera a los navíos de guerra de cada parte del pago de los derechos de puerto establecidos por las otras, Francia propusiera que los cruceros para la protección de la pesca quedaran exceptuados de dicha exención, tal reserva sería susceptible de aplicación recíproca; y si ella se aceptara, se entendería que significaba que no sólo los cruceros de pesca de las otras partes tendrían que pagar derechos en los puertos franceses sino que, asimismo, los cruceros de pesca franceses habrían también de pagarlos en los puertos de los otros signatarios. Si, por el contrario, Francia propusiera que el régimen contemplado se habría de aplicar en todas partes "excepto en el puerto de Cherburgo", dicha excepción no sería susceptible de aplicación recíproca.

4.19 ACEPTACIÓN DE RESERVAS

La reserva constituye una proposición de enmienda al texto del tratado. En el caso más simple de reserva recíproca a un tratado bipartito, ésta es de hecho una enmienda. Por lo tanto, en principio, ninguna reserva puede tener efecto a menos y hasta que haya sido aceptada o acordada por todas las partes. Aun en el caso más simple, esto tiene que entrañar que el significado de la intención, por parte de quien propone una reserva, de quedar obligado por el tratado —su ratificación o su adhesión, por ejemplo— no puede surtir efecto inmediatamente. Pero, en cuanto a los tratados multilaterales, surge una seria duda sobre qué es precisamente lo necesario para hacerla efectiva. Lo requerido —por lo menos en principio— es el consentimiento de todas las otras partes. Éste puede ser tácito en vez de expreso, aunque el consentimiento tácito de los Estados no se debe presumir a la ligera. Por tanto, si un Estado propone una reserva durante la negociación del texto, o la agrega al firmar dicho texto, puede muy bien presumirse que cuando un segundo Estado, con conocimiento de ese hecho, procede a la ratificación o a la adhesión del tratado, acepta dicha reserva. Cuando la reserva se propone sólo al efectuarse la ratificación o la adhesión, debe buscarse específicamente el consentimiento de todos los Estados que ya han ratificado o se han adherido. O, para decirlo de otro modo, el consentimiento de las "partes existentes" es necesario. Sin embargo, hay frecuentemente una clase intermedia de Estados con los cuales se debe contar: aquellos que, aun cuando el tratado haya entrado ya en vigor entre algunos Estados, no son todavía "partes del tratado" por no haberlo ratificado o adherido a él, pero a los cuales hay que consultar sobre cualquier alteración de sus términos, ya que tienen una especie de titularidad expectante para convertirse en partes del texto originalmente propuesto, por haber sido partes negociadoras o signatarias originales, o por haber sido anteriormente invitados a adherirse a él. Es difícil afirmar que tales Estados tengan un "derecho" de convertirse en partes del texto original; porque tal derecho sólo podría surgir del propio texto, al cual —por así decirlo— ellos no están obligados todavía, aun si estuviera en vigor. Pero no puede negarse que tales Estados tienen o deben tener una oportunidad legítima para poder objetar las reservas de los que llegan a última hora.

Una situación de esta índole fue considerada por la Corte Internacional de Justicia en el *Reservations to the Genocide Convention Case* ((1951) ICJ Rep. 15). La solicitud allí contenida en una Opinión Consultiva, surgió de las estipulaciones del anteproyecto de la Convención de Genocidio de 1948, al efecto de que el instrumento debía quedar abierto a la firma de los Estados hasta fines de 1949, y de que en lo sucesivo se admitirían las adhesiones. Varios de los Estados signatarios y otros que posteriormente se adhirieron formularon reservas al firmar o adherirse, que fueron objetadas por otros Estados. Esto dio lugar a la duda de saber cuáles Estados podía considerarse que habían llegado a ser partes. A la Corte se la consultó, en primer lugar, sobre si al Estado reservante que insistía en ella podía considerárselo parte si algunos de los demás Estados admitían la reserva y otros se negaban a hacerlo. La Corte, por el voto de la mayoría, contestó la pregunta en sentido afirmativo. Pero debe observarse que la respuesta afirmativa se expresó con relación sólo al tratado particular que se examinaba, y no se debe suponer que se aplique necesariamente a otros tratados. Además, quedó limitada, en el sentido de que se decía que era aplicable sólo "si la reserva es compatible con el objetivo y propósito de la Convención; de lo contrario, el Estado reservante no puede considerarse parte de la Convención". Al contestar una segunda pregunta, la Corte prosiguió expresando la opinión de que el efecto de una reserva *vis-à-vis* la parte que la objetó, dependería del carácter de la objeción: si la base de la objeción era que la reserva se consideraba incompatible con la naturaleza y el propósito de la Convención, entonces dicha parte podría considerar que el Estado reservante no era parte; pero si se aceptare que la reserva no era de tal modo incompatible, entonces la parte podría (pero presumiblemente no tendría que hacerlo) considerar también como parte al Estado reservante.

Hasta este punto, la Opinión Consultiva no trata directamente la cuestión de los derechos o expectativas de los Estados que de otra forma aún no son partes pero que, según los términos del tratado, pueden llegar a serlo. Se refiere sólo a la actitud que las "partes" pueden asumir hacia las reservas.

La tercera y última cuestión planteada a la Corte, sin embargo, se refirió al efecto de las objeciones sobre reservas aducidas por signatarios que aún no habían ratificado y por Estados "con derecho" a firmar o a adherirse, pero que aún no lo habían hecho. La respuesta fue que tal objeción no tenía efecto jurídico, pero que, cuando ha sido hecha por un Estado que ya es signatario, podría servir de aviso de la actitud eventual de ese Estado después de la ratificación. La implicación resultante aquí es que quizá la orden de ratificación es menos importante de lo que se puede suponer, y que el consentimiento por parte de un Estado que ratifica posteriormente una reserva propuesta por otro que la ratificó con anterioridad, no se debe presumir del hecho de que el primero procedió a ratificar; y, desde luego, nunca cuando el primero ha dado aviso anticipado de su objeción.

Debe considerarse que la Opinión Consultiva produce alguna calificación al criterio estrictamente consensual del asunto, de acuerdo con el cual el texto del tratado originalmente negociado es, por decirlo así, una oferta capaz de aceptación exactamente sólo de acuerdo con sus términos, de modo que la reserva constituye una contrapropuesta carente de cualquier efecto, a menos hasta que haya sido aceptada. Pero la extensión de esta calificación es, quizá, pequeña. La opinión de la Corte (según ya se ha dicho) se aplica sólo en relación con la Convención de Genocidio; y el argumento en que se basa dicho criterio descansa únicamente en el carácter especial de esa Convención, y de manera particular en el hecho de que los principios que ésta admite ya obligaban como principios de derecho internacional consuetudinario; además, que se dio especial importancia al hecho de hacer universal la afirmación solemne de ellos. El efecto de la opinión es sencillamente indicar cómo han de estimarse las reservas a una convención particular de carácter especial, en ausencia de alguna disposición expresa sobre la materia, hecha por las partes. Lo que hace es sustituir el requisito del consentimiento unánime a la reserva por el de que debe ser "compatible con el objeto y propósito de la Convención". En todas las circunstancias, esto —posiblemente— puede interpretarse como que ha sido la intención implícita, aunque no expresa, de las partes.

4.20 Reservas permisibles

Las partes que negocian pueden, ocasionalmente, estipular expresamente qué reservas pueden proponerse o ser aceptadas, de ser posible plantear algunas. La Convención Europea para la Protección de los Derechos Humanos dispone en su artículo 64 que cualquier parte que desee hacerlo puede "formular una reserva relativa a cualquier disposición particular de la Convención, en el sentido de que una ley en vigor en su territorio no está en conformidad con esa disposición". También es posible estipular que no se pueden hacer reservas —lo que, en efecto, fue dispuesto en el artículo 1º del Pacto de la Liga de las Naciones. Posiblemente existen especies de tratados con los cuales las reservas son tan fundamentalmente incompatibles que no se pueden admitir, así hayan sido o no expresamente excluidas. Se ha dicho

que éste es el caso de las Convenciones Internacionales del Trabajo, basado
en que si los gobiernos presentasen reservas sería, en un sentido, un fraude
perpetrado a los delegados que no son gubernamentales, quienes son partí-
cipes de igual jerarquía en el proceso de su elaboración. Un análisis más
adecuado de la situación indicaría que las Convenciones Internacionales de
Trabajo (según se les llama) no son, de hecho, tratados, sino más bien *proyectos* de legislación nacional; de modo que no sólo es incorrecto calificar
de "ratificación" al proceso de "adopción", sino que también lo es el considerar cualquier propuesta de modificación como una "reserva", ya sea eso
permisible o no. (Cf. Nota de la Liga de las Naciones por el Secretario General, "Admissibility of Reservations to General Conventions, 1927", *L.N.
Doc.* C. 212, 1927, V.)

4.21 EFECTOS DE LAS RESERVAS

Ya sea la reserva de carácter recíproco o no, el efecto de su aceptación,
en relación con un tratado multilateral, debe ser que dicho tratado funcio-
nará sin uniformidad. De modo que (para usar el mismo ejemplo dado anteriormente), si el tratado sobre la exención de los derechos de puerto a los
navíos de guerra se celebra entre Francia y otro Estado solamente, el efecto
de la aceptación de la reserva de Francia exceptuando los cruceros de pesca de
la categoría de navíos de guerra, será que dichos cruceros no tengan el beneficio del tratado en lugar alguno. Si el tratado se celebra entre los Estados A y B, así como entre cualquiera de los dos, A o B y Francia la situación
aún será la misma; en cambio entre A y B consigo mismos, el tratado fun-
cionará eximiendo a todos los tipos de navíos de guerra. Naturalmente que
esto sugiere la posibilidad de que A pueda estar dispuesto a aceptar las reservas, mientras B no lo esté. Teóricamente la situación entonces sería que el
Estado reservante no es parte de ninguna manera porque, en efecto, ha hecho
una contraproposición a la oferta original, y aquélla, a su vez, no ha sido
aceptada por todos los oferentes originales. Pero, en la práctica no se ha adoptado un criterio tan estricto, y el tratado que contiene términos especiales
puede ser considerado en vigor entre A y B, quienes no han hecho reservas, y también no sólo entre A y C, sujeto a una reserva por C, que A
acepta, sino igualmente entre B y C, no sujeto a la reserva de C, que B no
acepta. Esta actitud práctica puede justificarse teóricamente, pues no habiendo requisitos compulsivos de derecho internacional relativos a la forma
o manera en que los tratados deban concluirse, es posible considerar la situación descrita como una en que hay un tratado vigente entre A y ambos
B y C, y otro tratado distinto, vigente entre B y C. Sin embargo, es inconveniente dicha interpretación cuando —como frecuentemente ocurre— el
texto del tratado original estipula que no entrará en vigor hasta que cierto
número de Estados sean "partes", lo cual sólo puede significar partes de la
propuesta única y original. También tal interpretación resulta inconveniente cuando el tratado implica la creación de instituciones comunes (véase
Proyecto de Artículos, op. cit., Sec. 2, *Reservas a Tratados Multilaterales,*

artículos 16-20, pp. 8-10; y Convención de Viena sobre el Derecho de los Tratados, artículos 19-23).

4.22 TÉCNICAS RECIENTES SOBRE LA CELEBRACIÓN DE TRATADOS

Las diversas circunstancias de los diferentes Estados probablemente conllevan a que siempre haya alguna variación en las obligaciones que éstos puedan asumir debidamente mediante tratados, lo cual debe siempre tenerse en cuenta por el derecho y por las formas que se adopten. También las diversas variantes de técnicas jurídicas nacionales deben continuar ejerciendo influencia en las prácticas de los diferentes Estados en lo referente a la celebración de tratados. No se debe esperar —ni es tampoco deseable— una uniformidad completa comparable a la que pueda caracterizar la construcción legislativa de un Estado determinado. A medida que los tratados se multiplican, se desarrollan cada vez más expedientes ingeniosos para servir las necesidades de las partes. Aunque este proceso debe continuar, corresponde terminar este esbozo de la materia llamando la atención sobre algunos recientes cambios importantes.

Así, en cuanto a la celebración de tratados bipartitos (donde los problemas capitales son encontrar un método conveniente para la autenticación del texto negociado y acomodar el proceso de asumir la obligación a los requisitos constitucionales de las partes) es digno de atención que los Estados del *common law* ahora utilizan el siguiente recurso: los tratados se preparan en forma de memorandos escritos sobre el acuerdo, usualmente firmados —aunque algunas veces sólo con las iniciales— por los representantes de las partes, quienes pueden ser los ministros de relaciones exteriores o los enviados diplomáticos, y en ocasiones también funcionarios de hacienda o de otros departamentos nacionales. La necesidad de ratificación de tales memorandos se estipula algunas veces, pero frecuentemente no se exige ni explícita ni tácitamente. Un análisis riguroso probablemente llevaría a la conclusión de que, cuando se usa este método, en realidad el tratado queda concluido verbalmente y el memorándun es sólo prueba del texto. Pero si una parte considera que sus tradiciones o reglas constitucionales lo requiere, está en libertad de tratar al memorándun como un texto que ha sido firmado y que puede o debe ser ratificado.

Con respecto a los tratados multipartitos —y en cuanto concierne al problema de la autenticación— puede señalarse la posibilidad de prescindir de la multiplicidad de firmas que proporciona el procedimiento empleado por las instituciones internacionales para la autenticación de las resoluciones de sus órganos. Como es deber del Secretario General —o de un funcionario equiparado a él— enviar ejemplares autenticados de dichas resoluciones a los Estados miembros, el texto de un tratado incluido en tal resolución, queda autenticado automáticamente. Así, ya bajo el régimen de la Liga, se prescindió completamente de la necesidad de obtener las firmas de las partes, incluso para un instrumento de tanta categoría como el Acta General para la Solución Pacífica de Disputas (1928), quedando "adoptado" el texto por una resolución de la Asamblea y firmado sólo por el Secretario General y por el entonces Presidente de la Asamblea. Luego, de acuerdo con sus términos, fue sometido a los Estados, fueran o no miembros de la Liga, para la "adhesión" más bien que para su ratificación. Se siguió un procedimiento similar en relación con la Convención sobre los Privilegios e Inmunidades de las Naciones Unidas, en 1946, y desde entonces ha sido aplicado a varios otros instrumentos.

La práctica de "abrir" un tratado redactado con los auspicios de una institución internacional, para su adhesión o para su firma y su adhesión —ya utilizada también en los tiempos de la Liga— no tiene por único objetivo simplificar el proceso de autenticación, sino también facilitar, en forma general, la entrada en vigor de los tratados multilaterales. La frecuente fijación de límites de tiempo sirve hasta cierto punto para vencer la mera inercia de los gobiernos a este respecto. Pero a veces es de escaso valor poner en vigor un nuevo tratado si los Estados más importantes dejan de quedar obligados por él. Por esa razón puede disponerse —y a veces se dispone— que el tratado no tendrá vigencia hasta que se haya recibido un determinado número de ratificaciones o sus equivalentes. En el caso de tratados que establecen nuevas instituciones internacionales, la forma que esta disposición toma puede requerir la ratificación por parte de Estados que asumen la responsabilidad de cubrir hasta un cierto porcentaje del presupuesto de la organización proyectada. Otro procedimiento empleado para la entrada en vigor consiste en alguna variante de la disposición de la Constitución de la Organización Internacional del Trabajo, al efecto de que el Estado que deje de adoptar una Convención Internacional de Trabajo informará a la organización del hecho y aun del motivo de su falta de actuación. El texto del tratado puede disponer, además, que si no entra en vigor dentro del tiempo especificado, la conferencia negociadora será convocada de nuevo con el objeto de ver si puede modificarse para hacerlo más aceptable.

Por ser los Estados organismos complicados y por estar sus gobiernos muy frecuentemente agobiados por asuntos de todas clases, y preocupados tanto por cuestiones internas como por externas —especialmente los problemas causados por los horarios de su rama legislativa—, las causas de la demora para la entrada en vigor de los tratados pueden ser muchas. Pero (según hemos visto) una causa muy importante puede ser el requisito constitucional de cooperación de la rama legislativa con la ejecutiva en la ratificación de un tratado formal; requisito, sin embargo, del cual puede prescindirse algunas veces si se trata de un compromiso de tipo menos formal. Con el fin de enfrentar esta dificultad, para su uso en los textos de tratados redactados bajo los auspicios de las Naciones Unidas se ha establecido una fórmula de flexibilidad extraordinaria. En su forma refinada, ésta dispone que un Estado puede hacerse parte del tratado (al cual rara vez se le llama de este modo, sino más bien "convención" o "acuerdo") mediante: 1) la firma, o 2) la firma con reserva de aceptación, seguida por la aceptación, o 3) la aceptación, disponiéndose, además, que la "Aceptación puede efectuarse mediante el depósito de un instrumento..." De ese modo, se deja escoger al gobierno de cada Estado, de acuerdo con sus particulares circunstancias constitucionales o políticas, si ha de adoptar un método más o menos formal. Igualmente, se deja a cada Estado decidir si ha de convertirse en signatario o adherente; si es lo primero, podría renunciar al requisito de la ratificación, proceso que, juntamente con el de la adhesión, queda comprendido por la amplitud del término "aceptación".

Puede observarse que esta fórmula dispone el "depósito" de los "instrumentos de aceptación", los cuales pueden ser instrumentos de ratificación o de adhesión, según deseen las partes. Claro está que esto no es más que la perpetuación del expediente de hacer que una autoridad sea responsable del control de los procesos de ratificación y de adhesión, en vez de requerirse una infinidad de canjes por canales diplomáticos. Sin embargo, aun cuando al principio el depositario lo era el gobierno de una de las partes (generalmente el del Estado en cuyo territorio se celebró la conferencia de negociación) en la actualidad el depositario es, por regla general, el Secretario General, o un funcionario jefe ejecutivo similar de una institución internacional. En los campos técnicos, los secretariados internacionales han desempeñado esta función desde hace tiempo, como por ejemplo, en los casos de la Unión Postal Universal, la Unión Internacional de Telecomunicaciones y la Organización de Aviación Civil Internacional. Pero, de acuerdo con el uso contemporáneo, el Secretario General de las Naciones Unidas es el gran depositario, y la práctica seguida por el Secretariado de dicha Organización en el desempeño de tal función, frecuentemente de difícil cumplimiento, deberá ejercer, con el tiempo, una gran influencia. Ese Secretariado —y es importante apreciarlo— sigue, en cuanto a sus responsabilidades, una actitud más activa y menos puramente "ministerial" que la que adoptó el Secretariado de la Liga, tanto en el cumplimiento de sus funciones como depositario, como en el de su deber de registrador de tratados, según lo dispuesto en el artículo 102 de la Carta (en relación con lo cual, véase 4.28). Por ejemplo, a sus instancias se solicitó la ya mencionada Opinión Consultiva sobre las reservas a la Convención de Genocidio; y también tuvo su origen en el Secretariado la igualmente referida fórmula flexible para la "aceptación" de los tratados multilaterales. Pero entre los expedientes adoptados para evitar los problemas de la conclusión de tratados multipartitos que tienen su origen en otra parte, merece mención el del "protocolo de aplicación provisional" que ha sido adoptado para poner en vigor, entre los Estados dispuestos a aceptarlo, el Acuerdo General sobre Tarifas y Comercio.

SECCIÓN III. VALIDEZ

4.23 EN GENERAL

La validez de un contrato en el derecho interno depende de la capacidad de las partes, de que éstas cumplan los requisitos formales, de la realidad de su consentimiento y de la compatibilidad de sus intenciones con el sistema jurídico. Ya hemos tratado la cuestión de la capacidad de las partes en lo concerniente al derecho internacional. Ese derecho —según hemos visto— no señala requisitos formales que no puedan ser evadidos si ésa es evidentemente la intención de las partes. Por tanto, en cuanto se refiere a la formulación de tratados, no queda más que debatir las cuestiones de la realidad del consentimiento y la legalidad del objeto de los tratados.

4.24 COACCIÓN O COERCIÓN

En el derecho interno la validez del contrato se vicia si una de las partes de éste fue forzada a prestar su consentimiento bajo coacción. Sin duda, la regla de derecho internacional es la misma cuando se trata de la coacción física, por ejemplo, de un plenipotenciario. Así, el Acuerdo de marzo de 1939, que el presidente de Checoslovaquia fue obligado a firmar por medio de fuerza real y terrorismo ejercido por parte del gobierno alemán, sería considerado inválido. Pero el problema es de una solución más difícil cuando se trata de una medida de compulsión aplicada, no a un individuo, sino a un Estado en conjunto. Hay que admitir que los términos de paz, presentados por los beligerantes victoriosos a los vencidos, frecuentemente han dejado a éstos sin ninguna otra alternativa práctica que consentir en sus términos; y los tratados de paz concluidos en tales circunstancias generalmente se han considerado válidos. Se puede encontrar un argumento a favor de su validez en el hecho de que el victorioso, si no pudiera confiar en la fuerza obligatoria de una paz dictada, podría ser forzado a causar más daño a su adversario, e inclusive a llegar hasta extinguirlo. Siguiendo este razonamiento, podemos admitir que si el sistema de derecho internacional en alguna ocasión hubiera dado a cada Estado un derecho absoluto e incondicional de hacerle la guerra a otro, y le fuera posible destruirlo totalmente y tomar posesión de su territorio a perpetuidad, entonces sería razonable mantener que un Estado derrotado podía quedar obligado por condiciones de paz menos extremas. Pero el derecho internacional jamás ha concedido a los Estados el derecho absoluto de hacer la guerra; y la conquista o el sometimiento no son, por sí mismos, el fundamento de un buen título para adquirir territorios (véase 1.04). Por consiguiente, hay que buscar alguna otra explicación a la fuerza obligatoria de los tratados de paz. Pero, de seguro, el problema no es más complicado que el de la validez de los contratos de derecho interno celebrados en circunstancias de presión económica. Así, una persona, en teoría, puede no desear comprometerse en un empleo cuya recompensa es irrisoria, ni renunciar, por ejemplo, a cualquier acción contra sus compañeros de labor por negligencia de éstos. Pero la falta de otra alternativa puede persuadirlo para que lo haga. En tales circunstancias, podría ser atribución por parte del derecho público del sistema jurídico pertinente el interferir, fijando —por ejemplo— un salario mínimo, o el cumplimiento por los patronos de otras prestaciones apropiadas. El efecto que tal intervención tendría sobre un contrato de derecho privado celebrado entre las partes, resulta ser, en tal caso, asunto de la tradición y de la técnica de cada sistema jurídico. Puede disponerse que el contrato sea nulo, si carece de las estipulaciones deseables o si contiene algunas prohibidas; o la situación puede simplemente ser que el contrato, aunque válido en general, carezca de eficacia para anular ventajas que se hacen derivar de la posición más bien que del contrato. Sin embargo, en ningún caso es tan ampliamente interpretada la falta de realidad del consentimiento como para que comprenda algo tan general como la carencia práctica de alguna otra alternativa del consentimiento.

Aplicando este razonamiento a la validez de los tratados de paz, parecería que el problema es, o debe ser, no tanto si tal tratado puede llegar a ser nulo por falta de consentimiento, o porque el consentimiento fue obtenido sólo por coacción, como si puede llegar a ser nulo en alguna ocasión por ser ilegal —por ser incompatible con algún principio fundamental o político del derecho. Si el asunto se enfoca de este modo, podrá verse que existen motivos válidos a favor del criterio de que ciertas disposiciones —aun disposiciones típicas— de los tratados de paz pueden tener visos de ilegalidad y de ese modo originar algunas acciones o, por lo menos, no producir plenos efectos. Pero, en realidad, la cuestión no es más que un aspecto de la ilicitud o licitud de la guerra y, por consiguiente, ya que dicha cuestión ha sido resuelta en forma negativa en nuestros tiempos, no debe surgir de nuevo. Sin embargo, no es posible asegurar que todos los tratados de paz del pasado han sido nulos debido al fundamento general de la falta de consentimiento. Dicho motivo de invalidez es aplicable sólo cuando se ejerce la coacción sobre la persona del plenipotenciario.

4.25 ERROR

El error como motivo de invalidez tiene, sin duda, un alcance mayor. Pero los asuntos de las naciones y la materia de los tratados no son de índole tal que admitan mucha oportunidad para el error, ya sea éste inocente, o inducido por fraude o por falsas manifestaciones. Por ese motivo, es apenas una cuestión práctica si un tratado es o no nulo debido a que su ejecución —con el conocimiento de las partes o sin él— puede ya ser imposible al concluirse el mismo. En unos pocos casos ha habido confusión en el delineamiento de fronteras (véase Moore, *International Adjudications*, Serie Moderna, Vol. I *(St. Croix River Arbitration)*; Hertslet, *Map of Africa by Treaty* (3ª ed. 1909), pp. 895, 989, 997). En el *Mavrommatis Palestine Concessions Case (Jurisdiction)* (1924), PCIJ Ser. A, Nº 2) la Corte Permanente de Justicia Internacional consideró en forma breve el posible efecto del error en cuanto a la celebración, no de un tratado, sino de un contrato de concesión; pero desestimó el argumento de que podía ser nulo porque el Estado parte estaba equivocado en cuanto a la nacionalidad del concesionario, ya que su nacionalidad no era, en forma alguna, condición para la concesión. El mismo tribunal, en *Legal Status of Eastern Greenland Case* (1933), (PCIJ Ser. A/B, Nº 53, p. 71), desestimó la sugerencia de que el ministro de relaciones exteriores noruego, Ihlen, pudo haberse equivocado en cuanto a las consecuencias de su célebre Declaración, puesto que él debió haber previsto la acción que se tomaría en relación con ella; o, según dijo el magistrado Anzilotti en su opinión disidente, porque si hubo error "no fue de tal importancia que motivase la nulidad del acuerdo. Si se alega error, debe ser de carácter excusable; escasamente se puede creer que un gobierno pueda ignorar las consecuencias legítimas (jurídicas) que siguen a una extensión de la soberanía" (*ibid.*, p. 92).

4.26 ILEGALIDAD

Nuevamente, aunque en principio un tratado pueda ser nulo por ilegalidad, no es fácil encontrar ejemplos de la aplicación de esa regla. Pero aquí el motivo es más profundo. En primer lugar, los sujetos del sistema de derecho internacional son los custodios de las normas de legalidad en un sentido más directo que lo son los sujetos del derecho interno. El derecho se formula por la actuación de ellos. Por esa actuación, por consiguiente, lo que alguna vez era ilegal puede convertirse en legal o viceversa. En segundo lugar, puesto que la comunidad de Estados sólo recientemente ha adquirido algo del carácter propio de una institución centralizada, y puesto que presupone la soberanía de los Estados como una proposición fundamental, forzosamente tolera los regímenes jurídicos especiales, aplicables sólo a dos, o a varios Estados, en mayor grado que lo hace el derecho interno. Las consecuencias de estos factores en relación con la noción de la legalidad del objeto de un tratado quedan bien ilustradas por el Tratado Angloamericano sobre Licores, de 1924. En él las partes afirmaron solemnemente el principio de que la extensión normal del mar territorial era de tres millas y que la alta mar quedaba libre. Sin embargo el Reino Unido se comprometió —a cambio de obtener la concesión de libertad a sus navíos mercantes para transportar alcohol bajo sellaje dentro y fuera de los puertos norteamericanos, no obstante estar en vigor un régimen de prohibición— a "no poner objeción" a la detención y registro de sus embarcaciones, con el objeto de hacer cumplir dicho régimen, dentro de la distancia recorrible en una hora de travesía a vapor desde la costa norteamericana. ¿Podría considerarse dicho tratado como ilegal sobre la base de que, a pesar de lo declarado en él, violaba la regla consuetudinaria que establece que la alta mar es libre y que sólo el Estado de la bandera tiene jurisdicción sobre sus barcos mercantes, salvo en casos de piratería o para la mera comprobación de la nacionalidad? ¿No sería la situación más bien la de un Estado que hacía a otro una concesión perfectamente legal y razonable de una parte de la jurisdicción derivada de su soberanía; muy distinta del problema de si la regla en cuanto a los límites del mar territorial era, de hecho, aún en aquel tiempo, tan rígida como las partes mismas sostenían que era?

Si el principio de que un tratado no puede afectar adversamente los derechos de nadie —excepto los de las partes— es absoluto, la cuestión de cuándo pueda tener visos de ilegalidad se convierte probablemente en la de hasta dónde un Estado puede, por medio de tratados, renunciar a su soberanía y seguir aún siendo Estado. Esta cuestión se complica por el hecho de que un Estado puede legítimamente renunciar a su soberanía de modo completo y, por así decirlo, extinguirse mediante un tratado de fusión con otro Estado. Igualmente puede sacrificar, no la totalidad de su personalidad internacional, sino parte de ella —por ejemplo, aceptando la situación jurídica de protectorado de otro Estado, o confiándole el control de sus relaciones exteriores. Pero parecería razonable pensar que sería impropio —si no ilegal— un tratado por el cual el gobierno de un Estado intentara asegurarse contra una revolución interna mediante la obtención de una promesa de ayuda de tropas extranjeras que habrían de enviársele al ser llamadas por él. La autorización de tal "intervención por invitación" por un régimen que en el momento tuviera el poder parecería ser incompatible con el carácter del Estado como entidad política autónoma (véase 12.05). Otros casos posibles no son tan claros. El Estado presumiblemente puede convenir por tratado que sus embajadores no han de tener ninguno de los privilegios diplomáticos, puesto que éstos siempre se pueden renunciar. También —podría pensarse— pueden convenir en conferir privilegios diplomáticos a los cónsules de otro Estado, aunque dichos funcionarios no los disfruten en acuerdo con el derecho internacional consuetudinario. Lógicamente, un Estado puede conceder, por tratado, los mismos derechos dentro de sus aguas territoriales que los que disfruta cualquier otro Estado en alta mar. El límite de lo permisible debe terminar en el punto en que la soberanía se extinga por completo. Pues de no ser así, la situación sería no tanto que el tratado es ilegal, sino más bien que una de las partes ha dejado de existir como Estado.

4.27 COMPATIBILIDAD CON TRATADOS ANTERIORES

Pero si pasamos de las reglas del derecho internacional consuetudinario —que en gran parte son permisivas y así nunca impiden que los Estados hagan lo que están dispuestos a convenir en hacer— al conjunto de obligaciones positivas que imponen las formas modernas de la cooperación internacional, se ve que la cuestión de la ilegalidad toma un aspecto enteramente diferente. Pues un Estado puede encontrarse con frecuencia en la situación de que el tratado que desea celebrar no será compatible con otro anteriormente celebrado. Sin embargo, hay que decidir si esto origina de algún modo un problema de ilegalidad. Si los tratados se han celebrado exactamente entre las mismas partes, desde luego no lo hay. La cuestión radica sencillamente en determinar la intención de las partes. Es un problema de interpretación, que habrá de decidirse de acuerdo con principios bien conocidos, como el que ordena que una norma específica ha de prevalecer sobre una disposición general. Pero si la situación es que por parte de A se han hecho promesas incompatibles a dos Estados diferentes, aunque es evidente que la última promesa hecha a C no puede perjudicar los derechos que B deriva de la promesa anterior, se requiere considerar si la última promesa es simplemente de imposible cumplimiento, sin perjuicio de que se origine por ello el derecho de C para reclamar daños; o si es nula y, en caso de serlo, por qué lo es. Las posibilidades de la situación son factibles de variación y de refinamiento infinitos. Sin embargo, en el caso más sencillo, hay que sentar una distinción entre el ejemplo verdadero y el falso. Si A, habiendo ya cedido un territorio determinado a B, tiene la intención de cederlo de nuevo a C, la operación con C es ineficaz porque A ya no tiene ningún título que trasmitir. En el caso improbable de que C ignorara la operación anterior, dicho Estado podría tener derecho al resarcimiento de daños. Igualmente, si A, por tratado, ha convenido con B en que éste ha de tener el completo control de sus relaciones exteriores, un pretenso tratado posterior entre A y C deja de surtir efectos, porque A ya no tiene capacidad para celebrarlo. Éstos son casos de algo que se aproxima a la imposibilidad más bien que a la ilegalidad. Un caso verdadero de incompatibilidad sería, más bien, de este tipo: A, habiendo prometido a B el tratamiento de nación más favorecida en algún caso especial, más adelante señala que desea dar un privilegio exclusivo a C; y la multiplicidad de compromisos contraídos por medio de tratados es tal, que un caso como éste, lejos de ser imposible, es de ocurrencia frecuente; y probablemente no se descubriría que la última promesa era incompatible con la obligación anterior hasta que se intentara darle cumplimiento. Se ha sugerido que en tal caso la promesa posterior es nula (Lauterpacht, *Report on the Law of Treaties*, Art. 16, ILC *Yearbook*, 1954, Vol. II, p. 133). Esta opinión es sumamente controvertible. El mejor criterio parece ser éste: que el caso sólo daría derecho a reclamar daños si su cumplimiento no fuera factible, siempre que la parte con derecho al cumplimiento hubiera contratado de buena fe y con desconocimiento de la promesa anterior. Si esa parte hubiera conocido la promesa anterior contradictoria, y por así decirlo, hubiera corrido el riesgo de su cumplimiento, entonces parece que no tuviera ni siquiera el derecho de reclamar daños. En la consideración de una situación de tal índole, no debe excluirse, por otro lado, que la parte prometedora podría elegir la violación del tratado anterior en vez de la del posterior, o que podría tener éxito en lograr la terminación del anterior para estar en condiciones de cumplir el posterior. En cualquier caso, el argumento referente a que un tratado puede ser nulo por incompatibilidad con un compromiso anterior de una de las partes, no quiere decir necesariamente que el fundamento de tal nulidad sea su ilegalidad.

4.28 COMPATIBILIDAD CON LA CARTA DE LAS NACIONES UNIDAS

Hay, sin embargo, la tendencia a considerarlo así. Esto se debe a que los tratados, aparte de su condición contractual, además poseen un carácter cuasi legislativo. Aunque en esencia no son más que contratos sometidos al derecho, que derivan su fuerza obligatoria de la regla consuetudinaria *pacta sunt servanda,* hay la tendencia a considerarlos como derecho en sí mismos, porque sus estipulaciones son obligatorias para las partes y, por lo tanto, tienen fuerza de ley. En lo que concierne a los tratados bipartitos, esto es sólo una idea falsa. En esencia (como se ha visto), la naturaleza de los tratados multipartitos no es diferente. Ellos también derivan su fuerza, en última instan-

DERECHO DE LOS TRATADOS

cia, del derecho internacional consuetudinario (véase 3.08 y 4.01). Pero no se cumpliría ningún propósito útil negando que las disposiciones de muchos tratados multipartitos —cualquiera que fuera su condición teórica precisa— han sido hechas con la intención de que tengan el carácter de generadores de derecho, lo que se refuerza, frecuentemente, por la circunstancia de que, además de sentar reglas nuevas, ellos afirman y aclaran las consuetudinarias. Dentro de esta categoría se encuentran, particularmente, las estipulaciones del Tratado General para la Renuncia de la Guerra, y la Carta de las Naciones Unidas. Igualmente debe mencionarse el Pacto de la Liga de las Naciones, y surge el problema de si, cuando algunos Estados se propongan celebrar un tratado incompatible con las disposiciones de estos grandes tratados "generadores de derecho", éste no sería, ciertamente, nulo *ab initio* por un fundamento que no sería incorrecto denominar ilegalidad.

¿No podría, de este modo, aseverarse que un tratado en el cual las partes se comprometan a hacer uso de la fuerza, en contravención del Tratado General para la Renuncia de la Guerra, o de los términos del Artículo 2º (4º) de la Carta, sería un tratado "ilegal"? Ésta parece ser la opinión general en la actualidad. Pero tal conclusión puede muy bien no haber sido influida por el carácter de tratados que tienen el Tratado General y la Carta, y no dar base, por ende, a ninguna teoría de que un tratado pueda ser ilegal por razón de otro. Porque la prohibición de recurrir a la fuerza como instrumento de política nacional ha logrado la situación de una regla que no depende, para su fuerza, de su estipulación por tratado, y ha pasado a ser una parte del derecho consuetudinario.

Las disposiciones del artículo 20 del Pacto, y del artículo 103 de la Carta, en cuanto afectan a tratados concluidos antes de entrar dichos instrumentos en vigor, son consideradas en 4.55. Con respecto a los tratados posteriores, el Pacto no pretendió hacerlos nulos, ya que los miembros de la Liga convinieron sólo en "no contraer otros análogos en lo sucesivo" incompatibles con los términos del Pacto. En el caso de la Carta, la regla sentada por el artículo 103 —al efecto de que en caso de conflicto entre las obligaciones de los Miembros de las Naciones Unidas bajo la Carta y las asumidas en cualquier otro acuerdo internacional, las primeras prevalecerán— es aplicable tanto para el pasado como para el futuro. Ninguno de los dos artículos declara expresamente que un tratado posterior incompatible haya de ser considerado nulo. Eso en la Carta quizá sugiere, más destacadamente, que lo que puede requerir consideración no es sólo una posible oposición entre el texto literal de la Carta y un tratado posterior, sino también el conflicto entre un deber específico surgido de una medida tomada de acuerdo con la Carta y el referido tratado. Por este motivo, es difícil considerar que el artículo 103 implique ilegalidad, en contraposición a una mera posibilidad de sustitución, de cualquier categoría de tratados posteriores.

4.29 Registro y no-registro

Aunque el artículo 20 del Pacto no declaró expresamente que los tratados posteriores incompatibles eran nulos, el artículo 18 dispuso que "ningún tratado... o compromiso internacional" de un miembro de la Liga "será obligatorio *(obligatoire)* antes de haber sido registrado" en la Secretaría. Durante la existencia de la Liga, la cuestión de cuáles clases de compromisos caían dentro del alcance de esta regla fue discutida extensamente, con el resultado de que, en la práctica, algunos tipos de acuerdos —tales como los financieros y los arreglos locales— se consideraron excluidos; pero el tema del efecto del no-registro fue explorado en menor grado. Si se tiene en cuenta el texto del artículo es, en verdad, "difícil salirse del criterio de que la falta de registro era un defecto fatal que afectaba la validez esencial del tratado; y de que por haber sometido los miembros de la Liga, durante el periodo en que fueren miembros, su capacidad de celebrar compromisos internacionales obligatorios con otros miembros a esta condición, el compromiso quedaba incompleto hasta que dicha condición hubiere sido cumplida" (McNair, *op. cit.,* p. 183). Y en relación con esto, es importante observar que el Secretariado de la Liga consideró que el artículo 18 exigía el registro tanto para los tratados celebrados con Estados no miembros como con Estados miembros. (Memorandos aprobados por el Consejo el 19 de mayo de 1920, párrs. 12, 9 *LNTS,* 9.) Pero tanto en el *Mavrommatis Palestine Concession Case* (1924) (PCIJ Ser. A. Nº 2), como en el *Polish Postal Service in Danzing Case* (1925), (PCIJ Ser. B, Nº 11), la Corte Permanente de Justicia Internacional consideró que estaban vigentes tratados que de hecho no habían sido registrados.

La disposición correspondiente de la Carta —el artículo 102— no declara que los tratados no registrados no sean obligatorios, sino que simplemente inhabilita a cualquier parte de ellos a invocarlos ante cualquier órgano de las Naciones Unidas; y el Reglamento que rige el procedimiento de registro aprobado por la Asamblea General dispone que "el registro no se llevará a efecto hasta que el tratado... haya entrado en vigor..." (Art. 1 (2), 9 *UNTS,* 15). Por tanto, parecería evidente que la falta de registro no tiene efecto alguno sobre la validez de un tratado. Pero puede ocurrir que no haya posibilidad de hacerlo cumplir, por ejemplo, ante la Corte Internacional de Justicia, la cual, de acuerdo con el artículo 7 de la Carta, es un órgano de las Naciones Unidas. Se ha expresado la opinión de que "es difícil ver cómo cualquier órgano de las Naciones Unidas pueda permitir a una parte en disputa —sea o no miembro de las Naciones Unidas— invocar un acuerdo no registrado" que de hecho se puede registrar. (McNair, *op. cit.,* p. 188.) Sin embargo, el deber de registrar no incumbe a uno que no es miembro. Pero la cuestión, aunque rozada en varios casos, aún no ha surgido en forma cabal.

SECCIÓN IV. INTERPRETACIÓN

4.30 EN GENERAL

Las disputas que surgen con más frecuencia en relación con los tratados se refieren a su interpretación; la interpretación de los tratados ha ocupado la atención de los tribunales internacionales más que cualquier otro tema. También se ha escrito mucho sobre interpretación. No obstante, se duda bastante si el derecho internacional tiene algunas reglas que rijan la materia o si cualesquiera reglas de ese tipo obligatorio pueden deducirse de la gran cantidad de decisiones disponibles. ¿No tienen ellas que ceder siempre, en un caso determinado, ante una prueba contraria con respecto a la intención de las partes?

Es opinión corriente de todas las autoridades que el criterio definitivo del significado de un tratado es la intención común de las partes. Pero, después de dicho esto, todavía cabe la discusión. ¿Ha de considerarse que las partes de un tratado —como se considera a las partes de un contrato en la mayoría de los sistemas de derecho interno— han querido aquello, y sólo aquello que ellas, de hecho, han expresado? Es decir, ¿ha de considerarse que ellas sólo quedan obligadas por lo que puede llamarse el sentido objetivo de texto de tratado? ¿O se les puede oír, a una u otra de ellas, explicar lo que, de manera subjetiva —a pesar de las apariencias objetivas— fue realmente su intención, expresada tal vez sin acierto?

Las circunstancias especiales de la comunidad de los Estados excluye la posibilidad de la adopción por el derecho internacional de la regla de algunos sistemas de derecho interno, al efecto de que el proceso de interpretación de un documento debe limitarse al contenido del documento mismo, considerándose todo lo demás como irrelevante. La situación de los Estados, con su doble capacidad de formuladores del derecho y sujetos de él, entraña, por ejemplo que, en la práctica, éstos no se sometan a ninguna regla que pudiera dar como resultado que las transacciones que han tratado de llevar a efecto puedan considerarse nulas por razón de la incertidumbre, como puede ocurrir con las transacciones de las personas privadas en el derecho interno. Un tratado, por decirlo así, debe suponerse que tiene algún significado, aunque su contenido en términos de la obligación jurídica, con frecuencia, puede resultar bastante limitado. Más aún, un tratado (según se verá con algún detalle en relación con el proceso de su terminación) raramente está solo, sino que la mayor parte de las veces es simplemente un paso determinado en una relación continuada y compleja entre las partes. De modo que lo que ha precedido a dicho paso, y lo que le sigue, no puede nunca ser completamente ignorado en su construcción.

4.31 Principio de la buena fe

Una parte, por lo menos, de esta verdad se expresa en la conocida máxima de que un tratado debe leerse o interpretarse de buena fe. Pero lo que se quiere decir exactamente con este precepto no está claro. En su sentido más amplio, igual que la proposición paralela de que los tratados hay que cumplirlos de buena fe, no significa absolutamente nada en derecho estricto. Es decir, que no agrega nada a la regla *pacta sunt servanda*. Claro está que los tratados han de ser interpretados y cumplidos de buena fe, puesto que por su propia naturaleza, son transacciones de buena fe. Sin embargo, en un sentido más estricto, el principio de la interpretación de buena fe anuncia reglas subordinadas, tales como la de que los errores obvios de redacción o de reproducción no han de ser considerados; que se supone que las partes hayan querido significar algo en vez de nada; que el tratado debe leerse, en cierto sentido, como un todo, de modo que una cláusula pueda invocarse para auydar a explicar la ambigüedad de otra; que no debe considerarse que las partes hayan pretendido algo absurdo; y así por el estilo.

4.32 "SENTIDO CORRIENTE"

Aunque quizá se aluda muy imperfectamente a estas diferentes reglas por la mera referencia a la buena fe, no es posible catalogarlas con más precisión, puesto que no son más que reflejo del hecho —bastante conocido en los tribunales nacionales— de que ningún texto, tomado por sí tiene un "sentido corriente". Las palabras que contienen tendrán, cada una de ellas, varios significados que pueden cambiar según pasa el tiempo. Algunas palabras tendrán a la vez un significado común y un sentido técnico —no importa lo bien que se las entienda—, de modo que puede surgir la pregunta de si las partes tuvieron en cuenta el significado popular o el técnico. Lo que una frase, considerada por sí sola, puede querer significar, es posible que quede alterado por la siguiente. Tal vez se descubra que dos cláusulas, al ser tomadas "literalmente", se opongan entre sí. Por tanto, cualquier texto, aun cuando se conceda que represente la expresión auténtica de la intención de las partes, tiene que leerse imparcialmente y en conjunto; y sus cláusulas deben leerse en todo su contexto y a la luz de sus objetos y propósitos.

4.33 "INTERPRETACIÓN AUTÉNTICA"

La posición de los Estados en el sistema de derecho internacional es tal que, manifiestamente, el criterio común de las partes de un tratado en cuanto a su significado, debe prevalecer sobre cualquier interpretación "objetiva". El contexto de un tratado, a la luz del cual sus cláusulas particulares deben ser leídas, incluye no sólo el preámbulo y los anexos —de haberlos— en los cuales puede aparecer alguna manifestación de sus objetos y propósitos, sino también cualquier instrumento redactado al mismo tiempo, que se relacione con él. No es raro que las partes de un tratado hagan declaraciones de esta clase con el propósito expreso de aclarar más el texto que han convenido. Cuando esto ocurre, se le da una "interpretación auténtica" que no puede ignorarse. Esta proposición es demasiado obvia para necesitar una ilustración. Pero puede mencionarse que, en el *Ambatielos Case (Preliminary Objection)*, la Corte Internacional de Justicia reconoció específicamente que "las disposiciones de [una] Declaración... en su carácter de cláusula de interpretación... deben considerarse como parte integrante del Tratado" [1952] ICJ Rep. 44). Un acuerdo sobre a interpretación de un tratado, es claro que puede celebrarse posterior en vez de simultáneamente a la conclusión del tratado mismo.

4.34 REGLA INTERTEMPORAL

El contexto del tratado también comprende todo el conjunto del derecho internacional contemporáneamente en vigor. Es decir, que el texto debe leerse a la luz del concepto jurídico de las partes. Esto puede implicar la atribución de un significado particular a las palabras empleadas, pues el lenguaje del derecho es técnico. Pero lo que constituye aquí el problema es determinar cuál es el derecho vigente al redactarse el tratado. Así, en el *North Atlantic Coast Fisheries Arbitration* en 1910 (11 *RIAA*, 167), el Tribunal se negó a interpretar que un tratado concluido en 1818 excluyese a los pescadores de Estados Unidos de "bahías" de la costa británica de Norteamérica, lo cual presuponía la aceptación de una regla consuetudinaria aducida, según la cual el término "bahía" comprendería cualquier bahía que no tuviese más de diez millas de ancho; y se fundó, para ello, en que tal regla —que por cierto la Corte Internacional de Justicia habría de negar en el *Anglo-Norwegian Fisheries Case* ((1951) ICJ Rep. 131), como que en momento alguno hubiera sido regla de derecho— no había hecho su aparición hasta un cuarto de siglo después de firmado el tratado.

4.35 TRABAJOS PREPARATORIOS

En sentido histórico, el contexto del tratado incluye todo lo que se conoce de las circunstancias de su conclusión. Los archivos de la conferencia negociadora y los similares pueden, sin embargo, ser tan engañosos como aclaratorios, porque tanto pueden revelar lo que no fue acordado, o no fue entendido comúnmente, como lo que lo fue. Sin embargo, es evidente que la referencia a ellos no queda aquí excluida completamente, como ocurre con los debates legislativos en algunos sistemas nacionales para el propósito de interpretar una ley. Esto parece derivarse del axioma: no puede permitirse que un tratado fracase por ausencia absoluta de algún significado. Tanto la Corte Permanente de Justicia Internacional como la Corte Internacional de Justicia, sin embargo, han declarado reiteradamente que dicha referencia a los *travaux préparatoires*, o trabajos preparatorios, es permisible sólo cuando el texto en sí no es claro. Pero una regla en este sentido no es de fácil aplicación en la práctica porque, como se ha dicho, no puede afirmarse que ningún texto sea absolutamente claro o que tenga un "sentido corriente"; todos requieren interpretación, en grado mayor o menor. De manera que ha sido un rasgo llamativo de la práctica de ambas Cortes que, habiendo declarado dicho principio y encontrado que el texto que examinaban era claro, seguidamente hayan hecho referencia al trabajo preparatorio para confirmar dicha claridad. (Véase, por ejemplo, la Opinión Consultiva en *The Interpretation of the 1919 Convention Concerning Employment of Women during the Night* (1932), PCIJ Ser. A/B, No. 40, p. 38; *Serbian Loans Case* (1929), *ibid.*, Ser. A, No. 20, p. 50.)

Ocasionalmente se ha recurrido a los trabajos preparatorios para desestimar la presunción de que a las palabras generalmente deba dárseles su significado común o popular en casos, sea dicho, en que el texto ciertamente indicaba un significado, pero éste era "manifiestamente absurdo o irrazonable a la luz de los objetos o propósitos del tratado". La Comisión de Derecho Internacional aconseja precaución en casos de tal naturaleza, para que "la autoridad del significado ordinario de las palabras" no quede indebidamente quebrantada (ILC *Yearbook*, 1946, Vol. II, p. 30).

4.36 "Medios adicionales de interpretación"

En opinión de la Comisión, el trabajo preparatorio constituye simplemente "un medio suplementario de interpretación", una categoría que también incluye "las circunstancias de la conclusión del tratado", a la cual se puede recurrir sólo cuando el estudio del contexto del tratado deja de revelar un significado claro o produce un resultado absurdo. Es difícil advertir que exista aquí una diferencia verdadera. Es razonable considerar tanto los trabajos preparatorios como las circunstancias de la conclusión del tratado y la práctica posterior de las partes —aun la discrepante, en contraposición de la concordante— como formando parte del contexto o del fondo general del tratado, a la luz del cual —o contra el cual— sus palabras escuetas han de ser leídas. Todos, en conjunto, son *indicia* de la intención de las partes, que es lo que se debe averiguar. Pero, tomados aisladamente son *indicia* de un valor no totalmente absoluto. Un anteproyecto de tratado, encontrado en los archivos de la conferencia negociadora, tanto puede ser el texto desechado como el que fue adoptado. Las circunstancias en que el tratado se concluye también pueden cambiar, y las partes acomodarse al cambio. Igualmente, la práctica de una sola parte puede ser aceptada, o rechazada consistentemente por las otras partes.

4.37 Tratados multilinguales y multitextuales

Un tratado puede ser firmado, o de alguna otra manera adoptado en más de un idioma —como la Carta de las Naciones Unidas que fue adoptada en inglés, francés, ruso, español y chino. En tal caso, es prudente señalar cuál ha de ser el texto autorizado. Cuando no se establece disposición alguna, la regla aceptada generalmente es la de la igualdad de los idiomas usados. Esto no significa que las partes queden obligadas, unas con otras, por más de un tratado. Entonces, si los diferentes textos difieren, deben ser conciliados, del mismo modo que pueden requerir las cláusulas divergentes de un tratado redactado en un solo texto; en ambos supuestos, el problema consiste simplemente en determinar la intención de las partes. No existe, por cierto, regla alguna que disponga que deba buscarse una especie de más bajo común denominador de los textos —una síntesis híbrida que imponga la menor obligación posible.

SECCIÓN V. EFECTOS

4.38 Fecha de entrada en vigor u operancia

La primera cuestión que ha de considerarse en relación con el efecto de un tratado es la fecha desde la cual opera. Aquí es necesario diferenciar entre la fecha de la entrada en vigor y la del comienzo de su operancia. Cuál sea cada fecha depende de la intención de las partes. En cuanto a la fecha de la entrada en vigor, la intención se ha declarado expresamente, por lo menos desde el Tratado de Versalles de 1919, el cual señaló en su artículo 440 que entraría en vigor, en cuanto a las partes que entonces lo habían ratificado, al redactarse un *procès-verbal* del depósito de las ratificaciones de Alemania y de las Principales Potencias Aliadas y Asociadas. Cuando no existe una estipulación expresa de esta índole, el problema no es difícil, por lo menos a falta de alguna implicación en sentido contrario. Porque parecería que en tal caso la fecha pertinente debe ser —cuando no se requiera ratificación— aquella en que sea puesta la última firma necesaria. Igualmente, cuando se requiera ratificación, debería ser la fecha del canje o del depósito de la última ratificación exigida. Sin embargo, de acuerdo con sus términos, una parte o todo un tratado puede ponerse en vigor antes de la ratificación, aunque ella se requiera —como en el caso de la Convención de Montreux, de 1936, sobre los Estrechos de los Dardanelos, en relación con un protocolo celebrado en la fecha de su firma, autorizando a Turquía inmediatamente a remilitarizar la zona de los Estrechos, en la forma señalada en la Convención.

La fecha de la entrada en vigor —en el sentido de la fecha a partir de la cual las estipulaciones comenzarán a tener efecto— no es de fácil averiguación si no se ha especificado. Anteriormente se discutía mucho si la fecha pertinente era la de ratificación, o si al producirse la ratificación el efecto del tratado se retrotraía a la fecha de la firma. En el caso *The Eliza Ann* (considerado en 4.14) Lord Stowell adoptó el primer criterio. Originalmente, la opinión estadounidense tenía el sentido contrario: pero en los últimos tiempos, la teoría del efecto retroactivo de la ratificación ha sido sostenida con menos fuerza (cf. Hyde, *International Law*, Sec. 522). La cuestión puede tener gran importancia. Por este motivo, en los tratados modernos generalmente se contempla en forma expresa; y la diferencia de opinión con respecto a ella, por consiguiente, ha dejado de tener mucha relevancia. Sin embargo, las disposiciones expresas no siempre son eficaces. (En cuanto a los problemas que surgen cuando las disposiciones dejan de señalar tanto el tiempo como la fecha, véase Deák, *The Computation of Time in International Law*, 20 *AJIL*, 502 (1926).)

4.39 LAS PARTES: ALCANCE GEOGRÁFICO

Ahora debemos preguntar sobre quién puede tener efecto un tratado. La respuesta común en este caso es que puede tener efecto sobre las partes y sólo respecto de éstas, en concordancia con la máxima *pacta tertiis nec nocent nec prosunt*. En este contexto, "partes" significa los Estados u otras personas internacionales que contratan originalmente o que se adhieren al tratado posteriormente. Si un Estado se encuentra subdividido internamente en subunidades, sin embargo, la aplicación geográfica del tratado puede no ser necesariamente coextensiva con la soberanía territorial de dicho Estado. Así, puede ocurrir que el tratado sea aplicable únicamente en el territorio metropolitano del Estado, con exclusión de su territorio no metropolitano o de ultramar; en la práctica se usan las llamadas cláusulas de "aplicación territorial" para dar cumplimiento a la intención de las partes en esta materia, permitiendo a la parte interesada, o a sus colonias, etcétera, "contratar extensivamente" o "contratar limitadamente", según se desee. Un motivo poderoso para recurrir a disposiciones de esta índole fue el desarrollo en ciertos Estados, y —especialmente en el Imperio Británico— de convenciones constitucionales que prohibían al gobierno central concluir tratados que afectaran a los territorios dotados de órganos legislativos y ejecutivos diferentes, sin consultar con éstos. Un corolario lógico de esta práctica es, además, la conclusión de tratados diferentes para territorios autónomos o semiautónomos, y la renuncia eventual del proceso de su negociación a favor de los gobiernos locales interesados. Históricamente, este desarrollo fue alentado por la creación de uniones técnicas internacionales —tal como la Unión Postal Universal—, donde la condición de miembro o de miembro asociado se concede tanto a las administraciones centrales de los Estados como a las coloniales, etcétera.

La proposición de que el tratado crea derechos y obligaciones en principio para las partes, sólo necesita ser entendida a la luz del hecho de la llamada sucesión del Estado y de las reglas que la rigen. (Esta materia se estudia, con algún detalle, en este capítulo, en cuanto tiene relación con la terminación de los tratados, véase 4.51; para un estudio más amplio, véanse 5.28-5.30.)

4.40 TERCEROS BENEFICIARIOS

Un Estado que no es parte original puede, de hecho, adquirir derechos y también obligaciones por un tratado, en varias formas. En primer lugar, puede tener el beneficio de una estipulación que le permita ser una parte adicional, lo que ocurre bajo la forma ordinaria de la cláusula de adhesión; o puede permitírsele hacerse parte, efectivamente, mediante un proceso menos formal que la adhesión, como cuando el tratado establece una institución internacional en la cual puedan admitirse nuevos miembros por algún proceso similar al estipulado en el artículo 4 de la Carta de las Naciones Unidas.

DERECHO DE LOS TRATADOS

Un tratado posiblemente también puede conferir beneficios a favor de una tercera entidad, sin necesidad de que ésta se haga parte. La presunción, sin embargo, es contraria a que esto ocurra. Así, en el *German Interests in Polish Upper Silesia Case* (1926), (PCIJ Ser. A, No. 7), la Corte Permanente de Justicia Internacional observó, al rechazar el argumento de que Polonia se había adherido o podía adherirse a la Convención de Armisticio del 11 de noviembre de 1918, que: "Un tratado sólo crea un régimen jurídico entre los Estados que son partes del mismo; en caso de duda, de dicho tratado no puede deducirse derecho alguno a favor de terceros Estados" (p. 78). Por otra parte, muchos ejemplos aparentes de *stipulations pour autrui* son falsos ejemplos, por ser el Estado en cuestión, en realidad, una parte del tratado. Las situaciones alternativas posibles quedan muy bien resumidas en la sentencia de la Corte Permanente de Justicia Internacional en el *Free Zones of Upper Savoy and the District of Gex Case* (1932), (PCIJ Ser. A/B, No. 46), donde la Corte, habiendo examinado los hechos, llegó a esta conclusión:

> La creación de la Zona de Gex forma parte de un arreglo territorial a favor de Suiza, efectuado como resultado de un acuerdo entre ese país y las Potencias, incluyendo a Francia; dicho acuerdo confiere al establecimiento de esta zona el carácter de un contrato del cual Suiza es parte. De ello resulta que no era necesaria, y que, de hecho, no se gestionó adhesión alguna por parte de Suiza a la Declaración del 20 de noviembre de 1815 que estableció la Zona. Jamás se ha mantenido que esta Declaración no obligue debido a la falta de adhesión de Suiza. Por haber llegado la Corte a esta conclusión simplemente basándose en la situación de hecho relacionada con el caso, no tiene que considerar la naturaleza jurídica del establecimiento de la Zona de Gex desde el punto de vista de si constituye o no una estipulación a favor de terceros. Pero si el asunto fuera a tratarse desde este aspecto, debería hacerse la siguiente observación: No se puede presumir, a la ligera, que se hayan adoptado estipulaciones favorables a un tercer Estado con el objeto de crear un verdadero derecho a su favor. Sin embargo, no hay nada que impida a la voluntad de Estados soberanos el tener este objeto y producir tal efecto. La cuestión de la existencia de un derecho adquirido bajo un instrumento redactado entre otros Estados, por tanto, debe ser decidida en cada caso particular; debe averiguarse si los Estados que han estipulado a favor de un tercer Estado tuvieron la intención de crear para dicho Estado un derecho verdadero, que éste ha aceptado como tal (p. 147).

Los derechos adquiridos por los Estados en las llamadas "cláusulas de nación más favorecida de los tratados" no son verdaderos ejemplos de derechos a favor de terceros. Los beneficiarios de tales derechos los disfrutan en virtud de sus propios tratados, que contienen dichas cláusulas. Esos tratados —por decirlo así— tienen un contenido variable; y, según la cláusula, los derechos que confieren resultan aumentados si a un tercer Estado se le concede un tratamiento más favorable por tratados posteriores o, con mucha frecuencia, por cualquier otro medio.

Un ejemplo notable de un verdadero beneficio a favor de terceros puede considerarse estipulado por la Convención sobre los Privilegios e Inmunidades de las Naciones Unidas, ya que la Corte Internacional de Justicia (en el *Reparations for Injuries Case,* como se ha visto) ha interpretado dicho instrumento en el sentido de que crea "derechos y deberes entre cada uno de los signatarios *y la Organización*" (es decir, las Naciones Unidas), ((1949) ICJ Rep. 179). (Presumiblemente la Corte quiso decir "Los Estados partes" en vez de "los signatarios", ya que la Convención, de hecho, no había sido firmada sino que los Estados se habían adherido a ella.) (Véase 4.22.) Pero aun aquí el caso posiblemente da lugar a dudas. La dificultad teórica implicada es muy parecida a la que se encuentra en el concepto de la donación en el derecho interno. A esa operación se le puede considerar unilateral en vez de bilateral, y puede argüirse que la donación sea efectiva, a pesar del hecho de que el donatario no la conozca ni la acepte. Sin embargo, según la naturaleza de las cosas, la cuestión de si ha habido o no la intención de hacer la donación apenas puede surgir, a menos que el donatario reclame el beneficio de ella, caso en que, naturalmente, debe presumirse que la acepta. La Corte Permanente, en el pasaje de la sentencia en el *Free Zones Case* citado anteriormente, se refiere a la posibilidad de la creación de "un derecho verdadero", por tratado, "a favor de un tercer Estado... que este último ha aceptado como tal". No es claro el que esto implique que un tercero tenga el derecho jurídico de reclamar el beneficio que le ha sido brindado. Puede interpretarse en el sentido de que significa, sencillamente, que si de hecho lo ha aceptado, entonces surge el derecho. De esto no se infiere que lo que aquí se ha llamado "aceptación" quede completamente a discreción del beneficiario potencial. Su "aceptación" puede entrañar un acuerdo bilateral con las partes del tratado, que en sí constituirá, ya sea un tratado nuevo —aunque tácito— o alternativamente, una adhesión al tratado sustantivo. Por lo tanto, parecería acertado concluir que "las circunstancias en las cuales un 'tercer Estado' puede adquirir y mantener el beneficio de una disposición de un tratado a su favor, aún no han sido... definidas con claridad". (McNair, *op. cit.,* p. 315; cf. Rousseau, *Principes généraux du droit international public,* pp. 468-471.)

4.41 TERCEROS Y OBLIGACIONES IMPUESTAS POR TRATADOS

Cualesquiera que sean tales circunstancias, parece que todavía hay consenso general en que un tratado no puede imponer cargas sobre un tercero —es decir, sobre una persona internacional que no sea parte. Para esa persona, el tratado es *res inter alios acta.* Así, la Corte Permanente de Justicia Internacional expresó (también en el *Free Zones Case* (1932)): "en cualquier caso, el artículo 435 del Tratado de Versalles no obliga a Suiza, quien no es parte de dicho Tratado, excepto hasta el grado en que dicho país lo haya aceptado..." PCIJ Ser. A/B, No. 46, p. 141.)

Sin embargo, puede observarse que el artículo 2 (6) de la Carta de las Naciones Unidas declara que "La Organización hará que los Estados que no son Miembros de las Naciones Unidas se conduzcan de acuerdo con (los principios señalados en el artículo, que, en virtud del párrafo (1) de él, tanto "la Organización como sus Miembros" tienen que observar en el ejercicio de sus propósitos comunes) en la medida que sea necesaria para mantener la paz y la seguridad internacionales". Como hoy es casi universal el pertenecer los Estados a las Naciones Unidas, es quizás académico considerar hasta qué punto esta estipulación constituye una incursión contra la regla que tratamos. Más aún, si se examinan los "principios" a que se hace referencia en ella, aquellos que se pudieran considerar aplicables a un Estado no miembro —según el párrafo (6) del artículo— serían sólo los señalados en los párrafos (3) y (4); esto es: el principio de la solución pacífica de las disputas internacionales y el de la abstención de la amenaza o del uso de la fuerza contra la integridad territorial o la independencia política de cualquier Estado; y éstos, desde luego, son principios que obligan a todos los Estados, independientemente de la Carta, en virtud del Tratado General para la Renuncia de la Guerra, o del derecho internacional consuetudinario.

4.42 TRATADOS E INDIVIDUOS

La categoría de derechos y obligaciones que un sistema jurídico puede reconocer, presumiblemente nunca termina. Por tanto, es inútil tratar de señalar qué derechos precisos puede conferir un tratado, o qué obligaciones puede imponer. Pero éstos deben ser derechos u obligaciones de una persona internacional, en el derecho internacional. Sin embargo, por ser los Estados meras colectividades formadas por individuos, el objeto último de todo tratado y de todo el derecho internacional es el bienestar o la conveniencia de los individuos. Una gran parte de la fraseología de muchos tipos de tratados se refiere, por eso, a los atributos de los individuos; y a éstos parece que se les confieren "derechos", libertades y capacidades. Así, una estipulación característica de una convención consular es: "El nacional del Estado enviador tendrá derecho, en todo tiempo, de comunicarse con el funcionario consular apropiado y, salvo que se encuentre detenido legalmente, visitarlo en su consulado." Pero, claro está, se trata de hacer que este "derecho" forme parte del derecho interno del Estado receptor. En derecho internacional, lo que el tratado confiere al Estado enviador como derecho y al Estado receptor como deber correlativo, es que ello se cumplirá. El ordenamiento constitucional del Estado interesado puede requerir la creación de una legislación nacional, adecuada al tenor del tratado, para lograr dicho propósito. Alternativamente, su constitución puede disponer que los tratados concluidos debidamente serán "parte del derecho del país" y automáticamente tendrán fuerza de ley. Aun donde se requiere una legislación para dar efecto al tratado, ésta frecuentemente adopta la forma de una ley que incorpora por referencia el texto del tratado. De este modo, los tratados no sólo producen indirectamente "efectos" sobre los individuos, sino que su texto real llega a aplicarse como derecho interno, y frecuentemente forma el tema de una valiosa interpretación judicial interna.

Nada impide que las partes de un tratado estipulen que los derechos adquiridos generalmente por los individuos, por vía derivada de los tratados, sean susceptibles de hacerse valer, bien en los tribunales nacionales o bien en tribunales internacionales —del tipo de los Tribunales de Arbitraje Mixto creados después de la primera Guerra Mundial, en los cuales los individuos podían actuar directamente contra los Estados de los cuales no fueran nacionales. Cuando tal disposición se formula, el considerar los derechos resultantes de los individuos ya sea como derechos provenientes del derecho internacional, del derecho interno o del supranacional, es quizá solamente una cuestión de gusto. Se ha pensado que las observaciones de la Corte Permanente de Justicia Internacional en el *Jurisdiction of the Courts of Danzig Case* (1928), (PCIJ Ser. B, No. 15) sugieren que "ya no es posible apelar, con alguna oportunidad de éxito, a la imposibilidad alegada de que los individuos adquieran directamente derechos bajo un tratado. El caso debe depender de la intención de las partes". (Lauterpacht, *The Development of International Law by the International Court*, p. 173.) Pero este criterio seguramente desconoce el hecho de que quizá no se encuentre todavía completamente resuelto que ni siquiera un Estado que no sea en realidad parte, puede adquirir derechos por un tratado, a no ser mediante otro tratado suplementario del que sí sea parte (véase 4.40). Además, lo que la Corte expresó realmente apenas apoya el argumento. Lo que se debatía era si los funcionarios ferroviarios de Danzig que entraban en el servicio de Polonia tenían derecho a entablar acción contra la Administración Ferroviaria Polaca, para resarcirse de daños pecuniarios, basándose en el *Beamtenabkommen* —un tratado entre Polonia y Danzig con respecto a la situación jurídica de aquéllos. La Corte se preguntó a sí misma:

El *Beamtenabkommen*, tal como existe, ¿forma parte de la serie de disposiciones que rigen la relación jurídica entre la Administración Ferroviaria Polaca y los funcionarios de Danzig que han entrado a su servicio? La respuesta a esta pregunta depende de la intención de las partes contratantes. Puede admitirse fácilmente que, de acuerdo con un principio de derecho internacional bien establecido, siendo el *Beamtenabkommen* un acuerdo internacional, no puede, según se ha dicho, crear derechos y obligaciones directas para individuos' privados. Pero no se puede discutir que el objeto mismo de un convenio internacional, de acuerdo con la intención de las partes, pueda ser la adopción por ellas de algunas reglas precisas creadoras de derechos y obligaciones individuales, y susceptibles de hacerse valer por los tribunales nacionales. Que exista tal intención en este caso puede sentarse por referencia a los términos del *Beamtenabkommen*. El hecho de que las varias disposiciones se adoptaron en la forma de un *Abkommen* sirve de corroboración, pero no de prueba concluyente, del carácter y efectos jurídicos del instrumento.

(p. 17)

En resumen, aunque el *Beamtenabkommen* era un tratado, simultánea-mente constituía algo más: por intención de sus signatarios, era una parte del derecho o del contrato que regía las condiciones del servicio de los fun-cionarios trasladados y, como tal, una fuente directa de derechos jurídicos internos. Sin embargo, tales derechos no se derivaron de su condición de tratado.

SECCIÓN VI. REVISIÓN

4.43 EN GENERAL

En sentido estricto, la revisión de un tratado sugiere su modificación o enmienda a pesar de que, simultáneamente, el tratado original queda en vigor, supeditado a cualesquiera modificaciones o enmiendas que se le hi-cieren. El proceso de revisión es, pues, distinto al de remplazo, que implica la terminación de un tratado y su sustitución por otro, el cual puede o no reproducir algunas o todas las disposiciones del tratado original: y en todo caso, esas disposiciones —de ser reproducidas— dependerán para la continua-ción de su vigencia, no del tratado original, ahora desaparecido, sino del nue-vo tratado. El proceso de revisión de un tratado es igualmente diferente del otro por el cual el carácter o los incidentes de la obligación que sus disposi-ciones imponen a las partes, llegan a ser cambiados, no a causa de una revi-sión de dichas disposiciones, sino por haber ocurrido una transformación del derecho general con arreglo al cual aquéllas deben ser interpretadas; lo que produce la necesidad de una interpretación en forma distinta. Es difícil pen-sar en un ejemplo preciso de este último proceso, pero quizás nos serviría el de un tratado de alianza ofensiva y defensiva concluido antes del Tratado General para la Renuncia de la Guerra, si se aceptara el criterio de que el efecto de este último sobre el primero habría de ser el de eliminar sólo sus estipulaciones ofensivas y dejar intactas las de un carácter puramente de-fensivo.

Pero, en la práctica, las distinciones señaladas anteriormente no pueden mantenerse con facilidad. Así, puede ser que, aunque las partes de un nuevo tratado no manifiesten expresamente su intención de terminar otro anterior, sea tal su inteción tácita; o, aunque no hubieran tenido tal propósito, puede ser descubierta posteriormente una incompatibilidad fundamental entre el nuevo tratado y el anterior. Para volver de nuevo al ejemplo hipotético dado, puede argüirse que la regla moderna, de acuerdo con la cual las alianzas ofen-sivas no tendrían validez, se deriva de un tratado —el Tratado General para la Renuncia de la Guerra (véase 1.04), de manera que el caso señalado es sólo uno corriente acerca del efecto que un tratado siguiente tiene sobre otro anterior.

Si bien en la práctica es difícil distinguir la revisión de los tratados de su remplazo y consiguiente terminación, sin embargo es claro que la revisión no es un proceso unilateral. Una de las partes no puede por sí misma efectuar la modificación de un tratado, ni insistir en ello con base en el derecho. Ello entrañaría la negación de la noción de obligación. Sin embargo, aun aquí debe admitirse por lo menos la posibilidad de una confusión. Así, por violación de sus deberes en relación con un tratado, una sola parte puede, en ciertas circunstancias, relevar a las otras del cumplimiento de los suyos y, de ese modo, originar la terminación del tratado para el futuro (véase 4.57). Tampoco es necesariamente apropiado decir que la revisión de un tratado requiere el consentimiento de todas las partes.

4.44 El consentimiento como requisito de la revisión

Ciertos tratados, por sí mismos, disponen su revisión por medios que no son el consentimiento unánime. Un ejemplo notable de esto lo es la Carta de las Naciones Unidas que, en el artículo 108, dispone la entrada en vigor de todas las enmiendas adoptadas por una mayoría de las dos terceras partes de la Asamblea General y ratificadas por una mayoría similar de los miembros, incluso los permanentes, del Consejo de Seguridad. Disposiciones similares sobre la enmienda por mayoría de votos se encuentran en los instrumentos constitutivos de la Unión Postal Universal (Convención Postal Universal de 1946, Art. 30), de la Organización Meteorológica Mundial (Convención de 1949, Art. 28) y de la Corporación Financiera Internacional (Acuerdo de 1955, Art. 7º). Una variante de este expediente se encuentra en una disposición al efecto de que las enmiendas adoptadas por voto de la mayoría obligarán a todas las partes, salvo que dentro de un plazo fijado objeten activamente (cf. el Acuerdo Europeo sobre Demarcación de Carreteras de 1957; y véase Lauterpacht, 8 *ICLQ* 187 (1959)).

Desde luego, al consentir originalmente en estipulaciones de esta índole, todas las partes han consentido en su operación. Por tanto, en un sentido, son ejemplos ilusorios de una desviación del principio de que el asentamiento a la revisión de un tratado debe ser unánime. Sin embargo, ¿cuál es la situación cuando no existe tal estipulación? Un número mayor o menor de partes pueden convenir sobre un régimen diferente del dispuesto en el tratado original, para ser aplicado entre ellas mismas. Pueden verse obligadas a seguir este rumbo debido a la imposibilidad política o práctica de obtener el consentimiento unánime para la revisión del tratado. Entonces surgirá la cuestión de si la aplicación del tratado nuevo entre las partes de él es compatible con la aplicación continuada del tratado viejo, no alterado, entre aquellas partes y las que quedaron de este último (véase 4.50).

Una ilustración gráfica de las dificultades de tal situación se encuentra en el caso del Pacto de la Liga de las Naciones. La Carta de las Naciones Unidas no intentó ser una mera modificación de dicho instrumento. Tampoco los conjuntos de partes de los dos instrumentos fueron idénticos; cada uno tenía partes que no lo eran del otro. Sin embargo, no fue intención explícita de las partes de la Carta terminar el Pacto, ni siquiera hasta el punto que habrían podido hacerlo; y, aparentemente, tampoco fue ésa su intención tácita. Por lo menos la convocación siguiente de la Asamblea, al efecto de disolver la Liga, sugiere lo contrario. Pero, ¿es que ese acto o cualquier otro dio término efectivamente al Pacto, o aún sigue vigente? Y si todavía se encuentra vigente, ¿lo está con modificación o sin ella? A principios de la existencia de las Naciones Unidas, el profesor Kelsen expresó la opinión de que el Pacto ya no estaba vigente (*The Law of the United Nations*, p. 595). No obstante, en el *Status of South-West Africa Case* ((1950) ICJ Rep. 128), la Corte Internacional de Justicia se vio forzada a expresar, sobre las obligaciones del artículo 22 del Pacto, en tanto éstas afectaban a la Unión de Sudáfrica —como entonces se llamaba a dicho Estado— en relación con el territorio bajo mandato de África Sudoccidental: "Su *raison d'etre* y objeto inicial permanecen. Puesto que su cumplimiento no dependía de la existencia de la Liga de las Naciones, no podían ser extinguidas solamente porque este órgano de supervisión haya dejado de existir" (p. 133). Este pasaje de la opinión de la Corte se refiere, sin embargo, a la no supervivencia de la Liga, no del Pacto. Ciertamente es posible una explicación diferente de la continuación de la obligación del artículo 22: que creó una especie de situación jurídica *in rem* para los territorios bajo mandato (cf. *ibid.*, p. 150 por Sir A. McNair). Pero que el Pacto, con separación de la Liga, sobrevivió a la última sesión de la Asamblea de la Liga, no es un criterio completamente insostenible. De ser así, evidentemente sufrió una modificación profunda.

4.45 REVISIÓN MEDIANTE UN TRATADO POSTERIOR

La doctrina de que el consentimiento unánime de las partes es necesario para la revisión de los tratados, y de que dicha revisión siempre entraña una especie de novación —tomada juntamente con la prolongada vida de los Estados y con la ausencia de algún medio formal o institucional para modificar las reglas generales de derecho que rigen la validez de los tratados— puede sugerir que el patrón de las estipulaciones de tratados que obligan a los Estados sería peculiarmente rígido y su carga frecuentemente tediosa. Hasta cierto punto éste es, sin duda, el caso; y también la explicación de la inclusión en el artículo 19 del Pacto de la Liga de una disposición al efecto de que la Asamblea pueda "en cualquier tiempo invitar a los miembros de la Sociedad a que procedan a un nuevo examen de los tratados que hayan dejado de ser aplicables..." Se encuentran estipulaciones similares en tratados menos generales, que afirman, aún más explícitamente, el principio de que la revisión requiere el consentimiento unánime de las partes. Así, la disposición del artículo 21 del Tratado Naval de Washington de 1922, que declara:

Si durante la vigencia de este Tratado las necesidades de la seguridad nacional de cualquier parte contratante con respecto a la defensa naval, en opinión de dicha potencia, quedaren afectadas materialmente por cualquier cambio de circunstancias, las potencias contratantes, a solicitud de dicha potencia, se reunirán en conferencia a efecto de reconsiderar el Tratado y sus modificaciones, por acuerdo mutuo... (25 *LNTS*, 202).

De la naturaleza de las relaciones de los tratados entre los Estados y de la actitud que ellos asumen en cuanto a, tales relaciones resulta que estipulaciones de este tipo no sean más comunes, ni más necesarias. Frecuentemente los Estados no tienen sólo un tratado con los demás, sino muchos, concluidos algunas veces durante un largo lapso o —cuando ha habido una sucesión estatal— heredados de tiempos anteriores. A causa del funcionamiento de las reglas de sucesión estatal, y de expedientes tales cómo la cláusula de la nación más favorecida, no es siquiera posible descubrir el total de los derechos y obligaciones de un Estado solamente del texto de los tratados que ha celebrado. Más aún, los términos de dichos tratados frecuentemente son muy generales, si no ambiguos. Algunas veces no imponen obligación jurídica alguna. En realidad —aunque ello parezca sorprendente— probablemente muy poco Estados pueden estar seguros, sin efectuar una investigación extensa, por medio de qué tratados y con cuáles otros Estados se encuentran obligados. Esto es, sólo en parte, resultado de las dificultades mencionadas hasta ahora. También es debido —igualmente en parte— al grande y creciente número de tratados que se celebran. La magnitud de la cifra puede estimarse cuando se advierte que un solo Estado —Estados Unidos— según se dice, concluye dos tratados nuevos cada día. La razón principal por la cual no se calcula el ámbito preciso de los compromisos contraídos mediante tratados por un Estado se debe a que, notoriamente, carece de importancia el hacer tal cálculo. En un sentido amplio, el proceso de la revisión de los tratados es continuo. La actitud de los Estados frente a los tratados es, claramente ésta: aunque sacrosantos, son esencialmente negociables, es decir, siempre pueden ser modificados o remplazados por otro nuevo. Y, siendo continuas las relaciones de los Estados y estando relacionados con una gran variedad de asuntos, la cuantía exacta de derecho o de deber en relación con alguna materia determinada no siempre es de tanta importancia como el balance general de los asuntos. Lo que el derecho mercantil llama "el conjunto de la negociación" es de mayor importancia que un tratado particular. La negociación de contratos particulares —en el sentido de tratados particulares— es sólo una parte del proceso de transacción. Pero —con referencia sólo a éstos— debido a que las negociaciones son continuas, constantemente se celebran tratados nuevos y, por lo tanto, los viejos quedan afectados. La omisión de alguna estipulación en la Carta de las Naciones Unidas, exactamente equivalente a la parte del artículo 19 del Pacto citado arriba, carece, por tanto, de especial importancia.

SECCIÓN VII. TERMINACIÓN

4.46 EN GENERAL

Un tratado queda terminado cuando las partes de éste queden relevadas de ulteriores obligaciones originadas del él. En el caso de un tratado multilateral puede darse el caso de que, aunque una o más partes queden relevadas de sus obligaciones, el tratado continúe vigente y en operancia entre las partes restantes. El proceso mediante el cual esto puede ocurrir es exactamente igual al que existe cuando los tratados terminan, de modo que la misma expresión puede ser usada para cubrir las dos situaciones. La terminación puede ocurrir por una de las tres formas siguientes: *1)* de acuerdo con las disposiciones expresas o tácitas del tratado mismo; *2)* de acuerdo con un convenio nuevo entre las partes; *3)* por virtud de actuación del derecho. El tercer método —quizá sea de utilidad indicarlo ahora— comprende el caso en que, debido a la infracción fundamental de sus obligaciones por una de las partes, la otra u otras quedan autorizadas para optar por considerar el tratado como terminado, y así lo hacen. Por eso debe recalcarse que la terminación no es un proceso unilateral, utilizable a capricho por una sola parte.

4.47 Terminación de acuerdo con el tratado mismo

Respecto de la terminación en virtud de las disposiciones del tratado mismo, el caso más sencillo es aquel en que se expresa que el tratado se celebra por un tiempo limitado —como por ejemplo, un periodo de cinco años— y ese tiempo pasa. Alternativa o adicionalmente, es posible que un tratado disponga que una parte puede, después de un determinado periodo inicial de validez, o en cualquier tiempo, denunciarlo o abstenerse de participar en él y, con ello, bien inmediatamente o bien después de un tiempo determinado, producir la terminación de todo el tratado, o, según sea el caso, de su propia participación en él. Claro está que la denuncia o retirada, de acuerdo con esa disposición, no significa que la terminación pueda obedecer a un acto unilateral, puesto que el consentimiento para ello se da por anticipado en el tratado mismo. Muchos tratados —especialmente los comerciales— contienen disposiciones expresas que permiten la denuncia o la retirada mediante la sola notificación de ese propósito. Una disposición de esta índole también se encontraba en el Pacto de la Liga de las Naciones (Art. 1 (3)). La ausencia de una disposición similar en la Carta de las Naciones Unidas da lugar a preguntarse si, frente a la carencia de una estipulación expresa de esta clase, es siempre permisible decir que la libertad de denunciar o de retirarse pueda ser implícita. Considerado correctamente, éste es un problema de la intención de las partes en el momento de celebrar el tratado. En lo que atañe a la Carta, la intención de ellas se hizo constar en una declaración de las cuatro Potencias que patrocinaron el texto y fue ésta: tanto los miembros de las Naciones Unidas como los de la Liga podrían dejar de ser miembros mediante notificación adecuada, aunque ello no se expresó en la Carta para que no se interpretase como una incitación a retirarse (véase 2.13).

4.48 Términos implícitos

Cuando falta alguna declaración que, aunque no esté contenida en el tratado, sea aún explícita, se admite generalmente que es muy difícil determinar cuál es la intención de las partes. Sin embargo, el carácter del tratado puede dar algún indicio de ella. Así, se ha dicho:

> Ciertamente no existe el derecho general de denunciar un tratado de duración indefinida; hay muchos tratados de esta clase en que la intención evidente de las partes es establecer una situación permanente; como, por ejemplo, el Pacto de París; pero hay algunos en los cuales, debido al carácter de la materia o a las circunstancias en que se celebran, puede bien presumirse que tuvieran la intención de que fueran susceptibles de ser denunciados, aunque no contengan disposición expresa a ese efecto. El *modus vivendi* es una ilustración obvia: los tratados de alianza y de comercio están probablemente en el mismo caso, aunque en la práctica por lo general establecen un periodo determinado de duración. Por otra parte, lo más probable es que se tenga la intención de hacer permanente el tratado que trate de la extraterritorialidad o de la neutralidad. (Brierly, *Law of Nations* (6ª ed.), p. 331.)

En algunos casos, es obvio que el tratado puede y debe terminarse, en la misma forma que un contrato de derecho interno puede serlo mediante su cumplimiento total. Los llamados tratados dispositivos —que acuerdan, por ejemplo, cesiones mutuas de territorio a los efectos de una rectificación de fronteras— parecen estar comprendidos dentro de esta clasificación. Son escrituras de traspaso más bien que contratos, y su propósito se cumple en el instante de ser concluidos. Pero tal vez sea incorrecto decir que un tratado así completamente cumplido haya llegado a su terminación. Puesto que, como dice Sir Gerald Fitzmaurice:

> El cumplimiento total y definitivo... no afecta la validez del tratado, que continúa subsistiendo como la base del cumplimiento y como el instrumento que dio lugar a la obligación de cumplirlo.
>
> *(Second Report on the Law of Treaties,* ILC *Yearbook,* Art. 17, II, A (X), 1957, Vol. II, p. 30.)*

Probablemente se pueden encontrar otros ejemplos de tratados que —por así decirlo— llegan a agotarse debido a su cumplimiento, el cual no siempre consiste en el simple acto de su concertación, como en el caso de un tratado dispositivo. Un tratado que dispusiera simplemente el pago de un solo subsidio caería dentro de esta categoría, igual que uno que tratara de la renuncia de una reclamación o derecho o, asimismo, uno que efectuase el reconocimiento de un Estado o gobierno. Un tratado celebrado durante la guerra, mediante el cual las partes se comprometieran a no acordar por separado una paz con el enemigo, quedaría terminado igualmente cuando se hiciera una paz conjunta. Lo que se encuentra implicado en todos estos casos es el cumplimiento total, y si el tratado fija expresa o implícitamente un límite al cumplimiento —bien sea temporal o de resultado— no hay dificultad alguna en decidir cuándo se logró la ejecución.

4.49 ACUERDO POSTERIOR DE LAS PARTES

La verdadera dificultad reside en saber cuál es la situación cuando no existe tal límite. Entonces, ciertamente, puede operar el segundo método general de terminación: un acuerdo entre las partes, diferente del tratado mismo. Ese acuerdo puede ser expreso. La Convención Consular Británica con Noruega, de 1951, dispone en el artículo 36 la abrogación del canje de notas de 1852 entre las partes, para la entrega mutua de marinos desertores (U.K. *Treaty Series,* No. 55 (1958)). Pero con más frecuencia la terminación de un tratado por otro es materia más bien de inferencia que de estipulación expresa. La terminación puede resultar del intento de denuncia unilateral que, aunque por sí sola no tiene efecto para producir la terminación, la otra parte decide tratar como si lo tuviera, o —para decirlo con más exactitud— como una propuesta de terminación por acuerdo que éste acepta.

4.50 ACUERDO POSTERIOR SOBRENTENDIDO

El primero de estos casos de terminación sobrentendida por virtud de acuerdo, es aparentemente sencillo. En 1925, la *Reichsgericht* Alemana dio por sentado que el Tratado de Brest-Litovsk entre Alemania y Rusia había terminado, porque, *inter alia,* el siguiente Tratado de Rapallo entre las mismas partes no lo puso de nuevo en operancia, como lo hizo con otros (*Russian-German Commercial Treaty Case,* AD, 1925-6, Caso No. 267). Pero aun este caso no es tan claro como podría serlo, porque hubo otros acontecimientos posiblemente pertinentes, tales como que Rusia había declarado unilateralmente que el tratado se encontraba abrogado, y que Alemania se había abstenido de protestar esa declaración y había evacuado el territorio que el tratado tenía la intención de darle el derecho de ocupar. El asunto se torna mucho más complicado cuando el tratado posterior afecta a algunas aunque no a todas las estipulaciones del anterior, o cuando alternativa o adicionalmente, todas las partes del tratado anterior no lo son del posterior. Claro está que algunas veces las estipulaciones de un tratado son separables, y la alteración o abrogación posterior de ellas no origina la terminación de todo el tratado. Por ejemplo, el Convenio Naval Angloalemán de 1935 —por el cual, y con efecto entre las partes, se sustituyeron con nuevas disposiciones las existentes en el Tratado de Versalles sobre limitación de armamentos— no podía interpretarse en el sentido de que puso término a la totalidad de este último, ni siquiera con respecto a las partes de dicho convenio. El problema, en definitiva, debe ser de determinación de la intención. Sin embargo, es de presumir que la intención pertinente sea susceptible tanto de determinación objetiva como subjetiva, como demuestra el ejemplo del Convenio de 1935; éste no declaró expresamente la terminación entre sus signatarios de la Parte V del Tratado de Versalles; la situación más bien fue que el régimen establecido por el Convenio era obviamente incompatible con cualquier otra intención.

El mismo convenio demuestra también el problema que se crea cuando todas las partes del tratado original no son a su vez partes del tratado siguiente, debido al cual el primero podría considerarse terminado. En principio, para una terminación efectiva es evidente que los dos conjuntos de partes deben ser idénticos. Ahora bien, si en el nuevo tratado un grupo más pequeño de partes acuerda aplicar entre ellas un sistema incompatible con el que establece el tratado original, o si, como materia de él, ponen término entre sí expresamente al tratado original, de ello, por sí, no se deriva que para lo sucesivo sea posible la continuación de la operancia del último entre las partes del nuevo tratado y las del original que no han dado su consentimiento a la terminación de él. Por ejemplo, Alemania no podría continuar cumpliendo los términos del Tratado de Versalles, con relación a Francia, y aprovechar la libertad que se le dio por el Convenio posterior con el Reino Unido de aumentar su flota hasta una cifra de 35 por ciento de la británica. Pero puede ser que no resulte claro comprender cómo, cuando sólo algunas de las partes concluyen un nuevo tratado incompatible con el viejo, este último llegue a terminar no solamente con respecto a dichas partes, sino también con relación a todos los signatarios originales. La justificación puede consistir en que —desde el punto de vista de ellos— el tratado nuevo constituye una infracción fundamental del viejo; por consiguiente, al ocurrir esto, tienen el derecho de considerarse relevados de sus obligaciones y de estimar que el tratado viejo ha terminado; o podría también consistir en que deba interpretarse su tolerancia hacia el nuevo tratado como un asentimiento tácito a la terminación del viejo, conservándose de este modo el principio del requisito del consentimiento unánime.

4.51 TERMINACIÓN POR ACTUACIÓN DEL DERECHO: IMPOSIBILIDAD SOBREVINIENTE

Por lo tanto, hasta cierto punto el proceso de terminación por acuerdo depende o puede depender de algo distinto del acuerdo: es decir, de la actuación del derecho. De lo que se comprenda con esta denominación también dependerá la respuesta a la pregunta de si debe considerarse que los tratados perduran para siempre, si no se les fija un límite o si no se les acuerda uno posteriormente, con respecto a su ejecución temporal. Por esto, el término "actuación del derecho" debe abarcar mucho.

En primer lugar, incluirá el término análogo al de los casos elementales en que sobreviene una imposibilidad de cumplimiento reconocida en el derecho interno de los contratos. La fusión en un Estado de las dos únicas partes signatarias de un tratado, obviamente debe terminarlo. Pero la extinción de un Estado no termina necesariamente sus tratados —del mismo modo que la muerte de un contratante no siempre pone fin a un contrato; ni la fusión de una parte con un tercer Estado necesariamente pone término a un tratado. Un Estado extinguido no desaparece sin rastro alguno, y su extinción inevitablemente da lugar a algunos problemas de sucesión. Los principios de la sucesión de Estados producen, por otra parte, efectos en casos diferentes de aquellos en que un Estado queda totalmente absorbido por otro. Así, el territorio de un Estado puede ser repartido entre otros; o el Estado puede sobrevivir y aun perder parte de su territorio, ya sea en favor de uno o más Estados existentes, o de uno o más Estados nuevos. Lo cierto es que las mutaciones posibles son muy numerosas. Sin embargo, puede ser apropiado decir que deben identificarse dos alternativas principales: o la personalidad jurídica de un Estado parte de un tratado queda afectada por la sucesión de Estados o no quedando afectada su personalidad jurídica, hay un mero cambio en el alcance geográfico del tratado. En este último caso, no hay problema alguno de terminación del tratado, puesto que la sola disminución, e igualmente el mero aumento de su territorio, comúnmente no priva al Estado de sus derechos, ni lo releva de sus obligaciones por un tratado. Sin embargo, una aclaración necesaria a esta regla generales que los cambios territoriales, en casos determinados pueden hacer imposible el cumplimiento de un tratado. Ejemplo: caso de aquel que otorgase facilidades en un puerto o lugar determinados y que luego pasara a la soberanía de otro Estado. El determinar si en tal caso la carga del tratado pasa al sucesor es problema que compete a los efectos de los tratados y no a la terminación de ellos. Igualmente, es problema de efectos y no de terminación el precisar si un Estado nuevo puede tener el beneficio, o debe asumir la carga de alguno o de todos los tratados del Estado o Estados sobre cuyo territorio ha quedado establecido.

4.52 Efecto de la extinción de una de las partes

Limitando la atención hacia lo que ha sido llamado el desmembramiento político de los Estados, en contraposición al físico, puede repetirse que cuando el Estado parte de un tratado queda extinguido, su participación en dicho tratado habrá llegado a su término. Si el tratado es con una sola parte y la extinción ocurre en virtud de la fusión de las partes, el tratado también queda totalmente terminado. Si aún hay otras partes del tratado, éste puede sobrevivir entre el Estado absorbente y los otros, lo que depende de su tenor. Así, en el ejemplo más sencillo, la absorción de Corea por Japón en los años siguientes a 1905, o la absorción de Austria por parte de Alemania en 1938, no surtieron efecto alguno sobre la operancia, entre Japón o Alemania y terceros Estados, de los numerosos tratados multilaterales de los que anteriormente, tanto Japón como Corea o Alemania y Austria, eran partes. Pero el efecto de una fusión puede no ser la extinción de un Estado a causa de su absorción por otro, sino más bien la extinción de ambos, o de más de dos Estados, con la consiguiente creación de otro totalmente nuevo. Tal vez la lógica exigiría que en tal caso se considerase la situación idéntica a la que se produce cuando se crea un Estado, de cualquier otro modo, en el territorio de otro ya existente. En este último caso, en la práctica por lo menos continuarán operando algunos de los tratados que anteriormente se aplicaban en el territorio afectado por el cambio. Pero la teoría de este proceso establece —excepto quizás en relación con obligaciones de carácter real que, como dicen los abogados de derecho inmobiliario, "van con la tierra"— los efectos de los tratados dependerán de ulteriores negociaciones, expresas o tácitas, entre el nuevo Estado y las otras partes. A veces la aceptación de tal negociación por el nuevo Estado se pone como condición de su reconocimiento. Sin embargo, la regla es tal como se ha expresado (véanse 5.14 y 5.15). Parece dudoso que el resto del mundo se contentara con aceptar las dificultades de la misma doctrina, tanto en el caso en que surja un nuevo Estado como resultado de una fusión en igualdad de condiciones, como aquel en que algunos Estados ya existentes formen una unión con una sola personalidad internacional.

En cuanto a la inversa de esta situación —el problema de los efectos sobre los tratados por razón de la disolución de una unión— este caso es, por lo menos teóricamente, diferente de aquel en que un Estado nuevo, o varios Estados nuevos se crean sobre lo que fue el territorio de un Estado que existía, y continúan viviendo. Según hemos visto, en este último caso, las relaciones originadas por los tratados del Estado sobreviviente pero disminuido, generalmente también subsisten: ha sufrido un desmembramiento físico más bien que político. En el primer caso, parece que las obligaciones de la unión contraídas por tratado no deban terminar con ella. Ésta fue la interpretación dada a la situación que se presentó cuando, alrededor de 1829, Nueva Granada, se disolvió, y se convirtió en Colombia, Venezuela y Ecuador (McNair, *op. cit.*, pp. 606-9). Al disolverse la unión de Noruega y Suecia, en 1905, se adoptó el criterio de que el Tratado de 1855, respecto a la integridad del reino combinado, había caducado con la desaparición de esa entidad. Esto parece ser absolutamente correcto. Pero sería discutible el determinar si la causa originante de la terminación del tratado fue la extinción de una parte, o fue un cambio fundamental que afectó su materia (cf. *ibid.*, p. 612, n. 2). De cualquier manera, las partes sobrevivientes procedieron mediante canjes de notas —tanto con Noruega como con Suecia— a "declarar" que el tratado "a cessé de sortir des effets", un método que puede considerarse ya sea como una mera caracterización de la nueva situación, o como si ésta la produjera (*ibid.*, pp. 612-14). En relación con otros tratados entre Suecia y Noruega, el gobierno sueco notificó a las demás partes que, a su juicio, continuaban operando "pour ce qui concerne les rapports entre la Suède et là où les autres Parties", pero se reservó la libertad de indicar hasta dónde la revisión de sus textos podría, después de un estudio, resultar necesaria o útil. En respuesta —aunque el gobierno británico, por lo menos, declaró "que, aunque la disolución de la unión... sin duda da al Gobierno de su Majestad el derecho de examinar *de novo* los compromisos del tratado mediante los cuales la Gran Bretaña quedaba obligada para con la Monarquía Dual" —se tomó nota del deseo de Suecia de que, por el momento, quedaran vigentes (*Exchange of Notes of 6/16 November*, 1905, 98 *BFSP*, 833). Por tanto, de nuevo aquí no resulta completamente claro si la terminación de la unión se consideró que no ponía fin a los tratados, o si la subsistencia de éstos debe atribuirse a la voluntad de las partes al efecto de que no debían terminar. (Sobre la sucesión estatal en general, véanse 5.28-5.33.)

4.53 CAMBIO DE CIRCUNSTANCIAS

De la terminación por actuación del derecho a causa de la extinción de una de las partes, es lógico y necesario considerar ahora el efecto de un cambio de circunstancias menos profundo, porque en el derecho interno por lo menos, la extinción de una de las partes no es más que un caso extremo de imposibilidad física sobreviniente de cumplimiento, así como la destrucción total del objeto del contrato es otro caso de esta índole. (Este último, en cuanto puede ser aplicado a los tratados, ya ha sido considerado.) Sin embargo, debe observarse que en el derecho interno, en general, deja de ser obligatorio el cumplimiento de un contrato no sólo cuando el objeto resulta físicamente destruido, sino que bastará para ello que su naturaleza se altere de tal forma que ya no suscite interés para un cumplimiento literal (como, por ejemplo, ocurriría con la muerte de un caballo, o posiblemente, con el encallamiento de un barco objeto de una compraventa). Por otra parte en muchos sistemas de derecho interno, puede ser suficiente algo distinto de un cambio físico para que pueda invocarse la noción de que se ha frustrado el cumplimiento. Los límites hasta donde pueda llevarse la doctrina de la frustración —si, por ejemplo, llega hasta el punto de decir que siempre hay una estipulación implícita de exoneración del contrato por ocurrencia de algo que dé lugar a decir a las partes que si lo hubieran previsto habrían acordado exonerarse mutuamente— es natural que debe depender de los detalles de cada sistema. Sin embargo, la idea fundamental de esa doctrina se encuentra inherente en todo sistema jurídico.

Ella no es desconocida en el derecho internacional, donde se le llama cláusula *rebus sic stantibus*. Una explicación dada a este nombre es la de que en una época era corriente insertar en los tratados una disposición expresa o *cláusula* al efecto de que la generalidad de sus estipulaciones deberían tener fuerza sólo mientras ciertas condiciones determinadas continuaban existiendo. Pero tales cláusulas —si alguna vez se usaron— no se pactan generalmente en la actualidad y la doctrina moderna de la *cláusula* exige que dicha condición se sobrentienda contenida en los tratados. Sin embargo, la doctrina no implica que la condición que ha de sobrentenderse necesariamente opere por sí misma para terminar el tratado cuando las condiciones cambien; y, por otra parte, no opera para dar a la parte que se aprovecharía de ella, una simpre acción para reclamar la reconsideración del tratado con vista a su revisión por acuerdo, en cuanto al futuro se refiere. Más bien se arguye que opera en forma indirecta, en el sentido de que un tribunal competente puede declarar que la estipulación del tratado que ha sido objetada, ha cesado de ser obligatoria; y de que una de las partes puede suspender su cumplimiento provisionalmente, hasta que se haga tal declaración (cf. *Harvard Draft Convention on the Law of Treaties*, art. 28). En algo que se aproxima a esta forma, la doctrina fue invocada por Francia ante la Corte Permanente de Justicia Internacional, tanto en el *Tunis and Morocco Nationality Decrees Case* (2923), (PCIJ Ser. B, No. 4, p. 29) como en el *Free Zones Case* (1932), (PCIJ Ser. A/B, No. 46). La Corte estimó que no era necesario decidir sobre el argumento, en el primer caso. Pero, en el segundo, lo consideró hasta el punto de llegar a estudiar si la estipulación del tratado que estaba bajo examen fue, como punto de historia, pactada "en vista de y debido a la existencia de un conjunto determinado de hechos, y si este conjunto de hechos ha desaparecido ahora". Pero, por no resultar la argumentación sostenida por los hechos, la Corte declaró que "se hacía innecesario... considerar ninguna de las cuestiones de principio que surgían en relación con la teoría de la caducidad de los tratados con motivo de cambios de circunstancias, tales como el punto hasta donde pueda considerarse que constituyan una regla de derecho internacional las ocasiones y los métodos mediante los cuales se puede dar efecto a la teoría en caso de reconocerse, y la cuestión de si se aplicaría a tratados que establecieran derechos tales como los que se discuten" (pp. 156, 158). Por lo tanto, el caso es de interés sólo por la forma como la Corte enfocó el problema. Esta forma sugiere que para que tenga éxito el argumento de cambio de circunstancias no basta que únicamente se demuestre que éstas han cambiado. Porque es, precisamente, por la misma razón de que las circunstancias pueden cambiar, y de que un Estado puede, por lo tanto, desear cambiar un curso de conducta que en alguna ocasión está dispuesto a seguir, por lo que otros Estados tratarán de obtener de él una promesa obligatoria de mantener dicha conducta. Lo requerido adicionalmente es que el tratado se haya celebrado sobre base de las circunstancias cuyo cambio se alega, de manera tal que se dé a su continuación la eficacia de una condición previa para la celebración del tratado.

4.54 DESUSO

Aunque ninguno de los motivos de terminación de tratados mencionados hasta ahora operen en relación con un instrumento en particular, ese instrumento puede, sencillamente, caer en desuso o perder completamente su sentido. Así, el Reino Unido y Portugal sostienen, con algún orgullo, que aún siguen siendo aliados en virtud de tratados que datan desde 1373 y 1386 (cf. Misc. No. 2 (1898) (C. 9088)). Pero es difícil dar hoy algún significado verdadero a estas reliquias venerables. También el Reino Unido celebró tratados consulares y comerciales con España y los Reinos Escandinavos durante el siglo XVII, caracterizados por disposiciones muy pormenorizadas. Sin embargo, tuvo que admitirse en varias ocasiones que, después del intervalo de unos doscientos años, estas disposiciones habían llegado a ser de imposible aplicación práctica, aun cuando todavía se podía discernir su verdadero significado (véase 8 *BDIL*, 283-288).

4.55 ILICITUD SOBREVINIENTE

Teóricamente, es posible que después de la conclusión de un tratado pueda desarrollarse una nueva regla consuetudinaria de derecho internacional, que tendría el efecto de hacer ilegal dicho tratado. Sin embargo, debido a la naturaleza general de las reglas de derecho internacional consuetudinario y, especialmente, a la declinación de la costumbre como fuente de derecho nuevo (véase 3.10), esto no es probable. En consecuencia, lo que prácticamente constituye el problema, es la situación que se presenta cuando el derecho general se cambia efectivamente en tal forma por un tratado hasta el punto de hacer evidente que un tratado anterior, si ahora se concluyese de nuevo, sería nulo por ilegalidad. ¿Termina, por ello, el tratado anterior? Y esto no es más que un aspecto especial del problema de los tratados en conflicto o incompatibles. Es, mejor dicho, una cuestión acerca de la intención de las partes del tratado posterior: ¿se celebró con la intención de terminar el anterior, o no?

Algunas veces la intención puede ser expresa. Así, según el artículo 20 del Pacto, los miembros de la Liga convinieron que "el presente Pacto deroga cualesquiera obligaciones o inteligencias *inter se* incompatibles con sus términos..." y, a la vez, acordaron no celebrar en el futuro compromiso incompatible alguno. Claro está que esta disposición no tuvo la intención de terminar los tratados entre miembros de la Liga y no miembros —y si indirectamente tuviere ese efecto, ello dependería de las razones que ya hemos estudiado— (véase 4.27). Es interesante observar que a los Estados que se hicieron miembros de la Liga después de haberse establecido ésta, se les señaló sólo "tomar inmediatamente las medidas necesarias para desligarse de tales obligaciones" (Art. 20 (2)). La Carta de las Naciones Unidas dispone, en el artículo 103, en un efecto ostensiblemente diferente: "en caso de conflicto entre las obligaciones contraídas por los Miembros... en virtud de la presente Carta y sus obligaciones contraídas en virtud de cualquier otro convenio internacional, prevalecerán las obligaciones impuestas por la presente Carta". Según hemos visto, posiblemente esto ha sido expresado en la forma transcrita porque contempla la incidencia futura de obligaciones que no se indican en la Carta misma, pero que pueden surgir como consecuencia de medidas tomadas al amparo de la Carta. Por ejemplo, la Convención del Canal de Suez, de 1888, prohibió todo bloqueo del Canal (Art. 1). No existe nada en la letra de la Carta incompatible con eso. Ahora bien, si el Consejo de Seguridad dispusiera —basado en el 42 de la Carta— efectuar el bloqueo del Canal con las fuerzas de uno de sus miembros, podría entonces surgir un conflicto de obligaciones para ese miembro.

Autorizadamente, se ha dicho sobre el artículo 103 de la Carta que "respecto a tratados *existentes*, los Miembros quedan impedidos por la Carta de dar cumplimiento a un tratado que esté en conflicto con ella, por ejemplo, uno que tratara del uso ilegal de la fuerza; y que, además, probablemente tienen el deber de usar todos los medios legales para liberarse de cualquiera obligaciones que estén en conflicto con la Carta" (McNair, *op. cit.*, p. 218). Quizás esta decalaración deje abierta la cuestión de si tratados anteriores que entrañen una abierta contradicción con la Carta —tal como un tratado "que implicara el uso ilegal de la fuerza", a diferencia de los que estaban sólo en contradicción latente— quedan de hecho terminados por la Carta. Si así fuera, deberían serlo por el fundamento de la voluntad implícita de las partes de esta última. Sin embargo, es significativo que ni el Pacto ni la Carta declaran como ilegal ninguna categoría de tratados incompatibles, y que la Carta ni siquiera los declara expresamente terminados.

4.56 Efecto de la guerra

Entre beligerantes, la formación o continuación de relaciones basadas en tratados nunca han sido consideradas como totalmente excluidas. Lo cierto es que necesariamente entre beligerantes han tenido que ser concluidos tratados de paz, mediante los cuales, con gran frecuencia, se ha puesto fin al estado de guerra. De hecho ha habido categorías especiales de tratados entre beligerantes. Éstos toman diferentes nombres, especialmente "armisticios", cuando mediante ellos el estado de actividad hostil —pero no el de beligerancia legal— ha sido suspendido, local o generalmente, temporal o permanentemente; y "carteles" cuando por medio de ellos se han canjeado prisioneros. Más aún, en los tiempos modernos se han celebrado tratados con el propósito expreso de regular la guerra, los cuales se hacen, desde luego, con la necesaria intención de que obliguen durante aquélla. Claro está que dentro de esta categoría caen las Convenciones de Ginebra en relación con tratamiento de prisioneros y heridos, y las Convenciones de La Haya de 1899 y 1907.

Aparte de esta categoría, el criterio anterior pudo muy bien haber sido que el surgimiento de la guerra ponía término a todos los tratados entre las partes. Así es que en *Le Louis* (1817) (2 Dod. 210, 258), Lord Stowell observó: "Los tratados... son cosas perecederas, y sus obligaciones quedan desvanecidas al ocurrir la primera hostilidad"; fundado en esto, sostuvo que un tratado para la represión del comercio de esclavos —que confería derechos mutuos de visita y registro de barcos mercantes sospechosos de su transporte— había dejado de sobrevivir a la guerra. Quizá alguna huella dilatada de una regla tan absoluta explique la tan criticada decisión de la Corte Suprema de Estados Unidos —pronunciada en fecha tan reciente como 1928— en *Karnuth vs. United States* (279 U.S. 231). En *Techt vs. Hughes* (1920) (229 N.Y. 222), el magistrado Cardozo expresó la opinión de que la regla más moderna era menos inflexible:

> El derecho internacional hoy no conserva los tratados ni los anula con independencia de los efectos que produzcan. Trata dichos problemas en forma pragmática, conservándolos o anulándolos según exijan las necesidades de la guerra... Se harán cumplir las disposiciones compatibles con el estado de las hostilidades, salvo que hayan terminado expresamente, y las incompatibles serán rechazadas.

Pero el acopio de decisiones nacionales con respecto al efecto de la guerra sobre los tratados no sirve de mucha ayuda para determinar la regla jurídica internacional pertinente. Un tribunal nacional comúnmente tropieza con la cuestión del efecto de la guerra sobre los tratados sólo en relación con derechos privados; y a éstos, generalmente sin atención alguna para la actitud de los gobiernos ejecutivos interesados, los considerará extinguidos (como en el caso *Karnuth vs. United States*) o vigentes (como en *Techt vs. Hughes*, donde el problema fue el del derecho de un nacional de Austria de obtener tierras por herencia en Estados Unidos de acuerdo con un tratado de 1848, a pesar de haber ocurrido una guerra entre los dos Estados en 1917).

Sin embargo, ni los autores ni la práctica de los Estados prestan más ayuda que las decisiones de los tribunales nacionales con respecto a cuál puede ser la regla precisa. Así, generalmente se dice que los tratados "políticos" terminan por el estallido de la guerra. Es fácil advertir que éste debe ser el caso, por ejemplo, cuando se debate un tratado de alianza en el que los beligerantes contendientes son las únicas partes. Pero es igualmente insostenible la sugerencia de que la guerra termina la vigencia del Pacto de la Liga de las Naciones; y menos aún de la Carta de las Naciones Unidas, ya se refiera dicho supuesto a las relaciones entre cada beligerante y los demás Estados no interesados en el conflicto, o a las existentes entre los beligerantes *inter se;* y ello todavía dejando a un lado la cuestión de si la guerra es ahora una posible relación jurídica. También se dice comúnmente que los tratados comerciales entre los beligerantes terminan con la guerra. Pero es en los llamados tratados comerciales donde las llamadas estipulaciones de "solución" —tal como la que se sometió a examen en *Techt vs. Hughes*, generalmente aparecen. En cuanto a otros posibles tipos de tratados, el criterio parece ser que los de extradición terminan con la guerra. La formulación de disposiciones expresas respecto de una renovación u otra solución en cuanto a los tratados bipartitos, fue un rasgo notable del arreglo que puso fin a la primera y a la segunda Guerra Mundial. Así, el artículo 289 del Tratado de Versalles facultó a cada una de las Potencias Aliadas y Asociadas para "notificar a Alemania los tratados o convenciones bilaterales que dicha Potencia Aliada o Asociada desee volver a poner en vigor con Alemania", declarando revividos sólo los que así fueren ratificados. Se insertaron disposiciones similares en los otros tratados de paz que llevaron la primera Guerra Mundial a una terminación formal, y también en los tratados celebrados a fines de la segunda Guerra Mundial, con Italia, Japón, Bulgaria, Rumania y Hungría. Una instrucción de la Alta Comisión Aliada, de fecha 19 de marzo de 1951, logró un resultado paralelo en relación con Alemania (véase, en general, O'Connell, *Legal Aspects of the Peace Treaty with Japan*, 29 *BYIL*, 423 (1952); Ottensooser, *Termination of War by Unilateral Declaration, ibid.*, 435; y Bathurst y Simpson, *Germany and the North Atlantic Community*, p. 117).

4.57 EFECTOS DE LA INFRACCIÓN

La simple infracción cometida por una de las partes no termina el tratado por sí misma. Pero puede dar a otra o a otras partes el derecho de considerarlo terminado. Alternativamente, puede otorgar a esa otra o a esas otras partes, el cumplimiento que les corresponda; o puede proporcionar una justificación de alguna otra forma de acción de represalia. Además, puede, —y quizás en todos los casos— llegar a constituir la base de una reclamación jurídica de resarcimiento monetario o de otra clase. Sin embargo, hay que admitir que los detalles del derecho que rige los recursos utilizables por infracción de un tratado, aún no han sido bien resueltos, y presentan muchos problemas delicados. Es ya difícil, en primer lugar, decidir sobre qué constituye infracción de un tratado. En algunos casos, la infracción es directa y obvia (como cuando un Estado se niega a hacer entrega, de acuerdo con un tratado de extradición, de un ofensor acusado de un crimen comprendido en el tratado y cuya relación con dicho crimen resulta *prima facie* establecida por la prueba presentada en debida forma, sin que exista impedimento alguno para su entrega, tal como el ser nacional del Estado al cual se pide la extradición o que el crimen tenga aspectos políticos). Pero los casos rara vez son tan sencillos, y lo que puede aparecer como infracción de un tratado (por ejemplo, el desconocimiento de algún derecho que tiene un nacional de la otra parte, tal como la libertad de comerciar) podría resultar de la acción o inacción de una autoridad subalterna, lo cual no daría motivos ni aun para alegaciones diplomáticas, a menos que ya se hubieran efectuado sin resultado representaciones consulares o recursos jurídicos locales.

En segundo lugar, aunque es evidente que no todas las infracciones de un tratado dan a la parte lesionada el derecho de considerarlo terminado, y que sólo una infracción "fundamental" justificará tal acción, es difícil determinar lo que constituye una infracción suficientemente fundamental. Pero si la infracción consiste en negar cualquier cumplimiento, eso evidentemente bastará. Así, en el caso *Tacna-Arica Arbitration,* en 1925, con respecto a un protocolo para la reglamentación de un plebiscito que Chile y Perú habían acordado celebrar, pero que habían dejado de negociar, el árbitro expresó:

> Puesto que las partes acordaron celebrar un protocolo especial pero no fijaron sus términos, el compromiso de ellas fue, en sustancia, negociar de buena fe a ese efecto, de lo cual resultaría que la negativa voluntaria de cualquiera de las partes a hacerlo habría justificado a la otra parte en su alegación de quedar relevada de esa disposición. (19 *AJIL,* 389 (1925))

Sin embargo, surgen problemas mucho más difíciles cuando hay falta de cumplimiento en sólo una parte del tratado, y sus disposiciones pueden muy bien ser separables, continuando algunas en vigor y otras no. Aunque hay varios pronunciamientos dictados por tribunales nacionales importantes sobre el derecho de terminar los tratados por infracción, éstos no tienen importancia especial como autoridad, porque dichos tribunales —debido a su carácter mismo—, en ausencia de actos positivos por parte de los gobiernos ejecutivos, no pueden aseverar que, en un caso determinado, ese derecho, aunque hubiera surgido, haya sido ejercitado. Con más frecuencia se encuentran en la situación en que se encontró la Suprema Corte de Estados Unidos en *Ware vs. Hylton* (1736), (3 Dallas, 199), cuando dijo:

Es parte del derecho de las naciones que si un tratado es infringido por una de las partes, la otra, si es inocente, tiene la opción de declarar, como consecuencia de la infracción, que el tratado es nulo. Por lo tanto, si el Congreso (que creo es el único que tiene dicha autoridad bajo nuestro gobierno), hiciere tal declaración en cualquier caso como el presente, estimaría que es mi deber considerar el contrato como nulo... Pero el mismo derecho de las naciones me dice, que hasta que esa declaración no sea hecha, debo considerarlo (en el lenguaje del derecho) válido y obligatorio (*per* Iredell J., p. 261) ; cf. también *Charlton vs. Kelly* (1913), 229 U. S. 447; *The Blonde* (1922), 1 A.C. 323.

De hecho, los gobiernos de los Estados no han declarado que consideran que los tratados terminan por motivo de una infracción fundamental.

4.58 CONSECUENCIA DE LA TERMINACIÓN

Falta mencionar brevemente el efecto de la terminación por cualesquiera medios. Cuando la terminación se efectúa por la celebración de un nuevo tratado entre las partes, no es probable que pueda surgir duda alguna sobre la cuestión: el régimen viejo queda sustituido por el nuevo. Pero cuando no crea ningún régimen nuevo, puede ser necesario determinar si las partes tienen la intención de dejar anulado el tratado y colocarse en la situación en que se encontraban antes de ser éste concertado, o si la intención es sólo que termine para lo sucesivo. Posiblemente existe una diferencia aquí entre la anulación *ab initio* y la terminación. Pues en principio, la terminación, por sí, no puede perjudicar cualquier derecho definitiva y finalmente adquirido de acuerdo con el tratado. De ser esto así, los casos de anulación *ab initio* parecerían raros, si no inexistentes. Sin embargo, debe observarse, que al Gobierno Británico se le notificó, en 1858, que si el Tratado Clayton-Bulwer con Estados Unidos, de 1850, fuera "anulado", el Reino Unido quedaría relevado de la obligación impuesta por el tratado de abstenerse de "ocupar, fortificar o ejercitar dominio" sobre ciertas áreas de Centroamérica (McNair, *op. cit.*, pp. 520-1). Por lo común, "un pago efectuado de acuerdo con un tratado no llega a ser rembolsable; la solución de una disputa efectuada por un tratado no queda sin eficacia porque el tratado termine o se denuncie; las fronteras ya fijadas no vuelven a quedar indeterminadas; las cesiones de territorio no se cancelan, etcétera". (Fitzmaurice, *The Law and Procedure of the International Court of Justice*, 1951-4: *Treaty Interpretation and other Treaty Points*, 33 *BYIL*, 203, 269-70.)

También pueden surgir preguntas difíciles cuando finaliza un tratado que en sí expresa que termina otros tratados anteriores. En ese caso, ¿reviven los tratados anteriores? Se sugiere que la solución aquí dependerá "de las propias palabras usadas en el segundo tratado con respecto al primero, y de cualquier otra prueba sobre la intención de las partes contratantes al celebrar el segundo tratado. Por ejemplo, el uso en el segundo tratado de expresiones referentes al anterior tales como 'será sustituido por' o 'remplazará' se ha considerado por lo general que indican la intención de que el tratado anterior quede completamente anulado, y que es incapaz de ser revivido". (McNair, *op. cit.*, p. 522). Sin embargo, es difícil determinar qué otras palabras podrían usarse si la intención, de hecho, es terminar el tratado anterior. Si esa intención existe y ha sido expresada suficientemente, la razón por la cual el tratado anterior no revive —aun cuando el posterior haya también terminado— es que la disposición que produjo aquel efecto ya había quedado cumplida antes de que el instrumento en donde se encuentra hubiera sido, a la vez, despojado de su fuerza.

BIBLIOGRAFÍA

Preliminar

La Comisión de Derecho Internacional. La Comisión de Derecho Internacional ha dedicado más de quince años a considerar el derecho de los tratados, tema que fue el propósito de un Informe por el profesor J. L. Brierly en 1950. Como puede verse en la lista que sigue, la Comisión de Derecho Internacional ha tenido cuatro Relatores Especiales, que han presentado, en conjunto, 15 informes. El trabajo comenzado por Brierly en 1950 ha sido concluido finalmente por Sir Humphrey Waldock. El proyecto final de la Comisión sobre el derecho de los tratados, presentado a la Asamblea General de la ONU en su vigésima primera sesión en 1966, fue publicado el 22 de julio de 1966 en UN Doc. A/CN. 4/190. A continuación damos una lista completa de los Relatores Especiales, Informes, números de documentos, y año de los Informes. Los documentos pueden ser encontrados en el *Yearbook of the International Law Commission*, Vol. II, para los años respectivos. (A partir de 1956 el anuario se publica en español bajo el título de *Anuario de Derecho Internacional*. Con anterioridad a esta fecha se pueden encontrar los informes en español en versiones mimeografiadas.)

Informes de la CDI sobre el derecho de los tratados

Brierly, J. L.: *Report*, A/CN.4/23, 1950.
—.: *2nd Report*, A/CN.4/43, 1951.
—.: *3rd Report*, A/CN.4/54, 1952.
Lauterpacht, H.: *Report*, A/CN.4/63, 1953.
—.: *2nd Report*, A/CN.4/87, 1954.
Fitzmaurice, Sir G. G.: *Report*, A/CN.4/101, 1956.
—.: *2nd Report*, A/CN.4/107, 1957.
—.: *3rd Report*, A/CN.4/115, 1958.
—.: *4th Report*, A/CN.4/120, 1959.
Waldock, Sir H.: *Report*, A/CN.4/144, y Add. I, 1962.
—.: *2nd Report*, A/CN.4/156, y Add. 1-3, 1963.
—.: *3rd Report*, A/CN.4/167, y Add. 1-3, 1964.
—.: *4th Report*, A/CN.4/177, y Add. I, 1965.

Waldock, Sir H.: *5th Report*, A/CN.4/183, y Add. 1-4, 1966.

—.: *6th Report*, A/CN.4/186, y Add. 1-7, 1966.

Lissitzyn, O.: "Efforts to Codify or Restate the Law of Treaties", 62, *Columbia LR*, 1166, 1962.

McNair, A.D.: "The Functions and Differing Legal Character of Treaties", 11 *BYIL*, 100, 1930.

Shurshalov, V.M.: *Osnovnye Voprosy Teorii Mezhdunaradnogo Dogovora,* "Problemas básicos de la teoría de los Tratados Internacionales", ed. V.V. Evgenev, Moscú, Izd-vo Akademii Nauk SSSR, 1959.

Talalaev, A.N.: *Iuridicheskaia Priroda Mezhdunarodnogo Dogovora* "Naturaleza jurídica de un tratado internacional", Moscú, Izd-vo IMO, 1963.

I. Capacidad

Blix, H.: *Treaty-Making Power,* Londres, Stevens, 1960.

Capotorti, F.: "Sulla Competenza a Stipulare degli Organi di Unioni", Instituto di Diritto Internazionale e Straniero della Università di Milano, 7 *Comunicazioni e Studi,* 143, 1955.

Carroz, J., y Y. Probst.: *Personnalité juridique internationale et capacité de conclure des traités de l'ONU et des institutions spécialisées,* París, Foulon, 1953.

Fawcett, J.E.S.: "The Legal Character of International Agreements", 30 *BYIL,* 381, 1953.

Kasmé, B.: *La Capacité de l'Organisation des Nations Unies de conclure des traités,* París, Bibliothèque de Droit International (R. Pichon y R. Durand-Anzias, 1960).

Lukashuk, I.I.: "Mezhdunarodnaia Organizatsiia kak Storona v Mezhdunarodnykh Dogovorakh", *Sovetskii Ezhegodnik Mezhdunarodnogo Prava, 1960* ("Una organización Internacional como parte de un Tratado Internacional"), Moscú, Izd-vo Akademii Nauk SSSR, 1961, p. 144; reseña inglesa, p. 154, *Soviet Yearbook of International Law,* 1960.

Parry, C.: "The Treaty-Making Power of the United Nations", 26 *BYIL,* 108 a 110, 1949.

Pilidis, T.P.: "La Capacité de conclure des traités des organisations internationales", París, thèse de l'Univ. de Paris, Faculté de Droit, 1952.

Schneider, J.W.: *Treaty-Making Power of International Organizations,* Ginebra, E. Droz, 1959.

Wengler, W.: "Agreements of States with Parties other than States in International Relations", 8 *Revue hellénique,* 113, 1955.

II. Conclusión

Anderson, D.R.: "Reservations to Multilateral Conventions: A Re-examination", 13 *ICLQ,* 450, 1964.

Bishop, W.W., Jr.: "Reservations to Treaties", 103 *HR,* 245, 1961.

Blix, H.: "The Requirement of Ratification", 30 *BYIL,* 352, 1953.

Holloway, K.: *Les Réserves dans les traités internationaux,* París, Librairie Générale de Droit et de Jurisprudence, 1958.

Ibler, V.: "Protuustavna Ratifikacija", 3 *Jugoslovenska Revija* "Ratificación inconstitucional", 271, 1956; resumen en inglés.

Jones, J.M.: *Full Powers and Ratification: A Study in the Development of Treaty-Making Procedure,* Cambridge, University Press, 1946.

Parry, C.: "Some Recent Developments in the Making of Multipartite Treaties", 36 *Grotius Society Transactions*, 149, 1950.

Rousseau, C.: "La Ratification des traités en France depuis 1946", *Études en l'honneur d'Achille Mestre*, París, Sirey, 1956, p. 473.

Ruda, J.M.: "Las Reservas a las Convenciones Multilaterales", 12 *Revista de Derecho Internacional y Ciencias Diplomáticas*, Rosario, 7, 1963.

Schachter, O.: "The Question of Treaty Reservations at the 1959 General Assembly", 54 *AJIL*, 372, 1960.

III. VALIDEZ

Brandon, M.: "The Validity of Non-registered Treaties", 29 *BYIL*, 186, 1962.

Geck, W.K.: "Die Registrierung und Veröffentlichung völkerrechtlicher Verträge", 22 *Zaörv*, 113, 1962.

Guggenheim, P.: "La Validité et la nullité des actes juridiques internationaux", 74 *HR*, 195, 1949.

Visscher, F. de.: "Des Traités imposés par la violence", 12 *RDILC*, 513, 1931.

Vitta, E.: *La Validité des traités internationaux*, Leyden, Brill, 1940.

IV. INTERPRETACIÓN

Favre, A.: "L'Interprétation objectiviste des traités internationaux", 17 *Schweizerisches Jahrbuch für internationales Recht*, 75, 1960.

Fitzmaurice, Sir G.G.: "The Law and Procedure of the International Court of Justice, 1951-1954: Treaty Interpretation and Other Treaty Points", 33 *BYIL*, 203, 1957.

Hardy, J.: "The Interpretation of Plurilingual Treaties by International Courts and Tribunals", 37 *BYIL*, 72, 1961.

Lauterpacht, H.: "De l Interprétation des traités: Rapport et projet de Résolutions", 43 (I) *Annuaire*, 366, 1950.

—.: "De l'Interprétation des traités, 44 (II) *Annuaire*, 359, 1952.

Pereterskii, I.S.: *Tolkovanie Mezhdunarodnykh Dogovorov*, "Interpretación de los tratados internacionales" ed. S.B. Krylov y G.I. Tunkin, Moscú: Gosiurizdat, 1959.

Schechter, A.H.: *Interpretation of Ambiguous by International Administrative Tribunals*, Londres, Stevens, 1964.

Visscher, C. de: "L'Interprétation judiciaire des traités d'organisation internationale, 41 *Rivista di Diritto Internazionale*, 177, 1958.

—.: *Problèmes d'interprétation judiciaire en droit international public*, París, Pedone, 1963.

V. EFECTOS

Jiménez de Aréchaga, E.: "Treaty Stipulations in Favor of Third States", 50 *AJIL*, 338, 1956.

Roucounas, E.J.: "Le Traité et les États tiers: quelques approches subjectives et objectives", 17 *Revue hellénique*, 299, 1964.

Wehberg, H.: "Pacta Sunt Servanda", 53 *AJIL*, 775, 1959.

VI. REVISIÓN

Hoyt, E.C.: *The Unanimily Rule in the Revision of Treaties: A Reexamination*, La Haya: Nijhoff, 1959.

Scelle, G.: "La Révision dans les conventions générales", 42 *Annuaire*, I, 1948, discusiones, pp. 175-191.
—.: *Théorie juridique de la révision des traités*, París, Sirey, 1936.
Yakemtchouk, R.: "La Révision des traités multilatéraux en droit international",
60 *RGDIP*, 337, 1956.

VII.   TERMINACIÓN

Bathurst, M.E., y J.L., Simpson.: *Germany and North Atlantic Community: A Legal
Survey*, Nueva York, Praeger, 1956.
Giraud, E.: "Modification et terminaison des traités collectifs", 49, *Annuaire*, 5,
1961.
Tobin, H.J.: *The Termination of Multipartite Treaties*, Nueva York, Coumbia
University Press, 1933.

5. SUJETOS DE DERECHO INTERNACIONAL

CONTENIDO

SECCIÓN I. INTRODUCCIÓN

5.01 SUJETOS DE DERECHO INTERNACIONAL

La concepción y la definición del derecho internacional, tal como han sido propuestas por los escritores en cualquier periodo de la historia, han ejercido una profunda influencia en el problema de determinar quiénes son los sujetos de derecho internacional. Así, de acuerdo con la definición clásica que considera el derecho internacional como un conjunto de normas que rigen la conducta de los Estados, en sus relaciones mutuas, sólo éstos, los Estados, son sujetos de derecho internacional.

Sin embargo, en tiempos recientes (como ya se ha indicado en 1.05) esta definición clásica ha experimentado un cambio. Aunque la función primordial de dicha rama sigue siendo la de regular las relaciones de los Estados entre sí, el derecho internacional contemporáneo, además, se ha venido preocupando de las instituciones internacionales y del individuo, con mayor interés. Por esa razón podemos afirmar hoy que los Estados constituyen, no la única, pero sí la principal preocupación del derecho internacional. Constituyen su principal preocupación porque ese derecho debe su origen a la existencia del Estado, y porque éste es la única unidad capaz de poseer todas las características que se derivan de ser un sujeto de derecho internacional.

Si bien en tiempos recientes, por parte de la mayoría de los autores ha habido inclinación a aumentar la variedad de los sujetos del derecho internacional, debemos observar que esta tendencia no ha dejado de ser combatida. En particular, la doctrina soviética ha destacado la exclusividad de los Estados como los únicos sujetos del derecho internacional (*Textbook of International Law*, p. 189).

El ser un sujeto en un sistema de derecho, o el ser una persona jurídica según las reglas de ese sistema, implica tres elementos esenciales: *1)* Un sujeto tiene deberes y, por consiguiente, incurre en responsabilidad por cualquier conducta distinta de la prescrita por el sistema. *2)* Un sujeto tiene capacidad para reclamar el beneficio de sus derechos. Esto es algo más que ser simplemente el beneficiario de un derecho, pues un número considerable de reglas puede satisfacer los intereses de grupos de individuos que no tienen derecho de reclamar los beneficios concedidos por dichas normas particulares. *3)* Un sujeto posee la capacidad para establecer relaciones contractuales, o de cualquier otra índole legal, con otras personas jurídicas reconocidas por el sistema de derecho en cuestión.

Resulta claro que dentro del ámbito de cualquier sistema jurídico determinado, no todos los sujetos de ese derecho poseen exactamente las mismas
características. Esto fue afirmado por la Corte Internacional de Justicia en su
Opinión Consultiva sobre *Reparations for Injuries,* cuando estableció: "Los
sujetos de derecho en cualquier sistema legal no son necesariamente idénticos en su naturaleza o en la extensión de sus derechos. . ." (1949, CIJ Rep. 178.)

En las siguientes secciones examinaremos con mayor detalle las diferentes
clases de sujetos de derecho internacional, la forma de su creación y extinción
y el método de trasmitir algunos de sus derechos y obligaciones cuando un
sujeto sucede a otro. Sin embargo, debe tenerse en cuenta que sólo estamos
considerando aquí ejemplos específicos, y que la categoría de las personas
internacionales nunca queda cerrada.

SECCIÓN II. EL ESTADO SOBERANO COMO SUJETO DE DERECHO INTERNACIONAL

5.02 EL ESTADO SOBERANO COMO SUJETO DE DERECHO INTERNACIONAL

La Convención de Montevideo de 1933 sobre Derechos y Deberes de los
Estados, estableció que un Estado, como persona de derecho internacional, debe poseer una población permanente, un territorio definido, un gobierno y
la capacidad para establecer relaciones con otros Estados. Si por capacidad
entendemos la plena capacidad, entonces puede decirse que estas cuatro cualidades integran el concepto del Estado soberano en el derecho internacional.

El Estado soberano es, por regla general, un Estado en el cual una autoridad política central —el gobierno— representa a dicho Estado interna y externamente. Pero los Estados pueden adoptar muchas formas constitucionales y políticas diferentes; y resulta útil examinar estas diversas formas en relación con sus respectivas posiciones como sujetos de derecho internacional.

Una "unión personal" es el enlace conjunto de dos Estados soberanos a un
mismo monarca. De 1714 a 1837, las coronas de Gran Bretaña y de Hanover
estuvieron enlazadas por una unión personal. En tal unión, los Estados soberanos que la integran continúan siendo personas internacionales distintas.

La fusión de dos Estados soberanos de manera que se conviertan en una
y la misma persona internacional es descrita como "unión real". Suecia y Noruega constituyeron una unión real de 1814 a 1905, y la unión real austro-
húngara no terminó hasta el desplome del Imperio Austro-Húngaro al finalizar la primera Guerra Mundial.

Se describe como "confederación" de Estados el caso de la integración de varios Estados plenamente soberanos en una unión cuyo órgano u órganos
están investidos de ciertos poderes sobre los Estados miembros. Estos últimos
retienen su personalidad internacional. Las tres uniones importantes de Estados confederados en los tiempos modernos han dejado de serlo, convirtiéndose, en cambio, en Estados federales (Estados Unidos, Alemania y Suiza).

Un Estado federal es una unión de varios Estados, la cual está investida de órganos y poderes propios que se ejercen tanto sobre los Estados miembros como sobre sus ciudadanos. En los más importantes Estados federales existentes en la actualidad tales como Estados Unidos de América y las repúblicas federales latinoamericanas la autoridad federal asume la responsabilidad de dirigir las relaciones exteriores de la federación, de manera que en lo concerniente al derecho internacional, generalmente los Estados miembros de la federación no se tienen en cuenta para nada. En algunos casos, sin embargo, hay Estados miembros de un Estado federal que poseen algún grado de personalidad en el plano internacional: por ejemplo, Ucrania y Bielorrusia, repúblicas integrantes de la URSS, gozan de la condición de miembros individuales de las Naciones Unidas. (Véase también 4.04 para ejemplos de capacidad limitada de Estados miembros de ciertas federaciones, en cuanto a la celebración de tratados.)

La posición de los Estados federales en el derecho internacional merece mención especial. Por su estructura constitucional, el gobierno federal es la autoridad que puede establecer relaciones exteriores y vincularse por medio de tratados con otros Estados. Esto es así aun en relación con materias que, en la división de poderes del Estado particular, corresponden, en cuanto a su adopción complementaria, a la competencia legislativa de los Estados miembros individuales. Debido a esto, ciertos Estados miembros de las Naciones Unidas —tales como Brasil y Estados Unidos— se han encontrado algo obstruidos en su participación en los proyectos de instrumentos multilaterales, como los proyectos de convención sobre derechos humanos, cuyo cumplimiento por parte de los Estados miembros de una federación ofrece dificultades constitucionales.

Además de las anteriores agrupaciones de Estados, una agrupación adicional —la Comunidad Británica de Naciones— ha originado algunas malas interpretaciones en cuanto a la condición jurídica de sus miembros en el derecho internacional. La Mancomunidad no es una persona internacional. Es una laxa asociación de Estados que poseen una herencia común en el sentido de que cada uno de ellos, en un momento u otro, formó parte del Imperio Británico. Hasta muy recientemente la Mancomunidad carecía de órganos permanentes; sólo en 1965 se le creó una Secretaría.

Se ha planteado la cuestión de si algunos de los miembros de la Mancomunidad están tan restringidos en su libertad de acción en la esfera exterior que deba negárseles la condición jurídica de Estados soberanos independientes. Este problema ha sido discutido de manera notable por Fawcett (*The British Commonwealth in International Law*). Su conclusión —que parece bien fundamentada— es que la ruptura de la continuidad legal radica en la trasferencia de poder, especialmente en la remoción de restricciones a la libertad legislativa de los antiguos cuerpos legislativos coloniales. No hay, por consiguiente, justificación alguna para la opinión de que los vínculos que subsisten entre los miembros de la Mancomunidad y el Reino Unido menoscaben, en forma sustancial, su condición jurídica como Estados plenamente independientes. El hecho de que algunas de sus constituciones subsistan como creaciones legales del Reino Unido, y de que en algunos casos —por ejemplo los de Canadá y Australia— sólo puedan ser modificadas por el Parlamento del Reino Unido, no afecta su respectiva condición jurídica, ya que la revocación de las enmiendas de tales creaciones legales, sin el consentimiento del país afectado, carecería de eficacia porque ello sería políticamente imposible, aunque fuera legalmente válido.

Resulta ahora también claro que la doctrina *inter se,* en sus varias manifestaciones, no es ya defendible. (Véase Oppenheim, *International Law,* Vol. I, 8ª ed., cap. VIII; y Fawcett, *The inter se Doctrine of the Commonwealth Relations.*) De acuerdo con esta doctrina, las controversias entre dos o más miembros de la Mancomunidad no podrían ser ventiladas ante un tribunal internacional. Como base de esta opinión se adujo que, como la reina de Gran Bretaña era también reina de los diferentes dominios autónomos, ella no podía comparecer ante un tribunal, como si dijéramos, contra sí misma. Esto se argumentaba en una época en que la corona de Inglaterra se consideraba indivisible. Pero hoy, cuando entre los miembros de la Mancomunidad se incluyen repúblicas y otros Estados plenamente soberanos que, aunque no son repúblicas, no tienen por jefe a la reina de Inglaterra —por ejemplo, Malasia— ya no es posible alegar tal razonamiento. (De acuerdo con el *Yearbook* de la CIJ, de 1964-5, los siguientes países de la Mancomunidad han hecho declaraciones aceptando la jurisdicción obligatoria de la Corte al amparo del artículo 36 (2): Australia, Canadá, India, Kenia, Nueva Zelandia, Pakistán, Uganda y el Reino Unido. Sin embargo, con excepción de Pakistán y Uganda, todos ellos se han reservado las controversias *inter se.*)

5.03 SOBERANÍA E IGUALDAD DE LOS ESTADOS

La soberanía como concepto del derecho internacional tiene tres aspectos fundamentales: externo, interno y territorial.

El aspecto externo de la soberanía es el derecho del Estado de determinar libremente sus relaciones con otros Estados, o con otras entidades, sin restricción o control por parte de otro Estado. Este aspecto de la soberanía se conoce también con la denominación de independencia. A este aspecto se refieren principalmente las normas del derecho internacional. La soberanía exterior, desde luego, presupone la soberanía interna.

El aspecto interno de la soberanía consiste en el derecho o la competencia exclusivos del Estado para determinar el carácter de sus propias instituciones, asegurar y proveer lo necesario para el funcionamiento de ellas, promulgar leyes según su propia selección y asegurar su respeto.

El aspecto territorial de la soberanía consiste en la autoridad completa y exclusiva que un Estado ejerce sobre todas las personas y cosas que se encuentran dentro, debajo o por encima de su territorio. En lo que concierne a cualquier grupo de Estados independientes, el respeto a la soberanía territorial de cada uno es una de las reglas más importante del derecho internacional.

Aunque el aspecto externo de la soberanía a menudo parece ser el único que se tiene en mente siempre que se discute sobre esa materia en derecho internacional, sin embargo, de hecho, la soberanía para ese derecho consiste en la suma total de cada uno de los tres aspectos citados. Así definida, la soberanía constituye el principio más importante del derecho internacional, ya que casi todas las relaciones internacionales están estrechamente unidas con la soberanía de los Estados. Es el punto de partida en las relaciones internacionales. El profesor Krylov, de la URSS, ha sintetizado así la materia:

El derecho internacional destaca, no sólo la completa autonomía del Estado soberano en sus asuntos internos, ya que este derecho rechaza la interferencia en los asuntos internos del Estado, sino también una segunda cualidad de la soberanía, la independencia del Estado soberano. Un Estado que está privado de la posibilidad de ingreso independiente en el plano internacional no es un Estado soberano, aun cuando pueda conservar cierta autonomía en sus asuntos internos. Desde el punto de vista de la teoría del derecho internacional, soberanía significa la independencia y la autonomía del Estado en sus relaciones interiores y exteriores. (Krylov, "The Sovereign State" publicado en *International Law* (1947), pp. 112-14, traducción citada por Whiteman, *Digest*, Vol. I, página 238.)

Precisamente, del concepto de soberanía se deriva un grupo de principios fundamentales de derecho internacional, especialmente el de la igualdad de los Estados y el del deber de abstenerse de interferir en los asuntos exteriores e internos de otros Estados igualmente soberanos.

El principio de la igualdad de los Estados significa que cada uno de ellos tiene derecho al pleno respeto, como Estado soberano, por parte de los otros Estados. La igualdad, en este sentido, no se refiere a igualdad de tamaño en los territorios, de población, de poderío militar, o algo semejante. Relacionarla con estos o parecidos criterios, sería afirmar algo evidentemente falso. Por respeto se entiende respeto ante la ley, tanto internacional como local. Esto es así aun cuando se acepte que los Estados puedan conceder, a través de tratados o por otros medios, un tratamiento más favorable a unos Estados que a otros; del mismo modo que la ley interna de un Estado, a pesar de haber postulado éste la igualdad de todos los ciudadanos ante ella, impone a menudo obligaciones más gravosas o concede más privilegios a unos ciudadanos que a otros. Como corolario del principio de la igualdad, se han formulado otras normas prohibitivas de los actos que violan la igualdad soberana de un Estado o interfieren en ella. A veces se describen estos principios como "los derechos y los deberes fundamentales de los Estados". De hecho, la enumeración de los derechos de un Estado no es más que una forma de señalar los deberes de los demás Estados. No es posible, dentro de los límites de este capítulo, referir todos esos derechos y deberes; pero bastará mencionar algunos ejemplos que ilustran cómo la enunciación de los deberes es sólo otra forma de señalar los derechos. Así, el derecho a la independencia es una consecuencia refleja del deber de abstenerse de intervenir, y del deber de abstenerse de amenazar o de emplear la fuerza contra la integridad territorial y la independencia política de otro Estado. El derecho a la legítima defensa es, en realidad, un refuerzo del derecho a la independencia y atribuye los mismos deberes correlativos a los otros Estados; es, asimismo, una consecuencia refleja del deber de no atacar a los demás por la fuerza de las armas. Otro derecho es el que tiene cada Estado de ejercer jurisdicción sobre su territorio y todas las personas y cosas que se encuentren dentro de él, supeditado, desde luego, a las inmunidades que reconozca el derecho internacional. Este derecho a la jurisdicción exclusiva es una consecuencia refleja del deber de los Estados de abstenerse de ejercer su jurisdicción en el territorio de otro Estado, excepto con el consentimiento de éste.

Los forjadores de la Carta de las Naciones Unidas debieron haber tenido presente las anteriores consideraciones al redactar el artículo 2 (7). Es una disposición disipadora de dudas que simplemente estatuye que ninguna disposición de la Carta autoriza a las Naciones Unidas a intervenir en asuntos que corresponden esencialmente a la jurisdicción interna de los Estados y que, asimismo, señala que los miembros no están obligados a someter asuntos de esta índole a los procedimientos de arreglo de la Carta. En suma, la condición de miembro de las Naciones Unidas no se estableció con la intención de que implicara disminución alguna de la soberanía del Estado en su aspecto interno.

Sin embargo, no podría afirmarse hoy que la Carta, o el derecho internacional consuetudinario reconocen ya sea la soberanía absoluta, o la igualdad absoluta de los Estados, como postulados inviolables del derecho internacional. Ello se debe a que:

La coexistencia estática de las entidades soberanas en un estado de espléndido aislamiento, sería incompatible con el carácter dinámico de la sociedad internacional. Por consiguiente el derecho internacional facilita, por distintos modos, el hacer posible limitaciones a la soberanía. Las reglas del derecho reconocidos por las naciones civilizadas, y sobre todo, los tratados, imponen trascendentales limitaciones a la soberanía de los Estados. [Schwarzemberger, *International Law,* Vol. I, p. 121.]

Sin embargo, a pesar de estas limitaciones todavía podemos hablar de la soberanía y de la igualdad de los Estados, porque estos términos son esencialmente correlativos y deben ser interpretados sobre el trasfondo vigente del derecho internacional consuetudinario y del derecho de los tratados. (Ver *Report of the Special Committee on Principles of International Law concerning Friendly Relations and Co-operation among States,* UN Doc. A/5746, en particular, cap. vi, "The Principle of Sovereign Equality of States".)

SECCIÓN III.   LAS INSTITUCIONES INTERNACIONALES COMO SUJETOS DE DERECHO INTERNACIONAL

5.04   PERSONALIDAD INTERNACIONAL DE LAS INSTITUCIONES INTERNACIONALES

Por algún tiempo ha sido materia de controversia la cuestión de determinar si las instituciones internacionales eran sujetos de derecho internacional. De la premisa básica del punto de vista clásico, se deducía que las instituciones internacionales no podían ser consideradas con el atributo de la personalidad dentro de dicho sistema legal. Esta opinión se reflejaba, naturalmente, en la bibliografía del derecho internacional en una época en la cual el desarrollo y la expansión de las instituciones internacionales habían hecho todavía poco efecto en este derecho.

Paralelamente al desarrollo de las instituciones internacionales ha habido en el derecho internacional una apreciable tendencia para atribuirles, en alguna medida, personalidad internacional. Muchos de los instrumentos constitutivos de tales instituciones les confieren derechos y obligaciones, lo cual indica que los Estados que participaron en su creación tuvieron la intención de otorgarles un grado de personalidad, así fuera limitado. Un examen de la bibliografía y de las decisiones de los tribunales sobre la materia, lo confirma.

La situación jurídica de la Liga de las Naciones en el derecho internacional ha sido objeto de esta cautelosa apreciación en la cuarta edición de la obra de Oppenheim:

La Liga aparece como un sujeto de derecho internacional y una persona internacional coexistente con los varios Estados... La Liga, al no ser un Estado, y al no poseer territorio ni gobernar a ciudadanos, carece de soberanía en el sentido que la tiene un Estado. Sin embargo, por ser una persona internacional *sui generis,* la Liga es titular de muchos derechos que, por regla general, sólo pueden ejercerce por los Estados soberanos. (Oppenheim-McNair, *International Law,* Vol. I, 4ª ed., p. 361.)

En el caso del *International Institute of Agriculture v. Profili (AD,* 1929-30, Caso No. 254), la Corte de Casación italiana, después de distinguir entre las clases de instituciones internacionales sujetas a la jurisdicción del derecho interno y las no sujetas, mantuvo que el Instituto era una persona internacional cuyas relaciones con el Estado anfitrión estaban reguladas por el derecho internacional.

Sin embargo, otra tendencia importante de la doctrina ha sido más cautelosa y tradicional en su enfoque. Los publicistas soviéticos generalmente no han avanzado tanto como sus colegas occidentales, aunque ha habido algunas excepciones notables. (Cf. Krylov, "Les Notions principales du droit des gens", 70 *HR,* 411-484 (1947) y *Textbook of International Law,* p. 189; Tunkin, *Fundamentals of Contemporary International Law* (en ruso) pp. 17-18.)

La tendencia contemporánea a otorgar un grado limitado de personalidad internacional a las instituciones internacionales, quedó fortalecida por la Opinión Consultiva de la *ICJ* en *Reparations for Injuries Suffered in the Service of the United Nations* (1949) ICJ Rep. 174). La solicitud de esta Opinión se produjo como consecuencia del asesinato en Palestina del mediador de las Naciones Unidas, el conde Bernadotte. La Corte estimó necesario afirmar primero la personalidad internacional de las Naciones Unidas y considerar después si la Organización tenía capacidad para formular una reclamación internacional. Juzgó que tal capacidad era indispensable para cumplir los objetivos de la Organización, y que las funciones y derechos atribuidos a ella sólo podían ser explicados sobre la base de la posesión, en alguna medida, de personalidad internacional. Pero la Corte expresó:

> Ello no es lo mismo que decir que la Organización sea un Estado, lo que ciertamente no es, ni que su personalidad jurídica y sus derechos y deberes sean los mismos que los de un Estado. Tampoco equivale a afirmar que la Organización sea un "super-Estado", cualquiera que sea el sentido de esta expresión... *Lo que sí significa es que ella es un sujeto de derecho internacional, capaz de poseer derechos y deberes internacionanales, y que tiene capacidad para hacer valer sus derechos mediante reclamaciones internacionales.* (*Ibidem*. El subrayado es nuestro.)

5.05 Capacidad jurídica de las instituciones internacionales

El artículo 104 de la Carta de las Naciones Unidas obliga a cada miembro de ella a otorgar a la Organización, dentro de su respectivo territorio, "la capacidad jurídica que sea necesaria para el ejercicio de sus funciones". La Convención de 1946, sobre Privilegios e Inmunidades de las Naciones Unidas, (I *UNTS*, 15) desarrolló el significado del artículo 104 en la forma siguiente:

> Las Naciones Unidas poseerán personalidad jurídica. Tendrán capacidad:
> *a*) para contratar;
> *b*) para adquirir y disponer de bienes muebles e inmuebles;
> *c*) para entablar procesos legales. (Art. I, Sec. I.)

Los instrumentos constitutivos de los Organismos Especializados, de un grupo de Organizaciones regionales y, asimismo, las Convenciones sobre privilegios e inmunidades, contienen disposiciones referentes a la capacidad legal de estas instituciones, que varían en su expresión literal, pero que son similares en cuanto al efecto.

Por la ley de Inmunidades de las Organizaciones Internacionales, de 1945 (59 Stat. en L., 669), Estados Unidos reconoció que las instituciones internacionales comprendidas en los términos de la Ley —y en la extensión compatible con cada instrumento constitutivo— poseían capacidad: "*i*) para contratar; *ii*) para adquirir y disponer de bienes muebles e inmuebles; *iii*) para entablar procesos legales". Por el Acuerdo Provisional sobre Privilegios e Inmunidades de las Naciones Unidas, del 11 de junio y del 1o. de julio de 1946, celebrado entre las Naciones Unidas y Suiza, el gobierno suizo reconoce la personalidad internacional y la capacidad legal de las Naciones Unidas (I *UNTS*, 164).

Sobre la capacidad de las instituciones internacionales para concertar tratados y para entablar reclamaciones internacionales se trata en otra parte de esta obra (véase 4.05 y 9.44); pero otros dos aspectos de dicha capacidad, especialmente la condición de miembro de otras instituciones y su derecho de operar embarcaciones amparadas bajo sus respectivas banderas, requieren una mención especial aquí.

La capacidad de una institución para unirse a otra o para formar con algunos Estados una entidad internacional distinta, con personalidad internacional propia, ha sido reconocida y también ejercida. El Organismo Internacional de Energía Atómica y algunos Estados árabes han establecido, por acuerdo internacional, un centro regional radioisotópico. Éste no es un órgano subsidiario del Organismo, sino una entidad intergubernamental distinta. (Véase Seyersted, "International Personality of Intergovernmental Organizations: Do Their Capacities Really Depend Upon Their Constitutions?" 4 *Indian Journal*, 11 (1964).) A este respecto, algunos autores han especulado en el sentido de que, cuando la Comunidad Económica Europea haya alcanzado pleno desarrollo, podría serle necesario hacerse miembro del GATT, de la OECD y de otras instituciones de más amplias bases; y que las Naciones Unidas podrían desear hacer figurar sus servicios postales y de telecomunicaciones como miembros plenos de la Unión Postal Universal y de la Unión Internacional de Telecomunicaciones.

Los problemas originados por la operación de embarcaciones matriculadas en una institución internacional y portadoras de su bandera, fueron discutidos —a petición del Asesor Legal de las Naciones Unidas— por la Comisión de Derecho Internacional, en el curso de su séptima sesión en 1955. La discusión se relacionó con el artículo 4 de los Artículos Provisionales referentes a régimen de navegación en alta mar, que disponía:

...los barcos poseen la nacionalidad del Estado en que están matriculados. Navegarán bajo su bandera y, salvo en los casos excepcionales expresamente previstos en tratados internacionales o en estos artículos, estarán sujetos a su exclusiva jurisdicción en alta mar.

Hubo acuerdo general en que, tanto las Naciones Unidas como todas las instituciones internacionales de comparable capacidad, tenían el derecho de ser propietarias de embarcaciones, y que las Naciones Unidas podían matricular los barcos de su propiedad en un determinado Estado cuya bandera, entonces, habría de llevar. Pero la CDI encontró sumamente problemática la condición legal de tal barco. Una de las principales dificultades se debía al hecho de que la bandera de una institución internacional no puede ser asimilada a la bandera de un Estado con el propósito de que se aplique a bordo del barco el derecho civil y criminal del Estado abanderador. La CDI no pudo tomar una decisión sobre este problema. (Para el estudio de él y de algunas soluciones sugeridas, véase el Informe Suplementario por el profesor François, Relator Especial de la Materia de Alta Mar a la CDI (UN Doc. A/CN. 4/103)).

La Conferencia de las Naciones Unidas sobre el Derecho del Mar, de 1958, adoptó un nuevo artículo que pasó a ser el artículo 7 de la Convención sobre Alta Mar. Dice: "Las disposiciones de los artículos precedentes no prejuzgan en nada la cuestión de los buques que estén al servicio oficial de una

organización intergubernamental y arbolen la bandera de la organización."
(UN Doc. A/Conf. 13/38).

El problema de las embarcaciones operadas por organizaciones intergubernamentales fue también discutido en la decimoprimera sesión de la Conferencia Diplomática sobre Derecho Marítimo, en Bruselas, en mayo de 1962,
que adoptó una "Convención sobre la Responsabilidad de los Operadores de
Embarcaciones Nucleares". La Conferencia pasó una resolución en que señalaba que en el curso de la sesión había resultado evidente que muchos de
los gobiernos representados en la Conferencia estaban a favor del principio
de permitir a las organizaciones internacionales adherirse a la Convención y
operar embarcaciones nucleares, sometiéndose a sus disposiciones. También
observó que en aquella sesión de la Conferencia no habían dispuesto de tiempo suficiente para hacer un estudio adecuado de estos dos importantes asuntos, y que la Convención no contemplaba disposiciones sobre ninguno de ellos.
Asimismo, se estableció un Comité Permanente de la Conferencia para estudiar las condiciones que deberían ser cumplidas por las organizaciones intergubernamentales antes de que éstas pudieran adherirse a la Convención con
el objeto de actuar como autoridades matriculadoras con respecto a embarcaciones nucleares. Cuando el Comité celebró su primera reunión, en octubre
de 1963, no pudo llegar a un acuerdo sobre la materia. Un grupo de delegados señaló que los problemas legales referentes a la operación de una embarcación con la bandera de una organización intergubernamental en la actualidad presentaba tales dificultades que sería una solución mucho más
sencilla y práctica hacer que la organización actuara simplemente como ope-
radora de barco, permitiéndose, al mismo tiempo, que éste portase la bandera
de un Estado, el cual sería entonces el Estado Autorizador bajo la Convención.
(Diplomatic Conference on Maritime Law, Standing Committee, Doc. CN-
6/SC17).

SECCIÓN IV.   OTROS SUJETOS DE DERECHO INTERNACIONAL

5.06   EXISTENCIA DE OTROS SUJETOS DE DERECHO INTERNACIONAL

Además de los ya descritos, hay otros sujetos menos importantes de derecho
internacional que, sin embargo, ocupan una posición especial en el orden jurídico internacional. Si alguna característica común puede señalárseles, es que todos carecen de uno u otro de los requisitos esenciales de un Estado soberano. Es
decir, carecen, ya sea de autoridad gubernamental, de población, de territorio
o de soberanía y, especialmente, de soberanía en sus relaciones exteriores.

En este grupo de sujetos de derecho internacional, consideramos entidades tales como la Santa Sede, los Estados diminutos, las colonias, los protectorados, algunos territorios autónomos, los territorios en fideicomiso, las partes
beligerantes y los insurgentes. También trataremos el punto controvertido de
si el individuo puede o no ser considerado sujeto de derecho internacional.

5.07 LA SANTA SEDE

Para comprender la posición de la Santa Sede en el derecho internacional contemporáneo, es necesario una consideración histórica.

La personalidad jurídica internacional del Papa ha sido reconocida desde los tiempos medievales. Ella se basaba tanto en su posición de jefe espiritual de la Iglesia Católica, como en su posición de gobernante de los Estados Pontificios. En cuanto a la primera, ya en la Edad Media el Papa ocupaba una situación especial y nada común; en cuanto a la segunda, era un soberano, como cualquier otro monarca.

Esta situación permaneció virtualmente inmutable hasta la caída de Roma y la anexión por parte de Italia, en 1870, de los Estados Pontificios. El Papa fue entonces despojado de su soberanía temporal, pero retuvo la personalidad internacional derivada de su posición como jefe espiritual y, en particular, tanto el derecho de legación activa y pasiva como el de suscribir tratados.

Por una Ley del Parlamento italiano —la Ley de Garantía, de 1871— (Martens, *NRG.* Vol. 18, p. 41), el Estado italiano concedió ciertas garantías al Papa y a la Santa Sede. A partir de entonces, las relaciones entre la Santa Sede y terceros Estados fueron inciertas, aunque algunos de ellos enviaron representantes al Papa y se continuaron concertando acuerdos denominados concordatos.

La posición equívoca de la Santa Sede se aclaró en 1929, como resultado del Tratado de Letrán (23 *AJIL,* Supl. 187-95 (1929)). Además de regular la condición jurídica de la Iglesia Católica en Italia y de proveer a la indemnización económica de la Santa Sede por las pérdidas sufridas por la anexión de los Estados Pontificios, el Tratado de Letrán también creó el Estado Vaticano, constituyendo así una base física para la personalidad jurídica de la Santa Sede. Dicho tratado no es siempre claro en cuanto a precisar si la condición de Estado soberano radica en la Santa Sede o en la Ciudad Vaticana. Algunos autores consideran la Ciudad Vaticana como un Estado cuyo jefe es el Papa; otros estiman que la Santa Sede y la Ciudad Vaticana son dos personas jurídicas diferentes. Desde el punto de vista del derecho internacional, puede observarse que la Santa Sede mantiene relaciones diplomáticas con terceros Estados y que ha participado en tratados, particularmente de carácter humanitario —tales como la Convención referente a la condición jurídica de los apátridas, 1954— (360 *UNTS,* 117). La Ciudad Vaticana es miembro de dos organismos especializados —la UIT y la UPU— y es parte en otras convenciones, principalmente referentes a materias técnicas y administrativas (véase, por ejemplo, el Acuerdo Internacional del Trigo, 1959, 349 *UNTS,* 168).

5.08 ESTADOS DIMINUTOS

Aludiremos brevemente a la situación, en el derecho internacional de los Estados diminutos, tales como Andorra, Mónaco, Lichtenstein y San Marino. Ciertamente, no son sujetos de derecho internacional típicamente completos. Todos ellos dependen —en mayor o menor medida— de un tercer Estado, especialmente para la conducción de sus relaciones exteriores. No son miembros de las Naciones Unidas, aunque algunos de ellos —como Mónaco— han sido admitidos como miembros, o como miembros asociados de Organismos Especializados. Estos Estados, si bien tienen un territorio definido, un gobierno y una población, carecen de la plena capacidad para establecer relaciones exteriores. Por esta razón, no pueden ser considerados como Estados independientes plenamente soberanos.

5.09 COLONIAS, ALGUNOS TERRITORIOS AUTÓNOMOS Y PROTECTORADOS

En relación con las colonias, la soberanía interna y la externa radican completamente en el país metropolitano. Esto significa que ellas, juntamente con el país metropolitano, en el derecho internacional forman una unidad que continúa como tal hasta que experimente una reducción de tamaño por la asunción, por parte del territorio dependiente, de la plena responsabilidad. Ésta es la situación con relación a posesiones coloniales tales como Angola y Mozambique. Es importante destacar, sin embargo, que ello no significa que los pueblos dependientes no tengan derechos protegidos por el derecho internacional o que no tengan capacidad para asumir obligaciones dentro de ese derecho.

No obstante, hay ciertos territorios que gozan de diversos grados de autonomía interna, en tanto que el país metropolitano retiene sólo el control de sus relaciones exteriores y/o de la defensa. Se ha sostenido algunas veces que el delito internacional de una colonia autónoma no constituye fuente de responsabilidad para el país metropolitano al cual aquélla pertenece. Hasta el punto, sin embargo, en que tal colonia tenga capacidad para asumir obligaciones que normalmente son asumidas por un Estado soberano (por ejemplo, intervenir en tratados), ella puede hacerse destinataria de algunas de las normas del derecho internacional, convirtiéndose así en sujeto de derecho internacional.

La condición legal de algunos protecorados (o Estados protegidos) dentro del derecho internacional es, en muchos aspectos, similar a la de una colonia autónoma. Muchos de éstos —como por ejemplo, los Estados Truciales en el Golfo Pérsico y los protectorados hindúes de Bután y de Sikkin— retuvieron, en el momento de la declaración del protectorado, o adquirieron posteriormente, una gran medida de independencia en el manejo de sus asuntos internos y, hasta cierto punto, en el de sus relaciones exteriores.

El tema de los protectorados y de otras formas de territorios sin plena independencia se está convirtiendo, cada vez más, en un asunto de significación meramente académica. Esto se debe al hecho de que, a partir de la segunda Guerra Mundial, gran número de territorios que anteriormente estaban bajo dominación colonial han ganado su independencia y se han convertido en Estados soberanos. La inclusión de los capítulos XI y XII en la Carta de las Naciones Unidas señaló un cambio significativo en la condición legal de estos territorios. La Carta establece la responsabilidad internacional para la administración de los territorios no autónomos; y prescribe el derecho de la libre determinación de todos los pueblos.

La Asamblea General de las Naciones Unidas, en resolución del 14 de diciembre de 1960, proclamó la necesidad de llevar a una rápida terminación el colonialismo en todas sus formas. Con este fin, adoptó una Declaración sobre el otorgamiento de la independencia a los países y a los pueblos coloniales. Mediante esta Declaración, la Asamblea reclamó las medidas inmediatas que habrían de tomarse en los territorios bajo administración fiduciaria y no autónomos o en todos los demás que todavía no habían alcanzado la independencia, para la trasmisión de todo el poder a los pueblos de dichos territorios, con el objeto de habilitarlos para el goce de la independencia completa. Esta declaración —como suplemento a los principios de la Carta— estableció los patrones básicos para el progreso de todos los pueblos coloniales hacia la condición de Estados independientes.

5.10 Territorios bajo administración fiduciaria

El problema de la personalidad internacional de los territorios bajo administración fiduciaria (y anteriormente confiados bajo mandato) se ha hecho más y más académico en los últimos años, a medida que estos territorios han ido logrando la plena independencia soberana. Hoy, los más importantes territorios fideicometidos se han independizado, con excepción del África Sudoccidental —cuya exacta definición legal está en disputa entre las Naciones Unidas y África del Sur * — y de varios pequeños territorios insulares del Pacífico que se encuentran bajo la administración fiduciaria de los Estados Unidos, Australia y Nueva Zelandia.

La cuestión de la personalidad internacional de estos territorios está ligada hoy, como en el pasado, al problema de determinar dónde radica la

* "El territorio de Namibia, antiguamente denominado África Sudoccidental, ha sido ocupado desde fines de la primera Guerra Mundial por África del Sur, la cual ha impuesto en ese territorio sus políticas de *apartheid*. En 1966, en el litigio entre Etiopía y Liberia contra África del Sur, la Corte Internacional de Justicia declinó resolver si subsistía aún el mandato conferido por la Sociedad de Naciones a África del Sur, al decidir que Etiopía y Liberia no tenían interés jurídico para actuar en el asunto (ver ICJ Reports, 1966, pp. 4-505). Sin embargo, a fines de 1966 la Asamblea General decidió (Resolución 2145 (xxi), 27 de octubre, 1966) dar por terminado el mandato otorgado a África del Sur y asumir la administración del territorio; posteriormente designó a un Comisionado y a un Consejo compuesto por once miembros. África del Sur se ha negado a retirarse de Namibia o a permitir la entrada del Consejo a ese territorio. La decisión sobre la terminación del mandato adoptada por las Naciones Unidas recibió, en junio de 1971, un importante apoyo legal con la Opinión Consultiva de la Corte Internacional de Justicia, emitida a petición del Consejo de Seguridad (ver ICJ. "Advisory Opinion on the Legal Consequences for States of the Continued Presence of South Africa in Namibia", *I.C.J.* "Reports", 1971). En esta Opinión, la Corte declaró que siendo ilegal la presencia continua de África del Sur en Namibia, África del Sur está bajo la obligación de retirar inmediatamente su administración de Namibia y poner fin de esta forma a su ocupación del territorio. Sin embargo, África del Sur no ha cumplido con esta obligación y no parece probable que lo haga en el futuro inmediato.

soberanía de ellos. En el sistema de Mandatos de la Liga de las Naciones, los territorios confiados bajo mandato se clasificaban como territorios A, B o C, de acuerdo con su grado de preparación para la independencia. Los Mandatos de la clase A —tales como Irak y Jordania— gozaban de una considerable medida de independencia en sus relaciones internas y externas, y así poseían un grado de personalidad internacional aún antes de llegar a su plena independencia. Pero con respecto a los Mandatos de las clases B y C —que dentro del sistema de las Naciones Unidas se convirtieron en territorios fideicometidos— la potencia a la cual se encomendaba el mandato o el fideicomiso ejercía un poder soberano *de facto* sobre el territorio. Sin embargo, la exacta naturaleza de la posición *de jure* nunca ha sido clara y ha originado varias teorías conflictivas. (Para una exposición más detallada, ver Chowdhuri, *International Mandates and Trusteeship;* y Oppenheim, *op. cit.,* p. 212.)

Es suficiente indicar que la opinión generalmente aceptada hoy es que estos territorios constituyen una categoría aparte, por razón del sistema internacional que los creó y que, por esa razón, poseen algún grado de personalidad internacional, aun en los casos en que sus habitantes no gozan de autoridad para manejar los asuntos interiores y exteriores de su territorio.

5.11 PARTES BELIGERANTES

La insurrección de una parte de la población de cualquier Estado contra el gobierno en él establecido es —y continúa siendo— un asunto puramente interno, hasta tanto el gobierno establecido conserve el poder para dominar la situación y tenga la capacidad de compensar cualquier daño que los insurgentes pudieran causar a otro Estado. Sin embargo, tan pronto como el conflicto toma tales proporciones que el gobierno establecido no está ya en posición de satisfacer cualquier responsabilidad estatal que dicho conflicto pueda originar, surgen diferentes consideraciones que constituyen una preocupación natural del derecho internacional.

A menudo ocurre que: *i)* existe, dentro del Estado, un conflicto armado de carácter general (en contraposición a uno de carácter puramente local); *ii)* los insurgentes ocupan una parte sustancial del territorio nacional; *iii)* conducen las hostilidades de acuerdo con las reglas de la guerra, a través de grupos organizados que actúan bajo una autoridad responsable. En tal caso, existe la base necesaria para reconocer el nacimiento de un sujeto de derecho internacional, al cual deben conferirse derechos de beligerante. Este estado de hecho debe, sin embargo, ser formalmente reconocido antes de que pueda surtir efectos entre un Estado particular y los beligerantes. (Una referencia más completa sobre la materia se encontrará en 5.25 —reconocimiento del estado de beligerancia.)

5.12 INSURGENTES

A veces ocurre que faltan algunas de las condiciones aceptadas para la existencia de un estado de beligerancia. Éste sería el caso si las fuerzas insurgentes no tuvieran control efectivo sobre una parte sustancial del territorio nacional y carecieran de una cadena organizada de autoridad. En tal caso, otros Estados, en estricto derecho, están autorizados para desconocer a los insurgentes y tratarlos igual que a piratas o salteadores, siempre que interfieran con los derechos de sus respectivos súbditos.

En la práctica, sin embargo, los otros Estados pueden manejar —y de hecho lo hacen— sus relaciones con tales insurgentes de acuerdo con las reglas del derecho internacional que rigen la neutralidad y la beligerancia, convirtiendo así a los insurgentes en sujetos de algunas de las reglas del derecho internacional y, hasta ese límite, en sujetos del derecho internacional.

5.13 ¿SON LOS INDIVIDUOS SUJETOS DE DERECHO INTERNACIONAL?

La opinión de los autores es unánime en afirmar que los individuos constituyen —y que por largo tiempo en la historia del derecho internacional han constituido— la preocupación natural de ese derecho. Sin embargo, sólo hasta este punto llega el acuerdo, pues no hay coincidencia sobre si tal preocupación de derecho internacional por el individuo lo convierte en sujeto de él, con posesión no sólo de derechos y obligaciones basados en ese sistema, sino también de la capacidad para hacer valer los derechos que él pueda tener.

Algunos autores sostienen que los individuos son sujetos de derecho internacional, "mais non de façon immédite, ou bien seulement à titre exceptionnel" (Kelsen, "Théorie générale du droit international public", 42 *HR*, 170 (1932)). Otros, mientras admiten que los individuos son sujetos de derecho internacional, califican su tesis agregando que tal condición no es posible sin la intervención del Estado al cual pertenece el individuo (Siotto-Pintor, "Les Sujets du droit international autre que les États", 41 *HR*, 251 (1932) en 356). Aún hay otros que se refieren a los individuos como a "sujetos secundarios" del derecho internacional (Redslob, *Les Principes du droit des gens moderne*, pp. 24 y 208 y ss. Ver también Fitzmaurice, "The General Principles of International Law considered from the Standpoint of the Rule of Law", 92 *HR*, en 11 (1957)).

Sobre el asunto, sin embargo, se han escuchado algunas manifestaciones de opinión extremistas. La situación del individuo como sujeto del derecho internacional ha sido considerablemente oscurecida por la falta de distinción entre el reconocimiento de derechos que producen efectos en beneficio del individuo y el hecho, diferente, de que él pueda hacer valer esos derechos por sí mismo. El hecho de que el beneficiario sea incapaz de realizar gestiones independientes, en su propio nombre, para hacerlos valer coactivamente, no significa que él no sea sujeto de derecho, o que los derechos en cuestión estén conferidos exclusivamente a la agencia que tiene la capacidad de hacerlos valer. Para tomar un ejemplo del derecho interno de algunos Estados, el hecho de que los menores sean incapaces para hacer valer sus derechos no menoscaba la naturaleza de los derechos que dicha ley les confiere. (Ver Lauterpacht, *International Law and Human Rights*, cap. 2.)

En términos generales, en la presente etapa del desarrollo del derecho internacional, los individuos carecen de capacidad procesal para sostener sus reclamaciones ante los tribunales internacionales, y tales reclamaciones pueden sustanciarse sólo a instancias del Estado del cual el individuo es nacional o, en ciertas circunstancias, a instancia de la institución internacional a la cual sirve. Pero ahora sólo "en términos generales" es cierto afirmar que los individuos carecen de capacidad procesal para presentar reclamaciones ante tribunales internacionales y que únicamente los Estados a los cuales pertenecen como nacionales pueden sostener tales reclamaciones. Una tendencia característica de la evolución moderna del derecho internacional, es el reconocimiento de capacidad procesal a los individuos para la protección de ciertos derechos bien definidos. (Para un análisis más detallado de esta cuestión, ver 8.18-8.25.)

SECCIÓN V.   RECONOCIMIENTO

5.14   Naturaleza general del reconocimiento en el derecho internacional

Cuando se ha establecido un nuevo Estado, o cuando por medios diferentes de los constitucionales ha tomado el poder un nuevo gobierno en un Estado ya existente, o cuando se ha establecido cualquier otra situación que afecte las relaciones jurídicas entre los Estados, surge el problema de si las consecuencias legales que se derivan de la nueva situación de hecho surten efecto inmediatamente en relación con otros Estados, o si dichos efectos dependen de un acto de reconocimiento. En la práctica de los Estados, el nacimiento de un nuevo Estado, el establecimiento de un nuevo gobierno, o un cambio territorial, son frecuentemente reconocidos por otros Estados; pero puede también suceder que el reconocimiento sea expresamente negado.

El análisis legal de esta práctica se complica por el hecho de que el reconocimiento, o la demora de él, se usan a menudo como un medio político para expresar la aprobación o desaprobación de un nuevo Estado, de un nuevo gobierno o de un cambio territorial. Las opiniones que se expresan en nombre de los gobiernos —en cuanto a la naturaleza legal y los efectos del reconocimiento— no están, por consiguiente, .desprovistas de ambigüedad, y la doctrina jurídica internacional está dividida en cuanto a ciertos puntos básicos.

Aunque el problema del reconocimiento surge con respecto a nuevas situaciones de hecho de diversas clases, puede ser útil examinar primero el reconocimiento de nuevos Estados. Los problemas relacionados con el reconocimiento de los gobiernos no son esencialmente diferentes. De ellos habrá de tratarse en una subsección separada, y quizá también los mencionemos en otros contextos. Los problemas particulares —tales como los referentes al reconocimiento de los insurgentes como beligerantes o al de un gobierno *de facto*— se considerarán aparte.

Sujeto a ulterior aclaración en cuanto a sus efectos legales, el reconocimiento de un nuevo Estado puede definirse como un acto unilateral por el cual uno o más Estados declaran, o admiten tácitamente, que ellos consideran un Estado —con los derechos y deberes derivados de esa condición— a una unidad política que existe de hecho y que se considera a sí misma como Estado. (Ver *Dictionnaire de la terminologie du droit international,* pp. 509, 511.) El reconocimiento es un prerrequisito al, o una consecuencia del establecimiento de relaciones diplomáticas plenas y normales con un nuevo Estado, pero no debe identificarse con tales relaciones. En efecto, suele acontecer en la práctica de los Estados que un nuevo Estado sea reconocido por otro más antiguo sin que entre ellos se establezcan inmediatamente relaciones diplomáticas. De igual manera, la ruptura de las relaciones diplomáticas no afecta por lo general a un reconocimiento previamente concedido.

El asunto decisivo radica en saber si los derechos y deberes de un nuevo Estado dependen del reconocimiento, es decir, si el reconocimiento es un ulterior requisito de la condición de Estado, además de los ya mencionados en 5.02. La respuesta a este interrogante no puede darse hasta que se examinen los efectos legales del reconocimiento en la práctica de los Estados.

Podría plantearse la cuestión de si tal respuesta no se infiere del hecho de que el reconocimiento es algo más que un acto puramente político. Si es un acto legal y, como tal, produce ciertos efectos legales, ¿cuáles podrían ser estos efectos sino el cumplimiento de un último requisito para obtener la condición de Estado? La respuesta a esta pregunta es que hay por lo menos otro punto de vista alternativo, que en esta etapa del análisis debe mencionarse sólo como una hipótesis sujeta a comprobación a la luz de la práctica de los Estados.

Este criterio se explica por el hecho de que los requisitos de la condición legal de Estado, aunque simples y claros como principios abstractos, no siempre se concretan en respuestas precisas e inequívocas cuando se aplican a situaciones específicas. ¿Cuándo ha logrado un gobierno la autoridad efectiva sobre un territorio en el cual pretende ejercerla? Esta y otras preguntas dejan cierto margen de apreciación. En la presente etapa de su desarrollo, el derecho internacional deja a cada uno de los Estados existentes el hacer dicha apreciación. No hay ningún órgano centralizado al cual se le confiera autoridad para determinar, con efectos obligatorios para toda la comunidad internacional, si en un caso específico se cumplen o no los requisitos de la condición legal de Estado. Las Naciones Unidas pueden tener que decidir el problema como una cuestión preliminar a la admisión de un nuevo miembro, pero los efectos legales de esa decisión no van más allá del punto de tal admisión; y, por otra parte, la negativa a admitir un Estado puede estar motivada por consideraciones que no tienen nada que ver con los requisitos de la condición legal de Estado.

Por lo tanto, si cada Estado ha de decidir autónomamente si un nuevo Estado ha comenzado a existir, el acto del reconocimiento puede asumir una particular significación legal. Puede interpretarse como indicativo de que el Estado reconocedor considera ya cumplidos los requisitos de la estatalidad. Mediante la demora del reconocimiento, por otra parte, puede reservar su posición y dejar abierta la posibilidad para negarse a considerar a la nueva unidad política como un Estado. Un examen imparcial de la situación podría dejar poco campo para objetar la existencia del nuevo Estado y, por esa razón, el Estado no reconocedor puede estar obligado a respetar sus derechos en virtud de las normas generales del derecho internacional. Para usar una expresión francesa, la existencia del nuevo Estado puede considerarse como *opposable* al Estado no reconocedor, pero el reconocimiento puede, sin embargo, producir el efecto de dar a esta obligación una nueva base legal. (Ver Charpentier, *La Reconnaissance internationale et l'évolution du droit des gens,* con prefacio por Mme. Bastid.)

Merece atención otro posible enfoque de la naturaleza general del reconocimiento. Aun cuando se acepte que el reconocimiento no es un ulterior requisito de la condición legal de Estado, se puede sostener que es una condición para el goce pleno e ilimitado de los derechos de un nuevo Estado, al tenor del derecho internacional general. En otras palabras, es concebible que antes del reconocimieto puedan negarse a un nuevo Estado ciertos derechos, tales como el de inmunidad ante tribunales extranjeros; pero deben serle respetados otros más importantes, como los derechos a la inviolabilidad territorial. El siguiente análisis de la práctica de los Estados mostrará hasta qué punto resulta justificada esta opinión.

5.15 EFECTOS DEL RECONOCIMIENTO

Un examen de la condición jurídica de un nuevo Estado antes del reconocimiento es, probablemente, el mejor método para aclarar los efectos legales de dicho acto.

En primer lugar, hay un considerable volumen de pruebas para apoyar la tesis de que un nuevo Estado puede comenzar su existencia sin ser reconocido por otros. La Carta de la Organización de los Estados Americanos —adoptada en Bogotá, en 1948— contiene, entre las disposiciones referentes a los derechos y deberes fundamentales de los Estados, el siguiente artículo 9:

> La existencia política del Estado es independiente de su reconocimiento por los demás Estados. Aun antes de ser reconocido, el Estado tiene el derecho de defender su integridad e independencia, proveer a su conservación y prosperiad y, por consiguiente, de organizarse como mejor lo entendiere, legislar sobre sus intereses, administrar sus servicios y determinar la jurisdicción y competencia de sus tribunales. El ejercicio de estos derechos no tiene otros límites que el ejercicio de los derechos de otros Estados conforme al derecho internacional (119 *UNTS,* 49, en 54).

Generalmente se admite que un Estado no reconocido no puede ser completamente ignorado. No puede considerarse su territorio como tierra de nadie; no hay derecho a sobrevolarlo sin permiso; los barcos portadores de su banera no pueden considerarse apátridas; y así por el estilo. (Para opiniones sobre tales asuntos, ver Whiteman, Digest, Vol. 2, párr. 69, pp. 604 y ss.) Varios Estados que no reconocen la República Democrática Alemana, han aceptado que se ha convertido en parte del Tratado de Prohibición de Pruebas Nucleares, de 1963, al firmar la copia del Tratado depositado en el gobierno de la Unión Soviética. El secretario de relaciones exteriores británico, mientras señalaba ante la Cámara de los Comunes que esto no implicaba el reconocimiento, añadió: "Sin embargo, el régimen de Alemania oriental se habría comprometido a sí mismo a respetar las disposiciones del Tratado." (Lauterpacht (ed.), *British Practice in International Law*, 1963, II, p. 90.)

Se ha expresado con frecuencia la opinión de que un Estado (o gobierno) no reconocido está obligado a acatar las reglas del derecho internacional universalmente aceptadas. Por vía de ejemplo, podemos referirnos a declaraciones hechas por los gobiernos del Reino Unido y Estados Unidos en ocasiones en que reclamaban compensación por parte de los regímenes de Formosa y de Pekín, respectivamente, por daños causados a intereses británicos y norteamericanos. (Whiteman, *Digest*, Vol. 2, pp. 648-52.)

El American Law Institute ha sintetizado acertadamente la práctica estatal en esta materia, al disponer que un régimen que no está reconocido como Estado, pero que cumple ciertos requisitos en cuanto al control efectivo de un territorio y de una población determinados, tiene los derechos —y también las obligaciones— de un Estado según el derecho internacional; aunque, no obstante, se pueda impedir el ejercicio de un derecho, en particular cuando el derecho, por su propia naturaleza, puede solamente ser ejercitado por el gobierno de un Estado. *(Restatement of the Foreign Relations Law of the United States,* Sec. 107, 108.) Este último párrafo apunta al hecho de que la ausencia de relaciones diplomáticas normales puede tener repercusiones en cuanto a las relaciones legales sustantivas entre Estados; y de que el Estado no reconocedor, al negarse a aceptar reclamaciones en nombre del Estado no reconocido, puede obstruir la aplicación normal del derecho internacional en sus relaciones mutuas.

Con esta advertencia, parece acertado concluir que el Instituto de Derecho Internacional declaró correctamente la posición, en su resolución del 23 de abril de 1936, sobre reconocimiento de los nuevos Estados y gobiernos. El párrafo 3, del artículo I de la Resolución, preceptúa que "la existencia del nuevo Estado, con todos los efectos legales relacionados con dicha existencia, no queda afectada por la negativa de reconocimiento de uno o más Estados". *(Annuaire,* Vol. 39, II, 1936, p. 300.)

5.16 RECONOCIMIENTO DE GOBIERNOS

La continuidad de los Estados no se ve afectada por el cambio de gobiernos. Es necesario, por consiguiente, considerar separadamente el reconocimiento de gobiernos y el reconocimiento de Estados. Sin embargo —como veremos más adelante— la distinción tiende a confundirse en los casos de guerra civil, revolución u otro cambio radical. Además, el reconocimiento de un nuevo Estado es implícitamente un reconocimiento de su gobierno.

La distinción entre un cambio de Estado y un cambio de gobierno es importante para la comprensión adecuada de la naturaleza legal del reconocimiento de los gobiernos. *1)* En el reconocimiento de los gobiernos no hay problema de creación de nuevos sujetos de derecho internacional. La personalidad internacional es la del Estado, y ella sobrevive a los cambios de gobierno. *2)* La distinción hace posible definir las relaciones de un Estado con otro cuyo gobierno no ha sido reconocido por aquél. *3)* En materia de sucesión, el problema de si el cambio se refiere a la condición de Estado o al gobierno, tiene gran significación. *4)* La existencia continuada del Estado hace más apremiante que el reconocimiento de su gobierno no deba ser indebidamente retardado. Como el gobierno es el órgano a través del cual un Estado expresa su voluntad, la negativa a reconocerlo y tratar con él privaría a dicho Estado de los medios de ejercer sus derechos internacionales de modo efectivo.

Cuando un gobierno sucede a otro de acuerdo con la constitución del Estado en cuestión, casi nunca surgen problemas de reconocimiento. Es sólo cuando el cambio de un gobierno a otro es contrario al orden constitucional —como en el caso de un gobierno revolucionario— cuando se producen los problemas del reconocimiento. Entonces los Estados pueden tener que afrontar la cuestión de decidir cuál de los "gobiernos" contendientes representa verdaderamente a ese Estado. El principio que debe presidir esa decisión ha dado lugar a controversias.

La doctrina de la legitimidad. De acuerdo con la llamada "doctrina de la legitimidad", cada gobierno que llegue al poder en un país depende, para su legalidad, no del mero control *de facto,* sino del cumplimiento del orden legal establecido en ese Estado. Los primeros autores —incluyendo a Grocio— mantuvieron esta teoría; y no fue sino hasta Vattel cuando la opuesta doctrina *de facto* se formuló. En el continente americano esta doctrina tomó la forma del constitucionalismo. En 1907 Tobar —un ex ministro de relaciones exteriores del Ecuador— adelantó la doctrina de que los gobiernos que habían ocupado el poder a través de medios extraconstitucionales no deberían ser reconocidos.

La doctrina Tobar —o doctrina de la legitimidad— es vulnerable por serias objeciones. El examinar la legalidad constitucional del gobierno de otro Estado constituye una intervención en los asuntos internos de ese Estado. Ella se basa en la falsa presunción de que una forma de gobierno, una vez establecida, permanece sacrosanta e inmutable. Pero esto difícilmente se confirma con la práctica de los Estados, ni tiene fundamento alguno en el derecho internacional, que reconoce el derecho de un pueblo a alterar, por cualquier medio, incluso por la fuerza, la forma de gobierno con la cual vive.

La alternativa de la teoría legitimista es la *doctrina de la efectividad,* que considera la existencia de un gobierno dentro de un Estado como un simple problema de hecho. La teoría se basa en el principio de que los hechos son creadores de situaciones jurídicas.

No entraremos en la controversia sobre la necesidad de que un gobierno sea expresión de los deseos del pueblo que gobierna. En suma, ¿necesita un gobierno recibir el apoyo, democráticamente manifestado, de la mayoría de la población existente dentro de sus fronteras, o basta que tenga el control efectivo y carezca de una oposición eficaz? Si se acepta lo primero, entonces muchos gobiernos no tienen justificación para el reconocimiento como tales. Parece aceptarse generalmente, en la presente etapa del derecho internacional que la segunda opinión es la correcta: todo lo que se requiere es que el gobierno sea efectivo y que tenga una razonable probabilidad de permanencia.

En cuanto a las pruebas de la capacidad para gobernar y de la efectividad del poder gubernamental, el *Caso Dreyfus* y el *Arbitraje Tinoco* (1 *RIAA*, 394; *AD*, 1923-4, Caso Nº 15, respectivamente) son útiles ilustraciones de casos en que se considera que un gobierno tiene el control efectivo (ver también Moore, *International Arbitration*, pp. 3559, 2865, 2877; *Day Case*, p. 3555; y *Cuculla Case*, p. 2877). Al mismo tiempo, los dos casos muestran que el alegato de legitimidad no será aceptado para exonerar al gobierno efectivo de las obligaciones internacionales que obligan a dicho Estado como consecuencia de un gobierno anterior que tomó el poder inconstitucionalmente.

Puede plantearse el problema de saber si es necesario, en todas las circunstancias, el reconocimiento del nuevo gobierno que ha tomado el poder de manera inconstitucional, a fin de conferirle autoridad internacional para actuar en nombre del Estado. Si el gobierno anterior ha cesado de existir, y no hay por ello problema de escoger entre dos gobiernos contendientes, podría haber una buena razón para sostener que el nuevo gobierno —que efectivamente ejerce la autoridad en el Estado— debería ser aceptado por otros Estados, aun sin forma alguna de reconocimiento. El punto puede quedar algo oscurecido por el hecho de que la aceptación de un nuevo gobierno que actúa en nombre del Estado en las relaciones internacionales, a menudo es considerado como si implicase el reconocimiento; de modo que el reconocimiento en tales circunstancias es más bien una consecuencia del, que una etapa preliminar, al establecimiento de relaciones oficiales. De todas formas, la práctica de los Estados no es lo suficientemente clara para señalar una respuesta concluyente.

5.17 ESTADOS Y GOBIERNOS NO RECONOCIDOS ANTE LOS TRIBUNALES EXTRANJEROS

El establecimiento de un nuevo Estado, o la ocupación efectiva del poder por un nuevo gobierno, producen consecuencias jurídicas no sólo en el plano internacional. Dentro de las leyes internas de los Estados extranjeros pueden surgir problemas referentes a la condición legal, o a los derechos y obligaciones específicas del nuevo Estado o gobierno. Por ejemplo, pueden plantearse las siguientes cuestiones: ¿tiene el Estado o gobierno capacidad procesal para litigar en un tribunal extranjero?, ¿tiene derecho a inmunidades jurisdiccionales?, ¿puede el nuevo gobierno alegar la posesión de la propiedad que pertenece al Estado?, ¿qué efecto debe darse a los actos legislativos, judiciales o ejecutivos del nuevo gobierno?

Éstos son asuntos que deberán ser decididos por la rama judicial, siempre que surjan en procedimientos de derecho. En la mayoría de los países, la rama judicial se guiará por la actitud de la rama ejecutiva del gobierno. Si se presenta una certificación del ministro de relaciones exteriores sobre el problema de si el nuevo Estado o gobierno ha sido o no reconocido, el tribunal la aceptará. Esto no significa, por otra parte, que los tribunales nacionales estén siempre impedidos de conceder a un Estado o gobierno no reconocidos algunos o todos los derechos que, al amparo del derecho internacional, corresponden a los Estados y a los gobiernos. La práctica varía de un Estado a otro.

Sin embargo, la regla general es que los Estados y gobiernos no reconocidos carecen de derechos ante los tribunales del Estado que niega el reconocimiento. En los casos en que se deniega el reconocimiento porque al nuevo Estado o gobierno le falta alguno de los requisitos necesarios —en particular el de la condición de efectividad— la aplicación de la regla anterior produciría resultados acordes con el derecho internacional. Pero en los casos en que el reconocimiento no se otorga por razón de oportunismo político, la regla puede llevar —y ha llevado— a grandes anomalías. Un ejemplo lo constituye la negativa por parte de Estados Unidos y de un grupo de países que piensan de modo similar, a otorgar el reconocimiento a la República Popular China.

Si examinamos los variados problemas que pueden surgir ante un tribunal nacional, encontramos que con frecuencia —si no invariablemente— a un gobierno no reconocido se le niega el derecho de litigar. (Ver Chen, *The International Law of Recognition*, pp. 135-9, y Whiteman, *Digest*, Vol. 2, página 639, para un examen de casos relevantes.)

En cuanto a la inmunidad en los procedimientos legales, la tendencia general de las decisiones judiciales es la de extender dicha inmunidad también a los Estados y gobiernos no reconocidos. (Ver como caso importante en Estados Unidos, *Wulfsohn vs. Russian Federated Soviet Republic*, 234 N. Y. 372 (1923), *AD*, 1923-4, Caso Nº 16; Chen, *op. cit.*, pp. 140-4.) Es probable que se haga una excepción en casos donde, además del régimen no reconocido, hay uno reconocido que está en posición de mantener una pretensión de inmunidad. En el caso inglés, el *Arantzazu Mendi* ((1939) A. C. 256, *AD*, 1938-40, Caso Nº 25), se concedió inmunidad al gobierno nacionalista de España cuando, de acuerdo con una declaración de la secretaría del exterior, fue reconocido por el Reino Unido sólo como titular un control administrativo *de facto* sobre la mayor parte de España. Generalmente no se concede a un gobierno no reconocido el derecho de reclamar la posesión de propiedades del Estado y del gobierno situadas en un Estado- extranjero. Finalmente, en cuanto al reconocimiento de los actos legislativos, judiciales y ejecutivos de un régimen no reconocido, la jurisprudencia de los tribunales nacionales está dividida. En un importante caso norteamericano, *Salimoff vs. Standard Oil Company of New York* (262 N. Y. 220 (1933), *AD*, 1933-4, Caso Nº 8), el Tribunal de Apelaciones de Nueva York dio validez a un acto de confiscación realizado en la Unión Soviética cuando Estados Unidos no había reconocido al gobierno soviético. No se consideró que la confiscación de petróleo por dicho gobierno a uno de sus propios nacionales violara el derecho internacional, y se estimó válida la consecuente venta de aquél, en Rusia, a los demandados. Sobre el problema del reconocimiento, el tribunal declaró:

> Los Tribunales no pueden reconocer al Gobierno Soviético como a un gobierno *de jure* hasta que el Departamento de Estado dé la señal. Sin embargo, pueden declarar que es un Gobierno que mantiene el orden y la paz internos, que provee a la defensa nacional y al bienestar público, y que sostiene relaciones con nuestro propio gobierno y con otros. Negarse a reconocer que la Rusia Soviética es un gobierno que rige los asuntos internos del país, es conceder a las ficciones una apariencia de realidad que no se merecen. *(Ibidem.)*

En el caso de *The Maret* (145 F. 2º 431; *AD,* 1943-44, Caso Nº 9), por otra parte, el Tribunal de Apelaciones de Estados Unidos, tercer Circuito, se negó a reconocer validez a la nacionalización de un barco de Estonia por el gobierno de la República Soviética de Estonia, gobierno que no había sido reconocido por Estados Unidos. Un hecho importante, que distingue este caso del de *Salimoff,* fue que en el momento de ser confiscado el barco se encontraba en un puerto norteamericano, y generalmente se reconoce que los actos de confiscación no surten efectos extraterritoriales. (Ver también Whiteman, *Digest,* Vol. 2, pp. 628-34.)

De estos ejemplos, de decisiones judiciales referentes a la situación de gobiernos y Estados no reconocidos, se infiere que el reconocimiento, en ciertas circunstancias, puede producir una nueva situación jurídica. Entonces se puede plantear el problema de si los efectos legales del reconocimiento operan retroactivamente. Esto es particularmente importante con respecto a los actos legales internos de un régimen no reconocido. Si los tribunales se niegan a dar validez a tales actos antes del reconocimiento, sin embargo, una vez que el régimen ha sido reconocido pueden conferir eficacia a un acto cuya fecha corresponde al periodo anterior al reconocimiento. Tal fue la situación en el caso de *Luther vs. Sagor* ((1921) 3 K.B. 532; *AD,* 1919-22, Caso Nº 26). Cuando el tribunal de primera instancia pronunció su decisión, el gobierno soviético no había sido aún reconocido por el Reino Unido. Ante el Tribunal de Apelaciones se presentó una carta de la Oficina del Exterior que expresaba que el gobierno británico, en abril de 1921, había reconocido al gobierno soviético como gobierno *de facto* de Rusia. Sobre esta base, el Tribunal de Apelaciones mantuvo que el título a una determinada cantidad de madera había pasado de los demandantes al gobierno soviético, por virtud de un decreto adoptado en 1918, que confiscó sus propiedades en Rusia.

5.18 Controversia doctrinal referente a la naturaleza del reconocimiento en el derecho internacional

La naturaleza legal del reconocimiento ha sido materia de mucha discusión entre los tratadistas de derecho internacional. Los diferentes puntos de vista pueden agruparse alrededor de dos doctrinas rivales: la constitutiva y la declarativa.

De acuerdo con la primera, un nuevo Estado se convierte en sujeto de derecho internacional sólo mediante el reconocimiento por parte de otros Estados. Esta doctrina está enraizada en el concepto de que el derecho internacional es un orden legal que deriva su validez del consentimiento de sus sujetos, es decir, de los Estados. Como exponente típico de ella, puede mencionarse a Anzilotti, para quien las reglas del derecho internacional se crean por acuerdo; por consiguiente, un sujeto del ordenamiento jurídico internacional comienza a existir cuando por primera vez es parte de un acuerdo que exprese su reconocimiento (*Cours de droit international*, p. 161). Según Kelsen —que también ha adoptado la teoría constitutiva— la interrelación legal internacional se establece tan pronto como un Estado ha certificado que una comunidad es otro Estado, en el sentido del derecho internacional, es decir, tan pronto como un Estado ha reconocido a una comunidad como otro Estado. (*Principles of International Law*, p. 270.) El más moderno exponente de la doctrina constitutiva es H. Lauterpacht. Basándose en la práctica de los Estados, estima que el reconocimiento es constitutivo por naturaleza. A la objeción de que el reconocimiento es a menudo retardado por razones políticas aunque el nuevo Estado haya comenzado a existir, su respuesta es que el reconocimiento de un nuevo Estado que cumple los requisitos propios de dicha condición debería ser un deber legal y no un asunto de discreción política. (Lauterpacht, *Recognition in International Law*, p. 55.)

La doctrina declarativa considera que el reconocimiento es sólo la declaración de un hecho existente. Un Estado existe como sujeto de derecho internacional tan pronto como cumple los requisitos de la condición de Estado; y el reconocimiento no crea ninguna otra relación legal que ya no exista por otras razones. Ésta es la doctrina que aceptan la mayoría de los tratadistas contemporáneos. La resolución sobre reconocimiento adoptada por el Instituto de Derecho Internacional en 1936 expresamente declaró: "El reconocimiento tiene un efecto declarativo." (*Annuaire, loc. cit.*)

Una discusión completa de las dos doctrinas se encuentra en el tratado de Lauterpacht sobre el reconocimiento en el derecho internacional, capítulos IV y V. Una evaluación de sus respectivos méritos y deméritos debería basarse en la práctica de los Estados; y debería darse preferencia a la doctrina que ofrezca la estructura teórica más adecuada para una correcta descripción de dicha práctica. Podría muy bien ocurrir, sin embargo, que ninguna de las dos doctrinas fuera completamente adecuada y que cada una de ellas tuviera cierta parte de virtud.

El hecho de considerar generalmente que un Estado existente tiene un número de derechos y deberes de acuerdo con el derecho internacional, aun antes del reconocimiento, es un elemento a favor del punto de vista declarativo. Por otra parte, la práctica judicial de muchos Estados —según la cual un Estado o gobierno no reconocido carece del pleno disfrute ante los tribunales nacionales de todos los derechos correspondientes a un Estado extranjero— revela el carácter constitutivo del reconocimiento. La esencia de esta jurisprudencia es que el reconocimiento crea una nueva situación legal que antes no existía, por virtud del establecimiento efectivo del nuevo Estado o gobierno. Aún más, en casos en que los hechos referentes a la efectividad o independencia de un nuevo régimen están sujetos a diferentes evaluaciones, el reconocimiento es algo más que una mera declaración de un hecho existente. Tiene entonces un carácter constitutivo en cuanto impide al Estado que reconoce el impugnar los hechos, posteriormente. Sin embarbo, en aquellos casos en que no pueda haber controversia acerca de la condición de Estado de la nueva entidad política, o sobre la efectividad de un nuevo régimen, el reconocimiento es puramente declarativo (ver Waldock, "General Course on Public International Law", 106 *HR*, 154 (1962)).

5.19 ¿HAY DEBER DE RECONOCER O DE NO RECONOCER? DOCTRINA DEL NO RECONOCIMIENTO

Aunque en el derecho internacional los Estados existentes están obligados a respetar los derechos de un nuevo Estado tan pronto como éste se ha establecido efectivamente, aquéllos no tienen deber alguno de reconocerlo expresa ni implícitamente. Esto es una consecuencia natural de las conclusiones a que se llegaron en las subsecciones precedentes con relación a los efectos legales del reconocimiento. Como éste no se llegó a considerar como un requisito para el goce pleno de la condición de Estado, el nuevo Estado, por la denegación de dicho reconocimiento, no se ve impedido para el pleno disfrute de sus derechos fundamentales al amparo del derecho internacional.

Podría resultar de otro modo si se adoptara el punto de vista de que el reconocimiento es constitutivo. A un nuevo Estado, en ausencia de reconocimiento, podría entonces denegársele sus derechos según el derecho internacional; y podría también argumentarse que la negativa de reconocimiento era la violación de un deber esencial hacia la nueva comunidad política que cumplía los requisitos de la condición de Estado. Ésta es la razón por la cual Lauterpacht llega a la conclusión de que hay un deber de reconocer (*Recognition*, pp. 24, 76-7).

La opinión dominante es, sin embargo, que un análisis de la práctica de los Estados no justifica la conclusión de que el reconocimiento de un nuevo Estado o gobierno deba considerarse como el cumplimiento de un deber legal. Por el contrario, hay suficientes pruebas para mostrar que los gobiernos consideran la concesión o la negativa del reconocimiento, fundamentalmente, como un ejercicio de discreción política. Aun aquellos gobiernos que a veces justifican la decisión de reconocer un nuevo Estado o gobierno por las exigencias del derecho internacional, no son siempre consecuentes. (Ver Waldock, *op. cit.*, pp. 154-5.)

Si bien existe discrepancia en cuanto a si es o no un deber el reconocer, parece haber aceptación universal de la norma de que el reconocimiento debe ser conferido sólo cuando se cumplen todos los requisitos de la condición de Estado. Como corolario de esto, se afirma que es contraria al derecho internacional la concesión prematura del reconocimiento. Éste, en particular, no debe darse *durante bello,* cuando el resultado de la lucha sea completamente incierto. Si se concede:

> tal reconocimiento es una negación de la soberanía del Estado matriz. No tiene la excusa de haber sido hecho por virtud de las necesidades de interrelación porque el derecho internacional, a pesar de las vaguedades de la doctrina del reconocimiento implícito, permite varias formas de relaciones sin necesidad de llegarse a la de reconocimiento de un gobierno o de un nuevo Estado. El derecho internacional no condena la rebelión o la secesión con objeto de adquirir la independencia. (Lauterpacht, *Recognition,* p. 8. Para ejemplos de casos de reconocimiento prematuro y no prematuro, ver *ibid.,* pp. 10-11.)

Hemos visto que el reconocimiento otorgado después de haberse cumplido los tres requisitos de la condición de Estado es, primordialmente, declarativo de un hecho existente. Sin embargo, hay un número de situaciones en que el efecto del reconocimiento es claramente constitutivo. Tal es el caso del reconocimiento prematuro. (Los otros casos se consideran más adelante, con los epígrafes: *Insurgencia, Beligerancia, y Gobiernos en el Exilio.*) Si el régimen establecido carece de los elementos esenciales de Estado, reconocerlo es constituirlo en un sujeto de derecho internacional. Por esta razón, los sujetos de derecho internacional ya existentes están dispuestos a reaccionar desfavorablemente ante cualquier acto de reconocimiento prematuro que añade a su grupo miembros incompletos.

La negativa a reconocer puede ser utilizada como un medio de sanción, en aquellos casos en que el acto o la situación contemplada sean contrarios al derecho internacional o sean de una legalidad dudosa. Cuando no se da el reconocimiento a la situación o al acto, éstos adquieren la condición de ilegalidad permanente ante los tribunales de los Estados que no reconocen. Se sugiere, por consiguiente, que cuanto mayor sea el número de miembros de la comunidad de Estados que no reconocen, mayor será la probabilidad de asegurar que dicho acto o situación permanezca ilegal, a menos que el Estado delincuente consienta en la rectificación.

Con esta consideración en mente, el secrettario de Estado, Stimson, después de la invasión de Manchuria por Japón, en 1931, declaró —a principios de 1932— que Estados Unidos no habría de reconocer en el .futuro este acto ilegal de manera que pudiera atribuírsele cualquier consecuencia legal. Esta denominada "doctrina Stimson del no reconocimiento", se incorporó en una resolución adoptada por la Asamblea de la Liga de las Naciones el 11 de marzo de 1932. Anteriormente —en 1907— el Reino Unido denegó el reconocimiento de la anexión del Congo por Bélgica y el de Bosnia-Herzegovina por Austria-Hungría; y en 1870, el reconocimiento a la denuncia rusa del régimen del Mar Negro fue negada por los signatarios de la Declaración de París de 1856.

El principio del no reconocimiento ha sido criticado principalmente sobre la base de no ser eficaz como sanción. En su defensa puede argumentarse que es simplemente una condición esencial para la aplicación de otras sanciones efectivas. Por consiguiente, la debilidad radica, no en la teoría sobre la cual se funda el principio, sino en la ausencia de sanciones efectivas para complementar el no reconocimiento a un acto o situación ilegal.

5.20 RECONOCIMIENTO "DE FACTO" Y "DE JURE"

Algunos autores se han afanado por eliminar cualquier distinción entre el reconocimiento de facto y el de jure, basándose en que ésta es meramente política y no conlleva efectos legales. Pero la mayoría ha aceptado la distinción. Dicha distinción nada tiene que ver con el problema de la legalidad del nuevo Estado o gobierno, desde el punto de vista del derecho constitucional. Ella se relaciona con los requisitos que se basan en el derecho internacional.

Cuando un nuevo régimen o autoridad, en opinión del Estado que hace el reconocimiento, reúne algunos pero no todos los requisitos que se consideran esenciales para otorgarlo, este último puede conceder un reconocimiento de facto. La característica esencial del reconocimiento de facto es su aspecto provisional, susceptible de ser retirado en los casos en que el régimen —o la autoridad— reconocido desaparece o es sustituido por otro. Se infiere, por consiguiente, que el verdadero propósito del reconocimiento de facto es:

una declaración de que el organismo que pretende ser el gobierno de un Estado existente o nuevo, ejerce autoridad efectiva sin que, a pesar de ello, satisfaga otros requisitos para el reconocimiento de jure. Si estos requisitos que faltan se cumplieren, entonces el pleno reconocimiento de jure se convertiría en un asunto corriente. Si, por el contrario, ellos siguieren faltando permanentemente, el reconocimiento cesaría de modo automático o sería final y expresamente retirado. (Lauterpacht, Recognition, p. 340.)

La distinción entre el reconocimiento de facto y el de jure queda adicionalmente ilustrada por los diferentes efectos legales que producen. Ha quedado ahora firmemente establecido que —a diferencia del reconocimiento de jure— el reconocimiento de facto no conlleva por sí mismo el intercambio de relaciones diplomáticas. También se ha establecido que, según la jurisprudencia de ciertos Estados, el gobierno reconocido de jure tiene derecho —en contraposición al gobierno de facto— sobre la propiedad del Estado situada en el extranjero, tal como los fondos del Estado en bancos extranjeros, los edificios de las misiones o los archivos del Estado. La decisión de la corte inglesa en Haile Selassie vs. Cable and Wireless Ltd. ((1939) capítulo 182, AD, 1938-40, Casos 37 y 67), ilustró muy bien esta norma.

La validez de la distinción entre el reconocimiento de facto y el de jure no queda disminuida, en manera alguna, por el hecho de que los Estados y los gobiernos reconocidos de facto gocen de inmunidades jurisdiccionales, del mismo modo y en la misma extensión que los reconocidos de jure; ni por la bien establecida regla de que tampoco existe diferencia entre ambos tipos de reconocimiento en cuanto a la aceptación de la validez de los actos internos, legislativos, judiciales o administrativos del Estado o gobierno reconocidos. De acuerdo con la decisión judicial inglesa en *Arantzazu Mendi* ((1939) A.C. 256 *AD*, 1939-40, Caso Nº 25), en los casos en que hay riesgo de procesar a un gobierno *de facto*, se le concederán inmunidades jurisdiccionales aun frente al gobierno *de jure*. Esta decisión ha recibido severas críticas, especialmente por parte de Lauterpacht. *(Recognition*, cap. XVII.)

Lo expuesto anteriormente no es suficiente para borrar la distinción entre el reconocimiento *de facto* y el *de jure*, o la tendencia que parece haberse originado en la decisión inglesa de *Luther vs. Sagor* ((1921) 3 K.B. 532; *AD*, 1919-22 Caso Nº 26), y que frecuentemente ha sido citada como autoridad para fundamentar la tesis de que no existen diferencias legales entre los efectos de un reconocimiento *de facto* y uno *de jure*. Pero *Luther vs. Sagor* no fue y no pudo ir tan lejos. En él uno de los jueces declaró:

> Para ciertos objetivos, no hay duda de que puede señalarse una distinción entre [el reconocimiento *de jure* y el *de facto*]... pero para la presente finalidad, en mi opinión, no puede hacerse ninguna distinción. (Bankens, L. J.)

El punto sometido ante el tribunal era determinar si un reconocimiento *de facto* era o no retroactivo para validar los actos de aquel régimen o autoridad como si dicho reconocimiento hubiera sido *de jure*. El Tribunal dio una respuesta afirmativa; pero no llegó a expresar que la distinción no existiera en relación con otros objetivos.

5.21 MODOS DE RECONOCIMIENTO

Existe cierta controversia en cuanto a si el reconocimiento debe ser siempre expresamente declarado o puede ser inferido de distintos actos del Estado. Por esta razón, en la práctica de los Estados hay muchos ejemplos demostrativos del cuidado que se ha tenido en evitar cualquier implicación de reconocimiento en los casos en que realmente no hay el propósito de concederlo. Hoy se acepta que no hay reconocimiento implícito en los siguientes casos:

i) Asentir a, o continuar siendo parte de un tratado multilateral del cual un Estado o gobierno no reconocido es ya parte o del cual se convierte en parte posteriormente. En las Naciones Unidas, por ejemplo, la prueba del reconocimiento universal no es un factor para la admisión del nuevo miembro. Por consiguiente, encontramos entre los miembros de las Naciones Unidas y de otras instituciones, Estados cuyos gobiernos o cuya misma existencia como Estados no están reconocidos por algunos de los miembros. Parece claro, por lo tanto, que no hay una conexión necesaria entre el reconocimiento y el establecimiento de los vínculos que resultan de un tratado multipartito moderno.

ii) Se creyó en una época que constituía un acto de reconocimiento la conclusión de un tratado bipartito, regulador de las relaciones entre dos Estados de manera comprensiva y por un lapso considerable o indefinido. Se señalaba una diferencia entre tal tratado y otro de naturaleza sólo temporal, como por ejemplo, el que estipulaba las reparaciones después de un conflicto.

Sin embargo, ha sido demostrado recientemente que hay un número cada vez mayor de acuerdos bipartitos entre unidades políticas que no se reconocen formalmente unas a otras, y que la conclusión de tales acuerdos equivale simplemente al reconocimiento de la capacidad de la contraparte para concertar tratados (ver Lachs, "Recognition and Modern Methods of International Co-operation", 35 *BYIL,* 252-9 (1959) ; y Blix, *Treaty-Making Power,* p. 119).

iii) La conservación y el mantenimiento continuado de representantes diplomáticos por un periodo transitorio, siempre que no se hagan nuevos nombramientos.

iv) El nombramiento, tanto de cónsules como de agentes o representantes que no tengan rango diplomático; y asimismo, el mantenimiento de contactos no oficiales e informales con respecto a asuntos urgentes y de rutina.

v) Las formas y la manera de comunicarse con las autoridades extranjeras y de dirigirse a ellas.

vi) La institución de procedimientos de extradición.

vii) El mantenimiento de cualquier forma de contacto con los insurgentes durante un conflicto civil.

Por otra parte, los siguientes actos se consideran como equivalentes a formas diferentes de reconocimiento:

i) Un mensaje de congratulación a un nuevo Estado cuando adquiere su independencia.

ii) El establecimiento formal de relaciones diplomáticas, especialmente el intercambio de agentes diplomáticos.

iii) La concesión de un exequátur (en contraposición a su solicitud), aunque esto no esté libre de controversia.

iv) Una declaración formal de neutralidad en el caso de hacerse un reconocimiento de beligerancia.

5.22 RECONOCIMIENTO CONDICIONAL Y RETIRO DEL RECONOCIMIENTO

El término "reconocimiento condicional" se usa aquí en el sentido de un reconocimiento que ha sido expresamente sujeto a la condición de que el nuevo Estado o gobierno habrá, por ejemplo, de conceder el tratamiento de nación más favorecida al Estado que reconoce, de respetar las deudas contraídas por su predecesor, o de respetar los derechos de las minorías dentro de sus fronteras (véase una discusión completa en Lauterpacht, *Recognition,* cap. XIX). Tal práctica es condenada por el derecho internacional porque es contraria a la condición de Estado, que surge de hechos engendradores de derecho, y que no depende de una discreción política ilimitada que se ejerce por los dictados del interés propio. "La práctica de los Estados no muestra ejemplos de que tales estipulaciones se consideren como justificadoras del derecho de retirar el reconocimiento en caso de que no se cumplan. No hay, por lo tanto, ninguna base para considerarlas como condiciones en el sentido jurídico de la palabra" *(ibid., p. 364)*.

Por otra parte, el reconocimiento implica que ciertos hechos creadores de derecho —tal como han quedado determinados *bona fide* por el Estado que reconoce— podrían desaparecer cuando, por ejemplo, un Estado es dividido o anexado; un gobierno pierde el control efectivo y es remplazado por otro; o los rebeldes, ya reconocidos como beligerantes, son derrotados. En todos estos casos, el retiro del reconocimiento debería constituir un proceso automático.

En cuanto a las formas que se emplean para efectuar tal retiro, en los casos de los Estados o gobiernos, el modo normal es reconocer al Estado sucesor, sea directa o indirectamente; en este último supuesto, mediante el retiro de la condición diplomática a los agentes enviados por el Estado o gobierno desaparecidos, o mediante el otorgamiento de la condición diplomática a quienes representan al nuevo Estado. Con respecto a los beligerantes reconocidos, el reconocimiento cesa automáticamente con su derrota.

5.23   Reconocimiento de estados y de gobiernos dentro del marco de las instituciones internacionales

La admisión de los Estados a las instituciones internacionales, y su representación en los diferentes órganos de ellas, origina varios problemas legales sobre el reconocimiento de Estados y de gobiernos. Como la condición de ser un Estado independiente es la principal para ser admitido en las Naciones Unidas, y como ésta se efectúa mediante una decisión importante del Consejo de Seguridad y una votación de las dos terceras partes de la Asamblea General, la admisión de un nuevo miembro en dicha Organización presupone su reconocimiento por un número de Estados miembros que representan la mayoría de los votos necesarios para aquélla. Cuando la representación de un Estado miembro es objeto de discusión y hay más de una autoridad pretendiendo tener el derecho de representarlo, el problema se trata como asunto de credenciales, según las reglas de procedimiento de los diferentes órganos de las Naciones Unidas. El logro de la mayoría requerida por parte de una de las autoridades contendientes, presupone de nuevo su reconocimiento por un número de Estados miembros que integran tal mayoría. La posición de los Estados miembros que adoptan una actitud opuesta, sin embargo, no los compromete necesariamente para el reconocimiento del Estado admitido en la Organización o el del gobierno representado en ella. La práctica de estas instituciones refleja ese criterio.

En las Naciones Unidas se han realizado esfuerzos para que el problema de la representación sea tratado sobre una base legal objetiva y separado de las complicaciones políticas del reconocimiento. El 8 de marzo de 1950, el Secretario General remitió a los miembros del Consejo de Seguridad un memorándum sobre los aspectos legales de la representación de los Estados en las Naciones Unidas. Sugería que la representación en las Naciones Unidas había sido indebidamente vinculada al reconocimiento de los gobiernos por los Estados miembros. Cuando un régimen revolucionario se presentaba a sí mismo como representante de un Estado, en competencia con el gobierno existente, el problema debía girar —expresaba el memorándum— sobre el punto de cuál de los dos estaba, de hecho, en posición de emplear los recursos del Estado y de dirigir a su pueblo hacia el cumplimiento de las obligaciones de la condición de miembro. Esto significaría, en esencia, una investigación sobre si el nuevo régimen ejercía autoridad efectiva dentro del territorio del Estado y si era obedecido habitualmente por el conjunto del pueblo. Si esto fuera así —declaraba el memorándum—, parecería apropiado que los órganos de las Naciones Unidas, a través de la acción colectiva, le concedieran el derecho a representar al Estado en la Organización. (UN Doc. S/1466.)

Las discusiones que se realizaron en la Asamblea General y la decisión tomada por ella, revelan la renuencia de la mayoría de los miembros a renunciar a la prerrogativa del reconocimiento como determinante de su respectiva posición sobre la representación. La Asamblea General se contentó con la adopción de una resolución, del 14 de diciembre de 1950, en la cual recomendó que "el problema debería considerarse a la luz de los propósitos y circunstancias de cada caso" y que sin tratar de quitar la decisión de las manos de cada órgano, "la actitud adoptada por la Asamblea General... debería tomarse en consideración en los otros órganos de las Naciones Unidas y en los Organismos Especializados" (Res. 396 (V)).

5.24 Reconocimiento de las instituciones internacionales

El problema del reconocimiento surge con respecto a las instituciones internacionales de alcance regional o limitado. En cuanto a las Naciones Unidas y a los Organismos Especializados, tiene un apoyo sustancial la opinión de que gozan de personalidad internacional sobre una base objetiva. Así, en la Opinión Consultiva sobre *Reparations for Injuries Suffered in the Service of the United Nations*, una de las determinaciones de la CIJ fue:

cincuenta Estados, que representan la vasta mayoría de los miembros de la comunidad internacional, tienen el poder, de acuerdo con el derecho internacional, de crear una entidad que posea personalidad internacional objetiva, y no simplemente una personalidad reconocida tan sólo por ellos... ((1949) CIJ Rep., 174.)

Esta declaración de la Corte ha sido rebatida por algunos autores que sostienen la necesidad del reconocimiento o de la aquiescencia de los Estados no miembros que no hayan sido parte del instrumento constitutivo. (Schwarzenberger, *op. cit.*, pp. 128-30; cf. pp. 137-8; y Bindschedler, "Die Anerkennung in Völkerrecht", 9 *Archiv des Völkerrechts*, pp. 387-8 (1961-2.) Otros no han puesto en duda la validez de la declaración de la Corte y su conclusión en cuanto a las Naciones Unidas se refiere, ya que consideran a esta organización como un caso especial, pero han denegado a otras instituciones la personalidad internacional objetiva.

Se han tratado anteriormente (2.29) el reconocimiento de los acuerdos regionales dentro del significado del capítulo VIII de la Carta de las Naciones Unidas y otros problemas afines, pero es conveniente resumirlos aquí. La Carta de la Organización de los Estados Americanos preceptúa que ella es "un organismo regional" dentro de las Naciones Unidas. Con referencia a las instituciones regionales que tienen más funciones generales que las concernientes al mantenimiento de la paz y consagradas en el capítulo VIII, la Carta no contiene disposiciones sobre interrelaciones formales como las que se destinan en el artículo 57 para los Organismos Especializados —a los cuales dicho artículo se refiere en el sentido de que "tienen amplias atribuciones internacionales"—. En su Informe a la Asamblea General, la Comisión Preparatoria observó que el Consejo Económico y Social podría

> a su discreción, negociar acuerdos con las autoridades competentes, haciendo vincular a dichos otros organismos intergubernamentales, incluyendo aquellos de carácter regional que no se consideren comprendidos dentro de la definición del artículo 57, pero a los cuales se estime deseable hacer vincular. (Informe de la Comisión Preparatoria de las Naciones Unidas, PC/2º, 23 de diciembre de 1945, cap. III, Sec. 5, párr. 2.)

En vista del hecho de que la condición de miembro en las instituciones regionales está limitada a un grupo de Estados, la posición de los Estados no miembros adquiere importancia práctica, tanto en lo referente a la condición legal y las inmunidades como al problema de la responsabilidad. Debido a la escasez de costumbre y de precedentes judiciales, los problemas que surgen en estos asuntos no han sido concluyentemente determinados. Debería hacerse también una distinción, por un lado entre el reconocimiento, y por otro, la ausencia de relaciones formales entre las organizaciones regionales y los no miembros de ellas. En el *Restatement of the Foreign Relations Law of the United States* preparado por el American Law Institute, se declara en la Nota del relator al artículo 71:

> No se han encontrado casos recientes sobre el problema de si las organizaciones en las cuales Estados Unidos no participan pueden, a pesar de ello, en algunas circunstancias, tener derecho a la inmunidad de jurisdicción de los Estados Unidos. Parece probable, al menos en el caso de organismos regionales de otras partes del mundo a los cuales Estados Unidos podrían alentar sin ser miembros, que habrán de surgir situaciones en las que, carentes de la condición de miembro y participación algún tipo de reconocimiento dará lugar a inmunidades bajo las reglas señaladas en esta materia.

El no reconocimiento de organizaciones regionales por parte de Estados no miembros puede afectar el problema de la responsabilidad. Si la organización realiza un acto que viole los derechos de un Estado no miembro, surge el problema de si la responsabilidad recae en la organización o en los varios Estados miembros, o sólo en aquellos Estados miembros que el no miembro afectado considera responsables del acto.

5.25 RECONOCIMIENTO DE BELIGERANCIA

Como hemos indicado en 5.11, la insurrección de una parte de la población de un Estado contra el gobierno establecido puede ocasionar una situación en la cual dicho gobierno no pueda cumplir más sus responsabilidades en relación con terceros Estados en asuntos derivados del conflicto. En tales circunstancias, el reconocimiento de la beligerancia es materia propia del derecho internacional.

I) Reconocimiento de las autoridades beligerantes. Al igual que en el reconocimiento de los Estados, nos enfrentamos aquí con dos opuestas escuelas de pensamiento. Una concibe el acto de reconocimiento como un otorgamiento o concesión de derechos, de privilegios o de una condición legal; la otra, meramente como una declaración de la existencia de ciertos hechos o un aviso de haberse enterado de ellos. Para la primera, un grupo rebelde carece de derechos y no está sujeto a deberes en el derecho internacional hasta que es reconocido. Para la segunda, la existencia de partes beligerantes es un hecho del cual se derivan los derechos y los deberes de los beligerantes y de los neutrales.

La teoría de la concesión ha sido apoyada por un considerable número de publicistas, incluyendo a Hall, Oppenheim, Hyde, Fauchille y Woolsey; pero esta teoría no ha tenido apoyo en la práctica. Parece que aquí también —como en el caso de reconocimiento de Estados y de gobiernos— la teoría declarativa ha ganado la posición dominante y que, asimismo, obran idénticos principios. Quiere decir que el reconocimiento no es un acto que concede un favor, ni una manifestación de ilimitado albedrío político, sino que está basado en la necesidad de tener en cuenta hechos engendradores de derecho. Generalmente hay acuerdo en que el reconocimiento del estado de beligerancia sólo debería concederse si

i) existe dentro del Estado un conflicto armado de carácter general, en contraposición, este último rasgo, a otro de carácter puramente local;

ii) los rebeldes ocupan una parte sustancial del territorio nacional;

iii) ellos llevan a cabo las hostilidades de acuerdo con las reglas de la guerra y a través de grupos organizados que actúan bajo una autoridad responsable; y

iv) existen circunstancias que hacen necesario para el Estado que reconoce definir su actitud frente al conflicto. La razón para este requisito final es la siguiente: si, por ejemplo, las partes en la lucha se proponen ejercer derechos de beligerantes en alta mar, de tal modo que afecten los intereses marítimos del Estado que reconoce, se ha producido, para éste, la necesidad de definir su actitud con respecto a la lucha. Por otra parte, si un Estado que no tiene costas y por tanto tampoco intereses marítimos, y que no está afectado por el conflicto en modo alguno, reconociera a los rebeldes como beligerantes, podría exponerse a la acusación de alentar la rebelión.

Por consiguiente, si el reconocimiento se concediera antes de que las cuatro condiciones anteriores se cumpliesen, ello sería contrario al derecho internacional.

En cuanto a los modos de conceder el reconocimiento a las partes beligerantes, son o implican actos inequívocos de reconocimiento: 1) una proclamación formal de neutralidad; 2) la declaración de un bloqueo por el gobierno legal. Esto último se considera así porque equivale a una afirmación de los derechos beligerantes que otros Estados están en el deber de reconocer, con la consecuencia de que tales derechos son, en lo sucesivo, disfrutados también por los rebeldes; porque los derechos beligerantes son ejercitables tan sólo si hay un antagonista, el cual debe igualmente tener los mismos derechos.

II) Beligerantes son sujetos de derecho internacional. El hecho de la beligerancia, cuando va acompañado de las condiciones descritas, da a las partes de la contienda derechos y deberes internacionales que las hacen, *pro tanto*, sujetos de derecho internacional. No se discute, sin embargo, que estos derechos y deberes son inoperantes mientras el reconocimiento de la beligerancia no se otorgue. Como en el caso de reconocimiento de los Estados y de los gobiernos, el acto de reconocimiento a una autoridad beligerante simplemente quita el obstáculo formal para el ingreso a la comunidad internacional.

III) Efectos del reconocimiento de las autoridades beligerantes. Dos importantes consecuencias jurídicas se derivan de este reconocimiento: *1)* En lo sucesivo, se hace posible aplicar reglas de derecho internacional sobre la manera de conducir las hostilidades, a las relaciones entre el gobierno legal reconocido y las autoridades beligerantes igualmente reconocidas. El conflicto civil se trasforma en una guerra regida por el derecho internacional en todos sus aspectos, por ejemplo, la neutralidad. Sin embargo, debe señalarse que las Convenciones de Ginebra de 1949, sobre el tratamiento de los heridos, enfermos y prisioneros de guerra, han abandonado la distinción tradicional entre la guerra y otras clases de conflictos armados. *2)* La responsabilidad internacional por los actos de las autoridades beligerantes reconocidas se trasfiere del gobierno legal a ellas.

Estas dos consecuencias se producen porque:

El reconocimiento de los insurgentes como un poder beligerante se parece más al reconocimiento de una comunidad como Estado, que la reconocimiento de un individuo o grupo de individuos como gobierno. Por el control efectivo del gobierno insurgente sobre una parte del territorio y del pueblo pertenecientes al Estado envuelto en la guerra civil, se forma una entidad que verdaderamente se parece a un Estado en el sentido del derecho internacional. (Kelsen, *Principles*, p. 292.)

En principio, el reconocimiento conferido por terceros Estados extraños al conflicto produce resultados legales que son *inter partes* solamente. Por otro lado, el gobierno establecido está impedido en el futuro de actuar arbitrariamente contra los rebeldes que han sido reconocidos. A partir de ese momento, se elevan del nivel local al internacional las relaciones entre las autoridades beligerantes reconocidas, el gobierno legal y los Estados que reconocen. Estos resultados legales son reconocidos y reafirmados en términos idénticos por las cuatro Convenciones de Ginebra de 1949, que regulan respectivamente, la condición de los heridos y de los enfermos en campaña; la de los heridos, enfermos y náufragos, en el mar; el tratamiento de los prisioneros de guerra; y la protección de los civiles en tiempo de guerra (ver artículo 3 en cada caso).

5.26 INSURGENCIA

El término "insurgencia" se usa para denotar la condición civil en un país en el cual los insurgentes no han logrado la condición de beligerantes. En relación con terceros Estados, aquélla puede implicar derechos o privilegios que ellos han acordado conceder a la parte rebelde. Éstos varían de un Estado y de una situación a otros, porque la insurgencia no es una condición que, como la beligerancia, origine derechos y deberes definidos.

> La insurgencia, hasta donde interesa a los Estados extranjeros, resulta, por un lado, de la decisión de estos Estados de no reconocer a la parte insurgente como beligerante, sobre la base de que faltan uno o más requisitos de la beligerancia. Por otro lado, el reconocimiento de la insurgencia es el resultado, tanto de la renuencia de los Estados extranjeros para tratar a los rebeldes como simple violadores del derecho, como del deseo de los Estados de asentar sus relaciones con los insurgentes sobre una base regular, aunque evidentemente provisional. Pueden surgir situaciones y de hecho han ocurrido en que falta alguna de las condiciones legales del reconocimiento de la beligerancia, pero en las cuales es sin embargo muy difícil actuar como si la guerra civil en un Estado extranjero fuese completamente un asunto interno del mismo... Es aceptable describir la situación que se produce de ese modo como un reconocimiento de la insurgencia, en tanto resulte claro que tal "reconocimiento" no va más allá de lo que ha sido concedido real y expresamente. Éste no confiere una condición formal... (Lauterpacht, *Recognition*, pp. 275 y ss.)

Siendo ello así, no es posible determinar de antemano los elementos de la reacción de los Estados extranjeros ante la insurgencia. Puede variar, desde la mera abstención de tratar a los rebeldes como *hostes generis humani*, a un grado de relaciones semejantes a las mantenidas con el gobierno constitucional. En estricta teoría, los rebeldes están en la misma situación que los salteadores y los piratas, hasta que se les otorgue el reconocimiento como insurgentes. En la práctica, sin embargo, en tanto que los actos de los rebeldes no produzcan daños a terceros Estados, no se confiere a éstos ningún derecho ni se les impone deber alguno de intervenir en cualquier forma o de definir su actitud sobre la lucha. Aun cuando tales actos hayan causado daños, "la práctica civilizada se ha limitado a la resistencia a tales actos ilegales, sin la pretensión de tratar a los ofensores con la extrema severidad aplicable a los *hostes generis humani*" (*ibidem* p. 278). Parece haber poca duda de que, en virtud del artículo 3 de cada una de las cuatro Convenciones de Ginebra de 1949 —a las cuales ya se ha hecho referencia— las disposiciones de estas convenciones se aplican a cualquiera de tales estados de lucha armada.

5.27 GOBIERNOS EN EL EXILIO

Han ocurrido muchos casos en que los gobiernos en el exilio han sido reconocidos sin que mantuvieran pretensión alguna de controlar cualquier parte del territorio nacional. Ellos quedan comprendidos en dos categorías diferentes: 1) Aquellos gobiernos cuyos jefes y/o respectivos gabinetes completos se trasladan transitoriamente del territorio nacional durante momentos de crisis. Este fue el caso, por ejemplo, de los gobiernos de Holanda, Grecia, Noruega, Polonia, Bélgica, Yugoslavia y Luxemburgo, que se trasladaron a Londres durante la última guerra. Entonces no se solicitó ningún acto formal de reconocimiento, y no se hizo ninguno, porque no hubo interrupción en la continuidad jurídica (ver, por ejemplo, la decisión inglesa en *Re Amand* (No. 1), [1941] 2 K.B. 239). 2) En la segunda categoría están los gobiernos formados en el extranjero, circunstancia en la que no puede haber conexión legal entre el gobierno en el exilio y el que en ese momento opera en el territorio nacional. Éste fue el caso del gobierno checoslovaco en Londres, y entonces fue necesario un acto formal de reconocimiento, que se realizó. A esta categoría pertenecen también el gobierno provisional de Argelia, establecido en El Cairo antes de la independencia, y el gobierno provisional de Angola, del señor Roberto Holden, en Leopoldville.

Sólo se producen problemas de reconocimiento en relación con la segunda categoría. ¿Qué condición jurídica disfruta tal gobierno en el derecho internacional? La respuesta debe ser que no goza de condición jurídica alguna. Los Estados pueden —por razones políticas o de otra índole— conceder "reconocimiento" a grupos que se autotitulan gobiernos; pero esto no puede alterar el hecho de que tales grupos tienen, meramente, la esperanza de formar un Estado o gobierno legítimo, en algún tiempo futuro.

En el caso de que la lucha no sea separatista, sino más bien de un grupo que combate para remplazar al gobierno en el poder, el "reconocimiento" del grupo fuera de su territorio nacional, como gobierno de dicho territorio, es meramente anticipatorio.

Tal reconocimiento no puede ser acordado *de jure*, pues un gobierno *de jure* puede ser reconocido sólo como gobierno del Estado. Cualquiera que pueda ser la motivación política, el conceder reconocimiento *de jure* durante la permanencia efectiva del gobierno legal sobre la mayor parte del territorio nacional, es un acto de interferencia en los asuntos internos del Estado. Un ejemplo de tal interferencia fue el reconocimiento *de jure* acordado al régimen de Franco, en España, por Alemania e Italia sólo cuatro meses después de estallar la guerra civil y dos años y medio antes de que terminara, cuando el gobierno republicano legítimo tenía todavía el control de la mayor parte del país.

SECCIÓN VI. SUCESIÓN DE LOS SUJETOS DE DERECHO INTERNACIONAL

5.28 SUCESIÓN DE ESTADOS

El problema que se considera aquí es, en el caso de que un sujeto de derecho internacional sucede a otro, si hay una sustitución legal por parte del nuevo sujeto en relación con algunos o todos los derechos y deberes del antiguo. Nuestro enfoque se limitará a dos categorías de sujetos de derecho internacional: los Estados y las instituciones internacionales.

Como en el caso del reconocimiento, encontramos que existe diversidad de prácticas entre los Estados, y que hay poca o ninguna esperanza, en el presente, de alguna codificación en esta rama del derecho.

Por "sucesión de Estados" se quiere significar "la situación de hecho que se produce cuando un Estado es sustituido por otro en un territorio determinado" (O'Connell, *State Succession*, p. 3). Es decir, hay una sucesión o una sustitución de hecho de un Estado por otro. Y el problema legal que debe ser dilucidado es: hasta qué punto se opera una trasmisión de los derechos y obligaciones del Estado viejo al nuevo. Esta situación se puede presentar en un gran número de formas. Un Estado puede ser absorbido por otro en virtud de completa anexión, voluntaria o de otro tipo. Puede resultar de la desintegración de un Estado, con la posibilidad de que sus componentes originales, en lo futuro, formen parte de Estados ya existentes o constituyan Estados separados, independientes de cualquier otro existente. La sucesión de Estados puede también ser originada por la sucesión producto de una rebelión, o por la cesión de parte del territorio nacional a otro Estado. La formación de una federación o de una unión real, en las cuales los miembros federales o de la unión dejan de constituir sujetos diversos de derecho internacional, también origina problemas de sucesión de Estados.

La sucesión de Estados debe distinguirse de la sucesión gubernamental. No obstante la realización de cambios en la organización del gobierno, o en la estructura constitucional de un Estado particular, el Estado mismo continúa vinculado por sus derechos y obligaciones de acuerdo con el derecho internacional. Éste es el principio de la continuidad de los Estados. Sin embargo, en casos en que ha habido cambios fundamentales en el sistema político del país —como el de la Revolución Bolchevique de 1917— se ha mantenido la pretensión de que el nuevo gobierno no quedaba vinculado por las obligaciones del anterior. A pesar de ello, en términos generales, puede afirmarse que un nuevo gobierno queda vinculado por todos los actos de su predecesor. Carece de relevancia el que aquél se haya establecido con violación de la constitución siempre que ejerza el único poder efectivo en el Estado. (Pero, ver *Tinoco Arbitration* (1923), I *RIAA*, 75.) Por otra parte donde hay una lucha por el poder y diferentes facciones tienen el control de partes diversas del país, la fracción que sobrevive como gobierno será responsable sólo de aquellos actos de las otras que son de carácter administrativo (en contraposición a los de carácter político) o que normalmente se hubieran producido por el manejo impersonal de la administración del Estado (ver, por ejemplo, *Hopkins Claim,* (1926) 4 *RIAA,* 41, un caso originado por la emisión de giros postales por una oficina de correos situada en territorio controlado por los rebeldes). Un gobierno no quedará obligado por los actos políticos o personales del antiguo régimen, ni por los actos realizados con propósitos hostiles a él; especialmente cuando hubiera advertido que no los respetaría en el caso de tener éxito en la lucha.

La sucesión de Estados queda adecuadamente comprendida en tres rótulos: *i)* derechos privados; *ii)* deudas públicas y derechos públicos; *iii)* tratados.

5.29 Derechos privados

Éstos continúan hasta que sean alterados por el nuevo soberano. Vinculan a éste, sin embargo, si en el momento de la sustitución ya eran derechos adquiridos o conferidos. Así, se trasmitirá un título de propiedad o un derecho de reclamar daños liquidados. Los daños quedan liquidados cuando se ha adjudicado el asunto del cual ellos provienen y ha sido fijada la cuantía por un tribunal competente.

Se infiere de esto que las meras expectativas, es decir, que han de conferirse en algún momento de tiempo futuro, o constituyen reclamaciones de daños no liquidados, no crean obligaciones que se trasmitan al nuevo soberano. Así, la reclamación de *Robert E. Brown,* que surgió de la cancelación injustificada de una licencia de exploración minera por parte de las autoridades Boer, fue rechazada por carecer de fuerza obligatoria frente al Reino Undo, el nuevo soberano ((1923) 4 *RIAA,* 120.)

Alguna controversia ha girado alrededor del problema de si el nuevo soberano resulta obligado aún en el supuesto de que en el momento de la sucesión se haya conferido un derecho privado o se hayan liquidado daños, cuando son incompatibles con el estado de independencia, o son de origen dudoso, o fueron creados inmediatamente antes del cambio de soberanía con el propósito expreso de ocasionar dificultades al nuevo soberano. El problema no es académico, como resulta evidente de la reciente controversia sobre la concesión de ámbito estatal hecha a la Chartered Company en Rodesia del Norte, hoy Zambia. La respuesta parece ser que, por muy desagradables que tales derechos puedan ser, ellos se trasmiten. Así, en el caso de *German settlers in Poland,* algunas concesiones de tierras hechas a colonos de origen alemán por las autoridades alemanas durante su ocupación de Polonia, fueron consideradas con validez legal frente a Polonia, aun cuando el propósito confesado de tales concesiones fue el de promover el interés alemán a expensas de aquel país (1923 PCIJ Ser. B, Nº 6). La solución radica en ajustar tales derechos por medio de una legislación que no constituya, al mismo tiempo, una violación del derecho internacional. Por ejemplo puede decirse que los derechos egipcios que nacionalizaron la Compañía del Canal de Suez, en 1956, satisficieron las reglas del derecho internacional, aunque —como resultado del ataque posterior a Egipto— ellos no funcionaron como se esperaba.

5.30 DEUDAS PÚBLICAS Y DERECHOS PÚBLICOS

Algunos escritores estiman que cualesquiera pagos que haga el nuevo Estado con relación a la deuda pública de su predecesor, son *ex gratia;* otros mantienen que tales pagos se realizan por funcionamiento de la regla *res transit cum suo onere,* que se considera aplicable aun si no existe beneficio alguno para el territorio. La mejor opinión es la de que quien tome el beneficio debe también tomar la carga. Así, cuando una región identificable se ha beneficiado con la inversión pública en una cantidad determinable, entonces, cualquiera que adquiera esa porción del territorio adquiere la parte de la deuda pública que corresponde al beneficio de éste. La conclusión es que no se asume ninguna deuda si no existen beneficios que le correspondan, aun cuando el territorio estuviera expresamente gravado con ella. Otra manera de expresar idéntica idea es decir que las deudas que son odiosas no se trasfieren al nuevo soberano. Pero como el nuevo soberano es el único que normalmente habría de decidir sobre lo que es odioso, tal distinción no ayuda mucho. Antes de que España fuera expulsada de Cuba aquélla se responsabilizó expresamente de parte de su deuda pública en Cuba. Cuando Estados Unidos ocupó Cuba, en 1898, se negó a asumir la deuda, sobre la base de que Cuba no se había beneficiado en modo alguno por esos gastos. El argumento alternativo en apoyo de la actitud norteamericana adujo que la deuda era despreciable porque fue contraída por España en el curso de la supresión del movimiento nacionalista de Cuba.

La posición teórica dista mucho, pues, de ser satisfactoria; y es una suerte que en la práctica el problema de la sucesión de las deudas públicas haya sido solucionado por acuerdos *ad hoc.* En ausencia de tales acuerdos y cuando la magnitud del beneficio no pueda estimarse, las siguientes pueden servir como guías aproximadas:

i) Cuando un Estado cede parte de su territorio, conserva el gravamen pleno de la deuda. Así, en el *Ottoman Debt Arbitration* (1925), Turquía, fue juzgada responsable de la totalidad de la deuda pública existente, aun cuando había sido compelida por los aliados a ceder muchísimas partes de su territorio (I *RIAA,* 529). *ii)* Cuando un Estado desaparece completamente, su deuda pública se divide proporcionalmente entre sus sucesores.

Pero no es seguro si la proporción deba determinarse de acuerdo con el tamaño respectivo de los territorios sucesores o con otros criterios. En *West Rand Gold Mining Company vs. The King* ([1905], 2 K.B. 391, 2 *BILC* 28) se sostuvo que no existía ninguna obligación por parte del conquistador con respecto a las deudas del Estado anexado. Esto es quizá un poco excesivo; pero la decisión puede explicarse sobre el fundamento de que el reclamante era un súbdito británico.

Con respecto a los derechos públicos relacionados con los hospitales, las escuelas y otras instituciones que forman parte del dominio público, la regla parece ser la de que ellos automáticamente son adquiridos por el Estado sucesor (ver el caso relativo a *Peter Pázmány University* (1933), PCIJ Ser. A/B, Nº 61, p. 237).

5.31 SUCESIÓN EN LOS TRATADOS

La sucesión en los tratados forma el núcleo del problema de la sucesión estatal.

Los primeros autores hicieron una distinción entre los tratados "personales" y los "reales". Los primeros eran aquéllos concertados por el príncipe, y su aplicación continuada dependía de la vida de él. Los segundos se concertaban con referencia al territorio del reino mismo y sobrevivían a la muerte del príncipe. Con el trascurso del tiempo, el territorio del Estado poco a poco dejó de ser considerado como patrimonio del príncipe. Al mismo tiempo, y por razones prácticas, un menor número de tratados se suscribían entre los jefes de Estado, y otro mayor entre los representantes gubernamentales en nombre de los Estados. De ese modo, la distinción perdió importancia.

Algunas veces se distingue también entre la sucesión "universal" y la "parcial". La primera se dice existir cuando la personalidad del soberano anterior queda totalmente extinguida y remplazada por otra, como en el caso de la anexión o el desmembramiento. La segunda se considera que ocurre cuando el Estado predecesor continúa existiendo a pesar de la disminución de su territorio, sea por cesión o por secesión. Se dice que se aplican reglas diferentes para la trasmisión de los derechos y las obligaciones de los tratados, con dependencia de si la sucesión es universal o parcial.

La distinción parece ser de escasa importancia sustancial, porque, ya fuera la sucesión universal o parcial, siempre surgirían los mismos problemas: cuáles derechos y obligaciones se dejarían circunscritos al territorio particular, y a quién se habrían de atribuir; y, en particular, si el Estado sucesor era un sujeto de derecho internacional con anterioridad al logro de su plena condición de Estado, hasta el punto de haber tenido capacidad para asumir obligaciones por medio de tratados.

En la presente exposición, abandonaremos el uso de los términos tratados "reales" o "personales"; también, sucesión "universal" contrapuesta a sucesión "parcial". A la vez, proponemos hacer una división en este campo entre tratados "localizados" y "no localizados": los primeros son los que

recaen y conciernen a un territorio determinado, y se asemejan a títulos ejecutados; los segundos comprenden todos los demás asuntos.

El principio general que gobierna la posición de los nuevos Estados frente a los tratados es:

> los Estados recientemente establecidos que no resultan de un desmem-
> bramiento político, y de los cuales no puede decirse con justicia que
> implican continuidad política con ningún predecesor, comienzan con
> una hoja en blanco en materia de obligaciones derivadas de tratados,
> excepto sobre las obligaciones puramente locales o "reales" del Estado
> que ejercía anteriormente la soberanía sobre el territorio del nuevo
> Estado (McNair, *Law of Treaties,* p. 601.)

Además,

> Cuando una Estado es desmembrado en nuevos Estados independientes,
> sus *tratados,* por regla general, quedan nulos o ineficaces y no se tras-
> miten al nuevo Estado. Los tratados generalmente son personales en
> tanto que ellos presuponen, además del territorio, también la existen-
> cia de cierto soberano sobre él. Para los Estados sucesores, los tratados
> concertados por el Estado orginario son *res inter alios acta.* (Castren,
> "Obligations of State arising from the Dismemberment of Another State",
> 13 *Zaörv,* 754 (1951).)

Deben considerarse tres excepciones a esta regla: *1)* tratados que se han
hecho parte del derecho internacional consuetudinario; *2)* cuando ha habido continuidad de identidad estatal; *3)* tratados localizados.

5.32 TRATADOS QUE SE HAN HECHO PARTE DEL DERECHO INTERNACIONAL CONSUETUDINARIO

Se acepta universalmente que un nuevo Estado está obligado por las reglas
existentes de derecho internacional consuetudinario, sean éstas de origen
puramente consuetudinario o convencional. El problema aquí es determinar
qué tratados han adquirido fuerza de derecho internacional consuetudinario en forma tal que obliguen al nuevo Estado. Una regla consuetudinaria
fundada en un tratado obliga al nuevo Estado, no por su carácter de tratado, sino por su aceptación universal y continuada, que ha extendido su
vigencia más allá de las partes originales o de su región de nacimiento. Se
deriva de esto que hasta que un conjunto de reglas de tratados haya adqui-
ıido la fuerza de la costumbre, ellas permanecen como *res inter alios acta* en
cuanto concierne al nuevo Estado.

La Convención de La Haya, de 1907, para el Arreglo Pacífico de las Controversias (Martens, *NRG,* 3ª Ser., Vol. 3, 360) es un ejemplo. En 1949, la

Corte Suprema de las Filipinas consideró que las reglas contenidas en la Convención obligaban a un Estado que no había asentido formalmente a ella. La razón aducida fue que para esa época las reglas consagradas se habían convertido en parte del derecho internacional consuetudinario. (Ver *Kuroder vs. Jaladoni* (1949), *Philippines Official Gazatte,* Vol. 46, p. 4282, N? L-2662.) El Tratado General para la Renuncia de la Guerra, de 1928, es otro ejemplo de un instrumento de tratado que forma ahora parte del derecho internacional consuetudinario.

No obstante es fundamental destacar que, aunque muchos de los llamados tratados legislativos se transforman en reglas de derecho internacional consuetudinario, ello no acontece con todos. Es decir, que no todo tratado legislativo se convierte en una regla consuetudinaria de derecho internacional (ver 3. 19).

5.33 Tratados y continuidad de los estados

En los casos en que la evolución de una situación de dependencia a otra de plena condición de Estado se ha realizado gradualmente, más que en forma repentina, el nuevo Estado habrá ido disfrutando y ejerciendo algunos de los derechos propios de un sujeto de derecho internacional antes de la tapa de plena independencia. En particular, el periodo de autonomía de un territorio se caracteriza por su capacidad para concluir varios tipos de acuerdos internacionales. Esto no es, estrictamente hablando, una especie de sucesión estatal, sino una evolución estatal: la identidad del nuevo Estado puede ser rastreada hasta periodos anteriores a la plena independencia.

Como ejemplos, podemos citar Canadá, Australia, África del Sur, Nueva Zelandia y la India, los cuales disfrutaron de representación propia en conferencias internacionales durante y después de la Conferencia de Paz de París de 1919, y de condición individual de miembro en un grupo de instituciones internacionales, incluyendo la Liga de las Naciones (ver Lester, "State Succession to Treaties in the Commonwealth", 12 *ICLQ,* pp. 475-507 (1963)). Un ejemplo más reciente es el de Uganda, que alcanzó su plena independencia el 9 de octubre de 1962, pero que desde junio de 1961 hasta esa fecha celebró un acuerdo bipartito con el Reino Unido y dos acuerdos multipartitos. (El Tratado con el Reino Unido se refirió al empleo de sus residentes en el servicio público de Uganda, mientras que los dos tratados multipartitos se relacionaban con la Organización de Servicios Regulares de África del Este y con el Acuerdo Internacional del Café.)

Se ha aducido que ciertos tratados técnicos o humanitarios que han recibido la aprobación de la legislatura local con anterioridad a la independencia, se trasmiten automáticamente al nuevo Estado. Como ejemplos, se han citado las convenciones internacionales referentes a normas de trabajo, salubridad pública, servicios meteorológicos, cheques y letras de cambio, y responsabilidad de los dueños de barcos. Dicho razonamiento se basa en la práctica de algunos Estados nuevos —especialmente los que formaron parte del imperio francés— de declararse a sí mismos obligados, "por virtud de la sucesión estatal", a todos aquellos tratados aplicados por los anteriores gobernantes. La posición correcta, sin embargo, parecería ser que esta categoría de tratados no es, en modo alguno, diferente de la de cualquier otro tratado no localizado, a menos, desde luego, que haya llegado a formar parte del derecho internacional consuetudinario. La aprobación en forma de legislación colonial no puede tener relevancia en esta materia, porque no proporciona la garantía de que el nuevo Estado aceptará la obligación. Algunos Estados predominantemente musulmanes se han negado, por ejemplo, a aceptar tratados que se les aplicaban con anterioridad a su independencia, referentes a la condición legal de las mujeres. Dificultades parecidas han surgido en África con respecto a las convenciones sobre esclavitud, en cuanto éstas hacen ilegal la costumbre de la sucesión de la viuda. Aunque existen casos, por lo tanto, en que los Estados recientemente independizados han rechazado el considerarse obligados, los tratados multilaterales de carácter técnico y humanitario han sido casi universalmente aceptados en la práctica.

La característica distintiva de los casos de esta categoría es que, además de la trasmisión automática de los tratados localizados y de los que han formado parte del derecho internacional consuetudinario, hay gran número de tratados no localizados que pueden trasmitirse al nuevo Estado; su número e importancia variarán de acuerdo con el grado en que se ejerció la capacidad de asumir obligaciones externas y con la extensión del período durante el cual se realizó.

5.34 TRATADOS LOCALIZADOS

Un tratado localizado o dispositivo tiene el efecto legal de conferir al territorio una condición legal que se pretende habrá de ser permanente, y que es independiente de la personalidad del Estado que ejerce la soberanía. Los tratados localizados regulan límites territoriales, establecen regímenes ribereños y crean obligaciones similares a las servidumbres. Además de los tratados sobre límites, otros ejemplos son los de 1815, que establecieron las Zonas Libres de Saboya y de Gex, entre Francia y Suiza, y la Convención de Constantinopla, de 1888, que estableció el principio de libre navegación a través del Canal de Suez.

Parece ser universalmente aceptado que los tratados localizados —tal como han sido anteriormente definidos— se trasmiten automáticamente. En cuanto a los tratados sobre límites, la justificación de la trasmisión automática radica en que el nuevo Estado queda obligado, no por el tratado como tal sino por la regla de la inviolabilidad de la soberanía de otros Estados. El nuevo Estado debe respetar las fronteras existentes de otros Estados.

La práctica de los Estados confirma la teoría esbozada anteriormente, en particular con respecto a los tratados de límites. Así, al separarse de Gran Bretaña, los Estados que formaron Estados Unidos aceptaron las fronteras que habían sido previamente fijadas (Wharton, *Digest,* Vol. I, sec. 6). A este respecto, resulta también ilustrativa la decisión de los jefes de Estados africanos de observar los límites coloniales anteriores.

En el caso de los tratados de límites, es importante destacar que lo que sobrevive no es fundamentalmente el instrumento del tratado por el cual la obligación se estableció, sino la obligación misma. Esto se debe a que el instrumento del tratado ha cumplido su propósito en la ejecución y ha cesado de producir cualquier efecto operativo. Por esta razón, las disposiciones de un tratado de límites son separables de aquellas que contienen obligaciones de tracto sucesivo o de ejecución continua. Mientras las primeras están consumadas, las segundas se establecen con la intención de obligar hacia ellas a las partes (en ocasiones, a perpetuidad) y no se trasmiten necesariamente al Estado sucesor. Los Tratados Anglobelgas, de 1921 y de 1951, referentes a facilidades portuarias en Dar-es-Salaam y en Kigoma, Tanganica, son ilustrativos de esto. (Ver U.K. *Treaty Series* (1921). No. 11, Cmd. No. 1327; U.K. *Treaty Series* (1951), Nº 38, Cmd. 8240.) De acuerdo con las reglas señaladas aquí, el nuevo Estado de Tanganica se declaró a sí mismo libre de las obligaciones establecidas por el tratado —aunque Tanganica decidió hacerlo por otras razones (11 *ICLQ,* 1210-14, (1962)).

5.35 Tratados no localizados

Hemos examinado las tres excepciones que limitan la aplicación de la teoría de "hoja en limpio" con respecto a un nuevo Estado. Los tratados para los cuales se aplica la teoría son todos aquéllos que hemos agrupado con la designación de "tratados no localizados". El tratado no localizado es en esencia un contrato del tipo que sólo puede cumplirse personalmente. En consecuencia, su validez continuada depende de la existencia continuada de las partes contratantes. En el momento en que una de las partes desaparece —debido a una completa anexión o a una unión real— deja de ser capaz de cumplir las obligaciones derivadas de tal tratado, y éste debe considerarse en lo sucesivo como extinguido. Pero un Estado contratante que simplemente pierde una parte de su territorio, por cesión o por secesión, sin que sea afectada su personalidad internacional, conserva su capacidad contractual. El determinar si el Estado desmembrado continúa obligado por el tratado, depende del propósito de éste y de la forma como está relacionado con el territorio sobre el cual el Estado perdió el control. En el caso de la India Británica, por ejemplo, el resultado de la Ley de Independencia Hindú de 1947, ocasionó que la India continuase la personalidad de la anterior India Británica, en tanto que Paquistán habría de ser considerado como un nuevo Estado con respecto a su condición de miembro de las Naciones Unidas (ver Shearer, "La succession d'états et les traités non localisés", 35 *RGDIP,* 5 (1964)).

Los tratados no localizados pueden ser bilaterales (como los de comercio y de navegación, los acuerdos de nación más favorecida, los acuerdos de aviación civil y los tratados de extradición); o pueden ser multilaterales (como la Carta de las Naciones Unidas y la Convención sobre Genocidio de 1948). Todos tienen una característica común: ligan a la persona del Estado que los concierta o que accede a ellos.

La insinuación de que simplemente debido a que un tratado tiene un gran número de adherentes deba, por esa sola razón, obligar a los nuevos Estados, en principio carece de fundamento y no está de acuerdo con la práctica de los Estados.

A veces se ha sugerido que existe una distinción entre los tratados técnicos, administrativos o humanitarios, por una parte, y los demás tratados no localizados, por otra. Se ha dicho que, como regla general, los nuevos Estados normalmente suceden al anterior, pero que pueden repudiar los tratados de la última categoría, como incompatibles con su nueva condición legal. Pero no parece haber ninguna justificación para sostener el criterio de que cualquiera de dichos tratados se trasmite automáticamente (ver 5.33).

Algunos autores han tratado de señalar otros tipos de tratados "no localizados" a los cuales pueda atribuirse la transferencia automática; pero es imposible distinguir alguna diferencia entre ellos y otros tratados no localizados. Se ha dicho, por ejemplo, que los tratados de extradición, los acuerdos para facilidades de tránsito, las arrendamientos de territorio y los tratados para la desmilitarización de un territorio son ejemplos de tratados no localizados que se transfieren automáticamente. Se agrega, algunas veces, una ulterior complicación al calificar a algunos de ellos de servidumbres.

En cuanto a la existencia de servidumbre, McNair expresó:

> Enumerar una lista de restricciones territoriales y denominarlas servidumbres, no prueba nada en absoluto. Entresacar de ellas unos muy pocos casos y señalar que, a pesar de los cambios de territorio, continúan sobreviviendo y siendo reconocidas como restricciones, no prueba casi nada, a menos que además se demuestre: *a)* que este resultado es puramente automático y que ocurre porque la creación del derecho confiere un fragmento del *imperium,* o por lo menos del *dominium,* a la parte titular, y *b)* que no se han celebrado tratados siguientes entre las nuevas partes, en los cuales se reconozcan o se supriman las restricciones, salvo tratados puramente declaratorios sobre la continuidad de las restricciones, las cuales hubieran sobrevivido sin ellos. (McNair, "So-called State Servitudes", 6 *BYIL,* 123 (1925).)

Tales tratados no difieren de los otros no localizados, ya que todos ellos dependen de la personalidad de las partes, sin las cuales los derechos y las obligaciones recíprocas no existirían.

5.36 ACUERDOS DE TRASMISIÓN

Francia, Holanda y el Reino Unido ha empleado consistentemente el mecanismo del acuerdo de trasmisión, no sólo como medio para trasmitir los derechos y las obligaciones constitucionales a un nuevo Estado establecido en una antigua colonia, sino también para trasmitirle derechos y obligaciones internacionales anteriormente existentes entre aquellos países y terceros

Estados u otros organismos. El Reino Unido no concertó tales acuerdos con los dominios más antiguos, presumiblemente a causa del principio de la continuidad de los Estados, al cual ya nos referimos (ver 5.33).

Los acuerdos de trasmisión concertados entre Francia y sus antiguas colonias o protectorados al independizarse, disponen una trasferencia general, al nuevo Estado, de las obligaciones anteriormente contraídas por Francia con respecto al territorio de aquél. Los Países Bajos adoptaron un proyecto semejante con ocasión de la independencia de Indonesia. El modelo de los acuerdos de trasmisión concluidos entre el Reino Unido y sus antiguas dependencias es el Tratado sobre el Reconocimiento de la Independencia de Birmania, del 17 de octubre de 1947. El artículo 2 dispone:

> Todas las obligaciones y responsabilidades surgidas de cualquier instrumento internacional válido, y que hasta ahora han correspondido al gobierno del Reino Unido, corresponderán en lo sucesivo al gobierno provisional de Birmania, en tanto pueda considerarse dicho instrumento con aplicación a ese país. Los derechos y beneficios hasta ahora disfrutados por el gobierno del Reino Unido en virtud de la aplicación a Birmania de tal instrumento internacional, serán disfrutados en lo sucesivo por el gobierno provisional de Birmania. (70 *UNTS*, 183.)

Con ligeras modificaciones, la misma fórmula ha sido empleada en los acuerdos de trasmisión celebrados entre el Reino Unido y, por ejemplo, Gana, Nigeria y Sierra Leona. Por otra parte, no se ha concluido ningún acuerdo con la antigua Somalia Británica, ni con el territorio del Camerún incorporado a la Federación de Nigeria.

La validez legal de los acuerdos de trasmisión, como modo de transferir los derechos y las obligaciones de los tratados, no ha sido nunca discutida en lo que respecta a sus efectos bilaterales entre los dos Estados contratantes; aunque sí han existido diferencias de opinión sobre el efecto de tales acuerdos con respecto a terceros Estados (Com. Van Panhuys, "Accords internationaux conclus par les Pays-Bas avant l'Indépendance de l'Indonésie", 2 *Ned*. T. 55; y Lauterpacht, 7 *ICLQ*, 515, en 525 (1958).

La operancia de los acuerdos de trasmisión no ha tenido éxito. En el Parlamento hindú han surgido problemas sobre si eran obligatorios para la India los tratados de extradición celebrados entre el Reino Unido y otros Estados, y aplicados a la India Británica (Shearer, *op. cit.*). También arrojan luz sobre los problemas que se producen por los acuerdos de trasmisión, las actuaciones de extradición de *Westerling* (ILR, 1950, Caso Nº 21), basadas en el Tratado de Extradición Angloholandés de 1898, el cual, a tenor de la ley holandesa, se extendió a las Indias Orientales Holandesas. Existen decisiones contradictorias de tribunales paquistanos e hindúes basadas en la Orden de la Independencia Hindú (Acuerdos Internacionales), de 1947. En *Dabrai contra Air India Ltd. (ILR*, 1953, p. 41) y en *Krishna Sharma vs. State of W. Bengal* ([1954] A.I.R. (Calcuta) 591), sobre el efecto de la Orden, los tribunales hindúes adoptaron una interpretación diferente de la mantenida por la Corte Suprema de Paquistán en *Yangtze (London) Ltd. vs. Barlas Bros.* (Pakistan Legal Decisions, 1961, p. 573).

En vista de esta duda existente sobre la validez de los acuerdos de trasmisión entre el nuevo Estado y los terceros Estados u otras instituciones internacionales, resulta de especial interés la actitud adoptada, primero por Tanganica y posteriormente por Trinidad, Uganda, Kenia, Malawi, Zambia y Burundi, con relación a obligaciones de tratados previamente asumidas por el Reino Unido y por Bélgica.

Al obtener Tanganica la independencia, el 8 de diciembre de 1961, su primer ministro envió el siguiente comunicado al Secretario General de las Naciones Unidas:

El Gobierno de Tanganica es consciente de la conveniencia de mantener, hasta el más alto grado compatible con el nacimiento de la plena independencia del Estado de Tanganica, la continuidad legal entre éste y los varios Estados con las cuales, a través de la actuación del Reino Unido, el Territorio de Tanganica con anterioridad a su independencia tenía relaciones de tratados. Consecuentemente, el Gobierno de Tanganica aprovecha la presente oportunidad para hacer la siguiente declaración:

En lo concerniente a los tratados bilaterales válidamente concluidos por el Reino Unido en nombre del territorio de Tanganica, o válidamente aplicados o extendidos por el primero al territorio del segundo, el Gobierno de Tanganica está deseoso de continuar aplicándolos sobre una base de reciprocidad, por un periodo de dos años a partir de la fecha de la independencia (es decir, hasta el 8 de diciembre de 1963), a menos que hayan sido abrogados o modificados con anterioridad por acuerdo mutuo.

Al finalizar dicho periodo, el Gobierno de Tanganica considerará como terminados todos aquellos tratados que no deban ser considerados vigentes en virtud de la aplicación de normas del derecho internacional consuetudinario.

El Gobierno de Tanganica abriga la esperanza más sincera de que durante el antes mencionado periodo de dos años, los procesos normales de negociación diplomática le permitirán alcanzar un acuerdo satisfactorio con los Estados afectados, sobre la posibilidad de la continuación o modificación de tales tratados.

El Gobierno de Tanganica está consciente de que la anterior declaración, aplicable a los tratados bilaterales, no puede, con igual facilidad, ser aplicada a los tratados multilaterales. En relación con éstos, por consiguiente, el Gobierno de Tanganica se propone revisar cada uno de ellos, individualmente, e indicar en cada caso al depositario qué medidas desea tomar en cuanto a cada uno de dichos instrumentos ya sea por medio de la confirmación de su terminación, de su confirmación de sucesión o por accesión. Durante tal período transitorio de revisión, cualquier parte de un tratado multilateral que haya sido aplicado o extendido a

Tanganica con anterioridad a su independencia, puede confiar, sobre la base de reciprocidad, en que Tanganica respete sus términos.

Se apreciaría que Su Excelencia pudiera disponer que el texto de esta declaración se hiciese circular a todos los miembros de las Naciones Unidas. (Ref. Carta Nº PMC 196/01, fechada 9, diciembre de 1961 del Primer Ministro al Secretario General Actuante de las Naciones Unidas.)

En cuanto a esta declaración, los dos puntos más importantes de observar son: *1)* rechazo de la idea de que las obligaciones de los tratados se trasmitirían en forma automática por el simple hecho de que hubieran sido debidamente aplicados al territorio por el Reino Unido; *2)* reconocimiento de la trasferencia automática de ciertas obligaciones de los tratados por virtud del derecho internacional consuetudinario.

Las declaraciones de Uganda, de Kenia y de Burundi fueron redactadas en términos semejantes.

Tales declaraciones han sido objetadas sobre la base de que constituyen una injustificada innovación que habría de confundir, en vez de aclarar, el problema de la sucesión estatal —que es difícil llevarlas a la práctica—, y que están equivocadas en principio (ver Bartos, "Les Nouveaux Etats et les traités internationaux" 9 *Juguslavenska Revija*, Nº 2). Pero ninguna de esas objeciones se ha basado en razones apoyadas en el derecho sustantivo o en la práctica. No es cierto, por ejemplo, que dichas declaraciones constituyan una completa innovación. Jordania, Israel y el Sudán no concertaron acuerdos de trasmisión con el Reino Unido al obtener su independencia. La situación se dejó para que fuera regulada por el derecho internacional consuetudinario, y se aceptó que los nuevos Estados regularizarían sus relaciones con los terceros Estados mediante el intercambio de notas para la continuación de los viejos tratados, o por medio de la concertación de otros nuevos. Es también incierto afirmar que las declaraciones no pueden llevarse a la práctica. Todos estos países han podido desarrollar sin dificultad alguna su plena actividad en la comunidad internacional.

Sin embargo, a la luz de la experiencia británica, resulta ahora que los acuerdos sobre los derechos y las obligaciones concertados entre el Reino Unido y sus antiguas dependencias, no sirven a ningún propósito útil, y que debería admitirse que la situación quedase regida por las normas del derecho internacional consuetudinario, dejándose al nuevo Estado en libertad para hacer sus propios arreglos con los otros Estados y organizaciones, con el fin de que se le aplicaran, después de la independencia, aquellos acuerdos internacionales que él deseara que continuasen.

5.37   SUCESIÓN DE LOS ESTADOS EN CALIDAD DE MIEMBROS DE LAS INSTITUCIONES INTERNACIONALES

En dos principales categorías de casos han surgido problemas de sucesión de un Estado en relación con su condición de miembro: *1)* en la formación de nuevos Estados mediante la división de un Estado existente; 2) en la fusión de dos Estados existentes.

En la Sociedad de las Naciones, el Estado Libre de Irlanda fue admitido por no haberse considerado suficiente la condición de miembro del Reino Unido para conferir esta condición al nuevo Estado. En la práctica de las Naciones Unidas merecen indicarse dos ejemplos: la división de la India Británica, en 1947; y la fusión de Egipto y Siria, en 1958. En el caso de la India Británica, la decisión tomada por la Asamblea General indica que la nueva India fue aparentemente considerada como la misma persona internacional que el miembro originario, y que Paquistán fue admitido, a tenor del artículo 4, como un nuevo Estado. Se expresaron objeciones a ese criterio con el fundamento de que debió considerarse que tanto la India como Paquistán heredaban, ambos, la condición de miembro, o que, por el contrario, ambos debían solicitar su admisión como nuevos Estados. Después de que el Primer Comité de la Asamblea General hubo recomendado la admisión de Paquistán, solicitó de la Sexta Comisión que indicara las reglas aplicables para los casos futuros en los cuales se formaran nuevos Estados mediante la división de un miembro. La Sexta Comisión contestó de la siguiente manera:

1) Que, por regla general, resulta conforme con los principios jurídicos presumir que un Estado, que es miembro de la Organización de las Naciones Unidas, no deja de ser miembro simplemente a causa de que su constitución o sus fronteras hayan sido objeto de cambios; y que debe demostrarse la extinción del Estado como persona jurídica reconocida en el ordenamiento internacional, antes de que por ello pueda considerarse que sus derechos y obligaciones han dejado de existir.

2) Que cuando se crea un nuevo Estado, cualquiera que puedan ser el territorio y las poblaciones que comprenda, y formen o no ellos parte de un Estado miembro de las Naciones Unidas, éste no puede, bajo el sistema de la Carta, pretender la condición de miembro de las Naciones Unidas, a menos de que haya sido formalmente admitido como tal, de acuerdo con las disposiciones de la Carta.

3) Más allá de eso, cada caso debe ser juzgado de acuerdo con sus méritos. (UN Doc. A/C 1/212.)

En el caso de la fusión de Egipto y Siria mediante la formación de la República Árabe Unida, en 1958, el ministro de asuntos exteriores de ésta informó al Secretario General, el 24 de febrero de 1958, del establecimiento de la República Árabe Unida. El 1º de marzo, el ministro de asuntos exteriores de la República Árabe Unida envió una nota el Secretario General, en la cual informaba que el gobierno de la República Árabe Unida había declarado que la Unión, en lo sucesivo, constituiría un solo miembro en las Naciones Unidas, vinculado por las disposiciones de la Carta; y que, asimismo, todos los tratados y acuerdos internacionales celebrados por Egipto o por Siria con otros países, permanecerían con validez, dentro de los límites regionales prescritos en los respectivos documentos, y de acuerdo con los principios del derecho internacional.

El 7 de marzo de 1958, el Secretario General comunicó la nota anterior a todos los Estados Miembros y a todos los órganos de las Naciones Unidas; e informó que él había recibido del ministro de asuntos exteriores de la República Árabe Unida, las credenciales que designaban al representante permanente de aquella República. El Secretario General aclaró que su aceptación de la Carta de Credenciales era una actuación circunscrita a los límites de su autoridad, realizada sin prejuzgar, y dependiente de cualquier acción que otros órganos de las Naciones Unidas pudieren adoptar sobre la base de la notificación de la constitución de la República Árabe Unida y de la nota del 1º de marzo de 1958. El 7 de marzo de 1958, el Representante de la República Árabe Unida ocupó su asiento —previamente ocupado por el representante de Siria— en el Consejo de Administración Fiduciaria.

Cuando Siria volvió a asumir su anterior condición de Estado independiente, en 1961, asumió de nuevo la condición de miembro individual de la Organización.

5.38 SUCESIÓN ENTRE INSTITUCIONES INTERNACIONALES

Por constituir las instituciones internacionales un fenómeno relativamente reciente, muchos de los problemas legales referentes a su nueva condición no han sido todavía resueltos. La sucesión entre ellas es uno de estos problemas. Éste es relativamente simple cuando los miembros integrantes de las dos instituciones son los mismos, o cuando la integración de los miembros de la nueva institución es más amplia que la de la antigua. Se complica más cuando algunos miembros de la antigua institución no se hacen miembros de la nueva.

En los pocos casos en que se ha presentado el problema de la sucesión, éste ha sido arreglado por acuerdo entre las dos instituciones afectadas. Así ocurrió en el caso de los diferentes acuerdos celebrados entre las Naciones Unidas y la Sociedad de las Naciones, basados en los Acuerdos Provisionales que se firmaron al mismo tiempo que la Carta de las Naciones Unidas. (I *UNTS*, 109, 119, 131, 135.)

En caso de que ciertas funciones se encomendaran a la antigua institución internacional por acuerdos internacionales diferentes de su instrumento constitutivo,

es conveniente que (los instrumentos constitutivos de la organización sucesora) contengan un compromiso por el cual los miembros del cuerpo que se crea consientan en que se le trasfiera a él las funciones, poderes, derechos y deberes conferidos al antiguo organismo por instrumentos de los cuales ellos son parte. En defecto de una estipulación de ese tipo, la ejecución continuada de tales instrumentos puede verse evitada o impedida cuando el antiguo organismo haya dejado de existir; y el consentimiento de las partes individuales de los instrumentos que confieren las funciones, los poderes, los derechos y los deberes, más bien que el consentimiento del viejo organismo, se requiere, a fin de evitar dicho resultado. (Jenks, "Some Constitutional Problems of International Organizations", 22 *BYIL*, 69 (1945).)

El problema de la sucesión por las Naciones Unidas a la Sociedad de las Naciones, con referencia a las funciones de supervisión sobre el sistema de mandatos, fue discutido por la Corte Internacional de Justicia, en su Opinión Consultiva, del 11 de julio de 1950, sobre el *International Status of South-West Africa*.

La Sociedad de las Naciones, el 18 de abril de 1946, había adoptado una resolución en la cual se reconocía:

a la terminación de la existencia de la Liga, sus funciones con relación a los territorios dados bajo mandato desaparecerán; pero observa que los capítulos xi, xii y xiii de la Carta de las Naciones Unidas incorporan principios correspondientes a los declarados en el artículo 22 del Pacto de la Sociedad;...

Y, asimismo, tomó nota de las intenciones expresadas por los miembros de la Sociedad que administraban entonces los territorios bajo mandato, de continuar haciéndolo para el bienestar y el desarrollo de los pueblos en cuestión, de acuerdo con las obligaciones contenidas en los respectivos mandatos, hasta que se concluyesen otros arreglos entre las Naciones Unidas y las respectivas potencias mandatorias.

Esta Resolución fue interpretada por la Corte como una suposición de que las funciones de supervisión ejercidas por la Sociedad habrían de ser desempeñadas por las Naciones Unidas. La Corte declaró:

La necesidad de supervisión continúa existiendo, a pesar de la desaparición de los órganos supervisores bajo el Sistema de Mandatos. No puede admitirse que la obligación de someterse a la supervisión haya dejado de existir, cuando las Naciones Unidas tienen otro órgano internacional que desempeña funciones supervisoras similares, aunque no idénticas. ((1950) ICJ Rep. 136.)

BIBLIOGRAFÍA

I. GENERAL

Andrassy, G.: "La Souveraineté et la Société des Nations", 61 *HR*, 641 (1937).
Dickinson, E.D.: *The Equality of States in International Law*, Cambridge, Mass., Harvard Univ. Press, 1920.

Fawcett, J.E.S.: *The Inter Se Doctrine of Commonwealth Relations,* Oxford, Univ. Press, 1958.

—.: *The British Commonwealth in International Law,* Londres, Stevens, 1963.

Jennings, R.Y.: "The Progress of International Law", 34 *BYIL,* 334 (1958).

Koretsky, V.M.: "Problemas de los Derechos y Deberes Fundamentales de los Estados en Derecho Internacional" (en ruso), Moscú, Izd-vo Akademii Nauk SSSR, 1959, p.74; reseña en inglés, p. 87, *Soviet Yearbook of International Law,* 1958.

Korowicz, M.S.: *Organisations internationales et souveraineté des États membres,* París, Pedone, 1961.

Politis, N.S.: "Le problème des limitations de la souveraineté et de la théorie de l'abus des droits dans les rapports internationaux", 6 *HR,* 5 (1925).

Rousseau, C.: "L'Indépendence de l'État dans l'ordre international", 73 *HR,* 171 (1948).

Schwarzenberger, G.: "The Forms of Sovereignty: An Essay in Comparative Jurisprudence", 10 *Current Legal Problems,* 264 (1957).

—.: *International Law,* 3ª ed., Londres, Stevens, 1957.

II.   El estado soberano como sujeto del derecho internacional

Alfaro, R.J.: "The rights and Duties of States", 97 *HR,* 95 (1959)

Mouskhély, M.: "La Naissance des États en droit international public", 66 *RGDIP,* 469 (1962).

III.   Instituciones internacionales como sujetos del derecho internacional

Chiu, H.: "Succession in International Organizations", 14 *ICLQ,* 83 (1965).

Jenks, C.W.: "The Legal Personality of International Organizations", 22 *BYIL,* 267 (1945).

Parry, C.: "The Interational Public Corporation", en *The Public Corporation: A Comparative Symposium,* ed. W.G. Friedmann, Toronto, Carswell, 1954, p. 495.

Penfield, W.S.: "The legal Status of the Pan American Union", 20 *AJIL,* 257 (1926).

Pescatore, P.:. "Les Relations extérieures des Communautés Européennes: contribution a la doctrine de la personnalité des organisations internationales", 103 *HR,* 7 (1961).

Seyersted, F.: "International Personality of Intergovernmental Organizations: Do Their Capacities Really Depend upon Their Constitutions?", 4 *Indian Journal,* I

—.: "Is the International Personality of Intergovernmental Organizations Valid vis-à-vis Non-members?", 4 *Indian Journal,* 233 (1964).

Wissberg, G.: *The International Status of The United. Nations,* N. Y., Oceana, 1961.

IV.   Otros sujetos de derecho internacional

Chowdhuri, R.N.: *International Mandates and Trusteeship Systems: A Comparative Study,* La Haya, Nijhoff, 1955.

Hall, H.D.: *Mandates, Dependencies and Trusteeship,* Washington, D. C.: Carnegie Endowment, 1948.

—.: "The Trusteeship System", 24 *BYIL,* 33 (1947).

Lakshminarayan, C.V.: *Analysis of the Principles and System of International Trusteeship in the Charter; A Study of the Origin, Principles and Aplication in International Law,* Ginebra Imprimeries Populaires, 1951.

Rappard, W.E.: "The Mandates and the International Trusteeship Systems", 61 *Political Science Quarterly*, 408 (1946).

Siotto-Pintor, M.: "Les Sujets du droit international autres que les États", 41 *HR*, 251 (1932).

Wright, Q.: *Mandates under the League of Nations*, Chicago, Univ. Press, 1930.

V. RECONOCIMIENTO

Blix, H.: *Treaty-Making Power*, Londres, Stevens, 1960.

Charpentier, J.: *La Reconnaissance internationale et l'évolution du droit des gens*, París, Pedone, 1956.

Chen, T.C.: *The International Law of Recognition, with Special Reference to Practice in Great Britain and the United States*, Londres, Stevens, 1951.

Flory, M.: *Le Statut international des gouvernements réfugiés et le cas de la France Libre, 1939-1945*, París, Pedone, 1952.

Irizarry y Puente: "The Doctrines of Recognition and Intervention in Latin America", 28 *Tulane Law Review*, 313 (1954).

Kunz, J.L.: "Identity of States under International Law", 49 *AJIL*, 68 (1955).

Lachs, M.: "Recognition and Modern Methods of International Co-operation", 35 *BYIL*, 252 (1959).

Lauterpacht, H.: *Recognition in International Law*, Cambridge, Univ. Press, 1947.

Marek, K.: *Identity and Continuity of States in Public International Law*, Ginebra, E. Droz, 1954.

Wright, Q.: "Recognition, Intervention and Ideologies", 7 *Indian Yearbook of International Affairs*, 89 (1958).

VI. SUCESIÓN DE SUJETOS DE DERECHO INTERNACIONAL

Caflisch, L.: "The Law of State Succession: Theoretical Observations", 10 *Ned. Tijd.*, 337 (1963).

Castrén, E.J.S.: "Aspects récents de la succession d'États", 78 *HR*, 385 (1951).

Feilchenfeld, E.H.: *Public Debts and State Succession*, Nueva York, Macmillan, 1931.

Guyomar, G.: "La Succession d'États et le respect de la volonté des populations", 67 *RGDIP*, 92 (1963).

International Law Association: *The Effect of Independence on Treaties*, Londres, Stevens 1965.

Jones, J.M.: "State Succession in the Matter of Treaties", 24 *BYIL*, 360 (1947).

O'Connell, D.P.: *The Law State Succession*, Cambridge, Univ. Press, 1956.

—.: "Independence and Succession to Treaties", 38 *BYIL*, 84 (1962).

—.: "State Succession and the Effect upon Treaties of Entry into a Composite Relationship", 39 *BYIL*, 54 (1963).

Vallat, F.A.: "Some Aspects of the Law of State Succession", 41 *Grotius Society Transactions*, 123 (1955).

6. AUTORIDAD DEL ESTADO: SU ALCANCE EN RELACIÓN CON LAS PERSONAS Y LUGARES

CONTENIDO

SECCIÓN I. EL TERRITORIO ESTATAL EN EL DERECHO INTERNACIONAL

6.01 EL CONCEPTO DEL TERRITORIO ESTATAL

Puesto que la conducta de los Estados en las relaciones internacionales depende de la autoridad legal que tienen, para entender adecuadamente la posición de ellos en el derecho internacional es necesario determinar la extensión y el alcance de su respectiva jurisdicción. Como la jurisdicción de un Estado sobre su territorio es la base de su actividad, es obvio que para el análisis de la naturaleza de los Estados en el derecho internacional, la primera tarea tiene que ser la aclaración del concepto jurídico de territorio estatal.

Al definir el concepto de territorio estatal en términos del derecho internacional, dos elementos deben tenerse en cuenta: 1) la composición y la extensión del territorio que ha de ser considerado como el del Estado, 2) el carácter jurídico de la autoridad del Estado sobre dicho territorio. Sólo cuando consideremos esos dos elementos es posible determinar la verdadera naturaleza de la autoridad del Estado sobre su territorio, denominada "soberanía territorial".

En cuanto concierne a la composición y la extensión del área que ha de ser tratada como territorio estatal, existe el acuerdo general de que comprende todas las áreas terrestres, incluyendo las del subsuelo; las aguas —ríos nacionales, lagos y mar territorial nacional— y el espacio aéreo sobre la tierra y el mar territorial.

Aunque en una época se consideraba necesario hacer hincapié en la autoridad exclusiva del Estado sobre las diferentes partes de su territorio, mientras se ponía énfasis en la mutua indivisibilidad de ellas en términos geofísicos y jurídicos, en la actualidad no existe, a este respecto, ninguna cuestión importante de principio. En efecto, la indivisibilidad de los componentes del territorio estatal, que se acaba de indicar, se encuentra reconocida por el derecho internacional, que garantiza la integridad territorial y la independencia política de los Estados.

Algunos autores también extienden el concepto de territorio estatal hasta el punto de comprender "cosas" situadas fuera del territorio de un Estado, pero que caen dentro de su jurisdicción. Éstas han sido llamadas "partes ficticias de territorio", e incluyen las embarcaciones en alta mar, las aeronaves en vuelo y los locales de los representantes diplomáticos en el extranjero sobre la base del reconocimiento de su extraterritorialidad (véase Oppenheim, *International Law*, Vol. I. 8ª ed., p. 461). Pero debe considerarse que éstas constituyen una excepción, que no integran una parte extendida del territorio del Estado sino que reflejan la prolongación de su jurisdicción más allá de dicho territorio.

Las observaciones precedentes sobre la indivisibilidad del territorio esta tal no significan, desde luego, que éste deba necesariamente constituir un todo geográfico. Por ejemplo, existen los llamados "enclaves internacionales", partes del territorio de un Estado separadas de su núcleo principal que están completamente circundadas por el territorio de otro Estado. Dichos enclaves están desapareciendo rápidamente, pero en una época eran numerosos. Como ejemplos contemporáneos podemos citar el enclave italiano de Campione y el alemán de Buisingen, situados en territorio suizo, y el enclave español de Llivia, en territorio francés. Es también posible que todo el territorio de un Estado esté dividido en dos partes separadas, como en el caso de Paquistán.* Desde el punto de vista jurídico, sin embargo, no hay diferencias entre la condición de los enclaves y el de las partes del territorio estatal separadas de este modo.

Un ejemplo especial de territorios separados geográficamente de su cuerpo principal son los sometidos al dominio colonial. Mientras que en el derecho internacional tradicional, a las colonias se las consideraba como partes integrantes del territorio metropolitano, la situación ha ido cambiando gradualmente desde la adopción de la Carta de las Naciones Unidas. Con el reconocimiento del derecho de la Organización para recibir información sobre el desarrollo interno de los territorios dependientes, en la foma expresada en la Declaración con respecto a Territorios no Autónomos (capítulo XI de la Carta), se ha desarrollado el criterio de que dichos territorios disfrutan de una condición jurídica especial en el derecho internacional y, por consiguiente, en relación con el país metropolitano (véase Delbez, *Les Principes généraux du droit international public,* pp. 216-219).

6.02 NATURALEZA DE LA AUTORIDAD SOBRE EL TERRITORIO ESTATAL

Según hemos expresado, a la jurisdicción del Estado sobre su territorio se la ha llamado soberanía territorial. Aunque existen autores como Brierly, por ejemplo, que ponen en duda la propiedad del uso de las palabras "soberanía territorial" en este contexto (véase *Law of Nations,* 1955, p. 150), puede decirse que dichas palabras han sido aceptadas en forma general para describir la naturaleza de la autoridad del Estado sobre su territorio. Por ser la posesión de la soberanía territorial uno de los elementos esenciales de la independencia estatal, se ha dedicado mucha atención a la explicación de su natualeza jurídica. Han sido formuladas varias teorías, y al exponer las ideas esenciales sobre las cuales se basan, debemos hacer hincapié en que dichas teorías, en efecto, reflejan diferentes etapas en el desarrollo de la autoridad del Estado y diversas formas de orden estatal.

* El antiguo territorio de Paquistán Oriental proclamó su independencia el 10 de abril de 1971, retrotrayendo sus efectos al 26 de marzo de ese año. Después de un conflicto bélico entre Paquistán, India y el nuevo Estado de Bangla Desh, este último fue reconocido por el gobierno hindú el 6 de diciembre de 1971. Para el 31 de enero de 1972, los siguientes países habían otorgado reconocimiento a Bangla Desh: Australia, Austria, Barbados, Bhutan, Bulgaria, Birmania, Chipre, Checoslovaquia, República Democrática Alemana, Hungría, Islandia, India, República de Khimer, Mongolia, Nepal, Nueva Zelandia, Polonia, Unión de Repúblicas Socialistas y Yugoslavia.

De estas teorías, la patrimonial generalmente es considerada la más antigua. Según ella, se admitía que el territorio en cuestión era posesión personal del gobernante. Así se reflejaba la básica relación feudal, en la que se consideraba al gobernante el amo absoluto. Las ideas victoriosas de la Revolución Francesa, sin embargo, introdujeron nuevos conceptos y explicaciones teóricas adicionales en la relación entre la autoridad del Estado y su territorio.

La principal de estas nuevas teorías consideró el territorio como objeto de la autoridad estatal, en la misma forma en que se consideraba la propiedad como posesión del individuo. El Estado —de acuerdo con el Código Civil francés— era dueño de todo lo que se encontrara sobre y dentro de su territorio.

Otra fundamental teoría adicional describió al territorio del Estado como "el elemento constitutivo del concepto del Estado". Según ésta —a veces llamada teoría del área— la violación del territorio de un Estado no es simplemente una violación de su posesión, sino de la misma personalidad del Estado y del pueblo que vive en él. Así, esta teoría puede relacionarse con el reconocimiento del derecho de los pueblos a la nacionalidad y ha favorecido la lucha de ellos por su liberación nacional y la formación de Estados nacionales.

En la actualidad, varios autores han defendido la teoría del "territorio como el área de la jurisdicción estatal". Formulada a principios de este siglo, tuvo seguidores principalmente en la llamada Escuela de Viena, en especial, Kelsen. Su punto de vista determina:

"El territorio de un Estado" es una expresión figurada que designa cierta calidad del derecho nacional —su esfera territorial de validez— no una relación entre los individuos dentro del derecho. El territorio de un Estado no es una cosa; en especial no es la tierra ni un pedazo de tierra; es un área determinada por el derecho internacional. (Kelsen, *Principles of International Law*, p. 216.)

Existen otras interpretaciones de esta teoría que se reducen a considerar el territorio como una esfera en la que el Estado ejerce su autoridad (véase Schoenborn "La Nature juridique du territoire", 30 *HR*, 85 (1926).)

Sin entrar a un análisis profundo de estas teorías, debemos reconocer el carácter constitutivo del territorio como elemento esencial del Estado, tanto desde el punto de vista del derecho nacional como desde el punto de vista del derecho internacional. Sólo de esta manera se puede entender el carácter exclusivo de la autoridad estatal sobre el territorio, carácter que queda comprendido en el término "soberanía territorial".

La soberanía territorial es a la vez total y exclusiva. Implica la plena y suprema jurisdicción del Estado sobre su territorio, incluyendo el poder de desarrollar toda forma de legislación estatal en el marco de su propio orden jurídico sin injerencia externa. Así entendida, un elemento importante de la soberanía territorial es su interés de la indivisibilidad en relación con las diversas porciones geográficas del territorio estatal. Si examinamos los eletantivos de la autoridad estatal, encontraremos que la distinción entre territorio, aguas territoriales y espacio aéreo nacional, carece de importancia, salvo en ciertas excepciones específicas, como en el caso del tránsito inocente por aguas territoriales. En otras palabras, el Estado ejerce la misma autoridad sobre las superficies terrestres como sobre las marítimas y el espacio aéreo.

Sin embargo, el concepto de la comunidad de estados, como factor paralelo en el derecho internacional, sujeta la soberanía territorial a la regla del respeto a la independencia política y a la integridad territorial de los otros Estados. Así, la soberanía territorial de un Estado no debe ejercerse en detrimento de otro, sino de buena fe, de acuerdo con las obligaciones internacionales y el derecho internacional en general. Ésta en ua regla que es, puede decirse, generalmente aceptada en la actualidad. Fue confirmada por la Corte Internacional de Justicia en el *Corfu Channel Case,* al declarar que es "obligación de todo Estado no permitir, con su conocimiento, que su territorio sea utilizado en actos contrarios a los derechos de otros Estados" ((194) ICJ Rep. 22). En numerosas decisiones arbitrales se encuentra una confirmación ulterior de esta regla, de la cual se ha derivado el llamado derecho de relaciones de buena vecindad. (Para el desarrollo de este concepto, véase Andrassy, "Les Relations internationales de voisinage", 79 *HR,* 76 (1951.))

La afirmación más reciente —y a la vez más amplia— de esta limitada noción moderna de la soberanía territorial, puede encontrarse en las disposiciones del artículo 1º del Tratado de Proscripción de Pruebas Nucleares, firmado en Moscú, el 5 de agosto de 1963. De acuerdo con dicho artículo, cada parte renuncia al derecho de explotar dispositivos nucleares no sólo "en cualquier lugar que se halle bajo su jurisdicción o autoridad" y "en la atmósfera"; hasta "más allá de sus límites, incluido el espacio ultraterrestre, o debajo del aguas territoriales o la alta mar", sino también

> *b)* en cualquier otro medio *si dicha explosión da lugar a la presencia de residuos radioactivos fuera de los límites territoriales del Estado bajo cuya jurisdicción o control dicha explosión se efectúa...* (Para el texto completo, véase *State Department Bulletin,* Nº 1259, p. 239 (1963))

Sin embargo, estas características de la soberanía territorial no limitan el alcance de la autoridad del Estado dentro de su territorio. Con el progreso histórico de las relaciones jurídicas entre los Estados, el ejercicio de su jurisdicción se ha tornado más complejo y se ha diversificado de tal modo que, no obstante que el principio de la jurisdicción territorial está reconocido como uno de los básicos del derecho internacional, la noción de la autoridad del Estado tiene un significado más amplio en la actualidad. La autoridad de un Estado sobre sus súbditos ("la supremacía personal") no queda confinada a su territorio sino que se extiende más allá, siempre que su ejercicio no infrinja la soberanía territorial de otro Estado (véase las secciones ix y x de este capítulo). Pero, esto no quiere decir que la importancia del territorio del Estado para la definición de la naturaleza de la autoridad de él, en general, haya disminuido. De hecho, la llamada jurisdicción externa del Estado es sólo una expresión limitada de su autoridad que, en sustancia, se deriva de su poder exclusivo sobre el territorio estatal.

6.03 CONDOMINIOS Y SERVIDUMBRES

Por la naturaleza de la soberanía territorial, podría parecer que únicamente puede ejercitarse la autoridad de un solo Estado sobre un territorio, en un momento determinado. Sin embargo, algunos territorios han estado sujetos a una división de autoridad entre dos o más Estados.

La forma más frecuente de este tipo de autoridad dividida sobre el mismo territorio se llama "condominio" o "coimperio". El Sudán estuvo sometido a un condominio angloegipcio hasta 1953, y un condominio aglofrancés sobre las Nuevas Hébridas ha existido desde 1914.

Aparte de los condominios, también existen situaciones en que hay una coadministración de varios países sobre un territorio con respecto al cual sólo un Estado tiene la soberanía territorial. Tales situaciones se encuentran en regiones fronterizas —como el caso de la explotación conjunta de los depósitos de guano en las Mejillones, en la frontera entre Chile y Bolivia— y en territorios que estaban o aún están bajo administración colonial —como el territorio de las Islas Christmas: Sobre la base de un convenio firmado en 1958, se encuentran bajo la jurisdicción de Australia; pero las minas de fosfato son administradas conjuntamente por Australia y Nueva Zelandia (véase Coret, "Le Status de l'île Christmas de l'Océan Indien", 8 *Annuaire Français*, 206 ss. (1962). Un caso reciente de coadministración se presenta en la explotación conjunta del Sahara mediante organización francoargelina, establecida por el Convenio de Evián, de 1962, pero que funciona dentro del "marco de la soberanía argelina". (Véase "Declaración de Principios para la Explotación de la Riqueza del Subsuelo del Sahara", 57 *AJIL,* 733 (1963).)

Este último tipo constituye una forma transicional de administración conjunta, entre el condominio y las servidumbres internacionales, una institución de acuerdo con la cual un Estado acepta una limitación estipulada de su soberanía sobre parte o la totalidad de su territorio, en nombre de y en interés de otro Estado. Aunque en la doctrina no haya unanimidad sobre la explicación teórica de la naturaleza de las servidumbres internacionales, pueden aceptarse como una institución del derecho internacional contemporáneo. Los intentos de incluir todas las limitaciones a la soberanía estatal sobre el territorio en la categoría de servidumbres —como por ejemplo, el derecho de paso de embarcaciones mercantes a través del mar territorial— y calificarlas de "servidumbres naturales" (*servitudes juris gentium naturales*), han fracasado. Puesto que dichas limitaciones no se basan en convenios especiales, no se las debe vincular con las servidumbres internacionales, que se pueden establecer mediante convenio entre las partes interesadas. Por esta razón, la duración de las servidumbres queda vinculada a la suspensión o vencimiento de los derechos y obligaciones estipulados en el convenio. Sin embargo, a diferencia de las servidumbres de derecho privado, las servidumbres internacionales no necesariamente tienen que ser respetadas por los Estados sucesores (véase 5.32 y 5.33).

La aceptación de las servidumbres no representa una negación de la soberanía, aunque el Estado sirviente queda obligado a observar las condiciones prescritas para el territorio afectado. Pueden involucrar dos clases de obligaciones, que dependen del carácter de la acción requerida por parte del Estado territorial, conocidas como servidumbres positivas y negativas. Las servidumbres positivas implican un deber del Estado sirviente de otorgar ciertas concesiones, y un derecho para el otro Estado de exigir ciertas acciones. Las servidumbres negativas implican la obligación de abstenerse de ciertas acciones.

Hay varias clases de servidumbres, clasificadas de acuerdo con la materia de que se trate, de las cuales las servidumbres militares y las económicas son de los tipos más importantes en el uso contemporáneo.

Las servidumbres militares comprenden la formación de zonas desmilitarizadas, la prohibición de construir fortificaciones o puntos fuertes, la concesión de bases navales o aéreas, el derecho de paso a tropas, etcétera. Por ello, el Tratado de Paz con Italia, en 1947, dispuso la destrucción de todas las fortificaciones italianas y el retiro de las instalaciones militares o lo largo de la frontera italoyugoslava; y también, de acuerdo con el Tratado de Paz con Bulgaria, se limitó el derecho de ésta a construir fortificaciones permanentes a lo largo de la frontera con Grecia, pero se le permitió construir posiciones provisionales necesarias para la conservación del orden interno y para la defensa local de la frontera.

Las servidumbres económicas generalmente se establecen para mejorar el comercio y las comunicaciones, y la utilización de los recursos naturales. Pueden citarse numerosos ejemplos de zonas libres en puertos y estaciones ferroviarias, tales como Génova en Italia —donde Suiza tiene una zona libre— o Salónica en Grecia —donde Yugoslavia también disfruta los beneficios de la zona libre—. Además, las servidumbres económicas incluyen el derecho de construir líneas ferroviarias, derechos de pesca y concesiones para el suministro de energía eléctrica.

SECCIÓN II. EL ESPACIO TERRESTRE

6.04 Condición jurídica del espacio terrestre

La parte más importante del territorio de un Estado consiste en la tierra comprendida dentro de sus fronteras. A esta área se la llama usualmente "espacio terrestre" en el derecho internacional, e incluye el lecho del mar y el subsuelo del mar territorial.

Según hemos visto, no existe diferencia alguna, en la condición jurídica, entre el espacio terrestre y las otras partes del territorio estatal. El espacio terrestre, como un todo —con islas, aguas nacionales y el subsuelo—, se encuentra bajo la jurisdicción exclusiva del Estado territorial. Sin embargo, ciertos aspectos del espacio terrestre son de particular consideración para el derecho internacional: los más importantes son la delimitación de las fronteras estatales y la cuestión de la adquisición y la pérdida de ese territorio.

6.05 FRONTERAS DEL ESTADO

Según la doctrina tradicional del derecho internacional, "las fronteras del territorio del Estado son líneas imaginarias sobre la superficie de la Tierra que separan al territorio de un Estado del de otro, o de un territorio sin dueño o del mar abierto" (Oppenheim, *op. cit.*, p. 532). Hoy prevalece el punto de vista de que la frontera de un Estado no se encuentra representada por una línea, sino por una superficie que delimita verticalmente la tierra y el espacio aéreo de un Estado, incluyendo el subsuelo. Las fronteras del Estado, establecidas por la delimitación del espacio terrestre, se denominan fronteras políticas. Las posibilidades de una actividad estatal más allá de estas fronteras, por ejemplo, al amparo de arreglos aduaneros, ha originado expresiones tales como "fronteras aduaneras" (Sibert, *Traité de droit international public.* Vol. I, pp. 699-709).

Las fronteras de un Estado generalmente se encuentran marcadas por señales especiales, aunque esto no es necesario en todos los casos. Las fronteras pueden describirse como naturales, artificiales o convencionales. Las fronteras naturales incluyen las correspondientes a la configuración de la tierra, cadenas de montañas, ríos, lagos y puntos similares. Las fronteras artificiales son las determinadas por líneas geográficas proyectadas; meridianos, paralelos, carreteras, etcétera. Las que se encuentran ajustadas a objetivos militares se denominan fronteras estratégicas.

El dibujo de líneas convencionales se efectúa sobre la base de ciertos principios generalmente aceptados, aunque pueden encontrarse soluciones especiales acordadas por los Estados interesados. Así, cuando existe una cadena de montañas en la zona fronteriza, se puede hacer que la línea pase por las cumbres más altas. En un río no navegable, la línea froteriza es el centro geométrico del río. Si el río es navegable, la línea fronteriza generalmente corre a lo largo del llamado *thalweg*, que es el centro de la parte más profunda del río. La línea fronteriza también puede correr a lo largo de la orilla del río perteneciente a uno de los Estados. El mismo principio se aplica a los puentes que cruzan ríos fronterizos, pero la línea también pude pasar por el punto medio de los puentes. En el caso de lagos, existen varias soluciones posibles; la más corriente es que la línea divisoria debe pasar a través del centro del lago. La línea fronteriza marítima corre a lo largo del borde del mar territorial (véase 6.13).

Puesto que las fronteras siempre han tenido una importancia crítica en las relaciones interestatales, se ha mantenido el punto de vista de que generalmente no deben ser alteradas. El reconocimiento de las fronteras puede ser tácito o estipulado por medio de un convenio internacional. En la actualidad, esto merece un énfasis especial, ya que algunos Estados en Asia y África han planteado el problema de las fronteras establecidas cuando dichos países se encontraban bajo dominio colonial. Sin embargo, parece que la mayoría de los países africanos y asiáticos se han declarado a favor del principio del *uti possidetis,* que fue aplicado en América Latina en el siglo XIX durante la independencia de las antiguas colonias españolas, y disponía que las fronteras entre los Estados correspondieran a las existentes entre las diferentes partes del imperio colonial español. (Véase la resolución aprobada por la primera sesión ordinaria de la Asamblea de Jefes de Estado y Gobierno de la Organización de Unidad Africana, que contiene la declaración solemne de que "todos los Estados Miembros se comprometen a respetar las fronteras existentes al obtener la independencia nacional" (Doc., AHG/RES. 16/1 de la OAU), y Bastid, "Les problèmes territoriaux dans la jurisprudence dè de Cour Internationale de Justice", 107 *HR,* 365-489 (1962).)

6.06 Adquisición y pérdida

En el pasado, el poder y la autoridad del Estado en la vida internacional eran consecuencia directa de su magnitud territorial. Por lo tanto, no es sorprendente que los problemas de la adquisición y la pérdida del espacio terrestre asumieran un significado especial en el derecho internacional. El título sobre el territorio fue adquirido por los Estados mediante dos medios principales: según ellos, puede ser originario o derivado. El primero implica la adquisición de tierras que no pertenecían a ningún Estado con anterioridad. El segundo comprende la adquisición de territorio mediante su traspaso de un Estado a otro. Las reglas que rigen ambos métodos se derivan principalmente de dos factores: la condición jurídica anterior del territorio y la forma en que el Estado obtuvo posesión y control de aquél. Las reglas básicas del derecho internacional consuetudinario, que aún tienen validez, fueron formadas por estos dos factores y por la influencia de conceptos de derecho privado prevalecientes en una época en que el espacio terrestre se consideraba como propiedad del Estado.

En cuanto al título original del territorio, debe hacerse una distinción entre cambios geofísicos y adquisición del territorio que no se encuentra bajo soberanía alguna.

La adquisición del título del territorio como resultado de cambios geofísicos se conoce por "accesión". Por ejemplo, si una isla se forma en el área costera de un Estado, pertenece a dicho Estado. La accesión también puede ser el resultado de derrumbes en una ribera de un río fronterizo y de adiciones hechas en la otra ribera, lo mismo que de cambios en el curso de un río y de otros fenómenos que den como resultado una manifiesta extensión del territorio. Ya que generalmente esto ocurre en pequeña escala, tal agrandamiento de territorio ocurre sin un acto formal de aseveración del título.

La forma más importante de adquisición es la rechazada por medios de ocupación pacífica en un territorio no apropiado anteriormente. Es la más antigua forma de expansión territorial de los Estados. Desde el punto de vista del derecho internacional, debe llenar dos condiciones: *a)* que el territorio ocupado no pertenezca a nadie —que sea *terra nullius; b)* que el territorio sea ocupado en forma pública y efectiva —aunque esto no significa necesariamente que todo el territorio debe ser ocupado—. Estas condiciones son consideradas como esenciales para el reconocimiento del título por ocupación. En otras palabras, la ocupación implica la efectividad, consistente —desde el punto de vista de la teoría y de la práctica contemporánea— en la toma de posesión y en el establecimiento de una administración sobre el territorio, en nombre de y para el Estado adquiriente. No basta la declaración de ocupación; sólo constituiría una ocupación ficticia y no una efectiva. Éste es el motivo por el cual la efectividad tiene una especial importancia para el reconocimiento del título por ocupación. En relación con esto, el punto de vista generalmente aceptado es que el descubrimiento sólo proporciona un título "incipiente" al descubridor, quien tiene que expresar su intención de ocupar el territorio descubierto, efectivamente, por actos concretos de autoridad; sin embargo, éstos pueden variar de acuerdo con las circunstancias.

La cristalización del concepto de la ocupación pacífica es el resultado de una práctica de larga duración y de la solución de una serie de disputas entre los Estados. Especialmente conocidos son el *Eastern Greenland Case* (1933), (PCIJ Ser. A/B, Nº 53), presentado a la Corte Permanente de Justicia Internacional, y el laudo arbitral de Max Huber pronunciado en el *Palmas Island Case* (22 *AJIL*, 867 (1928)); ambos recalcaron el *animus occupandi*, la efectividad y la existencia de pretensiones de soberanía sobre el territòrio. Los dos casos contribuyeron sustancialmente a la aclaración del título jurídico de la ocupación pacífica. Pero también hubo el intento de reconocer la notificación como un elemento constitutivo de la ocupación. Así, con la adopción del Acta General de la Conferencia del Congo, en 1885, las potencias coloniales convinieron en que la notificación dada a otros Estados de la decisión de ocupar una región determinada en África sería una de las condiciones exigidas para el reconocimiento del título por ocupación. Esta medida fue una consecuencia directa del acuerdo logrado entre las potencias coloniales para la división, entre ellas, del mundo colonial. Sin embargo, este acuerdo fue sustituido por el Tratado de Paz de St. Germain, de 1919, que reconoció el mantenimiento de la autoridad de las potencias coloniales sobre los territorios que ocupaban, sin necesidad de notificación. Finalmente, en algunas ocasiones se ha pretendido que la ocupación de un área costera creara un título para la región interior. Este punto de vista no ha sido reconocido como regla general, aunque fue expresado, por ejemplo, en la Conferencia de Berlín sobre el Congo.

Problemas similares han surgido en relación con las regiones polares del Artico y del Antártico, donde tanto los Estados vecinos como las grandes potencias han planteado sus reclamaciones. Aunque no ha habido acuerdo general alguno con respecto al Ártico, se ha logrado efectivamente una división sobre base de sectores, delimitándose por medio de meridianos definidos la extensión de la soberanía de ciertos países a áreas de tierras en ese gran sector. Debe observarse que la mayor parte de la región ártica está formada por mares congelados, y que, por lo tanto, su condición jurídica es igual a la de alta mar. Con relación al Antártico, los Estados interesados también han hecho uso de la teoría de los sectores. Como estas pretensiones no han sido todas mutuamente reconocidas, continúan aún sin resolverse. Pero las disposiciones de la Convención sobre la Cooperación Pacífica en el Antártico, del 1º de diciembre de 1959, contemplan la cooperación de los Estados para el uso pacífico de esta región. Ningún Estado ha renunciado a sus pretensiones territoriales, pero los Estados reclamantes se han comprometido a no considerar que las acciones individuales en el Antártico justifiquen nuevas demandas o impliquen renuncia a ellas. También se han comprometido a no establecer nuevas reclamaciones territoriales. (Para el texto completo del Convenio del Antártico, véase 402 *UNTS*, 71.)

El método más importante de adquisición de territorio mediante títulos derivados es la cesión. Ésta puede definirse como el traspaso de la soberanía, sobre un territorio determinado, de un Estado a otro. Puede ocurrir por medios pacíficos —tales como la compra, venta o canje—, o como consecuencia de guerras —mediante tratados— o por presiones de otra clase. La cesión tiene lugar en el momento en que la autoridad se traspasa efectivamente al Estado cesionario, el cual asume todos los derechos y las obligaciones internacionales vinculados con el territorio.

Otros títulos territoriales derivados son la subyugación y la prescripción. La subyugación es la toma de posesión de un territorio por conquista, seguida de la anexión formal de él. En la actualidad, con la prohibición de la amenaza o del uso de la fuerza, contenida en el artículo 2º (4º) de la Carta de las Naciones Unidas, la subyugación no puede considerarse como un método jurídico para adquirir el título de un territorio. La prescripción es la adquisición del título de un territorio basada en el ejercicio efectivo *de facto* de la soberanía durante cierto lapso. Su lugar en el derecho internacional contemporáneo es controvertible. La objeción principal a este reconocimiento se debe a la imposibilidad de resolver el problema de los límites de tiempo hasta los que se pueda extender la prescripción. Sin embargo, la práctica internacional ha aprobado la prescripción como uno de los elementos constitutivos de la base del reconocimiento de derechos jurídicos, dentro del derecho internacional en general, en el *Palmas Island Case* y en las decisiones de la Corte Permanente de Justicia Internacional adoptadas en el *Eastern Greenland Case,* (mencionado anteriormente) y de la Corte Internacional de Justicia en el *Anglo-Norwegian Fisheries Case* ((1951) ICJ Rep. 230, 138).

Los autores, al tratar sobre los modos de adquisición del territorio, también se refieren a la cesión, a la avulsión u obra de la naturaleza, al abandono, a la subyugación y a la prescripción, como modos correlativos de pérdida de territorio. Pero hay autores, tales como Oppenheim que tratan de la pérdida de territorio por rebelión seguida de secesión (Oppenheim, *op. cit.,* p. 579). Al hacer énfasis en que lo que se encuentra envuelto en la secesión es la pérdida del título sobre el territorio no seguida por uno de los modos correspondientes de adquisición ya descritos, se sugiere que actualmente este proceso podría constituir una forma de proporcionar un instrumento al derecho de la libre determinación de los pueblos. Sin embargo, en las condiciones contemporáneas, este derecho merece atención especial en el proceso de los cambios territoriales, ya que la aplicación de todos los medios de adquisición o de pérdida del título sobre un territorio debe depender de la voluntad de su pueblo.

SECCIÓN III. RÍOS Y CANALES

6.07 NATURALEZA DE LA AUTORIDAD DEL ESTADO

El derecho internacional regula la condición de los ríos de acuerdo con la posición de éstos en relación con el territorio estatal, y especialmente con la posibilidad de extender la soberanía territorial a toda la longitud del río. Con este criterio pueden distinguirse dos categorías de ríos: nacionales e internacionales.

Los ríos nacionales son los que corren totalmente a través del territorio de un Estado. Los ríos internacionales, en cambio, pueden caer bajo la soberanía de varios Estados en diversas formas. Lo cierto es que no existe una definición aceptada sobre qué es un río internacional. La mayoría de los autores consideran que ríos internacionales son aquellos que corren por los territorios de dos o más Estados, dando lugar así a regímenes internacionales que regulan el uso de dichos ríos. Pero también hay la categoría de ríos fronterizos que separan dos Estados. Además, hay ríos (tales como el Danubio, el Congo y el Indo) que pueden ser fronterizos, aunque su recorrido también tiene carácter internacional.

La navegación constituye un problema importante sobre el alcance de la jurisdicción de Estados ribereños.

Con respecto a un río nacional, la posición es clara. El Estado ejerce plena soberanía sobre éste y regula la navegación en él. Los Estados siempre han estado dispuestos a permitir que embarcaciones extranjeras usen los ríos nacionales, mediante el acuerdo de una reglamentación apropiada con otros Estados; pero siempre se han mostrado renuentes a aceptar la extensión de un régimen internacional de navegación sobre ellos. Los intentos en favor de tal extensión —efectuados en la Conferencia de Barcelona, en 1972— fracasaron, a pesar de estar basados en el principio de la reciprocidad. Todo Estado tiene derecho de prohibir la entrada de embarcaciones extranjeras, o de recibirlas bajo condiciones que puede exigir, tales como el pago de derechos de paso.

En el caso de ríos internacionales, la autoridad del Estado aparece en otra forma. Puesto que —de acuerdo con la definición— quedan sujetos a reglas internacionales en cuanto a su navegación, los derechos de los Estados ribereños quedan limitados por el reconocimiento del principio de la libertad de navegación. Sin embargo, debe señalarse que esta limitación no niega la soberanía territorial de los Estados ribereños sobre aquellas partes del río que corren a través de sus territorios. Lo cierto es que la creación de reglas internacionales para la navegación es sólo una manifestación de la "comunidad de intereses" de los Estados ribereños descrita por la Corte Permanente de Justicia Internacional, en el *River Oder Case*, decidido en 1929, como, "la base de un derecho jurídico común, cuyos puntos esenciales son la perfecta igualdad de cada uno de los Estados ribereños en relación con los otros" (véase *PCIJ* Ser. A, Nº 23, p. 609).

Por otra parte, puesto que en la actualidad se reconoce el principio de la libertad de navegación para los Estados que no son ribereños, debería entenderse que éste corresponde a la "comunidad de intereses" de los Estados ribereños, los cuales, al aplicar dicho principio mediante acuerdo entre ellos, a la vez toman en cuenta los intereses de los otros Estados. Como consecuencia de esta relación entre la libertad de navegación para terceros Estados y los intereses de los Estados ribereños, puede llegarse a la conclusión de que no existe contradicción alguna entre su reconocimiento y la soberanía territorial de los Estados ribereños que tienen autoridad para determinar el régimen de navegación aplicable al río.

6.08 PRINCIPIO DE LA LIBRE NAVEGACIÓN Y SU APLICACIÓN A LOS RÍOS INTERNACIONALES

El principio de la libertad de navegación fue durante mucho tiempo materia de importante controversia entre Estados ribereños y no ribereños. Proclamado durante la Revolución Francesa como una reacción contra la soberanía de los Estados ribereños en relación con las partes de los ríos internacionales que corrían a través de sus territorios —por lo cual todo Estado feudal tenía el derecho exclusivo de navegación y cobro de derechos— el principio de la libre navegación trató de asegurar una posición de igualdad para todos los Estados ribereños y la libertad de navegación para todos los otros Estados, sobre el curso completo de los ríos internacionales.

El primer acto internacional que adoptó este principio fue el Protocolo Final del Congreso de Viena, del 9 de junio de 1915 (Martens, *NR*, Vol. 2, p. 379, 427). El artículo 109 de dicho Protocolo recalcó que la navegación y el derecho de comerciar a lo largo de todo el recorrido de los ríos —desde el punto en que comienzan a ser navegables hasta la desembocadura— era libre para todos, que deberían respetarse las regulaciones para el cuidado de estos ríos y para su navegación, siempre que no fueran discriminatorias para los países en materia de comercio (Strupp, *Documents pour servir à l'histoire du droit des gens*, Vol. I, p. 183).

El principio establecido de este modo por el Protocolo Final se aplicó al Rin, el Neckar, el Main y otros ríos de Europa Occidental. Fue inmediatamente puesto en vigor durante la primera mitad del siglo XIX, y se extendió al Danubio por el Tratado de París de 1856 (Martens *NRG,* Vol. 15, página 791 y Vol. 16, 2ª parte, p. 641) . Con el trascurso del tiempo, ese principio llegó a ser adoptado en todo el mundo para regir la regulación en los ríos internacionales. Se formaron comisiones especiales para los ríos, cuya tarea fue la de asegurar su implantación práctica. Pero, aun cuando el Congreso de Viena reconoció el interés especial de los Estados ribereños en la navegación libre, sin embargo —a causa de la expansión política y económica de las grandes potencias durante el siglo xix y la primera mitad del xx— prevaleció el principio de reconocer derechos iguales a los Estados ribereños y a otros que no lo eran, para participar en la regulación de la navegación de los ríos internacionales.

Este último fenómeno dio por resultado una disminución de los derechos de los Estados ribereños. Tal fue, especialmente, el caso del Danubio: las grandes potencias participaron en el trabajo de las comisiones que se crearon con el objeto de supervisar la implantación de las disposiciones materiales del Tratado de París, de 1856, y del Tratado de Versalles, de 1919. Un desarrollo similar tuvo lugar en relación con el Rin después de la primera Guerra Mundial, cuando los Estados no ribereños se hicieron miembros de la Comisión Central para la navegación en el Rin, la que —según fue originalmente concebida en la Convención de Mannheim, de 1868— debía estar compuesta exclusivamente por representantes de los Estados ribereños. Esta tendencia fue llevada a su límite extremo en el caso del llamado "modelo colonial de navegación", que se aplicó por la Conferencia de Berlín a los ríos africanos, Congo y Níger. El principio de la libre navegación se aplicó a estos ríos y a sus tributarios, mediante la concesión de derechos iguales a las embarcaciones y a los nacionales tanto de los Estados ribereños como de los demás, y a la vez mediante el reconocimiento del derecho de los Estados no·ribereños a tomar parte en las labores de la Comisión Internacional para la regulación del comercio en el Congo.

Sin embargo, la liberalidad total nunca fue aceptada como sistema o regla reconocida universalmente. Se hizo un intento en la Conferencia de Barcelona de 1921, en la cual se adoptaron la Convención y el Estatuto sobre el Régimen de las vías Acuáticas Navegables de Interés Internacional, del 10 de abril de 1921 (7 *LNTS*, 36) . Pero ya que hasta los Estados que participaron en la Conferencia dejaron de aceptar la Convención, sus decisiones han tenido poca o ninguna relevancia jurídica. Los Estados ribereños no se encontraban preparados para aceptar ninguna precisa obligación convencional sobre la materia.

En efecto, debe subrayarse que el principio del derecho soberano de los Estados ribereños para decidir por sí mismos sobre el régimen de navegación que se ha de aplicar a los ríos internacionales, ha prevalecido hasta el presente. Éste es el motivo por el cual la aplicación del principio de la libre navegación ha tomado formas especiales en diferentes ríos.

En el caso del Danubio, se encuentra en vigor el sistema que fue establecido por la adopción de la Convención de Belgrado, del 18 de agosto de 1948, sobre el Régimen de Navegación en el Danubio, cuyas disposiciones proclaman que la navegación queda abierta, y es libre para todos los Estados, sobre base de la igualdad. (Art. 1º) Por otra parte, la Convención prohíbe la navegación de navíos de guerra de Estados no ribereños, y reserva el tránsito local y el cabotaje a los Estados ribereños. Dichos Estados son responsables del mantenimiento de condiciones favorables para la navegación en sus respectivos sectores del río y tienen la facultad de señalar reglas para ello. En sectores donde las riberas del Danubio pertenecen a diferentes Estados, la navegación se rige por acuerdo entre ellos; en los sectores de las Compuertas de Hierro y del Danubio inferior, siguen las reglas establecidas por las Administraciones Especiales del Río, integradas por representantes de los Estados ribereños de esos sectores. De igual manera, los Estados ribereños ejercen en sus sectores la supervisión de las aguas del río, sanitaria, veterinaria, fitosanitaria y de las aduanas, y establecen regulaciones para esos fines. La Comisión del Danubio fue creada para coordinar la administración del río, y está integrada por representantes de cada Estado ribereño. Todos los Estados ribereños son miembros de la Comisión del Danubio, con excepción de la República Federal de Alemania, cuyos representantes participan en los trabajos como observadores (Babovic, *La Navigation danubienne après la seconde guerre mondiale,* La documentation française, Notes et études documentaires, Nº 227/27 de octubre, 1956; BokorSzegö, "La Convention de Belgrade et le régime du Danube", 8 *Annuaire Français,* 192 (1962). Para el texto de la Convención, véase 33 *UNTS,* 181).

Un enfoque diferente ha sido adoptado por la Comisión Central para la Navegación en el Rin, después de su restauración al terminar la segunda Guerra Mundial, en donde aún se encuentran representados los Estados no ribereños. Sobre la navegación en este río, el principio de la libre navegación se aplica con base en el Tratado de Versalles, sin la concesión de derechos especiales a los Estados ribereños; ellos fueron confiados por la Convención de Mannheim, 1868, con la tarea de expedir permisos de navegación.

Los regímenes de navegación en otros ríos internacionales han sido establecidos de modo principal por los convenios celebrados exclusivamente entre los Estados ribereños. Este principio se encuentra aplicado en América del Norte, en el caso de los ríos Colorado, Río Grande, Columbia y San Lorenzo. En América Latina, el derecho de navegación está basado en concesiones otorgadas por los Estados ribereños, como por ejemplo en el Amazonas. En Asia, los Estados ribereños se han reservado el derecho de acción unilateral: en otras palabras, la soberanía territorial de los Estados ribereños es mantenida firmemente en sus relaciones con Estados no ribereños.

Sin embargo, la última evolución en el proceso de descolonización demuestra una tendencia hacia la regulación conjunta de la navegación y del uso de los ríos internacionales. A este respecto, la Convención entre Cambodia, Laos y Vietnam, en relación con la navegación en el río Mekong, de 1954, y la Convención sobre Navegación y Cooperación Económica entre los Estados ribereños del río Níger, de 1963, son de interés especial. En todo lo referente a la navegación, el principio de la libre navegación se mantiene, pero, al mismo tiempo, se salvaguarda el derecho de los Estados ribereños de regular la aplicación de dicho régimen y el uso de los ríos. La Comisión Especial para el río Níger, establecida por la Convención, se compone exclusivamente de representantes de los Estados ribereños (véase Dinh, "L'Internationalisation du Mékong", 8 *Annuaire Français,* 91 ss. (1962) ; y Schreiber, "Vers un nouveau régime international du fleuve Niger", 9 *ibid.,* 866 ss. (1963); y "Accord relatif à la Commission du Fleuve Niger", 813-17. Para el texto de la Convención del Níger, del 25 de noviembre de 1963, véase *ibid.,* 883)

6.09 UTILIZACIÓN DE LA CORRIENTE DE LOS RÍOS

Los adelantos técnicos han extendido el uso posible de los ríos, y al derecho internacional le ha tocado ayudar en la regulación de los planteamientos que surgen de tales usos. Los problemas de utilización parecen ser especialmente agudos en la actualidad, pero la regulación internacional de los aspectos jurídicos de la cuestión puede retrotraerse a comienzos de este siglo. Ya en 1911, el Instituto de Derecho Internacional, reunido en Madrid, adoptó una resolución con respecto al uso de las aguas de los ríos. Los primeros acuerdos celebrados entre Estados para solucionar disputas surgidas del uso de los ríos fueron bipartitos. Bajo los auspicios de la Liga de las Naciones, el 9 de diciembre de 1923, fue firmada una Convención general sobre el Desarrollo de la Energía Hidráulica cuando ésta afectara a más de un Estado. (36 *LNTS,* 76.) La Convención se encuentra vigente entre diecisiete Estados.

El número de acuerdos bipartitos sobre el uso de los ríos fronterizos y de los ríos de mayor importancia, ha crecido sustancialmente desde el fin de la segunda Guerra Mundial. Ejemplos de esto son: el acuerdo celebrado entre Yugoslavia y Austria para la utilización del Río Drava, de 1954 (227 *UNTS,* 111) ; el acuerdo entre el Sudán y la RAU con referencia a las aguas del Nilo, 1959; el acuerdo entre la India y Paquistán sobre la utilización de las aguas del Indo y sus tributarios, 1960; y el acuerdo entre Yugoslavia y Rumania, de 1963, para la construcción de un sistema de energía hidroeléctrica en el sector de las Compuertas de Hierro del río Danubio.

Las reglas generales para la utilización de las aguas de los ríos han de encontrarse entre las del derecho internacional consuetudinario y se derivan del llamado "principio de la buena vecindad". Puede decirse que la regla básica expresa el deber de utilizar las aguas de los ríos en una forma que no sea perjudicial para los intereses de otros Estados ribereños (véase Sauser-Hall, "L'Utilisation industrielle des fleuves internationaux", 83 *HR,* 471 (1953)).

Para contribuir al desarrollo de esta regla, la Asociación de Derecho Internacional y el Instituto de Derecho Internacional han tomado un especial interés en el uso de los ríos y han adoptado varias resoluciones que recomiendan el establecimiento de reglas especiales por parte de los Estados. El trabajo de estas organizaciones científicas demuestra una tendencia a unir la protección de la soberanía territorial de los Estados ribereños con el deber de éstos de cooperar y resolver los problemas que surgen del uso de las aguas de los ríos internacionales, mediante acuerdos que respeten los derechos de todos los Estados ribereños. La resolución de la Asociación de Derecho Internacional, de 1958, y la del Instituto de Derecho Internacional, de 1961, hacen hincapié en la igualdad de derechos entre los Estados ribereños en el uso de las aguas de los ríos internacionales (véase Asociación de Derecho Internacional, *Report of the Forty-Eighth Conference Held at New York*, 2958, pp. 99-102. El dictamen de Andrassy, relator, "Utilisation des eaux internationales non maritimes (en dehors de la navigation)", *Annuaire*, Vol. 48 (I) (1959), p. 131; y para el texto de la Resolución, *ibid.*, Vol. 49 (ii) (1961), p. 370).

6.10 Canales internacionales

Los canales internacionales son vías acuáticas artificiales que conectan a varias partes de los mares navegables. La condición jurídica de ellos varía, y depende de su situación geográfica, su importancia para la navegación internacional o los objetivos estratégicos de las grandes potencias. De modo que el derecho internacional tradicional reconoció una clasificación de los canales de acuerdo con su importancia para el tránsito marítimo internacional, prescindiendo de los intereses de los Estados territoriales interesados.

El derecho internacional ha reconocido el derecho de un Estado territorial de regular el tránsito a través de los canales situados en su territorio (por ejemplo, el Canal de Corinto en Grecia). Sin embargo, debido a la importancia que tienen ciertos canales en el tránsito internacional (especialmente los de Suez y Panamá) en el proceso del desarrollo del régimen jurídico de dicho tránsito, los Estados territoriales tuvieron que convenir en aceptar algunas limitaciones a su soberanía.

La nacionalización de la compañía del Canal de Suez por Egipto, en 1956, demostró el carácter obsoleto de esta tesis. La disputa que siguió entre Egipto, el Reino Unido y Francia, terminó con el reconocimiento del derecho de Egipto a nacionalizar la Compañía, y confirmó su soberanía territorial sobre el Canal. Esto ya había sido reconocido en varias ocasiones, empezando con la Convención sobre su neutralización, firmada en Constantinopla en 1888, que proclamó la aplicación del principio de libre navegación a través del Canal de Suez. Después de la crisis de Suez, Egipto hizo una declaración unilateral con respecto a los principios que regían la navegación en el Canal, que fue registrada por la Secretaría de las Naciones Unidas. Esa aclaración afirma que Egipto ha decidido adherirse firmemente tanto a las disposiciones como al espíritu de la Convención de Constantinopla, y respetar los derechos y las obligaciones resultantes; asimismo, que asegurará el paso libre por el Canal a las embarcaciones de todos los Estados, dentro de los límites de esta Convención. De igual manera, Egipto se compromete a velar porque el Canal sea adecuadamente mantenido y modernizado para que satisfaga las necesidades de la navegación moderna (265 *UNTS*, 299).

El Canal de Panamá ocupa el segundo lugar en cuanto a importancia internacional. Fue neutralizado y abierto al tránsito de todos los Estados, de acuerdo con el principio de libre navegación, por el segundo Tratado Hay-

Pauncefote, de 1901. El Canal es administrado por Estados Unidos, por concesiones que le otorgan una autoridad tal que casi equivale a la soberanía, sobre una zona de una anchura de diez millas a lo largo del Canal. Desde la segunda Guerra Mundial ha cambiado la situación. Panamá se encuentra cada vez menos dispuesto a sufrir limitaciones a su soberanía en esta zona. De modo que en 1955 se firmó un nuevo convenio, en el que se aumenta el alquiler pagado a Panamá por Estados Unidos y se aceptan algunas demandas sobre los métodos de administración. En 1960 Estados Unidos reconoció el derecho de Panamá de izar su bandera en la zona, y fueron suprimidos los establecimientos y las tiendas para uso exclusivo de ciudadanos norteamericanos. En una declaración del 18 de diciembre de 1964, el presidente Johnson anunció que Estados Unidos negociará un nuevo tratado con Panamá para remplazar los anteriores existentes entre los dos países. El nuevo tratado expresamente reconocerá la soberanía panameña sobre la zona del Canal de Panamá.*

El Canal de Kiel, situado en territorio alemán, tenía una condición jurídica especial. El Tratado de Versalles dispuso que ese Canal fuese usado libremente por los barcos mercantes y navíos de guerra de todos los países que estuvieran en paz con Alemania. Ésta tenía el derecho de cobrar peaje para el mantenimiento del Canal. Sin embargo, durante las hostilidades entre Polonia y Rusia, en 1920, surgió una disputa en relación con la prohibición del paso por el Canal a la embarcación británica *Wimbledon*, que llevaba pertrechos de guerra para Polonia. La disputa fue decidida por la Corte Permanente de Justicia Internacional, que declaró: "El Canal de Kiel debe permanecer abierto, en base de igualdad, para todos los barcos mercantes, pero bajo una condición expresa, a saber, que dichas embarcaciones tienen que pertenecer a países que estén en paz con Alemania" (véase el *Wimbledon Case* (1923), PCIJ Ser. A., Nº I, pp. 25, 28).

Antes de la segunda Guerra Mundial, la Alemania nazi repudió unilateralmente esta obligación, en 1936, a la par que otras disposiciones del Tratado de Versalles. Entonces Alemania permitió el paso a los barcos mercan-

* Desde hace algunos años, se celebran negociaciones entre Panamá y Estados Unidos con el propósito de suscribir un convenio justo y equitativo que elimine las causas de conflicto entre las dos naciones. En octubre de 1971, el Presidente Nixon sostuvo una entrevista en Washington con los tres representantes panameños que negocian la cuestión del Canal, con motivo de la presentación de las cartas que los acreditan como embajadores plenipotenciarios para la gestión de un nuevo tratado sobre el Canal. A fines de 1971, aún continuaban las conversaciones entre los dos países.

Según ha trascendido, los puntos básicos que defiende la comisión panameña son: a) jurisdicción de Panamá sobre la Zona del Canal; b) eliminación de la cláusula de perpetuidad sobre la operación del Canal, y c) aumento de la participación de Panamá en los beneficios de la explotación del Canal. Por su parte, Estados Unidos trata de mantener la administración del manejo del Canal, así como la responsabilidad de proteger militarmente las instalaciones. De aceptar este punto Panamá, es probable que imponga como condición la de tener derechos de fiscalización sobre la mencionada administración y el buen estado de funcionamiento del mecanismo del Canal. Con respecto a la jurisdicción de Panamá sobre la Zona, el punto a dilucidar es el establecimiento de bases militares dentro del territorio y la cuestión de la defensa periférica del área.

tes mientras que el de los navíos de guerra quedó sujeto a permisos individuales expedidos por las autoridades alemanas. Después de la segunda Guerra Mundial, el Canal fue abierto de nuevo a la navegación internacional.

SECCIÓN IV. AGUAS INTERNAS

6.11 Concepto de aguas internas

Las aguas internas son aquellas que se encuentran bajo la soberanía total del Estado costanero incluso partes del mar. Incluyen los puertos, fondeaderos, radas, mares internos, mares separados por islas y desembocaduras de ríos. El carácter indiscutible de la autoridad del Estado sobre las aguas internas no resuelve, por sí solo, el problema de su delimitación, para lo cual se han creado varias reglas consuetudinarias en su origen, que han sido aclaradas por la Convención sobre el Mar Territorial, de 1958.

La delimitación de las aguas internas en los puertos debe seguir una línea trazada entre los dos puntos más externos del puerto en cuestión. La misma regla se aplica al caso de los golfos, las bahías, o los mares internos. La condición jurídica de éstos es la misma. Los golfos y las bahías son aquellas partes del mar que caen bajo la soberanía exclusiva de un Estado y, a la vez, proveen el paso a otras partes del mar. Los mares internos constituyen un fenómeno geográfico muy parecido: consisten en aquellas partes de las aguas internas conectadas al mar abierto por estrechos cuyas entradas y costas están gobernadas por un Estado (por ejemplo, el Mar de Azov, en el Mar Negro).

Con respecto a la delimitación de los golfos o bahías y de los mares internos, el problema de la anchura de sus entradas ha sido materia de disputa durante muchos años. La solución adoptada por la Convención del Mar Territorial en relación con bahías cuyas costas pertenecen a un solo Estado, es la de que siempre que la distancia entre los dos promontorios de una bahía no exceda de veinticuatro millas, puede tirarse una línea entre ellos, de modo que las aguas de ella pasen a ser aguas internas. Esto, sin embargo, supeditado a la condición de que el área de la bahía no sea mayor que el área de un simicírculo basado en la línea entre los dos promontorios (Art. 7º U. N. *Conference on the Law of the Sea*, Ginebra, 1958, *OR*, Vol. II, p. 133). El área de las aguas así encerradas comprende las aguas internas del Estado costanero.

Cuando la línea costanera de una bahía queda dividida entre varios Estados, no existe regla alguna de aceptación general. En el caso del Mar Negro o en el caso del Mar Báltico (que no son bahías en el sentido propio de la palabra) cada Estado está en situación de ejercer sus derechos sobre su respectivo mar territorial, mientras que las otras partes se consideran como mar abierto. El mismo principio puede aplicarse en los casos de bahías típicas. Sin embargo, existe la opinión de que en cuanto a éstas los Estados costaneros deben tener el derecho de dividirse entre ellos las aguas de que se trate. El Golfo de Fonseca, en Centroamérica se cita como un ejemplo de la decisión de la Corte de Justicia Centroaméricana, en 1917, sobre derecho de copropiedad entre El Salvador y Nicaragua sobre las aguas no litorales de dicho Golfo (al cual se califica de "bahía histórica") y sin perjuicio de los derechos de Honduras en esas aguas no litorales (véase Hyde, *International Law*, Vol. I, pp. 475-6; y Colombos, *The International Law of the Sea*, 4ª rev. ed., pp. 162-3).

Existen otras situaciones en relación con la delimitación de las aguas internas, que fueran resueltas en forma especial en la práctica. En un caso como el del Mar Caspio (una vasta extensión de agua completamente rodeada por tierra), se realizó una división de su superficie entre la Unión Soviética e Irán, con derechos iguales para ambos. Éste, sin embargo, es un caso específico, determinado principalmente por la posición geográfica del Mar Caspio. Una excepción similar —aunque debido a diferentes razones— se encuentra en las llamadas "bahías históricas" cuya anchura excede de veinticuatro millas pero sobre las cuales los Estados costaneros extienden su soberanía en virtud de derechos de prescripción o de un título histórico similar (por ejemplo, la Bahía de Pedro el Grande, que se reconoce bajo la soberanía de la Unión Soviética, o la Bahía de Hudson, bajo la de Canadá). Las bahías históricas están explícitamente exentas del régimen de la Convención del Mar Territorial (Art. 7º).

Han surgido dificultades especiales en la delimitación de las áreas marítimas entre islas que forman parte de un archipiélago. En el *Anglo-Norwegian Fisheries Case*, el problema consistió en saber si se podrían trazar líneas de base rectas entre los puntos exteriores de las islas marginales existentes a lo largo de la costa de Noruega, de modo que las áreas del lado de tierra de tales líneas de base pudieran considerarse como aguas internas. La Corte Internacional de Justicia señaló que el verdadero problema de la selección de las líneas de base en dicho caso, descansaba en determinar si las áreas marítimas situadas adentro de las líneas, hacia el lado de la tierra, se encontraban suficientemente unidas al dominio terrestre para quedar sujetas al régimen de las aguas internas; y la Corte declaró:

> Esta idea, que constituye la base de la determinación de las reglas referentes a las bahías, debería aplicarse en forma liberal en el caso de una costa cuya configuración geográfica sea tan extraña como la de Noruega. (1951 ICJ Rep. 133.)

Esta solución fue adoptada posteriormente por la Convención del Mar Territorial (Art. 4º), que dispone que cuando una costa se encuentra profundamente dentada, o cuando hay islas marginales a lo largo de ella, pueden tirarse líneas rectas de base en tal forma que las áreas marítimas situadas entre las referidas líneas y la tierra estén suficientemente vinculadas al dominio terrestre para quedar sujetas al régimen de las aguas internas. Respecto de los archipiélagos en alta mar, la Convención de Ginebra no contiene disposición alguna, pero parecería razonable aplicar principios similares.

La posición de las desembocaduras de los ríos es otro problema de interés en la delimitación de las aguas internas. Si la desembocadura de un río es sencilla, la línea trazada entre los límites exteriores de ella será la línea que divida las aguas internas y el mar territorial. La Convención del Mar Territorial (Art. 13) autoriza trazar una línea recta de base a través de la desembocadura del río. Si se forma un estuario, no existe regla alguna generalmente aceptada. La Convención no dio respuesta a este problema. Parece que en este caso deberían aplicarse las reglas vigentes para las bahías. Sin embargo, debe señalarse que en la práctica esta opinión no ha sido generalmente aceptada y que se tiende a tratar cada caso de acuerdo con los intereses particulares del Estado costanero. (Véase Gros Espiell, "Le Régime juridique du Rio de la Plata", 10 *Annuaire Français*, 725 (1964).)

6.12 NATURALEZA DE LA AUTORIDAD DEL ESTADO

Según hemos indicado, las aguas internas caen dentro de la plena soberanía territorial del Estado, del mismo modo que su espacio terrestre. Esto se reconoce generalmente como una regla de derecho internacional consuetudinario.

La principal consecuencia derivada, en relación con la navegación de embarcaciones extranjeras en aguas internas, es la ausencia del derecho de paso inocuo a través de ellas. Los navíos de guerra extranjeros deben tener un permiso especial y los barcos mercantes deben cumplir ciertos requisitos, determinados por el Estado territorial, antes de entrar en puertos comerciales abiertos. Sin embargo, se dispone una excepción a esto en el artículo 5º (2º) de la Convención del Mar Territorial: en el caso en que la fijación de una línea de base recta comprenda, como mares interiores, áreas de mar que con anterioridad hubieran sido partes del mar territorial o de alta mar, el derecho de "paso inocuo" no quedará afectado.

Basado en el pleno reconocimiento de la soberanía del Estado territorial, el régimen de la navegación en aguas internas queda exclusivamente sujeto a su reglamentación. El Estado territorial puede prohibir la navegación en determinadas áreas, y adoptar medidas generalmente para salvaguardar y facilitar la navegación. Tiene el derecho de organizar el cabotaje y tiene un monopolio para el trasporte de pasajeros y mercancías en sus aguas internas, pero puede otorgar concesiones a embarcaciones extranjeras. Además, disfruta del derecho exclusivo de explotar los recursos naturales del mar, y los ciudadanos extranjeros no pueden presentar reclamaciones en relación con esto, salvo al amparo de estipulaciones expresas de acuerdos internacionales o de concesiones.

La naturaleza de la jurisdicción sobre embarcaciones que cruzan por, o permanecen en aguas internas, merece especial atención. Existe una regla de derecho internacional consuetudinario que somete a los barcos mercantes que se encuentren en aguas internas y en puertos a la regulación y a la autoridad del Estado territorial; pero éste no ejerce normalmente dicha autoridad, salvo que sus propios intereses se encuentren afectados, o que el capitán del barco o el cónsul del Estado de su bandera soliciten ayuda de las autoridades locales. Si observamos, a la vez, que el Estado territorial no debe discriminar entre embarcaciones de diferentes Estados, tenemos los elementos principales del régimen de las aguas internas. La extraterritorialidad de los navíos de guerra es reconocida plenamente, pero éstos deben observar las reglas de navegación prescritas por el Estados territorial.

Como parte integrante del territorio del Estado, las aguas internas y su uso han originado pocas disputas.

SECCIÓN V. MAR TERRITORIAL, ZONA CONTIGUA, PLATAFORMA CONTINENTAL Y ESTRECHOS INTERNACIONALES

6.13 MAR TERRITORIAL

El mar territorial es una zona situada entre la costa y las aguas internas del Estado costanero, por una parte, y la alta mar, por la otra. El concepto de mar territorial surgió como cumplimiento de las aspiraciones de los Estados costaneros para extender su jurisdicción sobre el mar, y se encuentra ahora generalmente reconocido por el derecho internacional. Sin embargo, aunque no se han resuelto todos los problemas jurídicos involucrados, la situación se ha aclarado mucho con la adopción de la Convención del Mar Territorial, en 1958, aun cuando ésta no pudo convenir sobre una anchura específica para el mar territorial (el punto más controvertido en las discusiones sostenidas durante el presente siglo en las tres más importantes conferencias internacionales dedicadas a la codificación del derecho del mar: la Conferencia de La Haya, en 1930, y las Conferencias de Ginebra, en 1958 y 1960). Por otra parte, existe un acuerdo sobre la condición jurídica general del mar territorial. Se han propuesto varias teorías para explicar el carácter de la autoridad del Estado costanero sobre el mar territorial, pero la práctica y el derecho convencional califican sus actos como un ejercicio de la soberanía; es decir, el mar territorial queda sujeto a las leyes y reglamentos del Estado costanero, cuya soberanía también se extiende —como declaran los artículos 1º y 2º de la Convención del Mar Territorial— al lecho del mar, el subsuelo y el espacio aéreo sobre él.

Sin embargo, esta soberanía de Estado costanero sobre su mar territorial queda limitada en la actualidad, debido al uso que de él hacen las embarcaciones comerciales y de otro tipo, limitación que está expresada en la concesión de derechos de "paso inocuo" a embarcaciones extranjeras. Las reglas que rigen el ejercicio de este derecho han sido codificadas en la Convención del Mar Territorial, sección III.

Así, de acuerdo con sus disposiciones, el "paso inocuo" significa la navegación a través del mar territorial, con el objeto, ya sea de cruzar dicho mar sin penetrar en las aguas internas, o de entrar en dichas aguas internas o de salir a la alta mar desde ellas. El paso es inocuo mientras no sea perjudicial para la paz, el buen orden o la seguridad del Estado costanero. Un rasgo característico que surge de la necesidad de que los Estados costaneros protejan su pesca, es que la Convención declara que el paso de barcos pesqueros extranjeros no será inocuo si no cumplen con las leyes y regulaciones del Estado costanero. Además, la Convención dispone que los submarinos deben navegar en la superficie y exhibir su bandera. El Estado costanero no obstaculizará el paso inocuo, y se le exige que dé la debida publicidad a cualquier peligro para la navegación del cual tenga conocimiento. Por otra parte, el Estado costanero puede impedir el paso que no sea inocuo; y provisionalmente —y sin discriminación— puede suspender tal derecho de paso en ciertas áreas, si dicha suspensión es esencial para la protección de su seguridad. La suspensión se llevará a efecto sólo después de la debida publicidad, y no puede extenderse a los estrechos internacionales. A la vez, las embarcaciones extranjeras que practican el derecho de paso inocuo tienen que cumplir con las leyes y regulaciones creadas por el Estado costanero para los embarques y la navegación, de conformidad con las disposiciones de la Convención y con otras reglas de derecho internacional.

La posición jurídica de las embarcaciones extranjeras en el mar territorial está definida en la Convención de Ginebra, teniendo en cuenta las reglas tradicionales del derecho internacional consuetudinario. En cuanto a la jurisdicción y control del Estado costanero sobre los barcos mercantes extranjeros, no puede imponerles costo alguno en relación con el paso inocuo, sino sólo como pago por determinados servicios prestados al barco. Estos costos se imponen sin discriminación. La jurisdicción criminal del Estado costanero no puede ejercerse sobre el barco con referencia a cualquier delito cometido a bordo durante su paso por el mar territorial, salvo en aquellos casos en que los intereses del Estado costanero se encuentren afectados, o cuando haya sido solicitada la ayuda de las autoridades locales por el capitán del barco o por el cónsul del Estado de la bandera, o cuando sea necesario para la supresión del tráfico ilícito de drogas narcóticas. Sin embargo, estas disposiciones no afectan el derecho del Estado costanero para tomar las medidas autorizadas por sus leyes con el objeto de hacer un arresto o una investigación a bordo de una embarcación extranjera que se encuentre pasando a través del mar territorial desde aguas internas. En todo caso de intervención, las autoridades locales —de haberlo así solicitado el capitán— notificará al cónsul del Estado de la bandera antes de tomar medida alguna.

Las reglas para el ejercicio de la jurisdicción civil disponen que el Estado costanero puede ejecutar embargo contra la embarcación, o detenerla, sólo en relación con obligaciones asumidas o responsabilidades incurridas por la embarcación misma durante el curso de su viaje a través del mar territorial o de las aguas internas del Estado costanero, o a propósito de dicho viaje.

Todas estas reglas también son aplicables a embarcaciones de propiedad gubernamental operadas para fines comerciales, con excepción, desde luego, de los navíos de guerra. Las embarcaciones gubernamentales operadas para fines que no sean comerciales quedan sujetas sólo a las reglas generales de navegación. También están exentas de costos y tienen los derechos de inmunidad acordados por el derecho internacional. Con respecto a los navíos de guerra, existe sólo una regla: si un navío de guerra deja de dar cumplimiento a las reglas del Estado costero concernientes al paso por el mar territorial y desatiende cualquier solicitud de cumplimiento que se le haya hecho, el referido Estado puede exigir que ese navío abandone su mar territorial.

En cuanto a la delimitación del mar territorial, la Convención es aún defectuosa. Ya que los intentos llevados a cabo en las Conferencias de Ginebra sobre el Derecho del Mar, en 1958 y en 1960, para resolver este problema del ancho del mar territorial no tuvieron éxito, puede decirse que éste es uno de los problemas del derecho internacional consuetudinario que continúa siendo materia de disputa entre los Estados.

Desde el punto de vista histórico, la práctica de los Estados respecto a la anchura del mar territorial ha variado de acuerdo con las posibilidades técnicas de ejercer control sobre el mar territorial. En el siglo XVIII se mantenía que la anchura del mar territorial debería corresponder a la distancia del alcance de un tiro de cañón. La anchura generalmente reconocida era de tres millas y continúa siendo todavía el criterio sostenido por algunas de las grandes potencias marítimas, tales como el Reino Unido, Estados Unidos, Francia y Japón. Sin embargo, en la actualidad, la mayoría de los países sostiene que un límite aceptable para el mar territorial se encuentra entre seis y doce millas. Aunque la práctica de los Estados varía al respecto y existen divergencias en la doctrina, se reconoce generalmente que el derecho internacional no permite más que las doce millas, teniendo en cuenta la anchura de la zona contigua. Esta opinión —expresada por la Comisión de Derecho Internacional en su proyecto de artículos preparado por la Conferencia de Ginebra de 1958— fue dirigida contra la demanda exagerada de algunos Estados, aunque debe recalcarse que la discusión sostenida en la Conferencia de Ginebra indicaba que el límite más bajo de tres millas ya no tenía el apoyo general. Dentro del límite de las doce millas aún no hay reglas de derecho internacional para determinar la anchura máxima del mar territorial, y los Estados continúan en libertad para fijarla mediante regulación nacional.

Sin embargo, el hecho de que la Convención de Ginebra logró establecer ciertas reglas referentes a la delimitación del mar territorial, constituye un progreso significativo en otro aspecto. Estas reglas —basadas en su mayor parte en la decisión de la Corte Internacional de Justicia en el *Anglo-Norwegian Fisheries Case*— salvaguardan en gran parte los intereses de los Estados con costas en el mar marginal. Algunas de estas reglas han sido descritas en 6.11, sobre aguas internas.

Los preceptos que nos interesan ahora disponen que la línea de base desde la cual ha de medirse el mar territorial, es normalmente la línea de la marea baja a lo largo de la costa, según aparece marcada en mapas oficiales a gran escala. Por otra parte, el límite exterior del mar territorial es la línea formada por puntos cada uno de los cuales se encuentra a una distancia, desde el punto más próximo de la línea de base, igual a la anchura prevista para el mar territorial. Igualmente existe mar territorial alrededor de cada isla, o sea, cada área de tierra rodeada de agua que se haya formado naturalmente y que quede sobre el nivel del mar durante la marea alta.

Si un área de tierra que sobrepase la marea baja, pero que quede cubierta por el mar durante la marea alta, se encuentra situada dentro del mar territorial, ya sea de tierra firme o de una isla, puede se tomada como punto de partida para determinar la anchura del mar territorial. Cuando tal elevación de tierra se encuentra en su totalidad situada a una distancia que excede la anchura del mar territorial, ya sea desde tierra firme o desde una isla, no tiene mar territorial propio. En el caso donde las costas de dos Estados se encuentren una frente a la otra o sean contiguas, ninguno de los dos tiene derecho —salvo acuerdo en contrario entre ellos— a extender su mar territorial más allá de la línea divisoria formada por puntos cada uno de los cuales se equidistante de los putnos más cercanos de la línea de base desde la cual se mide la anchura del mar territorial de cada uno de los dos Estados. Esto, sin embargo, puede variarse debido a consideraciones sobre la titulación histórica o a otras circunstancias especiales (véase la Convención del Mar Territorial, Sec. II, Límites del Mar Territorial, UN *Conference on the Law of the Sea*, Arts. 3-13).

6.14 ZONA CONTIGUA

La zona contigua es una zona de alta mar contigua a los mares territoriales, en la cual el Estado costanero puede ejercer el control necesario para impedir o sancionar la infracción de sus regulaciones aduaneras, fiscales, de inmigración o de salubridad, cometidas dentro de su territoio o mar territorial.

La codificación de las reglas referentes a la zona contigua se efectuó en la Conferencia de Ginebra de 1958, para hacer frente a la reclamación creciente por parte de los Estados costaneros del derecho de proteger ciertos intereses del Estado en un área más amplia del mar marginal que el mar territorial mismo, y se encuentra incorporada a la Convención del Mar Territorial (Art. 24). En su definición del término zona contigua (que aparece al comienzo de esta sección) dicho artículo formuló el concepto jurídico de la zona, y a la vez, estableció el marco dentro del cual se permite a los Estados costaneros actuar en esta parte del mar marginal.

La Convención también estableció como anchura máxima de la zona contigua la de doce millas, contadas a partir de la línea de la cual se mide la anchura del mar territorial. Cuando las costas de dos Estados se encuentran una frente a otra o son contiguas, se aplica para determinar los límites de la zona una regla similar a la ya descrita para el mar territorial. (Convención del Mar Territorial, Parte II, "Zona Contigua", UN *Conference on the Law of the Sea*, Art. 24.)

Sin embargo, debe observarse que tales disposiciones de la Convención no cambian la condición jurídica de esta parte del mar marginal. La zona contigua es parte de la alta mar y los derechos que los Estados costaneros pueden ejercer en ella no implican ninguna extensión de la soberanía sobre ella. Pero, en relación con los derechos de pesca en la zona contigua, un grupo de Estados ha tratado de mantener los derechos tradicionales de pesca en alta mar, aun en el caso en que un Estado costanero haya declarado la extensión de sus límites de pesca hasta doce millas de la costa. Un número de Estados ha reclamado derechos especiales de pesca en tal situación. Esto no fue aceptado en la Conferencia de Ginebra. Sin embargo, algunos Estados han establecido zonas especiales de pesca mediante acuerdos —por ejemplo, las partes a la Convención Europea de Pesca firmada en Londres el 9 de marzo de 1964 (58 *AJIL* 1070 (1964)). En otros casos, algunos Estados han hecho lo mismo mediante acción unilateral.

6.15 PLATAFORMA CONTINENTAL

La plataforma continental es la parte del lecho de alta mar que linda con el mar territorial. Aquélla tuvo poca importancia hasta que la explotación de sus recursos naturales se hizo técnicamente posible; estos recursos incluyen combustibles fósiles y minerales. Sin tratar de cambiar la condición jurídica de las aguas de alta mar sobre la plataforma continental, los Estados comenzaron a reclamar esta última como continución del lecho del mar territorial, sobre la cual podrían ejercer derechos especiales, en particular la explotación exclusiva de sus recursos. Las primeras reclamaciones de esta clase siguieron inmediatamente después de la segunda Guerra Mundial, cuando Estados Unidos, Australia, Brasil y algunos otros Estados extendieron su autoridad, mediante actos unilaterales, a zonas específicas del lecho del mar situadas más allá de su mar territorial.

La adopción de la Convención sobre la Plataforma Continental, en la Conferencia de Ginebra de 1958, fue la culminación del reconocimiento general de los derechos de los Estados costaneros sobre una plataforma continental, y una expresión del desarrollo progresivo y de la codificación de reglas formadas en virtud de la práctica anterior de los Estados.

Así, el artículo 1º de la Convención define la plataforma continental y sus posibles límites de la siguiente manera:

a) el lecho del mar y el subsuelo de las zonas submarinas adyacentes a las costas, pero situadas fuera de la zona del mar territorial, hasta una profundad de 200 metros, o más allá de este límite, hasta donde la profunidad de las aguas suprayacentes permita la explotación de los recursos naturales de dichas zonas; *b)* el lecho del mar y el subsuelo de las regiones submarinas análogas, adyacentes a las costas de islas.

En cuanto a la naturaleza de la autoridad de los Estados costaneros sobre dichas áreas, fue calificada por la Convención como la realización de sus derechos soberanos con el objeto de explotar sus recursos naturales (Artículo 2º) . Nadie puede dedicarse a tales actividades ni pretender el uso de la plataforma continental sin el consentimiento expreso del Estado costanero; y se hace hincapié especialmente en que los derechos del Estado costanero no dependen de la ocupación, sea ésta efectiva o nominal, ni de ninguna declaración expresa. Sin embargo, la Convención dispone en forma clara que los derechos de los Estados costaneros sobre la plataforma continental no afectan la condición jurídica de las aguas superyacentes, como la alta mar, o el del espacio aéreo por encima de dichas aguas (Art. 3º) . La explotación y exploración de la plataforma continental no deben causar una interferencia inexcusable en la navegación, la pesca o la conservación de los recursos vivos del mar, ni en el tendido o el mantenimiento de cables submarinos o de tuberías. Las instalaciones y los dispositivos necesarios para estos fines no pueden ser considerados como islas, particularmente "no tendrán mar territorial propio y su presencia no afecta la delimitación del mar territorial del Estado ribereño". Sin embargo, la Convención permite el establecimiento de una determinada zona de seguridad que no exceda de 500 metros de la instalación.

La Convención regula específicamente la delimitación de la plataforma continental en el caso de dos o más Estados que se encuentren unos frente a otros. Este problema debe resolverse mediante acuerdo mutuo entre los Estados interesados; dispone que, a falta de tal acuerdo, el lindero es la línea media cuyos puntos estén equidistantes de los puntos más cercanos de las líneas de base desde las cuales se mide el ancho del mar territorial de cada Estado. En el caso de la plataforma continental situada frente a Estados contiguos, y a falta de acuerdo, se determina el lindero mediante la aplicación del principio de la equidistancia de los puntos más cercanos de las líneas de base desde las cuales se mide el ancho del mar territorial de cada Estado, salvo que circunstancias especiales justifiquen algún otro trazado (Art. 6º) (véase la Convención de la Plataforma Continental, en UN *Conference of the Law of the Sea,* Ginebra, 1958, *OR,* Vol. II, pp. 142-3) .

6.16 Estrechos internacionales

Los estrechos internacionales son pasajes naturales que conectan dos áreas de alta mar. Puesto que algunos forman parte del mar territorial de uno o más Estados, ha sido necesario definir los derechos y los deberes de los Estados en relación con los estrechos internacionales; para ese efecto, se aplica el principio de la libertad de navegación.

El principio de la libertad de navegación a través de los estrechos internacionales se ha confirmado por sentencias judiciales y por convenciones internacionales. Así, la CJI en el *Corfu Channel Case* confirmó el derecho de paso inocuo de navíos de guerra a través de dichos estrechos y que, aun en presencia de "circunstancias especiales", el Estado costanero (Albania en este caso) :

> hubiera estado justificado en hacer regulaciones con respecto al paso de navíos de guerra a través del estrecho, pero no en prohibir dicho

paso o en someterlo al requisito de una autorización especial (1948) ICJ Rep. 29).

Por otra parte, la Convención del Mar Territorial, en el artículo 16 (4) declara explícitamente:

> no se suspenderá el paso inocuo de embarcaciones extranjeras a través de estrechos que se usan para la navegación internacional entre una parte de la alta mar y otra parte de ella o del mar territorial de un Estado extranjero. (UN *Conference on the Law of the Sea, op. cit.,* Vol. II, p. 134.)

Aparte de la existencia de reglas generales, la navegación a través de ciertos estrechos fue regulada en el pasado, y aún se regula, por acuerdos específicos. El régimen de navegación a través del Estrecho de Gibraltar se encuentra regulado por la declaración anglofrancesa de 1904, a la cual se adhirió España sobre bases de garantías para la libre navegación. La navegación en el Estrecho de Magallanes se encuentra regulada por un acuerdo celebrado en 1881, entre Chile y la Argentina. Prohíbe la construcción de fortalezas en la costa por parte de los Estados costaneros, neutraliza el estrecho y reconoce el principio de libre navegación. La navegación en los estrechos del Báltico fue regulada por una convención de 1957, que proclamó la libertad de navegación para las embarcaciones de todas las banderas.

El problema de la navegación a través del Bórforo y los Dardanelos fue resuelto (después de una lucha diplomática de larga duración) por la Convención de Lausana, de 1923, sobre bases de desmilitarización de la costa y del reconocimiento de la libre navegación en o cerca de los estrechos, durante la guerra y la paz, sin discriminación, para todos los barcos mercantes, navíos de guerra y aeronaves (28 *LNTS,* 116). A solicitud de Turquía, la Convención fue revisada en Montreux, en 1936 (173 *LNTS,* 213), y de acuerdo con esta Convención revisada que aún se encuentra vigente, a Turquía se le permitió efectuar la remilitarización de las áreas desmilitarizadas; a los barcos mercantes se les permite el libre paso durante cualquier hostilidad en la cual Turquía sea neutral, pero no si Turquía se encuentra en guerra, pues entonces el paso se permite sólo a los barcos mercantes de países con los cuales Turquía no esté en guerra. Se establecieron, además, regímenes especiales para el paso de navíos de guerra y para el tránsito aéreo.

SECCIÓN VI.   ESPACIO AÉREO SOBRE TERRITORIO NACIONAL

6.17 CONDICIÓN JURÍDICA DEL ESPACIO AÉREO

La regla básica sobre el régimen del espacio aéreo sobre el territorio y el mar territorial es que forma parte integrante del territorio del Estado y cae bajo la jurisdicción exclusiva del Estado subyacente. El régimen del espacio aéreo queda determinado por las leyes y regulaciones del Estado subyacente, que se encuentra en completa libertad para permitir o prohibir el vuelo de aeronaves extranjeras sobre él.

Durante las primeras discusiones sobre la condición del espacio aéreo, a principios de este siglo, hubo intentos de resolver los problemas por analogía con el derecho marítimo. Algunos teóricos, como Nys, sostenían que el espacio aéreo debería ser libre, con independencia de su relación con el territorio del Estado. Fauchille aplicó la analogía del derecho marítimo aún más directamente, dividiendo el espacio aéreo en tres zonas, pero reconociendo, a la vez, el derecho del Estado de prohibir los vuelos a través de regiones determinadas del espacio aéreo, y sobre o alrededor de zonas o posiciones de su defensa. Sin embargo, prevaleció una tercera teoría, basada en el principio de la plena soberanía de los Estados sobre su espacio aéreo (Von Liszt, Spaight y otros). Esto era conforme a la práctica de los Estados, que ya en aquella época regulaban —por reglas internas— los vuelos sobre su territorio. El primer acuerdo sobre navegación aérea, celebrado en 1913 entre Francia y Alemania, confirmó la soberanía de estos Estados sobre su espacio aéreo.

Después de la primera Guerra Mundial, hubo reconocimiento general de la soberanía de los Estados sobre el espacio aéreo (véase la Convención de París de Navegación Aérea, del 13 de octubre de 1919, II *LNTS*, 173). Esto fue confirmado por la Convención de Chicago, del 7 de diciembre de 1944, y puede decirse que hoy todo el espacio aéreo sobre el territorio y el mar territorial cae dentro de la exclusiva jurisdicción y control del Estado subyacente.

6.18 Régimen de navegación aérea

La primera Convención Multipartita de Navegación Aérea fue celebrada en París, en 1919 (II *LNTS*, p. 173). Esta Convención, que fue revisada y adicionada en 1920, 1922 y 1923; ratificada por unos treinta países, constituyó la base del régimen de la navegación aérea internacional. Reconoció la soberanía de los Estados sobre sus espacios aéreos y dispuso ciertas limitaciones al trasporte aéreo civil. La Convención de París también estableció la Comisión Internacional para la Navegación Aérea (CINA), cuya tarea fue crear los instrumentos para poner en vigor a la Convención. Después de la segunda Guerra Mundial se creó un régimen nuevo para la navegación aérea en la Conferencia de Chicago, que el 7 de diciembre de 1944 adoptó cinco acuerdos especiales. El más importante de ellos fue la Convención de Aviación Civil Internacional que remplazó a la Convención de París, de 1919 (15 *UNTS*, 295).

La Convención de Chicago se basa en gran parte en los mismos principios que la Convención de París. A pesar de los esfuerzos de la delegación de Estados Unidos, la mayoría de los países rechazaron el principio de la libertad incondicional de la navegación aérea. Las aeronaves civiles dedicadas a servicios aéreos regulares deben obtener permisos especiales para penetrar en el espacio aéreo extranjero. Se prohíben —a menos de obtenerse consentimiento previo— los vuelos de aeronaves del Estado, es decir de las militares, de aduanas o de policía; asimísmo, los de aeronaves sin pilotos. Las aeronaves no dedicadas al servicio regular tienen derechos de sobrevuelo en el espacio aéreo y de aterrizaje en el territorio extranjero sin consentimiento previo, a condición de que cumplan las disposiciones de la Convención.

La Convención reconoce el derecho de los Estados para limitar los vuelos sobre sus territorios en el interés de su propia seguridad o para fines estratégicos, pero sólo en determinadas áreas, y sin discriminación entre sus propias aeronaves y las extranjeras. La Convención dispone restricciones a los aterrizajes y despegues. El derecho de cabotaje se reserva al Estado territorial, incluyendo el tráfico con sus territorios de ultramar. El traspaso de este derecho a otros Estados también queda regulado, pero se dispone que en dicho caso no debe confiarse tal derecho a un solo Estado o empresa extranjera.

A las aeronaves que aterrizan o permanecen en el territorio de un Estado extranjero se les exige que observen las regulaciones internas de ese Estado, las cuales deben estar en conformidad con la Convención. Las aeronaves deben matricularse sólo en un Estado: no se reconoce la matrícula de una aeronave en más de un Estado.

Finalmente, debe observarse que la Conferencia de Chicago llevó a la creación de la Organización de Aviación Civil Internacional (OACI), un organismo especializado de las Naciones Unidas. Sus metas y objetivos son: promover los principios y las técnicas de la navegación aérea internacional y fomentar la planificación y el desarrollo del trasporte aéreo internacional (para aspectos más específicos del régimen de la navegación aérea internacional, véase el capítulo 10).

SECCIÓN VII. ALTA MAR

6.19 CONDICIÓN JURÍDICA DE ALTA MAR

Alta mar es la la parte de los mares que no cae bajo la soberanía de ningún Estado. Se extiende más allá de los límites del mar territorial y sobre vastos espacios, uniendo a continentes y serviendo intereses de todos los Estados.

La importancia de la alta mar en el comercio y en las comunicaciones siempre ha sido reconocida, y ha servido de base para la regulación de su condición jurídica. Todos los Estados han llegado a aceptar el principio de la libertad de la alta mar como regla general de derecho internacional, aunque se han efectuado intentos por determinados países para restringir su aplicación. La controversia famosa entre Grocio (*Mare Liberum,* 1609) y Selden, (*Mare Clausum,* 1618) en la que participaron las mentes más esclarecidas del siglo XVII, incluso Gentili (*Hispanica Advocatio,* publicado después de su muerte en 1613) y otros, demuestra la importancia de este problema en una época en que los países más desarrollados de Europa establecían sus imperios.

La aplicación del principio de la libertad de los mares estaba ligada al problema de si era o no apropiado o posible ejercer soberanía sobre la alta mar. Dos teorías principales se formularon como respuesta a este problema. La primera afirmaba que la alta mar era *res nullius;* la segunda, que era *res communis omnium*. Esta última prevalece hoy, se basa en la idea de que la alta mar debe quedar sujeta al uso común de todos los Estados.

Formadas durante muchos siglos, las reglas de derecho internacional que regulan la condición y el régimen de la navegación en alta mar se encuentran codificadas en la Convención de la Alta Mar, del 29 de abril de 1958 (para el texto de la Convención, véase UN *Conference on the Law of the Sea,* Ginebra, 1958, *OR,* Vol. II, pp. 135-9). Al proclamar el principio de la libertad de la alta mar en el artículo 2º, la Convención apoyó con firmeza la aplicación general de dicho principio. Sin embargo, el artículo 30 de la Convención señaló explícitamente que sus disposiciones "no afectarán las convenciones u otros acuerdos internacionales ya vigentes entre los Estados que son parte de ellos". Esto implica la posibilidad de que un número de otras convenciones deban ser consultadas sobre aspectos determinados del régimen jurídico de la alta mar. Éstas incluyen, por ejemplos, la Convención de Bruselas sobre Colisiones en el Mar, de 1952 (439 *UNTS,* 217), la Convención de Londres, de 1954, sobre la Prevención de la Contaminación de los Mares (327 *UNTS,* 3) y muchas convenciones sobre la regulación general de la pesca en determinadas regiones de alta mar: por ejemplo, La Convención de Londres sobre Pesca en el Mar del Norte, 1946 (231 *UNTS,* 199), o la Convención de Tokio sobre la Pesca de Alta Mar en el Océano Pacífico Septentrional, 1952, (205 *UNTS,* 65).

6.20 LIBERTAD DE ALTA MAR

La Convención de la Alta Mar adoptó reglas básicas que, sin duda, reflejan el punto de vista contemporáneo sobre la libertad de alta mar, definida por la Convención como formada por "todas las partes de los mares no incluidas en el mar territorial o en las aguas internas de un Estado" (Artículo 1º). Partiendo del principio de que el derecho sobre el uso de alta mar ha de ser disfrutado igualmente por Estados costaneros y por los que no lo son, y que "ningún Estado puede válidamente pretender el sometimiento de cualquier parte de ella a su soberanía" (Art. 2º), la Convención recalca que la libertad de alta mar comprende, *inter alia: i)* libertad de navegación; *ii)* libertad de pesca; *iii)* libertad de tender cables submarinos y tuberías; y *iv)* libertad de sobrevuelo. Finalmente, completando la base jurídica de la libertad de alta mar, la Convención dispone que:

> estas libertades y otras que se reconocen por los principios generales de derecho internacional, se disfrutarán por todos los Estados con una razonable consideración a los intereses de los otros Estados. Art. 2º

Describiremos por separado estas cuatro libertades, de acuerdo con la pauta correspondiente a las disposiciones de la Convención.

i) Libertad de navegación. Este derecho se extiende a todos los Estados independientemente de si tienen o no acceso al mar. Más aún, los Estados que no tienen costa marítima han de disfrutar de medios de tránsito libre al mar —en base de reciprocidad—, igual que un tratamiento parejo en los puertos, siempre que las embarcaciones que enarbolen sus banderas se encuentren registradas en puertos determinados (Art. 3º).

En cuanto a la condición de las embarcaciones que surquen la alta mar, la Convención ratifica la jurisdicción del Estado de la bandera. Las embarcaciones pueden enarbolar la bandera de un solo Estado; y los Estados se encuentran obligados, a la vez, a ejercer una jurisdicción y un control efectivos sobre las embarcaciones que enarbolen sus banderas. De acuerdo con las normas internacionales generalmente aceptadas, cada Estado se encuentra obligado a legislar, en cuanto a las embarcaciones bajo su bandera, hasta donde fuere necesario para garantizar la seguridad en el mar. La Convención también trata de la cuestión de la jurisdicción penal en el caso de colisión u otros incidentes de la navegación, estatuyendo que no se dispondrán arrestos o detenciones de la embarcación ni siquiera como medida de investigación, por parte de cualesquiera autoridad, excepto las del Estado de la bandera.

La Convención también estableció ciertas obligaciones nuevas para los Estados. Exige que todo Estado preste asistencia en la prevención de la contaminación de los mares, teniendo en cuenta las disposiciones existentes en los tratados; de manera especial se refiere a la ayuda para prevenir la contaminación procedente del depósito de residuos radiactivos, y señala el deber del Estado de cooperar con la organización internacional competente para lograr dicho fin (Arts. 24-25). La Convención también prescribe los deberes de los capitanes de embarcaciones hacia la protección de personas cuyas vidas estén en peligro en el mar o durante las colisiones y, asimismo, en la lucha contra el comercio de esclavos.

Este régimen de navegación está complementado por ciertas medidas de control que han de ser aplicadas en alta mar. La adopción de estas disposiciones en la Convención confirma un número de reglas de derecho internacional consuetudinario universalmente aceptadas. La Convención, a la vez, dispone sobre las medidas que han de tomarse contra la piratería (Arts. 15-22) y reconoce el derecho de "persecución". Autoriza el apresamiento de una embarcación o aeronave comprometida en actos de piratería, a condición de que el Estado que lo efectúe sin motivos adecuados esté sujeto a indemnizar al Estado de la bandera por cualquier pérdida o daño causado por tal apresamiento. Concede a los navíos de guerra de todos los Estados el derecho de abordar los barcos mercantes extranjeros si existen motivos razonables para sospechar que se dedican a la piratería o al comercio de esclavos, o que son navíos de guerra disfrazados, o embarcaciones de la nacionalidad del navío de guerra pero que enarbolan banderas falsas. El derecho de persecución queda regulado detalladamente por la Convención (Art. 23). El derecho de persecución de una embarcación extranjera puede ejercerse cuando las autoridades competentes de un Estado costanero tengan motivos válidos para creer que la embarcación ha infringido las leyes y regulaciones de dicho Estado. Debe comenzar en las aguas interiores, o en el mar territorial del Estado costanero, o dentro de su zona contigua, y puede continuarse más allá del mar territorial y de la zona contigua, únicamente si el derecho de persecución no ha sido interrumpido. El derecho de persecución puede efectuarse sólo por navíos de guerra o por aeronaves militares, y cesa tan pronto como la embarcación perseguida entra en el mar territorial de su propio país o de un tercer Estado.

En relación con navíos de guerra y embarcaciones utilizados sólo en el "servicio gubernamental no comercial", la Convención dispone (Art. 9°) que ellos disfrutan de "completa inmunidad con respecto a la jurisdicción de cualquier Estado que no sea el de su bandera". Deja sin resolver el problema de las embarcaciones utilizadas en el servicio oficial de una organización intergubernamental que enarbole la bandera de ella. (Véase 5.04.)

ii) Libertad de pesca. Ésta y la explotación de otros recursos del mar han sido reglamentadas hasta ahora por una serie de convenciones, tanto bipartitas como multipartitas. Al adoptar la Convención sobre la Pesca y la Conservación de los Recursos Vivos de la Alta Mar, la Conferencia de Ginebra dio un paso decisivo hacia el reconocimiento universal de las reglas referentes a tal actividad, y hacia su regulación (Arts. 1-14). (Para el texto de la Convención sobre la Pesca y la Conservación de los Recursos Vivos de Alta Mar, véase UN *Conference on the Law of the Sea, op. cit.,* pp. 139-41.)

La Convención proclama la libertad de pesca para todos los Estados y reconoce los derechos e intereses especiales de los Estados costaneros, pero a la vez impone el deber de respetar las obligaciones de los tratados; asimismo, con referencia a los respectivos nacionales, establece el deber de adoptar, o de cooperar con otros Estados en la adopción de las medidas que puedan ser necesarias para la conservación de los recursos vivos del mar. Los problemas en disputa deben ser sometidos a una comisión especial establecida por los Estados interesados, con el objeto de lograr la conservación de los recursos marítimos. Cuando no sea posible llegar a un acuerdo sobre la composición de la comisión, sus miembros serán designados por el Secretario General de las Naciones Unidas en consulta con las partes, con el Presidente de la Corte Internacional de Justicia y con el Director General de la FAO.

Los Estados cuyas costas se encuentran en la cercanía de zonas pesqueras de importancia disfrutan de una posición especialmente privilegiada. En reconocimiento del especial interés de éstos, la Convención les concede derechos especiales para participar en el trabajo de todas las organizaciones dedicadas a la exploración, así como en los acuerdos para la adopción de medidas que aseguren la conservación de los recursos marítimos, aun si sus nacionales no se dedican activamente a la pesca en dichas áreas. Sin embargo, se autoriza a los Estados costaneros a tomar medidas unilaterales para proteger los recursos vivos de la alta mar, y dichas medidas se considerarán válidas mientras no se resuelva cualquier disputa que surja con otros Estados interesados (véase Oda, *International Control of the Sea Resources*).

iii) Libertad de tender cables submarinos y tuberías. Fue regulada por primera vez sobre bases multilaterales en la Convención de París sobre la Protección de Cables Submarinos, de 1884 (75 *BFSP*, 356), y está confirmada por la Convención de la Alta Mar (Arts. 26-29), la cual confiere dicho derecho a todos los Estados. Se presta particular atención a los derechos de otros Estados, y especialmente a los del Estado costanero, para acometer la exploración y utilización de la plataforma continental, pero en forma tal que no impida el tendido o el mantenimiento de los cables o tuberías. Se dispone expresamente que los Estados deben tener cuidado especial con los cables y las tuberías ya colocados en el lecho del mar, y especialmente que no sean obstaculizadas las posibilidades de reparar los cables o las tuberías existentes. Todos los Estados quedan obligados a adoptar las medidas legislativas necesarias para asegurar que sea pagada la compensación por el daño causado a cables o tuberías, ocasionado por embarcaciones o por personas bajo su jurisdicción. La Convención también contempla la compensación de los gastos incurridos por las embarcaciones al tomar medidas para evitar la ruptura o el daño a cables y tuberías.

iv) Libertad de sobrevuelo en alta mar. No entraña ninguna novedad en el derecho internacional. Sin embargo, la inclusión en la Convención de Ginebra de este principio en la libertad de los mares, aunque no está tratado en forma detallada, recalca la importancia del reconocimiento de la unidad de los principios sobre cuyas bases han de ser reguladas varias esferas de actividad de los Estados en alta mar.

La jurisdicción sobre delitos cometidos a bordo de una aeronave en vuelo sobre la alta mar puede ser ejercida por el Estado de su matrícula. Este principio quedó confirmado por el Convenio sobre las Infracciones y Ciertos Actos Cometidos a Bordo de las Aaeronaves, firmado en Tokio, el 14 de septiembre de 1963 (UN *Juridical Yearbook*, 1963, p. 136), que obliga también a los Estados contratantes a adoptar cualquier medida necesaria para ejercer dicha jurisdicción. La Convención también dispone que otros Estados, distintos del de la matrícula, no pueden interferir a las aeronaves en vuelo en alta mar, excepto en los casos en que el delito tenga las siguientes condiciones: *i)* surta efecto en ese otro Estado; *ii)* haya sido cometido por o contra uno de sus nacionales o residentes permanentes; *iii)* sea contra su seguridad; *iv)* consista en una violación de las regulaciones de seguridad aérea; o *v)* sea necesario el ejercicio de la jurisdicción para asegurar el cumplimiento de sus obligaciones bajo un acuerdo internacional multipartito.

Éstas son las reglas básicas del régimen jurídico moderno de alta mar, según han surgido de las Convenciones de Ginebra sobre la Alta Mar. Aunque la Conferencia de Ginebra trató de muchos otros problemas, no fue posible llegar a un acuerdo sobre todos ellos. Una materia particularmente controvertida fue la de la realización de pruebas nucleares en alta mar, que han sido criticadas por tratadistas de derecho internacional debido al cierre obligado de vastas zonas para el paso de embarcaciones y aeronaves, y debido también a los efectos de la caída de partículas radiactivas sobre peces y otros recursos del mar. Pero en la Convención de Ginebra resultó imposible ponerse de acuerdo con respecto a disposiciones expresas sobre la ilegalidad de las pruebas nucleares en alta mar, y la Conferencia sólo adoptó una resolución que remitió este problema a la Asamblea General de las Naciones Unidas para que ella adoptara las medidas adecuadas. Esta materia, sin embargo, quedó resuelta por el Tratado de Moscú sobre Prohibición de Pruebas de Armas Nucleares, de 1963, cuyas partes han renunciado, *iter-alia* en el artículo 1º, a efectuar cualquier explosión de prueba nuclear debajo del agua, en aguas territoriales o en alta mar *(State Department Bulletin*, Nº 1259, p. 239 (1963)).

SECCIÓN VIII.   EL ESPACIO EXTERIOR

6.21   CONDICIÓN JURÍDICA DEL ESPACIO EXTERIOR

El extraordinario progreso científico y técnico, que después de la segunda Guerra Mundial, llevó no sólo al lanzamiento de cohetes y satélites terrestres artificiales, sino también al rápido desarrollo de la posibilidad de su utilización —tanto para fines militares como pacíficos—, presenta problemas básicos referentes a la condición jurídica del espacio exterior y, especialmente, el de los límites superiores de la soberanía estatal y el de un régimen apropiado para su utilización.

La primera cuestión surge como consecuencia directa del lanzamiento de satélites terrestres artificiales, y de su paso en órbita sobre los territorios de varios Estados. Sin embargo, la regla de la extensión de la soberanía estatal a todo el espacio aéreo sobre su territorio no puede extenderse, apropiadamente, al espacio exterior, aunque no sea más que debido a la rotación axial del planeta mismo. En virtud de ello, es ha llegado a aceptar el criterio de que el problema de la soberanía no puede tratarse en la misma forma en relación con el espacio exterior que en relación con el espacio aéreo.

Durante las primeras discusiones se expresaron varios criterios, sobre la base de los cuales sería posible determinar los límites de la soberanía estatal en el espacio exterior. El espacio exterior se dividió en áreas similares a las del espacio marítimo o aéreo (véase Cooper, "Legal Problems of Upper Space", *ASIL Proceedings*, 1956, p. 84; Castrén, "Situation juridique de l'espace atmosphérique en droit international", *Hommage d'une génération de juristes au Président Basdevant*, 1960, p. 75); también se sugirió la libertad completa del espacio exterior (véase Jenks, *The Common Law of Mankind*, pp. 388-90). Estas sugerencias no obtuvieron apoyo general. Existe un dilema básico en la fijación de los límites de la soberanía estatal en el espacio exterior relacionado con el problema tradicional del carácter jurídico de la actividad de los Estados en regiones nuevas o no apropiadas. Este problema dista mucho de una solución definitiva. Es difícil reconciliar el principio de la *res nullius* con énfasis en la ocupación de cuerpos espaciales, con el principio de la *res communis omnium,* que tendería a frenar en sus actividades espaciales a los países más avanzados en asuntos cósmicos.

La práctica de los Estados parece orientarse hacia una afirmación del derecho de todos los Estados para explorar y hacer uso del espacio exterior. La prueba más evidente de esto se encuentra en la Resolución 1721 (XVI) de la Asamblea General de las Naciones Unidas, que proclama

> el interés común de la humanidad en fomentar la cooperación internacional en este importante campo y, además, que la exploración y el uso del espacio exterior debe efectuarse sólo para el mejoramiento del género humano y para beneficio de los Estados, con independencia de la etapa del respectivo desarrollo económico o científico de cada uno.

Sin embargo, esta Resolución también señala la base para las soluciones que conciernen a la regulación jurídica de las actividades en el espacio exterior desde el punto de vista del derecho internacional, y quizás suministre respuesta al problema de la condición jurídica del espacio exterior. La Resolución 1721 (XVI) recomendó los principios básicos que los Estados han de adoptar para su orientación en la exploración y uso del espacio exterior. Según esta Resolución,

> el derecho internacional, incluyendo la Carta de las Naciones Unidas, se aplica al espacio exterior y a los cuerpos celestes; y el espacio exterior y los cuerpos celestes quedan libres para la exploración y el uso, por todos los Estados, de conformidad con el derecho internacional, y no están sujetos a apropiación nacional.

Esto parece sugerir que las soluciones que se ofrecen en la práctica tienden, en forma predominante, a adoptar la tesis de que el espacio exterior es *res extra commercium*.

6.22 REGULACIÓN DE LA ACTIVIDAD DE LOS ESTADOS

Basada en los principios aprobados por la Asamblea General de las Naciones Unidas, la regulación de la actividad de los Estados en el espacio exterior fue estudiada por el Subcomité Jurídico de las Naciones Unidas para el Uso Pacífico del Espacio Exterior. El resultado de su trabajo ha sido la aceptación unánime en la decimoctava sesión de la Asamblea General, de la Declaración de Principios Jurídicos que Regulan las Actividades de los Estados en la Exploración y el Uso del Espacio Exterior. (Res. 1962 (XVIII).)
La Declaración reitera los principios básicos proclamados por la Resolución 1721 (XVI), subrayando la necesidad de tener presente la Resolución 110 (II), de la Asamblea General, que condena toda propaganda concebida con el fin o con la probabilidad de provocar o alentar cualquier amenaza a la paz, quebrantamiento de la paz o acto de agresión. Dicha Declaración define también, los derechos y los deberes de los Estados al efectuar sus actividades en el espacio exterior. Dispone que los Estados son responsables de sus actividades, ya se lleven a cabo por organismos gubernamentales o por

cuerpos no gubernamentales, y dispone que es necesaria la autorización del Estado y su supervisión permanente para la actividad espacial de entidades no gubernamentales. El Estado de la matrícula de una nave espacial retiene su jurisdicción y control durante su vuelo en el espacio exterior, mientras continúe su propiedad sobre la nave, tanto en el espacio exterior como después de su regreso. Si un mismo Estado lanza una nave espacial, o permite que sea lanzada desde su territorio, tiene responsabilidad internacional por cualquier daño causado en el territorio de otros Estados, ya sea en tierra, ya en el espacio aéreo o en el espacio exterior. La Declaración también dispone que los astronautas deben ser considerados "enviados de la humanidad en el espacio exterior" y que debe ofrecérseles toda la ayuda necesaria y devolvérselos al Estado en que se encuentra matriculada su nave.

Aparte de la aceptación de estas disposiciones, la Asamblea General, en su sesión decimoctava, adoptó la Resolución 1884 (XVIII), que tiene gran importancia para la comprensión de las actuales tendencias de desarrollo con respecto al régimen para el uso del espacio exterior. Basado en el acuerdo mutuo entre la Unión Soviética y Estados Unidos, de no mantener estacionado en el espacio exterior ningún objeto que porte armas nucleares u otra clase de armas capaces de destrucción masiva, la Resolución hizo un llamamiento a todos los Estados

> de abstenerse de colocar en órbita alrededor de la tierra cualesquier objetos portadores de armas nucleares o armas de otras clases de destrucción masiva; de instalar tales armamentos en cuerpos celestes o de estacionarlos en el espacio exterior en cualquier otra forma.

Aunque también existen algunos acuerdos bipartitos (especialmente entre la Unión Soviética y Estados Unidos, celebrados con miras a una mutua colaboración en el espacio exterior) debe observarse que las citadas resoluciones de la Asamblea General constituyen la base jurídica generalmente aceptada para el uso del espacio exterior.* El estudio de los problemas par-

---

* Algunas de estas resoluciones han dado origen a la celebración de acuerdos internacionales. En octubre de 1967 entró en vigor el Tratado sobre los principios que han de regir las actividades de los Estados en la exploración y la utilización del espacio ultraterrestre, incluso la Luna y otros cuerpos celestes. El Tratado constituye una aportación importante para el desarrollo progresivo de las normas de derecho internacional que regulan la actividad de los Estados en el espacio exterior. Establece que la exploración y la utilización del espacio ultraterrestre debe llevarse a cabo en beneficio e interés de todos los países. Los signatarios convienen que el espacio exterior —incluyendo la Luna y otros cuerpos celestes— no puede ser objeto de apropiación nacional. El Tratado proscribe el establecimiento de bases militares y la realización de pruebas y maniobras militares en los cuerpos celestes.

También estipula la prohibición de colocar en órbita armamento de destrucción en masa —incluyendo el nuclear— alrededor de la Tierra, en los cuerpos celestes o de cualquier forma en el espacio exterior.

Además, la exploración y la utilización del espacio ultraterrestre debe basarse en los principios de cooperación y asistencia mutua. Los astronautas son considerados como "enviados de la humanidad"; en caso de accidente o de aterrizaje forzoso, deben ser devueltos al Estado de registro de su vehículo espacial. Los Estados conservan jurisdicción y control sobre los objetos que lancen, aun cuando estén en el espacio exterior o en los cuerpos

ticulares referentes a los usos del espacio exterior está desarrollándose cada vez más, con los auspicios de las Naciones Unidas y de muchas asociaciones científicas, tales como la Unión Astronáutica Internacional, el Institut de Droit International, la Asociación de Derecho Internacional y otras. Se encuentran en estudio problemas nuevos, especialmente las relacionadas con la responsabilidad de los Estados por sus actividades en el espacio exterior. Sobre este aspecto se están preparando proyectos de convenciones internacionales en el Subcomité Jurídico de las Naciones Unidas.* * También debe

celestes; también son responsables internacionalmente por el daño que causen esos objetos o sus partes componentes. Dispone el Tratado que los Estados deberán evitar la contaminación de los cuerpos celestes o la creación de cambios adversos que, como resultado de la introducción de materia ultraterrestre, afecten el ambiente que rodea a la Tierra. (Para el texto del Tratado, véase *Asamblea General*, Resolución 2222 (xxi), 19 de diciembre, 1966, Anexo).

Otro convenio importante es el Acuerdo sobre el salvamento y la devolución de astronautas y la restitución de objetos lanzados al espacio ultraterrestre, que entró en vigor el 3 de diciembre de 1968. En este Acuerdo, los Estados se comprometen a adoptar todas las medidas de auxilio posibles en aquellos casos en los cuales, debido a accidente, peligro o aterrizaje forzoso o involuntario, la tripulación de una nave espacial descienda en territorio colocado bajo la jurisdicción de una parte contratante. El secretario general de la onu y la autoridad de lanzamiento deberán ser informados de inmediato. Si se estima útil, la autoridad de lanzamiento podrá cooperar con la parte contratante a fin de lograr una mayor eficacia en las operaciones de búsqueda y salvamento, efectuándose esas operaciones bajo la dirección y el control de la parte contratante. La tripulación de la nave especial debe ser devuelta pronta y seguramente a los representantes de la autoridad de lanzamiento. (Para el texto del Acuerdo, véase *Asamblea General*, Resolución 2345 (xxii), 19 de diciembre, 1967, Anexo).

** La Subcomisión de Asuntos Jurídicos de la Comisión sobre la Utilización del Espacio Ultraterrestre aprobó, en junio de 1971, un proyecto de acuerdo sobre responsabilidad en materia de actividades espaciales. Este acuerdo —denominado Convención sobre responsabilidad internacional por daños causados por objetos espaciales— fue adoptado por la Asamblea General el 29 de noviembre de 1971, por resolución 2777 (xxvi). Entrará en vigor cuando se deposite el quinto instrumento de ratificación.

La Convención sobre responsabilidad ha sido considerada por los Estados que no realizan exploraciones espaciales como el *quid pro quo* del Acuerdo sobre el salvamento y la devolución de astronautas... y la restitución de objetos lanzados al espacio ultraterrestre, concluido en 1967.

La Convención regula las cuestiones relativas a definiciones, presentación de reclamaciones, naturaleza de la responsabilidad, responsabilidad solidaria, acciones para la reparación del daño, formas de compensación, límites temporales para la presentación de reclamaciones, derecho aplicable, comisión de reclamaciones y organizaciones internacionales.

La Convención establece responsabilidad absoluta para el Estado que lanza objetos al espacio cuando éstos causen daños en la superficie terrestre o a aeronaves en vuelo. Si el daño es causado a otro objeto espacial, el Estado de lanzamiento sólo será responsable en caso de que exista culpa de su parte. La controversia sobre si el derecho aplicable en el procedimiento para la reparación del daño sería el del Estado de lanzamiento o el del Estado que presenta la reclamación, quedó resuelta mediante un compromiso conforme al cual la compensación será determinada de acuerdo con el derecho internacional y los principios de justicia y equidad, en forma tal que la reparación restaure en la parte dañada la condición que existiría de no haberse producido el daño.

Para la solución de disputas, cualquiera de los Estados partes en la diferencia está facultado para solicitar el establecimiento de una comisión tripartita de reclamaciones, compuesta por un miembro designado por cada parte y el presidente, como tercer miembro, nombrado por las dos partes o, en caso de desacuerdo, por el secretario general de observarse que el Institut de Droit International aprobó una Resolución sobre el Régimen Jurídico del Espacio Exterior, en su quincuagésima sesión, celebrada en Bruselas en 1963. (Para más información sobre el trabajo del Institut de Droit International, véase *Le Droit international des espaces célestes*, Rapport préliminaire et rapport définitif de Jenks, *Annuaire*, Volumen 50, 1963, pp. 128-496.)

Los progresos en la regulación de la actividad de los Estados en el espacio exterior son fruto de los esfuerzos realizados para adecuar el derecho internacional existente a las nuevas relaciones jurídicas que crecen paralelamente con el desarrollo de dichas actividades. La revolución científica y técnica que está ocurriendo en la actualidad prescribe nuevas tareas en el campo del derecho internacional. La posesión de la Luna y de otros cuerpos celestes es objeto de estudio en el derecho internacional. A esos cuerpos ya han llegado vehículos terrestres no tripulados, y se contemplan en la actualidad desembarcos con tripulantes aun cuando no se han resuelto todavía algunos problemas vitales referentes a la paz y a la seguridad internacionales y al ulterior desarrollo del derecho internacional (el desarme, la prohibición de armas nucleares, etc.). Puesto que el futuro del derecho del espacio exterior también depende de la solución a estos problemas, debemos ver en los esfuerzos por llegar a su arreglo simultáneo, el camino hacia el logro de ulteriores progresos en la regulación de la cooperación de los Estados para el uso pacífico del espacio exterior en beneficio de toda la humanidad.

SECCIÓN IX. JURISDICCIÓN EXTRATERRITORIAL O PERSONAL

6.23 JURISDICCIÓN NO BASADA EN LA AUTORIDAD TERRITORIAL

Aunque pensamos que el territorio de un Estado es la parte de la tierra "dentro de la cual, normalmente, y supeditado a las limitaciones impuestas por el derecho internacional, el Estado ejerce jurisdicción sobre las personas y sobre las cosas, con exclusión de la de otros Estados" (ver Brierly, *Law of Nations*, 6ª ed., p. 162), aquél puede, legalmente, ejercer su jurisdicción con un fundamento distinto del territorial. Sólo dentro de su propio territorio, o en áreas que no formen parte del territorio de cualquier otro Estado, puede un Estado tomar medidas para ejercitar su autoridad o soberanía. Según expresó la Corte Permanente de Justicia Internacional en el *Lotus Case* (1972),

la ONU. La decisión de la comisión sobre la reclamación y el monto de la compensación será definitiva y obligatoria, si las partes así lo han acordado previamente; en caso contrario, tendrá carácter recomendatorio. (Para el texto de la Convención, véase: *Asamblea General*. Resolución 2777 (XXVI), 29 de septiembre de 1971, Anexo.)

la primera y principal restricción impuesta por el derecho internacional a un Estado es que —a falta de la existencia de una regla permisiva en sentido contrario— no puede ejercer su poder en forma alguna en el territorio de otro Estado. En este sentido, la jurisdicción ciertamente es territorial; no puede ser ejercida por un Estado fuera de su territorio, salvo en virtud de una regla permisiva derivada de la costumbre internacional o de una convención. (Corte Permanente de Justicia Internacional Ser. A., Nº 10, en pp. 18-19.)

Pero en la siguiente opinión, continuó la Corte:

Sin embargo, no se deduce de ello que el derecho internacional prohíba a un Estado que ejerza jurisdicción, dentro de su propio territorio, en relación con cualquier caso referente a actos que hayan ocurrido en el extranjero, y para lo cual no puede basarse en alguna regla permisiva de derecho internacional... Lejos de fijar una prohibición general a efecto de que los Estados no pueden extender la aplicación de sus leyes y la jurisdicción de sus tribunales a personas, bienes y actos fuera de su territorio, les deja a este respecto, una extensa medida de discreción, limitada sólo, en ciertos casos, por reglas prohibitivas. En cuanto a otros casos, todo Estado queda en libertad de adoptar los principios que considere mejores y más adecuados.

Esta discreción concedida a los Estados por el derecho internacional explica la gran variedad de reglas que han podido adoptar sin objeciones ni quejas por parte de otros Estados. (*Ibid.*, p. 19.)

Es necesario distinguir entre la jurisdicción para tomar medidas y la jurisdicción para prescribir la condición de lo que es legal o ilegal, con respecto a personas situadas y a actos realizados fuera del territorio del Estado. Aparte del ejercicio ocasional de la jurisdicción para constreñir a personas y a cosas en alta mar, o en lugares no sujetos a la autoridad territorial de cualquier Estado, la jurisdicción extraterritorial o personal de un Estado se encuentra normalmente limitada a determinar el carácter jurídico de los actos y eventos ocurridos fuera de los límites territoriales del Estado.

6.24 JURISDICCIÓN SOBRE NACIONALES

Es ampliamente aceptado que un Estado puede ejercer jurisdicción sobre sus nacionales, en relación con la conducta de ellos dentro o fuera de su territorio. De acuerdo con las ideas contemporáneas de derecho internacional, el ejercicio de la jurisdicción sobre los nacionales origina pocos problemas de derecho internacional, excepto en cuanto los tratados puedan referirse a la materia. Hasta donde los derechos bajo el ordenamiento jurídico internacional se consideren como vigentes para los Estados más bien que para los de individuos, normalmente no habrá ningún otro Estado que esté en posición jurídica para objetar, según el derecho internacional, la forma en que un Estado trata a sus propios nacionales. En virtud de la jurisdicción sobre sus nacionales, un Estado puede ejercer jurisdicción civil o penal en cuanto a ellos, imponerles tributos, exigir su ingreso en las fuerzas armadas y someterlos a gran variedad de órdenes. Algunos Estados ejercen esta jurisdicción en grado mucho mayor que otros. Algunos códigos penales nacionales comienzan la declaración del alcance de su aplicación con manifestaciones tan amplias como la que aparece en la sección 3 del Código Penal Alemán:

> El derecho penal alemán se aplica a cualquier acto de un nacional alemán, haciendo caso omiso de si fue cometido en Alemania o en el extranjero.

El Código Penal de la India, de 1880, declara, en su sección 4:

> Las disposiciones de este Código se aplican a cualquier delito cometido por — (i) cualquier ciudadano de la India en cualquier lugar dentro y fuera de la India.

Igualmente, el Código Penal de Corea, de 1953, dice, en el artículo 3º:

> Este Código se aplicará a todos los nacionales de Corea que cometan delitos fuera del territorio de la República de Corea.

Otros Estados (como la Argentina, el Reino Unido y Estados Unidos) sólo en muy pocas de sus normas penales disponen que ellas son específicamente aplicables a sus nacionales mientras se encuentren en el extranjero; y siguen la regla de interpretación de que no se ha de dar efecto extraterritorial a las leyes, aún en cuanto a los nacionales, salvo que el cuerpo legislativo así lo disponga expresamente. Hasta el Reino Unido aplica sus leyes penales a nacionales que cometan en el extranjero delitos tales como traición, asesinato, bigamia, etcétera. Muchos países declaran que se castigarán aquellos delitos cometidos en el extranjero por sus nacionales que también sean delito bajo la ley del lugar en que fueron cometidos, o resulten sancionables con cierto grado de severidad, o sean cometidos contra sus compatriotas. Esta práctica se ha plasmado en el establecimiento de una regla consuetudinaria de derecho internacional que reconoce la jurisdicción del Estado para aplicar sus leyes a actos cometidos por sus nacionales en el extranjero, y en tales casos muy pocas veces surge alguna controversia internacional respecto de ellos.

Relativamente puede no haber muchos casos en donde las leyes nacionales se apliquen según este principio de nacionalidad, pero parece haber la aceptación general de la legalidad internacional de tal jurisdicción. Así, las resoluciones de doctas instituciones —como el Institut de Droit International— y las opiniones de los autores, coinciden en apoyar tal jurisdicción personal.

6.25 Delitos cometidos por nacionales en lugares que no se encuentran bajo la soberanía de ningún estado

Tales lugares hoy incluirían la alta mar, por lo menos partes de la Antártica, el espacio exterior y los cuerpos celestes. En tiempos anteriores habían muchas más áreas de la superficie terrestre que se consideraba que no formaban parte del territorio de ningún Estado participante en el sistema de derecho internacional. La jurisdicción sobre actos cometidos en alta mar se trata en la sección referente a la alta mar, y todo lo que hay que repetir aquí es que dicha jurisdicción se basa normalmente en el carácter nacional de la nave de que se trate. Lo que ocurre a bordo en alta mar se encuentra normalmente regido por la ley de la bandera, aunque con posibles problemas suscitados en relación con la ley de los dueños de la embarcación, particularmente en el caso de las llamadas "banderas de conveniencia". Aun en el caso de delitos cometidos en naves extranjeras en alta mar, el Estado de la nacionalidad tendría jurisdicción del mismo modo que el Estado de la nave. En los casos menos probables de delitos cometidos en alta mar por personas que se encuentren nadando o sobre objetos flotantes (maderos o restos de naufragios o pequeños pedazos de hielo), los cuales no tienen el carácter nacional normalmente atribuido a una nave, la única jurisdicción aplicable parecería ser la personal, basada en la nacionalidad.

La práctica que se desarrolló en cuanto a situaciones relacionadas con áreas terrestres o con regiones de hielo que eran *terra nullius* fue la de reconocer la autoridad del Estado de la nacionalidad. En tales casos no existiría enfrentamiento con un derecho que pudiera aplicarse sobre a base de la autoridad territorial, y habría poca razón para disputar el uso del derecho de la nacionalidad. Es posible considerar que, al hacerse miembro de una expedición polar o de un grupo de exploración lunar, el individuo de una nacionalidad se haya colocado bajo el mando del jefe del grupo, y de esta forma, bajo la jurisdicción del Estado de dicho jefe. Existen pocos indicios de casos prácticos sobre el particular, pero podría hacerse una analogía con la situación de los extranjeros que prestan servicios en un barco, o de la de los extranjeros que son miembros de las fuerzas armadas de un Estado; situaciones en las cuales podría considerarse que ambos grupos se han colocado, a sí mismos, bajo la jurisdicción del Estado mientras permanezcan en dichas posiciones, aunque no sean, en realidad, sus nacionales. En relación con esto, puede ser significativo que el Tratado del Antártico de 1959 (402 *UNTS*, 71) dispone que los inspectores y los científicos canjeados con otras expediciones, junto con su personal, "quedarán sujetos sólo a la jurisdicción de la Parte Contratante de la cual son nacionales, respecto a todos los actos u omisiones que ocurran mientras se encuentren en el Antártico con el objeto de cumplir sus funciones". El Tratado del Antártico no hace ninguna otra referencia a la jurisdicción. La Resolución 1962 (xviii) de la Asamblea General, aprobada por unanimidad el 13 de diciembre de 1962, declara:

El Estado bajo cuyo registro se lance un objeto al espacio exterior, retendrá la jurisdicción y el control sobre dicho objeto, y sobre cualquier personal al mismo, mientras se encuentre en el espacio exterior.

Cuando existe gran número de personas haciendo uso de una misma área que no se encuentre sometida a la soberanía deningún Estado, puede ser necesario concluir arreglos para contemplar los conflictos que surjan entre personas que continúan sujetas sólo a la jurisdicción del Estado del cual son nacionales. Los esfuerzos que se hicieron en este sentido en Spitsbergen, mientras se mantuvo como *terra nullius* antes de su incorporación a Noruega, en 1920, no tuvieron éxito. No obstante, el control de cada Estado sobre sus propios nacionales sería la base sobre la cual se debería iniciar cualquier régimen más elaborado.

6.26 Jurisdicción personal con respecto al territorio de otros estados

Al aplicar las leyes a sus nacionales en el extranjero, la mayoría de los Estados no distinguen entre los actos que ocurren en lugares que no se encuentran bajo la soberanía de Estado alguno y los actos que tienen lugar en el territorio de un Estado extranjero. En el segundo de estos casos, naturalmente, el respeto que exige la sobranía del Estado territorial impide al Estado de la nacionalidad actuar dentro del territorio extranjero para aplicar su propio derecho a sus nacionales. Pero se reconoce que el Estado de la nacionalidad tiene una jurisdicción que lo autoriza para seguir juicio contra sus nacionales mientras se encuentren en el extranjero, ejecutando los fallos sobre los bienes que tengan en el país o sobre sus personas cuando regresen; también puede esperar y enjuiciarlos a su regreso por acto cometidos en el extranjero. Pueden surgir complicaciones si el nacional del Estado X, residente en el Estado Y, es sometido a órdenes incompatibles por parte de los dos Estados; una, basada en la jurisdicción territorial y la otra, en la jurisdicción sobre los nacionales. El derecho internacional no parece tener ninguna regla definida que limite al Estado en el castigo de sus nacionales por delitos que puedan haber cometido en el extranjero, aunque dichos actos hubieran sido lícitos o hasta obligatorios, de acuerdo con el derecho del Estado del territorio; normalmente los Estados sí toman en cuenta la defensa consistente en que tal actuación era exigida por el Estado en el cual se encontraba el individuo. Igualmente, el soberano territorial rara vez exime a quienes infringen sus leyes mientras se encuentren en su territorio, porque a éstos se les pudo haber permitido o exigido, por parte del Estado de su nacionalidad, efectuar los actos prohibidos por el soberano territorial. En la mayoría de los casos, el buen sentido y la moderación de las autoridades administrativas y judiciales, han evitado el surgimiento de una controversia internacional entre el Estado de la nacionalidad y el del territorio. Si el Estado territorial llegara a castigar a un extranjero por un acto que fue obligado a cometer por el Estado de su nacionalidad, podría esperarse que éste planteara alguna objeción fundada en el tratamiento impropio a su nacional. No obstante, el hecho de que el individuo en esa oportunidad se encuentra sujeto al control físico del soberano territorial puede ser una razón para esperar que el Estado de la nacionalidad ceda ante el Estado territorial, y se abstenga de castigar lo que exige el soberano territorial. Una situación de este tipo podría considerarse adecuada para la aplicación de la doctrina del acto del Estado (act-of-state doctrine), de modo que al individuo no se le perjudique debido al conflicto entre los dos Estados. El libro *International Law* de Oppenheim, se atreve decir:

> Un Estado no puede exigir a sus ciudadanos en el extranjero la realización de aquellos actos que les están prohibidos por el derecho interno de país en el cual residen, ni tampoco ordenarles que no realicen los que estén obligados a hacer según tal derecho. (Vol. I, 8ª ed., pp. 295-6.)

Puede ser dudoso que esto se halle establecido como regla de derecho internacional. Pero —aunque puede ser más difícil, de conformidad con el derecho internacional tradicional, atacar la jurisdicción basada en la nacionalidad (debido a que cualquier otro Estado carece de capacidad jurídica procesal para impugnar la legalidad de la acción del Estado de la nacionalidad)—, parece haber un consenso general de que la jurisdicción del soberano territorial debe tener prioridad sobre la basada en la nacionalidad.

La jurisdicción basada en la nacionalidad también se encontró anteriormente en el régimen de la "extraterritorialidad", de acuerdo con el cual varios extranjeros en el antiguo Imperio Otomano, o en otros Estados orientales, como resultado de tratados (las llamadas "capitulaciones"), cayeron bajo el control de los cónsules o tribunales especiales de sus Estados y fueron excluidos de la jurisdicción normal del soberano territorio. Esto, en sentido estricto, no constituyó una innovación, puesto que desde los tiempos más remotos se habían seguido prácticas similares basadas en el principio de la personalidad de las leyes. Desde la segunda Guerra Mundial, el régimen de la extraterritorialidad basado en "capitulaciones" ha llegado a su fin, y ahora es sólo materia de interés histórico.

6.27 SITUACIONES ESPECIALES QUE COMPRENDEN LA JURISDICCIÓN PERSONAL

¿Debe terminar la jurisdicción basada en la nacionalidad cuando un individuo que era nacional cometió un acto, ha sido expatriado o se ha nacionalizado en le extranjero posteriormente?

La opinión general considera que no debe terminar la jurisdicción, porque si no, un criminal escaparía al enjuiciamiento mediante un cambio de nacionalidad después de haber cometido un delito. Sobre este particular se puede encontrar muy poca práctica. En el caso de la mayor parte de los delitos parece improbable que el Estado de la nueva nacionalidad plantee objeciones a la actuación del Estado del cual el individuo era nacional en ese momento. Fácilmente podrían surgir dificultades en relación con la omisión del cumplimiento del servicio militar obligatorio si se controvirtiera el cambio de nacionalidad, como por ejemplo, si el Estado de la anterior lealtad exigiera que el individuo obtuviese para ello un permiso de expatriación, y el Estado de la nueva lealtad insistiera sobre la validez de su nacionalización sin dicho permiso. Tales disputas parecerían caer principalmente en el campo de la nacionalidad, más que en el de la jurisdicción.

Puede ser más difícil justificar teóricamente la jurisdicción penal del Estado sobre una persona que no se convirtió en nacional suyo hasta después de haber cometido el delito alegado; sin embargo, esto parece encontrarse apoyado por el control, prácticamente total, que el derecho internacional concede al Estado sobre sus nacionales. Puede agregarse que el individuo asumió este riesgo de enjuiciamiento cuando se convirtió en nacional. Algunas leyes nacionales (como el Código Penal Alemán, Sección 4) se aplican específicamente al delito cometido fuera del país por un extranjero, si el delincuente adquiere la nacionalidad alemana después de la comisión y si, además, tal delito es sancionable de acuerdo con la ley del lugar de su comisión, o si ese lugar no se encontraba sometido a ninguna autoridad criminal. En el X vs. *Public Prosecutor* (*ILR*, 1952, Case Nº 48), los tribunales holandeses mantuvieron que era correcto, de acuerdo con el derecho holandés, el enjuiciamiento de una ciudadana de ese país que había perdido su nacionalidad por matrimonio con un extranjero, que tenía tal condición cuando cometió el delito en el extranjero y que con posterioridad a ello, readquirió la nacionalidad holandesa.

Unos cuantos Estados (como Dinamarca, Liberia y Noruega) aparentemente asimilan con los nacionales a los extranjeros domiciliados, y mantienen la jurisdicción sobre ellos por delitos cometidos fuera del país. Aunque no parece haber prueba alguna disponible de objeciones por parte del Estado de la nacionalidad del extranjero domiciliado, la jurisdicción basada únicamente en el domicilio parece difícil de justificar. Podría encontrarse la excepción en el caso de apátridas domiciliados, quienes bien podrían ser tratados como asimilados a los nacionales para efectos de la jurisdicción. Este criterio mantienen los códigos penales de la Unión Soviética y de Italia.

Parece que habría poca dificultad en el caso de que un Estado tratara de ejercer su jurisdicción sobre un extranjero por actos efectuados en relación con el cumplimiento de una función pública, que él hubiera quedado comprometido a cumplir para el Estado. Para efectos de la jurisdicción, como para efectos de la protección diplomática, dichos funcionarios y empleados públicos extranjeros pueden considerarse como si fuesen nacionales del Estado que los emplea, en cuanto concierne a los actos realizados en el cumpimiento de sus funciones. Esta jurisdicción es mantenida por muchos Estados, aparentemente con poca objeción. Aunque hemos tratado en otra parte (6.13, 6.17 y 6.20) sobre la jurisdicción por los delitos cometidos en embarcaciones y aeronaves, puede surgir el problema de saber si la jurisdicción personal puede ser ejercida adecuadamente por un Estado por actos cometidos en el extranjero, pero fuera de las embarcaciones o aeronaves, por personas no nacionales que presten servicios como oficiales o tripulantes en dichas embarcaciones o aeronaves que mantienen su carácter nacional. Los problemas de jurisdicción planteados sobre esta base no parecen haber surgido con frecuencia, pero tal tipo de jurisdicción ha sido mantenido en ocasiones por el Reino Unido (en la Ley Británica de la Marina Mercante, de 1894, Sec. 687), y por Estados Unidos (véase Secretario de Estado Blaine a Sir Edward Thornton, 3 de junio de 1881, 2 Moore *Digest of International Law,* p. 607). Dicha jurisdicción personal sobre miembros extranjeros de la tripulación de embarcaciones y aeronaves parecería el corolario apropiado para el derecho reconocido a un Estado de extender su protección diplomática a tales personas.

¿Debería extenderse también la jurisdicción personal a los actos realizados en el extranjero por personas que no son nacionales del Estado que ejerce la jurisdicción, pero que en alguna forma se han beneficiado por reclamar tal nacionalidad, o que han expresado su intención de convertirse en nacionales? Los tribunales británicos, en *Joyce vs. Director of Public Prosecutions* ([1946] A. C. 347), confirmaron una condena por traición (por haber hecho trasmisiones radiales al servicio del enemigo) a un individuo que no era súbdito británico pero que había obtenido un pasaporte británico y que en la época del delito se encontraba en posesión de él. Los tribunales de Sudáfrica también declararon que correspondía a la jurisdicción de dicho país el castigar por traición, en cuanto habría actuado voluntariamente, a un alemán que habían iniciado pero no obtenido su naturalización en Sudáfrica, que salió de ese país como soldado de él en 1940 —mientras su familia quedaba allí— y que, después de ser hecho prisionero en Libia, había ayudado al ejército alemán *(Rex vs. Neumann* [1949] 3 S.A.L.R. 1238). En ninguno de estos casos hubo objeción legal aducida por otro Estado. Sin embargo, en este caso, como materia de derecho internacional, el ejercicio de la jurisdicción era controvertible.

SECCIÓN X.   EJERCICIO DE AUTORIDAD BASADO EN OTROS PRINCIPIOS DE JURISDICCIÓN

6.28   PRINCIPIOS DE PROTECCIÓN

Aunque se favorece más ampliamente la jurisdicción territorial, y existen pocos motivos dentro del derecho internacional para objetar la jurisdicción basada en la nacionalidad, internacionalmente se aceptan otras bases para la jurisdicción. Entre éstas, una de las mejor fundamentadas es la denominada "principio de protección". Las resoluciones de 1931 del Institut de Droit International, declaran, en su artículo 4º:

Cualquier Estado tiene el derecho de castigar los actos cometidos fuera de su territorio, aun por extranjeros, cuando dichos actos constituyen:

a) Un ataque contra su seguridad;

b) Una falsificación de su moneda, sus sellos de correo, el sello o las marcas oficiales [patentes].

Esta regla es aplicable aun cuando los hechos bajo consideración no sean sancionables de acuerdo con la ley penal del país en cuyo territorio dichos actos han sido cometidos.

El Código de Bustamante, Convención sobre Derecho Internacional Privado, adoptado en 1928 y vigente entre quince repúblicas latinoamericanas, dispone en el artículo 305:

Están sujetos en el extranjero a las leyes penales de cada Estado contratante, los que cometieren un delito contra la seguridad interna o externa del mismo o contra su crédito público, sea cual fuere la nacionalidad o el domicilio del delincuente.

Dicha jurisdicción está reconocida en la legislación de gran número de países. La declaración clásica de esta regla se encontraba en el artículo 7º del antiguo Código Francés de Procedimiento Criminal, que en la actualidad se ha convertido en el artículo 694 del Código de Procedimientos Criminal revisado:

Todo extranjero que, fuera del territorio de la República, se haga culpable, como autor o cómplice, de un delito o de una contravención contra la seguridad del Estado, o que falsifique el sello del Estado o la moneda nacional corriente, puede ser procesado y enjuiciado de acuerdo con las disposiciones del derecho francés, si ha sido detenido en Francia o si el gobierno obtiene su extradición.

La Ley Penal de Etiopía, de 1957, dispone en su artículo 13:

Este código es aplicable a todas las personas que, en el extranjero, hayan cometido uno de los delitos contra el Soberano y el Imperio, sus servidores, su integridad, sus instituciones o sus intereses esenciales, señalados en... (se especifican las disposiciones del Código.)

Aun los tribunales de Estados Unidos —conocidos como mantenedores del principio territorial— se basaron en el principio de protección al aceptar jurisdicción para enjuiciar y sancionar a extranjeros que, fuera de Estados Unidos, prestaron falso juramento ante un Cónsul estadounidense para obtener documentos con los cuales entrar al país (*U.S. vs. Rodríguez*, 182 F. Supl. 479 (1960), confirmado por 288 Fed. 2º, 545 (1961)).

El Código Penal Húngaro de 1950 amplió el alcance del principio de protección para incluir, sin atender al derecho del lugar del crimen, los actos cometidos fuera del país por un extranjero, si tal acto viola "un interés fundamental referente al orden democrático, político y económico de la República Popular Húngara (véase Gorove, "Hungary: International Aspects of the New Penal Code", 3 *AJCL*, 82, 85 (1954). El Código Criminal Húngaro de 1961 llega a los mismos resultados haciendo sancionables los actos cometidos por extranjeros fuera del país, que constituyan "delitos contra el Estado", e incluyendo entre éstos los delitos "en perjuicio de otro Estado socialista" (Sec. 5 y 133).

Algunas personas han objetado que no es lógico que un Estado tenga jurisdicción para seguir juicio contra extranjeros por delitos políticos cometidos fuera del país, cuando generalmente no se concede extradición por delitos políticos. La justificación de esta jurisdicción protectora se encuentra en el hecho de que el Estado que la ejerce es aquél contra el cual el delito se dirige especialmente, mientras que es muy probable que el Estado en cuyo territorio fue cometido no declare sancionable la falsificación de moneda extranjera o los delitos contra la seguridad de Estados extranjeros. La mayor parte de los derechos nacionales castigan estas ofensas contra la seguridad, la moneda, etcétera, del Estado, con independencia de si tales actos son considerados como delitos por cualquier otra Ley. La jurisdicción fundada en el principio de protección se asemeja algo a la territorial basada en el lugar en donde se comete el delito; en ambos casos, es el efecto lo que justifica al Estado para actuar contra una persona que se encontraba fuera de él cuando cometió el delito. El principio de protección no se encuentra muy lejos de la forma algo extrema de principio objétivo-territorial que se prescribe en la Ley Penal de Nuva York. Sec. 1933, que dice:

una persona que realice fuera de este Estado un acto que afecte a personas o bienes que se encuentren dentro de él, o a la salud pública, la moral o la decencia de este Estado y que, de ser realizado dentro de él constituiría delito, es sancionable como si el acto hubiera sido cometido dentro de este Estado.

Teniendo presente el problema de actos que pudieran constituir sólo el ejercicio del derecho de la libertad de palabra o de la libertad de prensa en el lugar donde fueron realizados, la Investigación de Harvard sobre Derecho Internacional (en su Proyecto de Convención de 1935 sobre la Jurisdicción en Relación con el Delito) condicionó su aprobación del principio de protección, agregando "siempre que el acto u omisión que constituya delito no haya sido realizado en el ejercicio de una libertad garantizada al extranjero por el derecho del lugar donde fue cometido" (29 *AJIL* Suppl., 543 (1935)). No podría probarse que el derecho internacional imponga en la actualidad limitación de esa naturaleza al principio de protección; pero es probable que el Estado en donde se realice el acto (o el Estado de la nacionalidad del actor) se sentiría inclinado a protestar si se castigara al individuo por ejercitar una libertad garantizada por la Constitución, por las leyes o por fallos judiciales que gocen de autoridad en el lugar donde fue realizado el acto.

6.29 UNIVERSALIDAD

La jurisdicción universal sobre la piratería ha sido ampliamente reconocida durante mucho tiempo, tanto por el derecho internacional consuetudinario como por los tratados. Cualquiera que sea la nacionalidad del delincuente o de la víctima, y dondequiera que se cometa el delito en alta mar, cualquier Estado que capture al pirata tiene jurisdicción para seguirle juicio y castigarlo por actos que, de acuerdo con el derecho internacional, constituyan hechos de piratería. Los artículos 14 a 22 de la Convención de Ginebra sobre la Alta Mar, de 1958, tratan acerca de la piratería con algún detenimiento. El artículo 15 define la piratería así:

> Cualesquier actos ilegales de violencia, detención, o cualquier acto de pillaje, cometidos con fines personales por la tripulación o por los pasajeros de una nave privada, o de una aeronave privada, y dirigidos:
> a) en alta mar, contra otra nave o aeronave o contra personas o bienes que se encuentren a bordo de dicha nave o aeronave;
> b) Contra una nave, aeronave, personas o bienes que se encuentren en un lugar situado fuera de la jurisdicción de cualquier Estado. (UN DOC. A/CONF. 13/L. 53; reimpreso 52 *AJIL*, 842 (1958); 450 *UNTS*, 82.)

También se incluye en la definición "cualquier acto de participación voluntaria en el manejo de una embarcación o de una aeronave, con conocimiento de los hechos que la hacen una embarcación o aeronave pirata", y cualquier "acto de incitación o de facilitación intencional" de alguno de los actos descritos.

Se han hecho esfuerzos para extender esta jurisdicción universal a otros delitos considerados *delicta juris gentium*, "delitos de derecho internacional", pero no puede decirse que esto ya haya sido aceptado por el derecho internacional consuetudinario. El artículo 308 del ya citado Código Bustamante de 1928, con el encabezamiento de "Delitos Cometidos Fuera de todo Territorio Nacional", dispone:

> La piratería, la trata de negros o el comercio de esclavos, la trata de blancas, la destrucción o deterioro de cables submarinos y los demás delitos de la misma índole contra el derecho internacional, cometidos en alta mar, en el aire libre o en territorios no organizados aún en el Estado, se castigarán por el captor de acuerdo con sus leyes penales.

El Institut de Droit International, adoptó una resolución en 1931, en que dispone:

> Cualquier Estado tiene el derecho de castigar los actos cometidos fuera del país por un extranjero que se encuentre en su territorio, cuando dichos actos constituyen un delito contra los intereses generales protegidos por el derecho internacional (tales como la piratería, el comercio de esclavos, la trata de blancas, la propagación de enfermedades contagiosas, el ataque a los medios de comunicación internacional, a canales o a cables submarinos, la falsificación de moneda y de intrumentos

de crédito, etcétera), a condición de que no se solicite la extradición del acusado o de que haya sido rehusada por el Estado en cuyo territorio se llevó a cabo el delito, o por aquél del cual el acusado es nacional.

Varios códigos penales nacionales declaran su aplicabilidad a tales delitos basados en algo parecido a la jurisdicción sobre la piratería. Por ejemplo, el Código Penal Alemán preceptúa que, sin importar el lugar de la ofensa, se aplica a delitos cometidos fuera del país por extranjeros, si aquéllos son "delitos de importancia mayor realizados con explosivos; de trata de mujeres y niños;... tráfico no autorizado de narcóticos; tráfico de publicaciones obscenas". Existen pocos casos de enjuiciamiento de extranjeros por los delitos llamados *delicta juris gentium* cometidos fuera del país, o de cualquier protesta internacional contra la pretensión del derecho de asumir jurisdicción sobre esta base. En vista de los numerosos tratados que intentan acabar con el tráfico de esclavos, es posible que en la actualidad el derecho internacional consuetudinario mantenga una pretensión de jurisdicción universal en relación con este delito. Existe mayor duda sobre si en la práctica se ha desarrollado hasta ahora alguna analogía aceptable de otros delitos con la piratería.

Además de estos casos en que se ha afirmado la jurisdicción universal como tipo primario de jurisdicción, un número considerable de Estados —empezando con el Código Austriaco de 1803— han establecido la jurisdicción basada en el principio de la universalidad, para delitos cometidos por extranjeros fuera del país, siempre que se haya hecho un intento, sin éxito, para extraditar al acusado al lugar del delito o, de acuerdo con algunas leyes, también al Estado de su nacionalidad. En este último tipo de jurisdicción se requiere que el acto constituya delito de acuerdo con la ley del lugar donde se cometió, y que no se imponga castigo mayor que el establecido por dicha ley. La base teórica parece ser la de que el orden jurídico del Estado es perturbado por la presencia de un delincuente impune que ha cometido un crimen en otro lugar. Muchos juristas han discutido la "solidaridad de los Estados en la lucha contra el crimen". No se conocen casos en donde los Estados hayan protestado del ejercicio de tal tipo de jurisdicción, basada en este principio de la universalidad, después de haberse realizado un esfuerzo infructuoso para lograr la extradición; y parecería razonable el fundamento de esa jurisdicción como medio subordinado y pocas veces necesario, de asegurar que los delitos no queden sin castigo.

El Código Penal Austriaco de 1852 dispone la extradición de los extranjeros que han cometido delitos fuera del país, y agrega:

Si el Estado extranjero se negase a recibir al delincuente, se le enjuiciará de acuerdo con las disposiciones de este código penal. Sin embargo, si la ley penal del lugar donde cometió el acto prescribe un tratamiento menos severo, se le tratará de acuerdo con la ley más benigna. También se incluirá la expulsión en la sentencia condenatoria, además de la imposición de la pena usual.

El Código Penal Alemán dispone, en su sección 4:

> La ley penal alemana se aplica a un delito cometido fuera del país por
> un extranjero, si es sancionable de acuerdo con la ley del lugar del acto
> o si en dicho lugar no se encuentra sujeto a autoridad criminal alguna,
> y si... el delincuente ha sido aprehendido en Alemania y no ha de
> ser extraditado, aunque la extradición sea posible en vista del carácter
> del delito.

El artículo 94 (2) del Código Penal Yugoslavo de 1951, dispone:

> El derecho penal de Yugoslavia también se aplicará al extranjero que
> hubiera cometido un delito fuera del país contra un Estado foráneo o
> un residente extranjero, a quien se le puede imponer, de acuerdo con
> aquella ley, una sanción de prisión severa de cinco años, u otra sanción
> más severa, siempre que se encuentre en el territorio de Yugoslavia y
> no haya sido extraditado por el Estado extranjero. En dicho caso, el tri-
> bunal no podrá imponer un castigo más severo que el prescrito por la
> ley del país donde se cometió el delito.

Con respecto a los delitos de guerra, también existe considerable prueba
de una práctica que admite la jurisdicción universal, aunque algunos limi-
tarían la jurisdicción sobre crímenes de guerra al Estado contra cuyos intereses o contra cuyos nacionales se haya cometido el delito. La Comisión de
Crímenes de Guerra, de las Naciones Unidas, en su *Digest of Laws and
Cases,* declara:

> De acuerdo con la doctrina generalmente aceptada... el derecho de
> castigar los crímenes de guerra no queda limitado al Estado cuyos nacio-
> nales han sufrido, o en cuyo territorio se ha cometido el delito, sino que
> es poseído por cualquier Estado independiente, en la misma forma
> que ocurre con el derecho de castigar el delito de piratería. *(15 Law
> Reports of Trials of War Criminals,* p. 26 (1949).)

(Al mismo efecto, véase Cowles, "La Universalidad de la Jurisdicción sobre
Crímenes de Guerra", 33 *Calif. Law Rev.,* 177 ss. (1945).) Un punto de
vista ligeramente más cauteloso fue adoptado por Carnegie, "Jurisdicción
sobre Violaciones de las Leyes y Costumbres de la Guerra" (39 *BYIL,* 402
ss. (1963).) Entre los juicios por crímenes de guerra efectuados después de
la segunda Guerra Mundial, basados en la jurisdicción universal; véase
el Almeno Trial (I UN Comisión de Crímenes de Guerra, *Law Reports of
War Criminals,* p. 35), en donde un tribunal militar británico constituido
en los Países Bajos, en 1945, declaró convictos a unos alemanes por cometer un
crimen de guerra al matar a un civil holandés; el *Zyklon B Cace (ibid.,*
p. 93), en donde un tribunal militar británico constituido en Hamburgo, en
1946, condenó a unos alemanes por haber arrojado gas a muchos nacionales

aliados aunque sin incluir a ninguna víctima británica; y el *Hadamar Trial*
(*ibid.*, p. 46), en donde una comisión militar estadounidense, constituida
en Alemania en 1945, condenó a unos alemanes por haber matado a víctimas
polacas y soviéticas mediante la inyección de drogas venenosas. En el *Eichman
Case*, la Corte Distrito de Jerusalén se apoyó no sólo en un principio de protección extendido, sino también en el principio de la universalidad, al juzgar
a un alemán por delitos cometidos fuera del territorio de Israel, y contra
personas que no eran legalmente nacionales de Israel, en una época anterior
en tres años o más a que hubiera un Estado de Israel. La corte determinó
que tenía jurisdicción debido al "carácter universal de los crímenes de que
se trataba y al carácter específico de éstos de proponerse la exterminación
del pueblo judío" (56 *AJIL*, 805, 808 (1962)).

Las cuatro Convenciones de Ginebra de 1949 contienen, cada una, disposiciones para la jurisdicción universal en el caso de violaciones graves. El
artículo 49 de la Convención sobre los Heridos y Enfermos de las Fuerzas
Armadas en el Campo de Batalla (75 *UNTS* 31, 62); el artículo 50 de la
Convención sobre los Heridos, Enfermos y Náufragos Miembros de las Fuerzas Armadas en el Mar (*ibid.*, 85, 116); el artículo 129 de la Convención
de los Prisioneros de Guerra (*ibid.*, 135, 236); y el artículo 146 de la Convención referene a la Protección de los Civiles en Tiempos de Guerra (*ibid.*,
287, 386), dispone:

> Cada Alta Parte Contratante tendrá la obligación de buscar a las per-
> sonas a quienes se impute haber cometido, o haber ordenado que se
> cometan, tales graves violaciones, y deberá llevar a dichas personas, sin
> atender a la nacionalidad de ellas, ante sus propios tribunales.

6.30 LA PERSONALIDAD PASIVA

Muchos Estados mantienen la jurisdicción criminal sobre extranjeros en
relación con delitos cometidos fuera de su territorio contra uno de sus nacionales, pero este fundamento de jurisdicción criminal probablemente ha
sido atacado con más frecuencia y con más violencia que ningún otro.

Por ejemplo, el Código Penal turco dispone, en el artículo 6º:

> El extranjero que cometa un delito distinto de los mencionados en el
> artículo 4º (que trata del castigo por la falsificación en el extranjero
> de la moneda turca, de sellos oficiales, etc.), en un país extranjero, con-
> tra Turquía o contra un turco, que se sancione según el derecho turco
> con pérdida de la libertad por un periodo mínimo autorizado de un
> año, será castigado si se encuentra en Turquía, de acuerdo con las
> leyes turcas.

El Código Penal Mexicano de 1931, según fue reformado en 1962, establece en su artículo 4º una jurisdicción basada tanto en el principio de la
nacionalidad como en el de la personalidad pasiva:

Los delitos cometidos en territorio extranjero por un mexicano contra mexicanos o contra extranjeros, o por un extranjero contra mexicanos, serán penados en la República, con arreglo a las leyes federales, si concurren los requisitos siguientes:

I. Que el acusado se encuentre en la República;

II. Que el reo no haya sido definitivamente juzgado en el país en que delinquió, y

III. Que la infracción de que se le acuse tenga el carácter de delito en el país en que se ejecutó y en la República.

La mayor parte de las legislaciones que mantienen la jurisdicción sobre esta base no requieren una oferta de extradición al lugar del delito, pero esto aparentemente se prevé como una posibilidad en el Código Penal Suizo, cuyo artículo 5º dispone:

Este código se aplica a quienquiera que haya cometido un crimen o contravención en el extranjero contra un suizo, siempre que el acto sea también sancionable en el Estado donde se cometió, si al ofensor se le encuentra en Suiza y no se le extradita al extranjero, o si se le extradita a la Confederación debido a dicha ofensa. La ley extranjera siempre se aplicará si es más favorable al acusado.

El ofensor no recibirá más castigo por razón de este acto si ha cumplido la sanción que se le impuso en el extranjero, si ésta ha sido condonada o si ha prescrito [se ha extinguido por el transcurso del tiempo].

La jurisdicción de la personalidad pasiva parece mucho menos expuesta a objeción internacional cuando se encuentra limitada de este modo, de manera que se asemeja bastante a la jurisdicción universal después de fracasar la extradición.

Pero cuando no se encuentra limitada de este modo, el principio de la personalidad pasiva parece ser el que ha encontrado las objeciones internacionales más fuertes. Así, Francia protestó del ejercicio de la jurisdicción turca, fundada en este principio, en el *Lotus Case,* en donde el oficial de navegación de un barco francés, que había chocado con una nave turca en alta mar, fue enjuiciado en Turquía sobre el fundamento de que había muerto nacionales turcos. El caso fue llevado ante la Corte Permanente de Justicia Internacional, la cual decidió que Turquía al tomar jurisdicción no había violado el derecho internacional, basándose en el principio territorial objetivo, ya que el hecho tuvo lugar en la nave turca. La opinión de la mayoría declaró específicamente: "la Corte no considera necesario tener en cuenta el argumento de que un Estado no puede castigar delitos cometidos fuera del país, por un extranjero, por razón, simplemente, de la nacionalidad de la víctima" *(The S.S. Lotus,* PCIJ Ser. A, Nº 10, pp. 22-3 (1927)). Los votos disidentes consideraron que el derecho internacional no permitía la jurisdicción basada en la nacionalidad de la víctima. En su voto disidente (aunque coincidiendo en el resultado en cuanto mantuvo la jurisdicción basada en el lugar en donde se produjo el crimen), el juez J. B. Moore formuló una declaración clásica de los motivos por los cuales muchos se oponen al principio de la personalidad pasiva:

¿Qué es este sistema? podríamos preguntar. En sustancia significa que el ciudadano de un país, cuando visita otro, lleva consigo para su "protección" la ley de su país y somete a los que se ponen en contacto con él, al efecto de dichas leyes. De este modo, el habitante de una gran ciudad comercial, donde se reúnen extranjeros, puede, en el curso de una hora, quedar sometido inconscientemente a los efectos de un gran número de códigos criminales extranjeros. Esto no es, de ningún modo, una suposición caprichosa; es solamente una ilustración de lo que ocurriría diariamente si se admitiera el principio "de protección". Es evidente que esta pretensión está en desacuerdo no sólo con el principio de la jurisdicción exclusiva del Estado sobre su propio territorio, sino también con el principio bien arraigado de que una persona que visita un país extranjero, lejos de proyectar para su propia protección la jurisdicción de su país, cae bajo el dominio de la ley local y, salvo hasta el punto en que su gobierno pueda intervenir diplomáticamente debido a una denegación de justicia, tiene que acudir a dicha ley para obtener protección. (*Ibid.*, p. 92.)

Estados Unidos formuló objeciones fuerte en 1886 y 1887 contra el enjuiciamiento hecho en México por delito de difamación a un ciudadano estadounidense, llamado Cuttin, a quien se acusó de haber cometido el delito en Texas contra un nacional mexicano. Pero cuando el fiscal modificó su posición, basando la jurisdicción en la propagación de la injuria en México y, por lo tanto, en que el delito tuvo efecto en México, Estados Unidos no presentó objeción ulterior alguna. (Véase Moore, *Digest of International Law*, Vol. 2, p. 231; *U.S. For Rel.*, p. VIII; 1887, p. 757; y 1888, II, página 1114.) El gobierno británico objetó un proyecto de ley de Francia, de 1825, que adoptaba esta base de jurisdicción (véase Donnedieu de Vabres, *Les Principes modernes du droit pénal international*, pp. 107, 369). Tiene importantes oponentes, tanto entre los autores continentales como entre los del *common law*. Parece existir grandes dudas sobre si puede considerarse hoy autorizada por el derecho internacional la jurisdicción basada en la personalidad pasiva; pero debe observarse que el australiano O'Connell se refiere a la jurisdicción de la personalidad pasiva como a "un corolario de la regla de que cualquier Estado puede proteger a sus propios ciudadanos en el extranjero", y considera el *Lotus Case* como "el mejor racionalizado sobre el principio de la personalidad pasiva", agregando que "el acto del navegante negligente confirió jurisdicción a Turquía, no tanto porque produjo efectos objetivos en el territorio turco, sino más bien porque los produjo en un nacional turco". Sugiere que "a la luz de la decisión del caso Lotus podría fácilmente convertirse en el principio dominante, abarcando al principio territorial dentro de su funcionamiento más comprensivo" (O'Connell, *International Law*, Vol. 2 pp. 901 902). Con todo respeto hacia quienes apoyan la jurisdicción basada en la nacionalidad de la víctima, es difícil considerar el *Lotus Case* como sustentador de la personalidad pasiva, o encontrar esta base jurisdiccional establecida en el derecho internacional contemporáneo.

La práctica internacional probablemente reconoce la validez del principio de la personalidad pasiva en el caso particular de los crímenes de guerra. Durante mucho tiempo se ha considerado que las fuerzas beligerantes tienen el derecho de juzgar a los enemigos por violaciones de derecho internacional de la guerra, perpetradas contra sus nacionales; parece que las nociones de jurisdicción universal sobre los crímenes de guerra constituyen un desarrollo más reciente. También en el caso de delitos cometidos en un lugar no sometido a la autoridad de ningún Estado, parece que habría poca razón para objetar la jurisdicción del Estado de la víctima. Entre los Estados que sostienen dicha jurisdicción se encuentra Dinamarca, cuyo Código Penal no admite una jurisdicción general basada en la nacionalidad de la parte lesionada, pero sí dispone en su artículo 8º:

> Corresponde a la jurisdicción danesa, con independencia de la nacionalidad del actor, los actos realizados fuera del país... 3. Si se cometen fuera de lo que el derecho internacional reconoce como el territorio de cualquier Estado, si el acto se comete en perjuicio de un nacional danés o de una persona residente en Dinamarca, y si es un acto de tal índole que sea sancionable con pena más severa que el encarcelamiento ordinario (*Haefte*).

6.31 Non bis in idem ("doble juicio")

Una vez admitido que la jurisdicción puede asumirse sobre fundamentos diferentes del territorial, o hasta en los casos de delitos cometidos parcialmente en los territorios de más de un Estado, nos encontramos con dos o más Estados en competencia para seguir el juicio y sancionar por el mismo delito. En tales circunstancias, la imparcialidad y la justicia exigen que un individuo no deba ser juzgado y sancionado dos veces por el mismo delito. Muchas leyes nacionales contienen disposiciones en el sentido de que la persona que ha sido juzgada y absuelta, o que ha sido declarada culpable y ha cumplido su sanción, o que ha sido perdonada, no debe ser juzgada de nuevo por los mismos actos u omisiones, aunque éstos constituyan una ofensa contra un Estado diferente del que la juzgó con anterioridad. Actualmente el derecho internacional positivo no prohíbe dichos segundos juicios, sean de nacionales o de extranjeros. Por lo menos, sería deseable que este principio se convirtiera en una regla de derecho internacional para proteger a los extranjeros contra un segundo juicio ocasionado por los mismos actos u omisiones por los que ya han sido juzgados (véase Investigación de Harvard de Derecho Internacional, Jurisdicción en Relación con el Crimen, 29 *AJIL* Supl. pp. 437, 602 ss. (1935)).

6.32 Aplicación extraterritorial de las leyes comerciales

Pueden surgir problemas particularmente difíciles respecto del límite hasta el cual el derecho internacional permite el ejercicio de la jurisdicción extraterritorial, relacionada con la aplicación al comercio internacional de la legislación nacional que regula las prácticas comerciales y limita aquellas que tienden a fomentar el monopolio. Las leyes antimonopólicas de Estados Unidos nos presentan el ejemplo más notable. La jurisdicción corriente de la nacionalidad justificaría la aplicación de tales leyes estadounidenses, ya sea en el procedimiento civil o en el criminal, a nacionales estadounidenses y a compañías de dicho país que en el extranjero llevan a cabo actividades que violan las leyes de Estados Unidos, pero que pueden ser permisibles por la ley del *situs*. Los primeros casos dejaron de suministrar una evaluación de la conducta en el extranjero en relación con estas leyes. Así, la Suprema Corte declaró, con respecto a la conducta de una compañía estadounidense en Costa Rica, que "la regla general y casi universal es que el carácter de legalidad o ilegalidad de un acto debe determinarse totalmente por la ley del país donde se realizó el acto" *(American Banana Co. vs. United Fruit Co.,* 213 U.S. 347 356 (1909))*.* Sin embargo, en casos posteriores, los tribunales de Estados Unidos han aplicado las leyes de este país contra nacionales estadounidenses en el extranjero en materias relacionadas con monopolios, con infracción de marcas de fábricas y con asuntos comerciales similares.

Puede haber aún mayores objeciones a la expansión, en el caso comercial, del principio de jurisdicción objetivo-territorial de acuerdo con el cual el Estado ejerce su jurisdicción sobre los extranjeros por actos —efectuados fuera de su territorio— que tienen efectos perjudiciales para el comercio interno de aquél. En un caso civil contra una compañía estadounidense (Alcoa), una canadiense íntimamente relacionada (Aluminium) y otras, basándose en acuerdos celebrados en el extranjero, el magistrado Learned Hand decidió que era correcto aplicar el derecho estadounidense a las actividades de la compañía canadiense afiliada fuera de Estados Unidos. Expresó:

> Cualquier Estado puede imponer responsabilidades, aun a personas que no le deben obediencia, por una conducta observada fuera de sus fronteras que tiene consecuencias dentro de dichas fronteras y que son las que el Estado reprime; y tales responsabilidades, por regla general, serán reconocidas por los otros Estados... Ambos acuerdos, evidentemente, habrían sido ilícitos si se hubieran celebrado dentro de Estados Unidos; y se infiere... que ambos fueron ilícitos, aunque se celebraron en el extranjero, si la intención era afectar las importaciones y en efecto las afectaron. *(United States vs. Aluminium Co. of America,* 148 F. 2º 416 443-4 (C.C.A. 2º 1945).)

Advirtiendo que dicha decisión no debiera extenderse, el profesor Brewster señala que, basado en los hechos de dicho caso, quizá más persuasivo que el control común y la unidad práctica de las compañías Alcoa y Aluminium es el hecho de que Aluminium misma, aunque establecida en Canadá, tenía su centro efectivo de operaciones en Nueva York. De modo que no sólo estaba sujeta a la jurisdicción porque se encontraba aquí dedicada a algunos negocios, sino porque era, en realidad, administrada desde Estados Unidos. (Brewster, *Antitrust and American Business Abroad*, p. 73 (1958).)

Puede muy bien plantearse la pregunta de saber hasta qué punto se consideraría que el derecho internacional autoriza la aplicación de la doctrina enunciada por el tribunal a la actuación en el extranjero de compañías que tienen poca relación con el Estado que pretende la jurisdicción.

Raras veces los tribunales extranjeros han puesto en tela de juicio la corrección de las decisiones norteamericanas contra los monopolios, destinadas a aplicarse, fuera de dicho país, a la actuación de compañías extranjeras. Aunque sí lo hizo, un tribunal británico en el *British Nylon Spinners Ltd. vs. Imperial Chemical Industries, Inc.* ((1955) I Ch. 19), al negarse a cumplir la orden de un tribunal estadounidense para que una compañía británica (ante el referido tribunal norteamericano) actuara de determinada manera en relación con unas patentes británicas. Los tribunales de Estados Unidos, al tratar de hacer cumplir las leyes contra los monopolios, a veces han tenido el cuidado de especificar que no debe considerarse que un demandado extranjero viola la decisión del tribunal al hacer lo que le es requerido fuera de Estados Unidos, o por no hacer fuera de Estados Unidos lo que es ilícito según las leyes del Estado en donde dicho demandado se registró o en cuyo territorio la compañía pueda estar realizando negocios. (Ver *United States vs. General Electric Company*, 115 F. Supl. 835, 878 (D.N.J. (1958).)

A pesai de estos esfuerzos para evitar conflictos directos entre las leyes relativas a las prácticas comerciales, la pregunta fundamental sigue sin respuesta en el derecho internacional consuetudinario, referente a determinar hasta dónde la jurisdicción del soberano territorial prevalece sobre la del Estado de la nacionalidad (o viceversa), y hasta dónde el Estado en el cual surte efectos el acto puede desconocer la naturaleza permisiva de tal acto según el lugar donde éste fue ejecutado. (Sobre esto, véase en sentido general a Jennings, "Extraterritorial Jurisdiction and the U.S. Antitrust Laws", 33 *BYIL*, 146 (1957); Haight, "International Law and Extraterritorial Application of the Antitrust Laws", 63 *Yale L.J.* 639 (1954); Whitney, "Sources of Conflict between International Law and the Antitrust Laws", *ibid.*, 655; Oliver, "Extraterritorial Application of U.S. Legislation against Restrictive or Unfair Trade Practices", 51 *AJIL*, 380 (1957); Mann, "The Doctrine of Jurisdiction in International Law", III *HR*, 9 (1964).)

BIBLIOGRAFÍA

I. El territorio del Estado en derecho internacional

Andrassy, G.: "Les Relations internationales de voisinage", 79 *HR*, 76 (1951).

Barsegov, I.G.: *Territoriia v mezhdunarodnom prave,* Moscú, Gosiurizdat, 1958.

Castrén, E.J.S.: "La Base Navale de Porkkala et sa restitution à la Finlande", *Grundprobleme des internationalen Rechts,* Festschrift, für Jean Spiropoulos, Bonn, Schimmelbusch, 1957, p. 71.

Coret, A.: "Le Status de l'Ile Christmas de l'Océan Indien", 8 *Annuaire Français,* 206 (1962).

Krenz, F.E.: *International Enclaves and Rights of Passage,* Ginebra, E. Droz, 1961.

Raton, P.: "Les Enclaves", 4 *Annuaire Français,* 186 (1958).

Schoenborn, W.: "La Nature juridique du territoire", 30 *HR,* 85 (1929).

Souberyrol, J.: "La Condition juridique des pipe-lines en droit international", 4 *Annuaire Français,* 157 (1958).

Thomas, T.O.: *Right of Passage Over Indian Territory,* 2ª ed., Leyden, Sythoff, 1959.

Visscher, C. de: "L'Affaire de droit de passage sur territoire Indien devant la Cour Internationale de Justice", 64 *RGDIP,* 693 (1960).

II. Espacio terrestre

Bastid, S.: "Les Problèmes territoriaux dans la jurisprudence de la Cour Internationale de Justice", 107 *HR,* 365 (1962).

Dollot, R.: "L Droit international des espaces polaires", 75 *HR,* 121 (1949).

Dupuy, R.J.: "Le Traité sur l'Antarctique", 6 *Annuaire Français,* 111 (1960).

Hanessian, J.: "The Antarctic Treaty, 1959", 9 *ICLQ,* 436 (1960).

Jennings, R. Y.: *The Acquisition of Territory in International Law,* Manchester, Univ. Press, 1963.

Kraus, H.: *Die Oder-Neisse Linie. Eine völkerrechtliche Studie,* 2ª ed., Köhn, Braunsfeld, 1959.

Molodtsov, S. V.: *Sovmemennoe Mezhdunarodno Pravovoe Polozhenie Antarktiki,* Moscú, Gosiurizdat, 1954.

Movchan, A. P.: "Pravovoi Status Antarktiki: Mezhdunarodnaia Problema?", *Sovetskii Eshegodnik Mezhdunarodnogo Prava,* 1959, Moscú, Izd-vo Akademii Nauk SSSR, 1960, p. 342; resumen en inglés, p. 356.

Rao, K.: "The Sino-Indian Boundary Question: A Study of Some Related Legal Issues", 3 *Indian Journal,* 151 (1963).

Shubiszewski, .: "La Frontiere polono-allemande en droit international", 61 *RGDIP,* 242 (1959).

Weissberg, G.: "Maps as Evidence in International Boundary Disputes: A Reapraisal", 57 *AJIL,* 781 (1963).

Wiewióra, B.: The Polish-German Frontier from the Standpoint of International Law", 2ª ed. (rev.), Poznan, Wydawnictwo Zachodnie, 1969.

III. Ríos y canales

Andrassy, G.: "Utilisation des eaux internationales non maritimes (en dehors de la navegation)", 48 (I) *Annuaire*, 131 (1959).

—.: "Nachbarrecht und Wassernützung", en *Völkerrecht und Rechtliches Weltbild*, Viena, 1960, p. 55.

Babovic, B.: "Plovidba na Dunavu posle Drugog Svetskog Rata", *Recueil de travaux*, 1954, Belgrado, Institut de Politique et d'Économie Internationale. Una traducción al francés de la mayor parte de este estudio aparece en *Documentation Française*, notas y estudios documentales. N? 2227 (27 de octubre de 1956), Anexo.

Badawi, A.H.: "Le Statuts international du Canal de Suez", *Grundprobleme des internationalen Rechts*, Festschrift für Jean Spiropoulos, Bonn, Schimmelbusch, 1957, p. 13.

Barbour, K.M.: "A New Approach to the Nile Waters Problem", 33 *International Affairs*, 319 (1957).

Batstone, R.K.: "The Utilization of the Nile Waters", 8 *ICLQ*, 523 (1959).

Baxter, R.R.: *Vías acuáticas internacionales. Leyes, instituciones y control*, México, Unión Tipográfica Editorial Hispano-Americana, 1967.

Berber, F.: *Rivers in International Law*, traducido del alemán por R.K. Batstone, Londres, Stevens, 1959.

Bokor-Szegö, H.: "La Convention de Belgrade et le régime du Danube", 8 *Annuaire Français*, 192 (1962).

Dinh, N.Q.: "L'Internasionalisation du Mékong", 8 *Annuaire Français*, 91 (1962).

Lauterpacht, H.: "River Boundaries: Legal Aspects of the Shatt-Al-Arab Frontier", 9 *ICLQ*, 208 (1960).

Lecaros, L.M.: "International Rivers: The Lauca Case", 3 *Indian Journal*, 133 (1963).

Patry, A.: "Le Régime des cours d'eau internationaux", I *Canadian Yearbook of International Law*, 172 (1963).

Sauser-Hall, G.: "L'Utilisation industrielle des flauves internationaux" 83 *HR*, 471 (1953).

Schreiber, M.: "Vers un nouveau régime international du fleuve Niger", 9 *Annuaire Français*, 866 (1963).

Stevens, G.G.: "The Jordan River Valley", *International Conciliation*, N? 506, Nueva York, Carnegie Endowment, enero de 1956.

Strupp, K.: *Documents pour servir à l'histoire du droit de gens*, 2ª ed. francesa, 5 vols., Berlín, H. Sack, 1923.

IV. Aguas interiores. V. Mar territorial, zona contigua, plataforma continental y estrechos internacionales. VII. Alta mar
(Derecho del mar)

Accioly, H.: "La liberté des mers et le droit de pêche en haute mer", 61 *RGDIP*, 193 (1957).

Bardonnet, D.: "La Largeur de la mer territoriale", 66 *RGDIP*, 34 (1962).

Bowett, D.W.: "The Second United Nations Conference on the Law of the Sea", 9 *ICLQ*, 415 (1960).

Bruel, E.: *International Straits: A Treatise on International Law*, 2 vols., Copenhague, Nyt Nordisk Forlag Arnold Busck, 1947.

Colombos, C.: *The International Law of the Sea*, 4ª ed. (rev.) Londres, Longmans, Green, 1959.

Charlier, R.E.: "Résultats et enseignements de conférences du droit de la mer", 6 *Annuaire Français*, 63 (1960).

Chauvea, P.: *Traité de droit maritime*, París, Librairies Techniques, 1958.

Deveaux-Charbonnel, J.: "Le Régime juridique de la recharche et de l'exploitation du pétrole dans le plateau continental", 2 *Annuaire Français*, 320 (1956).

Dinh, N.Q.: "Les Revendications des droits préférentiels de pêche en haute mer devant les conférences des Nations Unies sur le droit de la mer de 1958 et 1960", 6 *Annuaire Français*, 77 (1960).

Fitzmaurice, Sir G.G.: "Some Results of the Geneva Conference on the Law of the Sea", 8 *ICLQ*, 73 (1959).

Focsaneanu, L.: "Le Droit international maritime de l'Océan Pacifique et de ses mers adjacentes", 7 *Annuaire Français*, 173 (1961).

Gidel, G.: "Explosions nucléaires expérimentales et la liberté de la haute mer", *Graundprobleme des internationalen Rechts*, Festchrift für Jean Spiropoulos, Bonn, Schimmelbusch, 1957, p. 173.

Gros, A.: "La convention sur la pêche et la conservation des ressources biologiques de la haute mer", 97 *HR*, 5 (1959).

Hartingh, F. de: *Les Conceptions soviétiques du droit de la mer*, París, Librairie Générale de Droit et de Jurisprudence, 1960.

Hydeman, L. M., y W.H. Berman: *International Control of Nuclear Maritime Activities*, Ann Arbor,. Univ. of Michigan Law School, 1960.

Johnson, D.H.N.: "The Preparation of the 1958 eneva Conference on the Law of the Sea", 8 *ICLQ*, 122 (1959).

McDougal, M.S., y W. Burke: *The Public Order of the Oceans*, New Haven, Yale Univ. Press, 1963.

Morin, J.Y.: "Les Eaux territoriales du Canada au regard du droit international", I *Canadian Yearbook of International Law*, 82 (1963).

Mouton, M.W.: "The Continental Shelf", 85 *HR*, 347 (1954).

Nikolaev, A.N.: *Problema territorialnykh vod v mezhdunardnom prave*, Moscú, Gosiurizdat, 1954.

Oda, S.: "The Concept of the Contoguous Zone", II; *ICLQ*, 131 (1962).

—.: *International Control of the Sea Resources*, Leyden, Sythoff, 1963.

Papandreou, A.: "La Situation juridique des pêcheries sédentaires en haute-mer", II *Revue hellénique*, I (1958).

Raestad, A.: *La Mer territoriale*, París, Pedone, 1913.

Reiff, H.: *The United States and the Treaty Law of the Sea*, Minneapolis, Univ. of Minnesota Press, 1959.

Scelle, G.: "Plateau continental et droit international", 59 *RGDIP*, 5 (1955).

Sorensen, M.: "Law of the Sea", *International Conciliation*, Nº 520, Nueva York, Carnegie Endowment, noviembre de 1958.

Young, R.: "Sedentary Fisheries and the Convention on the Continental Shelf", 55 *AJIL*, 359 (1961).

VI. ESPACIO AÉREO SOBRE EL TERRITORIO

Cheng, B.: *The Law of International Air Transport*, Londres, Stevens, 1962.

Goedhuis, D.: "Questions of Public International Air Law", 81 *HR*, 205 (1952).

Honig, J.P.: *The legal Status of Aircraft*, La Haya, Nijhoff, 1956.

La Pradelle, P. de: "Les Frontières de l'air", 86 *HR*, 121 (1954).

Rühland, C.: "Luftsouveränität oder Luftfreiheit?", *Grundprobleme des internationalen Rechts*, Festschrift für Jean Spiropoulos, Bonn, Schimmelbusch, 1957, p. 369.

VIII. Espacio exterior

Castrén, E.J.S.: "Situation juridique de l'espace tamosphérique en droit international", *Hommage d'une génération de juristes au Président Basdevvant*, París, Pedone, 1960, p. 75.
Cheng, B.: "International Law and High Altitude Flights: Balloons, Rockets and Man-made Satellites", 6 *ICLQ*, 487 (1957).
Haley, A.G.: *Space Law and Government*, Nueva York, Appleton-Century-Crofts, 1963.
Jenks, C. W.: *Space Law*, Londres, Stevens, 1965.
—.: *The Common Law of Mankind*, Londres, Stevens, 1958.
McDougal, M.S.; H.D. Lawell; y I.A. Vlasic: *Law and Public Order in Space*, New Haven, Yale Univ. Press, 1963.
Marcoff, M.G.: "La lune et le droit international", 68 *RGDIP*, 413 (1964).
Osnitskaia, G.A.: *Osvoenie Kosmosa i Mezhunarodnoe Pravo*, Moscú, Gosiurizdat, 1962.
Pépin, E.: "Le Droit aérien", 71 *HR*, 481 (1947).
Schick, F.B.: "Space Law and Space Politics", 10 *ICLQ*, 681 (1961).
Schwartz, L.E.: *International Organizations and Space Cooperation*, Durham, N.C., Duke Univ., World Rule of Law Center, 1962.

IX y X. Jurisdicción

Brewster, K.: *Antitrust and American Business Abroad*, Nueva York, McGrew, 1958.
Carnegie, A.R.: "*Jurisdiction over Violations of the Laws and Customs of War*", 39 *BYIL*, 402 (1963).
Cowles, W.B.: "Universality of Jurisdiction over War Crimes", 33 *California Law Review*, 177 (1945).
Donnedieu de Vabres, H.: *Les Principes modernes du droit pénal international*, París, Sirey, 1928.
Harvard Research in International Law, "Jurisdiction with Respect to Crime", 29 *AJIL*, Supl., 435 (1935).
Law Reports of Trials of War Criminals, publicado por la Comisión de ONU para los Crímenes de Guerra, 15 vols., Londres, H.M.S.O., 1947-49.
Mann, F.A.: "The Doctrine of Jurisdiction in International Law", III *HR*, 9 (1964).
Mueller, G.O.W. y E.M. Wise (eds.): *International Criminal Law*, Londres, Sweet and Maxwell, 1965.

7. ÓRGANOS DEL ESTADO EN SUS RELACIONES EXTERIORES: INMUNIDADES Y PRIVILEGIOS DEL ESTADO Y DE SUS ÓRGANOS

7.01 Introducción

El objeto de este capítulo es: *1)* determinar aquellos agentes y órganos
del Estado a los cuales normalmente se les encarga conducir las relaciones
internacionales, bilaterales o multilaterales, de sus Estados; *2)* describir sus
inmunidades dentro del derecho internacional; *3)* señalar las inmunidades
del Estado mismo y de sus organismos dentro del derecho internacional; y
4) definir las inmunidades y privilegios de los funcionarios de las organizaciones internacionales.

En el capítulo 2 se indicó que la comunidad internacional contemporánea
se compone de entidades colectivas, a saber, los Estados y las organizaciones
internacionales (aunque el individuo empieza a tener una categoría en el
derecho internacional). Del mismo modo como lo hacen las sociedades anó-
nimas y otras personas jurídicas en el derecho interno, los Estados tienen
que tratarse entre sí por medio y a través de individuos que actúan como
sus representantes y agentes. (Véase *German Settlers in Poland,* (1923)
PCIJ, Opinión Consultiva, Ser. B, Nº 6, p. 22.)

Los Estados actúan a través de una variedad de agentes. Algunos de
éstos se encuentran autorizados específicamente para hablar directamente en
nombre de aquéllos con otros miembros de la comunidad internacional. Generalmente se considera que el jefe de Estado, el jefe de gobierno y el ministro
de relaciones exteriores son, *ipso facto,* portavoces de sus Estados. El Estado
también puede actuar a través de representantes debidamente designados y
acreditados, tales como los funcionarios diplomáticos, los plenipotenciarios
ad hoc, o —en circunstancias especiales— el comandante en jefe de las fuerzas
armadas en campaña. Esta distinción es importante, especialmente en relación con la concertación de tratados. A los individuos a quienes se considera
específicamente con atribuciones para representar a sus Estados en las rela-

ciones diplomáticas, usualmente se les confiere amplia autoridad para hablar en nombre de ellos, y para celebrar compromisos obligatorios sin presentar prueba de dicha autoridad, mientras que a los plenipotenciarios designados se les exige presentar credenciales firmadas por el Jefe de Estado o de gobierno, o por el ministro de relaciones exteriores, como prueba de su autoridad.

La Regla Nº 13 de las Reglas de Procedimiento de Consejo de Seguridad de las Naciones Unidas —que interpretan el artículo 28 de la Carta— refleja el derecho internacional consuetudinario al exigir que los miembros del Consejo estén representados por agentes acreditados, cuyas cartas credenciales se habrán de presentar al Secretario General, pero agrega:

> El jefe de gobierno o el ministro de relaciones exteriores de cada miembro del Consejo de Seguridad tendrán derecho a ocupar un escaño en el Consejo de Seguridad, sin presentar credenciales.

La Comisión de Derecho Internacional de las Naciones Unidas hace la misma distinción. De acuerdo con el artículo 7º (2º) de la convención sobre el Derecho de los Tratados, el jefe de Estado o de gobierno, o el ministro de relaciones exteriores no deben presentar prueba de su autoridad para negociar, redactar, autenticar o firmar un tratado o un instrumento de ratificación o de adhesión, en nombre de sus Estados. Pero todos los demás representantes del Estado tienen que exhibir sus credenciales o plenos poderes. (Véase *Yearbook*, ILC, 1962, Vol. II, p. 164; compárese el Art. 31 del proyecto, *Yearbook* ILC, 1963, Vol. II, p. 190 y el comentario siguiente que señaló las varias escuelas teóricas, así como las decisiones pertinentes de los tribunales internacionales y nacionales en la materia.)

El alcance y las limitaciones de los poderes conferidos por las constituciones y otras leyes básicas a los agentes del Estado encargados de la conducción de las relaciones exteriores, son asuntos de preocupación limitada para el derecho internacional. El único aspecto importante y frecuentemente debatido de este problema es hasta qué punto tienen importancia para el derecho internacional las limitaciones del derecho interno al poder del agente del Estado para comprometer al Estado internacionalmente. Esta cuestión —plenamente examinada en el capítulo 4º— surge principalmente cuando la validez internacional de una obligación contenida en un tratado se impugna con el argumento de que el agente del Estado ostensiblemente autorizado que firmó la ratificación del tratado, lo hizo con desconocimiento o en violación de una limitación constitucional.

SECCIÓN I.   EL JEFE DE ESTADO Y EL JEFE DE GOBIERNO

7.02   PAPEL DEL JEFE DE ESTADO EN LAS RELACIONES EXTERIORES

En el campo internacional, igual que en el nacional, el Estado es una ficción jurídica que actúa a través de su gobierno, incluyéndose al jefe de

Estado y a su jefe ejecutivo. El jefe de Estado —que no es necesariamente el jefe ejecutivo— puede ser monarca (por ejemplo, los emperadores del Japón y Etiopía; los reyes de Cambodia, Suecia y Tailandia; las reinas del Reino Unido y los Países Bajos) o puede ser, también, el presidente de una república. En unos cuantos países, el poder ejecutivo se encuentra encarnado en un cuerpo colegiado (tal como el Consejo Federal de Suiza o el Presidium de la Unión Soviética). Aun en estos casos, usualmente se designa a un miembro del cuerpo colegiado como su presidente, y éste actúa como portavoz del Estado.

Dependiendo de la estructura constitucional del Estado, el jefe de Estado puede ser o no el jefe de Gobierno. Puede llenar ambas funciones tal como lo hacen el presidente de Estados Unidos y los jefes de Estado de algunos países recientemente independientes. Pero en muchos otros, el Jefe de Estado ostenta funciones representativas limitadas, especialmente de carácter ceremonial, y el jefe de gobierno se encuentra investido del Poder Ejecutivo (el primer ministro o el presidente del Consejo de Ministros), como ocurre en el Reino Unido, la Unión Soviética y la República Alemana.

Usualmente, el jefe de Estado o el jefe de gobierno tiene autoridad plena para hablar en nombre de su país, en asuntos internacionales. Que sus poderes sean sustantivos o meramente ceremoniales no preocupa al derecho internacional; y esto generalmente se deja a la determinación del orden jurídico interno. Surge la excepción cuando el problema se refiere a la presunción —observada en la Introducción— de que el jefe de Estado o de gobierno puede comprometer a su Estado internacionalmente, no obstante las limitaciones constitucionales.

A pesar de las variaciones que existen en cuanto al alcance de los poderes ostentados por los jefes de Estado o de gobierno contemporáneos en la conducción de las relaciones internacionales, por regla general éstos se encuentran facultados para designar funcionarios diplomáticos y representantes ante las organizaciones y conferencias internacionales. Los diplomáticos extranjeros se acreditan ante éstos, y generalmente es prerrogativa de ellos la ratificación y promulgación de los tratados, aunque en muchos casos quedan sujetos dichos trámites al cumplimiento de diferentes procedimientos constitucionales (véase, por ejemplo, la Constitución Francesa de 1958, Art. 14; la Constitución Yugoslava de 1963, Arts. 215 y 217; la Constitución de Estados Unidos de 1787, Art. II, Sec. 2; y Buck y Travis, *Control of Foreign Relations in Modern Nations*).

En el siglo posterior al Congreso de Viena (1814), hasta el comienzo de la primera Guerra Mundial, había tendencia a mermar la participación de los jefes de Estado en la conducción de las relaciones exteriores. Con el surgimiento de las instituciones democráticas, los asuntos internacionales se convirtieron, cada vez más, en responsabilidad de los jefes de Gobierno o de los ministros de relaciones exteriores, sometidos a diferentes grados de control parlamentario. Especialmente desde la segunda Guerra Mundial, el mundo ha sido testigo de numerosas reuniones "en la cumbre", de jefes de Estado y de jefes de gobierno. El papel activo desempeñado más recientemente por muchos jefes de Estado o de gobierno en la formulación de la política exterior y la conducción de la diplomacia, tiene varias explicaciones. Una de éstas es el aumento del número de regímenes autocráticos en el periodo siguiente a la primera Guerra Mundial. Otra es la tendencia hacia un poder ejecutivo más fuerte en muchos países, como reacción a las complejidades de las sociedades industrializadas. En tercer lugar, el conflicto entre los aliados occidentales y la Unión Soviética, y la amenaza de una guerra nuclear, ha creado problemas que se han considerado susceptibles de solución tan sólo a través de reuniones "en la cumbre" de los jefes de Estado o de gobierno. La cuarta razón es que la falta de instituciones políticas ampliamente fundadas y firmemente establecidas en ciertos Estados recién independizados, da a entender que el verdadero poder descansa en el jefe de Estado o de gobierno. La mayor rapidez lograda en las comunicaciones —que ha estrechado la distancia y el tiempo entre cualesquiera puntos de nuestro mundo— también ha facilitado de modo considerable la posibilidad de una ausencia breve de su país del jefe de Estado o de gobierno. Por último, en ciertas organizaciones regionales varios órganos básicos permanentes —por ejemplo, la Asamblea de la Organización de Unidad Africana— están formados por jefes de Estado o de gobierno a quienes se les exige reunirse periódicamente.

Por tanto, puede suponerse que las reuniones "en la cumbre" ya han adquirido permanencia. El éxito relativo de las reuniones iniciales de jefes de Estado o de gobierno dentro de la OUA, parece indicar que estas reuniones pueden tener utilidad en ciertas circunstancias. En cambio, a las reuniones "en la cumbre" de las naciones occidentales y la Unión Soviética no pueden atribuirse un crédito significativo por logros importantes. Quizás se deba su falta de éxito en parte a preparaciones inadecuadas y al resplandor y las presiones de la publicidad. Puede ser que las reuniones en la cumbre entre amigos y aliados logren más éxito que cuando se celebran entre contrincantes.

Por razón de que el jefe de Estado es la máxima autoridad de su país en las relaciones internacionales, los usos generales y la cortesía —pero no el derecho internacional— requieren que a los gobiernos extranjeros se les notifique formalmente, a través de los canales diplomáticos, de los cambios constitucionales acaecidos por la elección de un nuevo presidente o por el ascenso al trono de un nuevo monarca. Más aún, la práctica general es reacreditar a los jefes de misiones ante el nuevo jefe de Estado. Aunque no existe ninguna norma de derecho internacional en la materia, el uso general y la cortesía también disponen que se rindan ciertos honores ceremoniales al jefe de Estado o de gobierno extranjero que visite otro país.

7.03 Inmunidades de los jefes de Estado y de gobierno

El derecho internacional consuetudinario confiere amplias inmunidades y privilegios al jefe de Estado —subsecuentemente extendida a los jefes de gobierno— que visita a un país extranjero, sea la visita oficial o privada. Por razones obvias, estas inmunidades son más amplias y se definen con más precisión cuando aquél se encuentra en visita oficial que se ha preparado con anticipación y ha sido convenida con el Estado anfitrión. Las inmunidades se confieren a los jefes de Estado o de gobierno, a las personas que los acompañan, a los miembros de su familia, a su séquito y a sus bienes. Ellos gozan de exención de jurisdicción, tanto civil como penal.

Las inmunidades, los privilegios y los honores se confieren al Estado, más bien que a la persona del jefe de Estado o de gobierno. En el pasado, se basaba la teoría en la dignidad de un monarca reinante. De acuerdo con la teoría y la práctica contemporáneas, las inmunidades se confieren sobre la base del principio de la igualdad y dignidad de los Estados soberanos, sin que importe el título que tenga el jefe de Estado.

Hasta hace poco, las visitas al extranjero por jefes de Estado o de gobierno eran relativamente escasas, y el derecho de sus inmunidades y privilegios se encuentra mucho menos desarrollado que el de las inmunidades diplomáticas. No obstante, no se han producido violaciones conocidas de las reglas de derecho internacional aceptadas en forma general, en relación con el tratamiento adecuado que debe dispensarse al jefe de Estado o de gobierno.

La inmunidad de la jurisdicción interna, en cuanto a los funcionarios diplomáticos —que se aplica por analogía a los jefes de Estado o de gobierno— se tratará en la sección IV. La inmunidad de jurisdicción penal concedida a los jefes de Estado se considera absoluta; no se conoce caso alguno en que un Estado haya tratado de ejercer la jurisdicción criminal contra un jefe Estado o de gobierno visitante. Por otra parte, la práctica del Estado referente a la inmunidad de la jurisdicción civil, no es uniforme. En general, los tribunales se encuentran inclinados a conceder esta inmunidad a los jefes de Estado sin investigar, en forma demasiado cuidadosa, las circunstancias que dieron lugar al litigio. Véase, por ejemplo, *Duke of Brunswick vs. King of Hanover* ([1844] 6 Beav. I; 3 *BILC*, 113), donde fue concedida la inmunidad en un litigio en el cual se alegaba que se habían retenido ilícitamente unos bienes al amparo de un instrumento de tutela. En el caso determinante inglés de *Mighell vs. Sultan of Johore* ([1894] I Q. B. 149; 3 *BILC*, 279), se le concedió la inmunidad al gobernante de uno de los Estados malayos en un pleito por violación de promesa, aunque permanecía de incógnito en Inglaterra y prometió casarse con la demandante antes de que ella conociera su verdadera identidad. En el caso *Staham vs. Statham* ([1912] p. 92), el demandante no tuvo éxito en su acción contra el gobernante de Baroda como codemandado en una acción de divorcio; y en *Sayce vs. Ameer, Ruler of Bahawalpur State* ([1952] 2 Q.B. 390), se revocó un auto en un caso de violación de contrato, para mantener la inmunidad del jefe de un Estado extranjero.

Ciertos Estados, por otra parte, extienden la inmunidad tan sólo a los actos soberanos del jefe de Estado. Esta interpretación restrictiva de la inmunidad, que es aún más pronunciada respecto a la inmunidad del Estado mismo, resulta ilustrada por la decisión de la Corte de Casación de Roma, en 1921, en *Nobili vs. Emperor Charles I of Austria (AD,* 1919-22, Caso Nº 90; *Giurisprudenza Italiana,* 1922, vol. I, p. 472). Hasta los tribunales ingleses niegan la inmunidad en ciertas circunstancias por ejemplo, cuando el jefe de Estado invoca la jurisdicción del tribunal nacional al establecer una acción; véase *Sultan of Johore vs. Abubakar Tunku Aris Bendahara* ([1952] A.C. 318). En este caso, el sultán estableció demanda durante la ocupación japonesa de Singapur y obtuvo un fallo declarándolo dueño de ciertos bienes inmuebles. Cuando terminó la ocupación el demandado —hijo del sultán— apeló, y el sultán pidió la paralización del proceso, alegando la inmunidad soberana. Los tribunales de Singapur rechazaron su petición y la Corte de Apelación los ratificó fundándose en que

> el apelante mismo inició el procedimiento ante la corte japonesa, invocando esta jurisdicción a su favor. Como demandante obtuvo el fallo de que él era dueño beneficiario de los bienes de que se trataba. Por tanto, si las actuaciones dadas por los demandados para obtener la revocación de este fallo tienen el carácter de una apelación de dicho fallo ante un tribunal competente para revocar el obtenido por la parte apelada, ésta no podría objetar el que se le atribuyese el papel de demandado en este procedimiento de apelación, puesto que su sumisión original a la corte primitiva lo obliga a aceptar la jurisdicción de la apelación. Sus Señorías no consideran que se haya establecido en Inglaterra (de cuyas reglas las que han de ser aplicadas en la corte de Singapur no habrán de ser diferentes) ninguna regla absoluta al efecto de que un soberano independiente extranjero no pueda ser sometido a juicio ante nuestros tribunales en ningún caso... (*Per* Viscount Simon, pp. 341, 343.)

Lógicamente, la Corte pensó que, al iniciar el procedimiento, el soberano extranjero —ya fuera jefe de Estado, un diplomático, o el Estado mismo— había renunciado al menos por implicación, a la inmunidad que él o éste hubiera disfrutado de lo contrario (véase 7.12 y 7.30). Además, no se concederá inmunidad alguna una vez que el Jefe de Estado deje de estar reconocido como tal; véase *Thabore Saheb Khanji Kashari Khanji vs. Gulam Ra Sul Chandbal* ([1955] AIR, 499).

No obstante, los tribunales en la mayoría de los Estados no permiten los procedimientos contra jefes de Estado extranjeros, una vez que se alega la petición de inmunidad y que la condición que reclama el demandado se ha probado debidamente ante el tribunal. El fundamento de esta actitud fue expresado en una carta del secretario de Estado de Estados Unidos al secretario del tesoro, en 1926, en relación con la posibilidad de gravar los honorarios de unas conferencias pagados en Estados Unidos a la reina María de Rumania:

> Los privilegios e inmunidades conferidos a funcionarios diplomáticos extranjeros se basan en el hecho de que dichos funcionarios son los representantes personales de sus soberanos. No puede haber duda de que la Reina María tiene derecho a una consideración no menor que la de un funcionario diplomático del rango más alto, y que tratar de apli-

carle a ella nuestras leyes en forma tal que interfiera con su persona o
sus bienes, sería completamente contrario a la práctica de las naciones,
lo mismo que a las disposiciones de nuestra propia legislación sobre la
materia. (Hackworth, *Digest*, Vol. 2, p. 404.)

Si un Estado está de acuerdo con una visita privada u oficial de un jefe
de Estado o de gobierno extranjero, el derecho internacional obliga al Estado
anfitrión a proteger su seguridad personal y su dignidad. Por ejemplo, los
artículos 36 y 37 de la ley francesa del 29 de julio de 1881 establecieron
sanciones por ofensas a los soberanos extranjeros y a los jefes de Estado
extranjeros. Esta ley fue modificada posteriormente, y su protección se extendió a los jefes de Gobierno y a los ministros de relaciones exteriores
(compárense los artículos 84 y 85 del Código Penal Francés. Véase también
la ley belga del 20 de diciembre de 1852, en relación con ofensas a jefes de
Estado o jefes de gobierno extranjeros. Puede colegirse que una ley de Estados Unidos —la 22 USC, secciones 252-255, que *inter alia* somete a un
castigo severo a cualquiera que use violencia contra un embajador o un ministro— *a fortiori* sería aplicada a actos similares contra un jefe de Estado o
de gobierno extranjeros). Aun a falta de legislación específica, los Estados
—por razones obvias— tienen la precaución de proteger la seguridad de un
visitante extranjero que sea jefe de Estado o de gobierno.

Aunque el derecho dista mucho de estar arraigado, existe alguna autoridad en el derecho internacional al efecto de que el jefe de Estado o de
gobierno visitante debe estar protegido contra la difamación y la calumnia.
Ésta es una cuestión algo delicada, porque la difamación y la columnia inevitablemente hacen surgir la difícil cuestión de saber cuándo el derecho a la
libertad de palabra y a la libertad de prensa —los que en la actualidad
incluyen a la radio y la televisión— se extiende más allá de la crítica justa
de gobiernos y funcionarios públicos. El proporcionar especial protección
encontraría serios obstáculos en los países de derecho común en vista de la
actitud de sus tribunales en relación con las acciones por difamación y calumnia. No obstante, podría arguirse que la proteción contra la difamación
y la calumnia —por lo menos durante la visita oficial— forma parte de la
protección especial que se debe a un jefe de Estado o de gobierno extranjero.
Aunque el Código Penal soviético (Art. 58) extiende la protección sólo a
los Estados socialistas, una fuente autorizada dice, "durante sus visitas en el
extranjero el jefe de Estado se encuentra protegido contra el insulto verbal
y escrito. La desobediencia de esta condición es considerada como una *infracción crasa del derecho internacional". (Textbook of International Law,* sové-
tico, p. 289). Un problema más controvertible plantea la cuestión de si el
derecho internacional, en interés de un mejor ambiente internacional, debe
extender en general esta protección a los jefes de Estado o de gobierno.
Hace poco, una revista belga fue confiscada cuando el encargado de negocios
congolés en Bruselas protestó por una entrevista tocante al asesinato del Sr.
Lumumba, que era ofensiva para el presidente Kasabuvu del Congo. El incidente planteó un conflicto evidente entre la libertad de la prensa —garanti-

zada por la Constitución Belga— y el interés público en las relaciones amistosas con Estados extranjeros. (Véase la Ley Belga del 12 de marzo de 1858 en lo relativo a delitos que afectan las relaciones internacionales: Mertens, "Liberté de presse et offense à la personne des Chefs d'États étrangers: La Saisie du 'Pourquoi Pas'," *Revue Belge*, 175 (1965-I)). Compárese la Ley Dominicana del 5 de julio de 1949, Art. 31, que prohíbe las radiodifusiones que "someten a reto o al desprecio internacional a naciones amigas... *o a jefes de Estado extranjeros*" (se han agregado las bastardillas). En relación con esto, véase a Whitton y Larson, *Propaganda: Toward Disarmament in the War of Words, passim.*)

SECCIÓN II. EL MINISTRO DE RELACIONES EXTERIORES; OTROS DEPARTAMENTOS GUBERNAMENTALES

7.04 PAPEL DEL MINISTRO DE RELACIONES EXTERIORES

El ministro de relaciones exteriores y el secretario de Estado, son considerados generalmente como los portavoces principales del Estado en los asuntos internacionales, aunque esta declaración debe modificarse para tomar en cuenta la participación cada vez más frecuente de los jefes de Estado y de los jefes de gobierno en los asuntos exteriores (véase 7.02). Según la frase de Oppenheim, el ministro de relaciones exteriores es el "intermediario" entre el jefe de Estado y los órganos de los Estados extranjeros. La participación del jefe de Estado o de gobierno en los asuntos exteriores se limita, generalmente, a problemas de mayor importancia política, mientras que la conducción de las relaciones ordinarias con otros Estados y con organizaciones internacionales es principalmente de la responsabilidad del ministro de relaciones exteriores.

El derecho internacional no se interesa por las atribuciones del ministro de relaciones exteriores dentro de la Constitución, por su posición en la jerarquía gubernamental, ni por sus responsabilidades como administrador de los servicios diplomático y consular. Se interesa como ha ocurrido en el caso de los jefes de Estado por la autoridad del ministro de relaciones exteriores para hablar en nombre de su país y comprometerlo internacionalmente (véase el *Eastern Greenland Case* (1933), PCIJ, Ser. A/B Nº 53, especialmente pp. 36, 71, 73, 91, 92).

La conducción ordenada de las relaciones internacionales requiere que las comunicaciones entre los gobiernos deben llegar a/a partir del ministro de relaciones exteriores. Generalmente estas comunicaciones son dirigidas por el representante acreditado del gobierno extranjero al ministro de relaciones exteriores del país anfitrión, y viceversa. Pero, con la expansión del derecho internacional a campos anteriormente fuera de su alcance, otros departamentos y organismos gubernamentales —defensa, comercio, industria, agricultura, educación, trabajo y finanzas— se encuentran progresivamente interesados en el manejo de las relaciones exteriores. La coordinación de estos intereses diferentes, y a veces contradictorios, debe resolverse dentro del gobierno del Estado, y el acuerdo logrado debe ser comunicado a otros Estados sólo por el ministro de relaciones exteriores. La Convención de Viena sobre las Relaciones Diplomáticas, firmada el 18 de abril de 1961 (véase 7.07), dispone en. el artículo 41, párrafo 2:

> Todos los asuntos oficiales con el Estado receptor de la misión, encargados a ella por el Estado que la remite, serán conducidos por o a través del ministro de relaciones exteriores del Estado receptor o por otro ministerio que pueda haberse acordado. (500 *UNTS*, 96; 55 *AJIL*. 1062 (1961.)

Una disposición similar se encuentra en el artículo 13 de la Convención de La Habana sobre Funcionarios Diplomáticos, celebrada el 20 de febrero de 1928 (Hudson, *International Legislation*, Vol. IV, pp. 2385 a 2390).

Los estudiosos del derecho internacional han prestado relativamente poca atención a este problema técnico de índole menor pero, no obstante, de importancia. (Véase Blix, *The Rights of Diplomatic Missions and Consultates to Communicate with Authorities of the Host Country.*)

Es de igual importancia que las relaciones internacionales oficiales sean conducidas únicamente por los órganos autorizados del Estado. La conveniencia de que el Estado hable con una voz oficial en los asuntos exteriores, fue reconocida por Estados Unidos de América al poco tiempo de haber logrado su independencia, en un mundo mucho menos complicado que el de hoy. La Ley Logan, promulgada el 30 de enero de 1799, estableció la sanción de multa y encarcelamiento a los ciudadanos norteamericanos que, sin el permiso o autorización del gobierno, mantuvieran correspondencia con un gobierno extranjero "con el intento de influir las medidas o la conducta de cualquier gobierno extranjero, o en relación con cualquier disputa o controversia con los Estados Unidos, o para frustrar medidas del gobierno de los Estados Unidos". (I Stat. en L. 613). En forma revisada, dicha ley —aunque pocas veces aplicada— continúa vigente (18 USC Sección 953) y fue invocada recientemente en el caso *Waldron vs. British Petroleum Co.*, 231 F. Supp. 72 (1964). (Ver Vagts, "The Logan Act: Paper Tiger or Sleeping Giant?" 60 *AJIL*, 68 (1966).)

El ministro de relaciones exteriores también tiene una función importante en la administración de justicia que hacen los tribunales de su Estado, cuando el litigio comprende la aplicación o la interpretación del derecho internacional. Aunque la práctica de los Estados varía, las cortes del Reino Unido, Estados Unidos y muchos países continentales europeos, consideran una afirmación o un certificado del ministro de relaciones exteriores, o de su ministerio, como definitiva en ciertas categorías de problemas. La condición soberana de un Estado extranjero, su jefe o su propiedad, el reconocimiento de Estados o gobiernos extranjeros, o la condición de un individuo que invoca la inmunidad diplomática, son ejemplos de situaciones en las cuales las cortes se guían por la determinación del ministro de relaciones exteriores. (Ver *The Secretary of State;* y un trabajo preparado para el Subcomité del Senado de Estados Unidos sobre la Seguridad Nacional, Personal y Operaciones, intitulado "The Secretary of State"; Texto del Comité del 20 de enero de 1964.)

El derecho internacional no trata expresamente de la condición del ministro de relaciones exteriores en el extranjero. Generalmente, en virtud de la costumbre y la cortesía, tiene derecho a todas las inmunidades y privilegios que el derecho internacional siempre ha conferido al personal diplomático. En *Chong Boon Kim vs. Kim Yong Shik* (58 *AJIL,* p. 186 (1964)), al ministro de relaciones exteriores de Corea se le entregó una ratificación judicial mientras se encontraba en tránsito en Hawai, en vista oficial. La acción fue desestimada cuando el gobierno de Estados Unidos presentó una sugerencia de inmunidad, diciendo:

> De acuerdo con las reglas consuetudinarias del derecho internacional, reconocidas y aplicadas en los Estados Unidos, el jefe de un gobierno extranjero, su ministro de relaciones exteriores y quienes hayan sido designados por éste como miembros de su séquito oficial gozan de inmunidad en relación con la jurisdicción de los tribunales federales de los Estados Unidos y de los Estados...

SECCIÓN III. INTERCAMBIO DIPLOMÁTICO E INMUNIDADES

7.05 DERECHO INTERNACIONAL, POLÍTICA EXTERIOR Y DIPLOMACIA

La diplomacia y la política exterior están relacionadas con el derecho internacional, pero son diferentes de éste. El derecho internacional funciona dentro de la comunidad de los Estados soberanos, cuyas políticas exteriores conforman sus relaciones, y esto se pone en ejecución a través de la diplomacia.

La política exterior es el conjunto de decisiones tomadas por un gobierno en relación con la posición del Estado *vis-à-vis* otros Estados y, además, su actitud dentro de las organizaciones y conferencias internacionales. La diplomacia es el instrumento mediante el cual se lleva a efecto la política exterior. Tradicionalmente sus funciones más importantes han sido la representación y la negociación; el objetivo de la negociación —llegar a un acuerdo sin violencia— es el de la diplomacia en general. De este modo, los diplomáticos no dirigen la política exterior, pero pueden tener influencia en su formulación mediante informes correctos y recomendaciones consideradas. (Véase "The Formulation and Administration of United States Roreign Policy", en *Compilation of Studies prepared under the Direction of the Senate Committee on Foreign Relations,* Estudio Nº 9, pp. 791 ss. Para conocer la teoría soviética con respecto a las relaciones entre el derecho internacional, la política exterior y la diplomacia, véase Tunkin, *Droit international public*, pp. 168 ss. De acuerdo con el profesor Tunkin, el derecho internacional constituye un punto de apoyo para la política exterior, y su evolución queda influida por la diplomacia.)

Estas definiciones de las funciones y objetivos de la diplomacia reflejan las normas de conducta desarrolladas en la era de la diplomacia "clásica", cuando las relaciones internacionales abarcaban, en gran parte, las relaciones políticas entre los gobiernos y se conducían principalmente sobre una base bilateral. Debido a que la diplomacia no forma parte del derecho internacional, aquí sólo se considerarán brevemente los adelantos que han tenido un efecto significativo en los métodos, las técnicas y aun en el tono de la diplomacia contemporánea.

En primer término, debe señalarse el extenso ámbito de la diplomacia moderna. Además de las tareas tradicionales de representación, negociación, información y protección de los intereses del Estado que los envía, los diplomáticos contemporáneos también tienen el deber de fomentar relaciones amistosas entre sus Estados y aquéllos que los reciben, y de desarrollar sus relaciones económicas, culturales y científicas (véase Art. 3º Párr. (e) de la Convención sobre Relaciones Diplomáticas de Viena, de 1961, Nº 7.07). Otro importante progreso ha sido el surgimiento de organismos internacionales y el crecimiento resultante de la diplomacia "de conferencias" o "parlamentaria", conducida abiertamente sobre bases multilaterales, de acuerdo con reglas de procedimiento ideadas por esos organismos. La diplomacia "abierta" contemporáneo —en contraposición a la "secreta" anterior a la primera Guerra Mundial— ha sido facilitada grandemente por el progreso tecnológico de los medios de comunicación que, a la vez, han ayudado a desarrollar las técnicas de la propaganda. Las inmensas oportunidades para el debate público de problemas delicados han llevado a un cambio de tono discernible en el trato entre ciertos gobiernos. Pero la diferencia entre la diplomacia "clásica" y la moderna no debe exagerarse. Un número de años de expriencia con la diplomacia "abierta" y "de conferencias" han demostrado que los métodos tradicionales de negociaciones sin propaganda —o para usar las palabras del Sr. Hammarskjold, la diplomacia "silenciosa"— aún tienen un papel útil que desempeñar en el logro del éxito de la diplomacia "de conferencias".

Las funciones y la preparación de los diplomáticos también caen fuera del ámbito del derecho internacional. Sin embargo, puesto que el cumplimiento competente de sus deberes contribuye a los objetivos principales del derecho internacional —a saber, el mantenimiento de la paz y el establecimiento del imperio del derecho en la comunidad internacional— son pertinentes algunas palabras sobre la materia. Los autores que han tratado de definir las cualidades y funciones de un buen diplomático, están de acuerdo en que debe ser una persona de integridad, cortés y de buena fe, y que asimismo debe poseer el arte de establecer y cultivar las relaciones humanas. Más que nada, debe ser claro al hablar y escribir. La calidad que interesa al derecho internacional más directamente, es la habilidad del diplomático de registrar clara y precisamente los acuerdos entre los gobiernos. Las monografías y los ensayos registrados en la bibliografía al final de este capítulo, tratan el tema de la diplomacia con más amplitud. Esto es accesorio, aunque importante para el jurista internacional.

7.06 Fundamento de las inmunidades y los privilegios diplomáticos

El derecho internacional confiere a los diplomáticos la inmunidad del ejercicio de la jurisdicción por parte del Estado que los recibe. Los principios que rigen las inmunidades diplomáticas se encuentran entre las reglas de derecho internacional más antiguas y universalmente reconocidas. Aunque la práctica de los Estados ha variado en la aplicación concreta de estas reglas, no ha sido importante la controversia con respecto a los principios básicos. La aceptación de estas reglas precedió por mucho tiempo a su codificación en la Convención sobre Funcionarios Diplomáticos, de La Habana, de 1928, (*LNTS*, Vol. 155, pp. 259 ss.; Hudson, *International Legislation*, Vol. 4, pp. 2385 ss.), que se encuentra vigente tan sólo entre las repúblicas americanas; y, más recientemente en la Convención sobre Relaciones Diplomáticas de Viena de 1961 (*UNTS*, Vol. 500, 96; 55 *AJIL*, pp. 1962 ss. (1961)). El derecho internacional sobre inmunidades diplomáticas ha sido expresado en la legislación nacional, confirmado con algunas variaciones por prácticas de los Estados y expuesto en los trabajos de estudiosos de la citada rama. Aunque el Proyecto de Convención sobre Inmunidades Diplomáticas preparado por Harvard Research in International Law, (*AJIL*, Vol. 26, suplemento (1932)), resulta algo anacrónico, sigue siendo útil como referencia al tema.

La base teórica de las inmunidades diplomáticas ha cambiado de una época a otra. De acuerdo con la teoría "representativa" de la Edad Media al embajador se lo consideraba como el representante personal del soberano extranjero; someterlo a juicio o detenerlo se consideraba igual que el arresto del soberano mismo. Esta teoría se reflejó en las regulaciones referentes al rango de los diplomáticos en el Congreso de Viena de 1815. (Anexo XVII del Acta del Congreso, 19 de marzo de 1815.) Enlazada a ella se encontraba la ficción de la "extraterritorialidad" actualmente desacreditada, que veía a la embajada como parte del "territorio" del Estado que enviaba al diplomático y, por eso, no accesible a las autoridades locales. El concepto del asilo diplomático (véase 7.12) fue un producto de esta ficción, y sigue siendo su único vestigio.

La teoría "funcional" contemporánea es más sencilla y racional. Descansa en el supuesto de que el diplomático debe estar libre de interferencias por parte de las autoridades locales, de modo que pueda desempeñar sus deberes sin ser molestado. Sin embargo, la teoría funcional no es la base exclusiva de la inmunidad. Mientras el preámbulo de la Convención de Viena, de 1961, destaca que "...el propósito de dichos privilegios e inmunidades no es beneficiar a los individuos sino asegurar el cumplimiento eficiente de las funciones de las misiones diplomáticas...", el Art. 3º (a) se refiere al carácter representativo clásico de los diplomáticos, a diferencia de los cónsules y de los empleados civiles internacionales. Un elemento esencial que enfatizan ambas teorías (representativa y funcional) es, desde luego, el principio de la reciprocidad.

El verdadero significado de la palabra "inmunidad" en este contexto debe entenderse con toda claridad. Inmunidad significa del ejercicio de jurisdicción, no inmunidad de la jurisdicción misma. Los diplomáticos no se encuentran por encima del derecho vigente en el Estado que los recibe, y el Estado no queda impedido de formular una legislación aplicable a todas las personas que estén dentro de su jurisdicción territorial. Por ejemplo, los diplomáticos deben obedecer los reglamentos de tránsito; si deciden ignorarlos, el Estado que los recibe no puede hacer cumplir el reglamento. Pero recientemente* el Departamento de Estado de Estados Unidos determinó que las citaciones por violaciones del reglamento de tránsito no constituyen el "proceso legal" dentro del significado de los artículos del 22 USC Secs. 252, 253, y que la expedición de dichas citaciones no violan las disposiciones de dicha ley con respecto a la inmunidad (*Congressional Record*, Vol. III, p. 18821, 5 de agosto de 1965). En un pleito por daños causados por el automóvil del secretario de la Legación del Perú en Londres, el tribunal inglés declaró que el derecho internacional no concede inmunidad de la responsabilidad jurídica sino sólo de la jurisdicción local (*Dickinson vs. Del Solar*, ([1930], 1 K.B. 376). El proyecto de *Restatement on the Foreign Relations Law of the United States*, del American Law Institute, recalcó esta distinción en la sección 64: "La inmunidad del ejercicio de la jurisdicción para *hacer cumplir* una regla jurídica no proporciona inmunidad del ejercicio de la jurisdicción para *prescribir* la regla". (Se añadió la letra en bastardilla).

Con respecto a las inmunidades diplomáticas, las reglas de derecho internacional consuetudinario generalmente aceptadas fueron incorporadas en las leyes nacionales para resguardar su observancia. (Ver *UN Legislative Series*, Vol. VII, "Leyes y Reglamentos sobre los Privilegios e Inmunidades Diplomáticas y Consulares".) Uno de los ejemplos más antiguos de esa legislación es la Ley Inglesa de Privilegios Diplomáticos, de 1708, (7 Anne, Ch. 12), aprobada después de un incidente causado por el arresto del Embajador ruso en Inglaterra, por motivo de deudas. Una ley de Estados Unidos de 1790, revisada en 1948 (62 Stat, p. 688, 18 USC Sec. 112), impuso sanciones por el ataque personal a diplomáticos extranjeros "en violación del derecho de las naciones". Los litigios contra diplomáticos extranjeros y contra sus dependientes están prohibidos por la 22 USC, sec. 252-254; y una ley del 15 de febrero de 1938, (52 Stat. p. 30, en.la actualidad el *District of Columbia Code*, sec. 1115-1116), prohíbe las manifestaciones alrededor de las misiones extranjeras. Una condena dictada de acuerdo con dicha ley se confirmó en apelación en el caso *Frend vs. U.S.*, (100 F 2º 691 (1938);

---

* "El Departamento de Estado norteamericano confirmó en 1969 esta posición, al indicar que el pago de multas por infracciones de tránsito queda excluido de la inmunidad que se otorga a los miembros de las misiones diplomáticas, puesto que la expedición de una infracción de tránsito no forma parte de un "procedimiento judicial" sino que representa una "invitación" para acudir a los tribunales y pagar la multa correspondiente." (Ver Whiteman, M. *Digest of International Law*, State Department Publication, Washington, 1970, Vol. 7, p. 170).

cert. den. 59 Sup. Ct. 488; *AD*, 1938-40, Caso N° 161). El artículo 6° de la ley belga del 12 de marzo de 1858, referente a delitos lesivos de las relaciones internacionales dispuso sanciones para varios delitos conrta diplomáticos extranjeros acreditados en Bélgica.

Con el objeto de proporcionar resguardos adicionales en la observancia de las inmunidades diplomáticas, varias constituciones confieren jurisdicción a la Corte Suprema en los casos relacionados con tales inmunidades (véase, por ejemplo, los artículos 100-101 de la Constitución Argentina, y 28 USC Sec. 1251).

La aplicación por los tribunales nacionales de las reglas de derecho internacional generalmente reconocidas no ha sido uniforme. Las decisiones relacionadas con inmunidades diplomáticas corresponden a dos categorías. En la primera, los tribunales han interpretado el alcance de las inmunidades de modo amplio y han conferido inmunidad en cuanto al ejercicio de la jurisdicción local, en los casos en que eso se solicitó. Pertenecen a esta categoría algunos casos decididos en países de derecho común, Francia, Alemania y algunos Estados latinoamericanos. En la segunda categoría, especialmente en Bélgica e Italia, los tribunales han demostrado tendencia a restringir el alcance de las inmunidades, reconociendo la exención sólo cuando el ejercicio de la jurisdicción podría interferir con las funciones del diplomático.

Los privilegios diplomáticos, a diferencia de las inmunidades, tuvieron una base menos sólida en el derecho internacional, hasta que fueron codificados por la Convención de Viena de 1961. La mayor parte de estos privilegios —tales como la exención de impuestos y de derechos arancelarios— se basaron más bien en la cortesía que en el derecho internacional; y la reciprocidad en su concesión fue una motivación más sustantiva que la formulación de las normas sobre inmunidad.

7.07 La Convención de Viena de 1961 sobre relaciones diplomáticas

El derecho sobre el intercambio diplomático, en general, y sobre las inmunidades diplomáticas, en especial, se encuentra ahora codificado en la ya citada Convención de Relaciones Diplomáticas de Viena, de 1961, concluida en una conferencia patrocinada por las Naciones Unidas. La Conferencia tomó en consideración un proyecto preparado por la Comisión de Derecho Internacional de las Naciones Unidas, que fue revisado y modificado en ciertos aspectos —no siempre con ventajas para el texto definitivo. Inicialmente fue firmada por 45 de los 81 Estados participantes, y posteriormente otros Estados depositaron sus instrumentos de adhesión. De acuerdo con el artículo 51, la Convención comenzó a regir el 24 de abril de 1964, al depositarse la vigesimosegunda ratificación. La Convención codificó una parte importante del derecho internacional consuetudinario con respecto a las relaciones e inmunidades diplomáticas. El proceso de codificación refleja en parte la reciente tendencia hacia la restricción de las inmunidades, pero el derecho consuetudinario que ha evolucionado a través de siglos de práctica estatal, continúa —de acuerdo con el preámbulo— "rigiendo las cuestiones no reguladas expresamente" por las disposiciones de la Convención.

La primera parte de la Convención trata de relaciones diplomáticas más bien que de inmunidades. Estos artículos, igual que las disposiciones referentes a las inmunidades, generalmente reflejan la práctica aceptada por los Estados. Constituyen ejemplos de simples casos de codificación de normas de derecho internacional consuetudinario los siguientes: el requisito de obtener por anticipado el *agrément* del Estado receptor para el jefe de misión (Art. 4º; todas las referencias en esta subsección son sobre artículos de la Convención de Viena); la libertad que conserva el Estado que envía al diplomático para designar a otros miembros del personal de la misión (Artículo 7º); la regla que ordena que los diplomáticos sean nacionales del Estado que los envía y, si es nacional del Estado que lo recibe, puede ser designado sólo con el consentimiento de éste (Art. 8º); el privilegio del Estado receptor de declarar a cualquier miembro de misión *persona non grata,* sin explicación alguna (Art. 9º); y la autorización de usar la bandera y el emblema del Estado que los envía, en los locales de la misión, en la residencia del jefe de la misión y en su automóvil (Art. 20).

Por otra parte, el derecho que tiene el Estado receptor de una misión de determinar el número de miembros "razonable y normal" de ella, "tomando en cuenta las circunstancias y condiciones en el Estado receptor y las necesidades de la misión respectiva" (Art. 11) refleja una tendencia reciente. Compárese el criterio objetivo para determinar el número integrante de una misión sugerido por la Comisión de Derecho Internacional, en el artículo 10º de su Proyecto. *(ILC Yearbook,* 1958, Vol. 2, p. 92), con el criterio subjetivo adoptado en la Convención. La creación de tres clases de jefes de misión (Art. 14) para efectos de protocolo y de precedencias, en vez de las cuatro establecidas por el Congreso de Viena en 1815, y modificado en 1818 en Aix-la-Chapelle, también corresponde a la práctica reciente de los Estados.

Las inmunidades y privilegios diplomáticos que se han desarrollado a través de la práctica de los Estados y que ahora se encuentran codificados en la Convención, se reseñaran con tres títulos: *i)* alcance, incluyendo el asilo diplomático; *ii)* categorías de personal con derecho a varias inmunidades; y *iii)* duración de las inmunidades, incluyendo la renuncia a éstas.

7.08 ALCANCE DE LAS INMUNIDADES DIPLOMÁTICAS

Mucho antes de la codificación, el derecho internacional reconoció la inmunidad de los diplomáticos, con respecto a la jurisdicción civil y criminal del Estado receptor; su libertad de movimiento y comunicación y de culto religioso; y la inviolabilidad del local y archivos de la misión. (Véase A.B. Lyons, *"Personal Inmunities of Diplomatic Agents",* 31 *BYIL* pp. 298 siguientes (1954).)

Aunque la Convención concede inmunidad total del ejercicio de la jurisdicción criminal, señala ciertas situaciones en las cuales la inmunidad del ejercicio de la jurisdicción civil y administrativa no es aplicable. Estas excepciones se refieren a pleitos relacionados: *a)* con bienes inmuebles ubicados en el territorio del Estado receptor y poseídos por el diplomático en su carácter privado; *b)* con una sucesión en la cual el diplomático se encuentre interesado como albacea, administrador heredero o legatario; y *c)* con la actividad profesional o comercial a que se dedique el diplomático, fuera de sus funciones oficiales. (Art. 31). Pero, compárese el Art. 42 que prohíbe al diplomático dedicarse a actividades profesionales o comerciales con ánimo de lucro personal.)

Se garantiza la libertad de movilización y viaje, pero queda sujeta a leyes y reglamentos con respecto a zonas prohibidas (Art. 26). El local de la misión, sus archivos, al igual que la residencia del diplomático, gozan de inmunidad de búsqueda, requisa, embargo o ejecución (Arts. 22, 24) pero esta inmunidad no se aplica cuando el diplomático se encuentra comprometido como individuo privado o cuando la propiedad se posee con carácter privado (Art. 31 Par. 3). La libertad de comunicación, incluso el uso de correos y mensajes en clave, y la inviolabilidad de la valija diplomática quedan reafirmadas en el art. 27; sin embargo, el artículo especifica que la valija puede ser usada tan sólo para documentos diplomáticos y artículos de uso oficial y debe ostentar marcas externas visibles que demuestren su carácter. El abuso flagrante de esta inmunidad anulará las prohibiciones de la inspección de embarques diplomáticos. La exención del servicio personal o público no se encuentra restringida (Art. 35).

Los privilegios diplomáticos, que anteriormente se conferían sólo por cortesía, en la actualidad se encuentran incorporados en la Convención de Viena con una definición más precisa de las reglas aplicables y con ciertas restricciones a la práctica acostumbrada. La exención de impuestos y tasas nacionales y locales (Art. 23) no incluye impuestos indirectos que se cobran con el precio de las mercaderías y servicios; patrimonio, sucesión e impuestos sobre la herencia; impuestos sobre ingresos privados y de capital sobre inversiones en empresas comerciales; ni cargos por servicios específicos, inscripción, derechos procesales y de registro sobre hipotecas y derechos de timbre en bienes inmuebles (Art. 34). La exención de impuestos de seguridad social queda sujeta a la condición de que los sirvientes empleados por la misión o por el diplomático no sean nacionales del Estado receptor o que no residan permanentemente en él (Art. 33). La práctica general de eximir de la inspección aduanera al equipaje personal del diplomático queda limitada por la disposición de que la inspección puede efectuarse en presencia del diplomático, si existen motivos graves para sospechar que los artículos no son para uso oficial, que consisten en artículos de importación o exportación prohibidos, o que se encuentran sujetos a regulaciones de cuarentena (Art. 36, Par. 2).

Dichas restricciones reflejan la reacción contra el abuso ocasional, y algunas veces flagrante, de las inmunidades y privilegios diplomáticos. La Comisión de Derecho Internacional, al preparar el Proyecto, y la Conferencia de Viena, al formular el texto definitivo de la Convención trataron repetidamente de considerar el problema del abuso, pero encontraron sólo solu-

ciones parciales en las restricciones incorporadas en algunas de las reglas de
la Convención (para la evolución del texto definitivo de la Convención durante la conferencia y una evaluación de las desviaciones de las reglas de
derecho internacional consuetudinario y, a la vez, de las revisiones del Proyecto de la Comisión de Derecho Internacional, véase Dr. K. Ahluwalia,
"Vienna Convention on Diplomatic Relations", 1 *Indian Journal*, pp. 599
ss. (1961); Seara Vázquez, "Comentarios a la Conferencia de Viena sobre
Relaciones e Inmunidades Diplomáticos", 11 *Revista (México)*, pp. 737
(1961); Kerley "Some Aspects of the Vienna Conference on Diplmatic Intercourse and Inmunities", 56 *AJIL*, 88 (1962)).

Aunque las inmunidades y privilegios diplomáticos se infringen de tiempo
en tiempo, y alguna vez los diplomáticos hacen uso de sus posiciones especiales de modo impropio, esas violaciones y abusos —especialmente en relación
con inmunidades personales— han sido relativamente pocos. No obstante, el
fundamento de las reglas de derecho internacional con respecto a las inmunidades diplomáticas puede resultar fácilmente socavado como resultado de
un número creciente de incidentes, en especial los que comprenden la inviolabilidad del local de la misión. La importancia que se le ha dado a este
aspecto de la inmunidad fue señalada por la Comisión de Derecho Internacional en el párrafo 3 del Comentario al artículo 20 de su Proyecto, en la
actualidad artículo 22 de la Convención, que declaraba que el Estado receptor tiene el deber especial de proteger dicho local para impedir una alteración del orden en la misión y tomar medidas especiales "superiores a las
que adopta para cumplir su deber general de asegurar el orden" (*ILC
Yearbook*, 1958, Vol. 2, p. 95).

Las autoridades del Estado receptor generalmente han mostrado mayor
renuencia a interferir en el local de la misión que en otra clase de propiedades de un Estado extranjero. Cuando un banco checo, como cesionario, intentó la venta forzosa del edificio de la legación húngara, en Praga, con el
propósito de cobrar un laudo arbitral a nombre del cedente (el pleito se
estableció al amparo de una ley checa que dispone el cumplimiento de los
laudos de tribunales de arbitraje establecidos por el Tratado de Paz de Tria-
non, de 1920), la Suprema Corte de Checoslovaquia en 1928, revocó el fallo
del tribunal inferior que desestimó la demanda. Los tribunales inferiores declararon que no se puede librar ejecución contra un Estado extranjero. La
revocación se basó en la tesis de que los bienes inmuebles estan sometidos a
la jurisdicción local, con independencia de quien sea el propietario. El
hecho de que el edificio en cuestión era la legación de Hungría, no fue alegado en los tribunales en esta fase del litigio. (*Enforcement of International
Awards Case, AD* 1927/28 Caso Nº 111.) Cuando ese hecho se planteó
a la atención del tribunal, en una acción siguiente, éste solicitó el criterio
del poder ejecutivo. El ministerio de justicia, con la concurrencia del de
relaciones exteriores informó al tribunal que el derecho internacional no
permite la ejecución contra el edificio de una misión extranjera. La deses-
timación de la solicitud de ejecución fue confirmada por la Suprema Corte
el 28 de diciembre de 1929, que declaró que de acuerdo con el derecho internacional, los edificios que sirven a los propósitos del servicio diplomático,

directa o indirectamente, quedan exentos del alcance del derecho interno (*AD*, 1927-8, *Inmunity of Legation Buildings*, Caso Nº 251).

Los invasores individuales de sedes de misiones han sido sancionados severamente. Cuando dos hombres, sin motivación política, lanzaron una bomba al jardín de la embajada soviética en Oslo la condena que se les impuso fue ratificada, en 1956, por la Suprema Corte de Noruega, fundada en que se debe proteger a las embajadas extranjeras de modo especial (*Public Prosecutor vs. Hjelmland and Biong*, 87 *Clunet*, 512 (1960)). El gobierno rumano protestó por la manera como las autoridades suizas manejaron la invasión y ocupación de la legación rumana en Berna, por exiliados rumanos, en 1955, denunciando que la policía suiza había dejado de proporcionar protección rápida a su misión y de cumplir su deber con la diligencia debida (véase Louis-Lucas, "L'Affaire de la Légation de Roumanie à Berne", 1 *Annuaire Français*, pp. 175 (1955). Véase Korowicz "The Plight of Diplomatic Law", en 3 *Indian Journal*, 413 (1963), para una discusión referente a las implicaciones del ataque de las turbas a las embajadas extranjeras).

Otro aspecto de la inmunidad absoluta referente al local de la misión merece una mención breve. Aunque al Estado receptor se le prohíba ejercer su autoridad sobre el terreno y los edificios de una misión, a pesar de que *par excellence* los bienes inmuebles quedan sujetos a la jurisdicción territorial, existen casos de obras públicas o el ensanche de calles, por ejemplo, que exigen el uso de los terrenos sobre los cuales están situados los locales; o cuando determinados planes de desarrollo urbano requieren la relocalización del edificio de la misión. En estos casos, el Estado que envía su misión tiene el deber moral, pero no la obligación legal, de cooperar con el Estado receptor (véase Commentary Par. (7) del Art. 20 del proyecto de la Comisión de Derecho Internacional, ILC *Yearbook*, 1958, Vol. 2, p. 95).

El principio de la inmunidad del local de la misión jamás ha sido tema de controversia; pero el punto en el cual esta inmunidad deja de ser válida ha sido controvertido recientemente ante la Suprema Corte de Restitución de Berlín. Cuatro casos que se presentaron a dicha corte trataban de bienes inmuebles pertenecientes a embajadas, y utilizados como tales en Berlín Occidental antes de 1945. En tres de los cuatro casos, los edificios fueron totalmente destruidos durante la guerra. En los cuatro casos, los Estados extranjeros pretendieron la inmunidad para los edificios o bienes inmuebles, aunque las propiedades no se utilizaron ni pudieron ser utilizadas como locales diplomáticos por cierto número de años. En cada caso, la corte sostuvo que por razón de las circunstancias la solicitud de inmunidad no resultaba justificada. (Véase especialmente *Tietz vs. People's Republic of Bulgaria*, ILR. Vol. 28, pp. 369; también 54 *AJIL*, p. 165 (1960); cf. Romberg, "The Immunity of Embassy Premises" 35, *BYIL*, p. 235 (1959).)

7.09 Categorías de personal con derecho a inmunidades y privilegios diplomáticos

Algunas de las leyes nacionales citadas en 7.03 y 7.06 han conferido inmunidades y privilegios sólo a "embajadores y ministros públicos"; pero el derecho internacional, el derecho interno y la práctica de la mayoría de los Estados, durante mucho tiempo, han extendido dichas inmunidades al personal diplomático de una misión y a los miembros inmediatos de su familia, haciendo caso omiso del rango, siempre que el diplomático sea nacional del Estado que lo envía. Los fallos de los tribunales nacionales y la legislación compilada en el comentario de artículo 19 del "Proyecto de Convención sobre Privilegios e Inmunidades Diplomáticos", de la Harvard Research, indican que la mayoría de los Estados no hacen distinción alguna entre el jefe de misión y los miembros de su personal con rango diplomático. Las razones para rechazar cualquier distinción fueron declaradas en *Ghosh vs. D'Rozario* [1962] (2 A 11 E. R., pp. 640 a 644) por Holroyd-Pearce, L.J.:

> El embajador debe residir en tierra extranjera... si pudiera hacérsele comparecer ante los tribunales de ese país extranjero, o se le coaccionara por el procedimiento jurídico del mismo, sería una afrenta a su soberano y una interferencia con su trabajo. Por esa razón, es necesario que el personal de la embajada, igual que el embajador, sea inmune. La inmunidad pertenece al Estado y no a sus representantes individualmente. En principio, no existe diferencia entre el embajador y los miembros menos importantes de su personal...

Algunas jurisdicciones tienden a interpretar en forma un poco limitada las categorías del personal diplomático con derecho a la inmunidad. Los tribunales italianos son propensos a reconocer las solicitudes de inmunidad sólo en relación con los jefes de misión y a los funcionarios diplomáticos de mayor categoría. Sin embargo, en *Lagos vs. Baggianini* (Corte Civil, Roma, 1953, *ILR*, 1955, p. 533, 4 *ICLQ*, p. 486 (1955)), la Corte reconoció la inmunidad de un secretario de la embajada chilena en un juicio por daños seguido a causa de un choque de automóviles; y en *Mariani vs. Adel,* la denegación de la inmunidad declarada por el tribunal inferior con respecto al agregado comercial de la embajada de la RAU (*ILR,* Vol. 29, p. 366; 43 *Rivista di Diritto Internazional,* 322 (1960) fue revocada en apelación, en 1962 (46 *ibid.* 643 (1963)). En *Pacey vs. Barroso (AD,* 1927-28, Caso Nº 250), la Corte de Apelaciones de Santiago negó la inmunidad a un secretario de la embajada brasileña en Chile, fundándose en que el personal diplomático subordinado no comparte la inmunidad reconocida a los jefes de misión. De acuerdo con un comentario en 25 *Revista (Chile),* 2ª parte, p. 49, la decisión refleja la interpretación restrictiva de las inmunidades diplomáticas evidentes en las sentencias argentinas y mexicanas de fines del siglo XIX; pero es contraria a la jurisprudencia latinoamericana y a las opiniones de los escritores (véase, en general, Gutteridge, "Immunities of the Subordinate Diplomatic Staff, 24 *BYIL,* p. 148 (1947)).

La práctica de los Estados antes de la Convención de Viena era igualmente divergente con respecto al miembro "no diplomático" de una misión, como el personal administrativo y técnico, los empleados de la misión, o los sirvientes de las residencias diplomáticas. En el caso de *In re Rienhardt,*

(*AD*, 1938-40, Caso N⁰ 171), la Corte Civil de Roma reconoció la inmunidad de un sirviente empleado por el secretario de la legación suiza en el Vaticano, fundándose en que las inmunidades a las cuales los diplomáticos tienen derecho se extienden, por virtud del derecho internacional consuetudinario a sus sirvientes que no sean nacionales del Estado receptor. (De acuerdo con el Tratado Laterano de 1928, entre Italia y el Vaticano, el personal diplomático acreditado ante la Santa Sede disfruta de todas las inmunidades reconocidas por el derecho internacional.) Igualmente, en *Appunhamy vs. Gregory* ((1953), *IER*, 1955, p. 541), la Suprema Corte de Ceilán mantuvo la inmunidad del demandado —asistente del agregado naval de Estados Unidos— en una demanda por jornales, basándose en que:

> El criterio que parece haber sido aplicado en los casos ingleses y que...
> parecería aplicable a la posición actualmente existente en Ceilán, es
> que la inmunidad de procedimiento judicial se extiende no sólo a la
> persona del ministro o del embajador sino a su familia, a su séquito
> y a sus sirvientes...
> Sin embargo, un número de tribunales nacionales ha rechazado solicitudes de inmunidad para empleados y sirvientes no diplomáticos.

Las controversias sobre el personal no diplomático han sido resueltas por la Convención de Viena. Ésta reafirma las inmunidades y los privilegios de las familias de los miembros de la misión que ostentan el rango diplomático, siempre que no sean nacionales de los Estados receptores. Los familiares del personal administrativo y técnico disfrutan de las mismas inmunidades y privilegios, si no son nacionales del Estado receptor o si no son residentes permanentes de él. La inmunidad de la jurisdicción civil y administrativa, sin embargo, queda limitada a los actos efectuados en el curso de sus deberes. La inmunidad del personal de servicio, es decir, de personas que se encuentran en el servicio doméstico de la misión misma (véase Art. 1⁰ (g)), y no son nacionales del Estado receptor o residentes de él, también se encuentra limitada a actos desempeñados en el curso de sus deberes, y las exenciones de impuestos quedan limitadas a sus salarios o jornales. Por último, los sirvientes domésticos del diplomático que no son nacionales del Estado receptor o residentes permanentes de él tienen derecho a dichas inmunidades, pero sólo hasta donde el Estado receptor esté dispuesto a concedérselas, a discreción. Sin embargo, el Estado receptor no debe permitir que el ejercicio de la jurisdicción sobre dichas personas interfiera "indebidamente" con las funciones de la misión. La exención de impuestos permitida para esta categoría de personal es aplicable sólo a sus salarios. (Art. 37). La Convención especifica, además, que los nacionales o residentes permanentes del Estado receptor que tengan rango diplomático, tienen derecho a la inviolabilidad y a las inmunidades y privilegios tan sólo en cuanto a los actos oficiales efectuados en el desempeño de sus deberes. El alcance de las inmunidades y privilegios de otro personal de la misión es determinado por el Estado receptor (Art. 38).

7.10 Duración de las inmunidades y privilegios

El derecho internacional consuetudinario, referente al comienzo y a la terminación de las inmunidades y de los privilegios, ha sido codificado en el artículo 39 de la Convención de Viena. Éstos se aplican desde el momento que el diplomático penetra en el territorio del Estado receptor *en route* a su sede diplomática; o, si ya se encuentra en el Estado receptor, desde el momento en que el ministerio competente de dicho Estado ha sido notificado de su designación. Cuando termina su nombramiento, las inmunidades y privilegios "generalmente" dejan de aplicarse cuando el diplomático parte del Estado receptor, o después de un lapso razonable, aun en el caso de conflicto armado. Según el párrafo 2 del artículo 39, la inmunidad en relación con actos efectuados en el ejercicio de sus funciones como miembro de la misión continúa aplicándose aún después de que ya no forme parte de ella. Este artículo también señala un tiempo razonable durante el cual continúan las inmunidades de los miembros de la familia, en caso del fallecimiento del diplomático en el desempeño de su cargo. Estas reglas, que se han incorporado a la Convención, no agregan nada al derecho internacional consuetudinario (véanse los casos citados en el comentario al art. 29 del Harvard Draft Convention on Diplomatic Immunities and Privileges).

Un tribunal inglés trató una situación poco corriente en el caso de *Ghosh vs. D'Rozario* ([1962] AII. E. R. 640). Esta acción por difamación se estableció cuando el demandado —que había sido funcionario subordinado del personal del Alto Comisionado de la India en Londres— regresó a Inglaterra como ciudadano privado, sin tener ya derecho a inmunidad según la Ley de Inmunidades Diplomáticas (Países de la Comunidad Británica y República de Irlanda) 1952, Sec. I (4). Sin embargo, la difamación que se le había atribuido había sido expresada por el demandado mientras era funcionario de la Alta Comisión. Compareció condicionalmente, y trató, sin éxito, de que se anulara la citación, fundándose en que tenía derecho a la inmunidad cuando ocurrió la difamación alegada. Más tarde el demandado regresó a Inglaterra como consejero científico del Alto Comisionado de la India. Entonces trató de obtener la suspensión del procedimiento basándose en su inmunidad en aquel momento, probada por el certificado expedido por la Oficina de Relaciones de la Comunidad. El demandante apeló la orden de suspensión, alegando que sufría un agravio ya que la acción había comenzado. La Corte de Apelación reconoció el agravio causado al demandante, pero declaró sin lugar la apelación, basándose en que la persona que adquiere inmunidad después de haberse establecido un pleito civil contra ella —que aún se encuentre en trámite— tiene derecho a que la acción se suspenda, aunque hubiera actuado en el asunto antes de adquirir la inmunidad. Vale la pena citar el fundamento de la corte para su decisión; L.J. Holroyd-Pearce (pp. 642, 644) dijo:

La verdadera cuestión radica en saber si como principio general, la inmunidad diplomática del demandado que cobra vida después de haber comenzado el juicio, y mientras se está tramitando, hace necesaria la suspensión de éste. Se admite que si la inmunidad diplomática del demandado hubiera existido cuando se dictó el auto, no se podría mantener el procedimiento... La inmunidad diplomática suele crear una injusticia individual; pero ésta tiene que ceder ante un principio general de cortesía entre jurisdicciones en conflicto... La ley de 1708, haciendo uso de la palabra "enjuiciar", pudo muy bien haber tenido la intención de impedir la continuación de cualquier acción preexistente que pudiera haber surgido antes de tener el demandado la inmunidad. Pero prefiero decidir la cuestión en un campo más amplio. No sería menos una afrenta y una interferencia al someter a un Embajador a procedimientos que estaban en curso antes de haber éste adquirido su condición de diplomático y la inmunidad, que lo sería el permitir que se le notificara una citación. Más aún, si se permitiese que una acción preexistente procediera contra un Embajador, esto crearía dificultades prácticas indeseables. La corte no podría ordenarle nada ni imponer sanciones a su conducta. Podría impunemente ser un litigante ingobernable. El daño que la regla general trató de evitar a expensas de alguna injusticia individual hubiera resultado inevitablemente. A mi juicio, los principios generales que confieren la inmunidad diplomática contra la iniciación de un procedimiento confieren la misma inmunidad contra la continuación de un procedimiento preexistente y debidamente establecido con anterioridad...

El problema que se planteó con este caso fue nuevo; y en un comentario se observó que "en gran parte carece de sentido continuar un procedimiento contra una persona que es inmune al control de la corte durante este procedimiento completamente aparte de su inmunidad para cualquier ejecución subsecuente". 38 *BYIL*, p. 472 (1962). En *The Empire vs. Chang et al. (AD,* 1919-22, Caso Nº 205), los demandados, empleados de la legación china, fueron acusados de haber infringido leyes locales sobre la posesión de armas de fuego. Ellos alegaron la inmunidad, aunque su empleo había terminado antes de ser enjuiciados. La Suprema Corte del Japón, confirmando las condenas de 1921 dijo que a los demandados no se les pudo haber juzgado mientras se encontraban empleados en la legación, pero que perdieron su inmunidad cuando terminó el empleo.

7.11 Renuncia de la inmunidad

La cuestión de la renuncia de la inmunidad ha dado mucho que hacer. La opción de renunciar la inmunidad siempre ha sido reconocida, pero hasta hace poco tiempo se han controvertido varios problemas relacionados con ella: por ejemplo, quién ha sido facultado o quizá tiene el deber de iniciar la acción; si la renuncia debe ser expresa o puede ser tácita; y cuál conducta puede considerarse como constitutiva de renuncia tácita. Algunas decisiones ilustran los problemas que enfrentan los tribunales cuando surge la cuestión de la renuncia.

En *Acuña de Arce vs. Solórzano*, 1956 *(ILR*, 1956, p. 422), el secretario de la embajada mexicana en Santiago fue demandado en relación con un arrendamiento que estipulaba que las reclamaciones sobre sus términos quedarían sujetos a la jurisdicción local. Cuando se le notificó un mandamiento ordenándole dejar el local, el demandado cumplió, sin alegar la inmunidad. Posteriormente el embajador mexicano elevó su protesta al ministro de relaciones exteriores, en la que expresaba que el demandado no había obtenido la autorización de su gobierno para renunciar a la inmunidad. La Suprema Corte de Chile —invocando el artículo 19 de la Convención de La Habana de 1928 sobre Inmunidades Diplomáticas— sostuvo que a falta de la autorización de su gobierno, la renuncia era inválida *ab initio,* aunque ésta podría inferirse por el hecho de que el demandado firmó el contrato de arrendamiento, por su comparecencia en el juicio respecto a éste y por haber cumplido con el mandamiento del tribunal inferior. La Suprema Corte de la Argentina llegó a conclusiones similares en el caso *Re Alberto Grillón Hijo*, 1929 *(AD*, 1929-30, Caso Nº 194), y asimismo la Corte de Apelaciones de Luxemburgo en *Bolasco vs. Wolter*, 1957 *(ILR*, 1957, p. 525).

En relación con esto, puede observarse que algunos reglamentos nacionales no permiten la renuncia sin la autorización del ministro de relaciones exteriores; véase, por ejemplo, el Reglamento del Servicio Exterior de Estados Unidos de 1941, Hackworth *Digest*, Vol. 4, pp. 543-45. En *Regina vs. Madan* [1961], 72 Q.B. I [1961], 1 All E.R. 588), una causa criminal contra un empleado de la oficina del Alto Comisiondo de la India en Londres, la Corte de Apelaciones declaró que en el caso de un funcionario diplomático de menor categoría, debe haber una renuncia expresa y la aceptación de la jurisdicción por el jefe de la misión; el silencio de parte del demandado no se consideró constitutivo de la renuncia. La corte se negó a distinguir entre pleitos civiles y procedimientos penales. Aunque después del juicio el Alto Comisionado renunció a la inmunidad, la condena fue revocada porque la renuncia no tuvo carácter retroactivo y porque a falta de ella, el tribunal de primera instancia no tenía jurisdicción.

La iniciación de procedimiento por un diplomático se ha interpretado con frecuencia como una sumisión implícita al ejercicio de la jurisdicción local. La Suprema Corte de la Argentina así lo declaró en *Ghossein vs. Vila Alquila*, 1955 *(ILR*, 1955, p. 539), en un pleito establecido por el ministro libanés. Un comentario de esta decisión en 82 *Revista (Argentina)*, p. 262 (1956) hizo notar que la inmunidad diplomática es un atributo de la soberanía del Estado enviador y no del diplomático, y que éste debe obtener el consentimiento de su gobierno para renunciar a la inmunidad. La renuncia puede ser expresa o implícita, y el hecho de establecer una demanda debe interpretarse como una renuncia implícita.

La Convención de Viena resolvió muchos de los problemas relacionados con la renuncia. El artículo 32 concede al Estado enviador la opción de renuncia, la cual siempre debe ser expresa. Reconoce que el propósito de la inmunidad es asegurar el cumplimiento, sin obstrucción, de los deberes del diplomático y que, por lo tanto, la inmunidad se debe al Estado para el cual actúa el diplomático, y no a la persona de éste. El artículo especifica que el establecimiento de un litigio por una persona con derecho a inmunidad impide la alegación de la inmunidad en una reconvención directamente relacionada con la reclamación principal. También dispone que la renuncia en procedimientos civiles o administrativos no significa la renuncia de inmunidad a la ejecución. Esta última exige una renuncia separada y presumiblemente expresa. La cuestión del deber del Estado enviador de renunciar a la inmunidad —por lo menos en los pleitos civiles, en los cuales el interés de la justicia se atendería sin perjudicar las funciones del diplomático— no fue tratada en la Convención. Sin embargo, la Conferencia adoptó una recomendación a efectos de que el Estado enviador debería

> renunciar la inmunidad de los miembros de su misión diplomática con respecto a reclamaciones civiles de personas en el Estado receptor, cuando esto se pueda efectuar sin obstruir el cumplimiento de las funciones de la misión, y que, cuando no se renuncie la inmunidad, el Estado enviador debe poner todo su empeño en lograr un arreglo justo en las reclamaciones. (Resolución II, "La Consideración de Reclamaciones Civiles", adoptada por la Conferencia en su última sesión plenaria el 14 de abril de 1961.)

7.12 Asilo diplomático

Según hemos indicado, la inviolabilidad del local de la misión es la base de la doctrina del asilo dipomático. La diferencia entre el asilo dipomático y el territorial debe entenderse claramente. El primero existe cuando una persona busca refugio en la sede de una misión extranjera en el Estado receptor. La concesión del asilo diplomático está limitada a personas acusadas por delitos políticos o que son víctimas de persecución política. El asilo territorial existe cuando se busca refugio en un país extranjero. (Véase 8.16, y Koziebrodzki, *Le droit d'asile*.)

La doctrina del asilo diplomático no ha logrado una aceptación general en el derecho internacional. Durante el siglo pasado, la práctica de conceder este asilo quedó mayormente limitada a América Latina y fue vista con malos ojos por Estados Unidos y la mayoría de los países europeos. Al firmar la Convención sobre Asilo de La Habana, de 1928 (132 *LNTS*, 323, Hudson, *International Legislation*, Vol. 4, p. 2412), Estados Unidos se reservó su posición, declarando que "no reconoce y no firma la llamada doctrina del asilo como parte del derecho internacional". Estados Unidos no firmó la Convención sobre Asilo Político de Montevideo, de 1933, (Hudson, *op. cit.*, Vol. 6, p. 607), que amplió la Convención de La Habana de 1928. Únicamete los países del Río de la Plata concluyeron en Montevideo, en 1939, "el Tratado sobre Asilo Político y Refugiados" (Hudson, *op. cit.*, Vol. 8, p. 404).

Un repaso de la práctica de Estados Unidos indica qu este país ha concedido asilo diplomático especialmente por situaciones surgidas en las repúblicas latinoamericanas. (Véase Hackworth, *Digest*, Vol. 2, p. 621.) Ocasionalmente concedió asilo diplomático después de desórdenes graves en otras partes del mundo, como en Etiopía en 1937, durante la guerra civil en España y —después de la revolución húngara en 1956— al cardenal Mindszenty, primado de Hungría.

La actitud de los países europeos hacia el asilo diplomático es similar a la de Estados Unidos. De modo que las repúblicas latinoamericanas se encuentran justificadas al afirmar que esta doctrina ha llegado a formar parte del derecho internacional "americano". (Para conocer el punto de vista y la práctica de los países latinoamericanos, véase Vieira, *Derecho de asilo diplomático.*)

La cuestión del asilo diplomático llegó a la Corte Internacional de Justicia en 1949, cuando Colombia y Perú plantearon una controversia sobre la concesión de asilo, por la embajada colombiana en Lima, a Víctor Raúl Haya de la Torre —dirigente de un fracasado intento de derrocar al gobierno del Perú. El caso implicaba la interpretación y la aplicación de las Convenciones de La Habana, de 1928, y de Montevideo, de 1933 —que ya hemos citado— al igual que la declaración sobre la existencia o no de un derecho consuetudinario "americano" en la materia. Colombia argumentó que el país que concedía el asilo era competente para juzgar unilateralmente si el delito quedaba comprendido dentro del significado de la Convención de La Habana, mientras que Perú contestó alegando que la concesión y el mantenimiento del asilo violaban dicha Convención. El argumento de Colombia fue desestimado. La Corte interpretó el asilo diplomático en forma restringida, diciendo que la concesión de este asilo

> entraña la derogación de la soberanía de dicho Estado (la soberanía territorial). Sacar al ofensor de la jurisdicción del Estado territorial y constituye una intervención en asuntos que caen exclusivamente dentro de la competencia de dicho Estado. Tal derogación de la soberanía territorial no puede reconocerse, salvo que su base jurídica sea establecida en cada caso particular. (*Asylum Case* (1950) ICJ Rep. 266-274.)

Además de los argumentos aducidos por las partes, la Corte trató el asunto, y expresó su criterio *obiter dicta* sobre el problema del asilo diplomático considerado como una institución generalmente reconocida por el derecho internacional. Respondió a la pregunta en sentido negativo, señalando que dicho asilo rara vez se concede fuera de América Latina. Al analizar las circunstancias en las cuales se justifica el asilo diplomático, la Corte llegó a la conclusión de que se concedía legítimamente sólo en casos de "inminencia y persistencia" de un peligro; y que, cuando era concedido así no era un asunto jurídico sino una acción humanitaria

> para proteger a los reos políticos de la acción violenta y desordenada de secciones irresponsables de la población... y de cualesquiera medidas

de carácter manifiestamente extrajurídico que un gobierno pudiera tomar o intentar tomar contra sus oponentes políticos... *(Ibid.,* páginas 282-3, 284.)

A la mayoría de los países latinoamericanos les desagradó la decisión de la Corte Internacional en el caso *Asylum,* porque consideraron restrictivo el enfoque que le dio. Este desagrado los llevó a una nueva Convención Interamericana sobre Asilo Diplomático, que fue firmada en Caracas el 28 de marzo de 1954 (OAS *Treaty Series,* Nº 18; 161 *BFSP,* p. 570). De acuerdo con la Convención, el Estado que concede el asilo tiene el derecho de determinar unilateralmente el carácter político del acto del ofensor. Los motivos de "peligro urgente" que justifican la concesión del asilo se definen con más amplitud. El Estado que concede el asilo queda autorizado para determinar la existencia de este peligro. En esta forma, la Convención acordó un conjunto de reglas que resultaron algo diferentes de las que la Corte había considerado que estaban vigentes. Todas las repúblicas latinoamericanas —menos Estados Unidos— firmaron la Convención, a la cual se le agregaron unas pocas reservas; aún no ha sido ratificada por varios de los signatarios. En la sesión de 1959, celebrada en Santiago, el Consejo Interamericano de Juristas decidió presentar a la siguiente Conferencia Interamericana un proyecto de protocolo sobre asilo diplomático que aclararía las disposiciones dudosas de las convenciones de La Habana, Montevideo y Caracas. El delegado de Estados Unidos se abstuvo de votar sobre la resolución, "en vista de la posición tradicional de Estados Unidos con respecto al asilo". (Acta Final de la Cuarta Reunión del Consejo Interamericano de Juristas, OAS Official Records, OEA/SER. CIV. 4 (Inglés) CIJ-43, pp. 9-11, 76.)

El asilo diplomático también fue considerado por la Comisión de Derecho Internacional durante la preparación del Proyecto de Convención sobre Inmunidades Diplomáticas, pero se decidió no tratar este controvertido problema. (Véase Commentary, Párr. (4) en Art. 40 del Proyecto, en *ILC, Yearbook,* 1958, Vol. II, p. 104.) Una referencia evasiva contenida en el Proyecto del artículo 40 se convirtió en el artículo 41 de la Convención, no obstante los esfuerzos de algunos delegados latinoamericanos en la Conferencia de Viena para tratar específicamente sobre el asilo diplomático.

7.13 DIPLOMÁTICOS EN TRÁNSITO

Según se declaró por un tribunal estadounidense en el caso *Bergman vs. de Sieyés* (170 F. 2º 360 (1948)), la cuestión de las inmunidades y privilegios del personal diplomático y de sus familiares en tránsito a través de terceros Estados hacia y desde sus sedes, estaba sin resolver en el derecho internacional. En ese caso se le notificó una citación al ministro francés en Bolivia, al pasar por Nueva York en viaje a su sede. El tribunal sostuvo que un diplomático extranjero en tránsito, hacia o desde su sede, tiene derecho al paso inocuo a través de un tercer país y a la misma inmunidad de la jurisdicción de este tercer país que hubiera tenido de ser acreditado ante él. En el pasado, la práctica general de los Estados ha sido tratar a los diplomáticos en tránsito con una consideración especial; pero nunca se aclaró si las inmunidades y atenciones que se les conferían derivaban de un deber resultante del derecho internacional o se otorgaban sólo por cortesía. El Proyecto Harvard propuso —en el artículo 15— que el tercer Estado debía conferir a un diplomático en tránsito, a su familia y al personal administrativo, las inmunidades y privilegios necesarios para facilitarles el tránsito. Este deber limitado quedaba sujeto a la condición de que el Estado del tránsito reconociera al Estado de los funcionarios y que éste notificara a aquél el carácter oficial de dicho personal. La Convención de Viena adoptó una regla fundamentalmente idéntica, pero más detallada. El artículo 40 impone a los terceros Estados el deber de conceder la inviolabilidad y "las otras inmunidades que puedan ser necesarias" para garantizar el tránsito de los diplomáticos y sus familias, ya viajen con él o separadamente. El deber hacia el personal administrativo, técnico y de servicio de la misión consiste tan sólo en no obstruir su paso. El artículo también concede inmunidad a las comunicaciones oficiales, a los correos y a las valijas diplomáticas, aunque la presencia de éstos en el territorio del tercer Estado se deba a *force majeure*.

El deber de conceder la inmunidad queda limitado al tránsito a través de un tercer Estado *en route* hacia y desde la sede del diplomático. En otras palabras, el tránsito debe ser *bona fide*. En *U.S. vs. Rosal* (191 F. Sup. 663 (1960), 55 *AJIL*, p. 986 (1961)), el tribunal rechazó la defensa de inmunidad del embajador de Guatemala en Bélgica, en una causa criminal establecida contra éste, en la cual se le acusó de contrabando de narcóticos. La prueba indicó que el demandado fue a Nueva York para atender negocios personales, y que su destino era Francia y no Guatemala. El tribunal decidió que el demandado no era "un diplomático en tránsito de acuerdo con la regla del derecho internacional que le concede inmunidad a un diplomático *en route* entre la sede de su cargo oficial y su patria".

La Convención no dispone que la inmunidad quede condicionada al reconocimiento, por parte del Estado de tránsito, del Estado enviador, o de la notificación de la condición del viajero por el Estado enviador. Probablemente se omitió este último requisito porque la condición diplomática queda confirmada por el pasaporte diplomático del viajero y, cuando ésta se exige, por una visa diplomática de tránsito en el pasaporte.

7.14 DIPLOMACIA AD HOC

El uso cada vez más frecuente de misiones especiales y embajadores viajeros con tareas diplomáticas específicas de carácter provisional, es un fenómeno relativamente nuevo en la conducción de los asuntos internacionales. Aun el uso de las palabras "diplomacia *ad hoc*", en su sentido contemporáneo, se retrotrae sólo a 1960, cuando se usaron por primera vez por la Comisión de Derecho Internacional en el Proyecto de Convención sobre Relaciones Diplomáticas. Debido al surgimiento reciente de misiones especiales, no existe derecho internacional consuetudinario sobre la materia. Las decisiones de los tribunales nacionales que confieren o deniegan inmunidades a los enviados especiales en misiones provisionales son tan pocas, que no se puede obtener de ellas ninguna conclusión con respecto a la práctica de los Estados. Pocos libros de texto tratan de este tema (una excepción notable la constituyen la monografía del profesor Cahier *Le droit diplomatique contemporain,* que emprende un análisis de la diplomacia *ad hoc* (pp. 361-372) ; y Waters, *The Ad Hoc Diplomat).*

La Comisión de Derecho Internacional llegó a preparar un proyecto de reglamentación sobre la diplomacia *ad hoc,* para que fuera considerado junto con su Proyecto de Convención sobre Relaciones Diplomáticas. Pero un Comité Especial de la Conferencia de Viena, de 1961, llegó a la conclusión de que no había bastante tiempo para hacer consideración adecuada de la formulación sobre el problema efectuada por la Comisión. Siguiendo la recomendación del Comité, la Conferencia decidió devolver a la Comisión el proyecto de reglamentación sobre la materia, para un estudio adicional. (Resolución I sobre "Misiones Especiales", adoptada en la Sesión Plenaria del 10 de abril de 1961.) En virtud del mandato de la Conferencia, la Comisión de Derecho Internacional designó a uno de sus miembros, el profesor Milan Bartos, como Relator especial. Su dictamen y Proyecto de Artículos sobre Misiones Especiales (ILC *Yearbook,* 1964, Vol. II, pp. 67 ss) fueron considerados y modificados sustancialmente por la Comisión, en 1964. Ésta adoptó 16 proyectos de artículos basados principalmente en la teoría funcional que es la dominante en la Convención de Viena. Ellos representan una adaptación racional de las reglas de la inmunidad para las misiones permanentes y su personal, a las condiciones características de las misiones especiales y ambulantes que han llegado a constituir instrumentos importantes de la diplomacia moderna. El proyecto de los 16 artículos —y sus comentarios— ha sido presentado a la Asamblea General y a los miembros de las Naciones Unidas para su información. (Véase ILC *Yearbook,* 1964, Vol. II, pp. 208 ss.) *

* "Después de considerar varios informes, que también fueron discutidos en la Asamblea General y de examinar los comentarios que por escrito sometieron los gobiernos, la Comisión de Derecho Internacional adoptó, en 1967, el texto final de un proyecto de convención sobre Misiones Especiales, con cincuenta artículos. También aprobó un proyecto de preámbulo para la Convención. Ambos proyectos fueron discutidos en el seno de la Sexta Comisión de la Asamblea General, por estimarse innecesaria la celebración de una Conferencia sobre Misiones Especiales.

La Convención, adoptada por la Asamblea General en 1969, contiene cincuenta y cinco artículos y un Protocolo adicional relativo al arreglo obligatorio de diferencias. Su propósito es completar las normas de derecho internacional diplomático y consular codificadas en las Convenciones de Viena sobre Relaciones Deplomáticas (1961) y sobre Relaciones Consulares (1963) .

De acuerdo con la Convención, las Misiones Especiales tienen un carácter representativo y temporal, y son enviadas por un Estado a otro con el objeto de tratar con ese Estado una cuestión específica o para llevar a cabo, con relación a ese Estado, una tarea particular. Para el envío o recepción de misiones especiales, no se requiere otorgar reconocimiento o la existencia de relaciones diplomáticas o consulares. A las misiones especiales de alto nivel se les extiende las facilidades, privilegios e inmunidades acordadas por el derecho internacional. Para el envío de una misión especial, es preciso el consentimiento del

SECCIÓN IV. INTERCAMBIO CONSULAR
E INMUNIDADES

7.15 HISTORIA DE LA INSTITUCIÓN CONSULAR

Históricamente. la institución consular es más antigua que la de la misión diplomática permanente. Hay una bibliografía apreciable sobre la historia de los cónsules (véase, por ejemplo, Stuart, *American Diplomatic and Consular Practice*, pp. 277-298) y, por lo tanto, bastarán unas pocas palabras. Las ciudades-estados griegas ya tenían unos funcionrios —los *proxenoi*— encargados de las funciones consulares. Mucha información referente a los cónsules fue incorporada a los códigos marítimos de la Edad Media, tales como las Tablas de Amalfi, los Roles de Olerón y el *Consolato del Mare*. A medida que fue creciendo el comercio internacional, las responsabilidades del cónsul aumentaron, especialmente como resultado de los llamados tratados de capitulación celebrados por países europeos con el Imperio Otomano en la Edad Media. Estos tratados confirieron a los cónsules jurisdicción civil y criminal sobre sus nacionales residentes en Turquía, o que viajaran por dicho país. El establecimiento de misiones diplomáticas permanentes —en los siglos XVIII y XIX— llevaron a la autoridad consular a un eclipse transitorio; pero con la expansión del comercio, el movimiento marítimo y los viajes que siguió a la Revolución Industrial, la apertura de China y Japón y el establecimiento de regímenes extraterritoriales en esos países, los servicios consulares volvieron a tomar importancia.

La institución consular se desarrolló principalmente como un medio de protección al comercio. En contraste con la forma en que evolucionó el derecho de las relaciones diplomáticas, la condición, las funciones, inmunidades y privilegios de los consules fueron definidos por una vasta red de acuerdos bilaterales. (Véase *Collection of Bilateral Consular Treaties*, UN Doc. A/CONF. 25/4. noviembre 12, 1962.) El derecho consuetudinario también contribuyó al crecimiento del derecho consular, pero en menor grado que al del derecho diplomático. La legislación y las regulaciones nacionales cubren extensamente las funciones y la condición consulares. De los pocos tratados multilaterales ratificados, el más importante es la Convención sobre Agentes Consulares de La Habana, de 1928, vigente en la actualidad entre trece repúblicas americanas (155 *LNTS*, p. 289; Hudson, *International Legislation*, Vol. 4, pp. 2394 ss.). Una parte importante del derecho consular ha surgido de las cláusulas de nación más favorecida, recíprocas o no recíprocas, me-

Estado receptor, obtenido previamente por la vía diplomática o por algún otro conducto mutuamente aceptado. El Estado que envía la misión está obligado a informar al Estado receptor del tamaño y composición de la misión, quedando facultado el Estado receptor para objetar la integración de la misión o el número de participantes. Asimismo, el Estado receptor debe ser notificado de la llegada y salida de los miembros de la misión y sus acompañantes. (Para el texto de la Convención, véase *A.G.*, Res. 2530 (XXIV), Anexo, 8 de diciembre, 1969.)

diante las cuales los privilegios y el derecho de establecer relaciones consulares se conceden sobre bases no menos favorables que las que cualquiera de las partes concede a un tercer Estado. Estas cláusulas se encuentran tanto en los tratados consulares —por ejemplo, los artículos 3º y 5º del celebrado entre Estados Unidos e Irlanda, 1950 (222 *UNTS*, p. 108; *TIAS* Nº 2984) — como en los convenios de comercio y navegación —por ejemplo, el artículo 5º del celebrado entre Japón y Noruega en 1957 (280 *UNTS*, p. 88).

Ya desde fines del siglo pasado casi todos los países habían establecido servicios consulares, y el derecho y la práctica consulares habían logrado un alto grado de uniformidad. El servicio consular en la mayoría de los países se encontraba separado del servicio diplomático, aunque ambos estaban bajo el control del ministerio de relaciones exteriores. El reconocimiento de la estrecha relación existente entre las funciones diplomáticas y consulares llevó pronto a muchos Estados a unir las dos carreras, formando un solo servicio exterior. Francia, Italia, Japón, Noruega, la Unión Soviética y Estados Unidos fueron de los primeros en dar este paso, y ya en la actualidad casi todos los países lo han hecho (véase la Ley Rogers, de Estados Unidos, de 1924, 43 Stat. en L. 140). Un síntoma de esta interrelación estrecha se encuentra en la práctica —frecuente en los tratados— de conferir una doble condición diplomática y consular a los individuos asignados para misiones diplomáticas. (Véase, por ejemplo, el Tratado Consular entre el Reino Unido y Grecia, de 1953, artículo 8º 191 *UNTS*, p. 151).

7.16   FUNCIONES CONSULARES

A diferencia de los diplomáticos, los cónsules no representan a los Estados en la totalidad de sus relaciones internacionales y no se encuentran acreditados ante el gobierno anfitrión. En lugar de eso, en el territorio del Estado receptor, el cónsul presta una multitud de servicios de carácter apolítico y técnico, de importancia tanto para el Estado que representa y sus ciudadanos, como para los ciudadanos del Estado receptor. Sin enumerar la gran variedad de funciones consulares indicadas en el artículo 5º de la Convención de Relaciones Consulares de Viena, de 1963 (véase 7.20), sus servicios principales pueden resumirse en la forma siguiente: *1)* protección y promoción del comercio; *2)* ayuda a las embarcaciones, aeronaves y tripulaciones y ayuda en la inspección de las embarcaciones de acuerdo con las leyes locales de salubridad, sanidad y otras; *3)* prestación de servicios a los nacionales del Estado que los envía, como por ejemplo asistencia en la protección de sus derechos e intereses ante las autoridades del Estado anfitrión; y *4)* el cumplimiento de varias funciones administrativas y notariales para los nacionales tanto del Estado en donde están actuando como del que los envía (véase Lee, *Consular Law and Practice,* pp. 59-218).

7.17   ADQUISICIÓN DE LA CALIDAD CONSULAR: EL EXEQUÁTUR

Según la práctica de los Estados expresada en muchos tratados —y actualmente codificada en la Convención de Viena— a una persona se la reconoce como cónsul sólo después de haber recibido autorización del Estado que lo envía, mediante un nombramiento, patente o instrumento similar, y después que el Estado en donde actúa ha reconocido dicha autorización mediante la expedición de un exequátur. La concesión del exequátur al jefe de una oficina consular constituye la aceptación, por el Estado receptor, de todos los miembros del personal consular, de quienes es responsable el jefe. El Estado que los envía queda en libertad para designar a los miembros subordinados del personal consular, aunque los exequátur pueden solicitarse para miembros subordinados, si las leyes de los Estados enviadores y receptores lo requieren o lo permiten. (Véase los artículos 12 y 19 de la Convención. Todas las referencias de esta sección lo son a la Convención sobre Relaciones Consulares de 1963.) El Estado receptor, al igual que en relación con las misiones diplomáticas, puede exigir que el número del personal consular se mantenga dentro de límites "razonables y normales" (artículo 20). Varios tratados recientes permiten al Estado enviador designar funcionarios consulares "en el número y del rango que considere necesarios". Pero la letra de los tratados con respecto a la designación de miembros de personal subordinado usualmente es menos permisiva. (Véase, por ejemplo, el artículo 4º del Tratado entre Estados Unidos y Japón, 1963, *TIAS*, 5602.)

7.18 INMUNIDADES Y PRIVILEGIOS CONSULARES

Los deberes y las funciones de los cónsules son más limitados que los del personal diplomático, y sus inmunidades y privilegios son menos amplios que los tradicionalmente conferidos a los diplomáticos. Los cónsules disfrutan de una condición privilegiada intermedia entre la existente para los diplomáticos y la de los simples extranjeros. Puesto que se requiere el consentimiento mutuo de dos Estados antes de poder ejercer las funciones consulares, el cónsul adquiere una condición oficial, pública. Por eso, se reconoce universalmente que los cónsules tienen derecho a cualquier tratamiento especial que sea necesario para el cumplimiento sin obstrucción alguna de sus deberes oficiales.

En principio, los cónsules no gozan de inmunidad con respecto a la jurisdicción civil o criminal del Estado anfitrión; pero, puesto que sus actos oficiales son equivalentes a los de un Estado soberano, en la práctica se les ha reconocido la inmunidad con respecto a la jurisdicción de los tribunales locales y de las autoridades administrativas, mientras se encuentren desempeñando sus deberes.

A falta de tratados o de legislación nacional, los cónsules no tienen derecho a inmunidad de la jurisdicción local en cuanto a sus actos no oficiales. No obstante, como las restricciones a la libertad personal de un cónsul tenderían a interferir el cumplimiento efectivo de sus deberes, los Estados habitualmente les han conferido un grado de inviolabilidad personal. El alcance y la índole de esta inviolabilidad han sido definidos de distintos modos en los acuerdos bilaterales, y quizás hayan constituido las cuestiones más controvertibles en el campo del derecho consular. Existen indicios de que en el pasado el principio de la inviolabilidad personal del cónsul significaba la total inmunidad de la jurisdicción local, excepto en el caso de delitos graves. Pero en la mayoría de los sistemas jurídicos hoy vigentes, esto significa sólo libertad en relación con el arresto o detención (véase, por ejemplo, *United States vs. Tarcuanu,* 10 F. Sup. 445 (1935) ; *Re Vuhotich* (1933) *AD,* 1933-34, Caso Nº 171; y Hackworth, *Digest,* Vol. 4, pp. 736 ss.) . Los Estados pueden, desde luego, conceder privilegios mayores mediante tratados. Esto se ha hecho en el artículo 19 del Tratado Consular entre Estados Unidos y la Unión Soviética, firmado recientemente pero aún no ratificado,* que confiere inmunidad incondicional a los cónsules respecto de la jurisdicción penal (Senate Ex. D. 88 Cong. 2 Ses., junio 12, 1960) .

Las decisiones de los tribunales nacionales —aunque quizá de menor importancia que los tratados como fuentes de derecho consular— indican una aceptación amplia de los principios básicos de la inmunidad consular y, juntamente con la práctica diplomática, ofrecen prueba de la manera como se interpretan y se aplican dichos principios. Por ejemplo, la inmunidad de la jurisdicción local por actos efectuados en el desempeño de funciones oficiales se encuentran firmemente establecida (véase, por ejemplo, *Patch vs. Marshall,* Fed. Cas. 10, 793 (1853) ; *Murphy vs. Lee Jortin,* 27 *Clunet,* p. 958 (1900) , también *AD,* 1949, p. 303-4 *passim; Ahmed Bey Saadani vs. El Sayed Mohamed Dessouki, AD,* 1935-37, Caso Nº 189) . Con pocas excepciones, los tribunales de los Estados en donde los cónsules actúan han asumido la competencia exclusiva para determinar si ellos han actuado dentro de la esfera de sus funciones oficiales. Los tribunales, frecuentemente ayudados por sugerencias de los ministerios de relaciones exteriores, han decidido que una variedad de acciones específicas quedan fuera del ámbito de los deberes oficiales. En una importante decisión francesa, las manifestaciones del cónsul, alegadas como difamatorias con respecto a un individuo a quien había negado una visa, fueron consideradas como actos extraoficiales materialmente diferentes de aquéllos de tomar una decisión sobre la cuestión de la visa *(Zizianoff vs. Kahn and Bigelow, AD,* 1927-28, Caso Nº 266) . Pero otra decisión francesa aislada, dictada en otro caso de difamación, declaró que la prueba de la intención del cónsul de actuar con carácter oficial es suficiente para excluir la acción, aunque ésta fuera *ultra vires,* de la jurisdicción local. *(Bover et al. vs. Aldrète,* (1956), ILR, p. 445.)

El caso *Arcaya vs. Páez* (145 F. Sup. 464 (1956), confirmado *per curiam,* 244 F. 2º 958 (1957)), fue una demanda por difamación establecida por un exiliado venezolano contra el cónsul general de Venezuela en Nueva York, por haber publicado unos artículos en un periódico venezolano que afectaban desfavorablemente al demandante. La carta del embajador de Venezuela en

---

* Este Tratado fue firmado el 1º de junio de 1964. En marzo 16 de 1967, el senado norteamericano dio su consentimiento para que la Convención fuese ratificada; el Ejecutivo de ese país lo hizo el 31 de marzo de 1967. La Unión Soviética ratificó el Tratado el 26 de abril de 1968. La Convención entró en vigor el 13 de julio de 1968, treinta días después de la ceremonia de intercambio de ratificaciones, como lo dispone el artículo 30 del Acuerdo. (Ver Whiteman, M. *Digest of International Law* Department of State Publication, Washington, 1970, Vol. 7, p. 638.)

que reclamaba la inmunidad para el demandado fue remitida por el Departamento de Estado "sin comentario". Después de iniciado el procedimiento, el demandado fue designado representante alterno de Venezuela ante las Naciones Unidas, con el rango de ministro. El tribunal declaró que la jurisdicción se tuvo antes de la designación y no quedaba anulada por ésta, aunque la condición de diplomático que de ese modo había obtenido el demandado, impedía acción alguna contra él. El incidente planteado para dar por terminado el juicio fue desestimado, y el tribunal suspendió el procedimiento sólo mientras durara la condición diplomática del demandado. (Véase también, *Waltier vs. Thomson*, 198 F. Sup. 369 (1960) ; *Laterrade vs. Sangro y Torres*, Corte de Apelaciones, París, (1951), *ILR*, 1951, Caso N° 116, y *Carl Byoir vs. Tsune-Chi Yu*, 112 F. 2° 885 (1940).)

7.19 LA CONVENCIÓN DE VIENA DE 1963 SOBRE RELACIONES CONSULARES

Hasta hace poco, los intentos de codificar el derecho consular han consistido principalmente en esfuerzos privados, tal como el Proyecto Harvard de Convención sobre la Situación Jurídica y las Funciones de los Cónsules. (26 *AJIL, Special* Supl. p. 189 (1932).) En 1963, una conferencia patrocinada por las Naciones Unidas adoptó la Convención de Viena, culminando en esta forma ocho años de trabajos preparatorios de la Comisión de Derecho Internacional. (Véase 57 *AJIL*, 993 (1963); y 13 *ICLQ*, 1730 (1964).) Cincuenta y uno de los noventa y dos Estados participantes firmaron la Convención. Entrará en vigor treinta días después del depósito de la vigesimosegunda ratificación. (Art. 77, Par. 1).*

Los redactores de la Convención trataron de que el derecho de relaciones consulares correspondiera a las disposiciones de la Convención sobre Relaciones Diplomáticas de Viena, de 1961, y de preparar una codificación del "derecho consuetudinario general, de las reglas concordantes que se encuentran en la mayoría de las convenciones internacionales, y de cualesquiera disposiciones adoptadas de acuerdo con los principales sistemas jurídicos del mundo..." *(ILC Yearbook, 1961, Vol. II, pp. 88-91.* Para comentarios sobre la Convención, véase Nascimento E. Silva, "The Viena Conference no Consular *Relations*", 13 *ICLQ,* p. 1214 (1964); y Bernardez, "La Conférence des Nations Unis sur les Relations Consulaires", *Annuaire Français*, Vol. 9, (1963), p. 78.)

7.20 ALCANCE DE LAS INMUNIDADES CONSULARES

La Convención dispone que a los cónsules se los tratará con el respeto debido y que se tomarán las medidas apropiadas para impedir ataques a su persona, libertad o dignidad (Art. 40). Según el texto de los tratados recien-

---

* La Convención de Viena sobre relaciones consulares entró en vigor el 19 de marzo de 1967, treinta días después del depósito del vigésimo segundo instrumento de ratificación o accesión con el secretario general de las Naciones Unidas, de acuerdo con lo dispuesto por el artículo 77 de la Convención.

tes, a los cónsules se los exime de la jurisdicción civil o administrativa en relación con sus actos oficiales, pero no se les confiere la inmunidad en los pleitos civiles relacionados con: *1)* un contrato no concluido por el cónsul como agente del Estado que lo envió; y *2)* reclamaciones de terceras personas, por virtud de daños derivados de un accidente causado por un vehículo, embarcación o aeronave (Art. 43). Según el artículo 56, los funcionarios consulares deben cumplir las leyes del Estado receptor referentes a los seguros de riesgos de terceras personas.

Con respecto a la jurisdicción penal, los cónsules gozan de inmunidad de arresto o detención durante la tramitación del juicio, excepto en caso de un "delito grave" y de acuerdo con la decisión de la autoridad judicial competente (Art. 41). En todos los demás casos, la libertad personal del cónsul se puede limitar sólo cuando se ejecuta la sentencia definitiva del tribunal. Aunque el cónsul se encuentra obligado a comparecer ante las autoridades judiciales competentes si se establece una causa criminal contra él, el procedimiento debe seguirse de modo que cause un mínimo de interferencia en el desempeño de sus deberes oficiales.

Puede citarse a los cónsules para que sirvan de testigos en la prueba de juicios civiles o penales, aunque la Convención y unos cuantos tratados bilaterales no permiten la coacción si éstos se niegan a hacerlo. Pueden negarse a prestar declaración referente a cuestiones relacionadas con el ejercicio de sus funciones oficiales. Para evitar la interferencia con el desempeño de sus funciones oficiales, la prueba verbal o escrita puede llevarse a cabo en la oficina o residencia del cónsul (Art. 44).

Las inmunidades y privilegios consulares, como las del cuerpo diplomático, se han establecido para facilitar el funcionamiento efectivo del cargo consular, y se confieren al Estado que los envía más bien que al cónsul personalmente. Quizás de todas las inmunidades y privilegios la que más ampliamente se reconoce es la inviolabilidad de los archivos y documentos consulares, estén o no situados en el local consular (Art. 33). La mayoría de los tratados consulares y leyes nacionales reconocen —aunque a veces condicionalmente— la inviolabilidad del local consular, pero no por regla general la de la residencia privada del cónsul. La Convención de Viena dispone que los agentes del Estado en donde el cónsul actúa no entrarán en los lugares del local consular usados exclusivamente para fines oficiales, excepto con el consentimiento del jefe de la oficina o del de la misión diplomática del Estado en cuestión. Se presume que hay consentimiento en caso de incendio u otro desastre. Recientemente, un tribunal de Israel decidió que no existe principio de derecho internacional que permita el uso del local consular como sitio de refugio para los fugitivos de la justicia *(Heirs of Shababo vs. Heilen, ILR,* 1953, p. 400). Los recientes tratados consulares británicos, franceses y estadounidenses, contienen cláusulas en idéntico sentido. El Estado receptor se encuentra especialmente obligado a proteger dichos locales contra intrusión, daño o cualquier otro menoscabo a su dignidad. Los locales consulares, sus enseres y bienes gozan de inmunidad de requisición, aunque puede efectuarse su expropiación si se paga una indemnización rápida, adecuada y efectiva (Art. 31).

A los miembros de una oficina consular se les garantiza la libertad de movilización y viajes, supeditado ello a las leyes del Estado receptor que fijan zonas de seguridad (Art. 34). Ésta es la misma estipulación gue aparece en la Convención de Relaciones Diplomáticas. El Estado receptor debe dar protección a toda forma de comunicación consular oficial, incluso la libertad de comunicarse con los nacionales del Estado representado que se encuentren encarcelados o de otra manera detenidos. Las autoridades del Estado receptor, si se lo pide un nacional del Estado enviador contra quien se ha tomado una medida de tal naturaleza, deben informar a la oficina consular sin demora (Arts. 35 y 36). La libertad de comunicación incluye el derecho de usar correos y valijas diplomáticas o consulares y de enviar mensajes en clave; sin embargo, a diferencia de la más amplia inviolabilidad concedida a las valijas diplomáticas, las consulares pueden ser detenidas si las autoridades competentes del Estado en donde actúan los funcionarios consulares tienen motivos graves para creer que éstas se están usando para fines no oficiales. Si se niega la solicitud de que la valija consular sea abierta y examinada, ésta se devolverá a su lugar de origen (Art. 35).

Igual que en el caso de los diplomáticos, a los cónsules generalmente se les concede una variedad de privilegios financieros y exenciones tributarias. Por este motivo, los artículos de la Convención Consular relativos a la exención de impuestos, de derechos arancelarios e inspección, de servicios personales y públicos y de impuestos de seguridad social son, *mutatis mutandis,* idénticos a las disposiciones de la Convención sobre Relaciones Diplomáticas.

7.21   CATEGORÍAS DE PERSONAL CON DERECHO A INMUNIDADES CONSULARES

Las inmunidades concedidas a los miembros de las familias de los funcionarios consulares, a los empleados consulares, es decir, al personal administrativo y técnico, a los miembros del personal de servicio de la oficina consular y a los sirvientes, son menos extensas que las disfrutadas por el personal correspondiente de las misiones diplomáticas. Aunque la inviolabilidad personal se vincula sólo con los funcionarios consulares, la inmunidad de jurisdicción en cuanto a los actos oficiales se extiende también a los empleados consulares (Art. 43, Par. 1). Sólo los funcionarios consulares pueden negares a dar pruebas en procedimientos judiciales o administrativos; los empleados y los miembros del personal de servicio pueden hacerlo sólo cuando esto requiriese el dar testimonio o producir documentos relacionados con el ejercicio de sus funciones oficiales (Art. 44). Las exenciones tributarias se aplican de igual modo a los funcionarios consulares, a los empleados y miembros de sus familias que formen parte de las casas de ellos. Los miembros del personal del servicio consular están exentos tan sólo de los derechos e impuestos sobre los salarios percibidos por sus servicios, y los miembros de sus familias no tienen derecho a ninguna inmunidad o privilegio (Artículo 49). Las exenciones aracenlarias concedidas a los empleados consulares comprenden sólo los artículos importados cuando se instalan por primera vez, y la exención general de la inspección de sus equipajes es válida solamente para los funcionaros consulares y los miembros de sus familias (Art. 50). Todos los miembros de una oficina consular y sus familias (pero no los sirvientes personales) se encuentran exentos de la legislación de seguridad social. Los sirvientes personales disfrutan de este privilegio únicamente si no son nacionales del Estado receptor, ni son residentes permanentes de él (Artículo 48). Los miembros de la oficina consular y sus familias están exentos de servicios personales y de contribuciones (Art. 52).

A los cónsules de carrera se les prohíbe dedicarse a actividades profesionales o comerciales, con ánimo de lucro personal, en el Estado en que actúan. No se conceden inmunidades o privilegios a los empleados consulares o miembros del personal de servicio que tienen ocupaciones privadas remuneradas, ni a los miembros de la familia de cualquier funcionario consular, empleado, o miembros del personal de servicio que se dediquen a tales actividades (Art. 57).

Una última categoría de personal consular a la cual se le da un tratamiento menos privilegiado es la de los funcionarios consulares que son nacionales del Estado receptor o residentes permanentes de él. Los nacionales del Estado receptor pueden ser designados funcionarios consulares de otro país, sólo con el consentimiento expreso del referido Estado, que puede ser retirado en cualquier momento (Art. 22). La inmunidad de jurisdicción de éstos se limita a los actos oficiales y al privilegio de negarse a dar pruebas relacionadas con sus deberes oficiales (Art. 71).

7.22 CÓNSULES HONORARIOS

Muchos países europeos y latinoamericanos emplean a cónsules "honorarios" que no son de carrera, una categoría especial de funcionarios que se diferencian de los cónsules de carrera, de acuerdo con los reglamentos consulares de los Estados. Varios criterios nacionales definen a los cónsules honorarios como personas que no devengan un salario regular, que no son nacionales del Estado que los designa, que están autorizados para dedicarse a ocupaciones privadas lucrativas y a quienes se les permite desempeñar tan sólo ciertas funciones limitadas. En vista del uso extenso de cónsules honorarios, la Convención de Viena trata detalladamente su condición. (Véase capítulo III, artículos 58-68.) Los redactores de la Convención se abstuvieron de definir a los cónsules honorarios, y sólo trataron de codificar la práctica existente de limitar sus inmunidades estrictamente al nivel necesario para el ejercicio adecuado de las funciones consulares oficiales, por ejemplo, la libertad de comunicación y la inmunidad de la jurisdicción local con referencia a los actos oficiales. Otras inmunidades se limitan de manera que se prohíba la concesión de beneficios especiales a los cónsules honorarios que actúan con carácter privado. Así, los archivos consulares de una oficina consular dirigida por un cónsul honorario son inviolables, siempre que los documentos privados y los oficiales se mantengan separados. La exención de impuestos se extiende tan sólo a la remuneración recibida del Estado representado para el ejercicio de las funciones consulares. A los empleados consulares en una oficina dirigida por un cónsul honorario y a los miembros de la familia del cónsul, no se les concede ninguno de los privilegios dispuestos en la Convención.

7.23 DURACIÓN DE LAS INMUNIDADES CONSULARES

Con respecto al comienzo y la terminación de las inmunidades consulares, el Estado receptor se encuentra obligado a proporcionar un tratamiento similar al dado a los agentes diplomáticos (7.10). Las inmunidades y los privilegios que se conceden a un cónsul, lo mismo que a su familia y a su personal privado, comienza en cuanto entra en el territorio del Estado receptor o, si ya se encuentra allí, en cuanto empieza a desempeñar sus deberes. Cuando han terminado sus funciones, estas inmunidades continúan vigentes —aun en el caso de conflicto armado— hasta que el cónsul salga del territorio o hasta el vencimiento de un período razonable para hacerlo. La inmunidad de los actos oficiales, sin embargo, se retiene indefinidamente (Art. 53).

El Estado receptor puede negarse a admitir a un cónsul debidamente designado, o puede retirar la aceptación cuando ha sido concedida. Las convenciones consulares recientes disponen que las razones para declarar a un cónsul *persona non grata* serán proporcionadas a petición. Sin embargo, la Convención de Viena dispone que el Estado receptor no tiene que dar explicaciones de su negativa para admitir a un cónsul. Queda implícito en el texto de la Convención y en los cambios habidos en varios anteproyectos, que la declaración de *persona non grata* de un cónsul no es materia de discusión por el Estado enviador (Arts. 12 y 13).

A los terceros Estados, a través de los cuales pasan los cónsules al ir a sus oficinas consulares o regresar de éstas, se les exige que les concedan —a ellos y a sus comunicaciones oficiales— las inmunidades necesarias para dar seguridades a su viaje y en relación con su condición oficial (Art. 54).

La inmunidad de la jurisdicción local puede renunciarse. La práctica de los Estados referentes a la cuestión de quién puede hacer dicha renuncia está muy lejos de quedar resuelta. Recientemente, por ejemplo, la Corte de Casación francesa declaró que la comparecencia del cónsul ante un tribunal de rentas y su aceptación de fallo de éste, en una demanda establecida contra él, constituye una renuncia implícita a la inmunidad. (*De Simon vs. Pasquier, ILR*, 1958-II, p. 548.) Aunque los proyectos de códigos y los tratados anteriores no contenían disposiciones especiales sobre la renuncia, algunos tratados consulares recientes permiten le renuncia por el Estado enviador, a través de los canales diplomáticos. (Véase, por ejemplo, los tratados del Reino Unido y Alemania, 1956, Art. 12, 330 *UNTS* 234; de Estados Unidos e Irlanda, 1950, Art. II, 222 *UNTS*, 108; *TIAS*, Nº 2984.)

La Convención, inspirándose en el procedimiento de renuncia contenido en la Convención de Relaciones Diplomáticas, dispone que el Estado enviador —no el cónsul mismo— puede renunciar a la inmunidad, siempre que dicha actuación se haga en forma expresa y por escrito. La renuncia a la inmunidad de la jurisdicción local, sin embargo, no constituye una renuncia implícita a la inmunidad de su ejecución. En este último caso, se requiere una renuncia separada. Si un funcionario consular o un empleado inicia un procedimiento sobre una materia en la cual puede disfrutar de inmunidad, éstos no podrían invocar la inmunidad por cualquier reconvención relacionada con la reclamación principal y, una vez que ha sido renunciada, no se puede pedir la inmunidad en los trámites siguientes del procedimiento (Art. 45).

SECCIÓN V. INMUNIDADES DE LOS ESTADOS EXTRANJEROS

7.24 Fundamento de la inmunidad del Estado

El derecho internacional confiere inmunidad de jurisdicción de los tribunales nacionales, al Estado extranjero mismo, a sus órganos y a sus bienes en el Estado del tribunal. La doctrina de la inmunidad del Estado, aunque en gran parte es una creación del siglo xix, tiene su origen en la antigua regla feudal, *par in parem non habet imperium*, que hacía a los señores feudales responsables sólo ante sus superiores, no ante sus iguales. Posteriormente, los autores clásicos de derecho internacional han reconocido que esta misma regla, cuando se encuentra unida a la inmunidad personal del soberano, excluía *a fortiori* cualquier ejercicio de jurisdicción de un soberano territorial sobre otro. Esta noción de la inmunidad personal quedó fortalecida, además, por el principio constitucional del *common law*, según el cual un soberano no podía obrar mal aun *vis-à-vis* sus propios súbditos, y que sus actos, por consiguiente, quedaban fuera de la esfera de los tribunales locales. Estos conceptos antiguos de la inmunidad aún se encontraban a un paso de distancia de las teorías modernas de la inmunidad del Estado, en cuanto la anterior correspondía al soberano mismo como una personificación de su Estado, en lugar al del Estado como una entidad jurídica separada.

Empezando a fines del siglo xviii y continuando a través del xix, los tribunales nacionales desarrollaron una doctrina sobre la inmunidad del Estado que era casi ilimitada en su alcance. La independencia, la igualdad y la dignidad recíprocas de los Estados soberanos hicieron que todos los Estados estuvieran obligados a abstenerse de ejercer la jurisdicción *in personam* o *in rem* con el objeto de obtener el cumplimiento de sus leyes locales contra un Estado extranjero o sus bienes. A la inversa, esto significaba que todo Estado renunciaba a parte de su jurisdicción territorial, normalmente exclusiva y absoluta, siempre que un Estado extranjero se encontraba sometido a un procedimiento en sus tribunales, o siempre que la propiedad de un Estado extranjero fuera materia de acción.

El lenguaje de casi todas las decisiones antiguas de los tribunales nacionales contenía el principio enunciado por el presidente de la Suprema Corte de Estados Unidos, Marshall, en el caso clásico de *Schooner Exchange*, donde una nave de guerra francesa, en comisión, fue embargada al entrar en un puerto de Estados Unidos:

> Un soberano que en ningún sentido es responsable ante otro; y que está obligado por compromisos del carácter más alto a no degradar la dignidad de su nación colocándose él o sus derechos soberanos dentro de la jurisdicción de otro, puede suponerse que entra en un territorio extranjero... con la confianza de que las inmunidades pertenecientes a su situación soberana independiente... quedan reservadas por implicación, y serán extendidas a él. (*Schooner Exchange vs. McFaddon* 11 U.S. (7 Cranch) 116, p. 137 (1812).)

Ya a fines del siglo xix, la inmunidad del Estado había sido aceptada como una regla de derecho internacional. A la vez, el alcance de la doctrina llegó a ser tema de controversia. Ésta se había formulado durante una era dominada por las ideas de *laissez faire* en economía política, en donde se establecían demarcaciones precisas entre las actividades generalmente reservadas a los Estados soberanos —principalmente en materia política— y las actividades —especialmente de carácter comercial y económico— usualmente desempeñadas por personas privadas. En aquel tiempo, las concesiones de inmunidad para las entonces generalmente reconocidas funciones "públicas" del Estado, no era probable que chocaran con los intereses privados. Pero, con el desgaste de la economía de *laissez faire* que comenzó en la última mitad del siglo pasado, los Estados penetraron los dominios económicos y sociales que habían sido considerados exclusivamente "privados". A pesar de una creciente competencia con los individuos, los gobiernos retuvieron el derecho de pretender la inmunidad en pleitos que se originaban a causa de sus actividades competitivas; y de este modo, a los individuos se los colocaba en una injusta situación de desventaja.

La respuesta a estos cambios en los patrones tradicionales de las actividades del Estado, adoptó la forma de un mayor deseo en hacer hincapié en las excepciones y cualificaciones a la regla de la inmunidad del Estado. Este desarrollo del derecho internacional siguió al abandono por parte del Estado de la inmunidad interna, y a la admisión gradual de litigios instaurados contra el soberano por súbditos que habían sido perjudicados o lesionados por actividades del Estado. (Véase, por ejemplo, U.S. Federal Torts Claims Act de 1946, 60 Stat, a L. 842; la U.S. Shipping Act. de 1916, 46 USC 781; la British Administration of Justici Act de 1933, 23 y 24 Geo. 5, C. 36; y la Crown Proceedings Act de 1947, 10 y 11, Geo. 6, c. 44.) Después de la primera Guerra Mundial, se podía decir que coexistían dos teorías sobre la inmunidad; la de la inmunidad absoluta —que entonces representaba la práctica predominante del Estado— y la de la inmunidad restringida —que concedía a los Estados inmunidad en relación con sus actos soberanos o de derecho público (*jure imperii*), pero no en cuanto a sus actos comerciales o de derecho privado (*jure gestionis*)—. (Para un examen de la práctica de los Estados entonces existente, véase el Proyecto de Convención sobre la Competencia de los tribunales en relación con los Estados extranjeros, preparado por la Harvard Research in International Law, 26 *AJIL* (Sup.) p. 597 (1933). Véase también Fairman, "Some Disputed Applications of the Principle of State Immunity", 28 *AJIL,* p. 566 (1928).) Aunque la aplicación de la doctrina restrictiva ha tropezado con dificultades —especialmente, con el problema de una distinción consistente entre actos "públicos" y "privados"— ella ha remplazado progresivamente a la teoría de la inmunidad absoluta en un número creciente de Estados, durante los últimos treinta años. (La práctica contemporánea de los Estados ha sido examinada en Sucharitkul, *State Immunities and Trading Activities in International Law;* véase también Lauterpacht, "The Problem of Jurisdictional Immunities of Foreign States", 28 *BYIL,* p. 220 (1951).)

Hoy las inmunidades presentan al jurista internacional problemas complejos de derecho, porque todo el cuerpo de éste es aún, en gran parte, la creación de tribunales nacionales, y los Estados no interpretan el alcance teórico de la inmunidad con criterio uniforme. Por consiguiente, la práctica judicial refleja las diferencias existentes en una multitud de sistemas jurídicos. No hay suficientes decisiones judiciales o laudos arbitrales internacionales que sirvan de fuentes autorizadas sobre el alcance de la inmunidad que ha de concederse a los actos que no son de carácter estrictamente gubernamental. El derecho internacional, a la vez que prescribe la inmunidad plena para los actos soberanos o públicos, no contiene prohibición alguna contra restricciones sobre el alcance de las inmunidades.

También hay problemas complejos de hecho. El problema de la inmunidad surge generalmente cuando un Estado extranjero —uno de sus organismos— se dedica a alguna forma de actividad dentro del territorio del Estado del tribunal. Hasta hace poco, estos casos usualmente trataban de embarcaciones mercantes pertenecientes al Estado u operadas por éste, o de fondos depositados en otro Estado. Por cierto que la primera actuación internacional celebrada para definir las circunstancias en las cuales el Estado dedicado a actividades no estrictamente gubernamentales puede tener o no derecho a la inmunidad, fue la Convención de Bruselas de 1926 para la Unificación de Determinadas Reglas referentes a las Inmunidades de las Naves Gubernamentales (176 *LNTS,* p. 199; Hudson, *International Legislation,* Vol. 3, p. 1838). Aunque ratificada por sólo trece Estados, éste fue un paso importante en la evolución de la teoría restrictiva de la inmunidad del Estado. La presente expansión de las actividades del Estado hace surgir el problema en mayor variedad y tipos de operaciones. En la actualidad, las operaciones que se extienden más allá de las fronteras nacionales son cosa corriente en el caso de corporaciones o sociedades pertenecientes a los Estados, total o parcialmnte, o bajo el control de éstos; en el de misiones comerciales estatales pertenecientes a Estados que tienen sistemas económicos centralizados o mixtos; y, finalmente, en el de varios otros organismos estatales dedicados a negocios en el extranjero. (Véase García-Mora, "The Doctrine of Sovereign Immunity of Foreign States and its Recent Modifications", 42 *Virginia L.R.,* p. 335 (1956).)

7.25 Alcance de la inmunidad del Estado

Aparte de ciertas excepciones, la inmunidad puede ser solicitada por el Estado, y generalmente se le extiende a él, a su gobierno, a sus embarcaciones públicas —especialmente las naves de guerra— y a sus agencias, incluyendo las sociedades establecidas de acuerdo con sus leyes y que ejercen funciones comparables a una agencias del Estado.

Las unidades políticas que no son Estados soberanos, según se definen éstos en el derecho internacional, usualmente no tienen derecho a la inmunidad. La mayor parte de los tribunales nacionales deniegan la inmunidad a las divisiones políticas de los Estados federales y a los municipios. (Para los principales casos italianos, belgas y franceses sobre este punto, véase Proyecto Harvard, pp. 483-487; también *Schneider vs. City of Rome*, 83 NYS, 2ª 756 (1948).) De vez en cuando los tribunales han llegado a resultados diferentes mediante la aplicación de criterios distintos al de la posesión de las características exigidas para la soberanía externa. Por ejemplo, una Corte de Circuito de los Estados Unidos se negó a ejercer jurisdicción en una acción establecida por un tenedor de unos bonos emitidos por un estado federal del Brasil, fundando su decisión en que la inmunidad debe ser análoga a la concedida a los Estados que integran Estados Unidos de América. *(Sullivan vs. State of São Paulo*, 112 F. 2º 355 (1941).)

La cuestión de establecer hasta dónde las agencias del Estado y otros organismos tienen derecho a la inmunidad, surge en varias categorías de casos. La inmunidad habrá de concederse cuando la agencia de que se trata sea evidentemente un ministerio o un departamento dedicado a una actividad pública. *(Piascik vs. British Ministry of War Transport*, 54 F. Sup. 487 (1943), *AD*, 1943-5. Caso Nº 22.) Sin embargo, con frecuencia puede surgir la duda de saber si una entidad es realmente una unidad integral de la maquinaria gubernamental. En esos casos, por lo general, los tribunales han dado gran importancia a la opinión del Estado extranjero. Una forma como se averiguan dichos criterios queda ilustrada por un pleito reciente en Japón, seguido contra una organización similar al *post exchange* del ejército de Estados Unidos y creado de acuerdo con los Reglamentos del Ejército de los Estados Unidos. La corte examinó varias decisiones de los tribunales federales de Estados Unidos que reconocen a dichos establecimientos y a los clubes de oficiales como organismos gubernamentales y, con ese fundamento, concedió la inmunidad a la organización que había sido demandada. *(Masatoshi Suzuki et al. vs. Tokyo Civilian Open Mess, ILR*, 1957, p. 226.) En la mayoría de los casos, los tribunales se han fijado, no en la práctica de las cortes del Estado extranjero, sino en las opiniones de sus ramas políticas, como prueba de la condición jurídica de una agencia. Un tribunal italiano reconoció la inmunidad para la Academia Húngara en Roma, después de cerciorarse de que la Academia era un órgano del Ministerio de Cultura y Educación, de acuerdo con el derecho húngaro *(Hungarian Ecclesiastical and Pontifical Institute vs. Academy of Hungary in Rome*, 88 *Clunet*, p. 837 (1961).) En *Telkes vs. Hungarian National Museum* (38 *NYS*, 2º 419 (1942)), un tribunal de Nueva York concedió la inmunidad basándose en que el demandado era un organismo gubernamental que ejercía una función gubernamental y que estaba administrado por un ministerio húngaro. Cuando la agencia noticiosa soviética Tass, fue demandada por difamación en el Reino Unido, la Corte de Apelaciones reconoció su inmunidad, dando crédito considerable al certificado del embajador soviético de que Tass era "un departamento del Estado Soviético". (*Krajina vs. Tass Agency* [1949] 2 AII E.R. pp. 274; véase también *Baccus S.R.L. vs. Servicio Nacional del Trigo* [1957], I Q.B. 438 *infra;* y un caso francés más antiguo, en el cual el Departamento de Estado de Estados Unidos dio fe de la condición gubernamental de la agencia demandada, *Lahalle et Lavard vs. American Battle Monument commission, AD* 1935-37, Caso Nº 88.)

En una segunda categoría de casos, juzgados principalmente en países del *common law,* los resultados de numerosas decisiones de los tribunales dependieron de la condición jurídica de la agencia gubernamental en cuestión —si era una persona distinta de sus componentes o si actuaba en forma similar a otras agencias gubernamentales.

Los tribunales de Estados Unidos usualmente han negado la inmunidad a sociedades creadas bajo las leyes de un Estados extranjero, aun cuando ellas pertenecieran en todo o en parte a dicho Estado, y especialmente cuando la sociedad se dedicara a una actividad comercial. El fundamento de estas decisiones se encuentra en el concepto de la personalidad jurídica prevaleciente en Estados Unidos, de acuerdo con el cual un litigio contra una entidad de esa clase no se considera como una acción ejercida contra sus accionistas. (Véase *Hannes vs. Kingdom of Roumania Monopolies Institute,* 20 NYS 2º 825 (1940), *AD,* 1938-40, Caso Nº 72. Sociedades pertenecientes en su totalidad y controladas por el Estado, creadas con el propósito de operar monopolios gubernamentales; *United States vs. Deutsche Kalisyindikat Gessellschaft,* 31 F. 2º 199 (1929) (sociedad alemana, controlada por el gobierno como agente de venta de los productos de las minas de potasa gubernamentales); *Coale vs. Société Co-opérative Suisse des Charbons,* 21 F. 2º 180 (1921) (compañía organizada para importar carbón, en parte perteneciente al gobierno suizo y bajo su control). Cf. *In re Investigation of World Arrangements,* 13 F.R.D. 280 (1952), en donde la inmunidad se concedió a una sociedad controlada parcialmente por el gobierno británico, con el fundamento de que la organización servía como organismo del gobierno, dedicada a adquirir petróleo para la marina británica. También han ocurrido excepciones a la regla general de no conceder inmunidad a sociedades, en los casos en que el Departamento de Estado reconoce y admite la petición de un gobierno extranjero para que se declare a la sociedad como agencia pública, y por tanto con derecho a la inmunidad (por ejemplo, v. gr. *United States of Mexico vs. Schmuck,* 293 N.V. 264, 56 N.E. 2º 577 (1944); *Stone Engineering Co. vs. Petróleos Mexicanos,* 352 Pa. 12, 42 A. 2º 57 (1945).)

Los tribunales británicos, por influencia de la condición interna de algunas corporaciones públicas británicas, extienden la inmunidad hasta a las agencias gubernamentales jurídicamente independientes, siempre que se pruebe que la agencia de que trata es un departamento del gobierno. En *Baccus S.R.L. vs. Servicio Nacional del Trigo*, citado anteriormente, a la demandada —sociedad española creada con el propósito de importar grano para el gobierno español— se le concedió inmunidad basándose en la prueba suministrada por el embajador español, en la que demostró que la sociedad era un órgano subordinado del ministerio de agricultura de España. En el caso anterior de *Tass*, aunque no se había probado que la agencia noticiosa tenía personería jurídica independiente, el tribunal declaró por *dictum* que la incorporación no hubiera cambiado la decisión de conceder la inmunidad. ([1949] 2 All E.R. 274, p. 281; véase Cohn, "Immunity of Foreign Trading Government Departments", 73 *Law Q.R.*, p. 26 (1957); Wedderburn, "Sovereign Immunity of Foreign Corporations", 6 *ICLQ*, p. 290 (1957).)

La inmunidad del Estado lleva aparejada una exención de ejecución de las leyes tributarias por el Estado territorial. Esto no excluye la imposición de tributos —lo cual es un corolario de la libertad del Estado de establecer leyes aun respecto a Estados extranjeros— sino tan sólo el ejercicio de la jurisdicción para efectos de cobrar los impuestos. Aunque la escasez de decisiones judiciales y de práctica estatal al respecto, deja alguna duda en cuanto a si las exenciones de impuestos son exigidas por el derecho internacional consuetudinario, la prueba disponible indica que los Estados frecuentemente conceden exenciones recíprocas a los bienes muebles pertenecientes al Estado que se utilizan para fines que usualmente se consideran "públicos". (Véase Bishop, "Immunity from Taxation of Foreign State-Owned Property", 46 *AJIL*, p. 239 (1952).) El problema de la exención de la propiedad inmobiliaria surge generalmente en relación con bienes consulares y diplomáticos y, por tanto, aquélla queda sometida a un régimen jurídico separado. Varios convenios internacionales, así como leyes internas, disponen exenciones tributarias específicas en relación, por ejemplo, con cementerios militares, monumentos conmemorativos de guerras y bases militares. El Código de Ingresos Interiores de Estados Unidos (*U.S. Internal Revenue Code*), sección 892, exime de impuestos los ingresos obtenidos por gobiernos extranjeros y por organizaciones internacionales, provenientes de inversiones o de otras fuentes dentro de Estados Unidos. El requisito de que los bienes deben usarse en actividades públicas también descansa, en gran parte, en la práctica de los Estados, especialmente en tratados recientes en que los Estados acuerdan renunciar a la inmunidad de tributación con respecto a empresas y bienes estatales dedicados a actividades comerciales; por ejemplo, el Tratado Comercial entre Estados Unidos e Irlanda, de 1950, Art. 15, (*TIAS* Nº 2255). Una reciente decisión tomada por la Suprema Corte del Canadá, refleja la probable posición general actual del derecho en relación con la exención tributaria. Una compañía de construcción que tenía un contrato para construir instalaciones de radar —que habrían de usarse conjuntamente para la defensa de Estados Unidos y Canadá—, poseía bienes muebles relacionados con el proyecto, los cuales ni pertenecían al gobierno de Estados Unidos ni se conservaban en fideicomiso. El contratista estableció demanda pidiendo la devolución de los impuestos internos pagados bajo protesta. La corte, sosteniendo que la inmunidad general de coacción de las leyes se extiende igualmente a impuestos, se refirió al obvio propósito público para el cual se usaban los bienes y mandó que se devolvieran los impuestos pagados por el contratista. (*St. John vs. Fraser-Brace Overseas Corp.* [1958] Can SCR 263; 13 Dom. L.R. 2º 17).)

EXCEPCIONES AL ALCANCE DE LA INMUNIDAD DEL ESTADO

7.26 CONDUCTAS QUE COMPRENDEN ACTIVIDADES COMERCIALES

Según hemos indicado, la participación gubernamental en las esferas de la vida económica —que en otro tiempo eran exclusivamente privadas— llevó a muchos Estados a restringir las inmunidades, ejerciendo la jurisdicción, siempre que un Estado extranjero o sus bienes se dedicaran a actividades comerciales. Quizás esta limitación sea la excepción más importante al principio general de la inmunidad de los Estados extranjeros. Ya no existe duda alguna con respecto al valor relativo dado por la mayoría de los Estados a la teoría de la inmunidad absoluta, en contraposición a la restrictiva. Después de examinar la jurisprudencia, en 1953 un escritor llegó a la conclusión de que "la teoría de la inmunidad absoluta se encuentra en la actualidad casi universalmente desaprobada...; ésta es seguida con dificultad y no sin vacilación, por los tribunales de unos cuantos países". (Lalive, "L'Immunité de Jurisdiction des États et des Organisations Internationales", 84 *HR*, 205 a 239 (1953); y véase también, Schmitthoff, "The Claim of Sovereign Immunity in the Law of International Trade", 7 *ICLQ*, p. 452 (1958).) La Unión Soviética y los países de Europa oriental, sin embargo, continúan adheridos a la teoría de la inmunidad absoluta. Por ejemplo, la Unión Soviética no es parte de la Convención de Bruselas de 1926 y, al igual que los países de Europa oriental, ha presentado reservas a las disposiciones pertinentes de la Convención de Ginebra de 1958.

Múltiples problemas han acompañado la aplicación creciente de la teoría de la inmunidad restrictiva. La dificultad más compleja es la de encontrar o idear normas viables para distinguir entre los actos *jure imperii* y los *jure gestionis*. Existen pocas normas internacionales pertinentes y éstas se refieren sólo a las embarcaciones. De acuerdo con la Convención de Bruselas, de 1926 —a la cual nos referimos en 7.24—, la inmunidad se determina por el uso de la embarcación, haciéndose caso omiso de quién es su dueño o poseedor. Los mismos criterios sirven de razón fundamental a los artículos 21-22 de la Convención de Ginebra de 1958 sobre el Mar Territorial y la Zona Contigua (516 *UNTS*, 220; 38 *State Department Bulletin*, p. 1111, (1958); 52 *AJIL*, p. 834 (1958)). (Véase Lillich, "The Geneva Conference on the Law of the Sea and the Immunity of Foreign State-Owned Commercial Vessels," 28 *George Washington Law Review*, p. 408 (1960); y Thommen, *Legal Status of Government Merchant Ships in International Law*.) En otras palabras, el derecho internacional deja que la ley del tribunal fije la línea divisoria. Por consiguiente, al tratar de indagar cuál es y cuál no es una función o uso "público", se debe buscar la respuesta en la jurisprudencia de los tribunales nacionales. La determinación de la cuestión variará con el concepto que tiene cada tribunal de la esfera de acción soberana que se reconoce a cada Estado.

Los tribunales nacionales han invocado dos criterios, ninguno de los cuales es enteramente satisfactorio. Por una parte, los tribunales pueden investigar la naturaleza jurídica de la operación de que se trata, denegando la inmunidad con respecto a las operaciones que también puedan efectuarse por personas privadas. Por otra parte, puede investigar —como lo hacen la mayoría de los tribunales que se adhieren a la teoría restrictiva— el propósito final o el objeto del acto, concediendo la inmunidad a los directamente relacionados con funciones públicas, tales como la defensa o la financiación pública. Se producen resultados conflictivos cuando se aplican enfoques diferentes a casos que cubren operaciones de tipo similar. Por ejemplo, los tribunales que aplican el criterio del "propósito" a un litigio sobre un contrato para el suministro de cigarrillos a un ejército extranjero, conceden, la inmunidad con el fundamento de que abastecer un ejército es ejercicio de una función del Estado (*Guggenheim vs. State of Vietnam, Gazette de Palais*, 1962, p. 186), o que un contrato para la compra de botas militares es un acto soberano (*Kingdom of Roumania vs. Guarantee Trust Co. of N. Y.*, 250 Fed. 341 (1918). Pero la Suprema Corte de Italia, aplicando el criterio de la "naturaleza" en un pleito sobre un contrato para abastecer de cuero a un ejército extranjero, negó la inmunidad fundándose en que el propósito de la operación no alteraba el acto esencialmente privado de celebrar un contrato. (*Stato di Rumania vs. Trutta, Foro Italiano*, 1962, Vol. I, p. 58.)

Las dificultades con que tropiezan los tribunales para determinar los criterios apropiados fueron analizadas recientemente en el caso *Victory Transport Inc. vs. Comisaría General de Abastecimientos y Transportes* (336 F. 2? 354 (1964)). En este caso, el Ministerio de Comercio español celebró un contrato de fletamento para usar la embarcación del demandante y trasportar trigo desde Estados Unidos a España. El demandante estableció la acción para obligar al arbitraje de acuerdo con el contrato de fletamento. El tribunal de primera instancia se negó a aprobar el incidente establecido por el demandado, quien reclamó inmunidad soberana, para que se declarara sin lugar la instancia, y la Corte de Apelaciones del Circuito confirmó dicha resolución declarando que contratar una embarcación para el trasporte de trigo es un acto comercial privado.

En vez de proceder a un examen exhaustivo de las decisiones de los tribunales nacionales, el examen de algunos casos importantes en varias jurisdicciones nacionales ilustrará hasta qué punto se ha restringido la inmunidad y, asimismo, los tipos de situaciones que han justificado la aplicación de la teoría restrictiva. Aunque la mayor parte de las autoridades consideran que los países del *common law* aún se encuentra vinculados en principio a la teoría absoluta, esta conclusión merece ciertas salvedades. La adhesión del Reino Unido a la teoría absoluta no ha sido inequívoca, y la posición de

Estados Unidos debe apreciarse de acuerdo con el grado en que la teoría restrictiva ha sido aceptada de una parte, por los tribunales, y de otra, por la rama ejecutiva.

En general, es cierto que los tribunales británicos son los que apoyan la teoría absoluta con mayor fuerza. Dos decisiones de la Corte de Apelaciones vienen al caso. En *The Parlament Belge* (1880, 5 P.D. 197), la inmunidad se extendió a una nave correo belga dedicada principalmente al servicio público. Cuarenta años más tarde, en el caso *Porto Alexandre* (1920, p. 30), se presentó ante el mismo tribunal una reclamación de inmunidad para otra nave gubernamental, pero esta vez dedicada exclusivamente a actividades comerciales; no obstante, se consideró determinante la decisión anterior, con independencia del uso a que se dedicaban las embarcaciones públicas.

Los tribunales en los países de la Comunidad Británica, especialmente en Canadá y la India, generalmente siguen la práctica británica de conceder inmunidad aun si el Estado extranjero no está dedicado estrictamente a actividades gubernamentales. (Véase *U.S. vs. Republic of China, ILR*, 1950, Caso Nº 43; y una sentencia de 1961 de la Alta Corte de Calcuta en *U.A.R. et al vs. Mirza Ali Akbar Kashani*, 49 AIR 387 (Calcuta) (1962); 57 *AJIL*, p. 939 (1963).) Aquí se trataba de una demanda por infracción de contrato, contra Egipto y su ministerio de economía. Los demandados pidieron que se declarara la demanda sin lugar, alegando la inmunidad soberana. La sentencia del tribunal de primera instancia en favor del demandante fue revocada con el fundamento, *Inter alia*, de que aunque el código de procedimiento civil de la India autoriza las demandas contra Estados extranjeros, una república, a diferencia de un monarca gobernante, no puede reclamar la inmunidad. No obstante, la corte de apelaciones declaró que una demanda contra un Estado extranjero violaría su soberanía y que la cortesía no permitiría tal procedimiento. La corte rechazó toda distinción entre los actos *jure imperii* y los *jure gestionis*, por descansar sobre una base insegura. En casos que trataban de actividades comerciales de sociedades del gobierno, la Corte de Apelaciones inglesa también ha sido renuente a denegar la inmunidad con el fundamento de que los actos en cuestión podrían considerarse como actos comerciales. (*Baccus S.R.L. vs. Servicio Nacional del Trigo* (7.25); y *Compañía Mercantil Argentina vs. United States Shipping Board*, (1924), 93 LJKB 186.)

No obstante, la posición del derecho debe considerarse como algo aún no decidido, porque la Cámara de los Lores todavía no ha adoptado una posición clara con respecto a las doctrinas sentadas por la Corte de Apelaciones. Pero, el más alto tribunal, en forma significativa, en varios *dicta* ha expresado serios temores sobre la aplicación rígida de la teoría absoluta. En el caso *The S.S. Cristina* ([1938] A. C. 485), tres de los lores se reservaron la libertad de volver a examinar la resolución en el caso *Porto Alexandre*, citado *supra*. Lord Maughan explicó sus puntos de vista al referirse a

lo absurdo de la posición en que se encuentran nuestros tribunales si tienen que continuar rechazando la jurisdicción en relación con naves comerciales pertenecientes a gobiernos extranjeros. El asunto ha sido considerado repetidas veces durante los últimos años, por juristas extranjeros, por abogados ingleses y por hombres de negocios, y con unanimidad casi total éstos opinan que, si los gobiernos o las sociedades formadas por ellos optan por navegar y comerciar como navieros, deben someterse a los mismos recursos y acciones legales que cualquier otro naviero... (P. 522.)

Un salvamento de voto similar se expresó en el caso más reciente de *Rahimtoola vs. Nizam of Hyderabad* (1958 A. C. 379, p. 422). Por tanto, el alcance de la inmunidad que la Cámara de los Lores pueda reconocer en el futuro, queda como cuestión sin decidir todavía.

En los tribunales de Estados Unidos, el problema de la inmunidad ha surgido con más frecuencia en casos referentes a naves públicas. La única decisión de la Suprema Corte que afirma con claridad la teoría absoluta, declaró que una nave mercante perteneciente al gobierno italiano, operada por éste y dedicada al comercio, tenía derecho a la misma inmunidad que las naves de guerra, a pesar del punto de vista contrario del Departamento de Estado. El tribunal dijo: "No conocemos ningún uso internacional que considere el mantenimiento y el mejoramiento del bienestar económico del pueblo, en tiempos de paz, de menos propósito público que el mantenimiento y adiestramiento de una fuerza naval." *(Berizzi Bros. Co. vs. S.S. Pesaro,* 271 U.S. 562, 574 (1926) ; Comparar *The Pesaro,* 277 Fed. 473 (1921).)

Aunque la sentencia en el caso *Pesaro* no ha sido revocada, existen varios factores que tienden a apoyar el criterio de que a Estados Unidos no se lo puede clasificar como adherente incondicional de la teoría absoluta. Desde la sentencia en el caso *Ex Parte Republic of Peru* (318 P.S. 578 (1943)), parece que el tribunal se ha dispuesto a seguir las sugerencias del Departamento de Estado en los casos de inmunidad. En 1952, después de una revisión completa de la práctica actual de los Estados, el consejero legal interino del departamento escribió al procurador general interino, diciéndole que el departamento seguiría la teoría restrictiva siempre que un Estado extranjero le pidiese que enviara una sugerencia de inmunidad a los tribunales. (Para la llamada "Carta Tate", véase 26 *State Department Bulletin,* 984 (1952).) También hay alguna indicación de que aún antes de la "Carta Tate", la Suprema Corte estaba inclinada a limitar la teoría absoluta indirectamente, denegando la inmunidad a naves mercantes que no estuvieran en posesión del gobierno extranjero. En *Republic of Mexico vs. Hoffmann* (324 US 30 (1945)), se denegó la inmunidad a una nave perteneciente al gobierno mexicano, operada por una compañía privada mexicana. Otra limitación se encuentra inherente en la sentencia más reciente de la Suprema Corte, para permitir reconvenciones independientes contra un Estado extranjero. (Véase 7.29.)

La mayoría de los tribunales en los países de derecho civil han aplicado variaciones de la teoría restrictiva. El caso principal de la Suprema Corte de Bélgica, decidido en 1903, es *Société anonyme des chemins de fer Liégeois-Luxembourgeios vs. État néerlandais (Pasicrisie Belge,* 1908, Vol. I, p. 294), donde se denegó la inmunidad a Holanda, en una acción que versaba sobre un contrato de trabajo en una estación holandesa situada en los Países Bajos. Se consideró que la operación era un acto privado de carácter comercial. De acuerdo con un razonamiento similar, los tribunales italianos denegaron la inmunidad, antes de la terminación del siglo, en casos tales como *Gutteriez vs. Elmilik (Foro Italiano* 1886, Vol. I p. 913), decidido por la Corte de Casación de Florencia en un pleito para cobrar honorarios en un contrato de servicios prestados en nombre del Bey Túnez. Las sentencias posteriores de la Corte de Casación incluyen la denegación de la inmunidad para actos relacionados con poner en circulación empréstitos públicos *(French Ministry of Finace vs. Banca Italiana di Sconto, AD,* 1931-32, Caso Nº 14); y con la venta de productos alimenticios *(De Semenoff vs. Railway Administration of the Norwegian State, AD,* 1935-37, Caso Nº 92). Un tema que se repite en muchas decisiones italianas es la aseveración de que las normas predominantes para precisar los actos públicos y los privados son las que se encuentran en el derecho italiano, y no en la ley del Estado que reclama la inmunidad (por ejemplo, *Floridi vs. Sovexportfilm,* 49 *AJIL,* p. 98 (1955); *Borga vs. Russian Trade Delegation, ILR,* 1955, p. 235).

Los tribunales suizos también fueron de los primeros en adoptar la teoría restrictiva. En 1918, la Suprema Corte de Suiza asumió jurisdicción en un caso que trataba de empréstitos públicos, fundada en que la relación jurídica creada entre el ministro de finanzas del Estado extranjero y los tenedores de bonos suizos era de carácter de derecho privado *(K.K. Osterreichische Finanzministerium vs. Dreyfus, ESB-G,* Vol. 44, p. 49). En la práctica suiza existe un doble requisito: el acto tiene que ser de carácter privado o comercial y debe tener alguna conexión con el territorio suizo. En *Hellenische Republik vs. Obergericht Zurich* decidido en 1930 *(ESB-G,* Vol. 56, I, pp. 237 y ss.), se confirmó la inmunidad porque el contrato origen del litigio había sido ejecutado fuera de Suiza. (Comparar *Kingdom of Greece vs. Julius Bar and Co., ILR,* 1956, p. 195.)

Después de la primera Guerra Mundial, se realizaron adiciones sustanciales a la relación de los Estados empeñados en seguir la teoría restrictiva. Algunas autoridades dudan en colocar a Francia firmemente en esta categoría (véase Hamson, "Immunity of Foreign States; the Practice of the French Courts", 27 *BYIL.,* p. 293 (1950)); no obstante, es cierto que los tribunales franceces, al invocar los principios de *acte de commerce* o *acte de gestion privée,* en contraposición al *acte de puissance publique,* se han distanciado bastante de su aceptación ilimitada de la inmunidad absoluta a través de todo el siglo xix. El cambio fue notorio en *Roumania vs. Pascalet (AD* 1923-24, Caso Nº 68), en donde el Tribunal Comercial de Marsella declaró que la compra de mercancías para su reventa a nacionales era un *acte de commerce,* por lo cual se abstendría de conceder la inmunidad. De igual manera, en *Chaliapine vs. USSR (AD* 1935-37, Caso Nº 85), a la Unión Soviética no se le concedió inmunidad en juicio por violación de la propiedad literaria debida a la publicación y venta de ciertos libros. Más recientemente, la Corte de Casación se negó a admitir una petición de que un Estado extranjero disfrutaba de inmunidad al actuar de fiduciario de bienes privados *(Procureur-Général vs. Vestwig, AD,* 1946, Caso Nº 32). Una relación extensa de sentencias referentes a varios organismos gubernamentales —especialmente a las delegaciones comerciales soviéticas— sugiere que otro criterio determinante es hasta qué punto los tribunales franceses consideran al organismo y al gobierno como evidentemente separados. Cuando la prueba de la separación es plena, los tribunales han sido renuentes a conceder la inmunidad (*Société le Gostorg et USSR vs. Association France Export, AD* 1925-26, Caso Nº 125). Hay mayor voluntad para conceder la inmunidad cuando la prueba de la separación es menos concluyente (*Société Viajes vs. Office National du Tourisme Espagnol, AD* 1935-37, Caso Nº 67).

Ha habido una pocas decisiones griegas al respecto, pero los tribunales generalmente han repetido el dictamen explícito contenido en el *Soviet Republic (Immunity in Greece), (AD* 1927-8, Caso Nº 109), un litigio sobre un contrato para la entrega de ganado. Se decidió que un Estado se somete a la jurisdicción local siempre que actúa como empresario, se dedica a negocios civiles ordinarios y celebra un contrato de acuerdo con el derecho interno. Véase también el *dicta* en *Consular Premises (Greece) Case (AD* 1931-32, Nº 187).

Los tribunales austriacos, después de haber aceptado el concepto restrictivo desde 1919 (*Austro-Hungarian Bank vs. Hungarian Government,* 28 ZI, p. 506 (1920)), y expresar alguna duda con respecto a su posición en una serie de casos posteriores, han reafirmado recientemente la doctrina restrictiva. La Suprema Corte pronunció, en 1950, una de las más detalladas sentencias sobre inmunidad dadas por cualquier tribunal europeo. En un pleito referente al derecho de usar ciertas marcas de fábrica que habían sido nacionalizadas por Checoslovaquia, la corte, después de hacer un repaso exhaustivo de todas las fuentes pertinentes de derecho, llegó a la conclusión de que, de acuerdo con el derecho internacional, los Estados extranjeros se encuentran exentos de la jurisdicción local tan sólo respecto a sus actos *jure imperii;* y que, de acuerdo con el derecho interno, los Estados están sujetos a la jurisdicción de los tribunales austriacos en todas las disputas que surjan por virtud de relaciones de derecho privado (*Dralle vs. Republic of Czechoslovakia, ILR* 1950, Caso Nº 41). Estas conclusiones fueron reiteradas por la Corte Administrativa en *Soviet Distillery in Austria Case (ILR* 1954, Nº 41, página 101.)

Al comienzo de este siglo, los tribunales alemanes apoyaron el concepto absoluto con firmeza (véase la decisión de 1921 de la Suprema Corte Alemana en el caso *Ice King, Gustaf Selling vs. United States Shipping Board,* (1921) *ERu,* Vol. 103, pp. 274 ss.; *AD,* 1919-22, Caso Nº 102, denegando la jurisdicción en un pleito por daños sufridos en una colisión). El concepto absoluto fue abandonado en el campo del derecho marítimo en 1938, con la sentencia dictada en el caso del *Visurgis* y *Sienna (AD* 1938-40, Caso Nº 94). De modo significativo, la resolución se basó en la Convención de Bruselas de 1926 a que nos hemos referido, y que había sido ratificada por Alemania. Desde 1950, los tribunales alemanes han demostrado una tendencia evidente hacia la teoría restrictiva. (*Republic of Latvia Case, ILR* 1955, p. 230; *In re Danish Railways in Germany, ILR* 1953, p. 178; *Restitution of Property (Republic of Italy Case), ILR,* 1951, Caso Nº 52.) Por último, en un pleito instaurado por una firma alemana en cobro de una cuenta pequeña por reparaciones al edificio de una embajada extranjera, la Corte Constitucional Alemana declaró que el derecho internacional no impide el ejercicio de la jurisdicción por los tribunales alemanes en casos que comprenden las actividades *iure gestionis* en un Estado extranjero. Esta resolución tuvo como fundamento el repaso cuidadoso efectuado por la Corte de las prácticas de los Estados y de los criterios sustentados por los escritores de derecho internacional. (Para el texto de la decisión, véase 24 *Zaörv* p. 279 (1964)); también Fritz Münch, "Immunität fremder Staaten in der deutschen Rechtsprechung", *ibid*, p. 265.)

Los tribunales holandeses también parecen haber abandonado la doctrina absoluta. La evaluación es difícil debido a varias decisiones contradictorias, y a ocasionales divergencias entre los criterios de los tribunales y la disposición de las ramas políticas. Una decisión reciente de la Corte de Apelaciones de Amsterdam, sin embargo, aplicó la teoría restrictiva en un pleito que surgió de la alegada infracción de un contrato de trabajo con un banco del Estado demandado. Al revocar la sentencia del tribunal inferior que concedía la inmunidad, se calificó el contrato objeto del pleito como un acto cuyo carácter correspondía al derecho privado. *(Krol vs. Bank of Indonesia, ILR*, 1958-II, p. 180; compárese *Nederlandse Rijnbank, Amsterdam vs. Muhlig Union, AD* 1947, Caso Nº 27.)

Se puede encontrar apoyo a la teoría restrictiva en decisiones relativamente poco frecuentes emanadas de los tribunales de la Argentina, Irlanda y Egipto. Debe observarse que los tribunales egipcios, al menos en una ocasión han optado por la teoría restrictiva, continuando de este modo la actitud que durante mucho tiempo fue practicada por los Tribunales Mixtos Egipcios, que dejaron de funcionar en 1949 *(Republic of Vugoslavia vs. Kafr El-Zayat Cotton Co. Ltd., ILR,* 1959, Caso Nº 54). La posición de los tribunales en los países escandinavos, en la mayoría de los de América Latina, Luxemburgo y Turquía sigue sin decidirse.

7.27 CONDUCTAS QUE COMPRENDEN CIERTO TIPO DE INTERESES SOBRE LA PROPIEDAD

Generalmente se considera que el Estado extranjero no goza de inmunidad en relación con acciones *in rem*, o contra una parte que no sea el Estado, para obtener la posesión de un bien mueble o para reclamar un interés en la propiedad de él, a menos que la propiedad se retenga por el Estado extranjero o en nombre de éste. La misma regla se aplica a los bienes inmuebles situados en el Estado del tribunal.

Las aplicaciones de esta excepción con respecto a bienes tangibles surge con más frecuencia en las acciones *in rem* contra embarcaciones públicas, por ejemplo, cuando una persona privada entabla demanda para recobrar la posesión de una nave que se alega haber sido ocupada ilícitamente por un Estado extranjero. Ésta fue, esencialmente, la situación en el caso *The Navemar* (303 U.S. 68 (1938)) y en el *The S.S. Cristina* (1938 A.C. 485). En el primer caso, el Estado extranjero no estaba en posesión de la nave al entablarse la demanda, y por esto se denegó la inmunidad. En el segundo, el Estado extranjero tenía la posesión *de facto*, y se concedió la inmunidad.

La situación resulta aún más complicada cuando al Estado extranjero no se le demanda directamente, pero reclama un interés en la propiedad en litigio. Un caso pertinente es el de *Juan Ismael and Co. vs. The Government of Indonesia* (1955 A.C. 72). Este auto *in rem* dictado contra el S.S. Tasikmalaja, fletado por el gobierno de Indonesia para el trasporte de tropas, fue expedido mientras la nave estaba en Hong Kong bajo el mando de su capitán, empleado del demandante. El gobierno de Indonesia, alegando que había comprado la nave, hizo la petición de inmunidad, reclamando la propiedad, la posesión y el control. La sentencia del tribunal inferior en que denegaba la petición fue revocada por la corte de apelación de Hong Kong, con el fundamento de que se había hecho comparecer en juicio indebidamente a un gobierno extranjero. El Comité Judicial del Consejo Privado, hablando a través del conde Jowitt, L.J., revocó la sentencia con estos conceptos:

el criterio... de que la mera aseveración de una reclamación por un gobierno extranjero a la propiedad que es el objeto de la acción, obligue al tribunal a suspender la acción y declinar la jurisdicción, es contrario a la preponderancia de autoridad y en principio no puede ser apoyada. En la opinión de sus señorías, el gobierno extranjero que alega que su interés en la propiedad será afectado por la sentencia en un procedimiento en el cual no es parte, no queda obligado, como condición para obtener la inmunidad, a probar su título al interés que reclama, pero debe presentar pruebas para satisfacer al tribunal de que su reclamación no es meramente ilusoria, ni se basa en un título manifiestamente defectuoso. El tribunal debe quedar satisfecho de que los derechos controvertidos tienen que decidirse en relación con la reclamación del gobierno extranjero. Cuando el tribunal llega a esa conclusión, debe abstenerse de decidir sobre los derechos y suspender la acción, pero no debe hacerlo antes de haber llegado a ella. (Pp. 89-90.)

El tribunal declaró que el gobierno de Indonesia no había probado un interés en la nave que demostrara una posición de demandado en el pleito. El mismo razonamiento fue aducido por un tribunal de Hong Kong en el caso *Midland Investment Co. Ltd., vs. The Bank of Communications (ILR,* 1956, p. 234).

Una aplicación diferente y más complicada de esta excepción surge en casos que involucran depósitos bancarios u otros intangibles. Cuando intereses antagónicos a esta clase de propiedad constituyen el objeto de un pleito, el Estado extranjero debe probar un interés en aquélla para apoyar su pretensión de inmunidad. Los tribunales han considerado suficientes varios tipos de intereses. Si un banco retiene fondos tan sólo como agente de unos tenedores de bonos y no como agente del Estado extranjero mismo, este último no tine derecho a la inmunidad (*Lamont vs. Travelers Ins. Co.,* 281 N. V.

362 (1939) ; compárese *Frazier vs. Hanover Bank*, 119 NYS, 2º 319 (1953)).
Sin embargo, la inmunidad se concederá si los bienes se retienen en fideicomiso para un Estado extranjero *(Rahimtoola vs. Nizam of Hyderabad*, (1958)
A.C. 379). Después de la invasión de Hyderabad por la India, en 1948, un
agente del gobierno de Hyderabad convino en trasferir los fondos de la cuenta de su país en el Banco Westminster en Londres, a Rahimtoola, a la sazón
Alto Comisionado de Paquistán en Londres. Sin embargo, la trasferencia se
efectuó al parecer sin la debida autorización. El Nizam, gobernante de Hyderabad hasta la invasión, posteriormente expidió un mandamiento de devolución del dinero, contra Rahimtoola —quien ya se había convertido en embajador de Paquistán en Francia— y contra el Banco. Rahimtoola pidió que se
desestimase el mandamiento, y que se suspendiera el procedimiento, puesto
que la acción afectaba a Paquistán. El tribunal de primera instancia accedió
a estas peticiones, pero la Corte de Apelaciones revocó la sentencia, permitiendo al Nizam establecer una apelación ante la Cámara de los Lores. Ésta
confirmó la sentencia del tribunal de primera instancia.

Los tribunales ingleses han extendido la inmunidad en forma similar para
impedir la demanda reivindicatoria de bienes retenidos por un banco como
depositario de un soberano extranjero (véase *United States of America and
Republic of France vs. Dolfus Mieg and Bank of England* (1952) A. C.
582). En casos como éstos —ya se comprendan en ellos bienes tangibles o intangibles—, la determinación del tribunal de que el interés del soberano
justifica la aceptación de su petición de inmunidad, impedirá la decisión
del caso, aunque éste se haya basado en la argumentación de que la propiedad
fue adquirida ilícitamente por el Estado extranjero.

La regla de que la inmunidad no procede en acciones que comprenden
bienes inmuebles o raíces, es quizá la más antigua de las excepciones reconocidas. Impide el éxito del alegato de inmunidad en litigios que se refieren
a un interés —generalmente posesión o propiedad— en los bienes, pero no
en otra clase de litigios que afecten dichos bienes. Así, la Suprema Corte
austriaca mantuvo, en 1928, que un Estado extranjero goza de inmunidad
en cuanto a un procedimiento que se deriva de accidentes ocurridos en el
local de su misión *(Foreign States (Legation Buildings) Immunities, AD*,
1927-9, Caso Nº 113; véase, en general, los artículos 9 y 10 y los comentarios
sobre los mismos en el Proyecto Harvard, 26 *AJIL*, Supl. p. 590 (1932)).
Esta excepción no surte efectos cuando los bienes inmuebles de que se trata
se utilizan para fines diplomáticos o consulares.

7.28 INMUNIDAD DE LA PROPIEDAD DEL ESTADO CON RESPECTO A EMBARGO, SECUESTRO O EJECUCIÓN

Es necesario hacer una distinción entre la inmunidad de jurisdicción y la
inmunidad con respecto al embargo de bienes en cumplimiento de un fallo
contra un Estado extranjero. Evidentemente, la inmunidad jurisdiccional generalmente aceptada en relación con bienes utilizados en funciones públicas,
se extiende al secuestro de dichos bienes. Sin embargo, cuando los bienes

están relacionados con actividades comerciales, la práctica de los Estados varía considerablemente. Parece que no existe regla alguna en el derecho internacional que prohíba el secuestro de bienes en este último tipo de casos.

La mayoría de los países que han adoptado la teoría restrictiva permiten el embargo provisional, (es decir, a los efectos de obtener jurisdicción) de la propiedad de un Estado extranjero. A la inversa, el Reino Unido, y hasta hace poco tiempo, Estados Unidos, se han negado a permitir el secuestro. La Carta Tate (7.26) no hizo distinción alguna entre la inmunidad de jurisdicción y la inmunidad de secuestro. El problema se planteó en el caso *New York and Cuba Mail S.S. Co. vs. Republic of Korea* (132 F. Sup. 684 (1955)). El Departamento de Estado tomó la posición de que el reconocido principio de inmunidad de embargo y ejecución no había sido alterado por la Carta Tate, pero se abstuvo de sugerir la inmunidad de jurisdicción, porque los actos en cuestión no parecían tener carácter puramente gubernamental. Sin embargo, a fin de cuentas, la falta de una sugerencia ejecutiva de inmunidad no tuvo consecuencia práctica alguna. La jurisdicción del tribunal descansó en el embargo de fondos en bancos de Nueva York; y, debido a que esos fondos gozaban de inmunidad de embargo, el tribunal perdió la jurisdicción. El Departamento de Estado modificó su criterio en 1959, expresando que "cuando, de acuerdo con el derecho internacional, un gobierno extranjero no goza de inmunidad judicial, no está prohibido el embargo de sus bienes para los efectos de lograr la jurisdicción. En muchos casos, no se podría obtener jurisdicción en otra forma" *(Stephen vs. Zivnostenska Banks,* 222 NYS 2º 128-234 (1961)).

La inmunidad de ejecución es un problema aún más controvertible. La mayoría de los Estados probablemente apoyan la inmunidad de ejecución en relación con actividades comerciales. E*n Dexter and Carpenter vs. Kunglig Jarnvägsstyrelsen* (43 F 2º 705 (1930)), la corte concedió la inmunidad de ejecución contra bienes relacionados con actividades comerciales, aunque el Estado extranjero aceptó la jurisdicción de la corte. Una sentencia reciente de un tribunal estatal de la Florida parece constituir el primer caso en que un tribunal de Estados Unidos ha permitido la ejecución contra bienes de un Estado extranjero *(Harris and Co. Advertising vs. Cuba,* 127 So. 2º 687 (1961); compárese *Duff Development Co. vs. Gobernment of Kelantan* (1924) A.C. 797.)

Cierto número de países se niegan a conceder la inmunidad de ejecución. El derecho suizo permite la ejecución supeditada a la autorización del Consejo Federal. (Véase la sentencia de la Suprema Corte de Suiza en el caso *United Arab Republic vs. Madame X, 55 AJIL,* p. 167 (1961) 88 *Clunet,* p. 459 (1961).) En un importante caso que se aparta de la jurisprudencia establecida, un tribunal belga dispuso ciertas medidas de ejecución sobre activos griegos existentes en bancos belgas *("Socobel" vs. Greek State, ILR,* 1951, Caso Nº 2, 47 *AJIL,* p. 508 (1953)). Algunas decisiones de tribunales franceses apoyan la inmunidad de ejecución, aunque ha habido otras sentencias en sentido contrario: *USSR vs. Association France-Export* (Corte de Casación, 1929) *(AD* 1929-30, Caso Nº 7; 56 *Clunet* 1042 (1929)), que implicaba ejecución contra bienes soviéticos poseídos por la delegación comercial en Francia; y *Spanish State and the Bank of Spain vs. Banco de Bilbao (AD*, 1935-37, Caso Nº 90), en que se concedía inmunidad de ejecución, aunque la corte mantuvo la jurisdicción con respecto a actos de comercio. (Véase Castel, "Immunity of a Foreign State from Execution: French Practice" 46 *AJIL* p. 520 (1952).)

7.29 RENUNCIA A LA INMUNIDAD Y ADMISIÓN DE RECONVENCIONES

Es axiomático que no se necesita aplicar las reglas de la inmunidad si un Estado extranjero consiente en ser demandado. Esta regla queda reflejada en el artículo 24 del Decreto-Ley argentino, Nº 1285, del 4 de febrero de 1958, que prohíbe los litigios contra un Estado extranjero sin su consentimiento previo *(Anales de legislación Argentina*, XVII-A, p. 589). Este consentimiento puede ser expreso o tácito; pero la renuncia de la inmunidad en cuanto al procedimiento no lo implica en cuanto a la inmunidad de ejecución, salvo que exista prueba evidente en sentido contrario.

El Estado puede renunciar a la inmunidad mediante un tratado. Sobre una base bilateral, la práctica en cuanto a los tratados —tanto de Estados Unidos como de la Unión Soviética— es ilustrativa. Desde que incluyó un tratado comercial con Italia, en 1948 *(TIAS* Nº 1965; 79 *UNTS* 171), Estados Unidos ha celebrado varios convenios en los cuales las partes acuerdan renunciar a la inmunidad en cuanto a las actividades comerciales. (Véase Setser, "The Immunity Waiver for State-Controlled Business Enterprises in United States Commercial Treaties", *Proceedings ASIL,* 1961, pp. 89 ss.) La Unión Soviética ha adoptado una política fija de renunciar por medio de tratados a su inmunidad de jurisdicción con relación a las actividades de sus delegaciones comerciales (por ejemplo, artículo 4º (a) Anexo, al tratado entre la Unión Soviética y Austria, de 1955 (240 *UNTS* pp. 304-314)). Desde la Convención de Bruselas, de 1926, el único convenio multilateral que trata de limitar la inmunidad de embarcaciones dedicadas a actividades comerciales es la Convención sobre el Mar Territorial, de 1958.

También se puede efectuar la renuncia mediante un contrato con una persona privada. Las partes que llegaron a comparecer ante la Corte Suprema de Suiza en el caso *United Arab Republic vs. Madame X,* citado anteriormente, habían convenido previamente someter a los tribunales civiles cualesquiera disputas que pudieran surgir de su contrato de arrendamiento.

Los tribunales, en algunos países de derecho civil —especialmente en aquellos donde la teoría restrictiva se estipuló por primera vez— han sido especialmente liberales en presumir que ciertas actividades constituyen una renuncia implícita. El fundamento original de esta práctica se apoyó en la idea de que servía para facilitar la transición de la teoría de la inmunidad absoluta a una teoría de inmunidad limitada; que permitía al tribunal examinar la naturaleza de una actividad determinada; y que si, de acuerdo con su carácter, era considerada no pública, le permitía llegar a la conclusión de que el Estado extranjero tuvo la intención de renunciar la inmunidad. A medida que la doctrina de la inmunidad restrictiva ha llegado a ser más ampliamente aceptada, la utilidad de la renuncia implícita ha disminuido correlativamente.

La práctica continental tiende a contrastar bruscamente con la constante negativa de los tribunales británicos para reconocer cualquier clase de renuncia implícita. *Kahan vs. Federation of Pakistan* ((1951) 2 K.B. 1003) se cita generalmente como la prueba más reciente de que los tribunales británicos declinarán la jurisdicción, aun en el caso de que las partes hayan convenido con anterioridad y expresamente renunciar a la inmunidad. En lugar de eso, los tribunales exigen que la renuncia se efectúe "en presencia del tribunal". En el caso *UAR et al vs. Mirza Ali Akbar Kashani*, citado anteriormente, la Alta Corte de Calcuta, en una demanda por incumplimiento de contrato, se negó a interpretar como una renuncia la comparecencia condicional del demandado para pedir que se declarara sin lugar la demanda con el fundamento de su inmunidad soberana. (Cf. *Republic of China vs. Pang-Tsu Mow et al*, 105 F. Supl. 411 (1952) ; *ILR*, 1952, p. 195; *High Commissioner for India et al vs. Ghosh*, (1959 3 All E.R. 659, comentando en 9 ILCQ, p. 269 (1960).)

El hecho de que un Estado extranjero inicie un procedimiento se considera generalmente como una renuncia implícita, que impide una solicitud de inmunidad, si el demandado establece demanda de reconvención contra el Estado extranjero. (Para conocer casos que se retrotraen al año 1678 en que Estados extranjeros han comparecido como demandantes, véase *British International Law Cases*. Vol. I, especialmente la sección 2 (III).) Hay dos preguntas muy ligadas entre sí: *1)* ¿Debe estar la demanda de reconvención relacionada directamente con la materia de la demanda original? Los tribunales de Bélgica, Francia y Alemania han contestado algunas veces en sentido negativo, permitiendo las reconvenciones "independientes". Hasta 1955, los tribunales del *common law* se adhirieron con mayor o menor rigidez a la regla de "la misma operación", que admite tan sólo las reconvenciones defensivas. *National City Bank of N.Y. vs. Republic of China* (348 U.S. 356, 75 Sup. Ct. 423 (1955), *ILR*, 1955 p. 211) representa la primera desviación de esta regla. China interpuso la demanda para poder recobrar cerca de $200 000 depositados en el banco. El demandado estableció una reconvención por $1 600 000 que China debía al banco, por pagarés de tesorería no pagados. El tribunal de primera instancia declaró sin lugar la reconvención con motivo de una petición de inmunidad soberana. La Corte de Apelaciones confirmó la sentencia, fundándose en que la reconvención era independiente de la materia del pleito del demandante y que éste, por lo tanto, era inmune. La Corte Suprema de los Estados Unidos, por mayoría de votos, ordenó al tribunal de primera instancia tramitar la demanda de reconvención, con el fundamento de que un Estado extranjero que iniciaba un procedimiento no goza de inmunidad frente a una contrademanda, aunque ella no se derivara de la misma operación. Los tres magistrados disidentes expresaron el criterio de que las únicas reconvenciones que se pueden establecer contra un Estado extranjero son las que se derivan de la operación que el Estado extranjero trata de hacer que se cumpla en los tribunales. En opinión de la minoría, la decisión de la mayoría "sanciona una evasión tortuosa de la bien establecida regla que prohíbe las demandas directas contra soberanos extranjeros" al equiparar una reconvención no directamente relacionada con el pleito, al pleito mismo. El magistrado Frakfurter, en su opinión concurrente, expresó (pp. 361-2):

En resumen, no estamos ocupándonos de un intento de hacer que un gobierno extranjero reconocido comparezca ante uno de nuestros tribunales como demandado, y someterlo al imperio del derecho ante el cual deben inclinarse los obligados no gubernamentales. Tenemos a un gobierno extranjero que invoca nuestro derecho pero que se resiste a una reclamación contra él, que justamente limitaría su reivindicación. Él desea nuestro derecho, igual que cualquier otro litigante, pero lo quiere libre de las exigencias de la justicia...

La Corte también manifestó que la admisibilidad de las reconvenciones basadas en la materia tratada en la demanda del Estado extranjero, es una "prueba positiva" de que la doctrina de la inmunidad no es absoluta y que "deben tomarse en cuenta, en su aplicación, consideraciones de equidad... La limitación de que esté 'sabasa en la materia' es demasiado indeterminada, realmente demasiado caprichosa, para señalar los términos de las limitaciones de la doctrina de la inmunidad soberana". (p. 365.)

2) Una segunda pregunta se dirige a saber si la cuantía que se reclama en la reconvención puede exceder a la reclamada por el Estado extranjero en la demanda original. Los tribunales de la mayoría de los países responden en sentido negativo, y se niegan a conceder una reparación afirmativa. Pero, véase *Et Ve Balik Kurumu vs. B.N.S. International Sales Corporation* (240, NYS 2º 971 (1960)), en donde la decisión para admitir afirmativamente una reconvención se fundó, en parte, en que ambas reclamaciones se habían producido en relación con actividades comerciales. (Véase también Looper, "Counterclaims against a Foreign Sovereign Plaintiff", 5 *International Law Quartely*, p. 276 (1956) y 50 *AJIL*, p. 647 (1956).)

7.30 ASPECTOS PROCESALES EN LA RECLAMACIÓN DE INMUNIDAD

El procedimiento por medio del cual el Estado extranjero reclama la inmunidad, es presentado a la corte del Estado del tribunal de acuerdo con su derecho interno. El derecho internacional sólo exige que el procedimiento nacional ofrezca al Estado extranjero la oportunidad razonable de hacer valer su reclamación. En las jurisdicciones de derecho civil, la cuestión procesal usualmente no tiene importancia; los tribunales se informan judicialmente de la condición del Estado extranjero, así se formule o no una petición formal, o si comparece el Estado demandado. En los países del *common law*, por otra parte, los tribunales han ideado procedimientos diferentes, que deben seguirse cuando se considere el problema de la inmunidad. Antes de 1929, los tribunales parece que tuvieron poca preferencia por algún método especial para hacer valer la inmunidad. Entonces, en el caso *Ex parte Muir*,

(254 U.S. 522 (1921)) se reconocieron dos conductos a través de los cuales podía presentarse la reclamación de inmunidad: el Estado extranjero —o su representante— puede dirigir su petición directamente al tribunal, o bien la rama ejecutiva del gobierno puede presentar el problema, trasmitiendo una "sugerencia" con tal objeto.

Como materia de derecho interno, el efecto de la reclamación varía de acuerdo con cuál de las dos técnicas se utilice. La intervención directa del Estado extranjero se recibirá únicamente como prueba que ha de ser examinada judicialmente. El reconocimiento de la reclamación de inmunidad por la rama ejecutiva usualmente se considerará concluyente, o como una opinión a la cual se le debe dar gran valor. El criterio de la Suprema Corte de Estados Unidos sobre el efecto que se ha de conceder a las sugerencias ejecutivas fue expresado en *Mexico vs. Hoffman* (324 U.S. 30 (1945)), *Ex Parte Peru* (318 U.S. 578 (1943)), y *The Navemar* (303 U.S. 68 (1938)). Hace poco, el Departamento de Estado expresó ampliamente su criterio como *amicus curiae*, en un escrito presentado en el caso *Petrol Shipping Corp. vs. Greece* (326 F. 2º 117 (1964) y modificado por dicho tribunal el 25 de mayo de 1964). La Corte sostuvo que se había planteado debidamente la petición de inmunidad mediante una sugerencia hecha por el embajador del Estado demandado, y que no era necesario que el Estado extranjero reclamara la inmunidad a través de los canales del Departamento de Estado. (Para un comentario sobre este caso, véase 52 *Georgetown Law Journal*, 857 (1964).) El efecto de las declaraciones ejecutivas con respecto a la inmunidad de Estados extranjeros en los tribunales del Reino Unido, Estados Unidos, América Latina y Europa Continental, ha sido analizado por Lyons en 22 *BYIL*, p. 240 (1946); 23 *ibid.*, p. 116 (1947); 24 *ibid.*, p. 180 (1948).

SECCIÓN VI.   LA DOCTRINA DEL "ACTO DEL ESTADO"

7.31   ORIGEN Y SITUACIÓN PRESENTE DE LA DOCTRINA

El derecho internacional no exige a los Estados que hagan cumplir dentro de sus respectivos territorios los actos oficiales, ejecutivos, legislativos o judiciales, de un Estado extranjero. Con algunas excepciones, los tribunales de casi todos los países conceden —sobre la base de cortesía— el reconocimiento recíproco a los derechos privados adquiridos bajo el imperio de la ley extranjera. A falta de obligaciones adquiridas en los tratados, generalmente no se reconoce el derecho público de los Estados extranjeros, especialmente el penal y el fiscal.

Los Estados han desarrollado varios métodos mediante los cuales se aseguran que el cumplimiento del derecho extranjero no irá en contra del derecho o la política interna. Un método usado especialmente en las jurisdicciones de derecho civil es el de recurrir al llamado conflicto de leyes, o reglas de derecho internacional privado. En casi todos estos casos se considera que predomina el derecho extranjero, siempre que el acatamiento a ese derecho y la observancia forzosa de derechos privados de acuerdo con él, no menoscaben las nociones de orden público *ordre public,* sostenidas por el foro. Otro método —en gran parte producto de la jurisprudencia angloamericana— consiste en invocar la doctrina del "acto del Estado" o doctrina del "acto soberano", según se conoce en la terminología británica. En su forma más absoluta, esta doctrina concedería eficacia a cualquier acto oficial del Estado extranjero, aunque dicho acto usualmente no sería ejecutado de acuerdo con las leyes del foro. Los abogados internacionalistas soviéticos apoyan firmemente la dictrina del "acto del Estado".

Históricamente la doctrina parece ser el resultado de casos anteriores en los cuales el soberano extranjero disfrutaba de inmunidad personal para ser demandado. (Véase Zander, "The Act of State Doctrine", 53 *AJIL* p. 826 (1959).) Esta inmunidad *rationae personae* entonces se convirtió en una inmunidad *rationae materiae,* es decir, aquélla que es inherente al acto mismo. Las decisiones principales del *common law* que formulan la doctrina, varían sólo ligeramente del lenguaje usado en el caso matriz de *Underhill vs. Hernández* (168 U.S. 250 (1897)): "Todo Estado soberano se encuentra obligado a respetar la independencia de todo otro soberano, y los tribunales de un país no juzgarán los actos de otro gobierno efectuados dentro de su propio territorio." (Comparar *Luther vs. Sagor* [1921], 3 K.B. 532, *Princess Paley Olga vs. Weisz* (129) I K. B. 718, y otros casos ingleses en 3 *British International Law Cases,* 188.)

Recientemente la doctrina fue definida como

la regla de que un tribunal, al cual se le pide un pronunciamiento sobre la legalidad de un acto ejecutado por un Estado extranjero, aunque ello se solicite en procedimientos entre personas privadas, carece de competencia para ello, salvo que el Estado extranjero haya dado su consentimiento. (Van Pahuys, "In the Borderland between the Act of State Doctrine and Questions of Jurisdictional Immunities", 13 *ICLQ* p. 2193 (1964).)

En el caso *Sabattino* (376 U.S. 398 (1964)), la Suprema Corte de Estados Unidos declaró que la doctrina "impide a los tribunales de este país, investigar sobre la validez de los actos públicos que un gobierno reconocido realiza dentro de su propio territorio" (p. 401). Aunque estas declaraciones parecen significar que la doctrina del "acto del Estado" representa una extensión del principio de la inmunidad soberana, dos tipos diferentes de premisas se encuentran involucrados. *1)* Las normas de la inmunidad soberana son impuestas por el derecho internacional; *2)* la doctrina del "acto del Estado" es una limitación adicional impuesta por la autorrestricción judicial al ejercicio de la jurisdicción por el foro.

El problema principal es saber si la interpretación de la doctrina del "acto del Estado", en las jurisdicciones del *common law,* impide el examen hasta de aquellos actos de los Estados extranjeros que se alegan como violatorios del derecho internacional. La aplicación de la doctrina —en la mayoría de los casos recientes— ha implicado la expropiación o la nacionalización de los derechos de propiedad extranjeros, especialmente aquellas que ocurrieron a principios de este siglo en la Unión Soviética y en México y, más recientemente, en Irán, Indonesia y Cuba. Tenemos ejemplos típicos de estos casos en las demandas iniciadas por la Anglo-Iranian Oil Co., cuando el petróleo expropiado por Irán fue trasladado de dicho país a otros Estados, o a través de éstos. Véase *Anglo-Iranian Oil Co. vs. Jaffrate (ILR* (1953) p. 316), decidido por la Corte Suprema de Adén. Compárese la posición italiana en el caso *Anglo-Iranian Co. vs. SUPOR* (1953) *(ILR,* 1955, p. 19), y la decisión japonesa en *Anglo-Iranian Co. vs. Idemitsu Kosan Kabushiki Kaisha (ILR,* 1953, p. 305). Véase también Domke, "Indonessian Nationalizational Measures Before Foreign Courts" (54 *AJIL,* p. 305 (1960)) y la "respuesta" de Baade *(ibid.,* p. 801 (1960)). En vista de las decisiones divergentes de los tribunales nacionales, podemos llegar a la conclusión de que el derecho internacional consuetudinario no exige que el Estado reconozca la validez de los "actos del Estado" de un Estado extranjero.

Sin embargo, hasta hace poco a ningún tribunal de Estados Unidos se le había pedido que dictaminara directamente sobre la cuestión de si la doctrina del "acto del Estado" impediría el examen del acto del Estado extranjero, cuando el reclamante alegaba que el acto violaba el derecho internacional. Parece que los tribunales estadounidenses, como regla general, no han de someter a prueba el acto de un Estado extranjero ni en relación con el derecho de ese mismo Estado, ni tampoco en relación con el concepto de orden público del foro. La oportunidad para determinar la existencia de una "excepción de derecho internacional" a la doctrina del acto del Estado, surgió después de la nacionalización hecha por Cuba de las propiedades estadounidenses, en 1960. En aquella ocasión, un agente financiero del gobierno cubano estableció demanda contra un corredor de mercaderías de Nueva York, exigiendo la devolución de ciertos productos de la venta de azúcar pertenecientes a Cuba. El demandado se opuso a la reclamación hecha por Cuba de que era dueña del azúcar, alegando *inter alia,* que el acto de nacionalización violó el derecho internacional y, por lo tanto, no se efectuó la tradición de un título válido. Un Tribunal Federal de Distrito dictó una sentencia sumaria en favor del demandado, apoyando la defensa de que la doctrina del "acto del Estado" era inaplicable cuando el acto de que se trataba era violatorio del derecho internacional *(Banco Nacional de Cuba vs. Sabbatino,* 193 F. Sup. 375 (1961). Fue confirmada la sentencia por el Tribunal de Circuito, con similares aunque más limitados fundamentos (307 F. 2º 845 (1962)).

La Suprema Corte de Estados Unidos, con un salvamento de voto, revocó las decisiones de los tribunales inferiores y se negó a crear una excepción general a la doctrina del "acto del Estado", con respecto a actos que entrañan alegadas violaciones del derecho internacional (346 U.S. 398 (1964)). La revocación se debió en parte a la conclusión a que llegó la Corte, en el sentido de que en la actualidad no existe derecho internacional generalmente aceptado sobre el tema de la nacionalización y la confiscación. Pero la Corte no interpretó la doctrina como una restricción ilimitada a la facultad de revisión judicial de los actos extranjeros de los Estados:

> En vez de fijar o de reafirmar una regla inflexible y omnicomprensiva en este caso, decidimos tan sólo que el poder judicial no ha de examinar la validez de la toma de propiedad dentro de su propio territorio por un soberano extranjero, existente y reconocido por este país al establecerse la demanda, a falta de un tratado u otro convenio inequívoco con respecto a principios jurídicos determinantes, aunque la demanda alegue que la ocupación viola el derecho internacional consuetudinario (p. 428).

El significado y las trascendentales implicaciones de la decisión en el caso *Sabbatino* despertaron gran interés en los círculos jurídicos de Estados Unidos y el extranjero. (Para la bibliografía de literatura relevante, ver *The Aftermath of Sabbatino,* páginas 211 siguientes, y especialmente pp. 218-220, 225-258.)

La reacción contra la decisión de la Suprema Corte fue particularmente fuerte en el Congreso, donde se interpretó como aprobatoria de la confiscación aun cuando ella fuera por represalia, discriminatoria y sin compensación. Para contrarrestar el efecto de la norma enunciada por la Suprema Corte, la Ley de Asistencia Extranjera, de 1964 (78 Stat. L., 1013), fue posteriormente modificada. La enmienda, incorporada a la sección 301 (d) de la Ley, estableció que ningún tribunal norteamericano, basándose en la doctrina federal del acto del Estado, se abstendrá de decidir sobre la cuestión de fondo de una reclamación de derecho formulada por cualquier parte, que se base en la confiscación por un Estado extranjero en violación del derecho internacional, que ocurra después del primero de enero de 1959. Pero el precepto se declaraba inaplicable cuando el Presidente determinara —y así lo informara a la Corte— que los intereses de la política exterior de Estados Unidos requerían la aplicación de la doctrina del acto del Estado. (Ver Lowenfeld, "The Sabbatino Amendment — International Law Meets Civil Procedure", 59 *AJIL,* 899 (1965).) Esta enmienda se convirtió en Ley mientras el caso estaba pendiente en la Corte del Distrito de Nueva York, en reenvío.

Las partes alegaron ante la Corte que la enmienda Hickenlooper: *i)* no se aplica generalmente a casos pendientes; *ii)* no se aplica en este caso particular; *iii)* es inconstitucional. La Corte resolvió los dos primeros puntos en sentido afirmativo, y sostuvo que la enmienda era constitucional. Sin embargo, antes de decidir la petición del demandado de que se declarase sin lugar el asunto, la Corte dispuso que suspendería la sentencia definitiva por sesenta días para dar al Presidente amplia oportunidad

> de hacer la determinación dispuesta por la enmienda y para que, si lo consideraba aconsejable, dispusiera la formulación de una sugerencia a su nombre, en el sentido de que en este caso, los intereses de la política

exteriol de Estados Unidos requieren la aplicación de la doctrina del acto de Estado. (243 F. Supl. 957-981 (1965).)

Antes de que terminaran los sesenta días, el Procurador de Estados Unidos informó a la Corte que se le habían dado instrucciones

para que informara a la Corte que (la Rama Ejecutiva) no había tomado ninguna determinación en el sentido de que los intereses de la política exterior de Estados Unidos requerían la aplicación de la doctrina del acto de Estado en este caso. Y para que no haya ninguna ambigüedad se informa a la Corte que no se considera ninguna determinación de ese tipo. (International Legal Materials, Vol. 4, p. 1018 (1965).)

El 15 de noviembre de 1965, la Corte, en una decisión formulada en memorándum, rechazó la reclamación y declaró que el asunto quedaba vinculado por la primitiva decisión de la Corte de Apelaciones del Circuito, porque la conclusión de dicha Corte de que el decreto de confiscación cubano —en el cual se apoyaba la solicitud del demandante— violaba el derecho internacional, no había sido alterada por la decisión de la Corte Suprema (*ibid.* p. 1209).

SECCIÓN VII. INTERCAMBIO INTERNACIONAL DENTRO DEL MARCO DE LAS ORGANIZACIONES INTERNACIONALES

7.32 PAPEL DE LAS ORGANIZACIONES INTERNACIONALES EN LAS RELACIONES INTERNACIONALES

El aumento del número de organizaciones internacionales, tanto mundiales como regionales, y la proliferación de sus actividades, han dado como resultado una importante expansión, a la vez en el ámbito y en la materia del derecho diplomático. La consecuencia de este elevado aumento ha tenido dos efectos.

1) Las reuniones de los órganos de las Naciones Unidas y de sus Organismos Especializados han proporcionado a los Estados conferencias diplomáticas, regulares y periódicas. Este progreso desde la etapa de las conferencias esporádicas a la de las "conferencias diplomáticas institucionalizadas", se admite generalmente como uno de los logros más significativos de las organizaciones internacionales.

2) Como sujetos de derecho internacional, las organizaciones internacionales tienen relaciones con los Estados y entre sí. Para ejercer sus funciones eficientemente, establecen sedes en el territorio de los Estados anfitriones, los que les conceden una condición jurídica definida y un número de privilegios e inmunidades a ellas, a sus locales y a su personal. Además de sus sedes, las organizaciones internacionales establecen una variedad de centros regionales y oficinas en el territorio de los Estados miembros, y aun en el de Estados que no lo son. La Junta de Asistencia Técnica de las Naciones Unidas cuenta con representantes residentes en muchos países. El Alto Comisionado para Refugiados de las Naciones Unidas, y la Organización Mundial de la Salud, mantienen delegaciones, misiones de enlace o representantes en varios países. La Comunidad Europea del Carbón y del Acero mantiene una misión permanente en el Reino Unido, aunque éste no es miembro de la Comunidad.

Desde la creación de las Naciones Unidas, se ha desarrollado la práctica de establecer misiones permanentes de Estados miembros en la sede de la organización. Estas misiones sirven, de modo especial, como medios de enlace entre los Estados miembros y la Secretaría, cuando los diferentes órganos de las Naciones Unidas no están sesionando (General Assembly Res. 257 (III), 3 de diciembre de 1948). Las misiones permanentes, desde la adopción de esa resolución, han demostrado que también realizan funciones diplomáticas y sirven como canales de comunicación tanto entre los gobiernos y la Secretaría General como entre los gobiernos de los Estados miembros, en asuntos tratados por los órganos de las Naciones Unidas. Las misiones permanentes conducen dichas actividades con métodos y maneras similares a los utilizados por las misiones diplomáticas, y la organización de aquéllas se parece a la de las misiones diplomáticas tradicionales.

7.33 Acreditación de los representantes ante las organizaciones internacionales

Los representantes de los Estados en las organizaciones internacionales se acreditan ante la organización, y no ante el Estado anfitrión. La cuestión de la acreditación fue discutida en la tercera sesión de la Asamblea General de las Naciones Unidas. Los debates realizados en el Sexto Comité revelaron que hubo un entendimiento general de que la palabra "credenciales" no era la apropiada "porque tendía a dar la impresión de que las Naciones Unidas eran un Estado, encabezado por un Secretario General" (GAOR: 3ª Ses., 1ª Part., 6º Cmte., p. 264). La palabra se usa por no haber otra mejor, y los represetantes se acreditan ante las Naciones Unidas "y ante cualquiera de sus órganos" o ante órganos determinados. El 3 de diciembre de 1948, después de haber discutido la acreditación, la Asamblea General adoptó la Resolución 257 (III) sobre las misiones permanentes ante las Naciones Unidas, en la cual se recomendaba que las credenciales de los miembros de estas misiones fueran firmadas por el jefe de Estado o de gobierno o por el ministro de relaciones exteriores, y que "fuesen trasmitidas al Secretario General". Algunos tratadistas han interpretado esta disposición en el sentido de que descarta implícitamente el requisito de *agrément*. (Gross, "Immunities and Privileges of Delegations to the United Nations", *International Organization*, Vol. 16, pp. 483-491 (1962).)

El hecho de que los representantes ante las organizaciones internacionales no se acrediten ante el Estado anfitrión, hace inaplicable el recurso de declarar a un representante *persona non grata*. Otra consecuencia es que los gobiernos no reconocidos por el Estado anfitrión pueden enviar representantes.

7.34 PRIVILEGIOS E INMUNIDADES DE LOS REPRESENTANTES

Las inmunidades y los privilegios de los representantes de los Estados ante las organizaciones internacionales son similares a los conferidos a los funcionarios diplomáticos y se pone gran énfasis en la necesidad funcional de los privilegios. El artículo 105, párrafo 2 de la Carta de las Naciones Unidas dispone:

> Los representantes de los Miembros de la Organización y los funcionarios de ésta, gozarán asimismo de los privilegios e inmunidades necesarios para desempeñar con independencia sus funciones en relación con la Organización.

El artículo 4º de la Convención sobre Privilegios e Inmunidades de las Naciones Unidas, de 1946 (I *UNTS*, 15) —a la cual nos referiremos en adelante como la Convención General— y la Sección 15 del Acuerdo Relativo a la Sede de las Naciones Unidas, de 1947 (*TIAS*, Nº 1677), señalaron estos privilegios e inmunidades. Sus disposiciones han servido de prototipo para los instrumetos constitutivos correspondientes a los Organismos Especializados y los organismos regionales. El más reciente de éstos se encuentra en el artículo V, sección C de la Convención General sobre los Privilegios e Inmunidades de la Organización de la Unidad Africana, del 25 de mayo de 1963 (*International Legal Materials*, Vol. 2, p. 766).

Las inmunidades que usualmente se confieren a los representantes incluyen: inmunidad de arresto o detención personal y de incautación de su equipaje personal; inmunidad en relación con palabras proferidas o escritas y en cuanto a todos los actos efectuados por ellos en su carácter oficial; inmunidad en cuanto a procedimientos judiciales de todas clases; inviolabilidad de todos sus papeles y documentos; derecho de usar claves y recibir correspondencia mediante correos o en valijas selladas; exención para ellos y sus familias de las restricciones inmigratorias; exención de la obligación de registrarse como extranjero y de las obligaciones de servicio nacional en el Estado donde se encuentran prestando servicios, o a través del cual viajan en ejercicio de sus funciones; las mismas facilidades, con respecto a restricciones monetarias o de cambio, que las conferidas a los representantes de gobiernos extranjeros en misiones oficiales provisionales; y las mismas inmunidades y facilidades para su equipaje personal que gozan los miembros de rango comparable en las misiones diplomáticas.

La palabra "representante" se define del modo siguiente en el artículo IV, sección 16 de la Convención General: "la expresión 'representantes' empleada en el presente artículo comprende a todos los delegados así como a los delegados suplentes, asesores, peritos técnicos y secretarios" En las reglas de procedimiento de los cuatro órganos principales de las Naciones Unidas, se encuentra una segunda definición. La Regla 25 de las Reglas de Procedimiento de la Asamblea General expresa:

> La delegación de cada Miembro se compondrá de cinco representantes y cinco suplentes, como máximo, y de tantos consejeros, asesores técnicos, expertos y personas de categoría similar como juzgue necesarios la delegación.

Esta disposición se refiere a la composición de las delegaciones a las sesiones de la Asamblea General, y es diferente de la de las misiones permanentes. Las delegaciones a éstas se hallan formadas por un representantes permanente, un sustituto que actúa como jefe de la misión en ausencia del representante permanente, un número de consejeros y secretarios que son análogos a los miembros de las misiones diplomáticas.

La llegada de los representantes se notificará a la secretaría de la organización internacional de que se trate. En la práctica, el procedimiento del *agrément* no se ha exigido. Sin embargo, por consideraciones prácticas en relación con el comienzo y la terminación de los privilegios e inmunidades, se hace necesaria la notificación de la llegada y partida de las personas que reclaman dichos privilegios e inmunidades. En marzo de 1947, el Secretario General de las Naciones Unidas envió una nota a las misiones de los miembros de las Naciones Unidas en Nueva York, informándoles:

> Las autoridades de los Estados Unidos no podrían conceder las usuales cortesías diplomáticas a los representantes de los gobiernos miembros y a su personal, al entrar en este país para asistir a cualquier sesión de un órgano de las Naciones Unidas, si no están en posesión por anticipado de los nombres de los representantes en cada caso, y la fecha en que se espera su llegada.

En una carta fechada el 15 de marzo de 1949, el Departamento Jurídico de las Naciones Unidas pidió a las misiones que informaran a la Secretaría sobre cualesquiera cambios en su composición y la llegada de sus representantes a las reuniones.

No existe disposición alguna que fije el número de integrantes de las misiones permanentes ante las Naciones Unidas. Durante las negociaciones con Estados Unidos respecto del Convenio sobre la Sede, sin embargo, los representantes de Estados Unidos aceptaron el principio del propuesto artículo 5 sobre los representantes permanentes, pero expresaron el criterio de que "debería existir algún resguardo contra una aplicación demasiado amplia". El Secretario General y el comité encargado de las negociaciones consideraron que el texto podía ser un posible compromiso (*Handbook on the Legal Status, Privileges and Inmunities of the United Nations*, UN Doc. ST/LEG/2/, 19 de septiembre de 1952, pp. 435-441).

7.35 Delegados a conferencias convocadas por organismos internacionales

El artículo IV, sección II, de la Convención General, dispone que los delegados a "conferencias convocadas por las Naciones Unidas" disfrutarán de los mismos privilegios e inmunidades que la Convención confiere a los representantes de miembros de los organismos principales y subsidiarios de las Naciones Unidas.

Las conferencias convocadas por instituciones internacionales, o celebradas con los auspicios de ellas, deben diferenciarse de las reuniones de sus órganos componentes. Las primeras son conferencias de Estados y, por lo tanto, tienen una condición independiente. Por ejemplo, los Estados que no son miembros de la institución que convoca la conferencia pueden ser invitados a participar en ella. Dichas conferencias adoptan sus propias reglas de procedimiento, aunque éstas generalmente siguen el patrón de las de la Asamblea General (así la Conferencia sobre el Derecho del Mar, de 1958, y las Conferencias sobre Relaciones Diplomáticas y Relaciones Consulares, de 1961 y 1963).

Usualmente se celebran acuerdos especiales con el Estado anfitrión, en cuyo territorio se ha convocado la conferencia, de modo que la Convención General pueda aplicarse aunque el Estado anfitrión no se haya adherido a ella. Este acuerdo también es necesario si las disposiciones de la Convención General se han de aplicar a Estados que no son miembros.

Las Naciones Unidas e Italia firmaron un convenio el 26 de julio de 1963, en relación con los arreglos para la Conferencia de las Naciones Unidas sobre Viajes Internacionales y Turismo, que dispuso en su artículo VI, párrafo 1, que se aplicaría la Convención General; el párrafo 2 del artículo dispuso específicamente que los representantes de los Estados que no eran miembros deberían disfrutar de los mismos privilegios e inmunidades que los conferidos por la Convención a los representantes que son miembros de las Naciones Unidas.

7.36 Observadores de Estados que no son miembros

Algunos Estados que no son miembros han enviado observadores permanentes a la sede de las Naciones Unidas en Nueva York y a su oficina europea en Ginebra. Ya en 1946, el gobierno suizo designó un observador permanente. También se nombraron observadores por Estados tales como Austria, Finlandia, Italia y Japón, que luego se convirtieron en miembros de las Naciones Unidas. La República Federal de Alemania, Mónaco, la República de Corea y la República de Vietnam —que en la actualidad no son miembros de la Organización— mantienen observadores permanentes. La Santa Sede designó observadores recientemente, tanto en Nueva York como en Ginebra. En la Carta de las Naciones Unidas, en el Convenio sobre la Sede, o en la Resolución 257 (III) de la Asamblea General, no existen disposiciones con respecto a observadores permanentes de Estados no miembros. El Secretario General se refirió a los observadores permanentes de Estados no miembros, en su informe sobre las misiones permanentes (UN Doc. A/939), presentado a la Cuarta Sesión de la Asamblea, pero ésta no ha tomado medida alguna para establecer una base jurídica para los observadores permanentes. Por lo tanto, la condición de éstos ha sido determinada simplemente por la práctica (véase el memorándum del 22 de agosto de 1962, del Consejero Legal al Secretario General, *United Nations Juridical Yearbook*, ST/LEG/8, Fasc. 2, p. 236).

Ya que los observadores permanentes de Estados no miembros de las Naciones Unidas no tienen una condición jurídica reconocida oficialmente, las facililidades dispuestas para ellos por la Secretaría se limitan a su asistencia a las reuniones públicas. No tienen derecho a privilegios o inmunidades diplomáticos de acuerdo con el Convenio sobre la Sede, ni según otras disposiciones legales del Estado anfitrión. Los observadores que también pertenecen a las misiones diplomáticas de sus gobiernos ante Estados Unidos, sobre esta base pueden disfrutar de inmunidades en Estados Unidos. En *Papoas vs. Francisci,* la reclamación de inmunidades diplomáticas hecha por un miembro del personal del observador italiano en las Naciones Unidas, antes de haber sido admitida Italia como miembro, fue rechazada por la Suprema Corte de Nueva York (*ILR,* 1953, p. 380).

SECCIÓN VIII. INMUNIDADES Y PRIVILEGIOS DE LOS ORGANISMOS INTERNACIONALES

7.37 EVOLUCIÓN DEL DERECHO

Mucho antes de surgir una institución internacional de carácter general – la Liga de las Naciones y las Naciones Unidas— algunos instrumentos constitutivos que establecían comisiones fluviales internacionales y uniones administrativas, en la segunda mitad del siglo XIX, contenían estipulaciones a las cuales se pueden remontar los orígenes de las inmunidades y privilegios de los cuerpos internacionales (véase Secrétan, "The Independence Granted to Agents of the International Community in their relations with National Public Authorities", 26 *BYIL,* p. 59 (1935)). Ejemplos de éstos se encuentran en los tratados que establecieron la Comisión Europea del Danubio, la Comisión Internacional del Congo, la proyectada Corte Internacional de Presas, y la Corte Permanente de Arbitraje establecida de acuerdo con las Convenciones de La Haya para la Solución Pacífica de las Controversias Internacionales de 1899 y 1907.

En 1922, el gobierno francés informó a la Comisión Central de Navegación del Rin:

que debido al carácter de ésta, los representantes de dicha comisión, igual que sus agentes que viajan a su servicio, se beneficiarían de las mismas facilidades que si disfrutaran de inmunidades diplomáticas. (Véase Ray, "Les Immunités des Fonctionnaires Internationaux", 23 *Revue de Droit International Privé*, p. 253 (1928).)

Jenks, sin embargo, ha declarado:

Históricamente, el contenido actual de las inmunidades internacionales se deriva de la experiencia de la Liga de las Naciones según se desarrolló en la Organización Internacional del Trabajo cuando se le sometió a la prueba de las condiciones en tiempo de guerra, reformuladas en ciertos aspectos en los arreglos de la OIT y Canadá durante la guerra, y revisadas posteriormente por la Asamblea General de las Naciones Unidas en su primera sesión, en 1946. *(International Immunities,* p. 12.)

El artículo 7º párrafo 4 del Pacto de la Liga de las Naciones disponía:

Los representantes de los Miembros de la Sociedad y sus agentes gozarán, en el ejercicio de sus funciones, de los privilegios e inmunidades diplomáticos.

El párrafo 5 puntualizaba:

Los edificios y terrenos ocupados por la Sociedad, por sus funcionarios o por representantes que atiendan sus reuniones, serán inviolables.

Los arreglos detallados referentes a los privilegios e inmunidades de la Liga de las Naciones se elaboraron en acuerdos celebrados entre el Secretario General de la Liga y el Gobierno Suizo. El *modus vivendi* de 1921, complementado por el *modus vivendi* de 1926, confirió a la Liga inmunidad judicial ante los tribunales suizos, salvo cuando ella fuera renunciada por consentimiento expreso; reconoció la inviolabilidad de los archivos de la Liga y de los locales en que estaban instalados los servicios de ésta; concedió exenciones arancelarias a las propiedades de la Liga y una exención fiscal completa al activo y a los valores bancarios; y reconoció la inviolabilidad personal y la inmunidad de los funcionarios de la Liga, de la jurisdicción civil y penal, aunque con variaciones según la diferente categoría de funcionarios.

Cuando el personal de la Oficina Internacional del Trabajo fue trasladado de Ginebra a Montreal, en 1940, se incluyó en una Orden del Consejo Canadiense del 14 de agosto de 1941, un arreglo que definió la condición jurídica de la Oficina y de su personal. La Orden reconoció:

por el artículo 7º del Pacto de la Liga de las Naciones y por el artículo 6º de la Constitución de la Organización Internacional del Trabajo, la

Oficina Internacional del Trabajo, como parte de la organización de la Liga, disfruta de privilegios e inmunidades diplomáticos.

La Orden también confirió inmunidad de la jurisdicción civil y criminal a los "miembros del personal administrativo internacional" de la Oficina, sujeto a renuncia por parte del director. Otros miembros del personal disfrutaron de esta inmunidad "respecto de los actos ejecutados por ellos en su carácter oficial y dentro de los límites de sus funciones", siendo esta inmunidad también susceptible de renuncia por parte del director. Los empleados que no eran miembros del personal administrativo quedaron expresamente sometidos a la jurisdicción de los tribunales canadienses en relación con actos ejecutados en su carácter privado. Los salarios pagados por la Oficina a los miembros permanentes de su personal quedaron exentos de "todos los tributos directos establecidos por el Parlamento o por el Gobierno del Canadá, tales como el impuesto sobre la renta y el impuesto de Defensa Nacional".

El artículo 105 de la Carta de las Naciones Unidas, dispone:

La Organización gozará en el territorio de cada uno de sus Miembros, de los privilegios e inmunidades necesarios para la realización de sus propósitos.

Lo representantes de los Miembros de la Organización y los funcionarios de ésta gozarán, asimismo, de los privilegios e inmunidades necesarios para desempeñar con independencia sus funciones en relación con la Organización.

La Asamblea General podrá hacer recomendaciones con el objeto de determinar los pormenores de la aplicación de los párrafos 1 y 2 de este artículo o proponer convenciones a los Miembros de las Naciones Unidas con el mismo objeto.

La Convención General aprobada por la Asamblea General el 13 de febrero de 1946 ya ha recibido la adhesión de más de ochenta Estados. Una Convención sobre Privilegios e Inmunidades de los Organismos Especializados fue aprobada por la Asamblea General el 21 de noviembre de 1947.

Los instrumentos constitutivos de los organismos regionales también contienen disposiciones sobre los privilegios e inmunidades de la Organización (véase por ejemplo los artículos 103-106 de la Carta de la Organización de Estados Americanos firmada en Bogotá el 30 de abril de 1948; el artículo 40 del Estatuto del Consejo de Europa del 5 de mayo de 1949; el artículo 14 del Pacto de la Liga de los Estados Árabes del 22 de marzo de 1945; el artículo 13 de la Carta del Consejo de Asistencia Económica Mutua firmada en Sofía el 14 de diciembre de 1959). Estas disposiciones han sido adicionadas por convenciones generales sobre privilegios e inmunidades. También se han celebrado varios acuerdos sobre sedes y Estados anfitriones entre los organismos regionales y los Estados en cuyos territorios se mantienen sedes u otras oficinas

7.38 Lugar de la costumbre en el derecho de las inmunidades internacionales

Algunos tratadistas han manifestado que las inmunidades internacionales —a diferencia de las de los agentes diplomáticos que representan a un Estado en otro— son creadas casi exclusivamente por el derecho de los tratados y que la costumbre internacional aún no ha hecho ninguna contribución apreciable a esa rama del derecho. Varios autores, sin embargo, reconocen que "un derecho consuetudinario parece encontrarse en proceso de formación, razón por la cual ciertas organizaciones dotadas de personalidad internacional pueden reclamar la condición de diplomáticos para sus agentes, con base en el derecho" (Preuss, "Diplomatic Privileges and Immunities of Agents invested with functions of an international interest", 25 *AJIL*, p. 695 (1931)), y hablan de "l'existence d'une véritable coutume internationale ou en tout cas d'un commencement de coutume..." (Lalive, L'immunité de Jurisdiction des États et des Organisations Internationales", en *Hague Recueil*, Vol 84, p. 304 (1953)).

Cuando la Ley británica (de Extensión) de Privilegios Diplomáticos, que contenía disposiciones sobre inmunidades, privilegios y capacidades de las organzaciones internacionales, de su personal, y de los representantes de los gobiernos miembros, se presentó al Parlamento, a fines de 1944, el Procurador General explicó:

> Cuando un número de gobiernos se unen... para crear conjuntamente una organización internacional, para cumplir algún propósito público, la organización debe tener la misma condición y las mismas inmunidades y privilegios que los gobiernos extranjeros, miembros de ella, disfrutan individualmente en el derecho ordinario.

Manifestó que, "en principio... tenía derecho a ello, como materia de derecho internacional a la cual los tribunales ingleses consideran como formando parte del *common law*". Sin embargo, se consideró deseable la legislación para establecer indudablemente la posición jurídica, y para definir con precisión el alcance de las prerrogativas (403 HC. Deb. (Hansard) 5ª Ser., Col. 2098, 1944).

El lugar de la costumbre en el derecho de las inmunidades internacionales tiene un interés algo más que académico. Por ejemplo, ¿tiene el Estado el deber de conceder privilegios e inmunidades a una organización internacional si no está obligado a hacerlo por tratado? Esta situación se presentó cuando las Naciones Unidas llevaron una fuerza armada al territorio de la República del Congo (Leopoldville), antes de que ésta fuera miembro de la Organización.

7.39 Base teórica de las inmunidades internacionales

A diferencia de las disposiciones correspondientes en el Pacto de la Liga, el artículo 105 de la Carta de las Naciones Unidas no utiliza las palabras "privilegios e inmunidades diplomáticos", sino "privilegios e inmunidades necesarios para la realización de sus propósitos". El dictamen del Relator del Comité IV/2, que fue adoptado por la Conferencia de San Francisco, incluye el siguiente comentario a este artículo:

> Para determinar la índole de los privilegios e inmunidades, el Comité ha juzgado conveniente evitar el uso de la palabra "diplomático", y ha preferido sustituirla por una norma más apropiada, basada, a los efectos de la Organización, en la necesidad de cumplir sus propósitos y, en el caso de los representantes de sus miembros y de los funcionarios de la Organización, en proveer el ejercicio independiente de sus funciones...

Según mencionamos en 7.06, la teoría que sirve de razón fundamental a las inmunidades de los agentes diplomáticos enviados de un Estado a otro, ha variado según la época. El comentario hecho en 1958 por la Comisión de Derecho Internacional sobre las disposiciones pertinentes de su proyecto de artículos sobre relaciones e inmunidades diplomáticas, reconoció el papel jugado por la ficción de "extraterritorialidad", pero expresó que su base teórica descansaba en las teorías "funcional" y "representativa". (Véase ILC, *Yearbook*, 1958, Vol. II, p. 78.)

Puesto que las organizaciones internacionales no tienen jurisdicción territorial, no se puede descansar en la ficción de la extraterritorialidad. Tampoco poseen ellas el carácter soberano de los Estados, que es el fundamento de la "teoría representativa". Por lo tanto, las inmunidades internacionales pueden fundarse sólo en la "teoría funcional".

7.40 INMUNIDADES QUE ATAÑEN AL ORGANISMO

Las inmunidades y privilegios de las instituciones internacionales quedan comprendidas en cuatro categorías principales: *1)* inmunidad de jurisdicción; *2)* inviolabilidad de locales y archivos; *3)* privilegios monetarios y fiscales; *4)* libertad de comunicaciones. La Convención General dispone en su sección 2:

> Las Naciones Unidas, así como sus bienes y haberes en cualquier parte y en poder de cualquier persona, gozarán de inmunidad contra todo procedimiento judicial, a excepción de los casos en que renuncien expresamente a esa inmunidad.

Una disposición casi idéntica se incluye en la Convención sobre los Organismos Especializados y los diferentes Acuerdos sobre la Sede. Esta inmunidad jurisdiccional es bastante comprensiva y se extiende a toda forma de proceso jurídico. En *Procureur-Général of the Court of Cassation vs. Syndicate of Co-Owners of the Alfred Dehondecq Property Company*, la Corte de Casación Francesa declaró que el tribunal inferior se encontraba vinculado por una declaración del ministro de relaciones exteriores al efecto de que el Protocolo sobre las Inmunidades de la Organización de Cooperación Económica Europea (OCEE) había sido concebido para conferir inmunidad total de jurisdicción de los tribunales franceses a la OCEE, incluso la inmunidad en una acción por un terrateniente contiguo que alegó la existencia de una servidumbre para impedir que la OCEE construyera edificios de oficinas en su terreno (*ILR*, 1954, pp. 279-280). La sección 2 de la Convención General especifica que "no obstante, se entiende que ninguna renuncia de inmunidad se extenderá a cualquier medida de ejecución".

La inviolabilidad de los locales y archivos es un principio sancionado en todos los acuerdos referentes a la condición jurídica de las organizaciones internacionales y sus privilegios e inmunidades. Las autoridades del Estado anfitrión no pueden entrar en los locales, ni siquiera para arrestar a una persona o notificar un auto, sin el consentimiento del jefe administrativo.

Las instituciones internacionales no tienen soberanía territorial sobre el área ocupada por sus sedes u oficinas, ni un cuerpo de leyes para remplazar las del Estado anfitrión con respecto a las operaciones civiles o delitos que ocurran dentro de sus locales. Pueden tener atribuciones para establecer regulaciones "aplicables dentro del distrito de la sede, con el fin de establecer, dentro de éste, condiciones en todo sentido necesarias para la ejecución total de sus funciones" (sección 8 del Convenio de los Estados Unidos con las Naciones Unidas sobre la Sede de dicha Organización). Por lo tanto, es importante que el área ocupada por la sede de una Organización Internacional permanezca bajo la ley y la jurisdicción del Estado anfitrión.

Las convenciones y acuerdos generales sobre inmunidades internacionales usualmente guardan silencio sobre la cuestión del asilo. El convenio con Estados Unidos sobre la sede de las Naciones Unidas establece que, sin perjuicio de sus disposiciones con respecto a la libertad de acceso al distrito de la sede, las Naciones Unidas impedirán que el distrito se convierta en un refugio para personas que tratan de evitar su arresto en razón de la ley federal, estatal o local de Estados Unidos, para personas a quienes busca el gobierno de Estados Unidos para su extradición a otro país, o para personas que tratan de impedir que se les notifique un proceso judicial (sección 9 (b)).

La inviolabilidad de los archivos internacionales no ha originado ningún problema especial. Su propósito es resguardar el carácter confidencial de la documentación oficial de la organización y de sus comunicaciones con los Estados.

La Convención General reconoce que las Naciones Unidas pueden "retener fondos, oro o monedas de cualquier clase y operar cuentas en cualquier moneda" y que estarán en libertad de "transferir sus fondos, oro o monedas, de un país a otro... sin estar restringidas por controles monetarios, regulaciones o moratorias de cualquier clase". La movilidad de los fondos de las instituciones internacionales es de importancia para el debido funcionamiento de sus crecientes actividades.

La exención de impuestos directos sobre sus activos, ingresos o bienes, y la exención de derechos arancelarios y de restricciones aduaneras a la importación y exportación de artículos necesarios para uso oficial constituyen, en la actualidad, privilegios comunes concedidos a las instituciones internacionales.

La libertad de comunicaciones se asegura mediante disposiciones contenidas en las convenciones y acuerdos que garantizan: *1)* falta de censura a las comunicaciones oficiales; *2)* derecho de usar claves, correos y valijas; *3)* tratamiento de sus comunicaciones, por parte de las administraciones nacionales, tan propicio como el concedido a cualquier gobierno.

7.41 INMUNIDADES QUE ATAÑEN AL PERSONAL

La inmunidad jurisdiccional de los funcionarios internacionales varía de acuerdo con su rango. La Convención General confiere inmunidades diplomáticas plenas sólo al Secretario General y a los Secretarios Generales Auxiliares (sección 19). Otros funcionarios de las Naciones Unidas "gozan de inmunidad de proceso jurídico en relación con palabras proferidas o escritas y con todos los actos ejecutados por ellos en su carácter oficial" (sección 18 (a)). Esta distinción ya es un patrón establecido en todas las convenciones y acuerdos similares.

La exención de impuestos sobre salarios pagados a los funcionarios es un privilegio contenido en la Convención General y en la Convención de los Organismos Especializados. El Convenio con Estados Unidos sobre la sede guarda silencio en este punto. La negativa del gobierno de Estados Unidos a conceder exención de impuestos a los salarios de sus nacionales ha llevado a las Naciones Unidas a adoptar el Plan de Evaluación del Personal, para garantizar igualdad en el tratamiento de los funcionarios de la Organización. Los Convenios sobre la Sede entre la Organización de Aviación Civil y Canadá, y entre la Organización Consultiva Marítima Internacional y el Reino Unido, niegan la exención de impuestos a los nacionales del Estado anfitrión.

BIBLIOGRAFÍA

I. INFORMES OFICIALES, COLECCIONES DE DOCUMENTOS Y PROYECTOS DE CONVENCIONES

Compilación de estudios preparados bajo la dirección del Comité de Relaciones Exteriores, Senado de U.S.A., 87º Congreso, 1ª Sesión, Senate Doc. 24, Washington, GPO, 15 de marzo de 1961. Con respecto a la distinción entre política exterior y diplomacia, ver especialmente "The Formulation and Administration of United States Foreign Policy", Study Nº 9, pp. 791 y ss.

Bartos, M.: *Report on Special Missions,* UN Doc. A/CN. 4/166, I, abril de 1964. Reimpreso en español en el *Anuario de la Comisión de Derecho Internacional,* 1964, Vol. II, pp. 65-114.

Colección de Tratados Consulares Bilaterales, UN Doc. A/CONF. 25/4, 12 de noviembre de 1962.

448 INMUNIDADES Y PRIVILEGIOS

Committee on Representational Services Overseas, British Misc., Nº 5, Cmnd. 2276 (1964).

Feller, A.H.; y M.O. Hudson (eds.) : *A Collection of the Diplomatic and Consular Laws and Regulations of Various Countries*, 2 vols., Washington, D.C., Carnegie Endowment, 1933.

Foreign Relations Law of the United States, Restatement of the Law (Second), St. Paul, Minn., American Law Institute, 1965.

Harvard Research in International Law: "Draft Convention on Diplomatic Privileges and Immunities", 26 *AJIL*, Supl., 19 (1932).

—.: "Draft Convention no the Legal Position and Functions of Consuls", 26 AJIL, Supl., 193 (1932).

—.: "Draft Convention on the Competence of Courts in Regard to Foreign States", *AJIL*, Supl., 455 (1932).

Laws and Regulations regarding Diplomatic and Consular Privileges and Immunities, UN Legislative Series, Nº 7, 1958 (UN Pub. Sales Nº 58. V.3.). Contiene legislación nacional incorporando reglas de derecho internacional consuetudinario generalmente aceptadas.

Report on Diplomatic Immunity, British Misc., Nº I (1952).

II. TRATADOS, MONOGRAFÍAS Y ENSAYOS

Introducción y Secciones I y II.

Blix, H.: *Rights of Diplomatic Missions and Consulates to Communicate with Authorities of the Host Country*, Studia Juridica Stockholmiensia, Nº 20, Estocolmo, Almqvist & Wicksells, 1964.

Buck, P.W.; y Travis, M.B.: *Control of Foreign Relations in Modern Nations*, Nueva York, Norton, 1957. Estudia varias limitaciones sobre el poder del Jefe de Estado en el manejo de las relaciones exteriores.

Carlston, K.S.: *Law and Organization in World Society*, Urbana, Univ. of Illinois Press, 1962, cap. IV.

Makowski J.: *Organy Pánstwaw Stosunkach Miedzynarodowych*, Varsovia, Pánstwowe Wydawnictwo Naukowe, 1957.

Price, D.K. (ed.) : *The Secretary of State*, Englewood Cliffs, N.J., Prentice-Hall, 1960. Registro de la reunión de la American Assembly, Columbia Univ., 6-9 de octubre de 1960. Examina, *inter alia*, las amplias responsabilidades que actualmente posee este funcionario del gabinete en la conducción de las relaciones internacionales de su país.

III

Los libros siguientes tratan sobre algunos aspectos de la diplomacia y la política exterior mencionados brevemente en el 7.05 y representa un material de experiencia útil para los juristas internacionales, especialmente para aquellos que tienen la responsabilidad de asesorar a sus gobiernos sobre los aspectos legales de las relaciones internacionales.

Beaulac, W.L.: *Embajador de Carrera*, Buenos Aires, Editorial Bell, 1951.

Cadieux, M.: *The Canadian Diplomat*, Toronto, Univ. Press, 1963.

Callières, F. de: *On the Manner of Negotiating with Princes*, traducido de la edición francesa de 1716 por A.F. Whyte, Boston, Houghton Mifflin, 1919. A pesar de su antigüedad, permanece como una exposición clásica del arte de las negociaciones.

Hayter, Sir W.: *The Diplomacy of the Great Powers*, Londres, Hamish Hamilton, 1960.

Nicolson, Sir H.G.: *The Old Diplomacy and the New* (David Davis Memorial Lecture), Londres, Institute of International Affairs, 1961.

Panikkar, K.M.: *The Principles and Practice of Diplomacy*, Bombay, Asia Publishing House, 1956.

Pearson, L.B.: *Diplomacy in the Nuclear Age*, Cambridge, Mass., Harvard Univ. Press, 1959.

Stow, Sir E.: *A Guide to Diplomatic Practice*, 4ª ed. por Sir Neville Bland. Londres, Longmans, Green, 1957.

Waters, M.: *The Ad Hoc Diplomat; A Study in Municipal and International Law*, La Haya, Nijhoff, 1963.

Los siguientes títulos seleccionados presentan algunos aspectos de los privilegios e inmunidades diplomáticas.

Bolesta-Kosiebrodski, L.: *Le Droit d'asile*, Leiden, Sythoff, 1962.

Cahier, P.: *Le Droit diplomatique contemporain*, Ginebra, E. Droz, 1962.

Deener, D.R.: "Some Problems of the Law of Diplomatic Immunity", 50 *AJIL*, 115 (1956).

Fedorov, L.: *Diplomat i Konsul*, Moscú, Izd-vo Mezhdunarodnoe Otnoshenia, 1965.

Giuliano, M.: "Les Relations et immunités diplomatique", 100 *HR*, 81 (1960).

Gutteridge, J.A.C.: "Immunities of the Subordinate Diplomatic Staff", 24 *BYIL*, 148 (1947).

Lachs, M.: "Les Instruments de la diplomatie moderne", *Annuaire Polonais des Affaires Internationales*, 1961, pp. 109 y ss.

Levin, D.B.: *Diplomaticheskii Immunitet*, Moscú, Izd-vo Akademii Neuk SSSR, 1949.

—.: *O Neprikosnovennosti Diplomaticheskikh Presdtavieteley in ikh Personala*, Moscú, Yuridicheskoe Izd-vo Ministerstava Yustitsi SSSSR, 1946.

Lyons, A.B.: "Immunities other than Jurisdictional of the Property of Diplomatic Envoys", 30 *BYIL*, 116 (1953).

—.: "Personal Immunities of Diplomatic Agents", 31 *BYIL*, 299 (1954).

Moussa, F.: *Diplomatie contemporaine: guide bibliographique*, Ginebra, Carnegie Endowment, 1964.

Romberg, H.P.: "The Immunity of Embassy Premises", 35 *BYIL*, 235 (1959).

Ronning, C.N.: *Diplomatic Asylum: Legal Norms and Political Reality in Latin American Relations*, La Haya, Nijhoff, 1965.

Sepúlveda, C.: "Los Nuevos Destinos de la Diplomacia", 2 *Revista Jurídica Interamericana*, 259 (1960).

Stuart, G.H.: *American Diplomatic and Consular Practice*, 2ª ed., Nueva York, Appleton-Century-Crofts, 1952.

Vieira, M.A.: *Derecho de asilo diplomático*, Montevideo, Biblioteca de Publicaciones de la Facultad de Derecho de la Universidad de la República, 1961.

IV

Lee, L.T., *Consular Law and Practice*, Nueva York, Praeger, 1961.

Libera, K.: *Zasady Miedzynarodowego Prwa Końsularnego*, Varsovia, Pánstwowe Wydawnictwo Naukowe, 1960.

V

Bishop, W.W., Jr.: "Immunity from Taxation of Foreign State-Owned Property", 46 *AJIL*, 239 (1952).

Bogulavski, M.M.: *Immunitet Goswdartsva*, Moscú, Izd-vo IMO, 1962.

Lalive, J.F.: "L'Immunité de juridiction des États et des Organisations Internationales", 84 *HR*, 205 (1953).

Lauterpacht, H.: "The Problem of Jurisdictional Immunities of Foreign States", 28 *BYIL*, 220 (1951).

Münch, F.: "Immunität fremder Staaten in der deutschen Rechtsprechung bis zu den Beschlüssen des Bundesverfassungsgerichts vom 30. Oktober 1962 und 30. April 1963", 24 *Zaörv*, 265 (1964).

Schmitthoff, C.M.: "The Claim of Sovereign Immunity in the Law of International Trade", 7 *ICLQ*, 452 (1958).

Sucharitkul, S.: *State Immunities and Trading Activities in International Law*, Nueva York, Praeger, 1959.

Thommen, T.K.: *Legal Status of Government Merchant Ships in International Law*, La Haya, Nijhoff, 1962.

Wedderburn, K.W.: "Sovereign Immunity of Foreign Public Corporations", 6 *ICLQ*, 290 (1957).

VI

Domke, M.: "Indonesian Nationalization Measures before Foreign Courts", 54 *AJIL*, 305 (1960).

Falk, R.A.: "The Complexity of Sabbatino", 58 *AJIL*, 935 (1964).

Panhuys, H.F. van: "In the Borderland between the Act of State Doctrine and Questions of Jurisdictional Immunities", 13 *ICLQ*, 1193 (1964).

Simmonds, K.R.: "The Sabbatino Case and the Act of State Doctrine", 14 *ICLQ*, 452 (1965).

The Aftermath of Sabbatino, Background Papers and Proceedings of the Seventh Hammarskjöld Forum, Dobbs Ferry, N.Y., Oceana, 1965.

Zander, M.: "The Act of State Doctrine", 53 *AJIL*, 826 (1959).

VII Y VIII

Brandon, M.: "The Legal Status of the Premises of the United Nations", 28 *BYIL*, 90 (1951).

Cahier, P.: *Étude des accords de siège conclus entre les organisations internationales et les États où ils résident*, Milán, Guiffré, 1959.

Gross, L.: "Immunities and Privileges of Delegations to the United Nations", 16 *International Organization*, 483 a 491 (1962).

Hammarskjöld, A.: "Les Immunités de personnes investies de fonctions internationales", 56 *HR*, 110 (1936).

Hill, M.: *Immunities and Privileges of International Officials: The Experience of the League of Nations*, Washington, D.C., Carnegie Endowment, 1947.

Jenks, C.W.: *International Immunities*, Londres, Stevens, 1961.

Kunz, J.I.: "Privileges and Immunities of International Organizations", 41 *AJIL*, 828 (1947).

Parry, C.: "International Government and Diplomatic Privileges", 10 *Modern Law Review*, 97 (1947).

Secrétan, J.: *Les Immunités diplomatiques des représentants des États membres et des agents de la Société des Nations*, Lausanne, Payot, 1928.

8. EL INDIVIDUO EN EL DERECHO INTERNACIONAL

CONTENIDO

8.01 Introducción

Hasta hace poco tiempo sólo en muy contadas ocasiones aparecía el individuo en la escena internacional.

Uno de los pocos temas del derecho internacional clásico en que se consideraban los derechos y los deberes del individuo, era el relacionado con el tratamiento de los extranjeros. De conformidad con el derecho internacional consuetudinario, o en razón de algunos acuerdos internacionales, al extranjero se le aseguraban —y se le aseguran— ciertos derechos sustantivos necesarios para el disfrute de la vida privada normal en el Estado de su residencia. Cuando la vida o los bienes de una persona son lesionados por cualquier acto u omisión de un Estado extranjero, que constituya una violación del derecho internacional, al Estado del cual el individuo es nacional se le permite —de acuerdo con el derecho internacional— intervenir a su favor ante el Estado extranjero, a través de los canales diplomáticos. Este derecho de protección diplomática de los nacionales con respecto a los daños sufridos en un Estado extranjero es, por tanto, una importante institución de derecho internacional. Sin embargo, al apoyar una reclamación de un súbdito por daños que le han sido causados por un Estado extranjero, el gobierno reclamante la formula en su propio nombre y no actúa, por consiguiente, como agente o fiduciario del súbdito reclamante. De ahí que sea dejado a su discreción que el Estado actúe o no para proteger a sus nacionales en el extranjero, y ningún nacional que se encuentre fuera de su país está autorizado —de acuerdo con el derecho internacional— a exigir protección a su propio Estado (véase 9.24). Sin embargo, una nueva tendencia se está desarrollando en el sentido de permitir al individuo defender directamente sus derechos e intereses contra un Estado extranjero, y no a través de la intervención de su propio Estado. La concesión de dicha capacidad procesal al individuo, para que comparezca como actor ante un organismo internacional —aunque aún muy limitada— es un hecho reciente.

Por otra parte, en sentido general, el tratamiento de sus propios nacionales por el Estado no involucraba en el pasado ningún problema de derecho internacional. Pero en la actualidad, el Estado queda obligado a ocuparse debidamente de la adecuada protección no sólo de los extranjeros sino también de sus propios nacionales. La protección de los derechos individuales —sean de nacionales o extranjeros— ya se ha convertido en un nuevo aspecto del derecho internacional.

A su vez, el individuo podía incurrir en responsabilidad —de acuerdo con el derecho internacional clásico— sólo en circunstancias muy limitadas, tales como la piratería. A partir de la primera Guerra Mundial, ha surgido el nuevo criterio de que un individuo puede ser responsable por delitos contra la paz y el orden internacionales, y puede ser juzgado y castigado de acuerdo con un procedimiento internacional.

De este modo, la trasformación de la situación del individuo es uno de los progresos más notables del derecho internacional contemporáneo.

SECCIÓN I. NACIONALIDAD

8.02 Nacionalidad: su concepto y determinación

El individuo se encuentra bajo la jurisdicción del Estado dentro de cuyo territorio reside, y tiene el deber de cumplir con las leyes de dicho Estado mientras resida en él. Sin embargo, al mismo tiempo el individuo queda bajo la jurisdicción personal del Estado del cual es nacional, y debe lealtad a dicho Estado dondequiera que esté (véase 6.26). A cambio de ello, tiene derecho de ser protegido por el Estado del cual es nacional. Cuando sus derechos no son respetados por el Estado de la residencia, el Estado de la nacionalidad puede hacerse cargo del caso y ejercer el derecho de protección diplomática, de acuerdo con el derecho internacional (véase 9.24 y 9.31). Cuando no puede permanecer en el territorio de otros Estados, generalmente se le asegura que ha de ser recibido en el Estado del cual es nacional. Así, al tratar cualesquiera problemas jurídicos internacionales que afecten a un individuo, siempre es esencial conocer su nacionalidad, el lazo jurídico que lo une personalmente con un Estado determinado para varios fines. Es ilógico e inconveniente que el derecho internacional permita que el individuo tenga múltiple nacionalidad, o que no tenga ninguna. La posesión por cada individuo de una sola nacionalidad es una meta que ha de lograrse por el derecho internacional. La Declaración Universal de los Derechos Humanos de 1948 dispone que "todos tienen derecho a una nacionalidad" (Art. 15 (i), *UNGA*, Res. 217 (iii) A, 10 de diciembre de 1948).

La palabra "ciudadanía" se usa con mucha frecuencia en el derecho interno. Generalmente, se denomina ciudadano al nacional que disfruta de plenos derechos políticos y civiles, a diferencia de otros nacionales menos favorecidos. El ejemplo más notable de esto se vio en una ley alemana de 1935, que consideró sólo a los nacionales de sangre alemana (*Reichsbürger*) como ciudadanos con derechos políticos (*Reichsbürgergesetz* 15 de septiembre 1935, *Reichsgesetzblatt,* 1935, I, p. 1146). La ley de inmigración y naturalización de Estados Unidos (United States Immigration and Naturalization Act), de 1952, también considera como nacional y no como ciudadano de Estados Unidos a la persona nacida en la Isla Swains y Samoa americana, a quien no se le concede el privilegio de votar y ocupar cargos públicos (66 Stat. en L., 163, 238, Sec. 308). Naturalmente, este concepto de ciudadanía es ajeno al derecho internacional. Por otra parte, la condición de los ciudadanos de la Comunidad Británica o de los súbditos británicos tiene un significado diferente en la actualidad, en el sentido de que toda persona que es ciudadano del Reino Unido y de sus colonias, o ciudadano de cualquier país miembro de la Comunidad, por virtud de dicha ciudadanía tiene la condición de súbdito británico o de ciudadano de la Comunidad (British Nationality Act, 1948, 11 y 12 Geo. 6, c. 56, Sec. I; *Statutes of England,* de Halsbury, 2ª ed. Vol. 28, p. 137). Pero, puesto que según el derecho internacional, el país miembro de la Comunidad es un Estado independiente, la ciudadanía de cada miembro de la Comunidad tiene la función de la nacionalidad en el derecho internacional.

En primer lugar, es pertinente conocer que la ley determina la nacionalidad de cada individuo. Durante mucho tiempo se ha admitido como cuestión de principio que el Estado está en libertad —de acuerdo con su propia constitución y su legislación nacional— de determinar quién tiene derecho a su nacionalidad. En otras palabras, la concesión de la nacionalidad corresponde a la jurisdicción interna de cada Estado. Esto fue confirmado por la Corte Permanente de Justicia Internacional, en una Opinión Consultiva, en el *Nationality Decrees in Tunis and Morocco* (1923) (PCIJ Ser. B, N⁰ 4, p. 24). Las siguientes disposiciones de la Convención sobre el Conflicto de Leyes de Nacionalidad, de 1930, pueden considerarse como una declaración acertada de los principios existentes de derecho internacional con respecto a la determinación de la nacionalidad: "Cada Estado debe determinar quiénes son sus nacionales de acuerdo con su propia ley..." (Art. 1⁰). "Cualquier duda sobre si una persona posee la nacionalidad de un Estado particular se determinará de acuerdo con la ley de dicho Estado." (Art. 2⁰ 179 *LNTS,* 89.) Como se señaló en la opinión consultiva de la Corte Permanente de Justicia Internacional, ya citada, la competencia del Estado sobre la determinación de la nacionalidad puede, desde luego, ser restringida por obligaciones contraídas en los tratados. Dentro de los límites fijados por las obligaciones de sus tratados, el Estado puede conferir su nacionalidad a cualquier individuo, teniendo en cuenta determinados factores: su tradición nacional, su política demográfica o económica, las necesidades de su seguridad, etcétera. (En cuanto a las legislaciones nacionales de varios países con respecto a la nacionalidad, véanse los estudios analíticos de Harvard Research, 23 *AJIL,* Sp. Supl., II (1929); y UN *Legislatives Series,* N⁰ 4 y 9: *Laws Concerning Nationality,* UN Doc., ST/LEG/SER. B/4 y 9.)

Aunque, esencialmente, la nacionalidad es materia de legislación interna para cada Estado, sin embargo está regida también por los principios de derecho internacional. En esto debe hacerse una distinción entre los efectos jurídicos de la nacionalidad dentro del derecho interno, y sus efectos en el derecho internacional. Es posible que la concesión de la nacionalidad a un individuo por un Estado sea válida y produzca efectos jurídicos de acuerdo con el derecho de dicho Estado, y no obstante carezca de eficacia frente a otros Estados para el propósito de prestar protección diplomática. Para que sea capaz de producir dicho efecto, el lazo jurídico de la nacionalidad tiene que reflejar una relación genuina entre el individuo y el Estado. Un problema de esta índole afrontó la Corte Internacional de Justicia en el *Nottebohm Case.* La Corte llegó a la conclusión de que la naturalización de Nottebohm en Liechtenstein no se basaba en ninguna relación genuina con dicho país. Por consiguiente, Liechtenstein no tenía el derecho de plantear una reclamación en nombre de Nottebohm contra Guatemala. ((1955) ICJ Rep. 4. Véase también el Art. 4⁰ (c) de la resolución adoptada por el Instituto de Derecho Internacional, en su sesión de Varsovia de 1965, respecto al "Carácter Nacional de una Reclamación Internacional Presentada por un Estado por Daños Sufridos por un Individuo".)

8.03 ADQUISICIÓN DE LA NACIONALIDAD POR NACIMIENTO

No obstante los distintos modos de adquirir la nacionalidad, la mayor parte de las personas la adquieren al nacer y no la cambian durante toda la vida. No existe ninguna regla uniforme en la práctica o en el derecho interno sobre la concesión de la nacionalidad por nacimiento; no obstante, se aplican dos principios y se confiere la nacionalidad por nacimiento, por el hecho, ya sea de nacer dentro del territorio de un Estado —jus soli— o de descender de uno de sus nacionales —jus sanguinis—. Existe un consenso general de que no hay otra base que el jus soli o el jus sanguinis sobre la cual se pueda otorgar, con fundamento adecuado, la nacionalidad por nacimiento, aunque generalmente ninguno de estos principios se adopta con exclusión del otro. En varias formas, una combinación de ambos se encuentra en la legislación nacional de la mayoría de los Estados. Algunos de ellos —como el Reino Unido, Estados Unidos y los de América Latina— se adhirieron principalmente al principio del jus soli. El jus sanguinis es la base principal de la adquisición de la nacionalidad por nacimiento en los Estados de Europa —tales como Francia y Alemania— y también en los países socialistas como la Unión Soviética. Aun en los Estados que adoptan el principio del jus soli, éste no se aplica automáticamente a los niños nacidos de personas que disfrutan de condición diplomática.

8.04 NACIONALIDAD DE LA ESPOSA

Existen muchas divergencias en el derecho interno en lo referente a la nacionalidad de la mujer casada. La tesis tradicional, generalmente aceptada, afirmaba que la nacionalidad de la mujer automáticamente era la de su esposo. Un considerable número de Estados aún mantienen este principio de unidad de la familia. (Véase UN Doc., E/CN. 6/254/Rev. I, 1964, IV. I: *Nationality of Married Women*.) Por ejemplo, de acuerdo con una ley francesa de 1945, la mujer extranjera que se casa con un francés adquiere la nacionalidad francesa en el momento de celebrarse el matrimonio (Ordonnance du 19 octobre 1945, portant code de la nationalité, *Recueil Sirey, Lois annotées*, NS, Vol. 10, 1946-50, p. 201).

Por otra parte, la ley de Estados Unidos de 1922 —conocida como la Ley Cable (42 Stat. a L., 1021)— consagró el abandono tanto de la práctica general de los Estados como de la política anterior de Estados Unidos, al disponer que una mujer extranjera que se casara con un ciudadano de Estados Unidos, o cuyo marido se hubiese naturalizado, no se convierte en ciudadana estadounidense sólo por razón de dicho matrimonio o de dicha naturalización (Sec. 2), y que una mujer ciudadana de Estados Unidos no dejará de serlo por razón de su matrimonio con un extranjero (Sec. 3).

Este principio de la condición independiente de la esposa, en materia de nacionalidad, ha obtenido un fuerte apoyo desde aquel tiempo y ha sido adoptado en la Convención sobre la Nacionalidad de la Mujer Casada, de 1957 (309 *UNTS*, 65). Ésta dispone que ni la celebración ni la disolución del matrimonio entre uno de sus nacionales y un extranjero, ni el cambio de nacionalidad del marido durante el matrimonio, afecta automáticamente la nacionalidad de la esposa; y que ni la adquisición voluntaria de la nacionalidad de otro Estado ni la renuncia de la nacionalidad por uno de sus nacionales impedirá la retención de su nacionalidad a la esposa de dicho nacional (Arts. 1º y 2º).

A pesar del principio de la condición independiente de la esposa, en la mayoría de los Estados la extranjera puede adquirir la nacionalidad de su cónyuge, a solicitud de ella, mediante un rápido proceso de naturalización.

8.05 NATURALIZACIÓN Y EXPATRIACIÓN

La naturalización en sentido estricto —según se entiende en contraposición a la naturalización *ipso facto* por matrimonio, legitimación, o adopción de menores, etcétera— es el procedimiento mediante el cual el Estado puede, a discreción, conferir su nacionalidad a un individuo, con posterioridad a su nacimiento, y a instancia y solicitud suyas. Ningún extranjero tiene derecho —por lo menos al amparo del derecho internacional— de naturalizarse en un Estado extranjero. El Estado puede denegar la naturalización de los extranjeros sin dar explicación alguna por ello. Por otra parte, imponer la la naturalización a los individuos contra su voluntad, es contrario a los principios aceptados de derecho internacional (*In re Rau* (1930), *AD*, 1931-2, Caso Nº 124).

La naturalización queda comprendida dentro del poder discrecional del Estado, y éste puede conferirla en las condiciones que considere apropiadas. Por ejemplo, la ley de Inmigración y Naturalización de Estados Unidos, de 1952, requiere el entendimiento del idioma inglés, el conocimiento y la comprensión de la historia, de los principios y de la forma del gobierno estadounidense, y, a la vez, la residencia en Estados Unidos durante cierto tiempo (Sec. 312); y, por otra parte, prohíbe la naturalización de una persona que se oponga al gobierno o al derecho, o que favorezca las formas de gobierno totalitario (Sec. 313 (a)). La Ley Británica de Nacionalidad, de 1948, declara que las condiciones para la naturalización de un extranjero son, *inter alia*, que el solicitante tenga buen carácter y conocimiento suficiente del idioma inglés, y también que tenga la intención de residir en el Reino Unido o de entrar o continuar al servicio de la Corona (Segunda Lista).

La doctrina de la lealtad indisoluble excluyó el derecho de expatriarse. Sin embargo, desde 1868 —cuando fue aprobada una ley que declaraba que el derecho de expatriarse es un derecho natural e inherente a todo el mundo, indispensable para el disfrute de los derechos de la vida, de la libertad y de la búsqueda de la felicidad (15 Stat. a L., 233, Preámbulo de la Ley

Concerniente a los Derechos de los Ciudadanos Estadounidenses en los Estados Extranjeros) —, Estados Unidos ha insistido en el derecho de expatriarse que tiene cualquier individuo; Gran Bretaña también ha abandonado la doctrina del *common law* sobre la indisolubilidad de la lealtad, y ha reconocido un limitado derecho de expatriarse en la Ley de Nacionalización de 1870 (33 y 34 Vict. c. 14, Sec. 6, *Chitty's Statutes,* 6ª ed., I, p. 200). Sin embargo, muchos Estados aún se niegan a permitir que sus nacionales renuncien a su nacionalidad hasta que hayan llenado ciertos requisitos, tales como el cumplimiento del deber del servicio militar. En la Unión Soviética, la expatriación sólo es permitida previa aprobación del Consejo Supremo (Ley de Ciudadanía Soviética Nº 198, agosto de 1938, Art. 4º; UN *Legislatives Series,* Nº 4, p. 462). A pesar de la disposición de la Declaración Universal de los Derechos Humanos de 1948, a efecto de que "a nadie se le negará... el derecho de cambiar su nacionalidad" (Art. 15 (2)), difícilmente puede decirse que exista un derecho de expatriarse ilimitado.

El efecto de la naturalización sobre la nacionalidad anterior es exclusivamente de la ley interna respectiva. La naturalización de un individuo en el extranjero no impone obligación alguna al Estado de su nacionalidad, ya sea para reconocer la adquisición de una nueva nacionalidad, o para considerar que ha perdido la suya original. De acuerdo con las leyes de algunos Estados —incluso el Reino Unido y Estados Unidos— el nacional que se naturaliza en el extranjero pierde su nacionalidad anterior. Por otra parte, algunos Estados —incluso Francia— disponen en sus leyes que la naturalización en el extranjero no conlleva pérdida automática.

8.06 Múltiple nacionalidad y apátridas

La falta de uniformidad en los derechos internos con respecto a la determinación de la nacionalidad, origina inevitablemente difíciles problemas de nacionalidad múltiple y de personas sin nacionalidad. Se hicieron algunos intentos para reducir o eliminar las causas de tales conflictos de leyes sobre nacionalidad, primeramente, a través de la Liga de las Naciones, que preparó en su Conferencia de Codificación, de 1930, una Convención sobre el Conflicto de las Leyes de Nacionalidad, la que fue puesta en vigor, aunque sólo entre un limitado número de Estados (179 *UNTS,* 89). Entre los instrumentos más recientes, se encuentra la Convención para Suprimir o Reducir la Apatridia en lo Porvenir, 1961 (UN Doc., A/CONF. 9/15) y la Convención Europea sobre la Reducción de Casos de Múltiple Nacionalidad, 1963 (58 *AJIL,* 573 (1964).)

Se han redactado algunas convenciones para disponer la aplicación obligatoria del principio del *jus soli* en ciertos casos, con el objeto de reducir o eliminar las posibilidades de existencia de apátridas. Este concepto, incorporado a la Convención sobre el Conflicto de las Leyes de Nacionalidad de 1930 (Art. 19), fue también adoptado por la Convención de 1961. Según ésta, los Estados contratantes acuerdan conferir nacionalidad a una persona nacida en sus territorios, que de otra manera carecería de ella

(Art. 1º), y también a una persona no nacida en el territorio de un Estado contratante, que de otra manera carecería de nacionalidad, siempre que al ocurrir el nacimiento de tal persona la nacionalidad de uno de sus padres sea la de dicho Estado (Art. 4º). La carencia de nacionalidad también puede resultar de la existencia de dos principios opuestos con respecto a la condición de nacionalidad de la mujer casada. La Convención de 1961 —que siguió las ideas adoptadas por la de 1930 (Art. 8º)— preceptúa que si la ley de un Estado contratante impone la pérdida de la nacionalidad como consecuencia del matrimonio o de la terminación del matrimonio, tal pérdida debe quedar condicionada a la posesión o adquisición de otra nacionalidad (Art. 5º (1)); y que si la ley determina la pérdida de la nacionalidad para un cónyuge como resultado de que el otro haya perdido o sido privado de ella, la pérdida para el primero tiene que estar condicionada a la posesión o adquisición de otra nacionalidad (Art. 6º).

A fin de disminuir las causas de nacionalidad múltiple, se realizaron algunos esfuerzos para conferir a la persona que tuviera tal condición el derecho de escoger una y desechar la otra; dichos esfuerzos dieron por resultado la disposición establecida en la Convención de 1930, la cual estatuyó que tal persona podría renunciar a una de sus nacionalidades con la autorización del Estado cuya nacionlidad deseaba perder, y que dicha autorización no debía negarse en el caso de que la persona tuviera su domicilio habitual y principal en el extranjero (Art. 6º). Esta idea también se encuentra adoptada en la Convención Europea sobre la Reducción de Casos de Nacionalidad Múltiple, de 1963 (Art. 2º (1, 2).)

También se han efectuado algunos esfuerzos internacionales con el propósito de reducir la nacionalidad múltiple o el estado de carencia de nacionalidad que se derivan, respectivamente, de la naturalización o de la expatriación. La Convención Europea de 1963 dispone que los nacionales de los Estados contratantes que adquieren por su propia voluntad, mediante la naturalización, la nacionalidad de otro Estado, perderán su anterior nacionalidad (Art. 1º (1)). Por otra parte, la Convención de 1961 —que adoptó el criterio de la de 1930— dispone que si el derecho de un Estado contratante permite la expatriación voluntaria, ésta no debe hacer perder la nacionalidad, a menos que la persona adquiera otra nacionalidad (Art. 7: (1)).

Por lo tanto, hasta el presente, los esfuerzos internacionales han tenido sólo un efecto limitado, y mientras la determinación de la nacionalidad se encuentre aún bajo la competencia de cada Estado, la nacionalidad múltiple o la carencia de nacionalidad no cesará completamente de existir. La condición de la persona que tiene una nacionalidad múltiple se tiene en cuenta en la Convención de 1930 sobre el Conflicto de Leyes de Nacionalidad. Puede ser considerada como nacional por cada uno de los Estados cuya nacionalidad ella posea (Art. 3º). Un Estado no puede prestar protección diplomática a uno de sus nacionales contra otro Estado cuya nacionalidad también posea dicha persona (Art. 4º; ver *Salem Case* (1932) 2 *RIAA*, 1161). Dentro de un tercer Estado, esa persona es tratada como si tuviera una sola nacionalidad (Art. 5º) (para la condición del tratamiento de los apátridas, véase 8.17).

8.07 Privación de la nacionalidad

La Declaración Universal de los Derechos Humanos, de 1948, declara que "a nadie se le privará arbitrariamente de su nacionalidad" (Art. 152)). Sin embargo, el derecho internacional no ha eliminado las posibilidades de privar a un individuo de su nacionalidad. La Conferencia de las Naciones Unidas para Suprimir o Reducir la Apatridia en lo Porvenir, de 1961, aún conserva el derecho de los Estados de privar a sus nacionales de la nacionalidad, basándose en que la persona haya prestado servicios a otro Estado o recibido emolumentos de él, o que se haya comportado en forma gravemente perjudicial para los intereses vitales del Estado; además, en que haya prestado juramento o hecho una declaración formal de lealtad a otro Estado, o dado prueba definitiva de su determinación de repudiar su lealtad a aquél (Art. 8º).

Las leyes nacionales de muchos Estados reconocen varios motivos por los cuales sus nacionales pueden ser privados de la nacionalidad. De acuerdo con la ley de Estados Unidos, de 1952, un nacional de dicho país puede perder su nacionalidad por motivos tales como prestar juramento o hacer una declaración formal de lealtad o entrar en las fuerzas armadas de un Estado extranjero; y también por desempeñar los deberes de cualquier cargo o empleo del gobierno de un Estado extranjero, por votar en una elección política o por participar en un plebiscito en aquél; por desertar de las Fuerzas Armadas de Estados Unidos en tiempo de guerra; por cometer un acto de traición contra dicho país; por partir de él o permanecer fuera de su jurisdicción en tiempo de guerra o durante un período de emergencia nacional, con el propósito de evadir el adiestramiento y el servicio de las Fueras Armadas de los Estados Unidos (Sec. 349 (a)). En el Reino Unido, el secretario de Estado se encuentra autorizado para privar de su nacionalidad a cualquier ciudadano naturalizado si está convencido de que dicho ciudadano ha mostrado ser desleal a Su Majestad, por su conducta o sus palabras, o si en tiempo de guerra ha comerciado o se ha puesto en comunicación con el enemigo (Sec. 20 (4)). De acuerdo con la legislación soviética, la privación de la nacionalidad se efectúa, en cada caso, por decisiones de los tribunales o por una orden especial del Consejo Supremo (Art. 7º).

8.08 Naturalización colectiva mediante el traspaso de territorio

No existe regla establecida de derecho internacional con respecto a la nacionalidad de los habitantes que residen en un territorio trasferido de un Estado a otro. La nacionalidad de éstos se determina, generalmente, según el tratado o acuerdo que efectúa el traspaso del territorio. Existen un buen número y variedad de precedentes para la adquisición o la pérdida de la nacionalidad por parte de los habitantes de los territorios trasferidos; pero, generalmente —a falta de disposiciones de tratados en sentido contrario— ellos pierden su nacionalidad y adquieren la del Estado sucesor. En este caso, la nacionalidad de los extranjeros que residen en el territorio trasmitido no resulta afectada, aunque queda el problema de si los nacionales no domiciliados en dicho territorio adquieren la nacionalidad del Estado sucesor.

En algunos casos, por una disposición del tratado, se ha permitido a los habitantes del territorio trasmitido retener su nacionalidad. Esta nacionalidad opcional se usó ampliamente en la última mitad del siglo XIX para proteger los intereses de los habitantes, hasta donde fuera posible, de las consecuencias de un traspaso efectuado sin su consentimiento. Aunque ningún Estado queda obligado por el derecho internacional —en ausencia de una disposición de un tratado— a reconocer un derecho de opción a los habitantes trasferidos, esto se estipuló con frecuencia en los tratados de paz posteriores a la primera y la segunda Guerras Mundiales (véase, por ejemplo, Tratado de las Minorías con Polonia, de 1919, Arts. 3-5, Hudson, *International Legislation*, Vol. I, p. 283; el Tratado de Paz de St. Germain-en-Laye, con Austria, de 1919, Arts. 78-82; el Tratado de Paz de Trianón, con Hungría, de 1920. Arts. 63-66; el Tratado de Paz de Versalles, con Alemania, de 1919, Arts. 37, 85, 11; el Tratado de Paz con Italia, de 1947, Arts. 19-20).

Los precedentes varían con relación al problema de si aquellos habitantes que han hecho uso de su derecho tienen que mudarse al Estado por el cual han optado. Pero la práctica, desde el siglo XVII hasta el presente, indica en forma general la existencia de una obligación de esta índole. Sin embargo, aun en el caso de que se exija a los habitantes que han usado el derecho de opción, que abandonen el territorio transferido, se inserta generalmente en el tratado una disposición que regula los derechos de los habitantes, autorizándolos a llevarse su propiedad mueble libre de cualquier impuesto de exportación. Pero es posible que tengan que trasmitir sus títulos sobre propiedades inmuebles.

8.09 NACIONALIDAD DE LAS PERSONAS JURÍDICAS

Las sociedades y otras personas jurídicas no poseen nacionalidad en el sentido usual de la palabra en relación con las personas naturales, porque el concepto de lealtad y de ciertos privilegios ligados a las personas naturales —involucrados por ejemplo, en la expatriación o en la naturalización— son inaplicables a las personas jurídicas. Lo cierto es que los Estados tratan a las sociedades y a otras personas jurídicas como nacionales en el ejercicio de la jurisdicción y para propósitos de protección diplomática. La cuestión de la protección a los accionistas será examinada con más detalle en 9.31.

Parece no haber acuerdo referente al criterio para determinar la nacionalidad de las sociedades y de las personas jurídicas, en el cual se puede confiar en cuanto a oponibilidad de otros Estados. De los diferentes factores que hay en la relación existente entre las sociedades o personas jurídicas y el Estado, aquel en que más se confía es el lugar de inscripción o registro. Otros factores son el lugar de la administración y la dirección, o la nacionalidad de los individuos que tienen el control efectivo, principalmente los dueños individuales, los accionistas o los directivos. La teoría del control ha sido favorecida especialmente en el Reino Unido, en tiempo de guerra, para determinar si una sociedad o persona jurídica tenía el carácter de enemigo (véase *Daimler Co. vs. Continental Tyre & Rubber Co.,* (1916) 2 A. C. 307). Algunos tratados comerciales disponen que las sociedades organizadas dentro de la ley interna y las organizaciones sin ánimo de lucro, legalmente establecidas, pueden ser asimiladas a los nacionales del Estado contratante.

SECCIÓN II. LA CONDICIÓN JURÍDICA DE LOS EXTRANJEROS

8.10 INTRODUCCIÓN

Las reglas de derecho internacional relativas a la condición de los extranjeros se derivan principalmente de la práctica estatal, que por cierto es variada. Además de este derecho internacional consuetudinario, los tratados de comercio o de establecimiento —bipartitos o multipartitos— frecuentemente contienen detalladas disposiciones sobre la materia. Se han hecho intentos de codificar el derecho internacional en este campo, pero aparte de la Convención de La Habana sobre la condición de los extranjeros, de 1928 (132 *LNTS,* 301), tales intentos no han tenido éxito.

8.11 ADMISIÓN DE EXTRANJEROS

Ningún Estado tiene la obligación de admtir a extranjeros en su territorio. El Estado puede prohibir la entrada de extranjeros en su territorio o aceptarlos sólo en los casos y las condiciones que estime adecuado prescribir (*Ekiu vs. U. S.,* 142 U.S. 651 (1892); véase Vattel, *Le Droit des gens,* 1758, Lib. II, Sec. 94). Esto puede demostrarse con el examen de las leyes inmigratorias de muchos Estados, pocas de las cuales admiten a los extranjeros incondicionalmente. Por otra parte, casi ningún Estado, aunque esté autorizado para hacer uso del derecho de excluir a los extranjeros, lo ejerce en toda su plenitud. Como cuestión práctica, ningún Estado se encuentra inclinado a romper todo intercambio entre él y los otros países.

En su mayor parte, los Estados están dispuestos a admitir extranjeros nacionales de otros Estados contratantes sobre la base de tratados de comercio y de establecimiento, e incluso hasta sin disposiciones de tratado. La determinación de las condiciones para la admisión de extranjeros que pueda considerarse conforme con sus intereses nacionales, es materia de legislación nacional. En la mayoría de los casos, se admite libremente sólo a ciertas clases de extranjeros —tales como turistas o estudiantes—, mientras que los inmigrantes quedan sujetos a regulaciones relativamente severas. De hecho, los extranjeros que se encuentran física, moral o socialmente deficientes, generalmente quedan excluidos de la admisión. Algunas veces, a los nacionales de determinados Estados se los discrimina. Puede ser que esto se considere un acto hostil, pero ha de tratarse como asunto más bien político que jurídico.

Los extranjeros a quienes les ha sido negada la entrada o la residencia, son devueltos al país de su última residencia; pero si dicho país no se encuentra preparado para aceptarlos, se los envía al país de su nacionalidad.

El extranjero que solicita ser admitido en el territorio de un Estado extranjero debe llevar un pasaporte válido expedido por las autoridades competentes del Estado de origen, que le sirve de identificación a los efectos del ejercicio del derecho de protección. También debe obtener, por anticipado, un permiso de entrada expedido por la autoridad competente del Estado extranjero. Este permiso —que se concede generalmente en forma de visa— a veces se renuncia recíprocamente mediante acuerdo entre países amigos.

8.12 EXPULSIÓN DE EXTRANJEROS

El derecho del Estado de expulsar, a discreción, a los extranjeros cuya presencia considere indeseable —igual que el derecho de negar la admisión de ellos— es considerado como un atributo de la soberanía del Estado, y no se encuentra limitado ni siquiera por tratados que garanticen el derecho de residencia a los nacionales de otros Estados contratantes (*Fong Yue Ting vs. U. S.*, 149 U.S. 608 (1892)). Los motivos de expulsión de un extranjero pueden ser determinados por cada Estado, de acuerdo con su propio criterio. Sin embargo, no debe abusarse del derecho de expulsión. El Estado de la nacionalidad de un extranjero que ha sido expulsado puede hacer valer su derecho de investigar los motivos de su expulsión y la suficiencia de la prueba de los cargos en que se ha basado la expulsión. Los motivos por los cuales a los extranjeros se los puede expulsar en tiempos de guerra difieren de aquellos que justifican la expulsión en tiempo de paz. En tiempo de guerra se considera que el Estado beligerante tiene el derecho de expulsar a todos los extranjeros enemigos que se encuentren en su territorio. En tiempo de paz, por otra parte, a los extranjeros sólo se los puede expulsar en servicio de los intereses del orden o del bienestar público, o por razones de seguridad del Estado, interna o externa (*Boffolo Case* (Italy-Yugoeslavia), 10 *RIAA*, 528). En principio, se otorga una consideración especial a aquellos extranjeros que han sido residentes o se han dedicado a negocios, durante cierto tiempo, en el territorio.

La expulsión de un extranjero no es un castigo, sino un acto del órgano ejecutivo que contiene una orden en que se indica al extranjero que abandone el Estado. El poder judicial a veces tiene la facultad de intervenir en caso de abuso de la facultad discrecional del ejecutivo, pero el extranjero no siempre se le concede el derecho de impugnar la decisión del ejecutivo ante el poder judicial. La expulsión no debe efectuarse causando sufrimiento o ejerciendo violencia o daño innecesario al extranjero que se expulsa.

La detención obligatoria de un extranjero, bajo orden de expulsión debe evitarse, salvo en casos en que se niegue a partir o trate de escapar del control de las autoridades del Estado. Además, debe concedérsele un plazo razonable para arreglar sus asuntos personales antes de salir del país, y debe permitírsele escoger el Estado a donde pueda solicitar su admisión. (Sobre expulsión de los refugiados políticos, véase 8.17.)

8.13 DERECHO DE LOS EXTRANJEROS

Una vez que han sido legalmente admitidos en el territorio, los extranjeros tienen ciertos derechos mínimos necesarios para el disfrute de la vida privada ordinaria. El derecho internacional no permite a ningún Estado privar a los extranjeros de sus derechos de contratar y de adquirir bienes muebles, o de los derechos matrimoniales y de familia. Aparte de estos derechos, el Estado puede afectar a los extranjeros con ciertas incapacidades o medidas restrictivas de diferentes severidad, para conservar su seguridad nacional o el orden público, y para proteger los intereses de sus propios nacionales.

A los extanjeros generalmente se les niega el ejercicio de derechos políticos, inclusive el de votar, el de ocupar cargos públicos o el de dedicarse a actividades políticas. A los extranjeros residentes no se les niega el derecho de trabajar, pero pueden ser excluidos de empleo en ciertas profesiones —tales como capitán, primer oficial o maquinista jefe de barcos mercantes—. El nombramiento en cargos del servicio civil queda reservado generalmente a los nacionales. Algunos Estados prohíben a los extranjeros la posesión de bienes inmuebles o su adquisición por herencia, o les conceden esos derechos únicamente bajo reciprocidad. Muchos Estados prohíben que los extranjeros adquieran o inscriban en su nombre ciertas categorías de bienes muebles —tales como aeronaves o embarcaciones—. Frecuentemente los derechos de los extranjeros se regulan en tratados de comercio o de establecimiento; por consiguiente, es esencial el examen de los tratados pertinentes.

Existen, en particular, una tendencia hacia la asimilación de los derechos de los extranjeros a los de los nacionales, en virtud de la cláusula de tratamiento nacional incluida en muchos tratados de comercio y establecimiento, mediante la cual los ciudadanos de cada Estado contratante disfrutan, en el territorio de los otros, de los mismos prescritos derechos sustantivos que sus ciudadanos. Además, la cláusula de nación más favorecida en un tratado —mediante la cual una parte concede a la otra, automáticamente, cualquier derecho o beneficio que otorgue a un tercer Estado— tiende a conferir los mismos derechos a los extranjeros de diferentes nacionalidades en un país determinado. Desde el siglo XVIII, aunque en varias formas, esta cláusula ha aparecido en muchos tratados de comercio. Ha encontrado aceptación —especialmente en Estados Unidos— una forma condicional o modificada de la cláusula, en virtud de la cual, sobre base de reciprocidad, cualquier favor o privilegio conferido por uno de los Estados contratantes a un tercer Estado, debe entenderse sólo a los nacionales del otro Estado contratante, si ha cumplido las condiciones bajo las cuales dichos favores o privilegios fueron conferidos al concesionario. Esta forma no sólo dio lugar a muchas dificultades de interpretación sobre las condiciones en las cuales algún favor o privilegio había sido concedido a un tercer Estado o debiera ser reconocido al otro Estado contratante, sino también creó cierta falta de equidad entre Estados que se encontraban en diferentes situaciones. Estados Unidos cambió su posición anterior en 1923 (véase Hackworth, *Digest,* Vol. 5, p. 271), y en la actualidad parece ser práctica general el mantener la forma incondicional que se ha seguido en Europa durante mucho tiempo, en el sentido de que cualquier favor o privilegio conferido a un tercer Estado debe ser extendido —simultáneamente, sin solicitud y sin compensación— al otro Estado contratante. La cláusula incondicional de nación más favorecida también es la esencia misma del Acuerdo General sobre Aranceles Aduaneros y de Comercio (AGAAC), de 1947 (véanse 10.04 y 10.05).

A los extranjeros se les han impuesto ciertas restricciones y controles sobre la adquisición de intereses o de poder administrativo en las empresas de servicios públicos, o en las dedicadas a la construcción de barcos, al trasporte aéreo o marítimo y fluvial, a la banca que comprenda funciones depositarias o fiduciarias, a la explotación de la tierra o a la de otros recursos naturales. De hecho, los países en desarrollo que no se encuentran provistos de capital suficiente o de tecnología avanzada, con frecuencia confían estas empresas a sociedades extranjeras. Mediante acuerdos de concesión celebrados con los gobiernos de estos países en desarrollo, los extranjeros o sociedades extranjeras, a cambio del ofrecimiento de capital y tecnología, obtienen un monopolio y comparten las utilidades y ganancias con los gobiernos respectivos, en proporción que habrán de determinar. (Véase UN Doc. A/AC. 97/5/Rev. 2, 1962, V. 6; *Permanent Sovereignty over Natural Resources.*) Hay algunos otros casos en los cuales sociedades organizadas o constituidas en Estados subdesarrollados son autorizadas para importar capital o emplear tecnología extranjera con el objeto de fomentar las actividades generalmente reservadas a los nacionales. De modo que en algunos países en desarrollo los extranjeros frecuentemente participan en los servicios públicos o en la explotación de los recursos naturales.

Una vez que se admite a los extranjeros dentro del territorio y se les permite disfrutar de ciertos derechos sustantivos, la seguridad y la libertad personal de ellos, lo mismo que sus derechos, son tan sagrados como los de los nacionales, y deben tener una protección adecuada. Esta protección con frecuencia se encuentra reconocida en tratados de comercio. La autoridad del Estado debe prestar el respeto debido a la libertad, la vida y los bienes del extranjero residente. El Estado es responsable por cualquier falta en el ejercicio de la debida diligencia para brindar protección a los extranjeros mediante el empleo de medidas preventivas o disuasivas contra cualquier acto eventual cometido injustamente por cualquier persona. La diligencia debida que debe ejercerse ha sido uno de los problemas más controvertibles en el derecho internacional, y fue discutido ampliamente en la Conferencia de Codificación de 1930 (véase 9.14). La autoridad del Estado debe hallar e identificar a cualquier persona que cometa un acto injusto contra los extranjeros, para que se les dé a éstos la plena oportunidad de resarcirse por los daños sufridos. El Estado también puede ser responsable por haber dejado de tomar las medidas necesarias para detener y sancionar al ofensor con el objeto de que no ocurran en el futuro delitos de igual clase contra los extranjeros. A los extranjeros deben conferírseles el derecho de presentarse ante los tribunales y de obtener protección judicial para sus personas y bienes, en iguales condiciones que a los nacionales. El Estado es responsable de asegurar un juicio justo y una sentencia imparcial de los tribunales (véase 9.12).

Los extranjeros tienen el derecho de abandonar el Estado de su residencia, sin que ello se supedite a condición alguna, a menos que no hayan cumplido sus obligaciones locales —tales como el pago de impuestos, multas, deudas privadas y similares—. A los extranjeros que parten se les debe permitir que se lleven sus pertenencias en las mismas condiciones que los nacionales.

8.14 Expropiación de bienes de extranjeros

El respeto a la propiedad privada y a los derechos adquiridos por los extranjeros, es uno de los principios reconocidos por el derecho internacional. La responsabilidad internacional de un Estado se ha basado frecuentemente en el incumplimiento de este deber (Véase el alegato británico en el *Oscar Chinn* (1934), (PCIJ, Ser. C, Nº 75, p. 40). Sin embargo, la expropiación de bienes de un extranjero para fines públicos no ha sido considerada como contraria al derecho internacional. Hay consenso general en que este derecho se encuentra implícito en la soberanía del Estado. Por ejemplo, Estados Unidos en una nota a México del 21 de julio de 1938, en relación con las expropiaciones agrarias de ese país, declaraba que el derecho de cada país para determinar libremente sus propios programas sociales, agrarios e industriales, incluía el derecho soberano de expropiar la propiedad privada dentro de sus fronteras, con propósitos de utilidad pública (*U. S. For. Rel.*, 1938-9, p. 87). En relación con la expropiación de tierras efectuadas en Cuba en 1959, Estados Unidos expresó su opinión en una nota al ministro de relaciones exteriores de Cuba, en la siguiente forma: "Los Estados Unidos reconocen que, de acuerdo con el derecho internacional, el Estado tiene el derecho de tomar propiedades que se encuentren dentro de su jurisdicción, para fines públicos, a falta de disposiciones de tratados o de otro acuerdo en sentido contrario" (40 *State Department Bulletin*, p. 958 (1959)). Sin embargo, la propiedad privada de extranjeros o de sociedades extranjeras puede ser expropiada solamente en ciertas condiciones impuestas por el derecho internacional: *1º*) No existe duda de que la expropiación es permisible sólo para fines públicos (*Norwegian Shipowners' Claim* (Norway-U. S.). (1922), *RIAA*, 307). *2º*) No puede haber discriminación contra la propiedad expropiada o sus dueños. *3º*) Los actos del gobierno, al privar a un extranjero de su propiedad, deben ser seguidos por el reconocimiento de una compensación adecuada. Sin embargo, existen dos opiniones opuestas en cuanto al pago de la indemnización. De acuerdo con una, la expropiación de la propiedad extranjera debe ser cubierta por una compensación efectiva y adecuada, la cual se habrá de pagar sin demora indebida. Aun cuando la propiedad de los nacionales sea expropiada al mismo tiempo sin compensación, a los extranjeros hay que pagarles la compensación en la forma señalada anteriormente. El gobierno de los Estados Unidos ha mantenido una posición firme en este punto. En la nota del 22 de agosto de 1938, dirigida a México, Estados Unidos consideró axiomático que:

Los precedentes aplicables y las autoridades reconocidas de derecho internacional apoyan su declaración de que, según todas las reglas de derecho y de equidad, ningún gobierno está autorizado a expropiar la propiedad privada, cualquiera que sea el propósito, sin proveer al inmediato, adecuado y efectivo pago de ella. *(U.S. For. Rel.*, 1938, Vol. 5, página 685.)

Una disposición que se encuentra en tratados de comercio celebrados por Estados Unidos expresa:

La propiedad de los nacionales y de las compañías de cualquiera de las Altas Partes Contratantes no será expropiada dentro de los territorios de la otra Alta Parte Contratante, excepto para fines públicos y con el pago de una compensación justa. Dicha compensación representará el equivalente de la propiedad tomada; será concedida en forma efectivamente realizable y sin demora innecesaria. En la fecha de la ocupación, a más tardar, debe haberse proveído adecuadamente para la determinación y pago de dicha compensación. (Convención de Establecimiento de 1959 entre Estados Unidos y Francia, Art. 4º (3), 401 *UNTS*, 75, 80.)

La siguiente disposición también se encuentra en el proyecto de Convención de la Protección de la Propiedad Extranjera, preparada por la OCED en 1962:

Ninguna Parte tomará medidas que, directa o indirectamente, despojen de su propiedad al nacional de la otra Parte, salvo que se cumplan las siguientes condiciones: *i)* que las medidas se tomen en interés público y de acuerdo con el debido proceso legal; *ii)* que las medidas no sean discriminatorias ni contrarias a ningún compromiso que aquella Parte haya asumido; y *iii)* que las medidas estén acompañadas por la disposición para el pago de una indemnización justa. Dicha indemnización representará el verdadero valor de la propiedad afectada, será pagada sin demora indebida y será trasferible hasta donde fuera necesario para que el nacional con derecho a ella la haga efectiva. (*International Legal Materials*, Vol. 2, pp. 241-248.)

Este documento, aunque es sólo un proyecto, parece reflejar las opiniones con respecto a la expropiación de la propiedad extranjera, perteneciente a los países exportadores de capital.

De acuerdo con la segunda opinión, no sería razonable ni realista exigir el inmediato pago de una compensación efectiva y adecuada en casos en que la expropiación forme parte de un programa general de reforma social o económica en gran escala, basado en la nacionalización de ciertas industrias o medios de producción, distribución o intercambio (véase, por ejemplo, Katzarov, *Théorie de la nationalisation,* pp. 429-48). Con base en este criterio, el gobierno mexicano, en nota del 3 de agosto de 1938 dirigida a Estados Unidos en relación con su programa agrario, manifestó —con referencia a expropiaciones de carácter general o impersonal —que el futuro de una nación no podía ser paralizado por la imposibilidad del pago inmediato de una compensación por propiedades pertenecientes a un número pequeño de extranjeros que sólo buscaban utilidades (*U. S. For. Rel.,* 1938, Vol. 5, pp. 679-80). Una opinión en apoyo a este concepto fue propuesta por el grupo soviético en la Conferencia de la Asociación de Derecho Internacional, de 1962:

Al promulgar leyes de nacionalización, el Estado fija el procedimiento de nacionalización, lo que incluye si se ha de pagar o no compensación a los' anteriores dueños de la propiedad nacionalizada, y cuándo se ha de pagar, y en qué proporción. Esto depende de varios factores económicos y políticos, tales como el carácter de la propiedad nacionalizada, las actividades pasadas y presentes del dueño anterior, la relación entre los desembolsos realizados en la propiedad y los ingresos derivados de ella, la manera como se invierten dichos ingresos por los dueños anteriores, etc. El Estado puede decidir nacionalizar la propiedad sin compensación, o con compensación parcial o total... Dichas consideraciones de carácter social, igual que muchas otras, pueden ser decisivas en la fijación del monto y procedimiento de la compensación... (*Reports of the International Law Association,* 1962, pp. 148, 149.)

Se encontrará que la práctica de los Estados refleja una posición intermedia. No se niega completamente la compensación a los dueños extranjeros, sino que se les paga una cantidad global, que puede no ser necesariamente suficiente para satisfacer todas las reclamaciones individuales presentadas por un gobierno extranjero en nombre de sus nacionales, y que generalmente no se salda con prontitud, sino a través de un periodo de años. Esta práctica se refleja en acuerdos celebrados por Estados de Europa Oriental con países de Europa Occidental y con Norteamérica (véase Foighel, *Nationalization*, pp. 97, 133). Al promulgar la Ley de Nacionalización del Petróleo, en 1951, el gobierno de Irán depositó en el banco sólo el veinticinco por ciento de los ingresos petroleros corrientes, después de deducir los gastos de explotación, para hacer frente a las reclamaciones eventuales de la Anglo-Iranian Oil Company *(Anglo-Iranian Oil Co. Case* (1956), ICJ Rep. 36). En 1954 se llegó a un acuerdo entre el Reino Unido e Irán, por el cual el Reino Unido recibiría una compensación equivalente sólo a una pequeña parte de la inversión de la compañía. En los casos más importantes que han surgido de la nacionalización del petróleo llevada a cabo por Irán, ciertos tribunales nacionales mantuvieron que ésta no era contraria al derecho internacional, no obstante la demora en el pago de la compensación y su insuficiencia (véase *Anglo Iranian Oil Company vs. Idemitsu Kosan Kabushiki Kaisha*, Japón, ILR, 1953, p. 305; *Anglo Iranian Oil Co. Ltd. vs. Societá SUPOR*, Italia, *ILR*, 1955, p. 23; cf, *Anglo-Iranian Oil Co., Ltd. vs. Jaffate* (el Rosemary) Adén, *ILR*, 1953, p. 316). En el caso de la nacionalización de la Compañía del Canal de Suez por el gobierno de Egipto, en 1956, el problema de la compensación fue solucionado finalmente mediante un acuerdo, en 1958, entre dicho gobierno y la Compañía del Canal de Suez, por el cual se habría de pagar a plazos, en un periodo de cinco años, una cantidad que no cubría completamente la reclamación de los dueños (54 *AJIL*, 498 (1960)). Estas prácticas de los Estados apoyan el criterio de que el requisito de una compensación adecuada, efectiva y rápida no es defendible cuando la propiedad extranjera se adquiera por el Estado para fomentar programas de reforma económica y social. Sin embargo, es posible que esta distinción no sea tan clara como generalmente se considera. La nacionalización del petróleo por el gobierno de Irán, por ejemplo, fue efectuada mediante la expropiación de una sociedad determinada. Es muy posible que cada caso deba ser tratado a la luz de sus circunstancias particulares, del valor de la propiedad tomada, de los recursos financieros del gobierno expropiador y quizá, también, de algunas consideraciones políticas.

La infracción o el incumplimiento de contratos o de acuerdos de concesión también pueden equivaler al despojo de propiedades extranjeras y los principios ya indicados son entonces aplicables.

8.15 DEBERES DE LOS EXTRANJEROS

El extranjero que es recibido dentro de la jurisdicción del Estado, ya sea permanente o temporalmente, queda sujeto a la ley nacional, al igual que los nacionales, y no puede reclamar exención del ejercicio de la jurisdicción territorial. Frecuentemente se le exige que inscriba su nombre ante las autoridades públicas encargadas de la seguridad del Estado, y se le obliga, en las mismas condiciones que a los nacionales, a cumplir los deberes cívicos exigidos para la protección de la comunidad en que vive, contra epidemias, incendios, catástrofes naturales y otros peligros que no sean resultado de la guerra. La libertad y la propiedad de los extranjeros pueden quedar restringidas provisionalmente con el propósito de mantener el orden público, el bienestar social y la seguridad de las comunidades locales o del Estado. En estos casos, es reconocida por el derecho internacional la distinción entre los visitantes transeúntes y los extranjeros residentes que se han establecido con la intención de permanecer indefinidamente. Al extranjero se le exige que no intervenga en la política del Estado de su residencia.

Los extranjeros residentes —con excepción de aquellos con derecho a la inmunidad diplomática— no pueden pretender exención del pago de los impuestos ordinarios o de los derechos arancelarios. El Estado tiene el derecho de fijar impuestos a los bienes inmuebles dentro de su jurisdicción, pertenecientes a extranjeros no residentes, al igual que a los bonos y otros valores pertenecientes a los extranjeros residentes.

Los extranjeros residentes deben lealtad provisional al Estado de residencia, en grado suficiente para dar lugar a una acusación de traición *(De Jaeger vs. Attorney-General of Natal,* G.B. Privy Council (1907) A. C. 326)). Por otra parte, se ha aceptado generalmente que a los extranjeros no se les puede obligar a servir en las fuerzas armadas del país en que residen. Sin embargo, esta práctica general ha sufrido algunos cambios desde la segunda Guerra Mundial. En 1951, Estados Unidos aprobó la Ley de Servicio y Adiestramiento Militar Universal, mediante la cual asumió el derecho de exigir a los extranjeros, admitidos para residencia permanente, que sirvieran en las fuerzas armadas del país (Ley Federal 51 de 1951, Sec. I; 65 Stat, a L., 75). Cualquier extranjero que en Estados Unidos alegue exención al servicio militar, queda descalificado permanentemente para obtener la nacionalidad estadounidense (Ley de Inmigración y Nacionalización, Ley Pública 414 de 1952, Sec. 315 (A); 66 Stat, a L., 163, 242). Algunos Estados —como Francia y Alemania— en 1953 y 1956, respectivamente, aprobaron leyes que disponen que cualquier nacional de un Estado extranjero que obligue a sus nacionales a cumplir el servicio militar, podría ser llamado a servir en las fuerzas armadas, con base en la reciprocidad (Ley Nº 53 del 4 de noviembre de 1953, Journal Officiel, *Lois et Décrets,* 1953, p. 9983; Wehrpflichtgesetz, Sec. 2, 21 de julio de 1956, *Bundesgesetzblatt,* 1956, I, p. 651).

8.16 ASILO

Como ejercicio de su soberanía, todo Estado tiene derecho a admitir en su territorio a las personas que desee, sin motivar queja alguna por parte de otro Estado. Ningún Estado está obligado por el derecho internacional a negar la admisión de cualquier extranjero en su territorio, ni a entregarlo a un Estado extranjero o a expulsarlo de su territorio, a no ser que haya aceptado alguna restricción u obligación particular en este sentido (véase 8.28-8.31, sobre extradición). Po rotra parte, el Estado del cual el extranjero es nacional no tiene derecho a ejercer control físico sobre él durante su residencia en el territorio de otro Estado, a pesar de su competencia para ejercer jurisdicción sobre él cuando regrese a su territorio, a través de sus tribunales nacionales, por delitos cometidos por dicho nacional en el extranjero (véase 6.24 y 6.26). Por esto, un Estado puede, al menos provisionalmente, servir de asilo al extranjero que ha sido expulsado o que ha huido del Estado de su origen o de su residencia. La concesión de asilo es parte de la competencia que se deriva de la soberanía territorial del Estado. Sin embargo, al extranjero acusado por un delito común cometido en su propio país generalmente no se le concede asilo, puesto que el derecho del Estado para concederlo está frecuentemente condicionado por tratados de extradición, o por la cortesía internacional (véase 8.28). El beneficio resultante de la concesión de asilo no es, por regla general, disfrutado por los delincuentes comunes; y el asilo se concede generalmente a los delincuentes políticos o a los refugiados políticos que son extranjeros a apátridas. La competencia del Estado para permitir a los delincuentes o a los refugiados políticos entrar a permanecer en su territorio, bajo su protección —y por lo tanto para concederles asilo— nunca ha sido puesta en duda ni objetada en el derecho internacional.

Puede definirse al refugiado político como un extranjero que ha dejado su país, o ha sido compelido a dejarlo, debido a persecución por motivos políticos, religiosos o étnicos. "El concepto de la persecución política no debe interpretarse en sentido estrecho. Se encuentra caracterizado por contrastes sociopolíticos e ideológicos, profundamente arraigados, entre Estados que han desarrollado estructuras internas básicamente diferentes." (*Entscheidungen des Bundesverfassungsgerichts,* Vol. 9, p. 174. La traducción al inglés se encuentra en 54 *AJIL,* 416, 418 (1960).) Sin embargo, queda al exclusivo arbitrio del Estado que concede el asilo, el evaluar la pretensión de persecución como fundamento para el otorgamiento de asilo.

La concesión de asilo a delincuentes políticos y a refugiados políticos es un acto pacífico y humanitario, de modo que no puede ser considerado hostil por cualquier otro Estado, incluso aquél del cual el ofensor o refugiado es nacional. El Estado que así concede asilo a un extranjero en su territorio, no incurre, por ello, en responsabilidad internacional alguna. La Asamblea General de las Naciones Unidas, en su Tercera Comisión, en 1962, aprobó el siguiente párrafo en su proyecto de declaración sobre el derecho de asilo, que se encuentra en estudio en la actualidad:*

El asilo territorial concedido por un Estado, en el ejercicio de su soberanía, a personas autorizadas para invocar el Artículo 14 de la Declaración Universal de Derechos Humanos, incluyendo a las personas que luchan contra el colonialismo, será respetado por todos los demás Estados. (GAOR, 17ª Sec., Anexos II, p. 8.)

* La Asamblea General adoptó la Declaración sobre Asilo Territorial el 14 de diciembre de 1967. Entre las cuestiones importantes que incluye esta Declaración está el reconocimiento de que la persecución que sufra una persona por su lucha contra el colonialismo es base legítima para que solicite asilo y para que un Estado lo conceda. En cambio, la Declaración no reconoce la existencia de un derecho de asilo para aquellas personas consideradas culpables de crímenes contra la paz, crímenes de guerra o crímenes contra la humanidad. La determinación de los fundamentos para conceder asilo corresponde en todo caso al Estado al cual se le solicita. (Para el texto de la Declaración, véase: Asamblea General, Resolución 2312 (XXII), 14 de diciembre de 1967.)

Reflejando las perturbaciones y las luchas políticas del periodo que siguió a la primera Guerra Mundial y los conflictos de la "guerra fría" surgidos con posterioridad a la segunda Guerra Mundial, un considerable número de personas cruzaron las fronteras impulsadas por temores bien fundados de una persecución que ponía en peligro sus vidas y su libertad en los Estados donde residían. Muchos Estados han adoptado la norma de admitir a tales refugiados políticos sin el cumplimiento de los requisitos que generalmente se exigen para la admisión de extranjeros.

En Estados Unidos, por ejemplo, se ha asignado una cuota especial de inmigración a los refugiados políticos, aparte del sistema de cuotas establecido por la ley. Además, las constituciones o legislaciones nacionales de un número de Estados conceden expresamente el derecho de asilo a las personas que huyen de la persecución política. La Constitución de Italia, de 1947, dispone que "el extranjero a quien se le niegue en su propio país el ejercicio efectivo de las libertades democráticas dispuestas en la Constitución Italiana, tiene el derecho de asilo en el territorio de la república de acuerdo con las disposiciones de la ley" (Art. 10º (Pleaslee, *Constitutions of Nations*, Vol. II, pp. 478, 483). La ley fundamental de la República Federal de Alemania dispone que "los perseguidos políticos disfrutarán del derecho de asilo" (Art. 16 (2), *ibid.*, pp. 24, 33).

Por otra parte, el derecho internacional no garantiza el derecho de asilo al individuo. Cuando se discutió la Declaración Universal de los Derechos Humanos en la Asamblea General, en 1948, la mayor parte de los Estados estaban renuentes para conceder a los individuos el derecho de ingreso en un Estado extranjero (*GAOR*, 3ª Ses., Pt. I, 3ª Com., pp. 315-48). Sin tener la intención de formular un derecho de recibir asilo para el individuo, la Declaración, en el artículo 14, declara que "todo el mundo tiene el derecho de buscar y disfrutar en otros países asilo contra la persecución". Parece haber amplio consenso general en cuanto a que el denominado derecho de asilo no es, de ninguna manera, un derecho que tiene el extranjero de exigir asilo por parte del Estado en cuyo territorio él trata de permanecer, pues es materia de absoluta discreción de éste el concederle o no dicho asilo.

8.17 CONDICIÓN DE REFUGIADOS Y APÁTRIDAS

Para brindar protección a los grandes grupos de refugiados o de apátridas, originados por las dificultades de la vida bajo los regímenes soviéticos o nazis entre las dos guerras mundiales, la Liga de las Naciones estableció una oficina internacional que, aunque reorganizada con frecuencia, continuó existiendo hasta 1946 con el nombre de Alto Comisionado para Refugiados de la Liga de las Naciones. La Administración de Socorro y Rehabilitación de las Naciones Unidas (ASRNU), creada durante la segunda Guerra Mundial, ofreció su ayuda a los refugiados en Europa y en el Lejano Oriente en el periodo de 1943 y 1944. La Organización Internacional de Refugiados, cuya constitución fue aprobada por la Asamblea General en 1946 (Res. 62 (I), diciembre 15 de 1946), realmente comenzó a funcionar en 1948 (18 *UNTS,* 3) y fue concebida para resolver los problemas de los refugiados, originados por la segunda Guerra Mundial, y sus consecuencias inmediatas. Dicha Organización repatrió a 70 000 refugiados a sus países de origen o de domicilio anterior, y reinstaló a más de un millón en otros países.

De la Oficina del Alto Comisionado de las Naciones Unidas para los Refugiados establecida en 1950 (Res. 428 (v), 14 de diciembre de 1950), se espera, entre otras cosas, que promueva la conclusión y ratificación de convenciones internacionales para la protección de los refugiados; que promueva, mediante acuerdos especiales con los gobiernos, el establecimiento de toda medida que se considere benéfica para la situación de los refugiados y reduzca el número de quienes necesiten protección, y que ayude en los esfuerzos gubernamentales y privados para facilitar la repatriación voluntaria o la asimilación de aquéllos en las nuevas comunidades nacionales. La competencia del Alto Comisionado se extiende a cualquier persona que haya sido considerada como refugiado de acuerdo con las anteriores convenciones, y también a quien, "como resultado de acontecimientos ocurridos antes del primero de enero de 1951, y debido al temor bien fundado de ser perseguido por motivos de raza, religión, nacionalidad u opinión política" se haya convertido en refugiado.

La condición jurídica de los refugiados ha sido tratada en un gran número de convenciones internacionales. De acuerdo con la Convención Relativa a la Condición de los Refugiados, de 1933 —que estableció la condición de los refugiados rusos, armenios y asimilados a ellos—, los Estados contratantes convinieron en expedir los denominados pasaportes Nansen a los refugiados que residían regularmente en su territorio, y en reconocer el derecho de acceso libre y rápido a sus tribunales de justicia (159 *LNTS,* 199). La Convención también contenía disposiciones relativas a las condiciones laborales, el bienestar, la ayuda y la educación de los refugiados. Posteriormente se celebraron acuerdos con el mismo contenido para amparar la condición de los refugiados de la Alemania nazi (Arreglo Provisional Relativo a la Condición de los Refugiados Procedentes de Alemania, 1936, 171 *LNTS,* 75; Convención concerniente a la Condición de los Refugiados Procedentes de Alemania, 1938, 192 *LNTS,* 59; el Protocolo Adicional al Arreglo Provisional y a la Convención, 1939, 198 *LNTS,* 141). La Convención Relativa a la Condición de los Refugiados (189 *UNTS,* 137) —adoptada por unanimidad en una conferencia convocada por las Naciones Unidas, en 1951— habría de remplazar en cuanto a las partes de ella, a las convenciones anteriores con respecto a la condición de los refugiados, y se encontraba vigente entre cuarenta y nueve Estados a fines de 1965.* Es importante observar que la palabra "refugiado", según se usa en dicha Convención, se refiere sólo a las personas comprendidas en el Estatuto de la Oficina del Alto Comisionado de las Naciones Unidas para Refugiados, es decir, a quienes se han convertido en refugiados como resultado de "acontecimientos ocurridos antes del

* En octubre de 1971, sesenta y un Estados eran partes de la Convención. En lo concerniente al Protocolo sobre el Status Internacional de los Refugiados (1967), cuarenta y ocho Estados lo habían ratificado hasta octubre de 1971.

día primero de enero de 1951" (Art. 1º (a)). La frase "acontecimientos ocurridos antes del primero de enero de 1951" se considera que significa en esta Convención, acontecimientos ocurridos en Europa o en cualquier otro lugar, pero se deja al arbitrio de cada Estado contratante decidir si tiene o no la intención de aplicar sus disposiciones a los refugiados de fuera de Europa (Art. 1º (b)). La Convención de las Naciones Unidas para Suprimir o Reducir la Apatridia en lo Porvenir, adoptada en una Conferencia convocada por el Consejo Económico y Social en 1954 (360 *UNTS*, 117), fue preparada para tratar el hecho de que había muchas personas sin nacionalidad que no estaban comprendidas en la Convención de 1951, y se aplica a los individuos a quienes, de acuerdo con su ley nacional, no se considera nacionales de ningún Estado.

Los derechos y los deberes del refugiado o del apátrida están bien tratados en estas dos convenciones. Tiene deberes para con el país en donde se encuentra. Se le exige que obedezca sus leyes y reglamentos, así como las medidas que se adopten para el mantenimiento de orden público. Por otra parte, el Estado contratante debe proporcionarle por lo menos el mismo tratamiento que otorga a sus nacionales, en relación con la libertad de religión y la educación religiosa de sus hijos y por lo menos el mismo tratamiento que da generalmente a los extranjeros en lo concerniente a: adquisición de bienes muebles e inmuebles; arrendamientos y otros contratos referentes a bienes; derecho de dedicarse a la agricultura, la industria, la artesanía y el comercio, por su propia cuenta, y de establecer compañías comerciales o industriales; ejercicio de las profesiones liberales; vivienda; educación distinta de la elemental; derecho de escoger el lugar de su residencia y de movilizarse libremente dentro del territorio nacional. Al refugiado o al apátrida debe proporcionársele la misma protección que a los nacionales del país en relación con el derecho de autor en obras literarias, artísticas y científicas; el racionamiento; la educación elemental; la ayuda y la asistencia pública; la legislación laboral y la seguridad social; y, asimismo, con las cargas fiscales. En lo concerniente a su participación en asociaciones apolíticas y en las que no tengan propósito de lucro, o en los sindicatos y en el empleo remunerado, a un apátrida se le da generalmente, en las mismas circunstancias, igual tratamiento que a los extranjeros; en cambio, al refugiado debe dársele el tratamiento más favorable conferido a los nacionales de un país extranjero, en las mismas circunstancias. Referente a los bienes que hayan traído al territorio, tanto a los refugiados como a los apátridas se les permite trasladarlos a otro país donde sean admitidos a efecto de su reinstalación, y se los trata con consideración benévola en cuanto al traspaso de otros bienes —dondequiera que éstos se encuentren— necesarios para su reinstalación en otro país.

Aunque la expulsión de los extranjeros es materia sujeta a la discreción del Estado de la residencia (según lo expuesto en 8.12), se ha prestado consideración especial a la expulsión de aquellos refugiados que puedan quedar expuestos a persecución por causa de su raza o de sus opiniones religiosas o políticas. Los refugiados o los apátridas que se encuentren legalmente en el territorio de un Estado contratante no han de ser expulsados, excepto para proteger la seguridad nacional o el orden público, y en tal caso su expulsión debe efectuarse de acuerdo con un debido proceso legal. Además, el refugiado no ha de ser expulsado o devuelto (*"refoulée"*) de ninguna manera, a las fronteras de los territorios donde su vida o su libertad estarían amenazadas debido a su raza, religión, nacionalidad, opinión política, o por ser miembro de un grupo social determinado.

El Estado no tiene deber alguno de supervisar las actividades de la persona refugiada o apátrida dentro de su territorio con mayor cuidado que el prestado a otros extranjeros. La resolución aprobada por el Instituto de Derecho Internacional, en 1950, dispuso que "el Estado incurre en responsabilidad internacional por las acciones del refugiado, únicamente en las mismas circunstancias en que lo sería por las acciones de cualquiera otra persona que viviera en su territorio" (*Annuaire,* Vol. 43 (II), 1950, pp. 388, 389). La Convención sobre Asilo Territorial firmada en la Conferencia Interamericana, en 1954, adoptó este criterio al disponer que "ningún Estado está obligado a establecer en su legislación o en sus disposiciones o actos administrativos aplicables a extranjeros distinción alguna motivada por el solo hecho de que se trate de asiliados o refugaidos políticos" (Art. 6?) (1955 *Yearbook on Human Rights,* p. 329; 161 *BFSP,* 566).

SECCIÓN III. PROTECCIÓN INTERNACIONAL DE LOS DERECHOS HUMANOS

8.18 HISTORIA DE LA PROTECCIÓN INTERNACIONAL DE LOS DERECHOS HUMANOS

El tratamiento que el Estado otorga a sus propios nacionales no implica ordinariamente —y a falta de disposiciones específicas de algún tratado— ninguna cuestión de derecho internacional, y cae exclusivamente dentro de la jurisdicción interna del Estado. De acuerdo con el derecho internacional consuetudinario, ningún Estado puede plantear una reclamación en nombre de un extranjero lesionado por su propio país. Sin embargo, la comunidad de los Estados ha advertido, cada vez más, que el bienestar del individuo es materia de preocupación internacional, con independencia de su nacionalidad.

Uno de los ejemplos más característicos de la concesión de cierta medida de protección internacional a los nacionales de un Estado, dentro de su territorio, fue la protección a miembros de grupos minoritarios en términos de raza, idioma o religión. La práctica de celebrar convenciones para garantizar ciertos derechos a grupos minoritarios tiene una larga historia. A fines de la primera Guerra Mundial, las Principales Potencias Aliadas y Asociadas celebraron una serie de tratados con países de Europa Oriental y los Balcanes, que contenían disposiciones a efecto de que a todos los habitantes de los Estados interesados —sin distinción de idioma, raza o religión— se les daría protección total y completa sobre la vida, la libertad y el ejercicio libre de cualquier credo, religión o creencia (Art. 2º). A todos los nacionales de los Estados interesados se les confería igualdad ante la ley y los mismos derechos civiles y políticos (Art. 7º). A los nacionales pertenecientes a minorías raciales, religiosas o lingüísticas se les aseguraba el mismo tratamiento y la misma seguridad, de hecho y de derecho, que a los otros nacionales (Art. 8º); asimismo, se les concedió el derecho de usar su propio idioma en sus relaciones privadas, en escritos y en reuniones públicas, del mismo modo que ante los tribunales, y el de establecer escuelas e instituciones religiosas y de caridad. Todas estas estipulaciones constituyeron obligaciones de preocupación internacional, con garantía de la Liga de las Naciones, y no podían ser modificadas sin el asentimiento de la mayoría del Consejo de aquélla. (Por ejemplo, el Tratado sobre Minorías con Polonia de 1919, Hudson, *International Legislation,* Vol. I, p. 283; el Tratado sobre Minorías con Checoslovaquia de 1919, *ibid.,* p. 298.)

No es fácil establecer si la protección de las minorías mediante tratados tuvo éxito o fracasó. De hecho, estos tratados perdieron la vigencia en su segunda década. Los tratados celebrados después de la segunda Guerra Mundial no contienen disposición alguna para la protección de las minorías —excepto el Tratado de Paz con Italia, mediante el cual a los habitantes de habla alemana de la provincia de Bolzano, y de los pueblos bilingües vecinos de la provincia de Trento, se les asegura la completa igualdad de derechos con los habitantes de habla italiana (An. N. Par. 1) (49 *UNTS,* 3, 184); y excepto, también, el Tratado de Estado para el Restablecimiento de una Austria Independiente y Democrática, de 1955, que confiere a los nacionales de Austria pertenecientes a las minorías eslovenas y croatas, en ciertas áreas especificadas, los mismos derechos y en iguales condiciones que a todos los demás nacionales austriacos (Art. 7º) (217 *UNTS,* 223).

Las Naciones Unidas no son indiferentes a la protección de las minorías. El Convenio Internacional de Derechos Civiles y Políticos —aprobado por la Asambea General en 1966— garantiza el derecho de las minorías a su propia cultura, religión e idioma (Art. 27; Res. 2200 (XXI), 16 de diciembre de 1966). De hecho, el tratamiento de las minorías ha sido ahora sustituido por los conceptos más amplios de eliminación de la discriminación racial o *apartheid* (véase 8.20) y aun por el de la protección de los derechos humanos para todas las personas, sin distinción en cuanto a raza, sexo, idioma, religión, etcétera.

El concepto de la protección de los derechos humanos se originó en el ámbito de la legislación interna, como por ejemplo, la Carta Magna de Inglaterra, el *Bill of Rights* en la Constitución de Estados Unidos y la Declaración de los Derechos del Hombre en Francia. Este concepto interno se tradujo al lenguaje internacional sólo después de la segunda Guerra Mundial. Las crueldades y la opresión del régimen nazi en Europa produjo la convicción, tanto durante como después de la segunda Guerra Mundial, de que el reconocimiento internacional y la protección de los derechos humanos para las personas de todo el mundo, son esenciales para el mantenimiento de la paz y el orden internacionales. Esta convicción fue formulada por primera vez por el presidente Roosevelt, en su mensaje anual al Congreso, en 1941 *(Documents on American Foreign Relations*, Vol. 3, p. 26), y fue expresada en varias declaraciones con referencia a los objetivos de la guerra, tales como la Carta del Atlántico, del 14 de agosto de 1941 *(U. S. For. Rel.,* 1941, Vol. I, p. 367), la Declaración de las Naciones Unidas, del 1º de enero de 1942 *(ibid.,* 1942, Vol. I, p. 1), la Declaración de Teherán, del 1º de diciembre de 1943 *(ibid., The Conferences at Cairo and Teheran,* 1943, pp. 459-652), y la Declaración de Yalta sobre los Pueblos Liberados, del 11 de febrero de 1945 *(ibid., The Conferences at Malta and Yalta,* 1945, p. 997). En Dumbarton Oaks se convino —a fines del verano de 1944, en las Proposiciones para el establecimiento de una Organiación Internacional General— que las Naciones Unidas debían, *inter alia,* fomentar el respeto a los derechos humanos y las libertades fundamentales. Además, se incluyó una disposición en los Tratados de Paz celebrados por las Potencias Aliadas con Italia (Art. 15) (49 *UNTS,* 3), Bulgaria (Art. 2) (41 *UNTS* 21), Hungría (Art. 2º) (41 *UNTS,* 135), Rumania (Art. 3º) (42 *UNTS,* 3) y Finlandia (Art. 6º) (48 *UNTS,* 203), así como el Tratado de Estado con Austria, de 1955 (Art. 6º) (217 *UNTS,* 223), que exigían que dichos Estados adoptaran todas las medidas necesarias para garantizar a todas las personas bajo su jurisdicción, sin distinción en cuanto a raza, sexo, idioma o religión, el disfrute de los derechos humanos y de las libertades fundamentales, incluso la libertad de expresión, de prensa y de publicación, de culto, de opinión política y de reunión pública.

8.19 LAS NACIONES UNIDAS Y LA PROTECCIÓN DE LOS DERECHOS HUMANOS

El reconocimiento internacional de los derechos humanos y de las libertades fundamentales, y la necesidad de cooperación para su respeto, se recalcan en varias disposiciones de la Carta de las Naciones Unidas. Los pueblos de las Naciones Unidas, en el preámbulo de la Carta, expresaron su determinación "de reafirmar la fe en los derechos humanos fundamentales del hombre, en la dignidad y en el valor de la persona humana, en la igualdad de derechos de hombres y mujeres". Uno de los propósitos de las Naciones Unidas es "realizar la cooperación internacional en la solución de problemas internacionales de carácter económico, social, cultural o humanitario, y en el desarrollo y estímulo del respeto a los derechos humanos y a las libertades fundamentales de todos, sin hacer distinción por motivos de raza, sexo, idioma o religión" (Art. 1º). La tarea queda asignada a la Asamblea General y al Consejo Económico y Social, dos de los órganos principales de las Naciones Unidas. La Carta, sin embargo, no define los derechos humanos ni las libertades fundamentales. Además, la Carta no establece ni indica dispositivo alguno para asegurar la observancia de los derechos humanos y de las libertades fundamentales. Dispone en el artículo 56 que "todos los miembros se comprometen a tomar medidas, conjunta o separadamente, en cooperación con la Organización, para la realización de los propósitos consignados en el artículo 55". Existen opiniones divergentes en la interpretación de esta disposición. Una afirma que impone un deber general, a los Estados miembros, de respetar los derechos humanos (véase Lauterpacht, *International Law and Human Rights,* cap. 9; Jessup, *Modern Law of Nations,* pp. 87-93). En apoyo de esta opinión, véase *Sei Fujii vs. State of California* (44 *AJIL,* 590 (1950)). La otra expresa que los Estados miembros no aceptan ninguna obligación definitiva en el campo de los derechos humanos porque la Carta no especifica los derechos que deben ampararse. En favor de esta opinión se puede argüir que la Conferencia de San Francisco rechazó una proposición tendiente a que la Carta velara no sólo por la promoción sino por la protección de los derechos humanos (Conferencia de las Naciones Unidas sobre Organizaciones Internacionales, *Documents,* Vol. 6, p. 324). De hecho, los acontecimientos posteriores en las Naciones Unidas han resuelto la contradicción aparente y fortalecido la convicción de que todos los Estados tienen la obligación fundamental de no desconocer persistentemente la promesa expresada en el artículo 56.

En relación con el artículo 56 de la Carta, la disposición del artículo 2º (7) también tiene importancia. Éste señala que "ninguna disposición de esta Carta autorizará a las Naciones Unidas a intervenir en los asuntos que son esencialmente de la jurisdicción interna de los Estados". Esta disposición origina la cuestión de determinar hasta qué punto tienen derecho las Naciones Unidas de tratar sobre las denuncias referentes a violación de los derechos humanos por miembros individuales, en contraposición a los esfuerzos por alentar el respeto de los derechos humanos en general. De hecho, la Asamblea General, basándose en su poder general para discutir cualesquiera asuntos comprendidos en el ámbito de la Carta, ha considerado en varias ocasiones denuncias sobre violación de los derechos humanos, y ha hecho recomendaciones en relación con ellas. Por ejemplo, la Asamblea General expresó, en 1949, su interés continuado y su preocupación creciente por las acusaciones hechas contra Bulgaria, Hungría y Rumania en relación con el juicio que, por acusación de espionaje y traición, se seguía contra importantes miembros del Consejo Supremo de las Iglesias Protestantes Unidas de Bulgaria, por el procedimiento legal contra el cardenal José Mindszenty, Primado Católico Romano de Hungría, y por la observancia de las libertades fundamentales y de los derechos humanos en Rumania, incluyendo las cuestiones de las libertades civil y religiosa, respectivamente (Res. 294 (IV), 22 de octubre de 1949). Expresó su opinión, en 1950, de que la conducta de dichos gobiernos era tal que indicaba que ellos estaban conscientes de las infracciones que cometían a las disposiciones de los Tratados de Paz, de acuerdo con los cuales estaban obligados a garantizar el disfrute de los derechos humanos y de las libertades fundamentales en sus países; y que, asimismo, eran duramente indiferentes a los sentimientos de la comunidad mundial (Res. 385 (V), del 3 de noviembre de 1950).

Otro caso evidente de intervención de las Naciones Unidas en la protección de los derechos humanos es el conflicto racial en Sudáfrica, que se ha convertido en uno de los problemas más importantes de la Asamblea General en sus veinte años de historia. En 1955, la Asamblea General manifestó su preocupación por la negativa de cooperación por parte de la Unión Sudafricana y recordó a dicho gobierno la fe que habían reafirmado al suscribir la Carta, en los derechos humanos fundamentales y en la dignidad y valor de la persona humana; y pidió al gobierno que cumpliera las obligaciones contenidas en el artículo 56 de la Carta (Res. 917 (X) del 6 de diciembre de 1955). Desde aquella fecha la situación no ha mejorado. La Asamblea General, en 1961, lamentó vigorosamente el desconocimiento continuado y total por el Gobierno de Sudáfrica de sus obligaciones bajo la Carta (Res. 1663 (XVI), del 28 de noviembre de 1961); y, en 1962, pidió a los Estados miembros que adoptaran medidas, separada o colectivamente, tales como la ruptura de las relaciones diplomáticas, el cierre de sus puertos a todas las embarcaciones que enarbolaran la bandera de Sudáfrica y el boicoteo contra toda mercancía sudafricana, a fin de lograr el abandono de la política del *apartheid*. Asimismo decidió pedir al Consejo de Seguridad que adoptara medidas apropiadas, incluso sanciones, para obtener el cumplimiento, por parte de Sudáfrica, de las resoluciones de la Asamblea General y del Consejo de Seguridad (Res. 1761 (XVII), del 6 de noviembre de 1963). El Consejo de Seguridad, en 1963, censuró al gobierno de la República de Sudáfrica por haber dejado de cumplir las repetidas resoluciones de la Asamblea General y del Consejo de Seguridad, y pidió a todos los gobiernos que cesaran la venta y embarque de equipos y materiales para la manufactura y mantenimiento de armas y pertrechos en Sudáfrica * (Res. Consejo de Seguridad S/5471 del 4 de diciembre de 1962).

* El Consejo de Seguridad ha reiterado estas recomendaciones en subsecuentes resoluciones (*SC* Res. S/5773 —191 (1964)—, de 18 de junio de 1964). En julio de 1970, como consecuencia del anuncio del nuevo gobierno conservador en el Reino Unido en el sentido de que estaba considerando la venta de armamento a África del Sur, el Consejo de Seguridad se reunió en una sesión de emergencia a solicitud de cuarenta Estados afroasiáticos. El Consejo acordó establecer términos más estrictos para el embargo de armamento, que debería aplicarse incondicionalmente y sin reserva alguna. Hizo un llamado a los Estados miembros para prohibir la venta a África del Sur de todo equipo y refacciones destinados al uso de fuerzas militares o paramilitares. El Consejo de Seguridad pidió también a los Estados miembros que no ayudaran a África del Sur en la manufactura de armamento mediante la concesión de patentes o de licencias o a través del entrenamiento de fuerzas militares de África del Sur. (Ver *SC* Res. 282 (1970), 23 de julio, 1970.)

Desde 1964, la cuestión del *apartheid* en Sudáfrica ha figurado en forma prominente en la agenda de la Asamblea General, y las resoluciones de este órgano son cada vez más severas. En 1965, la Asamblea llamó la atención del Consejo de Seguridad sobre el hecho de que la situación en Sudáfrica constituye una amenaza para la paz y la seguridad internacionales, por lo que la aplicación de sanciones económicas obligatorias resultaba esencial para resolver el problema (Res. 2054 A —xx—, diciembre 15, 1965). Esta posición ha sido reiterada a partir de entonces en las resoluciones anuales de la Asamblea sobre *apartheid*. (Res. 2202 A (xxi), 16 de diciembre, 1966; Res. 2307 (xxii), 13 de diciembre, 1967; Res. 2396 (xxiii), 2 de diciembre, 1968; Res. 2506 B (xxiv), 21 de noviembre, 1969.) Los llamamientos para la imposición de sanciones económicas obligatorias han sido acompañados por censuras a los Estados que continúan comerciando con Sudáfrica, en violación de la Resolución 1761 (xvii), y a los que proporcionan armas a Sudáfrica, violando las resoluciones del Consejo de Seguridad. Ante la negativa de los principales socios comerciales de Sudáfrica para terminar sus relaciones económicas con ese país, la Asamblea General adoptó, en 1968, recomendaciones de mayor alcance, al instar a

8.20 Declaración Universal de los Derechos Humanos y algunas convenciones referentes a derechos humanos

La Carta de las Naciones Unidas no ofrece ninguna definición clara de lo que son derechos humanos, ni menciona las medidas concretas que deben tomarse cuando ellos sean violados. En la Conferencia de San Francisco, por otra parte, se hicieron algunas sugerencias a efecto de que debería redactarse un proyecto de declaración de los derechos humanos (Conferencia de las Naciones Unidas sobre Organización Internacional, *Documents*, Vol. I, pp. 560, 683, 717). La Comisión de los Derechos Humanos, como organismo subsidiario del Consejo Económico y Social, decidió, en 1947, que el proyecto debería contener una declaración de las estipulaciones y las medidas para ponerlo en vigor *(ESCOR*, 6ª Ses., Supl. Nº 1, p. 5). La Declaración Universal de los Derechos Humanos, basada en el texto preparado por la Comisión sobre Derechos Humanos, fue adoptada sin objeción alguna por la Asamblea General, en 1948 (Res. 217 (III) del 10 de diciembre de 1948). En sus treinta artículos, la Declaración señala los derechos básicos y las libertades fundamentales a los que tienen derecho, en cualquier parte, todas las personas, sin distinción alguna de raza, color, sexo, idioma, religión, opinión política, origen nacional o social, bienes, nacimiento u otra condición. Los derechos y las libertades así señalados comprenden dos amplias categorías de derechos: *1)* derechos civiles y políticos; *2)* derechos económicos, sociales y culturales. La primera categoría cubre: derecho a la vida, la libertad y la seguridad de las personas; libertad frente a la esclavitud y la servidumbre; libertad ante la tortura o el tratamiento o castigo inhumano o degrandante; libertad ante el arresto y la detención arbitrarios; derecho a un juicio justo por un tribunal independiente e imparcial; derecho de ser considerado inocente hasta que se pruebe la culpabilidad; inviolabilidad de la reserva y el secreto de la correspondencia; libertad de movilización y de residencia; derecho de buscar y disfrutar de asilo contra la persecución; de-

> todos los Estados y organizaciones a proporcionar una mayor ayuda moral, política y material al movimiento sudafricano de liberación en su legítima lucha

y al declarar que

> los que luchan por la libertad (*freedom fighters*) deben ser tratados como prisioneros de guerra conforme al derecho internacional, particularmente la Convención de Ginebra relativa al tratamiento de los prisioneros de guerra, del 12 de agosto de 1949.

A pesar de estas recomendaciones, la efectividad de la acción de las Nacionales Unidas ha sido limitada, debido a las diferencias entre los Estados miembros sobre la estrategia que debe seguirse para eliminar las políticas racistas de Sudáfrica. En años recientes, la política de *apartheid* ha encontrado un nuevo adherente, con el régimen que desde 1965 gobierna a Rodesia. Además, África del Sur ha extendido la política de *apartheid* a Namibia (África Sudoccidental), territorio sobre el cual la Asamblea General decidió asumir la responsabilidad directa para su administración, aunque de hecho el área aún se encuentra ocupado ilegalmente por Sudáfrica.

recho a una nacionalidad; derecho de contraer nupcias y de fundar una familia; derecho de ser propietario; libertad de pensamiento, de conciencia y de religión; libertad de opinión y de expresión; libertad de reunión pacífica y de asociación; y derecho de votar y de participar en el gobierno. Los derechos de la segunda categoría incluyen: derecho a la seguridad social; derecho al trabajo, al descanso y al ocio recreativo; derecho a un nivel de vida adecuado, derecho a la educación, y derecho a participar en la vida cultural de la comunidad.

A pesar de la amplia variedad de su contenido, la Declaración Universal fue proclamada como norma común de realización para todas las personas y todas las naciones, pero no fue redactada en forma de tratado que impusiera obligaciones contractuales a los Estados. No obstante, la Declaración —como carta internacional de derechos humanos— ha ganado una considerable autoridad que no puede ignorarse como guía general para el contenido de los derechos y las libertades fundamentales, tal como son entendidos por los miembros de las Naciones Unidas. Frecuentemente se hace referencia a ella en las constituciones nacionales y en otras legislaciones, en decisiones judiciales y también en instrumentos internacionales. El significado y la fuerza de esta Declaración en el derecho internacional nunca serán demasiado destacados (véase 3.35).

Mientras que la Declaración Universal de los Derechos Humanos era solamente una declaración sin medios para hacerla cumplir, se iban preparando pactos sobre derechos humanos en forma de convenciones internacionales. La Comisión de los Derechos Humanos emprendió, en 1949, la preparación de pactos que definieran los derechos y las libertades, y proveyeran la organización que habría de considerar las quejas por violación de los pactos. Hubo divergencia de parecer en cuanto a si los derechos económicos, sociales y culturales debían regularse junto con los derechos civiles y políticos, en una sola convención, y en cuanto a si sería satisfactorio, para hacerlos valer, un sistema limitado a las quejas que formularan los Estados. En 1954, la Comisión terminó la redacción de dos proyectos de pactos que trataban separadamente, uno, los derechos económicos, sociales y culturales, y el otro, los derechos civiles y políticos. Cada uno de ellos iba acompañado por diferentes medidas para ponerlos en vigor (ESCOR, 18ª Ses., Supl. Nº 7, pp. 3-35, 62). Después de una extensa discusión que ocupó a la Asamblea General por más de una década, el conjunto de textos al fin fueron trasformados en convenciones internacionales. El 16 de diciembre de 1966, la Asamblea General adoptó —sin objeción alguna— y abrió a la firma el Pacto de Derechos Económicos, Sociales y Culturales, y el Pacto de Derechos Civiles y Políticos (Res. 2200 (XXI), del 16 de diciembre de 1966).

Ambos Pactos contienen disposiciones similares con respecto al derecho de todos los pueblos a la autodeterminación. De acuerdo con el primer Pacto, los Estados partes reconocen a todo el mundo el derecho al trabajo, a condiciones de trabajo justas y favorables, a afiliarse a un sindicato obrero, a la seguridad social, a niveles de vida adecuados, a la salud y a la educación. Por otra parte, el segundo Pacto regula los derechos a la vida, a estar y obrar privadamente, a la seguridad de movimiento, y a la libertad de pensamiento de conciencia, de religión, de opinión, de reunión y de asociación. Prohíbe la tortura o la esclavitud, y cualquier discriminación por motivo de raza, color, sexo, etcétera; y garantiza, además, un juicio justo. También garantiza los derechos políticos de los ciudadanos y la protección a los niños y a las minorías étnicas, religiosas y lingüísticas. Las medidas para hacer efectivo cada uno de los pactos son bastante diferentes. Mientras los Estados partes del primer Pacto quedan obligados a someter informes periódicos al Consejo Económico y Social, con relación a las medidas adoptadas y al progreso logrado, el segundo Pacto establece medidas más efectivas para conservar los derechos humanos que protege. De acuerdo con él, una Comisión de Derechos Humanos —compuesta de diez y ocho miembros de alta reputación moral y de reconocida competencia en el campo de los derechos humanos— ha de considerar los informes sometidos por los Estados partes y dirigirá observaciones generales a dichos Estados, así como al Consejo Económico y Social. Con relación a las partes que suscriban las disposiciones opcionales a este repecto, la Comisión también se encuentra autorizada para considerar las comunicaciones recibidas de un Estado parte que denuncien una falta, por parte de otro Estado, en el cumplimiento de sus obligaciones. Si un asunto planteado no queda solucionado en otra forma, pueden designarse —con el conocimiento previo de los Estados afectados— comisiones de conciliación *ad hoc,* que presten sus buenos oficios con el fin de lograr una solución amistosa, sobre la base de respeto hacia el Pacto. Existe, además, otra alternativa ofrecida a las partes por el Protocolo Opcional al Pacto de los Derechos Civiles y Políticos. Según este Protocolo, la Comisión también podrá considerar los informes de cualquier particular que pretenda ser víctima de una violación de cualquiera de los derechos señalados en el Pacto por parte de algún Estado que haya aceptado el Protocolo. La Comisión deberá comunicar su opinión al Estado parte interesado y al individuo.

La eliminación de la discriminación racial es un aspecto de la protección de los derechos humanos que han constituido el tema de un instrumento jurídicamente obligatorio. En tanto que el Proyecto de Pacto no se ha puesto todavía en vigor, en 1965 la Asamblea General adoptó, por unanimidad, la Convención Internacional para la eliminación de toda forma de discriminación racial,* de acuerdo con la cual los Estados partes condenaron la discriminación racial y, especialmente, la segregación racial y el *apartehid.* En esta Convención se disponen medidas prácticas para la eliminación de la discriminación racial y para la prevención o la prohibición de todas las prácticas de segregación racial y de *apartheid.* Se establecerá ** una

* Esta Convención, adoptada en 1965, recibió el número necesario de ratificaciones y entró en vigor el 4 de enero de 1969.

** Este Comité de Expertos ya ha sido establecido, al entrar en vigor la Convención el 4 de enero de 1969. Hasta julio de 1971, ninguno de los cincuenta y dos Estados partes en la Convención había aceptado la competencia del Comité para que, de acuerdo con la cláusula opcional contenida en el artículo 14, este órgano quedase facultado para examinar comunicaciones provenientes de individuos o grupos pertenecientes a ese Estado. Tampoco se han presentado reclamaciones de un Estado parte en contra de otro. El Comité se ha dedicado especialmente a la consideración de los informes que, de acuerdo con la Convención, los Estados están obligados a presentar.

Comisión de diez y ocho Expertos en la Eliminación de la Discriminación Racial para considerar los informes sobre las medidas legislativas, judiciales, administrativas o de otro tipo adoptadas por cada Estado, y para hacer sugerencias y recomendaciones generales a la Asamblea General. Si un Estado parte considera que otro Estado parte no está cumpliendo las disposiciones de esta Convención, puede someter el asunto a la atención de la Comisión, la cual procederá en la forma siguiente: se designará por el presidente de ella, una comisión de conciliación *ad hoc* de cinco miembros, que ofrecerá sus buenos oficios a los Estados afectados con vista a un arreglo amistoso del asunto sobre la base de respeto a la Convención. Cuando la comisión *ad hoc* haya considerado plenamente el asunto, elevará a la Comisión principal un informe que ha de comprender sus investigaciones sobre todos los puntos de hecho pertinentes al problema existente entre las partes, y contener las recomendaciones que considere adecuadas para la solución amistosa de la queja. Un Estado parte puede, en cualquier oportunidad, declarar que reconoce la competencia de la Comisión, dentro de su jurisdicción, para recibir y considerar las comunicaciones de individuos o de grupos de individuos que aleguen ser víctimas de una violación, por ese Estado parte, de cualquiera de los derechos señalados en dicha Convención (Res. 2106 (XX) del 21 de diciembre de 1965).

8.21 La Convención Europea para la Protección de los Derechos Humanos y las Libertades Fundamentales

Aun cuando sólo recientemente las Naciones Unidas adoptaron un mecanismo para hacer cumplir las normas referentes a los derechos humanos y las libertades fundamentales, algunos Estados europeos han tenido éxito en formular reglas obligatorias de derecho internacional en esa materia, sobre la base de un acuerdo regional. Los Estados miembros del Consejo de Europa adoptaron en Roma, en 1950, una Convención para la Protección de los Derechos Humanos y Libertades Fundamentales (213 *UNTS*, 221). Este éxito puede atribuirse debidamente al hecho de que "están animados de un mismo espíritu y poseen un patrimonio común de tradiciones políticas, ideales, libertad, y la preeminencia del derecho" (Preámbulo). A fines de 1966 ya habían depositado sus ratificaciones quince Estados, a saber: todos los del Consejo, menos Francia, Suiza y Malta —de·los cuales los dos últimos se unieron al Consejo en 1962 y 1965, respectivamente—.* En cuanto a la aplicación de esta Convención Europea, véanse los *Yearbooks of the European Convention on Human Rights*.

Los derechos que han de ser protegidos están limitados por la Convención a un número determinado de derechos y libertades elementales; no contiene ninguno de los derechos sociales o económicos tales como los compren-

---

* Con Malta, son dieciséis los Estados que depositaron su instrumento de ratificación en diciembre de 1968. Grecia se retiró del Consejo de Europa y denunció la Convención Europea para la Protección de Derechos Humanos y Libertades Fundamentales, en diciembre de 1969.

didos en la Declaración Universal. Sin embargo, un Protocolo de la Convención contempla los derechos a la educación, a tener propiedades y a participar en elecciones libres. Se ha convenido en que el disfrute de los derechos y de las libertades señaladas en la Convención debe conferirse sin discriminación en cuanto a sexo, raza, color, idioma, religión, opinión política o de otro tipo, origen nacional o social, asociación con una minoría nacional, propiedad, nacimiento u otra condición.

Esta Convención es digna de atención, ya que dispone de medidas para asegurar el cumplimiento de sus disposiciones. La Convención estableció la Comisión Europea de los Derechos Humanos y la Corte Europea de Derechos Humanos (Art. 19). La Comisión está formada por una cantidad de miembros, de diferentes nacionalidades, igual al número de los Estados contratantes. Los miembros, elegidos por la Comisión de Ministros para un período de seis años, sirven en la Comisión dentro de su capacidad individual. La jurisdicción de la Comisión es obligatoria cuando uno de los Estados contratantes denuncia, unilateralmente, cualquier supuesta violación de las disposiciones de la Convención por parte de otro Estado contratante. Si la Comisión acepta una queja, lleva a cabo el examen y la investigación consiguientes. Una vez que se logra una solución amistosa, la Comisión presenta un informe con una breve exposición de los hechos y de la solución lograda. De no haber solución amistosa, la Comisión presenta un informe sobre los hechos y sobre su opinión al Consejo de Ministros, el cual— a no ser que el asunto sea referido a la Corte— establece por mayoría de las dos terceras partes si ha habido una violación de la Convención; y si es así, determina el tipo de acción que deba tomarse para resolver la situación. Los Estados se encuentran obligados a actuar de acuerdo con la decisión acordada. Además, la Comisión se encuentra autorizada para recibir peticiones dirigidas al Secretario General del Consejo de Europa, provenientes de cualquier persona, organizaciones no gubernamentales o grupos de individuos, que aleguen ser víctimas por parte de uno de los Estados contratantes de una violación de los derechos establecidos en la Convención, siempre que el Estado contratante contra el cual se haya presentado la queja hubiera declarado que reconocía la competencia de la Comisión para recibir tales peticiones. Estas peticiones se tramitan de igual manera que las solicitudes de los Estados (Arts. 20-37). La Comisión adquirió la competencia para recibir tales peticiones en 1955. A fines d 1966, once de los Estados contratantes habían reconocido el derecho de la instancia individual, mientras que Chipre, Grecia, Italia y Turquía aún no lo han hecho. La Comisión habían declarado admisibles, a fines de 1965, treinta y siete solicitudes de individuos, de las 2 698 peticiones que le fueron presentadas. Además, la Comisión ha admitido tres casos que fueron presentados por diversos Estados contratantes.*

La Corte Europea de Derechos Humanos se compone de un número de jueces de diferentes nacionalidades en igual cantidad al de los Estados miem-

---

* La Comisión ha declarado admisibles, hacia fines de 1968, cincuenta y un solicitudes de las 3 895 peticiones presentadas por individuos. Además, la Comisión ha aceptado siete casos que fueron presentados por Estados partes.

bros del Consejo de Europa. Los jueces son elegidos por la Asamblea Consultiva, por un periodo de nueve años, de una lista de personas propuestas por los miembros del Consejo de Europa. Únicamente los Estados contratantes y la Comisión tienen el derecho de presentar casos ante la Corte. La jurisdicción de la Corte se extiende a todos los casos relacionados con la interpretación y aplicación de la Convención. Un Estado contratante puede declarar en cualquier tiempo que reconoce como obligatoria, *ipso facto* y sin acuerdo especial, la jurisdicción de la Corte en todos los asuntos relacionados con la interpretación y aplicación de la Convención. Un caso es considerado por la Corte si el Estado o los Estados contratantes están sometidos a la jurisdicción obligatoria, o si el Estado o los Estados contratantes otorgan su consentimiento. La Corte puede conocer sobre un caso únicamente después de que la Comisión lo ha admitido y ha reconocido el fracaso de los esfuerzos para una solución amistosa, y dentro del término de los tres meses siguientes a la fecha de la comunicación del informe al Comité de Ministros. El individuo no tiene la facultad de comparecer ante esta Corte, y no es parte en el procedimiento ante ella, aunque él haya presentado la solicitud ante la Comisión. El fallo de la Corte es definitivo y se comunica a la Comisión de Ministros que ha de supervisar su ejecución. Los Estados contratantes asiente, de acuerdo con la Convención, cumplir con el fallo de la Corte en cualquier caso en que sean partes (Arts. 38-56).

La Corte comenzó sus funciones en 1960. Los Estados que aceptaron la jurisdicción obligatoria, a principios de 1966, fueron: Austria, Bélgica, Dinamarca, Alemania, Islandia, Irlanda, Luxemburgo, los Países Bajos, Noruega, Suecia y el Reino Unido. A fines de 1965 habían sido presentados ante la Corte dos casos que afectaban a un individuo, y un grupo de casos que afectaban a un gran número de ellos.

8.22 PROTECCIÓN DE LOS TRABAJADORES

Los esfuerzos para promover la cooperación internacional en la esfera de la industria y del trabajo, a fin de que la competencia económica entre los Estados no llegara a influir contra el mantenimiento de normas laborales mínimas y uniformes en todo el mundo, dieron como resultado el establecimiento de la Organización Internacional del Trabajo (OIT) como socio autónomo de la Liga de las Naciones, en virtud de las disposiciones de la parte XII, sección I, del Tratado de Versalles, y también de las disposiciones correspondientes de los otros tratados de paz de 1919 a 1921.

Los principios y propósitos de la OIT fueron declarados nuevamente en 1944, en la Declaración de Filadelfia, incluida como anexo a la Constitución de la OIT por una enmienda de 1946 (15 *UNTS*, 35). La Declaración reafirmó los principios fundamentales en que se basaba la organización y, en particular, que: "*a*) el trabajo no es una mercancía; *b*) la libertad de expresión y de asociación es esencial para el progreso constante; *c*) la pobreza, en cualquier lugar, constituye un peligro para la prosperidad de todos". La Declaración también confirmó que "todos los seres humanos, sin distinción de raza, credo o sexo, tienen derecho de procurar su bienestar material y su desarrollo espiritual en condiciones de libertad y dignidad, de seguridad económica y en igualdad de oportunidades". La Declaración reconoció que la tarea de la OIT sería la de promover, entre las naciones del mundo, programas para lograr el empleo total, niveles de vida más altos, facilidades para el adiestramiento y el cambio de trabajo, mejores condiciones laborales, el derecho de contratación colectiva y la extensión de medidas de seguridad social.

Actuando por el logro de objetivos de justicia social, la Conferencia Internacional del Trabajo, en más de los cuarenta años de su existencia, había adoptado en 1965 un total de 124 convenciones y de 125 recomendaciones. En la actualidad noventa y nueve de estas convenciones se encuentran vigentes.* Las convenciones y las recomendaciones cubren un amplio campo de temas relacionados con problemas laborales, tales como el empleo y el desempleo, las condiciones generales del empleo (salarios, horas de trabajo, períodos semanales de descanso, vacaciones anuales pagadas), las condiciones del empleo de niños y de personas jóvenes, el empleo de mujeres, el trabajo forzado, la salud, la seguridad y el bienestar industriales, la seguridad social, las relaciones industriales, la inspección laboral, el trabajo marítimo, la inmigración, las estadísticas y la libertad de organiación y de protección al derecho de organizarse. Debe hacerse una referencia especial a algunas convenciones importantes que amparan la libertad sindical. El Convenio relativo a la libertad sindical y a la protección del derecho de sindicación, de 1948, es uno de los primeros convenios multilaterales que tratan de este derecho humano fundamental de los trabajadores. De acuerdo con esta convención —que antes de 1965 había sido ratificada por setenta países— "los trabajadores y los empleadores, sin ninguna distinción y sin autorización previa, tienen el derecho de constituir las organizaciones que estimen convenientes..." (Convención Internacional de Trabajo, Nº 87, 68 *UNTS*, 17.)

El Convenio relativo a la aplicación de los principios del derecho de sindicación y de negociación colectiva, de 1949, ratificado ya en 1965 por setenta y seis países,** garantiza la protección adecuada de los trabajadores contra actos de discriminación antigremial en relación con su empleo (Convención Internacional del Trabajo. Nº 98, 96 *UNTS*, 257). Estas convenciones han sido adicionadas con recomendaciones adoptadas por la OIT en materia de negociaciones colectivas y de conciliación y arbitraje industrial.

La OIT supervisa la ejecución, por parte de los Estados, de las convenciones de trabajo de las que ellos son partes. A cada uno de los miembros de la OIT se le exige presentar un informe anual ante ella, sobre las medidas que ha adoptado para poner en vigor las disposiciones de las convenciones de las cuales es parte (Art. 22). Las asociaciones industriales de patronos o de trabajadores están autorizadas para hacer reclamaciones a la OIT por el hecho de que cualquier Estado contratante haya dejado de asegurar la vi-

* En 1971, la OIT había adoptado un total de 136 convenciones y 144 recomendaciones; 128 de estas convenciones están actualmente en vigor.
** En abril de 1971, esta Convención estaba ratificada por noventa Estados.

gencia efectiva de una convención dentro de su jurisdicción. En este caso, el Órgano Directivo comunica esta reclamación al gobierno contra el cual se formula, y lo invita a que exprese los comentarios que considere adecuados (Art. 24). Si no se recibe de dicho gobierno declaración alguna dentro de un plazo razonable, o si no se considera satisfactoria la que hubiera presentado, el Órgano Directivo tiene el derecho de publicar la reclamación y la declaración presentada en respuesta, si la hubiere (Art. 253. De hecho se han formulado muy pocas reclamaciones por asociaciones industriales de patronos o de trabajadores en los últimos veinte años (véase también 10.18).

Además, un Estado miembro tiene el derecho de presentar una queja a la OIT si no tiene seguridad de que cualquier otro miembro esté asegurando la vigencia efectiva de alguna convención que ambos hubieran ratificado (Art. 26 (1)). El Órgano Directivo nombra una comisión de encuesta para considerar la queja y dictaminar con respecto a ella (Art. 26 (3-4)). Después de haber considerado cuidadosamente la queja, la Comisión redacta un informe con sus averiguaciones sobre todos los puntos de hecho relativos a la contienda entre los Estados y, además, señala las recomendaciones que considere pertinentes en cuanto a las medidas que deban tomarse para satisfacer la queja y el plazo dentro del cual ellas deban producirse (Artículo 26). Dentro de tres meses, cada uno de dichos gobiernos debe informar al Director General de la OIT si acepta o no la recomendación contenida en el dictamen de la Comisión y, en caso de no aceptarla, si se propone presentar la queja a la Corte Internacional de Justicia (Art. 29 (2)). La decisión de ésta es definitiva (Art. 31). Si algún Estado miembro deja de cumplir las recomendaciones contenidas en el dictamen de la Comisión, o en la decisión de la Corte Internacional de Justicia, el Órgano Directivo es competente para recomendar a la Conferencia las medidas que estime atinadas y eficaces para obtener su cumplimiento (Art. 33). Hasta el presente se han presentado sólo unas cuantas quejas.* En 1962 se formularon dos quejas, una por Ghana contra Portugal motivada por el incumplimiento en las colonias portuguesas de África de la Convención sobre Abolición del Trabajo Forzado (Nº 105), de 1957; y la otra por Portugal contra Liberia, por incumplimiento de la Convención sobre Trabajo Forzado (Nº 29), de 1930. En ambos casos las recomendaciones hechas por las comisiones de encuesta

---

* En 1968, Alemania, Canadá, Dinamarca y Noruega presentaron un comunicado a la sesión 52 de la Conferencia de la OIT, quejándose de la forma poco satisfactoria con que el gobierno de Grecia observaba la Convención sobre la libertad de asociación y la protección al derecho de organizarse (Nº 87) (1948). Checoslovaquia también presentó una reclamación en este sentido, agregando que el gobierno griego no cumplía cabalmente con los términos de la Convención sobre el derecho de organizarse y contratar colectivamente (Nº 98) (1949).

En octubre de 1970, la Comisión de Investigación presentó su informe, y sus recomendaciones fueron aceptadas por el gobierno de Grecia. En marzo de 1971, la Junta de Gobierno de la OIT decidió mantener en constante revisión los esfuerzos del gobierno griego para poner en práctica las recomendaciones de la Comisión de Investigación. (Véase: *International Legal Materials*, ASIL, Washington, Vol. X, Nº 3, mayo de 1971, páginas 453-508.)

fueron aceptadas por las partes interesadas (Conferencia Internacional del Trabajo, Sec. 47º, Informe del Comité de Expertos sobre la aplicación de las Convenciones y de las Recomendaciones, 1963, p. 7).

8.23 PROHIBICIÓN DE LA ESCLAVITUD Y PROTECCIÓN DE LOS HABITANTES DE TERRITORIOS DEPENDIENTES

En la protección de los habitantes de los territorios dependientes, las instituciones del mandato bajo el Pacto de la Liga de las Naciones, y del fideicomiso bajo la Carta de las Naciones Unidas, desempeñan un papel importante. El Pacto dispuso, especialmente en relación con los territorios bajo mandato caracterizados como B y C, situados en África o en las islas del Pacífico Sur, que "el Mandatario deberá ser responsable por que la administración del territorio garantice la libertad de conciencia y de religión, [y] la prohibición de abusos tales como el comercio de esclavos... (Artículo 22). El sistema de mandatos fue remplazado por el de fideicomiso de las Naciones Unidas; y en esa ocasión, las potencias mandatarias colocaron ciertos territorios bajo el sistema de fideicomisos. De acuerdo con el artículo 76 de la Carta, entre los objetivos básicos del sistema de fideicomiso, se encuentran los siguientes:

Promover el adelanto político, económico, social y educativo de los habitantes de los territorios fideicometidos; promover el respeto de los derechos humanos y las libertades fundamentales de todos, sin hacer distinción por motivos de raza, sexo, idioma o religión...

Los territorios fideicometidos son pequeños en cuanto a su extensión territorial, y de poca población. En este sentido, el capítulo XI de la Carta, titulado Declaración Relativa a Territorios No Autónomos, tiene importancia especial en relación con la protección general y comprensiva de los habitantes nativos de los territorios dependientes. Las disposiciones pertinentes expresan:

Los miembros de las Naciones Unidas que tengan o asuman la responsabilidad de administrar territorios cuyos pueblos no hayan alcanzado todavía la plenitud de gobierno propio, reconocen el principio de que los intereses de los habitantes de esos territorios están por encima de todo, aceptan como un encargo sagrado la obligación de promover en todo lo posible, dentro del sistema de paz y de seguridad internacional establecido por la Carta, el bienestar de los habitantes de esos territorios, y asimismo se obligan: a) a asegurar, con el debido respeto a la cultura de los pueblos respectivos, su adelanto político económico, social y educativo, el justo tratamiento de dichos pueblos y su protección contra todo abuso; b) a desarrollar el gobierno propio, a tener debidamente en cuenta las aspiraciones políticas de los pueblos, y a ayudarlos en el desenvolvimiento progresivo de sus libres instituciones políticas, de acuerdo con las circunstancias especiales de cada territorio, de sus pueblos y de sus distintos grados de adelanto ... (Art. 73).

De hecho las Naciones Unidas señalan el principio de la libre determinación de los pueblos como una de las bases del desarrollo de las relaciones amistosas entre las naciones. Superando los argumentos de que la libre determinación no debería ser más que un principio político, la Asamblea General, en 1952, reconoció que la violación del derecho de los pueblos y de las naciones a la libre determinación había producido guerras en el pasado y estaba considerada como una amenaza continua a la paz; y decidió incluir, en el Proyecto de Convenciones sobr elos Derechos Humanos, una disposición en el sentido de que todos los pueblos tienen derecho a la libre determinación (Res. 545 (VI), 5 de febrero de 1952). Dos pactos internacionales de ese tipo, sobre derechos humanos, adoptados por la Asamblea General en 1966 (véase 8.20 contienen artículos similares referentes al derecho de todos los pueblos a la libre determinación, es decir, a determinar libremente su condición política y a procurar su desarrollo económico, social y cultural, Además, la Asamblea General adoptó, en 1960, una Resolución sobre Concesión de la Independencia a los Países y Pueblos Coloniales, en la cual sd "proclama solemnemente la necesidad de poner fin, rápida e incondicionalmnte, al colonialismo en todas sus formas y manifestaciones"; para ello declara, *inter alia,* que "la sujeción de pueblos a una subyugación, dominación y explotación extranjeras constituye una denegación de los derechos humanos fundamentales, es contraria a la Carta de las Naciones Unidas y compromete la causa de la paz y la cooperación mundiales" (Res. 1514 (XV), del 14 de diciembre de 1960).

También se han hecho repetidos esfuerzos para suprimir un número de instituciones o de prácticas análogas a la esclavitud, que aún persisten en varias partes del mundo. Ciertas convenciones iniciales sirvieron de derrotero a la Convención sobre la Esclavitud de 1926, preparada con los auspicios de la Liga de las Naciones. Ella disponía que las partes contratantes, en relación con los territorios colocados bajo su soberanía, se comprometían a impedir y a suprimir el comercio de esclavos, a llevar a cabo, progresivamente y tan pronto como fuera posible, la abolición total de la esclavitud en todas sus formas (Art. 2º), y a adoptar todas las medidas necesarias para impedir que el trabajo obligado o forzado llegara a adquirir condiciones análogas a las de la esclavitud (Art. 5º). También se convino que en los territorios donde aún quedaba el trabajo obligatorio o forzoso para otros fines que no eran públicos, los Estados contratantes debían hacer esfuerzos para poner fin a esta práctica (Art. 5º) (60 *LNTS,* 253). Esta Convención fue modificada en 1953. Los deberes y funciones que habían sido asumidos por la Liga de las Naciones fueron trasladados a las Naciones Unidas. Una convención suplementaria, concluida en Ginebra en 1956 por iniciativa del Consejo Económico y Social, fue concebida para fortalecer la convención de 1926, y entró en vigor en 1957 (266 *UNTS,* 3). De acuerdo con esta convención, los Estados contratantes acuerdan adoptar todas las medidas legislativas y de todo otro tipo, viables y necesarias para lograr la abolición completa y el abandono de instituciones y prácticas tales como la prisión por deudas, la servidumbre, el precio de la novia y la explotación del trabajo de los niños (Art. 1º). Se declara delito criminal según las leyes de los Estados contratantes, el trasporte de esclavos de un país a otro, y las personas condenadas por tales delitos están sujetas a penas severas (Art. 3º (1)). Los Estados contratantes deben adpotar medidas efectivas con el objeto de impedir que sus embarcaciones y aeronaves sean usadas para trasportar esclavos, y a fin de sancionar a las personas culpables de tal tráfico. (Art. 3º (2ª)). Del mismo modo, se dispone que todo esclavo que se refugie a bordo de cualquier embarcación debe quedar libre *ipso facto* (Art. 4º). Una disposición similar se encuentra en la Convención de Alta Mar, de 1958 (véase 6.20).

Aparte de este desarrollo de los tratados para la supresión de la esclavitud, la Declaración Universal de los Dederchos Humanos y el Pacto Internacional sobre Derechos Civiles y Políticos, disponen que se prohibirá, en todas sus formas la esclavitud y el comercio de esclavos.

8.24 RECLAMACIONES A TÍTULO PERSONAL ANTE LOS TRIBUNALES INTERNACIONALES

Pocas personas pondrían en duda la regla de la práctica internacional que niega al individuo la capacidad procesal para hacer valer, ante un tribunal internacional, sus propios derechos contra un Estado, sea el suyo o uno extranjero. Sin embargo, se admite fácilmente que, en casos excepcionales, el individuo puede ser autorizado para formular una reclamación directa ante los tribunales internacionales, por daños, en relación con un acto ilegal cometido por un Estado, sea el suyo u otro.

La Corte Internacional de Presas Marítimas, contemplada en una convención adoptada en la Conferencia de Paz de La Haya de 1907, debía actuar como corte de apelaciones en los casos de presa. En ciertos casos, se concedió a los individuos al poder comparecer directamente ante la misma, si las decisiones de los tribunales nacionales resultaban perjudiciales a sus bienes (2 *AJIL*, Supl., 174 (1908)). Esta convención fue firmada por la gran mayoría de los Estados representados en la Conferencia, pero no se puso en vigor, principalmente, porque la Declaración de Londres, de 1909, que contenía las reglas sustantivas del derecho sobre apresamiento que habría de ser aplicado por la Corte, jamás fue puesta en vigor.

La Corte de Justicia Centroamericana fue constituida en 1907 en Cartago, Costa Rica, de acuerdo con una convención celebrada por Costa Rica, Guatemala, Honduras, Nicaragua y El Salvador (2 *AJIL*, Supl., 231 (1908)). Esta Corte, compuesta de cinco jueces —uno por cada Estado contratante—, además de tener jurisdicción en las disputas entre los Estados contratantes, era competente para dilucidar las reclamaciones planteadas por los individuos contra cualquiera de los gobiernos contratantes, basadas en supuestas violaciones de tratados o convenciones, y en otros problemas de carácter internacional, sin importar si el reclamante estaba o no apoyado por su gobierno. Esta Corte solamente tenía importancia regional. Antes de su disolución, en

1918, la Corte había tratado ocho casos, de los cuales cinco se referían a reclamaciones hechas por individuos; pero éstos no ganaron ninguno de los casos.

Una referencia adicional debe hacerse a la Convención Germano-polaca, de 1922, que confirió a los individuos el derecho de recurrir ante al tribunal Arbitral de la Alta Silesia, contra cualquiera de los gobiernos contratantes, aun si eran nacionales, en caso de violación en sus derechos adquiridos (Arts. 5º, 6º, *Reichsgesetzblatt*, 1922, II, p. 238; *Steiner and Gross vs. Polish State*, Tribunal Arbitral de la Alta Silesia, 30 de marzo de 1928, *AD*, 1927-8, Caso Nº 188).

Aunque de un carácter altamente técnico y especial, los Tribunales Arbitrales Mixtos, contemplados por los Tratados de Paz de 1919-20, presentan otra forma de acceso directo y de los individuos a los tribunales internacionales. Por ejemplo, el Tratado de Versalles otorgó a los nacionales de las Potencias Aliadas y Asociadas el derecho de compensación en relación con los daños y pérdidas ocasionados por la aplicación, por parte de Alemania, ya sea de medidas de guerra o de medidas de adquisición obligatoria, y estableció los Tribunales Arbitrales Mixtos para investigar las reclamaciones individuales sobre evaluación de las indemnizaciones (Art. 297 (e)). Se presentaron unas 20 000 reclamaciones de individuos al Tribunal Franco-germano; el Tribunal establecido entre Alemania y Gran Bretaña recibió unas 10 000. La mayoría de los casos fueron decididos en forma adecuada. Naturalmente, esos tribunales eran provisionales, y fueron disueltos después de que las reclamaciones por indemnización que surgieron de la guerra quedaron definitivamente solucionadas.

Después de la segunda Guerra Mundial, se establecieron tribunales similares. A la Corte Suprema de Restitución —establecida en 1952 entre Estados Unidos, el Reino Unido y Francia, por una parte, y Alemania por otra, de acuerdo con la Convención para la Solución de los Asuntos Surgidos de la Guerra y la Ocupación— se le dio jurisdicción, sobre las reclamaciones de las víctimas de la opresión nazi, para la restitución de propiedades identificables y los bienes ocupados por dicho régimen. Los individuos podían comparecer ante esta Corte, como demandantes o demandados, lo mismo que ante un tribunal de apelaciones de carácter nacional (U. S., *TOIA*, Vol. 6, 4ª parte (1955) pp. 4411, 4460). La Comisión Arbitral de Bienes, Derechos e Intereses, establecida al amparo de la misma Convención, comenzó a funcionar en 1957 por un período de diez años, con facultad para revisar las decisiones de los órganos administrativos o de las cortes alemanas, en el caso de reclamaciones para la restitución de bienes o su compensación sustitutiva, resultantes de medidas de guerra alemanas en países ocupados (*ibid.*, p. 4483; 281 *UNTS*, 37). Otra Institución es la Comisión Mixta establecida en 1954 bajo el Acuerdo sobre Deudas Exteriores Alemanas, celebrado en 1953 entre veinte Estados —incluidos el Reino Unido, Estados Unidos y Francia por una parte, y Alemania por otra— que tiene jurisdicción sobre disputas entre los acreedores y los deudores en relación con las deudas exteriores alemanas (Art. 31, U. S., *TOIA*, Vol. 4, 1ª parte (1953), pp. 443, 463; 210 *UNTS*, 197).

Los tribunales anteriormente indicados demuestran que los individuos, en algunas circunstancias, pueden estar facultados para obtener directamente, ante ciertos tribunales internacionales, una compensación por los daños a sus derechos e intereses. Una resolución aprobada por el Instituto de Derecho Internacional en 1929, declaró que había algunos casos en que podría ser deseable que se autorizara a los individuos para presentar directamente ante un tribunal internacional sus reclamaciones contra un Estado (*Annuaire*, Vol. 35 (II) (1929), p. 311; véase también *ibid.*, pp. 257-71). Puede decirse que no existe ninguna razón inherente por la cual a un individuo se le deba negar el acceso a un tribunal que, de hecho, ejerce su jurisdicción entre un Estado y dicho individuo en casos relacionados con cuestiones de derecho internacional. Dicha opinión se encuentra apoyada por algunos abogados internacionalistas como *de lege ferenda;* no obstante, es indudable que no existe ningún otro ejemplo operativo de acceso directo de los individuos a los tribunales internacionales. El Estatuto de la Corte Internacional de Justicia dispone, por ejemplo, en el artículo 34, que "sólo los Estados pueden ser partes en casos ante la Corte".

8.25 PETICIONES PERSONALES ANTE LOS ÓRGANOS INTERNACIONALES

A veces los individuos están autorizados para presentar peticiones ante los órganos internacionales —por su propio nombre o en nombre de otros— en lo referente a la consideración de derechos o intereses en los que dicho órgano está interesado. Tal procedimiento fue desarrollado dentro de la Liga de las Naciones en relación con la protección de los habitantes de territorios bajo mandato. Aunque el Pacto en sí no contenía disposiciones expresas sobre esto, se mantuvo que los habitantes de territorios bajo mandato estaban autorizados para dirigir peticiones a la Comisión Permanente de Mandatos, a través del gobierno mandatario interesado. En contraposición al Pacto, la Carta de las Naciones Unidas contiene, en relación con el sistema de fideicomiso, una disposición específica referente a las peticiones. El artículo 87 dispone que la Asamblea General y, bajo su autoridad, el Consejo de Administración Fiduciaria, podrán aceptar peticiones de territorios fideicometidos y examinarlos en consulta con la autoridad que los administre. Este sistema es más avanzado que el de peticiones de la Liga, especialmente en cuanto a que los habitantes de los territorios fideicometidos pueden presentar sus peticiones directamente al Secretario General, sin la aprobación previa de la autoridad que los administra.

De acuerdo con la Convención internacional sobre la eliminación de toda forma de discriminación racial, de 1965 —ya descrita— los individuos tienen el derecho de comunicar al Comité sobre Eliminación de la Discriminación Racial las supuestas violaciones, por el Estado de su residencia, de cualquiera de los derechos señalados en la Convención, siempre que dicho Estado haya declarado su reconocimiento de la competencia del Comité para recibir comunicaciones de los individuos (véase 8.20). Dicho derecho de comunicación individual con un órgano internacional para la protección de los derechos humanos se encuentra reconocido en la actualidad, en campos mucho más amplios, al amparo de la Convención Internacional sobre derechos civiles y políticos, de 1966, y del Protocolo Opcional de él. De acuerdo con estos instrumentos, el Comité de Derechos Humanos puede tomar en consideración una comunicación de este tipo, presentada por las víctimas de una violación hecha por parte de un Estado, de caulesquiera de los derechos humanos señalados en el Pacto, y comunicar sus opiniones al Estado y al individuo (véase 8.20). El derecho de petición de los individuos para la protección de los derechos humanos en campos más amplios, se confiere también por la Convención Europea para la Protección de los Derechos Humanos, de 1950 (véase 8.21).

Además, la OIT puede aceptar reclamaciones de una asociación industrial de patronos o de trabajadores, en el sentido de que un Estado miembro haya dejado de garantizar dentro de su jurisdicción la vigencia efectiva de cualquier convención de la cual es parte (véase 8.22).

SECCIÓN IV. RESPONSABILIDAD DEL INDIVIDUO EN EL DERECHO INTERNACIONAL

8.26 LOS MÁS NOTABLES PROCESOS CRIMINALES DE GUERRA

Se ha indagado frecuentemente si el individuo es sujeto de derecho internacional. Sin embargo, en algunas circunstancias, el individuo tiene el deber, según el derecho internacional, ya sea convencional o consuetudinario, de hacer o de abstenerse de hacer ciertos actos. El delito de piratería y las violaciones de las leyes y costumbres de la guerra se han señalado como ejemplos en apoyo de la teoría de que el individuo es sujeto de derecho internacional. El delito de piratería ha sido considerado tradicionalmente un crimen contra el derecho de las naciones, que es punible en el territorio de cualquier Estado que capture al ofensor. Los miembros individuales de las fuerzas armadas de los Estados beligerantes son criminalmente responsables por violaciones del derecho internacional de la guerra, y pueden ser castigados por los otros beligerantes. No obstante, en estos casos las sanciones se imponen a los individuos que cometen los delitos, no por un procedimiento internacional determinado, sino sólo por el ejercicio de la jurisdicción nacional del Estado que los tiene en custodia. Un análisis adecuado de estos casos demostraría, por consiguiente, que son meros ejemplos de una jurisdicción excepcionalmente amplia de los Estados.

Sin embargo, especialmente a partir de la segunda Guerra Mundial, han ocurrido ciertos casos que carecían de antecedente, en los cuales la responsabilidad según el derecho internacional se ha imputado directamente al individuo y éste ha sido penado mediante un procedimiento internacional. Estos casos tienen relación con el mantenimiento de la paz internacional y con el respeto a los derechos humanos. El enjuiciamiento del emperador alemán Guillermo II, en el Tratado de Paz de Versalles que siguió a la primera Guerra Mundial, fue el primer paso hacia este concepto más amplio de la responsabilidad criminal internacional (Art. 227). De hecho, el gobierno holandés denegó la petición de entrega del emperador, a quien ya se le había concedido asilo en los Países Bajos. Por lo tanto, no se celebró juicio alguno.

El 8 de agosto de 1945 se firmó un Convenio en Londres, entre los gobiernos de Estados Unidos, Francia, el Reino Unido y la Unión Soviética, que señaló la regulación definitiva para el Enjuiciamiento y Castigo de los Principales Criminales de Guerra de las Potencias del Eje Europeo, cuyos delitos no tenían limitación geográfica especial (82 *UNTS*, 279). De acuerdo con la Carta del Tribunal Militar Internacional anexa al Convenio, la jurisdicción del Tribunal se extendía a la responsabilidad individual por delitos contra la paz, los crímenes de guerra y los crímenes contra la humanidad, hubieran o no violado la ley interna del país en donde fueron cometidos. La posición oficial de los acusados —ya fueran Jefes de Estado u oficiales responsables del gobierno o de las fuerzas armadas— no debía tenerse en cuenta para eximirlos de responsabilidad ni para mitigar la sanción. El hecho de que el acusado hubiera actuado cumpliendo órdenes superiores de su gobierno o de un oficial superior no lo eximía de responsabilidad, aunque sí podía mitigar el castigo.

Aparte del complejo problema de las bases de la jurisdicción del tribunal, planteado por el hecho de que las Potencias Aliadas habían asumido el poder supremo en Alemania después de la rendición, podría considerarse que la Carta y el fallo del Tribunal de Nuremberg constituyeron una aplicación *ex post facto* de supuestas reglas de derecho internacional, de dudosa validez, por no estar en dicho caso claramente establecida la responsabilidad individual en el momento de realizar los actos imputados.

El tribunal de Nuremberg dictó su fallo en 30 de setiembre de 1946, en el cual el concepto de la responsabilidad individual se justificaba de la siguiente manera:

Hace tiempo se ha reconocido que el derecho internacional impone deberes y responsabilidades a los individuos igual que a los Estados... Los crímenes contra el derecho internacional son cometidos por los hombres, no por entidades abstractas, y sólo mediante el castigo a los individuos que cometen tales crímenes pueden hacerse cumplir las disposiciones del derecho internacional... El principio de derecho internacional que, en ciertas circunstancias, protege a los representantes de un Estado, no puede aplicarse a los actos que tal derecho condena como criminales. Los autores de dichos actos no pueden resguardarse tras sus cargos oficiales para librarse de la sanción de los juicios apropiados... Quien viola las leyes de la guerra no puede lograr la inmunidad por el sólo hecho de actuar en obediencia a la autoridad del Estado, cuando el Estado, al autorizar su actuación, sobrepasa su competencia según el derecho internacional... El hecho de que se ordene a un soldado que mate o torture, en violación de la ley internacional de la guerra, jamás se ha reconocido como una defensa de tales actos de brutalidad, aunque la orden... pueda ser tenida en cuenta para mitigar la sanción. (41 *AJIL*, 172, 220; CMD. 6964, Londres, pp. 41-42.)

El juicio de los principales criminales de guerra japoneses fue celebrado de acuerdo con los mismos principios. El jefe supremo de las Potencias Aliadas en el Lejano Oriente publicó una proclama especial el 19 de enero de 1946, por la que se establecía el Tribunal Militar Internacional del Lejano Oriente, para el juicio y castigo de los criminales de guerra de esa zona que, como individuos o como miembros de organizaciones, estaban acusados de delitos contra la paz (*Documents on American Foreign Relations,* Vol. 8, 1945-46, p. 352). La jurisdicción de este tribunal en Tokio fue similar a la del Tribunal de Nuremberg; y su fallo, basado en los principios expresados en Nuremberg, fue dictado el 12 de noviembre de 1948 (U.S. **Naval** War College, *International Law Documents 1948-9*, pp. 71-107 (1950); véase también Horwietz. El Juicio de Tokio, *International Conciliation,* Nº 465).

8.27 Crímenes contra la paz y genocidio

La controversia sobre si los juicios por crímenes de guerra, después de la segunda Guerra Mundial constituyeron una aplicación *ex post facto* de supuestos principios de dudosa validez y una violación del principio *nullum crimen sine lege,* parece no tener gran importancia en vista del hecho de que el concepto de la resposabilidad directa del individuo, dentro del derecho internacional en el caso de ciertos crímenes, fue afirmado por el consentimiento mutuo de la comunidad de los Estados. Ciertos principios mantenidos por los juicios de Nuremberg y de Tokio fueron confirmados por la Asamblea General en 1946 (Res. 95 (1), 11 de diciembre de 1946).

En otra resolución adoptada al —mismo tiempo— la Asamblea General declaró que el genocidio era un crimen de acuerdo con el derecho internacional, por el cual los autores resultaban sujetos a un castigo, ya fueran estadistas, funcionarios públicos o particulares (Res. 96 (I), 11 de diciembre de 1946). La Asamblea dio los pasos necesarios para concluir una convención sobre la materia y, como resultado, la Convención para la Prevención y Sanción del Crimen de Genocidio —conocida como la Convención de Genocidio— fue adoptada por la Asamblea General en 1948, y puesta en vigor en 1951 (78 *UNTS,* 277). Los Estados contratantes declaran en dicha Convención que el genocidio —ya se cometa en tiempos de paz o de guerra— es un crimen de acuerdo con el derecho internacional, que ellos se comprometen a impedir y sancionar. Se dejó sentado que los culpables de genocidio deben ser sancionados, sean gobernantes constitucionalmente responsables, funcionarios públicos o particulares. El genocidio se define en esta Convención como el acto cometido con la intención de destruir a un grupo nacional, étnico, racial o religioso, matando a miembros de él, causándoles serios daños corporales o psíquicos, sometiendo deliberadamente al grupo a condiciones de vida capaces de lograr su destrucción física, imponiendo medidas cuyo objeto es impedir los nacimientos dentro del grupo, o trasladando forzadamente a los niños de un grupo a otro. A los Estados contratantes se les exige promulgar la legislación necesaria para poner en vigor las disposiciones de la Convención y, por otra parte, éstos pueden solicitar a los órganos competentes de las Naciones Unidas que se tomen medidas apropiadas para la prevención y represión del genocidio. Las personas acusadas de genocidio, de acuerdo con las disposiciones de la Convención, pueden ser juzgadas generalmente por un tribunal competente del Estado en cuyo territorio se cometió el acto, o por cualquier tribunal penal internacional cuya jurisdicción haya sido reconocida por los Estados interesados. Aún no se ha utilizado este procedimiento para el establecimiento de un tribunal internacional permanente, y parece haber pocas probabilidades de que se establezca dicho tribunal en un futuro cercano. A pesar de ciertas dificultades prácticas, puede ser de gran importancia que el genocidio se considere en la actualidad un crimen cometido por individuos según el derecho internacional, y que las Naciones Unidas se encuentren considerando seriamente su eliminación.

Los principios introducidos por los juicios de Nuremberg y de Tokio fueron respaldados posteriormente por la Asamblea General. En 1947, se pidió a la Comisión de Derecho Internacional que formulara los principios de derecho internacional reconocidos por la Carta y por el fallo del Tribunal de Nuremberg, y que preparara el proyecto de un código de los delitos contra la paz y la seguridad de la humanidad (Res. 177 (II), 21 de noviembre de 1947). Teniendo en cuenta las observaciones de varios gobiernos, la Comisión de Derecho Internacional, en 1954, adoptó un proyecto de código de delitos contra la paz y la seguridad de la humanidad (*GAOR*, 9ª Sec., Supl. Nº 9, p. 9). Varios actos, incluso los de agresión y genocidio, se calificaron como ofensas contra la paz y la seguridad de la humanidad, y se consideraron delitos de acuerdo con el derecho internacional. Los individuos responsables debían ser sancionados por dicho delito (Arts. 1º, 2º). El proyecto de código mantuvo el criterio —expresado por los juicios de Nuremberg y de Tokio— de que el hecho de haber actuado una persona como Jefe de Estado, o en calidad de funcionario responsable del gobierno, no debería considerarse como eximente de responsabilidad para ella (Art. 3º); y que el hecho de haber obrado una persona obedeciendo una orden de su gobierno o de su superior, tampoco la eximiría de responsabilidad en el derecho internacional si, en las circunstancias del momento, era posible que ella no cumpliera tal orden (Art. 4º). En vista de la conexión existente entre este proyecto de código y el problema de definir la agresión, la Asamblea General, en 1954, pospuso la consideración del código hasta que el comité especial sobre la cuestión de la definición de la agresión hubiera presentado su informe (Res. 897 (IX), 4 de diciembre de 1954). Desde entonces, nada más se ha hecho.*

* El Comité especial sobre la cuestión de la definición de la agresión, por falta de acuerdo entre sus miembros, aún no presenta un proyecto sobre este tema a la Asamblea

SECCIÓN V. EXTRADICIÓN

8.28 BASES JURÍDICAS Y SIGNIFICADO DE LA EXTRADICIÓN

El ejercicio de la jurisdicción por parte de un Estado sobre todas aquellas personas que se encuentran en su territorio, y el del derecho de sancionarlas por la violación de sus leyes, quedan con frecuencia frustrados por la fuga del ofensor al territorio de otro Estado. Por otra parte, es asunto que debe resolverse por la ley nacional del Estado a cuyo territorio se ha fugado el ofensor, si éste puede ser juzgado y sancionado por las ofensas que cometió antes de su entrada en él; y dicho Estado puede, manteniendo la tradición del *common law,* negarse a ejercer su jurisdicción sobre los referidos delitos cometidos fuera de su territorio. Aun cuando el Estado de refugio haya de ejercer la jurisdicción en el caso de tales ofensas, son las autoridades del Estado en cuyo territorio se cometieron las que se encuentran en mejor posición para reunir la prueba pertinente para el juicio; y por otra parte, son las más interesadas en castigar al ofensor (el principio del *forum conveniens*). Estas consideraciones han originado una institución jurídica llamada extradición, definida como "la entrega formal de una persona por un Estado a otro Estado para su enjuiciamiento o sanción" (Harvard Research Draft Convention on Extradition; 9 *AJIL*, Supl., 15, 21 (1935)).

En los primeros tiempos, Grocio reconoció el deber del Estado, según el derecho natural, ya sea de castigar él mismo a los ofensores fugitivos o de entregarlos al Estado interesado, que por virtud de sus leyes, habría de presentarlos ante la justicia (Grotius, *De Jure Belli ac Pacis,* Libro II, capítulo XXI, Sec. IV, edición de la Carnegie Endowment, p. 527) Sin embargo, la extradición no llegó a constituir una obligación jurídica general y la entrega de los ofensores fugitivos ha sido tratada, a través de los siglos, principalmente como materia de cortesía o de subordinación por parte de un soberano hacia otro.

El desarrollo del trasporte y de las comunicaciones internacionales, que ha hecho más fácil la fuga de los ofensores, en el siglo XIX, condujo al uso creciente de convenios de extradición bipartitos, y el número de tratados de extradición había aumentado bastante a comienzos del siglo XX. Además, se celebraron algunos convenios multipartitos de extradición en un nivel regional. Dentro del sistema interamericano, se concluyó en 1933 una Convención sobre Extradición, en Montevideo (Séptima Conferencia Interamericana, Acta Final, pp. 155 ss.; 165 *LNTS* 46), y los Estados Árabes firmaron un Convenio de Extradición en 1952 (159 *BFSP,* 606; 8 *Revue Egyptienne,* 328 (1952)). Los Estados miembros del Consejo de Europa lograron, en 1957, celebra una Convención Europea de Extradición, mediante la cual:

General. A partir de 1968 —fecha en que el Comité reinició la discusión sobre la definición de la agresión— la Asamblea General ha extendido de año en año su mandato. En 1972, el Comité continuará su labor.

Las Partes Contratantes se comprometen a entregarse, entre sí, a todas las personas contra quienes las autoridades competentes de la parte solicitante se encuentren procediendo con ocasión de un delito o que sean buscadas por dichas autoridades para la ejecución de una sentencia o una orden de detención (Art. 1º, 359 *UNTS*, 273-274).

La mayor parte de los tratados de extradición, sin embargo, son bipartitos, y la falta de uniformidad en sus disposiciones hace difícil la referencia a un derecho internacional de extradición. Por otra parte, existen algunos principios o condiciones comunes que se observan generalmente en la redacción o en la interpretación de dichos tratados (véase Investigación de Harvard sobre Extradición, pp. 15-434).

Se considera que existe la norma de que el Estado solicitante de la extradición no debe, sin el consentimiento del Estado al cual se la solicita, enjuiciar o sancionar al ofensor sino por el delito con respecto al cual se concedió la extradición *(U.S. v. Rauscher,* 129 U. S. 407 (1886)). Este principio de expecialidad se incorpora generalmente en los tratados de extradición, y también ha sido observado aun a falta de estipulaciones en los tratados.

8.29 PERSONAS SUSCEPTIBLES DE EXTRADICIÓN

En la práctica de los Estados existe uniformidad en cuanto a que el Estado al cual se ha dirigido la solicitud puede hacer entrega de los nacionales del Estado solicitante o de los nacionales de un tercer Estado. Antes de la mitad del siglo XIX, era generalmente mantenida en el continente europeo la regla contra la extradición de los propios nacionales, sin indagar si el Estado actuaba de acuerdo con obligaciones de un tratado o sobre base de reciprocidad. Pero, algunos Estados —como el Reino Unido y Estados Unidos— no se han opuesto a la extradición de sus propios nacionales. Estas dos prácticas opuestas con respecto a la extradición de los nacionales reflejan la existencia de diferentes tradiciones jurídicas. Los países del derecho civil siguen la regla de que un delito cometido por uno de sus nacionales en cualquier parte del mundo es una ofensa contra su propio derecho, a la vez que contra la ley del lugar donde aquélla se cometió. Para estos Estados es posible hacer comparecer a un ofensor fugitivo de su propia nacionalidad ante sus propios tribunales, sin necesidad de entregarlos a un Estado extranjero para su enjuiciamiento. Por otra parte, los Estados que siguen las tradiciones del *commòn law* sostienen que las ofensas deben juzgarse en el lugar donde fueron cometidas, y que sus tribunales sólo tienen una jurisdicción limitada sobre los delitos cometidos fuera de los límites territoriales del Estado. Como consecuencia, un ofensor fugitivo, a quien no se extraditara en este caso, escaparía a la sanción por el hecho de ser uno de sus propios nacionales.

Aun en el caso en que el Estado de la nacionalidad pueda sancionar al ofensor fugitivo, no hay duda en cuanto a la validez del principio del *forum conveniens.* Además, puede ser difícil esperar que el Estado de la nacionalidad juzgue al ofensor fugitivo si no puede obtener y presentar una prueba adecuada. En este sentido no es fácil justificar, en principio, la política de negarse a la extradición de los nacionales. La resolución aprobada por el Instituto de Derecho Internacional, en su sesión de 1880, parece razonable en cuanto:

> entre países cuyas leyes penales descansan en bases similares y que tienen confianza mutua en sus instituciones judiciales, la extradición de los nacionales sería un medio de asegurar la buena administración de la justicia penal, porque debería considerarse deseable que la jurisdicción del *forum delicti commissi*, fuera la llamada, en lo posible, a dictar sentencia. (*Annuaire*, Vol. 5, 1880, p. 127; Traducción al inglés en Scott, *Resolutions of the Institute of International Law*, 1916, p. 42.)

De hecho, la no extradición de los nacionales se consagra frecuentemente en muchos tratados de extradición vigentes. En los celebrados por el Reino Unido y Estados Unidos, dichos países han aceptado una cláusula que declara que ninguna parte está obligada a autorizar la extradición de sus nacionales; así permite libertad de acción a cada gobierno. Con el propósito de impedir que se evite el castigo como resultado de una negativa a conceder la extradición de los nacionales, la Convención de Montevideo, de 1933, y la Convención Europea, de 1957, contienen disposiciones en el sentido de que, si bien cada Estado contratante tiene libertad para decidir si concede o no la extradición de uno de sus nacionales, si se niega a entregar al fugitivo, deberá proceder contra él por el delito del cual ha sido acusado, siempre que se hayan cumplido ciertos requisitos establecidos.

8.30 DELITOS SUSCEPTIBLES DE EXTRADICIÓN: LA NO EXTRADICIÓN DE LOS DELINCUENTES POLÍTICOS

El principio de la doble criminalidad ha sido mantenido en la práctica de los Estados, es decir, que es una condición de la extradición el que el acto de que se acusa constituya un delito de acuerdo con las leyes tanto del Estado solicitante como del Estado al cual se hace la solicitud. Además, parece haberse convenido en que la extradición debe concederse sólo en casos de delitos graves —como el asesinato, el incendio intencional, el robo, la falsificación, y aquellos delitos que todas las naciones tienen interés común en reprimir—. Desde fines del siglo xix, la relación de los delitos capaces de causar la extradición contenida en ciertos tratados de este tipo ha aumentado progresivamente, y en la actualidad se incluye en ellos una amplia serie de actos criminales. Por otra parte, en algunos tratados, las ofensas susceptibles de extradición se definen sólo en términos de una pena mínima determinada, aplicable tanto en el Estado solicitante como en aquel al cual se plantea la solicitud.

Un Estado ante el cual se ha formulado una solicitud puede negarse a conceder la extradición de una persona por un delito cometido, en todo o en parte, dentro de su propio territorio. Cuando el delito por el cual se ha pedido la extradición ha sido cometido fuera del territorio del Estado solicitante, la extradición puede negarse si la ley del Estado solicitante no permite el enjuiciamiento por la misma categoría de delito cuando se comete fuera de su territorio, o no permite la extradición para dichos delitos. Tampoco se concede la extradición si se ha dictado fallo definitivo —por las autoridades competentes del Estado al cual se hace la solicitud— contra la persona reclamada, en relación con el delito por el cual se solicitó la extradición. La regla de *non bis in idem* queda incorporada en los tratados y parece que se ha convertido en un privilegio general (*Annuaire*, Vol. 43, (II), (1950), p. 393; Vol. 43 (I), pp. 295-365; Vol. 43 (II), pp. 257-333).

Un Estado requerido también puede rehusar la extradición de un ofensor si se pide por un acto de determinado carácter. Lo importante aquí es el principio de la no extradición para los delincuentes políticos, lo cual constituye una tendencia comparativamente reciente en la historia del derecho internacional. Antiguamente, la entrega de las personas se pedía precisamente por ofensas políticas. Existían unos pocos tratados de extradición celebrados con anterioridad al siglo xix, exclusiva o principalmente con vista a la entrega de los delincuentes políticos; pero había poca —si es que había alguna— preocupación consciente por la supresión de los delitos comunes, y no existía, por lo tanto, el estímulo necesario para cooperar en dicha supresión mediante la extradición de los delincuentes fugitivos. A principios del siglo xix, hubo un cambio completo de actitud en este sentido, debido probablemente a la evolución de las ideas políticas inspiradas por la Revolución Francesa; y a la creciente comprensión de la interdependencia de las naciones en el periodo posterior a la Revolución Industrial. El concepto de la no extradición de los delincuentes políticos fue adoptado, por primera vez, en el Tratado de Extradición celebrado en 1834 entre Bélgica y Francia (Art. 5, Martens, *NR*, Vol. 12, p. 732). Francia, que sólo en 1927 aprobó su ley nacional de extradición (Ley del 10 de marzo de 1927, referente a la extradición de los extranjeros, Sirey, *Lois annotées*, N.S., Vol. 6 (1926-30), p. 910), sin embargo ha estipulado siempre este principio en sus tratados de extradición con otros Estados. Esta práctica ha sido ampliamente aceptada. Hoy pocos tratados de extradición vigentes omiten una disposición referente a la no extradición de los ofensores políticos.

Aunque el principio de la no extradición de los ofensores políticos ha sido generalmente aprobado, sin embargo es difícil fijar una clara distinción entre las ofensas políticas y las comunes. Se han adoptado criterios diferentes para definir los términos "políticos" o "que tienen carácter político": el motivo de la ofensa, el propósito de ella, las circunstancias de su comisión o el carácter de ésta como traición o sedición, de acuerdo con la ley nacional. No ha tenido éxito ningún intento de formular un concepto satisfactorio del delito político, y parece que una definición acerca de cuál acto en particular constituye un delito político, es circunstancial. De hecho, se ha mantenido ampliamente y por largo tiempo el criterio, —adoptado en los bien conocidos casos ingleses del siglo pasado—, de que "el acto sea hecho en busca de o con la intención de ayudar, como una especie de acto manifiesto en el curso de una actuación en materia política, de un levantamiento político o de una disputa entre dos partidos en el Estado" *(In re Castioni,* (1891) I. Q. B. 149, 156), o que "debe haber dos o más partidos en el Estado que tratan cada uno de imponer el gobierno de su preferencia sobre el otro" *(In re Meunier,* (1894) 2 Q. B. 425, 419). Un caso inglés, *Re Kolczynski et al,* ((1955) I All E. R. 31), no siguió los anteriores precedentes y mantuvo que los delitos cometidos no sólo con el objetivo político de derrocar a un gobierno, sino con el propósito de evitar la persecución o el enjuiciamiento por desviación política, son delitos políticos. El fallo, recibido favorablemente por muchos estudiosos, se basa en la siguiente idea:

> Las palabras "ofensa de carácter político" deben estimarse siempre de acuerdo con las circunstancias existentes en el momento en que ellas se deben considerar. El presente es muy diferente de 1890, cuando fue decidido el caso de Castioni. *(Ibid.,* p. 35.)

Algunos delitos complejos, a pesar de tener la apariencia de un carácter político, han sido exceptuados de las ofensas para las cuales se puede negar la extradición. De importancia en este sentido es la llamada cláusula *attentat,* conocida como la cláusula belga, que fue introducida por Bélgica en 1856 cuando, después de haber recibido una solicitud de Francia para la extradición de la persona que había intentado asesinar a Napoleón III, su tribunal negó la extradición del ofensor. (Ley que contiene una disposición adicional al artículo 6 de la Ley Referente a la Extradición, del 1º de octubre de 1833, OB Nº 77, marzo 22 de 1856, *Moniteur,* marzo de 1856.) Esta cláusula fue preparada para disponer que el asesinato del jefe de un Estado extranjero, o el de un miembro de su familia no debía considerarse como delito político y que, por lo tanto, en esos casos podía accederse a la extradición del ofensor. Después del asesinato del presidente Garfield, Estados Unidos incorporó dicha cláusula en su Tratado con Bélgica de 1882 (22 Stat, en L., 972 (Art. IV) ; Martens, *NRG,* 2ª Ser., Vol. 8, p. 489). Muchos Estados europeos también han adoptado esta cláusula *attentat* en sus respectivos tratados de extradición y, algunas veces, en sus propias leyes. Pero, por otra parte, se ha objetado esta cláusula sobre la base de que un ataque al jefe de un Estado debe ser considerado, por definición, como un delito político y, por lo tanto, exceptuado de la extradición. En vista de esta objeción, dicha cláusula no fue incluida en el Proyecto de Convención de Investigación de Harvard, de 1935. Sin embargo, se ha visto con interés que esta cláusula se incluye de nuevo en la Convención Europea de Extradición de 1957 (Art. 3 (3), 359 *UNTS,* 273, 278).

Otros delitos con algunos rasgos políticos, que pueden ser susceptibles de extradición, son aquellos que implican el terrorismo político o el genocidio. En 1934, el Consejo de la Liga —en cumplimiento de una proposición hecha por Francia, preocupada por el asesinato del rey de Yugoslavia, en su territorio— tomó las medidas necesarias para preparar una convención internacional para la prevención y la sanción de los actos de terrorismo político *(Documents on International Affairs,* 1934, p. 111). En 1937 se firmó una Convención en Ginebra, mediante la cual los Estados contratantes se comprometieron a considerar como delitos los actos de terrorismo, incluyendo entre ellos la conspiración, la incitación y la participación en tales actos; además, en algunos casos también se comprometieron a conceder la extradición para dichos delitos (LN Doc., C. 546. M. 383, 1937, V). Sin embargo, dicha convención no fue puesta en vigor. La Convención de Genocidio de. 1948 dispone expresamente que el genocidio no debe considerarse como un delito político para los efectos de la extradición. En 1946, la Asamblea General adoptó una resolución en el sentido de que los criminales de guerra deberían ser objeto de extradición a los países donde se efectuaron sus actos execrables (Res. 3 (I), 13 de febrero de 1946). De acuerdo con las Convenciones de Ginebra de 1949, cada Estado contratante se encuentra obligado a juzgar las "infracciones graves" de las Convenciones, ante sus propios tribunales o, si lo prefiere, entregar al ofensor para su enjuiciamiento a otro Estado contratante afectado, siempre que este último haya formulado un caso *prima facie* contra él (75 *UNTS,* 31-402).

8.31 PROCEDIMIENTOS DE EXTRADICIÓN

No existe una regulación uniforme en relación con el procedimiento de extradición. Sin embargo, se puede resumir el procedimiento establecido en varios tratados. Las solicitudes para la extradición de los ofensores fugitivos se comunican a la autoridad competente del Estado al cual se dirige la solicitud, a través de los canales diplomáticos. Al recibir ésta, el referido Estado trata de capturar y detener a la persona reclamada, a no ser que sea evidente que no puede concederse la extradición de tal persona. En la mayor parte de los Estados, la decisión definitiva está en manos del poder judicial, que declarará si el Estado al cual se dirige la solicitud está o no autorizado para acceder a ella. Una declaración de que la autoridad competente no se encuentra autorizada para acceder a la extradición de la persona reclamada es definitiva, y a ésta se le pone en libertad. Cuando el poder judicial autoriza al extradición, ésta, en sí, es llevada a cabo por un acto del ejecutivo.

Si se concede la solicitud, se informa al Estado reclamante sobre el lugar y la fecha fijados para la entrega, y sobre el tiempo que la persona reclamada ha estado detenida. Los gastos ocasionados en el territorio del Estado objeto de la solicitud con motivo de la extradición, son rembolsados por el Estados reclamante, salvo que exista un acuerdo en sentido contrario. A menudo se permite —a solicitud— el viaje de la persona cuya extradición se concede, a través del territorio de otro Estado o en una nave o aeronave privada matriculada en otro Estado, siempre que la ofensa de que se trate no sea considerada por el Estado al cual se ha pedido permiso para el viaje como un delito político no susceptible de extradición. También puede negarse el tránsito de un nacional de dicho Estado.

No existe ninguna regla generalmente aceptada que contemple el caso de que se solicite la extradición concurrentemente por más de un Estado, ya sea por el mismo o por diferentes delitos. Cuando el Estado al cual se ha hecho la petición recibe más de una solicitud por el mismo delito, puede dar preferencia al Estado solicitante en cuyo territorio fue cometido el acto. Si éste se realizó en el territorio de más de un Estado solicitante, el Estado al cual se hace la solicitud puede conceder la extradición de la persona al Estado que presentó la primera solicitud. Si un Estado recibe, por dos o más Estados, la solicitud de extradición de la persona por delitos diferentes, puede, al acceder a la extradición, decidir a favor de cuál Estado habrá de hacerse, teniendo en cuenta todas las circunstancias, especialmente la gravedad relativa de las ofensas, la nacionalidad de la persona reclamada, las fechas en que se recibieron las solicitudes y la posibilidad de extradición posterior a otro Estado.

BIBLIOGRAFÍA

I. NACIONALIDAD

Castro, F. de: "La Nationalité, la double nationalité et la supranationalité", 102 *HR*, 515 (1961).

Harvard Research in International Law: "Nationality", 23 *AJIL*, Epecial Supl., II (1929).

Laws Concerning Nationality, U.N. Legislative Series, Nº 4, 1954 (U.N. Pub. Sales Nº 54. V.I); y *Supplement to the Volume on Laws Concerning Nationality*. U.N. Legislative Series, Nº 9, 1959 (U.N. Pub. Sales Nº 59. V. 3).

League of Nations Conference for the Codification of International Law, *Bases of Discussions*, Vol. I (1929).

Makarov, A.N.: "Règles générales du droit de la nationalité", 74 *HR*, 269 (1949).

Panhuys, H.F. van: *The Role of Nationality in International Law*, Leyden, Sythoff, 1959.

Parry, C.: "The Duty to Recognise Foreign Nationality Laws", 19 *Zaörv*, 337 (1958).

Visscher, P. de: "La Protection diplomatique des personnes morales", 102 *HR*, 395 (1961).

Weis, P.: *Nationality and Statelessness in International Law*, Londres, Stevens, 1956.

—.: "The United Nations Convention on the Reduction of Statelessness. 1961", 11 *ICLQ*, 1073 (1962).

II. SITUACIÓN JURÍDICA DE LOS EXTRANJEROS

Albrecht, A.R.: "The Taxation of Aliens under International Law", 29 *BYIL*, 145 (1952).

Balladore Pallieri, G.: "Les Tranferts internationaux de populations", 44 (II) *Annuaire*, 138 (1952).

blic", 90 *HR*, 173 (1956).

Bindshedler, R.L.: "La Protection de la propiété privée en droit international pu-

Brandon, M.: "Legal Deterrents and Incentives to Private Foreign Investments", 43 *Grotius Society Transactions,* 39 (1957).

Brewer, W.C., Jr.: "The Proposal for Investment Guarantees by an International Agency", 58 *AJIL,* 62 (1964).

Carlston, K.S.: "Concession Agreements and Nationalization", 52 *AJIL,* 260 (1958).

Cheng, B.: "The Rationale of Compensation for Expropriation", 44 *Grotius Society Transactions,* 267 (1958-9).

Christie, G.C.: "What Constitutes a Taking of Property under International Law?", 38 *BYIL,* 307 (1962).

Doehring, K.: *Die allgemeinen Regeln des völkerrechtlichen Fremdenrechts und das Deutsche Verfassungsrecht,* Beiträge zum ausländischen öffentlichen Recht und Völkerrecht, 39, Colonia, Heymanns, 1963.

Evans, A.E.: "Observations on the Practice of Territorial Asylum in the United States", 56 *AJIL,* 148 (1962).

Fatouros, A.A.: *Government Guaranties To Foreign Investors,* Nueva York, Columbia Univ. Press, 1962.

Foighel, I.: *Nationalization,* Copenhague, Nyt Nordisk Forlag Arnold Busck, 1957.

Fouilloux, G.: *La Nationalisation et le droit international public,* París, Librairie Générale de Droit et de Jurisprudence, 1962.

Friedman, S.: *Expropriation in International Law,* Londres, Stevens, 1953.

Green, L.C.: "The Right of Asylum in International Law", 3 *Malaya Law Review,* 223 (1961).

Heuven Goedhart, G.J. van: "The Problem of Refugees", 82 *HR,* 265 (1953).

Jiménez de Aréchaga, E.: "Treaty Stipulations in Favor of Third States", 50 *AJIL,* 338 (1956).

Kimminich, O.: *Der internationale Reohtsstatus des Flüchtlings,* Colonia, Heymanns, 1962.

Koziebrodzki, L.B.: *Le Droit d'asile,* Leyden, Sythoff, 1962.

Lacharrière, G. de: "Aspects récents de la clause de la Nation la plus Favorisée", 7 *Annuaire Français,* 107 (1961).

Morgenstern, F.: "The Right of Asylum", 26 *BYIL,* 327 (1949).

Münch, F.: "Les Effets d'une nationalisation à l'étranger", 98 *HR,* 411 (1959).

Peaslee, A.: *Constitutions of Nations,* 2ª ed., 3 vols., La Haya, Nijhoff, 1956.

Petrén, S.: "La Confiscation des biens étrangers et les réclamations internationales auxquelles elle peut donner lieu", 109 *HR,* 487 (1963).

Proehl, P.O. (ed.): *Legal Problems of International Trade,* Urbana, Univ. of Illinois Press, 1959.

Séfériadès, S.: "L'Échange des populations", 24 *HR,* 311 (1928).

Shaw, C. (ed.): *Legal Problems in International Trade and Investment,* Nueva York, Oceana, 1962.

Shawcross, Lord, "The Problems of Foreign Investment in International Law", 102 *HR,* 336 (1961).

Skubiszewski, K.: "Le Transfert de la population alleamnde était-il conforme au droit internatic nal?", I *Cahiers Pologne-Allemagne,* 42 (1959).

Sohn, L.B.; y R.R. Baxter: "Responsability of States for Injuries to the Economic Interests of Aliens", 55 *AJIL,* 545 (1961).

Stoessinger, J.G.: *The Refugee and the World Community,* Minneapolis, Univ. of Minnesota Press, 1956.

The Encouragement and Protection of Investment in Developing Countries, Supplementary Pub. Nº 3, *ICLQ* (1962).

The Status of Permanent Sovereignty over Natural Wealth and Resources y *Report of the Commission on Permanent Sovereignty over Natural Resources*, 1962 (U.N. Pub. Sales N° 62. V. 6).

Weis, P.: "The International Protection of Refugees", 48 *AJIL*, 193 (1954).

White, G.: *Nationalization of Foreign Property*, Nueva York, Praeger, 1961.

Wilson, R.R.: *United States Commercial Treaties and International Law*, Nueva Orleáns, Hauser Press, 1960.

Wortley, B.A.: *Expropriation in Public International Law*, Cambridge, Univ. Press, 1959.

III. Protección internacional de los derechos humanos

Beauté, J.: *Le Droit de pétition dans les territores sous tutelle*, París, Librairie Générale de Droit et de Jurisprudence, (1962).

Borchard, E.M.: *The Diplomatic Protection of Citizens Abroad, or the Law of International Claims*, Nueva York, Banks Law Publ., 1927.

Brownlie, I.: "The Individual before Tribunals Exercising International Jurisdiction", 11 *ICLQ*, 701 (1962).

Demichel, A.: "L'Évolution de la protection des minorités depuis 1945", 64 *RGDIP*, 22 (1960).

Frey, S.: "L'Individu devant les jurisdictions internationales", 39 *Revue de Droit International et de Droit Comparé*, 437 (1962).

Hallier, H.J.: *Völkorrechtliche Schiedsinstanzen für Einzelpersonen und ihr Verhältnis zur innerstaatlichen Gerichtsbarkeit; Eine Untersuchung der Praxis seit 1945*, Beiträge zum ausländischen öffentlichen Recht und Völkerrecht, 35, Colonia, Heymanns, 1962.

Hamburger, E.: "Droits de l'home et relations internationales", 97 *HR*, 293 (1959).

Jenks, C.W.: *The International Protection of Trade Union Freedom*, Londres, Stevens, 1957.

Langenhove, F. van: "Le Problème de la protection des populations aborigènes aux Nations Unies", 89 *HR*, 321 (1956).

Lauterpacht, .: *International Law and Human Rights*, Londres, Stevens, 1950.

McDougal, M.S.; y G. Bebr: "Human Rights in the United Nations", 58 *AJIL*, 603 (1964).

Mirkine-Guetzévicht, B.: "Quelques problèmes de la mise en ceuvre de la Déclaration Universelle des Droits de l'Homme", 83 *HR*, 255 (1953).

Moskowitz, M.: *Human Rights and World Order*, Dobbs Ferry, Oceana, 1958.

Norgaard, C.A.: *The Position of the Individual in International Law*, Copenhague, Munksgaard, 1962.

Parry, C.: "Some Considerations upon the Protection of Individuals in International Law", 90 *HR*, 653 (1956).

Robertson, A.H.: *Human Rights in Europe*, Manchester, Univ. Press, 1963.

Schwelb, E.: "International Convention on Human Rights", 9 *ICLQ*, 654 (1960).

—.: "On the Operation of the European Convention on Human Rights", 18 *International Organization*, 558 (1964).

Sperduti, G.: "La Personne humaine et le droit international", 7 *Annuaire Français*, 141 (1961).

Vasak, K.: *La Convention Européenne des Droits de l'Homme*, París, Librairie Générale de Droit et de Jurisprudence, 1964.

Weil, G.L.: *The European Convention on Human Rights: Background, Development and Prospects*, Leyden, Sythoff, 1963.

IV. Responsabilidad del individuo en derecho internacional

Aroneanu, E.: *Le Crime contre l'humanité*, París, Dalloz, 1961.
Drost, P.N.: *The Crime of State*, 2 vols., Leyden, Sythoff, 1959.
Hoffmann, G.: *Strafrechtliche Verantwortung im Völkerrecht: Zum gegenwärtigen Stand des völkerrechtlichen Strafrechts*, Frankfort/Main, Metzner, 1962.
Horwitz, S.: "The Tokyo Trial", *International Conciliation*, Nº 465, Nueva York, Carnegie Endowment, noviembre de 1950.
Knierien, A. von: *The Nuremberg Trials*, Chicago, Regnery, 1959.
Röling, B.V.A.: "The Law of War and the National Jurisdiction since 1945", 100 *HR*, 323 (1960).
Schwelb, E.: "Crimes against Humanity", 23 *BYIL*, 178 (1946).
Woetzel, R.K.: *The Nuremberg Trails in International Law*, Londres, Stevens, 1960.

V. Extradición

Evans, A.E.: "Reflections upon the Political Offense in International Practice", 57 *AJIL*, I (1963).
Green, L.C.: "Political Offences, War Crimes and Extradition", 11 *ILCQ*, 329 (1962).
—.: "Recent Practice in the Law of Extradition", 6 *Current Legal Problems*, 274 (1953).
Harvard Research in International Law, "Extradition", 29 *AJIL*, Supl. 15 (1935).
O'Higgins, P.: "Unlawful Seizure and Irregular Extradition", 36 *BYIL*, 279 (1960).

9. RESPONSABILIDAD INTERNACIONAL

CONTENIDO

9.01 INTRODUCCIÓN

Siempre que se viola, ya sea por acción o por omisión, un deber establecido en cualquier regla de derecho internacional, automáticamente surge una relación jurídica nueva. Esta relación se establece entre el sujeto al cual el acto es imputable, que debe "responder" mediante una reparación adecuada, y el sujeto que tiene derecho de reclamar la reparación por el incumplimiento de la obligación.

La Corte Permanente de Justicia Internacional ha declarado: "es un principio de derecho internacional, y aun un concepto general del derecho, que cualquier incumplimiento de un compromiso impone la obligación de efectuar una reparación" (caso *Chorzow Factory* (1928) PCIJ, Ser. A, Nº 17, p. 29). Esta obligación es una consecuencia inmediata y automática de la violación de un deber internacional. La Corte Internacional de Justicia expresó que tan pronto como la cuestión de la responsabilidad del Estado, de acuerdo con el derecho internacional "se contesta en sentido afirmativo, resulta que se debe una compensación como consecuencia de la afirmación de la responsabilidad" (ICJ. Reports, 1949, pp. 23-24).

La responsabilidad internacional puede configurarse por la lesión directa de los derechos de un Estado y también por un acto u omisión ilegal que causa daños a un extranjero. En este último caso, la responsabilidad es ante el Estado del cual el extranjero es nacional.

La riqueza de la jurisprudencia y la doctrina con respecto a la responsabilidad del Estado por daños ocasionados a extranjeros es de mucho mayor importancia que los precedentes que se refieren a daños directos en los derechos de un Estado. Sin embargo, para tener una visión amplia del tema, es necesario conocer ambas fuentes de responsabilidad del Estado.

Las cinco primeras secciones de este capítulo están dedicadas a los aspectos generales y necesariamente uniformes de la responsabilidad internacional, mientras que dos aspectos específicos del tema —que se refieren sólo a la responsabilidad del Estado por daños causados a extranjeros— serán examinados en las secciones 6 y 7. Por último, la sección 8 trata de la responsabilidad internacional con respecto a las organizaciones internacionales.

SECCIÓN I. ELEMENTOS CONSTITUTIVOS DE LA RESPONSABILIDAD INTERNACIONAL

Los elementos esenciales para el establecimiento de la responsabilidad internacional pueden resumirse así:

1) Existencia de un acto u omisión que viola una obligación establecida por una regla de derecho internacional vigente entre el Estado responsable del acto u omisión y el Estado perjudicado por dicho acto u omisión.

2) El acto ilícito debe ser imputable al Estado como persona jurídica.

3) Debe haberse producido un perjuicio o un daño como consecuencia del acto ilícito. Sin embargo, en las relaciones interestatales el concepto del daño no tiene un carácter esencialmente material o patrimonial. Los actos ilícitos lesivos de intereses no materiales originan una reparación adecuada, aunque no hayan tenido como resultado una pérdida pecuniaria para el Estado reclamante.

9.02 CUESTIÓN DE LA CULPA

Muchos autores aseveran que la precedente relación de elementos constitutivos debe quedar complementada con un elemento subjetivo adicional: la falta o culpa *(culpa,* es decir la intención ilícita o negligencia del individuo cuya conducta se imputa al Estado).

Otro criterio sostiene que lo generalmente relevante no es la actitud psicológica de los individuos que actúan como órganos del Estado, sino la conducta objetiva del Estado *per se:* el Estado es responsable por la violación de cualquiera de sus obligaciones sin necesidad de identificar una falla psicológica en ninguno de sus agentes. Así, un funcionario ejecutivo puede infringir un deber internacional del Estado sin culpa alguna de su parte, por el mero hecho de cumplir una norma de derecho interno que viole el derecho internacional. Los partidarios de la teoría de la culpa afirman que en un caso de este tipo es necesario atribuir la culpa al legislador. Sin embargo, al hacerlo, "el concepto de la culpa queda privado de toda consistencia: su investigación pasa a ser incierta y evasiva. Sería necesario buscarla en los legisladores, aun en los redactores de la constitución del Estado". (Anzilotti, *Corso di diritto internazionale,* p. 445.)

Algunos autores consideran el concepto de "culpa" como equivalente a la violación objetiva de una obligación internacional en vez de corresponder a un elemento subjetivo de malicia o negligencia. Sostienen que esto corresponde a la definición de "culpa" más aceptada en el derecho privado.

El concepto de la culpa como una violación de una obligación preexistente es, sin embargo, superfluo, porque simplemente reitera el primer elemento constitutivo a que hemos hecho referencia. También conduce a conclusiones erróneas, porque es muy difícil aislar a la culpa de las connotaciones subjetivas que adquirió en el derecho romano.

Desde un punto de vista práctico, el exigir la culpa como una condición general adicional de la responsabilidad internacional limita considerablemente la posibilidad de considerar a un Estado responsable de la violación de una obligación internacional. La prueba de la intención ilícita o de la negligencia es muy difícil de producir, y la dificultad es particularmente mayor cuando este elemento subjetivo tiene que atribuirse al individuo o grupo de individuos que actuaron o dejaron de actuar en nombre del Estado.

Sin embargo, este argumento no es la razón básica para rechazar la teoría de la culpa en forma general. La consideración decisiva radica en que, a no ser que la regla de derecho internacional —objeto específico de la violación— contemple la malicia o la negligencia culpable, las reglas de derecho internacional no contienen un "requisito general fluctuante de malicia o negligencia culpable como condición de responsabilidad". (Starke, "Imputability in International Delinquencies", 19 *BYIL,* p. 104, en 114 (1938).)

Para determinar la responsabilidad internacional, los tribunales de arbitraje generalmente no investigan el estado mental que ha motivado al individuo que causó el daño.

Así, un Estado ha sido considerado responsable, frecuentemente, por errores de juicio de sus agentes, aun si dichos errores se han cometido *bona fide* y, por lo tanto, están libres de cualquier elemento de malicia o negligencia culpable. (Véase el caso *Kling* (1930) 4 *RIAA,* p. 575 y los precedente que ahí se citan; véanse también el caso *Wanderer* (1921) 6 *RIAA,* p. 68; el caso *Kate* (1921), *ibid.,* 77; y el caso *McLean* (1921), *ibid.,* 82.) En otros laudos, el tribunal hizo uso de la palabra "culpa", pero ésta fue considerada sinónima de la expresión "omisión de deber" o acto ilícito *(Russian Indemnity* case (1912), Scott, *Hague Court Reports,* p. 297).

Por otra parte, ciertas reglas especiales del derecho internacional pueden exigir como condición de la responsabilidad un elemento de malicia por parte del agente del Estado que violó la regla (véase por, ejemplo 9.11).

La cuestión de saber si se requiere la existencia de la culpa como elemento de responsabilidad internacional se ha discutido especialmente en relación con ciertos casos de omisión, cuando la responsabilidad surge tan sólo si ha faltado la debida diligencia por parte de los agentes del Estado.

Varios laudos arbitrales han establecido la responsabilidad por la violación de los deberes de neutralidad o por ofensas contra extranjeros; siendo factor decisivo el determinar si los agentes del Estado dejaron de hacer lo que era necesario para proteger los derechos de los beligerantes o de los extranjeros. Así, la responsabilidad del Estado está claramente vinculada con la negligencia de uno de sus agentes. Las más importantes de estas decisiones figuran en *Alabama Claims* (1872), (Lapradelle et Politis, *Recueil des Arbitrages*, Vol. II, p. 713), y Huber, *Report on the British Claims in Spanish Morocco* (1925), (2 *RIAA*, pp. 639, en 644).

Por esta razón algunos autores, como Strupp y otros, han llegado a la conclusión de que la culpabilidad o "culpa", aun cuando no se aplique a actos positivos, es un requisito previo a la violación del derecho internacional por omisión. ("Les Regles générales du droit de la paix", 47 *HR*, 263 a 564 (1934); ver también Sorensen, "Principes du droit international public", 102 *HR*, I, 228-9 (1960).)

Sin embargo, estos laudos pueden explicarse sin que impliquen, necesariamente, una aceptación del concepto de la culpa. Si un Estado es responsable en estos casos, lo es sólo porque ha dejado de cumplir con el deber internacional de usar la "diligencia debida" dentro de los medios a su disposición, para impedir dichos actos. La "diligencia debida" no es un elemento subjetivo, sino el contenido mismo de la obligación preexistente por cuya violación es responsable el Estado. La responsabilidad del Estado no requiere la existencia de un acto de malicia, negligencia o descuido por parte de cualquier agente individual; puede consistir en un defecto general o en una falla en la estructura del Estado, o en su administración pública, y estar absolutamente separado de toda intención subjetiva. Puede aun radicar —como lo decidió el arbitraje en el caso Alabama— en la "insuficiencia" de los poderes legales del gobierno (Lapradelle et Politis, *op. cit.*, p. 891). En estos casos, sería inútil buscar la culpa del órgano legislativo o constitucional del Estado.

9.03 Jurisprudencia de la Corte Internacional en relación con la culpa

La sentencia en el caso *Corfu Channel* ((1949), ICJ. Rep. 4) ha sido interpretada como una aplicación de la teoría de la culpa, porque la Corte fundó su decisión en "la conclusión de que la siembra del campo de minas que causó las explosiones, no pudo haberse efectuado sin el conocimiento del gobierno de Albania" (Oppenheim, *International Law*, 8ª ed., Vol. I, p. 343).

Sin embargo, en este caso la Corte no intentó determinar si la responsabilidad internacional tuvo su origen en la "culpa" o en el "riesgo", y no hizo referencia alguna a la culpa. Si la sentencia se hubiera fundado en el concepto de la "culpa" no habría sido necesario para los jueces Krylov, Azevedo y Ecer declararse en favor de esa doctrina en sus votos disidentes.

La Corte buscó determinar la responsabilidad internacional tratando de ver si había existido la violación de una obligación preexistente. La conclusión de que Albania tenía conocimiento de la existencia del campo de minas no implicó la aceptación de la doctrina de la "culpa" sino el rechazo de la teoría del "riesgo" o de la responsabilidad absoluta. El conocimiento invocado por la Corte fue necesario para determinar que una obligación preexistente había sido violada, puesto que sólo el Estado que sabe que en sus aguas territoriales se ha establecido un campo minado podía estar obligado a notificar tal hecho a los otros Estados.

Después de determinar la existencia de una obligación jurídica basada en ciertos principios generales y bien reconocidos, la Corte, siguiendo la tradición de los tribunales de arbitraje, examinó los medios de que disponían las autoridades de Albania para cumplir su obligación. Llegó a la conclusión de que era posible que dichas autoridades previnieran a las embarcaciones. Albania fue entonces declarada responsable de la violación objetiva de un deber internacional y, en consecuencia, no fue necesaria ninguna investigación con respecto a la posición subjetiva de cualquier órgano individual o agente del gobierno de Albania.

Otro aspecto interesante de la sentencia es la estrecha relación que reconoce entre el problema sustantivo de la responsabilidad y la cuestión de la prueba. La prueba es de importancia decisiva en materia de responsabilidad, ya que siempre es de difícil producción por la parte perjudicada. La dificultad aumenta cuando el Estado reclamante no puede obtener pruebas respecto del origen de los daños porque el Estado demandado ejerce control exclusivo sobre su territorio.

El Reino Unido invocó ante la Corte el principio *res ipsa loquitur* del *commom law* que traslada la carga de la prueba del demandante cuando el demandado, tiene el control exclusivo del objeto que causó el daño (ICJ. Pleadings, Vol. IV, pp. 480 y ss.).

El traslado de la carga de la prueba del demandante al demandado o el establecimiento de presunciones que tienen el mismo efecto, son instrumentos importantes usados por el derecho interno para promover la evolución del derecho de la responsabilidad con base en los conceptos del riesgo o de la responsabilidad absoluta.

La Corte se negó a dar el paso hacia la responsabilidad absoluta solicitado por el Reino Unido, declarando: "el mero hecho del control ejercido por un Estado sobre su territorio y sus aguas, por sí mismo, y aparte de otras circunstancias, no implica *prima facie* responsabilidad ni traslada la carga de la prueba". Sin embargo, debido a este control territorial exclusivo, a la víctima "debe permitírsele un recurso más liberal a las inferencias de los hechos y a la prueba circunstancial" (ICJ. Reports, 1949, Rep. 18).

9.04 Teoría del riesgo

Una importante tendencia contemporánea, en relación con la responsabilidad, ha sido la aceptación por el derecho interno del principio de responsabilidad por el "riesgo creado". Esto significa que quien por su propio placer o utilidad introduce algo peligroso a la sociedad, es responsable de cualquier accidente que de ello se derive, aun cuando no se le pueda imputar culpa o negligencia alguna.

Esta teoría ha sido incorporada a la legislación nacional de muchos países en relación con los accidentes del trabajo y también se aplica a otras actividades ultra peligrosas, como el almacenaje de explosivos, los trabajos con barrenos, los daños en tierra causados por la aviación y la fisión nuclear con propósitos industriales y de transporte.

Pero si el principio fuera aplicado en sentido estricto, paralizaría toda iniciativa; por tanto, se usa únicamente sobre la base de reglas preexistentes para un número limitado de actividades extremadamente peligrosas. Generalmente se combina con el seguro obligatorio para repartir las pérdidas; por este motivo, el alcance de la obligación de compensar no es necesariamente coextensivo con el daño: un tope uniforme de responsabilidad pecuniaria se establece usualmente para que el seguro sea viable.

En el derecho internacional, la teoría del riesgo se aplica de manera similar, no como un principio general de responsabilidad, sino en aquellos casos que han sido previa y claramente definidos por las convenciones internacionales. El primer ejemplo lo tenemos en la Convención de Roma de 1952 con respecto a los daños causados por aeronaves extranjeras a personas en tierra. A la vez, también ha habido un reconocimiento de la responsabilidad absoluta, o de la responsabilidad por riesgo, en relación con daños resultantes de usos pacíficos de la energía nuclear —por ejemplo, las propiedades radioactivas del combustible o los desechos de las instalaciones nucleares. Esta responsabilidad ha sido definida en la Convención Suplementaria del 31 de enero de 1963 sobre Responsabilidad Frente a Terceros por Daño Nuclear (*International Legal Materials,* Vol. 2, p. 685); en la Convención de París del 29 de julio de 1960, sobre la misma materia, entre los miembros de la OECE (55 *AJIL,* 1982 (1961)); y en la Convención de Bruselas del 25 de mayo de 1962, relativa a la Responsabilidad de los Operadores de Naves Nucleares (57 *AJIL,* 268 (1963)). Estas aplicaciones del principio no se refieren primordialmente a la responsabilidad del Estado, sino a la responsabilidad civil de acuerdo con el derecho interno aplicable. Sin embargo, el hecho de que los Estados hayan convenido en aplicar este principio en las convenciones tiene que afectar las reglas de la responsabilidad internacional en estos campos.

Otra aplicación del principio de la responsabilidad absoluta en el derecho internacional es la referente a daños y perjuicios causados por el lanzamiento de objetos al espacio exterior y su caída a la tierra. De nuevo la razón práctica resulta ser la extrema dificultad para probar negligencia de alguna clase por parte de los Estados u organizaciones que lanzan objetos al espacio. En este caso, el principio de la responsabilidad absoluta no ha sido establecido por una convención especial, sino por la resolución de la Asamblea General de las Naciones Unidas sobre los Principios Jurídicos que Rigen las Actividades de los Estados en la Exploración y el Uso del Espacio Exterior (GA Res., 1962 (XVIII)). (Véase nota en 6.22.)

Un rasgo común a todas estas aplicaciones de la doctrina de la responsabilidad absoluta es que las actividades que causan, o que es probable que causen el daño, son peligrosas pero no ilícitas.

Otro ejemplo generalmente incluido en este conjunto —el efecto de las radiaciones atómicas resultantes de las pruebas nucleares— no pertenece propiamente a esta categoría. No debe incluirse en la teoría del riesgo, sino en los principios generales de la responsabilidad del Estado por actos ilícitos, puesto que el Estado no tiene el derecho de llevar a cabo pruebas nucleares en su territorio o en alta mar que causen daños en o a los Estados extranjeros. Si una prueba nuclear produce precipitación radiactiva fuera de los límites territoriales del Estado que la realiza, ese Estado debe ser absolutamente responsable, de acuerdo con las reglas generales de la responsabilidad del Estado.

9.05 DOCTRINA DEL ABUSO DEL DERECHO

Se ha expresado la opinión de que la responsabilidad surgida de las pruebas nucleares debe resolverse por aplicación de la doctrina del "abuso del derecho". En apoyo a este criterio, se ha invocado el caso bajo arbitraje del *Trail Smelter* (1938-41) (García Amador, *ICL. Yearbook* 1959, Vol. 1, p. 148; y *Principios de derecho*, pp. 52-3).

Existe la duda de si la doctrina del abuso del derecho es aplicable en estos casos. En el laudo dado en el caso *Trail Smelter* (1935), se declaró que *"ningún Estado tiene derecho* de usar o de permitir el uso de su territorio de tal modo que cause daño por razón del lanzamiento de emanaciones en o hacia el territorio de otro" (3 *RIAA*, p. 1965). Cuando no existe el derecho ya no es posible hablar del abuso del derecho.

El Estado que afecte a otros Estados sustancialmente por medios de emanaciones producidas dentro de sus fronteras —ya sea pruebas nucleares, emanaciones, humos, materias que produzcan contaminación del aire o de las aguas, o desviación de éstas— no está abusando de sus propios derechos sino interfiriendo con los derechos de otros, pues lo que se infringe es la integridad y la inviolabilidad territorial del Estado lesionado. El Estado que hace esto incurre en violación del deber de no interferencia establecido por el derecho internacional consuetudinario, sentado en forma general en la máxima: *sic utere tuo ut alienum non laedas.*

Si el principio que prohíbe el abuso del derecho ha sido aceptado como norma de derecho internacional, entonces cualquier abuso de un derecho constituirá una violación de dicha regla y, por lo tanto, será un acto ilegal que dará lugar a responsabilidad. Es posible llegar a la conclusión de que, en contraposición a la teoría del riesgo, la doctrina del abuso del derecho no constituye una excepción del principio general de que es necesario un acto ilícito para que se origine la responsabilidad internacional.

SECCIÓN II. ACTOS QUE CAUSAN PERJUICIOS O DAÑOS Y QUE SON JUSTIFICABLES

Existen ciertas circunstancias en razón de las cuales un acto que causa perjuicios o daños puede ser justificable.

9.06   CONSENTIMIENTO, LEGÍTIMA DEFENSA, REPRESALIAS Y OTRAS SANCIONES

i) Consentimiento. En el derecho internacional, muchas de las violaciones de los derechos de un Estado pueden resultar legitimadas por su consentimiento. Sin embargo, este consentimiento debe prestarse con anterioridad o simultáneamente a la violación. El consentimiento retroactivo constituiría una renuncia al derecho de reclamar la reparación, pero no podría reparar la violación del derecho internacional que ha tenido lugar. Por analogía con las reglas que rigen los tratados, el consentimiento estaría viciado por error, coacción o fraude.

ii) Legítima defensa. El derecho internacional reconoce que ciertos actos, que normalmente serían ilegales, cuando se cometen en defensa propia son legítimos y no dan lugar a la responsabilidad. Las condiciones que determinan la existencia y el ejercicio de este derecho se examinarán en 12.09.

iii) Represalias y otras sanciones. La aplicación de una sanción autorizada por el derecho internacional es un acto legítimo que no da lugar a la responsabilidad del Estado por las pérdidas o el daño que ocasione. Así, las actuaciones preventivas o de cumplimiento forzoso u otras medidas aplicadas por los órganos de las Naciones Unidas o por una institución regional de conformidad con la Carta de las Naciones Unidas, no crean responsabilidad. El derecho internacional también autoriza las represalias como medio de sanción por la violación de sus normas, que podrán ser tomadas por el Estado perjudicado por la violación, siempre que se cumplan las condiciones indicadas en 12.07.

Un acto de represalia que cause pérdidas o daños a otros Estados constituiría, en otras circunstancias, un acto ilícito que daría lugar a responsabilidad. Sin embargo —según dispuso la base de la discusión Nº 25 de la Conferencia de Codificación de 1930— el Estado no es responsable por las pérdidas o daños causados "si prueba que actuó bajo circunstancias que justificaron el ejercicio de represalias" (League of Nations Conference for the Codification of International Law, *Bases of Discussion*, Vol. III, p. 130).

9.07   DOCTRINA DE LA NECESIDAD

Se ha afirmado a menudo que si un Estado, presionado por la necesidad de salvarse de un peligro grave e inminente que no ha ocasionado y que no puede evitar de otro modo, comete un acto que viola un derecho de otro Estado, dicho acto no da lugar a su responsabilidad internacional (Anzilotti *Corso di diritto internazionale*, p. 451; Ago, "Le Délit International", 68 *HR*, de pp. 419-544 (1939)). Pero ese peligro que debe eludir tiene que ser de tal índole "que llegue a amenazar la existencia del Estado, su estatuto territorial o personal, su gobierno o su forma de gobierno, o limite o aun haga desaparecer su independencia o su personalidad internacional" (Strupp, *Eléments dut droit international public*, Vol. I, 2ª ed., 1930, p. 343; Von Liszt, *Das Völkerrecht*, 12ª ed. (1925); traducción al español, 1929, p. 257).

El argumento tradicional en apoyo de esta doctrina, de que si un Estado puede declarar la guerra a otro, puede también proteger temporalmente algún interés vital *(in plus stat minus)*, ha desaparecido con la prohibición del uso de la fuerza en las relaciones internacionales.

La enumeración de las situaciones en que se ha invocado la doctrina de la necesidad, forma un catálogo ya sea de violaciones graves del derecho internacional o bien de casos susceptibles de ser explicados sin recurrir a la doctrina de la necesidad. Así, los casos que se invocan para ilustrar la doctrina de la necesidad, a veces, en realidad se basan en el concepto de la defensa propia, puesto que la acción se ejecutó en respuesta a un acto ilegal y no se dirigió contra terceras partes inocentes, sino contra los que cometieron o apoyaron dicho acto. Basándose en una práctica de los Estados tan contradictoria y tan controvertible, los partidarios de esta doctrina hacen derivar la norma consuetudinaria del extraño hecho de que, aunque los Estados interesados se han opuesto en todos los casos a la teoría de la necesidad, siempre lo han hecho *in concreto*, pero jamás *in abstracto* (Strupp, "Les Regles générales du droit de la paix", 47 *HR*, 263, pp. 567-8 (1934) ; Ago, *op. cit.;* Anzilotti, *Corso di diritto internazionale*, p. 454).

El estudio de la correspondencia diplomática puede demostrar que, al protestar contra tales acciones, los Estados afectados pueden haber omitido la repudiación genérica de la doctrina. Pero tal omisión no puede interpretarse como "prueba de una práctica general aceptada como derecho", puesto que siempre ha habido una objeción fuerte y enérgica, y en ningún caso es posible encontrar la convicción de los Estados, u *opinio juris*, que es esencial para el surgimiento de una regla de derecho consuetudinario.

Los dos únicos Estados que mencionaron la doctrina en contestación a la pregunta formulada a la Conferencia de Codificación de 1930, sobre los fundamentos que podrían justificar una conducta que de otro modo sería ilícita, lo hicieron en términos de rechazo enfático (Denmark and Switzerland, *Bases of Discussión*, Vol. iii, pp. 189 y 241). Los Estados americanos han expresado esta misma opinión en el artículo 15 de la Carta de la Organización de Estados Americanos.

En cuanto a los fallos judiciales, la Corte Internacional de Justicia, en el caso *Corfu Channel*, consideró:

el derecho de intervención alegado, como manifestación de una política de fuerza que en el pasado ha producido abusos muy graves, no puede encontrar lugar en el derecho internacional, cualesquiera que sean los defectos presentes de las organizaciones internacionales. La intervención es quizá aún menos admisible en la forma especial que adoptaría aquí; puesto que, según la naturaleza de las cosas, quedaría reservada para los Estados más poderosos y fácilmente llevaría a la perversión de la administración de la justicia internacional misma.

La Corte no aceptó ni la argumentación de la legítima defensa ni la de la autoayuda, expresando: "entre Estados independientes, el respeto a la soberanía territorial es una base esencial de las relaciones internacionales"

(ICJ Reports (1949), pp. 34-5). El juez Krylov, en su voto disidente, calificó a la doctrina de la necesidad como obsoleta *(Ibid., p. 77)*.

Por lo tanto, se puede llegar a la conclusión de que no existe principio general alguno que permita argumentar en favor de la necesidad. Existen reglas especiales de derecho internacional que permiten grados diferentes de necesidad, pero estos casos tienen un significado y un alcance enteramente diferente de los de la doctrina tradicional. Así, por ejemplo, a las embarcaciones en peligro se les permite buscar refugio en un puerto extranjero, aun en el supuesto caso de que estuviera cerrado *(The Creole,* Lapradelle et Politis, *op. cit.,* Vol. I, p. 705) ; en caso de hambre en un país, una embarcación extranjera destinada a otro lugar puede ser detenida y expropiarse su carga *(The Neptune* (1797), Moore, *International Adjudications,* Vol. 4, pp. 372 ss., 398-9) ; los Estados neutrales pueden ejercer el derecho tradicional de angaria con respecto a embarcaciones extranjeras que estén en sus puertos. En estos casos —en que debe pagarse una compensación adecuada a las partes perjudicadas— no es la doctrina de la necesidad la que proporciona el fundamento de las reglas especiales, sino consideraciones humanitarias que no se aplican al Estado como entidad política.

Es necesario hacer una distinción entre la doctrina de la necesidad y la de la *force majeure.* En el primer caso, la conducta ilícita del Estado resulta de una decisión voluntaria tomada como única forma de proteger un interés vital amenazado. En cambio, *force majeure* es una causa externa e irresistible que opera independientemente de la voluntad del agente. Como establece el artículo 19 de la Carta de las Naciones Unidas, la violación "se debe a circunstancias ajenas a la vonlutad" del Estado.

De acuerdo con los principios generales de derecho reconocidos por todas las naciones, no existe responsabilidad si el evento dañino ocurre independientemente de la voluntad del agente del Estado y como resultado de *force majeure.* Tal causa externa no puede considerarse como un acto u omisión que viole un deber internacional y que sea imputable al Estado.

SECCIÓN III. RESPONSABILIDAD DEL ESTADO POR ACTOS DE LOS ÓRGANOS LEGISLATIVO, ADMINISTRATIVO, JUDICIAL Y OTROS DEL ESTADO

La responsabilidad internacional de los Estados puede surgir como consecuencia de los actos u omisiones de cualquiera de sus órganos, cualesquiera que sean las funciones que desempeñen.

La noción de que sólo los órganos encargados de las relaciones internacionales del Estado pueden comprometer su responsabilidad internacional es errónea, puesto que los órganos del Estado que ejercen funciones puramente internas pueden tener la oportunidad de aplicar, y por tanto de infringir, reglas de derecho internacional que afecten los derechos de otros Estados.

9.08 ÓRGANOS LEGISLATIVOS

La posición de los órganos legislativos no difiere en modo alguno de la de los otros órganos del Estado.

En el proyecto que fue considerado en la Conferencia de Codificación de La Haya, todos los Estados participantes aceptaron el principio de que un Estado incurre en responsabilidad internacional "como resultado, bien de la promulgación de una legislación incompatible con sus obligaciones internacionales, o bien de la falta de legislación necesaria para el cumplimiento de dichas obligaciones". (League of Nations Conference for the Codification of International Law, *Acts,* Vol IV, 3ª Comisión, pp. 32-49; examen de Bases de las Discusiones Nº 2, I, 298 *(Bases of Discussion,* Nº 2).)

El lado negativo de esta formulación ha sido objeto de crítica. Hay responsabilidad internacional por dejar de aprobar la legislación tan sólo en los casos en que se dispone específicamente que se ha de aprobar una ley especial como el único medio de cumplir una obligación contenida en un tratado. En otros casos, en los cuales una obligación determinada puede satisfacerse sea por una ley o por otro medio, la responsabilidad surge por dejar de cumplir dicha obligación, ya se deba a la falta de legislación o a cualquier otra deficiencia en la maquinaria del Estado.

El resultado es que la legislación interna no proporciona una medida adecuada del cumplimiento, por parte del Estado, de sus obligaciones internacionales. No basta promulgar una buena ley pero fallar en su aplicación; y, a la inversa, a un Estado no puede hacérsele responsable por una falta de aplicación de su legislación vigente, en la parte que ella exceda de lo que se exige por las reglas pertinentes del derecho internacional.

Con respecto a la regla positiva establecida en la Conferencia de La Haya, uno de sus aspectos también es materia de controversia: el momento determinado en el cual el Estado incurre en responsabilidad como resultado de la aprobación de una ley contraria a sus obligaciones internacionales.

Cuando la ley causa daño directo a un Estado, su mera aprobación puede servir de base para una queja, aun ante un órgano judicial. Así, en una discusión con Estados Unidos referente a la promulgación de una ley que eximía a las embarcaciones de dicho país del pago de tarifas en el Canal de Panamá —que el Reino Unido consideró incompatible con los derechos derivados del tratado Hay-Pauncefote—, el gobierno del Reino Unido declaró:

> el derecho o la costumbre internacionales no apoyan la doctrina de que la aprobación de una ley violatoria de un derecho derivado de un tratado, no dé fundamento para una queja por la infracción de dicho derecho, y que antes de protestar y de buscar un medio que determine la cuestión en disputa, tengamos que esperar hasta que se haya adoptado otra medida ulterior que viole dichos derechos en un caso concreto. (Hackworth, *Digest,* Vol. VI, p. 59.)

En el caso *Phosphates in Morocco* (1938), referente a la queja italiana de que Francia había infringido sus derechos derivados de un tratado, la Corte Permanente de Justicia Internacional tuvo que determinar, para establecer su competencia, si el acto ilícito que dio lugar a la responsabilidad era causado por la aprobación de la legislación o por su ulterior aplicación. La Corte sostuvo que "la situación que denuncia el gobierno italiano como ilícita es una posición jurídica que resulta de la legislación de 1920" *(PCIJ.* Ser A/B, Nº 74, p. 25) .

Por otra parte, en relación con los daños causados a extranjeros, la mera promulgación de una ley no crea, necesariamente, la responsabilidad del Estado. En general, sólo tiene lugar el daño que ocasiona la responsabilidad cuando la ley se aplica al extranjero, puesto que usualmente es necesario esperar la aplicación de la ley para permitir que se utilicen los recursos locales.

En el caso *Mariposa Development Company* (1933) , la Comisión General de Reclamaciones Panamá-Estados Unidos, en una reclamación referente a daños causados a una compañía norteamericana en Panamá, tuvo que llegar a una determinación similar a la tomada por la Corte Permanente con respecto a la fecha en que surgió la reclamación. La Comisión llegó a la conclusión de que no era la promulgación de la ley sino su aplicación lo que daba lugar a la reclamación internacional. El solo hecho de aprobar una legislación por medio de la cual se pudiera expropiar una propiedad sin indemnización, no debe originar de inmediato una reclamación internacional. "Debe haber un *locus penitentiae* para la reclamación diplomática y para la abstención ejecutiva, y las reclamaciones deben establecerse sólo cuando se produce la verdadera confiscación" (6 *RIAA,* 338 a 341) .

9.09 ÓRGANOS EJECUTIVO Y ADMINISTRATIVO

Un Estado incurre en responsabilidad por cualquier acto contrario al derecho internacional cometido por cualquiera de sus agentes ejecutivos o administrativos, o por los funcionarios del Estado; en particular, por el jefe del gobierno, un ministro, un funcionario diplomático o consular, o cualquier otro funcionario.

Algunos autores han formulado una distinción entre los actos de las altas autoridades del Estado y los de los funcionarios y empleados subordinados. Mientras que en el primer caso, la responsabilidad del Estado era producida inmediatamente por la comisión del acto ilícito, en el segundo, la responsabilidad del Estado no resultaba comprometida del mismo modo, pues sería necesario un acto u omisión posterior del Estado, tal como "dejar de desautorizar el acto mediante un castigo al funcionario, o una negativa de investigar el caso o de detener y castigar al ofensor" (Harvard Research, "Draft Convention on Responsability of States", 23 *AJIL,* Supl. 133, páginas 165-6, (1929) ; comparar Brierley, *Law of Nations,* pp. 285-6; Borchard, *Diplomatic Protection,* pp. 189-90) .

Se han invocado algunos laudos del siglo XIX en apoyo de la distinción (Moore, *International Arbitration,* pp. 3016, 3133, 3146 y 5140; véase, sin embargo, p. 3129 [de no indicarse de otro modo, las citas ulteriores de Moore en este capítulo, se refieren a su *International Arbitration*]) , pero:

> en una gran cantidad de estos casos, se rechazó la responsabilidad, no porque el daño fuera causado por un funcionario de menor categoría, sino porque no se habían agotado los recursos locales. En realidad, debido a la legislación interna, pueden encontrarse con más frecuencia recursos locales contra los funcionarios de menor categoría que contra los de superior jerarquía. (Eagleton, *Responsability of States*, pp. 47-49.)

Dicha distinción ha sido rechazada expresamente por los laudos arbitrales de mayor autoridad y más recientes (reclamación *Massey* (1927) 4 *RIAA*, p. 155; comparar caso *Way* (1928) *ibid.*, p. 391) que afirman sin vacilación la responsabilidad directa de los Estados por actos de los órganos ejecutivos de menor categoría, tal como un alguacil delegado (caso *Quintilla* (1926), *ibid.*, pp. 102-3) ; un policía (caso Pugh (1933), 3 *Ibid.*, pp. 1441-1448; el caso *Roper* (1927), 4 *ibid.*, 145; el caso *Mallén* (1927), *ibid.*, 173; el caso *Landgon* (1933), 6 *ibid.*, 325) ; un funcionario de aduanas (el caso *Koch*, (1908) , 5 *ibid.*, 408); o soldados en tiempo de paz (caso *De Falcon* (1926), *ibid.*, 104; caso *García y Garza* (1926), *ibid.*, 119; caso *Kling* (1930), *ibid.*, 575) .

La distinción también fue rechazada por todos los Estados representados en la Conferencia de Codificación de La Haya. El proyecto de los artículos 7 y 8, adoptado por unanimidad en su primera lectura en dicha Conferencia, no hace distinción alguna entre funcionarios de más alta o de más baja categoría en relación con la responsabilidad internacional. Ambos proclaman que el Estado incurre en responsabilidad internacional "como resultado de un acto u omisión por parte del poder ejecutivo, incompatible con las obligaciones internacionales del Estado" (Art. 7) , y "como resultado de actos u omisiones de sus funcionarios mientras actúan dentro de los límites de su autoridad, cuando dichos actos u omisiones infringen las obligaciones internacionales del Estado" (Art. 8º) .

9.10 Actos no autorizados y *ultra vires* de los funcionarios

Muchos autores clásicos sostuvieron que no era posible imputar al Estado un acto cometido por un funcionario cuando se excede de la competencia que le atribuye el derecho interno o va en contra de las instrucciones que ha recibido. (Dicho criterio fue expresado, por jemplo, por Pradier-Fodéré, *Traité de droit international public*, Vol. I, p. 331; Bluntschli, *Droit international codifié*, Art. 446; por Bonfils-Fauchille, *Droit International Public*, Nº 330; y por Hall, *Treatise on International Law*, pp. 323-324.) Este criterio se basó en la consideración teórica de que cuando un órgano va más allá del límite de sus funciones, sus actos no pueden atribuirse al Estado.

De acuerdo con esa lógica, toda responsabilidad del Estado sería ilusoria, puesto que a un funcionario del Estado casi nunca se le dan instrucciones o se lo autoriza a cometer actos ilícitos.

Prevaleció la necesidad de la seguridad de las relaciones internacionales, y la práctica de los Estados ha establecido, de modo concluyente, la responsabilidad internacional por los actos ilícitos de sus órganos, aunque tales actos se efectúen fuera de los límites de su competencia y sean contrarios al derecho interno.

A pesar de dicha práctica, el informe preliminar preparado por el Sr. Guerrero, relator especial de la Conferencia de Codificación de La Haya, representó una tentativa de reintroducir la antigua doctrina (LN. Doc. C. 196 M. Sale Nº V., Legal, 1927, V. I, 70, p. 97). En la Conferencia de La Haya no se aceptó la proposición del Sr. Guerrero, ni siquiera como base para la discusión, y se adoptó el principio de que un Estado incurre en responsabilidad internacional si el daño se produce "como resultado de actos no autorizados de sus funcionarios, efectuados al amparo de su carácter oficial, si tales actos violan las obligaciones internacionales del Estado".

La misma doctrina ha sido establecida por numerosos laudos arbitrales. Es posible derivar algunas conclusiones de esas decisiones.

Una primera conclusión señala que el factor decisivo es determinar si el agente, aunque actúe más allá del alcance de su competencia, aparenta ante otros tener la condición de órgano del Estado, por hacerse pasar como teniendo dicho carácter o por realizar el acto en el curso normal de sus funciones. El funcionario puede haber ejercitado funciones y atribuciones desacostumbradas en nombre del Estado, o haber simplemente dado la impresión de hacerlo, actuando bajo el manto de su autoridad. En este último caso, es necesario que el acto alegado no sea completamente extraño al deber oficial o a la capacidad del agente. El funcionario, aunque no tenga competencia para efectuar el acto ilícito del caso, debe tenerla para efectuar actos del mismo tipo o categoría. Así, el Estado es responsable por los actos de la autoridad judicial que, por motivos personales de venganza, expide una orden de arresto y ordena su ejecución por hombres armados que matan a la persona buscada (el caso *Way* (1928); 4 *RIAA*, p. 401); el acto de un alguacil que "disfraza una venganza particular como un arresto oficial" (la reclamación *Mallén* (1927), *ibid.*, pp. 173 a 177).

Por otra parte, no existe responsabilidad directa del Estado sino tan sólo responsabilidad por falta de prevención o de represión, cuando el agente no ejercita ninguna de sus funciones o atribuciones oficiales ni trata de establecer ninguna relación ostensible entre su acción y su cargo oficial: cuando no existe "apariencia de procedimiento oficial" (el caso *Bensley*, (1850) Moore, *International Arbitration*, p. 3018).

Una segunda conclusión afirma que el elemento más convincente en la apariencia o pretensión de una autoridad de estar actuando en nombre del Estado, es el uso de aquellos medios o símbolos puestos a la disposición de los funcionarios del Estado por razón de sus funciones. Por ejemplo, en el caso *Mallén*, se tomó debida cuenta del hecho de que el alguacil había enseñado la insignia de su cargo. En el caso *Youmans* (1926), hubo un motín contra algunos extranjeros y las autoridades enviaron a un teniente, junto con tropas, para dispersarlo. Las tropas, en vez de dispersar las turbas, abrieron fuego contra los extranjeros sitiados. A pesar del hecho de que tales actos estaban no sólo desautorizados sino que eran también contrarios a las órdenes expresas, la Comisión no los consideró como actos privados sino como actos por los cuales el Estado debía asumir la responsabilidad directamente, teniendo en cuenta que los soldados se encontraban debidamente armados, uniformados y bajo las órdenes de un oficial (4 *RIAA*, página 110).

Una tercera conclusión dice que el rechazo de la responsabilidad directa del Estado no equivale a eximirlo de toda responsabilidad. Así, en el caso *Zafiro* (1925) se sostuvo que los actos de saqueo cometidos en tierra por la tripulación de una nave de guerra, constituían actos privados y no oficiales, pero que el Estado era, sin embargo, responsable en ese caso por haber dejado de tomar medidas preventivas eficaces, puesto que a la tripulación se le permitió ir a tierra sin control alguno en circunstancias en que pudo haberse previsto el saqueo (6 *RIAA*, p. 160).

Una cuarta conclusión, de carácter puramente negativo, afirma que las intenciones personales o los motivos que inspiran al agente del Estado —ya sea un propósito oficial legítimo pero equivocado, o un deseo privado de ganancia o de venganza— no son pertinentes para atribuir la responsabilidad al Estado o al individuo mismo. El derecho internacional no ha aceptado las distinciones subjetivas entre *"faute de service"* y *"faute personelle"* desarrolladas en el derecho administrativo francés (Cavere, *Le droit international public positif*, pp. 337-8).

El artículo aprobado en su primera lectura por la Conferencia de La Haya, contiene una cláusula de escape de acuerdo con la cual "un Estado, sin embargo, no incurre en responsabilidad internacional si la falta de autoridad del funcionario fuera tan aparente que el extranjero debería haberse dado cuenta de ella y, en consecuencia, hubiera podido evitar el daño".

Para que el Estado pueda ser considerado responsable, sin embargo, no basta que el agente haya dado a entender que actúa en ejercicio de su autoridad oficial. También se exige que su actuación no sean tan notoriamente ajena a sus funciones que la parte perjudicada pueda razonablemente evitar equivocarse sobre ello y, por lo tanto, que mediante el uso de una diligencia razonable haya podido eludir el perjuicio. Dicha regla se aplicó en el caso arbitral de *Tinoco* (1923) en donde el árbitro decidió que el Reino Unido, actuando en nombre de The Royal Bank of Canada, no podía obtener resarcimiento de Costa Rica por las sumas pagadas al presidente Tinoco y a su hermano en un momento en que el Banco debía saber que dichas cantidades se destinarían para cubrir gastos personales, y no para atender gastos gubernamentales legítimos (1 *RIAA*, 375, en 394). Este caso demuestra que si la parte lesionada hubiera podido evitar el daño debe sufrirlo (para una opinión en sentido contrario, véase Meron, "International Responsibility of States for Anauthorized Acts of their Oficials", 33 *BYIL*, 85, p. 113 (1957)).

9.11 ACTOS DEL PODER JUDICIAL

Los principios de la separación y de la independencia del poder judicial en el derecho interno, y del respeto por la firmeza en las sentencias judiciales, ejercen una influencia importante en la forma como el principio general de la responsabilidad del Estado se aplica a los actos u omisiones de los órganos judiciales o cuasi judiciales.

Estos principios básicos de la organización judicial explican la renuncia —que puede encontrarse en algunos laudos arbitrales del siglo pasado— para admitir la extensión al poder judicial de la regla de que el Estado es responsable por los actos de todos sus órganos, ya que "los tribunales son absolutamente independientes del gobierno y, en consecuencia, este último no ejerce influencia alguna en sus decisiones" (casos *Crofts* (1856) y *Yuille Shortridge* (1861), Lapradelle et Politis, *op. cit.*, Vol. II, p. 1, en 22 y 18, en 103).

La crítica de la doctrina a los argumentos presentados en estas decisiones prepararon el camino para el reconocimiento de la responsabilidal del Estado por los actos de sus órganos judiciales contrarios al derecho internacional, pues "aunque independiente del gobierno, el poder judicial no es independiente del Estado, y es tanto una parte de este último para los efectos internacionales, como lo es el ejecutivo" (*ibid.*, p. 113).

Uno de los resultados positivos de la vacilante Conferencia de Codificación de 1930, fue el reconocimiento general de la responsabilidad de los Estados por las sentencias judiciales contrarias al derecho internacional, lo cual se observa con claridad en las respuestas de los gobiernos y en las declaraciones de los delegados. Varios representantes señalaron que la independencia del poder judicial es un principio fundamental de derecho constitucional, pero sin trascendencia en el derecho internacional y, desde este punto de vista, los actos del poder judicial de un Estado entrañan la responsabilidad del Estado cuando son contrarios a las obligaciones internacionales de él. Como ejemplos de ello se ofrecieron los siguientes: una sentencia que niega a un embajador o a un Estado extranjero las inmunidades garantizadas por el derecho internacional consuetudinario; una sentencia en la cual el juez se excede de los límites de la jurisdicción territorial reconocida por el derecho internacional; el caso del tratamiento contrario a lo dispuesto en un tratado de extradición, dado a un delincuente fugitivo. En todos esos casos, la responsabilidad del Estado queda comprometida si la decisión es contraria al derecho internacional, puesto que en estos asuntos ningún Estado puede sostener que la opinión de sus tribunales es definitiva (*Acts*, pp. 103-120).

Otros delegados expresaron el temor de que la confirmación de la responsabilidad del Estado por los actos del poder judicial, en una fórmula general idéntica a la adoptada con respecto a los órganos legislativo y administrativo, pudiera trasformar los tribunales internacionales en tribunales de apelación de las decisiones de los tribunales nacionales. Algunas respuestas advirtieron del "peligro de la ecxesiva intervención diplomática en relación con las decisiones de los tribunales" (*Bases of Discussion*, Vol. III, p. 46) y un delegado recordó que el poder judicial se encuentra constituido "por órganos independientes que no reciben instrucciones o recomendaciones de ninguna parte, y cuya autoridad y prestigio dependen del respeto que inspiren sus fallos y de la firmeza de sus decisiones" (*Acts*, p. 105).

Al fin se acordó una fórmula que proclama la responsabilidad internacional del Estado "como resultado del hecho de que la sentencia judicial, que no esté sujeta a apelación, sea *obviamente incompatible* con las obligaciones internacionales del Estado".

La intención de las palabras subrayadas fue expresar la idea —que no se consideró necesario señalar en el caso de los órganos legislativo y administrativo— de que "el gobierno reclamante tendrá que presentar prueba clara para determinar que la decisión es incompatible con las obligaciones internacionales y que "hay una infracción evidente de una obligación" *(ibid.,* pp. 152 y ss.).

La fórmula aprobada establece, por deducción, que la responsabilidad no se produce en virtud de una aplicación errónea o por violación de una regla de derecho interno, aunque tal aplicación errónea o violación causen daños a un extranjero. Para que exista la responsabilidad del Estado, es necesario que haya una violación manifiesta del derecho internacional. Todos los representantes presentes en la Conferencia estuvieron de acuerdo en que si no hubo violación del derecho internacional, un error de hecho o de derecho interno por parte del juez no basta para comprometer la responsabilidad del Estado (declaración del presidente Basdevant, *ibid.,* p. 103).

Dicho criterio se encuentra en armonía con la práctica y las decisiones de los tribunales internacionales de arbitraje. (Véanse los laudos citados en Ralston, *The Law and Procedure of International Tribunals,* p. 92.) (A menos que se indique otra cosa, las demás citas de Ralston en este capítulo se refieren a su *Law and Procedure.*)

El principio de que "ningún Estado debe garantizar la infalibilidad de sus tribunales" queda, no obstante, sujeto a una excepción importante. El Estado debe considerarse responsable cuando no ha actuado con indudable buena fe, o cuando sus jueces evidentemente se han dejado influir por consideraciones ajenas a la administración de justicia.

Empero, ésta no es una verdadera excepción, porque en tales casos el fallo injusto sería una violación del principio de la protección judicial debida a los extranjeros, y equivaldría así a una ofensa contra el derecho internacional.

Aunque en la Conferencia no se adoptó ninguna disposición específica en este sentido, nadie se opuso al concepto de que una decisión que discriminase contra los extranjeros como tales, o contra los nacionales de un cierto Estado, o que se debiera a la corrupción o a presión gubernamental, sería evidentemente incompatible con las obligaciones internacionales del Estado y quedaría comprendida dentro de la regla convenida en forma general. De acuerdo con los precedentes arbitrales, para que se comprometa la responsabilidad del Estado tiene que existir un elemento de mala fe; debe ser evidente que el tribunal haya fallado con parcialidad, por fraude o por presión externa; la sentencia debe ser tal que ningún tribunal honrado y competente la hubiera pronunciado. "Únicamente la injusticia clara y notoria, visible a simple vista, podría servir de base" a la responsabilidad internacional (el caso *Putman* (1927), 4 *RIAA,* p. 153). Véase también el rechazo de la responsabilidad del Estado cuando la sentencia no cumplía los requi-

sitos fijados por el Tribunal, el caso *Cotesworth and Powell* (1875) Moore, *op. cit.*, p 2083 (manifiestamente inicuo). El caso *Martini* (1930) 2 *RIAA,* pp. 977-987 ("Injustice évidente"); el caso *Salem* (1932) 2 *RIAA,* p. 1165 en 1202 (discriminación obvia, iniquidad evidente y maliciosa); el caso *Denham,* (1933), 6 *RIAA,* p. 312 ("mala fe manifiesta"); el caso *García y Garza* (1926) 4 *RIAA,* pp. 119-123 y 126 (atropello, mala fe, abandono voluntario del deber, interpretación obviamente fraudulenta o errónea); el caso *Gordon* (1930) 4 *RIAA,* pp. 586-590 (atropello, mala fe, abandono voluntario del deber).

9.12 DENEGACIÓN DE JUSTICIA

La expresión "denegación de justicia" se encuentra unida históricamente a la responsabilidad del Estado por daños causados en su territorio a la persona o a los bienes de los extranjeros, y en la Edad Media estaba relacionada con la práctica de represalias privadas, siendo una condición de su legalidad. El extranjero a quien se causaban daños en un país extraño tenía que dirigirse al soberano local para obtener una reparación por ellos. Si dicho recurso resultaba inútil, si al mal original se le sumaba lo que desde aquel tiempo se denominó *"denegatio justitiae"*, entonces el extranjero perjudicado tenía el derecho de dirigirse a su propio príncipe. El príncipe —de acuerdo con una costumbre que se originó en el sisglo XII— podía entregarle *"lettres de marque"* o de represalias. Dichas cartas autorizaban, en efecto, el ejercicio de la justicia privada: el individuo que las recibía tenía derecho de recobrar, aun por la fuerza, sus bienes o el valor equivalente a ellos, de los súbditos del príncipe que le había denegado la justicia. La labor de los juristas se desplegó sobre esta práctica primitiva con el objeto de moderar y regular su ejercicio mediante la distinción entre el juez que deniega la justicia y aquel que comete una injusticia. En el último caso, no se podían declarar las represalias; ese derecho quedaba estrictamente subordinado a la denegación de justicia, considerada como una abstención en el ejercicio de la jurisdicción y no comprendía el caso en el cual el extranjero alegaba que la sentencia dictada contra él era injusta.

Siguiendo esta premisa, Grocio hace una distinción entre "déni de justice" y "défi de justice". Existe una denegación de justicia "cuando un fallo no puede obtenerse dentro de un tiempo razonable", existe una *"défi de justice"* "Cuando, en un caso muy evidente, el fallo se ha dictado en forma manifiestamente contraria al derecho", pero "en caso de duda, existe la presunción a favor de quienes el Estado ha escogido para dictar el fallo" *(De Jure Belli ac Pacis,* Libro III, Cap. 2, Párr. 5. Véase también Spiegel, "Origin and Development of Denial of Justice", 32 *AJIL,* p. 63, (1938)).

Vattel dio forma definitiva a esta doctrina al definir "la denegación de justicia", propiamente dicha, como una negativa de permitir a los sujetos de un Estado extranjero que reclamen o afirmen sus derechos ante los tribunales ordinarios, y al distinguir entre el caso de dicha denegación y el de un fallo injusto y parcial. No deben permitirse las represalias contra la

materia de un fallo, a no ser que la injusticia del fallo sea evidente e inconfundible *(The Law of Nations*, Lib. II, Cap. xviii, Párr. 350).

Esta distinción tradicional fue preservada por el fundador de la teoría moderna de la responsabilidad del Estado, Anzilotti, quien señaló:

> El resultado desfavorable de un proceso no es nunca, en sí mismo, una denegación de justicia. Es necesario considerar como tal a la negativa de dar acceso a los extranjeros a los tribunales nacionales para la protección de sus derechos. Cada vez que exista contradicción entre una decisión pronunciada en forma regular y el derecho internacional, la responsabilidad en que incurre el Estado no surge de la denegación de justicia sino de otra violación del derecho internacional. *(Corso di diritto Internazionale*, Vol. I, pp. 171-3; Strupp, *Éléments*, p. 332; Fauchille, *Traité*, Vol. I, pp. 533-4; Arts. 5º y 6º del proyecto del Institut de Droit International, *Annuaire*, 1927, Vol. III, pp. 331-2.)

En relación con los laudos arbitrales, el caso principal que analiza el concepto de la denegación de justicia es la reclamación *Fabiani* (1896), en la cual se mantuvo que la "denegación de justicia" incluye "no sólo la negativa de la autoridad judicial para ejercer sus funciones, y en especial para dar un fallo sobre el asunto sometido a ella, sino también la demora injusta en pronunciar el mismo" (Moore, *International Arbitration*, p. 4895). En el caso *Cotesworth and Powell* (1875), el árbitro afirmó que la responsabilidad podía surgir, en primer lugar, por denegación de justicia, y en segundo, por actos de injusticia notoria.

> Lo primero ocurre cuando los tribunales se niegan a oír una queja o a decidir sobre las peticiones del demandante, presentadas de acuerdo con las reglas procesales establecidas, o cuando ocurren demoras indebidas e inexcusables para dar el fallo. Lo segundo tiene lugar cuando las sentencias se pronuncian y se ejecutan en violación abierta del derecho, o cuando son manifiestamente injustas. *(Ibid.*, p. 2083; el caso *Medina* (1862), *ibid.*, p. 2317; el caso *Chattin* (1927), 4 *RIAA*, p. 282; el caso *Rudloff* (1903), 9 *RIAA*, p. 244; *Company General of the Orinoco* (1902), 9 *RIAA*, p. 180.)

En estos laudos, el concepto de la "denegación de justicia" fue ampliado para incluir la demora irrazonable en la administración de justicia, como equivalente a la denegación.

En tiempos recientes ha existido la tendencia —representada principalmente por autores ingleses y norteamericanos— de ampliar el concepto tradicional de la denegación de justicia para incluir dentro de dicha expresión

otros actos del poder judicial, tales como el fallo manifiestamente injusto (véase Fitzmaurice, "The Meaning of the Tern 'Denial of Justice'", 13 *BYIL,* p. 93 (1932); Brierly, *Law of Nations;* Hackworth en *ICJ Reports,* (1954) p. 90), hipótesis que los autores clásicos diferenciaron cuidadosamente con el objeto de no autorizar represalias por tal razón. Freeman trata de incorporar al derecho internacional, por medio de este concepto, el concepto del derecho constitucional de "Due Process of Law" *(Denial of Justice,* p. 161). Un criterio aún más amplio es mantenido por otros que aplican dicho término a cualquier forma de tratamiento internacionalmente ilegal ejercido contra los extranjeros (Hyde, *International Law,* Vol. 1, pp. 491-492; Borchard, *Diplomatic Protection,* p. 330; Nielsen Dissenting Opinion, *International Fisheries Case* (1931) 4 *RIAA,* 691; Hackworth, *Digest,* Vol. 5, p. 526, una acepción tan amplia que la expresión "pierde su valor como distinción técnica", el caso *Chattin,* 4 *RIAA,* p. 282). En el caso *Salem* (1932) el laudo rechazó dicho uso declarando: "si la teoría y la práctica estadounidenses parecen inclinadas a extender esta noción, el Tribunal de Arbitraje no puede seguir dicho ejemplo" (2 *RIAA,* pp. 1165, en 1202).

El significado de la expresión "denegación de justicia" no debe usarse como medio para restringir o aumentar el alcance de la responsabilidad del Estado. La objeción obvia es que la denegación de justicia y la responsabilidad del Estado no son expresiones coexistentes, y que la responsabilidad del Estado por los actos del poder judicial no se agota a sí misma en el concepto de la denegación de justicia.

Pero esta observación no implica que el significado de la expresión se convierta en una cuestión de terminología, desprovista de significación práctica.

Cuando, en los tiempos modernos, el Estado monopolizó el derecho de reclamar justicia para sus nacionales en territorio extranjero, y la expedición de cartas de represalias fue sustituida por la institución de la protección diplomática y judicial, se conservó el vínculo característico establecido entre la protección del Estado y la denegación de justicia. La denegación de justicia continuó siendo una condición para actuar en el plano internacional y, más tarde, en los problemas de arbitraje, que en su origen eran reclamaciones privadas de extranjeros contra los nacionales, reguladas por el derecho interno, y que caían normalmente dentro de la competencia de los tribunales nacionales. Así, muchos tratados de arbitraje —especialmente varios celebrados entre Estados latinoamericanos y europeos— disponen que en los asuntos originados por tales reclamaciones privadas se recurrirá al arbitraje sólo si ha habido una denegación de justicia. Puesto que la mayoría de dichos tratados no definen la "denegación de justicia", la definición doctrinal del concepto es importante desde el punto de vista práctico.

Los tratados celebrados sobre la base del concepto tradicional de denegación de justicia —según éste se ha desarrollado de acuerdo con la ley de represalias, y según ha sido enseñado por autores tales como Vattel, Fauchille y Anzilotti— deben interpretarse de acuerdo con dicho concepto tradicional, que se restringe a una negativa de acceso a los tribunales o a la demora

irrazonable en dictar el fallo. El fallo manifiestamente inicuo e injusto, o cualquier otra violación, por parte de los tribunales de las reglas internacionales, puede originar la responsabilidad del Estado; pero la pretensión de que un fallo nacional es injusto o de mala fe, no está *per se* sujeta a arbitraje de acuerdo con dichos tratados. Se necesitaría un convenio especial para someter tal cuestión a arbitraje.

Este criterio se encuentra confirmado por lo que ocurrió en la Conferencia de Codificación de La Haya cuando se trató de codificar una definición de "denegación de justicia", en el artículo 8º, párrafo 2. La fórmula propuesta por el Subcomité expresaba lo siguiente:

> Un Estado es responsable como resultado del hecho de que, en forma incompatible con las obligaciones internacionales del Estado, el extranjero haya sido obstaculizado en el ejercicio de sus derechos por las autoridades judiciales, o haya tropezado en su procedimiento con obstáculos injustificados o con demoras que implican una negativa de hacer justicia.

El relator, Charles de Visscher, explicó así la proposición:

> Esta fórmula, que no parece referirse directamente al derecho de comparecer ante los tribunales, y que no habla de la negativa de acceso a los tribunales, parece algo demasiado general. He recibido una respuesta que explica esta parte del texto. Se me dijo —por los delegados de Estados Unidos, entre otros— que era necesario cubrir las decisiones de las autoridades judiciales en materia tal como la detención mientras se celebra el juicio —*habeas corpus*— y que no era un problema de negación de dar acceso a los tribunales. Eso es cierto. Los fallos judiciales en cuestión son los que pueden dictar los tribunales en materia especial —la libertad personal. Por ende, nuestros colegas norteamericanos estaban ansiosos de que se incluyera esta fórmula más general. (*Acts*, p. 153.)

El delegado de Uruguay, M. Buero, se opuso a este texto y sugirió una modificación, declarando:

> La segunda parte del texto se propone, en realidad, como una definición de la denegación de justicia. Mi país ha firmado tratados con ciertos países —por ejemplo, con Inglaterra, Francia e Italia— que estipulan definitivamente que, cuando las autoridades judiciales del país son competentes para tratar la cuestión que se discute, es sólo en caso de denegación de justicia cuando puede invocarse la jurisdicción arbitral con respecto a una disputa entre una persona privada o sociedad de uno de los Estados contratantes y el otro Estado contratante. (*Ibid.*, página 152.)

Por tanto, sugirió una ligera modificación, de acuerdo con la cual el texto expresaría:

> Que, de una manera incompatible con las obligaciones internacionales del Estado, el extranjero ha sido obstaculizado por las autoridades judiciales en el ejercicio de su derecho a comparecer ante los tribunales, o su proceso ha tropezado con obstáculos inexcusables o demoras que implican la denegación de justicia.

Aunque los delegados de Estados Unidos se opusieron a la modificación, ésta fue apoyada por el relator especial, por cuanto "hace el texto más definitivo", y finalmente se aprobó por 15 votos contra 7; el segundo párrafo fue aprobado en la forma modificada, por 30 votos sin oposición. (*Acts*, página 158.)

9.13 ESTADOS CONSTITUTIVOS DE LOS ESTADOS FEDERALES

Un principio de derecho internacional generalmente aceptado determina que el Estado federal es responsable de la conducta de sus subdivisiones políticas, y no puede evitar esa responsabilidad alegando que sus poderes constitucionales de control sobre ellas son insuficientes para exigir el cumplimiento de las obligaciones internacionales.

Este principio lógico tuvo oportunidad de confirmarse en el siglo pasado, cuando algunos Estados federales trataron de desconocer su responsabilidad por los daños sufridos por un extranjero en algunos de sus Estados miembros, sobre aquellas bases (Hyde, *op. cit.*, Vol. II, p. 948), y ha quedado firmemente establecido en los laudos arbitrales (caso *Davey;* (1903) Ralston, *Report, Venezuelan Arbitration of 1903*, p. 410; caso *Pellet* (1929), 5 *RIAA*, p. 534; caso *Galván* (1927), 4 *RIAA*, p. 273). En la preparación de la Conferencia de Codificación de La Haya, el principio se reiteró en los comentarios y respuestas de los gobiernos, que se mostraron unánimes en el reconocimiento de que el Estado encargado de conducir las relaciones exteriores de un Estado subordinado o protegido, y el gobierno o la autoridad central responsable por la conducción de las relaciones exteriores de los Estados miembros agrupados en una federación o unión, deben asumir la responsabilidad de dar cumplimiento a las obligaciones internacionales por parte de dichos Estados subordinados *(Bases of Discussion*, respuestas y *Basis of Discussion*, N° 23, Vol. III, pp. 121-4).

SECCIÓN IV. RESPONSABILIDAD DEL ESTADO POR ACTOS DE LOS PARTICULARES

9.14 RESPONSABILIDAD DEL ESTADO POR ACTOS INDIVIDUALES DE LOS PARTICULARES

Lo individuos, dentro del territorio de un Estado, pueden efectuar actos que afectan adversamente los derechos de otros Estados, tales como: delitos contra los soberanos o embajadores extranjeros; ofensas a la bandera de un Estado extranjero; organización de turbas armadas en apoyo de una insurrección; propaganda injuriosa dirigida contra un Estado extranjero o contra su jefe; y daños contra la persona o los bienes de los extranjeros.

La respuesta inicial y casi primitiva a tales actos se basa en la noción de la solidaridad de grupo: la colectividad es responsable de los delitos cometidos por cualquiera de sus miembros contra otro grupo o contra los individuos que lo componen. Así, en la Edad Media, el grupo al cual pertenecía el delincuente individual era considerado colectivamente responsable por tales actos.

Este concepto de la responsabilidad colectiva o de la solidaridad de grupo fue rechazado por Grocio, quien examinó las razones por las cuales un Estado puede resultar responsable de los actos de los individuos.

Con el influjo de la concepción romanística de que nadie es responsable por los actos de otros, a menos de que haya culpa de su parte, Grocio llegó a la conclusión de que un Estado sólo puede ser responsable al incurrir en complicidad con el delito del individuo, a través de la *patientia* o del *receptus*. El Estado que tiene conciencia de que un individuo tiene la intención de cometer un delito contra otro Estado, o contra uno de sus nacionales, y no lo impide *(patientia),* o el que da protección al delincuente por su negación de extraditarlo o castigarlo *(receptus),* se convierte en cómplice de su crimen, establece un nexo de solidaridad, una aprobación tácita del acto: la responsabilidad del Estado nace de tal relación.

Esta idea de la complicidad del Estado en los actos delictuosos de los individuos aún encuentra expresión en los escritores modernos, tales como Borchard, quien funda la responsabilidad del Estado:

En ciertas manifestaciones de la complicidad real o implícita en el acto por parte del gobierno, antes o después de haber ocurrido, bien sea ratificándolo o aprobándolo directamente, o por una aprobación implícita, tácita o interpretativa de la falta negligente por no impedir el daño, o de investigar el caso, o de castigar al individuo, o de permitir a la víctima lograr sus recursos civiles contra el ofensor. *(Op. cit.,* p. 217; véase también Brierly, "The Theory of Implied State Complicity in International Claims", 9 *BYIL,* p. 42 (1928).)

Este concepto también fue expresado en varios laudos arbitrales del siglo xix *(Cotesworth and Powell,* Moore, *op. cit.,* p. 2082; el caso *Pogglioli* (1903) Ralston, *op. cit.,* p. 847).

En la actualidad, es evidente que la teoría de la complicidad implícita del Estado no ofrece una explicación adecuada. La complicidad entre el ofensor y el Estado obviamente no existe en el caso más corriente de dejar de impedir o castigar el acto, sino sólo en el caso excepcional de que las autoridades realmente conozcan previamente el acto que se va a intentar, o actúen como instigadores del delito. De acuerdo con la jurisprudencia, puede ser que haya responsabilidad del Estado en casos en que no se puede aseverar o probar la complicidad y ella podría inferirse sólo en virtud de una ficción.

En el caso *Janes* (1925) fue rechazada la teoría de la complicidad:

> La delincuencia internacional en este caso configura su propio tipo específico, distinta de la delincuencia privada del reo. El reo es responsable por haber matado o asesinado a un nacional americano; el gobierno es responsable por no haber cumplido su deber de enjuiciar diligentemente y de castigar debidamente al ofensor... Aunque la falta de sanción se concibiera como una especie de aprobación —lo que a juicio de la Comisión es dudoso—, todavía la aprobación misma de un crimen nunca se ha equiparado con el hecho de ser cómplice de dicho crimen. (4 *RIAA*, 82, en 87.)

De acuerdo con la doctrina moderna, la base de la responsabilidad del Estado por los actos de los individuos no consiste en la complicidad con el autor, sino sólo en el hecho de que el Estado deja de cumplir su deber internacional de impedir el acto ilícito o, en defecto de ello, de detener al ofensor y someterlo a la justicia.

De acuerdo con este criterio, no existe razón alguna para hablar de la complicidad del Estado, o de la responsabilidad "vicaria" o "indirecta", puesto que el Estado es internacionalmente responsable no por los actos de cualquier individuo sino por su propia omisión, por la falta de la "debida diligencia" de sus órganos. La delincuencia de los individuos ya no se considera como base de la responsabilidad del Estado, sino sólo como la ocasión que origina ciertos deberes para el Estado.

En la Conferencia de Codificación de La Haya, de 1930, las respuestas dadas por los gobiernos fueron unánimes en proclamar que la responsabilidad del Estado no resulta comprometida por los actos de las personas privadas, sino sólo por los actos u omisiones de sus propios agentes. Estas respuestas también indicaron que los deberes de los órganos de los Estados, en relación con esto, son en parte preventivos y en parte represivos.

La responsabilidad surge tan sólo si los órganos del Estado no han tenido suficiente cuidado (diligencia debida) en evitar la ofensa o en dar una reparación al Estado o nacional extranjeros perjudicados por ella.

En particular, no se puede hacer responsable àl Estado si toma todas las medidas que permiten las circunstancias para descubrir y castigar a los delincuentes. *(Bases of Discussion, respuestas,* Vol. III, pp. 93-7.)

Con respaldo en estas respuestas, se aprobó un texto que disponía que el Estado es responsable sólo cuando el daño "resulte del hecho de que el Estado ha dejado de tomar las medidas que, bajo las circunstancias, se debieron haber tomado normalmente para impedir o reparar el hecho o para infligir un castigo por los actos que causaron el daño". La misma doctrina también ha sido expresada en varios laudos arbitrales (caso *Noyes* (1933), 6 *RIAA*, pp. 308-311; *Spanish Zone in Morocco* (1923), 2 *RIAA*, pp. 617, en 707; caso *Neer* (1926), 4 *RIAA,* 60; caso *Sevey* (1929), 4 *RIAA,* 474; caso *Ermerins* (1929), 4 *RIAA,* 476; caso *Morton* (1929), 4 *RIAA,* 428; caso *Galván* (1927), 4 *RIAA,* 273).

Además del deber de previsión suficiente para impedir y sancionar, se puede inferir del fallo en el caso *Corfu Channel,* un deber de investigar y explicar. De acuerdo con el parecer de la Corte Internacional de Justicia, al Estado en cuyo territorio se cometa un acto contrario a los derechos de otros Estados "puede exigírsele que dé una explicación", y "éste no puede evadir tal solicitud limitándose a ofrecer una respuesta en el sentido de que no conoce las circunstancias del acto y de sus autores. El Estado puede, hasta cierto punto, estar obligado a proporcionar detalles del uso que ha hecho de los medios de información e investigación puestos a su disposición" (ICJ. Rep. (1949) p. 18).

Esta responsabilidad, que nace con ocasión de los actos de los individuos, se aplica a los actos contra otros Estados realizados en el territorio sobre el cual un Estado ejerce soberanía o control, y se extiende a la conducta de cualquier individuo en dicho territorio, cualquiera que sea su nacionalidad o las razones de su estancia. El deber de la "diligencia debida" en la prevención, investigación y/o en la sanción de dichos actos, es la contrapartida del ejercicio exclusivo por cada Estado de las funciones policiacas y judiciales dentro de su propio territorio.

El fundamento de esta responsabilidad, por lo tanto, descansa en el control exclusivo que un Estado ejerce sobre su territorio. Según lo expresó el juez Huber en el caso arbitral de *Island of Palmas* (1928):

La soberanía territorial entraña el derecho exclusivo de desplegar las actividades del Estado. Este derecho tiene como corolario un deber: la obligación de proteger, dentro de su territorio, los derechos de otros Estados, especialmente en cuanto al derecho a la integridad e inviolabilidad en tiempos de paz y de guerra, junto con los derechos que cada Estado puede reclamar para sus nacionales en territorio extranjero. (2 *RIAA,* pp. 829, en 839.)

9.15 VIOLENCIA DE LAS TURBAS

Los principios antes referidos rigen la responsabilidad de los Estados en relación con los daños causados por personas privadas, ya actúen individualmente o en grupo, como en los casos de violencias o motines de las turbas. Según se declaró en el caso *Home Missionary Society* (1920):

Es un principio bien establecido de derecho internacional que a ningún gobierno se le puede hacer responsable por el acto de los grupos de hombre sublevados, cometidos en violación de la autoridad de éste, cuando el gobierno mismo no ha cometido infracción alguna contra la buena fe ni ha demostrado negligencia al reprimir la insurrección. Sería casi imposible a cualquier gobierno impedir tales actos mediante la omnipresencia de sus fuerzas. Al gobierno no puede considerársele un asegurador de vidas y propiedades... (6 *RIAA*, 42 a 44; véase también el caso *Youmans* (1926), 4 *RIAA*, 110; el caso *Head* (1930), D *RIAA*, 653.)

En la reclamación *Spanish Zone of Morocco*, el juez Huber, después de proclamar el mismo principio, agregó ciertas limitaciones razonables:

La no responsabilidad de ningún modo excluye el deber de emplear cierta vigilancia. Si el Estado no es responsable de las actividades revolucionarias en sí, puede no obstante serlo por los pasos dados, o no dados, por sus propias autoridades para tratar, hasta donde fuere posible, de evitar sus consecuencias. (2 *RIAA*, 617, en 642.)

Existe una situación especial en la cual los Estados han demostrado disposición a aceptar su responsabilidad, y es cuando los actos de una turba se han dirigido contra los nacionales de un Estado determinado o contra los extranjeros en general.

La mayor parte de las respuestas dadas por los gobiernos en la Conferencia de Codificación admitieron la responsabilidad en este caso, y algunas señalaron los requisitos para tal excepción, especialmente que la mala voluntad y la animosidad existentes tras el brote hayan sido tan generales y notorios que las autoridades deberían haber previsto el peligro y haber hecho esfuerzos especiales para impedir el daño. En dicho caso, según señalaron varias de las respuestas, la carga de la prueba debe considerarse trasladada y es deber de las autoridades del Estado demostrar que se dieron todos los pasos razonables para impedir los actos (*Bases of Discussion*, Vol. III, pp. 108-20; véase también *Basis of Discussion*, N° 22).

Naturalmente, queda comprometida la responsabilidad del Estado si se puede probar evidentemente que el gobierno o alguno de sus agentes actuó en complicidad con los autores de los disturbios, como por ejemplo, en el caso de un boicot.

9.16 Daños sufridos por los extranjeros debido a insurrecciones y guerras civiles

El problema de saber si un Estado debe responder por los daños sufridos por los extranjeros durante las insurrecciones y guerras civiles, produjo serias discusiones en el siglo XIX. Varios Estados presentaron reclamaciones importantes a otros afectados por insurrecciones y guerras civiles, epecialmente en América Latina, y alguna de esas reclamaciones fueron apoyadas con el empleo de la fuerza. Tales criterios opuestos también tuvieron sus repercusiones en el campo doctrinal y en el de la celebración de tratados. Los Estados latinoamericanos celebraron tratados en que excluían la responsabilidad por tales acontecimientos, y tal práctica fue desaprobada por el Instituto de Derecho Internacional en 1900. Sin embargo, el Instituto cambió su parecer en 1927.

A pesar de la controversia doctrinal, los laudos arbitrales fueron casi unánimes en mantener el principio de la no responsabilidad por los actos de los revolucionarios, que se describieron como "cierto grupo de hombres que provisional o permanentemente han escapado a los poderes de las autoridades". Existe la responsabilidad tan sólo "si se alega y se prueba que las autoridades gubernamentales dejaron de emplear la diligencia debida para impedir que los revolucionarios causaran daños" (caso *Sambiaggio* (1903), 10 *RIAA*, p. 449 y los precedentes citados en él. Véase también *Spanish Zone of Morocco* (1925), 2 *RIAA*, 617 en 642, 730; caso *Solís* (1928), 4 *RIAA*, 358; caso *Home Missionary Society* (1920), 6 *RIAA*, 42; caso *Aroa Mines* (1903), 9 *RIAA*, 402; el caso *Kummerov* (1903), 10 *RIAA*, 369; caso *Henríquez* (1903), *RIAA*, 723; *U.S. Foreign Rel.* 1902, p. 877). El mismo criterio queda reflejado en las respuestas gubernamentales al cuestionario de la Conferencia de Codificación *(Bases of Discussion,* Vol. III, pp. 111, 113; y *Basis of Discussion,* Nº 22).

Los indultos y las concesiones de amnistía en general han ocasionado la responsabilidad del Estado por daños, en virtud del fundamento de haber dejado de sancionar efectivamente. Aunque esto es cierto en el caso de delincuentes comunes (Moore, *op cit.,* pp. 2085 y 1438; caso *West* (1927), 4 *RIAA*, 270; caso *Denham* (1933), 6 *RIAA*, 312), la regla no se puede extender, sin salvedades, a los insurgentes. Si la amnistía es de carácter general, fundada en razones de política nacional y concedida con el propósito de lograr la pacificación de un país, no entraña responsabilidad para el Estado, puesto que se aplica a delitos políticos o relacionados con la política. Por ejemplo, nunca se pidió que Estados Unidos asumiera responsabilidad por los actos de la Confederación, por razón de haber indultado a sus jefes (véase Moore, *op. cit.,* p. 2981; Ralston, *op. cit.,* p. 356). La respuesta debe ser distinta en el caso de delitos comunes, que no se pueden considerar como incidentes normales de una guerra civil. (En cuanto a dicha distinción, véase caso *Buena Tierra Mining Co.* (1931), 5 *RIAA*, p. 247; caso *Pringle (Santa Isabel)* (1926), 4 *RIAA*, 783.)

Las autoridades gubernamentales no son responsables por los daños o pérdidas que surjan de actos efectuados para reprimir la rebelión y tratar de restaurar el orden. Ésta es una aplicación analógica del principio de no responsabilidad por los daños infligidos por actos de guerra *(Spanish Zone of Morocco* (1925), 2 *RIAA*, 617, en 644-5; caso *Bambelista* (1903), 10 *RIAA*, 717). No obstante, un Estado será responsable de los efectos de la discriminación contra los extranjeros, como por ejemplo, cuando solamente a los nacionales se les reconoce una indemnización por requisa, ocupación o destrucción de bienes, salvo que la destrucción haya sido la consecuencia directa de actos de los combatientes. El Estado también será responsable cuando las medidas que se hayan tomado excedan manifiestamente las necesidades de la situación (Bases of Discussion, respuestas al Cuestionario; y Basis of Discussion, N° 21, Vol. III, pp. 104-207).

Hay una excepción general al principio de no responsabilidad por actos de los insurgentes, y es cuando los revolucionarios se convierten en el gobierno del Estado. El fundamento de esta excepción radica en que a los insurgentes victoriosos se les impide repudiar su responsabilidad so pretexto de que el daño fue causado por ellos como individuos privados (caso French Co. of Venezuela Railroad (1903), 10 RIAA, 285; caso Kummerow (1903), 10 RIAA, 369; caso Dix (1903), 9 RIAA, 119; también Ralston, op. cit., pp. 343-345; Bases of Discussion, respuestas de los gobiernos y Basis of Discussion, N° 22 (c), Vol. III, pp. 116-118).

Los insurgentes que han tenido éxito no son sólo retroactivamente responsables de sus propios actos, sino también de los del anterior gobierno legítimo, de acuerdo con el principio de la continuidad de la personalidad del Estado (10 RIAA, p. 285 y Bases of Discussion, respuestas de los gobiernos, Vol. III, pp. 118 y 179). Sin embargo, hay un límite a esta trasmisión de obligaciones: las deudas y obligaciones contraídas por el gobierno legítimo anterior para hacer frente a la insurrección (García-Amador, Principios de derecho, p. 321).

SECCIÓN V. NATURALEZA Y ALCANCE DE LA REPARACIÓN POR UNA INFRACCIÓN DE UNA OBLIGACIÓN INTERNACIONAL

Un Estado cumple la obligación que le incumbe como resultado de su violación de una obligación internacional, resarciendo el daño causado, es decir, reparándolo.

"Reparación" es el término genérico que describe los diferentes métodos a disposición del Estado para cumplir o liberarse de tal responsabilidad. Esta palabra, usada en el artículo 36 (2) del Estatuto de la Corte Internacional de Justicia, también aparece en su formulación de las reglas básicas en la materia:

> Es un principio de derecho internacional que el incumplimiento de un compromiso entraña la obligación de efectuar una reparación en forma adecuada (PCIJ Ser. A/N° 9, p. 21). El principio esencial contenido en la verdadera noción de un acto ilícito —un principio que parece establecido por la práctica internacional y especialmente por las decisiones de los tribunales de arbitraje— es que la reparación debe, hasta donde sea posible, borrar todas las consecuencias del acto ilícito y restablecer la situación que con toda probabilidad hubiera existido si no se hubiera cometido el acto. La restitución en especie, o de no ser ésta posible, el pago de una cantidad correspondiente al valor que tendría la restitución en especie, y la concesión, en caso de ser necesario, de una

indemnización de daños por la pérdida sufrida si ésta no resulta cubierta por la restitución en especie o por el pago en lugar de ella —ésos son los principios que deben servir para determinar el monto de la indemnización debida por un acto contrario al derecho internacional. (Caso *Chorzow Factory* (1928) *PCIJ*, Ser. A, Nº 17, p. 47.)

La Corte expresó su opinión en un caso en el cual el daño sufrido había sido material y, por lo tanto, no consideró un tercer método de reparación adecuado para los datos de índole no material. La reparación por un daño no material puede describirse como una satisfacción.

La naturaleza de la reparación puede consistir, por lo tanto, en una restitución, indemnización o satisfacción.

9.17 Restitución (Restitutio in integrum)

El propósito de la restitución en especie es restablecer la situación que hubiera existido de no haber ocurrido el acto u omisión ilícitos, mediante el cumplimiento de la obligación que el Estado dejó de cumplir; la revocación del acto ilícito; o la abstención de una actuación inicua adicional. También se ha concedido la restitución en especie, después de la segunda Guerra Mundial, en casos de bienes ilícitamente sacados de un territorio enemigo ocupado provisionalmente. (Véanse los tratados de paz con Hungría, Artículo 24; Rumania, Art. 23; Italia, Art. 75 (8).)

Los laudos internacionales nos dan varios ejemplos de restitución, tales como mandar que se ponga un local a disposición de un consulado extranjero; anular la obligación impuesta en una sentencia nacional o mandar devolver derechos o impuestos cobrados ilegalmente (*Spanish Zone of Morocco* (1925) 2 *RIAA*, 617 a 726; caso *Martini* (1930), 2 *RIAA*, 977 en 1002; caso *Asphalt Co.* (1903), 9 *RIAA*, 389; caso *Palmajero Gold Fields* (1931), 5 *RIAA*, 298 en 302).

La Corte Permanente de Arbitraje declaró que la restitución es la forma normal de reparación y que la indemnización podría ser sustituida sólo si la restitución en especie "no es posible". Este pronunciamiento representa un cambio importante en relación con laudos anteriores, que trataron de limitar la compensación por violaciones del derecho internacional a compensaciones monetarias, con el fundamento de que "toda responsabilidad del Estado, cualquiera que sea su origen, al fin y al cabo se evalúa en efectivo y se transforma en una obligación de pago: en último análisis, todo termina o puede terminar en una deuda monetaria" (caso *Russian Indemnity* (1912), 11 *RIAA*, 431, en 440).

Este cambio de enfoque corresponde más adecuadamente a la índole de muchos de los intereses protegidos por el derecho internacional. Existen ciertas responsabilidades —como las que resultan, por ejemplo, de la ocupación del territorio de un Estado, o de la interferencia en el curso de las aguas de un Estado vecino— de las cuales el Estado obligado no puede librarse con una mera oferta de compensación pecuniaria.

¿Cuándo no es posible la restitución en especie? No existe dificultad alguna en cuanto a la imposibilidad física o material: es evidente que no puede concederse a la *restitutio in integrum* si, por ejemplo, la nave ilícitamente confiscada se ha hundido.

Además de la imposibilidad material existe también la jurídica; así, no es siempre posible para un Estado conceder la restitución en especie cuando eso representa la invalidación de una sentencia judicial definitiva. Varios tratados han reconocido esta imposibilidad, tal como lo hace el artículo 32 del Acta General para la Solución Pacífica de las Disputas Internacionales, del 26 de septiembre de 1928 (93 *LNTS*, 343, 25 *AJIL* Supl., 204 (1929)); y el Tratado de Arbitraje de 1921 entre Alemania y Suiza, que dispone en el artículo 10:

> Si, en un juicio de arbitraje, se prueba que una decisión u otro acto del poder judicial o de alguna otra autoridad de una de las partes, se encuentra total o parcialmente en conflicto con el derecho internacional, y, si el derecho constitucional de dicha parte no permite, o sólo lo hace parcialmente, la cancelación de la consecuencia de dicha decisión, acto o medida por disposiciones administrativas, el laudo arbitral conferirá a la parte perjudicada una satisfacción equitativa en alguna otra forma. (12 *LNTS*, 281.)

Estos instrumentos constituyen prueba de la importancia que los Estados atribuyen a las dificultades internas que, en ciertos casos, puede causar la restitución en especie.

Además de la imposibilidad material o jurídica existe una tercera situación en la cual el pago de una indemnización también puede usarse en lugar de la restitución: cuando el Estado reclamante, dándose cuenta de la dificultad o imposibilidad de la *restitutio ad pristinum*, opta por una remuneración monetaria, como ocurrió en el caso *Chorzow Factory*.

Por último, es posible que el *compromis* confiera discreción al árbitro para decidir sobre la mejor forma de reparación. La experiencia señala que en tales casos el tribunal tendrá en cuenta las dificultades prácticas o las molestias que se presenten para la restitución en especie, y escoge la remuneración pecuniaria (caso *Rhodope Forest* (1933), 3 *RIAA*, 1406, en 1432; caso *Walter Fletcher Smith* (1929), 2 *RIAA*, 915, en 918) o deja la opción a la parte obligada (Whiteman, *Damages*, p. 1369).

Puesto que la misma discreción se le confiere a la Corte Internacional de Justicia de acuerdo con el artículo 35 (2) de su Estatuto, ésta es la respuesta al problema planteado por algunos autores que señalan la dificultad de imponer la restitución en especie en el caso de determinadas obligaciones. (Guggenheim, "Les Principes du droit international public", 80 *HR*, 145-6 (1952).)

Por los motivos expuestos, aunque la restitución en especie continúa siendo la forma básica de reparación, en la práctica y en la mayoría de los casos, la compensación monetaria la sustituye.

9.18 INDEMNIZACIÓN

La Corte Permanente de Justicia Internacional ha declarado en el caso *Chorzow Factory:* "Es un principio de derecho internacional que la reparación de un mal pueda consistir en una indemnización... siendo ésta la forma más usual de reparación". (Ser. A/N° 17, p. 27.) Esta compensación ha de ser "medida de acuerdo con normas pecuniarias porque, dice Grocio, el dinero es la medida común de las cosas valorables" (laudo arbitral en los casos *Lusitania* (1923), 7 *RIAA*, 32, en 34).

El hecho de que, según declaró la Corte Permanente de Justicia Internacional, la indemnización presupone el "pago de una cantidad correspondiente al valor que tendría la restitución en especie", tiene efectos de importancia en su alcance. Como consecuencia de la depreciación de las monedas y de las demoras incurridas en la administración de justicia, el valor de unos bienes confiscados puede ser mayor en el momento de la decisión judicial que cuando ocurrió el acto ilícito. Debido a que la compensación monetaria tiene que semejarse, hasta donde sea posible, a la restitución, el valor en la fecha en que se pague la indemnización debe ser el criterio determinante. Así, en el mismo caso, la Corte Permanente declaró:

> El desposeimiento de una empresa industrial —cuya expropiación estaba prohibida— entraña la obligación de restaurarla y, de no ser esto posible, de pagar su valor en la fecha del resarcimiento, el cual se dispone con el fin de remplazar a la restitución que se ha hecho imposible. (Ser. A/N° 17, pp. 47-48.)

Este criterio del costo de reposición, aunque fuera mayor que el valor actual del objeto destruido, fue seguido en la reclamación *Spanish Morocco* (1925), (2 *RIAA*, 617, en 735).

9.19 DAÑO "INDIRECTO"

La Corte Permanente de Justicia Internacional indicó que la restitución se había concebido para borrar "todas las consecuencias" del acto ilícito. Esto plantea el problema del deber de compensar los daños que no son producto inmediato del acto ilícito sino de acontecimientos posteriores.

El asunto surgió por primera vez en las reclamaciones *Alabama,* cuando Estados Unidos reclamó por ciertas pérdidas indirectas: pagos mayores del seguro marítimo, prolongación de la guerra y costo adicional de represión de la rebelión. Para evitar la interrupción del proceso, los árbitros declararon, con el asentimiento de las partes, que esas reclamaciones "no constituían, según los principios de derecho internacional aplicables a casos de esta índole, una buena base para la concesión de una reparación o compensación de los daños entre las naciones" (Moore, *op. cit.,* p. 623) .

A pesar del carácter de esta declaración —producida por motivos de conveniencia política— ella tuvo una influencia perdurable sobre la jurisprudencia arbitral posterior, que negó la compensación para todas las reclamaciones susceptibles de ser consideradas como "daños indirectos". A los laudos contemporáneos les quedó la labor de hacer un análisis más profundo de los problemas de la responsabilidad implícita, y de rechazar la proposición general de que todas las pérdidas o daños indirectos por regla general deberían ser excluidos. Esta jurisprudencia arbitral se basa en la distinción, no entre los daños directos y los indirectos, sino entre la causa próxima y la remota, lo cual constituye

una regla de general aplicación tanto en el derecho privado como en el público: tiene que haber una conexión evidente y directa entre el acto (ilícito) y la pérdida objeto de la reclamación... Todas las pérdidas indirectas quedan cubiertas, siempre que, desde el punto de vista jurídico, el acto de Alemania fuera la causa eficiente y próxima y la fuente de la cual se derivaron las mismas... (Comisión Administrativa de Reclamaciones Mixtas de Estados Unidos y Alemania. Decisión Nº 11, 7 *RIAA,* 23, en 29-30.)

Es necesario excluir las pérdidas que se encuentran vinculadas al acto inicial únicamente por una concatenación inesperada de circunstancias excepcionales, que pudieron haber ocurrido sólo con la ayuda de causas independientes al autor del acto, y que éste no pudo haber previsto de ningún modo. (*Damage to Portuguese Colonies* (1928), 2 *RIAA,* 1013, en pp. 1031 y ss.; ver también *Spanish Zone in Morocco* (1925), 2 *RIAA,* 617, en 658.)

Con base en este criterio, se concedió una compensación a los miembros de las familias de quienes perdieron la vida en el *Lusitania,* pero no a las compañías de seguros por haber tenido que pagar prematuramente, puesto de las familias de quienes perdieron la vida en el *Lusitania,* pero no a las actos de Alemania, Estado que era absolutamente ajeno a esos contratos y los desconocía (caso de *Provident Life Insurance Co.* (1924), 7 *RIAA,* 91, en 112-13). Las reclamaciones por los aumentos en las primas pagadas por los seguros de riesgos de la guerra también fueron rechazadas como una consecuencia remota de la existencia de la guerra, del mismo modo que el aumento de los fletes, el costo de los seguros de vida y de los impuestos (caso *Garland Steamship Corp.* (1924), 7 *RIAA,* 73) .

El mismo criterio se aplicó a las perdidas inmensas que resultaron de una rebelión en las colonias portuguesas, originada por la derrota de las tropas portuguesas en un ataque ilícito de las fuerzas alemanas. El Tribunal declaró que Alemania no era responsable de la mayor parte de dichos daños, puesto que las pérdidas se debieron a una prolongación exagerada de la retirada portuguesa debido a una apreciación equivocada de las intenciones y actos de las tropas alemanas. Así, la conducta de la víctima es decisiva para determinar el alcance de los daños (caso *Germany's Responsability to Portugal* (1930), 2 *RIAA,* 1037 en 1076-7; ver también caso *Dix* (1903), 9 *RIAA,* 119; caso *Irene Roberts* (1903), *RIAA,* 204).

9.20 PÉRDIDA DE UTILIDADES

En la jurisprudencia arbitral primiitva, las reclamaciones por pérdida de utilidades eran tratadas como las reclamaciones por daños indirectos y, en consecuencia, no eran permitidas (Lapradelle et Politis, *op. cit.,* Vol. II, pp. 827 y 283-4), pero los laudos contemporáneos admiten dichas pérdidas sobre la base de que una justa compensación implica una restitución completa del *status quo ante* (caso *Capehorn Pigeon* (1902), 9 *RIAA,* 65; *The Kate* (1921), 6 *RIAA,* 76, en 81, 85; caso *Thomas E. Bayard* (1925), 6 *RIAA,* 154; reclamación *Norwegian Shipowners'* (1922), 1 *RIAA,* 309, en 338; Moore, *op. cit.,* pp. 4206, 4215, 4948, 1055; La Fontaine, 397, *Pasicrisie International,* pp. 343, 397).

La Corte Permanente de Justicia Internacional confirmó esta jurisprudencia arbitral refiriéndose, en el caso *Chorzow Factory,* a "pérdidas sostenidas que no serían cubiertas por una restitución en especie o por el pago en su lugar", y al evaluar la base de la compensación tomó en consideración la pérdida de las utilidades que habría de resultar del desenvolvimiento normal de la empresa (Ser. A, Nº 17, p. 53).

El principio de la causalidad también es aplicable aquí. El *lucrum cessans* permitido por concepto de daños tiene que ser la consecuencia normal del acto ilícito, "una utilidad que hubiera sido posible en el curso ordinario de los acontecimientos" (caso *Capehorn Pigeon* (1902), 9 *RIAA,* 65; *Spanish Zone of Morocco* (1925), 2 *RIAA,* 617, en 658; reclamación *Shufeldt,* (1930), 2 *RIAA,* 1079; Moore, *op. cit.,* p. 3248). Las ganancias presuntas que son de carácter altamente problemático o conjetural, "demasiado remotas o especulativas", son desestimadas por los tribunales arbitrales (caso *Oliva* (1903), 10 *RIAA,* 600; reclamación *Rudloff* (1903), 9 *RIAA,* 224; caso Señora *Land Co.* (1931), 5 *RIAA,* 263).

La Corte Permanente no ha permitido reclamaciones tales como las que sostienen que, debido a la confiscación de su planta, una compañía ya no puede llevar a cabo experimentos con el mismo alcance que anteriormente, perfeccionar el proceso de manufactura, hacer nuevos descubrimientos y ejercer su influencia en el mercado. La Corte trató estos aspectos en el caso *Chorzow Factory* con el calificativo de "daños posibles pero contingentes e indeterminados que, de acuerdo con la jurisprudencia de los tribunales arbitrales, no pueden tenerse en cuenta" (Ser. A. Nº 17, p. 57 y Nº 1, p. 32).

9.21 Intereses

Cuando han sido reclamados, los intereses deben considerarse como un elemento integrante de la compensación, puesto que la indemnización plena incluye "no sólo la cantidad adeudada sino también una compensación por la pérdida del uso de dicha cantidad durante el tiempo dentro del cual el pago de ésta continúa retenido" (caso *Illinois Central RR. Co.* (1926), 4 *RIAA*, 136; Ralston, *op. cit.*, p. 219; Lapradelle et Politis, *op cit.*, Vol. II, pp. 223, 283, 513, 635, 887, 898).

Cuando los daños sufridos consisten en pérdidas materiales, tales como bienes tomados, dañados o destruidos y no se ha asignado nada por el *lucrum cessans*, entonces los intereses deben empezar a devengarse desde la fecha del daño (*Spanish Zone of Morocco* (1925), 2 *RIAA*, 617, en 657, 697, 735; reclamación *Shufeldt* (1930) 2 *RIAA*, 1081, en 1101). Con respecto a los daños personales en los cuales la suma concedida es una compensación global por todos los daños sufridos, o en el caso de deudas no liquidadas, los intereses se cuentan desde la fecha del laudo (*The Wimbledon, PCIJ* Ser. A., Nº 1, p. 32; Comisión Mixta de Reclamaciones de Estados Unidos y de Alemania, Decisión Administrativa Nº III, 7 *RIAA*, 64; caso *Trail Smelter* (1941), 3 *RIAA*, (1933).

En cuanto al tipo de interés, la Corte Permanente, en un caso —tomando en consideración la "situación financiera del mundo" y "las condiciones prevalecientes en los préstamos públicos"— consideró justo el 6% reclamado (Ser. A, Nº 1, p. 32). Varias sentencias han rechazado los intereses compuestos (*Spanish Zone of Morocco* (1925), 2 *RIAA*, 617, en 650-51; *French Claims against Peru* (1920), 1 *RIAA*, 216, en 220; reclamación *Norwegian Shipowners'* (1922), 1 *RIAA*, 309, en 341).

9.22 Compensación punitiva

En algunos casos, a guisa de compensación, se ha impuesto una forma moderada de sanción para inducir al gobierno que incurrió en el acto ilícito a mejorar su administración de justicia (reclamación *Janes* (1926), 4 *RIAA*, 81, en 89; reclamación *Putman* (1927), 4 *RIAA*, 151; reclamación *Massey* (1927), 4 *RIAA*, 155; caso *Kennedy* (1927), 4 *RIAA*, 194). Sin embargo, esto no llega más allá del concepto usual de la responsabilidad civil y no implica la responsabilidad penal.

Empero, los resarcimientos punitivos o ejemplarizantes inspirados por la desaprobación del acto ilícito y como una medida de disuasión o de reforma del ofensor, son incompatibles con la idea básica que sirve de fundamento al derecho de reparaciones. "El concepto fundamental del daño es ...la reparación por una pérdida sufrida; una compensación jurídicamente evaluada por el mal inferido. El remedio debe estar en proporción con la pérdida de modo que la parte lesionada pueda quedar resarcida." Por este motivo, los laudos arbitrales han rechazado "la sobreimposición de una sanción añadida a la compensación plena, y denominándola perjuicios" (casos *Lusitania* (1923), 7 *RIAA*, 32, en 39 y 43) y han considerado que dicha imposición va más allá de la jurisdicción que les han conferido las partes que no tuvieron "la intención de investirlos con un poder represivo" (*Germany's Responsability to Portugal* (1930), 2 *RIAA*, 1037, en 1077; caso *Trail Smelter* (1941), 3 *RIAA*, 1907, en 1922-3, 1954-5; caso *Torrey* (1903), 9 *RIAA*, 225; casos *Charthage* y *Manouba* (1913), 11 *RIAA*, 457-471). El caso *I'm Alone* (1935), (3 *RIAA*, 1609) se invoca como ejemplo en sentido contrario pero no se trataba de un laudo arbitral sino de un dictamen consultivo y de conciliación (comparar Hyde, "The adjustment of the *I'm Alone* Case" 29 *AJIL*, p. 300 (1935). Se aplicaría la misma conclusión a la jurisdicción de la Corte Internacional de Justicia, pues los perjuicios punitivos no se encuentran incluidos dentro del concepto de la "reparación que ha de darse por el quebrantamiento de una obligación internacional", a la cual se refiere el artículo 36 (2) del Estatuto.

9.23 SATISFACCIÓN

Esta tercera forma de reparación es la adecuada para el perjuicio no material o daño moral a la personalidad del Estado.

En tiempos anteriores se cometieron abusos en la solución directa de las controversias entre los Estados mediante exigencias humillantes para la satisfacción, tales como la designación de enviados especiales de expiación, el rendir honores saludando la bandera, los servicios fúnebres con honores militares, y otras ceremonias. Pero estas formas de satisfacción han caído "más y más en desuso" (juez Azevedo en (1949) *ICJ*. Reports, p. 114).

Es necesario considerar las formas de satisfacción en el derecho y la práctica contemporáneos como circunscritas a la presentación oficial de pesar y excusas (*I'm Alone*, (1935), 3 *RIAA*, 1609, en 1618; *Bases of Discussion*, respuestas de los gobiernos, Vol. III, pp. 147-151) el castigo de culpables funcionarios de menor categoría (6 *RIAA*, p. 323; Moore *op. cit.*, pp. 1863-4; Hackworth, *Digest*, Vol. 5, pp. 568 y 688; *Bases of Discussion*, respuestas, Vol. III, pp. 148-151) y, especialmente, el reconocimiento formal (3 *RIAA*, p.1609, en 1618) o la declaración judicial del carácter ilícito del acto.

La Corte Permanente de Arbitraje tuvo que tratar sobre un reclamo por reparación ocasionada por el perjuicio político y moral resultante de una violación del derecho internacional, pero rehusó la sanción monetaria, declarando: "Si una potencia dejara de cumplir sus obligaciones... hacia otra potencia, la determinación de este hecho, especialmente en un laudo arbitral, constituye por sí misma una grave sanción" (caso *Carthage* (1913), 11 *RIAA*, 457, en 460).

Este precedente fue seguido por la Corte Internacional de Justicia cuando tuvo que determinar con respecto a la reparación adecuada que solicitó Albania por la violación de su soberanía territorial. La Corte declaró:

Para garantizar el respeto al derecho internacional, del cual es el órgano, la Corte debe declarar que la acción de la marina de guerra británica constituyó una violación de la soberanía de Albania. Esta declaración se hace de acuerdo con la solicitud presentada por Albania a través de su abogado, y es en sí una satisfacción apropiada (caso *Corfu Channel* (1949), ICJ Rep., p. 35. Véase también pp. 113-14 y Pleadings, Vol. III, p. 422).

La misma solicitud fue hecha por Israel en el asunto referente a la destrucción de un avión comercial israelí por parte de Bulgaria *(Aerial Incident,* del 27 de julio de 1955 (1959), ICJ Rep. p. 129).

SECCIÓN VI.   RECLAMACIONES DE LOS ESTADOS POR VIOLACIÓN DE LOS DERECHOS DE SUS NACIONALES

La determinación de la responsabilidad por actos ilícitos que violan los derechos de los extranjeros, debido a daños causados a su persona o bienes, se asegura mediante el ejercicio de la protección diplomática o mediante la presentación de reclamaciones.

Una de las dificultades con que se tropieza para la presentación de una reclamación es la falta de *ius standi* de las personas privadas, ante los órganos internacionales, de acuerdo con el derecho internacional general.

Dicha dificultad ha sido resuelta por lo que se ha descrito como "una interpretación jurídica ingeniosa" —voto disidente del juez Badawi, caso *Corfu Channel* ((1949), ICJ Rep. 214)— desarrollada principalmente por la Corte Permanente de Justicia Internacional, sobre la base de una extensa serie de laudos arbitrales. En dicha interpretación existen tres elementos íntimamente entrelazados. El primero requiere que el Estado respalde las reclamaciones privadas. El segundo exige que dicho Estado debe ser el de la nacionalidad del extranjero. El tercer elemento, después de haber identificado al Estado con su nacional, considera que el daño sufrido por aquél determina la medida adecuada de la reparación debida. De acuerdo con esta teoría, el Estado no actúa sólo como el representante legal del individuo sino que afirma sus propios derechos; por tanto, la reparación que reclama tiene el mismo carácter internacional que cualquier otra debida por un Estado a otro.

9.24   Prohijamiento por el Estado de las reclamaciones privadas

El primer principio —la necesidad del apoyo de las reclamaciones privadas por el Estado— ha sido declarado por la Corte Permanente en la forma siguiente:

Es un principio elemental de derecho internacional que un Estado tiene el derecho de proteger a sus súbditos cuando han sido lesionados por actos contrarios al derecho internacional cometidos por otro Estado, del cual no han podido obtener satisfacción a través de los canales ordinarios. Al hacerse cargo del caso de uno de sus súbditos, y al recurrir a la acción diplomática o a un procedimiento judicial internacional en su nombre, el Estado se encuentra realmente afirmando sus propios derechos, su derecho de garantizar en la persona de sus súbditos, el respeto de las reglas de derecho internacional. Por tanto, la cuestión de si esta disputa tiene su origen en un daño infligido a un interés privado, lo que en realidad constituye la cuestión de hecho en muchas disputas internacionales, carece de trascendencia desde este punto de vista. Cuando un Estado se ha hecho cargo de un caso en nombre de un de sus súbditos, ante un tribunal internacional, a juicio de éste, el Estado es el único reclamante. (*Mavrommatis Palestine Concessions* (Jurisdiction) (1924) Ser. A, N? 2, p. 12.)

9.25 NACIONALIDAD DE LAS RECLAMACIONES DE LAS PERSONAS FÍSICAS O MORALES

El segundo principio —de la nacionalidad de las reclamaciones— ha sido declarado por la Corte Permanente en la forma siguiente:

Este derecho queda limitado necesariamente a la intervención en favor de sus propios nacionales, porque, a falta de un acuerdo especial, es el vínculo de la nacionalidad entre el Estado y el individuo lo que, por sí solo, confiere al Estado el derecho de la protección diplomática, y es como una parte de la función de la protección diplomática debe contemplarse el derecho de apoyar una reclamación y de garantizar el respeto para la regla de derecho internacional. Cuando el daño ha sido causado al extranjero de otro Estado, ninguna reclamación a la cual dicho daño pudiera dar lugar cae dentro del alcance de la protección diplomática que el Estado tiene el derecho de prestar. (*Panevezys-Saldutiskis Railway* (1939), Ser. A/B, N? 76, p. 16.)

(En relación con las reglas sustantivas de la nacionalidad de las personas físicas y morales, véase 8.02 a 8.09.)

9.26 MEDIDA DE LA REPARACIÓN EN RECLAMACIONES PRIVADAS

Como la reclamación apoyada por el Estado tiene su origen en la pérdida o el daño causado al individuo o a la sociedad, las modalidades y el alcance de la reparación que se debe al Estado tienen que guardar una relación estrecha con dicha pérdida o daño.

El principio ha sido enunciado por la Corte Permanente, en el caso *Chorzow Factory* (1928), del siguiente modo:

> Es un principio de derecho internacional que la reparación de un mal puede consistir en una indemnización que corresponda al daño que han sufrido los nacionales del Estado afectado, como resultado del acto que es contrario al derecho internacional... La reparación debida por un Estado a otro, sin embargo, no cambia su carácter por razón del hecho de que tome la forma de una indemnización, para el cálculo de la cual se usa como medida el daño sufrido por la persona privada. Las reglas de derecho que rigen la reparación son las del derecho internacional vigentes entre los dos Estados interesados, y no la ley que rige las relaciones entre el Estado que ha cometido el acto ilícito y el individuo que ha sufrido el daño. Los derechos o los intereses de un individuo, cuya violación causa el daño, se encuentran siempre en un plano diferente a los derechos de que es titular un Estado, y que también pueden ser infringidos por el mismo acto. El daño sufrido por un individuo, por lo tanto, nunca es idéntico al que habrá de sufrir el Estado; sólo puede brindar una escala conveniente para el cálculo de la reparación debida al Estado. (Ser. A, Nº 17, pp. 27-8.)

9.27 Corolarios de los principios antes mencionados

Varios corolarios resultan de esta construcción jurídica, y ellos han sido inferidos en los laudos arbitrales posteriores. Así, si un Estado se encuentra ejerciendo sus propios derechos, sólo está autorizado para presentar una reclamación, pero no está obligado a hacerlo, dentro del derecho internacional, y una vez que la reclamación se presenta, "el control del gobierno que ha respaldado y está manteniendo la reclamación es absoluto" (caso *Parker* (1926), 4 *RIAA*, 35, en 37).

Un segundo corolario afirma que, de acuerdo con el derecho internacional, si el pago se hace al Estado reclamante cumpliendo así su demanda, éste tiene control absoluto sobre los fondos que por ello haya recibido y retenga (reclamación *Finnish Shipowners'* 3 *RIAA*, 1484, en 1485).

Esto ha sido confirmado por prácticas bien establecidas en el caso de un número relativamente grande de reclamaciones que tienen la misma base jurídica, tal como las medidas de nacionalización, pues en los acuerdos o laudos de compensación global o *en bloc*, las cantidades pagadas son distribuidas posteriormente por los órganos internos entre los individuos o sociedades perjudicados (Lapradelle et Politis, *op. cit.*, Vol. II, p. 780; Foighel, *Nationalization: A Study in the Protection of Alien Property in International Law*, pp. 132-3).

9.28 Regla de la nacionalidad continua de las reclamaciones

Es esencial que el individuo o la sociedad que sufre la pérdida o el daño tengan la nacionalidad del Estado reclamante en el momento en que sufrió el daño. Ésta es una norma bien establecida, derivada de numerosos laudos arbitrales que, por más de un siglo, han rechazado las reclamaciones cuando el individuo a cuyo nombre se planteó la demanda no poseía la nacionalidad del Estado reclamante en la fecha del daño (Moore, *op. cit.*, pp. 2156, 2157, 2327, 2334, 2337 y ss., 2348, 2381, 2459, 2553, 2718 y 2853; caso *Corvaia* (1903), 10 *RIAA*, 609; reclamación *Rhodope Forest* (1933), 3 *RIAA*, 1406, en 1421; caso *Panevezsy-Saldutiskis Railway* (1939), *CPJI*, Ser. A/B, Nº 76, pp. 16-17. *Bases of Discussion*, Nº 28, Vol. III, 140-145).

Un segundo principio, establecido por una larga serie de laudos arbitrales, señala que no puede dictarse un laudo cuando el individuo o la sociedad no han retenido la nacionalidad del Estado reclamante desde la fecha del daño hasta el momento de la decisión de la demanda o, por lo menos, hasta la presentación de ella ante el tribunal.

Numerosos laudos arbitrales han sentado la regla de que la nacionalidad debe existir hasta la fecha de la presentación o registro de la reclamación ante el tribunal arbitral o ante la Comisión Mixta de Reclamaciones (Moore, *International Adjudications*, Vol. 3, pp. 5-7; Moore, *op. cit.*, pp. 2245, 2390, 2397, 2401-18, 2483-5, 2488-2506, 2509, 2514-18; caso *Stevenson* (1903), 9 *RIAA*, 494, en 502-6; caso *Maninat* (1905), 10 *RIAA*, 55, en 76; caso *Massini* (1905), 10 *RIAA*, 159, en 182; caso *Brignone* (1904), 10 *RIAA*, 542 en 551; caso *Milliani* (1904), 10 *RIAA*, 584, en 591; caso *Giacopini* (1904), 10 *RIAA*, 594, en 596; caso *Poggioli* (1904), 10 *RIAA*, 669, en 687). Hay, sin embargo, varios fallos arbitrales que exigen la nacionalidad continua hasta la fecha del laudo (caso *Eschauzier* (1931), 5 *RIAA*, 207, en 209; Feller, *Mexican Claims Commission*, p. 97 n; Moore, *op. cit.*, 1150, 1353), o por lo menos hasta la terminación de las audiencias (*Spanish Zone of Morocco*, 2 *RIAA*, 617, en 706).

El criterio de que la nacionalidad debe conservarse hasta la fecha de la decisión, fue mantenido por una mayoría de gobiernos en sus respuestas al Cuestionario de La Haya, y se aceptó en una Base de Discusión que la Conferencia de Codificación en realidad no tuvo tiempo para considerar (*Bases of Discussion*, Vol. III, p. 145). Dicho criterio se justifica ya que, hasta el momento de la decisión, el tribunal se encuentra en libertad de admitir y tomar en cuenta cualquier prueba aducida para apoyar o rechazar una reclamación. Los numerosos laudos arbitrales que se han pronunciado en favor de la fecha de la presentación no constituyen en realidad un apoyo para la conclusión de que si el cambio hubiera ocurrido después de la presentación, pero antes de la decisión, debería ser considerado como irrelevante por el tribunal. En esos casos, el único punto decidido por el tribunal se dirigió a establecer si una reclamación en nombre de alguien que había dejado de ser nacional antes de la fecha de la presentación, debía permitirse o no. En el caso en que el cambio de nacionalidad ocurrió después de la presentación y antes del laudo, el tribunal declaró "que difícilmente sería justo obligar al gobierno demandado a pagar una compensación a un ciudadano de un país distinto" al del Estado reclamante (caso *Eschauzier* (1931), 5 *RIAA*, pp. 207-209).

9.29 RECLAMACIONES COMPUESTAS

Un Estado puede presentar una reclamación en su propio nombre simultáneamente con otra en nombre de uno de sus nacionales, como fue admitido implícitamente por la Corte Permanente cuando declaró que los derechos de un individuo "se encuentran siempre en un plano diferente del de los derechos pertenecientes a un Estado, los cuales también pueden ser infringidos por el mismo acto" (Ser. A, Nº 17, p. 28).

También es posible que un solo acto pueda violar los derechos de nacionales de más de un Estado. La Corte Internacional, en el caso *Corfu Channel*, se refirió al hecho de que "los tribunales internacionales están ya familiarizados con el problema de una reclamación en la cual están interesados dos o más Estados nacionales" (ICJ Rep. (1949), pp. 185-6).

Una reclamación puede ser compuesta, no debido al número de Estados reclamantes o demandados, sino al de las personas que puedan encontrarse afectadas por el mismo acto. En una situación de esta clase, es necesario "examinar los méritos de cada caso para determinar si el daño de que se trata ha recaído inmediatamente en la persona a cuyo favor se presenta la demanda" (*Spanish Zone of Morocco* (1925), 2 *RIAA*, 729-30). Así, las medidas ilícitas en relación con naves pueden afectar al dueño directamente, o pueden afectar al fletante exclusivamente, como cuando la nave es demorada (caso *Wimbledon* (1923), *PCIJ*, Ser. A, Nº 1, pp. 18 y ss.), o pueden afectar tanto al dueño como al fletante, lo que ocurre cuando un barco es hundido (Comisión de Reclamaciones Mixtas de Estados Unidos y Alemania, Decisión Administrativa Nº VII, 7 *RIAA*, 203; ver también *West India Steamship Co.* (US *vs.* *Germany*) (1926), 7 *RIAA*, 349; y el caso *Housatonic Steamship Co.* (US *vs.* *Germany*) (1926), 7 *RIAA*, 320).

9.30 BASE DE LAS RECLAMACIONES

Las reclamaciones en nombre de los nacionales pueden ejercerse válidamente sólo cuando un derecho de un nacional ha sido afectado directamente por el acto de un Estado en violación del derecho internacional. Para que la reclamación sea admisible, no basta que los intereses de un extranjero —que no están protegidos por el derecho— se encuentren afectados adversamente, o que éste haya sufrido un daño económico o de otra índole. Es necesario que el propio amparado sea titular del derecho de presentar una reclamación por daños

La Corte Permanente de Justicia Internacional, en el caso *Chorzow Factory* señaló la distinción que existe entre derechos e intereses al referirse a los "derechos o los intereses de un individuo, la violación de cuyos derechos causa el daño..." (Ser. A, N° 17, pp. 27-8). La Corte actual describió la protección diplomática como la situación "en la cual el Estado ha adoptado la causa de un nacional suyo *cuyos derechos* se pretende que han sido desconacidos por otro Estado en violación del derecho internacional (caso *Interhandel* (Preliminary Objections) (1959), ICJ Rep. 27).

Un acto que infringe los derechos de un individuo puede tener, al mismo tiempo, repercusiones desfavorables sobre los intereses o expectativas de otro que se encuentra relacionado con el anterior por lazos contractuales u otros de índole jurídica. Sin embargo, salvo que el mismo acto afecte directa o simultáneamente los derechos jurídicos de ambas personas, no puede interponerse una reclamación válida en nombre de este último.

Así, el derecho internacional no autoriza la protección de los intereses legítimos y de las expectativas de los acreedores, en cuanto a la situación financiera y solvencia de sus deudores. Si una persona que tiene una deuda con un extranjero experimenta una pérdida financiera debida a un acto contrario al derecho internacional, esto no autoriza al Estado de la nacionalidad del acreedor extranjero para actuar en protección de sus intereses. Este problema se presentó varias veces ante los tribunales de arbitraje, y "se decidió repetidamente que los acreedores no tenían fundamento alguno a causa de agravios cometidos contra sus deudores" (Ralston, *op. cit.*, p. 158-9; Moore, *op. cit.*, p. 2336; Borchard, *op. cit.*, p. 645; caso *McNear* (1928), 4 *RIAA*, 373; *Spanish Zone of Morocco* (1925), 2 *RIAA*, 730; reclamación *Rhodope Forest*, 3 *RIAA*, 1391, en 1425; caso *Dickson Car Wheel Co.* (1931), 4 *RIAA*, 669, en 679 y ss.)

La regla se aplica aun si el crédito se encuentra garantizado por una hipoteca (5 *RIAA*, 191; Hackworth, *Digest,* Vol. V, p. 848; Feller, *op. cit.*, p. 122). Si, por otra parte, los derechos de los acreedores, como tales, se encuentran directamente afectados —por ejemplo, por ncgárseles el derecho a reclamar en juicio o a inscribir el título de una hipoteca (Whiteman, *op. cit.*, p. 1372)— entonces la interposición de una reclamación quedaría justificada sobre la base de que se ha efectuado una lesión directa a un derecho existente, en contraposición a un interés.

En general, la cuestión decisiva radica en determinar si el acto que ha motivado la queja representa o no "una medida dirigida directamente contra los derechos" de la persona cuyo caso ha sido adoptado por el Estado (Reclamación *Rhodope Forest* (1933), 3 *RIAA*, 1391, en 1426).

9.31 PROTECCIÓN A LOS ACCIONISTAS

Los principios antes referidos son aplicables a la cuestión de establecer si el Estado puede proteger a sus nacionales, en su carácter de accionistas de una sociedad. El problema está pendiente en la actualidad ante la Corte Internacional de Justicia* y existen dos doctrinas opuestas sobre la admisibilidad de tal protección.

* La cuestión fue resuelta por la Corte Internacional de Justicia en febrero de 1970,

A nuestro juicio es necesario determinar, según advirtió Huber, si los actos objeto de las quejas han afectado directamente a la persona del accionista. Si tales actos constituyen "una medida dirigida directamente a sus derechos" —por ejemplo, una confiscación de las acciones o una ley restrictiva de la participación en las juntas de la compañía o del cobro de los dividendos por los accionistas—, entonces el Estado de la nacionalidad de cualquier accionista individual puede intervenir en su favor, sin que se considere la nacionalidad de la compañía. Pero si los actos que han motivado la queja se dirigen directamente contra la sociedad anónima como tal y no contra los derechos de los accionistas —si, por ejemplo, se confiscan los bienes de la sociedad—, entonces el Estado de la nacionalidad de la compañía puede plantear una reclamación internacional en nombre de dicha sociedad.

Según nuestra opinión, el derecho internacional tiene en cuenta la dis-

fecha en que pronunció su decisión en el caso relativo a la *Barcelona Traction, Light and Power Company, Limited.* Fueron partes en el litigio Bélgica y España. En 1962, Bélgica había reiniciado ante la Corte un procedimiento de reclamación contra España para obtener compensación por los daños que, según alegaba, habían sufrido nacionales belgas, principales accionistas en una compañía canadiense (*Barcelona Traction*) con intereses en España.

Los antecedentes del caso datan desde los años posteriores a la primera Guerra Mundial, cuando la *Barcelona Traction,* con el propósito de construir y operar plantas de energía eléctrica en Cataluña, formó varias compañías subsidiarias, cuyas acciones pertenecían casi en su totalidad a la *Barcelona Traction.* Al término de la guerra civil española, el gobierno de España adoptó diversas medidas económicas con respecto a la trasferencia de moneda extranjera. Estas medidas afectaron la capacidad de la *Barcelona Traction* para cumplir con algunas de sus obligaciones financieras. Como consecuencia de ello, en febrero de 1948 la compañía fue declarada en quiebra por los tribunales españoles; posteriormente fue autorizada la emosión de nuevas acciones que cancelaban las antiguas, así como la venta de esas nuevas acciones a una compañía de reciente formación, que de esta manera adquirió el control, en España, de la *Barcelona Traction* y sus filiales.

La CIJ examinó, en primer término, la cuestión relativa al derecho de Bélgica para proteger diplomáticamente a los accionistas belgas en una compañía que jurídicamente era una persona moral constituida en Canadá, cuando las medidas motivo de queja habían sido tomadas en función de la compañía misma y no en función de un nacional belga. En otras palabras, la Corte estimó esencial determinar si los derechos de Bélgica fueron violados por el hecho de que sus nacionales sufrieron una infracción de sus derechos como accionistas en una compañía que no poseía la nacionalidad belga.

La conclusión de la Corte fue en sentido negativo. Para fundar su decisión, la Corte indicó entre otras cosas que no existe una norma de derecho internacional que expresamente confiera a un Estado capacidad de proteger a sus nacionales para obtener reparación por actos supuestamente ilegales cometidos por otro Estado en contra de la compañía de la cual son accionistas. Este derecho de protección, en cambio, sí está claramente atribuido al Estado del que es nacional la compañía. *Barcelona Traction* en ningún momento quedó reducida a un grado tal de impotencia que le impidiese recurrir a la protección diplomática del Estado de su nacionalidad, Canadá.

Por estas y otras razones, la CIJ estimó improcedente conferir *jus standi* al gobierno belga y rechazó su reclamación por quince votos contra uno (este último voto correspondió al juez ad hoc designado por Bélgica, ya no se ve...

1970; *Case concerning the Barcelona Traction, Light and Power Company, Limited.* (New Application: (1962) *(Belgium vs. Spain)* (Second Phase.)

tinta personalidad jurídica de las sociedades. El descartar dicho principio como "una proposición técnica jurídica de derecho privado interno", y atender solamente al hecho de que todas las acciones de una sociedad alemana pertenecían a personas de nacionalidad diferente, fue un motivo rechazado por un tribunal arbitral, con el fundamento de que "la mayor parte de la doctrina y casi toda la jurisprudencia de todos los países confieren a la entidad jurídica conocida por sociedad, una personalidad y un patrimonio absolutamente diferentes de los de sus accionistas" (caso *Reparation Commission vs. U. S.* (Tankers of D.A.P.G.) (1926), 2 *RIAA*, 779, en 787).

Puesto que la personalidad jurídica de las sociedades impide la intervención judicial por parte de sus accionistas, la pérdida de su personalidad jurídica removerá ese impedimento. Cuando una compañía ya no se interpone entre los accionistas y el Estado ofensor, aquéllos pueden presentarse como directamente afectados en su derecho de participar en los activos remanentes de la sociedad en liquidación.

En apoyo al criterio opuesto se ha afirmado que "la práctica estatal... y, los laudos arbitrales internacionales han llegado a reconocer el derecho de un Estado a intervenir en nombre de sus nacionales, accionistas de una compañía que ha sido perjudicada por el Estado de la propia nacionalidad de ella" (opinión separada del juez Koo, caso *Barcelona Traction, Light and Power Co., Ltd.* (1964) ICJ Rep. 58).

Es opinión nuestra que un análisis de la práctica estatal y de los laudos arbitrales correspondientes arroja dudas sobre esta conclusión. En cuanto a la práctica de los Estados, es cierto que en algunos casos se han enviado reclamaciones a los Ministerios de Relaciones Exteriores en nombre de los accionistas, por Estados Unidos y el Reino Unido (Jones, "Claims on behalf of National who are Shareholders in Foreign Companies", 26 *BYIL*, 225 (1949)); pero tales reclamaciones que no siempre constituyeron un ejercicio formal del derecho de la protección diplomática, fueron rechazadas por los países a los cuales fueron dirigidas, y se llegó a la solución definitiva por acuerdos mutuos mediante satisfacciones hechas a las sociedades (26 *BYIL*, 239 (1949)). Y lo que es aún más significativo, en ciertos casos importantes, el Reino Unido elaboró argumentos de peso para rechazar reclamaciones similares dirigidas a su propio gobierno (*US For. Rel.*, 1928, Volumen II, pp. 957 y ss.), y Estados Unidos declinó intervenir en nombre de los accionistas por respeto a la personalidad jurídica social (Moore's *Digest*, pp. 644 y 646). Por lo tanto, no se puede aducir ningún argumento válido con base en una práctica estatal tan limitada y contradictoria.

Sobre los precedentes arbitrales, no existen laudos arbitrales basados en el derecho internacional que reconozcan o proclamen el derecho de un Estado para tomar el caso de sus nacionales, accionistas de una sociedad, por actos que afecten a la compañía, en relación con el Estado de la nacionalidad de la compañía o con cualquier otro Estado. El caso *Delagoa Bay Railway*, frecuentemente invocado (Moore, *op. cit.*, pp. 1866 y ss.), no sirve de autoridad para tal proposición. El *ius standi* de los reclamantes fue reconocido por Portugal en el *compromis*, y el laudo se basa explícitamente en este acuerdo específico y no en el derecho internacional general que, sugiere el tribunal, hubiera llevado a una solución diferente. El caso *El Triunfo* (1902) *(US For. Rel.,* 1902, p. 838) es un ejemplo de protección de los accionistas afectados directamente en sus derechos de celebrar juntas y elegir directores. Otros casos que se invocan, tales como *Melilla-Ziat Ben Kiran* (1924) (2 *RIAA,* 729) ; *Shufeldt* (1930) (2 *RIAA,* 1083) ; y *Ruden* (1870). (Lapradelle et Politis, *op. cit.,* Vol. II, pp. 589 en 592) se refieren no a sociedades sino a compañías de tipo privado, cuya personalidad jurídica no se encuentra reconocida por todos los sistemas jurídicos. Por último, la reclamación *Alsop* (1911) (Hyde, *op. cit.,* p. 902, nota 5) fue decidida por el Tribunal no con fundamentos jurídicos, sino como "amiable compositeur". Por otra parte, varios laudos arbitrales han rechazado expresamente las reclamaciones presentadas a favor de los accionistas y dirigidas contra el Estado de la nacionalidad de la compañía. En cuatro casos, las Comisiones Mixtas Venezolanas rechazaron reclamaciones en nombre de los accionistas de sociedades de nacionalidad venezolana (caso *Kunhardt* (1903), 9 *RIAA,* 171; caso *Brewer, Moller & Co.* (1903), 10 *RIAA,* 433; caso *Baasch and Römer* (1903), *ibid.,* 723; caso *Henríquez* (1902), *ibid.,* 727).

9.32 Conclusión

Las reglas de derecho internacional referentes a las reclamaciones —su adopción por los Estados, la condición de nacionalidad continua, el requisito de la violación de derechos como base de una acción válida— han sido criticadas frecuentemente como faltas de lógica y capaces de llevar a la injusticia y, asimismo, se les ha objetado que no puede predecirse el resultado de su aplicación práctica.

Tal crítica no tiene en mira el blanco. La perfecta protección a los extranjeros o a las inversiones extranjeras no es la meta ni la *ratio legis* de dichas reglas de derecho internacional. Los intereses que se tienen en cuenta y se protegen por dichas reglas no son los de los individuos, sino los de los Estados en el mantenimiento de un sistema equilibrado, que, por una parte, confiera un cierto grado —reconocidamente limitado— de protección a los intereses extranjeros, y por otra, respete la soberanía y la jurisdicción interna del Estado territorial.

Las reglas existentes representan las condiciones esenciales, desarrolladas históricamente, de acuerdo con las cuales el Estado territorial está dispuesto a aceptar las reclamaciones presentadas por otros Estados en representación de personas que residen o que tienen intereses en él. Esas reglas constituyen un *modus vivendi,* una bien equilibrada transacción producida gradual y pacíficamente, y aceptada tanto por los Estados interesados en extender el alcance de la protección diplomática como por los Estados interesados en restringirla. Naturalmente, los Estados se encuentran en libertad de ponerse de acuerdo con otros Estados que tienen el mismo parecer, respecto a cualesquiera medidas correctivas o de perfeccionamiento que, entre ellos, pudieran eliminar los inconvenientes y dificultades particulares resultantes de tales reglas, tal como ha ocurrido con los acuerdos para la protección internacional de los derechos humanos.

SECCIÓN VII. AGOTAMIENTO DE LOS RECURSOS LOCALES Y LA CLÁUSULA CALVO

La Corte Internacional de Justicia ha declarado: "La regla de que los recursos locales deben agotarse antes de poder establecerse procedimientos internacionales, es una regla de derecho internacional consuetudinario bien establecida" (caso *Interhandel* (Objeciones Preliminares) (1959) ICJ rep. 27).

9.33 CASOS COMPRENDIDOS EN LA REGLA

La regla rige las quejas formuladas por los Estados en el ejercicio de su derecho de conceder protección diplomática en favor de sus nacionales.

La regla no es aplicable a las quejas basadas en una violación directa del derecho internacional que cause perjuicio inmediato a otro Estado, y cuando dicho Estado no reclama por el daño causado a uno de sus nacionales.

Esta diferencia se basa en el principio de que los Estados no están sujetos a la jurisdicción de los tribunales extranjeros y, por tanto, las violaciones del derecho internacional no pueden someterse a la adjudicación por parte de los tribunales nacionales del Estado ofensor.

Se ha argumentado que podría ser posible, sin necesidad de haber agotado los recursos locales, pedir a un tribunal internacional que declarase en forma genérica, que un Estado está violando sus obligaciones derivadas de un tratado con respecto a ciertos derechos privados, siempre que dicha acción se limitara a pedir una sentencia declaratoria y no una que conceda la reparación (Guggenheim en *Annuaire*, Vol. 46, 1956, pp, 299-300; y ICJ Peticiones en el caso *Interhandel*, p. 564). Sin embargo, la Corte Internacional rechazó este criterio, y ello se justifica porque de lo contrario sería muy fácil omitir la regla del recurso legal interno mediante el establecimiento de juicios declarativos, que ejercerían gran influencia en las sentencias nacionales posteriores y adquirirían fuerza de *res judicata* en relación con los procedimientos internacionales para obtener reparación.

9.34 NECESIDAD DE UN VÍNCULO ENTRE EL SUJETO PROTEGIDO Y EL ESTADO DEMANDADO

Se plantea el problema de establecer si la regla es aplicable a todos los casos en donde la reclamación es hecha por un Estado en relación con una aducida lesión que ha perjudicado a uno de sus nacionales.

Israel, respondiendo a la petición de Bulgaria de que los nacionales israelíes lesionados al volar sobre Bulgaria, en tránsito entre otros dos países, tendrían que agotar los recursos legales en Sofía, señaló la necesidad de algunas restricciones. Se declaró:

> Es esencial, antes de poder aplicar la regla, que exista un nexo entre el individuo lesionado y el Estado cuyas acciones se impugnan... La regla es aplicable tan sólo cuando el extranjero ha creado, o se considera que ha creado, una conexión voluntaria, consciente y deliberada entre él mismo y el Estado extranjero, por ejemplo, debido a su residencia, a sus actividades comerciales, a la propiedad de bienes en dicho Estado o en virtud de haber establecido algún contacto con su gobierno, tal como en los casos de extranjeros tenedores de bonos. (Rosenne, caso *Pleadings, Israel vs. Bulgaria Aerial Incident,* pp. 531-2; Comp. Meron, "The Incidence of the Rule of Exhaustion of Local Remedies", 25 *BYIL,* 95 (1959.)

Parece justificado aceptar este criterio del nexo voluntario, en vez de aquel que exige la presencia física en el territorio de un Estado o el de la ubicación territorial del acto ilícito, como el elemento de conexión entre un extranjero y los recursos locales. Así es posible explicar por qué, en el caso de un individuo que ha sido secuestrado o que se encuentra presente en un territorio extranjero debido a *force majeure,* puede ejercerse la protección diplomática sin necesidad de agotar los recursos locales. Dicho nexo no puede crearse por el acto ilícito mismo; por ejemplo, en los casos de una persona lesionada en su propio país por un soldado extranjero destacado allí o por un objeto espacial, o en el caso de una embarcación pesquera averiada en alta mar por una nave de guerra extranjera, no se supone que se deban agotar los recursos ante los tribunales del Estado ofensor.

9.35   FUNCIÓN Y FUNDAMENTO DE LA REGLA

La función de la regla es dar una oportunidad al Estado demandado, antes de que se le declare responsable internacionalmente, de hacer justicia de acuerdo con su propio sistema jurídico, y para adelantar una investigación y obtener una declaración de sus propios tribunales, sobre las cuestiones de derecho y de hecho comprendidas en la reclamación. Desde el punto de vista del tribunal internacional, la exigencia de que se agoten los recursos locales es una medida sabia de limitación judicial, porque, si esto se hace, puede ser que jamás surja la necesidad del juicio ante un tribunal internacional y de la consiguiente declaración de él.

La Corte Internacional de Justicia sentó esto como fundamento de la regla, cuando expresó en el caso *Interhandel:*

> Antes de poder comparecer ante un tribunal internacional en una situación como ésa, se ha considerado necesario que el Estado en donde ocurrió la violación tenga la oportunidad de repararla por sus propios me-

dios, dentro del marco de su propio sistema jurídico interno. (ICJ Reports, 1959, p. 27; véanse también 83 y 88).

El fundamento de la regla es el respeto por la soberanía y jurisdicción del Estado que es competente para tratar la cuestión ante sus propios órganos judiciales.

El motivo principal de su existencia descansa en el respeto debido a la jurisdicción soberana de los Estados, de acuerdo con la cual los nacionales y los extranjeros tienen que actuar... Esta armonía, este respeto por la soberanía de los Estados, se logra dando prioridad a la jurisdicción de los tribunales locales del Estado en el caso de los extranjeros. (Juez Córdova, salvamento de voto, *ibid.*, 45.)

De otra manera, el extranjero sería un individuo privilegiado para quien no existirían ni el derecho interno ni los tribunales locales, y quien interpondría inmediatamente la influencia política del Estado de su nacionalidad al surgir la más leve dificultad con otro gobierno. Una prematura intervención diplomática de esta clase constituiría una afrenta a la independencia del soberano local y a la autoridad de sus leyes y tribunales, por sobre todas las personas sometidas a aquél.

9.36 ALCANCE DE LA REGLA EN CUANTO A LOS RECURSOS

De acuerdo con las más recientes y autorizadas formulaciones de la regla, ésta incluye, no sólo el sometimiento de la queja a los tribunales regulares, sino también a todas las autoridades locales que tengan los medios de proporcionar una reparación efectiva y adecuada, aceptable en el plano internacional, contra el Estado demandado. Debe recurrirse a "la totalidad del sistema de protección jurídica, según se encuentre establecido el cuerpo del derecho interno, sin diferenciar entre recursos ordinarios y extraordinarios", puesto que "el punto decisivo no es el carácter ordinario o extraordinario de un recurso legal, sino si éste ofrece o no la posibilidad de un medio efectivo y suficiente de reparación" (caso *Lawless* (1961), Comisión Europea de Derechos Humanos, *Yearbook*, Vol. IV. pp. 302-322; caso *Retimag* (1961), *ibid.*, pp. 385-400; caso *Nielsen* (1959), *ibid.*, Vol. II, pp. 414, en 436 y 438). La Comisión Europea de los Derechos Humanos está encargada, por el artículo 26 de la Convención de Roma, de aplicar la regla "de acuerdo con las reglas generalmente reconocidas del derecho internacional". Esto incluiría el recurrir a los tribunales constitucionales, donde quiera que existan tales tribunales, y siempre que los agravios caigan dentro de su competencia (*X vs. Rep. of Germany* (1956), ECHR *Yearbook*, Vol. I, pp. 138-139; *X vs. Fed. Rep. of Germany* (1957), *ibid.*, pp. 150-151; *X vs. Fed. Rep. of Germany* (1957) *ibid.*, pp. 255-258; *X vs. Fed. Rep. of Germany* (1959), *ibid.*, Vol. II, pp. 344-349), el recurrir a los tribunales administrativos y aun a los órganos administrativos (caso *Lawless* (1961), *ibid.*, Vol. IV, pp. 302-

320) con la sola excepción de los recursos que son "una medida de gracia", y "cuyo propósito es obtener un favor y no vindicar un derecho" *(Greek Government vs. Government of the United Kingdom* (1957), *ibid.,* Vol. 11, pp. 186-192; caso *De Becher* (1958), *ibid.,* pp. 216-238).

Estos precedentes de la Comisión Europea han sido confirmados por la actuación de la Corte Internacional en el caso *Interhandel,* en el que se admitió que una acción para obtener el reinicio del procedimiento puede determinar la aplicación de la regla (ICJ Reports, 1959, p. 26) que modificó la jurisprudencia arbitral establecida en el caso *Salem* (1932) (2 *RIAA,* p. 1165).

Una consecuencia de esta regla señala que si el extranjero deja de entablar procedimiento o de apelar dentro del tiempo requerido después del acaecimiento del mal alegado y, por consiguiente, tiene una decisión procesal adversa, no ha cumplido lo que debió hacer para obtener justicia del Estado demandado y está, por lo tanto, impedido de hacer que su caso se oiga y se decida por un tribunal internacional *(X vs. Fed. Rep. of Germany* (1958), ECHR *Yearbook,* Vol. II, pp. 342-344; *X vs. Fed. Rep. of Germany* (1957), *ibid.,* Vol. I, pp. 171-174; ver también el voto disidente del juez Armand-Ugon en el caso *Barcelona Traction* (Objeción Preliminar) (1964) ICJ Rep. 166).

9.37 ALCANCE DE LA REGLA EN CUANTO A LOS MEDIOS PROCESALES Y AL FONDO DE LA RECLAMACIÓN

En reciente jurisprudencia arbitral, la regla ha recibido una extensión nueva e importante, no sólo con relación a los recursos que deben agotarse, sino también con respecto a la conducta que un litigante tiene que seguir al ejercer cada uno de dichos recursos. Se ha decidido que el reclamante privado, para agotar los recursos locales, tiene que presentar ante los tribunales locales todo el material que razonablemente esté disponible y que pueda ser esencial para tener éxito en el caso. Cuando la parte reclamante ha dejado, en cualquier forma, de aducir los argumentos necesarios o de presentar las pruebas que sean esenciales a su caso, el Estado demandado puede alegar que los recursos locales no han sido agotados.

En el laudo dictado en el caso *Finnish Vessels* (1934), el árbitro Bagge declaró que: "Todos los alegatos sobre los hechos y los fundamentos de derecho presentados por el gobierno reclamante en el procedimiento internacional... deben haber sido investigados y decididos por los tribunales nacionales" (3 *RIAA,* 1479-1502; para una conclusión similar ver el caso *S.S. Lisman* (1937), 3 *RIAA,* 1769-1790; y *X vs. Belgium* (1960), ECHR *Yearbook,* Vol. II, pp. 222-232; *X vs. Fed. Rep. of Germany* (1960), *ibid.,* pp. 237240; *Hopfinger vs. Austria* (1960), *ibid.,* pp. 370-390).

Y en el laudo arbitral en el caso *Ambatielos,* se declaró que por haber dejado de presentar a un testigo esencial, el extranjero había dejado de agotar los recursos locales:

El reclamante debió haber aprovechado todas las facilidades procesales, tales como el presentar testigos, obtener documentación, etc., según dispone el sistema local. Es todo el sistema de protección legal, según dispone el derecho interno, el que debió someterse a prueba antes de que el Estado, como protector de sus nacionales, pudiera entablar una reclamación en el plano internacional. (Arbitraje en el caso *Ambatielos* (1956), 50 AJIL, pp. 677-678 (1956.)

Sin embargo, existe una limitación señalada por la Comisión Europea de Derechos Humanos en su decisión en el caso de *Austria vs. Italy* (1961), consistente en no hacer uso de ciertos medios procesales puede considerarse como constituyente de una carencia de extinción de los recursos locales sólo si el uso de dichos medios procesales era *esencial* para plantear el caso del reclamante ante los tribunales nacionales. (European Commission *Year-book*, Vol. IV, pp. 116-172).

Este severo dictamen del tribunal de arbitraje en el caso *Ambatielos*, ha sido confirmado por reiteradas opiniones de la Comisión Europea de Derechos Humanos. Sin embargo, sería prematuro afirmar que se ha admitido terminantemente el principio de que si se dicta un fallo contra un extranjero que, tal vez debido a consejos legales erróneos, ha dejado de ejercer los medios procesales necesarios, el Estado de su nacionalidad quedará absolutamente impedido de defender el caso, sin tener en cuenta las demás circunstancias. Es importante observar que el Instituto de Derecho Internacional se ha negado a dar su aprobación a esta regla, y que dejó este aspecto del asunto sobre la mesa para estudiarlo de nuevo *(Annuaire*, Vol. 46, 1956, pp. 302 y ss., 306-7).

9.38 Casos en que la regla, aun siendo pertinente, no es aplicable

Es axiomático afirmar que la regla de los recursos locales, aunque haya sido invocada en un caso de protección diplomática, no puede aplicarse si, de hecho, no existen recursos locales que agotar. Esa falta de recursos puede deberse a la inmunidad judicial del soberano de acuerdo con el derecho interno (reclamación *Rhodope Forest* (1933), 3 *RIAA*, 1406-1420), o a una disposición del derecho interno que prohíba los litigios contra el gobierno en el ámbito de los casos a que pertenece la reclamación del extranjero (Lapradelle et Politis, *op. cit.*, Vol. II, p. 594).

Se ha sugerido que la regla no es aplicable cuando el acto objeto de la queja consiste en medidas adoptadas por "el poder constituyente o legislativo o por los órganos ejecutivos de más alta jerarquía" (proposición de *Verzijl* hecha al Instituto de Derecho Internacional, *Annuaire*, Vol. 46, 1956, p. 266; cf. 3 *RIAA*, pp. 1406-1420); pero la cuestión decisiva no es la jerarquía del órgano que adopta la medida, sino la disponibilidad de recursos locales contra sus actos.

En el caso *Interhandel*, se adujo el argumento de que "la regla no es aplicable porque la medida fue adoptada... no por una autoridad subordinada sino por el gobierno". La Corte, al rechazar dicho argumento, atribuyó:

Importancia decisiva al hecho de que las leyes de Estados Unidos ponen a la disposición de las personas interesadas, que consideran que han sido privadas de sus derechos,... recursos adecuados para la defensa de sus derechos contra el ejecutivo. (ICJ Reports (1959), p. 27.)

En el caso *Panevezys-Saldutiskis Railway,* se afirmó que los tribunales del Estado demandado no tenían jurisdicción en relación con un acto de confiscación *jure imperii* del gobierno. La Corte Permanente de Justicia Internacional admitió que "no puede haber necesidad de comparecer ante los tribunales nacionales si éstos no tienen competencia para conferir la reparación", pero se negó a dar su dictamen en relación con este punto. La Corte declaró:

> La cuestión de saber si los tribunales lituanos son o no competentes para tomar en consideración un pleito determinado, depende del derecho lituano, y es materia sobre la cual sólo los tribunales lituanos pueden dictar una sentencia definitiva... Hasta que se haya probado claramente que éstos no tienen jurisdicción, la Corte no puede admitir el argumento de que la regla del agotamiento de los recursos locales no es aplicable. (Ser. A/B, Nº 76, p. 19.)

9.39 EXCEPCIONES A LA REGLA

Aun en el caso de que hayan recursos existentes y disponibles, es posible que la regla no sea aplicable. Éstas son las verdaderas excepciones a la regla.

De acuerdo con la jurisprudencia internacional, la regla no es aplicable cuando los recursos existentes son "obviamente inútiles" o "manifiestamente ineficaces".

Los recursos pueden resultar ineficaces debido a obstáculos propios del derecho o del procedimiento interno; de precedentes existentes que hubieran hecho necesario que los tribunales de apelación decidieran contra el reclamante; o debido a circunstancias de hecho, tales como la interferencia del gobierno en la función de los tribunales cuando esto afecta la administración práctica de la justicia.

I) *Obstáculos del derecho interno.* El primer motivo de ineficacia que ha sido admitido por la jurisprudencia arbitral es el que resulta del derecho interno mismo. Si en el ordenamiento jurídico del Estado demandado existen recursos utilizables por la parte reclamante pero, si de acuerdo con dichas reglas, esos recursos obviamente son incapaces de lograr una reparación, entonces se omite la obligación de agotar dichos recursos. Por ello, si no es posible que los tribunales superiores revoquen una decisión porque no tienen jurisdicción para revisar las conclusiones de hecho de un juzgado menor, entonces la apelación es "obviamente inútil" y los recursos locales se consideran agotados en el juzgado inferior (reclamación *Finnish Shipowners'* (1934), 3 *RIAA,* 1484-1535; compárese ECHR *Yearbook,* Vol. II, pp. 354-374).

Otro punto del derecho interno que evitaría la necesidad de agotar un recurso específico por ser obviamente ineficaz, es el hecho de que dicho recurso no pueda proporcionar una reparación adecuada o apropiada. Así, se ha declarado que no existe "obligación de recurrir ante un tribunal nacional que sólo tiene funciones investigativas y carece de jurisdicción para disponer una compensación" (3 *RIAA*, p. 1497; también Moore, *op. cit.*, pp. 3086 y ss. Comparar el laudo *Ambatielos*, 1956, 50 *AJIL*, p. 677 (1956); caso *Retimag* (1961), ECHR *Yearbook*, Vol. IV, pp. 384-400). La noción de recursos debe representar la reparación del mal inflingido y no sólo un ejercicio académico del procedimiento local.

Por otra parte, se exige que el reclamante haga uso del recurso que pueda concederle la reparación de una parte sustancial de su reclamación. En caso de dudas de si el recurso es eficaz o no, debe ser utilizado para "demostrar en forma evidente" —según indicó la Corte Permanente— que le falta eficacia (ver también European Commission of Human Rights, *Yearbook*, Vol. IV, p. 400).

La regla de los recursos locales no es aplicable cuando existe una ley nacional que determine la decisión de los tribunales contra el reclamante (reclamación *Rhodope Forest* (1933); 3 *RIAA*, 1406-1420), o cuando ha habido una serie de decisiones de los tribunales nacionales *(jurisprudence constante)* que dejarían la acción sin esperanza de éxito, a pesar de que las partes sean diferentes. La Corte Permanente de Justicias Internacional ha declarado que no es "necesario recurrir a los tribunales nacionales si los resultados han de ser la repetición de una decisión ya dada" (caso *Panevezys-Saldutiskis Railway*, PCIJ Ser. A/B, Nº 76, p. 18; comparar caso *S.S. Lisman* (1937), 3 *RIAA*, pp. 1769-1773; caso *S.S. Seguranca* (1939), 3 *RIAA*, 1863-1869; *X vs. Fed. Rep. of Germany* (1956), ECHR *Yearbook*, Vol. I, p. 138: *X vs. Fed. Rep. of Germany* (1958), *ibid.*, Vol. II, pp. 342-344; *X vs. Austria* (1960), *ibid.*, Vol. III, pp. 196-202).

II) *Ineficacia debida a circunstancias de hecho.* La ineficacia práctica de un recurso puede ser el resultado de algún defecto en la administración de justicia, tal como un completo sometimiento del poder judicial al gobierno del Estado (caso *Robert E. Brown* (1923), 6 *RIAA*, pp. 120-129; caso *Anglo Iranian Oil Co.*, voto disidente del juez Levi Carneiro (1952), ICJ Rep. 165; Moore, *op. cit.*, pp. 1655, 1657, 3076 y ss., 4902); o del hecho de que los tribunales hayan sido designados por los mismos legisladores que han aprobado la ley que anula los derechos privados bases de la reclamación *(Tinoco Arbitration*, I *RIAA*, pp. 375-387). No puede haber "obligación de agotar la justicia cuando no hay justicia que agotar".

Otra circunstancia de hecho pertinente consiste en una demora tan excesiva en la administración del recurso que éste resulta ineficaz *(Debenture Holders of San Marco Co.* (1931), 5 *RIAA*, 191-198; caso *Interhandel*, voto disidente del juez Armand-Ugo (1959), CJ Rep. 87; Administración del Príncipe del Pless (1933), PCIJ Ser. A/B, Nº 52, p. 16). La exención del requisito del agotamiento de los recursos locales cuando el recurso se mueve con demasiada lentitud es simplemente el reflejo del principio de que la justicia demorada es justicia denegada. No se puede establecer ningún límite de tiempo para determinar lo que es un recurso de excesiva lentitud o una demora irrazonable en la justicia, puesto que eso depende de las circunstancias del caso; entre las más importantes están: la importancia del asunto, la conducta del reclamante como litigante y las demoras usuales en el caso de reclamaciones similares establecidas por nacionales.

Con respecto a la carga de la prueba, el Estado que se opone a la reclamación invocando la regla de los recursos locales tiene que probar la existencia del recurso. Si el Estado reclamante contesta aduciendo que el recurso existente es ineficaz o inadecuado en las circunstancias del caso, dicho Estado tiene que probar la exactitud de su afirmación.

Por último, cuando el Estado ha adoptado medidas que impiden a una parte privada recurrir ante un órgano determinado, posteriormente no podrá señalar tal recurso amparándose en la regla de los recursos locales. En relación con esto, la Corte Permanente ha declarado en el caso *Chorzow Factory* (Reclamación de Indemnización):

> Una de las partes no puede aprovecharse del hecho de que la otra no ha ...podido recurrir a algún medio de reparación, si aquella parte, debido a algún acto ilegal, ha impedido a la otra... el poder recurrir al tribunal ante el cual hubiera podido acudir. (Ser. A, N⁰ 9, p. 31.)

9.40 CLÁUSULA CALVO: DISCUSIÓN DOCTRINAL SOBRE VALIDEZ DE LA CLÁUSULA

La Cláusula Calvo es una estipulación pactada en un contrato entre un extranjero y un gobierno, de acuerdo con la cual el extranjero conviene en no acudir al gobierno de su nacionalidad para que lo proteja en relación con cualquier conflicto que surja del contrato. La cláusula ha adoptado diferentes formas, pero generalmente dispone que "las dudas y controversias que puedan surgir debido a este contrato serán resueltas por los tribunales competentes del Estado, de conformidad con su derecho, y no darán lugar a ninguna intervención diplomática o reclamación internacional".

El argumento principal contra la validez de esta estipulación es que un particular "no puede renunciar el derecho o privilegio de su gobierno de proteger a sus ciudadanos en el extranjero y hacer que la dignidad del Estado no sufra lesión alguna debido a la violencia practicada contra su nacional" (Root en Hackworth, *Digest,* Vol. V, p. 636).

La respuesta a esta objeción es que lo que renuncia el extranjero no es al derecho de protección diplomática poseída por el Estado de su nacionalidad, sino a su propia facultad para pedir el ejercicio de dicho derecho en su favor.

Normalmente, la presentación de una reclamación se efectúa solamente a petición de un individuo o de una sociedad que se queja del daño. Es difícil admitir que dicha protección se otorgue o pueda ser otorgada cuando existe un acuerdo libremente celebrado para no solicitar tal protección al Estado del nacional.

Si al individuo se le exige que agote los recursos locales, debe gozar de cierta discreción en el manejo de su caso ante los órganos nacionales. Dicha discreción puede, a veces, requerir alguna transacción o arreglo convenido de la reclamación. En tal caso, es práctica normal exigir que el reclamante renuncie a toda reclamación adicional. En un laudo arbitral se ha declarado que si un extranjero, de acuerdo con tal arreglo, conviene en renunciar a toda reclamación posterior, el Estado de su nacionalidad queda impedido para establecer una reclamación en su favor (reclamación *Tattler* (1920), *(U. S. vs. U. K.)*, 6 *RIAA*, p. 48). Naturalmente, si la reclamación es compuesta, el Estado puede todavía presentar una reclamación por lesiones directas a él mismo, causadas por el mismo acto.

9.41 La Cláusula Calvo en la Jurisprudencia Arbitral. Principales Casos

No obstante la discusión doctrinal inconclusa, no se puede negar que los laudos arbitrales han sostenido constantemente la validez de la Cláusula Calvo. Parece que cuando la discusión teórica de las máximas jurídicas queda sustituida por confrontación con los casos reales, los tribunales arbitrales han encontrado que es imposible admitir las reclamaciones cuando el particular interesado ha convenido voluntariamente —por contrato con el gobierno demandado, y en consideración a las concesiones recibidas o los derechos contractuales conferidos— en no someter al procedimiento de las reclamaciones internacionales ningún problema o controversia que surja del contrato o de la concesión. Esta tendencia que existe en la jurisprudencia internacional ya podía vislumbrarse en los laudos del siglo XIX (Moore, *op. cit.*, pp. 3122, 3548, 3564), y en los del comienzo de este siglo (Ralston, *op. cit.*, pp. 62-65, 67 y 69; sin embargo, véase Ralston, *op. cit.*, pp. 63-4 y 66); pero encontró una formulación más detallada y precisa en las decisiones de la Comisión de Reclamaciones Mexicana, mientras que los argumentos contrarios a la validez de la cláusula quedaron relegados a los vigorosos disentimientos de los comisionados británco y norteamericano (Moore, *op. cit.*, p. 3566; caso *International Fisheries* (1931), 4 *RIAA*, 703-46; caso *Mexican Union Railway* (1930), 5 *RIAA*, 115 en 123-9; caso *Interoceanic Railway* (1931), 5 *RIAA*, 178, en 187-90).

El caso principal en la materia lo constituye la decisión unánime de la Comisión Mexicano-Estadounidense, redactada por el profesor Van Vollenhoven, en la reclamación *North American Dredging Co.* (1926) (4 *RIAA*, 26).

I) *Limitaciones al alcance de la Cláusula establecidas por este laudo arbitral.* Uno de los méritos de este laudo —y que explica la autoridad que ha llegado a tener— consiste en las limitaciones precisas que estableció en cuanto al alcance de la validez de la Cláusula Calvo. La Comisión sostuvo que la renuncia se aplica sólo a "cualquier materia relacionada con el contrato", Por tanto:

Esta disposición no privó al reclamante de su indiscutible derecho para solicitar protección de su propio gobierno, si su actuación ante los tribunales mexicanos, o ante otras autoridades a su disposición, tuvo como resultado una denegación o una demora de la justicia... En dicho caso, la queja del reclamante no sería porque su contrato fue violado sino porque se le había denegado la justicia... (4 *RIAA*, 30; ver también caso *International Fisheries*, 4 *RIAA*, 695).

II) *Autoridad del caso principal*. En sus respuestas a la Conferencia de Codificación, varios gobiernos —especialmente el del Reino Unido— declararon su aceptación de esta decisión "como un buen derecho" *(Bases of Discussion*, Vol. III, pp. 134-5. *Basis of Discussion* Nº 26 (2) da forma normativa a este caso). Esa aceptación influyó en los laudos de la Comisión de Reclamaciones de Gran Bretaña-México, la cual siguió el precedente sentado por *North American Dredging Co.* (caso *Mexican Union Railway* (1930), 5 *RIAA*, 115-121; caso *Interoceanic Railway* (1931), 5 *RIAA*, 178). En un caso se admitió la reclamación porque la compañía había sufrido una demora en la justicia equivalente a su denegación (5 *RIAA*, p. 191).

La crítica doctrinal de esta jurisprudencia arbitral se basa generalmente en una errónea interpretación de estos pronunciamientos, que quiere inferir que la Cláusula Calvo es simplemente una nueva forma superflua de declaración de la regla de los recursos locales (Feller, *op. cit.*, pp. 188 y 192; Lipstein, "The Pace of the Calvo Clause in International Law", 23 *BYIL*, p. 141 (1945); Freeman, *op. cit.*, p. 181; Briggs, *op. cit.*, pp. 648-9; Ross, *Textbook*, p. 265).

Una interpretación de esa índole no está de acuerdo con los hechos. Si esto hubiera sido así, la Comisión no habría desestimado los casos, puesto que la regla de los recursos locales se renunció expresamente por los tratados que establecieron las Comisiones de Reclamaciones Mexicanas.

9.42 Excepciones a la cláusula y forma de la renuncia

La renuncia no es válida si el gobierno demandado ha declarado el contrato nulo y sin validez (Moore, *op. cit.*, pp. 1643 y 1865; Ralston, *op. cit.*, p. 59); o si ha suprimido el tribunal arbitral dispuesto en él (Moore, *op. cit.*, p. 2318); o si se encuentra violando el contrato en cualquier forma (Ralston, *op. cit.*, p. 65). Esto es consecuencia del principio jurídico según el cual una parte no puede aprovecharse de una cláusula en un contrato cuando, a su vez, se encuentra infrigiéndolo o negando su validez legal. El principio no es aplicable si el contrato se ha rescindido por el Estado demandado de conformidad con las estipulaciones contractuales (caso *International Fisheries* (1931), 4 *RIAA*, 691, en pp. 698 y ss.).

Para que la renuncia tenga validez, también es necesario que sea explícita y se haga en términos inequívocos (caso *MacNeill* (1931), 5 *RIAA*, 135 en 137-8), y que se encuentre expresada en un acuerdo celebrado por el mismo gobierno central y no por un municipio u otra corporación pública (5 *RIAA*, p. 135 en 138). Por último, debe estar establecida en una estipulación contractual expresa y no en una norma contenida en una constitución, ley o decreto, que el reclamante no ha aprobado expresamente (caso *North American Dredging Co.* (1926), 4 *RIAA,* 26 en 33, *obiter dictum;* véase, sin embargo, Feller, *op. cit.,* pp. 197-8).

SECCIÓN VIII. INSTITUCIONES INTERNACIONALES Y LOS PRINCIPIOS DE LAS RESPONSABILIDADES INTERNACIONALES

9.43 Evolución del concepto de responsabilidad de las instituciones internacionales

El continuo aumento en el ámbito de las actividades de las instituciones internacionales ha originado una nueva dimensión al problema de su responsabilidad. El acuerdo entre Indonesia y los Países Bajos respecto a Nueva Guinea Occidental (Irán Occidental), del cual tomó nota la Asamblea General de las Naciones Unidas en 1961, mientras autorizaba al Secretario General para llevar a cabo las funciones administrativas que se le asignaban de acuerdo con dicho convenio, dio a la organización mundial su primera oportunidad práctica de administrar un territorio con las consecuencias jurídicas pertinentes, comparable a la responsabilidad de un Estado en cuanto a su territorio. En distintos campos hay instituciones internacionales que operan de tal manera que pueden originar problemas de responsabilidad por daños causados a los Estados o a los individuos. Como ejemplo interesante, se puede señalar lo siguiente:

Una conferencia internacional reunida en Viena durante abril y mayo de 1963 preparó una Convención sobre Responsabilidad Civil por Daño Nuclear, y adoptó una resolución que recomienda:

Que el Organismo Internacional de Energía Atómica cree un Comité Permanente compuesto por representantes de los gobiernos de quince Estados con las siguientes tareas... (c) estudiar cualesquiera problemas que surjan en relación con la aplicación de la Convención a una Instalación Nuclear operada por o bajo los auspicios de una organización intergubernamental, especialmente respecto al Estado Instalador según éste se define en el artículo I de la Convención.

Es necesario en primer lugar distinguir entre la responsabilidad de una organización internacional en el derecho interno y su responsabilidad en el derecho internacional. En ambos casos las responsabilidades queda limitada al reconocimiento de la personalidad jurídica de la institución internacional, y se deriva de ésta.

La personalidad jurídica de una institución internacional en el derecho interno depende de la condición que le reconozca la legislación interna, de acuerdo, ya sea con su instrumento constitutivo (artículo 104 de la Carta), o con los términos de un acuerdo con los Estados interesados (los convenios con respecto a la Sede). En todos los casos, la condición de una institución internacional, como demandante o demandada en reclamaciones hechas al amparo del derecho interno, dependerá de su cumplimiento de las disposiciones de aquella ley que le otorgó la personalidad. (En cuanto a problemas de derecho internacional privado y para la determinación del derecho aplicable a estos casos, véase Jenks, *The Proper Law of International Organizations*, pp. 211-24.)

Más importante es, sin embargo, la condición de las organizaciones internacionales, como reclamantes o como demandadas en controversias sobre responsabilidad establecidas al amparo del derecho internacional. Aquí también la noción de responsabilidad depende del reconocimiento de la personalidad jurídica internacional de la institución en cuestión.

Hasta el punto en que una institución internacional es una persona jurídica internacional, bien por virtud del derecho internacional general (véase la Opinión Consultiva de 11 de abril de 1959, *Reparations for Injuries Suffered in the Service of the United Nations* (1949) ICJ Rep. 174), o bien por razón de disposiciones contenidas en los tratados, existe una presunción general de que los principios relacionados con la responsabilidad internacional en las relaciones entre los Estados se le aplican *mutatis mutandi,* aunque ciertas modificaciones sean una consecuencia necesaria del carácter inherente a tales instituciones.

A fin de examinar hasta qué punto estos principios generales son aplicables o deben modificarse, es necesario distinguir entre las reclamaciones basadas en el daño directo y las basadas en el daño indirecto.

En casos de responsabilidad internacional surgida por el daño directo, los principios generales se aplican tanto a los casos en los cuales la institución es la reclamante como en aquellos en que es demandada. Pero en casos de responsabilidad internacional derivada del daño indirecto, es necesario diferenciar entre el caso en el cual la organización es la demandada y aquellos en los cuales es demandante. En el primer caso, el Estado siempre puede dispensar la protección diplomática de su nacional lesionado *vis-à-vis* la institución.

Es cierto que en esta hipótesis no hay lugar para que el individuo agote los recursos locales, que pueden no existir en las organizaciones internacionales. Sin embargo, esta afirmación no cobija los casos de los empleados civiles internacionales, quienes se encuentran sujetos a reglas especiales —consideradas por algunos autores como el derecho interno o doméstico de las instituciones internacionales— y tienen acceso a los tribunales administrativos internacionales.

En el caso en que la institución actúa como reclamante, surge la cuestión de la protección funcional. Aquí, la Corte Internacional de Justicia, en su Opinión Consultiva ya citada, reconoció esta facultad de las Naciones Unidas como un poder implícito necesario para el cumplimiento eficaz de sus funciones. Esto se basó en consideraciones que pueden no ser siempre aplicables a otras instituciones. En este caso, la Corte reconoció las dificultades jurídicas surgidas de la existencia de una doble protección (la del Estado y la de la institución) ; sin embargo, no sugirió los medios para su solución.

9.44 CAPACIDAD DE LAS INSTITUCIONES INTERNACIONALES PARA PROHIJAR RECLAMACIONES INTERNACIONALES; CAPACIDAD PROCESAL; PROTECCIÓN FUNCIONAL

En su Opinión Consultiva, referente a *Reparaciones por Daño,* la Corte Internacional de Justicia concluyó unánimemente que las Naciones Unidas poseían una personalidad internacional que les permitía establecer reclamaciones internacionales contra los Estados miembros y contra los Estados no miembros, y que dichas reclamaciones podían versar sobre daños directos a la Organización, es decir, "daño causado a los intereses de la Organización misma, a su maquinaria administrativa, a sus bienes y activos, y a los intereses de los cuales es guardián".

Sin embargo, los jueces de la Corte discreparon con respecto "a la capacidad de las Naciones Unidas como Organización" para establecer una reclamación internacional por daño indirecto, es decir, para presentar la reclamación por daños por los perjuicios causados a sus agentes o a personas cobijadas por ella. La opinión de la mayoría empezó diciendo que la regla de la protección diplomática no excluía ni justificaba, por sí misma, la regla de la protección funcional, y que:

> No era posible, mediante el uso forzado del concepto de la lealtad, asimilar el lazo jurídico que existía por el artículo 100 de la Carta, entre la Organización, de una parte, y el Secretario General y el personal, de la otra, al vínculo de la nacionalidad que existe entre un Estado y sus nacionales. ((1949) ICJ Rep. 182.)

Entonces, en vista del silencio de la Carta, procedió a examinar la aplicabilidad del criterio de los poderes implícitos al problema que estaba en consideración:

> De acuerdo con el derecho internacional, debe considerarse que la Organización tiene aquellos poderes que, aunque no dispuestos expresamente en la Carta, se le han conferido por implicación necesaria por ser esenciales al cumplimiento de sus deberes... *(Ibid.)*

Para que el agente pueda cumplir sus deberes satisfactoriamente, debe sentir que la Organización le asegura protección y que puede contar con ella. Para garantizar la independencia del agente y, en consecuencia, la acción independiente de la Organización misma, es esencial que al dar cumplimiento a sus deberes no tenga que confiar en más protección que la de la Organización... Especialmente, no debe tener que confiar en la protección de su propio Estado. Si tuviera que confiar en ese Estado, su independencia podría estar comprometida, en contra del principio aplicado por el artículo 200 de la Carta... Es esencial que, ya pertenezca el agente a un Estado poderoso o a uno débil; a uno más o menos afectado por las complicaciones de la vida internacional; a uno que simpatiza o no con la misión del agente —debe saber que en el cumplimiento de sus deberes se encuentra bajo la protección de la Organización—. Esta seguridad es aún más necesaria cuando el agente es un apátrida. *(Ibid.* 183-4.)

. . . .

Al examinar el carácter y las funciones encomendadas a la Organización y la índole de las misiones de sus agentes, es evidente que la capacidad de la Organización para ejercer una medida de protección funcional a sus agentes surge de la Carta por una necesaria interpretación de su espíritu. *(Ibid.)*

. . . .

Al reclamar una reparación basada en el daño sufrido por su agente, la Organización no representa al agente, sino que está afirmando su propio derecho, el derecho de asegurar el respeto para los compromisos celebrados con la Organización. *(Ibid.)*

. . . .

Los jueces disidentes se opusieron a dicha interpretación por diferentes motivos:

1. Que

el ejercicio de un poder extraordinario adicional en el campo de las reclamaciones privadas no se ha demostrado ser necesario para el cumplimiento eficiente del deber por la Organización o sus agentes. (Hackworth, *ibid.* 198.)

2. Que

el lazo entre la Organización y sus empleados no tienen el efecto de expatriar al empleado o de sustituir la lealtad a su Estado por la de la Organización. *(Ibid.* 201.)

3. Que

la nacionalidad es un *sine qua non* al planteamiento de una reclamación diplomática en nombre de un reclamante privado. *(Ibid.)*

y 4. Que

a juicio de la Corte, afirmar que la Organización tiene el derecho de proporcionar protección internacional a sus agentes como un derecho ya existente, sería introducir una regla nueva en el derecho internacional —y lo que es más— una regla que sería concurrente con la de la protección diplomática que pertenece a todo Estado *vis-á-vis* sus nacionales. (Krylov, *ibid.* 207.)

El reconocimiento del derecho a la protección funcional presenta varios problemas que no resolvió la Opinión Consultiva. Un problema es el de la conciliación entre el derecho de protección diplomática del Estado y el derecho de la Organización a la protección funcional. La opinión de la mayoría, después de reconocer la posibilidad de dicho conflicto, declaró que "no existe regla de derecho alguna que dé prioridad a uno en relación con el otro, o que obligue al Estado o a la Organización a abstenerse de establecer una reclamación internacional", y que "no ve motivo alguno por el cual las partes interesadas no deban buscar soluciones inspiradas en la buena voluntad y en el sentido común".

Otro problema que surge del reconocimiento del derecho a la protección funcional es el referente a la facultad de la Organización para escoger un procedimiento arbitral o judicial para el ejercicio de la protección funcional. No existe el problema siempre que haya una cláusula arbitral que contemple la situación, tales como las incluidas en los Convenios sobre la Sede con respecto a los privilegios e inmunidades de la Organización. Sólo cuando falta dicha cláusula se manifiesta el problema. En tal caso, sin embargo, se produce una paradoja en vista del artículo 34, párrafo 1, del Estatuto de la Corte Internacional de Justicia, que consagra que "solamente los Estados pueden ser parte en los casos ante la Corte". De acuerdo con esta disposición, las instituciones internacionales, incluso las Naciones Unidas —de la cual la Corte es "el órgano judicial principal"—, se encuentran impedidas de comparecer ante ella como partes, aun cuando se encuentren en una situación legal similar a la de los Estados, como ocurre cuando son reclamantes por daño directo o indirecto contra otro Estado. Originalmente, el propósito de este artículo fue el impedir que los individuos plantearan reclamaciones contra los Estados ante la Corte Permanente de Justicia Internacional. Sin embargo:

> Cuando se hizo una proposición al Comité de Juristas de 1929 a fin de que se modificara el artículo 34 para disponer que la Liga de las Naciones pudiera ser parte ante la Corte, el Presidente Anzilotti expresó el criterio de que el texto del artículo 34 no "prejuzgaba la cuestión de si una asociación de Estados podía, en ciertas circunstancias, comparecer ante la Corte; y que "si la Liga tuviera una personalidad colectiva en el derecho internacional, el artículo 34 no la excluiría de comparecer ante la Corte. (Hudson, *The Permanent Court of International Justice, 1920-1942,* p. 186.)

El cumplimiento de la condición señalada por Anzilotti —es decir, la posesión de la personalidad jurídica internacional por la institución internacional— ha sido reconocido inequívocamente por la Opinión Consultiva que hemos citado anteriormente. Algunos autores llegan a extremos como el de aseverar que el artículo 34, párrafo 1, del Estatuto no impide a las Naciones Unidas comparecer como parte ante la Corte, puesto que ella puede asimilarse a los Estados, para ese propósito, en dicha situación. Otros, sin ir tan lejos, abogan por la modificación del Estatuto en tal sentido.

Los límites de la protección funcional no han sido aún definidos con precisión. La Opinión Consultiva contempló el caso de las Naciones Unidas y fundó su reconocimiento de la capacidad de esta Organización para ejercer la protección funcional, en parte, por su carácter universal y por el alcance general de sus atividades. Aun en el caso de las Naciones Unidas, ha dejado algunas de las preguntas sin respuesta. Las condiciones y los límites del reconocimiento de la misma capacidad a otras organizaciones internacionales todavía tiene que determinarse.

Existen otras situaciones, aparte de los casos de existencia de un vínculo funcional, en las cuales es concebible que una institución internacional ejerza una función similar a la ejercida por los Estados mediante la protección diplomática de sus ciudadanos. Éste puede ser el caso relacionado con la población de un territorio puesto bajo administración internacional; por ejemplo, en el plan propuesto para Trieste, que no llegó a efectuarse; en el caso del Irián Occidental durante el período de transición, etc. Hasta cierto punto, éste también es el caso de la protección internacional prestada a los refugiados por los organismos internacionales (véase Weiss, "The International Protection of Refugees", 48 *AJIL*, p. 198 (1954)).

BIBLIOGRAFÍA

I Y II, Y TRABAJOS GENERALES SOBRE RESPONSABILIDAD DEL ESTADO

Ago, R.: "Le Délit international", 68 *HR*, 419 (1939).

Anzilotti, D.: *Teoria generale della Responsabilità dello Stato nel Diritto Internazionale*, Vol. I, Florencia, Lumachi, 1902.

—.: "La responsabilité internationale des États à raison des dommages soufferts par des étrangers", 13 *RGDIP*, 5 (1906).

Bourquin, M.: "Règles générales du droit de la paix", 35 *HR*, 263 a 564 (1931).

Cohn, G.: "La Théorie de la responsabilité internationale", 68 *HR*, 209 (1939).

Cheng. B.: *General Principles of Law, as Applied by International Courts and Tribunals*, Londres, Stevens, 1953.

García Amador, F.V.: *Principios de derecho Internacional que rigen la responsabilidad*, Madrid, Escuela de Funcionarios Internacionales, 1963.

Levy, D.: "La Responsabilité pour Omission et la Responsabilité pour risque en droit international public", 65 *RGDIP*, 744 (1961).

Podestà Costa, L.A.: "La Responsabilidad Internacional del Estado", *Cursos Monográficos de la Academia Interamericana de Derecho Comparado e Internacional*, Vol. II, La Habana, Editorial Lex, 1952.

Ripert, G.: "Les Règles du droit civil applicables aux rapports internationaux", 44 *HR*, 569 (1933). (Para el capítulo sobre responsabilidad del estado, ver p. 608).

Starke, J.G.: "Imputability in International Deliquencies", 19 *BYIL*, 104 (1938).

Strupp, K.: "Les Règles générales du droit de la paix", 47 *HR*, 263 (1934). (Para el capítulo sobre responsabilidad del Estado, ver p. 557).

Visscher, C. de: "La Responsabilité des États", 2 *Bibliotheca Visseriana*, Lvkdvni Batavorvm, E.J. Brill, 1924.

III. Responsabilidad del Estado con respecto a los órganos administrativos, legislativos, judiciales y otros órganos estatales

Borchard, E.M.: *The Diplomatic Protection of Citizens Abroad, or the Law of International Claims*, Nueva York, Banks Law Publ., 1927.
—.: "Responsability of States at the Hague Codification Conference", 24 *AJIL*, 517 (1930).
Eagleton, C.: *The Responsability of States in International Law*, Nueva York, Univ. Press, 1928.
—.: "Denial of Justice in International Law", 22 *AJIL*, 538 (1928).
Eusthathiades, C.Th.: *La Responsabilité international de l'État pour les actes des organes judiciaires et le problème du déni de justicie en droit international*, París, Pedome, 1936.
Fitzmaurice, G.G.: "The Meaning of the Term 'Denial of Justice'", 13 *BYIL*, 93 (1932).
Freeman, A.V.: *The International Responsability of States for Denial of Justice*, Londres, Longmans, Green, 1939.
Harvard Research in International Law: *The Law of Responsability of States for Damage Done in their Territory to the Person or Property of Foreigners*, Tentative Draft Nº 2, Cambridge, Mass., Harvard Law School, 1929.
Hyde, C.C.: *International Law, Chiefly as Interpreted and Applied by the United States*, Vol. II, 2ª ed. (rev.), pp. 882-998, Boston, Little, Brown, 1951.
Meron, T.: "International Responsability of States for Unauthorized Acts of their Officials", 33 *BYIL*, 85 (1957).
Morris, R.C.: *United States and Venezuelan Commission, 1903*, Informe del agente de E.U.A., Washington, D.C., GPO, 1904.
Raltson, J.H.: *The Law and Procedure of International Tribunals*, ed. rev., Stanford, Univ. Press, 1926.
Spiegel, H.: "Origin and Development of Denial of Justice", 32 *AJIL*, 63 (1938).
Visscher, C. de: "Le Déni de Justice en droit international", 52 *HR*, 369 (1935).

IV. Responsabilidad del Estado ocasionada por actos de personas privadas

Brierly, J.L. "The Theory of Implied State Complicity in International Claims", 9 *BYIL*, 42 (1928).
Monaco, R.: "La Responsabilità Internazionale dello Stato per Fatti degli Individui", 18 *Rivista de Diritto Internazionale*, 3 (1939).
Podestà Costa, L.A.: *La responsabilidad del Estado por daños irrogados a la persona o a los bienes de extranjeros en luchas civiles*, Buenos Aires, Impresora Gadola, 1922.
Strisower, L.: "Rapport sur la responsabilité internationale des États à raison des dommages causés sur leur territoire à la personne ou aux biens des étrangers", 33 (I) *Annuaire*, 455 (1927).

V. Naturaleza y alcance de las reparaciones por violación de una obligación internacional

Whiteman, M.: *Damages in International Law*, 3 Vols. Washington, D. C., GPO, 1937.

VI. Reclamación de los Estados por la violación de derechos de sus nacionales

Ago, R.: "Case Concerning the Barcelona Traction, Light and Power Co., Ltd. (Bélgica y España)", *Preliminary Objections, Pleadings*, 1964. Aún no publicado.

Comité Jurídico Interamericano: *Contribución del Continente Americano a los Principios del Derecho Internacional que Rigen la Responsabilidad del Estado*, Río de Janeiro, 1961.

Feller, A. H.: *The Mexican Claims Commissions, 1923-1934*, Nueva York, Macmillan, 1935.

Foigel, I.: *Nationalization; A Study in the Protection of the Alien Property in International Law*, Copenhague, Nyt Nordisk Forlag Arnold Busck, 1957.

Hurst, Sir C.J.B.: "Nationality of Claims", 7 *BYIL*, 163 (1926).

Jones, J. M.: "Claims on Behalf of Nationals who are Shareholders in Foreign Companies", 26 *BYIL*, 225 (1949).

Roy, S.N.: "Is the Law of Responsibility of States for Injuries to Aliens a Part of Universal International Law?", 55 *AJIL*, 863 (1961).

Sohn, L.B.; y Baxter R.R.: *Draft Convention on International Responsability of States for Injuries to Aliens*, Proyecto Nº 12 con notas explicativas, Cambridge, Mass.: Harvard Law School, 1961.

Visscher, P. De: "La Protection diplomatique des personnes morales", 102 *HR*, 395 (1961).

VII. Agotamiento de los locales y la Cláusula Calvo

Amerashinghe, C. F.: "The Exhaustion of Procedural Remedies in the Same Court", 12 *ICLQ*, 1285 (1963).

Mummery, D. R.: "The Content of the Duty to Exhaust Local Judicial Remedies", 58 *AJIL*, 389 (1964).

Sepúlveda, C.: *La responsabilidad internacional del Estado y la validad de la Cláusula Calvo*, México, Facultad de Derecho, UNAM, 1944.

Shea, D.R.: *The Calvo Clause, a Problem of Inter-American and International Law and Diplomacy*, Minneapolis, Univ. of Minnesota Press, 1955.

VIII. Instituciones internacionales y el principio de la responsabilidad internacional

Crosswell, C. M.: *Protection of International Personnel Abroad*, Nueva York, Oceana, 1952.

Eagleton, C.: "International Organization and the Law of Responsability", 76 *HR*, 323 (1950).

García Amador, F.V.: "State Responsibility: Some New Problems", 94 *HR*, 369 (1958).

Jenks, C.W.: "The Status of International Organizations in Relation to the International Court of Justice", 32 *Grotius Society Transactions, I* (1946).

—.: *The Proper Law of International Organizations*, Londres: Stevens, 1962.

Ritter, J.P. "La Protection diplomatique à l'égard d'une organisation internationale" 8 *Annuaire Français*, 427 (1962).

Wright, Q.: "Responsibility for Injuries to United Nations Officials", 43 *AJIL*, 95 (1949).

10. COOPERACIÓN INTERNACIONAL INSTITUCIONALIZADA EN LOS CAMPOS ECONÓMICO, SOCIAL Y CULTURAL

CONTENIDO

10.01   La cooperación institucionalizada contrapuesta a la cooperación bilateral

La cooperación entre los Estados con el propósito de ampliar sus intereses económicos es tan antigua como el mismo derecho internacional. Hasta hace poco, era rasgo característico de esta cooperación el hecho de que su base legal debía buscarse principalmente en los acuerdos bipartitos entre los Estados. Los típicos tratados de comercio establecían las condiciones por las cuales los nacionales de una parte contratante podían establecerse en el territorio de la otra con propósitos comerciales. También contenían disposiciones más generales, concernientes a materias tales como la condición legal de que recíprocamente gozarían los súbditos de ambas partes el acceso a los tribunales, la protección de la propiedad privada, etcétera. Los tratados entre Estados marítimos también solían definir las condiciones de la navegación, los embarques y el uso de los puertos. Una cláusula muy generalizada era la llamada "cláusula de la nación más favorecida" (ver 8.13).

En las relaciones internacionales contemporáneas tales tratados juegan todavía un papel importante. No obstante, el desarrollo de las instituciones económicas nacionales y el creciente control del gobierno sobre el comercio y la industria han creado en muchos países la necesidad de nuevos tipos de acuerdos bipartitos, que determinen el volumen y la naturaleza del comercio de los artículos de consumo y de las mercancías, así como también las condiciones y formas de pago establecidas entre los países. En muchos de éstos, las crecientes cargas impositivas han creado la necesidad de suscribir acuerdos para evitar la doble tributación, y tales acuerdos han sido firmados entre pares por numerosos países. Existen también varios acuerdos, especialmente entre países vecinos, referentes a los beneficios sociales para los trabajadores inmigrantes.

Estos tratados, y otros relativos a materias económicas y sociales, entrelazan recíprocamente a los Estados partes con estrechos vínculos de derechos y obligaciones internacionales. Es un principio esencial de este sistema el que las reglas se crean y desarrollan como resultado de negociaciones bipartitas entre los gobiernos, sin ninguna coordinación o dirección por parte de los órganos centralizados de la comunidad internacional.

Ha habido una ampliación de la base legal en virtud de la conclusión de ciertos tratados multipartitos, que incluyen cláusulas de nación más favorecida y otros elementos tradicionales, y que se aplican a ciertos territorios o regiones. No obstante, no se han concertado tratados de este tipo en cantidad suficiente como para marcar una nueva etapa en el desarrollo de las relaciones internacionales en el campo económico y social.

Más importante, como suplemento del proceso descentralizado de regulación de las relaciones internacionales, ha sido el desarrollo de instituciones centralizadas. Un modesto comienzo se realizó hacia fines del siglo XIX. El desarrollo adquirió impulso entre las dos guerras mundiales y alcanzó considerables proporciones durante el periodo posterior a 1945. Las características esenciales han sido descritas y analizadas en 2.02-2.04. Aquí bastará recordar las siguientes:

1º Los instrumentos legales se negocian y se redactan en forma de convenciones generales sobre una base universal o regional. Las obligaciones que los Estados contratantes convienen recíprocamente asumen, de esta manera, la función de normas legales de carácter general.

2º Se establecen órganos o instituciones permanentes para desempeñar las funciones definidas por las convenciones básicas. De aquí el término de "cooperación institucionalizada". El modelo orgánico aparece muy diversificado, pues se adapta a las necesidades prácticas y a las exigencias políticas peculiares de cada caso. En términos generales, puede hacerse una distinción entre dos grupos de órganos. El primero comprende aquellos constituidos por representantes gubernamentales que actúan bajo instrucciones de los gobiernos nacionales respectivos, y que toman las decisiones por medio de un procedimiento de votación establecido. Dentro de cada organización hay, por lo general, un órgano en el cual están representados todos los Estados miembros. Además, puede haber otros órganos constituidos sobre bases más limitadas. Al segundo grupo de órganos pertenecen aquellos formados por individuos independientes que deben lealtad a la institución como tal y que no están sometidos a las instrucciones de ningún gobierno, aunque puede ser que, en algunos casos, queden sujetos a las instrucciones de otro órgano internacional integrado por representantes gubernamentales.

Las funciones y los poderes legales atribuidos a estos órganos presentan aún mayor variedad que las estructuras de la organización. "Una función primordial es la de coordinar las políticas nacionales y las decisiones en los campos respectivos, a través de medios legales, que varían desde las discusiones organizadas y los intercambios de información entre los administradores nacionales competentes, la adopción de recomendaciones y la negociación de convenciones, hasta las decisiones que obligan condicional o incondicionalmente a los Estados miembros, e incluso en algunos casos se llega hasta la decisión que obliga de manera inmediata a individuos de los Estados miembros (los llamados poderes "supranacionales"). En el ejercicio de estas funciones, los órganos en cuestión suplementan las normas básicas de conducta aceptadas por los Estados miembros como parte de los instrumentos constitutivos. Se agregan reglas, o se modifican y se adaptan las ya existentes a las condiciones cambiantes. El que las decisiones sean o no legalmente obligatorias, es función que corresponde decidir al poder legislativo en el sistema constitucional nacional. La naturaleza de las otras decisiones puede corresponder a la aplicación específica de normas básicas establecidas en un instrumento constitutivo, y pertenecer, por ello, a la función ejecutiva.

Según las disposiciones de varios instrumentos constitutivos, también corresponde a la competencia de los órganos internacionales examinar las reclamaciones contra los Estados miembros o supervisar el cumplimiento de las obligaciones, por parte de ellos, en el respectivo campo. Los procedimientos varían, y los poderes de los órganos competentes pueden comprender desde la simple expresión de una opinión sobre la correcta interpretación de una disposición controvertida, o la recomendación de un acuerdo, hasta la formulación de una decisión obligatoria sobre una cuestión en disputa. Esta atribución tiene elementos comunes, en los sistemas jurídicos nacionales, tanto con la función ejecutiva como con la judicial.

Finalmente, a una serie de órganos internacionales les han sido confiadas funciones operacionales, tales como proveer de asistencia material, de asesoría técnica o de otros servicios a los Estados miembros o a los particulares. En la mayoría de los casos, estas actividades operacionales son adicionales a otras funciones, pero en otros constituyen el único fin para el cual se establece la institución. No obstante, debe mencionares a este respecto que tales funciones operacionales se confieren algunas veces a las corporaciones públicas internacionales que no son instituciones internacionales en el exacto sentido de la palabra.

Como ya se expresó, este capítulo no trata especialmente sobre la estructura interna de las diversas instituciones. Su propósito principal es examinar los derechos sustantivos y los deberes emergentes de la condición de miembro; los aspectos orgánicos se considerarán sólo en cuanto sean relevantes para una adecuada comprensión de la naturaleza de tales derechos y obligaciones. Por otra parte, los derechos sustantivos y las obligaciones derivadas de las constituciones y de las regulaciones de las instituciones internacionales son muy detallados y precisos. No es propósito de este capítulo —ni sería posible dentro de su extensión— describir en detalle este conjunto de reglas sustantivas. Se impone una selección, y se dará preferencia a aquellas que marquen etapas importantes en el desarrollo del sistema jurídico internacional, o que de otra manera constituyan aspectos esenciales en las relaciones jurídicas entre los Estados del mundo contemporáneo.

A este respecto, debe señalarse un importante fenómeno. La mayoría de estas reglas tienen una relación directa con los sistemas legales de los Estados miembros. La relación es doble.

En primer término, muchas de las reglas se destinan a producir efectos inmediatos en el derecho interno, especialmente a regular las relaciones entre un Estado y los individuos. En muchos aspectos las instituciones internacionales son promotoras de reformas sociales y económicas, y la legislación de muchos países lleva el sello de las medidas dictadas por los organismos internacionales. Las instituciones internacionales son un factor importante de integración, como promotoras de la uniformidad de las normas económicas y sociales. Una consecuencia particular de esto es que los Estados recientemente organizados pueden hallar dificultades para participar plenamente en la cooperación internacional institucionalizada. Para poder adaptar su derecho interno a los modelos internacionales, a veces tienen que emprender extensos programas de reformas legislativas.

En segundo lugar, no obstante, los sistemas del derecho interno les condicionan la naturaleza y el alcance de la cooperación internacional en el campo económico y social. El papel del Estado en las actividades económicas, el grado de la intervención estatal o su participación directa en el comercio o en la industria, y la política económica general seguida por el Estado, son factores determinantes de la naturaleza de las obligaciones internacionales que un Estado puede asumir. Por lo tanto es evidente que los Estados pertenecientes a sistemas económicos y sociales diferentes no siempre pueden cooperar dentro del mismo marco institucional internacional. Especialmente algunas de las instituciones internacionales de tipo económico y financiero, que aceptan miembros sobre bases universales, están comprometidas en políticas económicas y principios incompatibles con los adoptados por algunos grupos de Estados. En consecuencia, estas instituciones no han logrado, en realidad, una efectiva universalidad.

Por esta razón —pero también porque los Estados de las distintas partes del mundo han alcanzado niveles diferentes de desarrollo económico y social—, las instituciones regionales han llegado a asumir un papel preponderante.

SECCIÓN I. PAGOS INTERNACIONALES, COMERCIO Y FINANZAS

10.02 HISTORIA Y ESTRUCTURA INSTITUCIONAL DEL FONDO MONETARIO INTERNACIONAL

Los pagos internacionales son requisito del comercio internacional y de las transacciones económicas en cualquier nivel superior al de simple permuta. No obstante, la cooperación institucional entre los gobiernos, en este ámbito, tiene una corta historia. El uso del oro como base de los sistemas monetarios nacionales y la libre convertibilidad de los billetes en oro, permitió a los bancos centrales efectuar pagos internacionales a través de una cooperación informal, sin intervención del gobierno, asegurando de este modo el libre juego del comercio internacional. El desplome del patrón oro en el período que trascurrió entre las dos guerras mundiales, cambió fundamentalmente la situación; las tarifas de cambio perdieron su estabilidad, y los gobiernos acudieron a medidas protectoras restrictivas y reguladoras del comercio y de los pagos internacionales.

A pesar de la gravedad de estos problemas financieros internacionales, no se adoptaron medidas adecuadas para su solución. El Banco de Ajustes Internacionales, establecido en Basilea, Suiza, en 1930 —por convenio celebrado entre Suiza, por una parte, y cinco Estados europeos y Japón, por otra—, tuvo funciones limitadas (Peaslee, I, p. 69). Su objetivo primordial fue la administración financiera del llamado Plan Young para las reparaciones alemanas derivadas de la primera Guerra Mundial. Además, se le encomendó la tarea de efectuar ciertas operaciones bancarias centrales de carácter internacional. Dicho banco sobrevivió a la segunda Guerra Mundial y fue utilizado como agencia de liquidación dentro de los distintos planes de cooperación monetaria europea, en la década de 1950. A pesar de haber sido establecido por una convención internacional y, por lo tanto, tener una posición dentro del derecho internacional, está constituido al amparo del derecho suizo en virtud de una Carta Constitutiva otorgada por el gobierno suizo, y su constitución, operaciones y actividades se rigen por los Estatutos anexos a la Carta.

Hacia fines de la segunda Guerra Mundial, era opinión generalizada que se necesitaba un nuevo mecanismo internacional para enfrentar los problemas del momento. En la Conferencia de Bretton Woods, de 1944, se establecieron el Fondo Monetario Internacional y el Banco Internacional de Reconstrucción y Fomento. El Banco es una organización para préstamos a largo plazo, pero no para otras actividades bancarias tradicionales. La cooperación monetaria cae dentro del ámbito del Fondo. Con excepción de la Unión Soviética y de la mayoría de los demás Estados de Europa oriental, la mayor parte de los Estados son miembros del Fondo. Su instrumento constitutivo es un tratado llamado "Artículos de Acuerdo" (2 *UNTS*, 39).

10.03 DERECHOS Y OBLIGACIONES DE LOS ESTADOS MIEMBROS

El propósito principal del Fondo es promover la estabilidad cambiaria, mantener acuerdos apropiados de cambio entre los miembros y evitar la depreciación por la competencia cambiaria. Con ese objeto, los Estados miembros han aceptado importantes limitaciones a su tradicional soberanía monetaria. El valor par de la moneda de cada miembro se fija en relación con el oro, como común denominador, o en relación con US dólares, según el peso y la pureza vigentes el 1º de julio de 1944. Las variaciones en el valor par y, por consiguiente, en el tipo de cambio con otras monedas, están sujetas a condiciones específicas. No se harán variaciones, excepto para corregir un desequilibrio fundamental. El procedimiento que debe seguirse permite cierta supervisión por parte del Fondo. La Junta de Directores Ejecutivos debe ser consultada con antelación, y ella puede objetar si el cambio excede del diez por ciento y si la Junta no está convencida de su necesidad. El rechazo a la política interna, social o económica del gobierno interesado no es causa legítima de objeción. Las tarifas de cambio entre las monedas de los Estados miembros pueden diferir del valor par sólo dentro de los límites de un estrecho margen que normalmente es de uno por ciento.

Como contrapartida a estas restricciones a la libertad de acción en materia monetaria, los Estados miembros tienen derecho de recibir ayuda del Fondo en caso de dificultades temporales en la balanza de pagos de las cuentas corrientes. Los recursos del Fondo constituidos por cuotas de suscripción de los miembros, son utilizables para este fin. Dentro de ciertos límites y con ciertas condiciones, un Estado miembro tiene derecho —a cambio de entregas de su propia moneda— a retirar del Fondo cantidades en la moneda extranjera que necesita para hacer pagos. La Junta de Directores Ejecutivos tiene poder discrecional para omitir algunas condiciones restrictivas, teniendo en cuenta las necesidades periódicas o excepcionales del Estado miembro en cuestión, así como los respectivos antecedentes. La decisión del Fondo debe basarse en un detallado examen por parte de sus funciones de la situación del Estado miembro que requiere la ayuda. La Junta de Direc-

COOPERACIÓN INTERNACIONAL

tores Ejecutivos puede también llevar a cabo un llamado convenio "contingente" con un Estado miembro, al cual el Fondo asegura que mantendrá a su disposición, para cuando lo solicite, una determinada cantidad durante cierto tiempo. Los recursos del Fondo fueron incrementados en 1958, por un aumento de las contribuciones de los miembros;* y, en 1961, diez importantes países industriales se comprometieron a prestar al Fondo, de su propia moneda, determinadas cantidades, si esto fuera necesario para prevenir o superar un deterioro del sistema monetario internacional.

También entre los objetivos del Fondo está la eliminación de las restricciones de cambio que impiden el desarrollo del comercio mundial. Con miras a este fin, los miembros tienen ciertas obligaciones específicas. La más amplia —aunque sujeta a importantes excepciones— es la obligación de no imponer restricciones en los pagos y en las trasferencias, realizados en relación con las transacciones internacionales corrientes, excepto mediante aprobación del Fondo. En ejercicio del poder discrecional de aprobar o rechazar restricciones que se da así a dicho Organismo, la Junta de Directores Ejecutivos debe guiarse por los objetivos generales del Fondo, como trasfondo sobre el cual deben considerarse las dificultades especiales de un Estado miembro en particular. Si resulta evidente que la demanda de una moneda determinada no puede ser satisfecha por el Fondo, la Junta de Directores Ejecutivos puede declarar formalmente la escasez de tal moneda. El efecto legal de esa declaración es el de autorizar a los miembros para imponer limitaciones provisionales a la libertad de operaciones cambiarias en tal moneda. Puede considerarse como una obligación implícita del Estado miembro cuya moneda ha llegado a escasear, el contribuir a corregir ese desequilibrio. Los países en déficit no quedan solos para hacer frente a tal responsabilidad. Otra disposición que ha sido más extensamente aplicada, autoriza limitaciones durante un período de transición. El Fondo no fue creado para tratar los problemas que surgieron inmediatamente después de la segunda Guerra Mundial. Por lo tanto, se autorizó a los Estados miembros para mantener restricciones en los pagos y trasferencias durante el período de transición de la posguerra. La extensión de ese periodo no podía determinarse anticipadamente, pero las restricciones debían ser suprimidas por el Estado tan pronto como su balanza de pagos se lo permitiera. La posición de los miembros que mantienen restricciones está sujeta a revisión por el Fondo. Se prevé un procedimiento de consulta, y el Fondo tiene la atribución —si fuere necesario y en circunstancias excepcionales— de hacer reclamaciones a un Estado miembro, en el sentido de que el mantenimiento de las restriccions ya no está justificado por las condiciones existentes. En las prácticas del Fondo, estas disposiciones relativas al período de transición han sido aplicadas no sólo para servir a su fin inmediato, sino también para brindar protección a las

---

* Los recursos del Fondo se incremetaron de nuevo en 1971 con un aumento en las cuotas de los miembros; los recursos agregados alcanzaron la suma de 28 478 millones de dólares, comparada con 21 349 millones un año antes. Los Derechos Especiales de Giro (DEG) comenzaron a operar en 1970 y al final de 1970/71 el conjunto de las cuotas en la cuenta de DEG sumaba 28 114 millones de dólares.

monedas nacionales contra las persistentes dificultades en la balanza de pagos resultantes del desequilibrio en el comercio internacional.

Además, los Estados miembros tienen la obligación de evitar las prácticas monetarias discriminatorias. En especial se les prohíbe mantener tasas de cambio múltiples sin la aprobación del Fondo. Se ha recurrrido mucho a tales prácticas, y los Estados que todavía las mantienen están obligados a consultar con el Fondo para su eliminación progresiva. Aunque las disposiciones concernientes al periodo de transición de la posguerra se aplican también al mantenimiento de las prácticas de mercados múltiples, el Fondo ha ejercido un control más estricto en este campo que en el de la eliminación de las restricciones de pagos en general.

La siguiente disposición impone una obligación excepcional que surte efectos sobre el derecho privado interno de los Estados miembros. Los contratos de cambio que afecten la moneda de cualquier Estado miembro, y sean contrarios a las regulaciones de control del cambios mantenidas o impuestas de acuerdo con las reglas o decisiones del Fondo, serán inaplicables en los territorios de todos los Estados miembros. Esto implica que ningún tribunal de los Estados miembros puede reconocer validez a tal contrato. Ningún tribunal, por ejemplo, puede obligar al cumplimiento del contrato o imponer el resarcimiento de daños por su incumplimiento. Los gobiernos miembros tienen la obligación de dictar la legislación necesaria, si esta disposición del convenio constitutivo no resulta directamente aplicable ante los tribunales nacionales.

La Junta de Directores Ejecutivos tiene el poder, sujeto a apelación ante la Junta de Gobernadores, de decidir cualquier cuestión de interpretación de los Artículos de Acuerdo del Fondo, ya sea que la cuestión surja entre un miembro y el Fondo o entre dos o más Estados miembros. Este poder se ejerce no sólo para dirimir conflictos determinados, sino también para establecer normas sobre problemas que surgen en forma más general.

El cumplimiento de las obligaciones por parte de los Estados miembros puede ser impuesto por la Junta de Directores Ejecutivos, la cual puede declarar que un miembro negligente no puede utilizar los recursos del Fondo; y si éste persiste en su actitud, la Junta de Gobernadores puede exigir su retiro como miembro del Fondo. Estas sanciones formales se han aplicado muy pocas veces, y la última sólo en una ocasión. Los poderes discrecionales que posee la Junta de Directores Ejecutivos, en relación con la administración de los recursos financieros del Fondo, pueden ejercerse de manera tal que el Estado miembro encuentra que el cumplimiento de las ·decisiones de la Junta redunda en su propio interés.

10.04 ELIMINACIÓN DE LAS BARRERAS AL COMERCIO INTERNACIONAL. HISTORIA Y ESTRUCTURA ORGÁNICA DEL ACUERDO GENERAL SOBRE ARANCELES ADUANEROS Y COMERCIO (AGAAC) (GATT)

La cooperación internacional institucionalizada con el propósito de reducir las barreras al comercio y promover el tráfico de bienes, de acuerdo con esquemas económicos racionales, es de origen reciente. El convenio de la Liga de las Naciones proclamó que los Estados miembros habrían de "asegurar y mantener... el trato equitativo para el comercio de todos los Miembros de la Sociedad" (Art. 23 e). A pesar de varias tentativas —incluyendo la celebración de conferencias económicas mundiales en 1927 y 1933—, no se lograron progresos reales para transformar este programa en acuerdos jurídicamente obligatorios, y el resultado neto de las políticas comerciales en el período transcurrido entre las guerras fue el aumento más bien que la disminución de las barreras comerciales.

El establecimiento del Fondo Monetario Internacional, al final de la segunda Guerra Mundial, se consideró como uno de los prerrequisitos para el desarrollo del comercio internacional. El Consejo Económico y Social, en la primera sesión en 1946, decidió convocar una conferencia sobre comercio y empleo. Se llevaron a cabo una serie de conferencias y, finalmente se adoptó en La Habana una Carta para una Organización Internacional de Comercio, en 1948. La Carta de La Habana, sin embargo, no fue ratificada por el número suficiente de Estados, y nunca estuvo vigente. Un segundo intento en 1954, para establecer una Organización para Cooperación Comercial fue igualmente abortivo.

El Comité Preparatorio establecido por el Consejo Económico y Social para preparar la conferencia de La Habana tomó la iniciativa en la concertación de un acuerdo para la reducción de los aranceles y otras barreras al comercio. El resultado fue el Acuerdo General sobre Aranceles Aduaneros y Comercio (AGAAC), firmado en Ginebra en 1947 (55 *UNTS*, 187). Ha sufrido revisiones posteriores, especialmente en 1954 y en 1965.

El Acuerdo General sobre Aranceles Aduaneros y Comercio (AGAAC) no creó una organización internacional como sujeto de derecho internacional. En ese aspecto, difiere esencialmente de los instrumentos básicos que regulan la cooperación internacional en otros campos. Sin embargo, bajo la presión de las necesidades prácticas, se ha desarrollado cierta estructura de organización, y la diferencia entre el AGAAC y los Organismos Especializados de las Naciones Unidas es, por lo tanto, de naturaleza un tanto teórica. El acuerdo dispone que los representantes de las partes contratantes se reunirán de tiempo en tiempo con el propósito de hacer efectivo el acuerdo en tanto se requiera la acción conjunta para ello. En la práctica, tales reuniones se realizan dos veces al año. Estas reuniones se denominan "sesiones" de las Partes Contratantes. Cada parte tiene un voto, y las decisiones se toman —por regla general, pero sujeta a ciertas excepciones— por la mayoría de los votos emitidos. Para todos los fines prácticos, estas sesiones equivalen a las asambleas de los Organismos Especializados.

En 1960, se estableció un Consejo de Representantes para ocuparse del trabajo entre las sesiones regulares. Contrariamente a lo que sucede en los consejos ejecutivos de los Organismos Especializados, los miembros no son elegidos, sino que cualquier parte contratante que esté dispuesta a aceptar las responsabilidades de miembro, puede designar un representante.

Se ha establecido un grupo especial de siete miembros para estudiar las reclamaciones de un Estado contra otro y someter sus condiciones y recomendaciones a las Partes Contratantes. Frecuentemente, para la consideración de otros asuntos *ad hoc,* se establecen grupos de trabajo.

En Ginebra se estableció una secretaría permanente de este organismo, dirigida por un Secretario Ejecutivo.

Unos sesenta Estados forman parte del AGAAC.* Además, un grupo de Estados participa en el trabajo de las Partes Contratantes en virtud de arreglos especiales, pero sin derecho al voto. Véase, por ejemplo, el caso de Polonia, que fue admitida a participar en el trabajo del AGAAC por una Declaración del 9 de noviembre de 1959. Algunos Estados recientemente independizados, en cuyos territorios se aplicaba el Acuerdo General antes de su independencia, gozan de la condición de partes del Acuerdo por un períodos de transición, estando pendientes de sus propias decisiones las futuras relaciones de ellos con el AGAAC.

10.05 Derecho y obligaciones de los Estados partes en el Acuerdo General sobre Aranceles Aduaneros y Comercio

El Acuerdo es un extenso instrumento legal que establece en detalle obligaciones específicas, sujetas a especiales excepciones y condiciones, en materias relativas a intercambio comercial entre los Estados partes en el Acuerdo. La principal disposición es una cláusula multilateral de la nación más favorecida. Se refiere a los derechos de aduana y a las imposiciones de cualquier clase que se establecen sobre la importación y la exportación de productos, o sobre la transferencia internacional de los pagos por importaciones o exportaciones. Cualquier ventaja o favor acordado por una parte a un producto originado en un país o destinado a otro, debe ser concedido incondicionalmente al mismo producto proveniente de o destinado a cualquiera otra de las partes.

Esta obligación general e incondicional da mayor significación a otro rasgo característico del AGAAC: las reducciones y compromisos arancelarios bipartitos que se negocian dentro del marco multilateral del Acuerdo. Muchas de esas negociaciones se han realizado en conferencias especialmente convocadas por los Estados partes en el Acuerdo. Las negociaciones se llevan a cabo por pares de Estados sobre la base de tratar producto por producto, y cualquier reducción o compromiso en relación con los derechos existentes que se convenga es incorporado a un Anexo del Acuerdo. Habiendo alcanzado este punto, las partes en tal convenio ya no están en libertad, ni aun por mutuo acuerdo, de modificar o retirar las concesiones convenidas. Si lo estuvieran, podrían resultar afectados los intereses de las otras partes a las cuales han favorecido las ventajas de tal convenio bilateral, en virtud de la cláusula de la nación más favorecida. Por lo tanto, existen disposiciones que

---

* En marzo de 1970, setenta y seis Estados eran partes contratantes en el Acuerdo General, dos países estaban con régimen de acceso provisional, uno participaba bajo arreglos especiales y ocho continuaban con solicitud pendiente de decisión.

imponen la consulta a cualquier Estado sustancialmente interesado, antes de que se modifiquen o se supriman las concesiones bipartitas.

Los efectos de las restricciones cuantitativas en el comercio internacional pueden ser aún más serios que los de los derechos aduaneros. El Acuerdo prohíbe tales restricciones, tanto en las importaciones como en las exportaciones de cualquier producto. La prohibición, sin embargo, está sujeta a varias excepciones. Una de éstas se aplica a la importación de productos agrícolas o de pesca para los cuales el país importador ha establecido un sistema de producción o mercado. Otra excepción muy importante se relaciona con algunas significativas restricciones necesarias para salvaguardar la posición financiera externa y la balanza de pagos del país importador. Varias disposiciones tienden a evitar una excesiva aplicación de las restricciones cuantitativas en este terreno, y asegurar su progresiva disminución hasta el punto que permitan las mejoras en la posición financiera. Se requiere que las Partes Contratantes consulten con el Fondo Monetario Internacional en materias relacionadas con balanza de pagos, reservas monetarias y acuerdos sobre cambios internacionales; asimismo, se requiere que acepten los datos estadísticos y de todo tipo ofrecidos por el Fondo. Deben también aceptar la determinación, por parte del Fondo, de ciertas cuestiones de orden monetario y financiero de las cuales dependen la permisibilidad de las restricciones cuantitativas.

Cuando las restricciones cuantitativas se justifican, ellas deben aplicarse sin discriminación entre las otras partes del Acuerdo. Sin embargo, aun este principio de no discriminación está sujeto a ciertas excepciones. Una de ellas se relaciona con las dificultades surgidas de la segunda Guerra Mundial, pero puede ser invocada sólo en tanto el gobierno en cuestión aplique las disposiciones transitorias de la posguerra autorizadas por el Fondo Monetario Internacional. (Véase 10.03.)

Las disposiciones concernientes al tratamiento de la nación más favorecida y a la no discriminación, presuponen una economía libre, en la cual el comercio se lleva a cabo por iniciativa privada. Ellas no tienen efecto en los casos en que toda la economía de un país, o las ramas especiales de la producción o del comercio están bajo control directo de las agencias gubernamentales. Por lo tanto, el Acuerdo impone a los Estados contratantes, que establecen o mantienen empresas estatales o conceden privilegios especiales a cualquier empresa privada, la obligación de asegurar que tales empresas respeten los principios generales de no discriminación en sus actividades de compra y venta. Sus transacciones deben basarse sólo en consideraciones comerciales, y las empresas de otros países deben tener adecuada oportunidad, de acuerdo con la práctica comercial usual, de competir para la participación en las compras o en las ventas.

Además, el Acuerdo contiene disposiciones que restringen la libertad de los gobiernos para acordar subsidios, especialmente a la exportación. Hay también disposiciones dirigidas a evitar el *dumping,* que permiten a los países importadores gravar con un impuesto *anti-dumping* cualquier producto que se encuentre en esas condiciones.

Es un hecho muy conocido que la eliminación o la reducción de las barreras al comercio internacional pueden afectar adversamente los intereses de los países económicamente más débiles y perpetuar, más que reducir, un desequilibrio económico existente. Por lo tanto, es perfectamente acorde con los objetivos generales del Acuerdo General el dictar disposiciones a favor de los países cuyas economías están en las primeras etapas de desarrollo y sólo pueden soportar un bajo nivel de vida. A tales países les es permitido apartarse temporalmente de las obligaciones básicas de las partes contratantes. Después de haber observado cierto procedimiento de consulta con las otras partes, ellos pueden modificar o suprimir concesiones arancelarias con el fin de promover el establecimiento de una industria en particular. Asimismo, pueden también imponer restricciones cuantitativas para salvaguardar su posición financiera y asegurar un nivel de reservas monetarias adecuado para la adopción de programas de desarrollo económico. Según las disposiciones actuales del Acuerdo, los intereses de los países en desarrollo no pueden ser fomentados por preferencias otorgadas a sus productos de exportación por parte de países económicamente desarrollados.

Sin embargo, por un Protocolo del 8 de febrero 1965, se han agregado nuevas disposiciones al Acuerdo, con el fin de atender a los intereses de los países menos desarrollados y fomentar su comercio de exportación, asegurando salidas estables y benéficas para sus productos en los países industrializados. Estos países se comprometen a reducir los aranceles aduaneros y otras restricciones que afectan particularmente los productos de los países menos desarrollados, y a seguir una política fiscal que no entorpezca el consumo de productos primarios total o principalmente producidos en los países menos desarrollados.

También el Acuerdo contiene disposiciones para el mantenimiento o introducción de preferencias entre los miembros de ciertos grupos regionales de Estados o entre otros grupos, además de excepciones relativas al tráfico fronterizo entre países adyacentes. 1º) Se dispone que la cláusula de la nación más favorecida no impedirá el mantenimiento de preferencias dentro de grupos de países tales como el de la Comunidad Británica (el sistema de preferencias imperiales introducido en 1932) ; de los territorios antes pertenecientes a la Unión Francesa; de EE.UU. con sus territorios dependientes y las Filipinas; y de los países que anteriormente formaron parte del Imperio Otomano, etcétera, 2º) Hay una importante excepción a favor de las uniones aduaneras y las zonas de libre comercio. La característica esencial de una unión aduanera —según la define el Acuerdo— es la fusión de dos o más territorios aduaneros pertenecientes a distintos Estados, en un solo territorio aduanero, de modo tal que los derechos y las restricciones quedan eliminados entre las partes constitutivas, mientras que esos derechos y restricciones se aplican sustancialmente a las importaciones de terceros países. Una zona de libre comercio implica sólo la primera de estas características, y permite a cada parte constitutiva mantener sus propias tarifas aduaneras y restricciones de importación con respecto a terceros países. Sustancialmente, en ambos casos, todo el volumen comercial entre los países participantes debe estar contenido en los convenios preferenciales.

Se reconoce que tales asociaciones, por medio de las cuales se puede desarrollar una mayor integración en las economías de los países participantes, debieran servir para facilitar el comercio entre los territorios constitutivos sin crear barreras al comercio con terceros países. Por lo tanto, una unión aduanera sólo es compatible con el Acuerdo si los derechos y las restricciones con respecto a terceros países no son más altos o más restrictivos que la incidencia general de los derechos y las restricciones de los países constitutivos, por separado, antes del establecimiento de la unión. En el caso de una zona de libre comercio, los derechos y restricciones de cada país miembro no deberán ser más altos o más restrictivos que lo que eran antes del establecimiento de la zona de libre comercio.

Además de éstas y otras excepciones específicas a los principios más generales del tratamiento de la nación más favorecida y de no discriminación, existe una cláusula general según la cual las partes contratantes pueden, por una mayoría de votos de los dos tercios, suprimir una obligación impuesta por el Acuerdo a una parte contratante. En virtud de esta cláusula fue aprobada la Comunidad Europea del Carbón y del Acero como una asociación que no llena los requisitos de una unión aduanera, porque sólo establece un mercado común con respecto a los productos del carbón y del acero.

Como se ha expresado, el AGAAC no es una institución internacional, lo cual significa una persona jurídica internacional. No obstante, resulta paradójico que el Acuerdo establezca procedimientos efectivos y disposiciones institucionales para dirimir conflictos y para supervisar el cumplimiento por parte de los Estados contratantes de sus obligaciones bajo el Acuerdo (ver 11.29).

En primer término, existe el deber general de las partes de consultarse recíprocamente sobre cualquier asunto que afecte las operaciones del Acuerdo. En segundo lugar, si no se logra una solución, las partes contratantes —es decir, la Asamblea del AGAAC— pueden considerar la cuestión con las partes directamete interesadas. Para tales consultas u otros objetivos semejantes se pueden organizar grupos especiales de trabajo, como cuerpos para la investigación de los hechos y para negociaciones. Un tribunal de reclamaciones se ha establecido como elemento permanente de la organización del AGAAC con el objeto de investigar las reclamaciones formales. Procede a la manera judicial y sus conclusiones se comunican a la asamblea plenaria, la que puede hacer recomendaciones a las partes o bien dar un dictamen sobre la materia. El Acuerdo incluso dispone ciertas sanciones. Las partes contratantes pueden privar del goce de los derechos que le resultan del Acuerdo a la parte que no cumple, autorizando a una o más de las otras partes para suspender la aplicación de aquellas concesiones u obligaciones que determine la Asamblea. Éste es un ejemplo interesante de represalias u otras medidas retaliatorias autorizadas por un cuerpo internacional.

10.06 CONFERENCIA DE LAS NACIONES UNIDAS SOBRE COMERCIO Y DESARROLLO

Las obligaciones que los Estados Partes del AGAAC han asumido, aun después de las adiciones adoptadas en 1965, para satisfacer las necesidades

de los países menos desarrollados, son inadecuadas para resolver el problema
más serio surgido en las relaciones comerciales internacionales contemporáneas. Durante un largo período, se han deteriorado las condiciones del mercado de exportación de los países menos desarrollados y, asimismo ha decli-
nado la posición económica relativa de estos países en comparación con los
industrializados. Esta tendencia ha sido motivo de preocupación para ambos
grupos de países, porque contrarresta los objetivos perseguidos por los numerosos programas de asistencia técnica y económica a países menos desarrollados.

Sobre la base de las recomendaciones formuladas por una Conferencia convocada en 1964, la Asamblea General de las Naciones Unidas decidió —por
resolución 1955 (XIX), aprobada el 30 de diciembre de 1964— establecer la
Conferencia de las Naciones Unidas sobre Comercio y Desarrollo (UNCTAD),
como órgano de la Asamblea General. Desde el punto de vista orgánico, representa un desarrollo interesante. Su base jurídica es la resolución de la
Asamblea General y no una Convención especial. Por lo tanto, está abierta
a la participación de todos los Estados miembros de las Naciones Unidas
o a los Organismos Especializados. La estructura de la Conferencia como
órgano permanente es similar a la de un Organismo Especializado. Además
de la conferencia plenaria que se ha de reunir por lo menos cada tres años,
existe un consejo ejecutivo (Junta de Comercio y Desarrollo) y varios comités, así como una secretaría en forma de unidad independiente de la Secretaría General de las Naciones Unidas, encabezada por un Secretario General cuyo nombramiento es confirmado por la Asamblea General.

La función principal de la Conferencia consiste en promover el comercio
internacional, especialmente entre países que se encuentren en distintas etapas de desarrollo. Ella habrá de formular los principios y las políticas sobre
el comercio internacional y sobre los problemas correlativos de desarrollo
económico, y habrá de presentar propuestas para hacer efectivos dichos principios y políticas.

La Conferencia no tiene poder para tomar decisiones obligatorias. Su papel en el futuro dependerá de la medida en que pueda obtener apoyo. Por
lo tanto, se confiere especial importancia al nuevo tipo de procedimiento
según el cual las cuestiones controvertidas, antes de ser votadas, serán referidas a un comité de conciliación.

Las etapas iniciales del trabajo de la Conferencia se han consagrado a
montar su muy compleja maquinaria orgánica. Existen grandes esperanzas
referentes a sus actividades futuras.*

---

* Estas esperanzas no se han visto del todo realizadas. En la segunda sesión de UNCTAD,
celebrada en Nueva Delhi (febrero-marzo, 1968), los países en vías de desarrollo (reunidos
en el llamado Grupo de los 77, actualmente compuesto por 96 Estados) vieron frustra-
das muchas de las demandas que plantearon a los países industrializados. La mayoría
de estos países se negaron a aceptar una fecha específica a partir de la cual —según a lo
acordado en Nueva Delhi— los países avanzados proporcionarían un volumen anual de
ayuda equivalente al uno por ciento de su producto nacional bruto. En cambio, en esa
segunda reunión se aprobó el establecimiento de un sistema generalizado de tratamientos arancelarios preferenciales, de carácter no discriminatorio y no recíproco en favor de
los productos manufacturados, semimanufacturados y algunos artículos no elaborados pro-

Una tarea especial e importante que será emprendida por la Conferencia es la coordinación y el planeamiento general de las medidas internacionales con el fin de estabilizar las condiciones del mercado para los productos básicos. Las fluctuaciones de los precios y del volumen del comercio de tales artículos pueden producir efectos particularmente serios sobre la posición económica de los países productores menos desarrollados. Desde 1954, una Comisión de Comercio Internacional de Artículos de Consumo, establecida por el Consejo Económico y Social, ha estudiado estos problemas y dado algunos pasos para la celebración de una serie de Convenios sobre Artículos de Consumo, en relación con artículos de primera necesidad, tales como estaño, café, trigo, azúcar y aceite de oliva. Dichos convenios han adoptado varias técnicas legales para lograr su objetivo. En algunos casos se establecen cuotas de exportación, en otros se regula la producción; y en el caso del estaño, se forma una reserva internacional regulada, que se maneja con el objeto de lograr la estabilización de los precios. Estos proyectos requieren arreglos institucionales especiales, y cada uno de los acuerdos ha establecido su propio Consejo con un personal ejecutivo. Un rasgo característico es la evaluación de los votos sobre la base de la participación relativa de los países miembros en el comercio de importación y exportación de ese artículo en especial.

10.07 ALGUNAS ORGANIZACIONES REGIONALES PARA LA SUPRESIÓN DE BARRERAS COMERCIALES

De conformidad con las disposiciones del AGAAC se ha establecido un número de uniones aduaneras y zonas de libre comercio con miras a promover la integración económica de los Estados miembros de dicha Organización. Con el mismo propósito, se ha iniciado la cooperación regional entre Estados que no son partes del AGAAC.

En 1949, la Unión Soviética y sus vecinos de Europa Oriental adoptaron la Carta del Consejo de Ayuda Económica Mutua, a veces denominado Comecon (Peaslee, I, p. 332). Después de algunos años de actividades limitadas, en 1956 la estructura y funciones del Consejo fueron fortalecidas con el establecimiento de una serie de comisiones permanentes, y en 1959 se adoptaron nuevos Estatutos para el Consejo (388 *UNTS*, 253).

El propósito del Consejo es contribuir al desarrollo planificado de las economías nacionales de los Estados miembros mediante la coordinación de los esfuerzos nacionales, y la aceleración del progreso económico y técnico. Dicho Consejo trata de organizar la cooperación de manera que se asegure la ex-

ducidos en países en desarrollo. En una sesión especial de UNCTAD, en octubre de 1970, dieciocho países desarrollados de economía de mercado acordaron poner en práctica el sistema de preferencias en 1971.

En ciertas condiciones, los países miembros de la Comunidad Económica Europea pusieron en vigor este régimen arancelario preferencial en julio de 1971; Japón y Noruega lo han hecho en agosto. La tercera reunión de la Conferencia de las Naciones Unidas sobre Comercio y Desarrollo se celebrará en abril y mayo de 1972, en Santiago de Chile.

plotación más racional de los recursos naturales y una división socialista del trabajo. Es propio de la naturaleza de los sistemas económicos de los países miembros el que las cuestiones de aranceles aduaneros y las restricciones cuantitativas al comercio tengan poca o ninguna significación. El Estatuto no impone a los Estados miembros ninguna obligación específica para promover los fines y propósitos del Consejo, sino que sus obligaciones resultan de compromisos específicos basados en recomendaciones adoptadas por el Consejo.

Además de las sesiones del Consejo, que se celebran normalmente dos veces al año, existen una serie de órganos permanentes. Se han establecido unas veinte comisiones permanentes especializadas para diversas ramas de la planificación económica y de la producción. Todos los miembros del Consejo están representados en estas comisiones, cuyas oficinas principales residen en diversos países miembros. Existe también una Junta de Representantes de Miembros que puede actuar entre las sesiones del Consejo y, desde 1962, un Comité Ejecutivo compuesto por representantes de alto rango de los gobiernos miembros. Según el principio de igualdad soberana de los Estados miembros, ninguna decisión puede adoptarse sin el consentimiento de los miembros interesados. Las decisiones en materia de organización y procedimiento toman la forma de resoluciones; y las decisiones en materia de cooperación económica y técnica, la de recomendaciones que se someten a los gobiernos miembros para su examen y que, de ser aceptadas, son aplicadas por las autoridades nacionales.

Las Comunidades Europeas, establecidas entre seis Estados de Europa Occidental (Bélgica, República Federal Alemana, Francia, Italia, Luxemburgo y los Países Bajos), tienen como objetivo el logro de una estrecha unión económica. El comienzo de esto fue el Tratado firmado en París el 18 de abril de 1951, que estableció la Comunidad Europea del Carbón y del Acero (261 *UNTS*, 140). El paso más decisivo fue la firma, en Roma, el 25 de marzo de 1957, del Tratado que estableció la Comunidad Económica Europea (298 *UNTS*, 3). Estos tratados prevén el establecimiento de un mercado común, que se completará al final de ciertos periodos de transición. En lo que se refiere a los productos del carbón y del acero, el periodo de transición finalizó en 1958. En el caso de la Comunidad Económica, se completará en doce años a partir de 1958. La espina dorsal del mercado común es una unión aduanera, que implica la supresión de los derechos de aduana y de las restricciones cuantitativas entre los miembros, y la introducción de un arancel aduanero común para el exterior. La integración económica de los Estados miembros en una comunidad económica completa requiere, además, la supresión de otras barreras económicas. En consecuencia, el Tratado dispone que se tomen medidas conducentes a la eliminación de obstáculos para el movimiento de trabajadores, servicios y capital, la adopción de políticas comunes con respecto a la agricultura, el trasporte, el comercio exterior, la balanza de pagos y el movimiento económico en general. Asimismo, se prevé el objetivo de una política social común y la armonización de la legislación fiscal y de otro tipo que tengan relevancia en el establecimiento o en el funcionamiento del mercado común. Especialmente importantes son las disposiciones referentes a la competencia. Existe una prohibición general para los acuerdos entre las empresas y otras prácticas restrictivas que puedan afectar el comercio entre los Estados miembros, y por las cuales la competencia dentro del mercado común resulte eliminada, restringida o distorsionada. Esta prohibición general se aplica a través de un complicado mecanismo (para la descripción de la estructura orgánica de las Comunidades Europeas, ver 2.28).

Un número de Estados no miembros ha celebrado tratados de asociación con la Comunidad Económica. Por medio de esos tratados, las ventajas de las uniones aduaneras se extienden a los Estados asociados.

Después del fracaso de las negociaciones para el establecimiento de una gran Zona Europea de Libre Comercio, siete Estados Europeos (Austria, Dinamarca, Noruega, Suecia, Suiza y el Reino Unido, a los cuales posteriormente se asoció Finlandia) convinieron en establecer una Asociación Europea de Libre Comercio, menos extensa. El convenio constitutivo fue firmado en Estocolmo el 20 de noviembre de 1959 (370 *UNTS*, 3). La estructura orgánica de la Asociación es bastante simple. El único órgano, además de la Secretaría, es un Consejo compuesto de un representante por cada Estado miembro. No hay ningún ejecutivo independiente, y ningún órgano tiene poderes supranacionales. Los derechos y las obligaciones fundamentales de los Estados miembros tienden a la eliminación gradual de derechos aduaneros y restricciones cuantitativas en sus relaciones comerciales mutuas. Esta obligación, sin embargo, no comprende los productos agrícolas, el pescado y otros productos marítimos. Entre los Estados miembros se pueden celebrar acuerdos bilaterales para facilitar la expansión del comercio de productos agrícolas. A los Estados miembros se les permite mantener sus tarifas aduaneras con los Estados no miembros. Las diferencias que de este modo pueden subsistir en los aranceles aduaneros externos, necesitan salvaguardas especiales contra la desviación del comercio de los canales tradicionales. Sólo se autoriza a pasar libres de derechos, de un Estado a otro, a los artículos que han sido producidos totalmente, o han experimentado ciertos sustanciales procesos de fabricación, en un Estado miembro de la Asociación. En otras palabras, los artículos no pueden entrar al área total de la zona de libre comercio a través del país que tenga la tarifa externa más baja. No obstante, si ocurre una desviación comercial, el Consejo puede autorizar que un gobierno miembro tome medidas excepcionales, para salvaguardar su posición, hasta que se hayan suprimido las causas de la desviación mediante una enmienda de las reglas de origen. Se reconocen como incompatibles con la Convención —en tanto frustren los beneficios que la supresión de los derechos y de las restricciones cuantitativas deben asegurar— las prácticas comerciales cuyo objeto o resultado tiendan a impedir, restringir o distorsionar la competencia dentro del área de la Asociación. Sin embargo, no existe ningún mecanismo internacional para manejar esas prácticas comerciales restrictivas.

Un grupo de países latinoamericanos firmaron en Montevideo, el 18 de febrero de 1960, un tratado para el establecimiento de la Asociación Latinoamericana de Libre Comercio, ALALC (Peaslee, II, p. 1575). Los miembros son: Argentina, Brasil, Chile, Colombia, Ecuador, México, Paraguay, Perú y Uruguay. Cabe la posibilidad de que otros países latinoamericanos se adhieran.* la estructura orgánica comprende: una Conferencia, compuesta por representantes de cada Estado miembro que se reúnen en sesiones anuales regulares, y un Comité Ejecutivo Permanente, compuesto por un representante permanente de cada parte contratante. Existen también una Secretaría Permanente, con sede en Montevideo. La disposición principal crea para los Estados miembros la obligación de hacer totalmente efectiva la zona de libre comercio, dentro de un término de doce años, a partir de su instauración en 1962, por medio de la eliminación gradual de los derechos aduaneros, las imposiciones y las regulaciones restrictivas en el comercio recíproco. Sin embargo, esta eliminación gradual no opera automáticamente, sino que ha de lograrse a través de negociaciones que se han de celebrar de tiempo en tiempo entre los Estados miembros. Pueden invocarse excepciones y cláusulas de escape para proteger intereses especiales, pero se reconocen los principios de la cláusula de la nación más favorecida y de no discriminación, sujetos a tratamiento preferencial en favor de países que estén en una etapa de desarrollo económico relativamente menos avanzada.

Si bien la ALALC ha provocado más atención debido a la mayor importancia de sus miembros, el Mercado Común Centroamericano —entre las repúblicas de tal región— presenta un grado más alto de integración económica, favorecida por los lazos históricos anteriores de esos cinco países. El 13 de diciembre de 1960, se firmó en Managua un tratado sobre Integración Económica Centroamericana entre Guatemala, El Salvador, Honduras y Nicaragua (455 *UNTS*, 3). Posteriormente se adhirió Costa Rica; y Panamá tiene posibilidades de hacerlo. La estructura orgánica comprende un Consejo Económico Centroamericano —formado por los Ministros de Economía de cada país participante— y una Junta Ejecutiva compuesta de un representante permanente por cada parte contratante. También se ha establecido un Banco Centroamericano de Integración Económica (455 *UNTS*, 203).

Por el Tratado de Integración Económica, las repúblicas centroamericanas disponen el establecimiento de un mercado común entre ellas, que habrá de ser completado al final del término de cinco años, contados a partir de la entrada en vigor del tratado. El tratado también contempla un sistema provisional de aduanas libres entre las repúblicas centroamericanas, que habrá de aplicarse progresivamente durante el mencionado período de cinco años.**

---

* En 1965, Venezuela se adhirió al Tratado de Montevideo y Bolivia lo hizo en 1967.

** El Mercado Común Centroamericano —creado y regulado por el Tratado General de Integración Económica y demás instrumentos que forman su ordenamiento jurídico— quedó de hecho escindido en tres zonas de libre comercio a raíz del conflicto bélico entre Honduras y El Salvador, en julio de 1969. Los convenios de integración económica han quedado en suspenso entre aquellos dos países, por razón del conflicto, y plenamente vigentes entre cada uno de ellos y los restantes de la región. Sin embargo, la mencionada suspensión ha impedido, aun para estos últimos, la aplicación de determinadas normas de dicho sistema jurídico.

Existe el propósito de restablecer la normalidad en el funcionamiento del Mercado Común y proceder a su restructuración mediante la celebración de negociaciones entre

10.08 Inversiones internacionales

Los movimientos internacionales de capital han sido, desde hace varios siglos, una característica esencial de la cooperación económica a través de las fronteras nacionales. Los monarcas absolutos, no menos que los gobiernos democráticos, han recurrido a los préstamos del exterior, a veces para llenar los vacíos causados por gastos innecesarios, pero más a menudo para hacer posible el desarrollo de la productividad potencial de sus comunidades nacionales. Las empresas industriales y comerciales de los países desarrollados han hallado ventajosas vías de inversión para sus recursos de capital en los países menos desarrollados, contribuyendo así a un desarrollo económico e industrial y estimulando el comercio internacional. Más que en ningún periodo histórico anterior, la época contemporánea ha reconocido la necesidad imperiosa de un continuado y creciente movimiento de capitales hacia los países menos desarrollados.

Tradicionalmente, éste ha sido un aspecto de la cooperación internacional fuera del ámbito del derecho internacional, excepto en los casos relativamente raros de préstamos intergubernamentales. La colocación de un préstamo gubernamental en un centro financiero del exterior, era sobre todo, una cuestión de derecho privado y de derecho internacional privado, si bien surgían problemas de derecho internacional público cuando las obligaciones del Estado prestatario no se cumplían. Con mayor razón, las inversiones de empresas privadas en el exterior se regulaban por el derecho privado, aunque aquí también surgían problemas de derecho internacional público si los derechos del inversionista eran perjudicados por una acción legislativa o administrativa del gobierno extranjero.

La idea de promover los movimientos internacionales de capital a través

los cinco Estados. En todo caso, la naturaleza del arreglo político a que llegaran los Estados determinaría la clase de instrumentos que, desde el punto de vista legal, sería indispensable utilizar para regular las relaciones económicas resultantes de aquel compromiso.

Si bien un buen número de órganos o instituciones del Mercado Común Centroamericano han dejado de funcionar, hay otros que —a pesar de la situación anómala derivada de la guerra de 1969— confirman con la participación de los cinco Estados miembros. Entre ellos están el Banco Centroamericano de Integración Económica, el Consejo Monetario Centroamericano, el Instituto Centroamericano de Investigación y Tecnología Industrial y otros.

A mediados de 1971, con la creación de un organismo temporal denominado Comisión Normalizadora del Mercado de Común Centroamericano —en el que Honduras se ha negado a participar— se inicia un nuevo esfuerzo para restablecer las relaciones comerciales entre los países miembros. En este mismo año, mediante negociaciones entre los cuatro países interesados, se han estipulado las bases para el restablecimiento de la normalidad en el comercio de Honduras con Guatemala, Nicaragua y Costa Rica. La negociación bilateral entre El Salvador y Honduras continúa, pero sin avances notables.

Véase: *Evolución y estado actual del Mercado Común Centroamericano y sus posibilidades de funcionamiento a corto plazo*, Vol. II ("Algunas consideraciones en torno a la situación jurídica actual del Mercado Común Centroamericano"), Secretaría Permanente del Tratado eneral de Integración Económica Centroamericana (SIECA), Guatemala, junio, 1971.

de la cooperación internacional institucionalizada no tomó cuerpo hasta la segunda Guerra Mundial. Creció por el efecto de las terribles devastaciones causadas por los métodos de guerra utilizados, y se fortaleció con el reconocimiento de la necesidad de realizar esfuerzos cooperativos de reconstrucción. Al mismo tiempo, se consideró como una característica perdurable de cooperación internacional en el campo económico.

En la Conferencia de Bretton Woods, en 1944, estas ideas se tradujeron en forma institucional. Como se mencionó en 10.02, además del Fondo Monetario Internacional se estableció el Banco Internacional de Reconstrucción y Fomento —el Banco Mundial—, según los artículos del Acuerdo adoptados por esa Conferencia (2 *UNTS*, 134). El Banco, reconocido como un Organismo Especializado de las Naciones Unidas, posee una estructura institucional similar a la del Fondo. Especialmente, los derechos al voto en los dos órganos principales —la Junta de Gobernadores y los Directores Ejecutivos— se evalúan de acuerdo con la contribución financiera de los Estados miembros al capital social del Banco.

El capital social autorizado se fijó inicialmente en US $10 000 millones. pero luego fue aumentado, en 1959, a US $21 000 millones.* Se encuentra dividido en acciones de US $ 100 000 cada una, suscritas por los Estados miembros. El número mínimo de acciones que debe suscribir cada miembro se fija en el Acuerdo o, en el caso de miembros nuevos, por la Junta de Gobernadores. El monto total suscrito por cada miembro se divide en dos partes. La primera —utilizable para préstamos— es de un veinte por ciento, del cual dos por ciento se paga en oro o en U.S. dólares; el dieciocho por ciento restante, al ser requerido por el Banco, es pagadero en la moneda del miembro respectivo. La segunda parte (ochenta por ciento de la suscripción) se exige sólo cuando es necesaria para afrontar las necesidades del Banco. Además de su propio capital, para operaciones de préstamo el Banco dispone de fondos considerables, obtenidos por medio de préstamos en los mercados mundiales de capital.

Estas operaciones originan relaciones legales de carácter especial. El Banco es una persona jurídica internacional y sus relaciones con los Estados miembros y con los no miembros se rigen por el derecho internacional. Sin embargo, cuando opera dentro del mercado de capital privado, recaudando fondos por medio de la emisión de bonos a favor de inversionistas privados, las transacciones ya no se rigen por el derecho internacional. Los bonos pueden señalar que deberá aplicarse el derecho del lugar de la emisión, y aunque no hubiera cláusula expresa a ese respecto, normalmente se produciría el mismo resultado en virtud de los principios del derecho internacional privado generalmente aceptados. Pero en esto es importante observar que las inmunidades en relación con los procesos judiciales de que gozan, por lo general, las instituciones internacionales (ver 7.40) no son plenamente aplicables al Banco. Los artículos del Acuerdo disponen que pueden ejercerse acciones en su contra ante los tribunales competentes en el territorio de un Estado miembro donde el Banco tiene oficina, ha nombrado representante,

* El capital autorizado del Banco fue aumentado en 1970 a 23 159 millones.

o ha emitido o garantizado títulos. Tiene inmunidad sólo en relación con acciones intentadas por los Estados miembros. Sus propiedades gozan de inmunidad con respecto a los embargos sólo mientras no haya sido dictada una sentencia definitiva contra el Banco.

Los fondos de que dispone el Banco —ya sea de su capital propio o del mercado mundial de capitales— se dan en préstamo a los Estados miembros. Después del periodo de reconstrucción que siguió a la posguerra, el objetivo primordial del Banco actualmente es promover el desarrollo de las facilidades productivas y de los recursos de los países menos desarrollados, aportando ayuda financiera como suplemento de las inversiones privadas. La ayuda puede adoptar formas tales como garantías, o participación en préstamos y otras inversiones hechas por inversionistas privados, o préstamos hechos por el Banco mismo. En este último caso, el préstamo será dado al gobierno del Estado miembro o, bajo su garantía, a una autoridad local, corporación pública o empresa privada. No se concede ningún préstamo o garantía mientras el proyecto para el cual habrá de emplearse no haya sido cuidadosamente examinado por el personal técnico del Banco. En la práctica, este examen se extiende más allá del proyecto en cuestión hasta los aspectos más amplios de la economía del país prestatario, para asegurarse de la solidez económica y técnica de la inversión. De esta manera, el Banco puede ofrecer su asesoría al gobierno que solicita un préstamo, y puede promover reformas económicas, técnicas o administrativas de diversos tipos.

El contrato de préstamo con un gobierno es un acuerdo sujeto a las normas de derecho internacional, así también como el contrato de garantía que ampara un préstamo otorgado a un prestatario no gubernamental. Algunos de los primeros acuerdos se referían al derecho interno del Estado de Nueva York como aplicable para la interpretación y confección del acuerdo, pero en los recientes no hay ninguna cláusula de este tipo. En muchos casos, los acuerdos de préstamos se refieren a un conjunto de reglas dictadas por los directores ejecutivos, con el título de Regulaciones de Préstamos y Bonos. Estas regulaciones no tienen fuerza obligatoria como tales, pero poseen el carácter de cláusulas regulares aplicables a los acuerdos de préstamos y garantía únicamente y en la medida en que las partes las hayan aceptado. Una cláusula importante entre estas regulaciones —que se incluye normalmente en todos los acuerdos de préstamo— dispone que los derechos y las obligaciones del Banco, así como los del prestatario, serán válidos y ejecutables forzosamente, a pesar de las leyes contrarias de cualquier Estado. Por lo tanto, el acuerdo, y los derechos que por él corresponden al Banco, están fuera del ámbito del derecho interno. Es evidente que ésta deba ser así si se quieren ofrecer garantías razonables al Banco. También es una disposición necesaria en la estructura total y, al mismo tiempo, una regla importante desde el punto de vista del derecho internacional general, que los artículos del Acuerdo protejan los activos del Banco contra la expropiación u otra forma de ocupación en virtud de medidas ejecutivas o legislativas de un Estado miembro.

Afiliadas al Banco Mundial, pero jurídicamente separadas de él, existen dos instituciones internacionales establecidas con el propósito de promover las inversiones en los países menos desarrollados en condiciones que impedirían actuar al Banco. La Corporación Financiera Internacional, establecida en 1956 (265 *UNTS*, 117), realiza inversiones en una amplia gama de empresas industriales privadas, generalmente en forma de acciones de capital, préstamos convencionales o préstamos que reconocen ciertos rasgos de derechos sociales (*equity features*). Dicha organización no exige garantía gubernamental. La Corporación no puede recaudar fondos, además del capital suscrito por los Estados miembros, pero renueva sus fondos vendiendo participaciones a inversionistas privados, cuando puede hacerlo sobre bases satisfactorias.

La Asociación Internacional de Fomento fue establecida en 1960 (439 *UNTS*, 249; Peaslee II, 1137). Su objetivo consiste en promover el desarrollo económico, proporcionando ayuda financiera en términos de pagos menos onerosos que los préstamos ordinarios. Invierte especialmente en "infraestructuras", tales como trasportes, comunicaciones, regadío, energía eléctrica, etcétera. Sus fondos provienen casi por completo de las suscripciones de los Estados miembros.

Aun con estas adiciones al Banco Mundial, y con los suplementos del Fondo Especial de las Naciones Unidas y varios planes regionales de ayuda financiera a los países menos desarrollados, no cabe ninguna duda de que la organización institucional existente para asegurar el flujo de capital a los países en desarrollo es inadecuada. Su propósito y justificación, a pesar de los inconvenientes, es que pueden contribuir a preparar el camino para otras formas de movimientos de capitales, y crear, juntamente con las disposiciones tradicionales del derecho internacional, un clima favorable apara las inversiones.

SECCIÓN II. TRANSPORTE Y COMUNICACIONES

10.09 HISTORIA Y ESTRUCTURA ORGÁNICA DE LA OACI

La necesidad de cooperación internacional en materia relativa a la aviación civil surgió como consecuencia del desarrollo técnico de la aviación durante la primera Guerra Mundial. En la Conferencia de Paz de París se celebró una convención multilateral de navegación aérea. La significación histórica de esta convención se debe al hecho de haber reconocido el principio de la soberanía nacional en el espacio aéreo sobre el territorio del Estado. También se estableció una Comisión Internacional de Navegación Aérea como órgano permanente de cooperación en materia técnica de aviación entre los Estados contratantes, la mayoría de los cuales eran europeos. Una Convención Panamericana de Aviación Comercial se firmó en La Habana (132 *UNTS*, 223), en 1928. Su característica distintiva fue la de acordar libertad de circulación al transporte aéreo comercial.

La segunda Guerra Mundial puso fin a las actividades de esta Comisión, y una nueva entidad, la Organización de Aviación Civil Internacional (OACI), se estableció por la Convención de Chicago del 7 de diciembre de 1944 (15 *UNTS*, 295). En 1947, se vinculó a las Naciones Unidas como Organismo Especializado. Tiene como miembros a la mayoría de los Estados del mundo, con excepción de la Unión Soviética y algunos Estados de Europa Oriental.*

El órgano de mayor jerarquía de la OACI es la Asamblea, en la cual están representados todos los Estados miembros, cada uno con un voto. No obstante, la máxima influencia y autoridad reside en el Consejo, compuesto por veintisiete Estados elegidos por la Asamblea para un periodo de tres años. Contrariamente a los consejos ejecutivos de la mayoría de las otras organizaciones internacionales, el Consejo de la OACI es un cuerpo permanente. Se encuentra en sesión permanente, y los representantes de los Estados miembros deben, por lo tanto, residir en su sede. Otra diferencia radica en que el presidente del Consejo tiene una posición similar a la de un funcionario permanente de la Organización. Es elegido por tres años, no representa a su propio país y no debe recibir instrucciones de ningún Estado. Carece de voto.

Subordinados al Consejo, existen una Comisión de Navegación Aérea y un Comité de Trasporte Aéreo, además de otros organismos subsidiarios. La sede de la organización se encuentra en Montreal, Canadá.

10.10 Derechos y obligaciones de los Estados miembros

La Convención de Chicago confirma el principio de que cada Estado tiene exclusivamente y completa soberanía sobre el espacio aéreo correspondiente a su territorio. (Las disposiciones de la Convención que dan vigencia a ese principio se analizaron en 6.18.) Sin embargo, desde el punto de vista de las comunicaciones internacionales, el problema esencial consiste en saber hasta qué punto un Estado tiene la obligación de tolerar o de permitir el paso y el aterrizaje de aviones civiles extranjeros. La Convención distingue a este respecto entre los servicios aéreos regulares y los irregulares.

En lo que se refiere al primer grupo, el principio de la Convención señala que los servicios aéreos internacionales regulares únicamente pueden operar encima y dentro del territorio de un Estado extranjero, con permiso de éste. En la Conferencia de Chicago se hicieron propuestas para establecer la libertad mutua de comunicación entre los Estados miembros. Sin embargo, las disposiciones dirigidas a tal objetivo no se adoptaron como parte de la Convención, sino que fueron incluidas en acuerdos multilaterales adicionales; a ellos los Estados miembros pueden o no adherirse. El acuerdo de Tránsito de Servicio Aéreo establece estas dos "libertades" con respecto al servicio aéreo internacional: *I)* libertad de volar a través del territorio

---

* Recientemente se han hecho miembros de OACI la Unión Soviética y varios países socialistas como Bulgaria, Checoslovaquia, Polonia, Rumania y Yugoslavia.

de otros Estados contratantes, sin aterrizar; y *II)* libertad de aterrizar por razones diferentes de las del tráfico (tal como el tomar combustible). El Acuerdo de Transporte Aéreo añade el siguiente: *III)* libertad para desembarcar pasajeros, correo y carga recogidos en el territorio a cuya nacionalidad pertenece la nave; *IV)* libertad para recoger pasajeros, correo y carga destinados a ese territorio; y *V)* libertad para recoger y desembarcar pasajeros, correo y carga destinados a, o provenientes del territorio de otro Estado contratante. El Acuerdo de Tránsito está vigente entre más de setenta Estados, pero el Acuerdo de Trasporte tiene poca importancia práctica. Los derechos de tráfico se determinan por una serie de acuerdos bipartitos que contienen estipulaciones sobre rutas, itinerarios y capacidad de trasporte y que, por consiguiente, regulan la competencia entre las compañías aéreas de los diversos países. Un acuerdo entre EE.UU. y el Reino Unido, firmado en las Bermudas el 11 de febrero de 1946 (3 *UNTS*, 253), ha servido de modelo para muchos acuerdos bilaterales posteriores. Se basa en el principio general de que las libertades comerciales del aire se otorgan recíprocamente, pero sujetas a las siguientes limitaciones: las rutas aéreas se determinarán y fijarán por acuerdo común de las partes, y la competencia se regulará según ciertos principios determinantes. Uno de éstos señala que la capacidad y los itinerarios de los equipos de trasporte aéreo puestos a disposición del público cumplan estrictamente los requisitos exigidos. Los derechos comprendidos en la quinta "libertad" no se otorgan incondicionalmente, sino que deben ajustarse a los "principios generales del desarrollo ordenado del tráfico", y sujetarse a la condición de que la capacidad esté de acuerdo con las necesidades de tráfico existentes entre el país de origen y los de destino. Las necesidades de tráfico de la zona que transita la línea aérea también deben tenerse en cuenta, pero sólo después de que se hayan evaluado la capacidad de transporte que suministran los servicios locales o regionales. El propósito de esta última restricción tiende a evitar que una línea extranjera, haciendo uso ilimitado de la quinta "libertad", gane ventaja indebida en los países en tránsito a las líneas locales, cuyos servicios se basan en los derechos otorgados por la tercera y cuarta "libertades".

Otros acuerdos han adoptado diferentes soluciones, según las necesidades y posibilidades de las partes contratantes. Las características generales de estos acuerdos sobre transporte aéreo no son uniformes. El rasgo principal del sistema actual radica en la naturaleza bilateral de todas las disposiciones.

Los órganos de la OACI no tienen atribuciones para determinar rutas, capacidad de vuelo o tarifas según tales acuerdos, excepto en tanto que cada Acuerdo disponga que las controversias entre las partes contratantes deberán ser referidas al Consejo para su decisión, o para que emita un informe consultivo. Los acuerdos sobre aviación civil firmados por cualquier Estado miembro deben ser registrados ante el Consejo, que tiene el deber de darles publicidad, pero carece de atribuciones para controlar su contenido.

Los Estados contratantes generalmente se reservan el derecho de controlar y aprobar las tarifas que cobrarán las compañías aéreas. Una organización no gubernamental —la Asociación Internacional de Transporte Aéreo (IATA)— asegura la cooperación entre las compañías con miras a la adopción de disposiciones uniformes con respecto a pasajes y tarifas, sujetas a aprobación gubernamental.

En lo que se refiere a los vuelos irregulares de aeronaves extranjeras, el principio de la Convención de Chicago señala que no se requiere autorización previa, salvo cuando sea necesaria por razones de seguridad en ciertas regiones. Si las aeronaves en tales vuelos transportan pasajeros, carga o correo mediante pago (por ejemplo vuelos contratados, taxis aéreos), el Estado donde se realice el embarque o el desembarque puede imponer las condiciones o restricciones que considere convenientes. Muchos Estados se han basado en esta disposición para requerir la autorización previa, con el objeto de proteger los servicios regulares contra la competencia excesiva. Ciertos Estados, sin embargo, han acordado entre ellos permitir los servicios comerciales irregulares, o ciertas categorías de ellos, sin autorización previa. Un importante convenio a este respecto es el Acuerdo de París, del 30 de abril de 1956, sobre Derechos Comerciales de Servicios Aéreos Irregulares en Europa, celebrado dentro de la estructura de la Conferencia Europea de Aviación Civil, que es una institución regional permanente asociada a la OACI (310 *UNTS*, 229; y *European Yearbook*, Vol. X, 1962, pp. 1004-33).

La importancia primordial de la cooperación institucionalizada a través de la OACI, radica en el campo técnico y administrativo, y las obligaciones de los Estados miembros son de la mayor importancia en tal área. En las materias relativas a la seguridad, regularidad y eficiencia de la navegación aérea, el Consejo tiene poderes de naturaleza semilegislativa (ver 3.36). En forma de anexos a la Convención, y con la designación de patrones o Prácticas y Procedimientos Recomendados, el Consejo puede —por mayoría de las dos terceras partes— dictar normas que se conviertan en obligatorias para los Estados miembros dentro de un término fijado, a menos que una mayoría de Estados miembros haga constar su desacuerdo ante el Consejo. Además, cualquier Estado que no quiera aceptar enteramente las normas dictadas puede exceptuarse a lo mandado por ellas notificando al Consejo las diferencias entre sus propias regulaciones y prácticas, y las adoptadas por el organismo. Se establece una sanción especial para el caso de no observancia de los requisitos internacionales relativos a la buena calidad de las aeronaves y la competencia del personal. Los certificados y las licencias expedidos en un Estado, habrán de reconocerse como válidos en los otros, siempre que cumplan con los patrones internacionales. Si no lo hacen, la aeronave o el personal en cuestión no están autorizados para participar en la navegación aérea internacional.

Las normas de derecho privado referentes a diversos aspectos del transporte aéreo —tales como la responsabilidad de las empresas por daños causados a los pasajeros y las mercancías, o a terceros en la superficie terrestre— y el reconocimiento de derechos particulares en aeronaves, no corresponden al ámbito de los poderes semilegislativos conferidos al Consejo de la OACI. La necesidad urgente de uniformidad legislativa en tales materias se relaciona con la concertación de distintas convenciones, la más importante de las cuales es la Convención de Varsovia, de 1929, sobre la unificación de ciertas normas referentes al transporte aéreo internacional. Un comité legal —compuesto por abogados expertos de todos los países miembros— fue establecido por la OACI como órgano permanente, con el objeto de preparar proyectos de convenciones que se someten a las Conferencias Internacionales especialmente convocadas.*

Los Estados miembros no están obligados a mantener las instalaciones de navegación aérea que sean necesarias para el funcionamiento seguro y eficiente de los servicios internacionales. Sin embargo, si el Consejo de la OACI estima que las instalaciones no son adecuadas, puede tratar el problema con el Estado directamente interesado y con los otros Estados afectados, y pueden llegarse a acuerdos de asistencia técnica o a acuerdos para que los aeropuertos y las otras instalaciones de navegación aérea sean operados por la OACI, o para el auxilio por parte de los demás Estados interesados para el mantenimiento de los servicios prestados por uno a varios Estados. Se han celebrado arreglos de ese tipo para la financiación conjunta de los servicios de la navegación aérea en algunos de los países pequeños de la costa

* Este Comité de expertos ha preparado varios proyectos de convención que han servido de base para la conclusión de acuerdos internacionales en conferencias convocadas por OACI. El primero de estos acuerdos es la Convención relativa a las ofensas y otros actos cometidos a bordo de aeronaves, firmada en Tokio en setiembre de 1963. El convenio entró en vigor en diciembre de 1968. Para fines de 1971, cincuenta y ocho Estados habían firmado la Convención, y cuarenta y siete la había ratificado. Las disposiciones de la Convención se aplican a aquellos actos que atenten contra la seguridad de la aeronave o de personas o bienes que se encuentren en ella. La ofensa ha de ser cometida a bordo de aereonaves registradas en un Estado contratante, mientras la aereonave en vuelo, en travesía por altamar o en cualquiera otra área fuera del territorio de un Estado. El Estado de registro de la aereonave es competente para ejercer jurisdicción sobre la ofensa.

Conforme a los términos de la Convención en Tokio, el capitán de la aereonave está facultado para adoptar determinadas medidas tendientes a preservar la seguridad de la aeronave y de las personas y bienes que se encuentren a bordo. El convenio incluye disposiciones sobre la custodia del sospechoso y su extradición y sobre el arreglo de diferencias que surjan por la aplicación o interpretación del acuerdo. (Para el texto de la Convención, véase *UNTS*, Vol. 704, Nº 10106.)

La Convención de Tokio contiene algunas normas generales relativas al secuestro de aereonaves, las cuales fueron posteriormente desarrolladas en la Convención para la supresión del secuestro ilícito de aeronaves que se suscribió en diciembre de 1970 en La Haya y entró en vigor en octubre de 1971. A fines de 1971, ochenta Estados habían firmado el acuerdo y quince lo habían ratificado.

La llamada "piratería aérea" se encuentra definida en la Convención de La Haya, que establece que una persona comete una ofensa cuando, a bordo de una aereonave en vuelo, en forma ilegal, mediante cualquier tipo de intimidación, amenaza o uso de la fuerza, secuestra o ejerce control de la aereonave o intenta realizar estos actos. Los Estados contratantes se obligan —conforme a los términos del acuerdo— a castigar la ofensa con una pena severa. La Convención se aplica sólo cuando el lugar de despegue o aterrizaje de la aereonave a bordo de la cual se ha cometido la ofensa se encuentra situado fuera del territorio del Estado de registro de esa aereonave.

La competencia de los Estados contratantes para ejercer jurisdicción cuando se ha realizado un secuestro debe extenderse no sólo a las ofensas cometidas a bordo de aereonaves registradas en ese Estado, sino que incluye, entre otros, el caso en que la aeronave en la cual se ha cometido la ofensa aterrice en el territorio de cualquier Estado contratante con el supuesto delincuente a bordo. Cada Estado contratante se obliga a adoptar las medidas necesarias para establecer su jurisdicción con respecto a la ofensa en aquellos casos en que el posible acusado se encuentre en su territorio y no lo extradite a cualquiera de los Estados que sean competentes para procesarlo.

del Atlántico del Norte, y para el manejo y financiación de una flota de barcos meteorológicos oceánicos en la misma región (Acuerdo sobre Estaciones Oceánicas del Atlántico del Norte, París, 25 de febrero de 1964 (215 *UNTS*, 249)). Cualquiera de estos acuerdos se basa en el libre consentimiento de todos los Estados participantes.

La creciente velocidad de las aeronaves, como consecuencia de la propulsión a chorro, ha creado la necesidad de servicios de control aéreo para cubrir zonas que se extienden más allá del territorio de los Estados individuales, especialmente en áreas donde la densidad del tráfico aéreo es desproporcionada a la extensión de los territorios nacionales. Seis Estados en Europa Occidental, incluyendo el Reino Unido, han establecido un servicio de control aéreo común para el espacio superior, llamado "Eurocontrol" (Convención firmada en Bruselas el 13 de diciembre de 1960, Cmnd. 1373, Misc, 1961: 5; *European Yearbook*, Vol IX, 1961, pp. 726-75). Se ha establecido una agencia internacional cuyos órganos funcionales tienen poder para contro-

El Estado en cuyo territorio se encuentre el supuesto delincuente debe mantenerlo bajo custodia hasta que se inicie el procedimiento de extradición o decida ese Estado asumir jurisdicción sobre el caso. Si opta por la segunda alternativa, el Estado contratante queda obligado —sin excepción alguna e independientemente de si la ofensa fue cometida o no en su territorio— a referir el caso a sus autoridades competentes para que el acusado sea sometido a proceso.

Cuando exista tratado de extradición entre Estados contratantes, o cuando la extradición no esté condicionada a la existencia de ese tratado, el secuestro de aereonaves será reconocido como ofensa que da lugar a extradición. Si la extradición queda sujeta a la existencia de un tratado y éste no existe, el Estado contratante que recibe la petición de extradición podrá discrecionalmente considerar a la Convención de La Haya como la base legal para la extradición del secuestrador de aereonaves.

La Convención establece reglas de cooperación entre los Estados contratantes y la OACI, También incluye disposiciones sobre el arreglo pacífico de controversias. (Para el texto de la Convención, véase: *International Legal Materials*, A.S.I.L., Vol. X, Nº 1, enero 1971.)

La Convención para la supresión de actos ilícitos contrarios a la seguridad de la aviación civil fue adoptada en Montreal, en setiembre de 1971. A fines de 1971, treinta y un Estados lo habían suscrito; ninguno lo había ratificado. La Convención entrará en vigor treinta días después de la fecha del depósito de los instrumentos de ratificación de diez Estados signatarios.

La Convención define los hechos ilícitos materia del acuerdo establecido que una persona comete una ofensa cuando, en forma ilegal e intencional, *a)* realiza actos de violencia en contra de personas a bordo de una aereonave en vuelo, poniendo en peligro la seguridad de la aereonave; *b)* destruye o causa daño a una aereonave en servicio; *c)* coloca en una aereonave en servicio dispositivos o sustancias que dañen o destruyan esa aereonave; *d)* destruye o daña los instrumentos de aereonavegación o interfiere con su operación; *e)* proporciona información falsa que afecte la seguridad de una aereonave en vuelo.

El ámbito de aplicación de la Convención está limitado a aquellos casos en que: *a)* el lugar de aterrizaje o despegue de la aereonave está situado fuera del territorio del Estado de registro de la aereonave; *b)* el acto ilícito se comete en territorio de un Estado que no es el del registro de la aereonave; *c)* el supuesto delincuente se encuentra en el territorio de un Estado que no es el del registro de la aereonave.

Los Estados contratantes deben adoptar las medidas necesarias para establecer su jurisdicción con respecto a actos contrarios a la seguridad de la aviación civil en los casos que la propia Convención determina. Las disposiciones sobre custodia, procesamiento, extradición y arreglo de diferencias, son similares a aquellas que contiene la Convención de La Haya. (Para el texto de la Convención, véase: *International Legal Materials* A.S.I.L., Vol. X, Nº 6, noviembre 1971.)

lar y dirgir el tráfico aéreo de gran altura sobre los territorios de todos los Estados participantes.

10.11   Transporte marítimo: la Organización Consultiva Marítima Intergubernamental

A pesar del carácter esencialmente internacional de la navegación, éste es uno de los campos donde la cooperación internacional entre los gobiernos está menos desarrollada. Los problemas que requieren soluciones internacionales han sido tratados por conferencias diplomáticas *ad hoc,* por medidas legislativas o administrativas uniformes en los países marítimos importantes, o por la acción conjunta de organizaciones navieras privadas. Aun la necesidad vital de reglas uniformes para el tráfico en el mar fue subsanada en un principio por las legislaciones nacionales, tomando como modelo el Acta de Navegación Mercante Británica de 1862, sin base en ningún instrumento jurídico internacional. Algunas conferencias internacionales celebradas a fines de siglo, y luego en 1929, 1948 y 1960, han recomendado normas revisadas para que se adopten por parte de los gobiernos, sin darles forma de convenio. Sobre otras materias, referentes a la seguridad de la vida en el mar, se han celebrado algunos convenios (1914, revisado en 1929, 1948 y 1960) y un Convenio de Líneas de Carga que se concluyó en 1930. Especialmente por iniciativa del Comité Marítimo Internacional —organización no gubernamental— se han concertado varios convenios sobre materias tales como la responsabilidad por daños causados por choques en el mar (1910), la jurisdicción penal en relación con los choques (1952), el transporte marítimo de productos (1924) y de pasajeros (1957), y la limitación de la responsabilidad de los propietarios de barcos (1924, revisado en 1957). Un convenio especial sobre responsabilidad originada por barcos a propulsión nuclear se celebró en 1962.*

Estas materias no se incluyeron dentro del ámbito de actividad de la Liga de las Naciones, si bien su Comité de Transporte y Comunicaciones incluyó en su trabajo diversas cuestiones marítimas e inició convenios en materias tales como el régimen de los puertos marítimos (1923) y la uniformidad de los sistemas de boyas e iluminación de las costas (1930).

Después de la segunda Guerra Mundial, se consideró conveniente continuar y ampliar la cooperación marítima de los tiempos de guerra entre las potencias aliadas. En una conferencia celebrada en Ginebra en 1947, se firmó un convenio para el establecimiento de la Organización Consultiva Marítima Intergubernamental (OCMI) (289 *UNTS,* 48). Muchos países dudaron por varios años antes de ratificar el convenio, algunos por considerar los propósitos y las funciones de la Organización demasiado amplios

---

* Otras convenciones recientemente adoptadas por IMCO son: la Convención para la prevención de la contaminación del mar por el petróleo (1964), reformada en 1969; la Convención relativa a la intervención en alta mar en casos de accidente debidos a la contaminación petrolera, de 1969; la Convención relativa a la responsabilidad civil por daños causados por contaminación pertolera, de 1969.

con respecto a los aspectos comerciales de la industria naviera, otros hallando sus poderes insuficientes para proteger los intereses de los países que confían su comercio marítimo a naves extranjeras. No fue sino en 1958 cuando el convenio entró en vigor, después de haber recibido el número necesario de ratificaciones.

La estructura institucional de la Organización se ajusta al modelo común de los Organismos Especializados. Se compone de una Asamblea, un Consejo y una Comisión de Seguridad Marítima, además de ciertos órganos subsidiarios y una Secretaría. La sede de la Organización está en Londres.

10.12 Derechos y obligaciones de los Estados miembros

Es una característica de la OCMI el no tener poderes de supervisión o reguladores. Como su nombre lo indica, el objeto de sus funciones es de consulta, y los Estados miembros no tienen la obligación legal de seguir las recomendaciones adoptadas por la Organización. Ésta ha tomado la responsabilidad de convocar conferencias para la adopción de convenios en cuestiones reltivas a la seguridad de la navegación y a otras materias técnicas marítimas —tales como fijar patrones uniformes para la medición del tonelaje y la prevención de la contaminación del mar. Lo que antes se consideraba en conferencias diplomáticas *ad hoc*, ahora es tratado dentro del marco institucional permanente de la Organización. El hecho de que actualmente se celebren conferencias y se firmen convenios, con los auspicios de la Organización, no ha restringido la libertad de los Estados para participar en cualquier conferencia o ser parte en cualquier convenio.

Según el instrumento constitutivo, los objetivos de la Organización incluyen no sólo promover la cooperación en materia técnica, sino también la supresión de conductas discriminatorias (diferentes de las medidas protectoras de los intereses navieros nacionales), la supresión de restricciones innecesarias por parte de los gobiernos que afectan la nevagación internacional, así como la consideración de prácticas restrictivas o desleales por parte de empresas navieras. Sin embargo, al ratificar la Convención, varios Estados miembros dejaron constancia de que reservaban su posición, con respecto a cualquier medida en este campo y, de hecho, la Organización no ha extendido hasta ahora sus' actividades a materia de prácticas comerciales o de política económica. En especial, la Organización no ha interferido de ninguna manera con las llamadas conferencias navieras, es decir, acuerdos celebrados entre los intereses navieros que sirven rutas determinadas, para fijar las tarifas de pasajeros y de carga. Como consecuencia del principio de libre acceso a los puertos marítimos, tales acuerdos no están sujetos a la aprobación de los países interesados; y es problemático precisar hasta qué punto esas conferencias navieras caen dentro de la competencia de las autoridades nacionales en el ámbito de las prácticas comerciales restrictivas.

10.13 TRANSPORTE POR FERROCARRIL, POR CARRETERA Y POR VÍAS ACUÁTICAS INTERIORES

Los problemas legales relativos a estos medios de transporte no son, por razones geográficas, ni globales ni tan extensos como otros problemas de transporte y de comunicación. Sin embargo, se ha organizado la cooperación internacional sobre bases regionales, donde la necesidad del transporte a través de las fronteras nacionales se ha hecho más notoria, inclusive en Europa. Como consecuencia de tales condiciones, si bien existen varias instituciones regionales, no se ha creado ningún Organismo Especializado vinculado con las Naciones Unidas. Algunos aspectos de la coordinación a largo plazo del transporte interno, y ciertas cuestiones particulares de carácter mundial, son considerados por la Comisión de Transporte y Comunicaciones del Consejo Económico y Social.

En el campo del trasporte ferroviario, tradicionalmente se hace una distinción entre la cooperación intergubernamental y la cooperación entre administraciones ferroviarias. Sin embargo, la importancia legal de esta distinción es insignificante en regiones como Europa, donde los principales ferrocarriles son controlados por el Estado. Se han establecido una serie de organizaciones y se han firmado convenios, especialmente entre países europeos, para la cooperación en materia técnica, y con relación al transporte de mercancías y pasajeros (para más detalles ver Michelet, *Les Transports au sol et l'organisation de l'Europe*).

El transporte por carretera es una materia que requiere regulaciones internacionales, no sólo dentro de cada uno de los principales continentes, sino también a escala mundial. El Consejo Económico y Social y sus comisiones regionales han examinado cuestiones que caben dentro de este título, pero no se ha establecido ninguna institución internacional que goce de especial competencia en este campo.

En 1949, el Consejo Económico y Social convocó una conferencia en Ginebra, que adoptó la Convención Mundial de Tránsito por Carretera, estableciendo las reglas básicas uniformes de la carretera. En materia de avisos y de señales viales, la Conferencia no pudo conciliar los diversos sistemas aplicados en las distintas partes del mundo, pero adoptó un protocolo opcional y recomendó mayores esfuerzos hacia el logro de un sistema mundial uniforme. También se firmó un acuerdo Europeo que periódicamente es revisado y adicionado por el Comité de Transporte Interno de la Comisión Económica de Europa.

Este cuerpo preparó, además, la Declaración de Construcción de las Principales Arterias de Tránsito Internacional, de 1950, que designa las rutas importantes de acuerdo con ciertas especificaciones uniformes. Igualmente, preparó varios convenios sobre aspectos técnicos, legales y fiscales del transporte de mercaderías por carretera.

En el hemisferio americano, el Congreso Panamericano de Carreteras ha celebrado varias sesiones desde 1925. En 1936, firmó una Convención por la que dispuso que se creara una comisión de expertos técnicos para coordinar los trabajos de construcción de las partes inconclusas de un sistema de carreteras que una las distintas partes del continente.

Con respecto al transporte por vías acuáticas interiores, cada sistema de canales y cada cuenca fluvial posee sus propias normas, aparte del principio general de la libertad de navegación en los ríos internacionales (ver 6.08).

10.14 COMUNICACIONES POSTALES. LA UNIÓN POSTAL UNIVERSAL

El desarrollo de las comunicaciones postales a través de las fronteras nacionales, en la primera mitad del siglo XIX, engendró la necesidad de una regulación internacional para la cooperación entre las administraciones postales. En un principio, esta necesidad se satisfizo mediante la celebración de acuerdos entre pares de países con intereses comunes. A medida que los principios comprendidos en estos acuerdos tendían a la uniformidad, y debido al constante aumento de las comunicaciones internacionales, surgió naturalmente la idea de crear un sistema multilateral de reglas y procedimientos en esta materia. En una conferencia celebrada en Berna, Suiza, en 1874, los representantes de veintidós países acordaron establecer una Unión Internacional, que desde 1789 se denomina la Unión Postal Universal (UPU) (Peaslee, II, p. 1818). En 1947, la Unión celebró un acuerdo con las Naciones Unidas por medio del cual se la reconocía como un Organismo Especializado, según el sentido de la Carta.

El acta constitutiva de la Unión inicialmente fue la Convención Postal Universal, que ha sido revisada frecuentemente. En el Congreso de Viena, de 1964, se adoptó una nueva Constitución de la Unión como instrumento separado.

La Unión incluye entre los países miembros no sólo los Estados soberanos sino también ciertos territorios o grupos de territorios que tienen su administración postal propia. Algunos gobiernos y regímenes —como la República Democrática Alemana y la República Popular China— que no han sido admitidos como miembros por la oposición de los Estados que no los han reconocido, están asociados informalmente a la Unión y quedan, por ello, incluidos en la red universal de servicios postales.

Los órganos de la Unión son: el Congreso, un Consejo Ejecutivo, las Conferencias Administrativas, varias Comisiones y la Oficina Internacional.

10.15 DERECHOS Y OBLIGACIONES DE LOS MIEMBROS

Las obligaciones de los países miembros resultan de las disposiciones de la Convención Postal Universal, que es obligatoria para todos aquéllos. Ella regula el servicio de correspondencia. Algunos Acuerdos adicionales concernientes a otros servicios, tales como las cartas aseguradas, los paquetes postales, los giros postales, etcétera, son sólo obligatorios para los miembros que se han adherido a ellos. Además, la costumbre ha establecido ciertos principios dentro del marco de la Unión y se adoptan regulaciones detalladas para la ejecución de la Convención y de los Acuerdos mediante asentimiento común de los países miembros.

Ni el Congreso, ni ningún otro órgano de la Unión, tiene poderes legislativos. La Convención es firmada por los delegados a la Conferencia y está sujeta a ratificación. Sin embargo, es práctica común que se disponga una fecha determinada para que comience a regir, independientemente del número de ratificaciones efectuadas hasta entonces, y también que todas las disposiciones adoptadas por el Congreso anterior queden abrogadas a partir de tal fecha. Como por lo general ningún país quiere privarse de la cooperación postal internacional, la nueva Convención se aplica provisionalmente también en aquellos Estados firmantes que no la han ratificado en la fecha de su entrada en vigor. Por ello, la práctica ha creado, en realidad, una especie de aceptación tácita de la nueva Convención.

El principio básico de la Convención —también establecido en el primer artículo de la Constitución— afirma que los países miembros constituyen "un solo territorio postal para el intercambio recíproco de la correspondencia". Sin embargo, esto no significa que se haya establecido ninguna administración postal supranacional, ni que los miembros hayan abdicado, en forma alguna, su soberanía territorial en materia postal. Simplemente significa que se comprometen recíprocamente a enviar y distribuir la correspondencia proveniente de otros países miembros, de acuerdo con las reglas establecidas en la Convención.

En observancia de este principio, se garantiza la libertad de tránsito a través de todo el territorio de la Unión. Cada administración nacional debe enviar la correspondencia que le ha sido entregada, por la ruta más rápida y sin discriminación. El país de tránsito no puede someter las piezas de correspondencia a ningún control o retención. La Convención dispone una sanción contra el país que deje de observar la libertad de tránsito, en cuanto da plena libertad a las administraciones de los otros países para descontinuar sus servicios con el país transgresor.

La parte II de la Convención contiene disposiciones detalladas con respecto al envío de cartas. Las tarifas que deben pagarse por el envío de correspondencia a través de la Unión se fijan con relación a una unidad monetaria equivalente al viejo franco oro, dejándose cierto margen dentro del cual las administraciones locales pueden fijar las tarifas en sus monedas nacionales.

Es regla fundamental que cada administración retiene la totalidad de la tarifa que ha cobrado, sin compartirla con el país de destino. En caso de correspondencia enviada en tránsito, a través de terceros países, o enviada directamente por barco entre dos países, el país de origen tiene que pagar tarifas de tránsito de acuerdo con las normas establecidas por la Convención.

La Convención establece otras normas en relación con piezas por expreso, piezas certificadas, artículos prohibidos, control aduanero, etcétera. También dispone que la correspondencia dirigida a, o enviada por prisioneros de guerra o por internos civiles —según los define la Convención de Ginebra de 1949— estará exenta de tarifas postales.

La Oficina Internacional ofrece facilidades para la liquidación de las cuentas por razón de los servicios postales internacionales, a las administraciones nacionales, como oficina de compensaciones. Otra función de la Oficina Internacional es dar opiniones a las administraciones nacionales en materia de interpretación de la Convención o de otras normas. Si bien esas opiniones no son de aceptación obligatoria, generalmente se aceptan, lo cual también sucede en casos de controversias entre dos partes. Según las disposiciones de la Convención, las controversias que no pueden resolverse de esta manera, se someten a arbitraje. Los árbitros son elegidos normalmente por las administraciones nacionales no interesadas directamente en la controversia, pero las partes pueden acordar la designación de un solo árbitro, que puede ser la Oficina Internacional.

10.16 TELECOMUNICACIONES. UNIÓN INTERNACIONAL DE TELECOMUNICACIONES

La cooperación internacional institucionalizada en este campo data del establecimiento de la Unión Telegráfica Internacional, en 1865. Más tarde, el desarrollo de las radiocomunicaciones llevó al establecimiento de una Unión Radiotelegráfica Internacional, en 1906. En 1932, estas dos Uniones se fusionaron en la nueva Unión Internacional de Telecomunicaciones que, en 1948, se vinculó con las Naciones Unidas y fue reconocida como Organismo Especializado en el campo de las telecomunicaciones (Peaslee, II, p. 1397).

La base jurídica de esta Unión es la Convención Internacional de Telecomunicaciones, cuya última versión fue firmada en la Conferencia de Montreux, de 1965, y comenzó a regir el 1º de enero de 1967, remplazando convenios anteriores. Además de los miembros regulares, la Convención acepta como miembros asociados a los países, territorios o grupos de territorios que no son completamente responsables de la dirección de sus relaciones internacionales. Los miembros asociados tienen los mismos derechos y obligaciones que los miembros regulares, salvo el derecho del voto.

El órgano supremo de la Unión es la Conferencia de Plenipotenciarios. Existe también un Consejo de Administración, Conferencias Administrativas y dos Comités Consultivos.

Un órgano de carácter especial es la Junta Internacional de Registro de Frecuencias. Está compuesta por cinco miembros elegidos por la Conferencia Administrativa de Radio. Sus funciones no son de representantes de sus países respectivos o de región alguna, sino de "custodios de un fideicomiso público internacional" (Convención, Art. 13, par. 5 (I)). Varias disposiciones tienen como fin salvaguardar su independencia e imparcialidad. Fuera de su trabajo en la Junta, a ellos no se les permite pedir ni recibir instrucciones de ningún gobierno, ni de organización pública o privada alguna, y tampoco deben participar o tener intereses financieros en ninguna rama de las telecomunicaciones.

10.17 DERECHOS Y OBLIGACIONES DE LOS MIEMBROS

La Convención establece una serie de obligaciones básicas, que los Estados miembros —y los miembros asociados— han aceptado al convertirse en partes de la Convención. Las más importantes son las siguientes:

Los gobiernos reconocen el derecho del público de comunicarse por medio del servicio internacional de correspondencia pública. Esta libertad de comunicación debe ser asegurada sin discriminación, en lo que respecta a servicios y tarifas, y las seguridades deben ser las mismas para todos los usuarios en cada categoría de correspondencia, sin ninguna prioridad o preferencia. La trasmisión de un telegrama privado, sin embargo, puede ser detenida, y las comunicaciones telefónicas o telegráficas privadas pueden ser interrumpidas, si se consideran peligrosas para la seguridad del Estado, o contrarias a sus leyes, al orden público o a la decencia.

Se reconoce el derecho al secreto de la correspondencia internacional, pero subordinado al derecho que tienen las autoridades públicas para tomar medidas contra la violación del derecho interno y de las convenciones internacionales. La Convención reconoce que los Estados miembros no tendrán responsabilidad para con los usuarios de los servicios internacionales de telecomunicación, especialmente con respecto a las reclamaciones por daños.

Con excepción de la obligación general de dar igual tratamiento a todos los usuarios, se dispone que se dará prioridad absoluta a las telecomunicaciones concernientes a la seguridad de la vida en el mar, la tierra o el aire, y a las telecomunicaciones epidemiológicas de la Organización Mundial de la Salud, en casos especialmente urgentes. Además, los telegramas del gobierno gozan de prioridad cuando así lo solicita el remitente.

Un gran número de otras obligaciones están comprendidas en las regulaciones adoptadas por las conferencias administrativas. Existen regulaciones diferentes en materia de comunicaciones telegráficas, telefónicas y de radio. No es muy claro el carácter jurídico de estas regulaciones. En principio, ellas son obligatorias para todos los miembros y los miembros asociados. Pueden ser revisadas por una Conferencia Administrativa, pero no parece que ningún miembro o miembro asociado quede legalmente obligado por la revisión hasta que haya informado al secretario general de su aprobación. Además, se permite que los gobiernos puedan formular reservas sobre puntos específicos; esta facultad ha sido ampliamente utilizada. Las regulaciones telefónicas, según sus propios términos, sólo son aplicables a la red telefónica europea y a los países que se consideran a sí mismos unidos a ella.

Cualquiera que pueda ser exactamente el caráccter jurídico de las regulaciones, es un hecho que ellas constituyen un importante y bastante efectivo conjunto de reglas referentes a la operancia práctica de los servicios de telecomunicación. Esto también es cierto con respecto a los servicios de radio, que crean problemas especiales debido al alcance limitado del espectro de frecuencias. Si cada país fuera a escoger las frecuencias que han de usarse por las estaciones de su territorio, sin considerar las de los otros países, el resultado sería un caos, y la eficacia general de lo sservicios de todas las naciones se vería seriamente perjudicada. Para resolver este problema, la Convención establece el principio general de que todas las estaciones de radio deben ser organizadas y operadas de manera tal que no interfieran en forma perjudicial los servicios o las comunicaciones de otros países.

Las Regulaciones de Radio contienen disposiciones detalladas para la distribución de frecuencias a los distintos tipos de servicios (marítimo, aeronáutico, radionavegación, radiodifusión, investigación científica, etcétera) en las diversas regiones. Las necesidades particulares de las comunicaciones espaciales se han tenido en cuenta por medio de una revisión parcial de las Regulaciones de Radio en 1963, por la cual algunas bandas de frecuencia han sido destinadas a diversos fines de radio comunicación espacial, tales como las comunicaciones entre las estaciones terrestres por vía satélite, la radiodifusión vía satélite, la trasmisión de observaciones meteorológicas y otras mediciones desde un satélite, la trasmisión de señales a un satélite para controlar su funcionamiento, etcétera.

En lo que se refiere a la distribución específica de frecuencias a los diversos países, las reglas son menos completas. En algunas regiones se han adoptado planes sobre la distribución de frecuencias para la radiodifusión, y planes universales para servicios especiales (estaciones marítimas, costeras y móviles, y servicios aeronáuticos), pero ni la Convención ni las Regulaciones disponen una asignación general que cubra todos los servicios sobre bases universales. Los miembros tienen la obligación, sin embargo, de notificar a la Junta Internacional de Registro de Frecuencias culaquier asignación de frecuencia a una estación, si ello pudiere causar interferencia perjudicial a algún servicio de otro país, o si la frecuencia ha de ser para la radiocomunicación internacional. La Junta examina la notificación respecto de su conformidad con la Convención y la Regulación, y la posibilidad de interferencia perjudicial a cualquier estación previamente reconocida o establecida. Si la Junta no halla objeción, la asignación de frecuencia se inscribe sin reservas en el Registro Mayor Internacional de Frecuencias, y con ello recibe el reconocimiento universal y el derecho de protección contra interferencias perjudiciales por parte de otras estaciones. Si la asignación no está de conformidad con los requisitos de la Regulación, la administración nacional es informada de las objeciones de la Junta. Sin embargo, el establecimiento y la operancia de la estación no pueden ser formalmente prohibidos por la Junta, y la asignación debe inscribirse en el Registro Mayor, si bien con cierta reserva, si el gobierno insiste. Según las Regulaciones de Radio revisadas en 1963, se han asignado algunas bandas de frecuencias, con iguales derechos, al servicio espacial y al servicio general fijo o móvil. Dentro de estas bandas, las asignaciones de frecuencias a las estaciones de un servicio deberán ser coordinadas con las asignaciones a las estaciones del otro; y si las administraciones correspondientes no coordinan sus asignaciones, cualquiera de ellas podrá requerir a la Junta para que haga dicha coordinación.

Si bien respetando el derecho de un gobierno de elegir las frecuencias que que prefiera dentro de las bandas asignadas a ese servicio particular, las Regulaciones han instituido un sistema que hasta cierto punto salvaguarda los objetivos de una cooperación internacional ordenada en este campo.

SECCIÓN III.   PROTECCIÓN LABORAL, BIENESTAR SOCIAL Y SALUD

10.18   ORGANIZACIÓN INTERNACIONAL DEL TRABAJO

La cooperación internacional institucional para la protección de los derechos de los trabajadores ha dejado su huella en diversos aspectos del derecho internacional. En este libro, se ha hecho mención varias veces de la Organización Internacional del Trabajo como una institución que ha marcado nuevos rumbos al adoptar nuevos y progresistas métodos legales.

La estructura institucional ya se mencionó en 2.03, y se señaló que el carácter tripartito resultante de la representación de los gobiernos, de los trabajadores y de los patronos fue una atrevida innovación al establecerse la OIT, después de la primera Guerra Mundial, y todavía es un rasgo característico de ella. Sin lugar a dudas, la OIT ha contribuido singularmente a la integración de la comunidad mundial, agrupando tanto a los trabajadores como a los patronos —con independencia de su nacionalidad— y estableciendo, por ello, lazos de solidaridad a través de las fronteras nacionales.

Su logro práctico principal ha sido la creación de un cuerpo de disposiciones jurídicas para la protección de los trabajadores. Desde la adopción de la Declaración de Filadelfia, durante la segunda Guerra Mundial, reiteradamente se ha hecho hincapié en que éste es un importante aspecto de la protección internacional de los derechos individuales fundamentales, según se explicó con más detalle en 8.22.

Para la elaboración de este cuerpo de leyes laborales internacionales —que tiene por objeto producir efectos dentro de la estructura de los derechos internos— se adoptaron nuevas técnicas legales, como se mencionó en 4.05. Se utiliza la forma tradicional de convenciones internacionales, pero se ha simplificado el procedimiento de celebración de los tratados —especialmente mediante la omisión de la firma por los Estados contratantes— y, además, se han desarrollado otros aspectos. En especial, una Convención adoptada por la Conferencia Internacional del Trabajo se comunica a los gobiernos miembros para su ratificación. Dentro del término de un año —o, excepcionalmente, de dieciocho meses— cada gobierno debe presentar la Convención a la autoridad interna a quien corresponda la materia, para la adopción de leyes o de otras medidas pertinentes. En la práctica de la Organización esto significa que la convención deberá someterse al parlamento nacional, o si tal cuerpo no existe, al órgano político más representativo del pueblo. Al presentar la Convención, el gobierno debe proponer las medidas que han de tomarse, o es posible que estime que no se necesita tomar ninguna medida, o que ninguna resulta factible. El gobierno no tiene la obligación de proponer, ni el parlamento la de aprobar la ratificación de la Convención, pero el procedimiento sirve para promover el debate y movilizar la opinión pública en favor de la ratificación. Si la autoridad competente otorga su consentimiento, un instrumento formal de ratificación deberá depositarse ante el director general.

Para asegurar la observancia de este procedimiento, la Constitución de la OIT requiere que los gobiernos miembros informen al director general sobre las medidas que hayan tomado para someter la Convención a las autoridades competentes. Más aún, el Consejo de Administración puede, a intervalos oportunos, pedir a aquellos gobiernos que no hayan ratificado la convención, un informe sobre las leyes nacionales y las prácticas que se siguen en la materia tratada por la Convención, y una explicación sobre las dificultades que demoren o impidan su ratificación.

Otro aspecto en el cual la OIT ha abierto nuevos rumbos se refiere a la supervisión de la forma como se cumplen las obligaciones establecidas en los tratados. Como se expresa en 8.22, cada gobierno tiene la obligación, con respecto a las Convenciones ratificadas, de informar sobre las medidas que ha tomado para cumplir sus obligaciones resultantes de ellas. El Consejo de Administración determina la forma y especificaciones de estos informes.

Todos los informes anteriormente mencionados se examinan por un Comité de Expertos independientes, nombrados por el Consejo de Administración. Este Comité no tiene poderes o funciones judiciales, pero puede expresar su opinión crítica directamente al gobierno interesado, o en un informe a la Conferencia Internacional del Trabajo, donde pueden ser llamados los representantes de los gobiernos incumplidores para responder a la crítica.

En último término, la Organización Internacional del Trabajo ha establecido procedimientos especiales para la tramitación de las reclamaciones y el arreglo de los conflictos (en 11.29 se hace un análisis del procedimiento establecido en su Constitución). Otra innovación interesante es el procedimiento adoptado en 1949 por el Consejo de Administración de acuerdo con el Consejo Económico y Social, relativo a pretendidas violaciones de la libertad de asociación (derechos de los gremios obreros). Según este procedimiento, las reclamaciones de los gobiernos, de los gremios obreros o de las asociaciones patronales se someten a un comité tripartito de nueve miembros del Consejo de Administración, que examina la reclamación e informa al Consejo de Administración. En un principio, la función del comité era decidir si una reclamación era aceptable y debía ser referida a una Comisión independiente de investigación de los hechos y de conciliación; pero, como esta Comisión sólo podía ser convocada con el consentimiento del gobierno contra el cual se reclamaba, y tal consentimiento nunca era prestado, en la práctica, el comité llegó a asumir funciones más amplias, y ahora examina el fondo de la reclamación. Su sanción máxima es la publicidad que puede darse a sus conclusiones. Un aspecto importante de este procedimiento reside en que se tramitan reclamaciones incluso contra los gobiernos que no han ratificado ninguna de las Convenciones sobre los derechos de los gremios obreros. Sin estar legalmente obligado por una Convención a respetar la libertad de asociación, un Estado miembro puede, de ese modo, ser sometido a una presión de tipo institucional con el fin de hacerlo respetar esta libertad. Puede argumentarse que, como resultado de esta evolución, la libertad de asociación ha llegado a ser uno de los principios generales de derecho en que se basa la participación, como miembro, en la OIT, con mayor razón por cuanto la estructura tripartita de la Organización se haría ilusoria si esa libertad no fuese respetada por los Estados miembros.

10.19 SALUD. ORIGEN Y ESTRUCTURA DE LA ORGANIZACIÓN MUNDIAL DE LA SALUD

Desde mediados del siglo pasado se ha reconocido la necesidad de la cooperación internacional en la lucha contra las enfermedades epidémicas. Durante la segunda mitad del siglo, se realizaron varias Conferencias Sanitarias y se hicieron algunos progresos —aunque no muchos— hacia un acuerdo sobre las medidas para prevenir la propagación de epidemias.

Un resultado importante fue la introducción de medidas de cuarentena, y el control de las peregrinaciones a la zona del Mar Rojo. Pasos decisivos fueron el establecimiento de dos instituciones permanentes, la Oficina Sanitaria Panamericana, en 1902, y la Oficina Internacional de Higiene Pública, en París, en 1907.

La Oficina de París fue puesta bajo la dirección de un Comité Permanente, compuesto por un representante de cada Estado participante. Sus funciones eran suministrar informaciones a los gobiernos sobre las enfermedades infecciosas y sobre las medidas tomadas para combatirlas, proponer revisiones a las Convenciones Sanitarias Internacionales para mantenerlas al día, y actuar como órgano consultivo en relación con la interpretación y aplicación de estas Convenciones. Dicha Oficina continuó su existencia independietne incluso después de la constitución de una Organización de la Salud dentro del marco estructural de la Liga de las Naciones. Esta última Organización se ocupó de la recolección e intercambio de informaciones relativas a salud pública, estudio de enfermedades y nutrición, establecimiento de patrones biológicos; asimismo, presta asistencia técnica a los gobiernos. Fuera del marco de la Liga, pero por iniciativa de la Oficina de París, una nueva Convención Sanitaria se concluyó en 1926 y fue revisada en 1938.

El fin de la segunda Guerra Mundial creó una apremiante necesidad de trabajos de beneficencia social internacional, con la inclusión de la asistencia médica. La Administración de Socorro y Rehabilitación de las Naciones Unidas realizó importantes trabajos en este campo, no sólo prestando ayuda a los gobiernos, sino también directamente como agencia ejecutiva. Al mismo tiempo, había urgente necesidad de reorganizar la cooperación internacional en materia de salud, sobre bases permanentes, y el Consejo Económico y Social de las Naciones Unidas, en su primera sesión en 1946, decidió convocar una Conferencia Internacional de la Salud. La conferencia se reunió en Nueva York, el mismo año, y adoptó la Constitución de la Organización Mundial de la Salud (14 UNTS, 185). La Constitución entró en vigor en 1948, y la Organización Mundial de la Salud fue reconocida como Organismo Especializado de las Naciones Unidas. Asumió las funciones de la Oficina de París, que dejó de existir.

Todos los Estados independientes pueden ser miembros. Los territorios o grupos de territorios que no son totalmente soberanos pueden ser admitidos como miembros asociados. Sus representantes deberán ser expertos en salud pública y elegidos entre la población local.

La Organización Mundial de la Salud se conforma según el esquema estructural de los Organismos Especializados. Hay una Asamblea que se reúne anualmente, compuesta por delegados de todos los Estados miembros, y cada delegación tiene un voto. Es expresamente requerido que los delegados sean personas especialmente calificadas en el campo de la salud, y que con preferencia, representen a la administración de Salud pública nacional de cada Estado miembro. Existe, además, un Consejo Ejecutivo compuesto por representantes de veinticuatro Estados miembros, elegidos para tres años por la Asamblea, y una Secretaría encabezada por un director general.

En mayor medida que otros organismos especializados, la OMS se basa en la cooperación regional dentro del marco global de la institución. Con el consentimiento de una mayoría de los Estados miembros situados dentro de una zona geográfica, la Asamblea puede establecer una institución regional para atender a las necesidades especiales de cada zona. Cada una de esas instituciones regionales consta de un Comité Regional compuesto por los representantes de los miembros y de los miembros asociados dentro de la zona, y una Oficina Regional. Sus funciones principales son establecer una política en materias de carácter exclusivamente regional y ejercer funciones que le hayan sido delegadas por la Administración Central. Las funciones consultiva y de ayuda a los Estados miembros son algunas de las que han sido delegadas. La Oficina Sanitaria Panamericana se ha integrado como una organización regional de la OMS, y se han establecido otras distintas.

10.20 DERECHOS Y OBLIGACIONES DE LOS ESTADOS MIEMBROS

La naturaleza de las funciones ejercidas por la OMS es tal que la coordinación y la cooperación voluntarias juegan un papel predominante. Estas funciones no requieren que los Estados miembros contraigan obligaciones legales entre ellos o con respecto a la organización, fuera de su contribución financiera ordinaria. Esto es aplicable a la promoción y ayuda para la investigación médica, el intercambio de conocimientos científicos, el asesoramiento y ayuda a las autoridades nacionales para combatir enfermedades y organizar servicios de salud pública, etcétera.

En lo referente a las funciones reguladoras, la constitución prevé varios procedimientos. Uno es similar al de la OIT para la adopción de convenciones o acuerdos internacionales. Se necesita una mayoría de los dos tercios de votos de la Asamblea para la adopción de tales documentos. Dentro de un periodo de dieciocho meses, cada gobierno debe resolver sobre la aceptación de la convención o acuerdo, que entran en vigor en los Estados después de su aceptación. Un gobierno que no acepte la convención debe explicar el porqué. Sin embargo, este procedimientos juega un papel insignificante en la práctica de la OMS.

Mayor importancia tiene el procedimiento para la adopción de la regulaciones. Ellas pueden referirse a las siguientes materias: requisitos sanitarios y de cuarentena; nomenclatura de las enfermedades y de las causas de mortalidad; patrones de diagnósticos; patrones de seguridad, pureza y potencia de los productos biológicos y farmacéuticos que circulan en el comercio internacional, y propaganda y denominación de tales productos. Las regulaciones dictadas por la Asamblea son obligatorias para todos los Estados miembros —hayan o no votado a favor sus representantes—, quedando subordinadas las regulaciones al derecho del Estado de declarar, dentro de cierto lapso que rechaza la regulación o que formula alguna reserva con respecto a ciertos puntos. Éste es un ejemplo importante del tipo de regulaciones tratadas en 3.36.

Los poderes así conferidos a la Asamblea Mundial de la Salud —de legislar para los Estados miembros— no se han usado en su totalidad. Se han establecido patrones para drogas y otras sustancias terapéuticas, y se ha adoptado una farmacopea internacional, pero no como documentos legalmente obligatorios, sino como pautas para la regulación nacional. Por otra parte, se han dictado regulaciones formalmente obligatorias sobre nomenclatura de enfermedades, heridas y causas de mortalidad (1948), que facilitarán la compilación y publicación de estadísticas de salud en escala mundial. Las Regulaciones Sanitarias Internacionales adoptadas en 1951 son otro ejemplo importante. Tienen el especial e importante efecto legal de abrogar y remplazar una serie de tratados entre los Estados obligados por ellas, incluyendo la básica Convención Sanitaria de 1926. Para impedir la desaparición general de las obligaciones previamente existentes, en virtud de convenciones anteriores, se establece un procedimiento especial para la formulación de reservas. Especialmente, ninguna reserva es válida mientras no haya sido aceptada por la Asamblea Mundial de la Salud.

Las Regulaciones Sanitarias Internacionales establecen, con algún detalle, los derechos y obligaciones de las autoridades nacionales de salud pública con respecto a las medidas de cuarentena que deben tomarse para evitar la propagación de ciertas enfermedades infecciosas. Disponen que cuando un área local se contamina con alguna de estas enfermedades, la correspondiente autoridad nacional de salud pública deberá notificarlo a la OMS; y ésta deberá comunicar toda la información así recibida a las otras autoridades nacionales de salud pública. Las Regulaciones no confieren atribuciones especiales a la OMS, fuera de esta función de organismo centralizado de información epidemiológica.

(El procedimiento para la solución de controversias sobre la interpretación y aplicación de las Regulaciones se trata en 11.29.)

10.21 Control de los narcóticos

Los peligros para la salud y el bienestar humanos inherentes a la afición por las drogas narcóticos han sido reconocidos como materia de preocupación internacional. La primera convención internacional dirigida a evitar el abuso de las drogas narcóticas se concluyó en La Haya, en 1912, y desde entonces se le han sumado una serie de otras convenciones y acuerdos. Se establecieron varios organismos internacionales de control, y las regulaciones internacionales en la materia se hicieron extremadamente complejas, sin que por ello se evitara de manera efectiva el abuso. En 1948, el Consejo Económico y social decidió preparar una convención única que remplazara las convenciones y acuerdos anteriores, y que llenara los vacíos de la organización existente. Después de muchos años de estudios preparatorios y de negociaciones, se firmó una Convención Única sobre Estupefacientes, el 30 de marzo de 1961 (UN Doc. E/Conf. 34/22; Cmnd. 1580 Misc. 1962: I). Entrará en vigor cuando haya sido ratificada por cuarenta Estados.*

La Convención de 1912 disponía que las drogas narcóticas debían usarse con fines médicos y científicos exclusivamente; la producción y la distribución del opio crudo debían estar sometidas a control nacional, y el comercio de narcóticos sólo podía ejercerse con licencia gubernamental. Por una convención de 1925, se creó un Comité Central Permanente del Opio. Debía estar compuesta por ocho miembros independientes y vigilar el comercio internacional del opio y de otras drogas narcóticas, sobre bases de las informaciones estadísticas de los gobiernos. Por una Convención posterior, celebrada en 1931, los gobiernos deben presentar estimativos anuales de sus necesidades para fines médicos y científicos. Tales estimativos se examinan por un Órgano de Fiscalización de Estupefacientes —compuesto por cuatro miembros nombrados por diversos órganos internacionales— y se confía al Comité la misión de asegurar que los gobiernos no se excedan de los estimativos de importaciones aprobados por aquélla. Si la información estadística recibida por el Comité indica que se ha producido algún exceso, aquélla debe informar a las otras partes contratantes, las que entonces tienen la obligación de imponer un embargo sobre las ulteriores importaciones al país en cuestión.

En 1936 se realizó una convención para la supresión del tráfico ilícito de drogas peligrosas. Las partes contratantes asumieron la obligación de imponer penas severas al tráfico ilícito, y la jurisdicción penal de los Estados se extendió para abarcar delitos cometidos en el extranjero.

La Convención Única sobre Estupefacientes, de 1961, remplazó a los dos

* Esta Convención ya ha sido ratificada por un número suficiente de Estados. Junto con las medidas para controlar estupefacientes tradicionales, se han intensificado recientemente los esfuerzos internacionales para someter a control internacional aquellas drogas peligrosas no incluidas en la Convención Única de 1961. El 19 de febrero de 1971, una conferencia internacional reunida en Viena con representación de setenta y un países, adoptó una Convención sobre sustancias psicotrópicas. Esta nueva convención establece normas para el control de la manufactura y el comercio de estas sustancias, y dispone medidas para la educación y reintegración social de personas dependientes de las drogas. También incluye reglas para la acción coordinada en contra del tráfico ilícito, sanciones a las violaciones de la Convención y la extradición de los delincuentes. La Convención de 1971 constituye un complemento de la Convención Única de 1961 con relación a la regulación internacional de estupefacientes peligrosos. En junio de 1971, ECOSOC aprobó la Convención, con un llamado para que sea aplicada provisionalmente en tanto entra en vigor (para el texto de la Convención, véase UN Document E/CONF. 58/6, 19 de febrero, 1971).

órganos anteriores de control por un Comité Central Permanente de Estupefacientes, compuesto por once miembros elegidos por el Consejo Económico y Social con base en méritos personales, tres de los cuales se eligen de una lista propuesta por la OMS. El Comité ejerce funciones más o menos similares a las asignadas a los órganos anteriores por las Convenciones de 1925 y de 1931, en relación con el examen de estimativos y el control del comercio internacional de acuerdo con los aprobados. El ámbito del control se extiende a todas las drogas narcóticas, tal como figuran en las listas de la Convención. La Comisión de Estupefacientes del Consejo Económico y Social puede realizar enmiendas a estas listas con efecto obligatorio, y es posible la apelación ante este último organismo. Las partes contratantes que permiten el cultivo de la amapola del opio tienen la obligación de mantenerlo bajo estricto control, mediante un sistema de licencias y compra de las cosechas por una agencia del gobierno. Sin embargo, no existe control internacional de tal cultivo, ni de la producción del opio, excepto en cuanto al hecho de que un país que no es tradicionalmente productor ni exportador de opio debe notificar al Consejo Económico y Social si desean producir opio para la exportación en cantidades que excedan las cinco toneladas anuales. Si el Consejo no aprueba la notificación, ninguna otra parte contratante puede importar opio de tal país; pero el Consejo no puede prohibir la producción. Si un país productor, pero no exportador, desea exportar opio, debe notificarlo al Comité, que tiene poderes igualmente limitados en relación con tales notificaciones.

En el curso de las negociaciones que precedieron a la firma de la Convención Única, se hicieron propuestas para un sistema más estricto de control internacional con respecto al cultivo y la producción. Estas propuestas no fueron aceptadas, considerándose que transferían poderes demasiado amplios de los gobiernos nacionales a los organismos internacionales.

SECCIÓN IV. CULTURA, CIENCIA Y TECNOLOGIA

10.22 Cooperación intelectual. La unesco

La cooperación internacional para promover la educación, la ciencia y la cultura es de origen comparativamente reciente. Fuera de las medidas internacionales para proteger los derechos literarios y artísticos, así como la propiedad industrial —que serán examinados en el siguiente subtítulo—, no fue sino hasta el período que media entre las dos guerras mundiales cuando tal cooperación se institucionalizó. La Liga de las Naciones organizó un Comité Internacional de Cooperación Intelectual, que asumió la responsabilidad de la administración del Instituto Internacional de Cooperación Intelectual, establecido en París en colaboración con el gobierno de Francia. La cooperación en materia de educación fue canalizada a través de una Oficina

Internacional de Educación, fundada en Ginebra, en 1925, que tenía una posición cuasi oficial y que contaba como miembros a gobiernos, instituciones públicas y organizaciones no gubernamentales.

En una Conferencia de Ministros Aliados de Educación, celebrada en Londres en noviembre de 1945, se firmó la Constitución de la Organización de las Naciones Unidas para la Educación, la Ciencia y la Cultura (UNESCO) (4 *UNTS*, 275). Algunas de sus disposiciones han sido enmendadas desde entonces, de acuerdo con un sencillo procedimiento establecido por el artículo 13, que consiste en la aprobación de la Conferencia General por dos tercios de mayoría. La organización fue vinculada a las Naciones Unidas como Organismo Especializado. Su sede está en París.

Su órgano principal es la Conferencia General, compuesta por representantes de los Estados miembros. Se reúne cada dos años. Los delegados son nombrados por cada gobierno, previa consulta a las organizaciones nacionales interesadas en cuestiones educativas, científicas y sociales, posiblemente a través de una Comisión Nacional en la que tales organizaciones estén representadas. El Consejo Ejecutivo está compuesto por treinta miembros, elegidos por la Conferencia de entre personas especialmente calificadas, que son delegados nacionales. De acuerdo con esta fórmula, los miembros del Consejo se eligen como individuos, pero representan a sus gobiernos.

Las funciones de la institución consisten en asistir a los Estados miembros en el desarrollo de las actividades educativas en todos los niveles, promover la cooperación internacional en el campo de la investigación científica, fomentar el libre curso de las ideas y promover la propagación de la cultura y el saber. En ejercicio de estas funciones, la institución ha actuado principalmente a través de servicios de asesoría, asistencia técnica y actividades en cooperación con los gobiernos nacionales. La institución también sirve como centro de intercambio a través del cual se provee a los Estados miembros de información y material. Con el fin de preservar la independencia, integridad y fructífera diversidad de los sistemas culturales y educativos de los Estados miembros, se prohíbe a la institución —según su Constitución— intervenir en cuestiones que esencialmente sean de jurisdicción nacional. Sin embargo, en colaboración con los gobiernos, se han emprendido varios proyectos y programas importantes en determinados Estados miembros. El mejoramiento y la extensión de la educación primaria ocupa un lugar prominente entre los logros de la institución.

Las obligaciones legales de los Estados miembros sujetos a la Constitución de la UNESCO son pocas y ligeras. Hasta cierto punto, las funciones de la institución se llevan a cabo por medio de la concertación de convenciones internacionales sobre cuestiones determinadas. El procedimiento establecido es que la Conferencia General adopte el texto de la convención que los Estados miembros deben luego someter a las autoridades nacionales competentes para su ratificación. Esta técnica legal sigue el modelo de la OIT, aunque todavía no ha sido desarrollada hasta el mismo grado de eficiencia que la de esta institución. Un ejemplo importante de tal procedimiento fue la adopción, en 1960, de la Convención contra la Discriminación en la Educación (249 *UNTS*, 93). En 1962 la Conferencia General adoptó un protocolo de la convención, que estableció una Comisión de Conciliación y Buenos Oficios, cuya función es buscar solución a las controversias que surjan entre las partes contratantes con respecto a la aplicación de la convención. (Texto y Comentarios por Lefranc, en 8 *Annuaire Français*, 658 ss. y 670 ss. (1962).)

10.23 PROTECCIÓN DE LOS DERECHOS LITERARIOS Y ARTÍSTICOS Y DE LA PROPIEDAD INDUSTRIAL

El desarrollo industrial y el creciente intercambio comercial entre países industrializados, en la segunda mitad del siglo XIX, creó la necesidad de brindar protección a los derechos de los inventores y fabricantes, tanto en el extranjero como en su propio país. Después de algunos estudios preparatorios realizados por grupos de expertos internacionales no oficiales, los representantes de once gobiernos, reunidos en conferencia —París, 1883—, firmaron una convención en virtud de la cual las partes se constituían en una Unión para la Protección de la Propiedad Industrial. Esta Convención ha sido revisada en varias ocasiones posteriores, habiéndose firmado el último texto en Lisboa, en 1958 *(TIAS,* Nº 4931). Las últimas convenciones han remplazado a las anteriores sólo en cuanto a las relaciones entre las partes de las más recientes. De ello se infiere que no todos los Estados miembros de la Unión —actualmente son más de sesenta— están obligados por las mismas disposiciones.

La Convención dispone que los delegados de las partes se reunirán en conferencias periódicas que habrán de celebrarse sucesivamente en cada uno de los países miembros, con el objeto de revisar la convención e introducir las enmiendas necesarias para mejorar el sistema de la Unión. En el tiempo intermedio entre estas conferencias, los representantes de los países miembros se reúnen cada tres años con fines administrativos. El órgano permanente de la Unión es una Oficina establecida bajo la autoridad del gobierno suizo, originalmente en Berna, pero después trasladada a Ginebra. Funciona juntamente con la Oficina de la Unión para la Protección de Trabajos Literarios y Artísticos (ver más adelante), con la denominación de "Bureaux Internationaux Réunis pour la Protección de la Proprieté Intellectuelle".

La función de la Oficina consiste en centralizar y distribuir información, y emprender estudios de utilidad general para la protección de la propiedad industrial. También ayuda en la preparación de las periódicas conferencias de revisión.

Las obligaciones de los países miembros están definidas en detalle por la Convención. La protección se refiere a las patentes, modelos útiles, diseños industriales, marcas comerciales, marcas de servicios, nombres comerciales e indicaciones de procedencia o nombres de origen. Los naturales de cada país miembro, en los demás países miembros gozan de los mismos derechos que los nacionales de estos últimos. Una patente u otro derecho registrado en un país, no es protegido como tal en otros países, pero una solicitud de registro hecha en un país otorga al solicitante un derecho de prioridad durante cierto tiempo (doce o seis meses) en los otros países. El efecto de ese derecho de prioridad consiste en que el titular puede, durante ese tiempo, presentar una solicitud de registro en otro país, sin perder sus derechos por razón de cualquier actuación hecha durante el intervalo, tal como otra inscripción, publicación o explotación del invento.

Entre las obligaciones con respecto a las marcas comerciales, pueden decirse que los países miembros tienen la obligación de no registrar las banderas, emblemas o escudos de armas de otros países, o las banderas, emblemas, títulos o abreviaturas de instituciones internacionales, como marcas comerciales o elementos de ellas. Una marca comercial registrada en el país de origen será aceptada para su inscripción y protegida en su forma original en otros países miembros. Un nombre comercial será protegido en todos los países miembros sin obligación de inscripción o registro.

Como obligación general resultante de la convención, puede mencionarse que los países miembros deben asegurar a todas las personas con derecho a los beneficios de la Unión, una protección efectiva contra la competencia desleal, es decir, cualquier competencia contraria a las prácticas honestas en materia industrial o comercial.

La Unión Internacional para la Protección de los Trabajos Literarios y Artísticos sigue un modelo similar. Fue establecida por una Convención firmada en Berna, en 1886, que ha sido revisada en ocasiones posteriores; se ha adoptado el último texto en una conferencia celebrada en Bruselas, en 1948 (331 *UNTS*, 217). También en este caso, la última convención remplaza a las anteriores sólo en relación con aquellos Estados que la hayan ratificado. Una conferencia general de todos los países miembros se reúne esporádicamente para considerar la revisión de la convención. Un comité de doce representantes de los países miembros, que se reúne anualmente, desempeña el papel de asesor con respecto a la Oficina, que realiza funciones correspondientes a las de la Oficina de la Unión para la Propiedad Industrial. Como se mencionó antes, las dos Oficinas operan conjuntamente.

El propósito de la Unión es proteger los intereses de los autores de producciones intelectuales en el más amplio sentido. Los objetos protegidos se definen como obras literarias y artísticas, es decir, cualquier producción en el ámbito literario, científico o artístico, cualquiera que sea el modo o forma de su expresión. Tales obras serán protegidas en todos los países de la Unión. Fuera del país de origen de la obra, los autores que son nacionales de un país miembro gozarán, en los otros países miembros, de los mismos derechos que éstos conceden a los propios nacionales, y el goce y ejercicio de tales derechos no estarán sujetos a ninguna formalidad. Este principio de igualdad de derechos entre los autores nacionales y los extranjeros, es complementado por normas detalladas sobre la protección mínima a que tienen derecho los autores extranjeros. El autor —y después de su muerte, sus herederos, por un período de cincuenta años— tendrán derecho exclusivo para publicar la obra y para autorizar su traducción, comunicación al público a través de la radiodifusión o de otros medios similares, adaptación y reproducción cinematográficas, grabación para la reproducción mecánica, etcétera. Sobre varios puntos de detalle, la legislación nacional puede determinar la extensión exacta de tal protección. Independientemente de este derecho de propiedad literaria, y aun después de haber sido cedido, el autor conserva el derecho de objetar cualquier distorsión, mutilación, u otra alteración de la obra, o cualquier otra actuación en relación con la obra, que pudiera perjudicar su honor o reputación.

Un elemento esencial del sistema establecido por la Convención de Berna y sus revisiones posteriores, dispone que los derechos del autor no están sujetos a registro ni a otras formalidades similares. Por esta razón, Estados Unidos y la mayoría de los países latinoamericanos no han podido entrar en la Unión. Como puente entre los dos sistemas, una Convención Universal sobre Propiedad Intelectual fue concertada en 1952, con los auspicios de la UNESCO (216 *UNTS*, 132). Al igual que la Convención de Berna, ésta se basa en el principio de que los autores y demás titulares de la propiedad literaria y artística gozarán en cada país de igual protección y tratamiento que los otorgados a los nacionales del país en cuestión. En un país donde la protección está condicionada al registro o a otras formalidades, estos requisitos se considerarán satisfechos con respecto a las obras que han sido primero publicadas fuera de su territorio, y cuyo autor no sea nacional de dicho país, si todas las copias de la obra llevan el símbolo "C" en un círculo, acompañado del nombre del titular de la propiedad literaria y del año de la primera publicación.

Según la Convención, un Comité Intergubernamental compuesto por representantes de doce Estados contratantes debe estudiar los problemas concernientes a la aplicación y operancia de la Convención y hacer los preparativos para las revisiones periódicas. El Comité ha decidido reunirse en el mismo lugar y al mismo tiempo que el Comité de la Unión de Berna. De esta manera se facilita una coordinación práctica y efectiva, sin ataduras legales. La secretaría del Comité es proporcionada por la UNESCO. La Convención ha sido ratificada por un número considerable de Estados, incluyendo Estados Unidos y varios Estados latinoamericanos.

10.24 Uso pacífico de la energía atómica

Como el más importante entre los logros científicos y tecnológicos del siglo XX, se halla el control y la utilización de la energía atómica. Las perspectivas de este inmenso paso hacia el dominio humano de las fuerzas de la naturaleza —para el bien y para el mal— son tales, que las instituciones y organizaciones tradicionales de la sociedad humana no ofrecen marco adecuado para la solución de los nuevos problemas que enfrenta la humanidad. Nuevas instituciones legales tendrán que desarrollarse, pero el progreso realizado en este campo no ha corrido parejo con los logros científicos y técnicos.

El potencial militar de la energía atómica fue el ominoso trasfondo de las proposiciones discutidas después de la segunda Guerra Mundial, tendientes a la internacionalización de todas las fases del desarrollo y uso de la energía atómica, poniéndolas bajo la administración y control de un Organismo Internacional de Energía Atómica, responsable ante el Consejo de Seguridad (ver *YBUN*, 1946-7, pp. 444-51, y 1947-8, pp. 461-76). Sin embargo, las opiniones encontradas entre las grandes potencias impidieron la realización de estos planes.

En un discurso ante la Asamblea General, en 1953, el presidente Eisenhower esbozó un plan con la denominación de "Átomos para la Paz", cuyo punto principal consistía en que las potencias nucleares reunieran cierta cantidad de materiales atómicos bajo la administración de un organismo internacional; éste, llegado el caso, los facilitaría a los Estados miembros para usos pacíficos y en apropiadas condiciones de seguridad. El año siguiente la Asamblea General aprobó el plan, y en 1956, en una conferencia celebrada en la sede de las Naciones Unidas, se adoptó el Estatuto del Organismo Internacional de Energía Atómica (OIEA), (276 *UNTS*, 3).

El Organismo es una institución internacional autónoma. No es un Organismo Especializado en el sentido generalmente aceptado de esta denominación, sino que está relacionado con las Naciones Unidas de manera algo diferente. Informa directamente a la Asamblea General, y también al Consejo de Seguridad, si surgen cuestiones concernientes al mantenimiento de la paz y la seguridad en conexión con sus actividades.

Sin embargo, la estructura interna del Organismo se conforma, en general, al modelo corriente de las instituciones mundiales. La Conferencia General está compuesa por representantes de todos los miembros y se reúne en sesión regular una vez por año. Una Junta de Gobernadores ejerce las funciones de consejo ejecutivo. Además, hay una serie de comités funcionales y una secretaría encabezada por un director general. La sede está en Viena.

Los derechos y las obligaciones de los Estados miembros están íntimamente relacionados con las funciones del Organismo. En gran parte, éstas son similares a las de otras instituciones internacionales que se ocupan de materias especiales, como servir de centro de intercambio para la difusión de la información técnica y científica, patrocinar la investigación y el desarrollo en el uso pacífico de la energía atómica y proporcionar asistencia técnica a los Estados miembros. Éstas son funciones basadas en la cooperación voluntaria, y no originan otros derechos y obligaciones más que aquéllos tradicionalmente resultantes de las actividades internacionales similares.

Según su estatuto, sin embargo, el Organismo tiene también la función de actuar como intermediario para el servicio y la provisión de materiales, equipos, instalaciones, de un Estado miembro a otro. Como función simultánea, debe establecer y administrar medidas de seguridad destinadas a asegurar que los materiales atómicos, servicios y equipos conseguidos por su intermedio no sean utilizados para apoyar propósitos militares. El Organismo, sin embargo, no tiene autoridad para exigir a un Estado miembro que facilite materiales, servicios o equipos al Organismo ni a otros Estados miembros. Se deja a la determinación de los Estados miembros que puedan proveer materiales atómicos y equipo o suministrar servicios o información, el decidir si lo harán a través del Organismo o por medio de acuerdos directos con el destinatario, o de cualquier otra manera. Se deja también por supuesto, a la discreción de los Estados destinatarios el determinar si desean recibir la asistencia a través del Organismo o por otros canales.

En caso de que la asistencia sea prestada a través del Organismo, el Estatuto le confiere amplios poderes de control. Puede exigir la aplicación de medidas de salubridad y seguridad, así como el procedimiento por seguir para evitar la desviación de los materiales hacia porpósitos militares. Puede exigir el mantenimiento de registros de operación para controlar el destino de los materiales usados o producidos, y pedir informes progresivos. El Organismo puede, además, enviar sus inspectores al Estado destinatario, el cual tiene el deber de darles acceso a todas las informaciones e instalaciones, y ponerlo en contacto con cualquier persona, en cuanto sea necesario para comprobar que las condiciones prescritas se cumplen. En caso de incumplimiento, los inspectores deben informar —a través del director general— a la Junta de Gobernadores, que a su vez debe informar al Consejo de Seguridad y a la Asamblea General, y puede tomar algunas medidas correctivas.

Este sistema de salvaguardias puede ser aplicado no sólo en relación con la asistencia y los proyectos concertados a través del Organismo, sino también a petición de las partes interesadas en los arreglos hechos directamente entre el Estado proveedor y el destinatario. En muchos casos, los Estados han acordado requerir —y el Organismo ha aceptado— tal control. No obstante, también es cierto que otros arreglos y proyectos no se han sometido a control internacional.

El Organismo no tiene poderes de carácter legislativo o reglamentario. Puede, como otras instituciones, iniciar la elaboración de convenios internacionales dentro de su campo de actividad. Una de estas importantes convenciones fue adoptada en 1963, sobre materia de responsabilidad civil por daños nucleares. La Convención se basa en el principio de que quien opere cualquier instalación nuclear tiene responsabilidad absoluta por los daños causados por cualquier incidente relacionado con el manejo de la instalación. La responsabilidad por cualquier incidente en particular está limitada a un cierto monto máximo que haga posible obtener un seguro al respecto. El Organismo también intervino en la redacción de la Convención de Bruselas, de 1962, sobre responsabilidad de los operarios de barcos nucleares.

El Organismo ejerce ciertas funciones operativas independientes, además de su programa de entrenamiento y asistencia técnica. En especial, ha establecido y dirige su propio laboratorio de investigación.

Además del OIEA, algunas instituciones regionales —especialmente en Europa Occidental— se interesan por el desarrollo y la utilización de la energía nuclear. Uno de éstos es el Organismo Europeo de Energía Nuclear, establecido por un Estatuto adoptado por el Consejo de la Organización Europea de Cooperación Económica, en 1957, como cuerpo especializado dentro del marco estructural de la Organización (*European Yearbook*, Vol. V, 1957, pp. 273-83). Surgió a consecuencia de los estudios efectuados sobre las necesidades de energía en la Europa Occidental, y su propósito es buscar y fomentar el desarrollo de la producción y el uso de la energía nuclear para fines pacíficos. El órgano principal de esta institución es un Comité Director para la Energía Nuclear, compuesto por un representante de cada gobierno participante, que trabaja bajo la autoridad del Consejo de la Organización y es responsable de todas las decisiones políticas. Además, existen varias comisiones técnicas y una secretaría especial.

Una de las funciones del Organismo es confrontar y armonizar los programas y proyectos de los países participantes, relativos a la investigación y al desarrollo industrial en el campo de la energía nuclear. De conformidad con el procedimiento habitual de la Organización de Cooperación y Desarrollo Económico, tales programas y proyectos son examinados y discutidos por el Comité Director, que puede aconsejar a los gobiernos sobre medidas de coordinación y armonización, pero no puede tomar decisiones que sean jurídicamente obligatorias para los gobiernos.

Otra función —y tal vez la más importante— tiende a establecer empresas conjuntas para la producción y el uso de la energía nuclear. Una de esas empresas es una compañía para el procesamiento químico de combustible irradiado (EUROCHEMIC), constitutida por una Convención del 20 de diciembre de 1957, con un Estado anexo *(European Yearbook,* Vol. V, 1957, pp. 303-31). Está organizada como una sociedad por acciones de la cual son socios los gobiernos nacionales o las agencias gubernamentales, y se rige por un Estatuto y, subsidiariamente, por el derecho interno del Estado donde está situada su sede (Bélgica).

El Organismo ha establecido su propio control de seguridad por medio de una convención especial *(European Yearbook,* Vol. V. 1957, pp. 283-303). El propósito del control de la seguridad es garantizar que la actividad de las empresas conjuntas y el uso de los materiales, equipos y servicios facilitados por el Organismo no sean destinados para fines militares. Los poderes del control y servicios de inspección son similares a los del OIEA, anteriormente mencionados. Una característica distintiva es, sin embargo, que se establece un tribunal independiente, ante el cual pueden apelar los gobiernos sobre aquellas decisiones de las autoridades de control referentes a la inspección. El tribunal también tiene competencia para resolver reclamaciones de entidades nacionales, por reparaciones de daños excepcionales causados por las medidas de inspección.

En 1960, con los auspicios del Organismo, se adoptó una convención europea sobre responsabilidad de terceros en el campo de la energía nuclear.

Los seis países de las Comunidades Europeas han establecido una cooperación todavía más estrecha, a través de la Comunidad Europea de Energía Atómica (Euratom). El tratado constitutivo fue firmado en Roma, en 1957, en la misma fecha que el tratado de la Comunidad Económica Europea (298 *UNTS,* 167; *European Yearbook,* Vol. V, 1957, pp. 455-559). La estructura institucional de las dos comunidades es similar, y ciertas instituciones como la Asamblea, la Corte de Justicia y, desde 1967, la Comisión, son comunes a ambas y a la Comunidad del Carbón y del Acero. El órgano ejecutivo de la comunidad es la Comisión, que, ya sea juntamente con el Consejo o de manera independiente, puede ejercer importantes funciones. La investigación y el entrenamiento en los Estados miembros son coordinados por la Comisión, la cual también es directamente responsable por un importante programa de investigación financiado por la Comunidad. La Comisión promueve el intercambio de información técnica, y puede tomar ciertas medidas con miras a la concesión de licencias para uso de patentes y de otros derechos similares en favor de terceros, referentes a invenciones direc-

tamente relacionadas con la investigación nuclear. La Comisión adopta patrones para la protección de la salud de los trabajadores y del público en
general, contra los peligros de la radiación; y los Estados miembros tienen
la obligación de tomar disposiciones legislativas y administrativas adecuadas para asegurar el cumplimiento de tales medidas. Las inversiones en la
producción de energía nuclear han de ser coordinadas, y ciertos trabajos particularmente importantes pueden organizarse como objetivos conjuntos por
decisión del Consejo. Además, uno de los propósitos de la Comunidad tiende
a garantizar una provisión regular y equitativa de minerales y combustibles
nucleares a todos los usuarios en los países miembros. Con ese fin, se estableció una Agencia —con personalidad jurídica y autonomía financiera— bajo
el control de la Comisión. Tiene derecho de opción en lo relativo a las
fuentes de materiales, y un derecho exclusivo en el suministro de ellos. Estos
poderes no han sido usados en la práctica, y el papel de la Agencia se ha
limitado al registro de las transacciones entre vendedores y compradores.

Una institución internacional que tiene funciones puramente científicas
es la Organización Europea de Investigaciones Nucleares (CERN, Conseil
Européen pour la Recherche Nucléaire). Establecida por una convención
del primero de julio de 1953 (200 *UNTS,* 249; *European Yearbook,* Vol. I,
pp. 487-507), su propósito es construir y manejar un laboratorio y cierto
tipo de equipo experimental que resulta demasiado costoso para los Estados individualmente, y organizar y auspiciar la cooperación internacional en
investigaciones nucleares. Dicha Organización no debe ocuparse en trabajos
con fines militares, y los resultados de su labor experimental deben ser di-
vulgados a través de publicaciones o de otros medios. El trabajo de la Organización está dirigido por un Consejo, en el cual se hallan representados
todo los Estados miembros. El principal funcionario ejecutivo es el director,
quien encabeza el personal científico y administrativo. La sede de la Organización y sus importantes laboratorios están en Meyrin, cantón en Ginebra,
Suiza. Las obligaciones de los Estados miembros consisten principalmente en
contribuir a los gastos de capital y de manejo de la Organización.

Dentro del marco de la Liga Árabe se adoptó una convención, en 1965,
sobre Cooperación Árabe en el Uso de la Energía Atómica con Fines Pacíficos. Sigue el modelo general de ciertas convenciones europeas en este campo, y dispone el establecimiento de un Consejo Científico Conjunto con autoridad para iniciar y administrar proyectos de investigación.

10.25 METEOROLOGÍA

Ningún factor del medio ambiente humano es menos respetuoso de las
fronteras que el clima. Un servicio meteorológico efectivo debe, por lo tanto,
basarse en observaciones e informaciones provenientes de una vasta zona
geográfica.

Como consecuencia de contactos no oficiales entre científicos en 1878 se
fundó una institución internacional de servicios meteorológicos nacionales.
Después de la segunda Guerra Mundial, se trasformó en una organización

intergubernamental, la Organización Meteorológica Mundial, en cumplimiento de una Convención firmada en Washington, en 1947, que comenzó a regir en 1951 (77 *UNTS*, 143) . La nueva organización fue reconocida como Organismo Especializado de las Naciones Unidas. Su sede está en Ginebra.

No sólo se admiten Estados independientes como miembros de la Organización Metereológica Mnudial, sino también territorios dependientes o grupos de territorios que mantienen su propio servicio meteorológico. El órgano principal de la institución es el Congreso Meteorológico Mundial. Se reúne con intervalos no mayores de cuatro años. Está compuesto por delegados de todos los miembros; el delegado principal de cada miembro debe ser el director de su servicio meteorológico. Un Comité Ejecutivo se reúne por lo menos una vez al año. Además, hay una serie de comisiones técnicas y una secretaría permanente. Dentro de esta estructura universal, los miembros se agrupan en seis asociaciones regionales, con el propósito de coordinar las actividades meteorológicas dentro de las respectivas regiones.

Las funciones de la institución consisten en facilitar la cooperación mundial para el establecimiento de redes de estaciones meteorológicas, y propiciar sistemas para el rápido intercambio de información meteorológica, así como para la unificación de las observaciones meteorológicas. En el ejercicio de estas funciones, el Congreso tiene poder no sólo para determinar políticas generales por seguir y hacer recomendaciones a los miembros, sino también para adoptar regulaciones técnicas referentes a prácticas y procedimientos meteorológicos.

La exacta naturaleza jurídica de estas regulaciones, y las obligaciones correspondientes de los miembros no están claramente definidas. La convención dispone que los miembros "harán todo lo posible para ejecutar las decisiones del Congreso". Además, se dispone que si a un miembro le resultara impracticable hacer efectivo cualquier requisito de una resolución técnica, deberá informar a la Secretaría General de la Organización si su dificultad es provisional o definitiva, y explicar las razones de ello. Con esta cualificación, las regulaciones son jurídicamente obligatorias para los miembros en tanto contengan las llamadas "prácticas comunes", pues las disposiciones llamadas "prácticas recomendadas" no son de naturaleza obligatoria (ver Detter: *Law-making by International Organizations* pp. 228-30) .

En general, las regulaciones de la Organización Meteorológica Mundial pertenecen a la categoría de fuentes tratadas en 3.36.

10.26 INVESTIGACIÓN Y EXPLORACIÓN DEL ESPACIO

Los problemas jurídicos generales relativos al espacio exterior se examinaron en 6.17 y 6.18. Allí se señaló que la Asamblea General ha considerado estos problemas y adoptado ciertos principios orientadores para la exploración y el uso del espacio. Estos principios se basan en el supuesto de que las actividades en el espacio exterior se realizan individualmente por los Estados, y que los derechos y obligaciones de los Estados se definen en términos generales. Una cláusula especial de la Resolución de la Asamblea General

1962 (XVIII) considera otra posibilidad. El párrafo 5 de la Resolución establece que cuando las actividades en el espacio. se realizan por una organización internacional, la responsabilidad por el cumplimiento de los principios establecidos en la resolución recaerá sobre la organización internacional y sobre los Estados que en ella participan. Dentro del marco institucional de las Naciones Unidas, sin embargo, no se ha presentado ninguna iniciativa para el establecimiento de una organización internacional general en este campo. Algunos de los Organismos Especializados existentes —tales como la Unión Internacional de Telecomunicaciones y la Organización Meteorológica Mundial— han enfocado su atención hacia los problemas que surgen en sus respectivos campos, relativos a las actividades en el espacio. Fuera de esto, se ha dejado la iniciativa a los Estados, actuando sobre bases regionales.

Surgida de la cooperación de los científicos europeos en la Organización Europea de Investigaciones Nucleares (CERN), la idea de una institución europea conjunta para la investigación del espacio se concretó a comienzos de la década de 1960. El factor determinante fue —como en el caso de ciertas formas de investigación experimental en física nuclear— que el esfuerzo necesario, calculado tanto en recursos humanos como materiales, excedía la capacidad de la mayoría de los Estados, con excepción de las grandes potencias. Una mancomunidad de recursos era, por lo tanto, de interés común. En 1962 se firmó una Convención para el establecimiento de una Organización Europea de Investigación Espacial (OEIE) (*European Yearbook,* Vol. X, 1962, pp. 1114-51). Los miembros fundadores son diez Estados de Europa Occidental. Otros Estados pueden ser admitidos por decisión unánime. Los órganos principales son: un Consejo, compuesto por representantes de todos los Estados miembros, y un director general. La sede está en París. Son funciones de la institución no sólo promover la cooperación entre los científicos e ingenieros de los Estados miembros, sino también establecer y operar centros tecnológicos y de investigación, un centro de procesamiento de información y una base de lanzamiento de cohetes. El programa prevé el lanzamiento de cápsulas de ensayo, así como de satélites. Los resultados científicos de los experimentos realizados por la institución se han de hacer conocer, en general, a través de publicaciones o por otros medios. Las obligaciones de los Estados miembros consisten especialmente en contribuir a los gastos de capital, así como a los de manejo de la organización.

Otra institución similar, cuyas actividades pertenecen al campo tecnológico, es la Organización Europea para el Desarrollo y Construcción de Lanzadores de Vehículos Espaciales (Organización Europea de Desarrollo de Lanzadores, OEDL), establecida en 1962 por una Convención entre seis Estados de Europa Occidental (*European Yearbook,* Vol. X, 1962 pp. 1153-1207). Su objetivo es, como su nombre lo indica, el desarrollo y la construcción de cohetes para el lanzamiento de satélites y otras naves espaciales; también facilitarlos a los eventuales usuarios, con fines pacíficos. Los resultados de su trabajo han de hacerse accesibles libremente a los Estados miembros. Los lanzadores y el equipo desarrollado por la institución pueden ser enviados a otros Estados u organizaciones internacionales en las condiciones que decida el Consejo.

Instituciones de este tipo parecen responder a una necesidad real. Permiten a los Estados pequeños y medianos tomar parte activa en el progreso científico y tecnológico de nuestro tiempo, lo que de otra manera sería del dominio exclusivo de unas pocas grandes potencias. Sus actividades operativas, que por necesidad tienen lugar especialmente en el territorio de los Estados miembros, son susceptibles de crear una serie de nuevos problemas legales. No debe dudarse sobre la compatibilidad de la soberanía territorial con las actividades operativas de una institución internacional. La relación detallada, sin embargo, no se ha hecho todavía, ni en teoría ni en la práctica.

SECCIÓN V. AYUDA PARA EL DESARROLLO INTERNACIONAL

10.27 ASPECTOS INSTITUCIONALES

En las secciones anteriores se ha tratado de la cooperación institucionalizada en varios campos especializados. Como impresión general de este estudio, resulta que, a través de esta cooperación, los Estados se han visto unidos por una compleja red de normas jurídicas internacionales, que limitan su libertad de acción con restricciones considerables. No se puede dudar, razonablemente, que el cuerpo total del derecho internacional ha sido profundamente afectado por este desarrollo de la cooperación institucionalizada, la mayor parte de la cual es de origen reciente. Y sin embargo, no son estos progresos jurídicos los que constituyen los rasgos más sobresalientes de la cooperación contemporánea entre los Estados.

En el gran debate internacional, así como en la práctica de los gobiernos, el problema de ayuda al desarrollo de los países menos desarrollados tiene la prioridad. Aparte del estímulo a las inversiones —de que se ha tratado en 10.08— éste es principalmente un problema de la llamada función operativa de las instituciones internacionales. El objetivo se persigue por medio del trabajo práctico de agentes de las instituciones internacionales, y no sólo a través de la elaboración de normas y directivas para la política y actuación de los gobiernos nacionales. Por consiguiente, éste es un campo en el cual el papel del derecho como instrumento elegido es menos importante que en otros. Los aspectos jurídicos están limitados a la estructura interna de las instituciones operantes y a su relación con los países que reciben su ayuda.

Además de los limitados programas de ayuda —administrados separadamente por las Naciones Unidas y por la mayoría de los Organismos Especializados— se adoptó, en 1949, por Resolución 304 (IV) de la Asamblea General, el llamado Programa Ampliado de Asistencia Técnica, en el cual todas estas organizaciones cooperan estrechamente (*YBUN*, 1948-49, pp. 442-452). Para llenar un vacío que la operación de este programa había puesto al descubierto, la Asamblea General, por Resolución 1240 (XIII), estableció el Fondo Especial para los llamados objetivos de preinversión, a fin de financiar proyectos destinados a explorar las necesidades y planear el uso de las inversiones de capital (*YBUN*, 1958, pp: 137-41). Finalmente, por Resolución 2029 (XX), adoptada el 22 de noviembre de 1965, la Asamblea General decidió fusionar el Programa Ampliado y el Fondo Especial en un nuevo "Programa de las Naciones Unidas para el Desarrollo". Los principios orientadores que se aplicaron al Programa Ampliado de Asistencia Técnica, han sido aplicados también a este nuevo Programa (ver al respecto la resolución 222 (IX) del Consejo Económico y Social (*YBUN*, 1949, pp. 443-6).*

Es un hecho que la importancia preponderante de estas actividades reside en su contribución a la promoción del bienestar humano. Éste no es problema de análisis jurídico y de evaluación. De todos modos, ofrecen ciertos puntos de interés para el estudioso del derecho internacional. Se han adoptado arreglos institucionales especiales y se han establecido relaciones legales de naturaleza especial entre las instituciones participantes. En relación con los Estados receptores, se han elaborado nuevos principios jurídicos, basados en una acertada combinación de los derechos fundamentales tradicionales de los Estados, con las necesidades de una nueva aventura internacional que hace época.

Las normas de operación serán dadas por el Consejo de Administración de las Naciones Unidas para el Desarrollo, compuesto por treinta y siete representantes gubernamentales, elegidos por el Consejo Económico y Social. El Consejo será también, en último término, responsable por la aprobación de los proyectos y concederá fondos a los organismos participantes. La coordinación entre las actividades de las Naciones Unidas y los organismos relacionados se asegura por una Junta Consultiva Mixta, compuesta por los directores ejecutivos de los organismos participantes. Un administrador y un coadministrador son los principales funcionarios ejecutivos.

---

* El Programa de las Naciones Unidas para el Desarrollo constituye un instrumento para coordinar, en el campo de la cooperación técnica, las funciones de las Naciones Unidas y de otras quince organizaciones internacionales. En la actualidad, PNUD es la fuente más importante de asistencia multilateral a países en vías de desarrollo en lo que toca a cuestiones técnicas y proyectos de preinversión. Las contribuciones anuales a PNUD se aproximan ya al cuarto de billón de dólares y el número de proyectos terminados es superior a 330; abarcan los sectores agrícolas, industrial, servicios públicos, educación, ciencia y administración pública.

Una alta proporción de la asistencia provista por PNUD se destina a África (40 por ciento), con volúmenes muy inferiores, en orden decreciente, para Asia y el Lejano Oriente, América, Europa y el Medio Oriente.

Como resultado del Informe Jackson (*A Study of the Capacity of the UN Development System*), PNUD ha reorientado sus programas de asistencia: por lo menos 82% de los recursos de PNUD se destinarán para proyectos específicamente solicitados por los países miembros. El propósito es auxiliar a cada país para producir programas coherentes a largo plazo, de acuerdo con sus necesidades y prioridades. Además, la asistencia técnica y los proyectos de preinversión quedarán bajo una administración única.

Para facilitar la programación en cada país, se han establecido cuatro oficinas regionales que son responsables, bajo la autoridad de PNUD, de la administración en su área de los programas nacionales, subgregionales y regionales.

10.28 PRINCIPIOS JURÍDICOS BÁSICOS

Los recursos financieros del Programa de Desarrollo provienen de la contribución voluntaria por parte de los Estados. El Programa no tiene poderes para imponer contribuciones a los Estados miembros, ni puede obtener recursos financieros del presupuesto ordinario de las Naciones Unidas.

En el cumplimiento del Programa, los organismos internacionales correspondientes están obligados a respetar los principios de soberanía de los Estados y de no intervención en sus asuntos internos. La ayuda sólo puede ser concedida de acuerdo con los gobiernos interesados, sobre la base de peticiones presentadas por ellos; cada gobierno debe decidir por sí mismo qué clase de servicios y de asistencia desea recibir. La asistencia puede concederse sólo a los gobiernos o a través de ellos, pero no directamente a los particulares o a las sociedades. La asistencia no ha de ser un instrumento de interferencia extranjera —económica o política— en los asuntos internos del Estado receptor, y no debe ir acompañada de ninguna condición política.

Las relaciones entre los gobiernos receptores y los organismos internacionales a través de los cuales se otorga la asistencia, están definidas, hasta cierto punto, en acuerdos celebrados con este propósito. Tales acuerdos, por regla general, se conforman a un modelo uniforme (Acuerdo Modelo Patrón con respecto a Asistencia Técnica, Junta de Asistencia Técnica/Fondo Especial, *Field Manual*, sección D I/a (i) (febrero 1963)). Se concreta entre el gobierno interesado, por una parte, y las Naciones Unidas y los organismos relacionados respectivos, por otra, actuando a través del presidente de la Junta Consultiva Mixta (antes de 1966, de la Junta de Asistencia Técnica). Dichos acuerdos disponen el establecimiento de relaciones a través de un representante residente de los organismos participantes en el país receptor. Las labores y las funciones del representante residente son: servir de intermediario entre el gobierno y los organismos internacionales, asegurar la coordinación de las solicitudes nacionales de asistencia, así como la coordinación de la ayuda otorgada por los diversos organismos a cada país determinado, y dar ayuda práctica a los expertos enviados a un país en virtud del Programa de Desarrollo. Como funcionarios civiles internacionales, los representantes residentes tienen derecho a los privilegios y las inmunidades definidos en las convenciones referentes a la condición jurídica de las Naciones Unidas y de los Organismos Especializados (ver 7.40); los Acuerdos Patrón se refieren a estas convenciones.

Los Acuerdos Patrón también disponen que los expertos en asistencia técnica recibidos por un país, gozarán de los mismos privilegios e inmunidades, aunque no sean miembros permanentes del personal de un organismo internacional.

BIBLIOGRAFÍA

GENERAL

Alexandrowicz, C. H.: *World Economic Agencies: Law and Practice*, Londres, Stevens, 1962, Un estudio comprensivo de la mayoría de los Organismos Especializados de *AGAAT* y de los acuerdos internacionales de productos básicos.

"Development of International Law by Specialized Agencies", *Proceedings ASIL*, Washington, D. C., abril, 1965; pp. 139-60. Problemas seleccionados relativos a algunos Organismos Especializados discutidos por un panel.

Peaslee, A. J.: *International Governmental Organizations: Constitucional Documents*, 2ª (rev.) ed., 2 Vols., La Haya, Nijhoff 1961. Una colección completa de instrumentos constitutivos de organizaciones internacionales, con breves notas introductorias y bibliografías.

Yearbook of the United Nations, 1946-7 hasta el presente. La Parte II de cada Anuario resume las actividades de agencias relacionadas con las Naciones Unidas e incluye instrumentos constitutivos y otros textos importantes.

I.   PAGOS INTERNACIONALES, COMERCIO Y FINANZA

Agoston, I.: *Le Conseil d'Assistance Économique Mutuelle*, Ginebra, E. Droz, 1964.

Aufricht, H.: *The International Monetary Fund*, Londres, Stevens 1964.

Broches, A.: "International Legal Aspects of the Operations of the World Bank", 98 *HR*, 301 (1959).

Campbell A., y Thompson, D. C.: *Common Market Law*, Londres, Stevens, 1962.

Catalano, N.: *Manual de derecho de las comunidades europeas*, Buenos Aires, Instituto para la Integración de América Latina (BID), 1966.

Curzon, G.: *Multilateral Commercial Diplomacy*, Londres, Michael Joseph, 1965.

Fawcett, J. E. S.: "The Place of Law an International Organization", 36 *BYIL* 321 (1960).

—.: "The International Monetary Fund and International Law", 40 *BYIL*, 32 (1964).

Fiumel, H. De: "Le Statut juridique du Conseil d'Assistance Économique Mutuelle", *Annuaire Polonais des affaires internationales* (1961), pp. 74-86.

Gold, J.: "The Interpretation by the International Monetary Fund of its Articles of Agreement", 3 *ICLQ*, 256 (1954).

—.: "The Law and Practice of the International Monetary Fund with Respect to Stand-by Arrangements", 12 *ICLQ*, I (1963).

Grzybowski, K.: *The Socialist Commonwealth of Nations: Organizations and Institutions*, New Haven, Yale Univ. Press 1964.

Hagras, K.M.: *United Nations Conference on Trade and Development, a Case Study in U.N. Diplomacy*, Nueva York, Praeger, 1965.

Hexner, E.P.: "The Executive Board of the International Monetary Fund", 18 *International Organization*, 74 (1964).

Lambrinidis, J.S.: *The Structure, Function and Law of a Free Trade Area: The European Free Trade Association*, Londres Stevens, 1965.

Muhammad, V.A.S.: *The Legal Framework of World Trade*, Londres, Stevens, 1958.

Rowe, J.W.F.: *Primary Commodities in International Trade*, Cambridge Univ. Press 1965.

Salmon, J.: *Le Rôle des organisations internationales en matière de prêts et d'emprunts,* Londres, Stevens, 1958.

Steinberger, H.: *GATT und regionale Wirtschaftszusammenschlüsse,* Colonia, Heymanns, 1963.

"Three International Commodity Agreements", 35 *BYIL,* 240 (1959).

Weaver, J.H.; *The International Development Associations,* Nueva York, Praeger, 1965.

II. Tranporte y Comunicación

Boisson, A.: "L'Union Postale Universelle", 5 *Annuaire Français,* 591 (1959).

Codding, G.A., Jr,: *The Universal Postal Union,* Nueva York, Univ. Press, 1964.

Cheng, B.: *International Air Transport Law,* Londres, Stevens, 1962.

—.: *The International Telecommunication Union,* Leyden, Brill, 1952.

Goy, R.: "La Répartition des fréquences en matière de télécommunications", 5 *Annuaire Français,* 569 (1959).

Michelet, P.: *Les transports au sol et L'organisation de L'Europe,* París, Payot, 1962.

Padwa, D.J.: "The Curriculum of IMCO", 14 *International Organization,* 524, 1960.

Sasse, H., *Der Weltpostverein,* Frankfort/Main, Metzner, 1959.

Schenkman, J.: *International Civil Aviation Organization,* Ginebra, E. Droz, 1955.

Walther, H.: "Le Statut international de la navigation du Rhin" 2 *European Yearbook* 23, 1956.

Wightman, D.; *Economic Co-operation in Europe,* Londres, Stevens, 1956, pp. 167-82.

III. Protección Laboral, Bienestar Social y Salud

Berkov, R.: *The World Health Organizations; A Study in Decentralized International Administration,* Ginebra, E. Droz, 1957.

Goodrich, L.M.: "New Trends in Narcotics Control", *International Conciliation,* 530, Nueva York, Carnegie Endowment, noviembre de 1960.

Haas, E.B.: *Beyond The Nation State,* Stanford, University Press, 1964.

Jenks, C.W.: *The International Protection of Trade Union Freedom,* Londres, Stevens, 1957.

Lande, A.: "The Single Convention on Narcotic Drugs, 1961", 16 *International Organization,* 776 (1962).

Landy, E.A.: *The Effectiveness of International Supervision,* Londres, Stevens, 1966.

Renborg, B.A. *International Drug Control,* Washington, D.C., Carnegie Endowment, 1947.

Scelle, G.: *L'Organisation International du Travail et* BIT., París, Rivière, 1930.

Shotwell, J.T. (ed.): *The Origins of the International Labor Organization,* 2 vols., Nueva York, Columbia Univ. Press, 1934.

Valticos, N.: "Aperçu de certains grands problèmes du contrôle international (spécialment à propos des conventions internationales du travail)", *Eranion en l'honneur de G.S. Maridakis,* Atenas, Klissiounis. 1964, Vol. III, pp. 543-86.

IV. Cultura, Ciencia y Tecnología

Desbois, H.: "Les Conventions de Berne (1886) y de Ginebra (1952) relatives à la protection des œuvres littéraires et artistiques", 6 *Annuaire Française*, 41 (1960).

Detter, L.: *Law-making by international Organizations*, Estocolmo, Norstedt and Söner, 1965.

Dreyfus, B.: "L'Organisation européenne de recherches spatiales", 10 *European Yearbook*, 151 (1962).

Huet, P.: "L'Agence Européenne pour L'Energie Nucléaire de l'O.E.C.E.", 5 *European Yearbook*, 15 (1959).

Laves, W.H.C.; y Thompson C.A.: *UNESCO: Purpose, Progress, Prospects*, Bloomington, Indiana Univ. Press 1957.

Stoessinger, J.G.: "Atoms for Peace: The International Atomic Energy Agency, Organizing Peace in the Nuclear Age", *Report of the Commission to Study the Organization of Peace*, Nueva York, Univ. Press, 1959, p. 117.

Willrich, M.: "Safeguarding Atoms for Peace", 60 *AJIL*, 34 (1966).

V. Asistencia para el desarrollo internacional

Asher, R.E.: *The United Nations and Promotion of the General Welfare*, Washington, D.C., Bookings Institution, cap. 14, 1957.

Feuer, G.: *Les Aspects juridiques de l'assistence technique dans le cadre des Nations Unies et des Institutions spécialisées*, París, Librairie Générale de Rroit et de Jurisprudence, 1957.

Kirdar, U.: *The Structure of United Nations Economic Aid to Underdeveloped Countries*, La Haya, Nijhoff, 1966.

Sharp, W.R.: *Field Administration in the United Nations System*, Londres, Stevens, 1961.

Stoll, J.A.: "Le Statut juridique du représentant résident du Bureau de l'assistance technique des Nations Unies dans l'État où il est accrédité", 10 *Annuaire Français*, 514 (1964).

11. SOLUCIÓN DE LAS CONTROVERSIAS

CONTENIDO

SECCIÓN I. INTRODUCCIÓN

11.01 Controversias internacionales, procedimientos de solución: generalidades

En este capítulo nos referiremos a los procedimientos existentes en el derecho internacional contemporáneo para la solución de las controversias. De acuerdo con el esquema general de este libro, centraremos la atención sólo en las controversias en las cuales los Estados son partes. Pero lo que aquí se dice es también aplicable, en general, a las controversias entre los Estados y las instituciones internacionales y —con las modificaciones requeridas por los regímenes que gobiernan a las partes— también a las producidas entre instituciones internacionales. Ocasionalmente, los conflictos entre Estados e individuos se someten a procedimientos internacionales, y las decisiones dictadas en tales casos, de las cuales hay muchos ejemplos (como el arbitraje *Abu Dhabi* (1951) *(ILR,* 1951, caso Nº 37) y el arbitraje *Arabia Saudita y Aramco* (1958) *(ILR,* 1960, p. 117)), son de gran interés para los estudiosos del derecho internacional.

Un estudio sobre los procedimientos para la salución de las controversias inevitablemente debe referirse a las regulaciones sobre el uso de la fuerza en las relaciones internacionales, puesto que aquéllas frecuentemente producen tensión entre las partes y a veces hasta originan la violencia. El proceso para la solución de los conflictos de que trata este capítulo va a menudo acompañado por el uso de la fuerza y el mantenimiento o la restauración de la paz, tratados en el próximo.

La expresión "controversia", como muchas otras, no tienen acepción precisa. En sentido general, puede ser entendida como un "desacuerdo sobre una cuestión de derecho o de hecho, una oposición de puntos de vista legales o de interés entre (las partes)" (caso *Mavrommatis Jurisdiction* (1924), PCIJ Ser. A. Nº 2, p. 11). En sentido restringido, por otro lado, puede decirse que surge una controversia cuando una parte presenta a otra una reclamación basada sobre una presunta violación de la ley, y ésta la rechaza (ver 11.23).

Los procedimientos de solución dentro del derecho internacional contemporáneo pueden ser clasificados en: *i)* procedimientos diplomáticos; *ii)* procedimientos adjudicativos; *iii)* procedimientos dentro del marco de las instituciones internacionales. La esencia de los procedimientos diplomáticos es asegurar una solución por medio de un acuerdo entre las partes. Estos procedimientos son: la negociación, los buenos oficios, la mediación, la investigación y la conciliación. Los procedimientos adjudicativos consisten en la solución a través de un tercero, que determina las cuestiones de hecho y de derecho relacionadas con la controversia. El arbitraje y la solución judicial están comprendidos en esta categoría. Las instituciones internacionales modernas tienen procedimientos que son esencialmente adjudicativos o diplomáticos, pero con algunas características propias.

El procedimiento más común para la solución de los conflictos es la negociación. John Basset Moore observó: "no hay nada que conduzca tan eficazmente a la solución de las diferencias como una discusión amplia y franca de ellas" *(Digest,* Vol. 7, p. 25). En otra parte, describió la negociación como el "procedimiento legal y administrativo por el cual los gobiernos, en el ejercicio de sus poderes indiscutibles, conducen sus relaciones mutuas y discuten, arreglan y solucionan sus controversias" (caso *Mavrommatis Jurisdiction,* salvamento de voto, PCIJ Ser. A Nº 2, pp. 62-63). La negociación puede ser conducida por funcionarios diplomáticos ordinarios o —si se considera que las circunstancias lo exigen— por funcionarios de la más alta categoría, especialmente designados. La negociación diplomática puede efectuarse entre dos o más partes. Un procedimiento tradicional es la reunión en un congreso o una conferencia para la discusión de cuestiones que interesan a todo o la mayoría de los participantes.

No hay definiciones uniformemente aceptadas de los otros procedimientos diplomáticos pero tienen un rasgo común: en todos ellos entra un terce-· ro. En términos generales, el prestar los buenos oficios significa que un tercero reúne a las partes en conflicto con el fin de negociar. La mediación es el procedimiento por el cual el tercero ayuda a las partes a llegar a un acuerdo, "conciliando las reclamaciones opuestas y aplacando los resentimientos que pueden haber surgido" (Art. 4º Convención de La Haya para la Solución Pacífica de Controversias Internacionales, de aquí en adelante citada como Convención de La Haya, I, 1899). La investigación es el procedimiento por el cual el tercero facilita la solución de la controversia dilucidando los hechos en una investigación imparcial y concienzuda (ibid., Art. 9º), y presentando un informe, que las partes están en libertad de aceptar o rechazar. La conciliación se diferencia de la investigación en que en aquélla, además de dilucidar los hechos, el tercero propone los términos de solución aparentemente más apropiados, los que las partes en conflicto están en libertad de aceptar o rechazar. En estos métodos, la participación de los terceros conlleva el ejercicio de varios grados de influencia, que van desde una muy limitada en el caso de los buenos oficios, hasta una muy importante en el caso de la conciliación. Estos procedimientos no se excluyen mutuamente; y en la práctica no se mantiene una línea divisoria demasiado rígida entre ellos.

Sustancialmente, puede señalarse muy poca diferencia entre el arbitraje y la solución judicial, puesto que ambos comprenden la determinación judicial de los hechos, seguida por la aplicación del derecho. Sin embargo, la diferencia entre ellos reside en esto: en el caso del arbitraje, las partes pueden designar un tribunal de su propia elección y llegar a un acuerdo sobre los principios de derecho aplicables al caso.

En el supuesto de solución judicial, carecen de tal elección. Las partes deben concurrir ante un tribunal permanente que resuelve los casos de acuerdo con las normas generales del derecho.

Hasta fines del siglo pasado, hubo pocas inhibiciones para recurrir a la fuerza a fin de obtener una satisfacción de las reclamaciones. Desde entonces, sucesivamente se impusieron restricciones para el uso de la fuerza: por la Convención de La Haya respecto a la limitación del Empleo de la Fuerza para el Cobro de las Deudas Contractuales, de 1907; por el Pacto de la Liga de las Naciones; por el Pacto Briand-Kellogg y por la Carta de las Naciones Unidas (Art. 2º (4)). El artículo 2º (3) de la Carta obliga a todos los miembros de las Naciones Unidas a arreglar "sus controversias internacionales por medios pacíficos, de tal manera que no se pongan en peligro ni la paz y la seguridad internacionales ni la justicia". Las instituciones internacionales modernas también facilitan la solución de las diferencias a través de los métodos diplomáticos descritos, y de la adjudicación. Las naciones Unidas y las instituciones regionales suministran mecanismos para evitar y reprimir el recurso ilegal a la fuerza, y ofrecen canales adicionales de diplomacia bilateral y multilateral. Las importantes discusiones diplomáticas que se realizan en las antesalas y en reuniones informales que se celebran entre los delegados y los funcionarios de la Organización, a menudo ayudan, al progreso de la negociación. Este proceso ha sido llamado "diplomacia parlamentaria", expresión acuñada por Dean Rusk, cuyas características principales pueden ser descritas con sus propias palabras:

> Lo que podría llamarse diplomacia parlamentaria es un tipo de negociación multilateral que comprende cuatro factores: Primero, una organización permanente con intereses y responsabilidades más amplios que las cuestiones específicas que pueden aparecer en el orden del día en un momento determinado: en otras palabras, algo más que una conferencia internacional tradicional convocada para tratar un temario específico. Segundo, un debate público regular abierto a los medios de comunicación de las masas, y en contacto, por lo tanto, con la opinión pública en todo el mundo. Tercero, unas reglas de procedimiento que regulan el proceso del debate y que están sujetas a maniobras tácitas para favorecer o combatir un punto de vista. Y finalmente, conclusiones formales, generalmente expresadas en resoluciones, que se obtienen por mayoría de votos de alguna clase, sea mayoría simple o de las dos terceras partes, basada en la contribución financiera o el interés económico —algunas con veto y otras sin él—. Típicamente nos estamos refiriendo a las Naciones Unidas y a sus organismos correspondientes, aunque no solamente a esta entidad, puesto que el mismo tipo de organizaciones están surgiendo en otros puntos de la escena internacional. "Parlamentary Diplomacy: *Debate vs. Negotiations*", 26 *World Affairs Interpreter*, 121-2 (1955).

En el curso del desarrollo internacional de una controversia, las partes están sujetas a diversos grados de persuasión y presión, con el objeto de influirlas para que lleguen a un acuerdo en sus diferencias.

11.02 Controversias "legales" y "políticas"

Antes de estudiar detalladamente los diversos procedimientos, debemos mencionar la distinción frecuente entre controversias "legales" y "políticas"; o controversias "justiciables" o "no justiciables". Se sostiene que las controversias políticas no son susceptibles de arreglo por adjudicación. Este punto de vista surgió ya desde la época en que la aceptación del arbitraje como método obligatorio de solución empezó a ser propuesta por los hombres de estado y juristas. La distinción ha sido reconocida y aplicada en una serie de tratados (ver 11.10), y en el artículo 36 (2) de la Corte Internacional de Justicia, que limita la aplicación del alcance da la Cláusula Opcional a la categoría específica de conflictos legales. Sin embargo algunos autores consideran que esta distinción no tiene base, y mantienen el criterio de que, dada la voluntad de las partes de someterse a un veredicto judicial, cualquier conflicto es susceptible de arreglo por proceso judicial (Lauterpacht, *The Function of Law in the International Community;* también Kelsen, *Peace Through Law,* pp. 23-32). Todas las controversias comprenden, en realidad, aspectos jurídicos, o pueden analizarse en dichos términos, y pocos arreglos carecerán de consecuencia políticas. Además, la clasificación de una controversia como legal o no, en gran medida dependerá a menudo de la evaluación subjetiva de la persona que la realiza. Por ejemplo, en la Opinión Consultiva respecto a *Certain Expenses of the United Nations* (1962, ICJ Rep. 151), la mayoría de la Corte consideró que el asunto sometido a ella se reducía a la interpretación de un tratado *(ibid.,* 155) mientras que el juez Koretsky, de la Unión Soviética, en su voto disidente afirmó que el asunto presentado ante la Corte era de tipo político, y que la Corte no debía emitir una opinión que pudiese ser usada como instrumento de la lucha política *(ibid.,* 254).

Sin embargo, se puede distinguir entre las controversias que contienen peticiones que están de acuerdo con el derecho existente y las que contienen peticiones que implican un desvío notorio de él. En este último caso, el procedimiento judicial puede considerarse como inadecuado. A pesar del hecho de que —históricamente en los países del *common law*— el poder judicial ha jugado un importante papel en el desarrollo del derecho, debe recordarse que, aun en ellos, algunas veces se ha hecho necesaria la acción legislativa para resolver controversias que el poder judicial no había tratado satisfactoriamente. También en la esfera de las relaciones internacionales en ciertos casos pueden ser más idóneos los procedimientos que participan del carácter legislativo que los procesos judiciales.

SECCIÓN II. PROCEDIMIENTOS DIPLOMÁTICOS

11.03 NEGOCIACIÓN

La obligación de negociar a fin de solucionar los conflictos surge de más de una fuente. La más importante de todas, el artículo 33 (I) de la Carta de las Naciones Unidas, dispone que las partes, en cualquier controversia "cuya continuación sea susceptible de poner en peligro el mantenimiento de la paz y la seguridad internacionales", deben "buscarle solución, ante todo, mediante la negociación, la investigación, la mediación, la conciliación, el arbitraje, el arreglo judicial, el recurso a organismos o acuerdos regionales u otros medios pacíficos de su elección". De manera menos importante, esta obligación va implícita en gran número de tratados bipartitos y multilaterales de solución pacífica de conflictos, que contienen la obligación de someter a conciliación, arbitraje o decisión judicial, los conflictos que las partes no hayan podido solucionar por el procedimiento diplomático normal. Varios tratados —por ejemplo, el Tratado Interamericano de Asistencia Recíproca, de Río de Janeiro de 1947 (21 *UNTS*, 77), el Tratado del Atlántico del Norte, de 1949 (34 *UNTS*, 243), el Tratado de Bruselas, de 1948 (19 *UNTS*, 51)— obligan a las partes a consultarse mutuamente en ciertos casos; y tales consultas, en cuanto se refieren a la solución de diferencias entre las partes, no difieren en casi nada de la negociación.

La obligación de entrar en negociaciones, sin embargo, no implica la obligación de llegar a un acuerdo (*Railway Traffic Between Lithuania and Poland* (1931), PCIJ Ser. A/B N⁰ 42, p. 116).

La negociación es, por mucho el procedimiento más importante; la gran mayoría de los conflictos se soluciona todos los días por negociación, sin publicidad ni atracción de la atención del público en general. La negociación entra en juego en mayor o menor grado prácticamente en todos los otros procedimientos. Tiene ciertas ventajas y desventajas. Cuando el conflicto es complejo, y procede en especial de una pretensión por un claro desvío del derecho existente, la negociación es más apropiada que la adjudicación. Ayuda a producir el cambio necesario por consentimiento, por acuerdo mutuo, y de una manera más o menos aceptable para todas las partes interesadas. Pero, en cualquier materia el éxito de la negociación depende de una gran cantidad de factores, tales como: la aceptabilidad de las reclamaciones de cualquier de las partes para con la otra, la moderación, el tacto y el espíritu de mutuo acuerdo con que lleven a cabo las negociaciones, y el estado de la opinión pública en los países interesados, con respecto a las concesiones demandadas.

11.04 Buenos oficios y mediación

La Convención de La Haya N⁰ 1, de 1899, contenía elaboradas disposiciones referente a los buenos oficios y la mediación, que fueron repetidas en la Convención de La Haya N⁰ 1, de 1907. La Convención obligaba a las partes, en caso de desacuerdo serio o controversia, antes de apelar a las armas, a recurrir a los buenos oficios o la mediación "hasta el punto en que las circunstancias lo permitieran" (Art. 2⁰). Aún de mayor importancia es que la Convención declaraba que los signatarios de ella tenían derecho a ofrecer sus buenos oficios o mediación, aun durante las hostilidades, y que el ejercicio de este derecho no podía ser considerado por ninguna de las partes en conflicto como un acto enemistoso (Art. 3⁰). La Convención, por lo tanto, preparaba el terreno para eliminar la renuencia, común en siglos anteriores, en ofrecer los buenos oficios o la mediación, que surgían de la creencias de que tales ofrecimientos podrían implicar la sujeción de cualquiera de las partes interesadas a aceptar la solución propuesta, pudiendo, en consecuencia, significar una intervención no permisible en los asuntos internos. La Convención, sin embargo, no prescribía ninguna obligación para las partes en conflicto de aceptar el ofrecimiento de los buenos oficios o la mediación. En el siglo pasado, por otra parte, el Tratado de París de 1856, disponía que si surgía cualquier malentendido entre la *Sublime Porte* y cualquier otro firmante, éstos, antes de recurrir a la fuerza, debían ofrecer la oportunidad de la mediación a los otras partes contratantes, para evitar tal recurso. El artículo 33 (I) de la Carta de las Naciones Unidas se refiere a la mediación, y el Consejo de Seguridad y la Asamblea General tienen competencia para recomendar a las partes la utilización de los buenos oficios o de la mediación de algún miembro u organismo, o para ofrecer los propios (Arts. 10, 14 y 36). El Pacto de Bogotá (30 *UNTS,* 55) establece los buenos oficios y la mediación entre los procedimientos pacíficos que las partes del Pacto deben adoptar para solucionar las controversias que no hayan podido ser resueltas por la diplomacia normal, e incluso permite —siguiendo la línea del Tratado Interamericano de Buenos Oficios y de Mediación, de Buenos Aires, 1936 (188 *UNTS,* 75)— que uno o más eminentes ciudadanos americanos de países no comprendidos en el conflicto, ofrezcan sus buenos oficios o la mediación (Arts. 9? y 12). La mediación de particulares distinguidos, o de representantes de instituciones internacionales, puede ser a veces más aceptable para las partes que la de los jefes de Estado o gobierno, puesto que entonces habría menos temor de que el mediador aprovechara la ocasión para tutelar los intereses de su propio Estado.

La historia ofrece muchos casos en que los buenos oficios o la mediación ayudaron a solucionar conflictos. La mediación del Papa llevó a la solución de la controversia entre Alemania y España, en 1884, referente a las Islas Carolina (Moore, *Digest,* Vol. 7, p. 6), y los buenos oficios del presidente de Estados Unidos de América lograron la terminación de la guerra ruso-japonesa de 1906. La mediación, con los auspicios de instituciones internacionales, ha ayudado en los últimos años a resolver algunos conflictos serios (ver de 11.24 a 11.30). Sin embargo, como la función de los buenos oficios y de la mediación consiste en producir la iniciación o la reanudación de las negociaciones entre las partes, y ayudar a su progreso, la utilidad de este procedimiento está condicionada por las circunstancias especiales del conflicto.

Debemos notar que la expresión "buenos oficios" se usa a veces para indicar la utilización de las facilidades diplomáticas de un Estado a fin de proteger los intereses de otro, o de los súbditos de otro, en un tercer Estado, cuando las relaciones diplomáticas normales no existen entre dichos dos Estados.

11.05 Investigación

El procedimiento de la investigación fue elaborado en la Conferencia de La Haya de 1899, como paralelo al arbitraje, de tal manera que los Estados que no quisieran someter sus diferencias al arbitraje pudieran, al menos, usar este procedimiento. En 1904, las disposiciones de la Conferencia de La Haya N° 1 con respecto a la investigación fueron invocadas por primera vez en el *Dogger Bank Incident* (Scott, *Hague Court Reports,* Vol. I, p. 405). Estimulada por el éxito del procedimiento en aquella ocasión, la Segunda Conferencia de Paz de La Haya introdujo disposiciones más elaboradas en la Convención Nº 1 de 1907. En 1913 y en 1914, Estados Unidos celebró acuerdos bipartitos con cuarenta y ocho países —los llamados "tratados Bryan"—; cada uno de ellos disponía el establecimiento de una comisión permanente de investigación. Desde 1924 en adelante, la tendencia ha sido regular la conciliación más bien que la investigación en los tratados para la solución pacífica de los conflictos.

El artículo 33 (I) de la Carta señala la investigación, y la Asamblea General (según los artículos 10 y 24), y el Consejo de Seguridad (según el artículo 36) son competentes para recomendar a las partes el procedimiento de la investigación.

La función de una comisión de investigación se supone generalmente que es la dilucidación de los hechos por medio de una investigación imparcial y concienzuda. La aclaración de los hechos debe hacerse necesariamente desde un punto de vista jurídico, y puede incidentalmente llevar implícita la aclaración de cuestiones de derecho, o de cuestiones mixtas de hecho y de derecho. En el *Dogger Bank Incident,* en donde el conflicto surgió debido a que unos barcos rusos abrieron fuego contra unos pesqueros británicos por el supuesto error de crecer que los pesqueros eran torpederos de Japón —que entonces estaba en guerra con Rusia—, se le encargó especialmente a la Comisión que informara dónde radicaba la responsabilidad, y en caso de establecerse ésta, el grado de culpa correspondiente a los súbditos de cada parte. Esto implicaba claramente algo más que una mera aclaración de los hechos. En *Red Crusader Incident* (Lauterpacht, *The Contemporary Practice of the United Kingdom in the Field of International Law,* 1962, I, pp. 50-53), el informe de la Comisión de Investigación contenía también opiniones sobre ciertas cuestiones de derecho.

Cuando las negociaciones llegan a un punto muerto, por el hecho de que las partes insisten en afirmar versiones contradictorias de los hechos, la aclaración de éstos por un tercero puede ayudar a preparar el camino para negociaciones con felices resultados. Algunas veces, como sucedió en *Tavignano Incident* (Scott, *Hague Court Reports,* Vol. 7, p. 413), la aclaración ofrecida no es muy útil, puesto que deja en duda los hechos más importantes. El recurrir a la investigación sobre bases bilaterales ha sido poco frecuente. Como quiera que sea el Pacto de la Liga, y ahora la Carta de las Naciones Unidas, han establecido la investigación de los conflictos y procedimientos de arreglo bajo auspicios colectivos, la tendencia ha sido recurrir a la Organización cuando un conflicto no puede ser solucionado por vía de la negociación y amenaza a la paz.

11.06 CONCILIACIÓN

Desde 1921 en adelante, se concertaron una gran cantidad de tratados bipartitos, en los cuales las partes acordaban someter a conciliación algunas o todas las controversias que pudieran surgir entre ellas y que no hubieran podido solucionarse por medio de la diplomacia normal. Un estímulo para tales tratados provino de la recomendación de la Tercera Asamblea de la

Liga, efectuada el 22 de septiembre de 1922 (*Records of the Third Assembly, Plenary*, Vol. I (1922) p. 199). Sólo unos pocos tratados para la solución pacífica de los conflictos, celebrados después de esa fecha, no prevén la conciliación. El procedimiento de conciliación constituyó un importante aspecto de los Tratados de Lugano, y fue uno de los tres procedimientos dispuestos por el Acta General (Solución Pacífica de Conflictos Internacionales), Ginebra, 1928 (93 *LNTS*, 343). En el hemisferio occidental, se firmaron tratados multipartitos que disponían la conciliación, en 1929 (*USTS*, Nº 780), en 1933 (163 *LNTS*, 393) y en 1936 (188 *LNTS*, 75); el último de la serie es el Pacto de Bogotá. Hay, además, una gran cantidad de tratados bipartitos que la consagran. El artículo 33 (I) de la Carta de la ONU menciona la conciliación como uno de los procedimientos pacíficos que primero deben adoptar las partes para llegar a una solución. La Asamblea General (según los artículos 10 y 14) y el Consejo de Seguridad (según el artículo 34) pueden nombrar una comisión para conciliar el conflicto. La remisión a una comisión de investigación y de conciliación es uno de los procedimientos pacíficos que las partes deben seguir, según el Pacto de Bogotá.

La Asamblea General, durante su tercera sesión, consideró un informe de su Comité Interino, que recomendaba la restauración de la eficacia original del Acta General (Solución Pacífica de los Conflictos Internacionales) de 1928, y el establecimiento de una lista de personas aptas para ser seleccionadas por las partes para integrar comisiones de investigación o de conciliación. Estas propuestas, a las cuales se opuso la Unión Soviética, fueron adoptadas por la Asamblea General (Res. 268 A (III) y 268 D (III), abril 28, 1949). Se le encargó al secretario general la publicación de la lista de adhesiones al Acta General Revisada (71 *UNTS*, 201), pero la reacción de los miembros no ha sido significativamente favorable, puesto que sólo se han adherido hasta ahora seis, cinco de los cuales eran partes de la Convención original. Las catorce partes restantes no se han adherido todavía.

El procedimiento de conciliación ha sido poco utilizado directamente entre Estados, a pesar de ser hoy un procedimiento de gran importancia en las instituciones internacionales. Combina las ventajas de la investigación y de la mediación y, desde luego, los inconvenientes de sus limitaciones. La importancia que se otorga actualmente al procedimiento se prueba por el hecho de que recientemente el Instituto de Derecho Internacional estudió el procedimiento, adoptó algunos artículos al respecto y recomendó la concertación de tratados bilaterales de conciliación (ver *Annuaire*, Vol. 49, II, 1961, p. 385).

SECCIÓN III. ARBITRAJE

11.07 Breve historia del arbitraje internacional

La práctica de arbitrar las controversias entre los Estados tuvo su origen, según opinión generalizada, entre los griegos, en una época que se remonta a

600 años antes de Cristo. Pero puede decirse que la historia moderna del arbitraje internacional comienza en el Tratado de Amistad, Comercio y Navegación entre Gran Bretaña y Estados Unidos, de 1794, conocido comúnmente como el Tratado Jay. Los arbitrajes del Tratado Jay fueron seguidos por gran cantidad de otros arbitrajes en el siglo XIX cuyo rasgo general fue la referencia a comisiones mixtas. Las comisiones mixtas generalmente se constituían según el principio de paridad, por el cual cada parte nombraba un número igual de comisionados, y en algunos casos se disponía el nombramiento de un árbitro en la eventualidad de desacuerdo entre aquéllos. El éxito de las comisiones mixtas dependía, en general, del punto hasta el cuál sus miembros podían combinar el papel de jueces y de negociadores, de tal manera que sus decisiones fuesen aceptables para ambas partes (Simpson and Fox, *International Arbitrations,* p. 3). Una modalidad distinta de la de constituir comisiones mixtas se siguió en el caso de arbitraje del *Alabama Claims* (1872), (Moore, *International Arbitrations,* Vol. I, pp. 495-682), cuando se estableció un cuerpo colegiado constituido por un miembro designado por cada parte y otros tres designados por el rey de Italia, el presidente de la Confederación Suiza y el presidente de Brasil. El *Behring Sea Fur Seal Arbitration* (1893) *(ibid.,* pp. 755-961), entre Gran Bretaña y Estados Unidos, y el *British Guiana and Venezuela Boundary Arbitration,* (1899), (92 *BFSP,* 970), establecieron firmemente el tribunal colegiado como institución paralela a la comisión mixta. También ha habido casos de jefes de Estado elegidos como árbitros.

El arbitraje *Alabama,* en virtud de la magnitud de las cuestiones que decidió, y la asimilación que realizó del procedimiento arbitral al judicial, estimuló a los juristas para hacer un extenso estudio de las decisiones arbitrales. El Instituto de Derecho Internacional discutió un proyecto de procedimiento arbitral y formuló regulaciones modeló, en 1875. Éste fue un excelente trabajo preparatorio para las deliberaciones de la Conferencia de Paz de La Haya, de 1899. La Conferencia pudo adoptar la Convención de La Haya Nº 1, que contenía una serie de normas de procedimiento arbitral, y estableció una Corte Permanente de Arbitraje con sede en La Haya —un importante paso en la historia del arbitraje internacional—. Las normas de procedimiento pasaron a ser consideradas como modelo, frecuentemente citadas por los tribunales como autoridad, e incorporadas por referencia en tratados arbitrales. Las partes de esta Convención de La Haya se propusieron mantener la Corte, y lo siguen haciendo hasta el momento. Es erróneo llamarla "Corte Permanente", porque está compuesta: *1)* por una Oficina Internacional, que funciona como registro de la Corte y custodio de sus archivos; *2)* por un Consejo Administrativo Permanente, compuesto por representantes diplomáticos de las partes contratantes acreditadas en La Haya, y del cual es presidente el ministro de relaciones exteriores de los Países Bajos, para ejercer control administrativo sobre la Oficina; *3)* por una lista de personas de reconocida competencia en cuestiones de derecho internacional, de la más alta reputación moral, y dispuestas a aceptar los deberes de "árbitro" (Art. 44), designadas por las partes contratantes sin exceder de cuatro designaciones por cada parte. Las partes contratantes que deseen recurrir al arbitraje pueden escoger de esta lista los miembros del tribunal. Evidentemente, es más "una manera de facilitar la creación de tribunales *ad hoc* que una corte, y mucho menos una corte permanente" (Hudson, *The Permanent Court of International Justice*, 1920-42, p. 11). Aun con tal "mecanismo" la Corte ha contribuido significativamente a la solución arbitral de los conflictos.

Durante la vida de la Liga de las Naciones, en el curso de las extensas discusiones efectuadas con el objeto de establecer los medios con que cubrir las brechas en el sistema de la Liga para el mantenimiento de la paz y la seguridad internacionales, y que se basaban en la triple fórmula de arbitraje, seguridad y desarme, el primero de éstos recibió una considerable atención. Un resultado significativo de estas discusiones fue el Acta General de 1928 (93 *LNTS*, 343), recomendada por la Novena Asamblea. En el hemisferio occidental, ésta fue seguida por el Tratado General de Arbitraje Interamericano, 1929 (130 *LNTS*, 135). Estos dos tratados generales fueron ampliados por gran cantidad de tratados bipartitos y regionales, que disponían el sometimiento de las controversias al arbitraje.

El artículo 33 (I) de la Carta de las Naciones Unidas también dispone el sometimiento al arbitraje. La contribución de las Naciones Unidas al arbitraje —que no es, sin embargo, muy significativa— se ha encaminado en dos direcciones. En primer lugar, la Asamblea General adoptó el Acta General Revisada (Solución Pacífica de los Conflictos Internacionales), en 1949 (71 *UNTS*, 101). Este tratado se aplica sólo entre los Estados que se adhieran a él, y no afecta los derechos de las partes del Acta General de 1928 en relación con aquellas de sus disposiciones que están todavía en vigor

En segundo lugar, la Comisión de Derecho Internacional, en su primera sesión, seleccionó el procedimiento arbitral como una de las materias de codificación del derecho internacional. Desde las primeras etapas de su actuación, la Comisión de Derecho Internacional se vio frente a dos conceptos sobre arbitraje. El primero era el más tradicional: requería el acuerdo de las partes como condición esencial no sólo de la obligación de recurrir al arbitraje, sino también de la continuación y efectividad del procedimiento en todas sus etapas. Según el segundo, una vez producido el acuerdo de someterse a arbitraje, ello llevaba consigo la garantía del cumplimiento efectivo por medios judiciales. La Comisión adoptó un proyecto de convención, en 1953, basado en el segundo concepto (ILC, *Yearbook* 1953, Vol. II, p. 208). De acuerdo con el proyecto, un compromiso de arbitraje origina la jurisdicción obligatoria de la Corte Internacional de Justicia para decidir si ha surgido un conflicto entre las partes y si él está cubierto por el compromiso. Además, la Corte ha de tener facultades para constituir el tribunal, a instancias de una de las partes, a pesar de la negativa de la otra de cooperar en su constitución. El tribunal así constituido tendrá facultad para formular un *compromis* para las partes —aun si una de ellas rehúsa participar en su formación— y pronunciar una decisión *ex parte*. También el proyecto contemplaba la creación de una jerarquía de autoridad, confiriendo a la

Corte Internacional de Justicia la facultad de revisar y anular los laudos arbitrales. El proyecto de la Comisión fue discutido por el Sexto Comité de la Asamblea General en su octava y décima sesiones, y las discusiones y los comentarios escritos que se recibieron de los gobiernos revelaron que el concepto de arbitraje de la Comisión no era aceptado por muchos Estados, especialmente fuera de Europa Occidental. Se estimó que el proyecto requería una renuncia de la soberanía, que sobrepasaba los límites a que estaban dispuestos a llegar muchos Estados. La Comisión, a petición de la Asamblea de que reconsiderase el proyecto, durante su novena sesión, en 1957, decidió presentar el texto como modelo de artículos, y no como un proyecto de convención, destinado solamente a servir de guía a los Estados al celebrar acuerdos de arbitraje o al estipular disposiciones de compromisos en los tratados. En la siguiente sesión, en 1958, la Comisión completó la redacción de los artículos del modelo, y la Asamblea General, en 1958, aceptó la sugerencia de la Comisión (Res. 1262 (XIII), Nov. 14, 1958).

Entre los tribunales arbitrales importantes, establecidos después de la segunda Guerra Mundial, pueden mencionarse las Comisiones de Conciliación surgidas al amparo de los tratados de paz (49 *UNTS*, 3; 41 *UNTS*, 21; 41 *UNTS*, 135; 42 *UNTS*, 3; 48 *UNTS*, 203), y la Comisión Arbitral sobre la Propiedad, Derechos e Intereses en Alemania, establecida por la Convención sobre la Solución de Cuestiones Surgidas de la Guerra y Ocupación entre EE. UU., y el Reino Unido, Francia y la República Federal Alemana (332, *UNTS*, 219). Las Comisiones de Conciliación bajo los Tratados de Paz operan primero como organismos de conciliación y, en el caso de fracaso en la solución de la controversia, al agregarse un miembro más según lo dispuesto, actúan como tribunales arbitrales.

11.08 OBLIGACIÓN DE RECURRIR AL ARBITRAJE

La obligación de someter una controversia a arbitraje necesariamente surge del consentimiento de las partes para que así sea *(Advisory Opinion Concerning the Status of Eastern Carelia* (1923), PCIJ Sec. B. N⁰ 5, p. 27; *Caso Ambatielos (Merits)* (1953) ICJ Rep. 19), y tal consentimiento puede ser expresado en un acuerdo especial de someter a arbitraje una controversia determinada o una serie ya existentes de ellas. El acuerdo especial es llamado generalmente *compromis*. En relación con los conflictos que no hayan surgido todavía, la voluntad puede expresarse, ya sea mediante tratados generales de arbitraje —por los cuales las partes se compormeten a someter a arbitraje todos o una clase determinada de futuras diferencias entre ellas— o bien en las cláusulas de compromiso de los tratados generales que someten a arbitraje las controversias que surjan con respecto a la interpretación y aplicación del tratado.

Determinar hasta qué punto un tratado de arbitraje o un tratado con cláusula compromisoria crea la definida obligación de arbitrar, depende de los términos del tratado. Puede ser que el tratado disponga, en general, el sometimiento de arbitraje de todas o de cierto tipo de controversias, pero requiere que cada sometimiento deba necesariamente ser precedido por un acuerdo especial entre las partes. El tratado referente a la Solución Pacífica de los Conflictos, de 1903, entre Gran Bretaña y Francia (20 *LNTS*, 185), sirvió de modelo para muchos otros tratados concertados en las dos décadas siguiente, tanto en este como en otros aspectos (*Arbitration and Security: The Systematic Survey of the Arbitration Conventions and Treaties of Mutual Security Deposited with the League of Nations* (2ª ed. 1927, *LN*. Doc. 1927, Vol. 29, p. 23) señala que sesenta y cinco tratados registrados en la Liga de las Naciones disponen tal requisito. Una serie de veintiocho tratados celebrados por Estados Unidos de América, entre 1928 y 1931, también lo establecieron (ver *Systematic Survey of Teatries for the Pacific Settlement of International Disputes* (1928-1948, *Passim*, UN Publ. 1948)). Todos estos tratados requerían la concertación de un *compromis* como condición previa para someter a arbitraje cualquier conflicto contemplado por los tratados. Un tratado que contenga tal disposición lógicamente no es más que un tratado para entrar en negociaciones con el fin de llegar a un acuerdo especial, un mero *pactum de contrahendo*, que no lleva implícita la obligación de lograr un acuerdo. Pero, aún antes de la primera Guerra Mundial, algunos tratados bipartitos de arbitraje indicaban el procedimiento por seguir en caso de que no se hubiera concluido un *compromis* (por ejemplo entre Italia y Suecia, en 1911, Martens, *NRG*, 3ª Ser., Vol. 5, p. 359).

11.09 JURISDICCIÓN DE LOS TRIBUNALES ARBITRALES

Se deja a voluntad de las partes que designan un tribunal arbitral el investirlo de la jurisdicción correspondiente. Normalmente, el tribunal sólo está autorizado para decidir conflictos entre las partes que lo han establecido. Pero nada impide a las partes hacerlo accesible a terceros países. En el caso *Venezuela Preferential* (1904) (9 *RIAA*, 100), el protocolo celebrado por las partes, en 1903, disponía que "cualquier nación que tenga reclamaciones contra Venezuela puede entrar como parte en el arbitraje dispuesto en este Acuerdo". Son raros los casos que hayan dado acceso directo a los particulares como reclamantes. Los Tribunales Mixtos establecidos por los Trataos de Paz de 1919 y de 1920, pueden ser mencionados por habérseles conferido jurisdicción para conocer directamente de las reclamaciones de personas particulares. Sobre la materia, la jurisdicción del tribunal se limita a los conflictos que caen dentro del ámbito del *compromis* o del tratado que autoriza el arbitraje. El *compromis* por ser un acuerdo internacional, está sujeto a los mismos principios de interpretación que un tratado común.

A falta de un acuerdo en contrario, un tribunal arbitral tiene competencia para determinar su propia jurisdicción y, con este fin, para interpretar el instrumento que rige tal jurisdicción. (Caso *Nottebohm*) (Objeción Preliminar, 1953) ICJ Rep. III, 119).) El principio fue afirmado por el Lord Canciller de Inglaterra, Lord Loughborough, en el caso del *Betsy*, en 1802 (Moore, *International Adjudications*, Vol. 4, pp. 81-85). El artículo 73 de la Convención de La Haya Nº 1º, de 1907 (que corresponde al artículo 48 de la Convención de La Haya N? 1, de 1899) dispone: "El Tribunal está autorizado para declarar su competencia interpretando el *compromis*, así como todos los otros papeles y documentos que puedan invocarse..."

11.10 CONTROVERSIAS NO ARBITRALES

Desde que empezaron a concertarse tratados que disponen el arbitraje de futuras controversias, comenzó la práctica de excluir de ellos ciertas categorías de controversias, especialmente aquellas consideradas no legales o políticas. Los tratados de arbitraje concluidos inmediatamente después de la Conferencia de Paz de La Haya, de 1899, en cuanto a su aplicación, se restringieron a las diferencias "de naturaleza legal o relativas a la interpretación de tratados existentes entre las dos partes contratantes", y excluyeron de su ámbito las controversias que afectaran "los intereses vitales, la independencia o el honor de las dos partes contratantes" (por ejemplo, entre el Reino Unido y Francia, en 1903, renovado en 1923, 20 *LNTS*, 185). La reserva con respecto a controversias que afecten "intereses vitales, independencia y honor" aparece en muchos tratados celebrados antes de la primera Guerra Mundial (*Arbitration and Security*, p. 23), y aun después de la guerra, como por ejemplo en el tratado entre Estados Unidos y Liberia, en 1926 (56 *LNTS*, 279). En los Tratados de Lugano, la fórmula usada para definir las controversias arbitrales era "cualquier cuestión con relación a la cual las partes están en conflicto en lo referente a sus derechos respectivos" (por ejemplo, el tratado entre Francia y Alemania, 54 *LNTS*, 289). El gran número de tratados de arbitraje celebrados por Estados Unidos con otros países, comenzando por Francia en 1928, limitaron su alcance a las diferencias "en virtud de una reclamación de derechos hecha por uno contra otro al amparo de un tratado o de otro modo", y que "son justiciables por su naturaleza en razón de ser susceptibles de decisión por aplicación de principios del derecho o de la equidad" (*Systematic Survey*). El Tratado General de Arbitraje Interamericano, de 1929 (130 *LNTS*, 135), caracterizó la controversia arbitrable como aquella "susceptible de decisión mediante la aplicación de los principios del derecho", y adoptó la definición de controversias legales contenida en el artículo 36 del Estatuto de la Corte Permanente de Justicia Internacional.

El Acta General (Solución Pacífica de las Controversias Internacionales), de 1928, inició otro rumbo. Si bien disponía la solución judicial de las controversias legales, ese tratado requería que las controversias diferentes de aquéllas "con respecto a las cuales las partes están en conflicto en cuanto a sus derechos respectivos", fuesen sometidas a arbitraje si no podían ser solucionadas por el procedimiento de conciliación. La Convención Europea para la Solución Pacífica de las Controversias Internacionales, de 1957, ha adoptado un sistema similar.

Otras controversias sobre las cuales hacen reserva los tratados de arbitraje son aquella que afectan los intereses de terceros Estados; la integridad territorial, la condición territorial o las fronteras; los derechos soberanos de las partes; las cuestiones de jurisdicción interna o de legislación intena; las controversias anteriores a la conclusión del tratado, o aquellas ya solucionadas (*Arbitration and Security* pp. 23-25; *Systematic Survey* pp. 23-39). Con relación a la reserva sobre las controversias referentes a los derechos soberanos, algunos tratados también contienen una cláusula que confiere a cada parte el derecho de determinar, en último término, si la controversia pertenece a esa categoría o no (por ejemplo, entre Hungría y Turquía, 100 *LNTS*, 137; entre Turquía e Italia, 95 *LNTS*, 183) y anticipan la "reserva Connally" a la declaración, según la Cláusula Opcional (ver 11.18).

Puede observarse que muchas de las reservas mencionadas anteriormente producen el efecto de reducir la obligación de someterse a arbitraje, hasta casi hacerla desaparecer; y quien contemple únicamente la cantidad de tratados celebrados, obtiene un cuadro engañoso de la extensión de la referida obligación de los Estados.

11.11 EL DERECHO Y EL PROCEDIMIENTO DE UN TRIBUNAL ARBITRAL

En primer lugar, el derecho que debe aplicar un tribunal arbitral es el determinado por las partes en el *compromis*. Algunas veces, las partes pueden convenir las normas específicas que serán aplicadas por el tribunal. De este modo se señalaron tres principios con relación a los deberes de una potencia neutral, en el artículo 6º del Tratado de Washington, de 1871, por el cual las *Alabama Claims* fueron sometidas a arbitraje (Moore, *International Arbitrations*, Vol. I, pp. 549-50). Los principios especificados por el tratado que sometía a arbitraje la cuestión de fronteras entre la Guyana Británica y Venezuela, incluían el de que cincuenta años de ocupación deben constituir un título de prescripción sobre el territorio (Documentos Parlamentarios Británicos (C. 8439, (1897)). El acuerdo que sometió el conflicto *Trail Smelter* (1935) a arbitraje, especificó el derecho aplicable como el "derecho y la práctica seguidos al tratar cuestiones análogas en los Estados Unidos, así como el derecho y la práctica internacionales" (3 *RIAA*, 1908). Tales principios tienen, ciertamente, autoridad y obligan al tribunal.

Si no se especifica nada en el *compromis*, el derecho que debe aplicarse por un tribunal arbitral es el derecho internacional (*Norwegian Shipowners' Claims (Noruega vs. U. S.)*, 1921, I *RIAA*, 309, 331; *In the Matter of the Diverted Cargoes (Grecia vs. el Reino Unido)* (1955), *ILR*, 1955, 820, 824; *Re Competence of Conciliation Commission* (1954), *ibid.*, pp. 867, 871). A menos de haber sido designado también como *amiable compositeur*, según la práctica que se siguió una vez en el caso de un arbitraje entre cantones suizos, el árbitro no debe adoptar el papel de mediador. El artículo 37 de la Convención de La Haya Nº 1, de 1907, exige que el árbitro establezca una decisión "sobre la base del respeto al derecho". Un tribunal de artbitraje deberá dar su decisión basándose en el derecho, de la misma manera como lo hace la Corte Internacional de Justicia.

El *compromis*, sin embargo, puede disponer que el tribunal decidirá de acuerdo con el "derecho y la equidad". El término "equidad" usado en ese texto, no debe ser tomado en el sentido técnico como se usa en la jurisprudencia inglesa o norteamericana. "El derecho y la equidad" deben considerarse como "principios generales de justicia distintos de cualquier sistema particular de jurisprudencia o de derecho interno" (*Norwegian Shipowners' Claims* (1922), I *RIAA*, 309 en 331). Aun en ausencia de una mención específica de la equidad, cuando faltan normas positivas de derecho el tribunal puede aplicar los principios generales de derecho y los conceptos de honestidad, justicia e imparcialidad (*ibid.; Re Competence of the Conciliation Commission, ILR,* 1955, 871). La equidad —en el sentido de normas generales dictadas por la justicia y la imparcialidad— puede decirse que forma parte del derecho internacional, sirviendo para atemperar la aplicación de las normas estrictas, y un tribunal puede incluir la equidad, en este sentido, en el derecho que aplica, aun en ausencia de autorización expresa (Hudson, *International Tribunals,* p. 103). Hersch Lauterpacht consideraba que una decisión *ex aequo et bono* significaba una clase de actividad legislativa, diferente de la aplicación de la equidad en sentido más amplio (*The Development of International Law by the International Court of Justice,* p. 213). A pesar de que este punto de vista tiene base en el texto del artículo 38 del Estatuto de la Corte Internacional de Justicia, no existen decisiones que respalden la veracidad de esta proposición.

El Acta General de 1928 dio poder al tribunal arbitral que trata un conflicto no legal, para decidir *ex aequo et bono,* si entre las categorías especificadas en el artículo 38 del Estatuto de la Corte Permanente de Justicia Internacional no hubiese normas de derecho aplicables al caso. Del mismo modo, la Convención Europea para la Solución Pacífica de las Controversias (Art. 26) confiere al tribunal arbitral —a menos que un acuerdo especial disponga otra cosa— poder para decidir *ex aequo et bono,* "teniendo en cuenta los principios generales del derecho internacional, si bien respetando las obligaciones contractuales y las sentencias finales de los tribunales internacionales que obiguen a las partes" (Art. 28). Debe recordarse que la Convención otorga a la Corte Internacional de Justicia jurisdicción obligatoria con respecto a todas las controversias legales, y sólo las controversias no legales son arbitrables, según ella.

El artículo 28 del Acta General de 1928, el artículo 10 del Modelo de Artículos de la Comisión de Derecho Internacional y algunos tratados bilaterales adoptan en esencia el texto del artículo 38 del Estatuto de la Corte Internacional de Justicia.

Las normas de procedimiento del tribunal pueden ser establecidas en el *compromis.* Por lo general, algunas normas se dan en el acuerdo especial, y el tribunal tiene el poder de complementarlas. Los representantes de las partes pueden también establecer algunas normas mediante acuerdo. Los capítulos III y IV de la Convención de La Haya Nº 1, de 1899 y de 1907, contienen normas de procedimiento arbitral convenidas por las partes en la Convención, que se aplican en ausencia de convenio expreso. El artículo 74 de la Convención de 1907 autoriza al tribunal para dictar normas de procedimiento. Las normas de procedimiento contenidas en la Convención de La

Haya Nº 1, tal vez pueden ser consideradas ahora, como derecho consuetudinario, debido al amplio reconocimiento de que han sido objeto.

11.12 EFECTO LEGAL DE LOS LAUDOS ARBITRALES

El artículo 81 de la Convención de La Haya Nº 1, de 1907, expresa que un laudo debidamente dictado y dado a conocer a los representantes de las partes, decidirá el conflicto en forma definitiva y sin apelación. El artículo 7º del Tratado General de Arbitraje Interamericano, y el artículo 46 del Pacto de Bogotá contienen una disposición similar, como también el tratado entre la República Dominicana y Haití, 1929 (105 *LNTS*, 215). Sin embargo, la doctrina de la *res judicata* se considera aplicable a todos los laudos arbitrales, ya sea que el acuerdo especial o el tratado general de arbitraje contenga o no tal disposición. En el arbitraje *Trail Smelter (U. S. vs. Canada)* (3 *RIAA*, 1906, 1950), el principio de que la santidad de la *res judicata* se aplica a la sentencia final de los tribunales internacionales, fue señalado como norma esencial y reconocida del derecho internacional. El principio fue aplicado en ese arbitraje y también en el caso *Orinoco Steamship Company* (1910) (Corte Permanente de Arbitraje) (II *RIAA*, 277, 240) y caso *Pious Fund* (1902) (9 *RIAA*, I, 13).

Un laudo arbitral es obligatorio sólo para las partes en litigio (Art. 84, Convención de La Haya Nº 1, 1907) y no obliga a terceros.

11.13 NULIDAD DEL LAUDO

El principio del carácter definitivo de los laudos arbitrales está sujeto a la calificación de que en ciertas circunstancias los laudos pueden ser nulos. Según algunas opiniones, la demanda de nulidad no es admisible en ningún caso (Lapradelle, "L'exces de pouvoir de l'arbitre" *Revue de droit international*, 1928, p. 5), y este punto de vista se basa en el artículo 81 de la Convención de La Haya Nº 1, de 1907, y en la falta de cualquier mecanismo internacional apto para declarar un laudo nulo y sin valor. A este punto de vista se oponen muchos (por ejemplo Brierly, "The Hague Convention and the Nullity of Arbitral Awards", 9 *BYIL*, 114 (1928); Carlston, *The Process of International Arbitration*, pp. 213-14), y es contrario a la tradición relativa al arbitraje. El fallo de la Corte Internacional de Justicia sobre el *Case Concerning the Arbitral Award Made by the King of Spain* (1960) (ICJ Rep. 191), se basa en la premisa de que un laudo arbitral puede ser nulo en ciertos casos. En algunos ejemplos del pasado, la parte contra la cual se dictó la decisión presentó demanda de nulidad y rehusó cumplir el laudo (por ejemplo, el caso *Cerruti* (1911), II *RIAA*, 377; el *Boundary Arbitration between Costa Rica and Panama* (1914) II *RIAA*, 519; el caso de *Chamizal* (1911), II *RIAA*, 309. El conflicto de *Chamizal* fue solucionado por acuerdo entre las partes, en 1963, 58 *AJIL*, 336 (1964). Pero si una parte en el arbitraje reconoce la validez y obligatoriedad de un laudo, no puede desde ese momento retirar su reconocimiento ni cuestionar la validez del laudo (*Arbitral Award by the King of Spain (1960)* ICJ Rep. 213).

Hay muchas discrepancias entre los autores en relación con las causales por las cuales un laudo puede ser considerado nulo. Existen pocos fallos autorizados en la materia, y en la mayoría de los casos las demandas de nulidad han sido planteadas por la parte derrotada sobre distintas causas, y combatidas por la parte ganadora. Las causales de nulidad pueden ser agrupadas de la siguiente manera: *I)* relativas a la jurisdicción; *II)* relativas al procedimiento del juicio y del laudo; *III)* el fraude y la corrupción; y *IV)* los "errores esenciales".

i) Causales relativas a la jurisdicción, la invalidez del *compromis* es generalmente considerada como causal posible de nulidad. Esto origina la cuestión más amplia de indagar la validez del tratado, y la de establecer hasta qué punto la parte de un tratado puede repudiarlo argumentando la invalidez, después de haber actuado de acuerdo con él. Sin embargo, en principio, se sostiene que la invalidez del *compromis* trae aparejada la falta de jurisdicción y la nulidad del laudo. El caso de *Western Griqualand and Diamond Deposits* (1871) (Lapradelle y Politis, *Recueil des arbitrages internationaux,* Vol. 2, p. 676) se cita generalmente como el ejemplo aplicable a los casos de invalidez del *compromis.* En ese caso, el laudo desfavorable a Transvaal fue repudiado por el gobierno de Transvaal que ascendió al poder después de dictado el laudo, argumentando que su antecesor no había celebrado los dos *compromis* correspondientes de conformidad con la situación de Transvaal. En nombre de Gran Bretaña, el gobernador de la Colonia del Cabo sostuvo que el laudo debía ser respetado. Pero Gran Bretaña dejó que el laudo caducara. Es dudoso saber si en esas circunstancias un *compromis* y el laudo podían ser anulados por invalidez, después de haber actuado de acuerdo con el *compromis* (McNair, *The Law of Treaties* pp. 66-77).

ii) El excès de pouvoir, o sea el excederse el tribunal en su jurisdicción, es generalmente mencionado como causal de nulidad. Al considerar este principio, debe recordarse que un tribunal tiene competencia para interpretar el *compromis* a fin de determinar su propia jurisdicción. *El excès de pouvoir* puede consistir en: *a)* la decisión por parte del tribunal sobre un punto que no le ha sido sometido; *b)* la aplicación de una ley que no esté autorizado a aplicar.

a) Decisión sobre un punto que no le ha sido sometido. El caso más frecuentemente citado es el del *North Eastern Boundary* entre EE.UU. y Canadá, cuando el rey de Holanda, invitado a decidir cuál de las dos líneas alegadas por las partes representaba la frontera, seleccionó una tercera línea de demarcación (Moore, *International Arbitration,* Vol. I, pp. 199, 133-4). El conflicto se solucionó posteriormente por negociación diplomática. En 1865, en el arbitraje de las *Aves Islands* (Lapradelle y Politis, *op. cit.,* Vol. 2, p. 408), la reina de España, invitada a decidir acerca de la soberanía sobre la isla, se extendió a materias de servidumbre. En el caso del *Panama-Costa Rica Boundary Case* (II *RIAA,* 519), el presidente francés

Loubet, emitió un laudo, en 1900, sobre el conflicto de fronteras entre Colombia y Costa Rica, que fijó la demarcación por lugares fuera del territorio disputado. Por una Convención de 1910, las partes —ahora Panamá, como sucesor de Colombia y Costa Rica— sometieron la cuestión a un segundo arbitraje para la correcta interpretación del laudo. El árbitro, el presidente de la Corte, White, interpretó que sus facultades incluían la autoridad para corregir el laudo anterior, y sostuvo que la demarcación de la línea fuera del territorio en conflicto era nula. Panamá rehusó aceptar este laudo por considerar que excedía el ámbito de facultades del árbitro (*U. S. For. Rel.* 1914, p. 994). Otros ejemplos son el caso *Cerruti* (II *RIAA,* 377) y el arbitraje *Chamizal Tract (ibid.,* 309).

b) *Aplicación de leyes no autorizadas por el compromis.* En el caso de la *Orinoco Steamship Co. (EE. UU. contra Venezuela)* (II *RIAA,* 227), la validez del laudo de 1903 del árbitro Barge —de la Comisión de Reclamaciones Mixtas— fue sometida a arbitraje. El tribunal, con Lammasch como árbitro, observó que el *excès de pouvoir* podía también consistir en la mala interpretación de disposiciones expresas del *compromis* con respecto a la manera como el tribunal debía llegar a su dicisión, especialmente en lo concerniente a la legislación o a los principios de derecho que deban aplicarse. Algunas partes del laudo se consideraron nulas por haberse basado el árbitro Barge en el incumplimiento de una cláusula Calvo y en requisitos del derecho venezolano, en lugar de aplicar los principios de absoluta equidad, como estaba autorizado a hacer.

Fundamentos procesales. El apartarse de las normas procesales que se tienen como inherentes al proceso judicial, es considerado generalmente como causal de nulidad, aunque no hay casos específicos en los cuales este principio haya sido aplicado. Comúnmente se señalan como algunos de dichos principios: el de la igualdad de las partes ante el tribunal, especialmente en cuanto a la oportunidad de presentar sus respectivos casos; el de la debida deliberación por parte del tribunal completo; y el del fallo razonado (Carlston, *op. cit.,* pp. 40-50). Las partes tienen derecho a un lado que emane de todo el tribunal designado por ellas, obtenido por mayoría —después de la debida deliberación conjunta— y fundado en razones que se expresen. Surge un problema difícil cuando una de las partes rehúsa cooperar en el trabajo del tribunal después de su constitución, retira el miembro por ella designado, o intenta considerar la designación del miembro neutral como si hubiese llegado a su fin. Según parece, actualmente hay bastante respaldo al criterio de que en tal caso el tribunal puede proceder *ex parte,* o los miembros restantes pueden proceder a dar un fallo (Arbitraje *Lena Goldfield* (1930) *AD,* 1929-30, Caso N° 258; caso de la *Lehigh Valley Railroad Co.* (1939), 8 *RIAA,* 458).

La Corte Internacional de Justicia estimó, en el *Case Concerning the Arbitral Award of the King of Spain* (1960) (ICJ, Rep. 188, 216), que un laudo puede ser nulo debido a la falta o a la deficiencia de la expresión de las razones en que se basa. En ese caso, la Corte expresó: "un examen del laudo indica que trata en orden lógico y bastante detalle todas las consideraciones relevantes y que contienen extensos razonamientos y explicaciones en apoyo de las conclusiones a que ha llegado el árbitro", y sostuvo que el laudo no era nulo. (Ver también el artículo 79 de la Convención de La Haya Nº 1, de 1907, y los artículos 31 y 36 del Articulado Modelo de la Comisión Internacional de Derecho.)

Fraude y corrupción. La corrupción de un miembro del tribunal es considerada como causal de nulidad, aunque los ejemplos de corrupción son bastantes escasos. En 1866, EE. UU. y Venezuela reconstituyeron una comisión de reclamaciones mixtas, al hacerse cargos de conducta fraudulenta contra dos de los tres miembros (Moore, *International Arbitrations,* Vol. 2, pp. 1660-64).

El fraude en la presentación de la prueba es también causal de nulidad. En los casos de *Weil* y *La Abra,* el árbitro de la Comisión de Reclamaciones Mixtas Estados Unidos-Mexicana rehusó reconsiderar los laudos cuando el representante mexicano, algún tiempo después de haberse dictado aquéllos, presentó pruebas en que demostró que se habían basado en testimonios falsos y perjuros (Moore, *ibid.,* p. 1324). Cuando las cortes de EE. UU. dictaminaron que el cargo de perjurio era verdadero, EE. UU. devolvió el dinero cobrado a México en virtud de los laudos.

El empleo de medios de corrupción para alterar la prueba es también aparentemente una causal de nulidad. Una de las razones por las cuales el Reino Unido se retiró de Arbitraje *Buraimi* fue la alteración de la prueba por la otra parte mediante un considerable soborno (545 H. C. Deb. (Hansard) col. 199 (1955)).

Errores esenciales. Lo que constituye un "error esencial" determinante de la invalidez del laudo es un punto sumamente discutido, y hay sobre él muy poco acuerdo. Los errores que se aleguen en materia de apreciación de la prueba presentada al tribunal no constituyen jamás causal de anulación del laudo. La Corte Internacional de Justicia, en el *Case Concerning Arbitral Award of the King or Spain* expresó: "La apreciación del valor probatorio de los documentos y pruebas correspondía al poder discrecional del árbitro y no puede ser impugnada ((1960) ICJ. Rep. 215-16). Errores como los que se refieren a interpretación de una convención o deducción de una norma consuetudinaria, no son, al parecer, causales de anulación. En el Arbitraje *Trail Smelter* (3 *RIAA,* 1907), se explicó después de una revisión del derecho que la verdadera distinción no era entre errores "esenciales" y y de otro tipo admitidos en el derecho, sino entre errores "manifiestos" y de otro tipo (p. 1957). Como ejemplo de errores manifiestos, el tribunal mencionó los casos de pasar por alto un tratado relevante, o de aplicación de un tratado que se reconocía haber caducado, o de un evidente error en el derecho interno, como ocurrió en el caso *Schreck* (Moore, *International Arbitrations,* Vol. 2, p. 1357). En ese caso, el laudo —que fue luego revisado por el árbitro en otra audiencia— se formuló sobre la base de la errónea creencia de que el derecho mexicano otorgaba la ciudadanía a todas las personas nacidas en México, de acuerdo con el principio de *jus soli.*

11.14 Valor del arbitraje como método

El éxito en el empleo del arbitraje como medio de solucionar una controversia, está condicionado por el papel y la actitud conciliatorios de las partes en el conflicto durante las distintas etapas del procedimiento —la de llegar a un acuerdo para someterse al arbitraje, la de constitución del tribunal y la de la presentación de los casos respectivos. El cumplimiento de un laudo puede lograrse actualmente más que nada por la aceptación voluntaria de las partes (para otras formas, ver 11.20), pero debe agregarse que la tradición arbitral muestra un alto porcentaje de tal aceptación. En algunos casos del pasado, la parte perdedora, aunque insatisfecha del laudo, pagó bajo protesta la suma señalada (las *Alabama Claims,* las *Norwegian Shipowners' Claims*), pero en otros casos interpuso demanda de nulidad y rehusó cumplir el laudo. Mientras que el arbitraje, en principio, es un método de adjudicación al arbitraje intencional es y ha sido tradicionalmente muy parecido a la diplomacia. La Comisión de Derecho Internacional ha fracasado en sus intentos de convertir el arbitraje en una institución jurisdiccional que, si las partes han decidido someter el conflicto a arbitraje y acordado la estructura del tribunal, pueda ser puesta en marcha para asegurar un fallo, aunque una de ellas retire su cooperación. Veremos más adelante que en este momento la solución judicial de los conflictos es todavía muy parecida a la diplomacia.

Desde el establecimiento de la Corte Permanente de Justicia Internacional, la Corte Permanente de Arbitraje ha experimentado una declinación; entre 1920 y 1940 sus miembros sólo pronunciaron cuatro laudos. Esto puede plantear la pregunta de si el arbitraje merece sobrevivir como una institución paralela a la decisión judicial.

El acceso a la Corte Internacional de Justicia actualmente está limitado a los Estados. Cuando una de las partes en un conflicto es una institución internacional, o no quiere someterse a la jurisdicción de la Corte, se puede recurrir al arbitraje. El arbitraje ofrece mayor autonomía a la voluntad de las partes en cuanto a la elección de los miembros del tribunal, a la determinación de los principios de derecho por aplicarse, y a los poderes que tendrá el tribunal. Si así se desea, la función de recomendar un nuevo régimen puede confiarse a un tribunal arbitral, tal como se hizo en los casos del Arbitraje *Behring Sea* (Moore, *International Arbitrations,* Vol. 5. p. 4761), del caso *North Atlantic Fisheries* (1910) (II *RIAA,* 167) y del caso *Free Zones* (1932) (PCIJ Ser. A/B, No. 46, p. 112). El arbitraje puede resultar conveniente cuando se quiere dar menos importancia y publicidad a un conflicto de la que generalmente adquiere cuando se somete a la Corte, o cuando se trata de problemas técnicos que serían mejor investigados por un tribunal dotado de conocimiento técnico.

SECCIÓN IV.   SOLUCIÓN JUDICIAL

11.15   ESTABLECIMIENTO DE LA CORTE MUNDIAL

Poco después de la Conferencia de Paz de La Haya, surgió la iniciativa del establecimiento de una verdadera corte permanente, diferente de la Corte Permanente de Arbitraje que, como se dijo, esencialmente era una lista de personas competentes para ser designadas como árbitros. EE. UU., en la Segunda Conferencia de Paz de La Haya, propuso el establecimiento de un tribunal de ese tipo. La Conferencia, a pesar de haber preparado un proyecto de convención a este respecto, no pudo llegar a un acuerdo sobre la manera de designar a los jueces. El problema radicaba en que las grandes potencias insistían en tener permanentemente sus representantes en la Corte, mientras las potencias menores pretendían lo mismo, invocando el principio de la igualdad. La Conferencia adoptó una Convención para el establecimiento de una Corte Internacional de Presas, pero, por diversas razones, esta Convención no logró ninguna ratificación y nunca entró en vigor.

Los cinco Estados centroamericanos lograron establecer una Corte Centroamericana de Justicia, en 1908. El problema de la designación de los jueces fue solucionado disponiéndose que la legislatura de cada uno de los cinco países eligiera un juez para la Corte. Hasta a los individuos se les dio acceso a la Corte. La Convención que estableció la Corte, cuyo término era de diez años, expiró en 1918, y no fue renovada. La Corte funcionó sólo diez años y trató diez casos, no sin encontrar serias dificultades. Las razones de esto fueron varias, y una de ellas consistió en la falta de independencia de los jueces (sobre esta Corte, ver Bustamante, *The World Court,* cap. 5).

Al preparr el Convenio de la Liga de las Naciones, la Conferencia de Paz de París dispuso, en el artículo 14, que el Consejo de la Liga debía formular propuestas para el establecimiento de una Corte Permanente de Justicia Internacional y someterlas a los miembros. El Consejo, en 1920, designó una Comisión de Juristas y ésta logró preparar un Estatuto de la Corte. El nudo gordiano de la designación de los jueces fue cortado por medio de lo que se conoce por el "Plan Root-Phillimore". De acuerdo con este plan, los jueces debían ser elegidos conjuntamente por el Consejo de la Liga y la Asamblea, y esto satisfizo a las grandes potencias, pues cuatro de ellas —entre ocho— eran miembros permanentes del Consejo, y también satisfizo a las potencias menores, puesto que constituían mayoría en la Asamblea. Después de ser considerado por el Consejo y la Asamblea, el Estatuto fue adoptado por los miembros mediante un Protocolo de Firma, y entró en vigor en 1921.

En 1940, el funcionamiento de la Corte llegó prácticamente a su fin, a consecuencia del estallido de la guerra. Después de la guerra, la cuestión del establecimiento de una corte formó parte del temario de la Conferencia de San Francisco. La Conferencia tenía ante sí dos documentos para su discusión: el capítulo séptimo de las Propuestas de Dumbarton Oaks, y el informe de una Comisión de Juristas convocada por EE. UU., en Washington, poco antes de la Conferencia (*UNCIO Docs.*, Vol. 14, p. 798). La Conferencia adoptó la sugerencia de que la corte debía establecerse como uno de los órganos principales de la Organización que habría de constituirse, y que su Estatuto debía ser parte integrante de la Carta. Esto contrastaba abiertamente con la posición con respecto a la Corte Permanente de Justicia Internacional, que fue establecida independientemente de la Liga por un Protocolo de Firma. Para evitar dificultades técnicas que hubieran podido surgir si la Corte Permanente fuera incorporada en la nueva Organización, la Conferencia decidió establecer la Corte como formalmente independiente de la Corte Permanente. La Corte anterior fue disuelta oficialmente en 1946, por resolución de la Asamblea de la Liga, convocada por última vez (LN, *OJ*, Sp. Supl., 1946, p. 256). La Corte actual, Corte Internacional de Justicia, inició labores el 18 de abril de 1946.

La Conferencia tuvo cuidado, sin embargo, de mantener la continuidad entre la vieja y la nueva Corte. 1º Esto se hizo, mediante la redacción del Estatuto en forma que difería poco del Estatuto de la antigua Corte. Además, se declara expresamente en el artículo 92 de la Carta que el Estatuto de la Corte actual se basa en el Estatuto de su predecesora. Esto ha asegurado la continuidad en la jurisprudencia. 2º La jurisdicción existente a favor de la Corte Permanente de Justicia Internacional —en virtud de declaraciones bajo la Cláusula Opcional, de convenciones y de cláusulas compromisorias— fue trasmitida a la nueva Corte en todo lo que tal jurisdicción afectare a las partes del nuevo Estatuto. 3º Las instalaciones, los servicios de personal y los archivos de la CPJI fueron puestos a disposición de la nueva Corte.

11.16 DESIGNACIÓN DE LOS JUECES

Los jueces de la Corte son elegidos por el Consejo de Seguridad y la Asamblea General, cada uno votando en forma independiente. Para ser elegido, un candidato debe obtener mayoría absoluta en ambos órganos. El Plan Root-Phillimore conserva así su esencia con respecto a la nueva Corte. El poder de designar candidatos se da a los grupos nacionales en la Corte Permanente de Arbitraje y, en el caso de los Estados que no forman parte de la Corte, por grupos especialmente constituidos con tal objeto (Arts. 4º 5º). Esto tiene como fin eliminar las influencias políticas en la elección de los jueces. No hay manera de asegurar que las condiciones exigidas a los jueces, indicadas en el Estatuto (Arts. 2º y 9º), sean realmente satisfechas por los candidatos elegidos, pero sí es posible hacer cumplir los requisitos especificados en el artículo 3º (I) con respecto a que no puede haber dos jueces de la misma nacionalidad (Art. 10 (3)). El Estatuto dispone un procedimiento por seguirse en caso de que tres reuniones sucesivas de la Asamblea General y del Consejo de Seguridad fracasen en la elección del número de candidatos requeridos; pero, el tener que recurrir a este mecanismo para evitar el estancamiento se elimina, en la práctica, por medios procesales adoptados en la

Asamblea General y en el Consejo de Seguridad (ver Rudzinski, "Election Procedure in the United Nations", 53 *AJIL*, 81 (1959). Con el objeto de mantener la continuidad en la Corte, las elecciones son escalonadas; cada tres años se retiran cinco jueces, y sus plazas se cubren por elección (Art. 13).

El sistema de elección se ha criticado por las siguientes razones: el sistema de nominación por parte de los grupos nacionales no está dando resultados en la práctica para evitar la presión gubernamental en la etapa de la nominación. Los grupos nacionales —salvo raras excepciones— no están realizando las consultas recomendadas en el artículo 6º del Estatuto (Baxter, "The Procedure Employed in Connection with the United States Nominations in 1960", 55 *AJIL*, 445 (1961). En las elecciones que celebran el Consejo de Seguridad y la Asamblea General, los méritos de los candidatos son eclipsados por las consideraciones de representación geográfica y por las de representación de las principales formas de civilización y sistemas legales del mundo. Las elecciones se han convertido en motivos de regateo político, y se llevan a cabo de acuerdo con ciertos compromisos políticos verbales. La frecuencia de las elecciones —una cada tras años— ha servido para intensificar la aplicación de presiones políticas. Se supone que los órganos deben hacer las elecciones independientemente uno del otro, para que el resultado en uno no afecte al del otro; pero en la práctica actual, mientras la votación se está llevando a cabo, los resultados de uno se divulgan en el otro e influyen así la votación que allí se celebra. También se critica el que no hay adecuada representación africana y asiática en la Corte, ni tampoco de las distintas regiones geográcas del mundo. El espíritu del Estatuto parece indicar que la composición de la Corte debería basarse en un equilibrio entre las consideraciones de mérito y la representación de las diversas culturas y sistemas legales. La mayor parte de las críticas mencionadas parecen proceder del hecho de atribuir mayor importancia a algunos de estos factores que a otros. No debe olvidarse que el poder judicial de una comunidad no debe estar constituidos sólo por los hombres mejor calificados y profesionalmente más competentes, sino que también debe reflejar auténticamente los sentimientos y las aspiraciones dominantes en la comunidad.

11.17 JURISDICCIÓN DE LA CORTE INTERNACIONAL DE JUSTICIA

Se ha dicho en 2.17 que la jurisdicción de la Corte tiene dos facetas: una contenciosa y otra consultiva. En esta subsección examinaremos la jurisdicción contenciosa. La cuestión de la jurisdicción con respecto a un caso contencioso llevado ante la Corte plantea tres aspectos: *i)* si existe jurisdicción *ratione personae* (en cuanto a las partes); *ii) ratione materiae* (en cuanto a la materia) y *iii) ratione temporis* (en cuanto a los límites en el tiempo). No es necesario tratar aquí la cuestión teórica de si el último problema es independiente o está conectado con los otros dos (ver Rosenne, *The Time Factor in the Jurisdiction of the International Court of Justice*).

Ratione Personae: el acceso a la Corte está limitado a los Estados que son partes en el Estatuto —miembros de las Naciones Unidas y no miembros admitidos de acuerdo con el artículo 92 (2) de la Carta. Las condiciones impuestas, en los casos de las admisiones realizadas hasta ahora, han sido la aceptación del Estatuto y de las obligaciones del artículo 94 de la Carta, y el compromiso de contribuir a los gastos de la Corte (*SCOR,* 1er. año, 80 Mt., 15 de Nov., 1946, p. 501, con respecto a Suiza; las mismas condiciones fueron impuestas en casos posteriores). Los Estados que no son partes en el Estatuto pueden tener acceso a la Corte en las condiciones que establezca el Consejo de Seguridad (Art. 35 (2)). Según la resolución del Consejo, del 15 de octubre de 1946 (*SCOR,* 1er. año, 76 Mt., S/169), tal Estado, puede tener acceso depositando ante el Registrador de la Corte una declaración general o especial, es decir, una declaración extensiva a una generalidad de casos, o a un caso o grupo de casos determinados. Pero un Estado que deposite una declaración general de ese tipo no puede invocar la jurisdicción de la Corte contra otro Estado que sea parte en el Estatuto y haya presentado una declaración según la Cláusula Opcional. Sin embargo, el Estatuto permite al Estado que tenga un interés legal en un caso presentado ante la Corte, y que pudiera ser afectado por la decisión de ella, intervenir en el procedimiento previa su autorización (Art. 62), y da derecho a los Estados partes de una convención a intervenir cuando se discute la interpretación de las disposiciones de la convención (Art. 63). Una "organización pública internacional" puede ser citada a comparecer ante la Corte para que proporcione información, o aquélla puede presentarla por su propia iniciativa, y tiene derecho a que se le informe de cualquier procedimiento en que se discuta la interpretación de su instrumento constitutivo, o de cualquier convención adoptada según él (Art. 34).

La jurisdicción *ratione materiae* reviste dos formas: convencional y obligatoria. *Jurisdicción convencional:* el artículo 36 (I), dispone que "la competencia de la Corte se extiende a todos los litigios que las partes le sometan y a todos los asuntos especialmente previstos en la Carta de las Naciones Unidas o en los tratados y convenciones vigentes". Existe gran cantidad de tratados y convenciones con cláusulas compromisorias que confieren jurisdicción a la Corte; sin duda, las más amplias son el artículo 31 del Pacto de Bogotá, y el artículo 1º de la Convención Europea para la Solución Pacífica de Conflictos, de 1957, que confiere a la Corte, en cuanto a las partes en los tratados respectivos, jurisdicción obligatoria sobre todos los conflictos de orden "jurídico", según se define en el artículo 36 (2) del Estatuto de la Corte.

La referencia que hace el artículo 36 (I) a los "asuntos especialmente previstos en la Carta de las Naciones Unidas", al parecer carece totalmente de importancia desde el punto de vista de conferir a la Corte cualquier jurisdicción. Parece que estas palabras han hallado cabida en el texto debido a la competencia dada al Consejo de Seguridad en el artículo 36 (3) de la Carta, para recomendar a las partes que sometan su conflicto a la Corte (*UNCIO Docs.,* Vol. 13, p. 284). Ninguna otra disposición de la Carta exige que se someta un asunto a la Corte. En lo referente a las recomendaciones, según el artículo 36 (I) de la Carta, en el caso *Corfu Channel* (Objeciones Preliminares) (1947-8, ICJ Rep. 4), siete jueces de la Corte expresaron: "Nos parece imposible aceptar una interpretación según la cual este artículo (artículo 36 (3), Carta de las Naciones Unidas, sin decirlo expresamente, haya introducido en forma más o menos velada, un nuevo caso de jurisdicción obligatoria" (ibid., pp. 31-32). The doctrine of forum prorogatum: La Corte, en varias ocasiones, declaró que su jurisdicción se basaba en la voluntad de las partes, en su consentimiento para someterse a su jurisdicción (Minorities Schools in Upper Silesia (1928), PCIJ, Sec. A. Nº 15, p. 22; Interpretation of Peace Treaties (Primera Fase) (1950), ICJ Rep. 65, 71; caso Monetary Gold (1954), ICJ Rep. 19, 32). Pero la Corte también sostuvo que no otorgaría a la forma la misma importancia que se le reconoce en el derecho interno (caso Mavrommatis (1924), PCIJ Ser. A, Nº 2, p. 34), y ha mantenido su jurisdicción aun cuando tal consentimiento se haya otorgado después de la iniciación del procedimiento, de una manera implícita o informal, o por una sucesión de actos. En el caso Mavrommatis, la Corte consideró irrelevante el hecho de que la ratificación del Tratado de Lausana —sobre cuya base Grecia, en parte, invocaba la jurisdicción de la Corte— tuvo lugar después de la iniciación del procedimiento (ibid). En el caso de los Rigth of Minorities, la Corte infirió el consentimiento del hecho de no haber planteado el gobierno polaco la cuestión de la jurisdicción, ni en su contestación a la demanda, ni en su alegato referente al fondo del asunto, ni en sus declaraciones posteriores a la presentación de la contestación de la demanda ante el Consejo de la Liga (PCIJ, Ser. A, No. 15, pp. 24-26). En el caso Corfu Channel, la Corte señaló que aun cuando Albania, que no era parte del Estatuto, hubiera tenido derecho a objetar la jurisdicción de la Corte en virtud de la iniciación unilateral del procedimiento por el Reino Unido, no podía ya hacerlo, puesto que ella, en su carta a la Corte del 2 de julio de 1947, expresó que había aceptado la recomendación del Consejo de Seguridad y la jurisdicción de la Corte sobre este caso ((1947-8) ICJ, Rep. 4, 27).

Jurisdicción obligatoria: El artículo 36 (2) del Estatuto —la Cláusula Opcional— dispone que "los Estados partes en el presente Estatuto podrán declarar en cualquier momento que reconocen como obligatoria, ipso facto y sin convenio especial, respecto a cualquier otro Estado que acepte la misma obligación, la jurisdicción de la Corte en todas las controversias de orden jurídico" relativas a las materias allí especificadas.

La reciprocidad es una característica importante del sistema de la Cláusula Opcional. El artículo 36 (3) expresa que puede hacerse una Declaración "incondicionalmente o bajo condición de reciprocidad por parte de varios o determinados Estados, o por determinado tiempo. Pero la reciprocidad allí mencionada —como se destaca correctamente— está relacionada con una condición que puede ser introducida en una Declaración, que hace que dicha Declaración sea aplicable sólo a otros Estados que también acepten la jurisdicción obligatoria (Waldock, "Decline of the Optional Clause", 32 BYIL, 244, 248-9 (1955-56)); Briggs, "Reservations to the Acceptance of Compulsory Jurisdiction of the International Court of Justice", 93 HR, 229 (1958). El artículo 36 (2) limita específicamente la obligación a "cualquier otro Estado que acepte la misma obligación", y en esta expresión se entiende que no requiere Declaraciones idénticas de ambas partes, sino que ambas Declaraciones deben conferir jurisdicción con respecto al conflicto sometido a adjudicación (caso *Anglo-Iranian Oil Company* (1952) ICJ, Rep. 93, 103; también por el presidente de la Corte, Sir A. McNair, *ibid.*, 116; *Phosphates in Morocco* (1938), PCIJ Ser. A/B, No. 74, p. 22; *Electricity Co. of Sofia* (1939), *ibid.*, N? 77, p. 81; caso *Norwegian Loans* (1957), ICJ Rep. 9, 23; Waldock, "Decline of the Opcional Clause", *loc. cit.*, pp. 257-61). Las Declaraciones de aceptación invariablemente contienen la condición de reciprocidad, y la única excepción a esto es la Declaración de Nicaragua, hecha en 1929, que era incondicional. Según un punto de vista —que no es compartido por todos—, el Estado que realiza una Declaración incondicional no puede invocar reciprocidad (Hambro, "The jurisdiction of the International Court of Justice", 76 *HR*, 125, 184-5 (1950); contra, Hudson, *The Permanent Court*, p. 397; Waldock, "Decline of the Opcional Clause", *loc. cit.*, 255). La posición apropiada parece ser que la Declaración de Nicaragua tiene efecto completo sólo en relación con un Estado que hace una Declaración incondicional similar.

Las consecuencias jurídicas de una Declaración hecha según el artículo 36 (2) no pueden enunciarse de una manera precisa e indiscutible. La Declaración es, ciertamente, un acto unilateral, y su formulación se realiza unilateralmente. Pero el resultado que produce ha sido enunciado por la Corte en el caso *Right of Passage* (Objeciones Preliminares) del siguiente modo:

> La Corte considera que, con el depósito de su Declaración de Aceptación en manos del Secretario General, el Estado aceptante se convierte en parte dentro del sistema de la Cláusula Opcional, en relación con los otros Estados declarantes, con todos los derechos y obligaciones que se derivan del artículo 36. La relación contractual entre las partes, y la jurisdicción obligatoria de la Corte resultante de ello, se establecen *ipso facto* y sin convenio especial, por el hecho de hacerse la Declaración. ((1957) ICJ Ref. 125, 176.)

La Corte expresa después que "el lazo consensual, que es la base de la Cláusula Opcional, comienza a existir entre los Estados correspondientes" en la fecha de depósito de la Declaración (*ibid.*). En el caso de los *Norwegian Loans,* la Corte señala que las Declaraciones de las dos partes constituyen "la voluntad común de las partes, que es la base de la jurisdicción de la Corte" ((1957) ICJ Rep. 9, 23). Declaraciones como ésta disipan ciertamente la idea del carácter unilateral del compromiso emergente de una Declarción y, consecuentemente, la noción de su revocabilidad voluntaria. Pero la referencia al carácter consensual —algunas veces en relación con el sistema de la Clásula Opcional, y otras con las dos Declaraciones solas— da lugar a una diferencia de opinión acerca de establecer si el carácter del compromiso es multilateral o bilateral, o si él se deriva del régimen de la Cláusula Opcional o de la relación contractual resultante de las dos Declaraciones (ver Rosenne, *The Time Factor in the Jurisdiction of the International Court of Justice*, p. 25). Si se la considera bilateral-contractual habría poca diferencia entre la jurisdicción según el artículo 36 (I) y el 36 (2), y quedaría poco del sistema obligatorio de adjudicación que se intentó introducir al tiempo del establecimiento de la Corte Permanente. La existencia de una diferencia entre la jurisdicción convencional y la obligatoria de la Corte, es bien reconocida en la práctica de ésta (ver, por ejemplo, el caso *Nottebohm* (1953), ICJ Rep. III, 122).

Un criterio razonable parece ser que el régimen de la Cláusula Opcional entra a funcionar *vis-à-vis* cualesquiera de las partes en el Estatuto, al cumplirse la condición exigida, o sea, el depósito de una Declaración. El consentimiento —una condición previa de la adjudicación internacional— es la base de la jurisdicción de la Cláusula Opcional, pero rige en todo el sistema general, en el artículo 36 (2), así como en las Declaraciones, y no sólo con respecto a estas últimas. Los derechos y las obligaciones de un declarante en relación con cada uno de los otros son, sin embargo, determinables en virtud de la condición de reciprocidad que es parte del sistema. El compromiso de las partes es, por lo tanto, multilateral; pero su contenido es determinable sobre una base bilateral. (Cf. Rosenne, *The International Court of Justice*, pp. 317-318; y *The Time Factor in the Jurisdiction of the International Court of Justice*, p. 25; Waldock, "Decline of the Optional Clause", *loc. cit.*, 254.) Para determinar la jurisdicción *ratione materiae* con respecto a las dos partes ante la Corte, deben investigarse las Declaraciones de ambas a fin de averiguar si el conflicto tratado por el tribunal está comprendido en el ámbito de ellas; y esto no con el objeto de dar eficacia a la voluntad común de las partes ante la Corte, sino para hacer cumplir el principio de reciprocidad. (En el caso *Interhandel* (1959), ICJ Rep. 6, 23, la Corte se refiere a la reciprocidad solamente; cf. caso *Norwegian Loans* (1957), ICJ Rep. 23.)

En vista del carácter multipartito de la relación de tratado que produce una Declaración, la libertad de retirar una Declaración está necesariamente limitada. Parece que es posible retirarla sólo cuando existe al respecto una reserva expresa en la Declaración, o cuando concurren las condiciones que permiten retirarla al amparo del principio *rebus sic stantibus* (Waldock, "Decline of the Optional Clause", *loc. cit.*, 263-5). Paraguay presentó una Declaración en 1933, de duración ilimitada, pero notificó su retiro en 1938. Otros seis Estados que presentaron Declaraciones expresaron sus reservas con respecto al retiro (PCIJ Ser. E., No. 15, p. 227). La Oficina de Registro de la Corte continuó considerando Declarante al Paraguay hasta 1960, juntamente con una nota acerca del retiro y las objeciones a éste (ICJ *Yearbook*, 1959-60, p. 249), pero en 1960 lo eliminó de la lista (*ibid.*, 1960-1, p. 211). El efecto del retiro de la Declaración por parte del Paraguay no deja, a nuestro juicio, de ser dudoso.

Ratione temporis: El factor tiempo tiene relevancia en la determinación de la jurisdicción. Las partes en el caso deben tener derecho a acceso a la Corte al tiempo de iniciarse el procedimiento. Un Estado puede en su Declarción —según la Cláusula Opcional— excluir la jurisdicción con respecto a otro Estado cuya Declaración no satisfaga ciertos requisitos de tiempo, tales como el no haberse presentado dentro de cierto término anterior a la iniciación de los procedimientos (ver, por ejemplo, la Declaración del Reino Unido del 26 de noviembre de 1958, ICJ *Yearbook*, 1958-59, p. 225; y la Declaración francesa del 10 de julio de 1959, *ibid.*, p. 212). O bien el Estado puede señalar requisitos de tiempo para que un conflicto futuro quede comprendido dentro del texto de la Declaración, tales como el que se produzca antes o después de una fecha determinada. Las Declaraciones que hayan expirado o hayan terminado debidamente en cierta fecha, no pueden conferir jurisdicción después de aquélla. Ahora bien, las Declaraciones regulan la aprehensión del caso por parte de la Corte, pero no la administración de justicia por parte de ella (caso *Notterbohm* (1953) ICJ Rep. 111, 122); por consiguiente, el vencimiento o la revocación de una Declaración después de la iniciación del procedimiento no afectará la jurisdicción (*ibid.*, 123; *Right of Passage, ibid.*, 1957, 125, 142).

La Jurisdicción de la Corte Permanente trasferida a la Corte actual: La Corte actual heredó la jurisdicción de la Corte Permanente de Justicia Internacional, tanto la convencional como la obligatoria (Arts. 37 y 36 (5), del Estatuto). Los tratados que conferían jurisdicción a la CPJI, si todavía tienen vigencia, dan jurisdicción a la Corte actual tan pronto como las partes de los tratados se convierten en partes del Estatuto, bien como miembros originarios de las Naciones Unidas o bien por una posterior admisión a ellas. El lapso entre la disolución de la antigua Corte y la admisión como miembro, no extingue la obligación que surge en virtud del tratado con respecto a la jurisdicción (caso *Barcelona Traction Co.* (1964), ICJ Rep. 6, 34-36). Por otro lado, la Declaración según la Cláusula Opcional por la cual se acepta la jurisdicción de la Corte Permanente de Justicia Internacional, subsiste por lo que queda de su término, después de la disolución de la Corte, sólo en el caso de los Estados que se convirtieron en partes del Estatuto como miembros originarios de las Naciones Unidas (caso *Concerning the Aerial Incident (Israel contra Bulgaria (1959))*, ICJ Rep. 127, 141); y en el caso de los miembros admitidos posteriormente, es necesaria una nueva Declaración. Pero la renovación intentada de una Declaración vencida es suficiente para conferir jurisdicción a la Corte actual, si esa intención es clara (caso *Preah Vihear Temple*, 1961, ICJ Rep. 17).

Jurisdicción auxiliar: De conformidad con un principio general de adjudicación internacional, el artículo 36 (6) del Estatuto otorga a la Corte el poder de determinar su propia jurisdicción. La Corte tiene el poder de indicar medidas provisionales, mientras esté pendiente su decisión, para preservar los derechos respectivos de las partes (Art. 41), para atender solicitudes de interpretación de sus sentencias (art. 60) y para revisar las mismas (Art. 61).

11.18 RESERVAS EN LAS DECLARACIONES SEGÚN LA CLÁUSULA OPCIONAL

El Estado que presenta una Declaración tiene derecho de incluir en ella cualquier reserva, y muchas Declaraciones contienen reservas que disminuyen considerablemente la jurisdicción que se intenta conferir en el resto de la Declaración. En la práctica, se considera que el artículo 36 (3) del Estatuto no pone límites a las clases de reservas que pueden hacerse, salvo las condiciones de reciprocidad y de duración. La única limitación que puede inferirse de las opiniones (*Dicta*) de los jueces, es que la reserva no puede ser contraria al Estatuto (caso *Interhandel* (1959) ICJ Rep. 90-93; *ibid.*, 77; *ibid.*, 103; caso *Norwegian Loans* (1957), ICJ Rep. 43). Las reservas son armas de doble filo. El Estado declarante puede, ciertamente, invocarlas, y el principio de reciprocidad da derecho al Estado demandado para reclamar el beneficio de las reservas (*Phosphates in Morocco* (Objeciones Preliminares) (1938), PCIJ Ser. A/B, No. 74, p. 22; *Electricity Co. of Sofía* (1939), *ibid.*, Nº 77, p. 81; caso *Anglo-Iranian Oil Co.* (1952), ICJ Rep. 103; caso *Norwegian Loans* (1957) ICJ Rep. 23-24). Las reservas contenidas en las Declaraciones son muchas y muy variadas. He aquí algunas típicas, con sus efectos legales:

1º) Existen reservas *ratione temporis*. Las Declaraciones depositadas por el Reino Unido, por algunos miembros de la Comunidad y por otros, pueden terminar con previo aviso al secretario general de las Naciones Unidas. Estas decisiones, sin embargo (como se ha mencionado en 11.17), no afectan los procedimientos iniciados antes de dar el aviso.

Muchas Declaraciones limitan la jurisdicción a los conflictos que surjan después de ser formuladas, y en algunas existe, además, la limitación de que los hechos o situaciones que originen el conflicto deben ser posteriores a la fecha especificada. Tales exclusiones dobles aparecieron tempranamente, en 1925, en la Declaración de Bélgica. Al aplicar tales reservas, la Corte decide si los hechos o situaciones alegados son la causa "real" del conflicto (*Electricity Co. of Sofía* (1939), PCIJ Ser. A/B, Nº 77, p. 82), o si son la "fuente" del conflicto (*Phosphates in Morocco* (1938), *ibid.*, No. 74, p. 23). Ciertamente, no es fácil determinar cuándo surgió un conflicto, ni cuáles fueron los hechos o situaciones que lo originaron.

2º) Existen reservas que excluyen los "conflictos sobre cuestiones que corresponden esencialmente a la jurisdicción interna" del declarante. El artículo 36 (2) del Estatuto mismo excluye tales cuestiones, pero la reserva se formula, al parecer, por un exceso de prudencia. La variante más difícil de la reserva por jurisdicción interna es la calificada por el juez Lauterpacht como "reserva automática", que se incluyó por primera vez en la Declaración de Estados Unidos, depositada en 1946. (También se le ha llamado Enmienda Connally, por el senador que fue en mayor medida responsable de su inclusión.) La reserva excluye los "conflictos sobre cuestiones que corresponden esencialmente a la jurisdicción interna de los Estados Unidos de América, tal como lo determine Estados Unidos de América". El ejemplo de Estados Unidos fue seguido por un gran número de Estados. La reserva se llama "automática" porque, una vez que el Estado demandado haya determinado que la cuestión cae bajo su jurisdicción interna, la Corte tiene que acatar la decisión sin ninguna consideración ulterior. Opiniones autorizadas en Estados Unidos y otros países, se oponen a tal reserva; Francia y Paquistán, que imitaron a Estados Unidos, la suprimieron en 1959 y 1960, respectivamente. En el caso de los *Norwegian Loans* y en el *Interhandel*, la Corte evitó pronunciarse sobre la validez de esta reserva. Pero el juez Lauterpacht en ambos casos, el juez Guerrero en el primero, y el juez Spender en el segundo, consideraron que la reserva invalidaba la Declaración misma. El juez Lauterpacht emitió una extensa opinión en el primer caso, ofreciendo dos razones que explicaban su conclusión. Expresó que la reserva era contraria al artículo 36 (6), que dio jurisdicción a la Corte para determinar su propia jurisdicción, y que, además, suprimía en realidad cualquier jurisdicción que la Declaración intentara conferir a la Corte. Los jueces Klaestad y Armand-Ugon consideraron, en el segundo caso, que la reserva no era válida, pero ya que Estados Unidos tenía la intención de conferir jurisdicción a la Corte, la intención debería hacerse efectiva separando la reserva de la Declaración (ver también Waldock, "The Plea of Domestic Jurisdiction before International Tribunals", 31 *BYIL*, 96 y 131-6 (1954)).

3º) Hay una reserva en la Declaración de los Estados Unidos, también adoptada por Paquistán, que excluye los "Conflictos que surjan de un tratado multilateral, a menos que: *i)* todas las partes del tratado afectadas por la decisión sean también partes en el caso ante la Corte, o *ii)* que Estados Unidos de América convenga especialmente en la jurisdicción". El sentido exacto de esta reserva no es muy clara (ver Briggs, "Reservations to Aceptance of Compulsory Jurisdiction", *loc. cit.*, 306-8 (1954)).

4º) Tomando en general el restante grupo de reservas, están aquellas que excluyen los conflictos con respecto a los cuales las partes acordaron recurrir a otros medios de solución pacífica. El caso del *Right of Passage,* en el cual Portugal inició el procedimiento inmediatamente después de depositar su Declaración, trajo como consecuencia la adopción de reservas por parte del Reino Unido, India y Francia, que quisieron evitar que se iniciaran procesos sorpresivos en su contra. Esto se logró, en parte, excluyendo los conflictos con Estados cuyas declaraciones no tienen duración específica; y en parte, consagrando el previo recurso a la negociación como prerrequisito para invocar la jurisdicción de la Corte. Algunas declaraciones excluyen los conflictos que surjan en tiempos de guerra o de hostilidades en las cuales el declarante pueda estar implicado. Israel ha excluido los conflictos con los Estados que no lo han reconocido o han rehusado tener relaciones diplomáticas normales con él, y los conflictos que involucren cualquier título creado o conferido por otro gobierno que no sea el de Israel. El Salvador ha excluido las reclamaciones pecuniarias en su contra y las cuestiones que no pueden ser sometidos a arbitraje de acuerdo con su Constitución.

11.19 EFECTOS DE LAS DECISIONES DE LA CORTE

El fallo emitido por la Corte en un caso es definitivo y sin apelación (Artículo 60), y la Corte sólo puede interpretarlo o revisarlo según las normas del Estatuto (Arts. 60 y 61). El alegato de nulidad que es permitido a las partes en los casos de arbitraje, no puede invocarse por las partes en un caso fallado por la Corte. Una sentencia, sin embargo, no tiene fuerza obligatoria sino para las partes y con respecto a ese caso particular (Art. 59). Se infiere de estos dos artículos que las decisiones de la Corte tienen efecto de *res judicata*, e impiden que las partes reabran la cuestión para obtener un segundo fallo. Cuando la misma cuestión constituye el objeto del litigio en procedimientos sucesivos, tanto la Corte actual como su predecesora se han negado a considerarla de nuevo (por ejemplo, caso *Chorzow Factory:* PCIJ Ser. A. Nº 9, p. 23; *ibid.*, Nº 17, p. 32; caso del *Corfu Channel* (1949), ICJ Rep. 248; caso *Haya de la Torre* (1951), ICJ Rep. 71, 77).

Los elementos esenciales que deben existir para la aplicación del principio de la *res judicata*, que impide una segunda sentencia, son: la identidad de las partes, de la causa de la acción, y del objeto del conflicto (ver el Juez Anzilotti en disidencia, PCIJ Ser. A; Nº 11, p. 23). En el caso *Haya de la Torre*, la Corte distinguió la cuestión allí presente de la del caso *Asylum* (1949) ICJ Rep. 266), y decidió que el principio de la *res judicata* no era aplicable.

11.20 Ejecución forzosa de las sentencias

Aunque en esta subsección tratamos principalmente el problema del cumplimiento forzoso de las sentencias, casi todo lo que se expresa es aplicable igualmente a los laudos arbitrales. El orden legal contemporáneo, carente de una organización centralizada de instrumentos de fuerza que puedan utilizarse en ayuda de los órganos judiciales y cuasijudiciales, presenta el mismo problema con respecto a la ejecución forzosa de las sentencias judiciales y de los laudos arbitrales.

La historia de las dos Cortes muestra, al igual que la historia del arbitraje internacional, una serie considerable de incumplimiento de fallos. Se encontraron dificultades en el caso *Wimbledon* (1923), PCIJ Ser. A, Nº 1, pp. 167-8); en el caso *Brazilian Loans* (1929) (*ibid.*, Nº 10, pp. 96-98); en el de la *Société Commerciale de Belgique* (caso *Socobel*, ILR, 1951, caso Nº 2), pero ellas no se debieron en manera alguna a la negativa de la parte perdedora para cumplir la sentencia. El único caso en el cual ha habido una negativa para cumplir es en el *Corfu Channel*, y aun en ese caso Albania ofreció pagar la vigésima primera parte de los daños indemnizados, pero el Reino Unido rehusó aceptar dicha cantidad como satisfactoria.

Debe notarse que la cuestión de la ejecución forzosa surge en un número relativamente reducido de casos, en los cuales se requiere al demandado para que realice o se abstenga de realizar un acto o una serie de actos. (Para una explicación más detallada, ver Jenks, *The Prospects of International Adjudication*, pp 667-688.) Los medios de ejecución actualmente disponibles son: *i)* autoayuda, *ii)* cooperación de terceros Estados, *iii)* recurso de los tribunales internos, y *iv)* acción de las instituciones internacionales.

El método tradicional de recurrir a las autoayuda sólo puede ser utilizado ahora, con respecto al uso de la fuerza, dentro de los límites determinados por el artículo 2º (3) y (4), de la Carta de las Naciones Unidas (ver Schachter, "The Enforcement of International Judicial and Arbitral Decisions", 54 *AJIL*, I (1960); Jenks, *op. cit.*, p. 691; cf. Vulcan, "L'Exécution des dé-

cisions de la Court International de Justice", 51 *RGDIP,* Vol. 192 (1947)).
Pero los bienes del demandado, que estén en el territorio del demandante,
pueden tomarse en satisfacción. El Reino Unido intentó esta posibilidad en
relación con el caso *Corfu Channel,* pero comprobó que no existían bienes
de Albania para el embargo (488 H. C. Deb. (Hansard), col. 981 (1951)).

La ejecución forzosa puede lograrse mediante la cooperación de terceros
Estados. En 1951, Francia, el Reino Unido y Estados Unidos —formando una
Comisión Tripartita según el Acuerdo Interaliado de Reparación— acordaron dar prioridad al Reino Unido sobre los otros reclamantes, en relación
con el oro monetario encontrado en Alemania perteneciente a Albania, para
obtener satisfacción de la sentencia en el caso *Corfu Channel* (91 *UNTS,*
21), y sólo la reclamación del oro por parte de Italia, que no pudo ser decidida por la Corte (caso *Monetary Gold* (1953 ICJ Rep. 19), impidió
tal satisfacción.

La eficacia del uso de tribunales nacionales de terceros Estados depende
del derecho interno y la falta de adecuación para ese fin puede impedir la
ejecución, como sucedió en el caso *Socobel.* La Corte, en tal caso, mantuvo
que la ejecución de la sentencia de la PCIJ en la *Societé Commerciale de
Belgique* (1939) (PCIJ, Ser. A/B, N° 78), contra los bienes griegos en Bélgica, no podía ser ordenada en ausencia de un exequátur que autorizara la
ejecución. En algunos casos, la Corte puede verse frente al argumento de
la inmunidad soberana.

Con respecto a la ejecución forzosa por parte de instituciones internacionales, puede notarse que el artículo 94 de la Carta de las Naciones Unidas
dispone la acción colectiva para asegurar la ejecución forzosa de las sentencias,
tal como lo hacía el artículo 13 (4) del Convenio de la Liga con respecto
tanto a los laudos arbitrales como a las sentencias. Una demanda por falta
de cumplimiento también puede ser presentada a la Asamblea General, según los artículos 10 y 11, basándose en que afecta el mantenimiento de la
paz internacional. En tiempos de la Liga, el artículo 13 (4) se invocó para
obtener una declaración de la parte renuente, Bulgaria, en el sentido de que
realizaría los pagos de acuerdo con el laudo del *Central Rhodope Forest Arbitration,* cuando sus condiciones financieras lo permitieran (LN, *OJ,* 1934,
p. 1342).

El Consejo de Seguridad, según el artículo 94 (2), puede hacer una recomendación o tomar una decisión sobre las medidas pertinentes. Si toma una
decisión, es obligatorio para el deudor señalado por la sentencia y para otros
Estados, cumplir con las medidas acordadas, en virtud del artículo 25 (según
el cual los miembros han convenido en aceptar y cumplir las decisiones del
Consejo de Seguridad de acuerdo con la Carta). Las medidas que se reco-
mienden o decidan pueden no limitarse a las contempladas en los capítulos
6 y 7 de la Carta (Schachter, *loc. cit.,* p. 21).

Ni el Consejo de Seguridad ni la Asamblea General son tribunales de apelación, ni organismos con poder de revisión judicial. O sea que, en sentido
estricto, estos cuerpos no pueden entrar a estudiar los argumentos que se
presenten por defectos legales en la sentencia, tales como parcialidad, no
conformidad con la ley, *excés de pouvoir,* etcétera. Sin embargo, puesto que

éstos son organismos políticos, y el debate en ellos es libre, no pueden impedirse los alegatos basados en consideraciones legales, o sobre la condición insatisfactoria del derecho. Además, durante el debate puede argüirse que es inoportuna la ejecución de la sentencia, ya sea por cierto tiempo o para siempre. Si dichos organismos quedan convencidos por los argumentos contra la ejecución, pueden abstenerse de tomar medidas para su cumplimiento.

La práctica de las Naciones Unidas registra sólo un caso en que se haya invocado el artículo 94 de la Carta, y ello fue en el caso *Anglo-Iranian Oil Co.* El Reino Unido pidió al Consejo de Seguridad —invocando el artículo 94 (2) y las disposiciones del Estatuto— que tomará medidas para asegurar el cumplimiento por parte de Irán de las medidas provisionales indicadas por la Corte (ONU, Docs. S/2358, 29 de Sep. 1951). Irán se opuso a tal petición, alegando: primero, que no existía un fallo firme de la Corte; y segundo, que no era obligatorio para el Consejo ejecutar ni siquiera un fallo de la Corte. El Consejo, viendo claramente que se interpondría una objeción preliminar a la jurisdicción de la Corte, decidió postergar la consideración del asunto hasta cuando la Corte se pronunciara sobre su competencia (*SCOR*, 6⁰ año, 565 Mt.).La Corte sostuvo posteriormente que no tenía jurisdicción.

11.21 OPINIONES CONSULTIVAS

En 2.17 ha sido dada una breve descripción de la jurisdicción consultiva. El enfoque de la actual Corte con respecto a la solicitud de opiniones consultivas encuentra expresión sucinta y exacta en el caso *Peace Treaties* (Primera Fase) (1950), ICJ, Rep. 65), en las siguientes palabras:

> El consentimiento de los Estados, partes en una controversia, es la base de la jurisdicción de la Corte en los casos contenciosos. La situación es diferente con respecto a los procedimientos consultivos, aun cuando la solicitud de una Opinión esté relacionada con un asunto jurídico pendiente entre Estados. La respuesta de la Corte tiene sólo carácter asesor: como tal, carece de fuerza obligatoria. Se infiere de esto que ningún Estado, miembro o no de las Naciones Unidas, puede evitar que se emita una opinión consultiva que las Naciones Unidas hayan considerado aconsejable para recibir ilustración sobre la clase de medidas que deban tomar. La opinión de la Corte no se da a los Estados, sino al órgano que tiene derecho a pedirla; la respuesta de la Corte, en sí misma un "Órgano de las Naciones Unidas", representa su participación en las actividades de la organización y, en principio, no debe rechazarse. (Ver también el caso *Reservations* (1951), ICJ Rep. 15-19.)

La Corte señaló, además, en el caso de *Peace Treaties,* que el artículo 65 del Estatuto es permisivo y confiere a la Corte atribuciones para examinar si las circunstancias en que se basa la petición son tales que la lleven a no dar una

SOLUCIÓN DE LAS CONTROVERSIAS

respuesta. La Corte explicó que en el caso de *Eastern Carelia* (PCIJ Ser. B, n.º 5) ella declinó contestar la solicitud porque el problema planteado se refería a una controversia pendiente en aquel momento, entre dos Estados, uno de los cuales —Rusia— se negaba a participar en el procedimiento; además, porque la solicitud implicaba una cuestión de hecho que no podía ser aclarada sin oír a ambas partes. En ese caso, la Corte observó: "Ahora parece muy dudoso saber si la Corte podrá tener a su disposición material suficiente que le permita llegar a cualquier conclusión judicial sobre la cuestión de hecho" (Ser. B, n.º 5, p. 28). En el caso *Administrative Tribunal of the ILO* ((1956), ICJ Rep. 77, 86), la Corte indicó que sólo "razones compulsivas" podían hacerla adoptar una actitud negativa; tal actitud ha sido hasta ahora adoptada en un caso, el *Eastern Carelia.*

El efecto legal de una opinión consultiva resulta bastante claro con lo ya expuesto. No tiene fuerza obligatoria y no constituye *res judicata,* ni para el órgano o agencia que la solicitó ni para la propia Corte si la misma cuestión se presentara en un caso contencioso, pero es probable que esa opinión tenga gran inflencia sobre el fallo de la Corte. En los casos de *South-West Africa* (1962), ICJ Rep. 319), a Corte reafirmó el punto de vista, unánimemente expresado en 1950, a favor del mantenimiento y efecto continuado del artículo 7 del Mandato, relativo al África Sudoccidental, señalando que "nada ha ocurrido desde entonces que justifique una reconsideración de la Corte" (*ibid.,* p. 334).

Los organismos que han solicitado las opiniones consultivas, las han tratado invariablemente con respeto y como expresiones autorizadas de derecho. En tiempos de la Liga de las Naciones, la reacción de los Estados afectados fue la misma, excepto la de Turquía en relación con el conflicto de Mosul (Hudson, *Permanent Court,* pp. 461-2). Esto se debió, en parte, al hecho de que durante ese periodo sólo el Consejo solicitó opiniones consultivas, y en casi todos los casos las partes afectadas también habían votado por las solicitudes. Pero desde el establecimiento de las Naciones Unidas, la mayoría de las solicitudes se han originado en la Asamblea General. Las referencias en relación con *Los Tratados de Paz* ((1950) ICJ Rep. 65), *Admissions* ((1947-8) ICJ Rep. 57; *South-West Africs* ((1950) ICJ Rep. 128; (1955) ICJ Rep. 67; (1956) ICJ Rep. 23); *Certain Expenses of the United Nations* ((1962) ICJ Rep. 151), fueron hechas todas frente a la oposición de una de las partes afectadas; y las opiniones dadas por la Corte en estos casos no han modificado la política de los Estados que se opusieron. En otras palabras, la tentativa de usar la Opinión Consultiva como instrumento de presión sobre los Estados renuentes no ha tenido éxito.

11.22 Función de la Corte

La Corte es un órgano judicial y su función es dar soluciones judiciales a los conflictos. La solución judicial consiste en una decisión sobre bases jurídicas y de igualdad de las partes. Suponen la eliminación, en primer término, de la relativa posición de poder de las partes como factor influyente en la decisión o, como se dice, "despoliticante" de la relación entre las partes (Rosenne, *The International Court of Justice*, p. 14); la aplicación de la técnica judicial para la determinación de los hechos y del derecho aplicable; y una decisión de acuerdo con el derecho. En la diplomacia, la relativa posición de poder de las partes tendrá influencia en la solución alcanzada, pero tiene la ventaja de dar a las partes una oportunidad de participar en el proceso de decisión. La decisión de un tercero, aun alcanzada por el método judicial, niega esta participación. La jurisdicción de la Corte se basa ahora en el consentimiento de las partes; ella no tiene funciones con respecto a la ejecución. Las fases pre y pos-adjudicativas del trabajo de la Corte permanecen, en gran parte, íntimamente relacionadas con la diplomacia.

Al ejercer su jurisdicción en más de sesenta casos contenciosos, tanto la Corte actual como la anterior han suministrado soluciones satisfactorias para las partes, en un alto grado. En más de cien casos contenciosos y consultivos, las dos Cortes han brindado aclaraciones de derecho en muchos puntos, y contribuido al progresivo desarrollo del derecho. (Para una relación detallada de la contribución de a Corte en este aspecto, ver Lauterpacht, *The Development of International Law by the International Court.*) La jurisdicción de la Corte constituye ahora un medio importante para la determinación del derecho.

Sobre la función de la Corte en el mantenimiento de la paz y la seguridad internacionales, se señala —correctamente— que la Corte ha quedado investida de una jurisdicción muy limitada que las partes han acudido a ella en un número muy reducido de casos, y que los conflictos más serios no se han sometido a ella. Por otro lado, se destaca que en muchos casos —en el del *Corfu Channel*, por ejemplo— la Corte ha contribuido al relajamiento de la tensión en las zonas de conflicto; y esto también es cierto. Podría señalarse que en cualquier ordenamiento legal la función de las cortes en el mantenimiento de la paz y de la seguridad puede ser sólo limitada. En el derecho interno puede observarse que no son los tribunales los mantenedores de la paz, sino es el Estado en general el que obliga a recurrir a ellos y ejecuta sus decisiones y, además se encarga de resolver los más importantes conflictos de intereses por medio del proceso legislativo. Esperar que la Corte logre la solución de todos los conflictos y con ello obtenga el mantenimiento de la paz, es esperar algo que ningún tribunal judicial ha logrado jamás en el curso de la historia.

La función asesora asignada a la Corte difiere radicalmente de las similares asignadas a los tribunales nacionales, que emiten opiniones consultivas como guía para el poder ejecutivo o el legislativo con respecto, por ejemplo, a la legalidad de alguna actuación proyectada. En el caso de la Corte, se ha convertido en práctica usar el procedimiento consultivo como alternativo del contencioso. En caso de las instituciones internacionales a las cuales no se les reconoce capacidad para ser partes ante la Corte, el proceso consultivo puede ser usado ciertamente como alternativo del arbitraje. El proceso consultivo puede utilizarse con el consentimiento de las partes, como una alternativa a la adjudicación. A la Corte se le ha pedido, sin embargo, desde el establecimiento de las Naciones Unidas, que exprese opiniones jurídicas sobre cuestiones de gran trascendencia política, con la esperanza de que al emitir una opinión sobre los aspectos jurídicos condujera a una solución de las diferencias. Esta esperanza no se ha hecho realidad.

11.23 Corte de las Comunidades Europeas

Describiremos brevemente la función de la Corte de Justicia de las Comunidades Europeas, órgano judicial de cada una de las tres Comunidades: la Comunidad Económica Europea (CEE), la Comunidad Europea del Carbón y del Acero (CECA) y la Euratom. Por razón de conveniencia, puede limitarse la atención a la CEE pero la función de la Corte con relación a las otras Comunidades no varía grandemente de la que tiene con respecto a ésta.

La función general de la Corte es asegurar la observancia del derecho y la justicia en la interpretación y aplicación del Tratado constituyente de la Comunidad (Tratado de Roma, 25 de marzo de 1957, 298, *UNTS* 3, Artículo 164). Su variada competencia puede resumirse así:

i) Puede juzgar una reclamación de un Estado miembro por el no cumplimiento de las obligaciones del Tratado por parte de otro (Art. 170), y de acuerdo con un *compromis*, cualquier conflicto entre Estados miembros con respecto al objeto del Tratado (Art. 182). *ii)* Puede atender una reclamación de la Comisión sobre el no cumplimiento de las obligaciones del Tratado por parte de un miembro (Art. 169). *iii)* Puede atender apelaciones contra los actos —distintos de las opiniones o recomendaciones— del Consejo o de la Comisión, presentadas por un miembro, por la Comisión, por el Consejo, o por una persona natural o jurídica, cuando dichas apelaciones se basan en la incompetencia de la autoridad para realizar el acto, la violación del Tratado o de cualquier disposición legal relativa a su aplicación, el error de forma sustancial del acto, o el abuso de poder (*détournement de pouvoir*). A instancias de cualquiera de los mencionados, la Corte puede atender una apelación cuando el Consejo o la Comisión, en contravención del Tratado, al ser invitada a actuar, deja de hacerlo (Art. 175). *iv)* Puede ser investida de "plena jurisdicción" por el Consejo, según las regulaciones que este último tiene facultad de hacer, fijando sanciones (Art. 172). Tiene jurisdicción con respecto a las reclamaciones por daños contra la Comunidad que se basen en contratos celebrados por sus instituciones, y por perjuicios causados por dichas instituciones o sus empleados (Art. 178); y también con respecto a los conflictos que surjan entre la Comunidad y sus empleados por causa de trabajo (Art. 179). *v)* Puede ser árbitro de acuerdo con la Comunidad (Art. 181).

Debe observarse que la Corte difiere radicalmente de un tribunal internacional de tipo tradicional. Además de las funciones de tal tribunal, tiene la función de tribunal constitucional, de tribunal administrativo como el *Conseil d'État* francés, y de tribunal nacional ordinario. La creación de organismos supranacionales para la integración económica, ha dado ocasión para el establecimiento de un tribunal de este tipo.

SECCIÓN V. PROCEDIMIENTOS DE LAS INSTITUCIONES INTERNACIONALES

11.24 La Liga de las Naciones

Como introducción al estudio de los procedimientos existentes dentro del marco de las instituciones internacionales contemporáneas, mencionaremos los correspondientes a la Liga de las Naciones. La Liga ofrecía dos importantes procedimientos de solución: 1º) el arbitraje y la solución judicial (ver Art. 13 del Convenio), y 2º) el procedimiento diplomático, que comprendía la tradicional diplomacia secreta, la investigación, la mediación, la conciliación, la diplomacia por medio de conferencias y la "diplomacia parlamentaria" (Art. 15). En el sistema del pacto se confiaba en la influencia del transcurso del tiempo para enfriar las pasiones y crear una buena disposición en las partes, a fin de llegar a una solución (Art. 12 (I)). Había también confianza en la opinión pública mundial, que se esperaba que surgiera por razón de debate en los órganos de la Liga, y que debía tener una influencia directa sobre las partes (Lord Cecil, LN, OJ, 1931 p. 2360). El Consejo y la Asamblea mantenían los conflictos en su orden del día hasta que se alcanzaba una solución; actuaban como órganos de investigación, mediación y conciliación, y establecían órganos subsidiarios para tratar los conflictos cuando los órganos principales no sesionaban o no estaban considerando las cuestiones. El Consejo celebraba sesiones secretas, con el objeto de discutir libre y sinceramente los asuntos. Se realizaba una gran actividad diplomática a puertas cerradas. El Secretariado actuaba a veces como un organismo mediador, sin publicidad alguna.

Durante su existencia, la Liga solucionó con éxito varios conflictos: entre ellos, el de las Islas Aaland, entre Finlandia y Suecia, en 1921; el conflicto greco-búlgaro de 1926 y el húngaro-yugoslavo de 1934. Por otra parte, de 1933 a 1935, la organización trató en vano de solucionar el conflicto del Chaco entre Bolivia y Paraguay, que los llevó a la guerra. Este conflicto, finalmente, se solucionó por mediación de las naciones americanas. Además, desde 1931 en adelante, cuando las potencias más fuertes presentaron reclamaciones territoriales de gran importancia y no tuvieron escrúpulos en usar la violencia para lograr sus pretensiones, el papel de la organización como instrumento de solución pacífica de los conflictos llegó virtualmente a su fin.

11.25 Las Naciones Unidas: El Consejo de Seguridad

La Carta de las Naciones Unidas menciona como uno de los objetivos de la Organización el mantenimiento de la paz y la seguridad internacionales; y, con ese fin, el de llevar a cabo, por medios pacíficos y de conformidad con los principios de la justicia y el derecho internacional, el ajuste o arreglo de controversias o situaciones internacionales susceptibles de conducir a quebrantamientos de la paz (Art. 1º (I)). El mantenimiento de la paz y de la seguridad constituyen el principal objetivo, según la Carta y la solución de las controversias y el ajuste de las situaciones son los medios para lograr ese fin. La práctica de la Organización revela el hecho de que se concede primordial atención al mantenimiento o al restablecimiento de la paz, más que a la solución de las controversias *per se*. Los métodos de solución dispuestos en la Carta son los mismos que los del Convenio de la Liga: *i)* los procesos diplomáticos y *ii)* la adjudicación.

La Organización limita su preocupación a las controversias que "pueden poner en peligro el mantenimiento de la paz y de la seguridad internacionales" (Art. 34), y deja las diferencias menos serias para que las partes las solucionen entre ellas, por los medios de su elección. Sin embargo, si las partes lo solicitan, el Consejo de Seguridad puede hacer recomendaciones en caso de cualquier conflicto, con miras a su solución pacífica (Art. 38). Aun respecto a controversias "que sean susceptibles de poner en peligro el mantenimiento de la paz y la seguridad internacionales", el artículo 33 requiere que en primer lugar las partes busquen una solución por negociación, investigación, mediación, conciliación, arbitraje, solución judicial, recurso ante organismos regionales o cualquier otro medio pacífico de su elección, antes de llevarlo ante la Organización. Si no logran llegar a una solución, las partes tienen la obligación de someter el asunto al Consejo de Seguridad (Art. 37). Una vez que una controversia alcanza el grado de gravedad mencionado en el artículo 33, cualquier miembro puede someterlo a la atención del Consejo de Seguridad o de la Asamblea General. Inclusive, un Estado no miembro que acepte de antemano las obligaciones de solución pacífica establecidas en la Carta, puede someter al Consejo de Seguridad una controversia de tal clase en la cual sea parte (Art. 35). La Asamblea General puede llamar la atención del Consejo de Seguridad sobre situaciones que podrían poner en peligro la paz y la seguridad internacionales (Art. 11 (3)).

La Carta hace una distinción entre "controversias" y "situaciones". Estas expresiones no están definidas en la Carta, pero las disposiciones de ésta aplicables a las "controversias" —salvo dos excepciones— son aplicables igualmente a las "situaciones". Las excepciones son: 1º) La regla que prohíbe a un miembro del Consejo de Seguridad votar un conflicto en el cual es parte (Art. 27 (3)); y 2º) Los artículos 37 y 38 que consideran el supuesto de que el Consejo de Seguridad haga recomendaciones en relación con las controversias. En la práctica de las Naciones Unidas, las partes directamente interesadas en el conflicto se han abstenido voluntariamente de votar, y no se ha hecho ninguna recomendación según los artículos 37 y 38. Sobre la actuación al amparo de otros artículos, la práctica del Consejo de Seguridad no revela ninguna diferencia entre las "controversias" y las "situaciones". De las disposiciones de la Carta, podría tal vez decirse que existe una "controversia" cuando un Estado presenta una reclamación concreta por una violación real del derecho, o por una amenaza de tal violación, contra otro u otros Estados determinados que la niegan. (Compárese la definición adoptada por el Comité

Interino de la Asamblea, GAOR, 3ª Ser., Supl. Nº 10, pp. 7-8, 1948.) Una "situación" puede concebirse como una configuración de hechos que dan origen a una controversia, pero sin ofrecer un grado muy marcado de determinación ni en cuanto a las partes interesadas ni en cuanto a sus reclamaciones. Una controversia puede surgir de una situación, y originar nuevas situaciones; o una situación, sin crear una controversia, puede resultar una amenaza para la paz (Goodrich y Simmons, *The United Nations and the Maintenance of International Peace and Security*, p. 231).

Al Consejo de Seguridad, como órgano investido de la principal responsabilidad sobre el mantenimiento de la paz y de la seguridad internacionales (Art. 24), se le ha confiado un importante papel en la solución de los conflictos. Tiene poder para "investigar toda controversia o toda situación susceptible de conducir a fricción internacional o dar origen a una controversia, a fin de determinar si la prolongación de tal controversia o situación puede poner en peligro el mantenimiento de la paz y la seguridad internacionales" (Art. 34). Puede instar a las partes, cuando lo crea necesario, a solucionar la controversia por los medios pacíficos que se mencionan en el artículo 33 (2). En cualquier etapa de un conflicto que sea susceptible de poner en peligro la paz y la seguridad internacionales, después de considerar los procedimientos ya empleados, puede recomendar procedimientos de solución adecuados, o métodos de arreglo (Art. 36). Al hacer esto, el Consejo de Seguridad debe tener debida cuenta de la regla general según la cual las controversias de orden jurídico deben ser remitidas por las partes a la Corte Internacional de Justicia (Art. 36). El Consejo de Seguridad es competente, también, para recomendar aquellos términos de solución que considere apropiados (Art. 37 (2)). Si la controversia o la situación llegan a revestir formas más serias y resultan una "amenaza para la paz, quebrantamiento de la paz o acto de agresión", el Consejo de Seguridad tiene el poder de determinar la existencia de tal situación y de hacer recomendaciones para mantener o restaurar la paz y la seguridad internacionales (Art. 39). Al cumplir sus deberes, el Consejo de Seguridad debe actuar de acuerdo con los objetivos y principios de la Organización, y las disposiciones pertinentes de la Carta (Art. 27 (2)). Los miembros están obligados a aceptar y llevar a cabo sus decisiones de acuerdo con la Carta (Art. 25), pero esta obligación no se extiende a las recomendaciones.

El poder del Consejo de Seguridad para investigar cualquier controversia o situación no se limita al propósito de determinar si la continuación de cualquiera de ellas podría poner en peligro el mantenimiento de la paz y la seguridad internacionales. La Comisión de las Naciones Unidas para la India y Paquistán, aun después de determinar que el carácter de la situación ponía en peligro el mantenimiento de la paz y la seguridad internacionales, continuó la investigación con el objeto de explorar los medios de arreglo (*SCOR*, 3er. año Supl., abril 1948, pp. 8-12). El Consejo de Seguridad tiene poder para establecer un órgano subsidiario que lleve a cabo la investigación (Art. 29). La orden de realizar una investigación —de acuerdo con lo expresado por las cuatro potencias que auspiciaron la Conferencia de San Francisco— no es una cuestión de procedimiento y está sujeta al veto de los miembros permanentes, según el artículo 27 (*UNCIO, Docs.,* Vol. 2, pp. 711). Pero, al parecer, el nombramiento de un subcomité con el solo objeto de obtener información sin investirlo de poder para llegar a conclusiones o hacer recomendaciones, es una cuestión de procedimiento (*SCOR,* 14º año, 848 Mt, Sept. 7, 1969, p. 8, en relación con la queja de Laos contra Viet-Nam del Norte). Se ha originado gran controversia sobre el problema de saber si la decisión del Consejo de Seguridad de investigar cae dentro del artículo 24, haciendo obligatorio para las partes afectadas el permitir la investigación dentro de sus territorios, o si es sólo una recomendación (*SCOR,* 2º año, 133 a 137 Mt., 12-22 mayo, 1947). En la práctica, sin embargo, el consentimiento del Estado afectado se considera necesario para que una Comisión de investigación entre a su territorio.

El Consejo de Seguridad, en la práctica, aparte de facilitar el debate abierto y las discusiones entre bastidores, en las antesalas y por doquier, ha hecho uso sobre todo de procedimientos diplomáticos para lograr la solución de las controversias. Con fines ilustrativos, puede decirse que en muchas ocasiones el Consejo de Seguridad ha instado a las partes a recurrir a las negociaciones o a reiniciarlas y, para presionar a las partes, les ha pedido que informen sobre los resultados, o ha declarado expresamente su derecho a permanecer informado. (Por ejemplo, *SCOR,* 1er. año, 5º Mt., 30 de enero, 1946, pp. 70-71; *SCOR,* 2º año, 178 Mt., 1º de agosto, 1947, p. 1839, S/459; *SCOR,* 3er. año; 259 Mt., 28 de febrero, 1948, p. 393, S/678.) El Consejo de Seguridad ofreció sus buenos oficios con respecto a la cuestión de Indonesia, y estableció un comité con tres miembros de su seno —uno elegido por cada parte y el tercero por los dos así elegidos— para ayudar a las partes a llegar a un arreglo (*SCOR,* 2º año, 194 Mt., 25 de agosto, 1947, p. 2179, S/514). El Comité de Buenos Oficios se convirtió más tarde en la Comisión de las Naciones Unidas para Indonesia, a la cual se le confirió la tarea de lograr un cese de las hostilidades, la restauración de la paz, la libertad de los prisioneros, ayudar a las partes en las negociaciones y hacer recomendaciones a las partes y al Consejo (*SCOR,* 4º año, 406 Mt., 28 de enero, 1949, pp. 21-33; Supl. febrero, pp. 1-4 S/1234). En relación con la cuestión de Cachemira, los presidentes del Consejo actuaron sucesivamente como mediadores (*SCOR,* 3er. año 229 a 286 Mt., 1948), y más tarde fue designada una comisión con la doble función de investigar, de acuerdo con el artículo 34, y de ejercer influencias mediadoras (*SCOR,* 3er. año, 230 Mt., 20 de enero, 1948, p. 143). En relación con Chipre, el Consejo recurrió a la mediación (*SCOR,* 19º año, 1102 Mt., 4 de marzo, 1964). Han sido raros los casos en los cuales se recomendaron procedimientos de adjudicación. Con respecto a la cuestión de Indonesia, el Consejo de Seguridad, además de otros procedimientos pacíficos, recomendó el arbitraje (*SCOR,* 2º año, 178 Mt., 1º de agosto, 1947, p. 1839, S/459), basándose en que las partes habían acordado previamente, mediante convenio, usar este método. Sólo en un caso hasta ahora, el conflicto *Corfu Channel,* el Consejo de Seguridad recomendó llevar la controversia ante la Corte Internacional de Justicia (*SCOR,* 2º año, 127 Mt., 9 de abril, 1947, p. 727).

Al recomendar medidas para una solución de conformidad con los artículos 37 o 39, el Consejo de Seguridad debe tener en cuenta los propósitos y principios de la Carta (Art. 24 (2)), y en particular, la necesidad de obtener una solución "por medios pacíficos y de conformidad con los principios de la justicia y del derecho internacional" (Art. 1º (I)). Se propone aquí el criterio de que "justicia" es un concepto lo suficientemente elástico como para permitir la realización de los cambios deseables, aunque debe recordarse que la referencia a la justicia y al derecho internacional halló lugar en el artículo 1º (I) para evitar el sacrificio de los intereses de los países más pequeños en la lucha por la paz (*UNCIO, Docs.* Vol. 6, p. 13).

11.26 LA ASAMBLEA GENERAL

La Carta no es muy explícita acerca del papel de la Asamblea General en la solución de las controversias, y no ha especificado con tanto detalle como en el caso del Consejo de Seguridad, el procedimiento que debe seguir la Asamblea. Una controversia o una situación cuya continuación podría poner en peligro la paz y la seguridad internacionales, pueden ser presentadas a la Asamblea, en vez de ante el Consejo, por un miembro o por un no miembro que haya aceptado las obligaciones de solución pacífica según la Carta. Cuando se presenta de esta manera, la Asamblea General debe tratar la cuestión de acuerdo con los artículos 11 y 12 (Art. 35). El artículo 12 prohíbe a la Asamblea hacer recomendación alguna referente a cualquier controversia o situación cuando el Consejo de Seguridad está ejerciendo sus funciones, según la Carta, en relación con ese asunto, excepto cuando el mismo Consejo le pide que haga una recomendación. El artículo 11 (como también el 10 y el 14) confiere a la Asamblea poderes muy amplios de discusión y de recomendación. Según el artículo 10, la Asamblea General puede discutir "cualesquiera asuntos o cuestiones dentro de los límites de esta Carta"; y, según el artículo 11, "toda cuestión relativa al mantenimiento de la paz y la seguridad internacionales", planteada ante ella por cualquier miembro, por un no miembro según el artículo 35 (2), y por el Consejo de Seguridad. El artículo 14 da poderes más amplios a la Asamblea que los conferidos al Consejo, para "recomendar medidas para el arreglo pacífico de cualesquiera situaciones, sea cual fuere su origen, que a juicio de la Asamblea pudieren perjudicar el bienestar general o las relaciones amistosas entre naciones". Es decir, se confieren a la Asamblea General poderes para discutir y hacer recomendaciones en relación con controversias o con situaciones que amenacen la paz de manera menos inmediata que aquellas que el Consejo de Seguridad tiene autorización para tratar. Por otro lado, la Asamblea General, por su "Resolución Unión Pro Paz" (Res. 377 (V), 3 de noviembre, 1950), ha afirmado su derecho de tratar una situación de violación de la paz o un acto de agresión, si el Consejo de Seguridad deja de actuar debido al veto de uno de los cinco miembros permanentes. Además del debate público en el foro mundial que representa prácticamente a todos los Estados y produce expresiones de opinión colectiva y recomendaciones en forma de resoluciones, los medios de solución empleados por la Asamblea General son los buenos oficios, la mediación y la conciliación; y puesto que la Asamblea puede designar los organismos subsidiarios que considere necesarios para el desempeño de sus funciones (Art. 22), en la práctica los ha establecido con estos fines, y algunas veces les ha confiado la función de observar treguas. (Estudio de la Organización y Operación de las Comisiones de la ONU, Informe del Comité Interino de la Asamblea General, GAOR, 4ª Ses. Supl. Nº 11, anexo II (1949), pp. 12-13; también como ilustrativas las Res. 186 (S – II), 14 de mayo, 1948; 194 (III), 11 de diciembre, 1948).

El poder de la Asamblea General, así como el del Consejo de Seguridad (según el capítulo VI, consiste sólo en "recomendar". Es raro que las resoluciones asuman la forma de recomendaciones. A menudo se emplean expresiones tales como "invita" y "pide", "apela", "insta". Muchas veces, especialmente en las primeras etapas de consideración de una controversia, la Asamblea General —como ocurre también en el Consejo de Seguridad—, sin expresar ninguna opinión sobre la materia objeto del conflicto, ha instado a las partes a negociar o a adoptar algún otro procedimiento pacífico de su elección, y a evitar cualquier medida que pudiere empeorar la situación. El propósito que generalmente persigue la parte que plantea una controversia ante la Asamblea, que es asegurar una expresión de opinión a su favor y someter con ello a la otra parte a una presión para llegar a soluciones, a veces no se logra plenamente. (Cf. Resoluciones de la Sesión Especial de la AG, Res. 1622 (S – III), 25 de agosto, 1961, que reconoció la soberanía de Túnez sobre Bizerta). Cuando ha estimado que la reacción de las partes a las solicitudes de arreglos voluntarios no ha sido satisfactoria, la Asamblea General ha establecido organismos de buenos oficios, mediación o conciliación. En la cuestión del tratamiento de las personas de origen hindú en Sudáfrica, la Asamblea General "invitó" a la India, Paquistán y la Unión Sudafricana —en consideración a la objeción de la Unión Sudafricana basada en la jurisdicción interna (art. 2º (7)) – a entrar en discusiones de mesa redonda (Res. 265 (S - III), 14 de mayo, 1949). En 1950, se sugirió la creación de una comisión de buenos oficios, dejándose a las partes la iniciativa de su constitución (Res. 395 (V), 2 de dic., 1950). En 1952, la Asamblea General estableció una comisión de buenos oficios con el objeto de organizar y ayudar en las negociaciones (Res. 615 (VII), 5 de dic., 1952). En mayo de 1948, la Asamblea General nombró un mediador para Palestina (Res. 186 (S – II), 14 de mayo, 1948) y después, una Comisión de Conciliación (Res. 194 (III), 11 de diciembre, 1948). Al Comité Especial de las Naciones Unidas para los Balcanes y a la Comisión de las Naciones Unidas en Corea se les dieron poderes de observación, de información y de buenos oficios (Res. 109 (II), 21 de octubre, 1947; Res. 195 (III), 12 de diciembre, 1948). No ha habido casos de recomendación específica ni de arbitraje ni de recurrencia a la Corte, excepto en relación con la cuestión de Bolzano (Bozen), donde las partes fueron aconsejadas, si fracasasen las negociaciones, para explorar la posibilidad de recurrir a otros medios pacíficos incluyendo, desde luego, el sometimiento de la cuestión a la Corte Internacional de Justicia o a los organismos regionales (Res. 1497 (XV), 31 de octubre, 1960).

11.27 OTROS ÓRGANOS

Entre los órganos de las Naciones Unidas, quedan por considerar el Consejo Económico y Social y la Secretaría. El Consejo Económico y Social, al ejercer sus funciones de discusión y recomendación, puede asumir indirectamente un papel en la solución de los conflictos. Por ejemplo, en 1950 el Consejo consideró una queja contra la Unión Soviética por interceptar trasmisiones de radio en relación con la libertad de información, y declaró que tal actividad era contraria a los principios aceptados de libertad de información (Res. 306 B (XI), 9 de agosto, 1950). La importancia del Consejo Económico y Social como organismo para la solución de las controversias es, sin embargo, secundaria. Pero la Secretaría, en virtud de la posición del secretario general según la Carta, se encuentra en una posición algo distinta.

Al secretario general, como funcionario administrativo más importante de la Organización, se le ha atribuido —o por lo menos ha llegado a adquirir— una función destacada en la solución de las controversias internacionales. Tiene competencia para someter a la atención del Consejo de Seguridad cualquier cuestión que, en su opinión, pueda amenazar el mantenimiento de la paz y la seguridad internacionales. Desde 1954, los órganos políticos lo fueron invistiendo, cada vez más, de responsabilidades tanto diplomáticas como ejecutivas para el mantenimiento o la restauración de la paz. En 1954, por ejemplo, la Asamblea General pidió al secretario general que tratara de obtener la liberación de los aviadores de Estados Unidos que servían en las fuerzas de las Naciones Unidas, detenidos en la República Popular China (Res. 906 (IX), 10 de diciembre, 1954). En 1964, el Consejo de Seguridad confió al secretario general la responsabilidad de mantener el orden y la paz y de restablecer la normalidad en Chipre; también, de nombrar un mediador, de acuerdo con el Reino Unido, Chipre, Grecia y Turquía (SCOR, 19º año, 1102 Mt., 4 de marzo, 1964, S/5571). Aun en ausencia de tal encargo, Dag Hammarskjold, el secretario general fallecido, sostuvo que "está de acuerdo con la filosofía de la Carta el que también se espere que el Secretario General deba actuar sin ninguna dirección de la Asamblea o del Consejo de Seguridad, si ello le pareciera necesario para contribuir a llenar algún vacío que pudiere aparecer en los sistemas que la Carta y la diplomacia tradicional disponen para salvaguardar la paz y la seguridad" (SCOR, 13 año, 837 Mt., 22 de julio, 1958, párrafo 12). La mediación del representante especial del secretario general hizo posible la solución de la controversia entre Cambodia y Tailandia, en 1959 (YBUN, 1959, p. 62); también sus esfuerzos, juntamente con los del mediador por él designado, llevaron a cabo la solución del conflicto del Irian Occidental (ibid., 1962, pp. 124-7).

11.28 ORGANISMOS REGIONALES

Las instituciones regionales que poseen mecanismos para la solución de los conflictos, internacionales son: Organización de Unidad Africana (OUA), Liga

Árabe, Organización de Estados Americanos (OEA) y Organización del Tratado del Atlántico Norte (OTAN).

La Carta de la OUA, adoptada en Addis Abeba en 1963, menciona como uno de los objetivos de la Organización la solución de las controversias por medio de la negociación, mediación, conciliación y arbitraje (Art. 3º (4) (para el texto de la Carta, ver 58 AJIL, 873 (1964)). La Carta contempla el establecimiento de una Comisión de Mediación, Conciliación y Arbitraje, por medio de un Protocolo. El Protocolo fue adoptado en el Cairo, en 1964 (*3 International Legal Materials*, 1116 (1964)), y dispone el establecimiento de una Comisión compuesta por veintiún miembros elegidos por la OUA, con un presidente y dos vicepresidentes elegidos del mismo modo. Con el consentimiento de las partes, el presidente puede designar una Comisión de Mediación o una Junta de Conciliación para ayudar a las partes a llegar a una solución; o las partes pueden, por un *compromis* someter el conflicto a arbitraje. A falta de acuerdo entre las partes para adoptar alguno de los mencionados procedimientos, cualquiera de ellas puede llevar el conflicto ante el Consejo o la Asamblea de la Organización. En los últimos años, varios conflictos importantes se han manejado por la OUA (como el de la frontera somalí-etíope, de 1964: la situación del Congo; y el de la frontera argelino-marroquí).

El artículo 5 del Pacto de la Liga Árabe confiere facultades al Consejo de la Liga para mediar en todas las diferencias que amenacen llevar a la guerra a dos Estados miembros, o a un Estado miembro y un tercer Estado, con el objeto de lograr una reconciliación. Cuando surge una controversia entre Estados miembros, ellos pueden recurrir al Consejo para la solución de las diferencias y la decisión de ésta al respecto es "ejecutable y obligatoria". Mientras ese recurso es, al parecer, opcional, el artículo curiosamente excluye de su ámbito las diferencias relativas a "la independencia, soberanía o integridad territorial de un Estado". Sin embargo, queda a voluntad de las partes el someterse al arbitraje del Consejo. Mientras el Consejo medie o arbitre, las partes en conflicto no pueden participar en las deliberaciones y decisiones del Consejo; las decisiones deben tomarse por mayoría de votos.

Según la Carta de la OEA (Bogotá, 1948), los miembros deben someter las controversias que surjan entre ellos a los procedimientos pacíficos que la Carta indica, antes de remitirlos al Consejo de Seguridad de la ONU (Artículo 20). Si una de las partes en conflicto cree que éste no puede ser solucionado por la diplomacia normal, las partes tienen la obligación de llegar a un acuerdo para la adopción de algún otro procedimiento pacífico (Art. 22). En cumplimiento del artículo 23 de la Carta, en 1948 fue firmado el Tratado Americano de Soluciones Pacíficas (Pacto de Bogotá), que establece los procedimientos de los buenos oficios, la mediación, la investigación y la conciliación, el arbitraje y la solución judicial. En caso de un ataque armado contra el territorio de un Estado americano, o dentro de la zona de seguridad delimitada por los tratados en vigor, una Reunión de Consulta debe ser convocada por el presidente del Consejo de la Organización y también del Consejo (art. 43). Al Consejo se le confieren, por tanto, atribuciones para actuar como Órgano de Consulta provisional.

En la Segunda Reunión de Consulta de Ministros de Relaciones Exteriores, La Habana, 1940, se adoptó una resolución que establece una Comisión Interamericana de Paz, con funciones de conciliación. La Comisión de Paz fue establecida en 1948, con sede en Washington. Está compuesta por dos representantes estadounidenses, dos sudamericanos y uno centroamericano (*Informe Anual* del Secretario General de la OEA de 1948-49, 2 *Anales de la OEA*, pp. 22-23).

La Comisión Interamericana de Paz, el Órgano de Consulta y el Consejo actuando como órgano de consulta provisional, han tratado con éxito una serie de controversias entre los Estados americanos del Caribe, cuando las partes presentaron reclamaciones por ataques armados o por intervenciones ilegales en sus asuntos internos. Los procedimientos utilizados han sido principalmente las investigaciones en el lugar de los hechos y la conciliación.

En 1956, el Consejo de la OTAN adoptó una recomendación hecha por el Comité de los Tres, por él designado para explorar las posibilidades de cooperación entre los miembros, en asuntos no militares. La recomendación otorgaba facultades al secretario general de la Organización, en caso de controversias entre los miembros, para ofrecer sus buenos oficios y —con el consentimiento de las partes— iniciar o facilitar los procedimientos de investigación, mediación, conciliación o arbitraje. Excepto en el caso de controversias legales o económicas, que pueden ser remitidas directamente a los organismos internacionales correspondientes, un conflicto entre los miembros no debe ser presentado a ningún organismo internacional antes de ser sometido al procedimiento de buenos oficios de la OTAN (*Facts about NATO*, Servicio de Informaciones de la OTAN, Looseleaf, París, cap. B 7).

Debe ser mencionada la relación entre las Naciones Unidas y las instituciones regionales, y sus relativas competencias. Existe la clara obligación, por parte de los miembros de las instituciones regionales, en primer lugar, de recurrir a ellas para la solución de sus controversias, antes de remitirlas al Consejo de Seguridad (Arts. 33 y 52 (2), Carta de la ONU, aparte de disposiciones tales como el artículo 22 de la Carta de la OEA y el artículo 2 del Pacto de Bogotá). El Consejo de Seguridad debe, también, estimular el desarrollo de los procedimientos pacíficos a través de las instituciones regionales (Art. 52 (3) de la Carta). Por otra parte, estas disposiciones no afectan la competencia del Consejo de Seguridad para investigar cualquier controversia según el artículo 34 de la Carta de la ONU, y la del Consejo de Seguridad y la Asamblea General para atender las quejas con respecto a controversias o situaciones que pongan en peligro el mantenimiento de la paz y la seguridad internacional (Art. 53 (4), Carta de la ONU). Además, la posición superior de las Naciones Unidas se mantiene por el artículo 54, que otorga al Consejo de Seguridad el derecho de tenerlo plenamente informado de las actividades de las instituciones regionales, y por el artículo 103, que da prioridad a las obligaciones resultantes de la Carta sobre aquellas provenientes de los tratados constitutivos de las instituciones regionales. La competencia de las Naciones Unidas para iniciar acción cuando una institución regional está tramitando una controversia o situación, se ha cuestionado en muchas ocasiones (*SCOR*, 9º año, 675 Mt., 20 de junio, 1954; *SCOR*, 9º año, 676 Mt., 25 de junio, 1954; *SCOR*, 18º año, 1036 Mt., 9 de mayo 1963).

En la práctica, se permite a las instituciones regionales que intenten solucionar la controversia, y no se las interfiere si lo manejan con rapidez y efectividad. Así, en 1958 el Consejo de Seguridad aplazó su reunión por diez días para dar oportunidad a la Liga Árabe de discutir la queja del Líbano contra la República Árabe Unida, por intervención en sus ansuntos internos (*Annual Rep*. del Secretario General, 1957-8, GAOR, 13ª Ses., Supl. I, 1958); y no se tomó ninguna medida cuando Haití se quejó contra la República Dominicana, en 1963, pues la mayoría de los miembros del Consejo de Seguridad considera que la OEA estaba tomando medidas rápidas y efectivas (*SCOR*, 18º año, 1036 Mt., 9 de mayo, 1963). Con respecto al Congo, el Consejo de Seguridad, en resolución del 30 de diciembre de 1964, decidió dejar el asunto para que lo tratara la OUA (UN *Monthely Chronicle*, Vol. II, Nº 1 (enero 1965), p. 22). Sin embargo, en vista del artículo 52 (4), parece indudable la competencia del Consejo de Seguridad y de la Asamblea General para ocuparse del conflicto, aun cuando una institución regional lo esté considerando (estudio de García-Amador, GAOR, 5ª Ses., Supl. Nº 14, apéndice, 1950), aunque parece que esta atribución debería ejercerse con cautela, para no interferir el funcionamiento eficiente de las instituciones regionales. En su consideración de la queja de Guatemala contra Honduras y Nicaragua, en 1954, el Consejo de Seguridad rechazó una resolución auspiciada por Brasil y Colombia, que hubiera dejado el asunto para que lo tratara el Comité Interamericano de Paz; adoptó, en cambio, la propuesta de Francia, que instaba a las partes a poner término a las acciones que podrían provocar derramamiento de sangre, y pedía a los otros miembros qué se abstuvieran de prestar ayuda a tal acción (*SCOR*, 9º año, 675 Mt., 20 de junio, 1954). El Consejo de Seguridad afirmaba así su competencia para tratar el asunto. Más significativamente, en 1962, en vista de la autorización dada por la OEA a la cuarentena impuesta por Estados Unidos a Cuba, el secretario general, con el apoyo general del Consejo de Seguridad, instó a Estados Unidos y a la Unión Soviética a suspender sus respectivas medidas por dos o tres semanas, y ofreció sus buenos oficios para resolver las cuestiones (*SCOR*, 17º año, 1923 Mt., 24 de octubre, 1962, pp. 20-22). En mayo de 1965, mientras la OEA actuaba ineficazmente en la República Dominicana para lograr un cese de fuego entre las facciones rivales en la guerra civil, el Consejo de Seguridad autorizó al secretario general para enviar observadores a fin de estudiar la situación y asegurar el cese del fuego.

11.29 ORGANISMOS ESPECIALIZADOS Y OTRAS INSTITUCIONES FUNCIONALES

Los organismos especializados y otras instituciones funcionales organizadas para la cooperación internacional en el campo económico, cultural, científico, tecnológico y otros, pueden verse enfrentados a controversias sobre la interpretación y aplicación de sus instrumentos constitutivos. Además, pueden emprender la mediación o la conciliación en cualquier controversia, tal como lo hizo el Banco Internacional de Reconstrucción y Fomento en el caso del conflicto de *Indus Waters,* entre India y Paquistán. El instrumento constitutivo de cada organismo contiene disposiciones para la solución de controversias relativas a la interpretación y aplicación de sus disposiciones, y en algunos casos cuenta con regulaciones y normas subsidiarias derivadas de esos instrumentos. Analizando estas disposiciones, se observa que ellas encuadran dentro de diferentes moldes.

Existen, en primer lugar, organismos que disponen la solución de las controversias mediante la diplomacia, el arbitraje y la vía judicial. Así, la Convención Internacional de Telecomunicaciones, de 1965, especifica las negociaciones diplomáticas, los procedimientos dispuestos en cualquier tratado en vigencia entre las partes en conflicto y cualquier otro método convenido por las partes, incluyendo el arbitraje por un tribunal elegido por las partes (Art. 28). La constitución de la UNESCO, de 1957, prescribe sólo la remisión a la Corte Internacional de Justicia o al arbitraje (Art. 14). El Estatuto del Organismo Internacional de Energía Atómica especifica la negociación, la remisión a la Corte Internacional de Justicia, o cualquier otro método convenido por las partes (Art. 17 (A)). La Constitución de la Unión Postal Universal, de 1965, dispone el arbitraje obligatorio (Art. 32) por un tribunal o un solo árbitro, que puede ser la Oficina Internacional de la Unión. El tribunal debe estar formado por dos Administraciones Postales, cada una elegida por una de las partes. Si una de ellas deja de hacer la designación, la Oficina puede apremiarla para que lo haga, o hacerla ella misma. Si estos árbitros tienen opiniones divididas en partes iguales, deben seleccionar conjuntamente otra Administración para solucionar el asunto. Si no pueden ponerse de acuerdo en la selección, la Oficina Internacional puede realizar la elección (ver Art. 126 del *Reglament Général,* 1965).

La Constitución de la Organización Internacional del Trabajo contiene ciertos procedimientos poco comunes. Las controversias relativas a la interpretación de la Constitución, o de cualquier Convención posterior celebrada en su cumplimiento, deben remitirse a la Corte Internacional de Justicia. Por otra parte, puede presentarse a la OIT una queja por parte de cualquier miembro de que otro miembro no esté asegurando la vigencia efectiva de cualquier Convención que ambos hayan ratificado (Art. 26 (I)). Tal queja puede ser presentada también por una asociación industrial de trabajadores o de empleados de un Estado miembro (Art. 24) contra éste. La queja será enviado al miembro, y puede exigírsele que haga una declaración (Artículo 26 (2) y 24). El Consejo de Administración de la OIT puede designar una Comisión Investigadora para considerar la cuestión e informar sobre ella, formulando recomendaciones (Art. 26 (3)). El miembro tiene entonces tres meses para informar al director general si acepta las recomendaciones, o proponer que se remita la queja a la Corte Internacional de Justicia (Artículo 29 (I)). La decisión de la Corte Internacional de Justicia sobre las cuestiones que le han sido presentadas es definitiva (Art. 31). El Consejo de Administración es competente para recomendar a la Conferencia las medidas que considere apropiadas o expeditivas para asegurar el cumplimiento de las recomendaciones de la Comisión Investigadora, o del fallo de la Corte Internacional de Justicia (Art. 33). El Consejo de Administración tiene también competencia para establecer, con la aprobación de la Conferencia, cualquier tribunal para el esclarecimiento expedito de las controversias (Art. 37). Las quejas contra un Estado miembro, por no haber presentado ante sus legisladores una Convención adoptada por la Conferencia a fin de convertirla en ley, deben formularse ante el Consejo de Administración (Art. 30).

Los instrumentos básicos de la Organización Mundial de la Salud, la Organización Meteorológica Mundial, la Organización para la Agricultura y la Alimentación y el Acuerdo General sobre Aranceles Aduaneros y Comercio, disponen la remisión al cuerpo plenario de la Organización, a la Asamblea Mundial de la Salud (Constitución de la OMS, Art. 75), al Congreso (Convención de la OMM, Art. 29), a la Conferencia (Constitución de la FAO, Art. 17 (I) y a las Partes Contratantes (AGAAC, Art. 23), si la controversia no se soluciona por negociación. Si fracasa la solución por el cuerpo plenario (excepto en el caso del AGAAC), la controversia debe remitirse a la Corte Internacional de Justicia, a menos que las partes acuerden algún otro método. La Convención de Aviación Civil Internacional confiere al Consejo de la Organización competencia para resolver la controversia que las partes no hayan podido solucionar entre ellas por medio de negociación (Art. 84). La decisión del Consejo puede apelarse ante un tribunal *ad-hoc* acordado por las partes, en vez de ante la Corte Internacional de Justicia o, si alguna de las partes no ha aceptado el Estatuto de la Corte, ante un tribunal de arbitraje formado por tres miembros (Art. 85). Las disposiciones de la Convención son tales que ninguna de las partes puede evitar el arbitraje rehusando cooperar en la constitución del tribunal. El presidente del Consejo puede realizar la designación en lugar de la parte que rehúsa. En el caso de la Organización Consultiva Marítima Intergubernamental, las controversias deben someterse al cuerpo plenario, la Asamblea, o a un procedimiento acordado por las partes (Art. 55). El Consejo de la Organización y el Comité de Seguridad Marítima también tienen competencia para resolver las controversias que surjan cuando ejerzan sus funciones. Y las cuestiones legales no resueltas por esos métodos, pueden someterse a la Corte Internacional de Justicia para su Opinión Consultiva (Art. 556). El AGAAC requiere que cada parte contratante preste especial consideración a las reclamaciones de las otras y que proporcione oportunidades adecuadas para consultas (Artículo 22). Una parte contratante puede hacer reclamaciones escritas a otra, si las medidas adoptadas por ésta —por ser contrarias al Acuerdo o por otras causas— la han privado de beneficios derivados del Acuerdo. Si las negociaciones fracasan, y la pérdida del beneficio no se debe a una violación del Acuerdo, la parte adversamente afectada puede remitir la cuestión a las Partes Contratantes, es decir, a las partes contratantes en actuación conjunta. Las Partes Contratantes pueden conciliar el conflicto, y a tal efecto se establece un Cuerpo de Conciliación. Si la conciliación fracasa, las Partes Contratantes pueden hacer una recomendación o dictar una decisión y pueden autorizar el retiro de las concesiones derivadas del Acuerdo, a la Parte que rehúse aceptar la recomendación o la decisión (Art. 23). La parte así sometida a una sanción puede retirarse del Acuerdo dentro del término especificado en él.

Las disposiciones concernientes a la solución de los conflictos relativos a la interpretación de las disposiciones de los intrumentos constitutivos del Fondo Monetario Internacional, del Banco Internacional de Reconstrucción y Fomento y sus subsidiarios, de la Asociación Internacional de Fomento y de la Corporación Financiera, son peculiares y se apartan claramente de los principios adoptados en otras instituciones (Art. 97, Banco; Art. 18, FMI; Art. 10, AIF; Art. 8, CEI). En primer término, se excluye el arbitraje hecho por un organismo exterior y la controversia debe ser solucionada dentro del marco de la Organización misma. Se exceptúan de esta regla los casos en que la controversia provoque que el miembro afectado se retire del organismo, o cuando éste entre en liquidación. En tales casos, la controversia debe remitirse a un tribunal arbitral, compuesto por un árbitro designado por el organismo, uno por el miembro, y el tercero por mutuo acuerdo o, en caso de que falte este acuerdo, por el presidente de la Corte Internacional de Justicia, o por alguna otra autoridad que se determine. En otros casos, la controversia (ya sea entre miembros o entre el organismo y un miembro) se somete a los directores ejecutivos para su decisión. Si un miembro que sea parte en la controversia no está directamente representado en la Junta Ejecutiva, él tiene derecho a designar un representante mientras se considere el conflicto. Cualquier miembro puede pedir la remisión del asunto a la Junta de Gobernadores, cuya decisión es definitiva. En segundo término, las etapas iniciales del debate en cualquiera de los dos cuerpos dan oportunidad para la negociación y para llegar a un compromiso mutuamente aceptable. En tercer lugar, la decisión, en el caso de no haber compromiso, se obtiene por un sistema de votación calificado, en proporción a la contribución de los miembros. La solución interna por votación calificada es la esencia del sistema de estas instituciones.

Un sistema similar se adoptó según los acuerdos internacionales sobre productos básicos, y también por el Acuerdo Internacional del Trigo, el Acuerdo Internacional del Azúcar y el Acuerdo Internacional del Estaño, que no son Organismos Especializados. A los Consejos establecidos en virtud de estos Acuerdos se les da poder de decisión por el sistema de votación calificada. Sin embargo, según estos acuerdos, la mayoría de los países, o los países que tengan no menos de un tercio de la totalidad de los votos, pueden requerir al Consejo —después de amplia discusión— para que solicite la opinión consultiva de un grupo compuesto por cinco personas. Dos de ellas deberán ser designadas por los países exportadores y dos por los países importados. De estas dos personas, una deberá tener amplia experiencia en asuntos tales como el que se disputa, y la otra experiencia jurídica y prestigio. El quinto miembro, el presidente del grupo, debe ser elegido unánimemente por los otros cuatro y, a falta de acuerdo, será designado por el presidente del Consejo. Los miembros del grupo deberán actuar individualmente y sin representar a nadie. La opinión del grupo, con las razones que la fundamentan, debe ser sometida al Consejo. El Consejo, después de examinar la opinión, decide la controversia definitivamente.

Por diversas razones, este sistema de solución interna por votación calificada es aceptable. Algunas razones son: el deseo de tener flexibilidad en el régimen para proteger los intereses de las partes, y para variar los compromisos a largo plazo, adaptándolos a las condiciones cambiantes; y la calidad mesurable de los compromisos de las partes, en términos de dinero o material. Además, el carácter preciso de los derechos y obligaciones emergentes de estos Acuerdos, las simples condiciones de retiro que establecen, y la corta duración de ellos. Se ha comprobado que el sistema, en términos generales, funciona satisfactoriamente en la práctica (Metzger, "Settlement of International Disputes by Non-Judicial Methods", 48 *AJIL*, 408 (1954)).

11.30 FUNCIÓN DE LAS INSTITUCIONES INTERNACIONALES

La función principal de las instituciones internacionales de hoy es el mantenimiento de la paz, la seguridad internacionales y la promoción de la cooperación internacional en los campos económico, cultural y otros. La solución de los conflictos es una tarea que surge de la consecución de estos dos objetivos y que, siendo esencial para su logro, no pasa de ser apenas una función secundaria. Los logros de estas instituciones no pueden juzgarse primordialmente a la luz de lo que ellas han hecho en relación con la solución de las controversias, ni su contribución en este aspecto es fácil de evaluar.

Sus principales ventajas, como agencias para la solución de las controversias, radica en que ellas pueden proporcionar una mayor variedad de canales diplomáticos, y ofrecer a las partes que respondan a sus medidas conciliatorias los beneficios de la cooperación internacional en sus campos respectivos. Ellas pueden orientar la actitud de las partes hacia la aceptación o el rechazo de una solución; o hacia la adjudicación por parte de un tercero, mediante la influencia de la opinión de sus miembros dentro de la institución, y mediante la opinión pública fuera de ella. Pero dichas instituciones no pueden vencer las limitaciones inherentes a la diplomacia como instrumento de solución, ni a la opinión pública como factor de influencia; y tampoco pueden variar el agrupamiento de las potencias fuera de ellas, o disminuir el interés de esas potencias por los resultados del asunto en un sentido o en otro, y hacerles ejercer su influencia para la solución de manera puramente altruista.

El registro de las Naciones Unidas, como el de la Liga de las Naciones, no se compone sólo de éxitos. Mientras que en el aspecto positivo se pueden citar los conflictos de fronteras de Indonesia, Suez, Irán, Líbano y Cambodia-Tailandia, en el negativo aparecen Palestina, África Sudoccidental, Corea, Cachemira, Malasia, el *apartheid* y algunos territorios no autónomos; tampoco está claro, de ninguna manera, si la solución de numerosos problemas coloniales se ha debido en gran medida a la influencia de las Naciones Unidas, o a la revisión progresiva por partes de las antiguas potencias coloniales de su política con respecto a sus posesiones de ultramar. No es fácil evaluar el papel desempeñado por las Naciones Unidas en los casos de Guatemala, en 1954, de Hungría, en 1956, de la cuarentena cubana, en 1962, de Hyderabad y de Goa, que han dejado de ser cuestiones candentes; ese papel es tal vez poco importante. Pero los logros de todas estas instituciones —y, ciertamente, los méritos y las deficiencias de los métodos contemporáneos para la solución de las controversias— deben ser juzgados considerando hasta qué punto han tenido éxito para desanimar el recurso a la violencia, para ofrecer una oportunidad de analizar las demandas y contrademandas que se presenten y para elaborar un arreglo o solución.

BIBLIOGRAFÍA

I. GENERAL

Bloomfield, L.: "Law, Politics and International Disputes", *International Conciliation*, nº 516, Nueva York, Carnegie Endowment, enero de 1958, p. 257.
Brierly, J.L.: "The Judicial Settlement of International Disputes", *The Basis of Obligation in International Law and Other Papers*, eds. H. Lauterpacht y C. H.M. Waldock, Oxford, Clarendon Press, 1958.
Gilmore, G.: "The International Court of Justice", 55 *Yale LJ*, 1949 (1945-46).
Kelsen, H.: *Peace Through Law*, Chapel Hill, Univ. of North Carolina Press, 1944.
Lauterpacht, H.: *The Function of Law in the International Community*, Oxford, Clarendon Press, 1933.
Morgenthau, H.J.: "Diplomacy", 55 *Yale LJ*, 1067 (1945-46).
Rusk, D.: "Parliamentary Diplomacy: Debate vs. Negotiations", 26 *World Affairs Interpreter*, 121 (1955).

II. PROCEDIMIENTOS DIPLOMÁTICOS

Arbitration and Security: Systematic Survey of the Arbitration Conventions and Treaties of Mutual Security Deposited with the League of Nations, 2da ed. (rev.), 1927, Liga de las Naciones, Pub. V. Legal, 1927.V.29.
Systematic Survey of Treaties for the Pacific Settlement of International Disputes, 1928-1948, UN, Pub. Sales nº 49. V.3.

III. ARBITRAJE

Balasko, A.: *Causes de nullité de la sentence arbitrale en droit international public*, París, Pedone, 1938.
Carlston, K.S.: *The Process of International Arbitration*, Nueva York, Columbia Univ. Press, 1946.
Castberg, F: "L'Excès de pouvoir dans la justice internationale", 35 *HR*, 368 (1931).
Hudson, M.O.: *International Tribunals, Past and Future*, Washington, D.C., Carnegie Endowment and Brookings Institution, 1944.

Jenks, C.W: *The Prospects of International Adjudication*, Londres, Stevens, 1964.

Politis, N.S.: *La Justice internationale*, París, Hachette, 1924.

Ralston, J.H.: *The Law and Procedure of International Tribunals*, Stanford, Univ. Press, 1926.

Schachter, O.: "The Enforcement of International Judicial and Arbitral Decisions", 54 *AJIL*, (1960).

Simpson, J.L. y H. Fox: *International Arbitration: Law and Practice*, Nueva York, Praeger, 1959.

Sohn, L.B.: "The function of International Arbitration Today", 108 *HR*, II (1963).

Stuyt, A.M.: *Survey of International Arbitrations, 1947-1938*, La Haya Nijhoff, 1939.

IV. ADJUDICACIÓN JUDICIAL

Beckett, W.E.: "Decisions of the Permanent Court of International Justice on Points of Law and Procedure of General Application", II *BYIL*, I (1930).

Briggs, H.W.: "Reservation to the Acceptance of Compulsory Jurisdiction of the International Court of Justice", 93 *HR*, 229 (1958).

Bustamante, A.S. de: *The World Court*, traducido por E.F. Read, Nueva York, Macmillan, 1925.

Dubisson, M.: *La Cour Internationale de Justice*, París, Librairie Générale de Droit et de Jurisprudence, 1964.

Fitzmaurice, G.G.: "The Law and Procedure of the International Court of Justice: International Organization and Tribunals", 29 *BYIL*, I (1952).

—.: (Sir): "The Law and Procedure of the International Court of Justice, 1951-4, General Principles and Sources of International Law", 35 *BYIL*, 183 (1959).

Goodrich, L.M.: "The Nature of the Advisory Opinions of the Permanent Court of International Justice", 32 *AJIL*, 738 (1938).

Hambro, E.: "The Jurisdiction of the International Court of Justice" 76 *HR*, 125 (1950).

Hudson, M.O.: *The Permanent Court of International Justice*, Nueva York, Macmillan, 1943.

Jenks, C.W.: *The Prospects of International Adjudication*, Londres, Stevens, 1964.

Lauterpacht, Sir H.: *The Development of International Law by the International Court*, 2a ed., Londres, Stevens, 1958.

Lissitzyn, O.J.: *The International Court of Justice: Its Role in the Maintenance of International Peace and Security*, UN Studies, no. 6, Nueva York, Carnegie Endowment, 1951.

Rosenne, S.: *The International Court of Justice*, Leyden, Sythoff, 1957.

—: *The Law and Practice of the International Court*, 2 vols., Leyden. Sythoff, 1965.

—: *The Time Factor in the Jurisdiction of the International Court of Justice*, Leyden, Sythoff, 1960.

Rudzinski, A.W.: "Election Procedure in the United Nations", 53 *AJIL*, 81 (1959).

Schachter, O.: "The Enforcement of International Judicial and Arbitral Decisions", 54 *AJIL*, I (1960).

Simpson, J.L.: "The 1960 Elections to the International Court of Justice", 37 *BYIL*, 527 (1961).

Stone, J.: "The International Court and World Crisis", *International Conciliation*, nº 536, Nueva York, Carnegie Endowment, enero 1962.

Verzijl, J.H.W.: "The International Court of Justice, 1960", 7 *Ned. Tijd.*, 211 (1960).

Visscher, O. de: "Reflections on the Present Prospects of International Adjudication", 50 *AJIL,* 467 (1956).

Waldock, C.H.M.: "The Plea of Domestic Jurisdiction before International Legal Tribunals", 31 *BYIL,* 96 (1954).

—: "Decline of the Optional Clause", 32 *BYIL,* 244 (1955-56).

V. PROCEDIMIENTOS DE LAS ORGANIZACIONES INTERNACIONALES

Bailey, S.D.: *The Secretariat of the United Nations,* UN Studies, nº II, Nueva York, Carnegie Endowment, 1962.

Goodrich, L.M. y A.P. Simons: *The United Nations and the Maintenance of International Peace and Security,* Washington, D.C., Brookings Institution, 1955.

Metzger, S.D.: "Settlement of International Disputes by Non-Judicial Methods" 48 *AJIL,* 408 (1954).

Virally, M.: "Le Róle politique du Secrétaire-général des Nations Unies", 4 *Annuaire Français,* 360 (1958).

Williams, Sir J.F.: *Some Aspects of the Covenant of the League of Nations,* Londres, Oxford Univ. Press, 1934.

Zimmern, Sir A.E.: *The League of Nations and the Rule of Law,* Londres Macmillan, 1936.

12. USO DE LA FUERZA POR PARTE DE LOS ESTADOS. SEGURIDAD COLECTIVA. DERECHO DE GUERRA Y DE NEUTRALIDAD

CONTENIDO

12.01 USO DE LA FUERZA Y DERECHO INTERNACIONAL

En este capítulo el término "fuerza está empleado en el sentido de fuerza física o armada, a menos que se indique otra cosa, pues trata sólo del uso de la fuerza armada. (Lo que constituye el uso de la fuerza armada por parte de los Estados se explica en 12.04.) El término "fuerza" es una noción más amplia que la de "fuerza armada". Determinar si la Carta de las Naciones Unidas, al referirse a la "fuerza" en el artículo 2º (4), regula sólo el uso de la fuerza armada o si comprende también otras manifestaciones de fuerza, todavía es un punto objeto de interpretaciones contradictorias.

La guerra y las hostilidades son categorías de conflictos entre los Estados, en los cuales la fuerza se aplica en sus múltiples formas y en la más amplia escala. Sin embargo, la guerra y las hostilidades no son los únicos casos en que se recurre a la fuerza en las relaciones internacionales. No obstante, los primeros tratados que contenían prohibiciones de importancia para el uso de la fuerza por parte de los Estados —es decir, el Pacto de la Liga de las Naciones de 1919, y el Pacto Briand-Kellogg de 1928— se referían exclusivamente a la guerra. Esto puede explicarse por el hecho de que en esa época la práctica de los Estados daba generalmente nombre y forma de guerra a sus conflictos armados. Pero antes de la firma de estos documentos, los Estados también se comprometían en peleas, sin llegar a verse envueltos automáticamente en una situación de guerra. El uso de la fuerza sin que constituyera guerra empezó a desempeñar un papel particularmente importante una vez, que los Estados aceptaron el principio de que las guerras de agresión estaban prohibidas. Y ello porque los Estados estaban dispuestos a renunciar formalmente a la guerra "como instrumento de política nacional en sus relaciones mutuas" (la fórmula del Pacto Briand-Kellogg, pero hasta el presente la actuación de aquéllos demuestra ampliamente que no tienen intención de abandonar el recurso de la fuerza física, es decir, la fuerza de las armas, cuando creen que los medios pacíficos no sirven a sus intereses particulares inmediatos). De ahí que se hayan cambiado el enfoque en los recientes documentos internacionales, especialmente en la Carta de las Naciones Unidas, al mencionarse la prohibición de la amenaza o del uso de la fuerza más bien que la prohibición de la "guerra". Mientras la primera frase comprende, como es obvio, la guerra, ella también abarca otras especies de luchas.

Hemos visto en 1.04 cómo el lugar y el papel tradicionales de la guerra en la comunidad internacional, sufrió un cambio básico durante el siglo xx. Antes de 1919, en las relaciones internacionales abundaban las guerras, y frecuentemente surgían situaciones en las que los Estados se sentían en libertad de comenzar una, cuando el recurso a las armas les representaba una ventaja. Pero, ni el estudio del último milenio —especialmente en Europa— ni la reciente fecha de los documentos que prohíben la guerra apoyan la conclusión de que hasta 1919 o 1928 el derecho internacional autorizara la guerra como un medio perfectamente legal de solucionar los conflictos o de modificar los derechos existentes. Puede argumentarse que los documentos del siglo xx relativos a la prohibición de la guerra y del uso de la fuerza son la conclusión de un desarrollo histórico, cuyos orígenes son muy remotos.

En el derecho primitivo de las naciones, los Estados poseían el derecho a la guerra *(jus ad bellum)*, pero ese derecho no significaba una patente para hacer la guerra. Mucho antes de la creación de la Liga de las Naciones y de las Naciones Unidas, los Estados justificaban —o trataban de justificar— su beligerancia. En especial, ellos concedían importancia legal a la existencia de una causa para la guerra. Las discusiones sobre las causas justas o injustas de la guerra se remontan a la Edad Media, pero ellas no eran meros discursos teóricos de teólogos, filósofos, escritores políticos y publicistas. Reflejaban, si no la práctica real de los Estados, al menos las preocupaciones de los gobiernos y de sus dirigentes.

Sin embargo, hasta la evolución que se produce después de 1918, el derecho internacional carecía de una norma específica que prohibiera ciertos tipos de guerra y, mucho menos, la guerra en general. No nos referimos aquí a las raras y ocasionales limitaciones, tales como los tratados de neutralidad o la convención de La Haya Nº 2, de 1907 (Martens, *NRG*, 3a. Ser., Vol. 3, p. 414). El derecho internacional nunca definió las causas admisibles de la guerra. Los Estados fueron, durante siglos, los únicos jueces de lo que constituía una causa válida y suficiente para ella. Mientras los Estados estuvieron, de hecho, en libertad para determinar el objeto de su obligación, el principio de la obligación jurídica no existió. De ahí la frecuente práctica estatal de recurrir a la guerra cuando el interés nacional lo requería; y también la aceptación general por parte de los autores positivistas de la opinión según la cual, antes de 1919, los Estados poseían un ilimitado derecho de guerra. Si bien el derecho de guerra de que gozaban los Estados no era necesariamente ilimitado y el derecho internacional no otorgaba patente para hacer la guerra, sin embargo es un hecho histórico que sólo los instrumentos del siglo xx han surtido el efecto de modificar radicalmente el papel de la guerra en el derecho internacional, ya que fueron estos instrumentos los que consiguieron abolir el *jus ad bellum* tradicional. El lector debe recordar, no obstante, que este cambio en el derecho no eliminó la guerra, ni otros tipos de fuerza en la vida internacional. Poner la guerra fuera de la ley es una cosa, y que se cumpla la nueva ley es otra. Contrariamente a su obligación, los Estados siguen recurriendo a la fuerza; y el conflicto físico real continúa siendo, desgraciadamente, un fenómeno siempre presente en las relaciones interestatales.

12.02 EL PACTO BRIAND-KELLOGG

La proscripción de la guerra, realizada por el Pacto Briand-Kellogg, había sido precedida y preparada por las prohibiciones menos generales contenidas en el Pacto de la Liga de las Naciones (Martens, *NRG*, 3a. ser. vol. II, p. 323; Hudson, *International Legislation*, vol. I, p. 1), lo que prueba la importancia histórica de este último documento. Análogamente a los tratados Bryan (ver 11.05), el Pacto disponía una suspensión del ejercicio del derecho de hacer la guerra. En el artículo 12, los miembros acordaron someter cualquier conflicto que pudiera provocar una ruptura al arbitraje o la investigación por el Consejo de la Liga, y que en "ningún caso" recurrirían a la guerra hasta tres meses después del fallo de los árbitros o del informe del Consejo. El artículo 13 prohibía recurrir a la guerra sin límite en el tiempo en los casos en que el conflicto hubiera sido sometido a arbitraje y una de las partes hubiera aceptado el laudo. Además, según el artículo 15 (5), en un conflicto sometido al Consejo de la Liga, los miembros se comprometían a no ir a la guerra contra ninguna de las partes en el conflicto que aceptara las recomendaciones del informe del Consejo, con la condición, sin embargo, de que tal informe hubiera sido aceptado unánimemente, no teniendo en cuenta los votos de las partes en conflicto. De estas disposiciones se desprendía que en todos los demás casos, los miembros de la Liga conservaban la libertad de recurrir a la guerra, y que el derecho de guerra de los no miembros sobrevivía en la misma forma que tenía antes de 1919, a menos que ellos aceptaran las obligaciones de la condición de miembro con relación a un conflicto determinado (Art. 17).

Además, existían algunos otros defectos en las disposiciones de la Liga sobre la guerra. Al usar términos tales como "guerra" y "recursos de la guerra", el Pacto preparó el terreno para su interpretación restrictiva y técnica en la práctica de los Estados. Hubo casos en que un Estado usó de la fuerza militar en gran escala contra otro (por ejemplo, Japón contra China en el conflicto de Manchuria de 1931 y en la guerra no declarada de 1937), y aún así no existía, por diversas razones, un estado formal de guerra entre los dos adversarios. En tales circunstancias, el Estado culpable de los actos agresivos trataba de argumentar que su conducta se ajustaba a la letra del Pacto, puesto que no existía guerra. Además, la maquinaria de la Liga para la solución pacífica de los conflictos tenía graves vacíos, y su sistema de sanciones se mostró ineficaz en el único caso en que se intentó aplicarlo, contra Italia, cuando invadió a Etiopía en 1935-36. En perspectiva histórica, sin embargo, el Pacto es la primera regulación multipartita importante, aunque no universal, que modificó el derecho de guerra mantenido por los Estados soberanos.

El Pacto Briand-Kellogg —cuyo nombre completo es "Tratado General para la Renuncia de la Guerra", también conocido como Pacto de París— fue firmado el 27 de agosto de 1928 (94 *LNTS*, 57; Hudson, *op. cit.*, Vol. 4, p. 2522). En el artículo 1º, las partes condenaban el "recurso de la guerra para la solución de las controversias internacionales" y renunciaban a ella como "instrumento de política nacional en sus relaciones mutuas". En el artículo 2º, convenían que el arreglo o la solución de todas las controversias y conflictos no deberían "nunca ser buscados sino por medios pacíficos". En el preámbulo del Tratado, las partes expresaban su convicción de que a cualquier signatario que "buscara favorecer sus intereses nacionales recurriendo a la guerra les serían negados los beneficios ofrecidos por este Tratado".

El Tratado prohibía todas las guerras de agresión y esta prohibición general era su adelanto más importante en comparación con el Pacto de la Liga. Mantenía el derecho de los Estados de ir a la guerra en defensa propia, o contra quien violara el Tratado. No restringía la competencia de la Liga de las Naciones —ahora de las Naciones Unidas— para hacer cumplir las disposiciones por la fuerza de las armas. Inicialmente el Pacto no se aplicaba a las relaciones entre partes y no partes; pero esta restricción desapareció con el transcurso del tiempo, porque el Pacto, al cual no se adhirieron todos los Estados del mundo —algunas Repúblicas latinoamericanas antes de la segunda Guerra Mundial y todos los nuevos estados después de esa guerra—, actualmente representa una norma consuetudinaria de derecho internacional que coloca a cualquier guerra de agresión fuera del ámbito legal. Después de la segunda Guerra Mundial, el Pacto figuró de manera prominente en los fallos de los tribunales internacionales y de las cortes nacionales, en relación con los juicios que se entablaron a los criminales de guerra de las derrotadas potencias del Eje, acusadas de guerras de agresión.

Mientras el Pacto representaba un paso adelante en comparación con el Convenio de la Liga, tenía también sus propios defectos. No se establecía ningún mecanismo para su aplicación ya sea en las disposiciones positivas —solución pacífica de los conflictos—, o en las negativas renuncia a la guerra. En el Pacto, la cuestión del uso de la fuerza que no constituyera guerra, todavía continuó, siendo un problema sin resolver. Actualmente el Pacto aún es obligatorio, pero su importancia se ha reducido por el mayor desarrollo de la regulación sobre el uso de la fuerza en la Carta de las Naciones Unidas.

12.03 LA CARTA DE LAS NACIONES UNIDAS

La Carta de las Naciones Unidas, del 26 de junio de 1945 (U.S. Dept. of State, *Facsimile of the Charter of the United Nations* ..... *in Five Languages*, N? 2368, Serie de Conferencias 76), trata del uso de la fuerza por parte de los Estados en varias de sus disposiciones. La norma básica se encuentra en el artículo 2? (4): "Los Miembros de la Organización, en sus relaciones internacionales, se abstendrán de recurrir a la amenaza o al uso de la fuerza contra la integridad territorial o independencia política de cualquier Estado, o en cualquier otra forma incompatible con los propósitos de las Naciones Unidas."

Lo sorprendente en esta reglamentación es la referencia a la "amenaza o al uso de la fuerza" en lugar de la "guerra" o "recurso a la guerra". Con esto, la Carta evitó las dificultades técnicas que surgieron en los documentos anteriores, en relación con el significado del término "guerra" (ver 12.02). La Carta también comprende, sin duda alguna, el uso de la fuerza armada que no llega a ser guerra.

Puede decirse que el artículo 2? (4) es ahora una norma universalmente obligatoria, no sólo con respecto a los miembros de la Organización. El principio contenido en ese artículo se ha convertido en una norma consuetudinaria del derecho internacional. Numerosas declaraciones de los Estados, las interpretaciones que ofrecen cuando surgen problemas sobre el uso de la fuerza y las explicaciones que dan cuando se les acusa de empleo ilegal de la fuerza, constituyen un testimonio de la aceptación del criterio de que el artículo 2º (4) que, además de formar parte del derecho de las Naciones Unidas, son un principio del derecho que rige las relaciones en todos los Estados.

La cuestión fundamental que surge constantemente en la práctica de los Estados, y que es estudiada por los escritores, es determinar si el artículo 2º (4) implica una prohibición general de tomar cualquier iniciativa en el uso de la fuerza. Porque la Carta no se refiere a cualquier uso de fuerza, sino a aquel "contra la integridad territorial o la independencia política de cualquier Estado, o en cualquier otra forma incompatible con los propósitos de las Naciones Unidas". En otras palabras, ¿pueden los Estados recurrir a la fuerza si no la dirigen contra la integridad territorial o la independencia política de alguien y no violan de ninguna manera los objetivos de las Naciones Unidas? El problema ha sido discutido *inter alia* en relación con la cuarentena cubana de 1962 (ver 12.07, par. III). Si bien existen Estados que tienden a adoptar una interpretación que permita cierta iniciativa en el uso de la fuerza por parte de los gobiernos —y tal punto de vista es apoyado por una serie de autores—, la prohibición del artículo 2º (4), sin embargo, debe interpretarse como totalmente comprensiva y general. Y ello porque las modificaciones en el derecho después de 1919, estaban expresamente destinadas a eliminar de la vida internacional la guerra y otras manifestaciones de fuerza. Sería contrario al desarrollo progresivo del derecho internacional el interpretar que la Cata autoriza el empleo de la fuerza en situaciones que ella misma, inequívocamente, no ha exceptuado del principio enunciado en el artículo 2º (4). En relación con esto, debe mencionarse también el Preámbulo de la Carta, en el cual las partes se comprometen a "asegurar... que no se usará la fuerza armada sino en servicio del interés común", y a la obligación de los miembros de solucionar pacíficamente sus conflictos internacionales (artículo 2º (3)). La intención de los autores de la Carta, si bien no siempre claramente expresada, iba dirigida a suprimir la fuerza como medio de solucionar todos los conflictos internacionales; por lo tanto, la prohibición igualmente incluye las situaciones en que el territorio o la independencia no están en juego. Del mismo modo, el principio de efectividad requiere que se interprete el artículo 2º (4) en el sentido de que prohíbe toda amenaza o uso de fuerza, a menos que la Carta, en otras disposiciones, permita expresamente su empleo.

Las excepciones a la regla del artículo 2º (4) han de encontrarse en los artículos referentes al empleo de la fuerza por parte de la Organización misma (Arts. 24, 39-50 y 106); por parte de organismos regionales, según acuerdos regionales (Art. 53); y por parte de los Estados individuales que actúen, ya sea en defensa propia (Art. 51) o bien según la excepcional y ahora virtualmente anticuada regla del artículo 107. Sin embargo, aun en las raras ocasiones en que la Carta no priva a los Estados individuales de la posibilidad de recurrir a la fuerza, ello permanece sujeto al control de las Naciones

Unidas y, ocasionalmente, al de los organismos regionales. Existe en la Carta no sólo una prohibición del uso o amenaza de la fuerza, sino también un intento de centralizar la competencia para el empleo de la fuerza en las relaciones internacionales. Este último problema conlleva cuestiones de seguridad colectiva, y se trata en 12.16 a 12.19.

Por lo tanto, según el derecho internacional contemporáneo, los Estados no pueden aplicar medidas de fuerza aun si la reclamación formulada, el interés protegido o el fin perseguido son perfectamente legales. A veces, tales prohibiciones generales de recurrir a la fuerza pueden parecer un obstáculo en la tarea de asegurar el cumplimiento del derecho internacional. La comunidad de Estados no posee todavía un sistema para la obligatoria solución de los conflictos por medios amistosos, y la autoayuda individual violenta podría parecer el único medio de reinvindicar los derechos de los Estados; pero, ciertamente, sólo los derechos de los Estados más poderosos. En el primitivo derecho de las Naciones, cuando se permitía la guerra, la fuerza podía emplearse no sólo para hacer respetar los derechos de los Estados, sino también para producir un cambio violento en la amplitud de tales derechos. De esta manera, la posibilidad misma de recurrir a la fuerza contribuía a la relatividad e inseguridad de la totalidad de los derechos de que gozaba cada Estado según el derecho internacional, incluyendo el de la integridad territorial y el de la existencia independiente. Entre 1919 y 1945, se hizo un esfuerzo para suprimir esta falacia básica del derecho internacional. Actualmente, la sociedad de los Estados ha dejado atrás la etapa de eliminar la fuerza del arsenal de los medios legales de acción en el plano internacional, y los abogados ya no pueden entretenerse inventando conceptos legales para justificar algo que equivale, ahora como siempre, al llano asesinato. Ahora bien, la sociedad de los Estados no ha alcanzado aún la etapa siguiente, que es la solución ordenada de los conflictos por medio de la decisión de un órgano internacional, cuando las negociaciones entre las partes no han podido poner fin a una controversia. La supresión de la violencia en el derecho internacional no ha sido seguida todavía por la institucionalización de los medios seguros y efectivos para la solución de las controversias. Actualmente hay casos en que un Estado viola los derechos de otro, y lo hace impunemente, porque éste no usa de la fuerza en su contra puesto que una reacción violenta queda excluida, según nuestra interpretación estricta del artículo 2° (4). Tales situaciones prueban lo defectuoso del derecho internacional en relación con muchas ramas del derecho interno. Pero, en conclusión, puede decirse que el fortalecimiento de cualquier sistema de derecho es un proceso lento y progresivo. El derecho internacional rayaba en la anarquía y contenía gérmenes de negación de cualquier regulación legal cuando, en las antiguas normas, la fuerza permanecía como un instrumento de acción nacional en las relaciones internacionales (cf. las discusiones sobre el significado del artículo 2° (4), reportadas en GAOR, 18a. Sec., 6o. Comité, pp. 107 ss.; Docs. de la ONU, A/AC. 119/SR y ss. A/AC 125/SR. y 4 ss.; A/5746, pp. 1976 y A/6230).

12.04   ¿QUÉ CONSTITUYE EL USO DE LA FUERZA POR PARTE DE LOS ESTADOS?

Existe uso de fuerza armada por parte de un Estado cuando éste actúa contra otro por medio de fuerzas militares bajo su comando. La acción de un Estado contra otro consiste aquí en medidas violentas dirigidas contra el territorio del segundo, incluyendo cualquier objeto ubicado en él, especialmente por medio del empleo de armas o por la entrada en el territorio sin autorización de su soberano. También un Estado actúa contra otro cuando ataca las tropas de éste, sus barcos o aeronaves en territorio extranjero, o en alta mar o en el espacio aéreo correspondiente, donde pueden hallarse en virtud de ocupación legal o por el consentimiento del soberano. La denominación de la unidad armada, o la manera como está subordinada a uno u otro departamento del gobierno no tienen importancia. El grupo o unidad armada debe ser un organismo del Estado, o bien estar bajo su control o tener su apoyo activo. Esto significa que un Estado hace uso de la fuerza no sólo cuando despliega sus fuerzas terrestres, navales, aéreas o de policía y seguridad: está empleando la fuerza de igual manera cuando actúa a través de un alzamiento civil masivo para oponerse a la invasión del país por parte del enemigo, o cuando organiza guerrillas o unidades de resistencia en territorio ocupado por el enemigo (esto último fue un caso frecuente en algunas partes de Europa ocupadas por Alemania, en 1939-45). El Estado hace uso de la fuerza cuando participa en una guerra enviando sus tropas al frente con el nombre de voluntarios (como por ejemplo, la participación de la República Popular China en la guerra de Corea, en 1950 a 1953). Además, emplea la fuerza cuando envía o permite el envío de fuerzas irregulares o de grupos armados, incluyendo extranjeros, a través de sus fronteras, para actuar en otro Estado. La historia contemporánea muestra numerosos ejemplos de este tipo de empleo de la fuerza: la invasión a Guatemala por unidades armadas procedentes del territorio de Honduras y Nicaragua, en 1954; la invasión a Cuba —el incidente de Bahía de Cochinos— en 1961, por exiliados cubanos que operaban desde el territorio y con apoyo de Estados Unidos y algunas repúblicas centroamericanas; el apoyo militar prestado por el gobierno norvietnamita a las fuerzas del Viet-Cong que operan en Viet-Nam del Sur, etcétera. Actualmente, los Estados a menudo usan de la fuerza contra otros mediante el expediente del apoyo militar a las actividades rebeldes, insurgentes o subversivas existentes en ellos, maniobras que a veces son denominadas de agresión indirecta. Así, los Estados evitan las confrontaciones directas en las cuales entrarían en juego sus fuerzas regulares. No obstante, al mismo tiempo, ellos todavía tratan de solucionar sus conflictos recurriendo al uso de la fuerza en escala limitada. Aquí, a veces, los hechos son difíciles de aclarar. Sin embargo, una vez determinada la incidencia directa de un gobierno en aventuras armadas fuera de su territorio, constituye empleo de la fuerza y se rige por las mismas leyes que las aplicables al caso de francas hostilidades contra otro Estado.

12.05 CONFLICTOS INTERNOS Y PROHIBICIÓN DEL USO DE LA FUERZA

La norma del derecho internacional según la cual los Estados no pueden recurrir a la fuerza, a menos de que se les esté expresamente permitido en la Carta de las Naciones Unidas, se aplica en el plano internacional. El artículo 2º (4) de la Carta no prohíbe el uso de la fuerza por parte del Estado dentro de sus fronteras contra sus propios ciudadanos, habitantes o insurgentes en una guerra civil, lucha civil, desórdenes internos o motines. En especial, cuando un Estado hace uso de la fuerza contra nacionales extranjeros residentes en su territorio, no viola la prohibición del empleo de la fuerza en las relaciones internacionales. Pero, según se presenten las condiciones del incidente, el Estado puede resultar culpable por la violación de otras normas de derecho internacional, incluyendo las disposiciones sobre el respeto y protección de los derechos humanos y de las libertades ·fundamentales (ver 8.18 a 8.20). Las mencionadas disposiciones también restringen la libertad de los Estados en su actuación contra su propio pueblo o contra una parte de él, en los casos de luchas internas. De todos modos, esta cuestión no cae dentro del derecho que rige el uso de la fuerza entre los Estados.

No obstante, el uso de la fuerza en la esfera interna a veces incide en la cuestión del empleo de la fuerza en las relaciones internacionales. Cuando los nacionales extranjeros son objeto de medidas de fuerza por parte del gobierno local, surge el problema de saber si el Estado de esos extranjeros tiene derecho a intervenir en su defensa empleando la fuerza de las armas (ver 12.07, par. IV). Algunas veces, el empleo de la fuerza por un Estado contra sus propios nacionales afecta los intereses de países extranjeros, y puede ocasionar fricciones internacionales. Esto, a su vez, puede conducir a una situación en que se use la fuerza a través de las fronteras internacionales. Así, el Consejo de Seguridad de las Naciones Unidas tuvo conocimiento del tratamiento dado a los manifestantes por el gobierno de la Unión Sudafricana, ahora República de Sudáfrica, y del consiguiente derramamiento de sangre en gran escala durante los sucesos de marzo de 1960, especialmente en Sharpeville. En su Resolución del 1º de abril de 1960 (U.N.Docs. S/43003, el Consejo reconoció que la "situación de la Unión era tal que había llevado a fricciones internacionales y que, de continuar, podría hacer peligrar la paz y la seguridad internacionales".

Puesto que los Estados —aparte de sus deberes según el principio de la libre determinación de los pueblos, y de la obligación de no hacer peligrar la paz del mundo por ninguna clase de acción— son libres para sofocar la rebelión y el desorden interno por la fuerza de las armas, se ha expresado la opinión (por ejemplo, por parte de Blüntschli), acogida por muchos gobiernos, de que un Estado extranjero tiene el derecho de acudir en ayuda de un gobierno que esté combatiendo una guerra civil en su territorio y solicite ayuda del exterior. La acción del gobierno que presta la ayuda es a menudo calificada de intervención por invitación, o a petición, o con el consentimiento del Estado en cuyo territorio se realiza la lucha. Debe subrayarse primero que, en el caso que consideramos, siempre y cuando el gobierno haya pedido realmente ayuda militar extranjera, no nos hallamos frente a una intervención, pues la intervención es una interferencia dictatorial por parte de un Estado en los asuntos de otro (ver 12.07, par. IV), mientras que la invitación o petición de este último quita a la acción de aquél el carácter de imposición unilateral. Ahora bien, es bastante dudoso que el derecho internacional no prohíba a un gobierno establecido solicitar la ayuda de tropas extranjeras para combatir una guerra civil. Un gobierno acosado por la rebelión está, mientras dure la lucha civil, afectado por la duda de si él mismo realmente constituye el único órgano con derecho a hablar por el Estado en cuestión. El problema de saber quién representa al Estado —la autoridad constituida o la revolucionaria— debe decidirse sin la incidencia ni la participación de ningún Estado extranjero. Por otro lado, es igualmente dudoso que el derecho internacional prohíba claramente a un gobierno establecido solicitar la ayuda de un gobierno extranjero para combatir la insurrección de un grupo (en especial de un grupo minoritario) que trata de usurpar el poder, y tampoco existe ningún principio claro de ese derecho que prohíba al gobierno extranjero prestar la ayuda pedida. La posición del derecho es, en este aspecto, poco clara. Pero la práctica proporciona muchos ejemplos en que los gobiernos amenazados por luchas civiles salvaron o trataron de salvar su existencia recurriendo a la ayuda externa. Incluso existen tratados donde se promete, por anticipado, ayuda para sofocar motines y perturbaciones de importancia, como por ejemplo el artículo 1º del Tratado de Seguridad entre Estados Unidos y Japón, del 8 de septiembre de 1951 (136 *UNTS*, 211). Sin embargo, debe observarse que la práctica no es uniforme. Cuando en 1958 las tropas de Estados Unidos desembarcaron en el Líbano, y las tropas británicas fueron aerotransportadas a Jordania, por pedido expreso de los gobiernos correspondientes, la legalidad de la acción fue puesta en duda por diversos miembros durante los debates en el Consejo de Seguridad y en la Asamblea General (cf., *inter alia,* la referencia a la presencia de "fuerzas armadas extranjeras... contra los deseos de la mayoría de los habitantes de esos países —Líbano y Jordania—, y contra los deseos de otros miembros de la comunidad árabe de esa región", *GAOR*, 3ª Ses. Esp. de Emerg., Pl. 740 Mt. 19 de agosto, 1958, p. 94, pars. 83 s.). A veces resulta dudoso determinar si el gobierno anfitrión ha dado o no su consentimiento para la intervención de las fuerzas extranjeras. Un caso que puede citarse es el del empleo de tropas soviéticas en los sucesos de Hungría, en especial en Budapest, en octubre y noviembre de 1956 (comparar las conclusiones del Informe del Comité Especial para el Problema de Hungría, *ibid.,* 11ª Ses. 1957, Supl. Nº 18, A/4132).

SECCIÓN II. DIFERENTES CATEGORÍAS DEL USO DE LA FUERZA POR PARTE DE LOS ESTADOS

12.06 Distintas formas y extensión del uso de la fuerza

El uso de la fuerza por parte de los Estados en sus relaciones mutuas adopta diversas formas. En circunstancias diferentes y entre partes distintas, la fuerza se aplica en grados variables, a través de medios diferentes.

Tradicionalmente, los medios compulsivos de solución de los conflictos, aparte de la guerra, eran la retorsión, las represalias, el bloqueo pacífico y una clase de intervención (ver 12.07).

El más alto grado de compulsión existe, evidentemente, en la guerra, la cual por siglos fue una manera permitida para la solución de las diferencias entre los Estados (ver 1.04 y 12.01). A pesar de las prohibiciones introducidas por el Pacto Briand-Kellogg (12.02), y por la Carta de las Naciones Unidas (12.03), las guerras han seguido produciéndose. Como ejemplo, podemos mencionar la guerra no declarada entre Japón y China, comenzada en 1931; el resurgimiento, en el mismo año, del conflicto armado entre Bolivia y Paraguay relativo al territorio del Chaco; la guerra italo-etíope, en 1935 a 1936; la guerra entre Italia y Albania en 1939; la segunda Guerra Mundial, de 1939 a 1945; la guerra entre Rusia y Finlandia, de 1939 a 1940; la guerra de Palestina, de 1948 a 1949, con los repetidos choques armados entre Israel y los países árabes, incluyendo el conflicto de Suez, en 1956; y la guerra de Corea, de 1950 a 1953. *

Pero la guerra y otros medios compulsivos que no llegan a ser guerra no han sido las únicas formas como los Estados emplearon o emplean la fuerza. Usan frecuentemente de la fuerza invocando justificaciones tales como la autoconservación, la autoayuda, la necesidad (ver 12.08) o la legítima defensa (ver 12.09 y 12.10) ; y las correspondientes medidas de fuerza no siempre encajaban 'dentro de la conocida denominación de "compulsión" en las relaciones internacionales. Allí el empleo de la fuerza no siempre podía ser puesto en la misma categoría que las represalias, el bloqueo pacífico o la intervención; ni conducía invariablemente a la guerra. Las acciones de fuerza realizadas, por ejemplo, para la autoconservación, no estaban necesariamente dirigidas a la solución de un conflicto determinado, y el empleo de la fuerza tuvo lugar, a menudo, independientemente de la existencia de tal conflicto. Por ejemplo, cuando en 1807 las fuerzas navales británicas bombardearon Copenhague y se apoderaron de la flota danesa, el Reino Unido tenía un conflicto no con Dinamarca sino con Francia (en guerra en ese entonces con

---

* Otros ejemplos recientes son la guerra en Vietnam, el conflicto bélico de 1967 entre Israel y sus vecinos árabes, la guerra entre India y Pakistán, de 1971.

el Reino Unido), y el gobierno británico trataba de proteger su posición en el conflicto con Francia evitando que ésta tomara posesión de la flota danesa y la usara contra el Reino Unido.

También hay casos donde un Estado usa de la fuerza contra otro, en grado limitado o con un propósito determinado, en alta mar o en el espacio aéreo de éste. Éste, otra vez, puede no ser un intento de solucionar compulsivamente una controversia, ni una acción de autoconservación o de necesidad, ni un acto de guerra; pero es siempre un caso de uso de la fuerza. Finalmente, debe llamarse la atención sobre ciertos casos de empleo de la fuerza que se describen en 12.12.

Así como la forma y la intensidad de la fuerza usada por los Estados varían, y se clasifican de distinta manera en el derecho, los fines perseguidos por los Estados cuando recurren a la fuerza son igualmente divergentes y variados. En rasgos generales, los usos de la fuerza pueden dividirse en aquellos que tienen como objeto hacer que un Estado se someta a los términos de solución de una controversia exigidos por quien emplea la fuerza, y aquellos que no guardan relación directa con un determinado conflicto entre ambos Estados pero sirven los intereses generales de quien emplea la fuerza, estén o no, dichos intereses, protegidos por el derecho. La primera categoría comprende la retorsión, las represalias, el bloqueo pacífico y la intervención. En la segunda categoría quedan incluidos los restantes usos de la fuerza. La guerra, tal como lo enseña la experiencia histórica, puede pertenecer a cualquiera de las dos categorías, puesto que puede desempeñar papeles diferentes.

Antes del Pacto Briand-Kellogg y la Carta de las Naciones Unidas, los Estados tenían amplia libertad de recurrir a la guerra. Por lo tanto, cualquier clasificación, en términos legales, de los diferentes usos de la fuerza que no llegaran a ser guerra eran entonces prematuros. Sin embargo, las clasificaciones de las hostilidades que no alcanzaban a ser guerra se hicieron y fueron conocidas por un derecho que todavía reconocía el derecho a la guerra. El derecho internacional actual les heredó como nociones confusas y poco claras. Pero, al mismo tiempo, el derecho actual hace posible determinar la legalidad de cualquier recurso a la fuerza, y distinguir así, entre las categorías legales e ilegales del uso de la fuerza.

12.07 Medios de compulsión tradicionales, distintos de la guerra: retorsión, represalias, bloqueo pacífico e intervención armada

I) *Retorsión* es la retaliación de un Estado, por medio de actos perjudiciales, aunque legales, dirigidos contra otro Estado por haber éste realizado actos de naturaleza igual o similar en contra de aquél. La esencia de la retorsión, contrariamente a las represalias, radica en que los actos de ambos Estados —el ofensor y el ofendido— permanecen dentro de los límites del derecho. Históricamente, la retorsión era la respuesta a un acto no amistoso por parte de un Estado, que no llegaba a constituir uso de la fuerza y que consistía, por consiguiente, en la realización de actos diferentes del empleo de la fuerza armada. Por lo tanto, la retorsión ofrece poco interés en el capítulo presente. La expulsión de ciudadanos extranjeros, las restricciones impuestas a su residencia, a sus viajes o al ejercicio de ciertas profesiones, la imposición de derechos aduaneros especiales, o la provisional exclusión de barcos extranjeros de los puertos, son ejemplos de actos de retorsión realizados en respuesta a actos similares anteriormente cometidos por otro Estado.

II) Las *represalias* son los actos de un Estado realizados contra otro para obligarlo a convenir en el arreglo de una controversia, derivada de un delito internacional de este último. Las represalias, contrariamente a la retorsión, son medidas que, aisladamente consideradas, serían ilegales, pero que excepcionalmente pueden tomarse, con el sólo propósito de obligar al delincuente a acatar la ley cuando un Estado viola los derechos de otro.

Para que sea legal, el recurso de las represalias sólo puede llevarse a cabo después de presentarse una demanda de reparación y de haber fracasado ésta. Además, las represalias deben ser proporcionales al perjuicio sufrido; o sea, no pueden resultar en pérdidas o daños desproporcionadamente mayores que los causados por el Estado delincuente, y no pueden consistir en un empleo de fuerza en medida mayor que la razonablemente necesaria para asegurar una solución. Un ejemplo de falta de proporción entre el acto que provocó las represalias y las represalias mismas, fue el bloqueo de la costa griega y la captura de barcos griegos por parte del Reino Unido, en 1850, en su conflicto con Grecia relativo a don Pacífico, un súbdito británico residente en Atenas, cuya casa había sido saqueada por una multitud griega, en 1847, y quien no agotó los trámites de reparación locales antes de llevarse a cabo las represalias británicas (Martens, *Causes célèbres du droit des gens*, 2ª ed., Vol. 5. p. 395). En 1928, un tribunal arbitral especial para un caso entre Portugal y Alemania, sostuvo que las represalias de Alemania contra Portugal en el incidente Naulilaa fueron contrarias al derecho internacional, porque Alemania violó el principio de la proporcionalidad. Las represalias alemanas contra Portugal consistieron en una extensa invasión del territorio portugués en África, como reacción por la muerte de algunos soldados alemanes durante un incidente fronterizo (*AD*, 2927-8, caso Nº 360).

La prohibición del uso de la fuerza contenida en el artículo 2º (4) de la Carta de las Naciones Unidas, restringió el derecho de los Estados de recurrir a las represalias armadas. Antes de que la Carta se firmara, las únicas restricciones al uso de la fuerza a modo de represalias se derivaban de la Convención de La Haya Nº 2 de 1907 —Convención Porter— y se limitaban sólo a los connflictos relativos al pago de deudas contractuales. La Convención Porter prohibía las represalias compulsivas con el fin de cobrar deudas contractuales, a menos que el Estado deudor se negara al arbitraje o negara hacer efectivo un laudo arbitral. Actualmente, se permiten las represalias mientras no conlleven el uso de la fuerza. Pero también se permiten las represalias armadas que se efectúan en defensa propia contra un ataque armado.

En otros tiempos, una forma común de represalia, era el embargo, es decir, la retención de las naves y barcos del Estado delincuente en los puertos del Estado perjudicado. El embargo como forma de represalia debe distinguirse del embargo como prohibición general o parcial (por ejemplo, del embargo de armas, de importaciones o exportaciones de o hacia un país) y de las diversas clases de embargo establecidas en el derecho de guerra y de neutralidad (ver 12.26).

Las represalias que no impliquen la fuerza armada se utilizan con el fin de satisfacer una reclamación u obtener una compensación. Por eso, cuando el Estado delincuente acepta y satisface la reclamación, la otra parte tiene el deber de suspender las represalias.

Las represalias en el sentido que se mencionan en este párrafo, es decir, en tiempo de paz, no deben confundirse con las represalias en tiempo de guerra. Estas últimas son actos, en otras circunstancias prohibidos por las leyes de guerra, que sólo pueden llevarse a cabo excepcionalmente con el fin de obligar al enemigo a cesar la realización de actos ilegales de guerra. La experiencia ha demostrado, especialmente durante la primera y la segunda Guerra Mundial, que las represalias constituyen un medio peligroso e ineficaz de asegurar el cumplimiento del derecho de guerra. En lugar de inducir al primer trasgresor de la ley a observar sus deberes internacionales (y generalmente existen dificultades para determinar quién fue el primero en recurrir a la guerra ilegal), las represalias produjeron una inobservancia cada vez mayor de las restricciones impuestas por el derecho de guerra a los beligerantes. Los ilimitados ataques submarinos y los bombardeos aéreos del territorio enemigo durante la segunda Guerra Mundial, son ejemplo de actividades basadas en pretendidas represalias de guerra. La Convención de Ginebra Nº 3 (Art. 13 (3)) y la Nº 4 (Art. 33 (3)), prohíben expresamente la realización de represalias contra los prisioneros de guerra y los civiles protegidos por sus disposiciones.

III) El *bloqueo pacífico* ha sido considerado por los autores como una forma separada de solución forzada de los conflictos, aunque siempre fue un medio de represalias o de intervención. Desde 1827, cuando barcos británicos, franceses y rusos bloquearon la costa de Grecia durante la lucha contra Turquía por su independencia, el bloqueo pacífico surgió como una medida distinta del bloqueo en tiempos de guerra (ver 12.26). Otros casos de bloqueo pacífico se produjeron; pero continuó la duda de si, siendo contrario al derecho marítimo en tiempo de paz, podía ser un medio legal de solución de los conflictos. Porque el Estado que realizaba el bloqueo, si éste era efectivo y había sido notificado, adquiría el derecho de secuestrar aquellos barcos del Estado bloqueado que trataran de romper el bloqueo. Los barcos estaban sujetos a restitución cuando el bloqueo finalizara. La posición de los terceros Estados con respecto a un bloqueo pacífico —en especial su supuesto deber de respetarlo— era objeto de prácticas diferentes por parte de los Estados, y de puntos de vista diversos por parte de los autores.

Debido a las prohibiciones contenidas en el artículo 2º (4) de la Carta de las Naciones Unidas, el bloqueo pacífico es ahora una institución obsoleta del derecho internacional. Ya no puede utilizarse legalmente, a menos que lo motive un bloqueo anterior de otro Estado o un acto de fuerza comparable. Además, debido al actual desarrollo de las comunicaciones aéreas, un impedimento al transporte marítimo no puede ya lograr el fin de un bloqueo puesto que el bloqueo de las fuerzas navales puede ser burlado por las comunicaciones aéreas.

Por otra parte, el bloqueo pacífico puede ser ordenado por el Consejo de Seguridad de las Naciones Unidas, como una medida de fuerza en nombre de la Organización (ver 12.16).

A pesar de que después de 1945 no ha existido ningun caso de bloqueo pacífico que se ajuste a los requisitos del antiguo derecho, en la práctica contemporánea los Estados a veces han recurrido a medidas algo semejantes.

En 1949, durante la etapa final de la guerra civil en China, el gobierno nacionalista proclamó un bloqueo a los puertos en poder de gobierno del Pueblo. Los barcos nacionalistas, operando desde Taiwan, capturaron, detuvieron y, en algunos casos, dispararon contra muchos barcos extranjeros que mantenían comercio con los mencionados puertos. El bloqueo no fue efectivo. Las tentativas de aplicar, y en algunos casos, la aplicación efectiva de ciertas medidas de fuerza para con terceros Estados demostró que el Gobierno nacionalista de Taiwan las consideraba más bien como medidas de guerra, que según el derecho internacional eran ilegales. Varios Estados rehusaron expresamente reconocer el bloqueo (cf. 21 *State Departament Bulletin* p. 34 (1949); *GAOR*, 9a. Ses. *Ad.Hoc. Pol. Ctte.*, pp. 251 ss. Ver también las notas polacas sobre detención y captura de los barcos *Praca* y *Prezydent Gotwald, Zbiór Dokumentow-Recueil des Documents,* 1953, p. 2107 y 1954, p. 1082, y la nota soviética respecto al barco *Tuapse, ibid.,* 1954, p. 1268; ver Whiteman, *Digest,* Vol. I, p. 940).

En 1962, el govierno soviético, de acuerdo y en cooperación con el gobierno cubano, comenzó la construcción en Cuba de varias bases para cohetes balísticos de alcance intermedio y mediano. Además, se estaban desempacando y ensamblando bombarderos de reacción a chorro, capaces de transportar armas nucleares. Estados Unidos pidió a la Unión Soviética que suspendiera estas actividades en Cuba, desmantelara las bases existentes y retirara los cohetes y bombarderos de reacción a chorro de la Isla. Al mismo tiempo, Estados Unidos ordenó a sus fuerzas militares impedir la entrega a Cuba del equipo mencionado y de ciertas otras categorías de equipo militar. Para hacer efectiva la prohibición, Estados Unidos declaró su intención de interceptar y someter a inspección y registro a las naves con rumbo a Cuba. Se obligaría a las naves que transportaran material prohibido a seguir hacia otro destino de su lugar de elección. Si no obedeciesen, serían capturadas. Se habría de usar de la fuerza sólo en el caso de negativa a cumplir las órdenes, regulación o instrucciones especiales, dadas por Estados Unidos, o en caso de defensa propia, y sólo "en la medida necesaria" (Proclama 3504 de presidente de Estados Unidos, 23 de octubre, 1962. *Federal Register,* Vol. 27, 1962, p. 10401; 47 *State Departament Bulletin,* p. 717 (1962); Whiteman, *Digest,* Vol. 5, p. 443). La Unión Soviética y algunos otros Estados protestaron contra las medidas de Estados Unidos. El Órgano de Consulta de la Organización de Estados Americanos resolvió "hacer un llamamiento para el inmediato desmantelamiento y retiro de Cuba de todos los cohetes y otras armas con cualquier capacidad ofensiva", y recomendó que los miembros de la Organización de Estados Americanos "tomaran todas las medidas, individual y colectivamente, incluyendo el uso de la fuerza armada, que consideraran necesarias para asegurar que el Gobierno de Cuba no pueda continuar recibiendo ...material militar y equipos correspondientes... *(OEA,* Docs. *OEA*/SER. G/III, C-sa-463; 47 *State Departament Bulletin,* pp. 722 (1962)). El conflicto soviético-americano relativo a las armas con Cuba fue discutido por el Consejo de Seguridad, pero no se adoptaron resoluciones al respecto *(SCOR,* 1022-1025 Mt., 23-25 de octubre, 1962). El conflicto fue solucionado mediante negociaciones entre los protagonistas. La solución consistió en el retiro de los cohetes y bombarderos de Cuba por parte de la Unión Soviética, y el correspondiente levantamiento de la prohibición estadounidense de los envíos a Cuba (47 *State Department Bulletin,* pp. 740, 762, 874 y 918 (1962) ; *UN.* Docs. S/5227).

Estados Unidos denominó "cuarentena" a las medidas tomadas contra Cuba. La cuarentena cubana no fue un bloqueo pacífico, porque se aplicó a barcos de terceros países. De hecho, su principal propósito fue someter al control de Estados Unidos los cargamentos soviéticos, no tanto los cubanos. Estados Unidos no justificó la cuarentena como medida de legítima defensa, según el artículo 51 de la Carta de las Naciones Unidas. La cuarentena representaba un esfuerzo para obligar a una solución del conflicto, sin haberse intentado antes resolverlo por negociación. La cuarentena entorpecía, con el uso de la fuerza, el derecho de los Estados a navegar libremente en alta mar en tiempo de paz, aunque el conjunto de la fuerza efectivamente empleada fue mínima. El punto esencial de la cuarentena fue, probablemente, la posibilidad del aumento de los medios de coerción, más que el uso efectivo de ellos (la amenaza del uso de fuerza, ver 12.14). (Para una discusión sobre la legalidad o ilegalidad de a cuarentena, ver las colaboraciones de Meeker, Christol y Davis, Wright, Fenwick, McChesney y McDougal, publicadas en 57 *AJIL,* pp. 515, 525, 546, 588, 592 y 597 (1963), respectivamente y de Barnet, Wright, Chayes, Acheson, Henkin y McDougal en *Proceedings, ASIL,* 1963, pp. I, 9, 10, 13, 147 y 163, respectivamente.

IV) la *intervención armada* es la interferencia dictatorial, por parte de un Estado o por un grupo de Estados, en los asuntos internos o externos de otro Estado o Estados, mediante el uso de la fuerza. La intervención armada, por constituir un empleo unilateral de fuerza por un Estado contra otro, es siempre ilegal. Además, la intervención es ilegal porque viola el derecho de cada Estado de conducir independientemente sus asuntos exteriores, o su derecho al ejercicio, sin interferencias de su supremacía territorial o personal, o de ambas.

Deben distinguirse dos clases de intervención.

La primera consiste en la intervención de un Estado para solucionar un conflicto, en beneficio del interviniente. Aquí incluimos la intervención llevada a cabo aun antes de que la controversia haya surgido formalmente: un Estado interviene anticipadamente para imponer sus demandas a otro Estado, y para producir o mantener cierta situación dentro del territorio de éste.

Así, Estados Unidos intervino en varias repúblicas latinoamericanas o del Caribe: en Panamá, en 1904, en Cuba, en 1906; en Haití, en 1929 y 1930; en Nicaragua, en 1926-30; y en República Dominicana en 1965; Italia y Alemania intervinieron en España, de 1936 a 1939; la Unión Soviética intervino en Hungría, en 1956, y Bélgica en el Congo, en 1960. *

La segunda clase de intervención se realiza cuando un tercer Estado interfiere en un conflicto entre otros dos Estados, para imponer sus términos de solución, o para modificar el acuerdo alcanzado por las partes. Este tipo de intervención fue frecuente en Europa durante el siglo XIX, cuando las grandes potencias actuaban colectivamente para preservar sus intereses políticos, y generalmente se denominaba el "equilibrio del poder", como, por ejemplo, en las intervenciones de las grandes potencias en los numerosos conflictos de los Balcanes, entre 1886 y 1913. Estas intervenciones de las grandes potencias no siempre revistieron la forma de intervenciones armadas.

A pesar de que el derecho internacional clásico reconocía la legalidad de la intervención en muchos casos (por ejemplo, por parte del Estado soberano o protector en el Estado protegido; por autorización, según un tratado; por razones humanitarias), en el derecho contemporáneo la prohibición de la intervención por la fuerza de las armas debe ser enunciada como un principio que no admite excepciones. Esta rígida restricción proviene, tanto de la protección otorgada a la independencia de los Estados por el derecho internacional, como de la declaración de ilegalidad de la fuerza contenido en la Carta de las Naciones Unidas. En la resolución 2131 (XX) del 21 de diciembre de 1965, que comprende la Declaración sobre la Inadmisibilidad de la Intervención en los Asuntos Internos de los Estados y la Protección de su Independencia y Soberanía, la Asamblea General expresó el derecho en los siguientes términos (par. I):

> Ningún Estado tiene derecho a intervenir, directa o indirectamente, por ninguna razón, en los asuntos internos o externos de cualquier otro Estado. En consecuencia, la intervención armada y todas las otras formas de interferencia o de amenazas intentadas contra la personalidad del Estado o contra sus elementos políticos, económicos y culturales, están condenadas.

La prohibición de la intervención armada es aplicable igualmente a la intervención por razones humanitarias. Ésta es una intervención que solía justificarse cuando un Estado era culpable de crueldades y de persecución a sus ciudadanos o a los extranjeros residentes en su territorio. La intervención humanitaria fue usada por las potencias europeas en sus relaciones con el antiguo Imperio Otomano y con ciertos Estados no europeos. Como instrumento político en manos de los Estados individuales, la intervención humanitaria dio lugar a frecuentes abusos. Porque a menudo el Estado intervi-

---

* Dentro de este mismo tipo de intervenciones puede incluirse la invasión de Checoslovaquia por parte de cinco países socialistas en agosto de 1968 y la operación conjunta de tropas norteamericanas y sudvietnamitas en territorio de Cambodia, en 1970.

niente no restringía su actividad a evitar que el Estado culpable de prácticas inhumanas las continuara, sino que actuaba en beneficio de sus propios intereses nacionales. En julio de 1960, se produjeron desórdenes, motines y matanzas en el Congo, la antigua colonia belga. Bélgica reaccionó enviando sus tropas metropolitanas al Congo. El gobierno congolés calificó la acción belga "no solicitada" y de "acto de agresión" (UN Doc. S./4382). Durante las discusiones en el Consejo de Seguridad, Bélgica argumentó que el propósito de su intervención militar en el Congo había sido "puramente humanitario" y que su único fin había sido la "protección de las vidas de los ciudadanos belgas" (SCOR, 15º año, 877 Mt. 20-21 de julio, 1960, Declaración por M. Wigny). Las Naciones Unidas no aceptaron la justificación belga y, al demandar del gobierno de Bélgica la retirada inmediata de sus tropas del Congo, se negaron a reconocer la existencia, en este caso, del derecho de un Estado individual para intervenir por razones humanitarias (Resoluciones del 14 y 22 de julio y del 9 de agosto de 1960 del CS, UN. Docs S/4387, S/4405 y S/4426). Por otra parte, las decisiones del Consejo de Seguridad sobre la crisis del Congo dan apoyo al criterio según el cual hay lugar para la intervención colectiva de las Naciones Unidas, cuando los desórdenes internos en un Estado asumen proporciones de amenaza a la paz y la seguridad internacionales.

Mayores dificultades surgen con respecto a la legalidad de las intervenciones que tienen por fin la subversión contra un gobierno en el poder, o aun contra todo el sistema de gobierno, en otro país. Si el Estado interviniente se abstiene del uso de la fuerza y utiliza otros métodos, la legalidad o ilegalidad de sus acciones debería juzgarse considerando las leyes sobre intervención en general. Si, por otro lado, el Estado interviniente recurre a la fuerza militar, por ejemplo, proporcionando a los rebeldes ayuda militar, su actuación equivale a una violación de la prohibición del uso de la fuerza. Pero en la intervención de un Estado dirigida a la subversión o al cambio de gobierno en otro Estado, por lo general el uso ostensible de la fuerza armada no está presente, mientras que, por otra parte, es igualmente rara la estricta ausencia de todo elemento de fuerza. Por lo general, el Estado interviniente, en sus esfuerzos por dirigir el curso del gobierno del otro Estado, recurre a métodos sutiles y encubiertos, en los cuales el uso de la fuerza y la amenaza de la fuerza están presentes de una u otra manera. La amenaza de la fuerza, debe recordarse, está también prohibida por el artículo 2º (4) de la Carta. Sin embargo, en la clase de intervención que se estudia, determinar la presencia de una amenaza de fuerza es una tarea a menudo difícil o aun imposible, y los problemas de su prueba no han sido resueltos todavía. También es muy difícil precisar qué clase de apoyo a las fuerzas de cambio activas en un país equivalen a una amenaza de fuerza. Finalmente, también son inciertos el alcance y los límites de la reacción violenta por parte del Estado en donde tiene lugar la intervención. ¿Puede éste combatir al Estado interviniente más allá de sus fronteras, o debe limitarse a combatirlo sólo en el teatro de la guerra civil? Podemos concluir que el derecho no está exento de equívocos en la regulación de la conducta de los Estados, en lo relativo a intervenciones y contraintervenciones, y que la prohibición general del artículo 2º (4), junto con el derecho sobre la intervención, establecen reglas de conducta para los Estados, que no son específicas ni totalmente claras.

12.08   Uso de la fuerza en autoconservación, autoayuda o necesidad

En el pasado y en el presente, la autoconservación, la autoayuda y la necesidad se han alegado frecuentemente como justificativas del uso de la fuerza por parte de un país contra otro. La práctica de los Estados —surgida cuando la guerra era todavía un medio legal de solución de los conflictos— no proporciona una clara diferencia entre estas tres categorías. Han sido usadas, indistintamente en el lenguaje diplomático, y no se han realizado esfuerzos para distinguir un fenómeno de otro —contrariamente a lo que ocurre en los sistemas desarrollados de derecho interno—, especialmente en el derecho penal. Los Estados han usado una cuarta expresión, la legítima defensa; pero el derecho internacional en la actualidad determina los requisitos para el ejercicio de la legítima defensa (ver 12.09). Siempre existió cierta incertidumbre respecto de cuáles intereses y derechos podían legalmente ser amparados y en qué circunstancias, en la autoconservación, la autoayuda y la necesidad. La validez de esas argumentaciones se hizo dudosa después de la firma del Pacto Briand-Kellogg (ver 12.02). Pero, antes de tal Pacto, existía la práctica internacional de que los Estados recurrieran a medidas de fuerza en circunstancias en que sus intereses primordiales estuvieran en juego. Aquí la fuerza se ha considerado como vagamente permitida, porque había un cierto acuerdo general sobre un principio según el cual, cuando los derechos fundamentales de un Estado hubieran sido violados, éste podía adoptar medidas de protección. No es necesario que nos ocupemos de los numerosos y frecuentes abusos a que fácilmente dio lugar una autoayuda de tal clase.

La historia de las relaciones internacionales, y especialmente la de los siglos XIX y XX, abunda en ejemplos de acciones de fuerza en casos de autoconservación, autoayuda o necesidad. Las medidas hostiles de Gran Bretaña contra Dinamarca, en 1807 (ya mencionadas en 12.06), son un ejemplo muy citado. Otro es el incidente del *Caroline*, en 1837, aunque también se lo cita como ejemplo de acción preventiva en defensa propia. En 1837, en Canadá, un grupo de insurgentes que luchaba contra el gobierno canadiense —es decir, británico— contrató el *Caroline*, barco que se encontraba entonces en el puerto de Schlosser, en Estados Unidos. La función del *Caroline* era llevar suministros a los insurgentes: Al tener noticia de ese peligro, una fuerza británica que había sido enviada del Canadá al territorio norteamericano, ocupó las armas del *Caroline* y destruyó el barco. Estados Unidos se quejó por la violación de su soberanía territorial. En correspondencia posterior con el Reino Unido, el secretario de Estado norteamericano, Webster, requirió que el gobierno británico demostrara la existencia, en el incidente del *Caroline*, de una "necesidad de legítima defensa, inmediata, apremiante, que no daba oportunidad para elección de medios ni tiempo para deliberación...." (30/*BFSP*, 193). El secretario de Estado también puso de relieve el principio de la proporcionalidad en el uso de la fuerza. El gobierno británico no discutió la fórmula presentada por Estados Unidos, y el incidente del *Caroline* fue el punto de partida del proceso, ahora terminado, de limitar la autoconservación a la defensa propia. (El caso del *Caroline* es tratado en Moore, *Digest of International Law*, Vol 2, p. 409; y McNair, *International Law Opinions*, Vol. II, p. 221.)

Algunas invasiones en gran escala se han justificado invocando el derecho de los Estados para tomar medidas de autoprotección; así por ejemplo, el ataque alemán contra Luxemburgo y Bélgica, en 1914, y la violación de su neutralidad permanente, fueron explicados por el gobierno invasor como pasos necesarios frente al temor de acciones similares por parte de Francia. También se invocó una violación anticipada de la neutralidad como justificación de la agresión alemana contra Noruega, Bélgica, Holanda y Luxemburgo, en 1940. Pero en esta sección no nos preocupan tanto las situaciones en que la acción tomada, invocando una real o supuesta situación de autoconservación, ha llevado a una guerra entre el país interviniente y su víctima. Por lo tanto, un caso más apropiado lo suministra la ocupación alemana en Dinamarca, en 1940, y la contramedida británica que produjo la ocupación de Islandia, país que todavía en ese tiempo estaba unido a Dinamarca por un mismo rey (ver Whiteman, *Digest*, Vol. 5 p. 1033). En 1941, tropas soviéticas y británicas ocuparon Irán, ante el temor de que ese país pudiera jugar un papel en la guerra del lado de Alemania (*ibid.*, p. 1042). Estas acciones no trajeron como consecuencia un estado de guerra entre el Reino Unido y Dinamarca o Irán, o entre la Unión Soviética e Irán. También durante la segunda Guerra Mundial, el Reino Unido usó de la fuerza armada contra la escuadra francesa surta en el puerto de Orán, en África del Norte. En 1940, Francia celebró un armisticio con Alemania, mientras continuaban las hostilidades entre esta última y el Reino Unido. El gobierno británico tenía razones para temer que la flota francesa que se encontraba en Orán cayera en manos de Alemania, amenazando así la posición del Reino Unido, que estaba en peligro de invasión alemana. Cuando Francia rechazó la propuesta británica de trasladar la flota a otro puerto o de echarla a pique ella misma, las fuerzas británicas atacaron la flota francesa y destruyeron la mayoría de los barcos.

En los casos mencionados, debe notarse que los Estados recurrieron a la fuerza para defender lo que parecían sus más vitales e importantes intereses. Generalmente esos Estados sostuvieron que tales intereses estaban protegidos por el derecho, aunque en algunos casos fuera obvia la violación del derecho por la acción tomada en la autoconservación alegada (por ejemplo, la violación de la neutralidad permanente de Bélgica y Luxemburgo por parte de Aemania, en 1914). Pero algunas veces un Estado tomaba medidas de fuerza para sostener una pretensión amparada por el derecho internacional, sin que tal pretensión, o su ejercicio, implicaran *prima facie*, la existencia o la independencia del Estado. En relación con esto, debe hacerse referencia a algunos aspectos del caso *Corfu Channel* entre el Reino Unido y Albania ((1949) *ICJ* Rep. 4). El 15 de mayo de 1946, dos cruceros británicos fueron atacados por una batería de Albania, mientras atravesaban el Canal Norte de Corfú. En el conflicto que surgió de tal incidente, el Reino Unido alegaba que dicho Canal era una vía marítima internacional, cuyo tránsito no podía ser impedido por ningún país costanero en tiempos de paz, mientras Albania sostenía que, *inter alia,* ningún barco de guerra extranjero tenía derecho a pasar por el Canal sin "notificarlo previamente" a las autoridades de Albania y obtener el correspondiente permiso de ellas. (Puede agregarse que la Corte sostuvo la posición británica en ese punto.) Cuando las negociaciones diplomáticas entre las partes no condujeron a ningún arreglo, el Reino Unido decidió mandar dos destructores a través del Canal, el 22 de octubre de 1946. Según palabras de la Corte, "el objeto de enviar naves de guerra a través del Canal no era sólo el de realizar el paso con fines de navegación, sino también el de explorar la actitud de Albania". Así,

> el Gobierno del Reino Unido quería comprobar por otros medios si el Gobierno de Albania mantendría su actitud ilegal e impondría de nuevo su opinión disparando contra los barcos en tránsito. La legalidad de la medida tomada por el Reino Unido no puede ser discutida, siempre que haya sido llevada a cabo de manera acorde con los requisitos del derecho internacional. La "misión" tenía por objeto afirmar un derecho que había sido injustamente negado. El Gobierno del Reino Unido no estaba obligado a abstenerse de ejercer su derecho de paso, que el Gobierno de Albania le había rehusado injustamente (*ibid.,* p. 30).

. . . .

> Habiendo examinado todos los aspectos del caso, la Corte llegó a la conclusión de que el Reino Unido no violó la soberanía de Albania por razón de los actos de la armada británica en aguas de dicho país el 22 de octubre de 1946 (*ibid.,* p. 32).

Debe tenerse presente que los barcos británicos en ningún momento tomaron la iniciativa de usar ofensivamente sus armas. La Corte admitió la legalidad del paso de los barcos, "siempre que se llevara a cabo de manera acorde con los requisitos del derecho internacional". Uno de estos requisitos, debe señalarse, es la prohibición contenida en las leyes de las Naciones Unidas sobre la iniciación del uso de la fuerza armada y su empleo ofensivo. Que la Corte no estaba dispuesta a reconocer la legalidad de una acción que fuese más allá del mero envío de barcos a través del Canal, se demuestra por su opinión sobre si la operación de limpieza de minas realizada por la Armada Real en aguas de Albania, el 12 y el 13 de noviembre de 1946 —"Operación Retail"— se ajustaba al derecho. La Corte expresó:

> El representante del Reino Unido... ha... clasificado la "Operación Retail" entre los métodos de autoprotección o autoayuda. La Corte no puede aceptar tampoco esta defensa. Entre Estados independientes, el respeto a la soberanía territorial es la base fundamental de las relaciones internacionales (*ibid.,* p. 35).

El argumento de la autoconservación o autoayuda también ha sido invocado por los Estados al recurrir a la fuerza, en forma diferente de la guerra, para proteger la vida y la propiedad de sus ciudadanos en el extranjero. Aún en épocas recientes, el derecho a usar la fuerza con esos fines se ha invocado, por ejemplo, en 1951 por el Reino Unido en su conflicto con Irán, causado por la nacionalización de los intereses de la Compañía Petrolera Anglo-Irania (487 H. C. Deb. (Hansard), 5ª Ser. col. 43; y 489 *ibid.*, 491), y durante el conflicto de Suez de 1956 (558 *ibid.*, cols. 1277, 1377, 1566-7, y 99 *H L.* Deb. cols. 1353 s.). Esta clase de aplicación de la fuerza a menudo adquirió la forma de intervención humanitaria (ver 12.07 par. IV).

¿Cuál es, entonces, el lugar de los argumentos de autoconservación, autoayuda y necesidad en el derecho contemporáneo? La respuesta correcta parece ser que la Carta de las Naciones Unidas ha eliminado la admisibilidad de las medidas de fuerza basadas exclusivamente en las justificaciones mencionadas, según la interpretación del Estado interesado. Los Estados que persiguen la protección de sus intereses o derechos tienen el deber de someterse a procedimientos de solución pacífica. Estos procedimientos, sin duda, pueden resultar —como a menudo ocurre— demasiado largos, inefectivos o inconclusos, y los intereses del Estado pueden resentirse antes de que reciba satisfacción de una u otra clase. Pero siempre es de interés primordial para la comunidad internacional que la fuerza no sea usada unilateralmente, cuando los Estados invocan razones tan generales para su acción armada como la propia conservación o protección, y cuando la parte contra la cual se dirige tal acción todavía no ha atacado con las armas a las otras. Actualmente, la comunidad organizada de Estados —a escala mundial o regional— comienza a ofrecer la posibilidad de una acción colectiva por la cual los derechos de los Estados pueden ser afirmados o reinvidicados, y en la que son mínimas las posibilidades de abuso que podrían originarse en las acciones individuales. La experiencia reciente demuestra que el uso individual de la fuerza por parte de los Estados, en contadas ocasiones produce los efectos deseados. Así, las operaciones franco-británicas en Suez en 1956, no cambiaron la situación con respecto al Canal y a los intereses extranjeros allí afectados, ni produjeron cambios en la política egipcia. Para mencionar otro ejemplo, la intervención armada de Bélgica en el Congo, en 1960, produjo sólo resultados limitados y transitorios en la defensa de la vida e intereses extranjeros en ese país, mientras que la acción ejercida por las Naciones Unidas en el mismo sentido tuvo mayor éxito.

Si bien los razonamientos aquí expuestos ya no son suficientes para justificar la legalidad del recurso a la fuerza, los Estados sí tienen derecho al uso de ella en diversas circunstancias. Éstas se tratan en 12.09 y siguientes, hasta 12.12.

12.09 LEGÍTIMA DEFENSA INDIVIDUAL

La noción de legítima defensa, también llamada defensa propia, pertenece primordialmente al derecho interno, especialmente al derecho penal. En el derecho internacional clásico, y en la práctica reciente de los Estados, la legítima defensa a menudo no se ha diferenciado de la actuación en casos de autoconservación, autoayuda o necesidad (ver 12.08). Sin embargo, actualmente es posible distinguir entre legítima defensa y otros usos de la fuerza, y definir los requisitos que debe cumplir el Estado que intenta actuar en legítima defensa.

Las leyes relativas a la legítima defensa encuentran expresión en el artículo 51 de la Carta de las Naciones Unidas. Esta norma establece lo siguiente:

> Ninguna disposición de esta Carta menoscabará el derecho inmanente de legítima defensa, individual o colectiva, en caso de ataque armado contra un miembro de las Naciones Unidas, hasta tanto que el Consejo de Seguridad haya tomado las medidas necesarias para mantener la paz y la seguridad internacionales. Las medidas tomadas por los miembros en el ejercicio del derecho de legítima defensa serán comunicadas inmediatamente al Consejo de Seguridad, y no afectarán en manera alguna la autoridad y responsabilidad del Consejo conforme a la presente Carta para ejercer en cualquier momento la acción que estime necesaria con el fin de mantener o restablecer la paz y la seguridad internacionales.

La disposición anterior ha sido interpretada de dos maneras contradictorias.

1) De acuerdo con la primera interpretación, la Carta ha dejado intacto el derecho de legítima defensa. Se refiere al derecho de legítima defensa como "inmanente", en la versión francesa: "derecho natural"; y la misma redacción del artículo 51, "Ninguna... menoscabará...", permite suponer que ellos demuestran claramente que no se ha introducido ni se ha intentado introducir ningún cambio en el derecho. La Carta, se dice también, sólo aclara la posición legal respecto a la legítima defensa cuando se produce un ataque armado. Pero el artículo 51 no regula, ni menos aún restringe, el derecho de legítima defensa en situaciones distintas del caso de tal ataque. Así, la legítima defensa sigue siendo un medio legal de protección de ciertos derechos esenciales, no sólo el derecho de no ser víctima de un ataque armado. Tan pronto como se haya infringido un derecho esencial, el Estado perjudicado puede actuar en legítima defensa contra el Estado agresor. En consecuencia, ciertos delitos internacionales justifican la acción de legítima defensa, aun si esos delitos no suponen el uso de la fuerza. La legítima defensa, por lo tanto, puede ejercerse cuando se viole —no solamente por la fuerza de las armas— el derecho de integridad territorial, el derecho a la independencia política, el derecho de protección a los ciudadanos, y algunos derechos de naturaleza económica. Según un autor:

> Cuando el delito no conlleva el uso de la fuerza o la amenaza de fuerza... parecería arbitrario negar al Estado que se defiende el derecho a usar de la fuerza en defensa de sus derechos, como cuestión de princi-

pio absoluto... puede decirse algo en favor del criterio según el cual la agresión económica o ideológica pueden ser tan perjudiciales para la seguridad de un Estado y, de ser ilegal, una violación de los derechos esenciales del Estado tan peligrosa como el uso o la amenaza de fuerza. (Bowet, *Self-defense,* p. 24.)

El derecho de legítima defensa, concebido como medio de proteger otros derechos aparte del de no ser víctima de un ataque, permite a un Estado recurrir ofensivamente a la fuerza de las armas, es decir, antes de que el Estado agresor lo ataque por las armas. De aquí el concepto de legítima defensa preventiva, anticipada o previa. El artículo 2º (4) de la Carta se interpreta en este punto de manera restrictiva, en el sentido de que se autoriza la iniciativa en el uso de la fuerza sólo cuando es necesaria para la defensa de ciertos derechos esenciales del Estado. Esta interpretación encontró expresión en algunas tentativas recientes por parte de los Estados para demostrar que sus medidas de fuerza quedaban comprendidas dentro del concepto de la legítima defensa. En 1951 y en 1954, Egipto invocó el derecho de legítima defensa para justificar su prohibición al paso de mercaderías destinadas a Israel a través del Canal de Suez (*Repertoire of the Practice of the Security Council,* 1946-51, pp. 449-50, y *Supplement,* 1952-55, p. 161). Durante el conflicto de Suez, de 1956, Israel y el Reino Unido argumentaron la legítima defensa como explicación de sus hostilidades contra Egipto (*SCOR,* 11º año, 749 Mt. 30 de octubre, 1956, p. 9, Par. 36 y p. 18, Par. 108; cf. la referencia a los "derechos soberanos de legítima defensa" de Israel frente a los ataques de las unidades *fedayeen,* 199 H. L. Deb. (Hansard, cols. 1353-6, 1359; 558 H. C. Deb (Hansard) Cols. 1566-7). En estos y otros casos las Naciones Unidas no aceptaron la pretensión de que constituyera legítima defensa ninguna otra actuación diferente de la de repeler un ataque armado.

2) La segunda interpretación afirma que la Carta modificó el tradicional derecho de legítima defensa. Algunos autores inclusive sostienen el criterio de que la disposición de la Carta expresa simplemente el cambio que ese derecho ya había sufrido en el periodo de 1920 a 1945. La segunda interpretación parece contar con el respaldo de las propias Naciones Unidas y de la mayoría de sus miembros y, en nuestra opinión, esa interpretación es acorde con el desarrollo contemporáneo del derecho del uso de la fuerza por parte de los Estados (cf. Brownlie, *Use of force,* especialmente en pp. 231-80). En vista de las limitaciones que se desprenden del artículo 2º (4) y 51 de la Carta, un Estado puede actuar individualmente en legítima defensa sólo si se produce un ataque armado en su contra. La fórmula facultativa del artículo 51 "Ninguna .... menoscabará el .... derecho de .... legítima defensa", no puede tener, por sí misma, el efecto de despojar al artículo 2º (4) de la mayor parte de su contenido (cf. Kelsen, *Recent Trends,* p. 918), y de hecho abrir brecha para retornar a épocas pasadas, cuando los Estados eran árbitros únicos y definitivos sobre el hecho de si debía o no emplearse la fuerza. El principio de efectividad impide que se atribuya al artículo 51 un significado que convertiría al artículo 2º (4) —uno de los principios de las

Naciones Unidas— en una frase hueca. No se prohíbe a los Estados cambiar el contenido de su derecho fundamental de legítima defensa, y de hecho lo han modificado: la referencia que de él se hace en el artículo 51, calificándolo de inmanente o natural, no ha impedido algunos cambios en el derecho relativo a la legítima defensa. Según la Carta —que a este respecto expresa el derecho universal de las naciones— no hay lugar para la legítima defensa, aun si los derechos fundamentales y vitales de un Estado han sido violados o puestos en peligro de tal manera que no constituya un ataque armado. La Carta introdujo un nuevo enfoque de la legítima defensa. Mientras que antes la legítima defensa protegía ciertos derechos esenciales —aunque su lista nunca se determinó de manera que evitara la arbitrariedad o la incertidumbre—, actualmente ella sirve de protección "contra el uso ilegal de la fuerza, y no contra otras violaciones del derecho" (Kelsen, "Collective Security and Collective Self-Defence under the Charter of the United Nations", 42 *AJIL*, 783 a 784 (1948)). Así, el factor decisivo llega a ser no el contenido del derecho en cuestión, ni la medida o extensión de su violación, sino la forma como tiene lugar tal violación: esa forma debe ser un ataque armado. Por lo tanto, cualquier uso de fuerza preventivo, anticipado o previo a la ocurrencia de un ataque no puede ser considerado como una acción de legítima defensa. En varias ocasiones, las Naciones Unidas apoyaron una interpretación restrictiva y rehusaron considerar el uso ofensivo de la fuerza armada como legítima defensa, aunque no negaron que estaban en juego importantes intereses de los Estados (cf. las hostilidades entre Paquistán y la India, en 1948, *Repertoire of the Practice of the Security Council*, 1946-51, p. 448; la cuestión de Palestina, en especial el problema de envíos con destino a Israel a través del Canal de Suez, *ibid.*, pp. 449-50, *Supplement*, 1952-5, p. 161; *Supplement*, 1956-8, p. 173; el conflicto de Suez de 1956, antes mencionado, y *GAOR*, 1a. Sec. Esp. de Emergencia; 1956, *Supplement* Nº 1, p. 2, la cuestión de Túnez; *Repertoire, op. cit.*, y *Supplement*, 1956-8, p. 174).

Todos los miembros de las Naciones Unidas tienen el deber de informar inmediatamente al Consejo de Seguridad sobre las medidas tomadas en ejercicio del derecho de legítima defensa. Cada Estado es libre de ejercer ese derecho, siempre que se hayan llenado los requisitos para ello, "hasta tanto el Consejo de Seguridad haya tomado las medidas necesarias para mantener (o mejor, en ese caso, restaurar) la paz y la seguridad internacionales".

12.10 LEGÍTIMA DEFENSA COLECTIVA

El artículo 51 de la Carta de las Naciones Unidas, citado en 12.09, dispone que los Estados tienen el derecho de legítima defensa colectiva. Existen dos interpretaciones del contenido y significado de ese derecho.

1) La primera no hace distinción básica entre la legítima defensa individual y la colectiva. "El derecho de legítima defensa corresponde sólo a un Estado que defiende sus propios derechos sustantivos... la diferencia entre el derecho individual y el colectivo reside en establecer si los Estados ejercen su derecho de legítima defensa individualmente o en concierto con otros" (Bowet, "Collective Self-defence under the Charter of the United Nations", 32 *BYIL,* 130 a 150 (1955-6)). Esta interpretación distingue entre la legítima defensa colectiva —que es el ejercicio coordinado de los derechos individuales de legítima defensa por parte de dos o más Estados— y la acción colectiva de seguridad —dirigida al mantenimiento de la paz y la seguridad internacionales dentro de una región determinada—. Esta última es o puede ser igualmente legal, pero no es legítima defensa, y su legalidad no puede juzgarse a la luz del derecho de legítima defensa. Al mismo tiempo, esta interpretación acepta a menudo una definición algo amplia de aquellos derechos cuya violación autoriza al Estado a actuar en defensa propia. Se hace referencia a la "interdependencia de la seguridad" y se considera "la amenaza a la seguridad de otro Estado" como justificación para el ejercicio de la legítima defensa colectiva.

Sin duda, es correcto, desde el punto de vista estrictamente lógico y gramatical, asegurar que la naturaleza del problema es la misma ya se trate de legítima defensa individual o colectiva. Aquellos autores que consideran la identificación de la legítima defensa colectiva con la acción colectiva de seguridad como una perversión del concepto de legítima defensa, en estricta lógica tienen razón. Sin embargo, se mantiene aquí que el derecho de legítima defensa colectiva mencionado en el artículo 51 es sólo un infortunado *terminus technicus,* y que el derecho que comprende va más allá de la mera aplicación en plano colectivo, de la legítima defensa individual. Esta opinión encuentra apoyo en los trabajos preparatorios de la Conferencia de San Francisco, de 1945 *(UNCIO* Docs. Vol. II, pp. 53-59, y vol. 12, pp. 680 *ss.),* y en práctica posterior de los miembros de las Naciones Unidas. Los miembros han suscrito una considerable cantidad de tratados de alianza bilaterales y multilaterales, y su legalidad jamás ha sido puesta en duda por las Naciones Unidas ni —exceptuando algunos argumentos de propaganda— por la práctica de los Estados. La mayoría de estos tratados estipulan, con referencia explícita al artículo 51, que una parte saldrá en defensa de la otra, si ésta fuese atacada por un tercer Estado. Tal ayuda se presta prescindiéndose del hecho de que el agresor haya limitado su ataque a una sola parte y no tenga intenciones hostiles con respecto a la otra parte de la alianza. Los tratados de defensa mutua han de considerarse como la expresión del punto de vista de los Estado miembros, en cuanto al significado del artículo 51. El derecho de legítima defensa colectiva autoriza a los Estados a acudir en ayuda de cualquiera de los otros miembros, en caso de que sea objeto de un ataque armado y la Organización aún no haya tomado sus propias medidas. El derecho de legítima defensa colectiva implica, en particular, el derecho de concertar alianzas defensivas y de establecer acuerdos internacionales con propósitos defensivos. En este contexto y hablando estrictamente, los términos que mejor corresponden a lo que en la actualidad constituye la interpretación de legítima defensa colectiva según el artículo 51, son "defensa colectiva" o "defensa de otro Estado".

Los acuerdos que los Estados conciertan con base en el derecho de legítima defensa colectiva, no deben confundirse con lo que propiamente es el sistema de seguridad de las Naciones Unidas (ver 12.15). Estos acuerdos son legales en tanto se apaguen a los requerimientos del artículo 51; pero no forman parte del mecanismo de las Naciones Unidas para la preservación y restablecimiento de la paz y la seguridad internacionales. Las alianzas defensivas funcionan no dentro, sino paralelamente al sistema de las Naciones Unidas. Este tipo de arreglos externos dan lugar a la intervención de la organización, sólo cuando ésta está en condiciones de tomar medidas que sustituyan plenamente la acción iniciada como legítima defensa colectiva. El sistema de seguridad colectiva, aún muy lejos de alcanzar la forma prevista en la Carta, debe distinguirse claramente de las alianzas a que se refiere el artículo 51. Éstas, a diferencia de los acuerdos regionales establecidos dentro del espíritu del artículo 52 (ver 12.19), no son complementarias de aquél. Los tratados de legítima defensa colectiva juegan un importante papel en las relaciones contemporáneas, ya que el sistema de seguridad colectiva de las Naciones Unidas adolece de ciertas limitaciones inherentes, además de que el desarrollo de la situación política mundial después de 1945, se ha constituido en un obstáculo para poder realizar plenamente lo que se consideró como técnicamente posible dentro de la Carta (cf. Stone, *Legal Controls*, pp. 264-5).

Las relaciones internacionales, después de 1945, se han caracterizado por la integración de numerosas alianzas defensivas. El término "defensivas" se usa aquí para referirse a las estipulaciones formales del tratado, especialmente a las disposiciones reguladoras del *casus foederis*; es decir, el caso en el que, al ocurrir las circunstancias estipuladas, cada una de las partes está obligada a acudir en ayuda de la otra con sus fuerzas armadas. En esta forma, un tratado de alianza que contiene cláusulas técnicamente defensivas. en la práctica, algunas veces, se convierte en instrumento de políticas ofensivas y de agresión. Las alianzas colectivas de este tipo, basadas en el artículo 51 de la Carta, por orden cronológico, se inician con el Tratado Interamericano de Asistencia Recíproca, frimado en Río de Janeiro el 2 de septiembre de 1947 (21 *UNTS*, 77), que al lado de las acciones relativas a la autodefensa colectiva, contiene disposiciones para una acción coercitiva dentro de la región (ver 12.19); el Tratado de Cooperación Económica, Social y Cultural y de Defensa Colectiva, firmado en Bruselas el 17 de marzo de 1948 y modificado en París el 23 de octubre de 1954 (19 *UNTS*, 51 y 211 *UNTS*, 342); el Tratado del Atlántico Norte, firmado en Washington el 4 de abril de 1949 y modificado el 22 de octubre de 1951 (34 *UNTS*, 243); el Tratado de Defensa Común y Cooperación Económica, firmado en El Cairo el 13 de abril de 1950, algunas veces citado como el Tratado del 7 de junio de 1950 (49 *AJIL*, Supl. 51 y *The Arab States and The Arab League*, Khalil (ed.). Vol. II, p. 101); el Tratado de Seguridad ANZUS, firmado en San Francisco el 1º de septiembre de 1951 (131 *UNTS*, 83); la Alianza Balcánica firmada en Bled el 9 de agosto de 1954 (211 *UNTS*, 237); el Tratado de Defensa Colectiva del Sudeste de Asia, suscrito en Manila el 8 de septiembre de 1954 (209 *UNTS*, 28); el Pacto de Cooperación Mutua suscrito originalmente por Irak y Turquía en Bagdad el 24 de febrero de 1955 al que se adhirieron posteriormente otros Estados y conocido actualmente con el nombre de Tratado Central (233 *UNTS,* 199 y 210) ; finalmente el Tratado de Amistad, Cooperación y Ayuda Mutua firmado en Varsovia el 14 de mayo de 1955 (219 *UNTS,* 3). (Para una selección de materiales y comentarios sobre la práctica de los Estados en cuanto a defensa colectiva, se puede consultar Whiteman, *Digest,* Vol. 5, p. 1049.)

12.11 EL USO DE LA FUERZA POR LAS COLONIAS EN SU LUCHA POR LA INDEPENDENCIA

La prohibición contenida en el artículo 2º (4) de la Carta de las Naciones Unidas, y las disposiciones reglamentarias más específicas que de él se puedan derivar, están dirigidas a los Estados. En consecuencia, el principio de la carta de ninguna manera trata de impedir al pueblo de una nación o territorio tomar las armas contra la autoridad establecida; por ejemplo, contra un gobierno opresor o un gobernante extranjero. El principio de autodeterminación, los derechos humanos y las libertades fundamentales, en las relaciones entre gobernantes y gobernados, se pueden reivindicar mediante el uso de la fuerza física, por parte de los segundos contra los primeros. La legislación internacional sobre el uso de la fuerza por los Estados, no es aplicable a las relaciones entre el Estado y su población, ya sea que se le considere individual o colectivamente. De ahí que el derecho de los pueblos a combatir al gobierno bajo el cual viven en un momento dado, ya sea que se trate de un gobierno propio, de uno dominado por extranjeros, o completamente extranjero (por ejemplo las administraciones coloniales europeas en África y en Asia) no debe considerarse como emanado de las leyes internacionales relativas al uso de la fuerza, sino más bien del principio de autodeterminación, y del derecho político de los pueblos a la revolución y a tener gobiernos de su propia elección. La opresión, ya sea extranjera o nacional, siempre puede ser combatida por el oprimido.

En la actualidad, un número cada vez mayor de Estados, sobre todo las naciones africanas recientemente independizadas, profesan la doctrina de que un conflicto armado en los territorios dependientes tiene carácter internacional, ya que los contendientes son el gobierno metropolitano, por una parte, y las fuerzas armadas del pueblo subyugado que, en este proceso, comienza a levantar la estructura de su propio Estado. En este caso, el conflicto se desarrolla en el territorio sujeto a la soberanía de un solo Estado (la potencia metropolitana) y, por lo general, no traspasa fronteras internacionales reconocidas; por ejemplo, la contienda entre angoleses y portugueses en Angola. Sin embargo, la doctrina mencionada minimiza, la naturaleza formalmente interna del conflicto y centraliza su atención en lo que parece ser su rasgo más sobresaliente: un conflicto entre fuerzas armadas que representan a diferentes autoridades y a diferentes pueblos. La lucha que la población local emprende por la independencia de su patria, sujeta al poder colonial de una potencia extranjera, frecuentemente llamada guerra de liberación, es una lucha legal. Esto nos lleva a afirmar que existe un "derecho de legítima defensa propia de los pueblos y naciones contra el dominio colonial" *(NU.* Doc. A/5746, p. 42). Es discutible si el término "legítima defensa" se puede aplicar a las luchas de liberación de los territorios dependientes. En todo caso, el termino usado en este contexto, adquiere un significado diferente del utilizado en las secciones 12.09 y 12.10, de esta obra.

El lugar que tal tipo de lucha tiene dentro del derecho de utilización de la fuerza ha sido discutido en las Naciones Unidas por los órganos encargados de los estudios sobre el significado e implicaciones de los principios de la Carta, incluso el principio del artículo 2° (4) (ver *NU.* Docs. A/AC. 119/SR. 3 *ss.,* y A/AC. 125/SR. 4 *ss.).* Hasta junio de 1966, las Naciones Unidas no se habían pronunciado en cuanto al lugar que la lucha armada por la independencia de las Colonias guarda dentro de la legislación sobre el uso de la fuerza. Mientras que en la Resolución 1514 (XV), de 1960, la Asamblea General declaró que "toda acción armada... dirigida contra los pueblos dependientes (debe) cesar" (párrafo 4), en la Resolución 2131 (XX) de 1965, se afirmó que "el uso de la fuerza para privar a los pueblos de su identidad nacional, constituye una violación de sus derechos inalienables y del principio de no intervención" (párrafo 3).

12.12 Otros casos en que se permite el uso de la fuerza

Dentro del derecho contemporáneo, además de las acciones en legítima defensa, los Estados tienen el derecho a usar la fuerza, hasta ciertos límites, en algunas circunstancias específicas. La definición de estos casos reviste gran importancia, ya que la vida internacional está llena de incidentes en los cuales los Estados se sienten tentados a hacer uso de la fuerza y, en ocasiones, pasan de la intención a los hechos. En seguida discutiremos las distintas situaciones en las que los Estados, individualmente, están autorizados a hacer uso de la fuerza.

I) *En altamar.* La ley de los mares da a las naves de guerra el derecho de usar la fuerza contra embarcaciones sospechosas o comprometidas en actividades de piratería o tráfico de esclavos y que ofrezcan resistencia. Se ha investido con facultades similares a los navíos de guerra de algunas naciones, en determinadas áreas marítimas, en virtud de ciertos tratados relativos al tráfico de armas, control de pesca y protección de los cables submarinos (véase 6.19 y 6.20) Debe aclararse que fuera de esta autorización específica, ya sea de origen consuetudinario o contractual, los Estados en tiempos de paz, no tienen un derecho general a capturar naves de otras banderas en altamar, arguyendo la protección de sus intereses vitales. En los últimos años de la década de los cincuenta y primeros de los sesenta, en el curso de la prolongada lucha en Argel entre las fuerzas francesas y los argelinos insurgentes, el gobierno francés apresó cierto número de barcos de otros países bajo la sospecha de ayudar a los insurgentes. Algunos de los Estados afectados protestaron contra la acción francesa.

Un estado ribereño puede emprender una persecución violenta de un navío extranjero cuando existen razones suficientes para considerar que éste ha violado las leyes del Estado. La persecusión violenta, en caso de que fuera exitosa, concluiría con el arresto del navío perseguido. El propósito, condiciones y elementos de justificación de una persecución legal están reguladas por el derecho del mar (véase 6.20).

Algunos problemas sobre el uso de la fuerza en alta mar han surgido en este siglo, en las relaciones entre beligerantes y neutrales, referentes a las medidas tomadas por los primeros, dirigidas a la exclusión de todos los barcos y naves de alguna zona de alta mar. Durante la primera y la segunda Guerra Mundial, grandes zonas de alta mar fueron declaradas por los beligerantes como "zonas de guerra" o "áreas militares", y las naves neutrales que se internaban en ellas estaban expuestas a chocar con minas e incluso a ser atacadas sin previo aviso. Esto último —el torpedear a primera vista cualquier nave no identificada inmediatamente como neutral— fue característico de las medidas alemanas en 1914-18 y en 1939-45. Los Estados neutrales también recurrieron al uso de la fuerza contra barcos extranjeros en ciertas "zonas de seguridad", como por ejemplo, en el caso de las contramedidas de Estados Unidos contra Alemania e Italia en septiembre de 1941. Debe observarse que la legalidad del uso ofensivo de la fuerza, en relación con el establecimiento de estas zonas, ha sido y continúa siendo muy dudoso, en cuanto a las relaciones entre los beligerantes y los neutrales. El establecimiento de zonas de este tipo en tiempos de paz, no encuentra fundamento en el derecho internacional.

Cualquier ataque a un barco en alta mar puede rechazarse usando la fuerza de las armas por ese barco u otra nave de la misma nacionalidad. Sin embargo, el Estado afectado no está autorizado para emplear la fuerza contra el territorio de donde se originó la acción ofensiva, a menos que el incidente en el mar sirva a los fines, o sea parte, de una operación militar más amplia, lo que a su vez daría lugar al ejercicio del derecho de legítima defensa. El problema de los ataques en alta mar fue especialmente grave durante la guerra civil española de 1936-39, y se firmaron dos acuerdos en Nyon, en 1937, para regular la defensa contra ataques a los barcos mercantes (181, *LNTS*, 135 y 149).

II) *Como reacción a la intrusión en los dominios territoriales.* La intrusión no autorizada en dominios territoriales sucede a menudo en las aguas y en el espacio aéreo de los Estados. Los Estados costaneros cuyas aguas territoriales o internas —y aquí nos referimos a las aguas que no son vías internacionales (cf. el caso *Corfu Channel* (1949) ICJ Rep. 4 en 29-39—, en forma inesperada o en circunstancias que presuponen hostilidad, han sido objeto de una intrusión por parte de naves de guerra extranjeras, pueden tomar medidas, incluso el uso de la fuerza, para comprobar las razones de dicha intrusión y hacerla cesar. Igualmente, si una aeronave penetra el espacio aéreo de otro Estado y no obedece las órdenes de aterrizaje dadas por las autoridades locales, o bien rehúsa identificarse o existen otros obstáculos para la determinación de su naturaleza pacífica y no militar, podría emplearse la fuerza contra ella y hasta podría llegarse a derribarla. Y esto porque en las mencionadas circunstancias el Estado puede tener razones para temer que la aeronave venga con fines ofensivos, o al menos no amistosos y, en vista de los adelantos contemporáneos en lo referente a la tecnología de la destrucción en masa, no se puede esperar que el Estado tolere —a menos que esté obligado a ello por tratados— la presencia no autorizada de aeronaves militares, extranjeras o no identificadas, sobre su territorio o mar territorial, exponiéndose al peligro de un ataque (cf. el incidente del derribo del avión U-2 de EE. UU., cerca de Sverdlovsk en la Unión Soviética, *SCOR*, 1960, 857-860 Mtg. 23-26 de mayo, 1966). Pero, por otro lado, la destrucción de una aeronave comercial, fácilmente identificable, cuando se ha desviado de su ruta y se encuentra sobre territorio donde ese vuelo no ha sido autorizado, es una violación del derecho internacional y equivale al uso ilegal de la fuerza (cf. el caso del avión El-Al de las Líneas Aéreas de Israel, derribado en 1955 sobre territorio Búlgaro; el gobierno búlgaro admitió que al consumarse el hecho sus fuerzas armadas actuaron con cierto apresuramiento y no tomaron todas las medidas necesarias para obligar a la aeronave a aterrizar 1959 ((ICJ Rep. 127). Así como ocurre en los incidentes marítimos, el Estado ofendido sólo está autorizado para reaccionar contra el intruso. En especial, el Estado no tiene derecho de atacar la base en territorio extranjero desde la cual opera el ofensor. El principio de proporcionalidad impone limitaciones a la reacción del Estado. Pero esta reacción puede ir mucho más lejos e incluir contrataques contra el territorio del Estado que envía la aeronave, si la intrusión era sólo una parte, o constituía el comienzo de un ataque armado. El especial peligro de las intrusiones aéreas reside en el hecho de que el soberano puede no siempre estar en posición de juzgar fría y razonablemente los límites reales y el carácter de la misión realizada por la aeronave intrusa y, en consecuencia, inclinarse a tomar medidas desproporcionadamente severas que podrían fácilmente conducir a una gran conflagración.

III) *Contra tropas extranjeras en el territorio del Estado.* La presencia de tropas extranjeras en el territorio de un Estado a veces puede dar lugar al empleo legal de la fuerza. Así si un Estado rehúsa retirar sus tropas de otro país después que éste ha revocado su autorización para la presencia de ellas, o ha desaparecido la causa de una ocupación militar legal, cuando los métodos pacíficos han fracasado, el soberano tiene el derecho de compeler a la evacuación de las tropas extranjeras por medio de la fuerza (cf. la reclamación de Birmania ante la Asamblea General, en 1953, referente a la presencia en su territorio de unidades del ejército de China Nacionalista, que se habían retirado a Birmania durante la guerra civil china) .

IV) *Desastres de la naturaleza.* Excepcionalmente pueden tomarse medidas de fuerza sobre un territorio extranjero cuando las fuerzas de la naturaleza originadas en ese territorio causan un desastre al Estado vecino, como por ejemplo, inundaciones o fuego a través de la frontera. Aquí el Estado afectado puede usar de la fuerza sólo cuando la acción de las autoridades locales resulta inefectiva y no logra controlar el peligro.

V) *Para remediar violaciones de la neutralidad.* El derecho de recurrir a la fuerza con este objeto parece apoyado por una amplia práctica de los Estados (cf. el incidente *Altmark* en 1940, McChesney, "Situation, Documents and Commentary on Recent Developments in the International Law of the Sea" *International Law Situations and Documents*, 1956, vol. II (1957), p. 6). Sin embargo, la dificultad reside en que —aún en el derecho anterior a 1945— mientras el contenido y la extensión exactos del derecho de remediar por medio de la fuerza las violaciones de la neutralidad no estuvieron exentos de dudas, no puede decirse que las modificaciones del siglo XX en las leyes de neutralidad no hayan afectado ese derecho con respecto a los beligerantes que hubieran cometido una agresión. De todas maneras, no hay justificación en la ley para una invasión en gran escala a un país neutral, con el pretexto de que tal invasión de todos modos sería llevada a cabo por el enemigo (para la discusión del problema de si un Estado que hace la guerra en legítima defensa tiene algunos derechos excepcionales contra los neutrales, ver Bowett, *Self-defence,* pp. 167-174; subsección 12.23, par. II y 12.27, más adelante).

En conclusión, la práctica de los Estados y algunos textos legales aducen algunas otras justificaciones para el uso de la fuerza, pero éstas no pueden considerarse válidas dentro del derecho contemporáneo. Así, los desórdenes en el territorio de un Estado vecino, algunas veces presentados como causa suficiente para una intervención armada —como por ejemplo, la intervención de EE. UU. en Cuba, en 1898— no justifican el uso de la fuerza. Igualmente, un Estado no tiene derecho de tomar medidas de fuerza con el fin de ejecutar las sentencias de un tribunal internacional o las resoluciones de una institución internacional, a menos que éstas autoricen legalmente el uso de la fuerza. Así, la invasión armada y la adquisición de la colonia portuguesa de Goa por parte de la India, no podrían explicarse invocando la Declaración sobre la Concesión de la Independencia a los Países y Pueblos Coloniales, de la Asamblea General (Res. 1514 (XV) del 14 de diciembre de 1960), aunque la presencia de la administración portuguesa en Goa era contraria a tal Declaración.

12.13 GUERRA, AGRESIÓN, ATAQUE ARMADO Y VIOLACIÓN DE LA PAZ

La guerra agresiva, la agresión que reviste una forma distinta del estado formal de guerra, y el ataque armado, son las principales —aunque no las únicas— clases de uso ilegal de la fuerza.

I) *Guerra* es el nombre tradicional de una contienda entre dos o más Estados, en la cual sus respectivas fuerzas armadas están enfrentadas en acciones de violencia recíproca. El fin de la guerra es derrotar a la otra parte e imponerle los términos de paz que el ganador esté dispuesto a conceder. La violencia y la fuerza empleadas durante la guerra están reguladas por el derecho de la guerra (*jus in bello*), mientras que los derechos y los deberes que surgen entre los beligerantes y los neutrales son materias del derecho sobre neutralidad (ver 12.21, 12.23 y 12.27).

La práctica de los Estado, que se remonta a los tiempos en que la guerra era un medio autorizado para resolver los conflictos internacionales, distingue entre el estado de guerra y las hostilidades (ver 12.22).

II) *Agresión* armada es lo mismo que ataque armado (ver más adelante Par. III; cf. versión francesa del artículo 51; *agression armée)*. Pero, en términos generales, la categoría de la agresión es más amplia que la del ataque armado. Los gobiernos y los tratadistas a menudo se refieren a agresión psicológica, económica o indirecta. Estos conceptos, si son parte de la terminología del derecho internacional, se refieren a actividades distintas del ataque armado.

Durante los últimos cuarenta años se han hecho intentos para definir la agresión. Hasta ahora, aparte de algunos logros de significación limitada en nivel regional, estos intentos no han tenido éxito, y la opinión en contra de la definición ha encontrado varios expositores (cf. Stone, *Aggression*). Pero el fracaso de la Liga de las Naciones y, hasta ahora, el de las Naciones Unidas para llegar a una definición, destacan más bien la dificultad de la empresa —que supone muchos otros problemas de derecho— que su imposibilidad o su inconveniencia. Los informes de los Comités Especiales de la ONU para la Cuestión de la Definición de la Agresión, de 1953 y de 1956, contienen gran cantidad de información, tanto de *lege lata* como de *lege ferenda* (GAOR, 9ª Ses. 1954, Supl. Nº II, *UN* Doc. A/2638 y 12a. Sec. 1957, Supl., Nº 16, *UN* Doc. A/3574; compárese también la definición soviética de agresión, de 1956, *UN* Docs. A/AC. 77/L. 4 y A/3574, An. II, pp. 30-31. El documento soviético distingue entre agresión *sensu stricto*, agresión indirecta, agresión económica y agresión ideológica).

El 3, 4 y 5 de julio de 1933 unos pocos Estados firmaron convenciones para la definición de la agresión (147 LNTS, 67, 79 y 211).

El artículo 39 de la Carta de las Naciones Unidas atribuyó al Consejo de Seguridad competencia para "determinar la existencia de cualquier... quebrantamiento de la paz, o acto de agresión...", mientras que en la Resolución "Unidos Pro Paz" (ver 12.18) la Asamblea General interpretó que la Carta le otorgaba el poder para resolver que "parece existir ...una violación de la paz o un acto de agresión..." (Para un repaso de las distintas definiciones de agresión, ver Whiteman, *Digest*, Vol. 5, p. 719.)

III) *Ataque armado.* Para determinar si un Estado ha realizado un ataque armado o una agresión armada contra otro, deben ser tomados en consideración los siguientes factores, en grados variables; el carácter militar de la acción, la intención del atacante o agresor, la cantidad de fuerza usada, y la seriedad derivada de la situación, así como el "principio de prioridad", es decir, el principio del primer atacante.

Parece indudable que se ha producido un ataque armado cuando las fuerzas armadas regulares o irregulares de un Estado, o cuando bandas armadas compuestas por individuos particulares bajo control del Estado, y de hecho bajo sus órdenes, comienzan a emplear la violencia en o contra el territorio de otro Estado, o contra sus fuerzas en o sobre la alta mar, o contra las fuerzas de ese Estado estacionadas en territorio extranjero, sea por acuerdo del soberano o en virtud de una ocupación militar legal.

Pero, no todo incidente que reúna estas características constituye automáticamente un ataque armado. Ni tampoco la definición es exhaustiva en el sentido de que nunca constituirá un ataque armado cualquier situación no comprendida en ella. Si la recién mencionada definición del ataque armado se aplicara estrictamente, casi cualquier incidente fronterizo podía considerarse como justificativo de medidas de legítima defensa. Los incidentes fronterizos consisten en disparos a través de las fronteras o en incursiones de corta duración en el territorio de otro Estado por parte de pequeños destacamentos de guardias fronterizos o de otras unidades controladas por el Estado. Tales incidentes a menudo provocan pérdidas de vidas o de bienes. En 1956, las Naciones Unidas implícitamente rehusaron considerar las intrusiones en el territorio israelí por parte de las unidades *fedayeen* que operaban desde el territorio egipcio, como un ataque armado de Egipto contra Israel. Aquí la cuantía de la fuerza empleada y la intención de atacar son factores relevantes. En la noción del ataque armado la gravedad de una situación se valora por la cantidad de la fuerza empleada. En los incidentes fronterizos, estos elementos están por lo general ausentes. Cuando un Estado ayuda o instiga con fuerza militar los desórdenes internos o la revolución en otro Estado, la cuestión de establecer si se ha realizado un ataque armado debe juzgarse de acuerdo con los mismos criterios que los mencionados al comienzo de este párrafo III.

La importancia de la intención hace indispensable no limitar los casos de ataque armado al uso efectivo de la violencia contra el territorio o las fuerzas armadas de un Estado. Un cohete lanzado desde un Estado o desde alta mar y dirigido al territorio o contra las fuerzas armadas de otro, constituyen ataque armado, aunque el cohete no haya dado aún en el blanco, o no haya abandonado el espacio aéreo del territorio del agresor. Pero, por otro lado, el uso de la fuerza sin intención ofensiva no constituye un ataque armado. Por ejemplo, la cuarentena establecida por Estados Unidos en relación con la crisis cubana de 1962 (ver 12.07 (III)) suponía el uso de la fuerza resultante del despliegue de la marina y la aviación militar, pero no llegó a ser un ataque armado. Medidas análogas a la cuarentena cubana pueden, obviamente, convertirse en acciones ofensivas cuando hay resistencia por parte de los Estados contra los cuales se aplican. Pero la mera adopción de tales medidas no reviste todas las características de un ataque armado.

Los adelantos contemporáneos en la tecnología bélica, en especial la existencia de armas termonucleares, y la velocidad con que pueden ser usadas contra el enemigo, originan el delicado problema de los derechos de los Estados que se encuentran en peligro de un ataque armado. Actualmente, cuando los proyectiles de largo alcance con ojiva nuclear son capaces de desvastar regiones y países enteros, la diferencia entre el ataque real y el inminente carece de importancia (compárese Browli, *Use of Force*, p. 368). En la actualidad, sólo un ataque real justifica la acción en defensa propia, y no existe el derecho de legítima defensa anticipado o preventivo. Pero no puede decirse que el derecho deje indefensa a la posible víctima frente a la intención real de atacar y la preparación real de un ataque. Mientras el ataque no se ha producido, sus antecedentes y su preparación deben ser considerados en una categoría diferente de la del ataque armado y la de la legítima defensa, esto es, como una amenaza de fuerza o una amenaza contra la paz (ver 12.14). Un Estado que tenga razones para creer que se está preparando un ataque armado en su contra, tiene el difícil deber de recurrir primero a la institución internacional que sea responsable del mantenimiento de la paz y la seguridad de la zona. No existe el derecho al primer ataque o al ataque anticipado. El problema se hace insoluble en una guerra nuclear total que envuelva a las grandes potencias. Aquí, la aniquilación del mundo —o al menos de sus zonas más desarrolladas— es el inevitable resultado, ya sea producido por un golpe preventivo contra el supuesto agresor, ya por la acción inicial de este último. La solución no reside en definiciones elásticas del ataque armado —que pueden resultar sólo en la protección del poder de los Estados modernos para destruir su propia existencia física y la de los otros—, sino en la adopción de medidas de desarme y de desnuclearización de las fuerzas nacionales, y en el funcionamiento efectivo de un organismo internacional capaz de determinar si se ha producido un ataque armado. Puede ser que los futuros tratados de desarme dispongan que la violación de sus cláusulas básicas autoriza el uso de la fuerza contra el responsable, aunque éste se encuentre sólo en la etapa de preparación de un ataque armado. Las discusiones de los juristas sobre si los Estados tienen derecho a determinar si se ha producido un ataque armado, han resultado infructuosas. Pero, de hecho, los Estados siguen teniendo libertad ilimitada para tomar tal determinación hasta que el Consejo de Seguridad revise sus decisiones. El efectivo cumplimiento de esta función por parte de las Naciones Unidas es de gran importancia; de otro modo, librada a sí misma, la práctica de los Estados conduce a abusos y violencias en las relaciones internacionales.

IV) *Violación de la paz.* Cualquier Estado que lleve a cabo una guerra de agresión, o que de cualquier otra manera cometa una agresión o recurra al ataque armado, es culpable de violación de la paz. A pesar de que ese término figura en el artículo 39 de la Carta de las Naciones Unidas, no está definido allí; y la determinación acerca de la existencia de una violación de la paz en una situación particular se deja a la decisión del Consejo de Seguridad, que no queda limitado por definición alguna. También la Asamblea General interpreta que la Carta le otorga el poder de resolver "parece existir una ...violación de la paz..." (Resolución "Unidos Pro Paz", ver 12.18). Así como la guerra, la agresión y el ataque armado figuran de manera notable entre los actos que constituyen una violación de la paz, pueden encontrarse otras formas de uso ilegal de la fuerza comprendidas en la categoría de las violaciones de la paz.

12.14 AMENAZA DE FUERZA Y AMENAZA A LA PAZ

"La amenaza de fuerza consiste en una promesa, expresa o implícita, por parte de un gobierno, de recurrir a la fuerza, condicionada a la no aceptación de ciertas demandas de ese gobierno" (Brownlie, *Use of Force*, p. 364).

Siempre que el derecho internacional prohíbe el uso de la fuerza, dicha prohibición comprende también la amenaza de recurrir a ella. En especial, un "ultimátum con una declaración condicional de guerra" (ver artículo 1º de la Convención, de La Haya, Nº 3 de 1907, Martens, *NRG*, 3a. Ser., Vol. 3, p. 437) es ilegal actualmente, a menos que se dirija a un Estado que haya comenzado un ataque armado. Por ejemplo, la comunicación británica, con naturaleza de ultimátum, al gobierno alemán el 3 de septiembre de 1939 (*The Government Blue Book*, 1939, Nº 118. Para un ejemplo de amenaza ilegal de fuerza, ver el ultimátum anglofrancés referente a las hostilidades en la zona del Canal de Suez, en 1956, *UN*. Doc. S/3712). Una amenaza de usar la fuerza puede no sólo expresarse en una comunicación, sino también, adoptar la forma de ciertos preparativos militares, movimientos o demostraciones. Que tales actividades impliquen o no amenaza ilegal de fuerza depende las circunstancias, pues también pueden constituir preparativos legales para la defensa propia. Esta cuestión surgió con motivo de ciertas operaciones de la armada británica en aguas territoriales de Albania, en 1946 (ver el caso *Corfu Channel* (Merits) (1949), ICJ Rep. 4). De manera más grave, las partes en el conflicto relativo a los cohetes soviéticos en Cuba, en 1962, confrontaron este problema (ver 12.07, III). Las armas entonces introducidas en Cuba por la Unión Soviética, fueron consideradas "ofensivas" por Estados Unidos, pero no había existido una amenaza determinada, por parte de la Unión Soviética o de Cuba, de usarlas contra ningún país. El concepto de "arma ofensiva" no pertenece al derecho internacional y, por lo tanto, no ayuda a la definición de la amenaza de fuerza; ni tampoco es posible poner en la misma categoría al rearme y a las carreras armamentistas. Debe estudiarse cada caso particular de efectiva o supuesta amenaza de fuerza de acuerdo con sus antecedentes, y la decisión final corresponderá a la competencia del organismo internacional responsable del mantenimiento de la paz y la seguridad. Los factores decisivos para realizar tal determinación serán el objetivo y la intención de la parte en cuestión, y no sólo manifestaciones exteriores, tales como la movilización de tropas, la adquisición de ciertas armas y otras similares.

Creemos que debería hacerse un enfoque similar cuando se descubre la existencia de una amenaza a la paz. Según el artículo 39 de la Carta, el Consejo de Seguridad tiene competencia para determinar si existe alguna "amenza a la paz". En el conflicto cubano de 1962, la preparación de bases de cohetes y el desembalaje de ciertos bombarderos de propulsión a chorro, fueron considerados por el gobierno de Estados Unidos como una amenaza a la paz.

Las armas nucleares son tan destructivas y los proyectiles cohetes son tan rápidos que cualquier considerable aumento en las posibilidades de su uso, o cualquier cambio repentino en su emplazamiento, pueden bien ser considerados como una definida amenaza a la paz. (47 *State Department Bulletin*, pp. 715-16 (1962).)

La doctrina contenida en la declaración citada parece sugerir que la mera posesión de armas nucleares puede, en ciertas circunstancias, ser calificada de amenaza a la paz. Las mencionadas circunstancias incluirían, *inter alia*, el trasporte secreto de tales armas a territorios donde hasta ese momento no han estado emplazadas, la importancia estratégica de la zona, y el trastorno del *status quo* nuclear entre las potencias militares más importantes. La decisión acerca de saber si estos factores constituyen amenaza a la paz, debe ser dejada al órgano internacional competente. El acuerdo soviético-norteamericano sobre el retiro de ciertas armas de Cuba, podría apoyar el criterio de que, en determinadas circunstancias, la posesión de ciertas armas por algunos países es contraria a los intereses de la paz y que, por lo tanto, si se propiciara, se crearía una amenaza para la paz. Según el derecho internacional actual, aparte de las restricciones específicas establecidas por los tratados, los Estados son libres de armarse y poseer cualquier tipo de armas. La reacción del Estado frente a una amenaza de fuerza o una amenaza a la paz está regida por los requisitos estrictos del principio de la proporcionalidad. La definición de "ataque armado" adquiere importancia en este caso (ver 12.13 (III)). La acción en defensa propia no está permitida cuando la amenaza de fuerza o la amenaza a la paz no revisten las características de un ataque armado. Pero debe observarse que existen opiniones discrepantes tanto entre los gobiernos como entre los tratadistas (compárese la opinión británica de que "un Estado no está obligado a esperar hasta que sea aplastado por un ataque real para emprender la acción necesaria que prevenga un ataque inminente", *GAOR*, 18 Ses. 6 Comité, 805 Mt., 5 de Nov., p. 124, Par. 7).

SECCIÓN III. USO DE LA FUERZA POR PARTE DE LAS INSTITUCIONES INTERNACIONALES Y ASPECTOS JURÍDICOS DE LA SEGURIDAD COLECTIVA

12.15 SISTEMA DE ALIANZAS Y SISTEMA DE SEGURIDAD COLECTIVA

La historia de las relaciones internacionales, después de 1919, muestra que no siempre han sido observadas las restricciones de largo alcance impuestas a la libertad de los Estados para recurrir a la guerra y a otras formas de fuerza. Así, de hecho, los años siguientes a la prohibición de la guerra como instrumento de política nacional (Pacto Briand-Kellogg, ver 12.02) se caracterizaron tanto por el estallido de la segunda Guerra Mundial —que sigue siendo el conflicto armado más sangriento de la historia mundial— como por una serie de guerras aisladas que no llegaron a ser conflagraciones continentales o mundiales, por ejemplo, la guerra entre Italia y Etiopía, de 1935 a 1936; la guerra entre Italia y Albania, en 1939; la guerra soviético-finlandesa, de 1939 a 1940;; la guerra en Palestina, de 1948 a 1949 y la guerra de Corea, de 1950 a 1953.* La invención de las armas nucleares ha producido un cambio importante en el peligro que afronta la comunidad internacional cuando se usa la fuerza. La existencia física de la humanidad está en peligro actualmente por la proliferación de las armas nucleares en los arsenales nacionales y por la predisposición de los gobiernos a utilizarlas en defensa de sus intereses egoístas.

La prohibición de la guerra, y la posterior prohibición del uso de la fuerza en general, no han estado ligadas al establecimiento de ningún sistema universal y completo control internacional que vigile la ejecución y aplicación de las nuevas leyes. A decir verdad, la Liga de las Naciones tenía —y las Naciones Unidas tienen ahora— ciertos poderes para manejar los conflictos y las situaciones cuando se ha recurrido a la fuerza. Pero hasta el presente —y no hay esperanza razonable de que esto pueda cambiar rápida y radicalmente en el futuro— la seguridad de los Estados con respecto a la guerra y la violencia se mantiene por acuerdos y se basa en ellos, que funcionan con perfecta independencia de cualquier institución internacional.

Actualmente el papel de las instituciones internacionales en el control de la actuación de los Estados sobre el uso de la fuerza carece todavía de importancia. Más bien la organización internacional lo que hace es modificar y corregir un sistema de seguridad desarrollado en las relaciones autónomas y descentralizadas de los Estados soberanos. Todavía no ha remplazado ese sistema e impuesto el suyo.

En términos legales, el sistema creado y aceptado por los Estados para protegerse contra el uso agresivo de la fuerza es el de las alianzas defensivas (ver 12.11, donde se cita también una lista de instrumentos multilaterales de alianza). El historiador (o el estudioso de los asuntos políticos) podría emplear una denominación diferente y llamarlo "sistema de equilibrio de poderes" (cf. Claude, *Power and International Relations*, pp. 41 y 88-89). La elección de los términos no tiene importancia. Con cualquier descripción que se escoja, el hecho es que la fuente principal de la seguridad de los Estados contra violaciones de la paz y acciones de fuerza por parte de otros, no se encuentran en ninguna institución internacional, sino en las soluciones puestas en práctica y en los métodos aplicados sobre bases nacionales. No puede negarse que en algunas ocasiones existe un mecanismo internacional a través del cual es defendido el derecho del Estado a no ser atacado o a no ser objeto de violencia de otra manera. Sin embargo, la historia de la Liga de las Naciones y de las Naciones Unidas demuestra que éstos todavía son casos de menor importancia, puesto que generalmente no suponen conflictos entre las grandes potencias.

El mantenimiento de la paz y de la seguridad por parte de las instituciones internacionales comprende un sistema diferente de protección. Ese sistema puede denominarse: sistema de seguridad colectiva. Encontramos un

---

* En los últimos cinco años han surgido tres graves conflictos de esta misma índole: La guerra en el Medio Oriente, la guerra en el Sudeste asiático y la guerra entre India y Pakistán.

elemento básico de tal sistema en el artículo 11 (I) del Pacto de la Sociedad de las Naciones:

> Toda guerra o amenaza de guerra, afecte o no directamente a alguno de los miembros de la Sociedad, interesa a la Sociedad entera, la cual deberá tomar las medidas necesarias para garantizar eficazmente la paz de las naciones.

En la Carta de las Naciones Unidas "sus miembros confieren al Consejo de Seguridad la responsabilidad primordial de mantener la paz y la seguridad internacionales" (Art. 24 (I)) y el Consejo "determinará la existencia de toda amenaza a la paz, quebrantamiento de la paz o acto de agresión, y hará recomendaciones o decidirá qué medidas serán tomadas...." (Art. 39). En el sistema de seguridad colectiva, cualquier guerra o cualquier otro uso ilegal de la fuerza provoca la reacción de todos los participantes del sistema contra el transgresor de la ley. En este caso —a diferencia de un sistema de alianzas en el que sólo algunos Estados están protegidos por otros— todos acuden en ayuda de cualquier Estado. En este sentido, el sistema de seguridad colectiva implica una alianza general, universal y total, que "elimina el patrón de agrupaciones competitivas" que es característico del sistema anterior (Claude, *op. cit.,* pp. 110 y 144-5).

En la Liga de las Naciones los miembros tenían el deber de aplicar las medidas económicas enumeradas en el artículo 16 (I), contra cualquier miembro que recurriera a la fuerza en contradicción con sus obligaciones según el convenio. Pero los miembros no estaban obligados a ayudar a la víctima *manu militari,* puesto que la aplicación de la fuerza contra el miembro delincuente no podía ordenarse, sino tan sólo recomendarse por la Liga (Art. 16 (2)). Estos principios debían aplicarse también a los no miembros, según las condiciones estipuladas en el artículo 17. La Liga nunca recomendó el uso de la fuerza armada. Las medidas económicas se aplicaron sin éxito contra Italia durante su guerra con Etiopía, en 1935.

En las Naciones Unidas, el lenguaje usado en la Carta podría sugerir a primera vista que se ha creado un sistema de seguridad colectiva dentro del marco de la organización mundial de la posguerra.

Ello se debe a que las responsabilidades del Consejo de Seguridad se extienden al mantenimiento de la paz y la seguridad, en su totalidad. El Consejo tiene poderes de decisión —en contraposición a los de recomendación— para tratar de cualquier amenaza a la paz, quebrantamiento de la paz o acto de agresión. En este caso, el Consejo actúa en nombre de todos los miembros, y sus resoluciones (según el capítulo VII de la Carta), a menos que estén formuladas explícitamente como recomendaciones, son obligatorias para ellos. El contenido de la Carta autoriza a las Naciones Unidas para tomar medidas colectivas, incluyendo el empleo de la fuerza armada, contra cualquier Estado culpable del empleo de la violencia en las relaciones inter nacionales, si tal violencia y sus efectos caen dentro del artículo 39.

Al mismo tiempo, sin embargo, la Carta introduce una limitación básica en la ejecución del sistema de seguridad colectiva de las Naciones Unidas.

Esa limitación reside en la disposición con respecto a la votación en el Consejo de Seguridad. Cualquier decisión del Consejo relativa a sus poderes según el artículo 24 y el capítulo VII de la Carta —es decir, relativa a la operación de la seguridad colectiva— requiere los votos concurrentes de los cinco miembros permanentes de ese cuerpo. En otras palabras, el sistema de seguridad colectiva de las Naciones Unidas no puede —políticamente hablando— ser explicada contra China, Francia, la Unión Soviética, el Reino Unido, Estados Unidos o cualquier Estado apoyado por alguna de estas potencias. Debemos excluir la posibilidad improbable —que hasta ahora no se ha materializado— de que una gran potencia acepte, o al menos tolere, una acción de fuerza ordenada en su contra. Que el sistema de las Naciones Unidas fue ideado para que no pudiera tratar acerca del uso delictivo de la fuerza por parte de una gran potencia o de su protegida, se demuestra claramente mediante el requisito del consentimiento de las grandes potencias por medio de sus votos concurrentes. Primero ellas deben estar de acuerdo, y sólo entonces el sistema de las Naciones Unidas puede comenzar a operar. La práctica de la Organización demuestra que la seguridad colectiva de las Naciones Unidas se aplica exclusivamente a los conflictos y situaciones en que no esté directamente comprometida una gran potencia. En el conflicto de Suez, de 1956, cuando la oposición de las potencias participantes impidió cualquier decisión del Consejo de Seguridad, las Naciones Unidas pudieron sólo ejercer una función de recomendación, y la efectividad de sus resoluciones dependió, en gran parte, del consentimiento o de la tolerancia de las grandes potencias. En el problema del Congo (de 1960 a 1964) la abstención, a menudo renuente, de una u otra de las grandes potencias, hizo posible la acción de la Organización. Pero tan pronto como una de esas potencias se inclinó por la oposición activa, las Naciones Unidas tuvieron dificultades y su función de restaurar la seguridad sufrió considerablemente.

La conclusión es que la Carta de las Naciones Unidas estableció un sistema de seguridad colectiva de aplicación limitada. El sistema de las Naciones Unidas influye, modifica y corrige el funcionamiento y la operancia del sistema de alianzas. Este último, a falta de otra alternativa —y podemos agregar, mejor solución— continúa dando protección a los Estados contra el uso de la violencia (cf. Claude, *op. cit.* p. 93). Debido a sus defectos inherentes, el sistema de alianzas atestigua la precariedad de la seguridad mundial.

12.16 MEDIDAS COLECTIVAS DEL CONSEJO DE SEGURIDAD DE LAS NACIONES UNIDAS: EL DERECHO DE LA CARTA

El Órgano de las Naciones Unidas encargado de la "responsabilidad primordial de mantener la paz y la seguridad internacionales" es el Consejo de Seguridad. En cumplimiento de sus deberes originados por tal responsabilidad, el Consejo actúa en nombre de todos los miembros de la Organización. Mientras trate de la solución pacífica de los conflictos, según el capítulo VI de la Carta (ver 11.25), el Consejo sólo puede adoptar recomendaciones y no puede obligar a los destinatarios de sus resoluciones; en cuestiones que conlleven cualquier "amenaza a la paz, quebrantamiento de la paz o acto de agresión", incluyendo la amenaza o el uso de la fuerza si lo hace al amparo del capítulo VII de la Carta, el Consejo tiene poderes de decisión.

Cuando la naturaleza o características de una situación o un conflicto sometido a la atención del Consejo, ya sea por un Estado (Art. 35) o por el Secretario General (Art. 99), señala lo inadecuado del empleo de los medios pacíficos e impone la necesidad de alguna acción coercitiva por parte de las Naciones Unidas, el primer acto del Consejo es tomar una determinación según el artículo 39. En virtud de esta disposición, el Consejo investiga "la existencia de toda amenaza a la paz quebrantamiento de la paz o acto de agresión". Ninguno de estos conceptos ha sido definido por la Carta (ver 12.13 y 12.14) y el Consejo es libre de llegar a sus propias conclusiones, sobre la base de cualquier consideración de hecho o de otro tipo que considere digna de ser tenida en cuenta. A menudo, por razones de conveniencia política, el Consejo no ha querido tomar una determinación en el sentido estricto del artículo 39 (cf. *UN*. Doc. S/459; para ejemplos de determinación específica, ver *UN*. Docs. S/902, S/1501 y, menos claramente, el S/4741).

Una vez que el Consejo de Seguridad ha resuelto que existe una amenaza a la paz, quebrantamiento de la paz o acto de agresión, tiene competencia para *i)* pedir a las partes el cumplimiento de ciertas medidas provisionales, o *ii)* hacer recomendaciones, o *iii)* tomar medidas que no impliquen el uso de la fuerza armada, o *iv)* usar de la fuerza. El Consejo puede combinar una de estas posibilidades con otras, según lo requieran las circunstancias.

i) La competencia del Consejo para ordenar "las medidas provisionales que juzgue necesarias o aconsejables", se trata en el artículo 40. El Consejo exige a las partes interesadas el cumplimiento de las medidas provisionales, es decir, que las partes están obligadas a conformarse a ellas. El objeto de las medidas provisionales es "evitar que la situación se agrave". Las medidas provisionales "no perjudicarán los derechos, las reclamaciones o la posición de las partes interesadas". El Consejo toma "debida nota del incumplimiento de dichas medidas provisionales". El Consejo a menudo ha aprovechado esta forma de acción, especialmente cuando ha pedido a las partes el cese de la lucha (por ejemplo, *UN*. *Docs*. S/459 y S/801), la abstención de importar materiales de guerra a una zona o zonas determinadas (por ejemplo, *UN*. Doc. S/801) el retiro de tropas del territorio extranjero (por ejemplo, *UN*. Doc. S/4387), etcétera.

ii) El Consejo puede desistir de adoptar decisiones obligatorias y, en su lugar, hacer recomendaciones (Art. 39). Algunas veces, las recomendaciones del Consejo autorizan la acción militar inminente por parte de miembros individuales (Corea, 1950-3), o inician una operación de las Naciones Unidas para el mantenimiento de la paz, incluyendo el establecimiento de los mecanismos apropiados para tal fin (Chipre, 1964, y después). Una operación para el mantenimiento de la paz consiste en medidas militares que no constituyan una acción de cumplimiento forzoso. No está dirigida contra un

Estado o autoridad, y las unidades militares que realizan dicha operación pueden recurrir a la fuerza sólo en defensa propia o, si actúan en lugar de las fuerzas policiales locales, para mantener el orden interno. Una operación para el mantenimiento de la paz puede tener varios fines: servir de mecanismo para efectuar un cese del fuego, una tregua o un armisticio, supervisar tal operación, controlar una frontera, interponer unidades de las Naciones Unidas entre los beligerantes, defender una zona colocada bajo el control de las Naciones Unidas, mantener el orden y el derecho en un Estado o territorio, supervisar plebiscitos, etcétera (cf. Bowett, *United Nations Forces*, pp. 267-74).

iii) El Consejo puede, además, pedir a los miembros la aplicación de "medidas que no impliquen el uso de fuerza armada" contra el Estado delincuente. De acuerdo con el artículo 41, tales medidas "podrán comprender la interrupción total o parcial de las relaciones económicas y de las comunicaciones ferroviarias, marítimas, aéreas, postales, telegráficas, radioeléctricas y otros medios de comunicación, así como la ruptura de relaciones diplomáticas". Éstas son las medidas no militares, preventivas o coercitivas de las Naciones Unidas. Así, en 1963, el Consejo de Seguridad pidió a todos los Estados "interrumpir en lo sucesivo la venta y envío de armas, municiones de todo tipo y vehículos militares" a la República de Sudáfrica (UN. Doc. S/5386), y dar por terminadas la venta y envío de equipo y materiales para la fabricación y mantenimiento de armas y municiones en Sudáfrica (*UN.* Doc. S/5471). En las Resoluciones 216 y 217, de 1965, el Consejo trató la situación creada por la declaración de independencia de Rhodesia del Sur y pidió el rompimiento de relaciones económicas con el gobierno de ese país, incluyendo un embargo de petróleo y sus derivados.

iv) Finalmente, como medida de último recurso, el Consejo tiene competencia para ordenar el uso de la fuerza. Lo hace cuando llega a la conclusión de que las medidas no militares mencionadas en el punto *(iii)* "pueden ser inadecuadas o han demostrado serlo".

El artículo 42 otorga al Consejo el poder de ejercer, por medio de fuerzas aéreas, navales o terrestres, la acción que sea necesaria para mantener o restablecer la paz y la seguridad internacionales. Tal acción podrá comprender demostraciones, bloqueos y otras operaciones ejecutadas por fuerzas aéreas, navales o terrestres por miembros de las Naciones Unidas.

Éstas son las medidas militares preventivas o coercitivas de las Naciones Unidas. Debe observarse que la Carta introdujo una diferencia básica, por un lado, entre el *modus* de aplicación de las medidas militares y, por otro, el de las medidas provisionales y no militares. Mientras que estas últimas son simplemente ordenadas por el Consejo cuando lo considera necesario, las primeras llegan a ser un medio de acción en manos de las Naciones Unidos sólo después del cumplimiento de ciertas condiciones preliminares. El Consejo no puede simplemente exigir al miembro A que ponga a su disposición cierto número de divisiones, al miembro B que le suministre una flotilla de aviones, o al miembro C que le proporcione barcos de guerra de determinada potencia. Los miembros tienen la obligación de poner a disposición del Consejo de Seguridad las "fuerzas armadas, la ayuda y las facilidades, incluso el derecho de paso" (Art. 43 (I)), pero la petición del Consejo no es suficiente para hacer efectiva esa obligación. Primero, la Organización, actuando a través del Consejo de Seguridad, debe llegar a un convenio o convenios especiales con los miembros o sus grupos (Art. 43 (3)).

Dicho convenio o convenios fijarán el número y la clase de fuerzas, su grado de preparación y ubicación general, como también la naturaleza de las facilidades y de la ayuda que habrán de darse (Art. 43 (2)).

Ello es así porque la obligación de los miembros de dar asistencia militar a las Naciones Unidas surge sólo de tales acuerdos. Hasta ahora, la falta de cooperación y de entendimiento entre los miembros permanentes del Consejo de Seguridad ha impedido que la Organización logre tales acuerdos y, por lo tanto, la ha privado de la posibilidad de aplicar las sanciones militares previstas en los artículos 42 a 47 de la Carta. Estas disposiciones han permanecido sin cumplirse.

En el Comité de Estado Mayor —órgano subsidiario del Consejo, cuya misión era aconsejarlo y asistirlo en todos los problemas militares (Art. 47 (I)) surgieron en seguida desacuerdos básicos, sobre todo, aunque no exclusivamente, entre la Unión Soviética y Estados Unidos, en relación con el número de las fuerzas armadas de las Naciones Unidas, su ubicación, bases, apoyo logístico y otras cuestiones (COR, 2º año, Special Supl. Nº 1, Informe del Comité de Estado Mayor del 30 de abril de 1947). Estas divergencias, que hicieron imposible la concertación de convenio alguno en cumplimiento del artículo 43, fueron inicialmente políticas, y continúan siéndolo.

12.17   MEDIDAS COLECTIVAS DEL CONSEJO DE SEGURIDAD DE LAS NACIONES UNIDAS: LA PRÁCTICA

La falta de cooperación entre los miembros permanentes del Consejo de Seguridad y la parálisis resultante de gran parte del mecanismo de seguridad establecido por la Carta, no eximen a las Naciones Unidas de su responsabilidad y competencia en el mantenimiento de la paz. Esporádicamente, el curso de las relaciones internacionales impone a la Organización la necesidad de actuar, y en especial, la necesidad de usar de la fuerza con diversos fines y en diferentes grados. La Organización no cumpliría su función principal de mantener la paz y la seguridad internacionales si no emprendiera, en caso necesario, las acciones destinadas a mantener o restaurar la paz. El Consejo de Seguridad, enfrentado con el deber de cumplir su responsabilidad según el artículo 24 (I), y habiendo sido dejado al mismo tiempo sin medio de acción alguno según los artículos 42 a 47, tuvo que hallar soluciones que no sólo estuvieran de acuerdo con lo dispuesto en la Carta sino que lo desarrollaran, y hasta estableció precedentes que tal vez ni fueron considerados por los autores de la Carta. Por lo tanto, no debe sorprender que hubiese casos en los cuales el Consejo intentara o improvisara acciones militares no contempladas por los artículos 42-47. Así, evolucionó el concepto de las operaciones de mantenimiento y/o de restablecimiento de la paz (ver 12.16 (ii)); aparte de las bases generales de la Carta, no existen en ella disposiciones expresas sobre este tipo de operaciones, y el término tampoco se encuentra en ella.

Aquí el Consejo se apoya, en mayor medida de lo previsto por los artículos 42 a 47, en una voluntaria cooperación y ayuda *ad hoc* de parte de los miembros. Mientras que el patrón adoptado por el Consejo en la guerra de Corea permanece como un ejemplo aislado en la práctica de las Naciones Unidas y no se repitió en casos posteriores, el funcionamiento de la Fuerza de Emergencia de las Naciones Unidas en el conflicto de Suez, a pesar de haber sido una creación de la Asamblea General, inspiró al secretario general y, a través de él, al Consejo de Seguridad, para tomarlo como modelo de acción en la crisis del Congo. A su vez, la experiencia ganada durante la operación en el Congo ayudó a determinar el papel y las actividades de la Organización en la cuestión de Chipre. Y ello, por ser posible la creación de una fuerza de las Naciones Unidas fuera del ámbito de los artículos 42 a 47 de la Carta. Sin embargo, en tal supuesto la limitación básica radica en que no puede obligarse a los miembros a participar en esa fuerza, especialmente a proporcionar contingentes nacionales y aceptar la presencia de la fuerza en sus territorios. Pero dicha fuerza puede emplearse contra cualquier Estado si éste ha realizado un ataque armado.

Cuando, en 1950, comenzaron las hostilidades entre la República de Corea y la República Popular Democrática de Corea, el Consejo de Seguridad recomendó que "los miembros de las Naciones Unidas proporcionaran a la República de Corea la asistencia necesaria para repeler el ataque armado y restaurar la paz y la seguridad internacionales en la zona" *(UN.* Doc. S/1511). El Consejo también recomendó que "todos los miembros que proporcionen fuerzas militares y otro tipo de asistencia —a la República de Corea— pongan tales fuerzas y todo tipo de asistencia a disposición de un comando unificado bajo el mando de Estados Unidos". El Consejo pidió a Estados Unidos "que designara al comandante de tales fuerzas —y autorizó— al comando unido a usar, a su discreción, la bandera de las Naciones Unidas en el curso de las operaciones contra las fuerzas norcoreanas, al mismo tiempo que las banderas de las distintas naciones participantes" *(UN.* Doc. S/1588). El comando unido adoptó la denominación de "Comando de las Naciones Unidas". Sin embargo, el Comandante recibía sus órdenes e instrucciones exclusivamente de Estados Unidos y no era un agente de las Naciones Unidas. Sus poderes sobre los contingentes de los otros países derivaban, no de decisiones de la Organización, sino de acuerdos suscritos entre Estados Unidos y los miembros interesados.

A diferencia de esto, las Fuerzas de las Naciones Unidas en el Congo (ONUC) eran un órgano de las Naciones Unidas. La ONUC fue organizada y estuvo bajo el comando del secretario general, en virtud de varias decisiones del Consejo de Seeguridad *(UN.* Docs. S/4387, S/4405, S/4426, S/4741 y S/5002). La acción de las Naciones Unidas en el Congo comenzó de 1960 y terminó a mediados de 1964. Tuvo origen en el desplome del derecho y el orden en el Congo, al comienzo de la independencia de ese país, y en la intervención belga resultante de ello. En los términos de una resolución del Consejo de Seguridad, "la política y los propósitos de las Naciones Unidas con respecto al Congo" eran:

a) Mantener la integridad territorial y la independencia política de la República del Congo;

b) Ayudar al Gobierno Central del Congo en la restauración y mantenimiento del derecho y del orden;

c) Evitar el advenimiento de una guerra civil en el Congo;

d) Asegurar el inmediato retiro y evacuación de todo el personal militar, paramilitar y asesor extranjero en el Congo, que no estuviera bajo el Comando de las Naciones Unidas, y de todos los mercenarios, y

e) Prestar asistencia técnica (UN. Docs. S/5002).

La ONUC fue autorizada, aunque no desde el principio, a usar de la fuerza para evitar el estallido de una guerra civil, y así lo hizo al ayudar al gobierno central para reprimir la sucesión de Katanga y lograr el control sobre esa provincia.

En 1964, el Consejo de Seguridad recomendó la creación y el establecimiento, de acuerdo con el gobierno de Chipre, de la Fuerza de las Naciones Unidas para el Mantenimiento de la Paz en Chipre AFNUECH) UN. Doc. S/5575). A la FNUECH, órgano subsidiario del Consejo, se le confió la tarea de evitar la lucha —que había estallado en 1963— entre los elementos griegos y turcos de la población en la República de Chipre, y de contribuir al mantenimiento del derecho y del orden en la Isla. Las funciones de la FNUECH tenían estrecha vinculación con los esfuerzos del mediador de las Naciones Unidas en Chipre.

La acción del Consejo en el problema de Rhodesia del Sur llevó a otro desenvolvimiento en la aplicación de las disposiciones de la Carta. Cuando las medidas económicas ordenadas por el Consejo contra Rhodesia del Sur no produjeron los resultados esperados, especialmente cuando se evidenció que los intentos de violar el embargo al petróleo podían tener éxito, el Consejo de Seguridad, por Resolución 222 del 9 de abril de 1966, inter alia, demandó de un miembro —el Reino Unido— "evitar por el uso de la fuerza, si fuese necesario, el arribo" a un puerto determinado sujeto a la jurisdicción de otro miembro —o sea Beira, en el Mozambique portugués— de barcos "que hubiera razones para creer transportaban petróleo destinado a Rhodesia", y autorizó al Reino Unido a "detener y arrestar" un buque tanque que ya había entrado en ese puerto, en caso de que descargara allí su cargamento de petróleo (los incidentes del Manuela y del Joana V). Debe notarse que el miembro al cual el Consejo encargó la misión de aplicar la fuerza había aceptado por anticipado el llamamiento del Consejo de Seguridad y, de hecho, buscó la autorización del Consejo para el uso de la fuerza.

En conclusión, debe agregarse que en caso de que cualquier acción sea válidamente emprendida por el Consejo, todos o algunos miembros designados están obligados a llevar a cabo la decisión de aquél (artículo 48). A este respecto, los miembros deben prestar toda clase de ayuda a las Naciones Unidas, mientras que tienen el deber de abstenerse "de ayudar a Estado alguno contra el cual la Organización estuviera ejerciendo acción preventiva o coercitiva" (Art. 2º (5)). Los miembros "deberán prestarse ayuda mutua para llevar a cabo las medidas dispuestas por el Consejo de Seguridad" (Artículo 49), y tienen el derecho de consultar al Consejo sobre cualquier problema económico especial que confronten como consecuencia de ellas (Art. 50).

12.18 FUNCIÓN DE LA ASAMBLEA GENERAL EN LA OPERACIÓN DEL SISTEMA DE SEGURIDAD COLECTIVA DE LAS NACIONES UNIDAS

Las dificultades en el funcionamiento del Consejo de Seguridad, especialmente antes de la cuestión del Congo en 1960, llevaron a varios miembros de las Naciones Unidas a considerar a la Asamblea General como un órgano que podría contribuir a la operancia del sistema de seguridad colectiva de las Naciones Unidas.

El artículo 10º otorgó a la Asamblea General el poder amplio de hacer recomendaciones respecto a "cualesquiera asuntos o cuestiones dentro de los límites de esta Carta o que se refieran a los poderes y funciones de cualquiera de los órganos creados por esta Carta..." La competencia para adoptar resoluciones recomendatorias comprende en especial "toda cuestión relativa al mantenimiento de la paz y la seguridad internacionales" (Art. 11 (2)), y "podrá recomendar medidas para el arreglo pacífico de cualesquiera situaciones, sea cual fuere su origen, que a juicio de la Asamblea puedan perjudicar el bienestar general o las relaciones amistosas entre naciones, incluso las situaciones resultantes de una violación de las disposiciones de esta Carta que enuncian los Propósitos y Principios de las Naciones Unidas" (Art. 14).

No hay unanimidad dentro de la Organización con respecto a la extensión de la competencia y funciones de la Asamblea General y en asuntos de seguridad colectiva.

Existe, en primer lugar, la interpretación estricta propuesta y apoyada, aunque no sin excepciones (compárese la cuestión de Suez, de 1956, y la crisis del Medio Oriente, de 1958), por la Unión Soviética. Según ese punto de vista, el Consejo tiene, aparte del artículo 106, jurisdicción exclusiva para actuar cuando exista una amenaza a la paz, un quebrantamiento de la paz, o un acto de agresión. La división de poderes entre el Consejo de Seguridad y la Asamblea General referente a cualquier acción coercitivas, es inequívoca. Este último órgano no puede actuar como sustituto del primero en las cuestiones comprendidas en el capítulo VII de la Carta. El poder de la Asamblea para hacer recomendaciones está restringido no sólo por el artículo 12, sino también por los 11 y 106. Siempre que exista un problema "en el cual la acción es necesaria", la Asamblea General, si bien puede discutirlo, debe remitirlo al Consejo de Seguridad. Las Naciones Unidas pueden recurrir a la fuerza sólo al amparo de los artículos 41 y 42, y también del artículo 94 (2), o sea, a través del Consejo de Seguridad. Se ha señalado que los artículos 5º, 50, 53 (I) y 99 "pueden ser explicados satisfactoriamente sólo si se presupone que las medidas de fuerza pueden tomarse exclusivamente por el Consejo de Seguridad" (Kelsen, *Recent Trends,* pp. 973-4).

Existe, en segundo lugar, la interpretación defendida y puesta en práctica, si bien no invariablemente, por Estados Unidos y otras potencias occidentales. Esta interpretación —que propugna un papel activo por parte de la Asamblea General en el mantenimiento de la paz y de la seguridad— tiene, en términos generales, el apoyo de los miembros latinoamericanos, africanos y asiáticos de las Naciones Unidas, quienes en determinadas circunstancias consideraron que había mejor oportunidad de proteger sus propios intereses y los colectivos de la Organización por medio de la Asamblea General. Si bien ellos reconocen una responsabilidad primordial al Consejo de Seguridad para el mantenimiento o el restablecimiento de la paz, los partidarios de la segunda interpretación arguyen que el artículo 24 (I) de la Carta no elimina la existencia de una responsabilidad subsidiaria, que puede recaer en la Asamblea General cuando el Consejo no actúa. La división de funciones y poderes entre los dos órganos no es absoluta, especialmente considerando el artículo 10º Éste no está restringido por el artículo 11 (2); en esta última disposición, la palabra "acción" debe ser interpretada en el sentido de que no excluye la adopción de recomendaciones por parte de la Asamblea General. La Asamblea puede tomar medidas colectivas, aunque éstas difieren de las acciones coercitivas del Consejo de Seguridad. Se ha sostenido que la Asamblea ha demostrado un alto grado de madurez en sus actividades: ella jamás ha hecho recomendaciones cuando la mayoría del Consejo estaba opuesto a cualquier participación de las Naciones Unidas. La interpretación que atribuye una función a la Asamblea en el sistema de seguridad colectiva de las Naciones Unidas, halló expresión en la Resolución Unidos Pro Paz. 377 A (V), 3 de noviembre, 1950, en la cual la Asamblea General interpretó sus poderes de la siguiente manera (para I):

Si el Consejo de Seguridad, por falta de unanimidad entre los miembros permanentes, deja de ejercer su primordial responsabilidad en el mantenimiento de la paz y de la seguridad internacionales en cualquier caso en que parezca existir una amenaza a la paz, quebrantamiento de la paz o acto de agresión, la Asamblea General considerará la cuestión inmediatamente, con el fin de hacer a los miembros las recomendaciones apropiadas sobre medidas colectivas, incluyendo, en el caso de una violación de la paz o de un acto de agresión, el uso de la fuerza si fuere necesario, para mantener o restablecer la paz y la seguridad internacionales. Si no se encontrara en sesión en ese momento, la Asamblea General puede reunirse en sesión especial de emergencia, dentro de las veinticuatro horas de haberse solicitado ésta. Tal sesión especial de emergencia deberá ser convocada a solicitud del Consejo de Seguridad, por el voto de siete de sus miembros, o por la mayoría de los miembros de las Naciones Unidas.

En el periodo que se extiende hasta fines de 1966, la Asamblea General celebró cuatro sesiones especiales de emergencia: la primera, sobre la cuestión de Suez, en 1956; la segunda, sobre la cuestión de Hungría, en 1956; la tercera, sobre los problemas del Medio Oriente, en 1958; y la cuarta, sobre la cuestión del Congo, en 1960.

El estudio de la práctica de la Asamblea General muestra que, si bien rechazó las restricciones de la primera interpretación, nunca aceptó íntegramente la segunda, incluso en la Resolución Pro Paz. En varias ocasiones la Asamblea General recomendó la aplicación de medidas no militares. Eran medidas diplomáticas y económicas, incluyendo un embargo de las armas. En relación con las primeras, la Asamblea General (en la Resolución 39 (I), de 1946) recomendó que España, debido a su régimen fascista y los entendimientos con el Eje, "sea despojada de su calidad de miembro de los organismos internacionales establecidos por, o que tengan relación con las Naciones Unidas, y excluida de participar en las conferencias u otras actividades que sean organizadas por las Naciones Unidas o por aquellos organismos". Además, la Asamblea recomendó a los miembros que "retiraran inmediatamente de Madrid a sus embajadores y ministros plenipotenciarios allí acreditados". En la Resolución 1761 (XVII) de 1962, la Asamblea General pidió a los miembros, *inter alia*, que rompieran "relaciones diplomáticas con el gobierno de la República de Sudáfrica o se abstuvieran de establecer tales relaciones. En 1965, la Asamblea General urgió a los miembros que rompieran las relaciones diplomáticas y consulares con el gobierno de Portugal, o se abstuvieran de establecer tales relaciones" (Res. 2107 (XX)). La razón para esta recomendación fue "las medidas de represión y las operaciones militares contra el pueblo africano", en las colonias portuguesas de África. La razón que motivaba la Resolución de la Asamblea General era la Política racial de Sudáfrica. La Asamblea General recomendó un embargo a las armas y materiales de guerra para ser aplicado contra Albania y Bulgaria, en relación con la guerra civil en Grecia (Res. 288 A (IB) de 1948); contra Corea del Norte y la República Popular China, en relación con la guerra de Corea (Res. 500 (V) de 1951); contra Portugal, en razón de su política colonial (Res. 1807 (XVII) de 1962) y contra Sudáfrica en relación con su política con respecto al territorio fideicometido de África Sudoccidental (Res. 1899 (XVIII) de 1963). En la Resolución 1761 (XBII), la Asamblea General recomendaba algunas otras medidas económicas contra Sudáfrica. Tales medidas que, *inter alia*, incluían un boicot a todo el comercio, fueron recomendadas también contra Portugal en la Res. 2107 (XX). Pero, por otro lado, hasta ahora la Asamblea General nunca ha recomendado el recurso a la fuerza contra ningún Estado. En 1956, la Asamblea General manejó el conflicto de Suez, originado en las operaciones militares realizadas por Israel, Francia y el Reino Unido contra Egipto. En una serie de resoluciones, la Asamblea General estableció una Fuerza de Emergencia de la ONU (FENU), organismo subsidiario de la Asamblea compuesto por contingentes militares aportados voluntariamente por varios miembros y estacionados en el territorio de la República Árabe Unida, antes Egipto, con el consentimiento de ella (Res. 997-1001 (ES-I) y *UN* Docs. A/3289, A/3302 y A/3943, este último documento contiene el *Summary Study of the Experience Derived from Establishment and Operation of the Force*). La FENU no realizó ni realiza, ninguna acción de fuerza contra nadie. Su función es mantener las condiciones de paz en la zona. Con dicho fin, la FENU permanece interpuesta entre las fuerzas de Israel y la República Árabe Unida.*

12.19   INSTITUCIONES REGIONALES Y SEGURIDAD COLECTIVA

Mientras el sistema de seguridad colectiva de las Naciones Unidas sufre considerables limitaciones por la preponderancia del sistema de alianzas (ver 12.15), podría suponerse que a nivel regional habría mayor cabida para la aplicación del principio de seguridad colectiva. Y ello porque aquí, en contraposición con el sistema universal de las Naciones Unidas, se podría esperar que los Estados, por el propio interés de la seguridad regional, no excluyeran por anticipado a algunos países de la operación de su esfuerzo colectivo. Sin duda, el sistema regional se aplicaría en términos menos limitados que su contraparte, el de las Naciones Unidas, si los acuerdos regionales se hubieran dejado intactos por el sistema de dicha Organización y se les permitiera operar con plena autonomía regional. Pero el derecho de las Naciones Unidas penetró profundamente dentro de los acuerdos regionales en materia de seguridad colectiva, y las disposiciones de la Carta sobre acciones de seguridad regional "constituyen una apropiación positiva de los acuerdos u organismos regionales para fines colectivos internacionales" (Stone, *Legal Controls,* p. 247). En consecuencia, cualquier sistema regional de seguridad colectiva participa de la debilidad y de las restricciones del sistema universal.

La Carta de las Naciones Unidas adopta el principio de la descentralización referente a la solución pacífica de los conflictos por las organizaciones (ver 2.29 y 11.26). En lo que respecta a las acciones coercitivas, sin embargo, el artículo 53 (I) dispone que éstas no serán emprendidas "en virtud de acuerdos regionales o por organismos regionales, sin autorización del Consejo de Seguridad". La palabra "autorización" significa autorización previa o por anticipado. La única excepción al requisito de la autorización del Consejo son las medidas tomadas contra ex enemigso de la coalición de las Naciones Unidas en la segunda Guerra Mundial, lo cual constituye un residuo de acontecimientos pasados que tiene poca importancia en la configuración política del mundo contemporáneo.

Puesto que cualquier acción coercitiva regional está sujeta a la autorización y, por lo tanto, al control del Consejo de Seguridad, y este órgano a menudo sufre la inmovilidad y la falta de cooperación de sus miembros permanentes, no es de extrañar que los tratados, acuerdos u organismos regio-

---

* Durante más de diez años, FENU, estuvo estacionada en Gaza y en el Sinaí. El 18 de mayo de 1967, el secretario general de la ONU, recibió una solicitud formal del gobierno de El Cairo en que requería el retiro de las fuerzas de las Naciones Unidas. U Thant ordenó ese mismo día el retiro de dichas fuerzas. Unos días después se iniciaron las hostilidades entre Israel y sus vecinos árabes.

730 USO DE LA FUERZA POR PARTE DE LOS ESTADOS

nales, procuren evitar cualquier referencia al capítulo VIII de la Carta. Por lo general, se basan en el artículo 51, o sea en el concepto de legítima defensa colectiva, en el cual los participantes no necesitan ninguna autorización previa de las Naciones Unidas y conservan su libertad de acción "hasta tanto que el Consejo de Seguridad haya tomado las medidas necesarias para mantener la paz y la seguridad internacionales" (ver 12.10).

Existe sólo una organización de seguridad colectiva que se considera a sí misma un organismo que cae dentro del capítulo VIII de la Carta de las Naciones Unidas. Ella es la Organización de los Estados Americanos (OEA); en el artículo 1? de la Carta de Bogotá, la Organización se define como un "organismo regional" dentro de las Naciones Unidas (119 *UNTS*, 48). Pero si se observa atentamente, es evidente que la aplicación de la fuerza aun por este cuerpo estará libre del control del Consejo de Seguridad, porque los instrumentos interamericanos en materia de seguridad invocan, primero y sobre todo, el derecho de legítima defensa colectiva. Así, el Tratado de Río (21 *UNTS*, 77), si bien se refiere a la transmisión de información a las Naciones Unidas, de conformidad con el artículo 54 y, por lo tanto, implica la aplicación del capítulo VIII de la Carta de las Naciones Unidas (Art. 5? del Tratado), basa la acción de las partes, principalmente, en el derecho de legítima defensa (Art. 3?). Es verdad que el Tratado también autoriza a las partes para acordar medidas en situaciones que no sean un ataque armado; y tales medidas podrían comprender, *inter alia*, el uso de la fuerza armada (Arts. 6? y 8?). Aquí es aplicable la limitación impuesta por la Carta de las Naciones Unidas. Sin embargo, debe notarse que, a pesar del lenguaje claro usado en el artículo 53 (I) de la Carta de las Naciones Unidas (no puede haber acción coercitiva "sin autorización del Consejo de Seguridad"), ha surgido la interpretación de que la OEA podría vencer las restricciones de las Naciones Unidas, simplemente recomendando, y no ordenando, las medidas en cuestión. Esta interpretación estaba implícita en la resolución de la OEA sobre la crisis de los cohetes en Cuba (ver 12.07 (III)). La Carta de Bogotá, en sus disposiciones relativas a la seguridad colectiva, se refiere al tratado de Río y menciona igualmente la legítima defensa colectiva (Artículos 24 y 25).

En 1965, la OEA estableció la Fuerza Interamericana de Paz, y la envió a la República Dominicana durante la lucha civil en ese país. La Fuerza fue retirada en 1966.

12.20 DESARME

La limitación de armamentos y su objetivo final, el desarme global, tienen sus raíces, en los tiempos modernos, en las Conferencias de Paz de La Haya, de 1899 y de 1907. Desde entonces, las demandas para la reducción de armamentos y desarme, han estado inseparablemente unidas a los esfuerzos para fortalecer la estructura institucional de la paz. Entre 1919 y 1939 se celebraron varios tratados para la limitación de armamentos en determinados Estados. Algunos de ellos quedaron sin ejecución (por ejemplo, las cláusulas de armamento de los Tratados de Paz con Alemania, en 1919), mientras otros se volvieron obsoletos como consecuencia de la segunda Guerra Mundial. En este mismo período, la Liga de las Naciones dedicó muchos de sus esfuerzos a los problemas del desarme (Arts. 8? y 9? del Convenio). En 1932, convocó una Conferencia de Desarme que terminó en un fracaso.

Ha recaído en las Naciones Unidas la tarea incumplida de desarmar a las naciones del mundo. Esta tarea ha adquirido importancia especial debido a los adelantos de las armas nucleares y la adquisición, por parte de Estados Unidos y de la Unión Soviética, de la llamada capacidad de "sobrematar". La división de posguerra del mundo en grupos hostiles del Este y del Oeste, la degeneración de sus relaciones mutuas a fases de peligrosas fricciones —la guerra fría, y los ocasionales estallidos de hostilidades, la carrera armamentista, los conflictos emergentes entre las naciones ricas y las pobres, los violentos conflictos que dividen a algunos países de África o de Asia, la debilidad del sistema de seguridad colectiva de las Naciones Unidas como factor regulador de las relaciones de poder entre los Estados, y el papel predominante del sistema tradicional del equilibrio del poder, basado en las alianzas y en otros acuerdos entre Estados soberanos—, todo esto hace imperiosa la lucha por el desarme, como uno de los medios básicos para el mantenimiento de la paz y la seguridad entre las naciones.

El desarme ha resultado una tarea difícil para las Naciones Unidas. Hasta fines de 1966, los progresos en ese terreno han sido mínimos. La Organización no ha dado pasos específicos hacia el logro de ese objetivo, hasta el presente. Las Naciones Unidas han adoptado una serie de resoluciones e informes, pero sobre materia relativa a procedimientos, organización del trabajo, o estructura de los órganos. En cambio, en cuestiones sustanciales, no han podido ir más allá de las exhortaciones, las sugestiones generales y los proyectos de planes (compárese, por ejemplo, la aprobación por Res. 1722 (XVI) de la Asamblea de la Declaración Conjunta de Estados Unidos y la Unión Soviética sobre Principios Acordados para las Negociaciones de Desarme en *UN.* Doc. A/4879; compárese también la Res. 1652 (XVI) sobre la consideración de África como zona desnuclearizada).

En conscuencia, los principios sobre desarme son extremadamente escasos, y equivalen, hasta el momento, a unas pocas disposiciones de carácter exclusivamente procesal o de enunciación de objetivos. Aquí no nos ocupamos de ciertas estipulaciones de los Tratados sobre la limitación o el control de los armamentos, que se encuentran en los acuerdos de paz posteriores a 1945. Pero, por otro lado, deben mencionarse el Tratado de Prohibición de Pruebas Nucleares en la Atmósfera, en el Espacio Exterior, o Submarinas, firmado en Moscú el 5 de agosto de 1963 (480 *UNTS,* 43; 57 *AJIL,* 1026 (1963)). El Tratado no tiene aplicación universal. Francia y la República Popular China, dos países que están experimentando con energía atómica para fines militares, han rehusado firmarlo. El Tratado prohíbe. la realización de explosiones nucleares. Sin embargo, las pruebas subterráneas en lugares sometidos a la jurisdicción de las partes han sido exceptuadas de tal prohibición. De acuerdo con su contenido, el tratado no tiene que ver directamente con el desarme. Pero posee cierta importancia para las futuras disposiciones sobre desarme.*

En las Naciones Unidas, tanto la Asamblea General como el Consejo de Seguridad tienen competencia en materia de desarme. Según el artículo 11 (I), la Asamblea puede considerar:

Los principios que rigen el desarme y la regulación de los armamentos, y podrá también hacer recomendaciones respecto de tales principios a los miembros o al Consejo de Seguridad, o a éste y a aquéllos.

* "Se han concluido varios acuerdos más en materia de limitación de armamentos. El Tratado sobre la no proliferación de armas nucleares fue aprobado por la Asamblea General el 12 de junio de 1968 y entró en vigor el 5 de marzo de 1970. Conforme a los términos del Tratado, los Estados partes que sean poseedores de armas nucleares se comprometen a no transportar a nadie armas o dispositivos nucleares explosivos ni su control. Asimismo quedan obligados a no ayudar a Estados no poseedores de armas nucleares a fabricar o adquirir ese tipo de armamento. A su vez, los Estados parte que no posean armas nucleares tienen el deber de no recibir de nadie el traspaso de armas o dispositivos nucleares explosivos ni su control. Dichos Estados también aceptan no fabricar ni adquirir esos dispositivos nucleares.

El Tratado prevé el establecimiento de un sistema de salvaguardias —que ha de negociarse con el Organismo Internacional de Energía Atómica— para verificar el cumplimiento de las obligaciones estipuladas en el acuerdo. Lo dispuesto en el Tratado no afecta el derecho de los Estados de desarrollar la investigación, la producción y la utilización de la energía nuclear con fines pacíficos, ni su derecho de participar en intercambios científicos. Mediante la celebración de acuerdos especiales, los Estados no poseedores de armas nucleares podrán tener acceso a los beneficios potenciales de toda aplicación pacífica de las explosiones nucleares.

Las potencias atómicas, además de obligarse a no traspasar armamento nuclear se comprometen a celebrar negociaciones de buena fe sobre medidas eficaces relativas a la cesación de la carrera de armamento nuclear y al desarme nuclear y completo bajo control internacional. (Para el texto del Tratado, véase Asamblea General Resolución 2373 (XXII), 12 de junio de 1968, Anexo.)

El Tratado sobre prohibición de situar armas nucleares y otras armas de destrucción en masa en los fondos marinos y oceánicos y su subsuelo, fue firmado en Londres, Moscú y Washington el 11 de febrero de 1971, y quedó abierto para firma y ratificación. A fines de 1971, ochenta y un Estados habían firmado el Tratado y nueve, lo habían ratificado. De acuerdo con ese Tratado, los Estados partes quedan obligados a no situar, más allá del límite exterior de doce millas de los fondos marinos, armamento nuclear, instalaciones de lanzamiento o cualesquiera otras destinadas a almacenar, probar o usar dicho armamento. Para asegurar el cumplimiento de las obligaciones estipuladas, el Tratado establece el derecho de cada Estado parte a verificar mediante observación la actividad de otros Estados contratantes. En caso de que surjan dudas sobre el adecuado cumplimiento de las obligaciones prescritas en el Tratado, los Estados interesados podrán celebrar consultas. Si existen diferencias y éstas no se resuelven bilateralmente, la cuestión puede ser sometida al Consejo de Seguridad. Cinco años después de que entre en vigor el Tratado, se celebrará una conferencia internacional a fin de revisar la forma en que se ha aplicado dicho Tratado. (Para el texto del Tratado, véase Asamblea General, Resolución 2660 (XXV), anexo, 7 de diciembre de 1970.)

La Asamblea General adoptó, el 16 de diciembre de 1971, la Convención sobre la prohibición del desarrollo, producción y almacenamiento de armas bacteriológicas (biológicas) y toxinas, y sobre su destrucción. Los Estados partes en la Convención se comprometen a no adquirir o conservar agentes biológicos o toxinas en tipos o cantidades que no se justifiquen por razones de índole pacífica. La prohibición comprende las armas, equipo o

Según el artículo 26;

> El Consejo de Seguridad tendrá a su cargo, con la ayuda del Comité de Estado Mayor a que se refiere el artículo 47, la elaboración de planes que se someterán a los miembros de las Naciones Unidas para el establecimiento de un sistema de regulación de los armamentos.

En 1959, por Resolución 1378 (XIV), la Asamblea General aceptó "el objetivo del desarme, general y completo bajo control internacional efectivo".

La estructura institucional de las Naciones Unidas para la consideración de los problemas del desarme experimentó varias modificaciones durante el periodo 1946-61. En 1962, se constituyó un Comité de Desarme de dieciocho naciones, y este organismo constituye la plataforma de las negociaciones actuales. Los planes especiales, proyectos y propuestas discutidos por el Comité, cambian según el momento político y las circunstancias; pero los debates dentro de las Naciones Unidas invariablemente recaen sobre tres cuestiones relacionadas entre sí: el desarme *sensu stricto,* la comprobación de los procesos de desarme, y la maquinaria para el mantenimiento de la paz en un mundo en futuro proceso de desarme, y desarmado en el futuro.

SECCIÓN IV. DERECHO DE GUERRA Y DE NEUTRALIDAD

12.21 DERECHO DE GUERRA Y DE NEUTRALIDAD Y RELEVANCIA DE LOS PRINCIPIOS FUNDAMENTALES DE ESE DERECHO EN LA GUERRA CONTEMPORÁNEA

Las partes del derecho internacional que tratan, por un lado, de las relaciones entre los Estados que se encuentren en estado formal de guerra o llevando a cabo hostilidades reales en una guerra no declarada (derecho de guerra), y, por otro, de las relaciones entre los beligerantes y los neutrales

medios de envío destinados a usar esos agentes o toxinas con fines hostiles o en un conflicto armado. Los Estados partes también se obligan a destruir —en un plazo no mayor de nueve meses a partir del inicio de la vigencia de la Convención— todo su arsenal de armas bacteriológicas y toxinas; se proscribe, además, la posibilidad de su transferencia. La convención establece procedimientos de consulta entre las partes a fin de resolver cualquier problema que surja entre ellas. Podrá recurrirse al Consejo de Seguridad cuando se estime que un Estado ha violado las obligaciones asumidas conforme a la Convención. En este caso, el Consejo queda facultado para emprender una investigación de los hechos, y debe informar a los Estados partes del resultado de la investigación. Si el Consejo de Seguridad decide que un Estado ha quedado expuesto a un peligro como consecuencia de la violación de la Convención, los demás Estados deberán proporcionarle asistencia de acuerdo con la Carta de las Naciones Unidas. La Convención entrará en vigor cuando se deposite el vigésimo segundo instrumento de ratificación. (Para el texto de la Convención, véase: Asamblea General, Resolución 2826 (XXVI), 16 de diciembre de 1971, Anexo.)

(derecho de neutralidad), constituyen un vasto cuerpo de normas consuetudinarias y establecidas en los tratados. El derecho, en este caso, se com-
plementa con muchos usos de una práctica imprecisa desarrollada especialmente durante las dos guerras mundiales. Si bien muchas de las normas
sobre la manera de hacer la guerra pertenecen al más antiguo *corpus iuris
gentium,* el derecho de guerra y el de neutralidad, en su forma actual son
un resultado, de los hechos y experiencias del siglo xix, principalmente.
Aparte de las disposiciones relativas a la protección de las víctimas de guerra, muy pocas adiciones se han hecho al derecho de guerra y de neutralidad,
establecido en tratados, después de 1914. Entre el siglo xix y la primera
mitad del xx, ese derecho ha seguido un proceso de codificación parcial
por medio de diversos instrumentos, en especial de las Convenciones de Ginebra y de La Haya.

El desarrollo y la codificación parcial del derecho de guerra y de neutralidad durante la segunda mitad del siglo xix y el comienzo del xx, han traído como consecuencia la formación de ciertos principios que son ahora la
base de las regulaciones de la guerra en el derecho internacional.

1º) Existe la proposición obvia de que la conducta de los beligerantes
está sujeta a las disposiciones del derecho. En la guerra, la necesidad no
elimina las obligaciones y prohibiciones resultantes del derecho de guerra y
de neutralidad. Ello se debe a que tal derecho toma en cuenta la necesidad
militar y, en consecuencia, ésta no regula el grado en que las disposiciones
del derecho deban o no aplicarse. El derecho de guerra y el de neutralidad
no son *jus dispositivum,* sino *jus cogens.* Es cierto que algunas de sus normas
deberán aplicarse sólo si lo permiten las circunstancias militares. Sin embargo, esta limitación —que debilita considerablemente el imperio del derecho en tiempos de guerra— debe interpretarse restrictivamente y se aplica
sólo a las disposiciones que contienen expresamente esa calificación. No debe
entenderse que la necesidad militar vaya en contra de los efectos mitigadores
de las leyes de la guerra. La acción debida a la necesidad militar equivale
a tomar las medidas indispensables para vencer al enemigo, pero que, al
mismo tiempo, sean admisibles dentro del derecho y los usos de la guerra.

2º) El progreso tecnológico y la invención de nuevas armas, son más rápidos que el desarrollo del derecho y su codificación. Sin embargo, en los
llamados casos no regulados los beligerantes no tienen absoluta libertad de acción. Como se expresó en la cláusula "Martens" en el Preámbulo de la Convención de La Haya Nº 4:

> Hasta que se haya redactado un código más completo de las leyes de la
> guerra... los habitantes y los beligerantes están bajo la protección y
> el imperio de los principios del derecho de las naciones, tal como re-
> sultan de los usos establecidos entre los pueblos civilizados, de las leyes
> de la humanidad y de los dictados de la conciencia pública.

El principio anterior es complementado por el artículo 22 de las Regulaciones de La Haya, anexas a la mencionada Convención:

El derecho de los beligerantes para adoptar medidas que dañen al enemigo no es ilimitado.

3º) Íntimamente ligado al principio precedente, está el principio de humanidad. Sus consecuencias son muchas. Se prohíbe a los beligerantes:

Emplear armas, proyectiles o material con el propósito de causar sufrimiento innecesario. (Art. 23 (e) de las Regulaciones de La Haya.)

En la conducción de las hostilidades, cada parte debe someter sus actividades a la regla de que el uso legal de un arma o el uso de métodos para dañar al enemigo no deben ser desproporcionados a los objetivos militares logrados a través de su empleo. A las víctimas —heridos, enfermos y náufragos miembros de las fuerzas armadas, y personas civiles— debe dárseles la mayor protección posible.

4º) El derecho de guerra, tal como surgió de las ideas de la Revolución Francesa y del movimiento de codificación a comienzos del presente siglo, se basa en una clara distinción entre las fuerzas armadas y la población civil, y entre posiciones defendidas y no defendidas, mientras que el desarrollo de las técnicas de la guerra aérea llevó a la introducción de la distinción entre objetivos militares y no militares. Existe también otra división básica: hay por un lado, Estados en guerra y, por el otro, países y personal neutrales. La población civil del enemigo está exenta de ataque, a menos que tome parte en las hostilidades o incurra en actos hostiles contra los beligerantes. Los Estados, naves y personas neutrales no pueden sufrir más interferencias que las contempladas en el derecho de neutralidad. Pierden esta inmunidad sólo cuando participan en las hostilidades, o cometen violaciones de la neutralidad, o realizan actos no neutrales.

Durante los últimos cincuenta años hemos sido testigos de la inobservancia o del abandono de los cuatro principios antes mencionados, en grados diferentes, en la práctica de los beligerantes. El proceso fue iniciado durante la primera Guerra Mundial: comienzo de guerras económicas dirigidas contra pueblos enteros, guerra submarina ilimitada, uso de gases y violación sistemática de ciertas disposiciones de las Convenciones de La Haya. A través de los conflictos aislados y localizados en la década del treinta, el proceso de menoscabar los principios fundamentales del derecho de guerra y de neutralidad, culminó en abusos, ilegalidades y atrocidades de la segunda Guerra Mundial. Los juicios a los criminales de guerra, después de la última conflagración mundial, constituyeron un importante esfuerzo por la reivindicación del derecho internacional de la guerra. Al mismo tiempo, estos juicios dieron ocasión al descubrimiento de una impresionante cantidad de pruebas del incumplimiento de ese derecho por parte de muchos beligerantes. Es cierto que también se comprobó un número igualmente considerable de casos de cumplimiento de sus obligaciones por parte de los beligerantes. Lo importante y peligroso, sin embargo, es que los casos de incumplimiento socavaron las bases del derecho de guerra, mientras que los de observancia no pudieron salvarlas al menos de su parcial destrucción. Así, la frecuente inobservancia de numerosas leyes de guerra y de neutralidad, especialmente —pero no exclusivamente— por parte de los regímenes totalitarios, constituyó un severo golpe a la naturaleza del derecho de guerra y de neutralidad como *jus cogens*. La violación de las leyes es un fenómeno diario en la vida nacional, y eso no garantiza la conclusión de que las normas en cuestión dejen de ser obligatorias, es decir, que pierdan su naturaleza legal. Pero hay un momento en el incumplimiento de la ley en que el efecto regulador de ella empieza a desvanecerse, y se llega a una situación en que sólo una concienzuda revisión y reforma de todo el sistema puede restaurarle su papel y función genuinos. Casi alcanzamos ese límite durante la segunda Guerra Mundial, porque ése fue el período de la guerra total, y la derrota del enemigo se convirtió en el objetivo supremo al que parecía digno de ofrendarse cualquier hecatombe, con mucha frecuencia en una absoluta inobservancia del derecho.

Una parte importante del derecho de guerra terrestre y marítimo había sido codificada antes del progreso tecnológico y la introducción de los nuevos métodos de lucha, durante la primera Guerra Mundial y después de ella. La guerra se mecanizó y entró en la era de la automatización. Mientras que las leyes sobre la guerra bacteriológica y química funcionaron con éxito durante la segunda Guerra Mundial, las restricciones en los métodos de uso de los submarinos no fueron observadas. En la guerra aérea, los beligerantes —especialmente aquellos que disponían de gran poder aéreo— actuaron como si cualquier modo de ataque al enemigo, incluyendo su población civil, y cualquier parte de su territorio, estuviera permitido. Al final de la guerra, se lanzaron bombas atómicas sobre las ciudades japonesas de Hiroshima y Nagasaki, por la fuerza aérea de Estados Unidos; y los alemanes hicieron uso de bombas V-2 desde el continente hacia Inglaterra. Estos adelantos fueron un preludio de los progresos, posteriores a 1945, en la fabricación de armas de destrucción masiva y en la acumulación de medios con capacidad de "sobrematar", en escala y sin precedentes: bombas atómicas y de hidrógeno capaces de destruir ciudades y regiones enteras con una sola explosión, y proyectiles y cohetes con cabeza nuclear con la misma fuerza destructiva. Los Estados estaban ansiosos de tener nuevas armas en sus arsenales y de emplearlas, pero no estaban muy dispuestos a someterlas al principio moderador de que los medios de dañar al enemigo no son ilimitados en el derecho.

El adelanto tecnológico hizo posible la guerra total. La guerra total —de la cual la segunda Guerra Mundial es un ejemplo— se caracteriza por tener objetivos militares ilimitados: destrucción del potencial militar y económico del enemigo en su totalidad, y una devastación tan grande como sea posible del país, poniendo al enemigo a merced del vencedor. De aquí el concepto de "rendición incondicional" y las predicciones ocasionales de que una guerra futura "destruirá" uno u otro sistema socioeconómico. Actualmente, el esfuerzo guerrero de cada país beligerante penetra todas las esferas de la vida, con el resultado de que prácticamente cada ciudadano enemigo se ve envuelto en la guerra, de una manera u otra; de aquí el concepto de "naciones en armas". De esta manera, la guerra total eliminó en grado considerable el principio humanitario como factor restrictivo en el comportamiento de los beligerantes. Nuevas armas que causan sufrimiento innecesario —por ejemplo, los lanza llamas, los bombardeos con napalm— estuvieron o están todavía en uso. Las armas nucleares, por la extensión de su capacidad destructora y su efecto sobre la vida y la salud humanas, están en abierta contradicción con los dictados de la humanidad misma. Pero, aun después de la experiencia en Hiroshima y en Nagasaki, algunos consideran discutible el problema.

Finalmente, la guerra total y las armas de destrucción en masa contradicen otro principio fundamental del derecho tradicional de la guerra y la neutralidad: la regla sobre tratamiento diferente a los participantes y a los no participantes en las hostilidades. La guerra económica, los bloqueos para producir el hambre, los bombardeos exterminadores, incluso la destrucción intencional de objetivos civiles —tales como zonas residenciales a cientos de millas de la línea del frente—, el torpedeo indiscriminado de barcos, o el uso de cohetes de largo alcance y de bombas atómicas contra territorio enemigo, sin hacer distinción de objetivos, son todas medidas de guerra que han acabado con la inmunidad de los civiles, y han destruido la distinción básica del derecho de guerra, especialmente la diferencia entre las fuerzas armadas y la población civil, y entre los objetivos militares y los no militares. El derecho basado en estas distinciones permanece en vigencia, pero no se cumple cuando llega a ser puesto a prueba en la práctica de los Estados. Además, la posibilidad de una guerra nuclear anticipa la eliminación de la distinción entre Estados beligerantes y neutrales: las sustancias radiactivas descenderán por igual sobre enemigos, aliados y neutrales.

La conclusión, por lo tanto, es que en la era actual de adelantos tecnológicos y de guerra total, muchas dificultades, a menudo insuperables, se interponen en el camino de la total aplicación del derecho de la guerra y la neutralidad. Sin embargo, en tiempo de conflictos armados, ese derecho —a pesar de lo imperfecto y poco adaptado que está a las condiciones actuales— ejerce una influencia restrictiva benéfica en las emociones de los hombres en armas y en los objetivos de los gobiernos. Antes de que la paz se haya restablecido, el derecho es a menudo el único elemento de orden en las relaciones de las partes en guerra (ver Carner, "Les lois de la guerre, leur valeur, leur avenir", 17 *RDILC*, 96 (1936) ; Kunz, "The Chaotic Status of the Laws of War and the Urgent Necessity for Their Revision", 45 *AJIL*, 37 (1951) ; "The Laws of War 50 *AJIL*, 313 (1956) ; Lauterpach, "The Problem of the Revision of the Laws of War", 29 *BYIL*, 360 (1952; "The Limits of the Operation of the Laws of the War", 30 *AJIL*, 206 (1953) ; Baxter, "The Role of Law in Modern War" *ASIL* Proceedings, 1953, p. 90; Huber, "Quelques considérations sur une révision éventuelle des Conventions de la Haye relatives a la guerre", 37 *Revue int. de la Croix Rouge*, 417 (1955) ; Francois "Reconsidération des principes du droit de la guerre", *Annuaire*, Vol. 47, I, 1957, p. 323; y la discusión en la sesión de Neuchatel del Instituto de Derecho internacional) .

12.22   Estado de guerra. Hostilidades. Su comienzo y terminación

Si bien la práctica de los Estados continúa distinguiendo entre estado de guerra y hostilidades, debe observarse que esta distinción no se mantiene en todo el derecho relativo a los conflictos armados. Es cierto que el derecho distingue entre la manera de terminar el estado de guerra y las meras hostilidades. Pero es igualmente cierto que la Convención de La Haya Nº 3, del 18 de octubre de 1907, sobre la apertura de hostilidades (Martens, *NRG*, 3a. Ser. Vol. 3, 437), se refiere al comienzo de la guerra en términos de hostilidades. La prohibición general actual con respecto a la iniciativa en el uso de la fuerza armada, resta importancia al hecho de que la violación de la prohibición tome la forma de estado de guerra o de hostilidades. Sin embargo, debido a su actualidad en el vocabulario de las relaciones internacionales, los dos términos deben ser explicados.

El hecho de que sea posible distinguir entre el estado de guerra y aquellas situaciones donde los Estados luchan entre sí sin estar formalmente en guerra, llevó a la consideración de los cambiantes y diferentes sentidos del término "guerra", y del valor relativo de su definición (ver, en especial, los trabajos de Wright, Grob, Kotzsch, Stone, McDougal y Feliciano enumerados en la bibliografía de las Secs. I y IV de este capítulo. Ver también Castrén, *The Present Law*, en pp. 30 y *ss.*; Wright, "Changes in the Conception of War", 18 *AJIL*, 755 (1924). Green, "Armed Conflict, War and Self-Defence", 6 *Archiv*, 387 (1956-7); Rumpl, "Zur Frage der Relativität des Kriegsbegriffes", *ibid* 51; McDougal y Feliciano, "The Initiation of Coercion: A Multi-Temporal Analysis", 52 *AJIL*, 241 (1958); Baxter, "The Definition of War", 16 *Revue Égyptienne*, I, 1960).

i) *Estado de guerra* significa la ausencia de relaciones pacíficas entre dos o más Estados; y tal ausencia de relaciones pacíficas coexiste con las hostilidades o es seguida de ellas. Pero el término "estado de guerra" denota principalmente una condición de las partes más bien que la aplicación real de la violencia de uno contra el otro. Porque los Estados a veces se han declarado mutuamente la guerra y, de hecho, no se han comprometido en hostilidades (como por ejemplo Alemania y varios países latinoamericanos durante la segunda Guerra Mundial). A la inversa, por medio de un armisticio o rendición, los Estados ponen punto final a las hostilidades, pero simultáneamente no terminan el estado de guerra; en otras palabras, no restablecen las relaciones pacíficas entre ellos. Así, por ejemplo, las hostilidades entre los Aliados y Japón finalizaron en 1945, mientras que el estado de guerra no cesó hasta 1951 o, para algunos Aliados, aún más tarde.

Los Estados que se hacen mutuamente la guerra son Estados enemigos, y todos los participantes en la guerra se denominan beligerantes. Los no participantes son los neutrales (ver 12.27).

El comienzo del estado de guerra se regula por la Convención de La Haya Nº 3. En el artículo 1º de la Convención las partes reconocen:

Las hostilidades entre ellas no comenzarán sin aviso previo y explícito, en forma de una declaración de guerra fundamentada, o de un ultimátum con una declaración de guerra condicional.

Las partes tienen también la obligación de notificar sin demora la existencia del estado de guerra a los países neutrales (Art. 2º). En los juicios a los criminales de guerra posteriores a 1945, se afirmó la relevancia de la Convención de La Haya Nº 3, con independencia de la ilegalidad de la guerra agresiva (cf. *Judgment of the International Military Tribunal [at] Nuremberg,* Miscellaneous Nº 12 (1946). H.M.S.O. Cmd. 6964, pp. 36-37). Sin embargo, el advenimiento de la prohibición de la guerra ha despojado de su anterior importancia al problema sobre la manera como comienza la guerra. A eso se debe que los trabajos más extensos al respecto sean anteriores a 1914 (ver la bibliografía de Oppenheim, *International Law,* 7ª ed. de H. Lauterpacht, vol. II, p. 290. Para comentarios más recientes sobre el derecho en esta materia, ver Eagleton, "The Form and Function of the Declaration of War", 32 *AJIL,* 19 (1938)).

La manera normal de terminar el estado de guerra es el tratado de paz. Pero la historia también muestra otras formas; el simple cese de las hostilidades unido a una gradual reanudación de las relaciones pacíficas normales (por ejemplo, España y algunos países latinoamericanos, en el siglo xix) ; en segundo lugar, la terminación de la guerra por medio de una declaración unilateral de una parte, aceptada (tácita o expresamente) por el beligerante contrario (por ejemplo, Alemania después de la segunda Guerra Mundial). Antes de que la guerra fuera considerada ilegal, el estado de guerra también terminaba cuando el vencedor se anexaba al Estado vencido y producía, con ello, su desaparición como persona internacional (por ejemplo, el sometimiento de Hannover por parte de Prusia en 1866). (Sobre la terminación del estado de guerra, ver Phillipson, *Termination of War and Treaties of Peace;* "The Juridical Clauses of the Peace Teatries", 73 *HR,* 259 (1948) ; Ottensooser "Termination of War by Unilateral Declaration", 29 *BYIL,* 135 (1952) ; *Die Beendigung des Kriegszustands mit Deutschland nach dem zweiten Weltkrieg,* Mosler y Doehring (ed.) ; Sokolov, *Pravovyie formy prekrashtcheniya sostovaniya voyny* [Legal Forms of Ending the States of War]; Sokolov, *Mirnyi dogovor: osnovnaya pravovaya forma vosstanovleniya poslevoeennykh otnoshenii mezhdu gosudar stvani* [Treaty of Peace: Principal Legal Form for Establishing Post-war Relations between States]).

Debe tenerse presente que es el *animus belligerandi,* o sea la intención de terminar las relaciones pacíficas y entrar en guerra, lo que sigue desempeñando un papel importante en el establecimiento del estado de guerra entre los países interesados. Este punto se ilustra con muchos ejemplos en que hay hostilidad sin existir estado de guerra. La libertad *de facto* de las partes para decidir si confieren carácter de guerra al conflicto es un defecto del derecho internacional (ver Brownlie, *Use of Force,* cap. xxiii, y Feinberg, *The Legality of a State of War after Cessation of Hostilities: Under the Charter of the United Nations and the Covenant of the League of Nations).*

ii) Las *hostilidades* consisten en la mutua aplicación de la violencia y de la coerción por parte de las fuerzas armadas de los países en conflicto. Las hostilidades se llevan a cabo en tierra, mar o aire. Las fuerzas participantes en las hostilidades deben ser las fuerzas armadas regulares de tierra, mar o aire de los países implicados, u otras fuerzas que sean, ya controladas por las partes o bien que actúen en su nombre. Los Estados que realizan actos hostiles están, por consiguiente, comprometidos en un conflicto armado. El que ese conflicto constituya o no una guerra depende de la opinión y de la decisión de una de las partes; cualquiera de ellas puede conferirle carácter de guerra. La libertad de lós Estados para adaptar la caracterización legal de su respectivo conflicto armado a las circunstancias del caso es ilustrada por numerosos conflictos que no han sido considerados como guerra. Así, podemos citar las hostilidades greco-búlgaras, de 1925; las operaciones militares de las fuerzas soviéticas en territorio chino, en 1929; la prolongada lucha, en gran escala, entre los ejércitos japoneses y chinos, que comenzó en Manchuria, en 1931, con el incidente Mukden, se extendió pronto a otras partes de China, y se convirtió en un estado formal de guerra sólo en 1941; las hostilidades entre las Unión Soviética y el Japón, en 1938 y 1939; las luchas esporádicas en el mar entre fuerzas de Estados Unidos y Alemania, antes de la declaración de guerra de 1941; la lucha entre Estados Unidos y la República Popular China en Corea, de 1950 a 1953; y la lucha entre la India y Pakistán en Cachemira, en 1965.*

Por diferentes razones, los Estados han evitado considerar como guerras a sus hostilidades. Algunas veces el objeto y la zona de la lucha eran limitados (por ejemplo, las hostilidades entre India y la República Popular China, 1959-62), y las partes no querían poner fin al estado de paz entre ellas. En el caso de las hostilidades entre Japón y China, en el periodo 1931 1941, que tenían todas las características de una guerra completa, la determinación formal de que el conflicto constituía una guerra hubiera tenido, por la aplicación del derecho de neutralidad, consecuencias perjudiciales para la víctima de la agresión, es decir, China. Las hostilidades no acompañadas de estado formal de guerra y que mantienen en parte las relaciones pacíficas, producen situaciones extrañas porque, en este caso, los Estados cuyos ejércitos están en lucha en el campo de batalla, se encuentran formalmente en paz, y conducen sus otras relaciones por medios pacíficos. Ellos continúan manteniendo misiones diplomáticas en sus respectivas capitales, sus cónsules trabajan en el territorio del adversario y los tratados firmados entre ellos con fines de cooperación pacífica continúan en vigor y tienen aplicación.

En el derecho no existe un modo formal de comenzar las hostilidades (a diferencia del estado de guerra). No existe "declaración de hostilidades" o "ultimátum con declaración condicional de hostilidades". Pero, por otra

---

* Otros casos que ilustran la inaplicabilidad de ciertas formalidades tradicionales en conflictos bélicos (por ejemplo, la declaración de guerra), se encuentran en la guerra de Vietnam, la guerra árabe-israelí.

parte, si bien hay casos de terminación de las hostilidades mediante un cese de violencia *de facto* de las partes, las hostilidades a menudo terminan de manera formal. Existen: *i)* la capitulación, que es un acuerdo contractual que dispone la rendición de tropas, de barcos y/o de plazas (Art. 35 de las Regulaciones de La Haya de 1907, Martens, *NRG*, 3a. Ser., Vol. 3, p. 461); las rendiciones "incondicionales" de las fuerzas alemanas y japonesas en 1945 no fueron, excepcionalmente, involucradas en instrumentos contractuales, sino que fueron actos unilaterales impuestos por los vencedores y aceptados por los vencidos; *ii)* la suspensión de armas, que es un acuerdo de cese de hostilidades por un período corto y en determinado lugar; *iii)* el armisticio (Arts. 36-41 de las Regulaciones de La Haya). Las formas (ii) y (iii) son a veces denominadas cese de fuego o treguas. El armisticio puede ser parcial o general. Mientras que el primero, análogamente a la suspensión de fuego, comprende sólo una parte de las fuerzas combatientes o una porciön de la zona en donde se efectúa la lucha (si bien generalmente tales partes o porciones son considerables, y la duración de un armisticio parcial es mayor que la de una simple suspensión del fuego), el segundo pone fin a todas las hostilidades. Un armisticio general es, por lo común, un preludio a la firma de un tratado de paz, si las hostilidades estaban acompañadas por un estado formal de guerra (por ejemplo, el armisticio de 1918, que precedió al Tratado de Paz de Versalles de 1919). Una vez que se han suspendido las hostilidades —por medio de una capitulación o de un armisticio general—, ninguna parte, incluso la víctima de la agresión, está hoy facultada para reanudarlas. Si así lo hiciere, será culpable de ataque armado y podrá, en consecuencia, ser sometida a medidas de fuerza legales en defensa propia. La regla del artículo 36 de las Regulaciones de La Haya de que si la duración de un armisticio no ha sido determinada, las "partes pueden reanudar las operàciones en cualquier momento, siempre que el enemigo sea advertido dentro del tiempo acordado", debe ahora considerarse obsoleta con respecto a los armisticios generales (ver Bernard, *L'Armistice dans les guerres internationales;* Monaco, "Les Conventions entre belligérants", 75 *HR,* 277 (1949); Levie, "Nature and Scope of the Armistice Agreement", 50 *AJIL,* 880 (1956); Gervais, "Les Armistices Palestinien, coréen et indochinois et leurs enseignements", 2 *Annuaire Français,* 97 (1956); Lachs, "La Nouvelle fonction des armistices contemporains", *Hommage d' une générations de juristes au Président Basdevant,* p. 315).

12.23 ALCANCE DE LA APLICACIÓN DEL DERECHO DE GUERRA Y DE NEUTRALIDAD

Siempre que exista un estado de guerra (ver 12.22 (I)), se hace aplicable la totalidad del derecho de guerra y de neutralidad. Aunque el conflicto armado entre dos o más Estados no sea denominado guerra, no cabe duda de que le es aplicable el derecho de guerra, si bien con algunas limitaciones (Par. I). Sin embargo, los adelantos contemporáneos en el derecho sobre el uso de la fuerza han producido una serie de problemas que provocan algunas dudas en esta aplicabilidad del derecho de guerra y de neutralidad, como se ha explicado anteriormente. En especial deben considerarse tres cuestiones: *1)* si el derecho de guerra y de neutralidad tiene igual aplicación para los beligerantes legales e ilegales (Par. II) ; *2)* si las operaciones militares llevadas a efecto por las Naciones Unidas, o por instituciones regionales, están sujetas al derecho de guerra y de neutralidad (Par. III) ; *3)* si algunas disposiciones de ese derecho regulan ahora el uso de la fuerza en conflictos armados de carácter no internacionales (Par. IV).

(I) *Hostilidades y uso de la fuerza que no constituyen guerra.* Siempre que los Estados se comprometen en hostilidades no acompañadas por un estado de guerra entre ellos, o de otra manera recurren a la fuerza en forma que no constituya guerra —en otras palabras, siempre que las partes no consideren guerra sus conflictos armados y las Naciones Unidas u otra institución responsable de manejar el conflicto no modifiquen la calificación de las partes—, sólo una parte del derecho de guerra resulta aplicable, mientras que el derecho de neutralidad no funciona en absoluto. En especial, las disposiciones sobre guerra militar —en contraposición a la económica—, y el uso de las armas, así como las leyes sobre protección de las víctimas de guerra y otras normas humanitarias, son aplicables en cualquier conflicto armado internacional. Las disposiciones idénticas que figuran en el artículo 2º (I) de cada una de las Convenciones de Ginebra de 1949, corroboran la aplicación de las leyes humanitarias de guerra en cualquier conflicto armado internacional. Por otro lado, las leyes relativas a las restricciones o confiscaciones de la propiedad y a otras cuestiones económicas, no son aplicables. Sujeta a estas limitaciones, la parte que ocupa el territorio del adversario, o una parte de él, ejerce los poderes y tiene dos deberes de un ocupante beligerante. Si no existe estado de guerra, tampoco hay, automáticamente, países neutrales; en consecuencia, las partes combatientes, así como las no participantes, no tienen, una con respecto a la otra, derechos o deberes que de otra manera surgirían del derecho de neutralidad.

(II) *Posición del beligerante ilegal.* El derecho de guerra y de neutralidad, consuetudinario y codificado, tuvo por objeto regular las relaciones entre los enemigos, y entre los beligerantes y los neutrales, prescindiendo de la validez o legalidad de su participación o no participación en una guerra. La posterior prohibición de la guerra y del uso agresivo de la fuerza permite ahora hacer la distinción entre beligerantes legales e ilegales. Si bien el derecho de guerra es de naturaleza esencialmente prohibitiva, autoriza ciertas acciones a los beligerantes, mientras que el derecho de neutralidad otorga amplios derechos a los beligerantes e impone severas restricciones al comercio neutral marítimo y a los intereses económicos neutrales en general. ¿Todas las ventajas resultantes, pueden proteger los intereses del agresor y de su víctima por igual? En otras palabras, ¿existe una igualdad de aplicación de un derecho de guerra y de neutralidad en virtud del cual el beligerante ilegal obtiene beneficios de ese derecho, o él sólo tiene deberes según ese derecho?

En respuesta a estas preguntas debe tenerse presente que la modificación de la posición del beligerante ilegal en el derecho internacional afecta principalmente los frutos y las consecuencias de su actividad; una guerra ilegal actualmente no puede producir ningún efecto benéfico para el agresor. Por lo tanto, éste no adquiere derechos sobre el territorio, los tratados realizados con su víctima o impuestos de hecho a ella están viciados, las medidas que tengan por objeto la desposesión de bienes en el país vencido son nulas. Pero esto es distinto del funcionamiento normal de las leyes de guerra. Su objeto no es discriminar contra el infractor de la ley, sino disminuir los males de la guerra prescindiendo de su calificación legal. Se han expresado con razón el temor de que si las fuerzas armadas y el pueblo del beligerante ilegal, fuesen considerados excluidos de la protección de las leyes de guerra, el resultado podría ser el peligro de una guerra ilimitada por parte del beligerante, por lo que su eventual responsabilidad por ello, al terminar el conflicto, no compensaría la pérdida de vidas, la destrucción de bienes y otras consecuencias desastrosas de la conducta peligrosa del agresor. Por tanto, sería poco realista esperar que el beligerante ilegal respetara los derechos de la otra parte, cuando su propia posición es menos privilegiada. La fuerza del derecho de guerra, si es que la tiene, reside en su aplicación igualitaria y recíproca. Las decisiones de las cortes internacionales y nacionales sobre crímenes de guerra, después de la segunda Guerra Mundial, parten de la premisa de que el derecho de guerra regula cierta relación, prescindiendo de la forma como dicha relación tuvo comienzo. Ciertamente, el número de estas decisiones es impresionante; y hay muy pocos fallos donde, para la aplicación o no aplicación del derecho de guerra, las cortes dedujeron consecuencias del hecho de que la guerra misma era ilegal (cf., Corte Especial de Casación de los Países Bajos, Juicio de Hans Alben Rauter, *Law Reports of Trials of War Criminals*, Vol 14, 1949, pp. 133-8; ver también los casos polacos considerados en *AD*, 1946, caso Nº 166, p. 388; y *ILR*, 1957, pp. 941 y 962); pero una cantidad de otros casos holandeses y polacos juzgaron la legalidad de la conducta del agresor —en su capacidad como beligerante— según el derecho de guerra. La igual aplicación del derecho de guerra a todos los beligerantes en las decisiones posteriores a 1945, es un argumento poderoso en favor de la opinión de que no existe conexión recíproca entre la forma como un Estado fue llevado a la guerra y los derechos y deberes de los beligerantes. La conclusión, por lo tanto, es que el derecho de guerra —con excepción de la regulación sobre la guerra económica— se aplica a cualquier guerra entre Estados, y se extiende a las actividades de todos los agresores por igual. Este principio ha sido adoptado expresamente en las Convenciones de Ginebra de 1949, con respecto a las leyes humanitarias de guerra (Art. 1º: las partes "se comprometen a respetar y asegurar el respeto por la presente Convención *en todas las circunstancias*", Art. 2º (I): "La presente Convención se aplicará a *todos los casos* de guerra declarada o a *cualquier otro* conflicto armado"; cf. Draper, *Red Cross Conventions*, pp. 8-9 y 97-98).

Por otra parte, el beligerante ilegal se le puede negar la adquisición de la propiedad del enemigo, u otros beneficios, en su propio territorio. La misma norma se aplica a la propiedad del enemigo en países ocupados, a menos que la intrusión por parte del beligerante ilegal en las relaciones de propiedad o en la política económica en general se justifique por las necesidades de la administración regular del territorio ocupado. Igualmente, al beligerante ilegal puede negársele el derecho de secuestrar, apropiarse o destruir buques mercantes del enemigo, siempre qu éstos no tomen parte en las hostilidades en el mar. En caso de que el agresor, de todos modos, secuestre o confisque propiedades del enemigo, o se enriquezca de otra manera con esas propiedades o, en general, con el territorio enemigo, puede ser obligado a devolver la propiedad así tomada y/o a pagar una compensación. A este respecto, la discriminación contra el agresor parece práctica, ya que puede ser aplicada, aunque generalmente sólo después de la guerra. Tambien los Estados neutrales pueden discriminar legalmente contra el agresor, puesto que actualmente la posición de los beligerantes legales e ilegales en el derecho de neutralidad ya no es igual (ver 12.27). Pero, debe observarse que la discriminación contra el beligerante ilegal es cuestión que deben decidir los beligerantes legales y/o neutrales: tal discriminación no es parte del *jus cogens*.

En 1963, el Instituto de Derecho Internacional adoptó una resolución en la cual expresaba esta opinión:

> Que no puede haber completa igualdad en la aplicación de las normas del derecho de guerra cuando el órgano competente de las Naciones Unidas ha determinado que uno de los beligerantes ha recurrido a la fuerza armada en violación de las normas del derecho de las naciones, consagradas por la Carta de las Naciones Unidas. (*Annuaire*, Vol. 50, II, 1963, p. 376.)

Hasta ahora, el Instituto no ha definido la medida de la desigualdad. Pensamos que tal desigualdad no puede ir más allá de las leyes sobre la guerra económica y del derecho de neutralidad, y que la aplicación desigual del derecho de guerra y de neutralidad no depende necesariamente de una determinación por parte de las Naciones Unidas, sino que puede ser aplicada por las cortes con prescindencia de tal determinación (ver François, "L'Egalité d'application des regles du droit de la guerre aux parties a un conflict armé", *Annuaire*, Vol. 50, I, 1963, p. 5. Ver también Wright, "The Outlawry of War and the Law of War", 47 *AJIL*, 365 (1953) ; H. Lauterpacht, "Rules of Warfare in an Unlawful War", *Law and Politics in the World Community*, p. 89; y "The Limits of the Operation of the Laws of War", 30 *BYIL*, 206 (1953) ; Schwarzenberger, "Legal Effects of Illegal War", *Völkerrecht und rechtliches Weltbild. Festachrift für Alfred Verdross*, p. 243).

(III) *Operaciones por fuerzas internacionales.* Los comienzos del sistema de seguridad colectiva (ver 12.15) y el surgimiento de instituciones internacionales autorizadas para usar la fuerza, plantean el problema de determinar qué régimen deberá aplicarse a las operaciones militares conducidas en su nombre, o con su participación (ver 12.16 a 12.19). A mediados de 1966, la cuestión tenía importancia, en grado diferente, con respecto a la participación de las Naciones Unidas en los problemas de Corea, Suez y Chipre, y de la OEA en la situación de la República Dominicana. La práctica de la ONU durante los últimos veinte años nos proporciona otros ejemplos del uso de personal militar donde había o podía caber la aplicación del derecho de guerra, en especial en la crisis del Congo, de 1960-64.

La cuestión de si el derecho de guerra y de neutralidad es aplicable a las actividades de las fuerzas internacionales —es decir, fuerzas establecidas y comandadas, o de otra manera controladas por autoridades internacionales— surge cuando tales fuerzas se ocupan en la aplicación de la violencia (como quiera que se denomine: hostilidades, acción preventiva o coercitiva, acción de policía internacional, etc.) contra un Estado o gobierno, reconocido o no, o contra un régimen *de facto,* con control efectivo. En otras palabras, la aplicación del derecho de guerra y de neutralidad a las operaciones de las fuerzas internacionales depende de la naturaleza de las funciones que cumplan tales fuerzas. Pero, cuando las funciones del órgano internacional que aplica la fuerza no son ejercidas dentro del ámbito del derecho internacional, el derecho de guerra y de neutralidad no es aplicable. Por ejemplo, la Autoridad Ejecutiva Provisional de las Naciones Unidas (UNTEA) en Nueva Guinea Occidental (Irián Occidental), que fue creada en 1962, incluía una Fuerza de Seguridad de las Naciones Unidas, cuya función principal era el mantenimiento de la seguridad interna en el territorio en cuestión. La fuerza actuó dentro del marco del derecho interno de ese territorio y sus actividades no estuvieron sujetas al derecho de guerra.

El hecho de que el Estado, el gobierno o la autoridad *de facto* contra las cuales actúan las fuerzas internacionales, sean culpables de una seria violación del derecho internacional (por ejemplo, haber recurrido a la guerra de agresión o efectuado un ataque armado), no libera a tales fuerzas del debido respeto al derecho de guerra y de neutralidad (ver el párr. II anterior) ; ni la ausencia de un estado de guerra entre el órgano internacional y sus opositores nacionales influye en la aplicación del derecho (ver el párr. I anterior). Siempre que se emplea la fuerza armada en vitrud del derecho internacional, cuando existan hostilidades, "el derecho de guerra tiene una función legítima que desempeñar" (Baxter, *op. cit.,* en ASIL *Proceedings,* 1953, p. 95) . Debe observarse que los contingentes nacionales que participan en fuerzas internacionales —por ejemplo, los contingentes nacionales en la Fuerza de Emergencia de la ONU— (ver 12.17), cuando entran en lucha o realizan otras operaciones militares contra un adversario, no están de ninguna manera exentos del elemental deber de respetar el derecho de guerra. Ni las Naciones Unidas ni ninguna otra institución tiene competencia para hacer nuevas leyes sobre la conducción de sus operaciones militares. Éstas deben quedar sujetas al derecho universal o general, cualesquiera sean su origen y naturaleza.

Las reglamentaciones de la Fuerza de Emergencia de la ONU disponen que la "Fuerza observará los principios y el espíritu de las Convenciones internacionales generales aplicables a la conducta del personal militar" (UN Doc. ST/SGB/UNEF/, par. 44). La misma norma se aplicó a las actividades de las Fuerzas de las Naciones Unidas en el Congo, hecho más importante debido a la lucha en gran escala en Katanga. La lucha armada por parte de las fuerzas internacionales está sujeta al derecho consuetudinario respectivo. Por otra parte, la aplicación de las disposiciones específicas, en contraposición a los meros "principios y espíritu" del derecho convencional contemporáneo, es menos clara y algunas veces impracticable. El problema, obviamente, surge acerca de las convenciones que no se limitan a la codificación del derecho consuetudinario. Ninguna institución internacional es, o puede ser, parte de las Convenciones de Ginebra de 1949, o de la Convención de La Haya de 1954. El cumplimiento de estas y de otras normas del derecho de guerra presupone el cumplimiento de los requisitos que hasta ahora han estado asociados sólo con el funcionamiento de los Estados modernos, y no con el de las instituciones internacionales. Aquí se debe mencionar el deber del Estado de impartir instrucciones obligatorias a sus fuerzas armadas sobre las leyes y usos de la guerra, la responsabilidad de la parte beligerante ante todos los actos realizados por las personas que componen sus fuerzas, y la responsabilidad del comandante por sus subordinados. Hasta ahora, ninguno de estos requisitos puede haber sido —ni ha sido— llenado por órgano internacional alguno. Es igualmente difícil imaginar la aplicación de una parte del derecho de guerra en el mar, a/o por tales órganos, especialmente en lo relativo a la apropiación de bienes. Ni las Naciones Unidas, ni ninguna otra institución, parece competente para establecer tribunales de presas, ni tiene ningún cuerpo de leyes sustantivas que un tribunal de este tipo pudiera aplicar. Si bien debe repetirse una vez más que las leyes sobre la conducción de las hostilidades (combate) y los principios básicos relativos a la protección de las víctimas de guerra y a la administración del territorio del adversario (leyes de ocupación beligerante), se aplican a las operaciones militares de las fuerzas internacionales y son obligatorios para ellas y para la institución que representan, existen, sin embargo, partes del derecho de guerra que pueden aplicarse sólo a los dos Estados o sólo a las partes que celebraron los tratados generadores del derecho en cuestión. El resultado poco satisfactorio es que —a menos que la actual posición legal se modifique mediante una revisión parcial del derecho de guerra— existe el peligro, en cualquier aplicación de fuerza en gran escala con la participación de un organismo internacional, de una doble regla de conducta: una para los Estados individuales y otra para el organismo internacional. Tal regla doble puede ir en detrimento del respeto y del cumplimiento debidos al derecho de guerra. (Todo el problema es analizado por Bowett, *United Nations Forces,* cap. 15, donde se citan los trabajos existentes al respecto, cf. Seyersted, *United Nations Force.* Ver también los informes y discusiones del Instituto de Derecho Internacional citados en 12.21 y II anterior. La materia continúa despertando el interés del Instituto que, después de la Sesión de Varsovia de 1965, estableció una Comisión (*Première Commission*) para tratar les conditions de l'application des lois de la guerre aux opérations militaires des Nations Unies et des organisations régionales". La aplicación de las Convenciones de Ginebra de 1949 a las Fuerzas de la ONU, es materia de la Resolución XXV, adoptada por la XX Conferencia Internacional de la Cruz Roja, Viena, 1965.) Pero, por otro lado, el respeto por los derechos de los Estados neutrales dentro de las leyes de neutralidad existentes es un deber de la Organización y sus fuerzas, sólo en cuanto: *1)* los Estados en cuestión decidan permanecer neutrales (ver 12.27) y *2)* la decisión de ellos sea compatible con sus obligaciones con respecto a la Organización (cf. Art. 2º (5 y 6) de la Carta de la ONU).

(IV) *Derecho de guerra y conflictos armados no internacionales.* Algunas clases de conflictos internos han sido siempre de interés para el derecho internacional. De aquí el reconocimiento de la beligerancia o de la insurgencia, o el concepto —hoy considerado obsoleto— de la intervención humanitaria. Actualmente, los conflictos armados limitados al territorio de un Estado adquieren particular importancia cuando se producen con la participación de un Estado o de Estados extranjeros y, de hecho, disfrazan un conflicto entre Estados que no ha producido todavía la aplicación de la violencia en nivel internacional.

Es difícil determinar los aspectos de los conflictos armados internos que están sujetos a regulación por parte del derecho internacional de la guerra, en especial en lo concerniente a sus disposiciones de tipo humanitario.

La protección del derecho internacional no puede extenderse a cualquier manifestación y uso de fuerza dentro del territorio de un Estado. Este derecho no protege a los rebeldes que cometen actos de mero bandolerismo, a los bandoleros comunes, o a los grupos criminales en general. Puede suceder que un grupo luche en el territorio de un Estado contra la autoridad establecida, por razones que tengan un matiz político, pero que el mismo sea culpable por delitos comunes en gran escala, o tenga tendencias hacia el genocidio, o proclama odios raciales y desigualdades. Ejemplos: los grupos ucranianos pronazis en Europa oriental en las postrimerías de la segunda Guerra Mundial, y las guerras de algunas tribus de África, especialmente en el Congo, en 1960 y después. Tales grupos violan los derechos internacionales del hombre y, debido a la preponderancia del factor criminal común en sus actividades, se sitúan fuera de la protección del derecho internacional. Además, existen desórdenes armados y choques entre la población y la policía, manifestaciones públicas y protestas que desembocan en lucha, o huelgas de trabajadores que toman forma más violenta y originan la intervención de la fuerza armada. Para manejar estas y otras formas similares de violencia, el gobierno no tiene libertad absoluta de usar cualquier método contra la gente que perturbe la paz y el orden del país. Si bien la cuestión pertenece a la jurisdicción interna y es regulada por la ley nacional, el gobierno debe siempre actuar de acuerdo con los dictados de su deber internacional de respetar los derechos humanos y las libertades fundamentales (Ver 8.18 y 8.20). Pero, el derecho internacional no impide al gobierno restaurar el orden y castigar a los infractores de la ley.

No existe ninguna definición exacta y fija sobre los desórdenes y conflictos internos que puedan estar contemplados por alguna clase de regulación del derecho internacional. Deben tomarse en consideración factores tales como los objetivos y propósitos del grupo revoltoso y su justificación dentro de la estructura política y social del Estado, la duración e intensidad de la lucha, y sus repercusiones en las relaciones internacionales. Así, las guerras civiles, las insurrecciones, la rebelión política, los levantamientos para liberar al país de gobernantes locales o extranjeros impuestos y no elegidos por el pueblo, la secesión o el rompimiento de estructuras federales o similares que ya no corresponden a la realidad política y económica y a las aspiraciones populares, son ejemplos de conflictos armados no internacionales, donde es adecuada la aplicación de al menos algunas normas del derecho internacional. En otras palabras, alguna medida de protección debe ser otorgada por el soberano del territorio, como deber legal internacional, cuando el grupo sublevado: *i)* tiene objetivos distintos de la perpetuación de delitos ordinarios o comunes, en contraposición a políticos, *ii)* posee una fuerza militar organizada y *iii)* actúa bajo una autoridad *de facto* responsable por sus actos, mientras en su acción contra los rebeldes o insurgentes la autoridad establecida usa fuerzas de policía en gran escala o fuerzas militares. El uso de tales fuerzas demuestra en forma convincente que el conflicto interno ha asumido dimensiones que requieren la aplicación del derecho internacional.

La amplitud de la protección que debe otorgarse durante un conflicto armado de carácter no internacional, no es idéntica en todos los casos. Así, el reconocimiento de la beligerancia confiere al grupo reconocido los derechos y deberes del derecho de guerra y de neutralidad. Por otra parte, un grupo reconocido como insurgente tiene derechos menos amplios, pero la práctica de los Estados no es uniforme en la determinación del alcance exacto de esos derechos. Se admite generalmente que los insurgentes, en contraposición a los grupos beligerantes, no tiene derechos bélicos con respecto a los neutrales. Debe observarse que en la mayor parte de los casos de reconocimiento de la beligerancia o la insurgencia por parte de un Estado extranjero, dicho reconocimiento no existía por parte del soberano del territorio. ¿El soberano puede ignorar el reconocimiento otorgado por los otros países, y tratar a los rebeldes o insurgentes como criminales y traidores? Si bien la práctica de los reconocimientos no proporciona una respuesta inequívoca, no es posible sostener —como cuestión de derecho— que el soberano, en vista del reconocimiento por parte de otros Estados, deba conceder a los rebeldes de su territorio la protección del derecho de guerra. El hecho de que el gobieno establecido rehúse el reconocimiento, afecta de manera adversa la posición de los rebeldes y limita los efectos del reconocimiento por parte de otros países. Por otra parte, los casos de reconocimiento de la beligerancia o de la insurgencia son más bien raros en los últimos cien años. Como ejemplo, tenemos el de la beligerancia de los Estados Confederados, en 1861 —durante la guerra civil estadounidense— por parte del Reino Unido, mediante una declaración de neutralidad. Un reconocimiento de insurgencia tuvo lugar durante la guerra civil española, de 1936 a 1939, con respecto al general Franco, por parte de varios Estados, mientras otros, incluyendo Alemania e Italia, lo reconocieron muy pronto como gobierno *de jure* en España (ver Whiteman, *Digest,* Vol. 2, pp. 436 y 492; y en general Castrèn "Recognition of Insurgency", 5, *Indian Journal,* 443 (1956)).

Las soluciones que no dependen de ningún reconocimiento son las más frecuentes en la práctica reciente. Algunas veces, las partes en conflicto han respetado una medida mínima de restricciones en la aplicación mutua de la violencia. Por ejemplo, durante la lucha entre las tropas —formalmente— irregulares polacas y alemanas en la Alta Silesia, a comienzos de los años veinte, se observaron algunas leyes de guerra, y los representantes de la Comisión Internacional de la Cruz Roja actuaron en el lugar. También se aceptaron servicios de este cuerpo en la corta guerra civil en Guatemala, en 1954, y su intervención se admitió durante la lucha en Cuba, en 1958. La guerra civil española dio lugar a muchas atrocidades y violaciones del derecho de guerra. Sin embargo, se aplicaron varias normas de éste, incluyendo ciertos principios relativos a los prisioneros de guerra y al bloqueo. Por el contrario, las leyes de la guerra no fueron aplicadas duante la guerra civil en Grecia, en 1946 y posteriormente (cf. UN Doc. S/360, p. 187), si bien se permitió que los prisioneros del gobierno griego recibieran ayuda material suministrada por parte del Comité Internacional de la Cruz Roja.

La situación, algo confusa, del derecho sobre los conflictos armados internos ha sido parcialmente reformada por las Convenciones de Ginebra para la Protección de las Víctimas de Guerra, del 12 de agosto de 1949 (75 *UNTS*, 31). El artículo 3, idéntico en las cuatro Convenciones, está redactado de la siguiente manera:

En el caso de conflicto armado sin carácter internacional que ocurra en el territorio de una de las Altas Partes Contratantes, cada parte del conflicto estará obligada a aplicar, como mínimo, las siguientes disposiciones:

I) Las personas que no tomen parte activa en las hostilidades, incluso los miembros de las fuerzas armadas que hayan depuesto sus armas y aquéllos *hors de combat* por enfermedad, heridas, detención o cualquier otra causa, serán tratados humanamente en todas las circunstancias, sin ninguna distinción adversa basada en raza, color, religión o credo, sexo, nacimiento o riqueza, o cualquier otro criterio similar.

Con este fin, los siguientes actos están y estarán prohibidos en cualquier momento y lugar en relación con las personas mencionadas anteriormente:

a) la violencia contra la vida o la persona, en especial el homicidio de cualquier clase, la mutilación, el trato cruel y las torturas;
b) el apresamiento de rehenes;
c) los ultrajes a la dignidad personal, en especial el trato humillante y degradante;
d) el fallo de sentencias y la realización de ejecuciones sin juicio previo pronunciado por un tribunal regularmente constituido, que proporcione todas las garantías judiciales reconocidas como indispensables por los pueblos civilizados.

II) Los heridos y enfermos serán recogidos y atendidos. Un cuerpo humanitario imparcial, tal como el Comité Internacional de la Cruz Roja, podrá ofrecer sus servicios a las partes en conflicto.

Las partes en conflicto deberán tratar de poner en vigor, por medio de acuerdos especiales, todas o parte de las otras disposiciones de la presente Convención.

La aplicación de las disposiciones precedentes no afectará la posición legal de las Partes en conflicto.

El anterior artículo asegura la aplicación de las normas básicas humanitarias sin producir ninguna clase de reconocimiento. También crea la base legal para la intervención del Comité Internacional de la Cruz Roja y excluye la posibilidad de considerar tal intervención como un acto no amistoso. Pero, la sola presencia del Comité en un conflicto armado no internacional no significa la total aplicación del artículo 3º En la práctica posterior a 1949, hubo guerras civiles en las cuales el Comité fue admitido; y en algunos casos, éste fue el único acto conforme al artículo 3º, puesto que en otros aspectos el gobierno establecido no aceptó la aplicación de las disposiciones restantes (ver Siotis, *Le Droit de la guerre et les conflits d'un caractère non-international;* Falk, "Janus Tormented: The International Law of Internal War", *International Aspects of Civil Strife,* Rosenau, ed., p. 185; Castrèn, *Civil War*).

12.24 COMBATE ARMADO

El combate armado entre las partes y, generalmente, cualquiera de sus actividades hostiles durante el conflicto armado, deben sujetarse a los principios fundamentales del derecho de guerra y de neutralidad (tal como se indica en 12.21): la necesidad militar no releva a las partes del deber de respetar tal derecho; en los llamados casos no regulados, las partes no están en libertad para hacer lo que les plazca; el principio humanitario; la protección de los combatientes, las víctimas de guerra y los neutrales.

Las hostilidades (lucha, combate) entre las partes se efectúan en una zona denominada región de guerra. La región de guerra es la totalidad del territorio, mar y espacio aéreo de las partes y la alta mar. El escenario de la guerra es aquella parte de la región donde las hostilidades realmente tienen lugar. Las áreas neutralizadas (por ejemplo, el Archipiélago de Spitsbergen), las zonas de hospital y de seguridad, y las localidades establecidas por las Convenciones de Ginebra, están fuera de la región de guerra, si bien son parte del territorio de los beligerantes.

El derecho consuetudinario relativo al combate armado, en especial en lo referente al que causa daños al adversario, ha sido codificado en una serie de instrumentos, a saber:

i) La Declaración de San Petersburgo, del 11 de diciembre de 1868, sobre la prohibición del uso en la guerra de proyectiles de menos de 400 gramos (14 onzas), que sean explosivos o estén cargados de sustancias inflamables (Martens, *NRG,* Vol. 18, p. 474);

ii) La Declaración de La Haya, del 29 de julio de 1899, sobre proyectiles y explosivos lanzados desde globos (*ibid.,* Vol. 26, p. 994);

iii) La Declaración de La Haya, del 29 de julio de 1899, sobre proyectiles que difundan gases asfixiantes o nocivos (*ibid.,* p. 998) ;

iv) La Convención de La Haya N? 4, del 18 de octubre de 1907, que contiene regulaciones sobre las leyes y usos de la guerra en tierra (Regulaciones de La Haya), precedida por la Convención de La Haya, N? 2, de 1899, sobre la misma materia (*ibid.,* 3ª Ser., Vol. 3, p. 461) ;

v) La Convención de La Haya N? 7, del 18 de octubre de 1907, relativa a la conversión de buques mercantes en naves de guerra (*ibid.,* p. 557) ;

vi) La Convención de La Haya N? 8, del 18 de octubre de 1907, sobre la colocación de minas submarinas automáticas de contacto (*ibid.,* p. 580) ;

vii) La Convención de La Haya N? 9, del 18 de octubre de 1907, referente a los bombardeos por parte de fuerzas navales en tiempos de guerra (*ibid.,* p. 604) .

Las Convenciones de La Haya de 1899 y 1907 han sido complementadas por el Protocolo de Ginebra del 17 de junio de 1925, referente al uso en la guerra de gases asfixiantes, venenosos y otros (94 *LNTS,* 65), y por el Protocolo de Londres del 6 de noviembre de 1936, relativo al uso de submarinos contra los buques mercantes (173 *LNTS,* 353). La más reciente adición al derecho que restringe la libertad de las partes en el uso de la violencia es la Convención de La Haya del 14 de mayo de 1954 para la protección de la propiedad cultural en caso de conflicto armado (249 *UNTS,* 240). Es innecesario agregar que las convenciones relativas a la guerra económica en el mar, y a la neutralidad, así como las convenciones referentes a la protección de las víctimas de guerra, tienen también importancia para las situaciones de combate, si bien su interés recae en otras cuestiones que surgen en el curso de un conflicto armado (ver 12.25 a 12.27) .

La composición y estructura de las fuerzas armadas es materia regulada especialmente por el derecho interno. Pero ofrece también interés al derecho internacional, el cual determina las clases de personas que portan armas, hacen uso de ellas y permanecen protegidas. Las disposiciones internacionales en la materia se encuentran en los artículos 1? a 3? de las Relaciones de La Haya y en el artículo 4? de la Convención de Ginebra N? III, Relativa al Tratamiento de los Prisioneros de Guerra, del 12 de agosto de 1949 (75 *UNTS,* 135). También la Convención de La Haya N? 7 tiene importancia en relación con esto. Las fuerzas regulares son: el ejército, la marina y la aviación, con sus elementos combatientes y no combatientes, incluyendo las milicias y los cuerpos voluntarios, si estos últimos forman parte de las fuerzas regulares. Los llamados "comandos" y las unidades aerotransportadas que operan detrás de la línea enemiga —frecuentes desde la segunda Guerra Mundial— pertenecen a las fuerzas regulares. La protegida posición de las fuerzas regulares no depende del reconocimiento, por parte del enemigo, del gobierno o autoridad al cual ellos profesan lealtad. Las fuerzas irregulares —incluyendo las milicias y los cuerpos voluntarios (si bien éstos pueden formar parte de las fuerzas regulares) y los movimientos de resistencia organizada, ya operen dentro o fuera de su propio territorio, aun si este territorio está ocupado— quedan protegidos por el derecho de guerra, siempre que sus miembros llenen las siguientes condiciones: *i*) están comandados por una persona que sea responsable de sus subordinados (requisito de organización) ; *ii*) tengan un signo distintivo fijo reconocible a distancia; *iii*) porten sus armas ostensiblemente y *iv*) conduzcan las operaciones de acuerdo con las leyes y usos de la guerra. Finalmente, debe distinguirse el levantamiento en masa (*levée en masse*), es decir, un movimiento espontáneo de los habitantes de un territorio no ocupado, quienes, ante el avance del enemigo, toman las armas para resistir a las tropas invasoras. Éste goza de una condición de protección siempre que porten las armas ostensiblemente y respeten las leyes y usos de la guerra.

El espionaje no es ilegal durante la guerra, pero puede castigarse con la muerte (Regulaciones de La Haya, Arts. 29-31). También puede recurrirse a estratagemas de guerra (Art. 24). La admisibilidad del uso de la bandera falsa en tierra y en el aire es algo dudosa, si bien es permitido en el mar, excepto en los momentos inmediatamente anteriores al ataque. Pueden usarse las insignias militares y los uniformes del adversario, pero no durante la lucha misma.

En vista del progreso tecnológico y las invenciones militares contemporáneas, el problema de la legalidad de las nuevas armas es particularmente interesante. Por "armas nuevas" entendemos los medios y métodos de dañar al enemigo que no eran conocidos y no formaban parte de los arsenales nacionales en el tiempo de la codificación del derecho de guerra. La falta de prohibiciones expresas no equivale a la legalización de las armas en cuestión. Para ser legal, cualquier método nuevo de hacer daño al enemigo debe también adecuarse a los principios fundamentales del derecho de guerra y de neutralidad (ver 12.21) y especialmente al principio de humanidad y a la distinción entre las fuerzas armadas y la población civil. Por lo tanto, todas las armas que producen efectos incontrolables (las llamadas armas indiscriminadas o ciegas) deben considerarse como prohibidas.

Algunos antiguos instrumentos de codificación contiene una prohibición expresa de ciertas armas. Así, la Declaración de San Petersburgo, de 1868, prohíbe el uso de proyectiles explosivos por debajo de cierto peso; y la Declaración de La Haya, de 1899, prohíbe el uso de balas expansivas (balas "Dum-Dum"). Las Regulaciones de La Haya prohíben el empleo de venenos y de armas envenenadas (art. 23 (a)). El Protocolo de Ginebra, de 1925, prohíbe el gas y la guerra bacteriológica.

La invención de las armas nucleares durante la segunda Guerra Mundial, y su empleo contra Japón por parte de Estados Unidos, dio origen a la cuestión de la legalidad del método actualmente más desvastador de hacer daño al enemigo. El progreso de la tecnología de las armas nucleares ha llevado a la construcción de cohetes con un alcance de subkilotón. Son armas tácticas en el sentido de que su limitada explosión y precipitación radiactiva —si se usan en la línea del frente y contra blancos militares específicos, tales como un batallón de infantería o una formación de tanques— pueden restingirse a los combatientes. El problema de la legalidad y admisibilidad de las armas nucleares se concentra en la posibilidad del uso de armas con mucho mayor carga explosiva. No hay duda de que toda arma nuclear en la escala del kilotón, y por encima de ella, no adapta al principio de humanidad y al de la inmunidad de los civiles. Además, el problema insoluble en este caso parece ser la precipitación radiactiva que se produce en las explosiones nucleares: el daño permanente a las generaciones futuras causado por los efectos de la radiación y el peligro del estroncio 90. La Asamblea General de las Naciones Unidas adoptó una declaración en la cual interpretaba que el derecho vigente claramente prohibía el uso de armas nucleares y termonucleares (Res. 1653 (XVI) del 24 de noviembre de 1961). Pero la declaración fue adoptada en contra del voto de muchos Estados, incluyendo tres que son potencias nucleares. Los bombardeos atómicos de Hiroshima y Nagasaki, en 1945, fueron declarados ilegales por la Corte del Distrito de Tokio, en su sentencia del 7 de diciembre de 1963 sobre el caso *Shimoda* (8 *Japanese Annual*, 212 (1964), condensado en 58 *AJIL*, 1016 (1964), y por Oda y Owada, "Annual Review of Japanese Practice in International Law, II (1963)" 9 *Japanese Annual*, 153 (1965); ver Falk, "The Shimoda Case: A Legal Apprisal of the Atomic Attacks upon Hiroshima and Nagasaki", 59 *AJIL*, 759 (1965)).

Aparte de las disposiciones que prohíben el empleo de ciertas armas contra cualquiera, el derecho internacional contiene algunas normas que restringen los modos de *herir al enemigo* mediante el empleo de armas que, usadas de otra manera, son legales. Así, está prohibido herir o matar a traición a los ciudadanos o miembros de la nación o del ejército; o herir o matar a los enemigos que se han rendido; la declaración de que no se dará cuartel; ciertas formas de destrucción e incautación de la propiedad enemiga, la destrucción, injustificada de edificios, pueblos y ciudades, y el pillaje (Regulaciones de La Haya, Arts. 23, 25, 27 y 28). Los miembros no combatientes de las fuerzas armadas que no toman parte en la lucha, los combatientes heridos o enfermos, y las personas civiles, no pueden ser atacados. Pero si se encuentran presentes en la zona donde tienen lugar las operaciones, están expuestos a sufrir los riesgos y daños resultantes de los ataques legales contra los combatientes. Los civiles —que deben distinguirse de los miembros protegidos de las fuerzas armadas irregulares— no reciben ninguna protección del derecho de guerra si toman armas contra las fuerzas enemigas. Debe obsevarse aquí que en lo relativo al derecho de guerra en el mar se ha adoptado un principio diferente: un barco mercante puede recurrir a la resistencia por medio de la fuerza contra el ejercicio de derechos beligerantes por parte de un buque enemigo; entonces el barco queda expuesto al fuego del buque de guerra, pero no puede ser considerado barco pirata.

La "destrucción inútil" de la propiedad, significa la destrucción no relacionada con operaciones ofensivas o defensivas. Durante la segunda Guerra Mundial la devastación general de localidades rurales, pueblos y aun ciudades, fue un hecho frecuente en la guerra terrestre; por ejemplo, la destrucción sistemática de Varsovia, que siguió a la evacuación forzosa de los habitantes, en 1944. Ciertos edificios y objetos deben ser respetados, tanto como sea posible, aun en el curso de operaciones militares regulares. Además de los hospitales y otros lugares especificados en las Convenciones de Ginebra, ellos son:

> Los edificios consagrados a la religión, el arte, la ciencia y la caridad... siempre que no sean al mismo tiempo usados con fines militares.
> Los sitiados deberán indicar estos edificios o lugares con signos especiales y visibles, que deben notificarse, previamente, a los atacantes. (Art. 27 de la Reg. de La Haya.)

En la Convención de La Haya, de 1954, se encuentran disposiciones detalladas con respecto a la protección de lo que se denomina propiedad cultural.

El derecho de guerra terrestre hace una distinción entre los lugares defendidos y los no defendidos

> El ataque o bombardeo, por cualquier medio, a ciudades, pueblos, viviendas o edificios no defendidos está prohibido. (Art. 25 Reg. de La Haya.)

Por otro lado, en la guerra aérea tiene importancia distintas categorías: los objetivos militares y los no militares. Estas categorías se encuentran en las Reglas de la Guerra Aérea, no obligatorias, de 1923 (17 *AJIL*, Supl. 245 (1923) y 32 *AJIL*, Supl. (1938)). Según estas Reglas, un objetivo militar es "un objeto cuya destrucción o daño produciría una definida ventaje militar para los beligerantes". Sin embargo, la segunda Guerra Mundial ofreció ejemplos de bombardeos aéreos destinados a aterrorizar al adversario y a su población civil (por ejemplo, el bombardeo de Varsovia, en 1939; el de Rotterdam, en 1940; o el de Belgrado, en 1941); de bombardeos ilimitados de localidades, pueblos y ciudades con la intención expresa de dañar a los no combatientes, sus viviendas y sus bienes (por ejemplo, una serie de incursiones aéreas contra Londres y otras ciudades británicas, incluso Coventry); y de bombardeos estratégicos cuando una zona completa, por su importancia para el enemigo, se convertiría en blanco para una devastación casi total (bombardeos de saturación en Alemania, que produjeron la destrucción de muchas ciudades, por ejemplo, Dresde). Estas prácticas a menudo sólo produjeron ventajas militares ilusorias. Sin embargo, fueron continuadas después de 1945 (por ejemplo, bombardeos de saturación por la Fuerza Aérea de Estados Unidos, en Corea).

La conclusión es poco prometedora no sólo para el desarrollo futuro del derecho de guerra aérea. El uso indiscriminado de la fuerza aérea tiene influencia destructora sobre la validez de varias restricciones impuestas a los beligerantes por el derecho de guerra terrestre o marítima. Porque podría preguntarse si las prohibiciones de ese derecho tienen algún sentido si de hecho pueden ser burladas por el uso ilimitado de la fuerza aérea.

El derecho de guerra marítima pertenece a la parte más antigua del derecho internacional. A diferencia del derecho de guerra aérea, está formado por un vasto cuerpo de leyes y usos. Es principalmente de naturaleza consuetudinaria; sólo unas pocas cuestiones específicas se regulan en los tratados.

La Declaración de París de 1856 (Martens, *NRG*, vol. 15, p. 767) abolió el corso, y actualmente un barco se hace parte de la armada del Estado y tiene competencia para ejercer derechos de beligerancia en el mar, sólo cuando está debidamente comisoinado. La Convención de La Haya N? 7, de 1907, regula la conversión de barcos mercantes en buques de guerra.

En el derecho de guerra anterior a 1914, existía una clara diferencia de tratamiento a los buques de guerra y a los barcos mercantes enemigos. Mientras que aquéllos podían ser atacados y destruidos, éstos quedaban exentos de ataques, pero eran, en cambio, susceptibles de ocupación y de condena en los tribunales de presas del beligerante que los había capturado. Los barcos mercantes sólo perdían su inmunidad con respecto al ataque si rehusaban reiteradamente detenerse, o si resistían activamente el registro o secuestro, o si ayudaban en forma directa a sus propios buques de guerra o atacaban a los buques enemigos.

Durante la primera Guerra Mundial, Alemania empezó a usar submarinos contra los barcos enemigos, y en ocasiones contra los neutrales, mientras que el Reino nido aprovisionó sus barcos mercantes de armas y municiones, política que anunció antes del comienzo de las hostilidades. Estas acciones, por parte de las dos potencias navales —y su imitación por otros beligerantes, después de 1914— produjeron una cadena de reacciones y contrarreacciones que ocasionaron un considerable debilitamiento en la inmunidad de los barcos mercantes, en relación con los ataques. Sólo en 1936 se anunció la norma de que los submarinos no podían hundir barcos mercantes o incapacitarlos pàra la navegación, sin haber puesto previamente a salvo a sus pasajeros, tripulación y documentos. Los botes salvavidas se consideraban como lugar a salvo sólo en condiciones favorables de tiempo y de mar, de cercanía a tierra, o de presencia de otra nave que pudiera recibir a bordo a los pasajeros y a la tripulación (Protocolo de Londres, de 1936). Pero, desde el comienzo de la segunda Guerra Mundial, Alemania llevó a cabo una ilimitada guerra de submarinos; Estados Unidos luego hizo lo mismo en el Pacífico; y, en las últimas fases de la guerra, el Reino Unido también desobedeció las prohibiciones del Protocolo (ver el fallo del Tribunal de Nuremberg, citado 12.22 (I), y las partes relativas a los almirantes Doenitz y Raëder, especialmente en la p. 109).

El hecho de que los barcos mercantes estén armados no los hace de por sí susceptibles al ataque a primera vista. Pero los beligerantes dieron instrucciones a sus naves mercantes para que usaran las armas en circunstancias que creaban una verdadera amenaza a los buques de guerra enemigos. En especial, durante la segunda Guerra Mundial, se instruyó a los barcos mercantes armados de los Aliados para que usaran sus armas al divisar un submarino enemigo. No es, por lo tanto, sorprendente que la condición de no combatientes de las naves mercantes comenzara a sufrir un cambio. Es cierto que el proceso había sido iniciado por aquellos beligerantes cuyos submarinos hundieron una serie de barcos mercantes enemigos en alta mar, sin aviso previo. Algunos beligerantes también iniciaron la práctica de establecer las denominadas "zonas de guerra", y advirtieron que cualquier nave que se encontrara dentro de tal zona estaría expuesta a ser hundida a primera vista. Pero una vez que los barcos mercantes recurriesen a contramedidas tales como el uso ofensivo de armas, la embestida a los submarinos, el envío de informes sobre la posición de éstos luego de divisarlos, o la navegación en convoy, los buques de guerra enemigos tendrían derecho de tratarlos como parte de las fuerzas navales del enemigo y, por lo tanto, emplear contra ellos medidas de fuerza. Por el contrario, si el barco mercante se abstuviera de toda participación activa y de tomar la iniciativa en las hostilidades, no navegara bajo la protección de barcos de guerra y no les prestase ayuda en las operaciones militares en el mar, entonces tendría derecho a la completa y tradicional inmunidad respecto del ataque.

Los beligerantes tienen el deber de dar cuartel a las naves que se rinden. En vista de las prácticas criminales que se llevaron a cabo durante la segunda Guerra Mundial, debería hacerse hincapié en la prohibición contra el ataque a los sobrevivientes indefensos (cf. el caso *Peleus, War Crimes Reports,* Vol. I, 1946, p. 1).

La Convención de La Haya Nº 8, de 1907, prohíbe la colocación de cierto tipo de minas en determinadas circunstancias. El objeto de estas disposiciones es proteger a los barcos neutrales y mantener el principio de que los barcos mercantes no deben ser atacados sin aviso.

El bombardeo de la costa enemiga por parte de las fuerzas navales se basa en una combinación de principios adoptados con referencia a la guerra terrestre y aérea. Aquí podemos recordar que mientras la primera se refiere a las categorías de plazas defendidas, la segunda se refiere a objetivos militares. En la guerra marítima los dos criterios son aplicables. La cuestión ha sido regulada en la Convención de La Haya Nº 9, de 1907. La Convención prohíbe el bombardeo de puertos indefensos y de otros lugares, pero permite, en localidades no defendidas, abrir fuego contra los objetivos militares y navales enumerados en el artículo 2º

La situación de los cables telegráficos submarinos durante la guerra no ha sido definida. Las Regulaciones de La Haya (Art. 54) excepcionalmente permiten al ocupante apoderarse o destruir cables submarinos que conecten territorio enemigo ocupado con territorio neutral. Es dudoso saber si tal derecho existe con respecto a otros cables. En· los conflictos modernos, los Estados han interferido los cables de comunicación con territorio enemigo.

12.25 VÍCTIMAS DE GUERRA Y SU PROTECCIÓN

El derecho sobre la protección de las víctimas de guerra ha sido desarrollado, revisado y codificado en las Cuatro Convenciones de Ginebra, del 12 de agosto de 1949: la número 1 para el Mejoramiento de las Condiciones de los heridos y enfermos de las Fuerzas Armadas en el Campo de Batalla, precedida por la Convención de Ginebra original de 1864 y sus revisiones de

1906 y 1929 (75 *UNTS*, 31); la N? 2 para el Mejoramiento de la Condición de los heridos, enfermos y náufragos miembros de las Fuerzas Armadas en el Mar, precedida por las Convenciones sobre la misma materia en 1899 y 1907 *(ibid.,* 85); la N? 3 relativa al Tratamiento de Prisioneros de Guerra, precedida por las disposiciones referentes a prisioneros de Guerra en las Regulación de La Haya, de 1899 y 1907, y por una Convención separada sobre la materia, de 1929 *(ibid.,* p. 135); y la N? 4 relativa a la protección de los civiles en tiempos de guerra *(ibid.,* p. 287).

Un rasgo distintivo de las Convenciones de Ginebra es su aplicación "con la cooperación y bajo la supervisión de las *Potencias Protectoras"* (Art. 8? (I)). La Potencia Protectora es un Estado neutral, al cual una de las partes beligerantes confía la protección de sus ciudadanos que están o llegan a quedar bajo el control de la otra parte. Los deberes que corresponden a las Potencias Protectoras pueden ser confiados a "una organización que ofrezca todas las garantías de imparcialidad y eficacia" (Art. 20 (I)). Si no se puede arreglar la protección entre los beligerantes, las funciones humanitarias de otra manera desempeñadas por la Potencia Potectora pasan a una organización humanitaria, tal como al Comité Internacional de la Cruz Roja, si esa organización está dispuesta a asumirlas (Art. 10? (3)). El cumplimiento de sus responsabilidades por parte de las Potencias Protectoras no constituye "obstáculo para las actividades humanitarias que el Comité Internacional de la Cruz Roja o alguna otra organización humanitaria imparcial" pueda emprender en favor de la protección de las víctimas de guerra. Las mencionadas actividades pueden realizarse sólo con el consentimiento de las partes en conflicto (Art. 9?). Las funciones específicas y variadas de las Potencias Protectoras están reguladas en las Convenciones respectivas. Estas funciones son más amplias en relación con los prisioneros de guerra y los civiles protegidos, que con respecto a los heridos, enfermos o náufragos.

La Convención de Ginebra N? 1 regula en detalle el respeto y el cuidado de los enfermos y heridos que son miembros de las fuerzas armadas en campaña, o están asimilados a ellos según las disposiciones de la Convención. Las partes en conflicto están obligadas a proteger de ataques y a respetar las unidades médicas y su personal, los establecimientos médicos y el material. Las partes pueden establecer zonas de hospital y localidades especiales que quedan excluidas de la región de guerra. La Convención de Ginebra N? 2 contiene principios idénticos en relación con los enfermos y heridos en el mar y con los náufragos. La Convención regula la protección que debe otorgarse a los barcos hospitales militares, los privados del enemigo y los privados neutrales.

Las Convenciones N? 1 y N? 2 disponen un emblema y signo distintivo del servicio médico de las fuerzas armadas; la cruz roja sobre campo blanco. La media luna roja o el león y sol rojos en campos blancos, se reconocen también como tales. Los barcos hospitales deben tener todas las superficies exteriores blancas y una o más cruces de color rojo oscuro pintadas y visibles a cada lado del casco y en las superficies horizontales.

El cautiverio es regulado en la Convención N? 3. Se definen las categorías de personas que, después de haber caído en poder del enemigo, deben ser consideradas prisioneros de guerra. Por lo tanto, tienen derecho a la protección y tratamiento dispuestos en la Convención. Los prisioneros de guerro están en poder del Estado enemigo (la potencia retenedora) y no en el de aquellos individuos o unidades militares que los han capturado. La potencia retenedora siempre es responsable por el tratamiento dado a los prisioneros. En disposiciones detalladas, la Convención dispone el tratamiento humano de los prisioneros; la retención por parte de ellos de sus efectos y artículos de uso personal, y de sus distintivos de rango y nacionalidad, etcétera, la detención de los prisioneros y del establecimiento de campos de concentración la suficientemente distantes de las zonas de combate como para que estén fuera de peligro; las garantías de higiene y de nutrición apropiadas; el alojamiento y la vestimenta; la atención médica; las actividades religiosas, intelectuales y físicas; la disciplina, el traslado de prisioneros después de su llegada al campo; sus recursos laborales y financieros; y sus relaciones con el mundo exterior. La Convención establece normas detalladas con respecto a las relaciones entre los prisioneros de guerra y la potencia que los retiene. En especial, la Convención contiene disposiciones muy específicas sobre las sanciones penales y disciplinarias que puede aplicar tal potencia. El principio general es que un prisionero de guerra se encuentra sujeto al control de la potencia que lo detiene. El carácter detallado y algo técnico de las disposiciones sobre el castigo de prisioneros de guerra es el resultado de la frecuente experiencia trágica y de los abusos cometidos durante la segunda Guerra Mundial (ver, por ejemplo, los juicios del tribunal de Nuremberg citados en 12.22 (I) pp. 45-48).

Los intentos, por parte de la potencia que mantiene la detención, de obtener de los prisioneros cualquier información que sea útil para la conducción de la guerra, o que aumente, en general, el conocimiento del país enemigo, no son ilegales por sí mismos, pero la Convención prescribe:

> Ninguna tortura física o moral, ni ninguna forma de coerción, puede inflingirse a los prisioneros de guerra para obtener de ellos información de cualquier clase. Los prisioneros de guerra que rehúsen contestar no pueden ser amenazados, insultados o sometidos a tratamientos desagradables o desventajosos de ninguna clase. (Art. 17 (4))

La Convención expresamente regula la amplitud de la información que un prisionero de guerra está obligado a comunicar a la potencia que mantiene la detención.

> Cada prisionero de guerra, cuando se le interrogue al respecto, tiene la obligación de dar solamente su apellido, nombre y rango, fecha de nacimiento, su regimiento, número personal o de serie, o a falta de ellos, una información equivalente. (Art. 17 (1)).

Si la potencia que mantiene la detención emprende actividades intelectuales o educativas cuyos objetivos son influir en las ideas de los prisioneros de guerra sobre cuestiones políticas o de otra índole, o al menos impartirles cierto conocimiento (reeducación, adoctrinamiento), los prisioneros de guerra que rehúsan tomar parte en estas actividades no pueden ser objeto de ninguna coerción, amenazas, insultos o tratamientos desagradables o desventajosos (el caso de los prisioneros de guerra norteamericanos en campos chinos, 1950-53).

Durante la guerra, cuando hay escasez de mano de obra, quien hizo la captura se ve tentado de utilizar el trabajo de los prisioneros de guerra. La Convención enumera los campos económicos específicos en los cuales los prisioneros de guerra únicamente pueden ser empleados (Art. 50). Sólo los soldados pueden ser obligados a trabajar, y los oficiales no comisionados únicamente podrán ser obligados a realizar trabajos de supervisión. La edad, el sexo, el rango y la actitud física deberán tomarse en cuenta. A los oficiales o personas de posición equivalente se les dará trabajo apropiado sólo si ellos mismos lo solicitan.

La Convención dispone que los "prisioneros de guerra deberán ser liberados y repatriados sin demora después del cese de las hostilidades activas" (Art. 118). Este principio excluye la posibilidad de retener prisioneros de guerra hasta la celebración formal de un tratado de paz, o de retrasar su repatriación por otras razones, por ejemplo, mantener a los pisioneros por venganza o para usarlos como mano de obra barata para la reconstrucción en la posguerra. Pero puede preguntarse si la obligación de repatriar es extensiva para los prisioneros que no quieren regresar, porque podría aducirse que la potencia que mantiene la detención debe igualmente respetar la renuncia del derecho de repatriación por los prisioneros de guerra individuales, si ello va en el propio interés del prisionero (compárese en este aspecto el artículo 7? de la Convención). Si bien el lenguaje de la Convención es explícito en lo que se refiere a la repatriación de todos los prisioneros de guerra, al final de la Guerra de Corea fue aceptado el principio de la repatriación voluntaria (ver Asamblea General Res. 610 (VII), de 1952, y Art. 3, Par. 51 a y b, del Acuerdo de Armisticio de Corea, 27 de julio de 1953).

"Obligar al prisionero de guerra a servir en las fuerzas de la potencia hostil" es una de las graves violaciones de la Convención N? 3, según su artículo 130. Pero surgen dificultades en relación con la interpretación de la palabra "obligar". Unos 50 000 prisioneros de guerra surcoreanos fueron incorporados durante la guerra de Corea a las fuerzas armadas de Corea del Norte. Primero fueron sometidos a un proceso de reeducación y después liberados; sólo después de su liberación fueron incorporados a las fuerzas que, según parece, ellos habían dejado de considerar "hostiles".

La Convención de Ginebra N? 4, sobre la protección de civiles en tiempos de guerra, surgió después de la horrible experiencia de una serie de violencias, brutalidades y actos de terror dirigidos contra las poblaciones civiles durante la segunda Guerra Mundial (compárese Juicios de Nuremberg, loc. cit., pp. 48-60, 62-64, 96-100, 114-16, 120-22 y 124-26).

La protección de la Convención se extiende a todos los ciudadanos civiles de un beligerante que es parte de ella. Así, las personas protegidas por las

Convenciones de Ginebra N°s· 1-3, no se benefician por la Convención N° 4. Hay tres tipos de protección en la Convención N° 4. La más general (Artículos 13-26) se extiende al "total de la población de los países en conflicto, sin ninguna distinción adversa basada especialmente en raza, nacionalidad, religión u opinión política" (Art. 23). Los dos tipos de protección restantes cubren grupos especiales dentro de tales poblaciones: 1°) extranjeros en el territorio de una parte en el conflicto (Arts. 35-46), 2°) personas protegidas que se encuentran en territorio ocupado (Arts. 47-78). Hay numerosas disposiciones comunes a estos dos grupos (Arts. 27-34 y 79-135).

Las partes en conflicto pueden establecer —en su propio territorio y en las zonas ocupadas— hospitales, zonas de seguridad y localidades para la protección de ciertas clases de civiles (Art. 14); mientras que en las regiones en donde se realiza la lucha, cualquier parte puede proponer a la parte enemiga el establecimiento de zonas neutrales, con el objeto de albergar a los combatientes heridos y enfermos y a ciertas clases de personas civiles (Art. 15). La Convención regula la protección de los civiles en el escenario de la guerra y, en especial, la asistencia médica y el envío de cargamentos (Art. 23). Todas las personas tienen derecho de mantener correspondencia de carácter estrictamente personal con los miembros de su familia, dondequiera que se encuentren. Deben darse facilidades para las investigaciones que realicen los miembros de las familias dispersas como consecuencia de la guerra

Disposiciones comunes a la situación de los extranjeros en el territorio del beligerante y a las personas protegidas en las zonas ocupadas, garantizan el respeto por las personas y su honor, derechos de familia, convicciones y prácticas religiosas, y sus usos y costumbres El tratamiento debe ser siempre humano y no se harán distinciones adversas por causa de raza, religión u opinión política. Ninguna coerción física o moral podrá ejercerse contra las personas protegidas, en especial para obtener información de ellas o de terceras personas. A los Estados les está expresamente prohibido causar daño físico (incluyendo toda clase de experimento y medidas brutales) o exterminar a las personas protegidas que se hallen en su poder. La responsabilidad y las penalidades colectivas y otras medidas de intimidación o de terrorismo están prohibidas. El pillaje, las represalias y el apresamiento de rehenes están igualmente prohibidos. Una gran parte de la Convención está dedicada a la internación de civiles y a los deberes de las autoridades que mantienen la detención (Arts. 79-135). Estas normas detalladas son el resultado de la existencia —especialmente durante la segunda Guerra Mundial— de campos de concentración donde los internados fueron muertos por hambre, torturados y asesinados; o de campos de trabajos, a menudo en regiones distantes y de clima riguroso, a donde se los había deportado para hacer trabajos obligatorios y llevar una vida en condiciones inhumanas.

Las disposiciones relativas especialmente a los extranjeros que se encuentran en el territorio de una parte en conflicto son una adición importante y una aclaración del derecho consuetudinario en relación con la posición de los nacionales enemigos al estallar la guerra y durante ella. La Convención adopta dos principios básicos con respecto al tratamiento de tales ciudadanos: *1º)* pueden abandonar el territorio del beligerante, a menos que su partida sea contraria a los intereses de éste; *2º)* la posición de las personas protegidas que se queden en el territorio del beligerante continúa siendo regulada, en principio, por las leyes para extranjeros en tiempos de paz (ver 8.10 a 8.12), pero la Convención misma admite desviaciones de esta norma, si bien garantiza el respeto de ciertos derechos básicos en cualquier circunstancia.

Las personas protegidas en territorio ocupado se benefician por la Convención, sin importar los cambios políticos o legales que puedan ocurrir allí, de hecho o de derecho. Los extranjeros en el país ocupado deben tener libertad para abandonar el territorio. Están prohibidos los traslados individuales o en masa y las deportaciones de personas a cualquier otro país. Las autoridades ocupantes pueden emprender la evacuación de la población civil por razones de su propia seguridad o con fines militares. Sin embargo, no se permite ningún desplazamiento fuera de las fronteras del territorio ocupado, excepto cuando hay causas materiales que lo hacen inevitable. El ocupante tiene prohibido deportar o trasladar a sus propios civiles al territorio ocupado. El ocupante tiene ciertos deberes referentes a las necesidades esprituales y materiales de las personas protegidas. La potencia ocupante no las puede obligar a servir en sus fuerzas armadas o auxiliares. Está prohibida cualquier presión o propaganda que tenga por objeto lograr el alistamiento voluntario. La Convención contiene disposiciones detalladas cuyo fin es garantizar una adecuada administración de justicia y evitar que el ocupante abuse de su poder por medio de la legislación penal y de los procedimientos judiciales.

12.26 GUERRA ECONÓMICA CON OCUPACIÓN BELIGERANTE

Una gran cantidad de disposiciones en el derecho de guerra y de neutralidad tratan de los aspectos económicos del conflicto armado, en especial de la ocupación de bienes de un Estado enemigo o neutral, o de sus ciudadanos, y en general, de la política económica adoptada por los beligerantes. Debido a su importancia —tal como se reveló especialmente en las dos guerras mundiales— las disposiciones sobre los aspectos económicos de la guerra pueden agruparse en un solo título, si bien tradicionalmente pertenecen a las distintas ramas del derecho de guerra terrestre, de guerra marítima y de neutralidad. También es conveniente incluir aquí el derecho de ocupación beligerante. Obviamente, ese derecho no es sólo de naturaleza económica; pero en el siglo xx la ocupación del territorio del adversario ha perseguido especialmente fines politicoeconómicos, en contraposición a adjetivos de carácter estrictamente militar.

Tan pronto como se crea el estado de guerra, ciertas personas, empresas y sociedades —especialmente, aunque no única ni automáticamente, las nacionales de la parte adversaria— y ciertos bienes y barcos, adquieren carácter de enemigo. Las actividades de estos individuos, empresas o sociedades, son entonces objeto de una serie de restricciones, mientras que los bienes y barcos pueden, según disposiciones específicas, ser sometido a un régimen especial, ocupados o aun confiscados. La práctica de los Estados varía con respecto a lo que constituye carácter de enemigo. La práctica británica y estadounidense establece una relación entre el domicilio y el carácter de enemigo. Así, un individuo domiciliado en país enemigo y todos los bienes pertenecientes a él, tiene carácter de enemigo, con independencia de su nacionalidad. Al contrario, la nacionalidad es el criterio decisivo en la práctica de muchos Estados del Continente europeo. El elemento principal en los barcos es la bandera. La propiedad es el criterio básico para establecer el carácter de enemigo de los bienes a bordo de un barco. Pero también se aplican otros factores, puesto que la propiedad ha sido correctamente criticada como criterio que no se adapta a los fines de la guerra marítima. En este caso, el elemento importante parece no ser la nacionalidad enemiga del propietario, sino su relación comercial con el enemigo, o el origen enemigo de los bienes. Existe la presunción de que todos los bienes que se encuentran a bordo de un barco enemigo tienen carácter enemigo. No hay unanimidad entre los Estados con respecto a la obligatoriedad de la llamada Regla 1756: si un barco neutral adquiere carácter del enemigo cuando, en tiempos de guerra, trasporta carga de un beligerante (con permiso de éste), que no solía llevar en tiempos de paz. Si bien las leyes de presas, otras regulaciones y las decisiones judiciales de los Estados individuales, varían en su criterio en relación con el carácter de enemigo, no existen casi normas internacionales al respecto (cf. Arts. 16-18 de la Convención de La Haya Nº 5 respecto de los Derechos y Deberes de las Potencias Neutrales y de las Personas en Caso de Guerra Terrestre, Martens, NRG, 3ª Sec. Vol. 3, p. 504 y los artículos 46, 55-60 y 63 de la Declaración no ratificada de Londres respecto de las Leyes de la Guerra Marítima, del 26 de febrero de 1909, *The Declaration of London,* Scott Ed.).

En virtud del derecho interno de los países afectados, el estado de guerra generalmente tiene como efecto una prohibición completa —o al menos severas limitaciones— para el intercambio con personas enemigas, en especial en la esfera comercial (legislación sobre comercio con el enemigo, comparar el Comercio Británico con la Ley Enemiga de 1939, 2 y 3 Geo. VI, c. 89, y la Ley de Estados Unidos de América, de 1941, reimpresa en 36 *AJIL,* Supl. 56 (1942); ver también el caso *Woo* (1951) A.C.707; el caso *Vamvakas* (1952) 2 Q.B. 283; el caso *Guesselfeldt,* 342 U. S. 308 (1952); y los casos *Übersee Finanz-Korporation,* A.G., 332 U. S. 480 (1947) y 343 U.S. 205 (1952). Un estado de guerra también produce, mediante el juego del derecho interno y el internacional, la abrogación y/o la suspensión de los contratos de derecho privado celebrados antes del comienzo de la guerra entre personas que pertenecen a países enemigos. La condición jurídica de los barcos mercantes enemigos en los puertos de los beligerantes, está regulada por la Convención de La Haya Nº 6 de 1907 (Martens, NRG, 3ª Sec., Vol. 3, p. 533).

La guerra pone fin a las relaciones de las partes —incluyendo las económicas— que eran mantenidas a través de sus misiones diplomáticas y por sus cónsules. El efecto de la guerra en los tratados —incluso los de carácter económico— ha sido ya mencionado (4.56).

El beligerante tiene diversos derechos sobre la propiedad enemiga y otras zonas económicas, cuando logra ocupar territorio enemigo. La ocupación (militar) beligerante de territorio enemigo en tiempos de guerra, es la toma de posesión provisional de tal territorio. La ocupación beligerante es distinta de la mera invasión. La invasión siempre precede a la ocupación, pero no es por sí suficiente para la existencia de ésta. Se considera a un territorio bajo ocupación cuando la autoridad legítima ha pasado de hecho a manos del ocupante, quien establece su propia administración.

El deber básico del ocupante se formula en el artículo 4° de las Regulaciones de La Haya:

[El ocupante] tomará todas las medidas a su alcance para restablecer y asegurar, tanto como sea posible, el orden y la seguridad públicas, respetando, a menos que le sea absolutamente imposible, las leyes vigentes en el país.

El ocupante es sólo un administrador provisional del territorio en cuestión. Por lo tanto, tal territorio no puede ser anexado, dividido, transformado en un Estado dependiente o independiente, ni su posición legal puede ser afectada de manera permanente. La zona ocupada continúa viviendo con sus propias leyes, administración y sistema judicial. Sólo la seguridad del ejército de ocupación u otra imperiosa necesidad militar justifican cambios en las leyes locales y en los órganos del poder público.

Las disposiciones de La Haya sobre el tratamiento de la población civil en territorio ocupado han sido extensamente ampliadas y complementadas por la Convención de Ginebra N° 4 (ver 12.25).

Durante la ocupación, el beligerante se transforma en administrador y usufructuario de los inmuebles del Estado enemigo dedicados a fines distintos de los religiosos, de caridad y de educación, arte y ciencias (Arts. 55 y 56); pero no puede apoderarse de ningún inmueble que sea de propiedad pública. En cuanto a los muebles de propiedad pública enemiga, el beligerante puede apoderarse de:

Dinero en efectivo, fondos, valores realizables... depósitos de armas, medios de transporte, almacenes y provisiones, y en general de toda propiedad mueble perteneciente al Estado que pueda ser usada con fines militares. (Art. 53 (I)).

La posesión en el sentido anteriormente señalado debe distinguirse de la toma del botín de guerra. Botín de guerra es sólo la propiedad pública del enemigo, que el beligerante encuentra o captura en el campo de batalla. Tal propiedad puede ser tomada sin consideración de su utilidad en operaciones militares.

En relación con la propiedad privada, el principio general de las Regulaciones de La Haya establece que no puede confiscarse (Art. 46 (2)). Este es un principio distinto de las leyes de guerra en el mar. Los inmuebles, tales como los de propiedad pública, están exentos de apropiación por parte de los beligerantes. Si las necesidades militares así lo exigen, los beligerantes pueden usar la propiedad privada inmueble, especialmente los edificios. Sin embargo, tal uso es diferente de la administración regular y/o el usufructo de la propiedad privada, y no los incluye. La propiedad privada mueble puede ser ocupada en ciertos casos. Así, según el artículo 53, los beligerantes pueden apropiarse de todos los depósitos de armas, medios de transporte, almacenes, provisiones y otros objetos privados que puedan ser usados en operaciones militares. El párrafo 2º del artículo dispone lo siguiente:

> Las redes ferroviarias, los telégrafos, teléfonos, vapores y otros barcos, aparte de los regulados por el derecho marítimo, así como los depósitos de armas y, en general, toda clase de municiones de guerra, aunque pertenezcan a compañías o personas privadas, constituyen también material que puede servir para operaciones militares, pero deben devolverse al establecerse la paz, y debe pagarse indemnización por ellos.

El beligerante tiene el derecho de hacer requisiciones en especie y servicios para las necesidades del ejército que lleva a cabo las operaciones en una zona, o la ocupa. Las requisiciones deben ser proporcionadas a los recursos del país. Deben ser de tal naturaleza que no coloquen a los habitantes en operaciones militares contra su propio país. Las requisiciones deberán pagarse en efectivo, se dará recibo y se efectuará el pago con la mayor celeridad posible. El alojamiento de soldados es también un tipo de requisición y debe pagarse. Finalmente, las necesidades del ejército pueden subsanarse mediante una contribución impuesta por orden del comandante en jefe. El ocupante puede también recaudar los impuestos regulares, según el Art. 48 de las Regulaciones de La Haya.

Debe hacerse notar aquí que durante las dos Guerras Mundiales, y especialmente la segunda, Alemania y otros ocupantes beligerantes recurrieron a medidas que afectaron más profundamente la vida económica de los países ocupados que las simples requisiciones, contribuciones o confiscaciones de propiedad emprendidas dentro de los límites del derecho de La Haya. Mientras que las disposiciones de La Haya sobre la protección de la propiedad fueron violadas durante la segunda Guerra Mundial en escala hasta hoy desconocida, los ocupantes a menudo realizaron despojos económicos, que tenían la apariencia de una administración regular ilegal. Por ejemplo, los ocupantes fijaron una tasa de cambio que subestimaba la moneda local o de ocupación y sobrevaloraba su propia moneda, así era mejorado el poder adquisitivo de ésta. Impusieron costos no necesarios y excesivos de ocupación, y fueron responsables de una política de inflación. Esta política a menudo alcanzó dimensiones catastróficas (por ejemplo en Grecia, en 1944, o en las Filipinas, en 1945). Organizaron un sistema de compensación bancaria de funcionamiento anormal, que produjo grandes pérdidas en las economías locales, y usaron otras prácticas bancarias para disfrazar el apoderamiento ilegal de bienes en los países ocupados. En general, las transferencias forzadas de propiedad en territorios controlados por el enemigo se usaron mucho durante la segunda Guerra Mundial en la Europa ocupada por Alemania. Sin duda, existen principios generales en las Regulaciones de La Haya de los cuales puede deducirse la prohibición de enriquecimiento por parte del ocupante. Lo que falta a esas Regulaciones son normas específicas sobre la administración económica del país ocupado (cf. caso *Soc. Timber,* ILR, 1951, caso N? 192; caso *Booty (Requisitioned Car), ibid., caso* N? 219; caso *Ministry of War vs. Calorni and Fattori. AD,* 1948, caso N? 182; caso *Olive Oil, ibid.,* caso 186; caso *Bulgarian Occupation of Greece, ibid.,* 1947, caso número 110; *Standard-Vacuum Oil Company vs. United States,* 153 F. Supl. 465 (Ct. Cl. 1957); "Avis arbitral de Bruxelles relatif à l'or de la Banque Nationale d'Albanie", 10 *Annuaire Suisse,* II (1953), reimpreso ICJ *Pleadings, Case of the Monetary Gold,* p. 38; *Case of the Monetary Gold Removed from Rome in 1943 (Preliminary Question)* (1954), ICJ Rep. 19; casos *Bernstein,* 163 F 2o. 246 (2a. Cir. 1947) y 76 F, Supl. 335 (S.D.N.Y. 1948); 173 F 2o. 71 (2ª Cir. 1949) y 117 F. Supl. 898 (S.D.N.Y.) (2953); 210 F. 375 (2ª Cir. 1954); casos *Haw Pia* y *Gibbs* que se refieren a la moneda de ocupación, ILR, 1951, casos 203 y 204. Las prácticas alemanas relativas al despojo económico de los países ocupados están bien ilustradas por los Juicios de Nuremberg, *loc. cit.,* pp. 54-55, 85-86, 95-96, 97, 103-104 y 122. Ver también *In re Flick et al., Trials of War Criminals before the Nuremberg Military Tribunals under Control Council Law No. 10,* Vol. 6, 1952, pp. 1202-16; *In re Krauch et al., ibid.,* Vol. 7, 1953, pp. 1128-67; y *In re Krupp et al., ibid.,* Vol. 9, 1950, pp. 1338-90).

El derecho de guerra económica en el mar ofrece menor protección a la propiedad que el derecho de guerra terrestre. Los barcos enemigos y las mercaderías encontrados por un buque de guerra en alta mar o en el mar territorial enemigo son susceptibles de ocupación (o captura) y de una declaración posterior de presa legal en los tribunales de presas de quien realizó la captura. Ciertos barcos están exentos de confiscación, ya sea según el derecho consuetudinario general o ya por disposiciones de tratados, en especial los barcos amparados por la Convención de La Haya N? 6, Arts. 3? y 4? de la Convención de La Haya N? 11 relativa a ciertas restricciones con respecto al Ejercicio del Derecho de Captura en la Guerra Naval (Martens, *NRG,* 3ª Ser. Vol. 3, pp. 533 y 663) y Art. 14, I (b) de la Convención de La Haya, de 1954), y también están exentos los barcos hospital y de cartel. Sobre las mercaderías, la Convención de La Haya N? 11 acordó la inviolabilidad de la correspondencia postal; pero esta norma ya no se cumple por los beligerantes. También, la Declaración de París de 1856, enunció el principio de "barcos libres, mercaderías libres". Por lo tanto, la bandera neutral protege a las mercaderías enemigas de la confiscación, con la excepción del contrabando de guerra. Sin embargo, el recurso de las represalias por parte de los beligerantes, así como los cambios que afectan a la ley de contrabandos, restringieron la aplicación de la Declaración de París. La destrucción de la presa (barco o mercaderías) puede tener lugar cuando el envío de la presa a puerto resulta imposible o es incompatible con los requisitos de la necesidad militar. Los pasajeros, la tripulación y los documentos del barco deben ser puestos a salvo antes de hundirse el barco (cf. *The Zamora* [1916] 2 A.C. 77; *The Kronprinzessin Margareta* [1921], I A.C. 487; *The Alwaki and Other Vessels* [1940] p. 215 [1940] 56 T.L.R. 981; *The Unitas* [1950] A.C. 256, 2 All E.R. 219).

El bloqueo naval es otra medida para perjudicar los intereses económicos del beligerante. En el sentido tradicional del término, el "bloqueo" en tiempos de guerra (que debe distinguirse del bloqueo pacífico, ver 12.07 (III)), consiste en impedir con buques de guerra, la aproximación a la costa enemiga, o a parte de ella. El fin del bloqueo es evitar que los barcos y aviones de todos los Estados entren a la zona bloqueada o salgan de ella. La Declaración de París, de 1856, adoptó esta norma: para ser obligatorios los bloqueos, deben ser efectivos, o sea, mantenidos por una fuerza naval que esté en posición de realizar el objetivo del bloqueo. El bloqueo deberá también notificarse a todos los Estados. Un barco que, sin permiso del beligerante que bloquea, entre en la zona bloqueada o salga de ella, comete una violación del bloqueo. Tal barco, así como todo el que intente la misma violación, está expuesto a la captura. Después de ella, el barco es llevado ante un tribunal de presas y éste, según los méritos del caso y la práctica del Estado interesado, pronuncia la confiscación del barco, o de la carga, o de ambos. Existen discrepancias, por una parte, entre la práctica europea continental, y por la otra, la británica y estadounidense, en cuanto al lapso durante el cual se considera válida una violación del bloqueo, o una tentativa de llevarlo a cabo y, por lo tanto, da origen al ejercicio del derecho de capturar al transgresor.

Los adelantos en la tecnología de las armas modernas han hecho que los bloqueos cerrados —tales como los menciona el derecho consuetudinario y la Declaración de París— sean raros e insignificantes en las guerras actuales. En lugar de ello, los Estados han empezado a considerar los bloqueos en forma mucho más amplia y a comprender en él no sólo (o por lo menos no tanto) el cierre físico de los puertos y de las costas, sino también una serie de otras medidas destinadas a interrumpir el comercio del adversario, causándole dificultades financieras y aislándolo económicamente. De este modo surgió el concepto del llamado bloqueo a larga distancia. Fue instituido, en 1915, por el Reino Unido y sus aliados, en respuesta —como medida de represalia— a la declaración alemana de que las aguas alrededor de las Islas Británicas constituían zona de guerra en donde todos los barcos enemigos serían destruidos y todos los barcos neutrales quedarían expuestos a riesgos y peligros. El bloqueo a larga distancia de Alemania —en el sentido que le dio el Reino Unido— significaba que este país y sus aliados evitarían que las mercaderías de toda clase llegaran o salieran de ella de Alemania. Medidas similares fueron tomadas contra dicho país en 1939. El llamado bloqueo a larga distancia trajo como resultado, complicados arreglos con quienes se dedicaban al comercio neutral para poder autorizar sus actividades *bona fide,* pero con rigurosos controles y la introducción de un sistema de "navicerts" —es decir, certificados expedidos por los delegados de los beligerantes en países neutrales— testificando que la carga de un barco procedente de un puerto neutral y destinada a otro, no iba dirigida al enemigo y, por lo tanto, estaba exenta de captura (cf. *The Baron Stjernblad* (1918) A.C. 173 y los anuncios del "bloqueo" británico, *Statutory Rules and Orders,* 1939, N° 1709, Vol. 2, p. 3606, y 1940, N° 1436, Vol. I, p. 1129. Sobre las restricciones egipcias en la guerra contra Israel, ver los *cadel Fjedel* y del *Flying Trader 7 Revué Égiptienne,* 121 y 127 (1951)).

Del bloqueo en el sentido tradicional y del llamado bloqueo a larga distancia deben distinguirse otros actos, aunque en ocasiones los beligerantes los llamaron "medidas de bloqueo". Así, los beligerantes establecieron zonas en donde restringieron o prohibieron la navegación neutral, colocaron minas para dificultar la navegación en general, o amenazaron con la destrucción a los barcos neutrales que penetraran en ellas (zonas de guerra alemanas de 1917 y 1940). Las anteriores constituyeron importantes acciones de guerra económica marítima, pero sus bases legales —si las tuvieron— descansaron en la noción de represalia, con todos sus efectos nocivos sobre el derecho tradicional.

Además del bloqueo, el contrabando es una institución del derecho de guerra económica en el mar. "Contrabando de guerra es la designación de las mercaderías que ambos beligerantes prohíben que se lleven al enemigo debido a que le permiten proseguir la guerra con más vigor" (Oppenheim, *International Law,* 7ª ed., Vol. 2, p. 799). La Declaración no ratificada de Londres, de 1909, enumeró los artículos específicos que constituían contrabando. Formalmente, los Estados distinguían entre contrabando absoluto y condicional, y artículos libres. La práctica actual es la de indicar varias categorías amplias, que de hecho comprenden un número casi ilimitado de artículos. El destinatario de las mercaderías debe ser el enemigo, y el intento para distinguir entre mercaderías destinadas, para las fuerzas armadas del enemigo y para los civiles enemigos, ya no tiene importancia —excepto en lo dispuesto por la Convención de Ginebra para la Protección de las Víctimas de Guerra. El factor decisivo para la determinación del destino de las mercaderías no es el puerto neutral hacia el cual se dirige el barco que las transporta, sino el destino final hacia el cual serán llevadas. De aquí las doctrinas del viaje continuado y del transporte continuado (cf. *The Bermuda* (1865), *Wallace Reports,* Vol. 3, p. 514; *The Springbok* (1866), *ibid.,* Vol. 5, p. 1, y *The Peterhoff* (1866), *ibid.,* p. 28 los casos de *Bundesrath, Herzog* y *General* (1900); *Parlamentary Papers,* África N° 1 (1900); y *The Kim* [1915], p. 215, I B y C.P.C. 405 y 3 B y C.P.C. 685). La aplicación de la prueba del destino final produjo acuerdos entre beligerantes y asociaciones de comerciantes en Estados neutrales, que regulaban el comercio neutral en tiempos de guerra y la aceptación del mencionado sistema de "navicerts" en relación con el llamado bloqueo a larga distancia. Debe observarse que el concepto de destino final se abrió paso, como vimos, dentro de la noción moderna de bloqueo; o, en otras palabras, las restricciones inherentes al contrabando —y el contrabando mismo— son ahora parte del bloqueo en el sentido no tradicional, y de medidas similares.

La Declaración de París de 1856 dispuso que una bandera neutral no protegía las mercaderías enemigas que constituyeran contrabando; y que las mercaderías neutrales que sean contrabando y se encuentren a bordo de un barco enemigo son también susceptibles de secuestro.

Las personas y los barcos neutrales no pueden prestar servicios no neutrales (assistance hostile), o sea transportar personas para el enemigo, hacer trasmisiones de inteligencia, tomar parte directa en las hostilidades, y realizar otros actos incompatibles con el carácter neutral de la persona o medio de transporte. La participación en las hostilidades trae como consecuencia el tratamiento correspondiente a las fuerzas enemigas, en especial con relación a los barcos de guerra. Los barcos que emprendan servicios no neutrales distintos de la participación en las hostilidades son susceptibles de captura y, posiblemente, de confiscación.

Los barcos mercantes neutrales que estén en alta mar o en aguas territoriales de los beligerantes deben someterse a visita, registro y —según las circunstancias— a captura por partes de los buques de guerra beligerantes. La visita y el registro no se practican actualmente en el mar. En lugar de ello, los barcos neutrales son desviados hasta los puertos de los beligerantes y allí deben someterse a control. Mientras que en el derecho anterior a 1914 este desvío era excepcional, actualmente es la única manera práctica de controlar la carga y los documentos de un barco neutral. No es seguro si los beligerantes tienen el derecho de visitar y registrar los barcos de propiedad pública dedicados al comercio. El derecho de capturar y condenar tales barcos y su carga es todavía menos claro. Al comienzo de la segunda Guerra Mundial, cuando la Unión Soviética era todavía país neutral, algunos buques de guerra ingleses ejercieron estos derechos con respecto a barcos soviéticos, pero la Unión Soviética protestó.

Los beligerantes tienen frente a los neutrales el llamado "derecho de angaria" (jus angariae) que los faculta a destruir, o usar, en caso de necesidad la propiedad neutral en su territorio, o en el del enemigo, o en alta mar. El derecho de angaria se extiende en especial a los barcos neutrales y a otros medios de transporte. Debe pagarse compensación por cualquier daño hecho en ejercicio del derecho de angaria.

Quizá convenga hacer notar que el derecho de angaria es un tipo de embargo. Otros tipos de embargo son: i) el embargo como represalia; ii) el embargo como una designación general para diversas restricciones a la exportación y/o importación de bienes o servicios de, o hacia un país o países determinados, incluyendo las restricciones ordenadas o recomendadas por una organización internacional dentro de la estructura del sistema de seguridad colectiva, iii) el embargo que produce la detención en puertos y la posterior condena de barcos extranjeros por parte de los Estados, poco antes de, o al estallar las hostilidades (ahora prohibido por la Convención de La Haya Nº 6) y iv) el embargo en la forma del llamado arret de prince, o sea la detención de barcos extranjeros en tiempos de paz o de guerra en un puerto, por parte del Estado, para evitar que tales barcos difundan ciertas noticias o informaciones. Esta última clase de embargo debe ser considerada obsoleta (cf. Oppenheim, *op. cit.*, Vol. 2, p. 141).

22.27 Neutralidad y otras nociones similares

La neutralidad es un estado vinculado con la guerra (estado de guerra) y define la posición de los Estados que no participan en una guerra; tales Estados son neutrales. Antes de la firma de los instrumentos que restringen o prohíben el recurso de la guerra y el uso de la fuerza, la neutralidad podía ser definida como "la actitud de imparcialidad adoptada por terceros Estados hacia los beligerantes y reconocida por ellos; tal actitud crea derechos y deberes entre los Estados imparciales y los beligerantes" (Oppenheim, *op. cit.*, Vol. 2, p. 653). El derecho codificado de la neutralidad tradicional se encuentra en las Convenciones de La Haya números 5 (sobre la neutralidad en la guerra terrestre) y 12 (sobre la neutralidad en la guerra marítima), de 1907 (Martens, *NRG*, 3a. Ser., Vol. 3, pp. 504 y 713).

La abolición del derecho de guerra y las restricciones de largo alcance impuestas al derecho de los Estados de recurrir a la fuerza armada, no dejó intacta la médula de la neutralidad tradicional de su derecho respectivo. Una vez que ha sido legalmente empleada la fuerza en las relaciones internacionales, todos los Estados —incluso aquellos contra los cuales no se ha dirigido dicha fuerza—, tienen derecho de tomar medidas contra el infractor de la ley. Ellos pueden, especialmente —sin entrar de hecho en la lucha armada— discriminar en su contra y tomar una actitud que favorezca a la víctima de la agresión o del ataque armado. Por ejemplo, en 1940 y en 1941, cuando Estados Unidos todavía era neutral, tomó ciertas medidas discriminatorias contra Alemania y en favor de los enemigos de ésta, especialmente del Reino Unido (el acuerdo de la base de destructores, Whiteman, *Digest*, Vol. 5, p. 1008 y la Lend-Lease Act, *ibid.*, p. 1001). Estas desviaciones de la neutralidad por parte de Estados Unidos estaban justificadas en derecho, ya que Alemania había recurrido ilegalmente a la guerra, en 1939.

La neutralidad, por lo tanto, ya no puede definirse invariablemente como una actitud de imparcialidad. Actualmente un Estado neutral permanece en paz con los beligerantes. Pero tiene el derecho y, según las estipulaciones de tratados relativas a la legítima defensa colectiva (ver 12.10) o a la seguridad colectiva (ver 12.15 y 12.19), tiene la obligación de no acatar ciertas disposiciones del derecho de neutralidad anterior a 1939. De aquí el concepto de neutralidad diferenciada o calificada. En estos casos, el Estado neutral recurre a ciertas medidas no violentas contra un beligerante: Este tipo de neutralidad obviamente constituye una desviación del principio de neutralidad con respecto a todos los beligerantes, que era la base del derecho consuetudinario del siglo XIX y de las Convenciones de La Haya, de 1907. Pero, mientras el Estado no beligerante no participe en hostilidades, mantiene la condición de Estado neutral, y no puede ser objeto de ninguna contramedida de fuerza por parte del beligerante contra el cual discrimina legalmente. La nueva categoría legal aparecida —es decir, la no beligerancia— muestra claramente el punto hasta el cual las modificaciones recientes con respecto al derecho de guerra y al uso de la fuerza, han influido con la neutralidad tradicional. La no beligerancia es producto de la segunda Guerra Mundial y denota un fenómeno ya mencionado: la liberación de ciertos deberes de neutralidad, sin activa participación en las hostilidades.

Debe observarse también que incluso otro principio fundamental del derecho tradicional de la neutralidad sufrió una invalidación gradual. El derecho trazó una clara distinción entre las esferas pública y privada, y no previó que el Estado neutral (como ente distinto de sus comerciantes y hombres de negocios) un día decidiría, regular, o participar en la vida económica de la nación (cf. Tucker, *The Law of War and Neutrality at Sea*, p. 194). Así, según las Convenciones de La Haya Nos. 5 y 13, los gobiernos de los Estados neutrales tienen el deber de abstenerse de proveer a los beligerantes ciertas mercaderías (materiales de guerra, etcétera) o algunos servicios. Por otra parte, la Convención estipula expresamente que tales mercaderías y servicios pueden ser proporcionados por personas particulares. Sin embargo, actualmente aun los Estados que mantienen una economía de mercado libre y protegen la propiedad privada de las empresas comerciales y de intercambio, introducen una serie de controles de importación y exportación, supervisan el comercio con países extranjeros, imponen restricciones cambiarias y regulan los negocios en muchos de sus detalles. Así, un particular o una sociedad están frecuentemente imposibilitados para entrar en contactos comerciales con un cliente extranjero —especialmente durante la guerra— sin algún tipo de autorización y supervisión por parte del gobierno. Después de 1945, aumentó considerablemente el número de países que introdujeron el monopolio estatal del comercio exterior. Sin embargo, las Convenciones de La Haya distinguen entre el comercio privado y el gubernamental, y discriminan —aunque ya no parece justificado— contra este último. La distinción entre Estado neutral y comerciante neutral, y la correspondiente diferencia en sus derechos y deberes, carece actualmente de importancia (cf. Tucker, *loc. cit.*; Stone, *Legal Controls of International Conflict*, pp. 408-13).

Si bien no hay duda con respecto a la declaración de la neutralidad en el sentido antiguo, debe observarse que hasta ahora no ha sido posible concretar la experiencia de las dos guerras mundiales y de las nuevas tendencias en términos de una nueva o revisada formulación del derecho. La neutralidad sufrió un proceso de cambio; sin embargo, sobrevive y sigue siendo una parte de la vida de la comunidad internacional. Invariablemente, esto es materia de regulación por el derecho. Las nuevas Convenciones de Ginebra de 1949, referentes a la protección de las víctimas de guerra, se refieren constantemente a los países neutrales, y les asignan un papel importante en el funcionamiento y aplicación de las Convenciones. El funcionamiento mismo de las Potencias Protectoras según esas Convenciones (así como según la Convención de La Haya de 1954, relativa a la protección de la propiedad cultural) sería imposible sin la existencia de Estados neutrales. Algunos de los acuerdos de armisticio, posteriores a 1945, otorgan importantes funciones de supervisión a los países neutrales. Si bien los Estados neutrales ya no están obligados a cumplir el antiguo deber absoluto de imparcialidad, y gran parte de la protección otorgada por el derecho al comercio marítimo neutral ha desaparecido, el resto del derecho de neutralidad —aunque mal adaptado al cambio de los tiempos— continúa vigente. La norma básica de ese derecho es que el territorio de los Estados neutrales es inviolable, y que se prohíbe a los beligerantes mover tropas o convoyes de materiales de guerra o provisiones a través de ellos. El territorio neutral no puede usarse por ningún beligerante, de ninguna manera, como base para las hostilidades. De aquí las prohibiciones sobre la instalación de estaciones de telégrafos inalámbrico (pero no el uso de las instalaciones telefónicas o telegráficas locales), el empleo de cualquier instalación militar, o la formación de cuerpos combatientes, por parte de cualquier beligerante, en tal territorio. Pero, el Estado neutral no está obligado a impedir que las personas "crucen separadamente sus fronteras para ofrecer sus servicios a uno de los beligerantes" "voluntarios *sensu stricto,* art. 6, Convención de La Haya Nº 5). Si las tropas pertenecientes a los ejércitos beligerantes penetran en territorio neutral, el gobierno debe internarlas. A los prisioneros de guerra evadidos se los deja en libertad. Por otra parte, los buques de guerra beligerantes pueden usar los puertos y las aguas neutrales, en las condiciones estipuladas en los artículos 5 y 8-25 de la Convención de La Haya Nº 13 (cf. el incidente *Altmark*). (Para un resumen del derecho relativo a las relaciones entre los beligerantes y los neutrales en la guerra económica marítima, ver 12.26.)

Finalmente, deben ser explicados ciertos términos relativos a la neutralidad.

I) Hay que distinguir los *Estados permanentemente neutrales,* o neutralizados —tales como Suiza (1815) o Austria (1955)— de los Estados neutrales sólo en relación con una guerra en especial. Un Estado permanentemente neutral es aquel cuya independencia e integridad están garantizadas por otros Estados —generalmente las grandes potencias, con la condición de que dicho Estado se obligue a no participar jamás en ningún conflicto armado u operación militar, excepto como legítima defensa individual contra un ataque. A tal Estado le está prohibido contraer cualquier obligación internacional que pudiera comprometerlo en conflicto u operaciones (por ejemplo, un tratado de alianza). Puede argumentarse que durante una guerra, un Estado permanentemente neutral (neutralizado) tiene el deber de acatar las clásicas normas de neutralidad. En otras palabras, la condición de neutralidad diferencial o calificada de no beligerancia, es incompatible con la neutralidad permanente.

II) *La neutralización de partes del territorio de un Estado* excluye tales partes de la zona de guerra. Por lo tanto, es una noción importante para la posición de los beligerantes y su territorio, y no para la condición de los neutrales.

III) La misma observación se aplica a la *llamada neutralización de ciertas personas y establecimientos* en la región y escenario de la guerra, al amparo, por ejemplo, de las Convenciones de Ginebra de 1949, referente a la protección de las víctimas de guerra.

La neutralidad como condición legal surgida en relación con una guerra, no debe confundirse con la neutralidad en sentido político, y especialmente con el *neutralismo*. "Neutralidad" es un término usado a menudo en la fraseología política. Significa, en forma variada, no participación en alianzas, exclusión de bases militares o de fuerzas extranjeras del territorio del Estado, política no dirigida contra ningún Estado o grupo de Estados en especial, o aun ausencia de política discriminatoria en esferas tales como el comercio exterior. El "neutralismo" puede ser definido como la política de no tratar de afectar el resultado de los conflictos entre otros Estados y, por lo tanto, no comprometerse en ellos, especialmente en las fricciones originadas por el conflicto entre el Este y el Oeste después de la segunda Guerra Mundial.

BIBLIOGRAFÍA

I. Uso de la fuerza en general por los Estados

Brownlie, I.: *International Law and the Use of Force by States,* Oxford, Clarendon Press, 1963. Para una bibliografía más extensa, ver pp. 475-519.

Grob, F.: *The Relativity of War and Peace: A Study in Law, History and Politics,* New Haven, Yale Univ. Press, 1949.

Herczegh, G.: "The Prohibition of the Threat and Use of Force in Contemporary International Law", *Questions of International Law,* Budapest, Hungarian Branch of the International Law Association, 1964, p. 70.

Higgins, R.: "The Legal Limits of the Use of Force by Sovereign States: United Nations Practice", 37 *BYIL,* 269 (1961).

Kotzsch, L.: *The Concept of War in Contemporary History and International Law,* Ginebra, E. Droz, 1956.

McDougal, M.S. y F.S. Feliciano: *Law and Minimum World Public Order: The Legal Regulation of International Coercion,* New Haven, Yale Univ. Press, 1961.

Stone. J.: *Legal Controls of International Conflict: A Treatise on the Dynamics of Disputes-and War-Law,* 2ª ed. (rev.), Londres, Stevens, 1959.

Tunkin, G.I.: "Co-Existence and International Law", 95 *HR,* 8 (1958).

Waldock, C.H.M.: "The Regulation of the Use of Force by Individual States in International Law", 81 *HR,* 455 (1952).

Wehberg, H.: "L'Interdiction du recours à la force: le principe et les problèmes qui se posent", 78 *HR,* II. (1951).

—.: *Krieg und Eroberung im Wandel des Völkerrechts,* Frankfort/Main, Metzner, 1953.

Wright, Q.: *A Study of War,* 2 vols., Chicago, Univ. Press, 1942.

—.: *The Role of International Law in the Elimination of War,* Manchester, Univ. Press, 1962.

II. Diferentes categorías de uso de la fuerza por los Estados

Medios tradicionales de compulsión distintos de la Guerra

Colbert, E.S.: *Retaliation in International Law,* Nueva York, King's Crow Press, 1948.
Fabela, I.: *Intervención,* México, Escuela Nacional de Ciencias Políticas y Sociales, 1959.
Falcke, P.: *Le Blocus pacifique,* Leipzig, Rossberg, 1919.
Stowell, E.C.: *Intervention in International Law,* Washington, D.C., J. Byrne, 1921.
Thomas, A.V.W. y A.J., Jr. *Non-Intervention: The Law, and Its Import in the Americas,* Dallas, Southern Methodist Univ. Press, 1956.

Autopreservación y problemas relacionados

Jennings, R.Y.: "The Caroline and McLeod Cases", 32 *AJIL,* 82 (1938).

Legítima defensa

Al Chalabi, H.A.H.: *La Légitime défense en droit international,* El Cairo, Universitaires d'Égypte, 1952.
Beckett, Sir W.E.: *The North Atlantic Treaty, the Brussels Treaty and the Charter of the United Nations,* Londres, Stevens, 1950.
Bowett, D.W.: *Self-Defence in International Law,* Manchester, Univ. Press, 1958.
Brownlie, I.: "The Use of Force in Self-Defence", 37 *BYIL,* 183 (1961).
Dinh, N.Q.: "La Légitime défense d'après la Charte des Nations Unies", 52 *RGDIP,* 223 (1948).
Kunz, J.L.: "Individual and Collective Self-Defense in Article 51 of the Charter of the United Nations", 41 *AJIL,* 872 (1947).
Morawiecki, W.: "Le Traité de Varsovie", *Annuaire polonais,* Varsovia, Institut Polonais des Affaires Internationales, 1959-60, p. 112.
Zhukov, G.P.: *Varshavski Dogovor i Voprosy Mezhdunarodnoi Bezapasnosti,* Moscú, Sofsekgiz, 1961.
Ver también la bibliografía para el Sistema de Alianzas y el Sistema de Seguridad Colectiva.

Agresión

Aroneanu, E.: *La Définition de l'agression,* París, Editions Internationales, 1958.
Baginian, K.A.: *Agressiya-Tyagchaisheye Mezhdunarodnoe Prestuplenie,* Moscú, Izdvo Akademii Nauk SSSR, 1959.
Komarnicki, W.: "La Définition de l'agresseur dans le droit internationale moderne", 75 *HR,* 8 (1949).
Stone, J.: *Aggression and World Order; A Critique of the United Nations Theories of Aggression,* Londres, Stevens, 1958.
Wright, Q.: "The Concept of Aggression in International Law", 29 *AJIL,* 373 (1935).
Zourek, J.: "La Définition de l'agression et le droit international: Développements récents de la question", 92 *HR,* 755 (1957).

III. USO DE LA FUERZA POR ORGANIZACIONES INTERNACIONALES Y ASPECTOS LEGALES DE
LA SEGURIDAD COLECTIVA

El sistema de alianzas y el sistema de seguridad colectiva

Boutros Ghali, B., *Contribution à une théorie générales des alliances*, París, Pe-
done, 1963.
Clark, G.; y L. B. Sohn: *World Peace through World Law*, 2ª ed., Cambridge
Mass., Harvard Univ. Press, 1960.
Claude, I. L., Jr.: *Power and International Relations*, Nueva York, Random House,
1962.
Falk, R. A.; y S. H. Mendlovitz, (eds.) : *The Strategy of World Order*, 4 vols. Nueva
York, World Law Fund, 1966.
Kelsen, H.: *The Law of the United Nations; A Critical Analysis of its Fundamental
Problems*, Londres Stevens, 1950.
—.: "Collective Security under International Law", *Naval War College, Internatio-
nal Law Studies, xix, 1954* (1956) , Washington, GPO, 1957.
McNair, A.D.: *Collective Security*, Cambridge, Univ. Press, 1936.
Ver también la bibliografía sobre legítima defensa.

Uso de la fuerza por las Naciones Unidas

Andrassy, J.: "Unting for Peace", 50 AJIL, 563 (1956) .
Attia, G. el D.: *Les Forces armées des Nations Unies en Corée et au Moyen Orient*,
Ginebra, E. Droz, 1963.
Bowett, D.W.: *United Nations Forces: A Legal Study of United Nations Practice*,
Londres, Stevens, 1964.
Brugière, P.F.: *Les Pouvoirs de l'Assemblée Générale des Nations Unies en matière
politique et de securité*, París, Pedone, 1955.
Claude, I.L., Jr.: "The United Nations and the Use of Force", *International Con-
ciliation*, Nº 532, Nueva York, Carnegie Endowment, marzo de 1961.
Frye, W.R.: *A United Nations Peace Force*, Nueva York, Oceana, 1957.
Goodrich, L.M.; y A.P. Simons: *The United Nations and the Maintenance of In-
ternational Peace and Security*, Washington, D.C., Brookings Institution, 1955.
Haviland, H.F., Jr.: *The Political Role of the General Assembly*, Nueva York, Car-
negie Endowment, 1951.
Jiménez de Aréchaga, E.: *Voting and the Handling of Disputes in the Security Coun-
cil*, Nueva York, Carnegie Endowment, 1950.
Kelsen, H.: *The Law of the United Nations: A Critical Analysis of its Fundamen-
tal Problems*, Londres, Stevens, 1950.
—.: *Recent Trends in the Law of the United Nations*, Londres, Stevens, 1951.
Krivchikova, E.S.: *Vooruzhennye Sily O.O.N. (Mezhdunarodnopravovye Voprosy)*,
Moscú, Izd-vo Mezhdunarodnye Otnoshenia, 1965.
Langenhove, F. van: *La Crise du système de sécurité collective des Nations Unies,
1946-1957*, Bruselas, Institut Royal des Realtions Internationales, 1958.
Petersen, K.S.: "The Uses of the Uniting for Peace Resolution since 1950", 13 *In-
ternational Organizations*, 219 (1959) .
Rosner, G.: *The United Nations Emergency Force*, Nueva Yory, Columbia Univ.
Press, 1963.
Rossignol, A.: "Des Tentatives effectuées en vue de mettre un nouveau mécanisme

de sécurité collective à la disposition de l'Assemblée Générale des Nations Unies et de leur inconstitutionalité", 58 *RGDIP*, 94 (1954).

Seyersted, F.: "United Nations Forces: Some Legal Problems", 37 *BYIL*, 351 (1961).

—.: *United Nations Forces in the Law of Peace and War*, Leiden, Sythoff, 1966.

Vallat, F.A.: "The General Assembly and the Security Council of the United Nations" 29 *BYIL*, 63 (1952).

Seguridad regional y uso de fuerza por organizaciones regionales

Boutros Ghali, B.: *Contribution à l'étude des ententes régionales*, París, Pedone, 1949.

Jiménez de Aréchaga, E.: "La Coordination des systèmes de l'O.N.U. et de l'Organisation des États Américains pour le règlement pacifique des différends et de la sécurité collective", 111 *HR*, 426 (1964).

Thomas, A.V.W.; y A.J. Jr.: *The Organization of American States*, Dallas, Southern Methodist Univ. Press, 1963.

Yepes, J.M.: "Les Accords régionaux et le droit international", 71 *HR*, 235 (1947).

Ver también la bibliografía sobre legítima defensa.

Desarme

Bogdanov, O.V.: "Razoruzhenie v Svete Mezhdunarodnogo Prava", *Sovetskii Ezhegodnik Mezhdunarodnogo Prava*, 1958, Moscú, Izd-vo Akademii Nauk SSSR, 1959, p. 93. Resumen en inglés, p. 123.

—.: "O Znachenii i Soderzhanii Printsipa Rozoruzhenia v Sovremennom Mezhdunarodom Prave", *Sovetskii Ezhegodnik Mezhdunarodnogo Prava*, 1961, Moscú, Izd-vo Akademii Nauk SSSR, 1962, p. 94. Sumario en inglés, p. 115.

—.: *Vseobshchiye i Polnye Razoruzheniye*, Moscú, Izd-vo IMO, 1964.

Collart, Y.: *Disarmament: A Study Guide and Bibliography on the Efforts of the United Nations*, La Haya, Nojhoff, 1958.

Falk, R.A.: y S.H. Mendlovitz, (eds.): "Disarmament and Economic Development", *The Strategy of World Order*, vol. 4, Nueva York, World Law Fund, 1966.

Gotlieb, A.: *Disarmament and International Law*, Toronto, Canadian Institute of International Affairs, 1965.

Khaitman, V.M.: *SSSR i Problema Razoruzheniya*, Moscú, Izd-vo Mezhvanarodnye Otnoshenira, 1959.

Martin, A.: "Legal Aspects of Disarmament", 7 *ICLQ, Suppl.*, Pub. Nº 7 (1963).

Neidle, A.F.: "Peace-Keeping and Disarmament", 57 *AJIL*, 46 (1963).

Romanev, V.A.: "Vseobshcheie i Polnoe Razoruzhenie i Mezhdunarodnoie Pravo", *Sovetskii Ezhegodnik Mezhdunarodnogo Prava*, 1960, Moscú, Izd-vo Akademii Nauk SSSR, 1961, p. 80. Sumario en inglés, p. 89.

IV. DERECHO DE GUERRA Y NEUTRALIDAD

Para una bibliografía de los trabajos recientes en idiomas occidentales, ver Jaen-Robert Leguey-Feilleux: "The Law War: A Bibliography, 1945-1958", *World Polity*, vol. 2, Washington, D.C., Georgetown Univ. Press, 1960, pp. 319-414.

La bibliografía referente a la llamada crisis en el derecho de guerra y neutralidad (12.21), estado de guerra y hostilidades (12.22) y problemas contemporáneos en la aplicación del derecho de guerra y neutralidad (12.23) está indicada en las secciones respectivas.

Trabajos generales sobre el derecho de guerra y neutralidad incluyendo los crímenes de guerra

Balladore-Pallieri, G.: *Diritto Bellico*, 2ª ed., Padova, CEDAM, 1954.
Cansacchi, G.: *Nozioni di diritto internazionale bellico*, Turín, Giappichelli, 1963.
Castrén, E.: *The Present Law of War and Neutrality*, Helsinki, Suomalaisen k.s.k.o., 1954.
—.: *Civil War*, Helsinki, Sicomalainen Tiedeakaternile, 1966.
Garner, J.W.: *International Law and the World War*, 2 vols., Londres, Longmans, Green, 1920.
Guerrero Burgos, A.: *Nociones de derecho de guerra*, Madrid, Jura, 1955.
Hinz, J.: *Kriegsvölkerrecht*, Colonia, Heymanns, 1957.
History of the United Nations War Crimes Commission and the Development of the Laws of War, Londres, H.M.S.O., 1948.
Lachs, M.: *War Crimes: An Attempt to Define the Issues*, Londres, Stevens, 1945.
Marin, M.A.: "The Evolution and Present Status of the Law of War", 92 *HR*, 629 (1957).
McDougal, M.S.; y F.P. Feliciano: *Law and Minimum World Public Order: The Legal Regulation of International Coercion*, New Haven, Yale Univ. Press, 1961.
McNair, Lord; y A.D. Watts: *The Legal Effects of War*, 4ª ed., Nueva York, Cambridge Univ. Press, 1967.
Polianskii, N.N.: *Mezdunaronoe Pravosudie i Prestupniki Voyny*, Moscú, Izd-vo Akademii Nauk SSSR, 1946.
Stone, J.: *Legal Controls of International Conflict: A Treatise on the Dynamics of Disputes-and War-Law*, 2ª ed. rev., Londres, Stevens, 1959.
Taylor, T.: "The Nuremberg War Crimes Trials", *International Conciliation*, Nº 450, Nueva York, Carnegie Endowment, abril de 1949.
Vedovato, G.: *Diritto Internazionale Bellico*, Florencia, Sansoni, 1946.
Woetzel, R.K.: *The Nuremberg Trials in International Law*, Londres, Stevens, 1960.

Combate armado

1) *Tierra*

Baxter, R.R.: "So-called 'Unprivileged Belligerancy', Spies, Guerrillas, and Saboteurs", 28 *BYIL*, 323 (1951).
Ford, W.J.: "Resistance Movements in Occupied Territory", 3 *Nedérlands*, Tijd, 355 (1956).
Greenspan, M.: *The Modern Law of Land Warfare*, Berkeley, Univ. of California Press, 1959.
Poltorak, A.J.: *Poniatie Vooruzhonnykh sil (Kombatantov) v Mezhdunarodnom Prave*, Moscú, Gosiurizdat, 1949.
Schmid, J.H.: *Die völkerrechtliche Stellung der Partisanen im Kriege*, Zürich, Polygraphischer, Verlag, 1956.
Trainin, A.N.: "Questions of Guerrilla Warfare in the Law of War", 40 *AJIL*, 534 (1946).
United Kindom War Office: *The Law of War on Land being Part III of the Manual of Military Law*, W.O. Code Nº 12333, Londres, 1958.
United States Departament of Army: *The Law of Land Warfare*, Field Manual FM 27-10, Washington, D.C., 1956.

2) *Mar*

Schenk, R.: *Seekrieg und Völkerrecht*, Colonia, Heymanns, 1958.
Sohler, H.: *U-Bootkrieg und Völkerreht*, Francfort/Main, Mittler, 1956.
Tucker, R.W.: "The Law of War and Neutrality at Sea", *Naval War College, International Law Studies*, I, 1955, Washington, D.C., G.P.O., 1957.
United States Department of the Navy: *Manual of Law of Warfare*, Washington, D.C., 1955.

3) *Aire*

Spaight, J.M.: *Air Power and War Rights*, 3ª ed., Londres, Longmans, Green, 1947.
Spetzler, E.: *Luftkrieg und Menschlichkeit: Die völkerrechtliche Stellung der Zivilpersonen im Luftkrieg*, Gotinga, Musterschmidt, 1956.

4) *Armas nucleares*

Brownlie I.: "Some Legal Aspects of the Use of Nuclear Weapons", 14 *ICLQ*, 437 (1965).
Menzel, E.: *Legalität oder Illegalität der Anwendung von Atomwaffen*, Tubinga, Mohr, 1960.
Meyrowitz, H.: "Les Juristes devant l'arme nucléaire", 67 *RGDIP*, 822 (1963).
O'Brien, W.V.: "Legitimate Military Necessity in Nuclear War", 2, *World Polity*, 35 (1960).
Schwarzenberger, G.: *The Legality of Nuclear Weapons*, Londres, Stevens, 1958.
Singh, N.: *Nuclear Weapons and International Law*, Londres, Stevens, 1959.

Victimas de guerra

Bertschy, R.: *Die Schutzmacht im Völkerrecht: Ihre rechtliche und praktische Bedeutung*, Freiburg, Paulusdruckerei, 1952.
Draper, G.I.A.D.: *The Red Cross Conventions*, Londres, Stevens, 1958.
Fabrikov, E.M.: *Konvencii Krasnogo Kriesta*, Moscú, n.p., 1950.
Hinz, J.: *Das Kriegsgefangenenrecht*, Berlín, Vahlen, 1955.
Huber, M.: *Principles, Tasks and Problems of the Red Cross in International Law*, Ginebra, International Committee of the Red Cross, 1946.
Maresca, A.: *La Protezione Internazionale dei Combattenti e dei Civile: Le Convenzioni di Ginevra del 12 Agosto 1949*, Milán, Giuffré, 1965.
Pictet, J.S. (ed.): *Geneva Conventions of 12 August 1949: Commentary*, 4 vols., Ginebra, International Committee of the Red Cross, 1952-60.
Uhler, O.M.: *Der völkerrechtliche Schutz der Bevölkerung eines besetzten Gebiets gegen Massnahmen der Okkupationsmacht*, Zürich, Polygraphischer Verlag, 1950.

Guerra económica, incluyendo la ocupación beligerante

Baxter, R.R.: "Passage of Ships through International Waterways in Time of War", 31 *BYIL*, 187 (1954).
—.: "The Duty of Obedience to the Belligerent Occupant", 27 *BYIL*, 235 (1950).
Bullock, A.: "Angary", 3 *BYIL*, 99 (1922-3).
"Contraband of War", *Naval War College, International Law Studies*, xliv, 1944-45, Washington, D.C., G.P.O., 1946, pp. 1-99.

Dominicé, C.: *La Notion du caractère ennemi des biens prises dans la guerre sur terre*, Ginebra y París, E. Droz, 1961.

Domke, M.: *The Contol of Alien Property*, Nueva York, Central Book Co., 1947.

Downey, W.G., Jr.: "Captured Enemy Property: Booty of War and Seized Enemy Property", 44 *AJIL*, 488 (1950).

"Enemy Property" (simposio), II *Law and Contemporary Problems*, Otoño-Primavera, 1945.

Feilchenfeld, E.H.: *The International Economic Law of Belligerent Occupation*, Washington, D.C., Carnegie Endowment, 1942.

Fitzmaurice, G.G.: "Some Aspects of Modern Contraband Control and the Law of Prize", 22 *BYIL*, 73 (1945).

Fraleigh, C.A.: "The Validity of Acts of Enemy Occupation Authorities Affecting Property Rights", 35 *Cornell Law Quarterly*, 89 (1949-50).

Hecker, H.; y E. Tomson: *Völkerrecht und Prisenrecht: Nationale und internationale Texte zum Seekriegsrecht*, Francfort/Main, Metzner, 1956.

Le Clerc, J.: *Les Mesures coercitives sur les navires de commerce étrangers: Angarie, embargo, arrêt de prince*, París, Lib. Gén. de Droit et de Jurisprudence, 1949.

Lemkin, R.: *Axis Rule in Occupied Europe*, Washington, D.C., Carnegie Endowment, 1944.

Lubrano-Lavedra: *Les Lois de la guerre et l'occupation militaire*, París, Charlis-Tavauzelle, Carnegie Endowment, 1956.

Medlicott, W.N.: *Economic Blockade*, 2 vols., Londres, H.M.S.O., 1952 y 1959.

Morgenstern, F.: "The Validity of the Acts of the Belligerent Occupant", 28 *BYIL*, 291 (1951).

Rowson, S.W.D.: "Prize Law during the Second World War", 24 *BYIL*, 160 (1947).

Skubiszewski, K.: "Currency in Occupied Territory and the Law of War", 9 *Jahrbuch für internationales Recht*, 161 (1959-60).

Smith, H.A.: "Booty of War", 23 *BYIL*, 227 (1946).

Vaudaux, A.: *Blockade und Gegenblockatle (1939-1945)*, Zürich, Polygraphischer Verlag, 1948.

Von Glahn, G.: *The Occupation of Enemy Territory. A Commentary on the Law and Practice of Belligerent Occupation*, Minneapolis, Univ. of Minnesota Press, 1957.

Wu, Y.L.: *Economic Warfare*, Nueva York, Prentice-Hall, 1952.

Neutralidad

Chaumont, C.: "Nations Unies et neutralité", 89 *HR*, 9 (1956).

Fabela, I.: *Neutralité*, París, Pedone. 1949.

Ganiushkin, B.B.: *Sovremennyi neitralitet*, Moscú, Izd-vo IMO, 1958.

Jessup, P.C.; F. Deák; W.A. Philips; A.H. Reede; y E.W. Turlington: *Neutrality, Its History, Economics and Law*, 4 vols., Nueva York, Columbia Univ. Press, 1935-6.

Komarnicki, T.: "The Place of Neutrality in the Modern System of International Law", 80 *HR*, 399 (1952).

Orvik, N.: *The Decline of Neutrality, 1914-1941*, Oslo, Tanum, 1953.

BIBLIOGRAFÍA GENERAL

por Badr Kasme

CONTENIDO

SECCIÓN I. COLECCIONES DE TRATADOS

A. COLECCIONES GENERALES DE TRATADOS

1. Martens, G.F. de: *Recueil des Traités*, 134 vols., 5 tablas (Göttingen y Leipzig: 1791-1944). Nota: Fue publicado en diversas series con títulos ligeramente di-

ferentes. Registramos aquí los títulos abreviados de las series mostrando el periodo cubierto por cada una de ellas.

a) *Recueil...* (1ª ed.), 7 vols. (Göttingen: Jean Chrétien Dieterich, 1791-1801). Cubre el periodo 1761-1801.

b) *Supplément au Recueil...,* 4 vols. (Göttingen: Henri Dieterich, 1802-1808). Cubre el periodo 1494-1807.

c) *Recueil...* (2ª ed.), 8 vols. (Göttingen: Dieterich, 1817-35). Cubre el periodo 1761-1808.

d) *Nouveau Recueil...,* 16 vols. (Göttingen: Dieterich, 1817-42). Cubre el periodo 1808-1839.

e) *Nouveaux Suppléments...,* 3 vols. (Göttingen: Dieterich, 1839-42). Cubre el periodo 1761-1839.

f) *Nouveau Recueil général...* (1ére série), 20 vols. (Göttingen: Dieterich, 1943-75). Cubre el periodo 1817-74. *Table général...* (para las series precedentes), 2 vols. (Göttingen: Dieterich, 1875-6). Cubre el periodo 1494-1874. Índices cronológicos y alfabéticos.

g) *Nouveau Recueil général...* (2ème série), 35 vols. (Göttingen (Leipzig, desde 1897): Dieterich, 1876-1908). Cubre el período 1776-1907.
Table du Nouveau Recueil général... (2eme série), 1 vol. (Leipzig: Dieterich, Theodor Weicher, 1900). Cubre el periodo 1776-1907. Índices cronológico y alfabético.

h) *Nouveau Recueil général...* (3eme série), 41 vols. (Leipzig: Dietrich, Theodor Weicher, hasta 1915; Leipzig: Theodor Weicher, 1915-33; Leipzig: Hans Buske, 1933-39; Greifswald: Julius Abel, 1941-44). Cubre el periodo 1799-1944.
Tables du Nouveau Recueil général... (3eme série), 3 vols. (Leipzig: Theodor Weicher, 1922 y 1930; Hans Buske, 1935). Cubre el periodo 1799-1935. Índices cronológico y alfabético.

2. *British and Foreign State Papers,* compilado por el Bibliotecario y Archivista, Foreign Office, 163 vols. (hasta 1966) (Londres: James Ridgeway e hijos, 1841-51; William Ridgeway, 1851-87; H.M.S.O., 1887-). Cubre el periodo de 1373 en adelante. El volumen 163 cubre los años 1957-8.
Índice: Cuatro índices generales ordenados cronológica y alfabéticamente han sido publicados desde entonces:

Vol. 64, para el periodo 1373-1873.
Vol. 93, para el periodo 1873-1900.
Vol. 115, para el periodo 1900-1921.
Vol. 138, para el periodo 1922-1934.

Multilingüe. Los textos están acompañados por notas y bibliografías.

3. Liga de las Naciones: *Treaty Series,* 205 vols., 1920-43. Publicación de tratados y acuerdos internacionales registrados por el Secretariado de la Liga de las Naciones. Cubre el periodo 1918-43.
Index: Nueve índices generales, en inglés y francés, ordenados cronológicamente (con una lista cronológica especial para los acuerdos internacionales generales) y alfabéticamente (por país y materia):

Índice Nº 1, vols. 1-39, cubre el periodo 1920-1926.
Índice Nº 2, vols. 40-63, cubre el periodo 1925-1927.
Índice Nº 3, vols. 64-88, cubre el periodo 1927-1929.
Índice Nº 4, vols. 89-107, cubre el periodo 1929-1931.

Índice Nº 5, vols. 108-130, cubre el periodo 1930-1933.
Índice Nº 6, vols. 131-152, cubre el periodo 1932-1934.
Índice Nº 7, vols. 153-172, cubre el periodo 1934-1936.
Índice Nº 8, vols. 173-193, cubre el periodo 1936-1938.
Índice Nº 9, vols. 194-205, cubre el periodo 1939-1946.

Treaty Series de la Liga de las Naciones contiene 4 834 tratados reproducidos en su idioma original junto con la traducción inglesa y francesa. A cada tratado se le ha dado un número correspondiente al orden de registro. Cada volumen contiene, en un anexo, ratificaciones, adiciones, declaraciones, etc., de los tratados registrados.

4. Naciones Unidas: *Treaty Series*, 532 vols. (hasta fines de 1966), 1946- . Tratados y acuerdos internacionales registrados u ordenados y archivados en el Secretario de las Naciones Unidas. Contiene 7 727 tratados registrados u ordenados y archivados hasta abril de 1965.

Índice: Cinco índices generales han sido publicados en inglés y francés hasta ahora. Los índices están ordenados cronológicamente (con una lista cronológica especial para los acuerdos internacionales generales) y alfabéticamente (por país y materia).

Índice Nº 1, vols. 1-100, cubre el periodo 1946-1951.
Índice Nº 2, vols. 101-200, cubre el periodo 1951-1954.
Índice Nº 3, vols. 201-300, cubre el periodo 1954-1958.
Índice Nº 4, vols. 301-400, cubre el periodo 1958.1961.
Índice Nº 5, vols. 401-450, cubre el periodo 1961-1963.

Los tratados están reproducidos en su idioma original junto con las traducciones inglesa y francesa. A cada tratado se le ha dado un número correspondiente al orden de su registro. Cada volumen está dividido en dos partes: *1)* tratados y acuerdos internacionales registrados y *2)* tratados y acuerdos internacionales ordenados y archivados. Cada volumen contiene, en anexos, ratificaciones, adiciones, declaraciones, etc., a los tratados registrados con el Secretariado de las Naciones Unidas y con el Secretariado de la Liga de las Naciones. El vol. 1 contiene una nota introductoria sobre el registro de tratados de acuerdo con el Art. 102 de la Carta de las Naciones Unidas.

5. Hudson, M.O.: *International Legislation*, 9 vols. (Washington: Carnegie Endowment for International Peace, 1931-1950). Una colección de textos de instrumentos internacionales multilaterales de interés general durante el periodo 1919-1945, comenzando con el Convenio de la Liga de las Naciones.

Índice: Cada volumen tiene un índice cronológico y un índice por materias. (El vol. 4 tiene un índice para los vols. 1-4.)

B. Colecciones de Tratados Particulares

Existen muchas colecciones, oficiales y no oficiales, de tratados particulares ordenados por continentes, regiones, países y materia. Para esta última categoría, ver las colecciones de tratados sobre arbitraje, comercio, cuestiones consulares, propiedad intelectual, asuntos culturales, emigración, asuntos fiscales, organizaciones internacionales, trabajo, neutralidad, arreglo pacífico de las disputas, problemas políticos, paz, refugiados, transportes y comunicaciones, etc. La mayoría de estas colecciones están registradas en una publicación de las Naciones Unidas: *List of Treaty Collections*, 1956 (UN. Pub. Sales Nº 1956. V. 2).

Véase también:

1. Reuter, P., y A. Gros: *Traités et documents diplomatiques* (París: Presses Universitaires de France, 1960). Consta de tratados referentes a organizaciones y relaciones internacionales.
2. Colliard, C.A.: *Droit international et histoire diplomatique*, 2 vols. (París Montchrestien, 1955-7).
3. *International Legal Materials* (para tratados contemporáneos) (Washington, 1962-1963. Trimestral.
4. *U.S. Treaties and Other International Agreements*, 37 vols. (1950-). Cubre el periodo 1950-64.
5. *European Treaty Series*, Consejo Europeo (1949-).

C. Índices, cronologías, bibliografías referentes a las colecciones de tratados

1. Naciones Unidas: *List of Treaty Collections,* 1956 (UN Pub. Sales N⁹ 1956. V. 2).
Multilingüe. Esta lista tiene por objeto reemplazar a Myers, D.P., ed.: *Manual of Collections of Treaties and of Collections Relating to Treaties* (Cambridge, Mass.: Harvard Univ. Press, 1922). La compilación está dividida en tres partes: 1) Colecciones generales, 2) Colección por materias, y 3) Colecciones por Estados.
2. *Index to Multilateral Treaties* (Cambridge, Mass.: Harvard Law School Lib., 1965). Lista cronológica de acuerdos internacionales multilaterales desde el siglo xvi hasta 1963, con cita de sus textos.
Para cada uno de los 3 859 tratados multilaterales que abarca este índice, son dadas diversas fuentes, oficiales y no oficiales, para localizar el texto. El idioma de los textos mencionados está también indicado. Contiene un índice por materias y una guía regional. Listas adicionales de tratados multilaterales son publicadas en *Current Legal Bibliography* (Cambridge, Mass.: Harvard Law School, 1961-). Mensual. (Ver p. 889).
3. Naciones Unidas: *Status of Multilateral Conventions in respect of which the Secretary-General acts as Depositary,* ST/LEG. 3/Rev. 1959 (UN. Pub. Sales N⁹ 59.v.6). Informes mensuales y suplementos anuales acumulativos han sido publicados desde 1959 como documentos. Esta publicación registra firmas, ratificaciones, adhesiones, reservas en relación a los tratados con respecto a los cuales la Secretaría General actúa como depositaria. Las cláusulas finales de estos tratados son reproducidas. Esta publicación, que cubre alrededor de 111 acuerdos generales multilaterales, está dividida en los siguientes capítulos: I. Carta y Estatuto de la Corte; II. Arreglo pacífico; III. Privilegios e inmunidades; IV. Genocidio; V. Refugiados; VI. Opio; VII. Trata de blancas; VIII. Publicaciones obscenas; IX. Salud; X. Comercio internacional y desarrollo; XI. Transportes y Comunicaciones; XII. Navegación; XIII. Estadísticas económicas; XIV. Educación y Cultura; XV. Declaración de defunción de personas desaparecidas; XVI. Estado de las mujeres; XVII; Libertad de información; XVIII. Esclavitud; XIX. Mercancías; XX. Mantenimiento de obligaciones; XXI. Derecho del Mar; XXII. Arbitraje comercial.
4. Liga de las naciones: *Signatures, Ratifications and accession in respect of Agreements and Conventions concluded under the auspices of the League of Nations,* 1944 (Ser. L.O.N.P. 1944, V. 2), y *Supplement,* 1946 (Ser. L.O.N.P. 1946, V. 1).
Esta publicación cubre alrededor de 90 acuerdos generales multilaterales (las convenciones de trabajo no están incluidas en esta cifra).
5. Departamento de Estado de los Estados Unidos: *Catalogue of Treaties 1814-1918* (Washington: GPO, 1919). Este catálogo contiene una lista cronológica y

un índice por países de 3 318 tratados concluidos entre todas las naciones desde 1814 hasta 1918. Hace referencia a un gran número de colecciones y de otras fuentes de tratados e indica el idioma en el cual el tratado está publicado en la fuente mencionada. El catálogo fue reimpreso en 1964 por Oceana Publications, Dobbs Ferry, N. Y.

Véase también:

1. *Répetoire général de traités 1895-1920* (La Haya: Nijhoff, 1926). Cubre 4 412 tratados.
2. Departamento de Estado de los Estados Unidos de Norteamérica: *Treaties in Force on 1 January 1966 between the United States and other Countries* (Washington: GPO, 1966).
3. Duparc, P.: *Traités et accords en vigueux* (París: Pedone, 1962). Tratados entre Francia y otros países hasta el 1º de febrero de 1958.
4. López Olivan, J.: *Repertorio diplomático español* (Madrid: Instituto Francisco de Vitoria, 1944). Índice de tratados españoles durante el periodo 1125-1935.
5. Slusser, R.M. y J.F. Triska: *A Calendar of Soviet Treaties 1917-1957* (Stanford: Univ. Press, 1959).
6. Pan American Union: *Status of Pan American Treaties and Conventions,* rev. to Sept. 1965 (Washington: OAS, 1966).

SECCIÓN II. COLECCIONES DE DECISIONES DE CORTES Y TRIBUNALES INTERNACIONALES

A. COLECCIONES DE DECISIONES E INFORMES DE CORTES INTERNACIONALES ESPECÍFICAS

1. *Corte Permanente de Justicia Internacional*

   a) *Publicaciones oficiales*

   Series A: *Collection of Judgments,* Nos: 1-24, para los años 1922-30.

   Series B: *Collection of Advisory Opinions,* Nos: 1-18, para los años 1922-30.

   Series A/B: *Collection of Judgments, Orders and Advisory Opinions,* Nos: 40-80, para los años 1931-40.

   Bilingüe, inglés y francés. Los Nos: 1-39 de las Series A/B no existen. Fueron reservados para renumerar las Series A y B desde 1922 hasta 1930. La correlación entre los números originales de las series A y B y los Nos: 1-39, que se les han dado en las series A/B, pueden ser encontradas en Hambro, E.: *The Case Law of the International Court,* vol. 1 (Leiden: Sijthoff, 1952), pp. 440-4.

   Series C.: *Pleading, Oral Statements and Documents Relating to Judgments and Opinions given by the Court,* Nos: 1-19, para los años 1922-30 y Nos: 52-88, para los años 1931-42.

   Los Nos: 20-50 no existen. Estas series incluyen procedimientos escritos, órdenes no publicadas en las Series A/B, textos de correspondencia diplomática referente a los casos y textos de tratados pertinentes.

   Series D: *Acts and Documents Concerning the Organization of the Court,* números 1-6, para los años 1926-32.

   Series E: *Annual Reports on the Activies of the Court,* Nos: 1-16, para los años 1922-45.

Los informes incluyen sumarios de juicios y opiniones consultivas. Todas las decisiones tomadas por la Corte desde el 1º de junio de 1933 hasta el 31 de diciembre de 1945 están incluidos en el cap. vi del XVI Informe Anual. Las decisiones están clasificadas sobre la base de los artículos del Estatuto de la Corte. Este informe tiene también un índice analítico de las decisiones de la Corte desde 1922 hasta 1945. El Informe Anual contiene bibliografías sobre las actividades de la Corte, 6875 *items*, 1922-45.

Series F: *Index to the Publications of the Court*, Nos· 1-4, para, los años 1927-37.

b) *Publicaciones no oficiales*

1) Hudson, M.O.: *The World Court Reports*, 4 vols. (Washington: Carnegie Endowment for International Peace, 1934-43). Colección de juicios, órdenes y opiniones de la Corte Permanente de Justicia.
   Cubre las actividades de la Corte desde 1922 hasta 1940. Contiene notas del editor que compendia la historia del caso antes, durante y después de la acción por la Corte e incluye bibliografías, cuadros e índices.

2) Institut für Internationales Recht (Kiel): *Entscheidungen des Ständigen Internationalen Gerichtshof*, 12 vols. (Leiden: Sijthoff, 1929-37).
   Contiene traducciones al alemán de las decisiones de la Corte Permanente desde 1922 hasta 1935.

c) *Digestos, repertorios, índices, etc.*

1) Fontes Juris Gentium: *Digest of the Decisions of the Permanent Court of International Justice*, Series A, Sect. 1, vols. 1, 3, 4, (Berlín: C. Heymanns, 1931-64). Cubre los años 1922-30, 1931-34, y 1934-40, respectivamente.
   El digesto comprende decisiones, opiniones consultivas y opiniones separadas y disidentes. Todos los extractos están impresos en inglés y francés. La clasificación, cuadros e índices están en inglés, francés y alemán.

2) Hambro, E.: *The Case Law of the International Court*, vol. 1 (Leiden: Sijthoff, 1952). Repertorio de juicios, opiniones consultivas y órdenes de la Corte Permanente de Justicia Internacional y de la Corte Internacional de Justicia.
   Resumen de decisiones de las dos Cortes. Las opiniones individuales y disidentes no están cubiertas. Contiene bibliografías, cuadro cronológico e índice. Cubre los años 1922-45 de la Corte Permanente y los años 1947-51 de la Corte Internacional.

3) *Répertoire des décisions et des documents de la procédure écrite et orale de la Cour Permanente de Justice internationale et de la Cour internationale de Justice*, publicado bajo la dirección de P. Guggenheim.
   Série I: *Cour Permanente de Justice internationale*, 1922-1945. Vol. I: Marek, K.: *Droit Internationale et Droit interne* (Ginebra: E. Droz, 1961). Es el único digesto que cubre la Serie C de la ¡Corte. Índice de nombres e índice de materias. Sólo un volumen publicado hasta ahora.

2. *Corte Internacional de Justicia*

a) *Publicaciones oficiales*

1) *Reports of Judgments, Advisory Opinions and Orders*, 1947- . Bilingüe, inglés y francés. Índice anual.

2) *Pleadings, Oral Arguments, Documents*, 1947- . Volúmenes separados, referentes a cada caso de los *Reports of Judgments*...

3) Series D: *Acts and Documents Concerning the Organization of the Court,* 1946- . Un volumen publicado hasta ahora, conteniendo la Carta de las Naciones Unidas, el Estatuto y reglas de la Corte y otros documentos constitucionales.
Una nueva edición estará disponible en poco tiempo. Contendrá un digesto de decisiones.

4) *Yearbook,* 1946-1947. El vol. 19 cubre el periodo 1964-1965.
Los vols. 1-18 contienen, cada uno, una bibliografía sobre la Corte. Esta bibliografía es omitida a partir del vol. 19 y será publicada separadamente.
El digesto de decisiones de la Corte es omitido de los 19 volúmenes y será incluido en las Series D de la Corte Internacional de Justicia.
El anuario contiene biografías de los jueces, una lista de textos que rigen la jurisdicción de la Corte y una lista de las publicaciones de la Corte. Desde 1963-1964, el anuario proporciona la cita oficial de juicios, las opiniones consultivas y las órdenes.

b) *Digestos, repertorios, índices*

1) Fontes Juris Gentium: *Digest of Decisions of the International Court of Justice,* Series A, Sect. I, vol. 5 (Colonia: C. Heymanns, 1961). Cubre los años 1947-58.

2) Hambro, E.: *The Case Law of the International Court,* 4 vols. (Leiden, Sijthoff.)
Vol. 1. Publicado en 1952. (Ver pp. 862-3).
Vol. 2. Publicado en 1960. Cubre los años 1952-8 del mismo modo que el vol. 1.
Vol. 3. Publicado en 1963 en dos partes, 3A y 3B.
Digesto de opiniones individuales y disidentes, 1947-58.
Vol. 4. Publicado en 1966 en tres partes, 4A, 4B, y 4C. La parte 4A y 4B cubre el periodo 1959-63 y consiste en un repertorio de juicios, opiniones consultivas y órdenes de la Corte Internacional de Justicia, incluyendo las opiniones separadas y disidentes. La parte 4C comprende una bibliografía elaborada por J. Douma que cubre los años 1918-64.

3) *Catálogo de las publicaciones de la Corte Internacional de Justicia* (La Haya, 1963). Listas por casos, series y números de venta.

3. *Corte Permanente de Arbitraje*

a) *Publicaciones oficiales*

1) *Colección de sentencias y documentos pertinentes.*
Para la mayoría de los casos, la Corte publicó los documentos pertinentes bajo diversos títulos, como: *Recueil des acts et protocoles, Protocoles des séances et sentences, Compromis protocoles des séances et sentences, Protocoles de séances, Ordonnance de procédure set sentences avec annexes* y *Sentences arbitrales.* El *Recueil* está compuesto por los casos 1-4, 7-10, 16-18, 24, y las *Sentences,* de los casos 5, 6, 11-13, 15, 19, 20. La Corte publicó en 1935 un sumario de las Sentencias desde 1899 hasta 1934 (ver *infra*). Las Naciones Unidas ha reproducido algunas de las sentencias y otros documentos pertinentes en *Reports of International Arbitral Awards.* (Ver p. 866.)

2) *Digestos, análisis, informes*
Bureau international de la Cour Permanente d'Arbitrage: *Analyses des Sentences arbitrales rendues par les tribunaux d'Arbitrage constitués conformément aux stipulations des Conventions de la Haye de 1899 et 1907*

(La Haya, 1914). Cubre los años 1899-1934. Analiza veinte casos. Contiene un índice de problemas legales involucrados en los casos y una bibliografía de las publicaciones de la Corte y de estudios sobre diferentes casos.

3) *Rapport du Conseil administratif de la Cour Permanente d'Arbitrage, sur les traveux de la Cour, sur le fonctionnement des services administratifs et sur les dépenses*, 1902- . En LXV año, publicado en 1966, cubre 1965.
Contiene una lista de los Estados miembros de la Corte, una lista de los árbitros designados por las partes, y una lista de casos decididos por la Corte (veinticuatro hasta ahora). La vigésima cuarta sentencia fue dictada en 1956, la vigésima tercera en 1940.

b) *Publicaciones no oficiales*

1) *Colecciones de sentencias*
Scott, J.B. (ed.): *The Hague Court Reports*, 2 vols. (Nueva York: Oxford Univ. Press, 1916 y 1932.)
1ª Serie: Colección de sentencias y otros documentos desde 1902 hasta 1913.
2ª Serie: Colección de sentencias y otros documentos desde 1913 hasta 1928.

2) *Digestos*
Fontes Juris Gentium: *Digest of the Decisions of the Permanent Court of Arbitration*, Series A, Sec. I, vol. 2 (Berlín: C. Heymanns, 1931).
Diez y nueve decididos están registrados. Los extractos están publicados en inglés, francés y alemán. El convenio está reproducido *in extenso*.

4. *Otras cortes internacionales específicas*

Diversas cortes internacionales han publicado sus sentencias y documentos, por ejemplo, el Tribunal Militar Internacional, Nuremberg, la Corte de Justicia Centroamericana, los Tribunales Mixtos de Arbitraje, el Tribunal de Arbitraje para la Alta Silesia, el Tribunal Administrativo de las Naciones Unidas, el Tribunal Administrativo de la Organización Internacional del Trabajo y la Corte de Justicia de la Comunidad Europea. Muchas de estas sentencias están registradas en los trabajos generales sobre arbitraje internacional.

B. COLECCIONES GENERALES DE SENTENCIAS DE ARBITRAJE INTERNACIONAL

1. Moore, J.B.: *International Adjudications, Ancient and Modern*, 7 vols. (Nueva York: Oxford Univ. Press, 1929-36.)
Series antiguas: Vol. 1 (retrasado); vol. 2, cubre los años 1941-1504.
Series Modernas: Vols. 1-4, cubren los años 1798-1817.
En cada caso se presenta: el acuerdo de arbitraje, la organización de la comisión mixta, los argumentos a favor de cada una de las partes, la sentencia y notas bibliográficas.

2. Lapradelle, A. de, y N. Politis: *Recueil des Arbitrages internationaux*, 3 vols. (París, 1905, 1923 (2ª edición, 1932) y 1954). Contiene notas doctrinales detalladas.
Vol. 1: Publicado por Pedone, cubre los años 1798-1855.
Vol. 2: Publicado por Pedone, cubre los años 1856-1872.
Vol. 3: Publicado por Les Éditions Internationales, cubre los años 1872-1875. (Escrito por Lapradelle, A. de, Politis, J., y Salomon, A.)

3. La Fontaine, H.: *Pasicrisie internationale: histoire documentaire des arbitrages internationaux*, 1794-1900 (Berna: Stämpfli, 1902). Colección de 369 documentos referentes a 177 sentencias.

4. Naciones Unidas: *Raports of International Arbitral Awards*, 14 vols. (hasta 1966), 1949- .

Vols. 1-8, cubren el periodo 1920-1941.
Vols. 9-11, cubren el período 1902-1920.
Vols. 12 *ss.*, cubren el periodo 1941 en adelante.

Existe un índice para cada volumen y un índice acumulativo para los vols. 1-3. En cada caso, el volumen reproduce el texto del compromiso, las estipulaciones relevantes del tratado, el texto de las decisiones, y presenta indicaciones generales y una bibliografía.

5. Williams, J.F. y Lauterpacht, H. (eds.) .: *Annual Digest of Public International Law Cases*, 32 vols. (hasta 1966) (Londres: Longmans, Green, and Butterworth, 1932-).

El vol. 26 cubre el año 1958; desde el vol. 27 en adelante, ninguna referencia es dada sobre listas anuales. A.D. McNair fue co-editor de los vols. 3-4; H. Lauterpacht fue editor único de los vols. 5-24; del vol. 25 en adelante, el editor es E. Lauterpacht. El título fue *Annual Digest and Reports of Public International Law Cases* del vol. 7 en adelante (para los años 1933-39) y fue cambiado a *International Law Reports* del vol. 17 en adelante (para los años 1950 y siguientes). A partir del vol. 7, el digesto presenta informes completos de algunos casos incluidos. El vol. 11, publicado en 1947, es un volumen complementario para los años 1919-42, e incluye un índice consolidado para este periodo. El digesto ofrece decisiones de tribunales nacionales e internacionales sobre puntos de vista de derecho internacional. El texto esta dado solamente en inglés.

C. ÍNDICES, REGISTROS Y BIBLIOGRAFÍAS CON RESPECTO A ARBITRAJES INTERNACIONALES

1. Stutyt, A.M.: *Survey of International Arbitrations*, 1794-1938 (La Haya: Nijhoff, 1939).

Esta revisión contiene alrededor de 421 casos. Posee un índice por países con una lista cronológica de los casos para cada país y un índice alfabético. Posee información sobre: *a*) las partes; *b*) las disputas; *c*) el tribunal de arbitraje; *d*) el tratado de arbitraje, fecha, derecho aplicable y texto (fuente del tratado) ; *e*) sentencia, fecha, a favor de quien, ejecución, texto (fuente de la sentencia), y *f*) bibliografía.

2. Comisión de Derecho Internacional de las Naciones Unidas: *Bibliography on Arbitral Procedure*, A/CN.4/29, 1950. Contiene una lista de colecciones y recopilaciones de documentos, y una lista de monografías así como publicaciones periódicas.

3. Naciones Unidas, *Ways and Means of Making the Evidence of Customary International Law More Readily Available*, 1949 (UN. Pub. Sales Nº 1949, vol. 6). (Ver secc. 3.)

D. ARBITRAJES INTERNACIONALES DE PAÍSES ESPECÍFICOS

Algunos países han publicado sus arbitrajes con otros países; por ejemplo, desde 1929, el Departamento de Estado de los Estados Unidos de Norteamérica ha publicado una serie de arbitrajes incluyendo algunos arbitrajes famosos. Ver también Moore, J. B.: *History and Digest of the International Arbitrations to which the United States has been a Party*, 6 vols. (Washington: GPO, 1918). Publicación no oficial que presenta un compendio de arbitrajes de E.U.A. con otros países.

SECCIÓN III. PRÁCTICA DE LOS ESTADOS

Muchos Estados publican material sobre sus relaciones exteriores. Las Naciones Unidas, en su publicación, *Ways and Means of Making the Evidence of Customary International Law Moe Readily Available*, 1949 (UN. Pub. Sales N? 1949, vol. 6), presenta una lista detallada y anotada de estas publicaciones. Nosotros limitaremos nuestra lista a las series principales y publicaciones recientes con respecto a la práctica estatal.

A. COLECCIONES DE DOCUMENTOS

1. *Colecciones generales de documentos sobre práctica estatal*

a) *Documents on International Affairs* (Londres: Oxford Univ. Press, 1930-). Anual.

Publicación extraoficial publicada bajo los auspicios del Royal Institute of International Affairs. El primer volumen cubre el año 1928; el volumen publicado en 1965 cubre el año 1961. Las series reproducen discursos oficiales, correspondencia diplomática, conferencias de prensa, canje de notas, etc., respecto a todos los países. Los volúmenes recientes tienen un índice cronológico de documentos citados.

b) *British and Foreign State Papers,* recopilado por el Bibliotecario y Archivista, Foreign Office, 163 vols. (hasta 1966) (Londres, 1841-). Ver. p. 857).

Además de los tratados, esta serie contiene mucha correspondencia diplomática.

c) *La Documentación française* (París: Éditions du Secrétariat général du gouvernement français, 1948-).

Esta publicación está editada en diferentes series, por ejemplo, *Notes et Études Documentaires, Articles et Documents,* etc., que contiene discursos, declaraciones, comunicados y diversas notas diplomáticas. Tiene un cuadro mensual y un índice anual.

2. *Colecciones de documentos con respecto a países en particular*

a) *Estados Unidos de Norteamérica*

1) *Publicaciones oficiales*

1. *Foreign Relations of the United States. Diplomatic Papers,* 1862- . Anual.

El título de esta serie hasta 1947 (para el año 1932) fue *Papers relating to the Foreign of the United States.* El volumen para 1944 fue publicado en 1965. En 1941 fue publicado un índice acumulativo para el periodo 1900-1918.

Han sido publicadas también series especiales: *Relations with Japan,* 1931-41 (publicado en 1943), *The Paris Peace Conference,* 1919 (13 vols., publicados en 1942-47), *Relations with the Soviet Union,* 1933-39 (publicado en 1952), *Relations with China,* 1942-43 (publicado en 1956-57), *The Potsdam Conference,* 1945 (publicado en 1960), y *The Cairo and Teheran Conference,* 1943 (publicado en 1961). Estas publicaciones incluyen "todos los documentos referentes a las principales medidas políticas y decisiones del Departamento de Estado en materia de relaciones exteriores, junto con materiales apropiados referentes a los sucesos y hechos que contribuyeron a la formulación de semejantes decisiones y políticas... Ciertos documentos o parte de documentos son omitidos para preservar la confianza depositada en el Departamento por otros gobiernos o individuos..." (prefacio al vol. de 1932). También son incluidos en las series mensajes presidenciales y negociación de tratados.

2. *American Foreign Policy. Current Documents,* 1957- . Anual. Cubre los años 1950 en adelante. El vol. para 1962 fue publicado en 1966.

Esta serie continúa una publicación titulada *A Decade of American Foreign Policy, Basic Documents,* 1941-49, Senate Doc. Nº 123, 81st Cong., Ist. Sess. (Washington: GPO, 1950). Es una "colección de los principales mensajes, memoriales, declaraciones, informes, ciertas notas diplomáticas canjeadas y tratados".

3. *Department of State Bulletin,* 1949- . Semanal, índices semestrales.

Reproduce algunos documentos generales sobre relaciones exteriores, discursos, declaraciones, etc.

4. *Publications of the Department of State,* 1924-1953, con suplementos para 1953-57, 1958-60, etc. Índice de publicaciones.

2) *Publicaciones no oficiales*

Documents on Ameican Foreign Relations, 1939- . Anual. Publicado bajo los auspicios de la World Peace Foundation, y desde 1952, por el Council on Foreing Relations. El volumen para 1965 fue publicado en 1966.

Contiene "documentos que parecen ser permanentemente útiles... comunicados significativos, resoluciones, pronunciamientos relevantes y extractos de discursos importantes..."

b) *Reino Unido*

1) *Documents on British Foreign Policy* 1919-39 (Londres: HMSO, 1947-)
1ª Serie: Cubre los años 1919-29. 14 vols. publicados hasta ahora (el vol. 14 fue publicado en 1966).
2ª Serie: Cubre los años 1930-38. 9 vols. publicados hasta ahora (el vol. 9 fue publicado en 1965).
3ª Serie: Cubre los años 1938-39. 10 vols. publicados hasta ahora (el vol. 10 fue publicado en 1961).
La serie reproduce los más importantes documentos de la Foreign Office Archives. Las tres series son publicadas conjuntamente para evitar el retraso previo a la aparición de los volúmenes que tratan de los sucesos que precedieron al estallido de la segunda Guerra Mundial.

2) Temperly, H., y L.M. Penson (eds.): *A Century of Diplomatic Blue Books,* 1814-1914 (Cambridge: Univ. Press, 1938). Contiene una lista cronológica con una introducción histórica y un índice por materias.

3) McNair, Lord (ed.): *International Law Opinions,* 3 vols. (Cambridge: Univ. Press, 1956).
Vols. 1-2: Paz.
Vol. 3: Guerra y Neutralidad.
"Una tentativa para, delinear el desarrollo del derecho internacional público en Gran Bretaña tal como se evidencia por las opiniones dadas por la Corona y sus funcionarios legales... durante las tres o cuatro centurias pasadas, y particularmente entre 1782 y finales de 1902." En 1956, 1902 fue la última fecha del periodo disponible de los archivos de la Foreign Office.

c) *Alemania*

1) *Documents on German Foreign Policy,* 1918-1945, publicado conjuntamente por el Departamento de Estado de E.U.A. y la British Foreign Office de los archivos capturados del German Foreign Ministry, 1957- .
Serie C: 4 vols. (hasta 1963), cubre los años 1933 en adelante.
Serie D: 13 vols. (hasta 1964), cubre los años 1937 en adelante.

2) *Dokumente zur Deutschlandpolitik* (Bonn: Bundesministerium für gesamt-deutsche Fragen, 1961-).
Cuatro series están por publicarse para los años 1941-45, 1945-55, 1955-58, y 1958 en adelante, respectivamente.

Para otros estados y otras colecciones, ver Naciones Unidas: *Ways and Means of Making the Evidence of Customary International Law More Readily Available,* 1949 (UN. Pub. Sales № 1949, vol. 6).

B. DIGESTOS DE PRÁCTICA ESTATAL

1. *Colecciones generales*

Fontes Juris Gentium: *Digest of the Diplomatic Correspondence of the European States,* Series B, Sect. I, vols. 1-2 (Berlín: C. Heymanns, 1932-38). Cubre el período 1856-71 y 1871-78.
Digesto de documentos oficiales que ya han sido publicados. Consiste de notas diplomáticas, instrucciones a los representantes diplomáticos e informes de embajadores a sus gobiernos, extractos de congresos internacionales, etc. Los extractos son reproducidos en su idioma original. Cuando el texto original no es inglés, francés o alemán, se proporciona una traducción en alguno de estos idiomas.

2. *Colecciones de digestos referentes a la práctica de países en particular en el campo del derecho internacional*

a) *Estados Unidos*

1) Moore, J.B.: *A Digest of International Law as embodied in Diplomatic Discussions, Treaties and Other International Agreements, International Awards, the Decisions of Municipal Courts and the Writings of Jurists and Especially in Documents Pulished and Unpublished Issued by Presidents and Secretaries of State of the United States, the Opinions of the Attorneys-General and the Decisions of Courts, Federal and State,* 8 vols. (Washington: GPO, 1906).
Esta publicación reemplaza a Wharton, F.: *A Digest of the International Law of the U.S.,* 3 vols. (Washington: GPO; 1886). Fue actualizada por:

2) Hackworth, G.H.: *Digest of International Law,* 8 vols. (hasta 1966) (Washington: GPO, 1940-4).
Esta publicación sigue, generalmente, los lineamientos del *Digest* de Moore y fue continuada por:

3) Whiteman, M.M.: *Digest of International Law,* 13 vols. (Washington: GPO, 1963-69).
Estos tres digestos no se invalidan el uno con el otro sino que se confirman.

4) *Restatement of the Law, Second, The Foreign Relations Law of the United States* (St. Paul, Minn.: American Law Institute, 1965).
Incluye referencias a los materiales originales de los que, en E.U.A., el

derecho internacional ha derivado, y materiales del derecho civil norteamericano relacionados con derecho internacional.

b) *Reino Unido*

1) Smith, H.A.: *Great Britain and the Law of Nations* (Londres: King and Sons, 1932-35).
   Contiene material histórico y opiniones legales de funcionarios legales británicos. Esta publicación no fue completada. Solamente fueron publicados dos volúmenes.

2) Parry, Clive (ed.).: *A British Digest of International Law* (Londres: Stevens, 1965-).
   Vols. 5,6,7 y 8, publicados hasta ahora. Planeado para completarse en 10 vols. para la primera fase, cubriendo el periodo 1860-1914: y en 5 vols. para la segunda fase, cubriendo el periodo 1914-60.

3) *British International Law Cases*, 5 vols. (hasta 1967) (Londres: Stevens; Dobbs Ferry, N.Y.: Oceana, 1964).

4) McNair, A.D.: *The Law of Treaties: British Practice and Opinions* (Oxford: Univ. Press, 1938).
   Una nueva edición de este libro fue publicada en 1961 "eliminando parte del material puramente británico, y conteniendo más material de fuentes internacionales".

5) — (ed.): *International Law Opinions,* 3 vols. (Cambridge: Univ. Press, 1956). (Ver p. 870.)

c) *Francia*

Kiss, A.C. (ed.): *Répertoire de la Practice française en matière de droit international public,* 5 vols. (hasta 1966) (París: Editions du Centre National de
El *Répertoire* está basado principalmente en documentos publicados, tales como informes parlamentarios, textos legislativos y documentos diplomáticos.

d) *Otros países*

Algunos países (como Alemania y Suiza) están preparando sus *Digest of International Law.* Hasta que dichas publicaciones aparezcan, se puede consultar las publicaciones periódicas que dedican partes sustanciales a la práctica de Estado, por ejemplo, *Annuaire suisse de droit international* (artículos por Prof. Guggenheim sobre la práctica suiza), o la *Revue Belge de droit international,* etc. (Ver pp. 890 y siguientes.)

SECCIÓN IV.   DOCUMENTOS DE ORGANIZACIONES INTERNACIONALES

A. NACIONES UNIDAS

Sistema de Publicaciones

Los documentos de las Naciones Unidas están impresos o mimeografiados.

1. Las publicaciones impresas pueden ser divididas en tres categorías: informes oficiales, las series de número de venta y las publicaciones periódicas.

a) *Informes oficiales*

1) *Verbatim o documentos resumidos* de las reuniones de los principales órganos de las Naciones Unidas (Asamblea General, Consejo de Seguridad, Consejo Económico y Social y el Consejo de Administración Fiduciaria) . Editado por sesión o por año para cada órgano. Documentos de los siguientes órganos subsidiarios son impresos también: Comisión de Energía Atómica, Comisión de Desarme y Comisión de Derecho Internacional.

2) Anexos de los Informes Oficiales, que suelen estar incluidos en el mismo volumen de los informes. Contiene proyectos de resoluciones, enmiendas, e informes y estudios realizados por el Secretariado. Muchos de estos textos fueron originalmente documentos mimeografiados. Los documentos de esta categoría están agrupados de acuerdo con los *itms* de la agenda del órgano concerniente.

3) Suplementos de los Informes Oficiales. Diversos informes sometidos al órgano respectivo, junto con las resoluciones adoptadas por el mismo durante la sesión. Estos suplementos son numerados otra vez en cada sesión. (Llevan también su símbolo y número seriado en la serie general de documentos mimeografiados.)

Los Informes Oficiales de los diferentes órganos estan ordenados por sesiones en *Index to Proceedings,* y estan listados en *United Nations Official Records, A Reference Catalogue,* 1948-1962. ST/CS/SER.J/2, 1963 (UN. Pub. Sales. N° 64.I.3.) .

b) *Series con número de venta* consiste en estudios e informes del Secretariado.

Esta serie, está dividida en diez y siete categorías, cada una de las cuales está indicada con un número romano. Algunas de esas categorías han sido subdivididas, y las subdivisiones estan indicadas por letras siguiendo, inmediatamente, el número romano; por ejemplo, IIA, IIB, etc.

Las categorías de esta serie son las siguientes: I. General; IIA. Estabilidad Económica y Empleo; IIB. Desarrollo Económico; IIC. Economía Mundial; IID. Negocios, Finanzas y Comercio; IIE. Economía Europea; IIF. Economía de Asia y del Lejano Oriente; IIG. Economía Latinoamericana; IIH. Asistencia Técnica; III. Salud Pública; IV. Problemas Sociales; V. Derecho Internacional; VIA. Administración Fiduciaria; VIB. Territorios no autónomos; VII. Asuntos del Consejo de Seguridad y Políticos; VIII. Transporte y Comunicaciones; IX. Energía Atómica y Control de Armamentos; X. Administración Internacional; XI. Estupefacientes; XII. Educación, Ciencia y Cultura; XIII. Demografía; XIV. Derechos Humanos; XV. Ayuda y Rehabilitación; XVI. Finanzas Públicas y Problemas Fiscales; XVII. Estadísticas Internacionales. En la contra-cubierta de cada publicación de esta serie hay una nota conteniendo los números de venta, que consisten en el año de publicación, el número de la categoría en números romanos y el número seriado de la publicación dentro de esa categoría particular. Thus 1952.V.3, indica que el volúmen es la tercera publicación durante 1952 en la categoría V (legal) .

Estas publicaciones (desde 1945-1966) están enlistadas en *Catalogue, United Nations Publications,* 1966, ST/CS/SER.J/7, 1966.

c) *Publicaciones periódicas y series de tratados:* Hay alrededor de veinte publicaciones periódicas editadas anual, trimestral o mensualmente, por las Naciones Unidas. Están citados por sus títulos aunque algunos de ellos tienen números de venta o pertenecen a una serie documental con símbolos. (Para una descripción de la serie de tratados, ver p. 858.)

2. *Documentos mimeografiados.* Las Naciones Unidas publica de 5 000 a 6 000 documentos mimeografiados al año. Estos documentos son editados en diferentes series y subseries llevando símbolo. En 1965 las Naciones Unidas publicó la *List of United Nations Documents Series y Symbols* (UN. Pub. Sales Nº 65.I.6), que consiste en alrededor de 2 000 series y subseries. Adiciones a la vista de los símbolos de las Naciones Unidas pueden ser encontradas en *United Nations Documents, Index, Cumulative Index.* Parte 2 (editado desde 1963).

Hay unos pocos símbolos seriales básicos. Los símbolos están basados en los nombres ingleses de los órganos de las Naciones Unidas. De este modo los documentos de los principales órganos de la ONU, llevan los siguientes símbolos seriales básicos: A/ para la Asamblea General, S/ para el Consejo de Seguridad, E/ para el Consejo Económico y Social, T/ para el Consejo de Administración Fiduciaria, y ST/ para el Secretariado. Algunos de los órganos subsidiarios tienen también sus símbolos básicos. Por ejemplo, AEC/ para la Comisión de Desarme, UNDP/ para el Programa de Desarrollo de las Naciones Unidas, UNCTAD/ para la Conferencia de las Naciones Unidas sobre Comercio y Desarrollo, etc.

A estos símbolos básicos, que representan los órganos principales, son agregados símbolos auxiliares y secundarios para designar órganos subsidiarios. Entre los símbolos secundarios están: C/ para una delegación establecida, permanente o principal, AC/ para las comisiones *ad hoc,* SC/ para las subcomisiones, CN/ para una comisión y Conf/ para una conferencia. La serie para los órganos subsidiarios está numerada generalmente en el orden de su establecimiento o convocación. Por ejemplo, A/C.4, A/C.6, A/CN.2, A/CN.4, E/AC.42, E/AC.52, E/Conf. 13, E/Conf. 14, etc. Los símbolos seriales básicos en los cuerpos principales las iniciales del órgano subsidiario. Por ejemplo E/ECE para la Comisión Económica para Europa (Economic Commission for Europe, órgano subsidiario del Consejo Económico y Social) : A/SPC para el Comité Político Especial (Special Political Committee, órgano subsidiario de la Asamblea General), etc.

Cada departamento del Secretariado es identificado por su serie de símbolos básicos. Por ejemplo, ST/LEG para la Oficina de Asuntos Jurídicos (Office of Legal Affairs). A la serie de símbolos básicos de los órganos principales y subsidiarios se agregan elementos para destacar la naturaleza de los documentos, para indicar modificaciones de los textos, o para mostrar el tipo de distribución de los respectivos documentos. Entre estos figuran: /SR para las actas de las reuniones, /PV para los registros verbales *(procès-verbaux)* de reuniones /Inf para las series de información, /Add para una adición al documento principal, /Rev para una revisión del documento principal, /L para documentos de distribución limitada, /R para documentos de distribución restringida, etc.

Después de los símbolos básicos con sus elementos adicionales, siguen las figuras que indican el lugar del documento en esa serie particular. Así, el Doc. A/AC.18/SC.9/L.5/Add.I significa la adición I del quinto documento (de distribución limitada) del subcomité 9 de la décimo octava comisión *ad-hoc* establecida por la Asamblea General.

Todos los documentos de la ONU, han sido ordenados alfabéticamente desde 1950 en una publicación mensual (con acumulación anual), *United Nations Documents Index* (UNDI).

Las informaciones de prensa son publicadas en series divididas en diversas categorías de acuerdo a la materia.

Selección de Documentos de interés jurídico en las diferentes series de publicaciones de la ONU.

Entre los miles de documentos publicados anualmente por la ONU, muchos tienen interés jurídico. No hay un digesto de problemas jurídicos contenidos en los documentos de la ONU. De cualquier modo, el *Repertory of Practice of United Nations Organs* (UN. Pub. Sales Nº 55.V.2/vols. I-V), y los Suplementos (UN. Pub. Sales Nᵒˢ· 57-V.4/vols. I-II, 63.V.7, 64.V.5, y 64.V.6), y el *United Nations Juridical Yearbook* (2 vols. publicados hasta ahora, para 1963 y 1964, UN. Pub. Sales Nᵒˢ· 65.V.3 y 66.V.4), pueden ayudar en este aspecto. Enumeramos aquí unos pocos ejemplos de algunos documentos importantes o categorías de documentos de interés jurídico.

I. *Publicaciones impresas*

a) *Actas Oficiales*

I) Las actas de reuniones del Sexto Comité (jurídico) de la Asamblea General.

II) Muchos de los Anexos de actas oficiales de la Asamblea General o del Consejo Económico y Social agrupan documentos sobre temas jurídicos. Por ejemplo, el *Summary Study of the Experience Derived from the Establishment and Operation of the United Nations Emergency Force* (GAOR, IIth Sess., 1956-7, Annexes, Agenda item 65).

III) Entre los suplementos para cada acta oficial de sesiones de la Asamblea General, ver el informe anual del Secretario General sobre las labores de la Organización para el año precedente (Suppl. Nº I), el Informe de la Comisión de Derecho Internacional (comúnmente Suppl. Nº 9 para cada sesión desde 1949), el *Resolutions of the Session* (generalmente el último suplemento del registro de cada sesión), e informes de diferentes comisiones *ad hoc.* Por ejemplo, *Report of the Special Committee on the Question of Defining Aggression* (GAOR, 9 th., 1954, Suppl. Nº II), o el *Report of the Committee on International Criminal Jurisdiction* (GAOR, 7th Sess., 1952-53, Suppl. Nº II), etc.

b) *Series con número de venta*

Algunas publicaciones de la Categoría I (General) son importantes.

I) *Anuario de las Naciones Unidas,* 1946-47. Resume las actividades de la Organización durante el año.

II) *Las Naciones Unidas al alcance de todos,* 1948- . Resume las actividades de la Organización desde 1945.

III) *A Bibliography of the Charter of the United Nations,* 1955 (UN. Pub. Sales Nº 1955.I.7).

Todas las publicaciones de la categoría V (jurídico) son importantes.

I) *Yearbook of the International Law Commission,* 1949- .
Dos volúmenes para cada sesión: vol. I, contiene los registros de la Comisión, y el vol. II, los principales documentos de la Comisión. Algunos documentos estan solamente mimeografiados y pertenecen a la serie A/CN.4. Para un índice de los documentos de la Comisión de Derecho Internacional, ver Higham, J.: "The United Nations International Law Commission: A. Guide to the Documents, 1949-59", 36 *BYIL,* 384 (1960).
Los principales temas estudiados por la Comisión son: Procedimiento de Arbitraje, Trato Consular y Diplomático, Jurisdicción Criminal, Derecho del Mar, Derecho de los Tratados, Nacionalidad y Apatría, Principios de Nuremberg, Crímenes contra la Paz, Relaciones entre los Estados y las Organi-

zaciones Internacionales, Responsabilidad de los Estados, Derechos y deberes de los Estados, Misiones Especiales, Susección de Estados.

El Anuario se publica en español desde 1956.

II) *Reports of International Arbitral Awards*, 1949- (Ver p. 866).

III) Series Legislativas

Law and Regulations Concerning the High Seas (UN Pub. Sales Nos. 51.V.2, 52.V.1, y 59.V.2).

The Conclusion of Treaties (UN Pub. Sales Nos. 52.V.4 y 59.V.2)

Nationality (UN Pub. Sales Nos. 54.V.1 y 59.V.3)

Nationality of Ships (UN Pub. Sales Nos. 56.V.1)

Territorial Sea (UN Pub. Sales Nos. 57.V.2)

Diplomatic and Consular Privileges and Immunities (UN Pub. Sales números 58.V.3 y 63.V.5)

Legal Status, Privileges, and Immunities of International Organizations (UN. Pub. Sales Nos. 60.V.2 y 61.V.3).

Utilization of International Rivers (UN. Pub. Sales Nº 6.V.4).

IV) *Repertory of Practice of United Nations Organs*, 5 vols., 1955 (UN. Pub. Sales Nº 55.V.2/vols. I-V); y Suplementos (UN. Pub. Sales Nos. 57.V.4/vols. I-II, 63.V.7, 63.V.5, y 64.V.6).

Este repertorio está preparado en la forma de un comentario sobre los artículos de la Carta, recopilando las discusiones y debates de diferentes órganos.

V) Actas oficiales de conferencias sobre problemas legales, por ejemplo:

United Nations Conference on the Law of the Sea, 1958 (UN. Pub. Sales Nº 58.V.4/vols. I-VII).

Official Records of the Second Conference on the Law of the Sea, 1958 (UN. Pub. Sales Nº 62.V.3). Ver también Categoría X.)

VI) *The Status of Permanent Sovereignty over Natural Wealth and Rosources, y Report of the Commission on Permanent Sovereignty over Natural Resources* (UN. Pub. Sales Nº 62.V.6).

VII) *United Nations Juridical Yearbook*, 2 vols. publicados hasta ahora.

1º vol.: Para el año 1963 (UN. Pub. Sales Nº 65.V.3).

2º vol.: Para el año 1964 (UN. Pub. Sales Nº 66.V.4).

Contiene textos e información sobre: estado legal de las Naciones Unidas y agencias relacionadas, actividades jurídicas de las Naciones Unidas y agencias relacionadas, decisiones jurídicas sobre problemas relativos a las Naciones Unidas y agencias relacionadas, documentos, legales, e índices y bibliografía de las Naciones Unidas y agencias relacionadas.

En la Categoría VII (Asuntos del Consejo de Seguridad y Políticos) merece mencionarse *Repertoire of the Practice of the Security Council*, 1946-1951 (UN. Pub. Sales Nº 54.VII.1), y Suplementos para 1952-5, 1956-8, y 1959-63 (UN. Pub. Sales Nos. 57.VII.1, 59.VII.1, y 65.VII.1).

En la Categoría X (Administración Internacional), ver:

Agreements between the United Nations and Specialized Agencies and the International Atomic Energy Agency (UN. Pub. Sales Nº 61.X.1).

United Nations Conference on Diplomatic Intercourse and Immunities (UN. Pub. Sales Nº 62.X.1).

United Nations Conference on Consular Relations (UN. Pub. Sales número 64.X.1).

Judgments of the United Nations Administrative Tribunal, 1950-57 (UN. Pub. Sales Nos. 58.X.1 y 62.X.2).

La Categoría XIV (Derechos Humanos) incluye el anuario *Yearbook on Human Rights,* etc.

c) *Publicaciones periódicas*

La revista *United Nations Review,* publicada desde 1964 como el UN *Monthly Chronicle,* ofrecen un sumario mensual de las actividades generales de las Naciones Unidas, incluyendo una lista seleccionada de documentos, una lista de reuniones, un análisis de publicaciones importantes, y una lista de nuevas ratificaciones a convenciones bajo los auspicios de las Naciones Unidas.

2. *Serie de documentos mimeografiados*

a) *Algunos títulos de series*

Muchas series de documentos se refieren a problemas jurídicos. En los siguientes ejemplos, todos los principales documentos de estas series son importantes.

A/AC.10	Committee on the Progressive Development of International Law and Its Codification.
A/AC.40	Committee on International Criminal Jurisdiction
A/AC.59	UN Tribunal in Eritrea.
A/AC.60	Special Committee on Legal and Drafting Questions
A/AC.77	1956 Special Committee on the Question of Defining Aggression.
A/AC.78	Special Committee on Review of Administrative Tribunal Judgements.
A/AC.97	UN Commission on Permanent Sovereignty over Natural Resources.
A/AC.105/C.2	Committee on the Peaceful Uses of Outer Space: Legal Sub-Committee.
A/AC.110	Special Committee on South West Africa.
A/AC.119	Special Committee on Principles of International Law Concerning Friendly Relations and Co-operation among States.
A/CN.4	International Law Commission. (Comisión de Derecho Internacional.)
A/Conf.1	UN Conference on Declaration of Death of Missing Persons.
E/AC.32	*Ad Hoc* Committee on Statelessness and Related Problems.
E/AC.39	Committee of Experts on the Problems of Recognition and Enforcement Abroad of Maintenance Obligations.
E/CN.4	Commission on Human Rights.
E/CN.4/Sub.2	Sub-Commission on Prevention of Discrimination and the Protection of Minorities.
E/Conf.19	UN Conference on Olive Oil.
E/Conf.26	UN Conference on International Commercial Arbitration.
E/Conf.34	UN Conference for the Adoption of a Single Convention on Narcotic Drugs.
ST/LEG	Office of Legal-Affairs.
ST/TAO/HR	Reports and Studies of Seminars on Human Rights, including Status of women.

b) *Algunos documentos particulares mimeografiados de interés jurídico*

Los siguientes títulos son ejemplos de documentos de interés jurídico que aparecen en algunas de las series mimeografiadas. A partir de 1963 el *United Nations Juridical Yearbook* publica una lista de dichos documentos.

A/2505	*Report of the* UN *Commission on the Racial Situation in the Union of South Africa.* (El cap. II se refiere al Art. 2º [7] de la Carta y a la competencia de las Naciones Unidas con respecto a la materia.)
A/2929	*Draft International Covenants on Human Rights.* Anotaciones por el Secretariado.
A/AC.49/L.1	*Operation of the Mandates System under the League of Nations.*
A/AC.50/2	*Historical Survey of the Activities of the League of Nations regarding the Question of Disarmament, 1920-1937.*
A/AC.60/L.2	*Study of the Work of the 6th (Legal) Committee of the General Assembly.*
A/AC.64/L.1	*Memorandum of the Historical Background of the Question of the Admission of New Members.*
A/AC.65/2	*Tribunals Created by the General Assembly of the* UN.
A/AC.78/L.10	*Participation of Individuals in Proceedings Before the International Court of Justice.*
A/C.1/758	*Summary of International Secretariat Studies of Constitutional Questions Relating to Agencies Within the Framework of the* UN.
E/AC.6/25	*Damage Caused to the Federal People's Republic of Yugoslavia by the Withholding of its Gold Reserves by the USA. Legal opinion of the Secretary General.*
E/CN.4/367	*Study of the Legal Validity of the Undertakings Concerning Minorities.*
E/CN.4/540	*Bibliography on the Protection of Human Rights, 1939-1950.*
E/CN.4/906	*Question of the Non-applicability of Statuory Limitations to War Crimes and Crimes against Humanity.*
S/1466	Carta fechada el 8 de marzo de 1950 del Secretario General al Presidente del Consejo de Seguridad transmitiendo un *Memorandum on the Legal Aspects of the Problem of Representation in the United Nations.* (Representación de China.)
S/AC.14/7	*Bibliography on Sanctions in International Law with Special Reference to the Experience of the League of Nations.*
ST/LEG/7	*Summary of the Practice of the Secretary-General as Depositary of Multilateral Agreements.*
ST/TAO/HR/23	*Seminar on the Multinational Society.*
PM/473	*Secretariat Memorandum on Membership Status of India and Pakistan* (opinión legal).

Para los proyectos de la Carta de las Naciones Unidas, ver *Documents of the United Nations Conference on International Organizations*, 1945, 22 vols., Nueva York, UN Information Organization, 1945 y 1954. El vol. 22 es un índice general.

B. ORGANISMOS ESPECIALIZADOS

Para los organismos especializados de las Naciones Unidas y para OIEA, los informes anuales de esos organismos, publicados en las series de documentos del Consejo Económico y Social, son introducciones útiles para sus actividades.

Los documentos básicos de los organismos son publicados separadamente y comúnmente reimpresos, incluyendo nuevas modificaciones, para cada sesión de la conferencia general del organismo correspondiente. Las actas o los procedimientos de las conferencias y las resoluciones adoptadas son publicadas también en volúmenes separados.

United Nations Documents Index (UNDI) comprende los documentos de los organismos especializados desde 1950 hasta 1962. Catálogos específicos de publicaciones de los organismos especializados son publicados regularmente.

C. LIGA DE LAS NACIONES

Para las publicaciones de la Liga de las Naciones, pueden ser consultados los siguientes libros:

1. Aufricht, H.: *Guide to League of Nations Publications,* Nueva York, Columbia Univ. Press, 1951.
2. Shiffer, W.: *Repertoire of Questions of General International Law Before the League of Nations, 1920-1940,* publicado bajo la dirección de A.C. Breycha-Vauthier, Ginebra, Geneva Research Centre, 1942.

D. ORGANIZACIONES EUROPEAS

Roussier, M.: *Les Publications officielles des Institutions européennes,* Ginebra, Dotation Carnegie, 1954. Ver también *Annuaire Européen-European Yearbook,* 1955- .

SECCIÓN V.   TRABAJOS GENERALES SOBRE DERECHO INTERNACIONAL

A. TRABAJOS CLÁSICOS

Classics of International Law, 22 vols., Nueva York, Oxford Univ. Press para la Carnegie Endowment for International Peace, 1911-50. Reimpreso por Oceana Publications, Dobbs Ferry, N. Y., 1963-6.

La serie comprende veintidós de los más famosos tratados sobre problemas jurídicos internacionales desde el siglo xv hasta el siglo xx. Incluye trabajos de Ayala, Belli, Bynkershoek, Gentili, Grotius, Legnano, Pufendorf, Rachel, Suárez, Textor, Vattel, Victoria, Wheaton, Wolff y Zouche.

B. Libros de texto, manuales, libros de casos, digestos y cursos

1. *En inglés*

Academia de Ciencias de la URSS: *International Law*, Moscú, 1960.

Bishop, W.W., Jr.: *International Law, Cases and Materials*, 2ª ed., Boston, Little, Brown, 1962.

Brierly, J.L.: *The Law of Nations: An Introduction to the International Law of Peace*, ed. Sir Humphrey Waldock, 6ª ed., Oxford, Univ. Press, 1963.

Briggs, H.W. (ed.): *The Law of Nations: Cases, Documents, and Notes*, 2ª ed., Nueva York, Appleton-Century-Crofts, 1952.

Brownlie, I.: *Principles of Public International Law*, Oxford Clarendon Press, 1966.

Cheng, B.: *General Principles of Law, as Applied by International Courts and Tribunals*, Londres, Stevens, 1953.

Fenwick, C.G.: *International Law*, 4ª ed., Nueva York, Appleton-Century-Crofts, 1965.

Fitzmaurice, Sir Gerald: "The General Principles of International Law, Considered from the Standpoint of the Rule of Law", 92 *HR*, 1 (1957).

Green, L.C.: *International Law through the Cases*, 2ª ed., Londres, Stevens, 1959.

Hackworth, G.H.: *Digest of International Law*, 8 vols., Washington, GPO, 1940-4.

Hall, W.E.: *A Treatise on International Law*, 8ª ed. por P. Higgins, Oxford, Clarendon Press, 1924.

Hudson, M.O.: *Cases and Other Materials on International Law*, 3ª ed., St. Paul, Minn., West Publishing Co., 1951.

Hyde, C.C.: *International Law, Chiefly as Interpreted and Applied by the United States*, 3 vols., 2ª ed., Boston, Little, Brown, 1945.

Jessup, P.C.: *A Modern Law of Nations: An Introduction*, Nueva York, Macmillan, 1948.

———.: *Transnational Law*, New Haven, Yale Univ. Press, 1956.

Kelsen, H.: *Principles of International Law*, rev. y ed. por R.W. Tucker, 2ª ed., Nueva York, Rinehart and Winston, 1966.

Korowicz, M.S.: *Introduction to International Law: Present Conceptions of International Law in Theory and Practice*, La Haya, Nijhoff, 1959.

Lauterpacht, H.: *The Development of International Law by the International Court*, Londres, Stevens, 1958.

Moore, J.B.: *A Digest of International Law*, 8 vols., Washington, GPO, 1906.

Nussbaum, A.: *A Concise History of the Law of Nations*, ed. rev., Nueva York, Macmillan, 1959.

O'Connell, D.P.: *International Law*, 2 vols., Londres, Stevens, 1965, 2ª ed., 1970.

Oppenheim, L.: *International Law*, ed. H. Lauterpacht, vol. I, 8a ed., vol. II, II, 7ª ed., Londres, Longmans, Green, 1955 y 1952, respectivamente.

Ross, A.: *A Textbook of International Law*, Londres, Longmans, Green, 1947.

Sastry, K.: *Studies in International Law*, Calcuta, Eastern Law House, 1952.

Schwarzenberger, G.: "The Fundamental Principles of International Law", 87 *HR*, 195 (1955).

———.: *International Law*, 3ª ed., Londres, Stevens, 1957.

———.: *A Manual of International Law*, 2 vols., 4ª ed., Londres, Stevens, 1960.

Starke, J.: *An Introduction to International Law*, Londres, Butterworth, 1963.

Waldock, H.: "General Course on Public International Law", 106 *HR*, 5 (1962).
Whiteman, M.M.: *Digest of International Law*, 5 vols., Washington, GPO, 1963-5.

2. En francés

Accioly, H.: *Traité de droit international public*, trad. P. Goulé, 3 vols., París, Sirey, 1941-2.
Anzilotti, D.: *Cours de droit international*, trad. G. Gidel, 3ª ed., Sirey, 1929.
Basdevant, J.: "Règles générales du droit de la paix", 58 *HR*, 475 (1936).
Cavere, L.: *Le Droit international public positif*, 2 vols., 2ª ed., París, Pedone, 1961.
Delbez, L.: *Manuel de droit international public: Droit général et particulier des Nations Unies*, 2ª ed., París, Lib. Gén. de Droit et de Jurisprudence, 1951.
——.: *Les Principes généraux de droit international public*, 3ª ed., París, Lib. Gén. de Droit et de Jurisprudence, 1964.
Fauchille, P.: *Traité de droit international public*, 2 vols., 8ª ed., París, Rousseau, 1921-26.
François, J.P.A.: "Règles générales du droit de la paix", 66 *HR*, 5 (1938).
Guggenheim, P.: "Les Principes de droit international public", 80 *HR*, 5 (1952).
——.: *Traité de droit international* public, 2 vols., Ginebra, Georg, 1953-54.
——.: *Jurisclasseur de droit international*, 5 vols., París, Éditions Techniques, 1958. Con hojas sustituibles.
Kelsen, H.: "Théorie du droit international public", 84 *HR*, 5 (1953).
——: "Théorie général du droit international public: Problèmes choisis", 42 *HR*, 121 (1932).
Krylov, S.: "Les Notions principales du droit des gens (La Doctrine soviétique du droit international)", 70 *HR*, 411 (1947).
Lauterpacht,, H.: "Règles générales du droit de la paix", 62 *HR*, 99 (1937).
Morelli, G.: "Cours général de droit international public", 89 *HR*, 437 (1956).
Pradier-Fodéré, P.L.E.: *Traité de droit international public européen et américain suivant les progrès de la science et de la pratique contemporaines*, 8 vols., París, Pedone, Lauriel, 1885-1906.
Redslob, R.: *Traité de droit des gens: L'Évolution historique, les institutions positives, les idées de justice, le droit nouveau*, París, Sirey, 1950.
Reuter, P.: "Principes de droit international public", 103 *HR*, 425 (1961).
——.: *Droit international public*, 2ª ed., París, Presses Universitaires de France, 1963.
Rolin, H.: "Les Principes de droit international public", 77 *HR*, 309 (1950).
Rousseau, C.: *Principes généraux du droit international public*, vol. I. París, Pedone, 1944.
——.: *Droit international public*, París, Sirey, 1953.
——.: "Principes de droit international public", 93 *HR*, 369 (1958).
——.: *Droit international public approfondi*, París, Dalloz, 1965.
Scelle, G.: *Précis du droit des gens*, 2 vols., París, Sirey, 1932-34.
——.: "Règles générales du droit de la paix", 46 *HR*, 331 (1933).
——.: *Manuel de droit international public*, 3ª ed., París, Montchrestien, 1948.
Sibert, M.: *Traité de droit international public: Le Droit de la paix*, 2 vols., París, Dalloz, 1951.
Sorensen, M.: "Principes de droit international public", 101 *HR*, 5 (1960).
Spiropuolos, J.: *Traité théorique et pratique de droit international public*, París, Pichon et Durand-Anzias, 1933.

Strupp, K.: "Les règles générales du droit de la paix", 47 *HR*, 263 (1934).

———.: *Éléments du droit international public, universêl, européen et américain*, 3 vols., ed. rev., París, Les Éditions Internationales, 1930.

Tunkin, G.I.: *Droit international public: problèmes théoriques*, París, Pedone, 1965. Traducido del ruso.

Visscher, C. de: "Cours général", 86 *HR*, 449 (1954).

———.: *Théorie et réalités en droit international public*, 3ª ed. rev., París, Pedone, 1960.

3. En alemán

Berber, F.: *Lehrbuch des Völkerrechts*, 2 vols., Munich, Beck, 1960-62.

Dahm, G.: *Völkerrecht*, 3 vols., Stuttgart, Kohlhammer, 1958-61.

Guggenheim, P.: *Lehrbuch des Völkerrechts*, 2 vols., Basilea, Verlag für Recht und Gesellschaft, 1947-51.

Liszt, F. von: *Das Völkerrecht systematish dargestellt*, 12ª ed., Berlín, Springer, 1925.

Sauer, E.: *Grundlehre des Völkerrechts*, Colonia, C. Heymanns, 1955.

Seidl-Hohenveldern, I.: *Völkerrecht*, Colonia, C. Heymanns, 1965.

Tunkin, G.: *Das Völkerrecht der Gegenwart: Theorie und Praxis*, Berlín, Staatsverlag der DDR, 1963.

Verdross, A.: *Völkerrecht*, 5ª ed., Berlín, Springer, 1964.

Wengler, W.: *Völkerrecht*, 2 vols., Berlín, Springer, 1964.

4. En italiano

Anzilotti, D.: *Corso di diritto internazionale*, 4ª ed., Padua, Cedam, 1955.

Balladore Pallieri, G.: *Diritto internazionale pubblico*, 8ª ed., Milán, Giuffré, 1962.

Monaco, R.: *Manuale di diritto internazionale pubblico e privato*, Turín, Unione Tipografico-Editrice Torinese, 1960.

Morelli, G.: *Nozioni di diritto internazionale*, 5ª ed., Padua, Cedam, 1958.

Perassi, I.: *Lezioni di diritto internazionale*, 2 vols., Padua, Cedam, 1950-51.

Quadri, R.: *Diritto internazionale pubblico*, 3ª ed., Palermo, Pruilla, 1960.

Sereni, A.P.: *Diritto internazionale*, 5 vols., Milán, Giuffré, 1956-65.

5. En ruso

Akademia Nauk SSSR Institut Prava: *Mezhdunarodnoe Pravo*, Moscú, Gosiurizdat, 1957.

Institut mazhdunarodnykh otnoskenii: *Mezhdunarodnoe Pravo*, Moscú, Izd-vo IMO. 1964.

Lissovski, V.: *Mezhdunarodnoe Pravo*, Kiev, Gosudarstvenny Universitet, 1955.

Mezhdunarodnoe Pravo, Moscú, Vsesoyuznyi Iuridichesvii Zaochnyi Institut, 1960.

Tunkin, G.I.: *Voprosy Teorii Mezhdunarodnogo Prava*, Moscú, Gosiurizdat, 1962. Con ediciones alemana y francesa.

6. En español y portugués

Academia de Ciencias de la URSS, Instituto de Estado y Derecho: *Derecho Internacional Público*, México, Ed. Grijalbo, 1963.

Accioly, H.: *Manual de direito internacional pùblico*, 2ª ed., San Pablo, Saraiva, 1953.

Accioly, H.: *Tratado de direito internacional pùblico*, 3 vols., 2ª ed., Río de Janeiro, Impr. Nacional, 1956-57.

Jiménez de Aréchaga, E.: *Curso de derecho internacional público*, 2 vols., Montevideo, Centro Estudiantes de Derecho, 1959-61.

Moreno Quintana, L.: *Preliminares del derecho internacional*, Buenos Aires, Editorial "Perrot", 1954.

——, y C.M. Bollini Shaw: *Derecho internacional público*, Buenos Aires, Ediciones Librería del Colegio, 1950.

Nussbaum, Arthur: *Historia del derecho internacional*, Madrid, Revista de Derecho Privado, 1949.

Oppenheim, L.; y H. Lauterpacht: *Tratado de derecho internacional público*, Traducción española de J.L. Oliván y J.M. Castro-Rial, vol. I, Barcelona, Bosch, 1961.

Podestà-Acosta, L.A.: *Derecho internacional público*, 2 vols., 3ª ed., Buenos Aires, Tip. Editora Argentina, 1955.

Sara Vásquez: *Derecho internacional público*, México, Ed. Porrúa, 1971.

Sepúlveda, César: *Curso de derecho internacional público*, 4ª ed., México, Ed. Porrúa, 1970.

Sierra, M.J.: *Tratado de derecho internacional público*, 2ª ed., México, Ed. Porrúa, 1955.

Ulloa, A.: *Derecho internacional público*, 2 vols., Madrid, Ediciones Iberoamericanas, 1957.

Verdross, A.: *Derecho internacional público*, 2ª ed., Madrid, Aguilar, 1957.

C. DICCIONARIOS

Dictionnaire diplomatique, 6 vols., París, Académie Diplomatique Internacionale, 1933-57.

Dictionnaire de la terminologie du droit international, Union Académique Internationale, París, Sirey, 1960. Cuadros en inglés, italiano, español, alemán.

Gromyko, A.A. (ed).: *Diplomaticheskii Slovar*, Moscú, Gos. Izd-vo polit lit-ry, 1960.

Lapradelle, A. de; y J.P. Niboyet: *Répertoire de droit international*, 10 vols., 1 suppl., París, Sirey, 1929-31 y 1934.

Strupp, K.; y H.J. Schlochauer: *Wörterbuch des Völkerrechts*, 4 vols., Berlín, de Gruyter, 1960-2.

Vyshinski (ed.): *Diplomaticheskii Slovar*, 2 vols., Moscú, Gos. Izd-vo polit lit-ry, 1948-50.

D. BIBLIOGRAFÍAS

1. *Bibliografías actuales*

Annuaire Français de droit international, París, 1955- . Sección bibliográfica sobre trabajos publicados en francés durante el año.

Current Legal Bibliography, Cambridge, Mass.: Harvard Law School, 1961- . Publicación mensual con volúmenes anuales acumulativos titulados *Annual Bibliography*, 5 vols. (hasta 1966).

Index to Foreign Legal Periodicals, Londres, Institute of Advanced Legal Studies; Nueva York, American Association of Law Libraries, 1960- . Mensual, con dos volúmenes acumulativos (hasta 1966).

Index to Legal Periodicals, Nueva York, American Association of Law Libraries, 1926- . Mensual, con catorce volúmenes acumulativos (hasta 1966).

Netherland International Law Review (Nederlands Tijdschrift voor International Recht), Rotterdam, 1953- . Suplemento bibliográfico regular. Examen de literatura sobre derecho internacional público y privado.

2. Bibliografías retrospectivas

Clifford-Vaughan, F.: *A Selective Bibliography of Works on International Law,* Londres, 1960.

Foreign Affairs Bibliography (1919-1962), 4 vols., Nueva York, Harper and Bros., for the Council on Foreign Relations, 1933-64.

A Guide to Bibliographic Tools for Research in Foreign Affairs, Washington, Lib. of Cong., 1956.

Selective Bibliographies of the Library of the Peace Palace, 3 vols., Leiden, Sythoff, 1953- .
Vol. I: Fundamentos del Derecho Internacional Público.
Vol. II: Reconocimiento.
Vol. III: Inmunidades en Derecho Internacional.

Public International Law: A Select Bibliography of English Works, 1914-1948, Londres, *International Law Quarterly,* 1948.

Scanlon, M.: *International Law: A Selective List of Works in English,* Washington, Carnegie Endowment for International Peace, 1940.

Sonnewald, K. H.; y H. Hecker: *Bibliographie des deutschen Schrifttums über Völkerrecht und ausländisches öffentliches Recht (1945-1954),* 2 vols., Hamburgo, Universität, 1952 y 1954.

Strupp, K.: *Bibliographie du droit des gens et des relations internationales,* Leiden, Sijthoff, 1938.

SECCIÓN VI. PUBLICACIONES PERIÓDICAS Y ANUARIOS DE DERECHO INTERNACIONAL

A. Publicaciones periódicas

Son enumeradas solamente las publicaciones periódicas actuales. Para publicaciones periódicas que han cesado de ser publicadas, ver Bibliografías.

Alemania

Archiv des Völkerrechts, Karlshuhe, 1948- . Vol. 13, 1966.
Jahrbuch für internationales Recht, Hamburgo, 1951- . Vol. 12, 1963.
Internationales Recht und Diplomatie, Ahrensburg, 1956- . Vol. 8, 1964.
Zeitschrift für Ausländisches öffentliches Recht und Völkerrecht, Stuttgart, 1929- . Vol. 25, 1965.

Argentina

Revista de Derecho Internacional y Ciencias Diplomáticas, Rosario, 1950- . Vol. 13, 1964.

Austria

Osterreichische Zeitschrift für öffentliches Recht, Viena, 1914-45; nueva serie, 1946- . Vol. 16, 1961.

Bélgica

Revue Belge de Droit International, Bruselas, 1965- . Vol. 2, 1966.
Revue de Droit international et de Droit comparé, Bruselas, 1900- . Vol. 43, 1966. Titulada anteriormente Revue de l'Institut Belge de Droit Comparé.

Brasil

Boletin do Societeda Brasileira di Direito International, Río de Janeiro, 1945- . Vol. 18, 1962.

Canadá

The Canadian Yearbook of International Law, Vancouver, 1963- .

Dinamarca

Nordisk Tidsskrift for International Ret, Copenhague, 1930- . Vol. 35, 1965.

España

Revista Española de Derecho Internacional, Madrid, 1948- . Vol. 19, 1966.

Estados Unidos

American Journal of International Law, Washington, 1907- . Vol. 60, 1966. Índice acumulativo para 1907-20 y 1921-40.
Columbia Journal of Transnational Law, Nueva York, 1962- . Vol. 5, 1966.
International Organization, Boston, 1947- . Vol. 20, 1966.
US Naval War College: International Law Studies, Whashington, 1901- . Vol. 53, 1959-60.
World Polity, Washington, 1957- . Anuario de derecho internacional y de organizaciones internacionales.

Francia

Annuaire Français de Droit International, París, 1955- . Vol. 11, 1965.
Journal de droit international, París, 1874- . Vol. 93, 1966. Índices acumulativos para 1905-25 y 1926-55.
Revue Générale de Droit International Public, París, 1894- . Vol. 70, 1966.
Revue International du Droit des Gens, París, 1945- . Vol. 24, 1965.

Gran Bretaña

British Yearbook of International Law, Londres, 1920- . Vol. 40, 1964. Índice acumulativo para 1920-29. Índice para los volúmenes 1-36 (1920-63).
International and Comparative Law Quarterly, Londres, 1952- . Vol. 15, 1966.

Grecia

Revue Hellénique de Droit International, Atenas, 1946- . Vol. 18, 1965.

Holanda

Nederlands Tijdschrift voor International Recht, Rotterdam, 1953- . Vol. 13, 1966.

India

Indian Jornal of International Law, Nueva Delhi, 1960- . Vols. 5, 1965.
International Studies, Nueva Delhi, 1960- . Vol. 7, 1966.

Italia

Comunitá Internazionale, Roma 1946- . Vol. 21, 1966.
Communicazioni e Studi, Milán, 1950- . Vol. 11, 1960-62.
Diritto Internazionale, Milán, 1949-53; nuevas series, 1954- . Vol. 20, 1966.
Jus Gentium, Roma, 1949- . Vol. 7, 1965.
Rivista di Diritto Internazionale, Roma, 1906- . Vol. 48, 1965.

Japón

The Japanese Annual of International Law, Tokio, 1957- . Vol. 9, 1965.
Journal of International Law and Diplomacy, Tokio, 1902- . Vol. 64, 1966.

México

Foro Internacional, Centro de Estudios Internacionales, El Colegio de México.
Revista de la Facultad de Derecho (UNAM).
Revista de la Facultad de Ciencias Políticas (UNAM).

República Árabe Unida

Revue Égyptienne de Droit International, El Cairo, 1945- . Vol. 19, 1963. Índices
acumulativos para 1945-59.

Suiza

Annuaire Suisse de Droit International, Neuchâtel, 1944- . Vol. 21, 1964, Índice
acumulativo para 1944-58.
Revue de Droit International, de Sciences Diplomatiques et Politiques, Ginebra,
1923- . Vol. 44, 1966.

URSS

Sovetskii Ezhegodnik Mezhdunarodnogo Prava, Moscú, 1958- . Vol. 7, 1964.

B. PUBLICACIONES DOCUMENTALES PERIÓDICAS Y ANUARIOS

Annuaire Européen-European Yearbook, La Haya, 1955- . Vol. 12, 1964.
International Legal Materials, Washington, 1962- . Trimestral. Vol. 5, 1966.

United Nations Juridical Yearbook, Nueva York, 1963- .

Naciones Unidas: *Yearbook of Human Rights,* Nueva York, 1946- . Vol. 17, 1962.

UN Monthly Chronicle, Nueva York, 1964- . Primeramente publicada bajo el nombre de *United Nations Review* y UN *Bulletin,* 1946-63.

Yearbook of the European Convention on Human Rights, La Haya, 1957- . Vol. 6, 1963.

C. INFORMES Y ACTAS DE SOCIEDADES DE DERECHO INTERNACIONAL

Asian-African Legal Consultative Committee: *Report,* Nueva Delhi, 1956- . 7ª sesión que tuvo lugar en 1965.

American Socity of International Law: *Proceedings, Washington,* 1906- . 65ª reunión anual realizada en 1971. Índices acumulativos para 1907-20 y 1921-40 incorporados en el AJIL (índices acumulativos).

Institut de Droit international: *Annuaire,* Brasilea, 1875- . LI conferencia realizada en 1965. *Tableau Général des Résolutions (1873-1956),* 1957.

International Law Association: *Report,* Londres, 1873- . 51ª conferencia realizada en 1964.

ÍNDICE

1.01. El derecho internacional y las relaciones internacionales, 53; 1.02. Origen histórico del Estado y de la sociedad de Estados: noción de soberanía, 59; 1.03. Orígenes históricos del derecho internacional, 64; 1.04. Lugar que ocupa la guerra en la comunidad internacional: la seguridad como supremo interés, 74; 1.05. Carácter expansivo de la comunidad de Estados, 82; 1.06. Expansión funcional del derecho, 89; 1.07. Nuevas corrientes en la cooperación internacional organizada, 92; 1.08. Relaciones entre el derecho internacional y otras disciplinas jurídicas, 95

2.01. Introducción, 99; 2.02. Desarrollo de las instituciones internacionales en el periodo 1815-1914, 99; 2.03. El periodo entre las dos guerras 1919-1939, 101; 2.04. Desarrollo de las instituciones internacionales desde 1945, 105

2.05. Definición de las instituciones internacionales, 107; 2.06. Principales clasificaciones de las instituciones internacionales, 108; 2.07. Personalidad jurídica de las instituciones internacionales, 110; 2.08. Privilegios e inmunidades, 111; 2.09. El derecho internacional y el derecho interno de las instituciones internacionales, 111; 2.10. Relaciones con los Estados miembros, 113; 2.11. Relaciones con los Estados no miembros, 116

2.12. Principios de la Carta y el derecho internacional general, 117; 2.13. Calidad de miembro de las Naciones Unidas, 119; 2.14. Órganos de las Naciones Unidas: identidad separada, 122; 2.15. Órganos prin-

les para prohijar reclamaciones internacionales; capacidad procesal; protección funcional, 563

Este libro se terminó de imprimir y encuadernar en el mes de abril de 2000 en Impresora y Encuadernadora Progreso, S. A. de C. V. (IEPSA), Calz. de San Lorenzo, 244; 09830 México, D. F. Se tiraron 1 000 ejemplares.

ALGUNOS TÍTULOS DEL FONDO DE CULTURA ECONÓMICA

POLÍTICA Y DERECHO

Connell-Smith, G.: *El sistema interamericano*. 288 pp.
Duroselle, J. B.: *Política exterior de Estados Unidos (1913-1945)*. 520 pp.
Duverger, M.: *Los partidos políticos*. 462 pp.
Engler, R.: *La política petrolera*. 518 pp.
Friedmann, W.: *El derecho en una sociedad en transformación*. 548 pp.
Heller, H.: *Teoría del Estado*. 396 pp.
Hughes, Ch. E.: *La Suprema Corte de Estados Unidos*. 288 pp.
Jakobson, M.: *La neutralidad finlandesa*. 148 pp.
Link, A. S.: *La política de Estados Unidos en América Latina (1913-1916)*. 292 pp.
Lira, G. A.: *El amparo colonial y el juicio de amparo mexicano*. XLIV + 178 pp.
Mayer, J. P.: *Trayectoria del pensamiento político*. 348 pp.
Molina Pasquel, R.: *"Contempt of court". Correcciones disciplinarias y medios de apremio*. 432 pp.
Plamenatz, J. P.: *Consentimiento, libertad y obligación política*. 168 pp.
Sabine, G. H.: *Historia de la teoría política*. 680 pp.
Soler, S.: *Las palabras de la ley*. 192 pp.
Sternberg, F.: *La revolución militar e industrial de nuestro tiempo*. 372 pp.

CLÁSICOS POLÍTICOS

Bacon, F., Campanella, T. y Moro, T.: *Utopías del Renacimiento*. 208 pp.
Constitución mexicana de 1857. (Ed. facsimilar de homenaje.) 216 pp.
Hamilton, A., Madison, J. y Jay, J.: *El Federalista, o la nueva constitución*. XXVI + 448 pp.
Tocqueville, A. de: *La democracia en América*. 752 pp.

BREVIARIOS DE POLÍTICA Y DERECHO

Akzin, B.: *Estado y nación*. 244 pp. (Breviario 200.)
Mende, T.: *La India contemporánea*. 324 pp. (Breviario 91.)
Nicolson, H.: *La diplomacia*. 216 pp. (Breviario 3.)
Russell, B.: *Autoridad e individuo*. 128 pp. (Breviario 15.)
Vinogradoff, P.: *Introducción al derecho*. 188 pp. (Breviario 57.)

SOCIOLOGÍA

Anderson, N.: *Sociología de la comundad urbana.* 624 pp.

Azevedo, F. de: *Sociología de la educación.* 384 pp.

Barber, B.: *Estratificación social.* 520 pp.

Batten, T. R.: *Las comunidades y su desarrollo.* 200 pp.

Blalock, Jr., S. M. *Estadística social.* 512 pp.

Brown, H.: *Examen del futuro.* 284 pp.

Clark, K.: *Ghetto negro.* 260 pp.

Cole, G. D. H.: *Historia del pensamiento socialista.* I. *Los precursores (1789-1850).* 340 pp.

Cole, G. D. H.: *Historia del pensamiento socialista.* II. *Marxismo y anarquismo (1850-1890).* 440 pp.

Cole, G. D. H.: *Historia del pensamiento socialista.* III. *La Segunda Internacional (1889-1914).* Primera parte. 480 pp.

Cole, G. D. H.: *Historia del pensamiento socialista.* IV. *La Segunda Internacional (1889-1914).* Segunda parte. 452 pp.

Cole, G. D. H.: *Historia del pensamiento socialista.* V. *Comunismo y socialdemocracia (1914-1931).* Primera parte. 408 pp.

Cole, G. D. H.: *Historia del pensamiento socialista.* VI. *Comunismo y socialdemocracia (1914-1931).* Segunda parte. 414 pp.

Cole, G. D. H.: *Historia del pensamiento socialista.* VII. *Socialismo y fascismo (1931-1939).* 320 pp.

Coser, L. A.: *Hombres de ideas. El punto de vista de un sociólogo.* 388 pp.

Château, J. y otros: *Los grandes pedagogos.* 344 pp.

Chinoy, E.: *La sociedad.* 424 pp.

Davis, K. y otros: *Corrientes demográficas mundiales.* 398 pp.

Duvignaud, J.: *Sociología del teatro.* 492 pp.

Etzioni, A. y E.: *Los cambios sociales. Fuentes, tipos y consecuencias.* 456 pp.

Fairchild, H. P. y otros: *Diccionario de sociología.* xvi + 320 pp.

Frazer, J. G.: *La rama dorada. Magia y religión.* 864 pp.

Friedmann, G. y Naville, P.: *Tratado de sociología del trabajo.* 2 vols. 912 páginas.

Gibbons, D. C.: *Delincuentes juveniles y criminales.* 390 pp.

Kahl, J. A. y otros autores: *La industrialización en América Latina.* 608 pp.

Kardiner, A.: *El individuo y su sociedad.* 452 pp.

Klein, J.: *Estudio de los grupos.*

Lemkau, P. V.: *Higiene mental.* 400 pp.

Lewis, O.: *Antropología de la pobreza. Cinco familias.* 306 pp.

López Cámara, F.: *La infancia y la juventud en los países en desarrollo.* 176 pp.

Martindale, D.: *La sociedad norteamericana.* 476 pp.

Melotti, U.: *Revolución y sociedad.*

Melotti, U.: *Sociología del hambre.* 168 pp.

Merton, R. K.: *Teoría y estructura sociales.* 648 pp.

Mills, C. W.: *La élite del poder,* 392 pp.

Mills, C. W.: *Poder, política, pueblo.* 482 pp.

Osborn, F.: *Los límites de la tierra.* 200 pp.

Pressat, R.: *Análisis demográfico. Métodos, resultados, aplicaciones.* 442 pp.

Timasheff, N.: *La teoría sociológica*. 400 pp.
Weber, A.: *Historia de la cultura*. 368 pp.
Weber, M.: *Economía y sociedad*. 2 vols. 1 246 pp.
Wojnar, I.: *Estética y pedagogía*. 252 pp.
Wolfgang, M. E. y Ferracutti, F.: *La subcultura de la violencia*. 284 pp.

BREVIARIOS DE SOCIOLOGÍA

Buber, M.: *Caminos de Utopía*. 204 pp. (Breviario 104.)
Carr, E. H.: *La nueva sociedad*. 164 pp. (Breviario 204.)
Laski, H. J.: *Los sindicatos en la nueva sociedad*. 198 pp. (Breviario 52.)
Lévi-Strauss, C.: *El pensamiento salvaje*. 416 pp. (Breviario 173.) Ilustrado.
Linton, R.: *Cultura y personalidad*. 160 pp. (Breviario 145.)
Myers, E. D.: *La educación en la perspectiva de la historia*. 502 pp. (Breviario 188.)
Myrdal, G.: *Objetividad en la investigación social*. 120 pp. (Breviario 212.)
Van den Berghe, P. L.: *Problemas raciales*. 260 pp. (Breviario 217.)

ESTRUCTURA ECONÓMICA Y SOCIAL DE MÉXICO

Villafuerte, C.: *Ferrocarriles*. 284 pp.

FUENTES Y DOCUMENTOS DE LA HISTORIA DE MÉXICO

La caricatura política. (*Fuentes para la historia de la Revolución Mexicana, II.*) XLII + 146 pp. 501 reproducciones.
Manifiestos políticos, 1892-1912. (*Fuentes para la historia de la Revolución Mexicana, IV.*) LXII + 688 pp. Ilustrado.
Obregón, A.: *Ocho mil kilómetros en campaña*. CXXVIII + 620 pp.
Zavala, S. y Castelo, M.: *Fuentes para la historia del trabajo en Nueva España*. 8 vols. Agotados, vols. I, II, III, IV, V. Vols. VI al VIII.

BREVIARIOS DE HISTORIA

Anderson, M. S.: *La Europa del siglo xviii*. 248 pp. (Breviario 199.)
Baynes, N. H.: *El imperio bizantino*. 212 pp. (Breviario 5.)
Berque, J.: *La descolonización del mundo*. 230 pp. (Breviario 193.)
Bruun, G.: *La Europa del siglo xix (1815-1914)*. 252 pp. (Breviario 172.)
Clark, G.: *La Europa moderna (1450-1720)*. 244 pp. (Breviario 169.)
Collis, M.: *Marco Polo*. 216 pp. (Breviario 105.)
Cossío del Pomar, F.: *El mundo de los incas*. 216 pp. (Breviario 205.)
Cottrell, L.: *El toro de Minos*. 304 pp. (Breviario 138.)